国家出版基金项目
NATIONAL PUBLICATION FOUNDATION

袁 卫 等——编著

中国统计学史

上卷

中国人民大学出版社
·北京·

前　言

　　编写这部统计学史，有一个不断思考和准备的过程。

　　最早的疑问和兴趣还是源于 1979 年春在天津财经学院上本科二年级时，杨曾武教授介绍说中国人民大学戴世光在《经济研究》上发表了论文《积极发展科学的统计学　为我国早日实现四个现代化服务》（1979 年 2 期）[①]，提出统计学在国际上只有一门，即以随机现象为研究对象的数理统计学；提到统计学界正在进行围绕统计学性质、研究对象的大讨论；还特别提到关于统计学的概念和定义就有上百种之多。无疑，这对一个刚刚踏入统计学领域的年轻人有着极大的吸引力。带着强烈的好奇心，大学期间我找到相关的讨论文章，又利用假期到北京图书馆查找相关文献资料，惊奇地看到 20 世纪 50 年代对资产阶级统计学的批判和金国宝、戴世光、邹依仁等著名统计学家对自己资产阶级统计思想的自我批判。从那时起，心里就埋下了一个疑问：中国统计学是从什么时间开始形成的？中间经历了什么？又是怎么走到今天的？

　　在上学期间和毕业工作以后，我陆续读了刘大钧的《中国之统计事业》（1930）、卫聚贤的《历史统计学》（1934）、陈善林和张浙的《统计发展史》（1987）、刘叔鹤的《中国统计史略》（1990）、李惠村和莫曰达的《中国统计史》（1993）、刘畅和张云的《二十世纪中国的统计学》（2000）等著作，发现：第一，以上这些统计史著述中除了刘畅、张云的《二十世纪中国的统计学》外，前几本主要是谈统计工作，特别是政府统计工作的历史，很少涉及统计研究、统计教育等统计学术问题，我国至今没有一部真正意义上的统计学史；第二，对统计史的研究，

[①]　原刊于《经济学动态》1978 年 10 期，25-29 页。

以上这些统计史著述并没有详尽地使用第一手文献资料，而多是摘自前人现成的书籍，因而就存在以讹传讹的问题。比如，关于我国第一本翻译的统计学教材，现在几乎所有的著述都说是 1903 年由钮永建、林卓南翻译的日本人横山雅男的《统计学讲义录》（或名《统计讲义录》）。我们几经查找，终于在北京国家图书馆找到林卓南 1903 年翻译（钮永建校）的横山雅男的《统计学讲义》，中文译名为《统计学》，由上海时中书局出版，而不是坊间流传的《统计学讲义录》或《统计讲义录》。

如果说以上统计史研究中存在的问题，是我想研究中国统计学史的源动力的话，那么 21 世纪初我经历的两件事则激励我最终下决心开始耗时 10 余年的中国统计学史研究。

一件事是美国加利福尼亚大学圣迭戈分校历史学博士道格拉斯·A. 斯蒂夫勒（Douglas Alden Stiffler），2002 年以新中国成立初期中国人民大学在苏联专家帮助下建设社会主义大学的探索与实践为研究对象，完成了《建设社会主义大学——中国干部与苏联专家在中国人民大学的探索与实践（1949—1957）》（ *Building Socialism at Chinese People's University: Chinese Cadres and Soviet Experts in the People's Republic of China, 1949—1957* ）的博士论文。一位美国年轻人，凭着对东方文化的兴趣，选择中苏关系为视角，进而专门以中国人民大学 20 世纪 50 年代建校初期的历史为重点，展开研究。作者两次来到中国（1992—1993 年，1997—1998 年），用时近 9 年，下了很大的功夫。我们中国人民大学的历史学院和党史研究团队阵容强大，学生也多，却没有人以自己学校这段历史为题撰写博士论文。

另一件触动我的事情是，2011 年 3 月，美国哥伦比亚大学的印度裔博士生郭旭光（Arunabh Ghosh）找上门来寻求我帮助，告诉我他正在以 20 世纪 50 年代中国政府统计和中印统计交流为题撰写博士论文，希望通过我的介绍拜访 1958 年曾赴印学习进修的龚鉴尧、吴辉等。2014 年，郭旭光完成了他的博士论文《算数：中华人民共和国早期的统计学与国家治理》（ *Make it Count: Statistics and Statecraft in the Early People's Republic of China* ）[1]。2015 年，在哈佛大学历史系教职的全球竞聘中，凭着这一研究成果，郭旭光被聘为终身教职系列的助理教授（tenure track），现为哈佛大学历史系副教授。我国统计学科每年有四五百名博士生毕业，一千多名硕士生毕业，竟然没有人愿意做学科、教育历史的研究。当德国的中国数学史研究学者白安雅（Andrea Bréard）知道我在研究中国统计学

---

[1] *Make it Count: Statistics and Statecraft in the Early People's Republic of China*，由普林斯顿大学出版社出版，2022。

史时，她说她终于找到一个中国统计学界研究中国统计学史的人了。

当开始搜集文献资料时，我也为前辈学者的初心和期盼所感动。不少著名统计学者晚年都有研究、撰写中国统计学史的夙愿。赵人儁（字守愚，1900—1955）1921 年由清华赴美，1923 年在密歇根大学获学士学位，1927 年获哈佛大学博士学位，论文题目是"马萨诸塞州实际工资与成本的变动（1890—1921）：一个统计分析"。他从 1931 年开始在清华大学经济系当教授，1950 年任清华大学经济系主任，1953 年院系调整后到中国人民大学计划统计系统计学原理教研室工作。1954 年，他在教师登记表"今后的研究计划"一栏中写道："现正搜集有关中国统计史的资料"。遗憾的是，一年后赵人儁就因病去世，年仅 55 岁。再如南开大学物价指数专家杨学通（1909—1987），1953 年调入中国人民大学，改革开放后开始撰写中国统计学史，但巨大的工作量压垮了他的身体。

2012 年 6 月，我从学校行政岗位退了下来，有了较多的时间。刚好统计学院"教育部人文社会科学重点研究基地——应用统计学科研究中心"可以申报统计学史研究的课题，我就在 2013 年申请了"中国统计学科史研究"项目（13JJD910001）并获批。这个项目的立项和研究周期为 5 年，但要在短短的几年时间写出整部中国统计学史是不可能的。研究越深入，越觉得有看不完的书，有越来越多的文献资料需要挖掘整理，有越来越多的统计学者和统计人物需要深入研究和介绍。因而，2013 年这个课题算是正式立项启动。2018 年，得知学校为支持基础研究设立了"中国人民大学科学研究基金重大规划项目"，我继续申请了"中国统计学史"研究项目（19XNLG01），从 2019 年开始实施。这两个项目互相衔接，使得研究得以不断深入。

我们编写《中国统计学史》的原则是"全面、客观、准确"。"全面"要求我们尽可能搜集到 20 世纪初至今 120 余年来所有的统计出版物和相关文献，而且要尽量找到原版，实在找不到原版再考虑电子版。每本书都要从头到尾认真阅读，所有的序、注、参考文献等都要认真研究。翻译的著作和教材，要和外文原版互相对照。这样，清末至民国的 200 余本统计学术出版物、从新中国成立到"文化大革命"结束的 330 余本统计学术出版物，我们几乎都收齐了。"客观"要求我们还原当时的历史、当时的情状，在书中尽量引述原文，减少用现在的观点理解和评论。"准确"要求我们工作细之又细，出版的时间、版本的辨别，以及内容的研究都要十分严谨，绝不人云亦云。

历史是由活生生的人和具体事件串联起来的，统计学的历史同样如此。这样记录下来的历史，才是有温度的、可触摸的、不隔膜的。如果将 1897 年翻译引进第一本概率论著作《决疑数学》、1902 年京师大学堂首次开设"统计学"课程、1903 年翻译引进第一本《统计学》（横山雅男著，林卓南译），或者 1912—

1913 年曾鲲化开办"统计学堂"作为我国统计学科建设的源头，120 多年来一批又一批学者以治学报国的情操推动我国统计学科的建设和发展。当然，统计学科、统计学者与国家命运是紧密地联系在一起的，我们将努力还原 120 多年来统计学科发展变化的历程，呈现真实的统计人和事。这本书就是希望人们永远记住他们，从他们那里可以找到我们的初心和使命。

本书上卷从清末到 1976 年"文化大革命"结束，分为第一篇"清朝末期（1912 年以前）"、第二篇"民国时期（1912—1949 年）"和第三篇"新中国成立到'文化大革命'（1950—1976 年）"。第一篇的第一章和第二章由关权、袁卫编写，第二篇的第三章到第十八章由唐丽娜、袁卫编写，第三篇的第十九章到第二十五章由袁卫编写。

下卷从 1977 年恢复高考到 2024 年，是全书的第四篇。第二十六章、第二十七章、第三十五章至第三十八章由袁卫编写，综述改革开放后我国统计方法及其在各领域应用的第二十八章至第三十四章分别由朱利平、高敏雪、李丁、金勇进、刘红云、许王莉和黄向阳编写。第二篇的附录由唐丽娜编写，第三篇和第四篇的附录由袁卫编写。个别章节是集体讨论研究的结果，已在该章节注明。

从一定的意义上，统计人物既是统计学史的重要角色，也是统计学史的缩影。本书增加了"人名索引"，以方便读者从鲜活的统计学者来了解统计学史。

全书体系框架由袁卫组织设计，并由袁卫修改定稿。

袁 卫

2022 年 2 月初稿

2025 年 4 月修改

目　录

549

第三篇
新中国成立到"文化大革命"（1950—1976 年）

第一篇

清朝末期

（1912 年以前）

第一章
近代日本统计学的形成

一、引言

　　近代中国的统计学是从日本引入的，而近代日本的统计学则是从欧洲传入的，在研究中国近代统计学的形成时不可避免地要将这个源流搞清楚。这是个值得关注的话题，即近代以后中国很多领域的科学知识和技术都来自日本，而日本的相关科学知识和技术是从欧洲输入的[①]，这主要源自日本的现代化之路起步比中国早。有鉴于此，本章的目的是考察近代日本统计学的形成过程。

　　近代日本的统计学是在明治维新（1868 年）前从欧洲引进的，这主要依据两个条件：一个是日本通过明治维新开始向现代化迈进，另一个是日本在明治维新之前积累了一些对西方科学和文化有一定程度的了解的人才。重要的是，明治维新之后的日本社会需要统计学。一个现代社会如果要准确了解国情，需要调查人口，也需要调查工农业生产，这是统计学发展的必要条件。相比之下，中国在 19 世纪后半叶还处在清朝皇权统治之下，没有条件开展这些工作，这些工作大部分是在民国时期才逐渐开展起来的。不过，晚清已经出现了一些迹象，统计学也是这时从日本传入中国的。值得关注的是，日本在引进西方统计学的过程中发生了不少争论，这对日本统计学的发展和统计事业的进步都有重要意义。相比之下，中国在 20 世纪初从日本引进统计学的过程中未曾出现类似情况，而是原封不动地接受了经过日本消化吸收的统计学。从这一点来看，可以认为当时中国缺乏对现代科学知识的理解和认识，而日本具备这种条件。

　　下面，首先介绍近代统计学传入日本的过程，接着考察日本伴随着统计学的引入实施的统计调查，然后研究近代统计学在传入日本初期引发的争议，最后讨

[①]　日本的现代化进程早于中国。19 世纪，日本从西方引进了大量新的科学和技术，也包括制度和文化，所涉及领域如医学、法律、军事等。

论早期日本人编撰的统计学教材（值得关注的是，这些教材很快就传入中国，并且影响深远）。

二、统计学的传入

通常认为统计学的三个来源大约都出现在 17 世纪。一个是德国的"国势学"或"国状学"，是旨在使国家富有、保持独立、得到有效治理，使国民幸福的经国济民之学；是从研究本国与他国的状态出发，采用数字调查比较国情的思考方法。另一个来源是英国，不是从国家的角度观察，而是从社会的角度观察，特别是从人口调查而来。还有一个来源是在意大利产生继而在法国集大成的概率论和大数法则。前两个是以人类社会为对象的社会统计学，第三个是数理科学性质的统计学。①

福泽谕吉

统计学是 19 世纪中期明治维新前从欧洲传入日本的。1860 年，福泽谕吉、冈本博卿翻译的荷兰学者 P. A. 德·琼（P. A. de Jong）的《万国政表》②出版，全书共分四卷，内容如下：第一卷，国名、里方、政纲、君主、人口；第二卷，公费、通债、纸币官券、常备兵、军舰、

商船；第三卷，入贷、出贷、土产、货币；第四卷，称量、尺度、都府港澳。

1860—1862 年，兰学者③杉亨二④从荷兰的周刊《鹿特丹报》（Rotterdam Courant）上看到教育统计（关于识字率）和人口统计，对 Statistik 这个词产生了

① 关于统计学的历史，参见竹内启（1989）、岛村史郎（2013）。

② 冈本博卿又名冈本约，博卿是冈本约的字。冈本约是福泽塾（福泽谕吉创办的私塾）的第一任负责人，后来改名为古川节藏。这套书说是翻译，其实只是译了《列国国势要览》（P. A. de Jong, Statistische Tafel van alle Landen der Aarde …, 1854）的表头，将阿拉伯数字改成日本数字而已。

③ 幕府时期研究荷兰学术的人。

④ 杉亨二（1828—1917），长崎造酒商之子，幼时双亲去世，入了绪方洪庵的私塾。到江户（今东京）后，成为胜海舟兰学私塾负责人，也是幕末"开成所"的教授。他是日本统计调查的开拓者，是最早介绍德国社会统计学的人。他对日本统计事业的贡献可以归纳为：（1）引入欧美统计学；（2）建议人口普查并实施了一部分；（3）编制日本政表、民费表等；（4）建议设置中央统计局；（5）整合中央机关的统计部门；（6）设立共立统计学校，培养人才；（7）设立统计学社，对民间普及统计学。

兴趣。另外，1863—1864 年幕府派遣的留学生西周 [1] 和津田真道 [2] 在荷兰莱顿大学，听了西蒙·费塞林（Simon Vissering）教授政事学（行政学）课程之一的 Statistik，并做了笔记。回国后，津田真道将笔记翻译成《表纪提纲（政表学论）》，1874 年由太政官政表科发行。此前，杉亨二也翻译了这个内容，名为《形势学论：附阿兰陀形式表》，但没有印刷，只有一部手稿 [3]。同年，箕作麟祥 [4] 翻译了莫罗·德·琼斯（Moreau de Jonnes）的《统计学 / 国势总论》（1874 年，文部省刊行）。

杉亨二　　　　西蒙·费塞林　　　　　津田真道　　　　　箕作麟祥

杉亨二于 1872—1876 年编辑了中央各部委和地方政府的支出统计表《辛未政表》《壬申政表》《明治六年日本府县民费表》《明治六年海外贸易表》，但最重要的是他领导政表科实施的《甲斐国现在人别调查》（1879 年）。这项调查是使用家庭调查表的样本调查，调查中详细记录了人口的性别、年龄、配偶关系、出生地、职业等信息，并基于这些信息编制了按年龄划分的人口结构、职业分布等分类数据，被认为是日本调查统计的基础。简而言之，杉亨二的功绩是创立了统计

① 西周（1829—1897），日本近代著名启蒙思想家、哲学家。他是第一个将西方哲学系统地介绍到日本的人，被誉为"日本近代哲学之父""日本近代文化的建设者""明治初年新文化运动的领导者"。

② 津田真道（1829—1903），日本幕末到明治中期具有代表性的西洋学者、法学者。在明治初期的法典编纂中，他与西周、箕作麟祥等一起留下了丰功伟绩。津田真道一生最主要的成就是关于法律的，但他对于统计学也做出了重要贡献。1862 年，津田真道和西周去荷兰留学，在那里学习了包括统计学在内的 5 个科目后，1865 年回国。二人回国后根据听课笔记翻译出版了以下著作：西周译《性法说约》（1879），西周译《万国公法》（1868），津田真道译《泰西国法论》（1868），津田真道译《表纪提纲（政表学论）》（1874）。

③ 明治文化全集编辑部编（1929）。

④ 箕作麟祥（1846—1897），日本近代西洋学者、法学者。生于江户（今东京）。自幼学兰学、汉学。1867 年赴法国。明治维新后任开成学校御用挂，后任职于文部省、司法省、太政官、元老院，并任贵族院议员、法典调查会主查委员、行政裁判所长官。参加明六社，撰写启蒙文章。翻译诸多西方法律著作，参加编纂民法、商法，译著有《法兰西法律书》等。

的供给，他也是统计编制的先驱。

与此相对照的是，福泽谕吉是统计使用方面的先驱。他主张的文明进步是人民大众知识和道德的进步，其观点体现在《文明论概略》（1875）中，书中还介绍了西欧各国婚姻的多寡与谷物价格之间存在逆相关关系的统计法则，并推测如果日本也进行相关统计，结婚率与米价之间也会存在逆相关关系。他在 1878 年出版的《通货论（第一）》中计算了英美法各国人均货币余额，与日本 1877 年的数值进行比较，进而判定当时日本货币的供给是否合理。虽然由于数据的精度不够而没有达到目的，他对货币发行量不算过多的判断也与事实相反，但就利用统计对现状做出诊断这种实证主义做法而言，远远超出了时代的水准。

值得一提的是，福泽谕吉的英美法人口和货币流通余额的数据是从杉亨二那里得到的，这与他们分别是统计的供给者和需求者的特征相吻合。二人实际上是同门，都在"适塾"（绪方洪庵[①] 于 1838 年开设的私塾）学习，杉亨二略早一些。后来，杉亨二专注于德国国状学派的 Statistik，福泽谕吉则转为英国学派，学习了 statistics 的分析性利用。二人的资质和气量不同也影响到他们选择不同的学派，他们对统计学的认识也产生了分歧。在统计机关和协会的设立问题上，二人也形成对照。其差异主要源自二人的经历、阅历、视野不同。福泽谕吉从更广阔的角度看待统计学，而杉亨二更专注于统计学和统计制度的建立以及统计学者的培养。例如，福泽谕吉在野，通过大隈重信（财政大臣）促进了财政部统计司的制表社和统计协会的创立。杉亨二在官，领导政表科培养了吴文聪等众多统计人才。随着 1881 年大隈重信下台，杉亨二也隐退，成立了共立统计学校[②]（1883—1886 年），培养了横山雅男等优秀的学生。[③]

三、日本的统计调查

统计的目的是了解国情以及社会各个方面的具体情况，为经济和社会发展做出决策服务。统计对象包括人口、劳动力、失业、物价、农业、工业、交通运输、通信、金融、贸易、企业、家庭，以及卫生、教育、军事、犯罪等。近代以后的国家结构越来越复杂，更需要运用统计学的理论和方法进行尽可能准确的调

---

① 绪方洪庵（1810—1863），江户时代后期的日本武士、医师、兰学者。在大阪开设适塾，培养人才。其因对治疗天花的贡献而被称为日本近代医学之父。

② 共立统计学校是杉亨二劝说统计院长鸟尾小弥太等人于 1883 年开办的。前后 3 年，只招收了一届学生，学生 56 人中有 36 人顺利毕业。

③ 关于日本统计学早期的形成，参见明治文化全集编辑部编（1929）、日本统计研究所编（1960）、大桥隆宪（1965）、池田丰作（1987）、籔内武司（1995）、岛村史郎（2012，2013）。

查，日本从明治时期就开始进行这些调查。[1]

1. 明治时期

1882 年，日本统计院发布了《第一统计年鉴》，即后来的《日本帝国统计年鉴》第一期。里面收录的是业务统计，主旨和方法都与杉亨二的调查统计不同，它是原先广泛实施的从地方上报的汇总记录。人口调查是从 1721 年开始的，而后每隔 6 年幕府都命令各藩（诸侯）调查领地的人口（被称为"子午人口调查"），也就是将地方政府报告的数字加总。不过，明治时期是中央向地方提供统计表格，今天习惯称之为表格调查，这种调查由于地方的习惯不同或基层记入者的随意性而容易出现计入内容的偏差。例如，幕府的人口调查中女孩和被差别居民[2]的计入方法各藩是不同的，有些藩长期报告的都是同一个人口数。再有，户籍统计中关于寄居人口也存在差异，主要是寄居手续滞后造成的。

类似的缺陷在内务省于 1873—1874 年实施的《府县物产表》的汇总中也能看到。这是按照各府县和旧国（藩）划分的产出量及其价格进行汇总的，但调查品种繁多，从谷类到拉门、箱子，以及其他小物件，计量单位有石、贯、斤、反、元、钱，度量衡、流通货币继而物产品质和价格的平衡等方面差异更大，因而导致了全国计数不能发表、只供内部掌握的结果。也许是基于对这种失败的反思，1877 年以后，缩小为除了生丝以外，不包括任何其他工矿产品的《农产表》。除了产量和一石一斤的通价之外，按播种地段进行调查。

《农商务统计表》的编制开始于 1885 年，为此日本人事先在 1883 年制定了"农商务统计规则"[3]。这项调查一方面继承了《农产表》调查，另一方面在商工省以及工厂调查上取得了进展，加入了资本金、机械设备、公司董事、职工数等要素存量作为调查项目，从单纯的物产统计向产业统计迈进了一步。但是，工厂统计只是罗列了按府县划分的个别工厂的数值，不仅没有按行业分类（汇总），职工数也不是依据规则确定的年末人数，而是一年当中的总人数（或一天平均人数），诸如此类的问题很多。虽然有人对这些缺陷提出了批评，说表格调查代表的是前近代的统计观念，但是，列表方式是朴素的，与水平不高的汇总和分类的加工数据相比，单个的表格可以再次汇总，从这个意义上说优点也不少。另外，在 1894 年规则的改进中，吴文聪的主张得到了认可，工厂表被引入，最终发展为《工厂统计表》和《工业统计表》[4]。这个脉络是从表格调查向小表调查的转

---

① 关于日本早期统计制度和统计调查，参见佐藤正广（2012）。

② 日本的一个受到歧视的族群。

③ 农商务省是 1881 年设置的。

④ 《工厂统计表》从 1909 年开始用于实施调查，每隔 5 年一次，从 1919 年开始每年实施调查，第二次世界大战以后改为《工业统计表》。

变，也向统计现代化的方向演进了。

通常认为，在统计学正式引入日本之前的统计等缺少小票、点计的调查是前近代的，而前近代的调查经不起科学推敲。以户口统计为例，国势调查之前的数据缺乏可信性，加上旧时代的（宗门）人员变动，很容易出现误差。但是，根据近些年历史人口学的研究，如果能进行必要的补充，是可以从人口变动中推算出出生、死亡、家庭规模、结构等人口学指标的长期系列的。同样，虽说是依据表格调查的业务统计，但近些年其价值越来越得到认同，如明治时期的《共武政表》《征发物件一览表》《府县劝业年报》。《共武政表》是由陆军省进行的军事统计，但没有收录到该省年报中。当初（1875 年）只调查了户口、段别、石数（粮食产量），1878 年以后加入了寺院、学校、车船数，1883 年改称《征发物件一览表》，明治末年进一步加入了各种建筑物的面积、人夫、工匠数（按职业划分）、米盐柴炭的价格。虽然是朴素的调查，但作为地方经济统计是有意义的。《府县劝业年报》如其名所示，作为劝业政策的一环，从 1880 年开始由各府县劝业科发行。不久，农商务统计的业务也就是《农商务统计表》也归劝业科所管，于是农商务统计的结果也刊发在《府县劝业年报》上。《府县劝业年报》没有特定的表格，也没有统一的名称。与此相比，基于"府县统计书样式"（1884 年）的《府县统计书》在形式上是完备的，但它是基于府县势总览的各种统计编撰的。就产业统计而言，《府县劝业年报》属于第一手资料。

重要商品，特别是大米的行情（汇总）调查可以追溯到明治二年（1869 年）（民部省发令）。大藏省租税寮发布"物价表格式"是在 1873 年，除了米麦还指定了大豆、盐、清浊酒、大酱、酱油等 12 种商品。其中还包括煤炭这种新时代的商品，记录了按产地（品种名）划分的米价，这些在大藏省的格式里是没有的。物价统计和物价指数根据的是货币制度调查会（1893—1895 年）事务局收集并编制的东京 24 种、大阪 16 种物价表。1873—1894 年 4 月的指数是以 1874—1883 年为基准的，停留在将个别指数进行单纯平均得出的水平上。再有，这个指数除了用银元表示的独特性之外，还有用金银比价进行缩减处理的系列。关于明治（到大正、昭和）时期的物价统计，农商务省、商工省与日本银行的批发物价指数几乎是同时编制的，起点是 1887 年。基准年份一开始都是 1887 年（农商务省、日本银行旧指数）。后来，日本银行新指数、商工省指数以 1900 年为基准年份（综合指数都是单纯平均）。不过，两个系列采用的品种是不同的，一个系列内部也有追加和替换，但两个系列之间的较大差异体现在日本银行指数是对东京地区的调查，农商务省、商工省指数则覆盖了日本主要城市。日本银行旧指数、农商务省指数消失于大正初期。日本银行新指数、商工省指数则将基准年份依次延续，直到昭和战前时期[①]。

2. 从大正到昭和

大正时期（1912—1926 年）统计调查的亮点是 1920 年第一次国势调查，也就是杉亨二思想里的人口普查，不过调查预算通过那天（1917 年 12 月 4 日）他去世了（享年 90 岁）。人口普查成为国势调查是通过统计计算了解国力、测量国家状况的 M. 缪尔赫尔（Michael Mulhall）"对努力的向往"的理念被朝野广泛接受的结果。"倾国家之力，不让一个人掉队，期待每个人参加的人口普查"是国势调查的理由。另外，1885 年统计院刊《万国对照年鉴》译自 M. 缪尔赫尔的 *The Balance-sheet of the World*（1881），他的统计表也被引用在《农商务统计表》里。

1911—1912 年，由内务省社会局推出的《贫民调查统计表》是统计学第一次接近工业化社会底层。接着，1916 年和 1918—1920 年高野岩三郎[②]实施了"东京 20 个职工家庭生活调查"及"月岛调查"。前者是与国势调查中的沼津调查、原调查相匹敌的先驱性家庭调查，它是在友爱会（后来的日本劳动总同盟）的帮助下实施的。后者是受内务省卫生局的委托，由高野提出方案进行的；它不仅是家庭调查，还是包括保健卫生、劳动条件、生活环境、儿童和学校调查在内的福利和社会调查。

在"月岛调查"前后，中央和地方政府（特别是各市社会科）以及由民间企业和团体进行的生计和家庭调查接踵而来。有泽广巳[③]、小仓金之助[④]做过这种调查的研究，1919—1925 年各年的调查件数分别为 4 件、7 件、10 件、4 件、

① 由于昭和时期发生了第二次世界大战，因此这段时期通常以 1945 年为界分为昭和战前和昭和战后两个时期。

② 高野岩三郎（1871—1949），出生于长崎县。他就读于第一高等学校和东京帝国大学，在导师（导师之一是藤泽利喜太郎）的劝导下学习统计学。之后去德法英三国留学，主要学习统计学。3 年后回国，任东京帝国大学法学科教授，担任统计学讲座教授。1919 年辞去教职，担任大原社会问题研究所所长。主要相关活动如下：（1）进行统计学的研究，有《统计学研究》（1915）、《社会统计学史研究》（1925）等著述；（2）开展社会调查，包括"东京 20 个职工家庭生活调查"（1916 年）、"月岛调查"（1918 年）等；（3）刊发统计学古典选辑，翻译欧洲统计学古典作品（12 卷，1941—1949）；（4）参加国际性统计活动，被选为国际统计协会会员；（5）从事统计教育，设置社会统计学院，担任地方统计讲习会讲师等；（6）参加统计学会、统计团体，担任日本统计学会会员，担任东京统计协会、统计学社评议员；（7）对官方统计提出建议和提议；（8）建议战后统计改革。

③ 有泽广巳（1896—1988），日本著名经济学家和统计学家，经济学博士，东京大学名誉教授，日本学术院院士，是与日本共产党系的"讲座派"对立的亲日本社会党的"劳农派"的重要智囊之一。第二次世界大战之后提出的"倾斜生产方式""二重结构"理论对日本经济发展产生了重大影响。

④ 小仓金之助（1885—1962），日本著名数学家和数学教育家。

5 件、3 件、3 件，合计达到 36 件，可以说是兴起了一股家庭调查的热潮。不过，这股热潮以 1926 年内阁统计局在日本主要城市实施第一次"家庭调查"告终。这与内务省社会局的提议相关，它是以工薪生活者为对象的调查。由于关东大地震（1923 年），调查被拖延了，此后这项调查一直延续了下来。

工资统计从 1900 年开始，是农商务省通过全国 26 个商工会议所收集的 51 个职种（包括农作日雇、年雇）的工资系列，但它不但受到表式调查缺点的影响，而且没有涵盖伴随工业化进展而增加的各种工厂劳动者的工资。内务省社会局从 1923 年 2 月开始实施的"职工工资每月调查"，以及更早一些由日本银行调查局开展的"劳动统计"，获得了更为准确的工资数据，特别是按产业划分的工资。

与此相同，第一次世界大战后，工资的各种差距开始凸显出来。1924 年开始的（每 3 年一次）内阁统计局针对全国大中小工厂进行的"劳动统计实地调查"不仅包括工资的调查，还包括劳动时间、就业年限、受教育程度的大调查，汇总是按照产业小分类进行的，包括 1938 年的临时调查在内总共实施了 6 次，成为第二次世界大战后劳动省"工资结构基本调查"的源流。此外，前面提到的"职工工资每月调查"战后也被劳动省的"每月勤劳统计调查"继承。

劳动统计中包括劳动争议、失业及其他统计，但失业的测算值得一提。最初是附在第二次国势调查（1925 年）中的，是内阁统计局针对日本 26 个城市实施的"失业统计调查"的一部分。这当中除了工厂和日雇劳动者之外，也加入了工资生活者的失业率，1925 年为 4.48%。第三次国势调查（1930 年）的失业率为 1.07%，这是由于它将自营业主、家庭从业者看成有业者，如果仅限于雇佣者，1930 年的失业率应该更高。根据内务省社会局《推定失业者数及失业率调查》（1929—1940 年），1930 年（雇佣者）失业率为 5.23%。1932 年这个"推定"失业率达到了 6.88% 的最高水平，不过大多数专家认为这一数值太低，不够真实。

四、统计学的争论

统计学的英语是 statistics，关于其语源以及原来的意思却有很多说法。《牛津英语词典》里，从意味着国家的拉丁语 status 衍生出了 16 世纪意味着政治家的意大利语 statista、英语里的 statist。18 世纪，德国人把 Statistik 应用到了关于国家或者社会的概念上。此后，在德国、荷兰、比利时、法国等欧洲大陆各国，以及英国、美国的统计学的发展过程中形成了几种不同的潮流。诸多学者围绕各种潮流之间的差异，对于统计学到底是什么学问、是独立的学科还是单纯的方法、以什么为对象进行研究、其目的是什么等问题展开了争论。日本从幕末到明治时期也出现了同样的讨论，特别是明治二十年代的争论很有意义。争论并不局限于"统计"这个词的翻译，其实反映了对统计和统计学的学理、方法、范围等问题理解和认识的不同。最终，汉字"统计"这个用语占了上风，成为主流。①

"多寸久"这几个日文汉字是杉亨二在共立统计学校的讲义中使用的。杉亨二以及他的门生都对"政表""表记""形势学""统计学"等译名不满意，特别认为"统计学"是不恰当的。根据和汉（"和"代表日文，"汉"代表中文）的先例，统计中只有"将全部合计"的语义，而 Statistik 并不只是单纯的合计学。统计学一词最初来自箕作麟祥翻译的《统计学》（1874 年由文部省发行），此后很快得到了普及。杉亨二试着写成"多寸久"时并没有实现他心中 Statistik 的全部意义。杉亨二可能是想对省略点计调查、小表调查，而只对业务记录、询问、假设数字进行"统计"的简单便利的统计制作方式提出异议。

1. 关于"统计"一词的争论

如上所述，日本的统计学在 19 世纪中叶从欧洲引进，当时日本刚刚实现了明治维新，正是需要按照近代思想发展的时期，要了解国情，于是统计学发挥了重要作用。不过，日本毕竟是东方国家，外来的文化要想在异国他乡扎根还是需要一定的磨合的，围绕"统计"和"统计学"这些词就争论了很长时间。有趣的是，挑起这场争论的并不是统计学界的人，而是陆军军医森林太郎②。更重要的是，森林太郎不是别人，正是明治时期的著名文豪森欧外。他于东京帝国大学医学部毕业后进入陆军成为军医，后来去德国留学并获得博士学位，回国后一直在陆军做军医，最后升至陆军军医总监。他一边从医一边写作，作品如著名的小说《舞姬》。这样一个人却参与统计学的争论，而且最终获胜，这也从一个

森林太郎

---

① 关于日本早期围绕统计学的争论，参见池田丰作（1987）、竹内启（1989）、岛村史郎（2013）、宫川公男（2017）。

② 森林太郎（1862—1922），笔名森欧外，是明治时期与夏目漱石并列的文豪，同时作为军医成为陆军军医总监，是军事医疗卫生方面的最高负责人。他生于医学世家，1869 年学习汉籍，1873 年进入东京医学校、1877 年进入东京大学医学部学习，1881 年毕业后进入陆军省成为军医。1884—1888 年，他去德国留学，学习实验卫生学，并研究营养问题。

侧面反映了当时日本正在朝着现代化的方向迈进，因为森林太郎不但留过学，视野开阔，而且语言文字功底深厚，对新事物能够把握得更好。

当时，日本统计学界的权威杉亨二认为西方的统计学具有特殊意义，但找不到合适的词表示。他主张用片假名表示，甚至根据发音独创了三个很奇怪的字。他并未直接参加争论，是他的弟子之一今井武夫[①]参加的。后来，统计学界认为森林太郎的观点是对的，于是"统计"和"统计学"这些专业词就诞生了。森林太郎参加论战不能说一点原因也没有，医学需要统计学，因为他的专业是医学，加上他文学功底深厚，所以他论战起来得心应手。据说，森林太郎和今井武夫都是很自信和好斗的人。以下是争论的相关文章：

森林太郎《医学统计论题言》，载《东京医事新志》第 569 号，1889 年 2 月。

森林太郎《关于统计》，载《东京医事新志》第 573 号，1889 年 3 月。

今井武夫《关于统计》，载《统计》第 37 号，1889 年 5 月。

森林太郎《关于统计的分疏》，载《东京医事新志》第 584 号，1889 年 6 月。

今井武夫《再论关于统计》，载《统计》第 39 号，1889 年 7 月。

森林太郎（湖上逸民）《读统计三家论》，载《东京医事新志》第 593 号，1889 年 8 月。

森林太郎（欧外渔史）《答今井武夫君》，载《东京医事新志》第 593 号，1889 年 8 月。

今井武夫《第三次关于统计》，载《统计》第 41 号，1889 年 9 月。

森林太郎（湖上逸民）《读第三驳义》，载《东京医事新志》第 603 号，1889 年 10 月。

森林太郎（忍冈樵客）《续读第三次关于统计》，载《东京医事新志》第 604 号，1889 年 10 月。

森林太郎（湖上逸民）《统计的译语不应该不同于其定义》，载《东京医事新志》第 605 号、第 606 号，1889 年 11 月。

今井武夫《第四次关于统计》（未完），载《统计》第 44 号，1889 年 12 月。

争论发端于森林太郎从德国留学回国后的第二年（即 1889 年）为吴秀三[②]翻译的弗里德里希·厄斯特伦（Friedrich Oesterlen）的《医学统计论》所写的序言，内容是他认为医学研究包括看因果关系的"特性特机"的实验性医学研究和不看因果关系而与"各性各机"相关的计数性医学研究两种，医学统计学应该是根据溯源理法（归纳法）用于计数性医学研究的方法论。由于他的文章使用了

---

① 杉亨二的弟子之一。曾任职于东京府文书科（1886 年开始）、统计社（1887—1891 年）、东京市本乡区役所（1892 年开始）、台湾"总督府"（1895 年开始）、台湾新报社（1905 年开始）。

② 统计学家吴文聪的弟弟。

"统计"二字，而没有按照当时统计学界的习惯使用外来语，因而引起了杉亨二及其门生的不满。森林太郎回答说自己并不是不想使用外来语，只是翻译者使用了"统计"二字，并无其他意思。以上争论围绕着"统计"这个译法是否妥当，以及统计学是科学还是方法论展开。这次争论时间长达 10 个月，但争论得到的表面结果并不丰富，不论关于上述两点中的哪一点都没有得出一致的意见，因此从表面看这场争论是徒劳无功的。

不过，以上森林太郎与今井武夫之间关于"统计"一词翻译争论的一个最大成果是，森林太郎的统计学观点通过最简洁的方式表达了出来。森林太郎的观点来自他在德国学习医学时受到的影响，当时正是德国医学的勃兴期。医学分为两种：一种是实验性医学，也是主流，主要依靠显微镜和手术刀；另一种是 19 世纪中期诞生的计数性医学，后来成为与实验性医学并列的医学研究方法。实际上，两种方法都以归纳法为基础，一种是"解剖和分析"的实验性归纳法，另一种是"统率和计算"的统计性归纳法，二者相得益彰，共同促进医学的发展。据此，森林太郎提出了所谓"特性特机"和"各性各机"的观点。

他认为，因果关系的研究中作为研究对象的事物一般有两种情况：一种是"特性特机"，另一种是"各性各机"。所谓"特性特机"（typisch，类型），是事实或事物"必有的特性"，如人必须具备的特性，以及"必遇的机会"，如"人一定会死"时的时机或状况，就如结核病患者的组织内一定会有结核杆菌。具有相同特性和特机的总数形成一个"类"，而将这个"类"分出来就是"分类"。因此，相同特性特机通过类而存在，即"特而常在""单数的特应该应用于总数"，从中可以找到因果，而这种应用被称为"经验的规则"。由这种"特性特机"确认的原因与结果的关系是实验性归纳法。以结核病为例，结核病患者的体内一定有结核杆菌（必有的特性），即使不对所有患者进行调查，只调查少数患者也能够得到实验性的确认。然而，事物除了类型性质的"特性特机"之外，还存在个别的"各性各机"（individuell）。例如，人所生的孩子要么是男孩，要么是女孩。而且"作为各的事物并不通过类而存在"，因而"各即变""单数的各不一定能够加总而应用"，从这当中找不到因果。例如，结核病患者体内一定存在结核杆菌，但不一定都咳血，结核病患者既有咳血的又有不咳血的，因人而异（各性）。咳血的人的集合称为"门"，其中既有因结核病咳血的，也有因其他原因咳血的。类当中会有某种共同的原因特性，但集合中却没有，这就是通过实验性的归纳法无法获知的事物。现在将每年统计到的咳血人群中的一定比例确定为结核病患者，但不能说这个比例在过去、现在、将来一定代表结核病人，只能是推测。不过，统计中的结核病患者的数量越多，说明比例数推测的结果的准确程度（置信度）越高，计算这种程度的方法就是概率的方法。

森林太郎在上述讨论的基础上认为，考虑到统计与因果关系研究之间的关系应该区分类型性的、一般性的、恒常性的"特性特机"和个别性的、特殊性的、变动性的"各性各机"，统计应该对应不能发现因果的"各性各机"。医学研究中存在依据实验性归纳（溯源）的实验性医学研究和依据计数性归纳（溯源）的计数性医学研究两种。虽然"各性各机"不能发现因果，但统计也不是完全与因果关系研究无关的。通常所谓偶然就是没有原因、没有结果，其实认为没有原因就是不知道原因。结果也同样，正因此才需要有统计，推测（概率）。也就是说，计数性归纳法是因为对实验性归纳法本来应该知道的因果关系不知道而建立假说帮助思考的，起到在知识不完整的地方进行补充的作用。

争论中体现的森林太郎的统计学观大概有以下三点：第一，统计这个术语可以解释为"调查、计算"的意思，可以理解为"将事物进行调查、计数，然后归总"，因此可以翻译成统计。另外，所谓"调查"是"归总调查""复合体调查"，不是"单体调查"和"加法计算"。统计复合体调查需要使用大量观察和大数观察，复合体也被翻译成总体、总量。第二，统计学是理法（方法）的科学。森林太郎将科学分为特立（独立）科学、应用科学、方法三种。特立科学是在并不特别需要的地方单纯地被称为科学，朝着某个方向确定事物的特性特机，发明固定不变的法则，如哲学、化学、医学。应用科学将特立科学应用于某个比较小的区域，以确定事物的特性特机，发明固定不变的法则，如法理哲学、农事化学、裁判医学。所谓方法，是为了达到发明固定不变的法则的目的而应用的各种科学的手段，理法（伦理学）的方便或单纯的理法。从这种分类看，统计的本体就是一种方法，也就是理法，从这个意义上说是辅助性的。第三是关于以上两点涉及的统计的方法与因果关系发现之间的关系，于是就有了作为其基础的"特性特机"和"各性各机"的讨论。

2. 关于统计学科的争论

明治时期关于统计学的另一场争论发生在数学家藤泽利喜太郎[①]与统计学家

---

① 藤泽利喜太郎（1861—1933），明治到大正时期的数学家，也是保险数学的权威。1887年，他结束德国和英国的留学生活回国，成为东京帝国大学数学教授。他与菊池大麓一同为日本的数学教育做出了巨大贡献。他留下了《算数条目及教授法》（1895）、《算数教科书》（1896）、《初等代数学教科书》（1898）等著述。他的算数应用主要在生命保险的计算上，1889年发行了《生命保险论》，首次编制了日本的生命表。由于编制了生命表，因此他开始关注统计学。1894年，他的讲演录《统计活论》发起了与吴文聪的统计争论（参见统计学争论部分）。1896年，他开始在东京帝国大学讲授统计学，1919年在东京大学理学部讲授数理统计学，1920年成为设置在内阁里面的中央统计委员会委员。他对于统计学的贡献主要在于两点：一个是生命表的编制，另一个是与吴文聪等人的统计争论。

吴文聪^①之间。发端是藤泽利喜太郎的"统计活论",回应的是杉亨二门生吴文聪的"统计的话"。争论之前的1892年9月,吴文聪在国家学会做了演讲,对象包括地方的不是统计专家的国家学会的人。吴文聪在讲述了统计学的起源之后,谈到了关于统计的很多定义,他列举了三种:(1)统计是方法;(2)统计是科学;(3)统计既是方法又是科学。其中,(3)的支持者最多。(1)的观点主要认为,统计作为科学的基础还不充分,因而还没有确立。由于统计研究的对象是社会的事物,因而其与社会学冲突,只能是辅助社会学等其他学科的辅助学科。(2)的观点认为,统计是因为应用于人类社会而诞生的学问,同时又是用数字描述事物的学问,所以与社会学的对象一样也是一门独立的科学。(3)的观点认为,统计学如果广泛应用就是方法,对人类社会的事物进行研究时就是科学。英美学派通常认为统计学是方法,大陆学派认为统计学是做学问的方法,吴文聪比较认同大陆学派。对于作为学问的统计学的目的,吴文聪从国家和社会两方面,"将各国各民的生活和其成立的成分进行计数,进而研究,分解其原因和作用并进行显示"^②。他认为,人类社会与物理社会一样是受一定的规则所支配的,如果能搞清楚就成为社会理学,如果能对国家的发达或灭亡的原因进行观测并提出对策就是社会生理学,总之"统计是国家学和社会学与理科各科学之间的桥梁"^③。

在这种对于统计学存在多种见解的情况下投下一颗石头的是明治时期重要的数学家、东京帝国大学数学科教授、理学博士藤泽利喜太郎于1893年12月的一次题为"统计活论"的演讲。藤泽利喜太郎编制生命表时需要利用政府统计,他发现一些统计不够准确,因此进行了批评,这引起了后来关于统计问题的

---

① 吴文聪(1851—1918),作为官厅统计家,是日本产业统计机构的创立者,也是统计理论史上的启蒙者和理论指导者,还是初期美国统计学的主要引入者。吴文聪出生于东京的医生和兰学者家庭,少年时学英语,并在庆应义塾大学南校学习。在就任工部太政官政表科、内务省、邮政省、农商务省等统计官僚的同时,他也著书立说。受到杉亨二的影响和指导,他还在学习院、东京专门学校(后来的早稻田大学)、专修学校(后来的专修大学)等讲授统计学。他的贡献包括:官方统计的制作、统计学著作的创作和引进、学会活动、国势调查的实施等。著作方面的贡献最大,包括19世纪末德国社会统计学的介绍以及基于此的著作,如《统计详说》(1877)、《统计原论》(1889)等。主要相关活动如下:(1)引进和普及欧美统计学(关于统计学的著作超过20册,论文超过200篇);(2)在庆应义塾大学、学习院大学等讲授统计学;(3)担任中央和地方统计讲习会的讲师;(4)为开展国势调查而尽力;(5)建议创立中央统计机构;(6)整备官厅统计(内务省统计、邮政省统计、农商务省统计、产业统计);(7)统计专家的培养和支援。

②③ 吴文聪. 统计的话. 转引自:宫川公男. 统计学的日本史[M]. 东京:东京大学出版社,2017:135。

藤泽利喜太郎

吴文聪

争论。他在讲演中断定日本没有统计家,他说一些人虽然读了西洋的统计学书,甚至写了统计学的书,但仅仅是抄写,算不上统计家。他说真正的统计必须使用大数——很大的数,因此需要懂得数学,而数学也不是抄写的数学。不过,他认为统计并不需要数学,做统计的人只要有数学心得即可。统计实际上是把事实简单地说清楚,应该尽可能使用各种快速的方法将数字排列出来。他认为,仅仅是抄写表格、制作表格这样的人不是统计家。他还批评了统计数字的编辑和出版,认为每年各国政府和学会出版的很多统计书只不过更换了一下数字而已。他认为统计年鉴属于字典型统计书,这种书没有出版的必要,需要的人可以到政府部门或学会去索要,或者只出版简单的摘要即可。

藤泽利喜太郎在《再论统计》一文中引用德国统计学家恩格尔和豪斯霍尔、法国统计学家布洛克的观点,将统计人士分为“从事统计的人”和“统计学者”。他根据恩格尔的说法区分了以下10项:(1)识别能够作为统计研究目的的现象;(2)观测现象,即有秩序地实施大数法则;(3)记录观测的结果;(4)收集并分类统计记录;(5)观测以上情况(进行表面的评价);(6)将观察到的统计材料进行分类、计算、制表;(7)寻找相同的点;(8)对观测到的结果及其内涵,选择相同的点进行说明,即看穿反映现象的原因的关系,以及不同场所和时代体现的异同点;(9)关于现象及其内涵,发现能够成为相同的基础的规律;(10)整理统计材料,记述根据材料得出的结果并将其出版。从事上面(2)至(7)以及(10)项目的人是“从事统计的人”,从事(1)(8)(9)项目的人是“统计学者”。

他的上述批评引发了杉亨二门下的统计学者吴文聪、河合利安、横山雅男的反驳。他们利用东京统计协会杂志《统计集志》等对藤泽利喜太郎进行批判,争论文章大致如下:

河合利安《统计活论一口评》,载《统计学杂志》第92号,1893年12月。

横山雅男《关于藤泽理学博士的统计活论》,载《统计学杂志》第97号,

1894 年 5 月。

吴文聪《读藤泽博士的统计活论》，载《统计集志》第 153 号，1894 年 5 月。

藤泽利喜太郎《再论统计》，载《东洋学艺杂志》第 153 号，1894 年 6 月。

河合利安《评统计活论》，载《统计集志》第 154 号，1894 年 6 月。

吴文聪《论统计的事情，并质问藤泽博士》，载《统计集志》第 155 号、第 156 号，1894 年 8 月。

河合利安《对藤泽博士的问候》，载《统计集志》第 156 号，1894 年 8 月。

这次争论以及上一次争论除了涉及统计学的定位和作用之外，在很大程度上体现了因各自的职业和立场的不同而产生的误解，以及为了维护自己的地位和身份而表现出的态度。森林太郎和藤泽利喜太郎是正统的东京帝国大学的毕业生和留学生，今井武夫和吴文聪则是统计学和统计事业的维护者和执行者，他们各自基于不同的理念，带着一定的感情成分参加争论。尽管这两次争论并没能对学理有什么明显的推进，但也在很多问题上澄清了对于统计学这个新生事物的不同理解，使之逐渐走向更明确的方向，从这一点上说是很有意义的。更重要的是，一门刚刚从欧洲传入日本的专业，在一个刚刚走上现代化道路的国家存在着不同的见解。

五、统计学教材

对于一个国家而言，一种新的学科的引入除了专业人士需要学习和掌握外，还需要向更多人推广和普及。特别是统计学这种兼顾理论和方法的学科，不仅政府相关部门需要专业知识，企业、学校、医院也需要专业知识。因此，好的本土的教材十分必要。这里介绍几种在当时较有影响的教材，其中最重要的是横山雅男的《统计通论》，不但在日本传播甚广，而且在中国影响也十分广泛。

横山雅男[①] 最早的教材是《统计学讲义》，1900 年出版。日文版《统计学讲义》的主要章节（全书 222 页，共 11 篇 71 章）如下：第一篇，统计沿革；第二

---

① 横山雅男（1862—1943），出生于广岛。1883 年，他成为日本最早的统计专科学校东京共立统计学校的首期学生，1886 年毕业。从 1889 年起，他一直担任日本统计学社和东京统计会的常任委员、评议员、干事。1913 年兼任日本内阁统计局统计官。1926—1935 年，他担任统计学社社长以及该社出版的《统计学杂志》主编。在统计教育方面，他在实地商业夜学校、专修学校（日本专修大学前身）、日本私立卫生会（日本医师会前身之一）、庆应义塾大学、陆军大学校等多所学校以及中央和地方统计讲习所担任讲师，讲授统计学。他还走遍了日本几乎所有的都道府县，巡回宣讲统计调查和统计方法。对于中国来说最重要的是，他的《统计通论》在 20 世纪初被翻译成中文，广为流传二十九年，成为最早引入中国的统计学教材。

横山雅男

篇，统计方法；第三篇，统计学问；第四篇，统计机构；第五篇，统计行政；第六篇，人口统计；第七篇，经济统计；第八篇，社会统计；第九篇，道德统计；第十篇，政治统计；第十一篇，军事统计。不过，很快他就进行了改写，出版了日后影响更大的《统计通论》，第一版于1901年7月由专修学校出版发行，由日本经济社和有斐阁书房销售，全书253页，分为9篇79章。各篇名称如下：第一篇，统计沿革；第二篇，理论及方法；第三篇，统计之机关；第四篇，人口统计；第五篇，经济统计；第六篇，政治统计；第七篇，社会统计；第八篇，道德统计；第九篇，教育与宗教统计。

《统计通论》第一版是在《统计学讲义》基础上完成的。与《统计学讲义》相比，《统计通论》减少了两篇，即从11篇减少为9篇，将《统计学讲义》的第二篇"统计方法"与第三篇"统计学问"合并成为"理论及方法"，第四篇"统计机构"和第五篇"统计行政"合并成为"统计之机关"，"军事统计"并入"道德统计"，"教育与宗教统计"独立成篇。但章节内容有所增加，由《统计学讲义》的71章增加到79章，方法性内容有所充实。一是体现在统计学的阐述上，"统计学定义""统计学派""统计学说"等单独成章；二是体现在对调查的解释和说明上，"调查的目的""调查的性质""调查的区域""调查的顺序""调查的方法""调查的时间""调查的场所""调查的机关"等内容也都单独用一章加以详述，使得成书由原来的222页增加到253页。不过，两本书的基本框架、体系、思想和方法是一致的。

在20世纪初的日本，吴文聪、高野岩三郎等统计学者的名气和影响力并不比横山雅男低，但横山雅男不但系统地讲授统计课程，而且不断修改完善他的教材，使得听过他课的中国学生都愿意翻译他的教材，并向中国宣传、引进，即使不是直接翻译，在编写时也都主要参考了横山雅男的《统计通论》，如彭祖植和沈秉诚在编写他们的教材时都以横山雅男的《统计通论》

高野岩三郎

为蓝本[①]。高野岩三郎被认为是日本社会统计的鼻祖，中国留学生葛万涛在东京大学上过高野岩三郎的统计课，认真地做了笔记，但并没有出版发行。在日本，除了横山雅男的《统计通论》，还有几种较有影响的教材，如高野岩三郎的《统计学》、吴文聪的《纯正统计学》、水科七三郎[②] 的《实业丛书：纯正统计学》。

六、结语

本章研究了日本近代统计学的形成，主要是从欧洲引进的过程和在日本形成的过程，不论哪个过程都存在一些值得研究的现象。从欧洲引进的过程由于文化、社会、经济、政治等方面的差异，需要一个适应的过程。在这当中有很多争议发生，包括专业术语的翻译、概念和理论的解释、运用时的把握等。在日本形成的过程中也存在着不同的流派和对统计学理解的差异，这主要受到欧洲不同国家统计学的影响。

值得一提的是，后来对中国影响最大的学者横山雅男和他的教材，在日本并不是主流。虽然横山雅男作为日本统计学创始人杉亨二的直系弟子，在统计学的形成过程中也发挥了重要作用，但他长期在野，并不直接参与政府的统计工作，也不是主要大学的教授，更多的是在民间和军队中普及统计学，因此他在日本官方和正统派中没有多少记录。不过，可以明确的一点是，横山雅男的统计学教材在 20 世纪前 30 年是最知名的，也是版本最多的一种。特别是对于中国统计学的引入而言，横山雅男的统计学教材几乎是唯一的，而且影响巨大，至少在 20 世纪前 20 年是不可替代的。

---

① 关于日本统计学在中国传播的具体情况，参见本书第二章。

② 杉亨二的弟子之一。曾任职于北海道厅（1888—1898 年）、海军主计练习所（1900—1903，担任统计学教授）、台湾"总督府"（1903—1917 年）、上智大学（1920 年开始担任统计学讲师）。

第二章

统计学从日本传入我国

统计思想和统计实践在整个人类历史上由来已久，但现代意义上的具有自己的研究方法、理论与原理的统计学发轫于 17 世纪，经过了 200 多年的孕育发展，至 20 世纪 30 年代正式确立为一门学科。在我国，19 世纪末 20 世纪初，统计学经由日本传入我国，呈现向"东"学"西"的局面。

过去，这方面的研究十分缺乏、粗糙，大多属于介绍性质的，有的甚至相互转抄，没有第一手资料。这里重点考察清末和民国初期统计学从日本传入我国的过程及其影响。我们的目的是将近代统计学传入我国的过程搞清楚，同时提出一些评论性的看法。日本在近代从欧洲引进统计学的过程中发生了几次争论，而我国没有发生这种情况，我们认为这是两国在近代之前对于统计学以及相关学科的知识积累不同导致的。日本在前近代就与欧洲保持着一定的联系，而我国与欧洲基本上是完全隔绝的。由于地理以及其他方面的原因，19 世纪末期我国加强了与日本的联系，很多西方的学术、思想、制度都是从日本引进的，而日本的相关内容是从欧洲引进的。重要的是，日本在引进的过程中做了一些修正，使之符合本国国情，这就决定了我国近代的一些新知识、新思想、新技术、新制度在很大程度上受到日本的影响。就统计学而言，直到 20 世纪 20 年代都是日本占据主导地位，这种局面直到我国引进欧美的统计学后才有所改观。

一、我国的统计萌芽

在我国统计学史的研究著述中，1949 年以前有卫聚贤（1934），1949 年以后有陈善林、张浙（1987），刘叔鹤（1990），李惠村、莫曰达（1993），徐国祥、王德发（1999），刘畅、张云（2000），王德发（2017）。① 这些著述为我们了解中国统计学科与教育的发展进程提供了难得的文献、脉络、素材，但它们都存在三个方面的缺陷。第一是缺乏对原始文献材料的研究，往往直接使用前人发表的文章，因而所述历史、人物、著作等几乎完全一致，甚至文字都雷同。第二是没有将中国统计放到世界统计的环境中研究。由于统计方法是从国外传入的，所以中国统计学科和统计教育的建立与发展必然受到国际统计科学发展阶段的影响，只有分阶段地对比中外统计，才能客观准确地评价自己、发现问题。第三是在回顾、研究中国统计学科发展历史时没有结合中国当时的国情，也没有将统计学放到整个科学教育发展的大环境中研究，甚至用已经习惯的思想和学派分类去套历史，硬是要将某位统计学者划归某个学派。我们认为应该客观准确地记载、描述统计学形成的历史进程，不可能也没有必要得出准确的结论，如统计学的发展阶段、统计学的不同学派等。

　　中国的统计实践由来已久。早在夏朝奴隶社会，为了征集兵员、征收赋税，就需要对人口及土地进行调查。放在世界的大格局下，中国也是最早进行统计调查的国家之一。由英国皇家统计学会（Royal Statistical Society，RSS）和美国统计学会（American Statistical Association，ASA）共同编辑的《统计学大事年表》（*Timeline of Statistics*）将公元 2 年汉朝实施的人口调查确认为世界上第一次人口普查。调查结果显示，汉朝当时有 1 236 万个家庭、5 767 万人口，专家认为这一数据是相当准确的。如果说人口普查是政府统计实践的话，中国在早期的统计理论方面也有杰出的贡献。《统计学大事年表》中专门介绍了中国在公元 1303 年给出的二项式系数的 8 次幂，即我们所熟悉的杨辉三角形。国际数学史和统计学史的著作中都提到了中国早期的贡献，但也都感叹古代中国没有将这些科技发明和贡献准确地记载下来。

　　《统计学大事年表》中记录了自公元前 450 年到 2012 年近 2 500 年间的 72 项统计学术里程碑性质的贡献，勾画出了统计学从萌芽到奠定基础、从广泛应用到形成理论体系、从传统数据到电子数据的整个过程。这一历史进程分为 3 个部分：从公元前 450 年到公元 15 世纪属于统计学的早期源头，列出了 12 项重大贡献，其中包括前面提到的汉朝人口普查和宋朝二项式系数的三角形；从公元 16 世纪到 19 世纪末属于奠定统计学的数学基础时期，共记载了 30 件大事，基本都

---

① 　陈善林，张浙.统计发展史 [M].上海：立信会计图书用品社，1987；刘叔鹤.中国统计史略 [M].武汉：湖北人民出版社，1990；李惠村，莫曰达.中国统计史 [M].北京：中国统计出版社，1993；徐国祥，王德发.新中国统计思想史 [M].上海：上海财经大学出版社，1999；刘畅，张云.二十世纪中国的统计学 [M].北京：党建读物出版社，2000；王德发.中华民国统计史（1912～1949）[M].上海：上海财经大学出版社，2017.

由英国、美国、法国、德国等国家贡献；从 20 世纪初到 2012 年属于现代发展阶段，也是由 30 件大事构成，描述了现代统计学的形成和发展。

纵观世界统计科学的发展脉络，在早期源头阶段，文明古国意大利、中国、希腊、印度，以及英国等都有过辉煌的历史贡献；到了奠定数学基础的工业化阶段，英国一枝独秀，法国、德国、美国、荷兰、意大利、丹麦、瑞士、比利时等也都做出过重要贡献；从 20 世纪初到 2012 年属于现代发展阶段。20 世纪的前 40 年世界统计学术的中心在英国，之后转移到了美国。

二、概率论与统计学的引入

1. 清末睁眼看世界

1840 年的鸦片战争对闭关锁国的清王朝是极大的打击，天朝上国的虚骄心态被打破，使其认识到西方也有值得学习之处。1871 年，在容闳的多方努力以及两江总督曾国藩、直隶总督李鸿章的支持下，清政府从福建、广东、浙江挑选了 30 名十余岁的幼童留学美国。以后每年选派 30 名，4 年共计 120 名。计划学习 15 年，由小学到大学，"学习军政、船政、步算、制造诸学"。1881 年，在守旧派官僚"适异忘本""沾其恶习"的攻击下，清政府决定裁撤留美学童，下令留美学生全部撤回。除病故和"告长假不归"者，归国留美学生 94 人，只有詹天佑等二人完成学业，获得学士学位。这是中国主动向西方学习、大规模派遣留学生的开始。随后，福州船政局和北洋水师也先后派出几批留学生赴欧洲留学。[①]

近代中国人向西方学习的内容经历了一个由器物层次、制度层次到文化层次不断提升的曲折的历史过程。晚清时期，特别是洋务运动时期，清政府仅仅认识到中国科学技术特别是军事技术的落后，因此政府派遣的留学生早期主要学习自然科学。如留美幼童赴康涅狄格州，学习的专业以机械工程、开矿、造船、交通运输和邮电等实用型理工专业为主。早期留欧学生也以培养造船监工和海军将领为目标，但他们中有人对西方的政治经济问题感兴趣。严复就是其中的最杰出代表，他回国后在 1897—1901 年间翻译了西方经济学之父亚当·斯密的代表作，译名《原富》（南洋公学译书院 1901—1902 年出版）。马建忠在 1876 年被李鸿章派往法国巴黎政治学院研习国际政法制度，是我国第一个到欧洲学习社会科学（特别是商务专业）的留学生，也是最早直接听过近代西方经济学课程的留学生。

---

① 关于近代中国派遣留学生的情况，参见：谢长法. 借鉴与融合：留美学生抗战前教育活动研究 [M]. 石家庄：河北教育出版社，2001；舒新城. 近代中国留学史 [M]. 上海：上海书店出版社，2011。

1909年，欧洲开始出现第一个经济学也是第一个人文社会科学的中国博士，即留学德国莱比锡大学的周毅卿，他于1909年获得博士学位，博士论文题目为《宁波商业经营的方式研究》。

甲午战败，举国震惊，人们开始瞩目日本，维新运动皆以日本为楷模。日本政府为缓和对立情绪，也愿意邀请中国派遣学生留学。张之洞、杨深秀等都以路近、费省、传习易为由主张派遣留日学生。1896年，驻日公使裕庚因使馆工作需要，招募戢冀翚、唐宝锷等13人到日本留学，开留日之先声。到1900年，留日学生总数已达143人。经过义和团运动和八国联军入侵等事变，清朝统治几乎倾覆。为维护垂危的统治，清政府开始推行以练新军、改官制、兴学堂为中心的"新政"，向日本广派留学生被视为培养新政人才的快捷方式。从1901年起，清政府大力提倡青年学生出国留学，并许诺留学归来分别赏予功名、授以官职。1905年，清政府宣布废除科举制度，出国留学遂成为知识分子的一条出路。日本政府企图通过留学生来培植它在中国的势力，并为其带来若干外汇收入。日本中下层人士希望和中国友好，加强文化交流，也主张吸引中国留学生赴日。在两国朝野的推动下，一时留日学生势如潮涌。据统计，1901年留日学生人数为274人，1902年夏为614人，1904年为1 454人，1905年冬为2 560人，1906年达17 850人，为留日学生人数的最高峰。[①]

2.《决疑数学》的翻译出版

就笔者所掌握的文献，我国第一本翻译出版的概率统计著作是英国传教士傅兰雅（John Fryer，1839—1928）与中国数学家华蘅芳（1833—1902）合作翻译的托马斯·伽罗威（Thomas Galloway，1796—1851）的《概率论》（*A Treatise on Probability*）[②]，这个底本《概率论》是托马斯·伽罗威在19世纪中叶为大英百科全书所写的"概率论"词条[③][④]。

该书中译本《决疑数学》封面写明是1897年（光绪二十三年）出版，上海格致书室发售。卷首页写有英国傅兰雅口译、华蘅芳笔述，即两人合作译成。

---

① 关于清末中国人留学日本的情况，参见沈殿成（1997）、实藤惠秀（2012）。

② 郭士荣. 西方传入我国的第一部概率论专著——《决疑数学》[J]. 中国科技史料，1989，10（2）：90-96.

③ 王幼军.《决疑数学》——一部拉普拉斯概率论风格的著作 [J]. 自然科学史研究，2006，25（2）：159-169.

④ Thomas Galloway. Probability, Encyclopedia Britannica, Vol. XVIII, 8th Ed[M]. Edinburgh: Adam and Charles Black, 1859: 588-635.

《决疑数学》的封面和卷首语

傅兰雅

傅兰雅，1839 年 8 月 6 日生于英国肯特郡海斯（Hythe）小城。圣公会教徒。他单独翻译或与人合译西方书籍 129 部（绝大多数为科学技术性质），是在华外国人中翻译西方书籍最多的人，清政府曾授予其三品官衔和勋章。

1861 年，傅兰雅大学毕业后到香港就任圣保罗书院院长。两年后受聘任北京同文馆英语教习，1865 年转任上海英华学堂校长，并主编字林洋行的中文报纸《上海新报》。1868 年任上海江南制造局翻译馆译员，在此工作长达 28 年，翻译科学技术书籍，创办科学杂志《格致汇编》，该刊主要刊登科学常识。1877 年被举为上海益智书会总编辑，从事科学普及工作。在洋务运动中傅兰雅口译各种科学著作，向中国人介绍、宣传科技知识，被传教士们称为"传科学之教的教士"。

当中日甲午战争的失败最终宣告了洋务运动的破产之后，1896 年 6 月，傅兰雅从上海动身回美国度假，抵达美国后，受聘为加利福尼亚大学东方语言文学教授。1928 年 7 月 2 日，他在加利福尼亚州去世。

华蘅芳，字若汀，江苏省无锡县荡口镇（今江苏省无锡市锡山区鹅湖镇）人。受擅长数学的父亲的影响，他从小就热爱数学。至 20 岁时，他已学过《周髀算经》《九章算术》《孙子算经》等数学著作。后又从上海买回一批西方近代数学著作，悉心钻研。这时，他结识了同乡徐寿[①]，两人志同道合，过从甚密。

华蘅芳

华蘅芳参与筹备于 1865 年在上海成立的江南机器制造局，该制造局负责机器安装。后他在制造局翻译馆进行译著工作，与傅兰雅合译了多种数学著作，介绍了代数学、三角学、微积分等，根据《格致汇编》光绪六年（1880 年）七月本的一段记载："傅兰雅、华蘅芳同译，已译未刻各书尚有：《决疑数学》……"[②]《决疑数学》虽然在 1880 年已经译完，但直到 1896 年才由周学熙（1865—1947）刊刻出版。但该书"印行无几，流布甚稀"[③]，此版本虽有文字记载，但一直没有人看到。1897 年，傅兰雅在其创立的格致书室铅印了《决疑数学》。同年，上海飞鸿阁石印本也随后问世。1909 年，周达又在扬州校刻了《决疑数学》。

华蘅芳在上海 40 年，共译西方自然科学书籍 12 种、171 余卷，与李善兰[④]、徐寿齐名，同为中国近代科学事业的先行者。

《决疑数学》共 10 卷、160 款。各卷的主要内容如下：

卷一（1～10 款）介绍基本事件、对立事件、复合事件等概念。

卷二（11～25 款）介绍贝努里概型、二项式和多项式等。

卷三（26～30 款）介绍条件概率、概率乘法公式等。

卷四（31～41 款）介绍数学期望及其应用。

卷五（42～52 款）介绍全概率公式、贝叶斯公式及其应用。

卷六（53～63 款）介绍人寿保险的计算与应用。

---

① 徐寿（1818—1884），字雪村，号生元。江苏无锡北乡人。中国杰出的科学家、近代化学的先驱、中国现代科学教育的开创者之一。1861 年，徐寿进入安庆军械所，曾与华蘅芳等合制中国第一艘汽船。后转入上海江南制造局，对枪炮弹药多有发明。还参与翻译了大量西方科学著作，介绍西方近代化学知识，并首创取西文第一音节造新汉字以命名化学元素。

② 李俨. 中算史论丛：第四集 [M]. 北京：科学出版社，1955：371.

③ 傅兰雅. 决疑数学 [M]. 扬州：周达校刻，1909；校刻《决疑数学》序.

④ 李善兰（1811—1882），原名李心兰，字竟芳，号秋纫，浙江海宁人，中国近代数学家、天文学家、力学家和植物学家。

卷七（64～86 款）介绍诉讼与法庭审判中的计算与应用。

卷八（87～109 款）介绍大数定律、二项分布、正态分布等。

卷九（110～150 款）介绍均值、误差等。

卷十（151～160 款）介绍最小二乘法等。

作为第一本概率论译著，傅兰雅和华蘅芳首次给出了概率论重要术语的中文译名，比如将 probability（概率）译成"决疑率"，将 simple event（简单事件）和 compound event（复合事件）译成"原事"和"丛事"，将 expectation（期望）译成"指望"，将 mean error（平均误差）译成"中差"，将 the method of least squares（最小二乘法）译成"极小平方之法"等，但这些翻译术语基本没有传承下来。

此书的后三卷涉及大数定律、正态分布、均值、误差和最小二乘法等统计学方法，然而这本译著仅仅在概率统计学科历史的研究中被提及，并未产生第一本译著应有的影响，笔者认为原因至少有三：

首先，晚清社会封闭、愚昧和落后，上层对西学排斥，各类学堂、学校中没有近现代的数学教育和课程，可以说缺乏概率与数理统计知识传播的土壤。

其次，对数学符号和公式的翻译方式，华蘅芳沿用李善兰开创的西方数学翻译方式，用汉字表示数学符号和数字。阿拉伯数字 1、2、3、4 等译为一、二、三、四；英文小写字母 a、b、c、d 等译为甲、乙、丙、丁；未知数 x、y、z 译为天、地、人；英文大写字母 A、B、C、D 等在小写字母前加上一个口字，如 A 译为呷，X 译为吷；希腊字母 ω、γ、Υ、δ、π 等分别译为柳、井、周、毕、房等汉字；运算符号 +、−、±、$\int$、d、$\sum$ 分别译为 ⊥、丁、十、禾、彳、昂，而符号 $\sqrt{\ }$、÷、∞ 则保留下来。在这样的翻译符号方式下，概率论与统计的许多公式就变得极为复杂难懂。例如，正态分布函数 $Q = \frac{2}{\sqrt{\pi}} \int_0^t e^{-t^2} dt$ 译为午 = $\frac{\sqrt{周}}{二}$ 禾$_0$戊^{丁酉二}彳酉。在这一正态分布函数中，还将分母放在上，分子放在下，与原公式完全相反。读者看一个公式就要反复琢磨半天，更加大了对复杂数学公式学习理解的难度。

最后，数学公式的表达都是从左到右的，而当时我国书刊的书写与印刷则是从上到下的，这也影响了书刊的排版、印刷，以及知识的传播。

正是由于上述几方面的原因，《决疑数学》虽然翻译和出版较早，但并没有产生什么影响。欧美的概率统计引入我国是在 20 世纪 20 年代以后，随着越来越多赴欧美学习概率统计的留学生回国，他们翻译介绍了近现代的统计方法，统计教材不断涌现，统计学科才在我国落地、生根。我们现在概率统计词汇的中文译

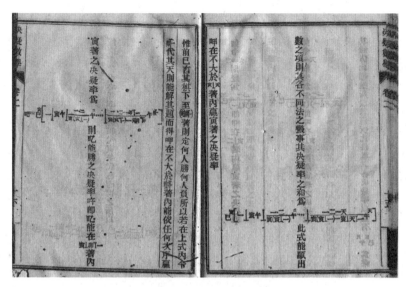

《决疑数学》的文字与公式示意

资料来源：傅兰雅. 决疑数学：卷二 [M]. 上海：上海格致书室，1897：15-16.

名也基本都是 20 世纪二三十年代逐渐确定的。

3. 横山雅男《统计学讲义》的翻译

钮永建[①]、林卓南[②]1899年求学于日本陆军士官学校，横山雅男在该校讲授社会统计学课程。日本河野四方作将横山雅男的课程整理成书，定名为《统计学讲义》，1900 年由东京小林又七出版社出版，共222页。在我国的统计学史著述中，

---

① 钮永建（1870—1965），出生于上海，幼入南菁书院，恩科举人。因国势羸弱，毅然投笔从戎，先入张之洞创办的湖北讲武学堂，后以第一名官费留学生资格进入日本士官学校学习。因感愤沙俄帝国主义急急威逼国事，倡议成立拒俄义勇队。与黄兴等人成为新军中主要反抗清政府的成员。二次革命后，受袁世凯迫害流亡德国，并在德国陆军大学攻习军事，是中华民国难得的文武兼备的开国元勋。1905 年加入中国同盟会。1911 年辛亥革命爆发后，回国参与领导光复上海之役，成功光复松江府，并担任松江军政府都督。1912 年 1 月任中华民国临时政府参谋部次长，后任代理总长。1913 年参加孙中山领导的二次革命，并任苏沪讨袁联军总司令，后改任总参谋部总长。讨伐袁世凯失利后参与欧事研究会。流亡日本期间加入中华革命党。1924 年中国国民党"一大"后，出任广州国民政府中央政治会议秘书长。1926 年任中国国民党中央特派员、北伐军总参议，到上海开展活动，配合国民革命军北伐，参与上海光复。1927 年国民政府定都南京后，任国民政府秘书长，后任江苏省主席。1930 年任国民政府考试院副院长，后转任国府委员。1949 年赴台湾担任"考试院"代理院长。1952 年起担任"国民党中央评议主席团"主席。1965 年病逝于美国纽约，终年 95 岁。

② 林卓南，广东新会人。据《新会县志》记载，1908 年留学日本的林卓南在县城办蚕业实习所，系当地第一所职业学校。介绍 20 世纪 20 年代新会县革命运动的文献中记载："曾在日本留学的县立中学教师林卓南，在授课时讲述唯物主义史观和马克思主义学说。"

陈善林、张浙（1987）写道："林卓南等1903年译《统计学讲义录》。"①李惠村、莫曰达（1993）认为："光绪二十九年（1903年），钮永建和林卓南等翻译了横山雅男著《统计讲义录》，由时中书局出版，是我国第一部介绍德国社会统计学派的统计理论。"②徐国祥、王德发（1999）记载：1903年，钮永建等人翻译了横山雅男1899年刊印、为日本陆军第二次统计讲习会编写的《统计讲义录》，由中华书局出版。同年，横山雅男的学生林卓南翻译了他1903年在兵库县厅刊行的《统计学讲义》。这两部著作可以说是近代统计学传入我国之始。

这里有两点值得说明。首先，在横山雅男的著作中并没有《统计讲义录》这本书，只有1900年由河野四方作记录横山雅男讲座的《统计学讲义》。横山雅男自己在《统计通论》凡例中说明如下："本书本于余所讲述于陆军第二回统计讲习会之笔记，即所谓统计学讲义者，而复以余往年凡曾为讲师之处，如实地商业夜学校、东京商业学校之讲义录，及明治三十二年以来专修学校第一回至第五回统计讲习会（由统计学社及东京统计协会联合而成），明治三十三年以降陆军大学校、东京邮便电信学校、宫城高知福岛山形兵库等诸县之统计讲习会所用各讲本，其他余所随笔手录等，参酌之，而增订焉者也。"③

其次，上述统计学史中都提到钮永建、林卓南翻译的《统计学讲义录》（或《统计讲义录》），但他们并没有看到中译本。本书作者的研究团队在北京国家图书馆库本藏书中找到1903年（光绪二十九年）由上海时中书局出版（地点：上海高昌庙桂墅里）、时中学社编辑兼发行的《统计学》（林卓南译，钮永建校并作序），该书正文开始前标明：横山雅男口述，河野四方作笔述。该书共11篇71章，正是1900年横山雅男《统计学讲义》（东京小林又七出版社）的译本，也是统计学传入中国的第一个版本。

4. 彭祖植的《统计学》

1907年7月，彭祖植（1909年毕业于早稻田大学）根据日本生木政之进讲授的《统计学》和其他学者的著作编译了《统计学》一书，作为政法学社在日本东京九段印刷所编印的"政法述义"之一出版，在中国和日本发行。1913年由长沙府正街集成书社再版。该书引用杉亨二语"统计者，治国安民之要具也"，主要是强调国情国力的统计。作者在第一章绪言中一开始就说："统计学亦与其他科学相同，必先有统计术，而后有统计学。"④即先有统计应用与实践，而后归纳上升为理论方法。全书共3编16章，分别为总论、原理与方法技术、各论（人

---

① 陈善林，张浙. 统计发展史 [M]. 上海：立信会计图书用品社，1987：400.

② 李惠村，莫曰达. 中国统计史 [M]. 北京：中国统计出版社，1993：226.

③ 横山雅男. 统计通论 [M]. 孟森，译. 上海：商务印书馆，1908：凡例.

④ 彭祖植. 统计学 [M]. 上海：政法学社，1907：1.

口、经济、政治、社会、道德、教育与宗教统计），正文共 235 页（含附录）。

该书体系内容只是横山雅男《统计通论》的缩写本，几乎所有的图表都引自《统计通论》，因而出版时并没有用"著者"，而用"编辑者"。也因为 1908 年孟森翻译的横山雅男《统计通论》的中译本开始发行，且在短短的 3 年间（1908—1910 年）就发行了 6 版（实际是 6 次印刷），所以彭祖植这本教材在清末民初的影响并不大。

5. 沈秉诚的《统计学纲领》

1909 年，沈秉诚[①]编写了《统计学纲领》（赵毓璜校），在日本东京出版。该书由张元节题写书名，驻日公使李家驹题词"以类万物之情"，留日学生监督田吴炤题词"囊括万有"，使日钦差大臣胡惟德、法部尚书绍昌、京师大学堂第一任管学大臣孙家鼐、沈家本、林鹍翔、民主革命先驱虞廷恺、赵廷彦 7 位名人作序。这本书是在吴文聪、横山雅男、伊东祐毂、高桥二郎、夏秋龟一等讲义的基础上编写而成的。

《统计学纲领》分为上下两卷，上卷为"总论"，包括统计学历史、统计学定义、统计学关系之诸学、统计学研究方法、统计的法则、统计及统计学之分类、统计机关等 7 章；下卷为"各论"，包括人口统计、道义统计、经济统计、国势统计、教育统计等 5 编 22 章。内容沿袭了日本早期杉亨二引自欧洲大陆的社会统计思想，侧重于社会、经济调查与国家管理的统计指标，与横山雅男的《统计通论》基本相同。沈秉诚在开卷就说："统计可分学与术两种，统计学发达甚迟，而统计术则自社会进于国家以来固已萌芽矣。"他很早就对统计的"学"和"术"做了准确的解释。与彭祖植的教材一样，由于基本内容与横山雅男的《统计通论》相同，因此《统计学纲领》在当时也并没有产生很大影响。

6. 横山雅男的《统计通论》

陈明智的硕士论文《清末统计学译著〈统计通论〉研究》对日文版本和译著版本进行了研究。[②] 日文版《统计通论》第一版于 1901 年 7 月 17 日由专修学校出版发行，由日本经济社和有斐阁书房销售，全书 253 页，分为 9 篇 79 章。各篇名称在本书第一章有提及。《统计通论》第十二版于 1908 年 6 月 12 日由文昌堂出版发行，全书 408 页（含 40 页补遗），分为 9 篇，各篇名称与第一版相同，增加到 83 章。补遗中增加了川口式电气集计机、计算器、统计地图等内容。1921 年的第四十一版还有建国 50 年历史中的杉（亨二）先生、国势调查法规等内容。

---

① 沈秉诚，浙江人，法政科举人。1926 年任浙江奉化县知事。

② 陈明智. 清末统计学译著《统计通论》研究 [D]. 上海：东华大学，2013.

从表 2-1 可以看到，在 1901—1921 年短短 20 年时间，《统计通论》日文版就发行了 42 版，平均每年发行两版，可见这本书在日本受欢迎的程度。在这 20 年里，横山雅男至少做了 6 次修改增补，即 1902 年的第二版、1904 年的第四版、1906 年的第八版、1908 年的第十二版、1917 年的第三十六版和 1921 年的第四十一版。

表 2-1 《统计通论》日文版版本情况

版本	出版时间	题、序、叙	内容变化	页数
第一版	明治三十四年 7 月 17 日（1901）	自序	9 篇 79 章	253
第二版	明治三十五年 7 月 13 日（1902）	增补自叙	9 篇 81 章（增补）	315
第三版	明治三十六年 1 月 17 日（1903）	题		315
第四版	明治三十七年 1 月 16 日（1904）	自序	9 篇 83 章（改订增补）	339
第五版	明治三十七年 7 月 4 日（1904）			
第六版	明治三十七年 11 月 20 日（1904）	题		
第七版	明治三十八年 2 月 17 日（1905）			
第八版	明治三十九年 11 月 30 日（1906）	自序	9 篇 83 章附录（增订）	368
第九版	明治四十年 6 月 1 日（1907）			
第十版	明治四十年 12 月 10 日（1907）			
第十一版	明治四十一年 4 月 1 日（1908）	题		
第十二版	明治四十一年 6 月 12 日（1908）	题	9 篇 83 章遗补、附录（增补）	408
第十五版	明治四十二年（1909）			
第十六版	明治四十三年（1910）	自序		
第二十版	明治四十四年（1911）	阪谷芳郎序、自序		
第二十三版	明治四十四年（1911）		9 篇 83 章遗补、附录	423

续表

版本	出版时间	题、序、叙	内容变化	页数
第二十六版	明治四十五年（1912）	自序		430
第三十版	明治四十六年（1913）			
第三十一版	大正四年（1915）	自序		
第三十六版	大正六年（1917）	自题	9 篇 83 章遗补、附录（增补改订）	
第四十一版	大正十年（1921）	凡例	9 篇 83 章遗补、附录（增补改订）	463
第四十二版	大正十年（1921）			

　　横山雅男认为，统计学起源于 17 世纪，在 19 世纪后半叶成为独立的学科。这些观点被介绍到中国，对中国统计教育与统计学科的影响巨大，一直延续到今天。在横山雅男看来，统计学主要是"对社会与国家进行大量观察"，这反映了 19 世纪中期欧洲德国、法国、荷兰、比利时等国的社会统计应用的观点。这些观点先是影响到杉亨二、吴文聪、横山雅男、高野岩三郎等日本统计学者，以及他们所倡导的官府统计、社会调查、人口调查（19 世纪后半叶）。继而，通过中国留日学生翻译、编译的教材被介绍到中国，成为中国 20 世纪初到 20 年代末的主要统计教科书，其主要统计思想和观点一直影响到 20 世纪 70 年代末。表 2-2 展示了横山雅男的《统计通论》在中国的翻译情况。

表 2-2 《统计通论》中译本版本情况

版本	出版时间	所藏图书馆	总页数
第一版	1908	国家图书馆	392
第二版	1909	中国人民大学、南京市图书馆	392
第三版	1909	国家图书馆	392
第四版	1910	国家图书馆、北京大学	392
第五版			392
第六版	1910	华东师范大学、山东大学	392
第七版	1913	国家图书馆、复旦大学、北京师范大学、首都图书馆	392
第八版	1916	中国人民大学、北京大学	392
第九版	1924	中国人民大学、北京大学	392
第十版	1931	国家图书馆、南京市图书馆、广东省中山图书馆、吉林大学、华东师范大学	392

《统计通论》在20世纪初的20年间在中国学术界产生了巨大的影响，仅从1908年到1916年就出版发行了8版。据《民国时期总书目》[①]统计，《统计通论》是中国20世纪20年代中期以前唯一一部大量发行的统计学图书。根据《民国时期总书目》，这段时期除了《统计通论》之外，只有王溥仁的《统计学》（陆军军需学校发行，1917年）发行过一版，而且发行量和影响都不大。这个书目由于收录的是1911—1949年间的书目，因此没有收录1907年彭祖植的《统计学》和1909年沈秉诚的《统计学纲领》。

7. 孟森的翻译及译者按

孟森[②]1908年翻译出版了横山雅男的《统计通论》。他翻译的这本《统计通论》是横山雅男众多版本中的哪个版本，在中文译本中并没有明确的说明。该书正文前面横山雅男"改订增补统计通论凡例"落款日期是1903年11月，而《统计通论》第四版发行时间是1904年1月，刚好吻合。而且前一版内容是9篇81章，从1904年第四版开始增补为9篇83章，孟森1908年的中译本是9篇83章，所以孟森只可能翻译第四版和以后的版本。那么，中译本会不会是翻译了1906年的第八版呢？答案是否定的，因为第八版第二篇已经更名为"理论方法及技术"，而中译本仍旧保持第四版之前的篇名"理论及方法"，而且日文第八版已经有"附录"了，但中译本中没有。另外，孟森留学日本是在1906—1907年，他接触的最新版本应该是1904年的第四版，其间1906年《统计通论》又出了新版即第八版，孟森动手翻译时是否拿到最新的第八版也未可知。

---

① 北京图书馆.民国时期总书目（1911—1949）：社会科学（总类部分）[M].北京：书目文献出版社，1995：27-32.

② 孟森（1868—1938），字莼孙，号心史，著作多以此署名，世称孟心史先生。江苏武进人。孟森是公认的中国近代清史学科的一位杰出奠基人。他的著作代表近代清史学科第一代的最高水平，是近代清史研究发展的一块里程碑。他是清末秀才，屡试举不中，以授学为业。他秉性耿直，负才不羁，有"清狂之名"。1902年被送往日本东京法政大学攻读法政专业，1905年回国，1908年翻译出版了横山雅男的《统计通论》。后和郑孝胥、张謇等人到上海创办预备立宪公会，主张全国立宪。辛亥革命爆发后，孟森目睹清政府垮台已成定局，放弃宪政立场，响应革命。清末民初，孟森逐渐脱离政治活动，开始专力于治史。1914年，他以"心史"之号出版《心史史料》第一册，着重对清政府入关前的历史进行系统研究。1930年，他受聘于南京中央大学，撰成讲义《清朝前纪》；不久复受聘于国立北京大学，讲授《满洲开国史》，编纂《明元清系通纪》。鉴于清政府入关后讳言在关外曾臣于明朝的历史，致使其入关前史事多有湮没，孟森开创满洲开国史的研究，着力对清政府入关前后的历史资料进行发掘、梳理和考订。此间他还讲授明、清断代史，著有《明史讲义》《清史讲义》，对史实进行考订叙述，多有发明创见，所作评议亦具精辟独到之处。孟森治史在传统方法上吸收了近代史论研究方法，开创了明清断代史研究之先河。1938年1月，孟森病逝于北平，享年69岁。

据陈明智（2014）统计，"译著《统计通论》当中，译者孟森的按语共有108处（经笔者核实为126处）。具体分布为：凡例2处，第一编统计沿革12处，第二编理论及方法31处（经笔者核实为33处），第三编统计之机关2处，第四编人口统计17处（经笔者核实为24处），第五编经济统计20处（经笔者核实为28处），第六编政治统计11处（经笔者核实为12处），第七编社会统计1处，第八编道德统计7处，第九编教育及宗教统计5处。而根据按语的性质分类，注释性按语99处，评论性按语9处"①。下面摘录几处按语，以帮助了解孟森对于统计学以及中国学术的观点。

（1）"译者按：统计为科学之名。日本初译定时，纷歧如此，其学者求汉字于我之《佩文韵府》及《英华字典》，俱无古义可据。故文字中偶用统计字者，尚不以为独用之专门名词。吾国斯学尚未大有发明，而统计之为一学科定名，已传自东籍。先入为主，将来免一命名之镣辖，后起者易为功，此亦其一端也。日本用汉字译西籍中之名词，斟酌颇费苦心，其为功于我，自不可掩。"②

明治维新初期，日本统计学者在译德文 Statistik 时，随译者之意，各不相同，有政表、表纪、总计、制表、统计、形势、国势、政治算术等各种译名。在查阅我国的《佩文韵府》时发现，"计"字下无"统计"二字之联文。在我国《英华字典》中又以 statistics 为"国纪、国志、国学、国知"等注解。直到1881年，日本设统计院于太政官中，译文"统计"才广行于公私文字之间。在这段按语之中，对于日本学者反复斟酌、颇费苦心地用汉字来翻译西学中的名词，孟森认为这对于我国当时引进西学是有利的，可以省去命名的纠葛与麻烦。

（2）"译者按：初有统计思想之时，其意恒不离乎政治。不知官司册籍、史书表志，何尝不粗具规模。所贵乎统计学者，人事之万变，无所不用其计，始无意于政治，久之积其计之所得，往往为政治发创解焉。吾儒惟泥政治为学问，而学问不进政治亦不进。"③

西方统计学在其萌芽时期，在内容上大都是围绕着政治的实际需要而进行的国势调查，在形式方法上也大抵与历史学类似。在其后的发展中，统计学逐渐发展成为一门具有独特形态的学问，并且对于西方的政治科学化贡献巨大。反观中国，自古以来在国家的行政管理当中就进行了大量的统计实践，不过却未能发展出如西方统计学一样的学问来，正如孟森所说，"吾儒惟泥政治为学问，而学问不进政治亦不进"。

① 陈明智.清末统计学译著《统计通论》研究 [D].上海：东华大学，2013.

② 横山雅男.统计通论 [M].孟森，译.上海：商务印书馆，1908：3-4.

③ 同②4.

（3）"译者按：明治二十八年，岁在乙未四月，当我二三月之间，时旅顺方陷于日。作者当日之著论，与著书时之附注，若以所学得行于国外为至荣，今者朝鲜不足言。吾国人方将就学于日本，以开统计之路。夫学问为天下之公器，在先觉者固荣，后起者亦不得为辱。吾古统计之传者，已四千余年于兹，孰知吾国学术，有退无进。即以统计论，今方稍耳其名，究其内容，犹在若明若昧之地。观西人之勤勤于此者三百年，日本之急起而直追者亦四十年，以如是一日不可少之学，而吾士大夫犹梦梦，可哀也！"①

此处按语之前，横山雅男自述道："明治二十八年四月，余在旅顺口之总督府曾论'若起统计事业于朝鲜，当为本邦统计家之责任'，是论附刻《统计集志》后。于第二次讲习生中，竟有韩国人愈承兼一名，时势之变迁真可惊也！"②此处"第二次讲习"是指由统计学社与东京统计协会合办的夏期统计讲习会，于1900年举行。在按语中，孟森认为"夫学问为天下之公器，在先觉者固荣，后起者亦不得为辱"，因此中国较晚接触到统计学并不可哀，可哀的是"日本之急起而直追者亦四十年，以如是一日不可少之学，而吾士大夫犹梦梦"③。孟森在此处感叹，虽然中国统计有四千年历史，但过去的三百年眼看着西方人辛勤耕耘，蓬勃发展，又看到近邻日本急起直追四十年，反观国内，士大夫仍然在梦幻之中，没有醒悟过来，实在令人悲哀。

（4）"译者按：此可以知统计之真际矣。究其原因，推其结果，得其所由进步与改良焉。若一定不移之事，其原因不在复杂之中，结果不在渺茫之地，无从进步，无可改良，则必非统计之所有事。夫统计自统计，存古自存古，历史家与统计家，可以旁通，而不可以混合。汉学中稍冷僻之学问，多发见于博雅好古之流，故无论何种学理，先参以存古之念。日本学者尚不脱此结习，故横山氏云然。横山氏好引诗古文词，亦结习之最深者。第以统计之所得者甚邃，家法精严，不敢混杂耳。吾国若讲统计，亦必有此弊。逮学问分科既久，存古一事，专归历史家掌之，又何劳他学科越俎。彼古迹等记载，在统计书中，虽附录犹嫌其赘也。"④

此处按语之前，横山雅男说道："阅各地方衙署之统计书，每误解统计之本意。今尚有揭古迹、胜地、古城址、古坟墓、古战场等者，宜急改之。必不得已，坚欲从统计中包括存古之意，则附录于卷末，或较有别。第十六次之宫城县县治一斑，即于附录中，收本县略志：地势、沿革、町村、山岳、原野、河川、池沼、岛屿、瀑布、暗礁、岬角、矿山、温泉、著名之社寺、古迹、胜地、古城

①②③　横山雅男.统计通论[M].孟森，译.上海：商务印书馆，1908：43.
④　同①55－56.

址、古坟墓等各项。"①

从孟森的按语当中可以看出,他非常强调统计学与历史学的区分。即使如横山雅男所说将古迹等记载附录于统计书末,孟森仍然觉得"虽附录犹嫌其赘也"②。孟森对于统计学的理解是:统计学是一门能够找出存在于各种复杂的原因和不断变化的过程之中,并且无法通过表象一眼看出的社会规律的学阙。通过统计方法得到的规律,能够指导人们不断进步和改良。而对于存古一事,孟森认为应该专归于历史学范畴。

(5)"译者按:有统计学,则虽军旅仓猝,有司存焉,故能无事不得其真相。事有真相,而后可以求真改良真进步。吾国所谓军事报告,最初凭前敌军人之口,继乃由前敌将弁之书手,以意笔录,转辗至于大帅之奏报,其中真际,十无二三。又以本无小票等证据,冒功诿罪,可任意涂饰之。煌煌前史,皆文人剪裁之美术也。文明之国,所留事实如照像镜之留影。半开之国,乃如写意之画工。天下之可以文艺自娱者,术亦多矣,诗词小说,自可以意运巧,奈何混施于有关系之情事。故以美术问实事,乃文明程度之浅也。以文人专司记载,是何异于使画工为人境之真迹耶。"③

此处按语写于介绍日军军事报告使用统计小票④的情况之后。反观中国,孟森认为,我国的军事报告缺乏统计制度,随意性很大,真实程度十无二三,并且缺乏统计小票等原始数据,从而可以冒功诿罪,任意涂饰。进一步,孟森对于我国的煌煌前史也提出了严重质疑,认为是"皆文人剪裁之美术也",而真正的文明之国是"所留事实如照像镜之留影"⑤。

(6)"译者按:日本庆长十七年,当我前明万历四十年,是时算盘始流入日本。吾国算盘之制,大约亦始于明。古称持筹布算,从未有言用算盘者。元人《数学启蒙》等书,犹皆用筹形。故今之为天元四元术者,犹皆以筹形列式。夫算盘之为用,无益于数理而大便于计数。统计之用数,计数之事也。吾国已用计算器数百年,入日本亦三百年而被其改良,吾习用算盘而久无进步。盖吾文明之机,引而不发者何限,算盘其小焉者矣。"⑥

上述按语写于原著介绍器械计数的情况之后,其中具体介绍了当时欧美诸国使用的电气计算器、空气计算器以及日本使用的算盘和自动算盘。算盘是在明

① 横山雅男.统计通论 [M].孟森,译.上海:商务印书馆,1908:55.

② 同①56.

③ 同①89.

④ "小票",即样本。

⑤ 同①89.

⑥ 同①100-101.

朝万历四十年（1612年）由我国传入日本的。三百年后日本对算盘进行了改良，发明了自动算盘，而我国仍然习用算盘而久无进步，于是孟森感叹道："盖吾文明之机，引而不发者何限，算盘其小焉者矣。"

这里介绍的孟森的按语体现了译者对原著的深入理解和对中国现实的强烈关心。作为早期出国留学的爱国青年，孟森不但怀有一腔热血，而且能够冷静客观地看待中日两国国情的变化和学术的发展状况，言语之中流露出对日本这个新进国家蒸蒸日上的钦佩和对我国缺乏进取精神的批评，目的是唤醒国人自强不息，值得钦佩。

三、统计学教育

1. 高等教育体系的建立

与统计学等学科一样，我国近代高等教育也是清朝末期从日本学习借鉴过来的，而日本的高等教育及学科体系基本上是在明治维新以后从德国引进的。我国古代的人才培养讲究通才，要求学习通才之人的四部之书，即经史子集（经学、史学、诸子学、词章学）等传统科目。鸦片战争后，社会与政治危机促使人们唾弃传统四部之学中的无用之学，开始兴起经世之学；但传统的经世之学仍不足以经世，又迫使人们研习西学科目的有用之学，开始大规模引入西方近代学术。伴随着批判科举和改革书院的呼声，我国学人开始接受分科立学和分科治学的观念。比如甲午战争前，郑观应在《盛世危言》中主张按照西学分科立学原则将中西学术分为6科：（1）文学科；（2）政事科；（3）言语科；（4）格致科；（5）艺学科；（6）杂学科。这里的文学科就是传统的词章之学，相当于后来的中国语言文学科；政事科就是传统的兵刑政务之学，相当于后来的政法科；言语科主要是西方语言文学，相当于后来的外国语言文学科；格致科，"凡声学、光学、电学、化学之类皆属焉"[1]，相当于后来的理科；艺学科，"凡天学、地理、测算、制造之类皆属焉"[2]，相当于后来的工科；杂学科，"凡商务、开矿、税则、农政、医学之类皆属焉"[3]，相当于后来的农学、商学、医学。

1895年，清末著名的政治家、企业家和慈善家，被誉为中国高等教育之父的盛宣怀奏设北洋大学堂（天津大学前身）于天津，1896年奏设南洋公学（交通大学前身）于上海。1898年，清政府开办京师大学堂，该学堂成为在京城创

---

① 夏东元. 郑观应集：上册 [M]. 上海：上海人民出版社，1982：299.

② 横山雅男. 统计通论 [M]. 孟森，译. 上海：商务印书馆，1908：299-300.

③ 同②300.

办的第一所国立大学。1901 年 9 月，清政府将各省书院改为大学堂，随后山东、浙江、江苏、山西、河南、贵州、江西、陕西、湖南、甘肃、云南等省纷纷设立高等学堂。清政府在 1904 年初颁布了《奏定学堂章程》(也称癸卯学制)，这是我国第一份高等教育学制体系的文件。癸卯学制对国家学校教育系统、课程设置、教育行政及学校管理等都做出了具体的规定。

1895—1909 年是我国高等教育的初创时期，在这段时间里，由清政府和地方政府开办的大学仅有京师大学堂、山西大学堂和北洋大学堂 3 所；私立大学有中国公学、复旦公学和爱国学社 3 所；各省高等学堂 24 所，专门学堂 83 所，包括师范学堂、法政学堂、存古学堂、方言学堂、医科学堂、体育美术音乐学堂、巡警学堂、财政学堂、税务学堂、速记学堂、女子学堂及满蒙文高等学堂等，其中法政学堂最多，达 47 所，还有各类实业学堂 17 所。

1904 年，清政府颁布了《奏定学堂章程》，包括《学务纲要》《大学堂章程》《优级师范学堂章程》《各学堂管理通则》等，标志着我国大学制度和学科分类形成雏形。首次用欧洲通行的知识分类方法划分学校的学术结构，第一级称为"科"，相当于现今的学科门类。当时共设经学科、政治科、文学科、医科、格致科、农科、工科和商科八大类。经学科、文学科和格致科相当于基础理论学科，其他学科则为实用学科。科下设"门"，相当于我们现在的一级、二级学科或专业。1904 年清末的八科分学基本奠定了现代学科体系的框架，民国时期和新中国成立后的高等教育基本上是在这一框架下修改和调整的。

在此基础上，1910 年京师大学堂正式形成七科立学的学科体系，即经科（毛诗、周礼、左传三门）、法政科（政治、法律两门）、文科（中国文学、中国史学两门）、格致科（化学、地质两门）、工科（土木、矿冶两门）、商科（经济学、财经学、商学、交通学四门）、农科（农学、农艺化学两门）。这个体系对民国时期综合性大学的学科建设起到了示范作用。

2. 京师大学堂的统计课程

1898 年 6 月 11 日，光绪皇帝颁布《明定国是诏》，强调"京师大学堂为各行省之倡，尤应首先举办"，并命令军机大臣与总理衙门商定办学章程。梁启超草拟了《京师大学堂章程》，确定了大学堂"中学，体也；西学，用也""中西并重，观其会通"，应以实事求是为主体，还要求"各省学堂皆当归大学堂统辖"。章程确定京师大学堂既是最高学府，也具有高等学校管理职能。1898 年 7 月 3 日，光绪皇帝正式批准设立京师大学堂，并于当年 12 月正式开学。1900 年，由于八国联军入京，京师大学堂被迫暂时停办。1902 年，京师大学堂恢复办学，由清政府管学大臣张百熙主持对大学堂组织机构进行调整，并于当年 7 月拟定《钦定京师大学堂章程》。新章程规定，"京师大学堂之设，所以激发忠爱，开通智慧，振兴实业""端正趋向，造就通才"。

根据 1902 年《钦定京师大学堂章程》，大学堂分大学预备科、专门分科和大学院三级，大学预备科相当于大学预科或大专，专门分科相当于本科，大学院相当于研究生院。当时的分科教育（本科）分为 7 科 35 目。但这个方案由于有人反对，并未实施。大学堂决定暂不设本科，先办预备和速成两科。预备科又分为政、艺两科，政科包括经史、政治、法律、通商、理财等，相当于人文、社会科学学科；艺科包括声、电、光、化、农、医、工、算等，相当于理工学科。预备科的学制定为 3 年，预备科政科毕业后升入政治、文学、商务分科（本科）学习，预备科艺科毕业后升入农学、格致（自然科学）、工艺、医术分科（本科）学习。速成科又分为仕学、师范两馆，学制 3～4 年，其中仕学馆包括算学、博物、物理、外国文、舆地、史学、掌故、理财学、交涉学、法律学、政治学等11 目。1903—1904 年，京师大学堂又增设医学馆、译学馆和进士馆，同时分设经、法、文、格致、农、工、商等 7 科，各科下设学门，共设 46 门。

1904 年 1 月，清政府颁布《奏定学堂章程》，进一步明确设大学堂，专门招收高等学堂毕业者，并在大学堂内设通儒院（大学院），招收大学堂毕业者。大学堂和通儒院均以"造就通才为宗旨"。大学堂以培养满足社会需求的各类学术艺能人才为目的。通儒院则以培养能够推动学术进步、发明新理并著书立说、制造新器以利民用的人才为目的。大学堂内按照不同学科设立分科大学，当时设有经学科大学、政法科大学、文学科大学、医科大学、格致科大学、农科大学、工科大学、商科大学共 8 类大学，学制均为 3 年，但政法科和医科中医学门学制为4 年，通儒院则为 5 年。

以上大学堂学科体系已经与经史子集有了巨大差别，深受日本高等教育的影响。仕学馆 3 年内要开设 11 门课程，在第 3 年开设的理财学课程中包括银行、保险、统计学三部分内容，是我国最早开设的统计课程。1904 年，京师大学堂进士馆成立，也是 3 年学习 11 门课程，在第 2 年的理财学课程中包括银行论、货币论、公债论和统计学。仕学馆和进士馆的统计都是在理财学的课程中讲授的，主要内容是经济统计的一些指标和简单的数据描述。[①] 在仕学馆课程门目表中对于课程还有这样的描述："仕学馆课程，照原奏招考已入仕途之人入馆肄业，自当舍工艺而趋重政法，惟普通各学亦宜略习大概。"对于仕学馆的 11 个课程门目"均用译出课本书，由中教习及日本教习讲授"[②]。

① 张百熙.钦定学堂章程[M]//沈云龙.近代中国史料丛刊三编：第十辑.台北：文海出版社，1991：27.

② 同①29.

从 1904 年起，京师大学堂的八大分科大学中，政法科大学的政治学门和商科大学的银行与保险学门、贸易与贩运学门都开设统计学课程，名称为全国土地民物统计学。在政治学门中，统计学属于主干课，安排在第一学年，每周一小时课程；而在商科大学的银行与保险学门、贸易与贩运学门里，统计学是辅助课程，分别安排在第一和第二学年，课时也是每周一小时。

3. 法政学堂及其他学堂的统计课程

1904—1906 年，各省相继设立法政学堂，包括 1905 年开办的直隶法政学堂、1905 年开办的广东法政学堂、1906 年开办的江西法政学堂、1906 年开办的山东法政学堂等。1906 年直隶总督《奏拟定法政学堂章程规则折》要求法政学堂以改良直隶全省吏治、培养管理新政人才为宗旨。学堂的预科学业半年，正科一年半，共两年。预科以补习基础内容为主，正科则重点学习中外政法专业内容。正科课程每周安排 30 小时，其中统计课程 2 小时，正科的所有教师均由日本老师担任。

1907 年 2 月，学部奏折将京师大学堂进士馆改设为京师法政学堂。新学堂的设置以培养法政通才为目标，学制共 5 年，前 2 年为预科，后 3 年为正科。正科又分政治和法律两门，学生预科毕业后再分门进行专业学习。为了培养专门从政的人才，又设立了别科，学制同为 3 年。开始时，法政学堂只在正科政治门的课程中开设统计学，安排在第三学年，每周 2 小时。1910 年 12 月，学部又从课程、学制、分科等方面对京师法政学堂的章程做了修订，新章程规定法政学堂旨在培养具备专门法政知识，并具有实际应用能力的专门人才，分设正科、别科。正科分为法律、政治、经济 3 门，学制 4 年。别科不分门，学制 3 年。修改后的课程安排中统计学课程明显增加，不仅在正科政治门、经济门和别科中都开设统计学，学时和内容也都有所增加。

清末的高等教育以大学堂为主，辅之以各地各类专门学堂。除了前面介绍的法政学堂，还有满蒙文高等学堂、巡警学堂、财政学堂、税务学堂等，这些学堂都开设了统计学。除上述各类学堂外，各省开设的各种高等实业学堂也普遍开设了统计课程。例如，1904 年的《奏定高等农工商实业学堂章程》中就规定本科要开设统计学课程。1906 年，商部上海高等实业学堂规定在商业专科第三学年第一学期开设商业统计学，每周 4 小时。

4. 统计学的教学

综上所述，清末的统计教育是伴随着中国近代高等教育的创建开始的，而且深受日本统计教育和统计学科影响。就统计学科而言，仅有横山雅男《统计通论》为代表的国势调查思想先行引入中国，并用国势调查的数据服务于社会、经济、政治等国家治理方面。这里强调两点：其一，当时统计学教育与财经、法政学联系紧密，而与自然科学联系不多；其二，统计学教材使用日本教材，并由日本教习讲授，由中国教习翻译（中国教习也大多有游学日本经历）。

这里重点介绍京师大学堂教习的情况。在 1903 年 12 月的京师大学堂教习执事题名录中，正教习为岩谷孙藏（日本法学博士）、服部宇之吉（日本文学博士），副教习为杉荣三郎（日本法学士）、太田达人（日本理学士）。正副教习共四人，全为日本人，其中法学博士岩谷孙藏与法学士杉荣三郎负责仕学馆的教学。东文分教习为胡宗瀛（日本农学专门学校毕业生）、陆宗舆（日本早稻田大学生）、吕烈辉（前湖北自强学堂助教）、范源濂（日本高等师范学校毕业生）、章宗祥（日本法科大学毕业生），五人当中有四人游学过日本。从教习数量来看，当时京师大学堂的师资力量相当缺乏，统计学的教学也是由两名日本的法学教习负责。

1902 年京师大学堂复建初期，统计学的内容仅仅是理财学的一部分。到了 1904 年以后，在法政学堂、财政学堂、税务学堂等教学中统计学和理财学已经是相互独立的两门科目，表明统计学的重要性越来越被认可。

前文已提到，清末的统计教材基本都是《统计通论》和该书的编译版本，仅从 1908 年到 1910 年的短短三年中《统计通论》就已出版发行了 6 个版本，足见当时该书在中国受欢迎的程度和影响。除了孟森的《统计通论》译本，中国人编译的统计学书籍也都深受横山雅男统计学说的影响，并且这些人也都有游学日本的经历。其中一部分人成为专业的统计学人才；也有一部分人虽然没有统计学专业背景，但对于统计学在中国的传播与发展起到了重要的作用。

5. 评价

从 20 世纪 20 年代开始，中国逐渐引进了数理统计学的著作，数理统计学也逐渐占据了中国统计学的主流。相应地，在中国统计史的划分中将横山雅男的统计学说归到了社会统计学中。因此，从社会统计学与数理统计学对比这个角度来看，横山雅男的《统计通论》对于清末民初中国统计学发展的影响，可以表现在横山雅男的社会统计学对当时中国统计风格的影响。那么，数理统计学与社会统计学的区别究竟体现在哪里呢？对于这个问题，用横山雅男在《统计通论》中关于统计学究竟是方法还是学问的论述回答是非常清楚的。横山雅男认为统计学既是方法又是学问，"若以统计为方法，则以适法之大数观察，所得结果，为统计之学问及实务上整理之用，其界线尤宽，无论何种学科均获其用。若以统计为学问，则是依适法之大数观察，剖晰国家生活，特于社会生活之动态静态及因果之关系并规律，无不剖而晰之，故学者有名统计学为精密之社会学者"[1]。

---

[1] 横山雅男 . 统计通论 [M]. 孟森，译 . 上海：商务印书馆，1908：56-57.

数理统计学是把统计学理解为方法，只从数量上进行研究，并且作为所有学科的通用方法；而社会统计学认为统计学不仅仅是通用的方法，除了要对事物的量进行研究，还要对不同事物的特殊的质进行研究。进一步说，社会统计学并不认为现实世界的规律可以全部在数量的关系中得到很好的呈现。反过来说，仅从数量关系中找到的统计规律对于历史数据的样本依赖度很高，因此即使是能通过数理统计学中相关的统计检验，在实际运用中往往也能发现不少这样的统计规律并不具有稳定性。因此，社会统计学是非常重视在实际生活中进行社会调查的。这样的特点在《统计通论》中非常明显。在该书第二编的理论及方法中，横山雅男非常详细地论述了在具体对社会现象进行观察时所需要注意的方方面面的经验教训，包括观察的目的、性质、区域、次序、方法、时间、场所、机关等。另外，横山雅男在《统计通论》中对于统计观察与统计算法在统计学中所占的分量有过这样的论述："统计学，乃本于十分之观察……抑统计学中有数学之作用者，概以单简算法为限。详言之，则观察所得诸现象，计量之，排列之，就其数而求分数之关系等，不过欲得极简单之结果。"[①]

由于横山雅男的《统计通论》在当时中国的影响非常大，也就使得清末民初的中国统计具有非常鲜明的社会统计学的风格，即重视社会统计调查，而忽视数理统计方法的研究。直到后来数理统计学派在中国占据主流，这种局面才有所改变。

本章考察了清代末期从日本引入统计学的过程和特征。通过上面的整理和讨论，有以下几点心得：

第一，近代日本走上现代化道路的时间早于中国，同时也由于中国与日本是近邻，在很多方面具有文化上的相似性，因此很多新的知识体系和技术是从日本传入中国的。这显示了两国在近代各方面的差距。日本经过明治维新建立了近代政治体制，并逐渐实现了现代经济增长。中国则依然处在皇权统治之下，以老大自居，故步自封，排斥新事物，直到晚清才有所觉悟，但依然没有形成整体的力量。

第二，正是由于这种落后的刺激，到了 19 世纪末，一批年轻人东渡日本求新求变，在日本学习了经过日本修正过的现代科学技术和思想体系。统计学的传入就是这样一些留学生通过翻译和编写做到的。他们当中一些人回国之后成为各自行业和专业领域的领军人物，为科学和思想体系在中国的形成和发展做出了贡献。统计学领域也有一些这样的人才。

第三，日本的统计学是 19 世纪中叶从欧洲引入的，经过几十年的消化吸收，

---

① 横山雅男.统计通论 [M].孟森，译.上海：商务印书馆，1908：70.

形成了日本风格。同时，由于中日两国在文化上的密切联系，对于中国来说，经过日本适当修正的知识体系更容易接受，至少是更容易理解。众所周知的事实是，近代许多科学知识和制度体系的汉字表达首先是日本人创造的，然后又被到日本留学或游学的有识之士引入中国。"统计"一词就是如此，最早这个词在日本引发过激烈的争论，最后还是以汉字"统计"作为定论。[①]

第四，由于近代中国的落后，在统计学引入中国的过程中并没有发生多少争论，绝大多数人直接接受了横山雅男的《统计通论》，只有孟森在翻译时做出了不少有价值的评价。相比之下，日本在引进统计学时出现过两次争论，尽管这些争论在今天看来并不重要，但对于刚刚向西方打开大门的东方国家而言是难能可贵的。这体现了日本在前近代有一定程度的知识积累和储备，加上明治维新之后出国留学的一批人，实现了知识的碰撞和提升。

第五，中国与日本之间经济和社会发展的差距是在 19 世纪后半叶拉开的，这主要是两国制度的差异导致的。日本通过明治维新建立了近代君主立宪体制，中国则依然处在皇权统治之下，即便在清末出现了一些革新的动向，也难以在整体上实现发展。[②]例如，在此之前中国在数学方面一直领先于日本，而到了 19 世纪末日本在某些数学领域一度超过了中国（丘成桐，2010）。

[①] 关于日本引入统计学后的争论，参见竹内启（1989）、岛村史郎（2012，2013）、宫川公男（2017）。

[②] 关于中日两国在近代拉开差距的讨论，参见：关权. 近代中国的工业发展：与日本比较 [M]. 北京：中国人民大学出版社，2018；关权. 中国经济发展：百年历程 [M]. 北京：中国人民大学出版社，2019。

第二篇

民国时期

（1912—1949 年）

第三章
20世纪上半叶统计学传入略史

　　19世纪末期的政治危机引发了文化危机，文化危机带来了对异域知识和技术的狂热探索，一部分中国知识分子超越文化局限寻求新思想，大力倡导教育改革。清政府的教育改革从改革科举、创办新学堂和鼓励出国留学开始，这场教育改革的核心在于修改课程，主要目标是接纳西学，包括引入数学、化学、物理学等。正是在这样的历史政治背景下，现代意义上的统计学被引入中国。清末民国时期，在几代知识分子的努力下，统计学在中国扎根、传播并发展开来，对近代中国的社会发展产生了深远和重大的影响。这些统计学术图书为中国统计学科的建立打下了坚实的基础，客观上为近代中国开展科学的量化研究奠定了基础，提供了量化研究的理论和方法，还对行政、军事、国家建设等领域的科学化与现代化起到了推动作用。以往关于这一时期统计学术图书的研究零散不一，缺乏系统性。本研究以收集到的204部清末民国时期的统计学术图书为事实依据和研究视角，翔实细致地考察了统计学在清末民国时期的发展演进历程，并探讨这些著作在中国统计学史上的价值与地位。

　　本章的史料收集工作详尽，搜索来源包括国家图书馆、地方图书馆、高校及科研单位图书馆，以及私人图书馆，甚至包括部分海外图书馆；尝试了绝大部分的网络查询渠道，收集到来自商业和非商业渠道的大量电子书；还拜访了多位私人古籍收藏者及民国统计学者的后人，以求收集第一手材料。因此，最终整理出来的研究书单能够较好地代表清末民国时期统计学术图书的出版概况。

　　本研究最终实际收集到的统计学相关书籍共600余部（一"部"书籍可包含两册或者多册，其中不包括具体的行政统计工作作品），依据内容、体裁、序中的陈述①、著作所属丛书系列②、现在能否找到藏书处、能否确定具体的出版年份等因素，最后筛选出 204 部（同一部书的不同版本算作同一部）统计学术图书，以统计学教材为主，兼有各级政府的培训教材，其中国内学者编 / 著的有 172 部，国外译著有 32 部。

图 3-1 是清末民国时期 204 部统计学术图书的年代分布图（1897—1949 年）。自 1897 年傅兰雅口译、华蘅芳笔述出版第一本概率论著作《决疑数学》[T. 伽罗威（T. Galloway）和 R. E. 安德生（R. E. Anderson）著] 后，在教育改革的推动和归国留学生的努力下，市面上的统计学术图书逐年增多，一直持续到 1937 年卢沟桥事变，统计学术图书的出版数量达到顶峰，累计 130 多部，占这一时期的 65%；抗战期间，统计学术图书出版数量有所下降，但仍有 40 余部统计学著作在这一时期出版；抗战结束后，百废待兴，统计学著作的出版维持在战时水平。从学术影响和社会影响来说，清末至民国初期，译著的影响力更大，国内的相关书籍大都以译著为蓝本；民国中后期，译著的影响力依旧不容小觑，但国内学者的著作的影响力日渐强化。在筛选出的 32 部译著中，前期以日本译著为主，中期以英国译著为主，后期以美国译著为主。来自日本的统计学译著有 7 部，其余 25 部都来自欧美。清末到民国初期的统计教育和统计工作深受日本统计学③ 的影响，强调统计指标的制定和收集，对统计学的认识相对狭隘；到了民国中期，随着欧美留学生的归来，国内统计学的知识范围开始扩展到现代统计学意义上的描述统计和数理统计，且应用的领域越来越广；到了民国后期，应用于教育、经济、商业、人口、生物等领域的应用统计专著逐渐增多，统计学和统计学教材逐渐本土化。统计学术图书的这种发展趋势暗合了当时国际统计学的发展模式，而且深受时代背景和政治因素的影响。新知识的引进、推广及发展与社会历史环境息息相关，学界考察近代中国引入西方科学知识的历程，有四阶段④ 划

---

① 有部分著作的作者在自序或体例中明确写明该书用于教学。比如，朱君毅在 1926 年出版的《教育统计学》的自序中写道："搜罗统计原理与方法之适用于研究教育问题者，编为讲义"；王仲武在 1927 年出版的《统计学原理及应用》的凡例中写道："是书之体例，最适合于专门实业，或高级商业学校"；唐启贤在 1931 年出版的《统计学》的凡例中写道："本书编辑，依研究统计适当之程序，由浅入深，由概念以至专门，以期教学咸便"；等等。

② 有部分著作的封面上明确标注出该书所属的丛书系列，比如，薛鸿志 1925 年出版的《教育统计法》属于"教育丛著第十五种"，陈其鹿 1925 年出版的《统计学》封面上标注的是"新学制高级商业学校教科书"，陈律平 1929 年出版的《统计学大纲》封面标注为"广州统计学校丛书"，薛仲三 1948 年出版的《高等统计学》封面标注为"国立复旦大学商科研究所丛书"，等等。

③ 19 世纪中后期，日本向欧洲学习统计学，起初关注的焦点是德国国势统计学派，20 世纪初开始关注数理统计，遗憾的是当时派往日本的留学生由于种种原因带来的只是前者的学说。

④ 邹进文. 近代中国经济学的发展——来自留学生博士论文的考察 [J]. 中国社会科学，2010（5）：83-102+221-222.

分法，即清末（1912年以前）、北洋政府时期（1912—1926年）、南京国民政府前期（1927—1937年）和南京国民政府后期（1938—1949年），这四个阶段的中国在社会、政治、经济与国际形势等方面存在较大差异，因此这种划分具有相当的合理性。图3-1也显示了这四个时期出版的统计学术图书在数量分布上确实存在差异性。因此，接下来，本章按照这四个阶段来探讨清末民国时期的统计学术图书。

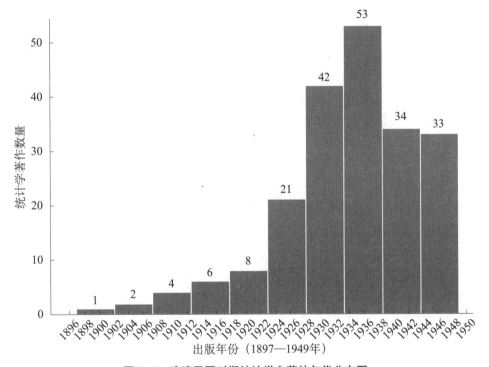

图3-1　晚清民国时期统计学专著的年代分布图

说明：民国时期很多图书的再版实际上是重印。图中不包含那些多次再版但内容不变的著作，比如孟森翻译的《统计通论》初版于1908年，第十版是1931年版，这期间还再版过8次，但这10版书的内容完全一样。因此，如多次再版，图中取初版年份。

一、清末（1912年以前）——统计学传入初期

1. 国势统计学经由日本始入中国，占据主导地位

"晚清光绪末叶，贸易表册，教育统计，刊行于世，统计事业稍有可观。"[1]
这一时期，国家内忧外患，急需新技术以实业救国，急需新知识以开启民智。

---

① 王溥仁.统计学[M].北京：陆军军需学校，1917：12.

1898 年，京师大学堂成立。1908 年，吉林准备设立统计学堂，但未见成立的相关史料。同年，京师法政学堂开设统计学课程。这一系列教育改革都为统计学的引进打下了基础。这一时期的统计学教材数量不多，以翻译日本统计学教材为主，欧洲为辅。尽管第一本关于概率论的译著源于英国，但现代意义上的统计学最早是经由日本传入中国的，这一点可以从现存的清末至民国初期统计学教材得到佐证。中国这一时期的统计受日本统计学教材的影响最大，其中孟森翻译的横山雅男的《统计通论》在 1908—1931 年间再版过 10 次，是这一时期统计学教材/讲义的蓝本。留学日本始于甲午战争之后，1896 年第一批 13 名学生到日本留学[1]；到 1899 年，在日本的中国留学生超过 100 名[2]。该时期的统计学教材基本上是留日学生翻译的日文统计学教材或根据在日留学期间接受的统计教育编著的统计学教材（详见附表 1[3]）。翻译的英美概率统计著作有两部，分别是《决疑数学》和《最小二乘法》。

附表 1 中的统计学术图书从内容看，来源于日本的（序号 2～5、7）都是国势统计和官方统计，且彭祖植、沈秉诚、涂景瑜的著作皆以横山雅男的《统计通论》为参考框架，而留日学生林卓南翻译的《统计学》又是《统计通论》的初版[4]，因此这四部教材的相似度很高。虽然来源于英美的（序号 1 和 6）偏概率与数理统计，但当时主导的是日本的国势统计，偏重政府统计和统计报告，强调资料的收集与整理，涉及的统计方法局限在描述统计上，特别是描述分布集中趋势的频数、频率及各种平均数、统计表和统计图。《统计通论》中虽然提到大数法则，但遗憾的是没有论述使大数法则成立的样本选取方法——随机抽样。在数理统计方面，《决疑数学》是一部关于概率的专著，"决疑数"是 probability 的中文翻译。《决疑数学》一度是当时统计学领域内唯一的参考书，并被作为教材使用。但该书的翻译非常晦涩，且对计算公式的翻译有误，因此影响甚微。《最小二乘法》是"元健斋数学丛书第十二"，在当时属于高等数学范畴，原著是美国理海大学（Lehigh University）土木工学教授曼斯菲尔德·梅里曼（Mansfield

① 费正清，刘广京. 剑桥中国晚清史：1800—1911 年：下卷 [M]. 北京：中国社会科学出版社，1985：342.

② 同① 343.

③ 因篇幅所限，清末、北洋政府时期、南京国民政府前期和南京国民政府后期的统计学术图书清单分别以附表 1、附表 2、附表 3 和附表 4 展示，见本章后所列附件（也即《统计研究》2021 年第 3 期上发表的唐丽娜、杨镓其的论文《清末民国时期统计学的传入与发展——基于对同时期 204 本统计学术图书的研究》的附件）。下同。

④ 横山雅男的《统计通论》在日本共发行 42 版，初版于 1901 年发行，孟森翻译的是 1904 年发行的第四版。第五至四十二版的改动很小，主要是在书后增加了一些附录。

Merriman，1910 年版中译为"摩立门氏"）的 *The Method of Least Squares*，该书名为"最小二乘法"，"大旨谓测数与真值之差"，实为数理统计，强调原理与用法并重，"观本书社会统计学一节，与夫欧美概率学论审案诸编，其亦可以恍然矣乎"①。

　　2. 服务政治、学术性欠缺的统计学

　　从传播和影响力来看，一方面，1907 年清政府在宪政编查馆中设立统计局，同时要求各省设立统计处②，客观上急需统计知识的补给，以《统计通论》为代表的日本统计学教材恰好能满足清政府的治理需要，因此得以广泛传播。和数理统计相比，国势统计的数学成分少很多，更实用、更易理解、更好操作和实施，因此更容易被接受，自然得到广泛传播，客观上有助于政府统计工作和统计调查的规范化与科学化。另一方面，来源于日本的统计学教材比英美统计学教材的影响更大，传播得也更广，《统计通论》发行过 10 版，足见其流行之广、影响之深。"自是我国士大夫始知统计为一种科学"③，该书第一次向国人展示统计学这门学科，为中国统计学的建立奠定了基础。但实事求是地讲，《统计通论》及其所代表的国势统计内容简单且缺乏数理统计，因此在统计学界的影响并不大，如《统计学之理论》的"译余赘语"中写道："统计旧译只有日本横山雅男统计通论一种（旧译虽有三种，其原本则一）。仅略述统计历史及制表绘图等事，于学理几无所及，求诸日本他种统计，亦大都如是。"但其作为各级地方政府的统计学教材 / 讲义，事实上推动了初级统计学知识在中国的传播以及初级统计学人才的培养。

　　这一时期的统计学术图书以翻译为主，强调行政统计（政府统计），偏重数据的收集和整理。社会统计包罗万象，涵盖人口统计、经济统计、商业统计、教育统计、卫生统计、道德统计等，数理统计学（概率论）则只关注理论，现代统计理论和统计应用之间是断裂的，亟须整合。概言之，这一时期是现代统计知识的传入与现代统计意识的植入阶段，是被动吸收新知识的萌芽期，国内对统计的理解相对狭隘，认为统计就是统计资料、统计就是统计图表。值得注意的是，普通民众对统计学的这种窄化认知一直持续到新中国成立前。

---

① 曼斯菲尔德·梅里曼. 最小二乘法 [M]. 北京：学部图书局售书处，1910：译余赘语 3.

② 涂景瑜. 统计学讲义 [J]. 北洋法政学报，1910（141）：1-8. 1910 年，涂景瑜在《北洋法政学报》连续发表了 7 期（第 141～147 期）《统计学讲义》，共计 81 页，整理出来也是一本不错的统计学讲义。

③ 曾鲲化. 统计学教科书 [M]. 上海：上海群益社，1913：21.

二、北洋政府时期（1912—1926 年）——统计学全面传入期

1. 教育改革推动统计学术知识引入的多元化与学术化

从 1909 年开始，庚款留学生远赴欧美留学，有相当数量者求学于欧美名校，比如哈佛大学、伦敦大学、巴黎高等师范学校、巴黎统计学院等，所学专业广泛，包括经济学、统计学、心理学、教育学、社会学等，有在海外取得统计学专业博士学位的，如朱君毅（1922 年，教育统计）、沈有乾[1]（1926 年，心理学）、寿景伟（1926 年，经济学）、罗志如[2]（1937 年，经济统计）、吴定良（1928 年，生物统计）、黄钟（1933 年，经济统计）、齐泮林[3]（1936 年，教育学）、唐培经（1937 年，数理统计）、许宝騄（1938 年，数理统计）等，其中许宝騄和师从卡尔·皮尔逊（Karl Pearson）的吴定良后来都成为享誉国际的统计学家。还有一些留学生取得统计学专业硕士学位，如邹依仁、金国宝、戴世光、薛仲三、朱祖晦等，这些留学生归国后成为中国统计学术界的中流砥柱，不遗余力地推动统计学在中国的传播，特别是助力了数理统计学在国内的发展，打破了日本统计教材一家独大的局面。

1912—1926 年，特别是军阀混战期间，虽有形式上的中央政府，但中国基本处于割据分裂状态，亦无正统观念，这恰恰为统计知识在中国的传播提供了宽松的政治和社会环境，各类统计学术图书应运而生。同时，新式学堂的推广以及数学等科学知识的教育也为数理统计学和应用统计学在中国的扎根打下了制度和学术基础。这一时期除上一时期翻译的日本统计学教材外，开始引入欧美统计学教材（见附表 2）。有留学生直接翻译欧美流行的统计学教材，也有统计学及相

---

[1] 沈有乾（1900—1996），字公健，江苏吴县人，心理学家、逻辑学家和统计学家。早年就读于北京清华学校，后赴美深造，获斯坦福大学哲学博士学位，师从美国哲学家、数理逻辑学家谢费尔（Henry Maurice Sheffer）。回国后先后在光华大学、浙江大学、暨南大学和复旦大学教授逻辑学、心理学和统计学课程，长于统计学与符号学。20 世纪 40 年代再次赴美，曾任联合国秘书处考试与训练科负责人和纽约市立大学皇后学院教授等。著述颇丰，主要有《心理学》《教育心理学》《论理学》《现代逻辑》《初级理则学纲要》《实验设计与统计方法》等。20 世纪中国心理学和逻辑学研究的先行者之一，对弗洛伊德的精神分析学说、怀特海和罗素的数理逻辑学说均有独到的见解。

[2] 罗志如（曾用名罗志儒）。

[3] 齐泮林，著名心理学家、教育家，1936 年获得芝加哥大学教育学博士学位。历任上海沪江大学教授、国立中山大学师范学院院长、国立贵阳师范学院（今贵州师范大学）院长、国立北京大学教育学系代主任兼教授。著有《河北省各县普通教育概览》（1929）、《教育统计学》（1946）。

关专业（如教育学、心理学等）的留学生自己编著本专业领域的统计学教材，且教育统计学从社会统计学中分离出来。在教材内容上，出现数理统计学专著。统计学的教学方向发生了分化，除了上一时期最为关注的政府统计外，开始关注统计原理，注重介绍当时国际上最新的数理统计方法。与此同时，这些统计方法在教育、心理、社会以及经济等领域的普及与应用加快。

这一时期欧美归国留学生自己编著的教材和翻译自国外的统计教材并行，这些教材的适用范围从小学到职业学校再到高等院校。与此同时，自各省市设立统计处以后，地方政府也开始根据市面上流行的统计学术图书（主要是孟森翻译的《统计通论》）编著统计学教材，用于培训当地政府的行政人员并培养专业的统计人才。

2. 欧美译著精良与本土学术著作多元丰富

在译著方面，有代表性的统计学译著有 4 部（详见附表 2），其原著都是当时欧美高校广为使用的统计学教材。4 部译著的翻译皆流畅贴切、信达易懂，民国中后期大部分国内学者在编著统计学教材时都参考过这几部译著，客观上这些译著对我国的统计教育和统计学发展起到了一定的作用。G. 乌德尼·尤尔（G. Udny Yule）[①]的《统计学之理论》于1913年被翻译出版，原书初版于1911年发行，是当时国际上少有的质量上乘且内容丰富的教科书。原书共 17 章，中译本中只有前 6 章（绪论、统计术语、一致性、相关、部分相关、多分法以及频数分布），后 11 章[②]不知何故没有翻译。1923 年，赵文锐翻译爱尔窦登兄妹（W. P. Elderton, E. M. Elderton）的《统计学原理》，该书原版发行过 5 版（1909—1927 年），译作也发行了 5 版（1923—1930 年），原书得到了现代统计科学大师卡尔·皮尔逊的指导和帮助，由英国遗传学与统计学家弗朗西斯·高尔顿（Francis Galton）作序，序中有言"《统计学原理》（Primer of Statistics）之成，不久将见最新统计学之最新智识"，可见该书涵盖了当时最新的统计知识。该书图文并茂，深入浅出，内容紧凑（原著86 页，译著61 页），内容上以变量和中位数开头，继而讲解集中趋势（平均数、密集数）和离中趋势（四分位数、标准差数、频数分布）的测量，终于相关和抽样误差分布，特别值得一提的是书中多次强调推断统计所用数据必须随机抽取，弥补了《统计通论》

[①] 尤尔当时已是英国皇家统计学会的名誉秘书、国际统计学会会员、英国皇家人类学会成员。Yule 也译作"攸尔"，不同时期的习惯译法不同，本书两种译法均有使用。

[②] 包括平均数、离散测量、相关及相关系数、偏相关、简单抽样及其局限、二项分布和正态曲线、正态相关等。相比而言，后 11 章的内容更新鲜、更前沿，数理统计性也更强。不过，同一译者于1910 年翻译的《最小二乘法》中的很多内容和后 11 章的内容有重叠，不知这是不是其没有翻译后 11 章的一个原因。

的缺憾。

我国学者自主编著的教材大致可分为两大类：（1）在《统计通论》的持续传播和影响下，强调国情调查和行政统计工作的新作（附表 2 该时期中序号 1、3、5～12、15、24）继续发行，有代表性的是寿毅成（即寿景伟）的《应用统计浅说》和王溥仁的《统计学》，前者是王云五主编的百科小丛书第二十八种，后者脱稿于作者在陆军军需学校的讲义。这一时期的学校和地方行政人员讲习班也继续出版行政统计工作方面的统计学教材。出于国家治理和政治改革的需求，此时统计学在政治领域的应用迅速铺开，全国各级政府相继开设各种专门培训政府统计工作人员的统计讲习班，所用教材多为自编，不过大都以孟森翻译的《统计通论》为模板，或有所删减，或加入了当地数据，比如山东、山西、河北、广东和云南都发行过这类讲义。（2）归国的欧美留学生及有识之士在翻译引进国外统计学教材的基础上，基于本国国情和统计数据，开始编写中国本土的统计学教材，有的书中开始出现推断统计。其中，有受过西方高等教育、拥有欧美留学经历的学者编著的具有数理统计学色彩的教材，如哥伦比亚大学教育统计学博士朱君毅的《教育统计学》、哥伦比亚大学统计学硕士金国宝的《统计新论》等；也有基于中国本土实践经验、依托对外国统计学著作的学习和借鉴写就的教材，如周调阳的《教育统计学》等。总体来说，国内学者编著的统计学教材，虽然署名是某人著或编著，但书中核心内容基本都是在大量参考国外相关教材、期刊和文章的基础上整理汇编而成，这一点有各书中列出的参考资料可以证明。

3. 统计学术名词翻译的标准化提上日程

"我国统计学，因属始创，故统计学家之编制统计学时，大都各以个人主张而编订，致使初学之士，生混淆不明之感……易感不明。"[1]1923年出版的朱君毅编著的《统计与测验名词汉译》是第一部关注统计名词翻译标准化的著作，尽管书中的统计名词在当时颇受争议，比如 mode 被翻译为范数，其他学者则认为密集数或众数更妥帖，但其却具有开创意义——既说明当时的统计名词翻译标准不一，也标志着统计名词翻译的标准化被提上议程。直到 21 年后的 1944 年，国民政府教育部才正式公布国立编译馆编订的《统计学名词》，该书由朱君毅担任统计学名词审查委员会主任。

这一阶段是现代统计学全面传入中国的时期，国内对统计学的认知和理解越来越深入，开始重视统计原理。内容丰富、应用广泛的统计学教材的出版，极大地推动了统计学知识在中国的传播及统计教育在中国的开展，也反映出此时国内

---

① 华甇. 我国以往统计学不发达之原因及今后应注意事项 [J]. 县政研究，1941，3（5）：35.

统计学开始出现自我发展和自我完善的趋势，各高等院校也纷纷开始采用本土教材以便利教学。这一阶段，学界高度重视统计学原理，数理统计学译著和专著显著增多，出现了专门针对经济、教育等领域的应用统计学著作，重视专业统计人才的培养，特别是全国各省市纷纷设立统计讲习班为刚设立的统计处培养政府统计人才。同时，欧美归国留学生们带来了欧美统计学领域最先进的知识、最前沿的教育体制和大量优秀的统计学著作，学术界逐渐萌生统计学学科意识。这一阶段的统计学术图书中，国内编著的在数量上占绝对优势，但从这些著作列出的参考资料可知，国外统计学教材、统计期刊及文章对它们的编著影响很大。在内容上，应用统计学著作占主导，强调政治、社会、经济、教育、管理等的发展都离不开统计研究方法。

三、南京国民政府前期（1927—1937 年）——统计学落地生根期

1. 留学生助力统计学成为独立学科，数理统计与应用统计占据主导

1927—1928 年，"宁汉合流"与"东北易帜"先后发生，南京国民政府实现了名义上的和平与统一，军阀混战的局面得到控制。之后，南京国民政府开始采取一系列恢复社会经济、发展社会教育和推进科学研究的措施，各个现代学科在近代中国迎来最为繁荣发展的阶段。

这一时期，统计学也在中华大地遍地开花。中国国民党中央执行委员会调查统计局（简称"中统"）的雏形也在此时期形成，这标志着统计事业的体制化。同时，知识分子精英积极参与政治，有机会传播和推广新文化和新知识。欧美归国留学生增多，年轻的归国学者坚持实地调查与实验室分析和资料研究要受到同等关注，强调运用现代科学方法进行实地研究，这些都需要统计知识和技术的加持。上至高等院校，下至小学，皆开设统计学课程。1930 年，中国统计学社成立，成立之初就把"统计教育"列为该社一大工作内容，研究西方统计学并翻译西方统计学书籍。中国统计学社编订了统计学名词的标准翻译，从此时开始，统计教材间因翻译不同而不易理解、很难对话的问题得到缓解。1926 年，南开大学"添设统计一科，由何廉先生教授"[①]。1927 年，南开大学在商科下设立了商业统计学系，标志着统计学在中国高等教育体系内学科地位的确立。

这一时期出版的有代表性的统计学教材近百部（见附表 3），其中国外统计

---

① 统计实验室 [J]. 南开大学周刊，1927（41）：37.

教材译著 16 部，其中 5 部来自日本，分别是冈崎文规的《社会统计论》（1928年阮有秋译）、增地庸治郎的《经营经济学引论》（1931 年阮有秋译）、汐见三郎的《财政统计》（1934 年周乐山、张汉炎译）、小林新的《经营统计》（1934年李致远译）、森数树的《劳动统计》（1934 年李致远译）；源自欧美的 11部，分别是 1928 年朱君毅翻译的瑟斯吞（L. L. Thurstone）[1]的《教育统计学纲要》、1929 年宁恩承翻译的金氏（Winford I. King）的《统计方法》、1930 年许炳汉翻译的《统计学方法概论》、1931 年罗志儒翻译的瑟斯吞的《教育统计学纲要》、1932 年刘迺敬翻译的亨利·E. 加勒特（Henry E. Garrett）[2]的《实用统计学》、1933 年李仲珩翻译的尤尔的《统计研究法》、1934 年顾克彬翻译的欧提斯（Otis）[3]的《教育测量统计法》和朱君毅翻译的加勒特的《心理与教育之统计法》、1936 年张世文翻译的乔治·钱德勒·辉伯尔（Geogre Chandler Whipple）的《生命统计学概论》、1937 年郭垣翻译的乔治·R. 戴维斯（George R. Davies）的《经济统计》和沈骊英翻译的哈里·H. 洛夫（Harry H. Lovo）的《农业研究统计法》。此时，由日本引进、影响中国数十年的行政统计，渐渐无法满足中国的快速变化和社会经济发展的需要，随着统计学在中国作为一门学科的全面发展，其影响力开始式微，应用统计学与数理统计学开始占据主要地位。与此同时，受到中日关系和国际局势的影响，赴日留学生数量锐减。拥有欧美留学经历的统计学者成为向中国引进先进统计学知识、开展统计学教育和传播统计知识的主要力量，欧美统计学著作亦成为翻译的主要来源。从内容来看，这些译著几乎涵盖了当时最主流的统计学知识和统计学教育；但客观来讲，翻译的质量参差不齐，甚至出现过误译。

2. 统计学及各个学科领域的统计学术图书趋向学术化、专业化与本土化

国内学者自主编著的统计学教材在这一阶段井喷式涌现，且种类丰富，既有教如何收集数据的调查类书籍（8 部），如 1927 年蔡毓聪的《社会调查之原理及方法》、1933 年言心哲的《社会调查大纲》及 1936 年陈毅夫的《社会调查与统计学》（上下册），也有面向大众、浅显易读、给初学者提供入门指导的基础统计学书籍（28 部），各种以"统计学""统计学纲要"等命名的教材如雨后春笋，如 1928 年蔡毓聪的《统计学 ABC》、1929 年寿景伟的《应用统计》（万有文库百科小丛书第一集一千种）、1935 年刘鸿万的《统计学纲要》（中华百科丛书）、

---

[1] 也译作塞斯顿，本书均有使用。

[2] 也译作加累特、葛雷德，本书均有使用。

[3] 也译作奥蒂斯，本书均有使用。

1936年俞子夷[①]的《怎样统计》(小学应用丛书)等,还有专门针对具体领域的应用类统计教材。此时,人口统计、商业统计等也逐渐从早期的社会统计中独立出来,比较活跃的领域是教育(20部)、经济与商业(12部)、人口与国情(7部)等。教育领域的著作较多且书名都很相近,比如1930年刘万镒[②]的《教育调查统计法》和1935年范公任的《初级教育统计学》等;经济与商业领域的代表性著作有1929年林光澂的《商业统计》和1931年秦古温的《实用经济统计学总论》等;人口领域的代表性著作包括1934年朱祖晦的《人口统计新论》和1935年李蕃的《人口动态统计方法》。更有紧跟国际统计学发展趋势的数理统计学专著(3

---

① 俞子夷(1886—1970),祖籍江苏苏州,后迁居浙江,中国近代著名民主革命家、教育家。早年肄业于上海南洋公学、爱国学社。后参加反清革命运动,加入光复会,追随蔡元培投身民主革命,并且暗中研制炸弹,谋划暗杀清政府高官。辛亥革命前夕,先后在上海爱国女校、广明学堂和芜湖安徽公学等校任教。1909年,为解决推广复式教学的师资问题,江苏教育总会筹办单级教授练习所,首次选派办学成绩卓著的优秀教员俞子夷、杨保恒、周维城等人,前往日本考察单级、单级复式与二部制教学,俞子夷任团长。俞子夷在1909年2月东渡日本,5月归国,7月在沪开办单级教授法练习所,并以两所单级小学为基地,开展示范教学和组织实习。1913年冬,俞子夷又受江苏省教育司之命赴美国考察。半年中,他跑遍美国南北,详细研究美国各派教学理论和实验,着重研究了杜威的实验主义教学实验,并对哥伦比亚两所著名的实验小学进行了全面的考察。1914年,他转道欧洲回国。回国后,俞子夷积极开展实验研究。他开展的第一种教学实验叫"联络教材"实验,后来转变为"设计教学"实验。1918年,俞子夷根据桑代克书法量表的编制程序,编制了《小学国文毛笔书法量表》,开我国教育测量编制之先河,最早将西方测验引入中国。1918—1926年,俞子夷在南京高等师范学校任教,并主持附属小学,进行各种新教学法的实验研究。后进入浙江杭州省立女中师范部,并指导附属小学工作。1927年8月任国立第三中山大学初等教育处处长。1933年以后,长期在浙江大学教育系任教授。1943年春,浙江省教育厅在南溪乡创办云和县国民教育实验区,俞子夷任主任。后实验中心设南溪乡中心学校,俞子夷任主任,1944年9月停办。1947年后,俞子夷兼任浙江国民教育实验区主任。1951年后,俞子夷任浙江省教育厅副厅长。俞子夷是中国民主促进会在浙江省发展的首批成员之一,是民进省筹委会和杭州市委会的第一任主委、民进中央委员。1958年,俞子夷被错划为"右派分子"。1970年,他因病逝世。俞子夷毕生从事小学教育的实验和研究,重视小学算术教材教法的探索,是20世纪以来中国最早研究小学数学教育的学者,可以称为中国算术教学法的奠基人。俞子夷教育论著极为宏富,有330余种(篇)。俞子夷主张笔算与珠算相结合,注重加减基本功的练习,有关珠算的著作有《笔算、珠算混合教学法》《民教班珠算教学研究》《初级珠算教材》(一册)和《高级珠算教材》(四册)。他编的《新体算术》(1916)、《社会化算术》(1918)是中国最早的小学算术课本之一。

② 刘万镒,字伯权,1921年毕业于广东高等师范学校,任教于广东省立四中,并负责舍务、级务与指导等工作。1926年,入国立广东大学专修教育测验与统计,毕业后进入广东农工厅做统计工作。广东省统计讲习所创办后,任教育统计科讲席。1927年,广州统计学校成立,任教育统计和英文两门课的教习。

部），如 1927 年王仲武的《统计学原理及应用》和 1935 年金国宝的《统计学大纲》（上下册）。此外，1934 年陈长蘅主编的《统计论丛》发表了当时国内一些著名统计学家的文章；1934 年王仲武编著的《统计公式及例解》是一本纯粹研究统计公式和数理的读物，适合作为大学统计学教程的补充课本。

3. 更加重视统计学术名词翻译的标准化和一致性

随着引入的统计知识的不断深化、专业统计人才的增加以及统计学教材翻译数量的不断增多，统计知识体系建立的标准化和规范化需求也在不断增大。1923 年，朱君毅就已提出统计名词翻译要标准化，其著作中所涉及的统计学名词数量很少（仅收录约 250 个），也没有成为公认的标准化翻译名词。本时期伊始，统计学教材翻译中的选词仍然体现出很强的个人化色彩，不同翻译者和统计学者之间在用词上仍存在不小的差异。这既牵涉统计学教材的翻译引入，也关系到统计教育的一致性，自然引起学界的高度重视。"这册子的一点小用处，是在供给一般从事统计工作和研究统计的人们，帮助参考上的便利罢了。"[1]1930 年，王仲武编著的《汉译统计名词》一书出版，该书参考了国内外有影响力的统计学教材，为应对前述统计学界学术繁荣而翻译混乱的问题，为将近 700 个统计学词语给出了标准翻译，不过"似乎关于经济统计的名词更多一些"[2]。紧接着，1933 年，朱君毅编著的《统计与测验名词英汉对照表》出版，该书在 1923 年《统计与测验名词汉译》的基础上参考结合王仲武的著作扩编而成，共收录 1 000 余种统计名词。与此同时，朱君毅与王仲武就统计名词翻译问题的多次公开讨论与争鸣，也反映出当时中国统计学界对待统计翻译和统计教育的科学严谨之意。1934 年，中国统计学社编订的《统计译名》是一个翻译对照表，共收统计词语 600 余条。由于该书中涉及的国内统计学著者几乎都是中国统计学社的社员，因此该对照表的权威性不容置疑。短短 5 年内 3 本关于统计学名词汉译的专著的出版，是统计学作为一门独立学科在国内标准化、规范化、科学化发展的力证。

这一时期，统计学在中国落地生根，国内统计学术图书中的统计学知识紧跟国际统计学发展，统计学者队伍的扩展、学术组织的建立、翻译和教材的标准化与多样化，以及制度化、系统化的统计教育的开启，标志着统计学已然具备作为一门独立学科的条件，并显示出统计学本土化、贴近日常生活等特点。

---

[1][2]　王仲武.汉译统计名词 [M].上海：商务印书馆，1930：绪言。

四、南京国民政府后期（1938—1949 年）——统计学深入发展期

1. 消化吸收并反思统计学，统计学架构体系全面"欧美化"

1937 年，抗日战争全面爆发，战争波及当时中国的方方面面。虽然这一时期，我国又有一批统计学系在国立重庆大学和国立复旦大学等高等院校设立，统计学作为专门学科、开展制度化教育已比较成熟，然而，随后的几年内，战争导致高等院校人员不断迁移，各类统计资料和物资短缺，统计学领域也不可避免地受到冲击。但总体来看，之前的发展势头并没有戛然而止，只是被迫放缓，学者们的学术研究也未曾止步，特别是在前三个时期的发展和累积的基础上，学术界甚至开始反思之前的统计学。

这一时期出版的统计学术图书有近 70 部（见附表 4）。其中，全面抗战期间有 39 部，抗战胜利后到新中国成立前有 24 部。这一时期代表性译著有 7 部，分别是 1938 年李植泉翻译英国阿瑟・L. 鲍莱（Arthur L. Bowley）的《统计学原理》（上下册）、1940 年郑权翻译苏联 M. N. 斯密特（M. N. Schmidt）的《统计学与辩证法》、1941 年范福仁翻译加拿大 D. H. 古尔登（D. H. Goulden）的《生物统计与试验设计》、1941 年徐坚翻译美国弗雷德里克・塞西尔・米尔斯（Frederick Cecil Mills）的《密勒氏统计方法论》（上下册）、1941 年李黄孝贞[①] 和陆宗蔚翻译美国弗雷德里克・塞西尔・米尔斯的《统计方法》、1944 年朱君毅翻译了美国赫伯特・阿金（Herbert Arkin）和雷蒙德・科尔顿（Raymond R. Colton）的《统计方法大纲》[②]，以及 1948 年罗大凡和梁宏翻译 C. H. 理查森（C. H. Richardson）的《统计分析导论》。这些译著虽数量不多，但皆为当时欧美高校广为使用的统计学教材，且译后在国内大都多次出版发行。这些译著无论在内容上还是在统计知识的编排上都已相当成熟，当代统计学教材的框架与之非常接近。

这一时期，译著中来自日本的占比越来越少，中国的统计学知识引入呈现几乎全盘的"欧美化"，这与近代统计学科发展的路径一致。值得一提的是，在 1937 年，日本岩波书店的创始人岩波茂雄曾有意向中国赠送岩波书店所有的出

---

① 民国时期的女性统计学家凤毛麟角，李黄孝贞是其中的一位。

② 朱君毅在译者序里写道："是书之特点：以十八种英美大学标准统计教本为蓝本，删去繁芜，采撷精华，一也。书中之统计方法，非若他书之只就一专门学科，单纯发挥，如经济统计，生物统计等书之所论列者；举凡经济、商业、教育、心理、生物、生命之统计方法，莫不兼收并举……凡大学统计学生，或从事统计人员，倘能人手一册……"

版物，后来因抗日战争全面爆发，该构想遂无法实现。直到第二次世界大战结束后，岩波茂雄已离世多年，书店同人根据他的遗志于 1947 年 1 月至 1948 年 3 月间，向北京大学、武汉大学、中山大学、暨南大学及中央大学等赠送图书。本研究也收集到部分藏于上述院校图书馆的岩波书店出版的日文版统计学教材，如1933 年出版的成实清松著《数理统计学》和 1937 年出版的上田常吉著《生物统计学》等。

2. 发展日臻完善的本土统计学

这一时期，国内学者在战乱中坚持统计研究，编著出版不少高质量的统计学术图书，大多是作者执教多年讲义的合成，详明切实且经过实践的检验。这些图书以统计学教材 / 讲义为主，兼有专业应用领域统计学图书和政府统计工作专著。各类统计学教材 / 讲义近 40 部，内容由浅至深包括调查统计、简易统计、统计学概论、统计学原理和高等统计学，比如 1938 年萧晁狮的《应用统计概要》、1943 年褚一飞的《统计学》、1948 年朱君毅的《统计学概要》、1949 年朱祖晦的《统计学原理》等。应用统计图书仍然以经济与商业、教育、生物、人口等领域最活跃，经济领域有 1939 年唐启贤的《指数之编制与应用》、1941 年林和成的《实用工商统计续编》和 1943 年吴藻溪的《经济统计学》等；教育领域的统计应用著作依然不少，比如 1944 年沈有乾的《教育统计学讲话》、1946 年齐泮林的《教育统计学》等；生物领域有 1947 年赵仁镕、余松烈的《生物统计之理论与实际》和 1948 年郭祖超的《医学与生物统计方法》；人口领域有 1942 年周炳沄的《人口统计学》（又名《户籍学》）和 1943 年张世文的《生命统计方法》。此外，出现了两部介绍实验设计与统计方法的专著，分别是 1941 年学林社出版的《教育之实验设计与统计方法》和 1946 年沈有乾编著的《实验设计与统计方法》。

3. 官方推动完成统计学术名词翻译的标准化与制度化

1944 年中华民国教育部公布的、国立编译馆出版的《统计学名词》是统计翻译标准化的又一重大成果。该书是民国时期统计学名词翻译最为权威和完整的参考书，由包括金国宝、朱君毅、王仲武和艾伟等统计学家在内的教育部统计学名词审查委员会审定，共收录了 924 个名词的译名（审查前为 1 367 个名词，1948年补充了 179 种[①]）。该书为统计学术图书的翻译提供了权威参考，标志着统计学知识引入的标准化与制度化工作基本完成。

南京国民政府后期是消化吸收数理统计，深入发展国内统计教育和统计研究的时期。这一阶段，国内统计学者继续引进国外优秀、前沿的统计学著作，深入研究统计理论和统计方法，统计学术研究推陈出新，统计教育系统日趋规范。

---

① 中国统计学社理监事联席会议决议志要 [J]. 湖南统计通讯，1948（13）：12.

特别要指出的是，民国时期吴定良、唐培经、许宝騄等虽然没有著作出版，但他们师从卡尔·皮尔逊、E. S. 皮尔逊和 J. 奈曼等统计大师，在国际顶尖统计学期刊（如 *Biometrica*）上连续发文，产生了巨大的国际影响。

五、小结

统计学是一门舶来之学，要融入异域文化需要一定的时间。清末民国是统计学传入中国，与中国已有学识融汇，在中国扎根、发芽和发展的时期。从已发现的统计学术图书的内容来看，我国对现代统计学知识的引入，当以概率论译著《决疑数学》为开端。但受限于当时中国知识界有限的关注程度，以及中国基础教育尤其是数学教育的不足，该书未能产生应有的社会影响。

中日甲午战争后，在清政府大量派遣日本留学生，以及爱国志士们向日本学习的口号与社会思潮的多元影响下，来自欧美的数理统计学知识的传播短暂地中断了，强调国势调查和社会统计的日本统计学著作深深影响着当时的统计教育和统计工作，国内统计著作的出版也以服务宪政改革为目标。引入初期，统计学更多地被理解为一种研究方法或工作方法，强调行政统计，这与该学科自身早期的发展路径相似。但即使仅作为一种研究方法和技术，统计学也对其他舶来学科，例如人口学、社会学、心理学、教育学、经济学等领域产生了影响，中国的学术领域开始共享统计方法，并强调统计数据的积累。这一趋势甚至冲击了部分根深叶茂的传统学科，例如历史、文学等。梁启超就曾大力倡导历史统计学。但受制于统计和调查人才培养的缓慢，上述过程经历了一个漫长的探索期。

20世纪二三十年代，留欧美学生陆续学成归国。这批既具备国学涵养，又受过欧美高等学府体制化教育，研修并完成了包括统计学、数学等相关学科课程的学者们，带回了国际上先进和系统化的统计知识，倡导统计原理、统计方法和统计应用并重，教育统计、人口统计、生物统计、经济统计等逐渐从早期的社会统计中独立出来。与此同时，国内教育改革的深化也为统计教育的开展奠定了基础，统计学有了自己的学术共同体"中国统计学社"，中国统计教育的发展与统计知识的引进达到新高峰。高水平的统计学译著和国内学者编著的统计学著作渐增，内容趋向丰满，少数顶尖统计学家关于统计理论和方法的研究成果开始见于国际顶尖统计学期刊，统计学逐渐被当作一门独立的学科。至此，作为其他学科研究方法的统计和作为一个独立专业的统计并存。

至南京国民政府中后期，国内统计学者深感青年学生缺乏正规化、系统化、题材本土化、可读性强的统计学教材，结合自己的学习和教学经验并借鉴国际上优质的统计学教材，开始致力于编著针对不同教育阶段、不同研究领域的统计学教材。在几代知识分子的努力下，统计学在中国扎根、传播并发展开来。这些统计学术图书为中国统计学科的建立打下了坚实的基础，客观上也为近代中国开展科学的量化研究奠定了基础，提供了量化研究的理论和工具。

虽然囿于篇幅无法对这些统计学术图书做更细致详尽的内容描述，但从纵向历史的角度讲，这些统计学术图书展示出当时中国学术界对统计学的认识和利用是一个逐渐进步的过程。从横向层面来看，尽管整个社会都意识到统计学非常重要，应用范围至广，作用效果极大，但不可否认的是，这一时期统计学面临两大尴尬的境地：一是尽管统计学合乎时需，但要把统计学应用到实际中，如何操作是一个大问题；二是整个社会，包括学术界，对统计学的认知参差不齐，新旧杂糅，在时间和空间上都存在严重的认知分层。例如，在数理统计引入的时期，仍有相当一部分人对统计的认知停留在统计就是统计资料的层次上，袭其名而不靠其实，取其说而不施诸用。[1]

究其原因，一方面，统计学传入中国之时，恰恰是其作为一门学科快速发展之际，作为统计学的被动输入方，在吸收和学习上自然会有滞后之事，且新旧统计知识的相互碰撞实不利于初学者，更有甚者，统计推论需要具备一定的数学修养，而彼时数学并非学生必修之课；另一方面，同一时期不同学校相同学级的学生所用教本的深浅程度也不一致，这一点从各时期出版的统计学著作可知，因此在统计认知上存在时空差异性。

总体而言，虽然社会思想的接纳与制度层面的建设存在滞后，但清末民国时期中国统计学术图书在时间上的分布与内容上的变化，还是紧跟国际统计学的发展趋势。而且，该时期中国的统计学教育在教材方面也保持着国际水平。

附表1　清末（1912年以前）的统计学术图书——统计学传入初期

序号	书名	是否译著	作者、译者	出版年份	已发现版次	出版商
1	《决疑数学》	是	[英]伽罗威（Galloway）著，傅兰雅口译，华蘅芳笔述	1897	4	上海格致书室
2	《统计学》	是	[日]横山雅男著，林卓南译，钮永建校	1903		上海时中书社
3	《统计学》	否	彭祖植	1907	2	政法学社

---

① 周楠，陈凤威. 统计学之功用. 国货译论刊，1925，1（1）：25-28.

续表

序号	书名	是否译著	作者、译者	出版年份	已发现版次	出版商
4	《统计通论》	是	[日]横山雅男著，孟森译	1908	3	商务印书馆
5	《统计学纲领》	否	沈秉诚	1909		日本三田印刷所
6	《最小二乘法》	是	[美]曼斯菲尔德·梅里曼（Mansfield Merriman）著	1910	1	学部图书局售书处
7	《统计学讲义》	否	涂景瑜	1910		北洋法政学报

附表2　北洋政府时期（1912—1926年）的统计学术图书——统计学全面传入期

序号	书名	是否译著	作者、译者	出版年份	已发现版次	出版商
1	《统计学之理论》	是	[英]G.乌德尼·尤尔（G. Udny Yule）著	1913		文明书局
2	《统计学教科书》	否	曾鲲化	1913		群益书社
3	《经济统计》	是	[美]斯密史著，曾鲲化译	1914	3	共和印刷公司
4	《统计学》	否	汪龙	1915		中央政治学校
5	《统计学大意》	否	钱西樵	1915		不详
6	《统计学》	否	王溥仁	1917		陆军军需学校
7	《统计学》	否	何燮堃	1921		广三商店
8	《统计原理技术各论合集》	否	子厚氏	1921		山西区行政讲习所
9	《统计学概论》	否	军事委员会军事交通研究所	1921		军事委员会军事交通研究所
10	《统计学》	否	河北省地方行政人员训练所	1921		不详
11	《教育统计学大纲》	是	薛鸿志译	1922	2	北京高等师范编译部
12	《教育统计学大纲》	否	薛鸿志	1922	2	京华印书局

续表

序号	书名	是否译著	作者、译者	出版年份	已发现版次	出版商
13	《统计学概要》	否	山东省地方行政人员训练所	1922		不详
14	《统计学原理》	是	[英] 爱尔窦登兄妹（W. P. Elderton、E. M. Elderton）著，赵文锐译	1923	5	商务印书馆
15	《应用统计浅说》	否	寿毅成	1923		商务印书馆
16	《统计与测验名词汉译》	否	朱君毅	1923		商务印书馆
17	《测验统计法概要》	否	俞子夷	1924		商务印书馆
18	《测验概要》	否	廖世承、陈鹤琴	1925		商务印书馆
19	《统计学》	否	陈其鹿	1925	5	商务印书馆
20	《统计新论》	否	金国宝	1925		中华书局
21	《教育统计法》	否	薛鸿志	1925		商务印书馆
22	《教育统计学》	否	周调阳	1926	5	中华书局
23	《教育统计学》	否	朱君毅	1926	4	商务印书馆
24	《物价指数浅说》	否	金国宝	1926	6	商务印书馆

附表 3　南京国民政府前期（1927—1937 年）的统计学术图书——统计学落地生根期

序号	书名	是否译著	作者、译者	出版年份	已发现版次	出版商
1	《社会调查之原理及方法》	否	蔡毓聪	1927	2	北新书局
2	《教育测验与统计法》	否	李鼎辅	1927	2	永明印书局
3	《统计学原理及应用》	否	王仲武	1927	4	商务印书馆
4	《社会统计论》	是	[日] 冈崎文规著，阮有秋译	1928	2	上海太平洋书店
5	《教育统计学纲要》	是	[美] 塞斯顿（L. L. Thurstone）著，朱君毅译	1928	3	商务印书馆
6	《统计学 ABC》	否	蔡毓聪	1928	5	世界书局
7	《社会调查方法》	否	樊弘	1928		中华教育文化基金董事会社会调查部

续表

序号	书名	是否译著	作者、译者	出版年份	已发现版次	出版商
8	《统计方法》	是	[美]金氏（Willford I. King）著，宁恩承译	1929		商务印书馆
9	《统计方法》	否	陈炳权	1929	2	中国统计学会
10	《统计学大纲》	否	陈律平	1929	3	广州统计学校
11	《商业统计》	否	林光澂	1929	2	商务印书馆
12	《应用统计》	否	寿景伟	1929	2	商务印书馆
13	《统计学概要》	否	丘瑞曲	1929		世界书局
14	《警察统计》	否	赵志嘉	1929		世界书局
15	《农村调查》	否	杨开道	1930		世界书局
16	《统计学方法概论》	是	许炳汉译	1930		北新书局
17	《教育调查统计法》	否	刘万镒	1930	2	中国统计学会广州统计学校
18	《指数公式总论》	否	杨西孟	1930		社会调查所
19	《汉译统计名词》	否	王仲武	1930		商务印书馆
20	《统计学方法概论》	是	许炳汉译	1930		北新书局
21	《教育统计学纲要》	是	[美]瑟斯吞（L. L. Thurstone）著，罗志儒译	1931	3	北平文化学社
22	《统计学》	否	唐启贤	1931	2	黎明书局
23	《教育心理学大纲》	否	朱君毅	1931	3	中华书局
24	《经营经济学引论》	是	[日]增地庸治郎著，阮有秋译	1931		商务印书馆
25	《统计学概论》	否	周夔	1931		民智书局
26	《统计学》	否	瞿世镇	1931		上海三民图书公司
27	《商业统计》	否	李权时	1931		商务印书馆
28	《实用经济统计学总论》	否	秦古温	1931	3	秦庆钧会计师事务所
29	《统计学问答》	否	瞿世镇	1931	2	上海三民图书公司

续表

序号	书名	是否译著	作者、译者	出版年份	已发现版次	出版商
30	《工资统计概论》	否	吴半农	1931		不详
31	《实用统计学》	否	杨铭崇	1931		不详
32	《实用统计学》	是	[美]加累特（Henry R. Garrett）著，刘迺敬译	1932	2	南京书店
33	《教育统计学初步》	否	胡毅	1932	2	大东书局
34	《新中华教育测验与统计》	否	廖世承	1932	2	新国民图书社
35	《教育测验与统计》	否	潘之赓	1932	3	世界书局
36	《统计研究法》	是	[英]尤尔 George Udny Yule 著，李仲珩译	1933		世界书局
37	《教育测验与统计》	否	朱君毅	1933	3	商务印书馆
38	《教育测验与统计》	否	杜元载	1933		文化学社
39	《劳工统计》	否	军需学校	1933		军需学校
40	《统计学之基础知识》	否	李鸣陆	1933		山东省立民众教育馆出版部
41	《社会统计》	否	毛起鵕	1933		世界书局
42	《社会统计大纲》	否	毛起鵕	1933		黎明书局
43	《户籍统计》	否	苏崇礼	1933		商务印书馆
44	《社会调查大纲》	否	言心哲	1933		中华书局
45	《测验统计术》	否	俞子夷	1933		中华书局
46	《高级统计学》（上下册）	否	艾伟	1933	3	商务印书馆
47	《财政统计》	是	[日]汐见三郎著，周乐山、张汉炎译	1934		商务印书馆
48	《经营统计》	是	[日]小林新著，李致远译	1934	1	商务印书馆
49	《劳动统计》	是	[日]森数树著，李致远译	1934	2	商务印书馆
50	《教育测量统计法》	是	[美]奥蒂斯（Arthur S. Otis）著，顾克彬译	1934		南京书店

续表

序号	书名	是否译著	作者、译者	出版年份	已发现版次	出版商
51	《心理与教育之统计法》	是	[美]葛雷德（Henry E. Garrett）著，朱君毅译	1934	3	商务印书馆
52	《统计论丛》	否	陈长蘅	1934		黎明书局
53	《统计译名》	否	中国统计学社	1934		中国统计学社
54	《教育测验及统计》	否	常彦春	1934	2	范华制版印刷厂
55	《教育统计学》	否	汤鸿蠹	1934	3	大华书局
56	《统计公式及例解》	否	王仲武	1934	2	商务印书馆
57	《教育统计学纲要》	否	杨国础	1934	2	中华书局
58	《统计学》	否	杜岑	1934		中国大学
59	《铁路实用统计》	否	王道荣	1934		不详
60	《人口统计新论》	否	朱祖晦	1934		不详
61	《统计图表编制》	否	朱佐廷	1934		黎明书局
62	《统计概论》	否	芮宝公	1935	4	中华书局
63	《统计上百分与 S 分对照表的求法》	否	林立身、李国华	1935		河北省立女子师范学院
64	《经济学与统计学》（第 1、2 册）	否	卢郁文、祁德华	1935		军需学校
65	《教育测验及统计》	否	浦漪人、黄明宗	1935		黎明书局
66	《社会统计》	否	曾乐平	1935	3	商务印书馆
67	《统计学》	否	金国宝	1935	12	商务印书馆
68	《统计学大纲》（上下册）	否	金国宝	1935	3	商务印书馆
69	《统计学纲要》	否	刘鸿万	1935	3	中华书局
70	《统计浅说》	否	汪桂馨	1935	1	民智书局
71	《教育测验与统计》	否	王书林	1935	4	正中书局
72	《初级教育统计学》	否	范公任	1935		世界书局
73	《人口动态统计方法》	否	李蕃	1935		正中书局
74	《数理统计学》	否	罗大凡	1935		北新书局

续表

序号	书名	是否译著	作者、译者	出版年份	已发现版次	出版商
75	《生命统计学概论》	是	[美]辉伯尔（George Chandler Whipple）著，张世文译	1936	2	商务印书馆
76	《教育测验统计的应用》	否	谷秀千	1936	2	新亚书店
77	《统计之专门化与大众化》	否	罗敦伟	1936	1	实业部统计处
78	《统计及商业调查》	否	吕仁一	1936		大东书局
79	《实用社会调查》	否	温仲良	1936		广州广育统计学校
80	《怎样统计》	否	俞子夷	1936		儿童书局
81	《统计制图学》	否	陈善林	1936	3	商务印书馆
82	《社会调查与统计学》（上下册）	否	陈毅夫	1936	2	民生印书馆
83	《教育测验与统计》	否	高君珊	1936	3	正中书局
84	《实用工商统计》	否	林和成	1936	2	商务印书馆
85	《统计会计方面的基本算学》	否	徐燮均	1936	2	商务印书馆
86	《农业研究统计法》	是	[美]洛夫（Harry H. Lovo）著，沈骊英译	1937	1	商务印书馆
87	《经济统计》	是	[美]戴维斯（George R. Davies）著，郭垣译	1937	2	重庆三友书店
88	《新教育测验与统计》	否	陈选善、梁士杰	1937	3	儿童书局
89	《教育测验及统计》	否	魏志澄、潘揖山	1937	2	黎明书局
90	《教育统计学》	否	王书林	1937	2	商务印书馆
91	《利用统计工具的会计》	否	赵希献	1937		不详
92	《基本统计学》	否	朱庆疆	1937		不详
93	《实用生物统计法》	否	王绶	1937		商务印书馆

附表 4　南京国民政府后期（1938—1949 年）的统计学术图书——统计学深入发展期 [①]

序号	书名	是否译著	作者、译者	出版年份	已发现版次	出版商
1	《统计学》	否	陈善林	1938	5	中华书局
2	《统计学原理》（上下册）	是	[英]鲍莱（Arthur L. Bowley）著，李植泉译	1938	1	商务印书馆
3	《铁路管理统计之原理与实务》	否	许靖	1938	2	商务印书馆
4	《应用统计概要》	否	萧晃狮	1938	4	新星印书馆
5	《指数之编制与应用》	否	唐启贤	1939		中华书局
6	《统计学与辩证法》	是	[苏]M. N. 斯密特（M. N. Schmidt）著，郑权译	1940		读书出版社
7	《统计学》	否	李燮棠	1940	2	广东国民大学
8	《统计学教程》	否	宪兵学校	1940		宪兵学校
9	《统计学》（上下册）	否	郑尧桦	1940		商务印书馆
10	《教育测验统计》	否	安徽省地方行政干部训练团	1940		安徽省地方行政干部训练团
11	《生物统计与试验设计》	是	[加]古尔登（C. H. Goulden）著，范福仁译注	1941	2	广西农事试验场编辑室
12	《密勒氏统计方法论》（上下册）	是	[美]米尔斯（F. C. Mills）著，徐坚译	1941		商务印书馆
13	《统计方法》	是	[美]米尔斯（F. C. Mills）著，李黄孝贞、陆宗蔚译	1941	3	中华书局
14	《调查统计实务》	否	杨寿标著，中国农民银行行员训练班编	1941	1	中国农民银行行员训练班
15	《实用工商统计续编》	否	林和成	1941		商务印书馆

[①]　附表 1 至附表 4 共有 188 部正式统计出版物，本书前文研究的 204 部含有 16 部非正式出版物。

续表

序号	书名	是否译著	作者、译者	出版年份	已发现版次	出版商
16	《应用统计学》	否	刘述祖	1941		西康省地方行政干部训练团
17	《简易统计》	否	徐震洲	1941		江西省地方行政干部训练团
18	《教育之实验设计与统计方法》	否	学林社	1941		学林社
19	《统计学》	否	黄廷真	1942	1	广东国民大学
20	《调查统计概要》	否	广西省党部	1942		青年书店桂林印刷所
21	《调查统计概述》	否	徐恩曾	1942		中央训练团党政训练班
22	《人口统计学》（又名《户籍学》）	否	周炳洽	1942		广东省地方行政干部训练团
23	《统计学》	否	刘坤闿	1943		军需学校
24	《应用统计》	否	广东省地方行政干部训练团	1943	1	广东省地方行政干部训练团
25	《统计学概论》	否	中华经济统计研究所丛书委员会	1943	2	中华经济统计研究所
26	《统计学概论》	否	褚一飞	1943		天地出版社
27	《统计学概要》	否	贵州省地方行政干部训练委员会	1943		贵州省地方行政干部训练委员会
28	《怎样绘制中心国民学校的统计图表》	否	刘开达	1943		教育部国民教育司、教育部国民教育辅导研究委员会
29	《统计实务进修课本》	否	刘坤闿	1943		进修出版教育社
30	《统计学》	否	王光汉	1943		时代青年出版社
31	《经济统计学》	否	吴藻溪	1943		南方印书馆
32	《统计学》	否	褚一飞	1943	3	立信会计图书用品社
33	《生命统计方法》	否	张世文	1943	2	正中书局
34	《调查方法》	否	史可京	1944	2	正中书局

续表

序号	书名	是否译著	作者、译者	出版年份	已发现版次	出版商
35	《统计方法大纲》	是	[美] 赫伯特·阿金（Herbert Arkin），雷蒙德·科尔顿（Raymond R. Colton）著，朱君毅译	1944	5	正中书局
36	《统计学概论续编》	否	褚一飞主编	1944	1	中华经济统计研究所
37	《统计学名词》	否	国立编译馆	1944	2	正中书局
38	《合作应用统计》	否	居秉英	1944		正中书局
39	《统计学续编》	否	褚一飞	1944	2	立信会计图书用品社
40	《教育统计学讲话》	否	沈有乾	1944	2	世界书局
41	《应用统计学》	否	邝宗源	1946	2	中西印刷社
42	《配合曲线》	否	罗志如	1946		立法院统计处
43	《实验设计与统计方法》	否	沈有乾	1946		中华书局
44	《教育统计学》	否	齐泮林	1946	2	贵阳大中印刷所
45	《应用统计学》	否	黄翼	1946		穗兴印务馆
46	《统计学》	否	陆军大学	1946		陆军大学
47	《生物统计之理论与实际》	否	赵仁镕、余松烈	1947	2	新农企业股份有限公司
48	《统计学新论》	否	王思立	1947	2	立信会计图书用品社
49	《动差，新动差，乘积动差及其相互间关系》	否	汪厥明	1947		厥明生物统计研究室
50	《调查统计》	否	萧承禄	1947		立信会计图书用品社
51	《农村社会调查方法》	否	张世文	1947		商务印书馆
52	《统计分析导论》	是	[美] 理查森（C. H. Richardson）著，罗大凡、梁宏译	1948	3	商务印书馆

续表

序号	书名	是否译著	作者、译者	出版年份	已发现版次	出版商
53	《实用统计方法》	否	杜思湘、杨娱天	1948		华北新华书店
54	《国民学校的统计图表》	否	刘开达	1948		正中书局
55	《统计学通论》	否	王思立	1948	2	立信会计图书用品社
56	《高等统计学》	否	薛仲三	1948	4	商务印书馆
57	《医学与生物统计方法》	否	郭祖超	1948		正中书局
58	《统计应用数学》	否	李锐夫	1948		正中书局
59	《教育测验与统计》	否	李象伟	1948		中华书局
60	《测验及统计》（上下册）	否	孙邦正	1948		正中书局
61	《统计学概要》	否	朱君毅	1948		正中书局
62	《经济数学与统计》	否	山东省立会计专科学校	1949		山东省立会计专科学校
63	《政府统计之原理与实务》	否	赵章黼	1949		正中书局
64	《统计学原理》	否	朱祖晦	1949		世界书局

第四章
欧美统计留学生

民国时期的留学生对引进西方先进的科学理念、知识和技术方法厥功至伟，是开启中国现代化进程的先驱之一。近年来，在对民国留学生群体进行整体性研究的基础上，针对各学科留学生的研究日趋细化，具有启发性的研究成果时有问世。相比对物理学、化学、生物学、经济学、教育学、心理学等学科留学生的研究现状，对统计留学生的研究尚未引起学术界关注，这或许与其人数较少有关。民国初期，现代数理统计方法开始传入我国，后在回国留学生的推动下，统计理论与统计实践两方面都在国内产生了积极而深远的影响。统计留学生的规模尚无确切的统计数据，据目前研究所见，不过数十人而已，然而这个群体取得的学术成就足以比肩国际先进水平，其治学报国的家国情怀更是留给后辈学人的宝贵财富。

一、治学报国：民国时期统计留学生概况

作为本书研究对象的民国时期统计留学生有两类：一类是专门研究数理统计方法的，如许宝騄、唐培经、徐钟济、魏宗舒等一批博士和硕士研究生；另一类是在席卷所有科学领域的统计应用革命中，利用统计学方法研究生物学、经济学、教育学、社会学、心理学等问题的应用统计留学生，他们在获得学位回国后继续从事数理统计或应用统计的教学与科研工作。本书将二者统称为统计留学生。之所以不单纯以所获学位名称而以博士论文是否主要应用了统计方法作为是否属于统计留学生的判断标准，并进一步将之区分为统计方法研究和统计应用研究两部分，主要基于两点考虑：一是统计学从本质上说是一门应用学科，很多学科将统计方法作为研究的主要工具，多学科、跨学科研究普遍存在，一位教授跨两个以上研究领域甚至被两个学系同时聘任的现象并不罕见，如哥伦比亚大学教

授霍特林（Harold Hotelling）、恰道克（Robert Chaddock）；二是在我国现今的统计学研究生培养中，仍然是理学学位、经济学学位、医学学位三足鼎立。

本书主要以袁同礼 20 世纪 60 年代初编制的"中国留美、留欧同学博士论文目录"为依据，加以分类和归纳，以散见于其他文献资料的信息为补充，按获取学位时间顺序整理出统计留学生基本信息，如表 4-1 和表 4-2 所示。

表 4-1　获得博士学位的统计留学生 33 位（部分为应用统计博士生）

姓名	学校	研究领域	获学位时间	论文题目
陆志韦	美国芝加哥大学	心理统计学	1920 年	遗忘的条件
廖世承	美国布朗大学	教育统计学	1921 年	非智力需求的数量分析
朱君毅	美国哥伦比亚大学	教育心理统计学	1922 年	中国留美学生：成功的要素
陈达	美国哥伦比亚大学	社会统计学	1923 年	中国移民之劳工状况
唐启宇	美国康奈尔大学	经济统计学	1924 年	中国农业的经济学研究
李昂	美国哥伦比亚大学	心理统计学	1925 年	记忆力与智力的实验研究
陈钟声	美国哥伦比亚大学	经济统计学	1925 年	中国人口普查：历史性与批判性研究
艾伟	美国乔治·华盛顿大学	教育心理统计学	1925 年	学习中文时影响因素分析
沈有乾	美国斯坦福大学	心理统计学	1926 年	眼睛移动的研究
寿景伟	美国哥伦比亚大学	经济统计学	1926 年	中国的人口与金融：财政政策发展与目标的研究
吴泽霖	美国俄亥俄州立大学	社会统计学	1927 年	美国人对黑人、犹太人和东方人的态度
胡毅	美国芝加哥大学	教育统计学	1928 年	中国成年人的阅读习惯与实验研究
赵人儁	美国哈佛大学	经济统计学	1928 年	马萨诸塞州实际工资与成本的变动（1890—1921）：一个统计分析
吴定良	英国伦敦大学学院	生物统计学	1928 年	手和眼的右旋与左旋
袁贻瑾	美国约翰·霍普金斯大学	生物统计学	1931 年	遗传对人类寿命的影响——基于 1365 年至 1914 年一个中国家族的数据
赵承信	美国密歇根大学	社会统计学	1933 年	从分裂到整合的中国生态学研究
赵才标	美国康奈尔大学	经济统计学	1933 年	中国 12 省粮食产量的统计分析
裘开明	美国哈佛大学	经济统计学	1933 年	中国农业资料来源的研究：数据搜集方法和经济条件的获得

续表

姓名	学校	研究领域	获学位时间	论文题目
黄钟	德国莱比锡大学	经济统计学	1933年	现代中国人口统计的方式和结果
梁庆椿	美国哈佛大学	经济统计学	1934年	中国人口和食品供应关系的研究
厉德寅	美国威斯康星大学	经济统计学	1934年	相关理论的发展及其在经济统计学中的应用
刘南溟	法国巴黎大学	人口统计学	1935年	中国人口研究
齐泮林	美国芝加哥大学	教育统计学	1936年	个性评估的可靠性与有效性
郑名儒	瑞士弗里堡大学	经济统计学	1936年	大战前后中国对外贸易的统计比较
杨蔚	美国康奈尔大学	经济统计学	1937年	1930年7月至1935年6月纽约60家农场与商店牛奶互助供应的商业分析
陈仁炳	美国密歇根大学	经济统计学	1937年	现代工业社会的人口平衡：美国商业研究机构的结构与功能
罗志如	美国哈佛大学	经济统计学	1937年	电力价格和市场的统计研究
唐培经	英国伦敦大学学院	数理统计学	1937年	在方差分析与误差风险研究中假设检验问题研究
许宝騄	英国伦敦大学学院	数理统计学	1938年	双样本问题 t 检验理论的研究
李景均	美国康奈尔大学	生物统计学	1940年	棉花产量试验研究——竞争效应、面积和形状以及对照田的使用
徐钟济	美国哥伦比亚大学	数理统计学	1941年	双变量正态总体的假设检验
魏宗舒	美国艾奥瓦大学	数理统计学	1941年	具有共同元素的和系线性的必要与充分条件
李景仁	美国艾奥瓦州立大学	数理统计学	1943年	混杂析因实验的设计与统计分析

表 4-2　部分获得硕士学位的统计留学生

姓名	学校	学习领域	获学位时间
金国宝	美国哥伦比亚大学	经济统计学	1924年
朱祖晦	美国哈佛大学	经济统计学	1927年
吴大钧	美国哈佛大学	经济统计学	1927年
李蕃	法国巴黎大学	数理统计学	1931年
刘叔鹤	法国巴黎大学	数理统计学	1935年
戴世光	美国密歇根大学	数理统计学	1936年

续表

姓名	学校	学习领域	获学位时间
邹依仁	美国密歇根大学	数理统计学	1937 年
杨西孟	美国密歇根大学	数理统计学	1937 年
薛仲三	美国约翰·霍普金斯大学	卫生统计学	1943 年

民国统计留学生是我国留学生中的精英存在。首先，从数量上看，民国统计留学生的数量有限。仅以博士生而论，华美协进社 1934 年经过两次增补后刊发的"中国留美学生硕博士论文目录"共收录 1902—1931 年博士论文 357 篇；南开大学元青等（2017）通过梳理袁同礼"中国留美、留欧同学博士论文目录"，确认 20 世纪上半期留美博士论文共计 1 323 篇；本书以同样的依据搜集到的留美统计博士论文仅 27 篇。足见在民国时期统计学是一个相对冷门的专业选择，在美国如此，在欧洲各国亦如此。令人称道的是，就是这样一个绝对数量和相对数量都不具有优势的群体，却涌现出令世界统计学界瞩目的杰出人才，奠定了我国近代统计学科及其教育事业的较高起点。在祖国积贫积弱乃至民族危亡之际，统计留学生群体学以致用，治学报国，其学术贡献和家国情怀都值得深入挖掘、研究和发扬光大。

其次，从毕业学校分析，统计留学生都选择了在留学国家乃至国际上声名显赫的大学，其中不乏所学专业位于世界学科顶尖行列的大学。在 27 名应用统计博士生中，6 人毕业于哥伦比亚大学、4 人毕业于哈佛大学、1 人毕业于伦敦大学学院。在专门学习统计方法的 6 位博士留学生、10 位硕士留学生中，8 人毕业于在当时有世界统计科学中心之称的伦敦大学学院、密歇根大学、哥伦比亚大学；1 人毕业于约翰·霍普金斯大学，该校至今在世界医学研究领域堪称翘楚；3 人毕业于巴黎大学，该校也是法国统计学教育与研究的渊薮。

1. 统计方法研究：从名师，创一流

1938 年以前，世界的统计科学中心在英国，高尔顿（Francis Galton）、老皮尔逊（Karl Pearson）、费希尔（Ronald A. Fisher）、奈曼（Jerzy Neyman）、小皮尔逊（Egon S. Pearson）等统计先驱都任教于伦敦大学学院。伦敦大学学院 1901 年创办了国际上第一份统计学学术刊物《生物计量学》（*Biometrika*），1911 年开设了世界上第一个应用统计学系，成为有志于统计研究的学生、学者向往的学术圣地。在每年仅有几个研究生招生名额的情况下，从 20 世纪 20 年代到 30 年代，竟有 7 位中国留学生在这里学习，其中吴定良、唐培经、许宝騄[①]获得伦敦大学

———————————
① 吴定良、唐培经、许宝騄后文有专门章节介绍。

学院的博士学位，他们在这里学习了最前沿的统计思想，接触了最先进的研究成果，接受了最完备的专业训练，从世界上最集中的一批富有智慧和探索精神的导师身上感受到了统计学的魅力和榜样的力量；他们以自身的卓越才华和为科学奉献的精神，同样为世界统计学的进步贡献了中国力量，至今仍是所在学校的骄傲。

在 20 世纪 30 年代的美国，新的世界统计中心正在形成。密歇根大学在 30 年代初建设了世界上设备最完备的统计实验室，拥有藏书可观的数学和统计学图书馆，亨利·卡佛（H. Carver）教授于 1930 年在此创办了统计学术刊物《数理统计年刊》（*Annals of Mathematical Statistics*）[①]。密歇根大学吸引了一批富有才华、孜孜以求的中国统计留学生，仅在 1935—1936 年间，该校数学系即有戴世光、杨西孟、邹依仁同时攻读数理统计硕士学位。他们的前辈校友刘大钧早在 1911 年就在该校攻读经济学，1915 年获得学士学位（经济统计学方向）。刘大钧回国后历任清华经济学教授，国民政府统计处处长、统计局局长，联合国统计委员会中国代表等职。1930 年，刘大钧倡导成立中国统计学社，并任第一届委员会主席。他与马寅初、何廉、方显廷并称民国"四大经济学家"。

2. 统计应用研究：读名校，重实际

解决我国的现实问题，使国家摆脱贫穷落后、任人宰割的命运，是留学生在学术追求之外更为深远的宿命；借鉴西方先进的研究方法，与学习其先进的思想和科学成果同样重要。统计学的实验设计、假设检验等方法以科学依据和数理基础作为支撑，同时可以排除主观成见，从而得到客观精确的结果，已经成为科学研究的基本工具。统计学作为一种有效的科学研究方法，越来越受到社会科学研究者的重视，从而推动了应用统计学的发展。统计学的强大能量同样激发了中国留学生用统计学理论与方法引导社会科学研究的雄心，我国现实问题和鲜活翔实的材料支撑了他们的学术探索，他们写作了一批高水准的应用统计学博士论文，为我国现实问题研究贡献了有理有据有力的解决方案，其论文堪称民国时期我国社会科学研究的典范之作。

（1）统计学应用于心理学。

实验设计的科学性和有效性，使得统计学与心理学的联系较其他社会科学学科更为紧密，统计学在心理学中的应用也早于经济学、政治学等社会科学学科。以古斯塔夫·费希纳（Gustav Theodor Fechner）的心理学著作《心理物理学纲要》问世为标志，现代统计方法早在 1860 年就开始在心理学中应用并助力心理学的发展。表 4-1 所收录的运用统计学研究心理学和教育心理学的博士生有 5 位：

---

① 《数理统计年刊》1973 年更名为《统计学年刊》（*Annals of Statistics*）。

陆志韦，1920 年获得芝加哥大学博士学位，论文题目《遗忘的条件》；朱君毅，1922 年获得哥伦比亚大学博士学位，论文题目《中国留美学生：成功的要素》；李昂，1925 年获得哥伦比亚大学博士学位，论文题目《记忆力与智力的实验研究》；艾伟，1925 年获得乔治·华盛顿大学博士学位，论文题目《学习中文时影响因素分析》；沈有乾，1926 年获得斯坦福大学博士学位，论文题目《眼睛移动的研究》。

朱君毅

朱君毅（1892—1963），浙江江山人，1910 年考取留美预备生。1916 年秋赴美，获约翰·霍普金斯大学教育系学士学位，后进入哥伦比亚大学研究所，师从爱德华·L. 桑代克（Edward L. Thorndike），专攻教育心理学与教育统计学，1922 年获博士学位。朱君毅意识到，大量留学生在美国求学期间产生了诸多心理问题，却没有得到重视。朱君毅希望他的研究可以为此提供一个解决方案，帮助改进留美预备教育和选拔留学生的方法。朱君毅的论文受到桑代克关于对教育科学进行定量研究主张的影响，并从清华好友吴宓的一项工作中获得了灵感。1917 年，吴宓在清华文案处编辑了《游美回国同学录》（*Who's Who of American Returned Students*），书中收录了二百七八十位清华留美回国学生的英文、中文小传，附录包括省籍、所习之学科、在美国所毕业之大学、所得学位、回国后及编撰同学录时的职业等统计表。以此为基础，朱君毅将研究样本扩大到 664 名中国留美学生。凭借出色的统计学理论水平和应用能力，他设定了一系列分析指标，利用大量的统计分析量表，对中国留美学生的学术能力、领导能力、英文能力、中文能力等 4 种能力经过"同伴评价"（the judgment of associates），得出"成功"的结果，并将该结果与高中成绩、大学成绩、个人情况、留学时间——加以对比，得出了 4 种能力之间的相关性以及与留学时间之间的相关性，进而对国内中英文能力的培养、留美期限、留美学生出国前应具备的学历学识等提出了建议和主张。朱君毅（1922）认为，在留学预备阶段应更加重视英文能力的培养，但是在早期要打下比较牢固的中文基础，再开始比较系统地学习英文，努力达到熟练的阅读和表达水平；派出学生以在国内已经获得学士学位或者具有同等学力者为宜，此举有利于节省留学经费，增强留学生对祖国的认同感、对本民族文化和文明的认同感以及报效祖国的使命感。这篇论文具有强烈的现实意义，在研究过程中就广受关注，1922 年经哥伦比亚大学出版社首次出版，此后几次再版，流传较广，是早期留学生研究的重要文献。

（2）统计学应用于社会学。

统计留学生的社会学博士论文体现了以解决我国各种社会问题为目的的价值取向和人文关怀。陈达的劳工问题研究直面我国突出的社会问题，社会改良特色非常显著，是我国早期社会学、人类学的里程碑作品。

陈达（1892—1975），1912—1916 年在清华留美预备班学习，1916—1918 年在美国波特兰市里德学院学习，获得学士学位，1919 年获哥伦比亚大学硕士学位，1923 年以《中国移民之劳工状况》一文获得哥伦比亚大学博士学位，同年该论文在哥伦比亚大学出版社出版，并被美国劳工统计局

陈达

作为政府相关部门的研究参考进行印制。1948 年，时任清华社会学教授的陈达被推选为国际统计学会会员，是继吴定良之后我国第二位国际统计学会会员。陈达的博士论文共十章，分别阐述了中国移民概况，包括中国移民的历史、去向、原因与方式及相关法律问题；分析了广东、福建、山东和直隶各省，以及宁波、温州等主要移民流出地区的自然条件、地域文化和民众习性、生产力水平；从历史、经济、社会诸方面，分析了中国移民与劳工对移民流入地区和国家所做的贡献，最后分别对侨居国政府、中国移民、中国政府提出建议。该论文是我国最早的关于中国移民与劳工问题的学术成果，所涉内容之广泛、资料之翔实、影响之深远，在民国社会学史上占有重要的一席之地。特别值得注意的是，陈达的论文用单独的一章回顾了自 7 世纪以来我国大陆与台湾地区密切的人员与经济联系以及历代中央政权对台湾地区的主权行使，还记载了郑成功收复台湾等历史事件，用充分的史料表明台湾是中国的一部分。

（3）统计学应用于经济学。

就各种社会科学学科与统计方法的关系而论，关系最深和应用最广的，首推经济学，原因在于"经济现象系以价格为中心。经货币量计的结果，差不多全可以用数字来描写，因此统计方法在经济科学方面的应用最广"[①]。时间序列分析方法、复相关分析方法、物价指数方法以及数理推论、统计资料推演等在经济学研究中得到充分的应用，这一特征在统计留学生的博士论文中有同样的表现。厉德寅（1902—1976）1934 年完成的博士论文《相关理论的发展及其在经济统计学中的应用》，就颇具代表性。论文综述了自 19 世纪到 20 世纪 30 年代初期在经济

① 戴世光.统计学与社会科学研究方法 [J].社会科学（北平），1947，4（1）：53.

领域有重要应用的相关分析、回归分析、方差分析以及时间序列分析的应用历史及最新进展，重点讨论了这些统计方法在经济领域应用的条件和范围，以及如何避免误用的问题。整篇文章共 422 页，成为经济领域后续学习经济统计的经典文献。

在 27 篇应用统计学博士论文中，半数是研究经济问题，涉及农业、人口统计、财政金融、对外贸易、薪酬与成本、价格等领域，其中研究我国农业和人口问题的有 8 篇，显示了留学生对我国这个传统农业大国、人口大国根本问题的热切关注。唐启宇和赵才标都是康奈尔大学博士，对农业问题长期保有浓厚兴趣并深入钻研，具有深厚扎实的学术积累。唐启宇（1895—1977），在金陵大学读书时就加入了中华农学会，1920 年金陵大学农科毕业后赴美留学，1921 年获得佐治亚大学棉作学硕士学位，1924 年获康奈尔大学农业经济学博士学位。赵才标（1903—1961），硕士、博士阶段均在康奈尔大学研究农业经济，硕士论文是《1930 年安徽霍山县 121 个农场的短期贷款研究》。1920 年，赵才标赴美留学前即撰文《吾国之农业与农业之学生责任》，疾呼欧战之后世界文明之趋势将改军国主义支配为经济主义支配，而农业为立国之本。文章列举我国农、林、畜、牧、棉花、生丝、茶叶各业之全面落后状况、与世界强国之差距，呼吁农业振兴有赖于学习农业的学生，务实求学，勤于实践，积累经验，助农业日臻发达。

唐启宇认为，我国农业的任何变化都将对整个世界的农业产生重大影响，有必要对我国农业问题进行一项综合性、系统性的考察。他的博士论文《中国农业的经济学研究》分为六章，从农业历史、农业环境、土地问题、外贸与物价、主要农业产业、农业教育与政策等方面综合考察我国农业经济状况，认为当时我国在从自给自足的农业向商品化农业转变的过程中面临很多问题，应该参考其他国家的经验，建立一套全国性的、能让生产者切实获利的农业政策，论文进而分析了影响农业政策的诸多经济因素。与唐启宇的综合性研究相对应，赵才标的论文《中国 12 省粮食产量的统计分析》通过对我国 12 个省内近 3 000 个农场作物产量的统计分析，揭示出我国农业生产存在单位产量低、农场面积小、人畜力使用率低等种种问题，为此提出了培育良种、使用机器、发展牲畜养殖、改良教育等适合我国农业发展的建议措施。[1]

3. 统计学人的家国情怀

社会学家潘光旦曾撰文痛陈我国学者不讲求研究方法，疾呼要加以改变。[2]

---

[1] 元青，王金龙. 民国留美生研究中国经济问题缘起探析——以留美生博士论文为中心的考察 [J]. 长白学刊，2018（3）：141−147.

[2] 潘光旦. 潘光旦文集：第 2 卷 [M]. 北京：北京大学出版社，1994：1−3.

所幸这一现象随着统计留学生的努力有所改观。很多留学生回国后，首选到高校担任教职，开设相关专业课程，为现代统计科学在我国的传播、统计人才的培养躬身实践，为统计学科的创建奠定了基础，也为我国社会科学研究注入了新动力，对逐步改变旧有的社会科学研究方法大有裨益。

（1）开设统计学相关课程。

赵人儁[①]、陈达之于清华大学，朱君毅、艾伟之于东南大学，何廉之于南开大学，金国宝、李蕃之于复旦大学，厉德寅、唐培经之于中央大学，徐钟济之于重庆大学，都是统计课程和教学体系的先行者。在抗日战争最艰苦的岁月，许宝騄、杨西孟、戴世光同时执教于西南联合大学。许宝騄在理学院算学系，开设微积分、微分几何、近世代数、富里哀级数与积分等课程，还首次在国内高校开设数理统计课程；杨西孟和戴世光则在法商学院经济系开设初级统计、高级统计、人口统计、经济统计等统计学系列课程，二人教学各有所长，杨偏重数学理论，戴偏重应用。1947年以前，各大学商学院、农学院、教育或师范学院普遍将初级统计学列为必修科，将应用统计学，如经济统计学、商务统计学、农业统计学、生物统计学、教育统计学、社会统计学、政治统计学、生命统计学、医学统计学等列为必修科或者选修科；统计学系、教育学系、心理学系等将高等统计学列为必修科；统计学系或会计学系中的统计组则将数理统计学列为必修科。

（2）翻译编撰统计学书籍。

翻译国外统计学著作，编撰统计学教材，是统计留学生传播、引介统计学的另一种重要手段。1922年，朱君毅取得博士学位后，即与梅贻琦、沈隽淇等结伴取道欧洲，赴英国、法国、德国、荷兰、比利时、意大利考察教育事业，并合写《欧游经验谈》，介绍西欧各国教育制度。回国后，朱君毅就任东南大学教育系教授，1926年改任清华大学心理学系教授、主任。朱君毅的著述和译著颇丰，相继出版了《统计与测验名词汉译》（商务印书馆，1923）、《教育统计学》（商务印书馆，1926）、《中国历代人物之地理的分布》（中华书局，1932）、《教育测验与统计》（商务印书馆，1933）、《统计学概要》（正中书局，1948）等著作，翻译了《教育统计学纲要》《心理与教育之统计法》《统计方法大纲》等国外论著。

自1925年被聘为东南大学教授后，艾伟为教育系、心理系讲授统计学课程，在推动教育统计、心理统计、卫生统计等课程建设的同时，将自己的教学经验总结为《高级统计学》一书。1933年，该书由商务印书馆出版，是当时最完备的教育统计学教材，被广为采用。艾伟非常重视宣扬统计学作为科学工具的功能，在

---

① 赵人儁，专攻经济统计学，于1925年取得硕士学位，1928年取得博士学位。回国后入职财政部驻沪调查货价处，担任盛俊的助手。

著述中阐明："统计学乃科学的科学""许多社会科学如经济学，社会学等是因为经过了统计的整理，得了可靠的量的结果始成为科学的""就是未成立的科学在受过统计学的洗礼以后也成为科学了"。[①]

哥伦比亚大学硕士毕业的金国宝（1894—1963），回国后先后在中国公学、复旦大学、暨南大学等校教授统计学、经济学，继 1925 年编写《统计新论》后，于 1934 年出版代表作《统计学大纲》。该书内容新颖，体系严谨，理论联系实际，基本确定了此后中国高校统计学原理教材的体系及定义，被各高校纷纷选用，截至 1950 年再版了 13 次。此外，各时期统计留学生编著的统计学论著和教材还有寿景伟的《应用统计浅说》（1923）、陈炳权[②]的《统计方法》（1934）、李蕃的《人口动态统计方法》（1935）、沈有乾的《实验设计与统计方法》（1946）、薛仲三的《高等统计学》（1948）、朱祖晦的《统计学原理》（1949）等。

（3）深入开展统计学相关研究。

在战乱频仍的艰苦条件下，统计留学生仍然取得了令人难以想象的学术成就，得到了国内外学术界的赞誉，将我国统计学整体水平提升到世界先进水平。1948 年，国立中央研究院（简称"中央研究院"）首次在全国推选院士 81 人，统计留学生群体中有 4 人当选，分别是数理组的许宝騄、生物组的吴定良、袁贻瑾和人文组的陈达。

许宝騄在概率论、统计推断、多元分析等领域的显著成绩为世界瞩目，成为国际顶尖学者。1945 年，正在西南联合大学任教的许宝騄应加利福尼亚大学伯克利分校奈曼教授、哥伦比亚大学霍特林教授联合邀请赴美讲学。奈曼认为，许宝騄的才华和贡献堪称新一代数理统计学家中的佼佼者，他称许宝騄在昆明防空洞里取得的研究成果是个奇迹。许宝騄在美期间，先后在加利福尼亚大学伯克利分校、哥伦比亚大学、北卡罗来纳大学任教，参加了 1945 年第一届伯克利数理统计和概率论讨论会。尽管芝加哥大学、耶鲁大学、哥伦比亚大学都希望许宝騄继续留在美国，许宝騄仍然在 1947 年毅然回国，此后一直在北京大学任教，把

---

① 艾伟. 高级统计学 [M]. 上海：商务印书馆，1933：2, 3.

② 陈炳权（1896—1991），字公达，私立广州大学创办人之一，广东台山人，20 世纪我国著名的教育工作者和经济学家。1919 年赴美国留学，1924 年在美国哥伦比亚大学获得硕士学位。回国后，历任财政部、实业部统计处统计长。旋应国立广东大学（中山大学前身）校长邹鲁之聘，担任该大学教授，主讲统计、会计、银行等课程。翌年，升任商学系主任。他还先后在广东课史馆、广东法官学校、农民讲习所兼任统计学和群众心理学教员。1926 年，陈炳权筹办国立广东大学专修学院并任院长。他于 1927 年与李济深、金曾澄、冯祝万、卫志远、钟荣光、周植伦、黄隆生、胡春林、马洪焕等人组成私立广州大学董事会，推举金曾澄为董事长，积极筹办私立广州大学。1944 年，陈炳权在美国接受洛约拉大学法学博士学位。其主要著作有《商业循环》《经济论丛》《大学教育 50 年》。1991 年陈炳权病逝于美国，终年 96 岁。

自己的卓越才华和毕生精力都贡献给了祖国。

袁贻瑾（1899—2003），湖北咸宁人。1919 年考入北京协和医学院，后赴美留学，1931 年获美国约翰·霍普金斯大学生物统计学博士学位，其博士论文《遗传对人类寿命的影响——基于 1365 年至 1914 年一个中国家族的数据》是中国首个生命表和人均寿命的研究。

吴定良毕生致力于我国体质人类学的创立和发展以及人类学人才的培养，是我国首位在国际学术界产生重大影响的统计学家。吴定良利用最新的生物测量技术，在河南安阳市殷墟、侯家庄等具有世界意义的人类学考古发现中解决了关键技术问题，做出了重要贡献；针对贵州、云南等少数民族地区开展的体质调查及发表的一系列论文，也是该领域的重大突破。

陈达长期担任西南联合大学社会学系主任和清华大学国情普查研究所所长，倾十年心血，积教学与实践经验完成《战时国内移民运动及社会变迁》（1944）、《中国人口问题的研究》（1946），均由芝加哥大学出版社出版。1946 年，应普林斯顿大学邀请，陈达赴美参加该校 200 周年纪念活动并宣读论文《中国人口选择调查研究》。1948 年，陈达当选为国际劳工组织专门委员、国际统计学会会员。陈达和密歇根大学统计留学生戴世光以及社会学家李景汉等人，在昆明相继进行了呈贡人口普查（1939 年）、呈贡人事登记（1939—1940 年）、呈贡农业普查（1940 年）、昆阳人事登记（1941 年）、环湖县区户籍示范（1942 年）等多项调查和研究，发布了《云南呈贡县人口普查初步报告》（1940）、《云南省户籍示范工作报告》（1944）、《云南呈贡县昆阳县户籍及人事登记初步报告》（1946）等一批调查报告和研究论文成果，为新中国大规模人口普查奠定了基础。

统计科学本身是理性客观的，充满严谨求实的科学魅力。统计如筹算，虽无情，然运之者有情，以吴定良、许宝騄、戴世光等为代表的统计留学生，用惊世才华和不竭热情，为我国现代统计学科的创立和发展，为世界统计科学水平的提高和进步，做出了卓越贡献，为后辈学人留下了不忘初心、不负韶华的精神财富。

二、在伦敦大学学院统计学系的中国留学生（1926—1939 年）

近代统计理论发源于英国。1911 年，老皮尔逊在英国伦敦大学学院（UCL）创办了世界上第一个统计学系。此后，著名统计学家戈塞特（W. S. Gosset）、费希尔（R. A. Fisher）、小皮尔逊、奈曼等先后在这里做出了统计学史上的巨大贡献。

下面的大事记摘自 UCL 统计系史，是 UCL 统计系乃至影响整个统计学科的重大事件。[①]

- 1884：K. Pearson 被任命为 UCL 应用数学系主任。
- 1890：K. Pearson 陆续开发出研究"自然遗传"的统计方法（如相关、回归和 Pearson 频率曲线族）。
- 1894：UCL 首次开设统计课程。
- 1900：卡方诞生。K. Pearson 推导卡方分布的目的是检验联列表中的关联。虽然 1876 年赫尔默特（F. R. Helmert）就给出了这一分布，但人们普遍认为是 K. Pearson 为今天这一分布在应用统计学中的广泛应用奠定了基础。
- 1901：K. Pearson、F. Galton 和 W. F. R. Weldon 创办《生物计量学》杂志。
- 1903：K. Pearson 在 UCL 建立生物计量实验室。
- 1906—1907：W. S. Gosset（笔名"学生"）来到 UCL，跟随 K. Pearson 进修。
- 1907：K. Pearson 接手 F. Galton 的优生学实验室。
- 1911：生物计量实验室和优生学实验室合并形成应用统计学系，这是世界上第一个大学统计学系，K. Pearson 为系主任。
- 1919：应用统计学系搬迁至巴特利特楼（Bartlett Building，后来更名为皮尔逊楼）的办公地点，直到 2000 年搬到新的办公地点（1-19 Torrington Place）。
- 1921：E. S. Pearson，K. Pearson 之子，被任命为应用统计系助理讲师。
- 1933：K. Pearson 退休，该系分为优生学系（R. A. Fisher 任主任）和统计学系（E. S. Pearson 任主任）。
- 1934—1938：J. Neyman 到统计学系与 E. S. Pearson 合作，为现代经典统计推断奠定了基础。
- 1939—1945：第二次世界大战爆发，应用统计学系被疏散到威尔士的阿伯里斯特威斯，R. A. Fisher 离开。

1926—1939 年是 UCL 统计学系最鼎盛的一段时期，短短 14 年间竟然陆续迎来了 7 位中国学生。他们在这个不大的统计学系学习、研究，学成之后不但将最前沿的统计理论和方法带回中国，使得中国的统计教育和研究紧跟国际先进水平，而且其中的杰出代表吴定良、许宝騄为世界统计学科的发展做出了突出贡献。

---

① https://www.ucl.ac.uk/statistics/department/history.

1. 吴定良（1926—1932 年 [①]，Ph. D.）

吴定良

吴定良，我国著名的生物统计学家、体质人类学家，中央研究院院士（1948 年）。20 世纪 20 年代到 30 年代中期，他潜心于统计学与人类学的学习与研究，创立"相关率显著性查阅表"，建立头骨眉间凸度与面骨扁平度的研究方法等，在国际统计学界和人类学界产生重大影响。自 20 世纪 30 年代下半期起，吴定良一直致力于中国体质人类学的创立、发展及中国人类学人才的培养。

（1）生平履历。

吴定良 1894 年生于江苏金坛，1918 年考入南京高等师范学校。1922 年在校期间，他与陆志韦一起撰写了《心理学史》，并翻译介绍美国的心理学期刊和教育测量学等。1923 年，他毕业并留校任教。1924 年，他赴美国哥伦比亚大学教育学院心理学系攻读心理统计硕士，1926 年转到 UCL 应用统计师从老皮尔逊，1928 年以论文《手和眼的右旋与左旋》（*Dextrality and Sinistrality of Hand and Eye*）获得统计学博士学位。1929 年，经杨杏佛推荐，中央研究院发函聘请吴定良为社会科学研究所专任研究员。恰在当年，北京周口店发现了第一块北京猿人头盖骨化石，英国《泰晤士报》等均以大号标题报道。正在老皮尔逊主持的生物测量与优生学实验室继续学习研究的吴定良感到十分兴奋与自豪，同时也为自己国家的宝藏却要由外国人来主持研究而深感遗憾，由此下定了钻研生物测量和体质人类学的决心。

1931 年，吴定良申请到中华教育文化基金董事会的研究补助费，在 UCL 注册后继续跟随老皮尔逊学习生物统计与生物计量。1931 年，经英国统计学家尤尔（G. U. Yule）等 5 名会员推荐，在荷兰经全体会员大会投票通过，吴定良成为国际统计学会历史上第一位中国会员，成为中国代表。同年，和他一起当选会员的还有费希尔等 21 人。国际统计学会自 1885 年创立到 1930 年的 46 年间，只有 504 人成为会员。中国继吴定良后第二位国际统计学会会员是社会学家陈达教授，但已经到了 1948 年。同年，陈达也当选中央研究院院士。

1934 年，吴定良受北京大学校长蔡元培邀请回国，任北京大学统计学教授。后又受中央研究院院长蔡元培邀请，筹建中央研究院历史语言研究所人类学组。

1936 年，老皮尔逊去世，吴定良在《科学》（1936 年第 20 卷第 8 期）发表《皮尔生教授生平及其科学供献》，怀念自己的老师。在最后一段，吴定良写道：

---

① 指留学时间。

"遇有反对之者，氏必多方引证，反复驳斥，至辩胜为止，当时科学家皆敬畏之。好学不倦，自朝至夕，除授课与饮食外，皆埋首研究室中，虽盛暑严寒，未尝稍息，氏著述之精且多此为主因。师生间多接触，每日四时后，恒巡视各研究生之工作，遇有新发现时，则欣然有喜色，谆谆指导之。"后一句还原了当年老皮尔逊指导研究生的场景，即每天下午 4 点后到研究生的计算室兼研究室巡视，与研究生交流。研究生在学习和研究中遇到问题，他随时给予解答，当然也给研究生带来了巨大的压力，因为天天都要面对严师的检查。

1945 年抗日战争胜利后，吴定良应浙江大学校长竺可桢的邀请，任该校史地系教授，开设普通人类学及统计学课程。在他的努力下，1947 年春，浙江大学人类学组成立；同年秋，人类学系建立。1949 年 1 月，浙江大学人类学研究所成立，吴定良任系主任兼所长。1948 年，吴定良当选为中央研究院生物组院士。

1950 年，吴定良与卢于道、欧阳翥、刘咸等在杭州发起组织中国人类学学会。1952 年全国高校院系调整，"人类学"被认为是资产阶级的学科而被取消，浙江大学与暨南大学人类学系均并入复旦大学生物学系，吴定良任人类学教研室主任，为全系学生开设生物统计学和人体解剖学课程。1957 年，复旦大学生物学系设立人类学专业。

20 世纪 50 年代是吴定良在人类学研究方面的一个丰收期，研究内容涉及人类进化、现代人体质、测量仪器的改进等诸方面，并开始了对人类工效学这一新领域的探索。在搞科研、带研究生的同时，吴定良承担了体质人类学、古人类学、人体形态学、生物统计学等多门专业课的教学任务。吴定良一生生活俭朴，勤奋工作，在晚年冠心病已相当严重的情况下，仍不肯养病休息，而是继续埋首于繁重的教学、科研和行政工作。1961 年，为了解决上海水产学院缺乏师资的困难，他不顾自己的病痛及已超负荷的工作量，慨然允诺去讲授统计学课程。1962 年，吴定良终于积劳成疾，患中风半身瘫痪，卧床不起。但他在病榻上并未静心休养，还是继续指导研究生的科研工作，并坚持整理自己的科研资料。

（2）国际学术研究的贡献。

吴定良著述甚丰，在 1926—1935 年英国留学期间以及稍后的几年里，在国际著名学术杂志《生物计量学》、英国《皇家学会哲学学报》（*Philosophical Transactions of the Royal Society*）、剑桥大学《哲学杂志》（*Philosophical Magazine*）发表论文近 20 篇。仅在生物统计顶尖杂志《生物计量学》上就发表了 11 篇文章，其中 2 篇是和导师老皮尔逊合作发表，2 篇是和人类学家莫兰特（G. M. Morant）合作发表，1 篇是和埃尔德顿（E. M. Elderton）合作发表，其余 6 篇由吴定良独立完成。这 11 篇论文对后续相关研究产生了较大影响，谷歌学术显示中位引用次数为 35（截至 2017 年底），远高于该时期（1928—1943 年）《生物计量学》所发表论文的中位引用次数。特别要说明的是，吴定良与老皮尔逊合作的论文《人体内特有骨骼的形态测量学特点的进一步调查》[①] 被后续研究者认为是当时热门研究话题生物测量学的开端。这些文章的主要贡献有：

1）1929年12月，吴定良发表了《相关率显著性查阅表》[②]。该表是他花了数月的时间，用手摇计算机计算了约 7 万个数据才得出的。该表的问世对当时统计学相关分析的研究和广泛应用起到重要的推动作用。在老皮尔逊的学术代表作《统计学家和生物计量学家查阅表》（*Tables for Statisticians and Biometricians*）第二卷中，该表约占 21% 篇幅。虽然统计学界存在相关分析的"皮尔逊与费希尔之争"，但吴定良关于相关率显著性方面的计算被认为"给出了前所未有的详细信息"。

2）在骨骼测量学方面，吴定良与导师老皮尔逊或与著名人类学家莫兰特合作，进行了大量研究，发表了《人体内特有骨骼的形态测量学特点的进一步调查》、《人类面部骨骼扁平度的生物统计学研究》[③]、《依据头盖骨的尺寸对亚洲人种的初步分类》[④]、《人类颧骨的生物统计学研究》[⑤] 等系列论文。1934—1935年，吴定良在瑞士研究期间完成了对一批埃及 9 世纪的头骨的研究，发表了论文《对埃及 9 世纪 71 具头骨的研究》[⑥]。在这些论文中，吴定良对头骨的形态学特点、人种学特征、测量方法等做出了详尽的阐述，特别是在面骨扁平度的测量方法上有新的创造，被各国人类学家采用，一直沿用至今，这些论文也被列为生物测量学和人类学专业学生的参考文献。

（3）国内学术研究与教育的贡献。

1935—1946年，吴定良在中央研究院做研究工作，开始时任历史语言研究所人类学组主任。当时，历史语言研究所所长是傅斯年；第一组"历史学"组，主任是陈寅恪；第二组"语言学"组，主任是赵元任；第三组"考古学"组，主任是李济；第四组"人类学"组，主任是吴定良。傅斯年、陈寅恪、赵元任、李济

---

① PEARSON K, WOO T L. Further investigation of the morphometric characters of the individual bones of the human skull[J]. Biometrika, 1935, 27（3-4）：424-465.

② WOO T L, Tables for ascertaining the significance or non-significance of association measured by the correlation ratio[J]. Biometrika, 1929, 21（1-4）：1-66.

③ T. L. Woo & G. M. Morant. A biometric study of the flatness of the facial skeleton in man[J]. Biometrika, 1934, 26 (1-2): 196-250.

④ T. L. Woo & G. M. Morant. A preliminary classification of asiatic races based on cranial measurements[J]. Biometrika, 1932, 24 (1-2): 108-134.

⑤ T. L. Woo. A biometric study of the human malar bone[J]. Biometrika, 1937, 29 (1-2): 113-123.

⑥ T. L. Woo. A study of seventy-one ninth dynasty Egyptian skulls from sedment[J]. Biometrika, 1930, 22 (1-2): 65-93.

都是各自领域的名家，1948年都被选为中央研究院人文组院士。1944年中央研究院成立体质人类学研究所，吴定良担任首任所长。

在中央研究院工作期间，吴定良创办了《人类学集刊》并担任主编，在《生物统计》等国内外杂志上发表了十余篇人体测量方面的体质人类学论文。主要研究工作包括：

1）对河南安阳市殷墟出土的遗骸进行了深入细致的测量，创立了颅骨容量的计算公式、测定颏孔位置的指数，并讨论了中国人额中缝的出现率及其与颅骨其他测量值的关系。

2）对河南安阳市侯家庄商代161具头骨进行了7项测量。

3）长期深入贵州、云南山区的少数民族地区做体质调查，开创了中国体质人类学、民族体质人类学以及人种学的研究。

1946—1952年，吴定良在浙江大学期间，先后在浙江大学创办了人类学系和人类学研究所，培养了我国第一批体质人类学科研人员和师资力量。20世纪50年代初，他在浙江大学创立生命统计专修科，举办两期生命统计培训班，并为杭州市卫生局编制生命统计表，撰写生命统计研究报告。

1948年，鉴于其在生物统计学和人类学方面的杰出贡献，吴定良当选中央研究院生物组院士。当年的首届中央研究院院士评选极其严格。1946年10月，中央研究院第二届评议会第三次年会做出举行首届院士评选的决议。1947年5月，公布《国立中央研究院院士选举规程》并成立选举筹备会，院士选举进入程序化操作阶段。1947年5月，院士候选人的提名在全国展开。1947年10月，第二届评议会第四次年会召开，审议402人的大名单，最终议决150名院士候选人。1948年3月召开第二届评议会第五次年会，经过分组审查、一次普选和四次补选，最终确定了81名中央研究院的首届院士，其中数理组院士28人，生物组院士25人，人文组院士28人。李四光、竺可桢、陈省身、华罗庚、茅以升、童第周、苏步青、陈寅恪、冯友兰、赵元任、梁思成、郭沫若、胡适、傅斯年等入选，他们都是当时中国学术界最出色的人才。统计理论与方法领域有两位杰出学者当选，一位是数理组的许宝騄，另一位是生物组的吴定良。有人曾这样评价当时的院士：生物组接近世界最高水平，数理组与世界顶尖水平不相上下，人文组几乎达到世界一流水平。

1952—1969年，吴定良在复旦大学生物学系期间，继续在人体测量领域进行深入的探索和研究，在以下方面做出了巨大贡献：

1）采用弦矢指数的方法研究北京周口店猿人的眉间突度，确定北京猿人在人类进化史上的地位。对南京北阴阳营新石器时代的骨骼标本进行了深入研究。20世纪50年代参加了上海闵行马桥新石器时代人类遗骸的发掘和研究工作，复

首届中央研究院院士合影（后排左起第二人为吴定良）

原了苏北新石器时代的青莲冈人和上海新石器时代的马桥人头像，这些头像为古人类研究和普及人类进化史起到了重要作用，也为法医和刑事侦破提供了可靠资料。

2）用科学方法成功鉴定了方志敏烈士的遗骸。1956 年，吴定良接到一项鉴定方志敏烈士遗骸的任务。1935 年 1 月，方志敏在江西被国民党逮捕，8 月在南昌英勇就义。他的遗骸和很多烈士的遗骸混杂在一起。为了鉴别出方志敏的遗骸，吴定良利用人体测量学方法，先从确定方志敏的身高入手。他研究了方志敏生前与别人的合影，找到合影中还健在的人，并准确测量他们的身高，再按照照片中方志敏和其他人身高的差距和比例，推算出方志敏的身高。在掌握了方志敏的身高数据之后，吴定良按照人体测量学的理论，通过回归和其他方法，推算出方志敏的大腿骨、小腿骨等长骨的长度，从混杂的肢骨中找出长度相近的骨头；然后根据骨头的重量、粗细和密度等指标，进一步对性别、年龄等进行识别。经过精心鉴别，方志敏的遗骨最终被一一挑出，而且这些遗骨的关节能彼此吻合对接，进一步证实这就是方志敏的遗骨。吴定良在检验过程中，还发现方志敏的腿骨上有伤痕，推断他在监狱中曾被上过沉重的镣枷，而且颈椎上还有刀砍的痕迹，证实了方志敏确是被砍杀的。

3）对活体测量的研究和贡献。20 世纪 50 年代，吴定良发表了多篇活体测量方面的文章，如《新生儿色素斑的研究（形态部分）》《近二十年来丹阳县城市儿童体质发育的增进》《近二十年来南京市儿童体质发育的增进》等。他从形态和组织学上深入研究上海新生儿的色素斑，阐明它在人种学与遗传学上的意义；他对丹阳与南京儿童的身体形态、机能、素质的现状、特点和生长发育的规律进行了调查研究，从而证明了新中国成立后随着生活条件的改善，儿童的体质普遍增强；他与研究团队一起，调查了汉族、壮族、蒙古族、回族及维吾尔族等民族的血型资料，阐明了中国各民族的起源、迁徙及相互关系，建立了这个领域研究的数据库。

4）对人体测量仪器设备的改进与创新。吴定良在研究中先后对骨骼定位器、绘图器、三脚平行规、骨盆测量仪等进行改进和创新，使其更加精准方便。

5）将体质人类学应用于工业生产和国防建设，创建人类工效学。20 世纪 50 年代中后期，吴定良接受了解放军防化部队举办人体测量培训班的任务，并对防毒面具的设计进行指导。他主持并参加了上海各钢铁厂炼钢工人的体型测量，为科学设计钢铁厂工人的劳动防护服做出了贡献。他还重新设计了脚步测量工具，深入不同类型工厂测量工人脚型，奠定了 60 年代全国脚型测量和鞋型尺寸制定的基础。吴定良作为我国第一代统计学家，不但在相关分析和人体测量方面做出了具有重大国际影响力的贡献，而且将统计学方法应用于人类学、考古学、法医学等多个领域，实际解决了一系列重大问题，在国内外产生了深远的影响。统计后人应学习他不仅重视统计理论与方法研究，更强调理论联系实际、解决实际问题的统计思想。

附：吴定良主要学术论文

一、吴定良在《生物计量学》上发表的论文

1. WOO T L, Pearson K. Dextrality and Sinistrality of Hand and Eye[J]. Biometrika, 1927, 19(1-2) : 165-199.

2. WOO T L. Tables for Ascertaining the Significance or Non-significance of Association Measured by the Correlation Ratio[J]. Biometrika, 1929, 21(1-4) : 1-66.

3. WOO T L. A Study of Seventy-one Ninth Dynasty Egyptian Skulls from Sedment[J]. Biometrika, 1930, 22(1-2) : 65-93.

4. WOO T L. On the Asymmetry of the Human Skull[J]. Biometrika, 1931, 22(3-4) : 324-352.

5. ELDERTON E M, WOO T L. On the Normality or Want of Normality in the Frequency Distributions of Cranial Measurements[J]. Biometrika, 1932, 24(1-

2) : 45-54.

6. WOO T L, MORANT G M. A Preliminary Classification of Asiatic Races Based on Cranial Measurements[J]. Biometrika, 1932, 24(1-2) : 108-134.

7. WOO T L, MORANT G M. A Biometric Study of the Flatness of the Facial Skeleton in Man[J]. Biometrika, 1934, 26(1-2) : 196-250.

8. PEARSON K, WOO T L. Further Investigation of the Morphometric Characters of the Individual Bones of the Human Skull[J]. Biometrika, 1935, 27(3-4) : 424-465.

9. WOO T L. A Biometric Study of the Human Malar Bone[J]. Biometrika, 1937, 29 (1-2) : 113-123.

10. WOO T L. A Study of the Chinese Humerus[J]. Biometrika, 1943, 33(1) : 36-47.

二、吴定良部分中文论文

1. 吴定良 . 爱佛雷脱（Everett）中间插补法 [J]. 计政学报，1937，2（3）：1-5.

2. 吴定良 . 殷代与近代颅骨容量之计算公式 [J]. 国立中央研究院历史语言研究所人类学集刊，1940，2（1-2）：1-14.

3. 吴定良 . 中国人额骨中缝及颅骨测量之关系 [J]. 国立中央研究院历史语言研究所人类学集刊，1940，2（1-2）：91-98.

4. 吴定良，颜訚 . 测定额孔前后位置之指数 [J]. 国立中央研究院历史语言研究所人类学集刊，1940，2（1-2）：99-106.

5. 吴定良 . 骨骼定位器和描绘器的改进 [J]. 复旦学报（自然科学），1956（1）：153-157.

6. 吴定良 . 下颌颏孔的类型与演化 [J]. 复旦学报（自然科学），1956（1）：159-168.

7. 吴定良 . 近二十年丹阳县城市儿童体质发育的增进 [J]. 复旦学报（自然科学），1957（1）：243-254.

8. 吴定良 . 近二十年来南京市儿童体质发育的增进 [J]. 复旦学报（自然科学），1957（2）：439-448.

9. 吴定良 . 中国猿人眉间凸度的比较研究 [J]. 古脊椎动物与古人类，1960（2）：22-24.

10. 吴定良 . 南京北阴阳营新石器时代晚期人类遗颏（下颌骨）的研究 [J].

古脊椎动物与古人类，1961（1）：49-54.

11.吴定良.新生儿色斑素的研究（形态部分）[J].复旦学报（自然科学），1956（2）：213-225.

2.艾伟（1932—1933年，Post Doctor）

艾伟

艾伟（1890—1955），湖北沙市人，现代心理学家。1910年入武昌美华书院攻读英语。1919年毕业于上海圣约翰大学，应聘为北京崇实中学教习。1921年留学美国，先后获哥伦比亚大学教育硕士学位和乔治·华盛顿大学哲学博士学位。1925年回国，任东南大学心理学教授、大夏大学教授兼高师科主任。1927年起任中央大学教育系主任、教育学院院长、师范学院院长、教育心理研究所主任等职。1932年赴英进修，为伦敦大学学院统计学研究员。1933年回国，为教育部首届部聘教授。在此期间设立中国测验学会，开创性地运用统计测验。1934年与夫人范冰心在南京创办万青试验学校，主要从事心理测验和对汉字学习的心理研究。1938年任中央大学师范科研部和教育心理学部主任，创设教育心理研究所并任所长，招收研究生。1946年出席澳大利亚国际教育会议，留墨尔本讲学。1947年后在北京师范大学、中山大学等校讲学。1949年任香港罗富国师范学院教授。1950年赴台直至逝世。艾伟著有《高级统计学》、《教育心理学论丛》（1936）、《教育心理实验》（1936）、《教育心理学大观》（上中下三册，1946）、《国语问题》（1948）、《汉字问题》（1949）等数十部，中英文学术论文等数百万字。

1932年9月，艾伟赴英进修，在UCL心理学系注册，计划用两年时间再拿一个博士学位。UCL一学年分3个学期，艾伟第一年一口气选了心理学系的7门课，前两个学期还选修了5门应用统计与优生学系的课，其中"联系、不确定性与相关思想"和"定性与定量分类及相关的高等理论"两门课程由老皮尔逊开设。但遗憾的是他只待了一年，没能完成博士论文。在UCL档案中，老皮尔逊亲笔写道："他已经在剑桥本科学生改进人体测量方面取得了很好的进展，这一研究看起来比他原来的选题《中国高中学生国语能力的统计研究》（A Statistical Study of the Ability in Chinese of the Chinese High School Students）取得了更好的成果。但由于经济原因，他可能不得不在他的两年计划结束之前就返回中国，对此我非常遗憾。他是一位很棒的、非常稳重的研究者。"

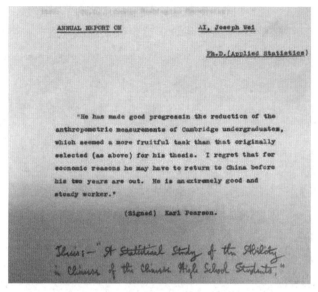

ANNUAL REPORT ON　　　　　AI, Joseph Wei

Ph.D.(Applied Statistics)

"He has made good progress in the reduction of the
anthropometric measurements of Cambridge undergraduates,
which seemed a more fruitful task than that originally
selected (as above) for his thesis. I regret that for
economic reasons he may have to return to China before
his two years are out. He is an extremely good and
steady worker."

(Signed) Karl Pearson.

Thesis:- "A Statistical Study of the Ability
in Chinese of the Chinese High School Students."

UCL 档案中皮尔逊对艾伟的评价

能够得到老皮尔逊如此高的评价十分不易，足见其对艾伟的厚爱。至于艾伟1933 年返回中国的原因，艾伟的侄子艾国正说："1932 年 9 月，艾伟先生以访问学者的身份到英国伦敦大学，随统计学大师卡尔·皮尔逊博士（Karl Pearson）在高尔顿实验室（Galton laboratory）研究统计学……皮尔逊博士建议艾伟先生多停留一年，为教育统计作一专论，艾伟先生很高兴地接受了这一建议……但中央大学一再电促艾伟先生从速回国，只得暂停此计划。1936 年皮尔逊博士逝世，未能在皮尔逊博士生前完成此专论，艾伟先生常引以为憾。"[1] 老皮尔逊在档案中说艾伟是由于经济原因终止学业，艾国正则说是中央大学催促艾伟回国。1932年艾伟赴英留学时已是中央大学教授、教育学院院长，留学经费不应成为问题，国内催促艾伟回国的理由似乎成立。是不是由于老皮尔逊希望艾伟改变研究选题，而艾伟不愿放弃对中国问题的研究，但碍于情面，不便驳老皮尔逊的面，故不得已找理由终止学业，这个问题值得深入研究。

艾伟以毕生精力，采用严谨的测验方法与统计方法，对人的先天智商、后天学习结果以及整体的人格进行客观分析，编制出中小学各年级、各学科测验方法，以及儿童能力测验和智力测验方法，是中国心理学和心理统计学的先驱。

3. 唐培经（1934—1937 年，Ph. D.）、汪沅（1935—1937 年，M. Sc.）

唐培经，江苏金坛人，1923 年考入东南大学数学系，1927 年获学士学位，毕业后任教于上海光华大学附中。1928 年任金坛中学校长。1929—1934 年任教于清华大学数学系，任教期间，向数学系主任熊庆来推荐华罗庚，让自学的华罗庚有机会跨进清华园。华罗庚来清华大学后，二人渐成至交。

1934 年清华大学算学系合影（前排左二起：唐培经、赵访熊、郑之蕃、杨武之、
周鸿经、华罗庚；二排左一陈省身、左四段学复）

1933 年，UCL 应用统计系一分为二：一为优生学系，费希尔担任系主任；另一为应用统计系，小皮尔逊担任系主任，他当时是首席讲师。应用统计系的正式教师还有社会统计首席讲师埃尔德顿、特聘讲师奈曼和助理讲师韦尔奇（B. L. Welch）三位，不久大卫（F. N. David）加入。优生学系的费希尔早已大名鼎鼎，他在洛桑（Rothamsted）农业试验站工作过 14 年（1919—1933 年），其间陆续发表了有关控制误差的论文，提出了方差分析、随机区组、拉丁方块控制、分解和测定实验误差的实验设计法（design of experiments），并在 1925 年出版了《研究者的统计方法》（*Statistical Methods for Research Workers*）。1934 年秋季学期，优生学系的教师不多，除了费希尔外，还有高尔顿、荣誉研究员贝尔（J. Bell）、讲师莫兰特、助理讲师马瑟（K. Mather）和研究助理卡恩（M. N. Karn）五位。

1934 年，唐培经赴 UCL 留学，师从小皮尔逊、奈曼、费希尔，1936 年当选英国皇家统计学会会员，1937 年获统计学博士学位。

唐培经的夫人汪沅 1935 年也来到 UCL 应用统计系读研，1937 年获硕士学位，与唐培经一同回国。关于他们在 UCL 的生活，在奈曼传记中有两段记载。一段是唐培经接受奈曼传记作者里德（C. Reid）的采访，回顾当年的上课情形。"当年我们在那里上奈曼的课时正是现代统计理论、方法和应用深入、广泛发展的时期。上课的内容大多是教授的新思想和方法，几乎找不到现成的教科书参考。奈曼上课讲英语时波兰口音很重，他习惯在课堂上来回走动，几乎没有板书。他讲的课多是他的新想法。我发现自己跟不上奈曼教授的讲课内容，那些以英语为母语的学生听课也有困难。奈曼博士常常把我叫到他的办公室，给我补课。"[1] 这段回忆十分生动，还原了奈曼的上课形象。另一段是汪沅来到伦敦后，得知父亲病故，准备放弃学业回国奔丧。奈曼得知此事后，安慰汪沅并鼓励她继续完成学业，还给她提供一些数据和计算结果，帮助她整理成一篇论文。除了学业方面的关心和指导，有空时奈曼还给学生介绍欧洲当地的文化和习俗，也会带学生参加一些社交和聚会，十分和蔼可亲。学生们则担心占用他宝贵的时间，因为在伦敦的这几年时间对他十分重要，也是他理论创新的高产时期。[2]

唐培经的博士论文研究"方差分析的假设检验"问题，创立了非中心的 F 分布理论，并付诸应用。为方便计算，他还专门制作数表，这些数表成为后人实验设计和抽样检验的有效工具。1952 年，美国统计学会授予唐培经荣誉会员时，特别对上述贡献予以表彰。1949 年，他赴美任爱荷华州立大学教授。1951 年，联合国粮农组织聘请唐培经为技术顾问。1967 年，唐培经在美国首都华盛顿主持与美国农业部合办的国际普查训练班。1969 年，唐培经退休。1988 年，他在美国病逝。

华罗庚一生奖掖后进，栽培学生，与华罗庚结下了深厚的友谊。20 世纪 70 年代末改革开放后，华罗庚每次去美国访问，都要去看望唐培经，畅谈友谊。

华罗庚（右）拜访唐培经（1980 年 9 月 27 日于华盛顿近郊 Alexaudrra 唐宅）

4. 许宝騄（1936—1939 年，Ph. D. & D. Sc.）

许宝騄，浙江杭州人，1928 年入燕京大学学习化学，1930 年转入清华大学攻读数学，毕业后在北京大学数学系任助教。1936 年赴英留学，师从小皮尔逊和奈曼。许宝騄原计划 3 年读完博士，第一年就选修了 11 门课，都取得了优异的成绩。第二年，他完成了两篇论文《双样本问题 t 检验理论的研究》(Contributions to the Theory of the t-test as Applied to the Problem of Two Samples) 和《方差的二次无偏最优估计问题研究》(On the Best Unbiased Quadratic Estimate of the

许宝騄

① REID C. Neyman[M]. Springer Science & Business Media, 1998: 120.

② 同①129.

Variance)。凭着这两篇出色的论文，许宝騄提前一年获得博士学位。在这个博士学位的背后还有一个故事：当时伦敦大学学院规定统计方向要取得哲学博士学位，必须找到一个新的统计量，编制一张统计量的临界值表，而许宝騄因成绩优异，研究工作突出，成为第一个破例用统计实习的口试来代替者。

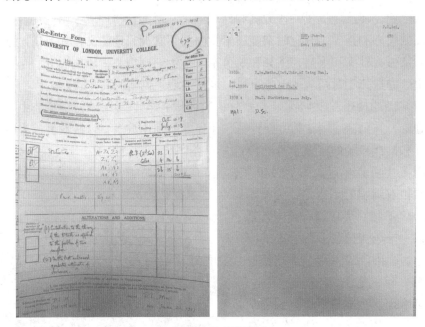

许宝騄 UCL 的学籍卡

1938 年夏，奈曼离开 UCL 赴美国加利福尼亚大学伯克利分校任教。小皮尔逊和奈曼商定，破格聘用许宝騄为 UCL 的助理讲师，给研究生开设两门课程："高等统计估计和假设检验理论"和"矩阵理论及其在统计中的应用"。矩阵理论课是许宝騄的专长，UCL 应用统计学系只在 1938—1939 年专为许宝騄设置过一次，此后再无人开过。在 UCL 的 1938—1939 学年统计学系教师名单上，许宝騄的名字赫然在列，跻身国际著名统计学者之列。在 1939—1940 学年，许宝騄连续在《生物统计》等统计刊物上发表多篇文章。1941 年，他获得第二个博士学位，即科学博士学位（Doctor of Science）[1]。

1939 年秋，许宝騄圆满完成 3 年学业，离开 UCL 去法国数学家阿达马（J. S. Hadamard）[2] 所在的法兰西学院访问一年。阿达马曾于 1936 年 3—6 月到清华大学讲授偏微分方程，恰在许宝騄赴英前。许宝騄前去听课并得以与其深入交

---

① 经查《袁同礼著书目汇编》中国留英同学博士学位及 UCL 许宝騄学籍卡，确认科学博士学位为 1941 年获得。

② 阿达马（1865—1963），法国数学家、法国科学院院士，最有名的是他的素数定理证明。

流，阿达马对许宝騄极为欣赏，邀请他访问巴黎。1940年，许宝騄在结束巴黎访问之旅后，坐船经好望角等地，终于在1941年初回到昆明，任北京大学教授，执教于西南联合大学。

1945年，许宝騄应奈曼等邀请再次出国，先后在美国加利福尼亚大学伯克利分校、哥伦比亚大学和北卡罗来纳大学做访问教授。在奈曼的传记中，他对许宝騄的评价极高，称"许宝騄与瓦尔德（A. Wald）都是世界级水平的数理统计学家，是一代人中的两位杰出人才"[1]。为了能让许宝騄长期在美国任教，奈曼积极筹措经费，并和哥伦比亚大学一起邀请许宝騄去讲学。许宝騄在美国加利福尼亚大学伯克利分校、哥伦比亚大学和北卡罗来纳大学讲学两年，于1947年10月回国，此后一直在北京大学任教授。1948年，许宝騄当选中央研究院院士。1955年，他当选中国科学院学部委员（院士），1956年被定为一级教授。

20世纪50年代以后，许宝騄在长期患病的情况下仍以顽强的毅力主持了极限定理、马尔可夫过程、实验设计、次序统计量等科学讨论班，带领青年开展科学研究。他的相关著作有《许宝騄文集》（1981）、《抽样论》（1982）、《许宝騄论文选集》（英文版，美国纽约，1983）。

5. 徐钟济与黄祖瑜（1937—1939年，M. Sc.）

徐钟济（1904—1990），江苏泰州人，1923—1924年就读于厦门大学数学系，1924—1925年转入大夏大学数学系，1925年转入北京师范大学数学系并于1927年毕业。1937年考取中英庚款公费留学，进入UCL应用统计系攻读数理统计学。

黄祖瑜（1912—2005），河南信阳人，1933年考入中央大学数学系，并旁听文学院课程。1937年毕业后，自费赴英国留学，也进入UCL应用统计系，与徐钟济成为同学。在二人入学时，许宝騄已是研究生二年级在读。

徐钟济

黄祖瑜（右）与父亲黄墩慈

① REID C. Neyman[M]. Springer Science & Business Media, 1998: 194.

　　经过一年的刻苦学习，徐钟济和黄祖瑜都通过了博士学位综合考试，计划再用两年时间攻读博士学位。但 1939 年 9 月第二次世界大战欧洲战事爆发。徐钟济转到美国哥伦比亚大学继续攻读博士学位；黄祖瑜则有了一个去瑞典教书的机会，此后转行成为瑞典知名的中国文化学者。对于在 UCL 的学习和转学美国，徐钟济有十分翔实的记录：

　　　　英国大学每学年分三学期，大学四年毕业，统计专业三年级开始，研究生第一年要读完大学三四年级两年的统计专业课。这样从星期一到星期五每天要上课 1 至 2 小时，上完课后即回到实验室做实习，其中有许多实习题计算工作，实验结果要写成报告。每天从早晨下课后到下午 6、7 点钟才能结束。星期六上午再做半天工作，下午关门。其余时间在公寓内自修。每学期完毕后都有考试，有时几门课混合在一起考，第一学期考概率论，第二学期考统计理论，也考实习（都是混合考试）。第三学期要总考两年的统计专业课，考五篇理论，一篇实习。大学本科生及格的可得荣誉学士学位，研究生及格的可读硕士或博士学位。为了准备考试，故我每天工作都是很忙的，所以不能再去补习英文。结果我通过了这个考试。

　　　　1938 年暑假即开始做论文，1938—1939 第二年再读了一些统计专业和数学课程（读数学课要去数学系上课）。我还得到教授允许听了 R. A. Fisher 开的课程，并完成了二篇论文，1939 年通过了硕士学位考试。1939 年 6 月结束后，我去剑桥大学农学院的暑期学校学习实验设计，是由韦夏特（Wilshart）开设的。这时期第二次世界欧战燃起，接教授皮尔生来信说，战时伦敦大学学院决定迁往威尔士大学，应用统计系将参加战时计算工作，我可以参加战时的计算工作，或是留在剑桥学习。我决定不参加战时计算工作，并拟去美国继续学习。后来到美国驻伦敦使领馆签证，因为我还有一年公费，签证并不困难。我和王自新（四届，学铁路工程）都准备去美国的，不久就买到船票，两人同行去美国纽约，途中灯火管制，听说是有护航的。到纽约后，我就带了皮尔生和费雪的介绍信，去哥伦比亚大学见郝太林，于是就在哥伦比亚大学继续学习数理统计。①

　　1941 年，徐钟济在哥伦比亚大学获博士学位。同年回国，先后在中央大学、重庆大学、上海交通大学、复旦大学、之江大学、浙江大学、浙江师范学院等院

①　徐钟济，袁卫. 同心报国：亦师亦友的许宝騄与徐钟济 [J]. 应用概率统计，2023，39（6）：924-940.

校担任教授，从事数理统计教学工作，并编写多种数理统计学讲义。

1956 年，徐钟济响应国家"向科学进军"的号召，加入刚刚筹建的中国科学院计算技术研究所，从事数理统计和蒙特卡罗方法的科研工作。徐钟济的科研工作可归纳为两个方面：一是关于来自正态总体某些统计量的数字特征、抽样分布或近似抽样分布，小皮尔逊在文章中引用过他的成果；二是关于蒙特卡罗方法的理论和应用。他从最基本的随机数的产生和检验做起，在 1962 年《电子计算机动态》上发表了两篇文章，还翻译了大量科技文献资料，对促进和推广蒙特卡罗方法在我国的应用做了大量开创性的工作和贡献。

6. 同心报国：亦师亦友的许宝騄与徐钟济

伦敦大学学院（UCL）应用统计学系（及优生学系）作为 20 世纪初到 30 年代末世界统计科学的中心，不但聚集了老皮尔逊、高尔顿、韦尔登（W. F. R. Weldon）、戈塞特、费希尔、小皮尔逊、奈曼等世界顶尖的统计学家，而且吸引了吴定良、唐培经、许宝騄、徐钟济等中国学生和中国学者艾伟在此攻读学位、访学研究。

关于许宝騄与徐钟济二人亦师亦友的关系，过去几乎没有任何文献记载。在编写《中国大百科全书》第三版统计人物词条时，与徐钟济先生幼子徐恒相识，惊喜地得到了徐钟济生前留下的大量文稿。文稿回忆了徐钟济与许宝騄几十年的交往和情谊，以及 1980 年徐钟济应北京大学江泽培先生邀请写就的纪念许宝騄的长文（未发表）。

今天，我们有幸透过这些珍贵的文献，完善我国统计学的历史，重温他们的学术贡献，学习他们的道德风范，沿着他们开创的统计学事业继续向前。

（1）留学时期：为中国人争荣誉。

关于许宝騄和徐钟济等留学英国的经历，徐钟济在回忆录中有比较详细的描述：

> 许宝騄是英庚款第四届留英公费生（许是清华大学数学系毕业生，北京大学数学系助教），去英学习数理统计，他是 1936 年 10 月去伦敦大学学院统计系（亦称高尔登实验室）学习的。
>
> 我是英庚款第五届留英公费生，也是学习数理统计的，去英和许在同一学校的统计系学习。1937 年 10 月初我们到达伦敦，是由庚款四届同学招待和指导的。我就在这时候和许宝騄开始认识，并和许在大学学院统计系同学了两年。
>
> 在伦敦第一年，住在市中区 Balnald 街，靠近许宝騄的住处，去学校不太远。第二年在 Allect 街，房租较便宜，中国同学较多。

　　在学校我和许分在两个实验室学习和实习。我和许都在伦敦市中心区，两处很靠近，去学校也不远。英国学校上课，每年分三学期，每学期约上课十四五周。统计系教师和研究生，每天在一起吃下午茶（每周五天，星期一到星期五），所以每天至少可以和许会晤一次。会晤时很少谈政治问题，当时对于祖国抗日战争是关心的，大家都希望抗战坚持到底。但平时还是学习问题较多。因为我去英学习较晚一年，所以我向他请教的问题多。他也有时问问我（主要是考察我学习的情况）。他比较喜欢纯理论，把数理统计当做纯粹数学谈。我学数理统计同时注重实验，对于数理统计在工农业实验上的应用感兴趣。

　　我和许同学的两年时期中（1937—1939年），1937—1938年是许留学的第二年，这一年他读完了一个学位。适逢副教授 J. Neyman 去美国任教授。J. Neyman 就推荐许担任讲师一年。1938—1939年许担任了讲师，讲的是数理统计中应用的矩阵论、概率论近代理论二门课（每星期讲一次或两次）。所以他是我的同学又是我的老师。这一年（许留英的第三年）他没有领公费。第四年许恢复了公费，去剑桥大学又学习了一年，于1940年秋回国。

　　许在英常往来的中国学生有四届庚款同学张宗燧（应用数学）、俞调梅（土木）、吴征铠（化学，在剑桥）、罗风超（经济）、楼邦彦（政治）、李浩培（法律）、黎名郇等。还有龚祥瑞、陈华癸（习土壤）、周如松（女，习物理）和三届的柯召（数学）。清华留美学习国势调查（统计的一个分支）的戴世光（戴现在中国人民大学）来英一个时期也看过许，通过许的介绍，我识认了戴。

　　许在英参加了中华自然科学社（一个综合性多科性的学社），介绍人是五届的沈其益，沈是中华自然科学社的发起人之一。留英时，沈在留英中国学生中发展了一些会员（我也是在留英时期经沈其益介绍加入了中华自然科学社的）。许在英时参加了英国皇家统计学社的社员，由统计学教授 E. S. Pearson 介绍的。

　　大学学院统计系是由 K. Pearson 于1912年①创立的，亦称高尔登实验所，是一所二层楼房，内有一个阶梯教室、一个教室和好几个实验室，这些都是供教学及实验用的。其余为办公室。该系并出版了著名的统计杂志名称是 Biometrika，从1901年到现在一直出版着。这个系还出版了许多大的计算表和小的计算手册。从1934年起，K. Pearson 退休，原统计系分为两个系。一称优生学系，教授为 R. A. Fisher。一称应用统计系，其情形如下：教授（即

①　应为1911年，由老皮尔逊创办的生物计量实验室和由高尔顿创办的优生学实验室合并形成应用统计学系，这是世界上第一个大学统计学系，老皮尔逊为系主任。

系主任）E. S. Pearson；副教授称 Reader, J. Neyman；讲师：B. L. Welch 和 F. N. David。

在英国学习时，为了不辜负祖国和人民的培养，我决心首先抓紧学习，这样时间是很充实的。

这个系过去庚款会已有两人来过，一为唐培经（1934—1937），一为许宝騄（1936—1940），他们都学得很好，唐的爱人汪沅也来学习了二年。我要更加努力，为中国人争荣誉。同时我在国内做过统计员，对统计实习（指应用和计算）感兴趣。换句话说，我主观上对理论和实习并重。[1]

徐钟济抱着"不辜负祖国和人民的培养""要更加努力，为中国人争荣誉"的决心，开始了 4 年的留学生活。

徐钟济在哥伦比亚大学师从霍特林和瓦尔德，仅用两年时间就完成了题为《双变量正态总体的假设检验》（Tests of Certain Statistical Hypotheses Concerning Bivariate Normal Populations）[2] 的博士论文，顺利获得博士学位。

（2）回国后：用数理统计为国家做贡献。

许宝騄回国后，被北京大学聘为数学系教授，开始在西南联合大学任教。徐钟济 1941 年在美国哥伦比亚大学获得博士学位，秋天回国后在上海和重庆等地的大学任副教授、教授。徐钟济回国时带回了他在哥伦比亚大学上瓦尔德课时的两本讲义，许宝騄见之十分高兴，如获至宝。

许宝騄在西南联合大学期间，曾两次飞往重庆，一次是 1943 年，一次是 1945 年去重庆办理赴美的签证等手续。当时，徐钟济在重庆中央大学和重庆英国庚款同学会多次与许宝騄畅谈。

徐钟济虽然先后在伦敦大学学院和哥伦比亚大学获得统计学硕士和博士学位，但回国后一直教数学，很想转回数理统计的本行，以一技之长报效祖国。他在文稿中写道：

我出国是学习数理统计的，很想回国后有一数理统计专业，多培养些青年，使数理统计能在中国得到应用，自己也得到锻炼。可是这个愿望在解放前一直落空，没有能实现。解放前，我国工农业落后，用不到数理统计。

---

[1] 徐钟济，袁卫. 同心报国：亦师亦友的许宝騄与徐钟济 [J]. 应用概率统计，2023，39（6）：924−940.

[2] 这篇博士论文是由两篇论文组成的，第一篇为《单正态变更总体的抽样》（On Samples from a Normal Bivariate Population），第二篇为《双变量正态总体的抽样》（Samples from Two Bivariate Normal Populations）。第一篇是在 UCL 完成的，第二篇是在哥伦比亚大学完成的。

解放后，我曾在上海交通大学数学系和浙江师范学院数学系任教。我自己是习数学的，教数学是很愿意的，但因新中国工业和农业均在不断发展，这两方面数理统计都很有用，所以更希望能在数理统计专业方面为新中国多培养几个青年，能为社会主义工农业服务。这时期只有许宝騄在北京大学能在概率数理统计专业方面培养青年。

1954 年秋，我从杭州来北京参加教育部数学教学大纲的讨论会，去北大中关园宿舍看了许宝騄。我想到北京大学教数理统计（并偏重应用），并希望能用数理统计为社会主义建设多做一些贡献。他说，数理统计在苏联和社会统计学两派争论得很厉害！你还是在杭州教数学好。听了许的话，我也就不那么想教"数理统计"了。[①]

1954 年 3 月，苏联科学院、苏联中央统计局和苏联高等教育部三家联合举办了关于统计学基本问题的会议，结论是："统计学是独立的社会科学"，"除了作为社会科学的统计学之外，还存在着物理统计学、力学统计学等科学认识部门，而且在日益发展着。这些科学认识部门，无论就其对象的性质或就其应用的方法来说，都和作为社会科学的统计学根本不同，因此不能把它们看成是统计学的一些部门"[②]。苏联统计工作会议对数理统计的排斥对许宝騄、徐钟济等学者发展数理统计学科、培养数理统计人才的热情是一次重大的打击，许宝騄对徐钟济的劝说显示了极大的无奈。一直到 1956 年国家号召向科学进军，在第一个科学规划中将"概率统计"作为数学的三大重点之一，许宝騄、徐钟济才能重新施展才能。

徐钟济回忆说："1956 年暑假，我代表杭州的数学会分会出席中国数学会召开的数学论文宣读会，许（宝騄）曾介绍我去数学所见过华罗庚（许的信是写给王寿仁的）。当时计算所正在作为 1956 年国家科学规划的四大紧急任务筹备成立。数学所计算所曾联合宴请了出席代表一次，在会上计算所代表说明了需要数学工作者支援。我因学习数理统计，与计算所有密切联系，愿意来计算所支援社会主义祖国的紧急任务，曾向华罗庚、张志明表示过自己的心情。计算所表示欢迎，后来计算所并致函浙江师范学院商量这事。1956 年 11 月，浙江学校领导让我来一个短时期。实际上，从这时起我就一直在计算所工作。1957 年春许曾为我的工作写了一封信给华，建议这件事最好早一点解决，不要拖延，对于开展工

---

① 徐钟济，袁卫. 同心报国：亦师亦友的许宝騄与徐钟济 [J]. 应用概率统计，2023，39（6）：924-940.

② 见《统计理论》（第五分册，财政经济出版社，1955 年）附录二"苏联统计学科学会议决议"，135-145 页。

作有利。事实上我的工作是通过科学院计算所和浙江师范学院的不断协商，于1958年5月解决的。"①

此时，苏联统计工作会议决议的影响和流毒还在，徐钟济还不能返回数理统计领域，刚好中国科学院组建计算技术研究所，许宝騄向华罗庚积极推荐徐钟济，才促成徐钟济冲破阻力调到中国科学院，一方面参与计算技术研究所的创建工作，另一方面参与许宝騄在北京大学开办的概率统计讨论班，培养我国数理统计人才。关于北大讨论班，徐钟济留下了回忆的文字：

> 1957年北大和数学所组织了概率论讨论班，还为波兰专家费史来中国讲学前开了一个讨论班，都是在许的住处（北大佟府8号）举行的。当时我曾参加了讨论班。1957—1958年，在北大开过几次概率统计学科规划小组会，我曾参加过。1958年在北大暑期讲习班，我曾去北大讲了几次（卡方分布及应用）。
>
> 这个时期和许会晤的机会较多。以后计算所的概率统计任务组有时和北大开设的讨论班有联系，但都是通过教研组青年教师的较多，我和许见面机会较少，大约每年去看他一次。约在1960年以前，他住肺病疗养院时曾去看过他。有一年到佟府8号去看他，适逢关肇直也在座。有一年去看他，他不在，听说去他的哥哥家里过春节去了。1966年5、6月，无产阶级文化大革命还在开始时期，我和王寿仁曾陪同浙大统计教授刘韵清去看过许。②

从新中国成立到"文化大革命"的十余年里，由于苏联统计工作会议极左的影响，我国数理统计学科在逆境中艰难前行。许宝騄、徐钟济等前辈忍辱负重，开始了培养数理统计人才、振兴数理统计学科的艰难探索。

（3）深切思念：许宝騄既是我的益友，又是我的良师。

许宝騄1970年12月18日在北京不幸病逝。改革开放后的1980年，恰是许宝騄逝世10周年，江泽培和魏宗舒希望徐钟济能写写同窗挚友，同时介绍他们在UCL刻苦攻读的经历，为后辈统计学人树立榜样，留下精神财富。

下图所示纪念文章是徐钟济亲自刻写蜡版、油印成文的，但不知何故，所有纪念许宝騄的文集都没有收录。今天读到这篇文章，既钦佩许宝騄的天才和对统计学的贡献，也让我们感谢徐钟济为我们留下了珍贵的学术资料。

①② 徐钟济，袁卫.同心报国：亦师亦友的许宝騄与徐钟济 [J].应用概率统计，2023，39（6）：924-940.

下面就是这篇文章的全文：

纪念许宝騄教授（1909—1969）
许宝騄在英国（1936—1940）[①]
徐钟济（计算技术研究所）

一、引言

许宝騄出生于 1909 年，1929 年考入燕京，1930 年考入清华二年级（转学考试）。1933 年毕业于清华大学数学系。1933—1936 任北京大学数学系助教，当时哈佛大学 Osgood 教授来北京大学讲学，宝騄担任助教。后来 Osgood 教授的英文复变函数论和实变函数论（讲稿）先后出书，在序言中都曾提到由宝騄帮助整理。同时英国 Turnbull 和 Aitken 的 *Theory of Canonical Matrices* 出版，宝騄学习深感兴趣，出国之前，他就擅长分析和代数。

1936 年宝騄考取了第四届庚款留英公费生应用数学门，该门录取了两名（1. 许宝騄，2. 张宗燧）。来英后张研究物理，许在伦敦大学学院高尔登实验室和统计系学习和研究数理统计，宝騄在英国（1936—1940）是在他的少年

---

① 许宝騄的生卒日期应为 1910—1970 年，在英国的时间应为 1936—1939 年，1939—1940 年许宝騄在法国访问。

时期①。1937 年我考取了第五届庚款留英公费生统计门，亦来大学学院高尔登实验室和统计系学习数理统计，这是我和宝騄认识的开始。他在学习方面刻苦钻研，常能把别人的复杂东西，简化为自己的简单东西。例如，多元分布经过矩阵符号简化，看起来就像一元分布那样。因为宝騄比我早来一年，我在伦敦的两年，无论在学习方面和生活方面，都深得他的关心和照顾，他既是我的益友，又是我的良师。

1938 年在伦敦大学学院（右一为许宝騄，右三为徐钟济，右四为黄祖瑜）

他在英国和很多朋友（中国同学）往来，其中有一女同学（亦是科学家），过从甚密，然而仅停留在纯洁的友谊上。后来终身未婚，而又体弱多病，没有一个亲人在他身边照顾，致使他过早地离开我们，不胜惋惜。

他第一次回国，还在抗战时期，当时他在西南联大，不仅生活上艰苦，而且学习和研究也很艰难。记得 1941 年我带回 A. Wald 博士的讲义两种，他表示如获至宝。不久他就应 J. Neyman 和 H. Hotelling 的邀请出国，先后赴伯克利加尼福尼亚大学、纽约哥伦比亚大学和北加罗来纳大学。解放后他还是回到祖国，他的爱国心情，也是令人敬佩的。

1956 年在周总理的号召下，制定了十二年科学规划。计算技术研究所

①　徐钟济比许宝騄年长 6 岁，当徐钟济去伦敦大学学院攻读硕士学位时，许宝騄已经获得博士学位，并且成为徐钟济的老师，因而徐钟济在回忆许宝騄时，称已经二十六七岁的许宝騄正在少年时期。

作为四大紧急任务之一筹备成立。规划中有一个研究项目是 Monte Carlo 方法，宝騄竭力推荐我开展这一研究。1957 年计算所三室成立了概率计算组，多次办了讨论班，开始了这一项目的研究，以后原子能所、数学所、北京大学……已在全国开展起来。1961 年三室又成立了概率统计计算组，1963 年招收了这方面的研究生，北大概率统计专业有毕业生投考录取。我组的北大同学先后有七八人之多，都是受到宝騄先驱的影响。我们的工作——不仅 Monte Carlo 方法常涉到从已知分布中抽样，最近还发展了最新的用代数方法产生伪随机数，还常涉到时间序列分析、多元分析。计划中还将开展界面学（统计学与计算技术的界面学）计算计量学的调研。今天北京大学纪念他是令人难忘的。

二、伦敦大学学院高尔登实验室和统计系

1. 高尔登实验室和统计系的建立

近代统计理论发源于英国，而且在二十世纪三十年代以前，英国发展较其他各国更为快速。当时最早和最好的统计研究机构和最高学府，就是高尔登实验室和统计系。早在十九世纪九十年代，由 K. Pearson 建立了高尔登实验室。以后不久又成立了统计系，系主任由高尔登教授、K. Pearson 担任，他还创刊和主编了 *Biometrika*，当时统计系教师还有 E. M. Elderton 小姐（《统计初阶》就是 Elderton 兄妹合著的）和 E. S. Pearson。除此以外，一个较新的但较为活跃的中心是 Rothamsted 农业试验所的统计研究室。R. A. Fisher 在那里做了很多有价值的工作。

2. 三十年代初期，大学学院统计系的改组

K. Pearson 晚年，伦敦大学学院统计系分为两个部分：一为优生学（Eugenics）系，由 Galton 教授、R. A. Fisher 担任系主任；另一为应用统计系，由 E. S. Pearson 教授担任系主任，教师则有 J. Neyman、F. N. David 小姐和 B. L. Welch 等。R. A. Fisher 来自 Rothamsted 农业试验所，二十年来他在统计理论上作出了重要的贡献。1928、1933 和 1936 年 E. S. Pearson 和 J. Neyman 联合发表了一系列的有关统计推断方面的论文，在统计理论方面作出了一定的贡献。优生学系和应用统计系合在一起，使过去的统计系更为加强。因此这一时期美国知名人士 H. Hotelling，S. S. Wilks，C. C. Craig 和瑞士的 Feller 接踵而来。这一时期高尔登实验室和优生系、统计系是伦敦大学学院统计理论发展的极盛时期。

3. 大学学院统计系 1936—1939 年三年中所开课程变化不大，除了 1938—1939 年，J. Neyman 应聘去美加尼福尼亚大学伯克利和许宝騄担任讲师（一年）稍有一点变化外。下面介绍了伦敦大学学院统计系 1937—1938

年所开课程（从略），以供参考。

三、高尔登实验室和许宝騄的研究成果

1. 高尔登实验室的研究成果

高尔登实验室既是一个研究所，又是一个最高学府，还是一个出版社。统计系每年出版 *Biometrika* 两期，优生系每年出版 *Annals of Eugenics* 四期。同时实验室还主编了一套计算辅助丛书，称 Tracts of Computer[1]，先后出版了三十余种，其中我们常用的如 Tippet[2] 和 Kendall and Smith[3] 的二本随机数表，Wold[4] 和 Fieller[5] 的两种正态随机数表，Everett's 中心差内插公式的系数和 $\log \Gamma (x)$ 的表。还出版了《F. Galton 的生活、书信和工作》两巨册，不完全 Beta 函数和不完全 Γ 函数二巨册，生物计量学家和统计学家用表两巨册等等，最近看到英国的 Who's Who 称 E. S. Pearson 的论文有一百多篇。实验室的科教职员总共不超过十人，优生系的科教职员更少，而成果累累，效率是非常高的。

2. 研究生的学习情况

实验室为每个学员提供了一张台子和一架手摇计算机（另有一台共用电动机和加法机），实验室为各年和各系的研究生提供了几个房间，实验室虽没有规定每人的工作时间，然而因为上课是在清晨，学生总要在上课前赶来，每天上一节或二节课之后，立即回实验室做实验学习，一直到黄昏工作完毕后才离开。就这样把整天时间耗费在实验室里，中午就在食堂便餐，休息约一个多小时，然后继续工作。统计系每天下午有一个茶会。所以每天都有一次师生会见和交谈的时机，可以解决问题。研究生每周与导师有一个约定时间。实验室对每个学员都是严格要求的。因此，每个学员都全力以赴。

3. 宝騄的哲学博士学位

1936 年宝騄来到了这个优良环境，除了在统计系听课和实习外，又去数学系听课，掌握了 Pearson 和 Neyman 的估计和假设检验的理论。他最感得意的是听数学系 Kestleman 博士的积分论的课，内容是测度论和近世积分。

① 应为 "Tracts for Computers"。

② 即：TIPPET L H C. Random Sampling Numbers (1st Series) [M]. Tracts, 15. Cambridge University Press, 1927。

③ 即：KENDALL M G, SMITH B B. Random Sampling Numbers（2nd Series）[M]. Tracts, 24. Cambridge University Press, 1939。

④ 即：WOLD H. Random Normal Deviates[M]. Tracts, 25. Cambridge University Press, 1948。

⑤ 即：FIELLER E C, LEWIS T, PEARSON E S. Random Correlated Normal Deviates[M]. Tracts, 26. Cambridge University Press, 1950。

他对我说，这时候老师正在编书，讲得最为仔细，听着收获很大。他的博士论文是 "Contributions to the two sample problem and the theory of the Student's *t* test"。伦敦大学学院统计系对读博士学位有一严格要求，要求编算一个相当长的最新的统计表。宝璟因两年时间短促，而且他还另外写了两篇论文，没有制表时间。大学规定用一个 Ph. D. 的实习考试取代。宝璟虽然擅长理论，重视理论，但并不忽视实习。由于他自己台前有一台计算机，在伦敦的中国同学有时将数据带给宝璟，请他计算和解题，宝璟都能替他们完成。这次要他参加实习考试，事前他已做好准备。伦敦大学（学院）① 对于考试向来以严格认真著称。这次博士实习考试由爱丁堡的 A. C. Aitken（校外考试员）与 J. Neyman 命题，共 6 道题，第 1、2 题中必做 1 题，其余题目中选做两题，可以得满分。考试时间从上午 10 点至中午 1 点，下午 2:30—5:30，开卷考试。中午可以外出午餐。考试完毕后，同学们向他询问情形，相信他的成绩是满意的。口试是 A. C. Aitken 和 E. S. Pearson 和 J. Neyman 主持。考试结果，他取得了博士学位。

4. 宝璟担任讲师的前后

1938 年 J. Neyman 赴美任教，这是伦敦大学学院统计系的一个损失，经过 E. S. Pearson 和 J. Neyman 商量，把宝璟提升为讲师，取代 J. Neyman。这也是老师们对他的有意培养。1938—1939 年 E. S. Pearson 和宝璟合开 A6② 内容是 "Neyman-Pearson" 理论，宝璟只讲了几课。其中大半时间开 A7③ "Theory of matrix and its statistical application" 和 A8④ "高等概率论"，这两门都是宝璟的特长。宝璟为祖国取得了荣誉，我们每个人都应向他学习。

下面将介绍他听讲的一课内容。

四、许宝璟讲 Markoff 定理

I. 设 $x_1, x_2, \cdots, x_n$ 是服从以下变量条件的随机变量：

(i) 相互独立，即

$$E(x_i, x_j) = E(x_i)E(x_j), \ i \neq j \tag{1}$$

---

① 笔者所加。

② A6 为 "高等统计估计和假设检验理论"（Advanced course on theories of estimation and testing statistical hypotheses），授课教师小皮尔逊和许宝璟。

③ 伦敦大学学院应用统计学系 A1 至 A5 的课程主要是针对本科生，A6 至 A9 的对象是研究生，1938—1939 学年许宝璟为研究生开设了 A7 课程 "矩阵理论及其在统计学中的应用"（The theory of matrics and its application to Statistics）。

④ A8 为 "高等概率论"（Advanced course on Probability），这门课程一直是奈曼上的，1937—1938 学年奈曼要离开伦敦大学学院，许宝璟协助奈曼上完这门课程。

(ii)

$$E(x_i) \equiv \xi_i = \alpha_{1i} P_1 + \alpha_{2i} P_2 + \cdots + \alpha_{si} P_s \quad (s < n) \tag{2}$$

α_{ij} 已知，P_i 未知参数。用矩阵表示：

$$\xi = PA \tag{3}$$

(iii) 假定矩阵 A 的秩为 s

(iv) 方差：

$$E(x_i - \xi_i)^2 = \sigma_i^2 = \frac{\sigma^2}{P_i} \tag{4}$$

P_i 已知是某些常数，σ^2 是未知常数

目的是求未知参数的一个估计 $\theta = C_1 P_1 + C_2 P_2 + \cdots + C_s P_s$ 或用矩阵表示

$$\theta = PC' \tag{5}$$

例 1 一个样本，设总体均值为 P_1，方差为 σ^2，即

(ii) $E(x_i) = \xi_i = P_1$，或 $\xi = P_1(1, 1, \cdots, 1) = P_1 1_n$，

(iv)[①] $\sigma(x_i) = \sigma^2$，$P_i = 1$

求 $\theta = P_1$，$C = 1$ 的估计。

例 2 二个样本，设从二个总体抽样

(ii)

$$x_1, x_2, \cdots, x_{n_1} \qquad E(x_1) = P_1, \quad \sigma^2(x_1) = \sigma^2$$

$$x_{n_1+1}, x_{n_1+2}, \cdots, x_{n_1+n_2} \qquad E(x_2) = P_2, \quad \sigma^2(x_2) = \sigma^2$$

或

$$\xi = (\xi_1, \xi_2, \cdots, \xi_{n_1}, \xi_{n_1+1}, \cdots, \xi_{n_1+n_2})$$

$$= (P_1, P_2) \begin{pmatrix} 1 & 1 & \cdots & 1 & 0 & \cdots & 0 \\ 0 & 0 & \cdots & 0 & 1 & \cdots & 1 \end{pmatrix}$$

$$= PA$$

(iv) $P_i = 1$，$i = 1, 2$

求 $\theta = P_1 - P_2$ 的估计，这里 $C = (1, -1)$。

例 3 含 k 个特性的 n 个个体

$$x_{11}, x_{12}, \cdots, x_{1n} \quad （第 1 个特性）$$

$$x_{21}, x_{22}, \cdots, x_{2n} \quad （第 2 个特性）$$

$$\cdots\cdots$$

---

① 原文序号如此，下面序号同此解释。

$$x_{k1}, x_{k2}, \cdots, x_{kn} \quad （第\ k\ 个特性）$$

(ii) $E(x_{1i}) \equiv \xi_i = \beta_2 x_{2i} + \beta_3 x_{3i} + \cdots + \beta_k x_{ki} + \sigma$，用矩阵表示，即

$$\xi = (\beta_2, \beta_3, \cdots, \beta_k, \alpha)$$

$$设 \quad A = \begin{pmatrix} x_{21} & x_{22} & \cdots & x_{2n} \\ x_{31} & x_{32} & \cdots & x_{3n} \\ \vdots & \vdots & \cdots & \vdots \\ x_{k1} & x_{k2} & \cdots & x_{kn} \\ 1 & 1 & \cdots & 1 \end{pmatrix}$$

$$\xi = PA$$

(iv) 求估计

(a) β_2, β_3；

(b) $\beta_2 x_2 + \beta_3 x_3 + \cdots + \beta_k x_k + \alpha$；

(c) α。

即

(a) $C_1 = (1, 0, \cdots, 0)$，$C_2 = (0, 1, \cdots, 0)$；

(b) $C = (x_2, x_3, \cdots, x_k, 1)$；

(c) $C = (0, 0, \cdots, 1)$。

II. 关于求估计的方差问题，设

$$S = \sum_{i=1}^{n} P_i (x_i - \xi_i)^2 = \sum_{i=1}^{n} P_i (y_i - \eta_i)^2 = yy' - 2y\eta' + \eta\eta'$$

$$= yy' - 2yB'P' + PBB'P' \tag{6}$$

$\xi = PA$，$\eta = PB$。那么

(α) 假若 $C_1 P_1^\circ + C_2 P_2^\circ + \cdots + C_s P_s^\circ$ 是 θ 的一个最佳线性无偏估计，即 θ 的一个 B. U. L. E[①]

$$S_o = yy' - 2yB'(P^\circ)' + P^\circ BB'(P^\circ)' \tag{7}$$

(β)

$$E(S_o) = \sigma^2 / (n - s) \tag{8}$$

---

① 在原稿中最佳估计的上标和下标都使用字母 o 来标示，和现在的习惯不一样，请读者留意。

(γ)

$$\sigma_F^2 = \frac{-\sigma^2 \begin{vmatrix} 0 & C \\ C' & BB' \end{vmatrix}}{|BB'|} \tag{9*}$$

证明：

(α) 由 (6)，当 $\frac{\partial S}{\partial P_i} = 0$ 时，S 为 min。即

$$P^o BB' = yB' \tag{10}$$

或

$$P^o = yB'(BB')^{-1} \tag{11}$$

所以由 (5)

$$\theta = P^o C' = yB'(BB')^{-1}C' = y\alpha' \tag{12}$$

用矩阵表示

$$F = \frac{-\begin{vmatrix} 0 & yB' \\ C' & BB' \end{vmatrix}}{|BB'|} \tag{12*}$$

(β) 在 S 中代入 P^o，得

$$S_{texto} = yy' - 2yB'(BB')^{-1}By' + yB'(BB')^{-1}By'$$

$$= yy' - yB'(BB')^{-1}By'$$

$$= yMy' \tag{13}$$

其中

$$M = 1 - B'(BB')^{-1}B \tag{14}$$

$$S_o = yMy' = \sum m_{ij} y_i y_j \tag{13'}$$

用矩阵表示

$$S_o = \frac{-\begin{vmatrix} yy' & yB' \\ \sigma y' & BB' \end{vmatrix}}{|BB'|} \tag{13*}$$

$$E(S_o) = \sum_{i=1}^{n} E(m_{ii} y_i^2) + \sum_{i \neq j} E(m_{ij} y_i y_j)$$

$$= \sum_{i=1}^{n} m_{ii}(\sigma^2 + \eta_i^2) + \sum_{i \neq j} m_{ij} \eta_i \eta_j \quad \text{由 (1)}$$

$$= \sigma^2 \sum m_{ii} + \sum M_{ij} \eta_i \eta_j \tag{15}$$

所以

$$E(S_o) = \eta M \eta' + \sigma^2 \operatorname{tr} M = PBMB'P' + \sigma^2 \operatorname{tr} M \tag{16}$$

但

$$BM = B(I - B'(BB')^{-1}B) = B - BB'(BB')^{-1}B = 0 \tag{17}$$

因为

$$\operatorname{tr} M = \operatorname{tr}(I - B'(BB')^{-1}B)$$

$$= n - \operatorname{tr} B'(BB')^{-1}B = n - \operatorname{tr}(BB')^{-1}BB'$$

$$= n - s \tag{18}$$

所以

$$E(S_o) = \sigma^2 \operatorname{tr} M = \sigma^2(n - s) \tag{19}$$

$$(\gamma) \quad F = y\alpha' \tag{12'}$$

$$\sigma_F^2 = \sigma^2 \sum \alpha_i^2 = \sigma^2 \alpha\alpha' \tag{20}$$

$$\alpha\alpha' = \frac{C(BB')^{-1}B}{\alpha} \ \frac{B'(BB')^{-1}C}{\alpha} \qquad 由 (12)$$

$$= C(BB')^{-1}C'$$

由方程 I，即由矩阵恒等式

$$\begin{pmatrix} I & 0 \\ -A_{21}A_{11}^{-1} & I \end{pmatrix} \begin{pmatrix} A_{11} & A_{12} \\ A_{21} & A_{22} \end{pmatrix} \begin{pmatrix} I & -A_{11}^{-1}A_{12} \\ 0 & I \end{pmatrix} = \begin{pmatrix} A_{11} & 0 \\ 0 & B \end{pmatrix} \tag{I}$$

在讲课中曾多次应用了方程 I，例如 (9)，(12), (13*), (21*)

$$\alpha\alpha' = \frac{-\begin{vmatrix} 0 & C \\ C' & BB' \end{vmatrix}}{|BB'|} \tag{21*}$$

所以

$$\sigma_F^2 = \sigma^2 \alpha\alpha' = \frac{S_o}{n-s} C(BB')^{-1}C'$$

$$= \frac{1}{n-s} \frac{-\begin{vmatrix} yy' & yB' \\ By' & BB' \end{vmatrix} \begin{vmatrix} 0 & C \\ C' & BB' \end{vmatrix}}{|BB'|}$$

例题 1，2，3 的解

例 1 一个样本

(α) $A = (1, \cdots, 1) = 1_n$

$$F = \frac{-\begin{vmatrix} 0 & yB' \\ C & BB' \end{vmatrix}}{|BB'|} = \frac{-\begin{vmatrix} 0 & XA' \\ C & AA' \end{vmatrix}}{|AA'|} = \frac{-\begin{vmatrix} 0 & n\bar{x} \\ 1 & n \end{vmatrix}}{n}$$

(β) $S_o = \dfrac{\begin{vmatrix} XX' & XA' \\ AX' & AA' \end{vmatrix}}{|AA'|} = \dfrac{\begin{vmatrix} \sum x_i^2 & n\bar{x} \\ n\bar{x} & n \end{vmatrix}}{n}$

$$= \sum x_i^2 - n\bar{x}^2 = \sum (x_i - \bar{x})^2$$

$$\sigma^2 = \frac{S_o}{n-1} = \frac{\sum (x_i - \bar{x})^2}{n_1} = S$$

(γ) $\alpha\alpha' = \dfrac{-\begin{vmatrix} 0 & C \\ C' & AA' \end{vmatrix}}{|AA'|} = \dfrac{-\begin{vmatrix} 0 & 1 \\ 1 & n \end{vmatrix}}{n} = -\dfrac{1}{n}$

所以

$$\sigma_F^2 = \sigma_{\bar{x}}^2 = \frac{S}{n} = \frac{\sum (x_i - \bar{x})^2}{n(n-1)}$$

例 2　两样本

$x_1, x_2, \cdots, x_{n_1}$　　　　　　　期望值 P_1，　σ^2

$x_{n_1+1}, x_{n_1+2}, \cdots, x_{n_1+n_2}$　　　　期望值 P_2，　σ^2 方差相等

(α) $F = \dfrac{-\begin{vmatrix} 0 & XA' \\ C' & AA' \end{vmatrix}}{|AA'|} = \dfrac{-\begin{vmatrix} 0 & n_1\overline{x_1} & n_1\overline{x_2} \\ 1 & n_1 & 0 \\ -1 & 0 & n_2 \end{vmatrix}}{\begin{vmatrix} n_2 & 0 \\ 0 & n_2 \end{vmatrix}}$

$$= \overline{x_1} - \overline{x_2}$$

(β) $S_o = \dfrac{\begin{vmatrix} XX' & XA' \\ AX' & AA' \end{vmatrix}}{|AA'|} = \dfrac{\begin{vmatrix} \sum\limits_{i=1}^{n_1+n_2} x_i^2 & n_1\overline{x_1} & n_2\overline{x_2} \\ n_1\overline{x_1} & n_1 & 0 \\ n_2\overline{x_2} & 0 & n_2 \end{vmatrix}}{\begin{vmatrix} n_1 & 0 \\ 0 & n_2 \end{vmatrix}}$

$$= \frac{n_1 n_2 \sum x_i^2 - n_1^2 n_2 \overline{x_1}^2 - n_1 n_2^2 \overline{x_2}^2}{n_1 n_2}$$

$$= \sum_{i=1}^{n_1} \left(x_i - \overline{x_1} \right)^2 + \sum_{i=n_1+1}^{n_1+n_2} \left(x_i - \overline{x_2} \right)^2$$

$$\sigma^2 = \frac{\sum_{i=1}^{n_1} (x_i - \overline{x_1})^2 + \sum_{i=n_1}^{n_1+n_2} (x_i - \overline{x_2})^2}{n_1 + n_2 - 2} = S^2 , \; 设$$

$$(\gamma) \; \alpha\alpha' = \frac{-\begin{vmatrix} 0 & C \\ C' & AA' \end{vmatrix}}{|AA'|} = \frac{-\begin{vmatrix} 0 & 1 & -1 \\ 1 & n_1 & 0 \\ -1 & 0 & n_2 \end{vmatrix}}{|n_1 n_2|} = \frac{n_1 + n_2}{n_1 n_2} = \frac{1}{n_1} + \frac{1}{n_2}$$

$$所以 \; \sigma_F^2 = \sigma_{\overline{x_1} + \overline{x_2}} = S\sqrt{\frac{1}{n_1} + \frac{1}{n_2}}$$

例 3 宝騄让学生自己去解

本课许氏以一课时（小时）讲完

参考 F. N. David and J. Neyman, Extension of the Markoff theorem of least squares; Statistical Research Memoirs, 3.2, P105, 1938.

Markov 最小二乘法推广定理，在 1937—1938 年第二学期，作为 A5 的一部分曾由 F. N. David 和 J. Neyman 讲过，它的应用很广。但经过宝騄的提炼，用矩阵符号表示，使问题更加清楚。宝騄用了三个例子，一样本、二样本和回归平面的问题，只要在改为 PA 中选得适当的 p 和 $\theta = pc'$ 中选择相应的 c，就能解决许多不同问题。宝騄就是这样用高水平，把别人的东西化为自己的东西。宝騄在矩阵论及其应用（A7）一课中介绍了应用更广的线性假设检验和方差分析，还介绍了 E^2 和 T 检验的 Power 函数，他的每一课都是一篇论文，1941 年他已发表了十多篇论文，因此获得了伦敦大学（学院）[①]科学博士的荣誉。这是他勤奋学习与 E. S. Pearson 和 J. Neyman 精心培养的结果。他是在 1938—1939 年第三学期讲授了高等概率论，我保存了他的讲稿，已请张尧庭同志译成中文，介绍给同志们。

我对北京大学数学系和江泽培教授的多次邀请，魏宗舒教授敦促我介绍英美统计教育情况，并让周纪芗同志帮助整理一部分材料，都表示衷心的感谢。本文准备仓促，谬误之处，尚乞指正为感。

---

① 笔者所加。

7. 杰出的留学生团体

从 1926 年吴定良由哥伦比亚大学转入 UCL 继续读博，到 1939 年许宝騄结束在 UCL 的教学研究赴巴黎访问、徐钟济 UCL 硕士毕业转入哥伦比亚大学继续读博，这 14 年间，应用统计学系几乎每年都有中国学生在那里学习。在前述 7 位留学生中有 5 位成为著名学者，1 位成为中国文化学者。在 1948 年首届中央研究院的 81 位院士中，7 人中就出了两位院士，何以成就？

首先，名师的指导。老皮尔逊自 1911 年起兼任 UCL 应用统计学系主任、优生学实验室和生物计量实验室主任、《生物计量学》主编等，集众多重要学术职务于一身。

1926 年可以说是 UCL 兴盛的一年，标志是奈曼的来访。他出生在俄国，迁居波兰后，生活艰难，尽管是在这样艰苦的条件下，奈曼依然发表了一系列研究成果。1925 年秋，波兰政府决定派他去彼时的世界统计研究中心深造。在 UCL，经老皮尔逊推荐，他获得了洛克菲勒基金会的资助，得以继续去法国巴黎访学——终于亲见他的偶像勒贝格（H. Lebesgue）和聆听了偶像的课，激动异常。那时的奈曼还是想成为理论数学家。然而，他在结识小皮尔逊后，意识到自己的兴趣慢慢从理论数学转向了统计研究，二人通信合作长达 8 年，成为挚友和重要的合作者——一同创造了永载史册的 Neyman-Pearson 理论。他们的研究成果为假设检验建立了一套形式完美的数学理论，其中严谨的数学证明无疑是奈曼的主要贡献。不过，小皮尔逊作为研究发起人、合作的领导者以及他早期很多的原创性想法，也是二人完美合作不可或缺的因素。

奈曼在华沙时，生活条件和研究条件都不尽如人意，在与小皮尔逊的通信中多次寻求帮助。1933 年，小皮尔逊继任统计学系主任，上任的第一件事就是引进奈曼。但因为统计学系只有 4 个正式教职，如果要引进新人，就不得不解聘原有的一位教师。1934 年底，得到院长批准，奈曼终于得以举家迁到伦敦，受到小皮尔逊一家的热情接待。

虽然小皮尔逊、奈曼所在的统计学系在形式上与费舍尔所在的优生学系是两个单位，但两者同在一栋楼内，且学生选课多有交叉，整体实力大大增强，越来越多的世界知名学者前来访问和交流，美国的霍特林、威尔克斯（S. S. Wilks）、克雷格（C. C. Craig）和瑞士的费勒（Feller）接踵而来。

奈曼和小皮尔逊在同一个系，合作更加方便紧密，仅在 1934—1938 年期间，二人就对统计科学做出了 4 项基础性贡献：置信区间理论；对传染分布理论的贡献在生物学数据处理中十分有效；总体分布抽样法为统计学理论铺平道路，其中就包括盖洛普民意测验方法；随机化实验模型在农业、生物学、医学和物理学中开辟了广泛的全新实验领域。

1937年，奈曼被邀请到美国做巡回学术演讲，十分成功。此时雄心勃勃的加利福尼亚大学伯克利分校新任数学系主任埃文斯（G. C. Evans）正在物色引进一位统计界一流领军人物，在本系建立理论统计学学派，以期彻底改变伯克利数学的平庸现状。他们毫不犹豫地选择了奈曼，并开出了优厚的薪资。

其次，为研究生提供良好的学习和研究条件。UCL 统计学系十分重视研究生培养，不但要求学生有扎实的数学基础，而且强调学生的计算能力和动手能力。UCL 统计学系所在的皮尔逊楼是一栋二层小楼，内有一个阶梯教室、一个教室和好几个实验室，供教学与实验之用，其余为办公室。每天除了上课，研究生主要集中在实验室。实验室为每位学生配备了手摇计算机，还有大量最新的期刊和图书。

统计学的圣地：皮尔逊楼

最后，中国留学生群体的努力。对于以上 7 位统计留学生做出的贡献，原因除了身处世界统计科学中心并跟随名师外，非常重要的是学生自身的努力。中英庚款留学生唐培经（第三批）、许宝騄（第四批）、徐钟济（第五批）都选择到 UCL 学习统计，因为庚款留学生遴选委员会的专家清楚 UCL 的统计学系是世界统计科学中心，未来中国需要统计专门人才。许宝騄的学生张尧庭回忆："许先生曾说：'30 年代末期，我在英国留学，当时有三个中国人在那里学统计，日本也有三个人在那里学，可是我们三个中国人（许、唐培经、徐钟济）比日本人强多了。那时日本已侵略中国，我们想，在统计、概率方面，我们将来回国后一定要把它搞好，超过日本人'。我感到他的这个想法一直是指导他的行动的准则。

快解放时，他急于回国就是想回来后好好干一番事业。"①

徐钟济在回忆录中写道："在英国学习时，为了不辜负祖国和人民的培养，我决心首先抓紧学习，这样时间是很充实的。这个系过去庚款会已有两人来过，一为唐培经（1934—1937），一为许宝騄（1936—1940），他们都学得很好，唐的爱人汪沅也来学习了二年。我要更加努力，为中国人争荣誉。同时我在国内做过统计员，对统计实习（指应用和计算）感兴趣。换句话说，我主观上对理论和实习并重。"②

黄祖瑜在回忆录《开花的石榴树》中这么写道："国内的军事消息，也越来越坏，国军几乎完全失掉了战斗能力。华北沦陷，日寇的铁蹄践踏了黄河流域和长江下游。父母亲和全家，随着河南大学，迁往与我生地很近的鸡公山。1938年秋，豫南战事紧张，河大又迁往豫西山区：镇平、方城、叶县、宝丰、临汝、宜阳、伊川西抵嵩县及其附近的潭头……在这个时间中，我收到的家信，也越来越少了。我感到忧愁、绝望，可是我仍用我的锲而不舍的精神，继续读书。除了理论统计的课程外，我还参加'大学学院'算学系主任教授所开的高等分析课程。"③

这个留学生团体用他们"在统计、概率方面，我们将来回国后一定要把它搞好""我要更加努力，为中国人争荣誉""我仍用我的锲而不舍的精神，继续读书"的强烈家国情怀与坚忍不拔的精神克服重重困难，最终为祖国也为世界统计做出了杰出贡献。

三、在法国巴黎大学统计学院的中国留学生（1927—1941 年）

在 20 世纪二三十年代，世界上有两个统计科学中心：一个是英国伦敦大学学院（UCL）④，这是世界统计理论和研究的中心；一个是法国巴黎大学统计学院（ISUP），这是统计应用人才培养的中心。

中国统计留学生出国也以这两个中心为主要目的地，在 1926—1939 年英国 UCL 应用统计学系最鼎盛的 14 年中，吴定良、艾伟、唐培经、汪沅、许宝

---

① 张尧庭. 深深的怀念——我所知道的许宝騄先生 // 许宝騄先生纪念文集编委会. 道德文章垂范人间：纪念许宝騄先生百年诞辰 [M]. 北京：北京大学出版社，2010：346.

② 徐钟济，袁卫. 同心报国：亦师亦友的许宝騄与徐钟济 [J]. 应用概率统计，2023，39（6）：924-940.

③ 黄祖瑜. 开花的石榴树 [M]. 郑州：海燕出版社，2001：62-63.

④ 袁卫，唐丽娜，潘月. 在伦敦大学学院统计学系的中国留学生（1926—1939）[J]. 数理统计与管理，2022，41（6）：1132-1140.

骡、徐钟济、黄祖瑜 7 位中国学生在这里学习，其中吴定良、许宝騄成为 1948 年中央研究院院士；在 1922—1941 年的 20 年间，李蕃（1928—1931 年）、褚一飞（1928—1930 年）、刘南溟（1928—1935 年，博士）、邹依仁（1930—1932 年）、赵希献（1931—1935 年，博士）、刘叔鹤（女，1931—1935 年）、吴宗汾（1937—1941 年，博士）[1]等 20 位留学生在 ISUP 学习，攻读统计师文凭和统计学硕士、法国国家博士学位，陆续回国后为我国的统计教育和统计事业做出了积极的贡献。

1. ISUP 的建立及发展

ISUP 是法国著名的统计培训机构，位于巴黎第五区。学校成立于 1922 年，由法国著名数学家博雷尔[2]创立，比法国国立统计与经济管理学院（ENSAE）早 20 年创立，比法国国立信息统计与分析学院（ENSAI）早 72 年。在第一次世界大战结束时，博雷尔被任命为法国巴黎大学概率和数学物理的负责人。在 20 世纪 20 年代，除了老皮尔逊在英国 UCL 创办了应用统计学系之外，没有其他的统计学教学研究机构。博雷尔确信，在经济领域，特别是保险业，需要大量的统计人才。这是博雷尔 1922 年创办 ISUP 的目标，即培养大批统计应用人才。在接下来的 30 年里，在博雷尔这一思想的指引下，ISUP 成为欧洲乃至世界统计学应用中心和应用型统计人才培养中心。

博雷尔于 1922 年决定以跨学院的形式创建一个统计教学与研究单位，即 ISUP。该学院将汇集各学院的代表，包括法律、医学、科学和文学。1922 年，博雷尔说服了法学院的吕西安·马克（Lucien March）教授和费尔南德·福尔（Fernand Faure）教授一起主持创建了 ISUP。米歇尔·休伯（Michel Huber）在 1928 年为乔治·达尔莫伊斯（Georges Darmois）的《数理统计》（*Mathématique Statistique*）一书所写的序言中是这么评论 ISUP 的：

> 1922 年巴黎大学统计学院的成立标志着法国统计学教学取得了重大进展。当时，我们国家只有一门特殊课程，即法学院的课程，而在德国、英国、美国、意大利等国家有许多统计学课程，不只在高等教育领域，也在商学院里。

---

① 李蕃、褚一飞、刘叔鹤、邹依仁四人在 ISUP 未获学位，仅有证书。

② 费力克斯－爱德华－朱斯坦－埃米尔·博雷尔（Félix-Édouard-Justin-Émile Borel，1871—1956），法国数学家和政治家。他和勒内－路易·贝尔、亨利·勒贝格是测度论及其在概率方面的应用的先锋。博雷尔集的概念就是以他为名。他 1909 年出版的一本书，引出了"无限猴子定理"这个有趣的实验。他在博弈论领域亦发表了不少论文。1913—1914 年，他的解说论文构建了双曲几何和特殊相对论的关系。1920—1940 年，博雷尔活跃于法国政坛，1924—1936 年任议员，并于 1925 年担任海洋部长。在第二次世界大战期间，他曾参与抵抗运动。

博雷尔是这么展望 ISUP 的：

> 统计学院的成立，必将为我国统计理论和实践研究注入新的动力。我们还不能准确预测将会发生什么，因为它的董事会刚刚成立。但我认为，它未来的发展可期。[①]

ISUP 为文、理、医、法四所学院合办，以培养统计应用人才为目的。ISUP 由董事会管理，董事会由巴黎学院院长和不超过 25 名成员组成，其中包括：法律、医学、科学和文学学院院长；总统计委员会主席和副主席；法国总统计局局长；法学院统计学教授、政治经济学教授、金融学教授；医学院教授 2 人，理学院教授 2 人，文学院教授 1 人；巴黎商会代表等。由此可见，ISUP 是高校与企业、政府部门紧密联系的典型。

ISUP 初期处于试运营阶段，大多是在理学院和法学院授课。1924—1925 年只有 4 名学生，并颁发了第一张文凭。1931—1937 年，每年大约有 8 名新生。1937—1938 年有 15 名新注册者。截至 1940 年，ISUP 颁发了 100 张文凭，其中包括 47 份"能力证书"（学制一年）、7 份"统计高级证书"（两年的学习，不写论文）和 46 份"统计学院文凭"，超过 2/3 的文凭颁发给了外国学生。[②]

ISUP 课程为期两年，第一年需修四门课程，两门必修课为统计方法和高等数学在统计学中的应用，两门选修课包括人口与健康统计、人寿保险理论、运营

---

① Journal de la Société de Statistique de Paris, 1923, p.42. "La création de cet Institut de Statistique ne manquera pas de donner une impulsion nouvelle aux études statistiques théoriques et pratiques dans notre pays; nous ne pouvons encore prévoir exactement ce qu'il sera, car son Conseil d'administration vient seulement d'être constitué et il se réunira pour la première fois la semaine prochaine, mais vous serez, je pense, pleinement rassurés sur le fait que son activité se développera parallèlement à la nôtre si vous remarquez que, sur vingt membres, ce Conseil d'administration comprend douze membres de notre Société, dont neuf anciens présidents ou membres de notre Conseil."

② 法国学生中学毕业后，最优秀的数学专业学生通常不会直接进入大学，他们会去上高等师范学院或综合理工学院的预科班。在经过 2~3 年的准备后，获得高等师范学院录取的学生必须在大学注册并获得与英美硕士学位相当的文凭，该文凭当时被称为执照。只有少数能持续跟随预科班节奏的法国学生能留下来。概率计算和数理物理是数学专业里的统计选项，属于第一年第三周期的课程，允许高年级学生第一次接触那些对研究持开放的态度且不那么传统的学科。该课程由达尔莫伊斯于 1930 年开设，其中包括博雷尔教授的关于概率的一般性教学和达尔莫伊斯教授的统计学。达尔莫伊斯的课程还提供了统计学家的职业机会，这些职业在法国乃至整个欧洲更广泛。这些有趣的专业前景特别吸引那些不容易接受国家教育的数学专业的外国学生。概率计算证书（certificat de Calcul des probabilités）应该可以在科学学院的考试登记册（Archives Nationales）里找到。

金融、政治经济学中的数学原理、统计方法在商业中的应用、卫生和社会援助等。第二年，学生修读两门选修课并写论文。ISUP 的课程旨在培训四个领域的学生：人口学和经济学、精算学、工业技术和研究、医学。

2. ISUP 主要课程及教师（1922—1940 年）

下图为 ISUP 的第一张课程海报：

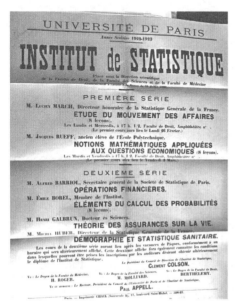

1922—1923 年 ISUP 初创时期的课程海报

课程第一个系列包括：

吕西安·马克，法国总统计局名誉主任，"统计方法"。

雅克·吕夫（Jacques Rueff），"经济数学"。

课程第二个系列包括：

阿尔弗雷德·巴里奥尔（Alfred Barriol），巴黎统计学会秘书长，"财务运作"。

埃米尔·博雷尔，研究所成员，"概率计算"。

亨利·加尔布伦（Henri Galbrun），理学博士，"人寿保险理论"。

米歇尔·休伯，法国中央统计局局长，"人口与健康统计"。

这份海报显示出课程框架已经比较完整，每年的课程都会分成两个学期，这六门课程也一直延续了下来。

ISUP 最重要的一门必修课是高等数学在统计学中的应用，由博雷尔开设。在 1925—1926 年，达尔莫伊斯来到 ISUP，接替博雷尔开这门课。ISUP 越来越强调应用统计和概率论的基础作用。1928 年，达尔莫伊斯根据课堂讲义整理出版了《数理统计》一书，这是第一本引入费希尔理论方法的法语统计教科书。

"统计方法"是 ISUP 教学中的两大必修课之一，最早是由马克讲授。马克也是 ISUP 的第一任教学主任，他 1922 年参与创建 ISUP，任教至 1933 年去世。马克在 1930 年出版了《统计方法原理》[1]一书，他在 1912 年曾翻译老皮尔逊的著作《科学语法》（*Grammar of Science*）[2]。

---

[1] March L. Les principes de la méthode statistique: avec quelques applications aux sciences naturelles et à la science des affaires. Librairie Félix Alcan, 1930.

[2] La Grammaire de la science.

"人口与健康统计"自 ISUP 成立以来，一直由休伯教授。他早在 1914 年就担任巴黎统计协会（SSP）主席。他将讲义整理成书，在 1938—1941 年陆续出版。

"政治经济学中的数学原理"最初是由吕夫[①]讲授，1933 年后由雷内·罗伊（René Roy）[②]接替。罗伊于 1931 年起在法国巴黎大学担任计量经济学主席，是法国计量经济学的先驱之一。

"政治经济学中的统计方法"由阿夫塔里昂（Aftalion）讲授。这门课是基础课，介绍经济统计方法，一共有 45 课时。

"经济史与统计"1926 年由法国高等研究学院（EPHE）历史和语言科学系教授弗朗索瓦·迪亚芒（Francois Simiand）在 ISUP 开设。遗憾的是，在 1933 年该教授去世后，这门课便没有人接替。

"卫生和社会援助"由艾克（G. Ichok）在 1933 年开设。这门课介绍社会立法、卫生医学和社会援助领域。

ISUP 对法国统计科学影响深远，其课程设置成为后来法国各大学统计系的模板。ISUP 的教师都有多年的实际工作经验，与政府和企业都有紧密的联系，教材也多是由教师自己结合授课经验编著。四院合办，学生的视角更加广阔。ISUP 的统计及其应用，特别是对经济学的应用，是将概率论视为企业和国家的经济和政治管理所必需的知识体系。ENSAE 的课程也是效仿 ISUP 的课程，例如概率计算和数理统计、统计方法、数学和描述性人口统计学、农业、经济和社会统计，以及法国和国外的民意调查、统计实践和统计服务组织。

3. ISUP 的中国留学生

根据中国留学法国、比利时、瑞士同学会编写的同学录，最早入学 ISUP 的是郑彦棻，其于 1927 年入学，1931 年毕业。1928 年，褚一飞和李蕃入学。褚一飞 1930 年毕业，李蕃 1931 年毕业。20 世纪 30 年代以后，邹依仁、刘叔鹤、白午华、田克明、朱法勤、汪龙、龚道熙、李成谟、夏明义、张宗孟、冯希勃、钟培元、沈学均、陈鸿藻，加上博士生刘南溟、赵希献、吴宗汾三人，一共有 20 人之多。

前面提到 ISUP 发过三种证书，分别是"能力证书""统计高级证书""统计学院文凭"，获得这三种证书由易到难。

要拿到"能力证书"，学生必须：（1）已修过"统计方法"课程和"高等数

---

① 法国高级公务员和经济学家，他在 20 世纪 30 年代特别是 1958 年实施的经济政策中发挥了重要作用。

② 巴黎统计学会的活跃成员，工作了 30 年，并于 1949 年担任主席。

学在统计学中的应用"课程，以及选择的其他两门课程；如果候选人在注册时提出要求，他可能被允许将最后一门课程替换为其他学院与统计学直接相关的课程。（2）对每门课程进行口试，此外，要选择一个题目完成文章。笔试科目由教师会议选定，考试时间为 4 小时；除非得到批准，否则申请人不应携带任何参考书籍。

"统计高级证书"是在取得"能力证书"的基础上再上一年的课程，但不用提交论文。由于提交论文就可以得到"统计学院文凭"，甚至可以根据论文水平申请硕士或者博士学位，因而多数学生并不申请"统计高级证书"。

要取得"统计学院文凭"（相当于硕士学位），学生必须：（1）已获得"能力证书"。（2）在获得能力证书所考的科目之外，至少再选修两门课程。（3）参加这两门课程的考试。（4）在与教授协商后，提交由申请人选择并经管理委员会主席批准的论文；论文一式十份，向由两名教授和一名董事会成员组成的委员会进行答辩，委员会决定申请人能否获得文凭。虽然攻读博士学位可以在 ISUP 学习、研究，但 ISUP 不颁发博士学位，博士学位由最初注册的学院颁发，比如法学院等。

刘南溟（1902—1976）于 1928 年考入法国巴黎大学攻读统计学院文凭，他选择《中国人口问题》（Contribution à l'étude de la population chinoise）作为论文题目，他从张弘伯、周雁翔和杨西孟[①]处得到了不少中国人口的数据和资料。

刘南溟于 1933 年通过论文答辩，获得"统计学院文凭"。时任法国中央统计局局长的休伯对他的论文非常满意，评价很高。刘南溟在青年励志会[②]会友通信中提到：因当时中国人口问题为"世界最大神秘之一"，中国为无统计之国已成定论，日本则极力宣传中国为无组织国家。美国康奈尔大学教授威尔科克逊（Wilcoxon）两次在国际统计会议上对中国人口估计过低，对中国产生了诸多不良影响。刘南溟选择中国人口问题进行研究并不仅因为他个人的研究兴趣，还因为他希望产生国际影响。他在取得统计学院文凭后，考虑到受文凭文章的篇幅所

① 当时，杨西孟从北京大学毕业后就在北京社会调查所做研究工作，刘南溟闻之大喜过望，写信给杨西孟，麻烦他找一些统计材料并寄到法国来，材料包括：（1）赵爕所编《统计学概论》；（2）李景汉所编《北平郊外之乡村家庭》；（3）北平挂甲屯村百家住户之调查；（4）深泽县农村经济调查；（5）浙江农村经济调查；（6）调查所抄写的协和医学院社会事业部之个案记录及报告中的人口动态材料。

② 《青年励志会会务纪闻》，1924 年创刊于北京，属于青年刊物，刊期不定。该刊由青年励志会负责出版发行工作，编辑主体为北京各大学的学生，停刊时间不详，停刊原因不详。全国报刊索引馆藏 1927 年第 2 期。该刊是北京几所大学学生所创办的青年励志会会刊，以"结合有志青年，交励个人的学行，务期成各种专门人才，协合以创造社会的新事业"为创刊宗旨。

限，有些问题他没能论及，尤其是作为当时中日关系中热点的中国东三省的人口问题，遂决定转到巴黎大学本部深入进行中国人口研究，终将此篇文章加以扩充，最终作为博士论文完成答辩。法兰西学院教授迪亚芒、法国巴黎大学文学院教授亨利·豪瑟（Henri Hauser）和阿尔伯特·德芒戎（Albert Demangeon）、法学院教授让·埃斯卡拉（Jean Escarra），以及巴黎统计学院教授休伯，都指导过刘南溟。休伯教授还给刘南溟的博士论文作序，该论文 1935 年由日内瓦印刷和出版联盟出版。

赵希献（1906—1999）的博士论文题目为《1864—1932 年中国对外贸易研究》（Étude sur le commerce extérieur de la Chine de 1864 à 1932）。赵希献的导师是豪瑟，当时担任巴黎文学院经济史教授，是利用统计数据来研究经济史的开拓者之一。赵希献的博士论文也是沿着豪瑟的研究思路，用描述统计来研究中国和其他国家的贸易。

吴宗汾（1914—1999）1937 年赴法国巴黎大学统计学院攻读硕士学位，1938 年 5 月取得政治经济学硕士学位，1938 年 11 月取得公共法学硕士学位，1940 年 10 月获得统计师文凭，1941 年 5 月获得法国国家博士学位。

吴宗汾去法国前，就致力于用国际视角来观察外国事件，发表了诸如《世界经济战争中之英日（国际问题讲话）》《利用外资之商权》《萨尔问题之剖视》《罗斯福计划实验之透视》《世界经济恐慌的回顾与瞻望》等文章。吴宗汾的博士论文题目为《国际组织中经济利益的代表》（La Représentation des Intérêts Économiques dans les

吴宗汾 1938 年 11 月获得的巴黎
大学法学院硕士毕业证书

吴宗汾 1940 年 10 月
获得的统计师文凭

吴宗汾 1941 年 5 月获得的
法国国家博士学位证书

Organismes Internationaux）。吴宗汾在写论文时，第二次世界大战刚刚拉开序幕，欧洲和亚洲都是主战场。吴宗汾已经考虑到国际经济组织将成为战后时期的重要关注点之一。吴宗汾提出的论点是，各种国际经济组织，例如国际商会、国际农业研究所，还有各个行业联合会，都有同样的目标，即国际经济合理化。吴宗汾主张建立一个国际劳工组织的国际经济理事会，坚持该组织应该代表国家和所有经济利益，包括工业、商业、农业、信贷、劳工和消费等。但他并没有分析具体的分配问题、不同国家经济力量之间的协调问题。吴宗汾相信，从经济学的角度来看，民族国家如果不放弃它们的经济民族主义，则最终会互相毁灭；如果要实现国际和平的理想，以经济合作为基础的国际主义就应该引起所有人的关注。

从他们三人的博士论文来看，都是应用传统的描述统计方法。刘南溟与吴宗汾二人的博士生是在法学院注册，而赵希献选择在文学院深造。

4. 回国后的 ISUP 中国留学生

ISUP 的 20 名中国统计留学生全部学成回国，大约有一半投身于我国的统计教育、教学，培养统计人才，另一半任职于国民政府和省市统计部门，从事经济、社会统计调查、分析等工作。不论是什么工作，这些统计留学生都干得相当出色。

褚一飞

早期入学 ISUP 的中国学生是褚一飞和李蕃。

褚一飞是褚辅成[①]第三子，回国后历任江苏社会教育学院教授、南京中央政治学校教授、复旦大学商学院教授、重庆大学会计统计系教授、华西工商专科学校教授、上海法学院会计统计系主任、南京政治大学教授等。褚一飞积极参与中国统计学社的组织工作，从 1938 年的第八届理事会被选为理事开始，连续 5 届当选理事，第十一届（1941 年）、第十二届（1942 年）、第十四届（1946 年）当选副社长。褚一飞对数理统计与政治经济统计都感兴趣，

①　褚辅成（1873—1948），浙江嘉兴人，九三学社发起人之一，中国著名的社会活动家、爱国民主人士。监生出身，日本东洋大学高等警政科毕业，在日本加入同盟会。回国后任嘉兴府商会总理，当选浙江咨议局议员。辛亥革命时期，参与领导起义，光复浙江省城，军政府成立后任民政长。后任浙江省参议会议长、浙江军政府参事。1913 年录选第一届国会众议院议员，同年 8 月遭袁世凯逮捕，袁世凯死后获释。1916 年参加第一次恢复之国会，与王正廷组织政余俱乐部。国会解散后响应孙中山的号召，南下护法，参加广州国会非常会议，正式会议时当选众议院副议长。1925 年任善后会议会员。1927 年任浙江省政府政务委员兼民政厅长。

他的文章《统计学上之相关度及相变度之原理》[①]，发表在《科学》1930年第14卷11期。褚一飞运用费希尔、老皮尔逊等人的数理统计技巧解读了马克的文章。褚一飞后来又发表《从"尤勒积分"说到"施端霖公式"》等数理统计文章，可以看出褚一飞对概率论作为统计方法基础的重视和强调。在抗日战争全面爆发前的1930—1936年间，褚一飞发表的文章主要集中在两方面：一是官方统计制度的建立，例如《从统计会议说到中国统计事业》《为吾国统计事业前途而提出统计制度问题》《改革吾国统计制度之我见》等10篇文章；二是引入基础的数理统计知识，例如前面提到的数理统计文章。这些正是ISUP的教学目标。抗日战争全面爆发后，褚一飞针对当时时局和需求，写出了《战时物价统制》《战时全国工业普查刍议》《战时吾国资金之运用与工商业》等一系列文章。面对战时与战后的物价暴涨问题，褚一飞将主要精力放在了经济统计与指数编制上。新中国成立后，褚一飞任重庆重华工商学院、长春工业会计统计专门学校教授，1954年调任北京钢铁学院任教，直至1982年退休。褚一飞编写过的统计学教学用书有《统计学概论》《统计学续编》《机率论与数理统计学初步》等，影响很大。

李蕃受老师马克的影响比较大，在马克逝世周年时发表《吕襄马克 Lucien March 与实业统计》以示纪念。此后还发表了《皮尔逊 Pearson 与马克 March 相关法之应用：1901—1913 苏俄麻业产销统计》与《March 马克统计机之构造与应用》。在1933—1936年间，李蕃在《实业统计》与《实业部月刊》上发表了15篇文章，对当时中国的实业统计、农业统计、经济统计方法和制度提出一系列的改进建议。李蕃专注于应用统计，继承了马克的教育理念。在1937—1941年间，李蕃发表了《如何举办抗战期间之国势调查》《中国要不要统计》《训练统计人才问题》等一些关于统计制度的文章。

李蕃

1938年，复旦大学在商学院下设立统计学系，李蕃受聘担任系主任。1945年由教育部核定，他赴英进修，在剑桥大学研究数学，1947年归国，继续担任复旦大学教授，之后发表了《吾国工业普查计划》《我国统计行政》《从经济预测与统计分析研究物价变动》等文章。

---

① 马克1928年2月在法国统计学会会刊上发表的最后一篇文章是《统计之相关与相变》（Differences et correlation en Statistique）。

邹依仁

邹依仁 1932 年回国，回国后在《实业统计》上发表了《数理统计总和公式之原理及其在实业统计上之应用》《应用贝诺意（Bernoulli）等分配定理考察森林抽样测量之可靠性》。他强调数理统计的应用价值。鉴于当时达尔莫伊斯一直在 ISUP 推进英美的统计学教育，为了进一步获得统计学方面的新知识，邹依仁再度出国，去美国密歇根大学学习统计学，并在学习期间到美国电话电报公司的贝尔实验室实习，研究有关统计质量管理问题，加入了美国统计学会（ASA）和国际数理统计学会（IMS）。抗日战争全面爆发后，邹依仁毅然返回祖国，于 1939—1942 年任复旦大学教授、统计系主任，并在上海财经学院、南京大学讲授 "高等统计学" 与 "统计原理"。1943—1946 年受聘重庆大学、中央大学、朝阳大学等任教授。邹依仁在新中国成立后撰写了《高级统计学》、《工业统计》（共三册）、《新统计学名词公式表格汇编》、《统计学名词公式汇编》、《统计抽样法》等一系列统计著作和教材。

刘叔鹤

刘叔鹤 1936 年回国。翌年，抗日战争全面爆发，刘叔鹤一家颠沛流离。几经周折，刘叔鹤才于 1942 年受聘内迁至四川三台的东北大学担任讲师，不久升为副教授，讲授法语。在 1946—1953 年间，刘叔鹤先后任兰州大学、西北大学、湖南大学教授，讲授的课程有统计学原理、人口统计、商业统计、经济统计等。

龚道熙 1945 年作为西北农学院农学系教授被学校派遣赴美考察农学。1946 年，龚道熙回国后发表了《经济研究之统计分析法》等文章。1948 年，龚道熙担任西北农学院教授兼系主任。

沈学钧历任中国公学、复旦大学、光华大学、中央大学、东吴大学教授。新中国成立后，历任上海财经学院、青海大学教授。

由于 ISUP 对政治经济类课程十分重视，且重在培养能够利用统计方法从事社会经济管理的实用人才，因此 ISUP 的毕业生回国后在国民政府各部门任职的特别多。其中有 8 位 ISUP 毕业生担任过省政府和国民政府各部的 "统计长"。如褚一飞曾任江苏省政府统计长，刘南溟曾任江西省政府统计长，吴宗汾曾任中央经济部统计长，田克明曾任中央内政部统计长，汪龙曾任中央社会部统计长，张宗孟曾任上海市政府统计长，郑彦棻曾任广东省政府统计长，陈鸿藻接任郑彦棻做过广东省政府统计长。李蕃、白午华、李成谟、赵希献、钟培元等也都曾短暂地在国民政府担任统计部门的负责人。

新中国成立后，绝大多数 ISUP 毕业生继续为我国的统计事业和统计教育勤奋工作。

1950 年，新中国第一所金融高等学校"东北银行专门学校"在长春诞生，赵希献受聘为统计学教授、统计专业主任，为全国培养金融管理干部和统计专业人才。

吴宗汾在新中国成立之初响应国家号召，支援大西北，1957 年就任兰州大学教授。改革开放后曾任第一届中国统计学会理事，主要论著有《全国主要都市工业调查初步报告提要》等。

邹依仁 1980 年加入欧洲国际质量管理协会，先后发表了数篇有关质量管理发展历史的论文，受到了国内外质量管理学界和统计学界的重视，获得了比较高的评价。1982 年在《中国质量管理（北京）》杂志上发表的《〈周礼·考工记〉中的兵器质量管理》和《〈武经总要〉和〈梦溪笔谈〉中的兵器制造和质量》，分别于 1984 年 6 月在英国召开的世界质量会议和 1985 年 10 月在亚太质量会议上宣读，均受到与会者好评。他在 1983 年出版了《质量管理原理和方法》，1985年被聘为第一届亚太质量会议分会主席。他于 1988 年退休。1988 年，他又出版了《中外质量管理史话》一书，该书也被译为英文在国外发行。

刘叔鹤随 1953 年院系调整转到中南财经大学，讲授统计学原理、经济统计等课程。改革开放后，任第一届、第二届中国统计学会副会长（1979—1988年）。1989 年从教学岗位上退下来后，仍担任全国人大代表和湖北省政协委员。进入 20 世纪 80 年代后，刘叔鹤陆续发表《西欧统计学派的产生和发展初探》《李悝的经济政策和统计核算》《管仲的统计理论和人口调查》《宋元明时代矿业统计》等论文，并在这些论文的基础上写成《中国统计史略》一书，于 1990 年出版发行。

5. ISUP 与 UCL 统计学系中国留学生的比较

同时期的英国统计学留学生与法国统计学留学生在两个方面存在很大的不同：（1）从人数来看，在 ISUP 的留学生有 20 人，而在 UCL 的留学生只有 7 人。（2）从最终学位来看，在 ISUP 的留学生多追求硕士学位，只有 3 人获得博士学位，而 7 位 UCL 留学生中就有 4 位博士，杰出代表有吴定良和许宝騄。

虽然是同时间段，但英国 UCL 和法国 ISUP 对留学生的培养还是有着明显不同的。

首先，培养目标、培养方案和学习环境不同。UCL 应用统计学系在学生入学注册时，就要他们明确学习目标是什么，是要获得硕士学位还是博士学位，录取十分严格，少而精。因而，7 位中国留学生都十分珍惜宝贵的学习时光，每日"好学不倦，自朝至夕，除授课饮食外，皆埋首实验室中"，下午 4 时后在计算研究室里学习，"实验室为每个学员提供了一张台子和一架手摇计算机（另有一台共用电动机和加法机）"，老皮尔逊还会来巡视并"谆谆指导"，研究学习的氛围非常浓厚，"每天下午有个茶会，所以每天都有一次师生会见和交谈的时机"[①]。学生们与导师每日交流，作为研究助理，他们比较自然地逐渐进入统计学术最尖端、最前沿的领域。ISUP 是跨学院机构，脱胎于法学院和经济及行政统计学，目标是培养应用型人才。两者初期的发展道路就存在很大的差异。虽然 ISUP 的老师们引入了英国的最新统计方法，但还需要时间来消化吸收。法国 ISUP 还有意将统计学门槛降低，以便更快地培养应用统计人才。UCL 培养的是统计学理论创新方面的人才，对实验和能力培养非常重视，给每个学生配备了计算机，而这些在法国 ISUP 是没有的。虽然达尔莫伊斯和马克都强调实验的重要性，注重将统计应用于质量管理，但他们都没有将计算机引入 ISUP。然而，在当时，计算机越来越成为统计实验和研究不可或缺的工具，尤其是当数据量越来越大的时候，统计学者靠人工计算已经越来越困难。

其次，师资队伍不同。老皮尔逊在 1911 年将生物计量实验室和优生学实验室合并为应用统计学系，成立了世界上第一个应用统计学系。在 1922—1940 年，UCL 应用统计学系熠熠生辉，著名统计学家老皮尔逊、戈塞特、费希尔、小皮尔逊和奈曼等先后在此任教，使得 UCL 成为世界公认的统计科学中心。7 位赴英国留学的学生在这里学习研究，自然是名师出高徒。相较于统计发展得如火如荼的英国，法国 1922—1940 年处于统计学的起步阶段。博雷尔虽创立了 ISUP，引入数理统计，但次年便交予他的学生——数学博士达尔莫伊斯，达尔莫伊斯那时还在 Nancy 任职，每周都要往返于两所学校开展教学工作，并不能做到每日与 ISUP 的学生交流。作为统计系主任的马克原先是法学院教授，常规教的是行政统计学。

最后，UCL 和 ISUP 的留学生群体不同。UCL 的 7 位留学生多是考取中英庚款奖学金的公费生，目标是学习国际最新的统计理论和方法。吴定良 1923 年从南京高等师范学校毕业后留校，1924 年赴美国哥伦比亚大学攻读硕士学

---

① 袁卫，唐丽娜，潘月. 在伦敦大学学院统计学系的中国留学生（1926—1939）[J]. 数理统计与管理，2022，41（6）：1132-1140.

位，1926 年获得硕士学位后转学到 UCL 应用统计学系跟随老皮尔逊攻读博士学位；唐培经 1934 年赴 UCL 读博时，已经在清华大学数学系任教 5 年；许宝騄 1936 年去 UCL 前，也已经是北京大学数学系的老师。ISUP 这边，20 世纪 20 年代初是中国学生赴法勤工俭学和留学的高潮，1919—1920 年两年间全国就有 1 600～2 000 人赴法勤工俭学。ISUP 本身隶属于巴黎大学法学院，法国的中国留学生群体当时认为，统计是国家进行管理的工具，进入 ISUP 不但学制灵活，可以根据学习情况获得不同类型的证书、文凭和学位，而且可以同时学到经济、社会、法律等各领域知识，入学门槛也不高。因而 ISUP 吸引了不少有志青年。

虽然在英国 UCL 和法国 ISUP 的中国留学生群体有着大相径庭的求学目的和培养方案，但这都不妨碍他们的拳拳报国之心。UCL 应用统计学系的中国留学生对统计学的贡献自然不必多说。在国民政府服务的 ISUP 留学生不但帮助政府各部门、各省市建立了系统的统计调查制度和方法，而且为国民经济各领域的应用统计人才培养做出了贡献。回顾 1922—1940 年在英国和法国求学的中国留学生团体，UCL 和 ISUP 的培养体系属于"闻道有先后"，留学生之后的发展则是"术业有专攻"，他们绝大多数都有着强烈的家国情怀，为祖国的建设和发展做出了贡献。

四、在美国密歇根大学与哥伦比亚大学的中国留学生

在 20 世纪 30 年代，虽然世界统计科学中心是在英国，但美国的统计学科正快速崛起。标志之一是 1930 年美国密歇根大学数学教授卡佛创办了一份新的学术期刊《数理统计年刊》，这一刊物成为美国统计学会（ASA）的官方刊物，也得到美国统计学会的财务支持。一批对统计方法感兴趣的学生都选择留学密歇根大学。下图是 1936 年美国密歇根大学的中国学生俱乐部名单，当年在密歇根大学留学的中国学生有 160 余人，后来在中国统计学史上做出贡献的就有戴世光、杨西孟、邹依仁等。

密歇根大学当时以统计理论与方法著称，应用统计或经济统计则要数哥伦比亚大学。当时著名的经济统计学家恰道克和米尔斯等都在哥伦比亚大学，霍特林也在 1931 年被聘为哥伦比亚大学教授。戴世光和杨西孟在密歇根大学获得硕士学位后，都去哥伦比亚大学继续学习经济统计。

密歇根大学中国学生俱乐部名单（其中 I. Ren Djou 即邹依仁，Shih Kwang Tai 即戴世光，Simon Yang 即杨西孟）

1. 杨西孟

杨西孟

杨西孟（1900—1996），四川江津人。1914 年考入江津中学，读了两年。1916 年秋投考烟台海军学校，该校从全国考生中共录取 100 名，杨西孟是其中的第 6 名，而四川有百人投考，杨西孟是四川考生中名次最高的。入学后分为 3 个班，杨西孟在本班考试中多次名列第一。学满 3 年后，因不满学校黑暗而进行斗争，被开除。1920 年夏考入北京大学，毕业后在中华文化教育基金会董事会社会调查所从事研究工作。1934 年去美国留学，攻读数理统计及经济统计等。1937年获密歇根大学硕士学位。归国后历任中央研究院社会科学研究所研究员、西南联合大学和北京大学教授，在西南联合大学时期为经济系和商学系学生开设了"初级统计学""高级统计学""经济数学"等课程。1947年秋再度赴美，进入芝加哥大学专攻经济计量学。1949年回到香港，在中国国际经济研究所工作。1950年随所内迁，任副所长。1956年参与制定我国长期科学规划世界经济科学部分。

曾任中华文化教育基金会董事会社会调查所、中央研究院社会科学研究所研究员。新中国成立后，历任对外贸易部行情研究所室主任、副所长，对外贸易部国际贸易研究所副所长、顾问、研究员，中国世界经济学会、中国美国经济学会、中国国际贸易学会顾问。长期从事美国经济研究。

早期著述有《指数公式总论》（1930）、《统计学中分割数的问题》（1932）、《论分割数：答李成谟先生》（1934）、《论制止通货膨胀》（1947）。新中国成立后，他先后在国内外学术刊物上发表多篇论文，代表性论文有《1957年以来资本主义市场经济的几个新特点》（1963）、《战后美国经济危机和周期的规律问题》（1980）、《当前美国生产下降所提出的问题及前景展望》（1982）等。

2. 戴世光

戴世光（1908—1999），1935年以清华留美公费生的身份赴美留学，先后在密歇根大学学习数理统计、在哥伦比亚大学学习人口统计和经济统计。1937年夏，在美国国情普查局实习，尔后历时一年，游历英国、德国和印度等，考察人口统计和国情普查情况。这里主要依据清华大学档案馆、中国人民大学档案馆馆藏档案，结合同时期相关文献资料，研究戴世光海外留学时期的经历和影响，引用的绝大多数档案都是首次披露，对一代统计学人的学术品格和我国近现代统计学科史的研究，无疑是有益的补充，从中也可以一探20世纪30年代清华公派留学生的培养模式。

戴世光

（1）受教于多位导师，扎实做好留学准备。

1934年8月，正在清华大学经济研究所研究社会、经济统计方法应用问题的戴世光参加了清华第二届留美公费生招考，考试合格，10月被选定为留美公费生，专修"国势清察统计"（后改称"国情普查统计"）。同期考取的留学生共计20人，其中有钱学森、张光斗等人。"国情普查统计"指对一个国家社会经济情况的普遍调查统计，实际上是对"人口、农业、工业、商业等普查资料的统计

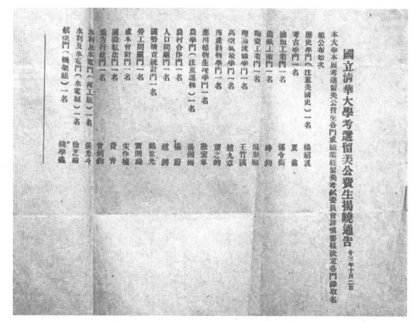

清华大学 1934 年考选留美公费生揭晓通告

整理方法、技术研究"[1]。当时清华留美公费生的培养制度规定，所有录取者在留学前，需要在国内准备半年至一年，补习必要的专业课程和英语，从事研究调查或实习工作，由清华大学分门聘请指导员，代拟研习计划，必要时，先在国内从事调查实习工作。"指导员"也称导师。针对"国情普查统计"，清华大学为戴世光指定了六位导师，分别是：清华大学经济系教授赵人儁，清华大学社会学系教授陈达，清华大学前任秘书长、国防促进委员会杨公兆，国民政府主计处统计局局长吴大钧，中国经济统计研究所所长刘大钧，国民政府资源委员会统计主任孙公度。导师阵容不可谓不强大，校内教授、政府统计部门负责人、研究机构主管兼及，以期对学生在理论与实践两方面给予指导，这和系主任陈岱孙确立的经济学系课程编制原则一脉相承，"理论、事实与技术三者兼重"，务使学生"于理论方面，有确切之基础，于我国实际状况，有相当之了解"[2]。导师赵人儁1923年获美国密歇根大学学士学位，1925 年获哈佛大学硕士学位，1928 年获哈佛大学博士学位；陈达 1920 年获哥伦比亚大学硕士学位，1923 年获哥伦比亚大学博士学位；刘大钧 1911 年赴美攻读经济学和统计学，1915 年获密歇根大学学士学位，1916—1919 年任清华大学经济学教授，戴世光之后的学术轨迹也是如此。

---

[1]　戴世光.戴世光文集 [M].北京：中国人民大学出版社，2008：2.

[2]　清华大学校史研究室.清华大学史料选编：第 2 卷（上）[M].北京：清华大学出版社，1991：376.

1934 年秋至 1935 年夏，戴世光继续留在清华大学经济研究所，在陈达、赵人儁的指导下，补习微积分，搜集材料，进行扎扎实实的留学准备工作。戴世光制订了研习计划："由本年（1934 年）十月起，即专在清华攻读高级算学、微积分、微分方程等课，预定在明年一月中旬可完毕大考，然后径至南京国防委员会、统计局及上海全国经济委员会，参加调查工作，注意中国日下稍具规模之国势清查，研究其调查方法、所根据之材料来源及其基础性与普遍性等。在京沪约可停留一个月，即需北返清华，补读算学"[①]。1935 年 1 月，戴世光利用寒假到南京、上海分别拜访吴大钧、刘大钧、孙公度，三位校外导师都接待了戴世光，向他介绍了各自主管部门和领域的统计工作情况，就戴世光在国外所要进行的学习研究提出了意见，还提供了一些统计方面的资料。虽然直接受教于校外导师的机会不多，但是清华大学指定校内校外人士共同担任指导员的培养方式，深得戴世光认可并自然地被其在指导自己的研究生时加以借鉴。1984 年戴世光指导首届博士研究生时，亲自带袁卫等人到中国科学院应用数学研究所拜王寿仁教授为师，学习数理统计；让学生拜中国人民大学高鸿业教授为师，学习宏观和微观经济学；邀请中国社会科学院数量经济与技术经济研究所贺菊煌研究员教授计量经济学。

（2）数理统计与应用统计兼修并重，圆满完成留学计划。

戴世光 1927 年考入清华大学经济系，1931 年考取经济研究所，8 年清华时光，一朝别离，颇为感慨。赴美前，戴世光致信校长梅贻琦，表示"校长栽培、师长等教诲，春风化雨，光受益实深""但信今暑去美，竭其忠诚，努力学业，庶不负国家、校长以及师长等之期望"[②]。1935 年 8 月 20 日，戴世光从上海搭乘"杰克逊总统号"前往美国留学，同船共有清华校友 21 人，有本届清华留学公费生，也有从清华毕业的自费生。在船上，这 21 人组成了"沐社"，"沐"即"水木清华"，喻示不忘同学情义、不负母校培植，戴世光是发起人之一并被推选为干事。在给梅贻琦的信中，戴世光描述了"沐社"成员船上偕行的情形，"新制留美同船能有廿一人，实为盛事。在船中计二周，清华同学集会数次，其中自助教，而一级至第八级，不缺一级，颇谓有趣，且起居咸在一处，感情益呈融洽。同学中有国旗，有校旗，每集会时，国歌校歌，声震碧波"[③]。这封信后经梅贻琦批示刊登在《清华校友通讯》上。9 月 10 日，戴世光到达密歇根大学，进入数学系研究院研习数理统计，同学中就有后来成为著名统计学者的杨西孟、邹依仁等。和本科学习数学的同学比起来，数理统计对于经济系出身的戴世光难度

① 李惠，袁卫. 海外留学时期的戴世光 [J]. 统计研究，2020，37（9）：120-128.
②③ 李惠，袁卫. 海外留学时期的戴世光 [J]. 统计研究，2020，37（9）：120-128.

不小，他只有更加勤奋才能赶上。为此，他在学校埋头上课、做习题、写短篇论文。一年中，戴世光学习了初级统计分析、高等统计理论、概率论、高等微积分、有限差数、经验公式、卫生与公共健康（人口统计）等课程，成绩优良，于1936年夏获得密歇根大学硕士学位。戴世光热爱所学专业，利用各种途径搜集了大量有关国情普查统计的报告和专业书籍，下定决心要学有所成，开创我国未来的国情普查统计事业。密歇根大学是美国的统计科学中心，拥有世界上设备最齐全的大学统计实验室、藏书丰富的数学和统计学图书馆，长期开设声誉卓著的初级和高级数理统计课程，吸引了大量对统计学的数学理论感兴趣的研究生。数学系的卡佛教授于1930年在此创办的《数理统计年刊》，是美国唯一以数理统计为主题的学术刊物，这些都为戴世光提供了无与伦比的学习资源。但是，这时候的密歇根大学数学系和绝大多数美国大学的数学系一样，倾心于超越现实的、唯美的抽象数学研究，而"国情普查统计"属于应用统计，以人口统计为主，工业统计、农业统计辅之。戴世光敏锐地意识到在巩固数理统计理论基础后，他还需要在应用统计领域加以完善，遂于1936年3月向清华大学提出申请，拟于下半年转入哥伦比亚大学商学院经济研究院继续深造。经过批准，戴世光于6月到纽约，商请中美文化协会清华办事处孟治先生为其办理了哥伦比亚大学入学手续，暑期即开始选修"人口统计分析"等课程。

1935年圣诞节前，密歇根大学南开校友会聚会，中间站立者为戴世光

　　虽然此时的哥伦比亚大学尚未成立统计系，但是并不影响统计学学术活动的活跃开展，政治学、经济学、社会学等学科的教授积极从事统计学的研究和研究生指导工作，特别是1931年霍特林被聘为哥伦比亚大学教授，直接带动哥伦比亚大学统计学迅速发展，使之达到了世界领先的学术水准。霍特林的研究方向也逐渐从数学、经济学、统计学并重集中到统计学，他对典型相关、主成分分析、霍特林 T 方检验等都做出了重大贡献。哥伦比亚大学在统计学教学与研究领域的成就，使之在第二次世界大战爆发前的十年间，成为美国经济学和数理统计学优秀学子的朝圣之地。戴世光正是在这样的背景下转入哥伦比亚大学的，他于7月16日给梅贻琦写信汇报了自己的学习计划，"适哥伦比亚大学之人口统计教授系 R. E. Chaddock[①] 氏在此方面颇有名望，且在华府 Census Bureau 主持相当工作，生如能继续随彼研究，除理论方面可得教益外，而于将来实习工作亦殊多便利也。经济统计方面有 Mills[②] 教授亦极孚众望，故生拟于秋季选卡氏之人口统计研究组及米氏之经济统计，一年后果能至华府实习，则主要理论及应用方面皆可兼顾矣"[③]。

　　最终如愿以偿，在哥伦比亚大学的一年，戴世光跟从恰道克、米尔斯等人学习人口统计和经济统计、统计方法，并继续选修数理统计课程。在恰道克的指导下，戴世光开始从事美国的人口普查方法研究以及与其他国家的比较研究。恰道克是美国著名应用统计学家，1925年起任美国统计学会会长，长期主持哥伦比亚大学统计实验室，1912年被哥伦比亚大学聘为统计学副教授，1922年被聘为社会学和统计学教授，1940年离世时担任社会学系主任。恰道克著有《意向性投票：政治预测研究》《1850年以前的俄亥俄州》《统计学原理与方法》《内战前的美国州立银行业》等专著，主持了纽约州军事人口普查、1850年以来的美国人口普查研究等多个项目。作为导师，恰道克不但悉心指导戴世光的学业和研究报告，而且为他规划设计了全面培养的路径。恰道克打消了戴世光攻读社会学或经济学博士学位的闪念，认为获得博士学位要投入大量的时间，而学位只是个光环，对于他今后所要投身的中国国情普查事业没有实际意义，反之，积累实际经验才更为必要和经济。为此，他在1937年1月30日亲自致函梅贻琦，以导师的身份提出建议，延长戴世光的留学期限一年，使他专事人口普查实习。恰道克对于第三年的实习给出了坦率意见，即首先到美国国情普查局实习三四个月，熟

① R. E. Chaddock，美国哥伦比亚大学教授、人口统计学家，戴世光在哥伦比亚大学求学期间的导师，在本书中译为"罗伯特·E.恰道克"。

② Frederic C. Mills，美国哥伦比亚大学教授、经济学家，在本书中译为"费德里克·C.米尔斯"。

③ 戴世光. 戴世光致梅贻琦信 [Z]. 清华大学档案馆馆藏，1936，1-2：1-89：1，111-222.

悉美国人口普查的组织机构和技术手段，然后到英国实习三个月，再到印度。恰道克认为，印度采用英国体系开展了人口普查，而中国在很多方面与印度面临同样的困难和问题，一定会深受启发。恰道克还建议戴世光一并对瑞士、德国等欧洲国家进行考察。

戴世光接受了恰道克的意见，同时向梅贻琦和留美公费委员会提交书面申请，陈述了要求延长公费留学一年的理由："生所研究者为国势清查统计，实包括人口统计、工业统计、农业统计及资源调查，乃国家社会建设事业及学术研究绝不可缺少之至要材料。其调查及分析，应于理论及实际双方兼顾，而于组织训练调查及整理各方面，尤需根据现在各国已有之方法求得实际经验，然后参照吾国情形加以修正改良方可致用。今生对理论方面已略有心得，而对于实际方面尚毫无经验，故敢恳请钧会俯准于本年夏七月起延长公费一年，专作调查实习及参观工作"①，戴世光同时附上了经恰道克指导制订的实习参观计划书，其中比较了拟实习国家国情普查的不同特色，提出国势清察统计"在美国则有国势清查局及中央统计局负责，其组织近集权制度，以组织严密、材料详确见称，其人口调查方法，系用住宅制（De Jure）；而英国则采分权制度，以灵活简洁、经济便利著名，其人口调查方法系采用实际制；至于资源调查之详尽，统计制度，中央与地方分工合作之完善，则德国实有特长；而人口登记方面，则当首推瑞士，援用私密登记制，便利准确。故生拟于本年七八九三个月，在美京华盛顿国势清查局实习，并在中央统计局参观，九月底去英，实习三个月，廿七年一、二月在欧洲，主要国家为德及瑞士"②，考虑到上述欧洲国家与我国国情尚存在较多差异，难以完全引以为法，"惟有印度于一八八一年由英政府负责举行国势清查，用近代方法参照印度国情稍加改良，施行以来，成绩昭著，且其国情与吾国相似之点特多，其可借镜之处亦必不少"③，戴世光计划"于三月初离欧，经地中海而达印度，再作三个月之实习，然后于七月返国"④。

恰道克的意见和戴世光的申请得到了梅贻琦的重视，也得到了导师陈达、赵人儁、吴大钧等人的支持，符合清华《留美公费生管理规程》有关转赴欧洲研究或实习以及延期的规定。清华组织审查委员会对戴世光在美学习情况和申请进行了审查，经 1937 年 3 月 15 日第 124 次评议委员会审议通过，批准戴世光延期一年，可赴英国、德国、印度考察。

---

① 戴世光. 戴世光关于延长留学期限的申请 [Z]. 清华大学档案馆馆藏，1937，1-2：1-89：1，128.

② 同①129.

③ 戴世光. 戴世光第三年度实习计划 [Z]. 清华大学档案馆馆藏，1937，1-2：1-89：1，128.

④ 同③129.

在密歇根大学和哥伦比亚大学，戴世光均专注于学业，勤于思考，深得导师赞赏。密歇根大学教授耶茨（Yates，1937）赞许戴世光"优秀而善于合作，有专业前途"[①]，哥伦比亚大学教授恰道克（1937）评价戴世光关于美国人口问题的报告"阅读广泛、理解充分"[②]。戴世光回国后，密歇根大学的卡佛教授、哥伦比亚大学的米尔斯教授仍继续关注和支持他的专业发展，寄来统计专业书籍供其研究利用。

（3）欧印多国实习考察，积累国情普查实际经验。

1937年夏，戴世光结束了在哥伦比亚大学的研究生学习，随即进入华盛顿的美国国情普查局实习一个月，学习和了解人口、工业、农业、商业普查的调查方法，搜集各种有关统计方法的材料，并参加了部分统计整理计算工作。9月，戴世光将两年来在美国搜集的统计专业书籍和资料、美国国情普查局赠送清华大学以及他本人的多卷统计报告细心整理好，经海运发给在香港的密歇根大学同学张喜州，拜托后者代为保管，自己则只身搭乘轮船去英国伦敦，开始了为期一年的欧洲各国和印度之行。从1937年10月至1938年2月，戴世光留在伦敦，在英国人口普查局生死登记处及工、农、商各部的统计机构进行调查和参观，搜集调查和统计方法的有关材料，获得了宝贵的经验。在实习之余，他到伦敦大学学院理学院旁听数理统计课程。伦敦大学学院是现代统计科学的中心，老皮尔逊、费希尔、小皮尔逊、奈曼等一众统计学界的风云人物，在思想交锋、学术激辩、推陈出新中，贡献了卡方检验、置信区间、回归分析、多元分析、假设检验、显著性检验等统计学理论与方法，推动了统计学的发展与成熟，促进了统计学在生物、农业、化学、病理学等其他学科和领域的广泛应用，创造了令世界为之改变的统计学神话。正是在这里，戴世光得以直接受惠于世界顶级的统计学者，震惊于统计学研究的最新进展，沉醉于统计学的无穷魅力。当时有些费边社学者、英国工党人物在伦敦大学经济学院比较活跃，戴世光也去旁听他们关于政治经济政策和理论的学术报告和演讲，这也成为他日后在西南联合大学热心于"樱社"活动的思想和理论基础之一。

离开伦敦后，戴世光前往欧洲大陆，首站抵达德国波恩，短暂停留访友一两天后，就赶往柏林的德国统计局调查和实习。20天后，戴世光继续向南，到达巴黎，在法国统计局、政府各部门的统计机构开展调查和实习。两三个星期后，戴世光由法国到瑞士，在日内瓦小住，做了一些市政府统计工作的调查，就乘坐火车进入意大利境内，到罗马市政府开展调查。戴世光在意大利的主要目的是从这里登船前往印度；另外，经过两个月的连续奔波，他也需要在此稍做休

---

①② 李惠，袁卫.海外留学时期的戴世光 [J]. 统计研究，2020，37（9）：120-128.

整。意大利宜人的气候、众多的古迹，吸引着他在威尼斯、米兰、罗马、那不勒斯等地流连，他也深深折服于古老灿烂的西方文明。在欧洲期间，戴世光还修改完成了他在哥伦比亚大学所写的论文《美国人口预测》，寄往纽约，请导师恰道克审阅。

离开意大利后，戴世光一路向东航行，到达印度孟买。再经孟买到德里，先住在青年会，后借住在德里市建设局副局长潘第特先生家。戴世光尤其重视在印度的实习，一方面是基于印度与中国同样人口众多的国情，另一方面是源于他的导师陈达教授的要求。陈达早在戴世光赴美留学准备期，就曾建议戴世光如有机会"于欧美实习后，应至印度，有裨此项工作甚大"[1]，后又就戴世光的实习计划书签署意见，提醒要注重印度。戴世光在印度的调查实习准备充分，时间充裕，内容丰富，收获颇丰，主要原因在于他不但持有清华办事处的介绍信，而且通过在伦敦政治经济学院读书的清华大学同学郑康祺介绍，结识了印度驻英国的一位政府专员，该专员特别为戴世光写了介绍信，请印度当地相关部门的官员和相关学科领域的教授给予支持，提供便利，潘第特先生即是其中的一位。因天气炎热，印度政府某些机构和高级官员临时前往有"夏都"之称的西姆拉办公，于是戴世光在完成了对德里的调研后，也赶往西姆拉。虽然酷暑难耐，深感不适，但是归期日近，戴世光分外思念祖国，时时以国内抗战将士激励自己，"每念及祖国为生存而争死疆者，何止百万，相较之余，心体奋发，除努力工作外，尚感惭疚也"[2]。在西姆拉的十几天，戴世光在内务部人口普查局出生死亡登记处进行了比较详尽的调查和实习，着重考察了普查人员训练、普查经费管理、调查时间等实际操作问题，大量查阅了该处的调查记事及有关调查和统计的文件、小册子，了解一些工业、农业的统计调查方案。正是在这里，戴世光第一次系统学习、实际考察了人口资料的统计方法——条纸法，包括具体方法、时间、人力、经费等，深受触动。回国后，戴世光创造性地将条纸法应用于清华大学国情普查研究所在云南呈贡的人口普查，他对条纸法的整理手续和工具（木表）进行了改良，利用符码（coding）对每个被调查者进行归类。这种统计方法相较于边洞法和机器法，成本低廉；相较于划记法，省时且准确率高。在印度期间，戴世光还到加尔各答实习一个多星期，在各级统计机构调查了人口出生、死亡情况，工业、农业的调查、统计方案。1938年6月初，戴世光由加尔各答乘船到香港，圆满结束三年的留学生涯，返回处于战火中的祖国。

海外三年，戴世光从未忘记留学深造的使命，从未动摇报效祖国的初心。虽

① 戴世光. 戴世光第三年度实习计划 [Z]. 清华大学档案馆馆藏，1937，1-2：1-89：1，132.
② 戴世光. 戴世光致梅贻琦信 [Z]. 清华大学档案馆馆藏，1938，X1-3：3-102，5-6.

然思念家乡、挂怀双亲，然而北平已经沦陷，他毅然决定追随退踞西南边陲艰苦办学的梅贻琦和清华大学。初抵印度时，戴世光写给梅贻琦的一封信充满了同仇敌忾、共赴国难的勇气和坚韧，昭示了同时代留学生的共同抉择。

月涵[①]校长勋鉴：

　　生于柏林时寄上一函，报告工作情形，想已早收到矣。敬维履祉绥和，起居安适，是为所祷。生于柏林将实习工作结束后，即径到巴黎，然后转日内瓦，一切工作皆极顺利。旋于四月初搭轮东行，于四月廿日抵 Bombay[②]，留二日即北上到印度首都 Delhi。光离英前曾索得公私介绍函多种，不意到 Delhi 后，方知政府高级官吏因 Delhi 太热，皆于月前北迁至 Shimla，因此光尚需到该处接洽。关于人口统计之材料尚有一部在 Calcutta，故后尚需东行到该处。生此次来印不幸为该国最热时间，非久居者，皆深感不适，酷热非常。但生每念及祖国为生存而争死疆者，何止百万，相较之余，心体奋发，除努力工作外，尚感惭疚也。预计六月中旬当可结束，届时生拟东入 Burma，北上至我国云南边境，然后设法搭汽车到昆明，然后再候钧旨，以定行止。按生受祖国、母校十余年之培植，今得返国，幸未失参加抗战机会，当尽匹夫之责。苟有工作，无论前方后方，不拘报酬有无，生皆愿往，便中尚乞校长费神留意也。生前提及昆明缅甸间公路，系间接闻之，是以敢请校长代询一切，如有消息，务请赐知为祷。通讯处为：

S. K. Tai/Chinese Consulate General, Calcutta, India

　　昨阅印度中国报纸，据云由香港转出之消息，长沙湖南及清华两大学同时被炸，损失百万之谱，不知确否。生身在万里，心寄母校师长，祖国胜负，读之殊为忐忑不安也。暑中炎热，校长久居北方，尚乞诸多珍重。专此敬请

　　暑安。

生戴世光敬肃
四月廿五日

---

① 清华大学校长梅贻琦，字月涵。

② 信中的 Bombay、Delhi、Shimla、Calcutta，分别为印度城市孟买、德里、西姆拉、加尔各答，Burma 即缅甸。

岱孙①、通夫②、守愚③诸师前请代问候不另。④

1938 年 4 月 25 日戴世光致函梅贻琦，表示学成回国参加抗战，现存清华大学档案馆

（4）携手同道中人，学识才干报效国家。

戴世光是清华留美公费生群体的活跃分子。他是"沐社"的发起人之一，是清华留美学生与母校联系的纽带，"沐社"成员在"杰克逊总统号"上的合影、各地同学通讯录都由戴世光寄回清华，清华编辑的《清华校友通讯》也由戴世光在美代为分发。戴世光与梅贻琦和校长室秘书傅任敢始终保持通信联系，对国内战局、学校命运、师长安危深表关切。在密歇根大学，戴世光积极参与以工程专业学生为主体的留学生组织"建社"的活动，回国后在昆明、重庆还与其成员时有往来。在哥伦比亚大学时，戴世光当选留美清华同学会会长，一度还担任过纽约抗日同学会主席，组织过方振武将军在纽约的抗日报告会。1936 年冬，全国救国会代表陶行知、全国学联代表陆璀一行抵达纽约，向华侨和国际友人宣传抗日救国的正义主张，戴世光积极参加接待工作，提供便利。留学三年，戴世光与时在美国、欧洲的许多留学生建立了长久的友谊，如密歇根大学合租室友朱民生、赵夔，数理统计专业同学邹依仁，南开校友、工程硕士田镇瀛，伦敦大学经济地理学博士鲍觉民，伦敦政治经济学院政治学博士郑康祺，在柏林为戴世光提供住处的普渡大学硕士、电机工程师毛鹤年等，均是各专业学识出众、前途无量的翘楚。思想碰撞、学业启发、青春作伴，无不在无形中滋养着戴世光的性情和心智，其中许宝騄、杨西孟回国后与戴世光共同致力于西南联合大学统计教学，彼此得以延续友情，更兼"切磋学问，砥砺名行"⑤。

---

① 岱孙，即陈岱孙，时任西南联合大学经济系教授、系主任。

② 通夫，即陈达，时任西南联合大学社会学系教授、系主任。

③ 守愚，即赵人儁，时任西南联合大学经济系教授。

④ 李惠，袁卫. 海外留学时期的戴世光 [J]. 统计研究，2020，37（9）：120-128.

⑤ 戴世光 1931 年毕业于清华大学经济学系，所属第三级之级歌，有此语。

　　许宝騄与戴世光相识于清华园。1937 年，戴世光在伦敦考察时，与正在伦敦大学学院攻读数理统计的许宝騄重逢，于是也在实习之余到伦敦大学学院旁听数理统计。许宝騄 1938 年获哲学博士学位，1941 年又获科学博士学位，同年回国，与戴世光共同执教于西南联合大学，在理学院算学系（数学系）首次开设数理统计课程，还开设过微分几何、近世代数、富里埃级数与积分等课程。1945年 6 月，许宝騄应时在美国加利福尼亚大学伯克利分校的奈曼、哥伦比亚大学的霍持林教授邀请，赴美讲学。许宝騄在数理统计学和概率论研究领域取得了达到世界先进水平的研究成果，和戴世光同为我国近现代统计学界一代宗师。

　　杨西孟与戴世光同在密歇根大学研究数理统计，课上课下多有来往，两人是"建社"最早、最忠实的成员，在昆明时仍然一起参加"建社"活动。1940 年，杨西孟到西南联合大学经济系执教，昔日同窗成为同事，他接替戴世光教授高级统计课程，并与戴世光共同讲授初级统计课程，使戴世光有更多的精力从事国情普查研究所的项目。二人教学各有侧重，杨偏重数理统计，戴偏重应用统计，就此形成经济系统计教学二分天下的格局。杨西孟与戴世光、鲍觉民、伍启元等人同为海归少壮派，不但私交甚好，经常在一起打桥牌，而且关心时政和民生，发起组织了"稷社"，取"社稷为重，君为轻"之意。他们联名在重庆《大公报》上发表了三篇关于物价问题的文章，从经济学家的角度就社会经济问题发表见解和主张，批评重庆政府的财政政策，提出要消除国民党既得利益集团的权势。

　　除了与中国留学生建立广泛的友谊，戴世光在美国国情普查局实习时，还结识了该局统计员默瑞斯·汉森（Morris H. Hansen），后者被戴世光称为"韩生"，后来被誉为 20 世纪在调查方法革新领域最有影响力的统计学家。韩生从怀俄明大学毕业后在美国国情普查局担任研究助理，同时兼修硕士学位。他和戴世光年龄相仿、兴趣相投，曾邀请戴世光去家里做客。当时，美国国会刚刚批准对失业和部分失业人口开展全国性的非官方普查，正是在这次普查中，韩生因成功运用抽样调查法而声名鹊起。戴世光去欧洲考察后，二人偶有通信；在昆明时，也不时通信交流各自近况。虽然联系时断时续，但戴世光一直关注着韩生在抽样调查研究领域的成果，研读过他的专著《抽样调查原理和应用》，该书于 1953 年出版，被奉为抽样调查从业人员的"圣经"。1956 年 12 月，戴世光以中国人民大学教授身份参加国家统计局组织的印度统计工作考察团赴印度访问，并出席印度统计学院 25 周年纪念大会。在 12 月 20 日的大会上，戴世光以《中国 1953 年人口普查》为题发表了学术报告；同一天，他在伦敦大学学院受教过的老师奈曼紧随其后，发表了报告《统计学——所有科学的仆人》。戴世光的报告引起一位美国参会代表的注意及登门拜访（未遇），他正是韩生，时任美国国情普查局研究员、印度统计学院名誉研究员。尽管外事纪律严格，戴世光还是征得访问团团长、国家统计局副局长王思华的同意，两次回访了韩生夫妇。分别 20 年的两位老朋友异国重逢，一位是美国著名统计学家，一位是中国知名教授，他们回忆起年轻时研究抽样调查的情形，交流了彼此统计教学研究的工作进展和各自的家庭情况，颇多感慨，戴世光把自己带在身边的全家福照片作为礼物送给了韩生。之前就在 12 月 9 日，韩生在印度统计学院见到了来访的中国总理周恩来，他对新中国充满了好奇。于是戴世光向韩生介绍了新中国的建设成就，并以自己为例，讲述了知识分子的生活状况。两天以后，韩生向大会做报告《电子计算机在数据处理方面的应用》，戴世光与韩生以这种方式完成了时隔 20 年的一次学术交流。

1938 年 7 月，戴世光在香港接到了梅贻琦的来函，称"本校由今夏起将在滇举办国势清查研究，由陈通夫先生负责主持，届时拟请足下参加该项工作"[①]。戴世光欣然受命，离开香港，取道越南海防、河内，奔赴昆明。历时三年、辗转美欧亚三大洲七个国家，留美公费生戴世光学成归来，向梅贻琦报到，反哺清华，报效国家。他相继受聘为清华大学副教授（1938 年）、教授（1940 年），西南联合大学教授（1943 年），首开初级统计、高级统计、人口统计、经济统计课程，学以致用，和陈达一起主持呈贡人口普查、呈贡农业普查、昆明环湖县区人口普查等多项工作。由此，戴世光开始了终其一生的统计教学与研究事业，其出色的教学能力和研究成绩颇受梅贻琦赏识。在向海内外清华校友通报经济系情形时，梅贻琦表示"幸有戴世光先生于二十七年自美返国""惟本系戴世光先生参加本校人口普查研究所工作，其研究结果已由该所刊印"[②]，欣慰赞赏之情跃然纸上。

海外留学的三年，是戴世光以清华八年坚实的经济学知识为基础，进一步构建完整的统计学知识体系和思想体系的关键时期。他注重理论联系实际，终成一代学贯中西的统计学家、人口学家。研究戴世光海外留学的经历、收获和选择，不仅有助于理解他个人的成长轨迹和学术贡献，也有助于总结和弘扬以他为代表的统计学前辈学以致用、学术报国的情操和品格，对我国统计人才的培养仍然具有现实意义和借鉴作用。

五、"数理统计学"一词的由来与使用

"统计学"一词的首次出现，是德国阿亨瓦尔（G. Achenwall，1719—1772）在 1749 年创造了德文词汇"Statistik"，即"statistics"（英文首次出现在 1791 年），

---

① 梅贻琦. 梅贻琦致戴世光信 [J]. 清华大学档案馆馆藏，1938，X1-3：3-102，1.

② 梅贻琦. 梅贻琦自述 [M]. 合肥：时代出版传媒股份有限公司，安徽文艺出版社，2013：129.

被用来描述治理国家所需要的数据、信息和学问。随后，德国学者尼克斯（K. G. A. Knies，1821—1898）、恩格尔（C. I. E. Engel，1821—1896）、迈尔（G. V. Mayr，1841—1925）等都将统计学视为研究解决社会问题的一门社会科学。

1. 数理统计概念的提出及演变

1865 年，德国数学家、汉诺威人寿保险公司精算师维特斯坦（Theodor Wittstein，1816—1894）在汉诺威举行的第四十届自然哲学大会数学物理组宣读了论文《论数理统计学及其在政治经济学和保险中的应用》①。

维特斯坦在论文第一部分就提出"一门新科学——数理统计学（或数学统计学）"。他谈道："统计学作为一门科学，包括它的名字，归因于上个世纪中叶哥廷根的阿亨瓦尔（Achenwall），到今天已经存在整整一个世纪。这门科学可以被解释为整理和比较国家和社会的重

维特斯坦的《数理统计学》（1867）

要信息。这些信息主要以数字形式显示，例如人口、制造业、农业、贸易等。"②

在这种形式下，统计学像是一门社会科学，尤其被认为是政治经济学的重要辅助工具。我们面临的问题和其他科学是一样的：从自然哲学的角度，我们的观察必须上升到发现自然规律。既然这门新科学主要与数字和数据打交道，我们就必须用数学方法来解决这个问题，来发现新规律。新科学因此可以称为"数理统计学"，除非数学家更喜欢称之为"分析统计学"。

在两年后的 1867 年，维特斯坦出版了他的专著《数理统计学》。书中谈道："统计学，一门在其定义方面仍然存在着很大争议的科学……"③

于是，维特斯坦就给出了新的定义——数理统计学。他之所以提出用"数理统计学"这样一个新的名称，自然有他是数学家的背景原因。同时，当时德国乃至欧洲大陆的统计学研究对象主要集中在国家和社会层面的经济、人口、就业等宏观数据，所用的数学方法也十分简单，当然也就不可能从分析中得到精确的结论。而出身于精算师的他，追求的是用数学模型和方法取得精确的结果。为区别

---

①② WITTSTEIN T. On Mathematical Statistics and Its Application to Political Economy and Insurance[J]. Journal of the Institute of Actuaries, 1872, 17(3): 178–189.

③ WITTSTEIN T. Mathematische Statistik[M]. Hannover: Hahn'sche Hofbuchhandlung, 1867.

于传统的统计学，维特斯坦提出"数理统计学"这一新的学科名称。

但"数理统计学"这一学科名称并没有得到统计学界的积极响应，也没有后续标明"数理统计学"的著述和论文产生。

到 19 世纪末，老皮尔逊提出的方差和标准差的概念和计算（距），使得描述统计方法基本成形。20 世纪初到 30 年代，戈塞特提出小样本 t 统计量，费希尔、奈曼和小皮尔逊等奠定了现代统计推论的基本体系，数学方法在统计中越来越重要，传统的统计学越来越数学化或者说数理统计化。

"数理统计"再一次被强调是在 20 世纪 30 年代初。1930 年，美国密歇根大学数学系教授卡佛创办了一份新的学术期刊《数理统计年刊》，这一刊物成为美国统计学会的官方刊物，也得到了美国统计学会的财务支持。

第一期创刊号的序言是由纽约大学的金（Wilford I. King）撰写的，他是当时美国统计学会秘书兼财务主管，后来成为第 30 任会长（1935 年）。在那篇序言中，金宣称，美国统计学会成立 91 年以来 [①]，已经走在世界统计学界的前列，为了保持这种领先地位，就需要在统计方法中应用更复杂的数学方法。金说："然而，在过去的一段时间里，很明显，我们学会的成员逐渐分成两类——对高等数学感兴趣的人和对在统计中使用高等数学没有太大兴趣的人。"金看好这本新杂志，并预测《数理统计年刊》将有助于服务会员中的这两个群体，他希望杂志既包括理论又包括应用。

1933 年，美国统计学会遇到了财务困难，曾经支持《数理统计年刊》的金取消了对这本杂志的财务支持。杂志主编卡佛在 1934 年 1 月自费接管了杂志，在没有任何机构支持的情况下将这本杂志维持了下来。

1934 年 10 月，卡佛提议组建"数理统计学会"作为年刊的基础和挂靠单位。在此之前，他先联系了美国统计学会，看看在该学会下是否可以成立一个"数理统计分会"，但没有得到足够的支持。此时，困境中的卡佛得到艾奥瓦大学里茨（H. L. Rietz）等对数学感兴趣的统计学家的支持，共同创建数理统计学会（Institute of Mathematical Statistics，IMS）。IMS 在 1935 年 9 月正式成立于密歇根州安娜堡，里茨担任主席，休哈特（Walter Shewhart）担任副主席，克雷格（Allen T. Craig）担任秘书 / 财务主管。《数理统计年刊》作为学会的官方期刊，聘请了费希尔、奈曼和小皮尔逊等一批统计学名家组成强大的编委会，逐渐成为世界统计学术界的顶级学术刊物。

1973 年，数理统计学会又将《数理统计年刊》拆分为《统计学年刊》（*Annals of Statistics*）和《概率论年刊》（*Annals of Probability*），因为进入 20 世纪下半叶

---

① 美国统计学会创建于 1839 年。

的统计科学已经高度数学化，没有必要再专门强调"数学"或"数理"了。

现在的北美乃至国际统计学界，绝大多数的统计学系都只用"统计学"（Statistics）或"生物统计学"（Biostatistics），很少看到"数理统计"（Mathematical Statistics）的名称，原因在于现在的统计学就是早期强调的"数理统计学"，不仅数学方法或者数理统计方法成为统计理论和方法的基础，就连统计应用领域也离不开数理统计方法和数学模型。

2."数理统计"传入我国

我国最早出现"数理统计"概念是在 1931 年南京国民政府中央政治学校社会经济系统计组[①]的课程中，统计组在第三学期开设"数理统计"，3 学分。授课教师是郑尧梓和褚一飞。课程教授或然率与平均数及离中数值关系，关联数之数学理论，单关联数、复关联数与部分关联数值数学理论，一元方程、二元方程之引用于估计法之数学问题，以及众数分配论。

1933 年，中央政治学校成立计政学院，下设"统计组"，将数理统计课程扩展为两个学期，分为"数理统计（一）"和"数理统计（二）"，各 3 学分。"数理统计"课讲授内容如下：

一、导言：讲述次数分布，次数分布之图形表示，各种均值，莫孟及其计算法等。二、莱西斯散布论：讲述布诺力数列，博阿松数列，莱西斯数列，莱西斯比与舍利欧变迁系数、散布论之应用等。三、常态次数曲线：讲述二项分布之次数曲线，相对的确率试验之次数曲线，复合常态次数群之次数曲线，及常态次数曲线之应用等。四、抽样：讲述布诺利定理与大数定律，小数定律，概误等及其应用。五、次数曲线论：讲述次数曲线之配合，适合之程度，皮尔孙氏广义次数曲线论大意，舍利欧氏次数函数论大意等。六、相关论：讲述相关之意义，相关系数，相关曲面，回归线，相关比及结合系数等。七、时间数列：讲述时间性的变迁，累积倾向，时间数列之相关，时间数列之比较等。八、时间性分析：讲述已知时间之分析及时期之探觅等。九、指数：讲述指数数列之平均，平均数比，复合物价比，配权法，及指数之确度等。[②]

不论从任课教师郑尧梓、褚一飞的经历来看还是从课程内容来看，这时开设的"数理统计"课程与当时社会出版的统计学著作和译作，比如王仲武的《统计学原理及应用》（商务印书馆，1927）、艾伟的《高级统计学》（商务印书馆，1933）和宁恩承翻译的金（W. I. King）的《统计方法》（*Elements of Statistical Methods*, 1911）（商务印书馆，1934）等，内容和数学深度相差不多，主要是在

---

① 相当于"统计学专业"。

② 计政学院秘书室. 中央政治学校附设计政学院一览. 1934：82。

课程中增加一些概率和分布的内容。课程冠以"数理统计"的名字，主要是强调方法的数学推导过程。总体而言，中央政治学校统计组的"数理统计"还是以描述统计为主，适当增加一点概率的内容。

我国第一本正式出版的数理统计方面的著作是罗大凡的《数理统计学》（北新书局，1935）。时任国民政府主计处统计局副局长的朱君毅为此书作序："国人注意统计科学，不过数十年，而出版之统计书籍，已有五十余种。此五十余种之著述，大都注重统计方法之介绍，而罕论及统计之数理者。以是学人在原理上常有茫无津涯之叹。统计科学之需求日益广，则阐明原理，以确立统计科学之基础，岂非吾侪所当有之事耶？吾友罗君容严，精研数理，近又致力于统计之学，彼此资证，左右逢源。所著数理统计学一书，能将统计上各种公式，用初等代数，道其来历；且在伸引运算之间，颇多独到之处。"

罗大凡的"数理"也不过用了初等代数的数学工具而已。使用"数理统计"作为书名，重要的是强调方法的由来。

民国时期在统计理论和方法上与国际接轨的统计课程是1941年西联合大学许宝騄开设的"数理统计"（上、下）。

许宝騄当年讲授"数理统计"的讲义没有记录和留存。但可以肯定的是，许宝騄率先在国内开设统计前沿课程，而且第一次将课程定名为"数理统计"。在此之前，"数理统计"的名称仅仅出现过一次，即1935年罗大凡编著的《数理统计学》。这本书名为"数理统计学"，实际上与当时的"统计学"并无差异，基本没有统计方法的数学推导和数理基础的内容。因而，许宝騄开设的"数理统计"是国内首次介绍统计方法的数学基础课程。

在20世纪30年代，统计科学的中心在英国伦敦，具体地说是在伦敦大学学院（UCL）。在许宝騄留学的4年间（1936—1940年），费希曼、奈曼和小皮尔逊等统计大家都在UCL。奈曼自1935年就开设了"高级统计估计和假设检验理论"课程，介绍20世纪30年代他和小皮尔逊奠定现代统计理论体系的统计推断理论和方法，即Neyman-Pearson理论。这门课程可以说是当时世界统计领域最新、最前沿的课程，奈曼从1935年到1938年连续讲了3年。1938年夏，奈曼去了美国加利福尼亚大学伯克利分校。经奈曼和小皮尔逊商定，UCL聘请刚刚取得博士学位的许宝騄为助理讲师，这在UCL的历史上绝对是破例的事情。在接下来的1938—1939学年，许宝騄和小皮尔逊一起继续开设"高级统计估计和假设检验理论"这门重要的课程。除了这门课，许宝騄在UCL还开设了"矩阵理论及其在统计中的应用"。1939年，许宝騄离开UCL，"高级统计估计和假设检验理论"这门课由小皮尔逊继续开设，但"矩阵理论及其在统计中的应用"这门课就没有人能讲了。

许宝騄 1941 年初回到昆明后，立即在西南联合大学开设"数理统计"课程，他在 UCL 讲过的两门课程成为他在西南联合大学讲课的基础和主要内容。可以说，这门"数理统计"课程介绍了 20 世纪三四十年代最前沿的统计理论和方法，而且许宝騄用"数理统计"作为课程名称非常精练和准确，当今数理统计教材和课程的核心仍然是 20 世纪 30 年代奈曼和小皮尔逊的区间估计与假设检验理论和方法。可以说，许宝騄当年所开设课程的主要内容一直延续到现在。

许宝騄在 1940 年回国前，在 UCL 开设的推断统计课程比较具体，是因为在这门课程之前 UCL 的应用统计学系已经开设了概率论和统计学的多门课程，而且西南联合大学法商学院已经在许宝騄回国之前由戴世光和杨西孟开设了"初级统计学"和"高级统计学"课程，为避免重复，同时体现理学院数学系与法商学院应用统计课程的区别，更是为了培养达到国际前沿水平的统计基础理论和方法的研究者，许宝騄选择了"数理统计"这个课程名称，连续开设了两个学年的课程，培养出以钟开莱为代表的国际一流学者。1941—1943 年许宝騄讲授的"数理统计"，成为许宝騄一生中为中国学生讲授的第一次也是最后一次数理统计课。1945 年，许宝騄赴美讲学交流。1947 年回国后，由于身体和其他原因，他再也没有开设类似的课程。

新中国成立后，由于受苏联统计学界极左思想的影响，统计学被人为地分割成"社会经济统计学"和"数理统计学"。一直到 2011 年统计学重新成为"一级学科"，才开启了中国统计学科的新征程。

第五章
我国近代的统计学教育略史

一、开设统计学课程：统计学进入教育体系

　　"1890 年到 1930 年之间的这段时间里，统计学呈现出它的可辨认的现代学科的形式"[1]，几乎同时期，现代统计进入我国高等教育。国际上，统计教育发轫更早，1869 年荷兰海牙第 7 届国际统计会议就普及统计教育达成一致意见："统计之教育，当自小学至大学，均加此教科目。"[2]1876 年匈牙利布达佩斯第 9 届国际统计会议"就统计学，决议其初等中等及高等教育之课程如左"[3]，通过的具体建议计 11 条（详见下图）。

① 波特，罗斯.剑桥科学史：第 7 卷：现代社会科学 [M].第七卷翻译委员会，译.郑州：大象出版社，2008：204.

②③ 横山雅男.统计通论 [M].孟森，译.上海：商务印书馆；1908：184.

　　在我国，统计事实和统计思想古来有之。"十八世纪中，法国教士瓣皮译书经禹贡篇。传之欧洲，彼邦人见之大惊，以为东洋古代之一种统计。夫此篇乃列记夏禹之功绩，即治水之次序，州境之区划，河川之原委，土质、物产、贡赋之次第者也。若从现时统计学评之，虽似毫无价值，然以记述派而言。未始不足供一读。况远在数千年前，而已有此种调查乎。故揭之以供参考。"[①]遗憾的是，"数千年来只以此书为考据之用，不知古圣王命意所在。转令外人见之惊为发明独早，相率急起直追以成一家之学，可羞也可慨"[②]。

　　至近代，同样是国家治理的需求推动了现代统计学的引进与传播，以政府统计工作为始。1840 年鸦片战争后，清政府意识到"师夷长技以制夷"的必要，并谋划如何付诸行动。在北方，1862 年第一所官办外语专门学校京师同文馆在北京成立，下设翻译处，翻译出版了大量西学名著并培养专业翻译人才。在南方，1863 年江苏巡抚李鸿章仿京师同文馆，在上海设立广方言馆。1873 年，海关造册处在上海成立，海关造册是我国较早的现代政府统计。1874 年，格致书院在上海成立，这是一家专门翻译、出版和销售西方科技书籍及期刊的机构，与统计相关的《决疑数学》便是其创始人傅兰雅与华蘅芳翻译英国人伽罗威的 *A Treatise on Probability*。"决疑数"是我国对 probability 的最早翻译。中日甲午战争后，综合考虑留学日本路费少、易考察、文字易懂、习俗类似、西学经日本人的整理学起来比较容易等五个优势，力主游学之地西洋不如东洋之声不绝于耳，于是 19 世纪末 20 世纪初大批学生和政府官员被选派到日本学习，大量西学被从日本翻译介绍到国内，其中包括统计学。

二、现代统计初入我国高等教育体系（1897—1911 年）：摸着石头过河

1. 统计教育的先行者：南洋公学

　　我国目前有据可考的最早的统计教育始于 1896 年创设的南洋公学，这也是近代我国最早开设的新式大学之一，仿各国学制，西学聘请外国教习，所用教科书以编译的外国教材为主，为此于 1898 年设立译书院，"将图书院购藏东西国新出之书课，令择要翻译，陆续刊行"。译书院准备翻译日本统计学家吴文聪的《社会统计学》（共 7 本），在 1901 年第 8 期《南洋七日报》刊登的"南洋公

---

① 横山雅男.统计通论 [M].孟森，译.上海：商务印书馆；1908：7-8.
② 沈秉诚.统计学纲领 [M].东京：三田印刷所，1909：林序 1-2.

学译书院所译书目"列出。1902 年，南洋公学译书院第一次出版的由严复翻译的亚当·斯密的《原富》（即《国富论》）的公示页列出的出版书目中有七卷本的《社会统计学》，据此可以说《社会统计学》是我国有文献记载的第一部拟翻译出版的统计学译著。① 这也是本研究的一个重大发现。在此之前的 100 多年里，学术界一直一致认为林卓男、钮永建翻译的《统计讲义录》（一说是《统计学讲义》）是我国翻译的第一部统计学专著。② 但这一学术共识有三处错误：首先，译者是林卓南，而非林卓男、钮永建（也有文章错写为纽永建译），钮永建只是校对者；其次，译著的书名是《统计学》，而非《统计讲义录》或《统计学讲义》；最后，林卓南翻译的《统计学》1903 年由上海时中书局出版。

该书原版是美国哥伦比亚大学教授梅奥－史密斯（Richmond Mayo-Smith）所著的 *Statistics and Sociology*（1895 年版，初版 1888 年），吴文聪的日文译本 1900 年由东京专门学校出版部出版。曾留学日本、时任交通部统计科科长兼统计专门

---

① 遗憾的是，截至本书完成之时，笔者仍未找到这个译本和正式出版的记录。

② 1908 年孟森翻译横山雅男的《统计通论》第 42 页提到"译者按吾国癸卯年钮君永建等所译而时中书局所出版者即此所谓讲义录也"和第 46 页提到"及余统计教草。统计学讲义。译者按此即时中书局译本亦吾国有统计学之始"；1913 年曾鲲化编著的《统计学教科书》第 21 页提到"故各种学术大都自西洋先输入日本，再由日本而传于我国，夷考统计书之最初译出者为距今八年前上海时中书局所译之统计学讲义，该书系日本横山雅男编纂，其内容与统计通论殆相出入，自是我国士大夫始知统计为一种科学"；1987 年陈善林、张浙编著的《统计发展史》第 209 页提到"统计学便是二十世纪初从日本引进的。1903 年翻译进来的第一部作品，还是日本社会统计学大师横山雅男写的、传播德国社会统计学派观点的《统计讲义录》，由横山雅男的学生林卓南等译成，这本书可算是近代统计学传入中国之始"；1993 年李惠村、莫曰达编著的《中国统计史》第 226 页提到"光绪二十九年（公元 1903 年），钮永建与林卓男等翻译了日本横山雅男著《统计讲义录》，由时中书局出版，是我国第一部介绍近代德国社会统计学派的统计理论……与日本另一位统计学者吴文聪齐名，是日本社会统计学派的代表人物之一"；2000 年刘畅、张云所著的《二十世纪中国的统计学》第 63 页提到"自 1903 年和 1908 年日本社会统计学大师横山雅男先生所著的《统计讲义录》和《统计通论》被先后译成中文之后，便出现了我国最早的统计学教材"；2008 年黄兴涛、夏明方主编的《清末民国社会调查与现代社会科学兴起》第 5 页提到"1903 年纽永建和林卓男各自翻译的横山雅男的《统计学讲义》"。

1900 年东京小林又七出版的横山雅男的《统计学讲义》的凡例页（左图），
1903 年上海时中书局出版的林卓南翻译的《统计学》的例言页（右图）

学校教授的曾鲲化[1]于 1913 年翻译出版了梅奥 – 史密斯的另一本统计专著 *Statistics and Economics*（1897 年版），由北京共和印刷局出版，译名《经济统计》。实际上，1902 年吴文聪也翻译过这本书，译名《经济统计学》（上下册）。巧合的是，美国最早开设统计学课程的学校正是哥伦比亚大学，1880 年梅奥 – 史密斯在哥伦比亚大学给大学三年级的学生讲授"社会科学与统计学"这门课，学生手册对该课的描述是"统计观察的方法、所获结果的价值、自由意志学说以及发现社会规律的可能性"[2]。

此时，虽然南洋公学准备翻译统计学教科书，但未见统计学作为一门课程出现在正式课表中。1898 年，南洋公学第一任校长盛宣怀奏陈《筹集商捐开办南洋公学折》，提出办学思想："惟法兰西之国政学堂，专教出使、政治、理财[3]、理藩四门，而四门之中皆可兼学商务，经世大端，博通兼综。"这里的"门"即现在的"专业"，四门即四个专业，统计学最有可能放在理财学下面。理由有三：第一，1853 年，社会统计学的奠基人、平均人的提出者凯特勒（Lambert Adolphe

---

[1] 曾鲲化（1882—1925），1901 年考取官费留日资格，进入日本成城军事学校学习。1903 年考入日本私立岩仓铁道学院，学习铁道管理专业。1906 年回国，先后在邮传部、交通部任职。1909 年作为邮传部司员，经过十余月的考察后，起草《上邮传部创办铁路管理学堂书》；同年 11 月，创办邮传部北京铁路管理传习所（今北京交通大学），并于 1913 年呈请交通部开设中国历史上第一个统计学学堂，首开统计班，下设 20 门课程。著有《中国铁路史》《统计学教科书》《交通文学》，译著《经济统计》。

[2] HELEN M W. Studies in the history of statistical method[M]. New York: Waverly Press, 1929：151–152.

[3] 即经济学，国内最早的翻译是理财学，后来改为经济学。

3. FIRST COLLEGE COURSES IN STATISTICS

Course in Columbia College. The first course in statistics given in any American University was probably⁶ taught by Professor Richmond Mayo-Smith at Columbia College in 1880, which was the year in which the School of Political Science was founded there. In 1884 the description of the course contained these words: "Finally is considered the method of statisti-

⁵ "Remarks of President Walker at Washington," *Publications of the American Statistical Association*, V, (1896–97), 179–187.

ᵇ For a stretch of years about this time Columbia was issuing, not a formal catalogue, but a handbook in which was printed a synopsis of the courses of instruction. Among the courses for third-year students in 1880 is listed "Social Science and Statistics," the name of the instructor not being given. Mayo-Smith was on the faculty at that time as an Adjunct-Professor of Social Science. The course persisted with substantially the same description for many years, and when the formal printing of catalogues was resumed in 1894, Mayo-Smith's name is found appended to the description of the course.

主　课	第一年每星期钟点	第二年每星期钟点	第三年每星期钟点
地质学	2	0	0
土壤学	1	0	0
气象学	1	0	0
植物生理学	4	0	0
植物病理学	2	0	0
动物生理学	3	0	0
昆虫学	3	0	0
肥料学	2	0	0
农艺物理学	2	0	0
植物学实验	不定	不定	0
动物学实验	不定	不定	0
农艺化学实验	不定	0	0
农学实验及农场实习	不定	不定	不定
作物	0	5	3
土地改良论	0	1	0
园艺学	0	3	0
畜产学	0	3	0
家畜饲养论	0	2	0
酪农论	0	1	0
养蚕论	0	2	0
农产制造学	0	0	3
补助课			
理财学（日本名经济学）	2	0	0
法学通论	0	2	0

（二 学堂章程 227）

Jacques Quetelet）组织召开了第一次国际统计学会议，其中第十三项决议就是"财政"。第二，1900 年前后，国内对统计学的最初理解来自日本，"统计学为考察国势之要学……吾国向无统计方法，故国力究有若干程度，举国懵然。以是赋兵、征税、行政、兴业等类皆约略摸索，不能精厘密计"①。日本"1873 年 5 月 2 日改太政官之制，置财务课，统计事务属之"②，可见统计最初在日本也被放在理财门里。第三，在 1902 年《钦定京师大学堂章程》中，主课理财学下明列统计学，而京师大学堂的学制又是效仿南洋公学。

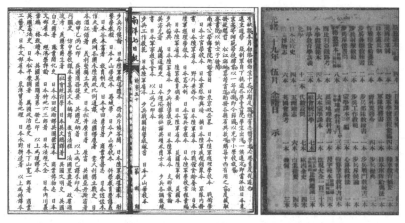

1901 年第 8 期《南洋七日报》刊登的"南洋公学译书院所译书目"（左图）、1903 年南洋公学译书院出版的严复翻译的亚当·斯密的《原富》（即《国富论》）的扉页（右图）

①② 横山雅男. 统计学 [M]. 林卓南，译；钮永建，校. 上海：时中书局，1903：时中书局发行书目特别广告 1.

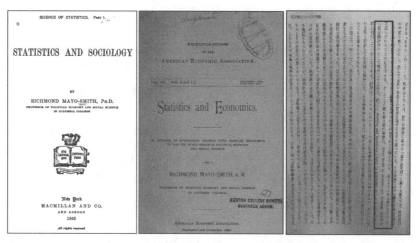

1895 年 *Statistics and Sociology* 英文版封面（左图）、1888 年 *Statistics and Economics*
英文版封面（中图）、《吴文聪著作集》第一卷"吴文聪感想"中关于梅奥 – 史密斯
两本书的内容（右图）

1900 年吴文聪翻译的《社会统计学》初版封面（左图）、
1913 年曾鲲化翻译的《经济统计》初版封面（右图）

　　南洋公学对我国统计学发展的另一大贡献是培养了孟森（1898 年入学）和
钮永建（1899 年入学）两位统计翻译学者①，二人分别在 1908 年和 1903 年翻译
与校对了日本统计学家横山雅男的《统计通论》（上海商务印书馆出版）和《统
计学》（上海时中书局出版），前一本书是 20 世纪前 20 年在我国发行量最大且影
响最深远的统计教科书。

_____

① 霍有光，顾利民.南洋公学：交通大学年谱 [M].西安：陕西人民出版社，2002：4.

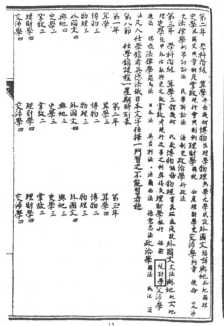

·4· 1897年——丁酉年

(2)光绪二十四年入学的人员

△张景良(秉钧,江苏娄县)、孟森(莼生,江苏阳湖)、△郑鼎元(勋伯,江苏元和)、沈桐生,△冯善微(子久,江苏通州)、△赵玉森(瑞候,江苏丹徒)、章乃炜(唐容,浙江乌程)、杨炎昌(少农,江苏江宁)、△孟瑢(蓉生,江苏阳湖)、△吴敬恒(稚晖,江苏阳湖)、△胡尔霖(雨人,江苏无锡)、郭振清(冰候)、刘念谋、杜嗣程(孟兼,江苏无锡)、△许士熊(吕肖,江苏吴县)、韩兆魁(晋卿,江苏吴县)。

(3)光绪二十五年入学的人员

△张天爵(东山,江苏丹徒)、陈懋铣(桂一,江苏元和)、江谦(益源,安徽婺源)、赵从蕡(仲宣,江西南丰)、夏循垍(坚仲,浙江仁和)、白毓崐(雅余,江苏通州)、△张相文(蔚西,江苏桃源)、薛万英(梅生,江苏崇明)、△王维祺(纪贞,上海)、徐筠生、钮永建(铁生,上海)、陈修琦(景韩,江苏娄县)、陆尔奎(炜士,江苏阳湖)。

资料来源:霍有光,顾利民.南洋公学:交通大学年谱[M].西安:陕西人民出版社,2002:4.

2.统计教育的推动者:京师大学堂

统计学首次以书面形式正式出现在大学课程规制中是在 1902 年,《钦定京师大学堂章程》(以下简称《钦定学堂章程》)颁布,并规定"各科均用译出课本书,由中文教习及日本教习讲授",其中仕学馆第三学年有 11 门课,在主课理财学(即经济学)下明列"统计学",此时统计学只是作为一门主课的部分内容存在。因为该章程也是各省建立大学堂的指导与标准,所以这也标志着统计学正式进入我国高等教育系统。然而,该学制未及实施,有名无实。

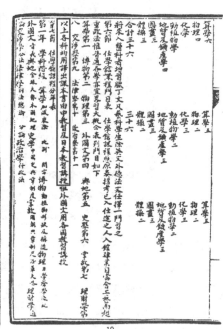

资料来源:张百熙.钦定学堂章程[M]//沈云龙.近代中国史料丛刊三编第十辑.台北:文海出版社,1986:10-11.

因《钦定学堂章程》有若干未完备之处，加之其他原因，1903 年 11 月该章程被废止，12 月 26 日颁布《奏定大学堂章程》（即 1904 年正式颁布的癸卯学制），规定大学堂分为八科：经学科大学、政法科大学、文学科大学、医科大学、格致科大学、农科大学、工科大学和商科大学。在京师大学务须全设，若外省设立大学，可不必限定全设，唯至少须置三科以符学制。在政法科大学的主课（15 门）和商科大学的补助课（3 门）里都有"全国土地民物统计学"[①]这门课，其实"日本名为统计学"，至此统计学从经济学中独立出来，作为一门独立的课程正式进入我国高等教育学制。

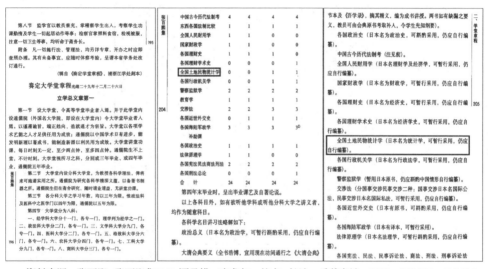

资料来源：张百熙. 张百熙集 [M]. 谭承耕，李龙如，校点. 长沙：岳麓书社，2008：195-196，204-205.

此后，各省依据该章程相继成立大学堂、高等学堂、实业学堂、专门学校，统计学陆续出现在全国各类新式学堂中，尤以各种法政学堂因政治迫切需求为最。根据 1905 年《直隶总督袁奏拟定法政学堂章程规则折》，开设正科课程共22 门，第 19 门为统计学。1906 年，我国最早的法政学校北洋法政学堂[②] 在天津创办。还是这一年，又奏添推广私立法政学堂。1907 年，北京开设京师法政学堂，开统计学课程。缘何法政学堂如此重视统计学？其历史渊源如下：在现代统计学的形成过程中，大部分奠基人都是法律科或政治科教授，比如 1660 年德

---

① 就横山雅男的《统计学讲义》的内容来看，这个翻译可谓贴切。日本最初的统计习自德国，强调记载，狭义地将其理解为考察国势之要学。该书第 3 页有言"记国土物产之条曰"。

② 位于天津新开河的西岸，曾多次改校名：北洋法政专门学堂、北洋法政学堂、北洋法政专门学校、直隶公立法政专门学校、河北省立法政专门学校、河北省立法商学院。该校培养出大批法律、政治、经济、商学等方面的人才。1949 年 3 月，军管会通知该校：学院撤销，经济、商学两系同学一同转入南开大学。

国赫莫斯德大学的医学兼法学教授康令（Hermann Corning），法学鸿儒施默茨（M. Schmertzel），哥廷根大学法学及政治学教授、统计学名词的创用者阿亨瓦尔等。日本最初引入统计学的学者也来自这两个学科，如"统计学之译书。行世最早者为明治七年六月权大内史箕作麟祥，法学博士，译法人庄尼所著之 Element de Statistique，名之曰统计学。一名国势略论。统计学书用统计二字为译名者始此"[①]。而且，当时被派往日本的留学生也有不少在日本法政专门学校学习，如孟森曾留学日本东京法政大学。加之这一时期的"设学之宗旨专注重实用"，大力提倡"实业救国"，注重法政经济，所以与此密切相关的统计自然备受重视。

资料来源：学部．本部章奏：筹设京师法政学堂酌拟章程折 [J]．学部官报，1907（14）：245-246.

开设统计学课程，需要统计学教材，《奏定大学堂章程》明文规定"外国均有专书，宜择译善本讲授"，对"全国土地民物统计学"课程讲习法的略解写有"日本名为统计学，可暂行采用，仍应自行编纂"，可知当时的统计学教材是择译日本的已成统计书。1903 年林卓南翻译（钮永建校）日本统计学家横山雅男1900 年在日本出版的《统计学讲义》，译名《统计学》，由上海时中书局出版，这是目前找到的我国第一本以"统计学"命名且正式出版的译著，也是当时极具参考价值的统计学教材。1901 年，横山雅男在此书的基础上又著成《统计通论》一书，该书 1901—1921 年在日本共发行 42 版。1908 年留日归国学生、近代清史学科奠基人孟森将第四版翻译成《统计通论》，由上海商务印书馆出版，至 1931 年该译本共发行过 10 版[②]，影响广泛而深远。

① 横山雅男．统计通论 [M]．孟森，译．上海：商务印书馆，1908：45.
② 民国时期的版次与现在的版次含义不同，绝大部分书的版次实际都是印次，该书 10 个版次的内容相同。

3. 统计教育的推广者：政府统计机构与留日归国学生（官民合力）

虽然上述各类学堂普设统计学课程，但尚未达到培养统计专业人才的程度。统计专修班/讲习班/讲习会/训练班/研究班/速成班等则是以统计为培训核心、以培养统计专业人才为目标的统计专门培养形式，这类形式培养的统计专业人才不同于统计学专业的学生，前者学习周期短、重在特定领域的统计应用且只有学历证明，后者接受的是现代新式高等教育且有学位证书。

1907 年，宪政编查馆奏设统计局，分统计、法制两科，司道衙署设立统计处为上级机关，府厅州县设立统计处为下级机关。1908 年，民政、度支、陆军、邮传、农工商等部门及大理院也先后设立统计处。统计工作正式被认定为国家宏观层面的大事，备受各部门重视，如 1907 年学部总务司编制出版《第一次教育统计图表》。

统计官制虽设，然统计人才严重匮乏。为培养各级政府统计人员，各地纷纷开设统计讲习班/讲习所，编译统计讲义。例如，1908 年吉林全省调查局设立统计学堂，"因上年宪政编查馆奏准京外各衙门均设统计处，选派专员办理。查统计乃专门之学，所派人员若不预筹联络之法，势必错杂纷纭，虽有表式，亦无从填注。因于日前详明设立统计学会，借资研究云"[1]。1909 年，直隶调查局颁布开设统计讲习所简章，包含宗旨、名称、办法、所舍、员额、时间、课程、经费、期限、任用十项。宗旨为"因调查统计为筹备立宪要政，各厅州县于统计要旨，多有未能明瞭之处，以致办理统计表册往往误会，更有意存观望，延不造报者。查本局详定办事细则，系分行文调查与派员调查两种办法。本局从前行文调查各厅州县，既多延误，自应赶紧遵照细则派员前赴各属实地调查，上紧督催，以期妥速"。名称是"所选皆曾肄习法政，确有心得之员。第恐于统计事实尚少经验，特招各员来局研究统计实务，以为将来从事之预备，故定名曰统计讲习所"。课程定位为"本所专门讲习统计学原理及现办统计事实、各种表式，并就统计事项发为问题，由各员随时作答，互相切磋"。时间设定为"本所每星期讲习九小时，分星期二、星期四、星期六三日。凡经选定各员，按照日期，自下午一钟起至四钟止，均应按时到所，无故不得缺席"。期限设置为"统计学理极为繁赜，本所为目前应用起见，删繁就简，择要讲习，暂以两个月为限"[2]。

政策已出，简章既明，此后十年间各类统计班并起，摸着石头过河。进入20 世纪 30 年代，政府主导的统计班日渐成熟，呈蔚然之势，比如簿记统计训练班、农业统计讲习班、工业统计讲习班、卫生统计专修班以及因战事需要而开设

的军事统计讲习班（由陆军军需学校开设，横山雅男最早也是在日本陆军军需学校开设统计班的）等。同时，为满足社会各界对统计专业人才的需求，一些组织和大学也纷纷开设暑期统计讲习班/会或附设统计班等。如中华教育改进社[①]开办教育统计讲习会，而且该社"呈请教育部，通令全国各级师范学校，一律添设教育统计学科，并拟具学程标准及施行办法于后"[②]。教育统计学有可能是最早确立的一个高校专业。事实上，在欧美高校，教育统计学也是统计学确立最早的应用领域之一，特别是针对各级学生的教育测试统计研究。

与此同时，留日归国学生在日本认识了解到统计的重要性，回国后力主创办统计学校，如日本高等警察毕业生佟本华呈请创办统计学校，首次未果，因"教育部定学校系统表，并无统计学校。此种统计学校系政治科、经济科科目之一，应包含于法政专门学校之科目内"[③]。同年，续请准予设立统计专校，然亦未见其果。直到1913年5月，曾鲲化才在北京铁路管理传习所创办了第一个统计专门学堂（相当于现在大学中的一个统计学专业班）。

这一时期国内出版的统计学专著，除横山雅男的两本译著外，另有彭祖植编著的《统计学》[④]（1907）、沈秉诚[⑤]编著的《统计学纲领》（1909）、涂景瑜在

[①] 1921年12月，新教育共进社、新教育杂志社、实际教育调查社三者合并成立中华教育改进社，以"调查教育实况，研究教育学术，力谋教育改进"为宗旨，推举孟禄、梁启超、严修、张仲仁、李石曾五人为名誉董事，蔡元培、范源濂、郭秉文、黄炎培、汪精卫、熊希龄、张伯苓、李湘宸、袁希涛九人为董事。1922年2月，在上海召开的第一次董事会上，公推范源濂为第一任董事长，聘陶行知为总干事，推进教育调查、教育测量、科学教育的发展。中华教育改进社是当时中国最大的教育社团，先后在济南、北京、南京、太原召开年会，参与世界教育会议，创立中华平民教育促进会，办有《新教育》《新教育评论》，创办晓庄试验乡村师范学校，主要成员包括胡适、张彭春、陈鹤琴等知名教育专家。中华教育改进社有效推动了中国新教育的研究与实践，有力地推动了中国教育的科学化、民主化、现代化进程。2011年12月，中华教育改进社恢复重建，定位为以专业的方式改进教育，社员三百余人，已形成有志教育改进者相互切磋和激励的专业智库，覆盖众多学科和研究领域的教育平台。在中华教育改进社成立后，教育加快了现代化进程。资料来自官网：ceiiedu.org。

[②] 中华教育改进社.分组会议纪录：第三十一：教育统计组 [J]. 新教育。1923，7（2-3）：321.

[③] 江苏省行政公署批第五百八十一号（呈清创办统计学校准予立案）[J]. 江苏省公报，1913（114）18.

[④] 该书是彭祖植留学日本期间，根据"法学士生木政之进现实口授者十之四五，而参以各统计名家著述者十之五六"而成，初版1907年在日本东京由九段印刷所印行，1913年再版由北京政法学社出版，是政法述义第二十五种图书。

[⑤] 沈秉诚，1909年毕业于日本法政大学。该书由3人题词、7人作序，包括京师大学堂管学大臣（即今天的大学校长）孙家鼐、京师大学堂总监督李家驹、著名外交家胡惟德、藏书家田吴炤等。

《北洋法政学报》上连载 7 期的《统计学讲义》(1910)、蒋筠编的《统计学表解》①(1913)。从内容及框架来看,《最小二乘法》(1910)是国内同时期唯一一本以数理统计为重的统计专著,除此之外,其他均以横山雅男的《统计学讲义》与《统计通论》为蓝本编著而成,偏政府统计,几乎不涉及推断统计,以描述统计为主,包含简单的平均数、统计表和样式新颖的统计图。我国的统计教育处于机械照搬日本国势统计的层面,而此时的欧美高校已将最新的推断统计纳入高等统计教育。

三、开设统计学专业:统计教育专门化

关于统计专业人才的培养,早在 1876 年于布达佩斯召开的第 9 届国际统计会议上,伦敦统计学会的秘书莫阿特(F. J. Mouat)在做大会总结时就强调统计教育的重要性,特别是对于社会学、政治经济学等社会科学学科。在此之前的欧洲大陆,如德国、法国、比利时等国已开设统计学课程,内容主要是通过数据来了解并治理国家。

据目前查到的文献记载,最早将统计作为高等院校一个专业来培养人才的国家是日本。1882 年,日本统计学者杉亨二向统计院长乌尾小弥太和干事安川提出成立统计学讲习所的建议。随后,以所长乌尾小弥太为校长,以杉亨二为教授长,并以高桥二郎、寺田勇吉、冈松径任教授的日本共立统计学校于 1883 年 9 月开学。第一期学生 56 人,听讲生 19 人,1886 年 1 月有 36 人毕业。然而,因为太政官制的废止,学校也随之关闭,只招生一届。

在高等院校中,第一个设立统计学系的是英国伦敦大学学院。1911 年,老皮尔逊创办应用统计学系,开启高等院校统计专业人才的培养。此后,各高等院校纷纷设立统计相关学系。

美国约翰·霍普金斯大学 1918 年成立生物计量与生命统计系。宾夕法尼亚大学 1931 年成立经济与社会统计系。艾奥瓦州立大学 1933 年开办统计实验室。乔治·华盛顿大学 1935 年首次在文理学院设立统计学系。加利福尼亚大学伯克利分校 1938 年由奈曼创办统计实验室。

我国文献记载的早期统计教育可以追溯到 1902 年的京师大学堂在理财学下设统计学课程,开我国统计教育之先河。1927 年,南京国民政府中央党务学校建校,并在经济系下设统计组,学制 4 年。同年,广州统计学校成立,学制分为 1 年和 3 年两种。我国大学中的第一个统计学系,是南开大学 1927 年在商科开设的商业

---

① 该书是法律政治经济学表解丛书的一种,由上海科学书局出版。

统计系，1931 年南开大学又在经济学院下设立统计学系，何廉任经济学院院长兼统计学系主任，吴大业、冯华德、方显廷等讲授统计学，1934 年停办。1938 年，复旦大学在商学院下设统计系，李蕃任主任，金国宝、薛仲三、褚一飞、邹依仁、朱祖晦、吴大钧等在复旦大学讲授统计课程。

通过梳理统计文献和史料，本书发现，早在 1912 年，留日学人、时任北洋政府交通部司员的曾鲲化就开始在交通传习所中筹建统计学堂，开办交通统计学专业，这一发现将我国的统计学专业办学历史提早了近 20 年。

四、创建统计协会、开办统计学校（1912—1929 年）：统计教育遍地开花

1912 年 11 月中央统计协会成立，"共和告成，协会纷起，农工商等实业之会之多，固无论矣。即就一学科之研究与图行政之统一，以创立协会，相互切磋者，亦迭出不穷。而统计协会，实因此等观念而及时发生者也"，该会要领"一本会定名为中央统计协会。二本会以调查事实研究学理为宗旨。三本会应行筹办事项：（一）关于图表格式事宜；（二）关于调取材料事宜；（三）关于研究已往推测未来事宜；（四）关于编译出版事宜。四本会会员须有下列资格之一：（一）各行政机关统计人员；（二）度量衡制造所人员；（三）精于统计学理或于统计上有经验者；（四）曾为高等专门以上学校教习及曾在高等专门以上学校毕业者"[1]。这是我国第一个以研究统计学理与统计应用为宗旨的统计学术共同体。[2]

同年，曾鲲化呈请交通部创办统计学堂，1913 年 5 月在北京铁路管理传习所增设一科"统计学"，相当于现在大学中的统计学专业，这是我国目前有据可

① 曾鲲化.统计学教科书[M].北京：共和印刷局，1913：23-24.

② 2021 年，李章鹏在《现代社会调查在中国的兴起：1897—1939》一书第 240 页写道："1910 年，有人在吉林成立了统计学会，这恐怕是中国第一个统计学术团体。" 1908 年 5 月 1 日《新闻报》第 10 版的《禀设统计学会》写道："吉林调查局长马溆午部郎因近奉部章各直省均应设统计处，统计全省财政，爰拟定简章，禀请督抚两帅先于调查局内附设统计学会一处，通饬各司道迅速派员到会研究统计办法，以备将来遵章实行。" 可知该统计学会非学术性统计学会，因其成员非统计学家或统计学人。关于中央统计协会的史料稀缺，1917 年陆军军需学校出版的王溥仁的《统计学》第 97 页提及 "此会之首唱者，系葛特利氏。千八百四十一年创设于比利时。其目的在谋统计事业之划一，以便比较。如事实之分类、名称之异同、编纂之要领，以及省冗复、补缺漏等项，莫不细心研究，与统计官厅以极大之便宜。现今欧洲各国，大抵一体仿行，所有会员，除各官厅统计官吏及统计学者、大学教授、两院议员外，其余凡于议题有亲密关系之专门家、实业家等，亦一一网罗，以期收实际改良之效。我国现今之中央统计协会，即本此意而创设之者也"。

考的最早的统计学专业，也是这一时期唯一的统计学专业办学实践。这个统计学班只招收了一届学生，共80人，前期设计课程20门，实际开设16门，包括国文（7学分）、数学（14学分）、英文（16学分）、经济学（2学分）、法学大纲（2学分）、会计学（6学分）、簿记学（5学分）、铁路簿记（10学分）、珠算（8学分）、图画（8学分）、统计学（6学分）、统计术（10学分）、经济统计（9学分）、交通统计（12学分）、国势调查法（3学分）、社会统计（10学分）。1914年11月，78人毕业，其中甲等成绩16人，乙等成绩38人，丙等成绩22人，丁等成绩2人。

　　与此同时，统计学课程广设于各类大学，常设在法学院、商学院、会计系、政治学系、心理系、教育系、社会学系等，课程类型与内容趋向多样化、专业化。1912年，王溥仁在陆军军需学校开设统计学课程，该课讲义《统计学》于1917年出版。1914年，郁达夫在北京大学政治系、经济系和史学系讲授"统计原理"。1922年，北京师范大学暑假开设"心理测验和教育统计"班。1923年，周调阳在河南师范大学开设教育统计学。1924年，中国大学、中山大学、广州大学开设统计学课程。1925年，南开大学、大夏大学添设统计学课程。1926年，东南大学和复旦大学分别新设学务调查课和社会调查课。1927年，清华大学开设教育统计学。1929年，中央大学开设统计研究法。

　　在时任广东省教育厅厅长金曾澄[①]和国民政府工商部统计科长陈炳权等人的

---

① 金曾澄（1879—1957），祖籍浙江绍兴，出生于广州高第街。幼年接受家庭教师的启蒙教育。青年时期，在康有为、梁启超维新思想的影响下，崇尚西法。1898年参与创办广州时敏学堂。1901年率时敏学堂几位学生东渡日本留学。1910年，他毕业于广岛高等师范学校理化部。归国后即参加应试，被录用为学部主事。1912年初，金曾澄从北京回到广州，在广东都督府任参事，管理全省教育行政事务；经广东都督胡汉民和钟荣光介绍加入同盟会，同年加入国民党。1921年，金曾澄任广州市第一届参议员、广东教育学会会长、广东大学教育长、广州市教育局局长及广州华侨教育后援会主席。北伐战争前，金曾澄代表广东教育会赴北京参加国民会议，并以人民外交委员会委员名义北京监督中央政府。1926年，金曾澄回到广州，任国民政府教育行政委员会常务委员，兼任广州大学校长、国民大学董事长、国立法官学校教授及中央银行董事等职。1929年任国民党中央政治会议广州分会秘书长，同年3月出席国民党第三次全国代表大会。1929—1937年任广东省政府委员，在这期间曾兼任第二、第三届广州特别市党部监察委员会常务监事、党义教师检定委员会委员、中小学校军事训练委员会委员、县长考试委员会委员、考试院高等考试第二典试委员会委员、司法院法官典试委员会委员等职，其中1930年至1932年3月任广东省教育厅厅长。抗日战争胜利后，金曾澄历任仲恺农业学校、执信女子中学和教忠中学等校校长，兼任国民大学、广州大学特约教授，广州大学董事长，并当选广州市参议会参议员兼秘书委员。新中国成立后，70岁的金曾澄仍担任广州私立教忠中学（现广州市十三中学）校长职务。1953年，广州市文史馆成立，金曾澄被聘为馆员，1957年任副馆长。1955年当选广州市政协委员，1956年当选广州市政协第一届常务委员。1957年，金曾澄在广州病逝。主要著作有《澄宇斋诗存》《三民主义问答》等。

倡议和努力下，1927 年私立广州统计学校正式成立，"以养成实用统计，及簿记人才为宗旨"①，是南方第一所专门培养统计人才的专业学校，也是当时国内第一所正规的统计学校。教员大都毕业于国内外名校的政治系和经济系。招生分乙、甲两级，乙级一年毕业，甲级三年毕业。乙级开课 15 门：三民主义（1 学分，下同）、统计学（6）、商业簿记（2）、官厅簿记（2）、经济学（3）、数学（6）、英文（2）、珠算（1）、几何画（1）、教育统计（3）、经济统计（2）、会计学（2）、审计学（2）、银行簿记（2）、公文程式（1）。甲级开课 20 门：三民主义（2 学分，下同）、国文（7）、英文（9）、数学（12）、历史（4）、地理（4）、珠算（2）、经济学（5）、社会学（3）、政治学（2）、簿记学（12）、审计学（3）、银行学（4）、会计学（4）、几何画（4）、统计学（12）、财政学（4）、关税学（2）、社会调查（3）、交通学（2）。该校在全面抗战爆发后停办，共招收了 6 届学生，毕业生 302 人。该校出版的代表性统计教材有《统计学大纲》（陈律平，1929）、《经济统计》（秦古温，1929）、《教育调查统计法》（刘伯权，1930）。

这一时期开始翻译欧美高校的统计教材，数理统计被翻译引进我国高等教育。虽然早在 1877 年清政府已遣学生留学英法，然其时统计学正在欧美经历新旧范式转换，现代统计学尚未体系化。直到 1909 年第一批庚款留美学生出国，随后大批学生留学欧美，欧风美雨俱来，源于欧美的数理统计被留学生陆续迁译至国内，特别是美国名校的统计学教材，比如翻译的英国统计学家尤尔的《统计学之理论》（1913）、梅奥 – 史密斯的《经济统计》（1913）、英国统计学家爱尔窦登兄妹的《统计学原理》（1923）、美国统计学教授金的《统计方法》（1929）、美国教育统计大家瑟斯吞的《教育统计学纲要》（1930）等。

这一时期的统计学从一门课程发展成一门独立的专业。教育的整体基调是实用主义，统计教育也不例外。在此基础上，除教育界、学术界外，政府部门、民间组织、商业机构也纷纷开设各种统计培训班，培养专门领域的应用统计人才。

五、成立统计学社（1930—1931 年）：统计教育日趋专业化与标准化

"自国民政府奠都南京后，各机关纷纷设立统计组织，延聘统计专门人才，统计事业，始渐呈蓬勃发皇之现象，民国十九年二月二十六日，中央及首都各机关办理统计人员，为谋工作之联络，并促进统计事业之发展，创设统计联席会议，会中一部份出席人员，鉴于我国统计事业，亟待开展，遂建议组织中国统

---

① 私立广州统计学校.私立广州统计学校概况 [M].广州：私立广州统计学校，1930：弁言.

计学社，藉以研究统计学理及方法，促进国内外统计事业之发展。"[1]1930年3月9日，中国统计学社在南京中央大学召开成立大会，通过社章，选出金国宝、朱祖晦、陈炳权、刘大钧、王仲武、陈钟声、朱彬元七人为社务委员。我国第一个全国性的统计学术组织正式成立，随后各地分社陆续成立，如南京分社（1934年）、上海分社（1935年）、广州分社（1935年）、武汉分社（1936年）、陕西分社（1946年）等。民国时期有名的统计学家、统计教师、政府统计工作人员基本都是该社成员，致力于研究算数命名分节标准，编译及审查统计名词[2]，编辑统计期刊，奖励统计著述，研究人口农业普查方法，研究编制经济指数方法，编拟战时经济统计问题研究纲要，研究统计与各种建设问题，对推动民国时期的统计学术研究、统计学教育、政府统计工作等都做出了不可磨灭的贡献。

六、蓬勃发展（1931—1949 年）

进入20世纪30年代，统计学教材丰富多样，至1949年正式出版的统计学教材累计超过了200本，既有国内学者编著的教材，也不乏欧美统计原著与译著，民国时期国内学者参考引用最多的是两位英国统计学大家尤尔和鲍莱的 *An Introduction to the Theory of Statistics* 与 *Elements of Statistics*[3]。国外留学生和国内毕业生确保了统计讲师人才的储备，奠定了我国统计教育长足快速发展的基础。尽管抗战的消极影响遍及社会各个角落，很多大学被迫西迁，但前30年的累积优势加之现实急需统计人才带动了统计教育的持续、惯性发展。例如，1938年复旦大学在商学院设立统计学系，1939年教育部委托复旦大学和重庆大学各附设统计专修科，培育统计专门人才，为战后社会建设储备人才。

在大学里，统计课程的多样化与专门化并存。除"统计学"外，1931年卫聚贤在暨南大学开设"历史统计学"，1933年唐启贤在国立上海商学院开设"指

①　中国统计学社第十四届理事会.中国统计学社概况 [M].1948：1.

②　1944年，由社员组成的统计学名词审查委员会（31人，皆为当世统计学家，主任是朱君毅）反复研究，悉心审核，计得名词九百二十有四则，12月由正中书局出版，名曰《统计学名词》。

③　这两本书也是欧美高校统计学教材的奠基之作，前者是尤尔（1871—1951，现代统计学鼻祖老皮尔逊的学生，1924—1926年英国皇家统计学会主席）1902—1909年在伦敦大学学院讲授统计学的讲义，1911—1950年发行过14版，内容从最初的376页增加到701页；后者是鲍莱（1869—1957，英国第一位统计系主任，现代抽样方法的发明者，1938—1940年英国皇家统计学会主席）在伦敦大学经济学院讲授统计学的讲义，1901—1937年发行过6版。虽然有人分别在1913年和1937年翻译过这两本书，但从参考引用的角度来看，译著的影响力无法与原著等同。笔者根据已有史料做过统计，两部英文原著被引用的次数分别是82次和51次。

数编制法"，1934 年王仲武在中央大学讲授"实用统计"，1935 年陈毅夫在江苏省立教育学院讲授"调查统计学"，1939 年李锐夫在重庆大学讲授"统计应用数学"，邹依仁在上海商学院、中央大学讲授"高等统计学"与"统计原理"，朱君毅先后在清华大学、东南大学、厦门大学讲授"教育统计学"，许靖在北平铁路管理学院开设"铁路统计"，秦古温在广州统计学校开设"经济统计学"，林和成在中央政治学校讲授"实用工商统计"，余松烈、王绶分别在协会大学和金陵大学讲授"生物统计学"，在军需大学开设"劳工统计"，金国宝在复旦大学开设"工业统计学"，等等。统计教育深入高校各个专业，统计学科呈蓬勃发展之势。

第六章
统计学教育：教材

一、翻译的统计学教材

翻译是人类文明进程中一种普遍的文化交流形式与现象，近代我国的"西学东渐"本身就是一次空前的翻译活动，大量西学通过翻译涌入国人视野，被引入我国教育体系。清末民初，各级学堂渐次成立，西学所用教材几乎全是翻译来的，这些教材在我国学术、学科发展史中占据重要的地位，具有重要的学术研究价值。西学中的"统计学"正是经留日、留美、留欧的学生迁译到我国的，从这个意义来讲，近代我国的统计学可以说是"翻译的统计学"。因此，从源头理清统计学进入我国的历史脉络和发展谱系具有重要的学术价值与现实意义。但目前学界关于民国统计翻译的研究凤毛麟角。本部分以 20 世纪上半叶翻译的统计教材为研究对象，探索统计学的翻译过程并探讨民国学人在这一过程中所做出的主体建构与文化融合的努力，并以同期国内学者编著统计学教材时引用、参考统计译著及其原著的次数为测量指标，考察这些翻译教材在文本内容层面对近代中国统计学的影响，以期能站在近代巨人的肩膀上给当代的量化教育以启发。

1. 翻译教材概况：东西兼采

统计虽是西学，于我国而言，最初却是向"东"学"西"，即从日本学习西方的统计学。汉语"统计"一词亦迁译自日本，"我国统计二字系沿用日本之译语"[①]。孟森 1908 年翻译的《统计通论》有按语"统计为科学之名。日本初译定时。纷歧如此。其学者求汉字于我之佩文韵府及英华字典。俱无古义可据。故文中偶用统计字者。尚不以为独用之专门名词。吾国斯学尚未大有发明。而统计之为一学科定名。已传自东籍。先入为主。将来免一命名之镠辖。后起者易为功。

---

① 曾鲲化.统计学教科书 [M].北京：共和印书局，1913：7.

此亦其一端也。日本用汉字译西籍中之名词。斟酌颇费苦心"[1]。

"变法之端在兴学，兴学之要在译书"[2]，这一时期因政治改革亟须"改良群治"、教育改革致力"开启民智"，中文翻译达到前所未有的高潮。国内翻译出版了大量西方著作，统计因与国家治理密切相关，译著颇多，单统计教材[3]笔者便找到24本（见表6-1），其中4本分别由两位译者独立翻译出版，实际共翻译了20本不同教材。同期还有众多与统计相关的译著并在教材中有所参考引述，比如《决疑数学》《劳动统计》《经营统计》《财政统计》《统计学与辩证法》等，但因尚未见做正式讲义之用，故不在本章研究范围内。

表 6-1　清末民国时期翻译的统计教材细目（按译本初版年份排序）

序号	译著书名 / 原著书名	作者 / 任教大学	译者 / 毕业学校及专业（学位）	译著（原著）初版年 / 译著版次
1	《统计学》/《统计学讲义》	[日]横山雅男 / 日本陆军统计讲习会	林卓南 / 日本陆军士官学校	1903（1900）/1
2	《统计通论》/《统计通论》	[日]横山雅男 / 日本陆军统计讲习会	孟森 / 日本东京法政大学	1908（1901）/10
3	《最小二乘法》/*The Method of Least Squares*	[美]Mansfield Merriman/ 美国哈里大学	顾澄 / 清末格致书院数学科	1910（1884）/1
4	《统计学之理论》/*An Introduction to the Theory of Statistics*	[英]George Udny Yule/ 伦敦大学学院	顾澄 / 清末格致书院数学科	1913（1911）/1
5	《经济统计》/*Statistics and Economics*	[美]Richmond Mayo-Smith/ 哥伦比亚大学	曾鲲化 / 日本私立岩仓铁道学院	1914（1897）/1
6	《统计学原理》/*Primer of Statistics*	[英]William Palin Elderton，Ethel Mary Elderton/ 伦敦大学学院	赵文锐 / 留美（学校和专业不详）	1923（1909）/4
7	《统计方法》/*The Elements of Statistical Methods*	[美]Willford Isbell King/ 威斯康星大学	宁恩承 / 伦敦大学和牛津大学财政金融学	1925（1912）/5

---

① 横山雅男.统计通论[M].孟森，译.上海：商务印书馆，1980：3-4.
② 舒新城.近代中国教育史料：第四册[M].上海：中华书局，1928：143.
③ 本书对教材的判定标准有二：原著或译著的封面和序言明确写明做教材之用，或有在该时期的学校中曾用作教材的记录。

续表

序号	译著书名/原著书名	作者/任教大学	译者/毕业学校及专业（学位）	译著（原著）初版年/译著版次
8	《教育统计学纲要》/*The Fundamentals of Statistics*	[美]Louis Leo Thurstone/芝加哥大学	朱君毅/约翰·霍普金斯大学教育系学士学位、哥伦比亚大学哲学博士学位	1928（1925）/2
9	《社会统计论》/不详	[日]冈崎文规/不详	阮有秋/日本东京帝国大学经济学博士	1928（不详）/1
10	《统计学方法概论》/*The Elements of Statistical Methods*	[美]Willford Isbell King/威斯康星大学	许炳汉/北京大学经济学	1930（1912）/1
11	《教育统计学纲要》/*The Fundamentals of Statistics*	[美]Louis Leo Thurstone/芝加哥大学	罗志儒/哈佛大学哲学博士	1931（1925）/1
12	《实用统计学》/*Statistics in Psychology and Education*	[美]Henry Edward Garrett/哥伦比亚大学	刘廼敬/哥伦比亚大学教育硕士	1932（1926）/2
13	《统计研究法》/不详	[奥]Emanuel Czuber/德国技术大学	李仲珩/慕尼黑大学数学博士	1933（1927）/1
14	《心理与教育之统计法》/*Statistics in Psychology and Education*	[美]Henry Edward Garrett/哥伦比亚大学	朱君毅/约翰·霍普金斯大学教育系学士学位、哥伦比亚大学哲学博士学位	1934（1926）/5
15	《教育测量统计法》/*Statistical Method in Educational Measurement*	[美]Arthur Sinton Otis/不详	顾克彬/东南大学	1934（1925）/3
16	《生命统计学概论》/*Vital Statistics: An Introduction to the Science of Demography*	[美]George Chandler Whipple/哈佛大学	张世文/燕京大学社会学系文学士和理学士	1936（1919）/1
17	《经济统计》/*Introduction to Economic Statistics*	[美]George Royal Davies/北达科他大学	郭垣/不详	1937（1922）/2
18	《农业研究统计法》/*Application of Statistical Methods to Agricultural Research*	[美]Harry Houser Love/康奈尔大学	沈骊英/卫斯理女子大学植物学、康奈尔大学农学	1937（1937）/1

续表

序号	译著书名/原著书名	作者/任教大学	译者/毕业学校及专业（学位）	译著（原著）初版年/译著版次
19	《统计学原理》/*Elements of Statistics*	[英]Arthur Lyon Bowley/伦敦政治经济学院	李植泉/清华大学经济系	1937（1901）/2
20	《生物统计与试验设计》/*Methods of Statistical Analysis*	[加]Cyril Harold Goulden/加拿大曼尼托巴大学	范福仁/金陵大学农学院农艺学农学学士	1941（1939）/2
21	《密勒氏统计方法论》/*Statistical Methods Applied to Economics and Business*	[美]Frederick Cecil Mills/哥伦比亚大学	徐坚/不详	1941（1924）/1
22	《统计方法》/*Statistical Methods Applied to Economics and Business*	[美]Frederick Cecil Mills/哥伦比亚大学	李黄孝贞/美国拉德克里夫女子学院数学、经济双学位；陆宗蔚/复旦大学商科	1941（1924）/3
23	《统计方法大纲》/*An Outline of Statistical Methods*	[美]Herbert Arkin，Raymond R. Colton/纽约城市大学	朱君毅/约翰·霍普金斯大学教育系学士学位、哥伦比亚大学哲学博士学位	1944（1934）/2
24	《统计分析导论》/*An Introduction to Statistical Analysis*	[美]C. H. Richardson/美国巴克贝尔大学	罗大凡/湖南优级师范；梁宏/不详	1948（1939）/3

这些翻译教材依内容大致可分六大类：普通社会统计（序号1、2、9）、数理统计（序号3、4、6、7、10、13、18、23、24）、教育与心理统计（序号8、11、12、14、15）、经济与商业统计（序号5、17、21、22）、生物与农业统计（序号19、20）和人口统计（序号16），其中后四类是统计在不同学科领域的应用，因此兼含社会统计与数理统计。3本社会统计译著都来自日本，且翻译时间较早。欧美译著皆含数理统计，却大部分翻译时间较晚。这种时空分布特点在很大程度上形塑了近代中国统计学的学科发展路径——20世纪前20年以简单描述统计为重，后30年描述统计与数理统计并行，重视推断统计，同时也影响着近代我国官方统计的特点，即统计工作相对粗糙且不重视随机抽样。

结合表6-1考察译著的内容、时间与国别可以发现：从数量来看，这一时期欧美统计教材占据绝对优势，除3本日本译著外，余下21本均属欧美大学教材，其中 16 本为美国大学教材。从时间来看，20 世纪 30 年代左右是分水岭，大半译著在此后翻译出版。此外，大部分译著与原著初版年份相距不远，可知当时国内学人密切关注国际统计学的发展，注重统计知识的跟进更新，在教材翻译方面紧跟国际潮流。英国是现代统计学圣地，国内学者最早期翻译和引用的均为英国统计学教材与英国统计学者著作。彼时美国的统计学处于萌芽阶段，随着欧洲统计学家的迁入和统计知识的引进，美国统计学才开始发展。两次世界大战后，美国统计学高度繁荣，因此后期留英学生翻译的便是美国的统计学教材。

就作者的教育和工作背景而言，他们绝大部分在欧美名校任教，其中不乏统计学的集大成者，比如尤尔、鲍莱等。在译者中，除郭垣和徐坚的教育背景尚未查到，许炳汉、顾克彬、张世文未曾留学外，其他都有留学背景。由于译者留学期间欧美多数高校尚未建立统计学系，但统计方法已为众多学科所采用，因此尽管译者所学专业不一，但皆修学过统计课，如此多样化的学科背景有利于统计在国内各学科中的同时传播和全面开展。

下面分东洋和西洋讨论译著内容的原因有二：其一，于我国而言，经留日学生由东洋引入的统计是二手知识，是日本学者选择、理解甚至是解释后的统计，经欧美留学生从西洋引入的统计是一手知识，是"血统纯正"的统计，是我国留学生直接学习、理解的统计，而一手知识与二手知识势必有别。其二，20世纪初翻译的日本统计学教材因所处历史时期，以描述统计为主，缺乏推断统计，当时推断统计正在欧美各地并起发展，但尚未体系化，而欧美留学生出国时间相对较晚，留学期间数理统计已开始出现在统计学教材中并逐渐系统化。上述差异直接导致译著在内容及架构上的差异，而内容的难易程度和可操作性又影响了各自在我国的传播度与影响力，进而形塑我国统计学学科体系与统计工作框架。

2. 日本统计翻译教材研究：社会统计为重，数理统计隐现

统计传入我国，呈现鲜明的时代与历史特色。甲午战争结束后，翻译救国、取法日本进行彻底的教育改革是 19 世纪末 20 世纪初的主流。1899 年清政府开始选派学生赴日本习陆军[①]，此后留日学生日益增多。横山雅男 1900 年出版的《统计学讲义》在 1903 年就被翻译成中文在国内发行，因其时国内尚未充分认识到统计的价值与作用，故未能在国内传播开来。但增订版《统计通论》的译本因时间上的先发优势，一枝独秀，占尽天时地利并迅速在全国传播开来。1902 年，《钦定京师大学堂章程》在理财学课程下设统计学，开我国统计高等教育之先河。1907 年，宪政编查馆奏设统计局，分统计、法制两科，下令司道衙署设立统计

处为上级机关，府厅州县设立统计处为下级机关，因此急需统计人才和统计教育。当时，各级政府纷纷开设统计讲习班，又因当时没有与之竞争的统计讲义，因此全国各种统计学堂及讲习班所用讲义几乎清一色地以横山雅男的《统计学讲义》或《统计通论》为蓝本。如此，在 20 世纪前 20 年，《统计通论》几乎是时人了解和学习统计的唯一窗口。

从内容来看，《统计通论》是一本入门书，但来源权威且包罗万象，因成书于 20 世纪初，所以对抽象且包含更多数学知识的推断统计几无涉及。但这反而成为其在我国迅速、广泛、持续传播的优势。作为一本打基础的教科书，如此简化的统计对我国的统计教育和统计工作而言弊端亦极其明显，这导致在 20 世纪前 20 年大部分人把统计理解得过于简单。

事实上，日本统计始于荷兰，习自德国，也是"翻译的统计学"，因此 19 世纪末 20 世纪初日本的主流统计仍为国势统计，重在用简要文字和数字记录描述一国之国情。这一时期翻译的三本日本教材多数篇幅都在讲数据收集与描述，涉及推断统计的知识寥寥无几。[①] 其优点是相对简单的初级统计知识易于被初学者理解接受，便于在异文化中扎根传播。日本 20 世纪初的统计学教材框架基本都沿袭了横山雅男的《统计通论》，这一点可从当时日本有影响力的统计学家的著作中看出。

统计传入我国的这一历史特点导致了当时国内很多人对现代统计的理解停留在非常狭义的层面，因为三本译著的内容偏国势统计，几乎没有涉及抽样调查与数理统计，容易让初学者误以为现代统计简单，对非统计学者而言更是如此，比如政府的统计工作人员等。

3. 欧美统计翻译教材研究：数理统计为重，兼顾描述统计

20 世纪初国内学者也翻译过欧美统计学教材，如 1910 年和 1913 年顾君先后翻译的《最小二乘法》和《统计学之理论》，都属数理统计著作，但未能广泛传播，究其主因是当时国内具备高等数学知识、能够读懂这类书的人犹如凤毛麟角，且涉及学理名词的翻译尚未统一、晦涩难懂，这些都与《统计通论》形成鲜明对比。

1909 年，第一批庚款留学生到美国留学，当时西方的数理统计思想已日趋成熟与体系化，并出现完善的统计学教材。与此同时，我国的教育改革也日见成效，数理统计所需的数学教育日益普及。欧美留学生归国后不但积极翻译国际上

---

① 《统计学讲义》和《统计通论》均涉及推断统计的一个重要原理——大数之法（即大数法则），但未给出详明讲解。虽然提及标准误的原理"探之之次数愈多。黑白两球，愈近于相等之比例。且曰，所得成绩正确之度，以探出次数之平方根为增进""正确的结果与观察的次数之平方根有正比例"，但未明确提到"标准误"这个名词。

最新的统计学教材，而且有意识地将统计这门新学融入我国教育体系，特别是在各自专业和工作领域大力推广统计教育和统计方法。从译著的时间分布能看出，随着"血统纯正"的统计学的引进，日本译著不再独领风骚，特别是在教育和学术研究领域，源于日本的描述统计逐渐被边缘化（见表6-2）。

这一时期，尽管欧美已出版多本统计学教材且涉及多学科领域，但国内学者引用最多（笔者统计到的有82本书引用/参考过）的是1911年尤尔的 *An Introduction to the Theory of Statistics*，该书是他在伦敦大学学院1902—1909年讲授统计学的讲义，1911—1950年发行过14版，内容从最初的376页增加到701页，并被翻译成多国语言出版，在欧美统计学界堪称经典。该书名副其实，注重"统计学理论"，在内容编排上循循善诱，公式清晰，案例翔实，每章最后都详细列出参考书目并配有精心设计的练习题。国内学者很早就关注这本书，于1913年翻译过[1]，但译著只在1922年薛鸿志的《教育统计学大纲》中被参考过一次。无独有偶，1913年有学者译过与尤尔同时期的另一位英国著名统计学家鲍莱的开山之作 *Elements of Statistics*[2]（原著在1901—1937年发行过6版，1937年才被李植泉翻译成《统计学原理》出版），因无人问津，都没能正式出版。该书也是西方同时期的经典教材之一，是作者在伦敦经济学院（LSE）讲授统计学的讲义。刘大钧给译著《统计学原理》作序时记载"记得二十余年以前，我在美国学统计学的时候，教科书很少。现在许多有名的统计学者彼时还未著书，甚或也在求学时代。在那时所有的教科书中，鲍莱教授的一本要算数一数二的了……数十年来，新书出版虽多，统计学也有很大的发展，而此书价值始终维持不坠……一九三○及一九三一年国际统计学会开会，我两次代表我国政府前往参加，皆曾与这位老先生晤谈……"[3]足见此书在国际统计学界的地位与影响力。

20世纪30年代后的统计译著大都以数理统计为重点，兼顾描述统计，特别是农业、生物领域的统计学教材几乎全是推断统计，而且都是最新的统计方法，比如方差分析、显著性检验、曲线拟合、小样本推断等。此后的译著大概可分为两大类：一类包含经典统计的三大功能——收集数据、描述统计和推断统计；另一类重点放在描述统计和推断统计上，不涉及数据的收集。

---

① 原著3部分共17章，经笔者比对，译著只翻译了前6章，这可能是其未得到广泛使用的一个原因。

② 1913年曾鲲化撰写的《统计学教科书》记载，"……译英国尤尔氏所著统计学之理论。又与吴县王世澄君合译英国巴来氏大统计学，不日出版"，1927年王仲武著《统计学原理及应用》杨杏佛序言有云，"友人王敬礼君为言某君数年前尝译英人鲍来（Bowley）之统计学原则，求售竟无顾者，至今未能付印"。

③ BOWLEY A L. 统计学原理 [M]. 李植泉，译. 上海：商务印书馆，1937：刘序1.

4. 翻译的解构与建构：立足原著，扎根中国

任何知识都无一例外地蕴含着特定时空条件下认识主体对对象世界内外部关系状态的理解和确认。既成的知识只能是它的创造者在当时对这一结构状态认识的结果。翻译作为一种知识交流与传播的语言行为，不仅仅是译者对知识语言表现形式的简单转换，更是译者对异域文化知识的主动选取与采集、理解与转译、解构与建构。就这一时期的统计译著而言，无论是间接翻译还是直接翻译都绝非简单、单向、被动的接收过程。"最能体现翻译研究主客体关系的认识方式是'说明'和'理解'的融合与统一"[①]，民国译者解构原著与建构译著的主要方式是：围绕"实用的翻译救国"，在译著中添加按语、导读和表格，更新原著涉及的中国数据。

（1）批判地翻译日本教材。

译者是新知识的加工者、传播者、管理者甚至是分配者。华蘅芳和傅兰雅翻译了一本关于概率论的书《决疑数学》，在中国的发行和传播"印行无几，流布甚疏"，这与华傅二人的翻译晦涩且偶有不精准有很大的关系。一门源起于外国的新兴学科要在新的文化中立足、扎根并发展，初期几乎全仰仗译者。孟森翻译的横山雅男的《统计通论》是20世纪前20年在中国发行最多、引用最多的教材，该书之所以能在国内独领风骚十几年，离不开孟森的翻译，他的译文雅洁，译言精当，通俗流畅，既没有翻译生硬磕绊的通病，也消减了新知识常见的陌生晦涩。从统计知识的传播角度来讲，如果《统计通论》的译者换作他人，这本书在中国可能会有不同的命运。孟森通过翻译不仅把横山雅男想传播的统计知识和统计思想精准地传递给中国读者，还通过添加126处按语帮助读者理解并掌握书中的知识和技术。彼时，政府、企业都急需专业性、实用性的知识，因此统计的实用性、有用性是其在中国生根发芽、广泛散播的重要原因，更是文化和时代的选择。从这个角度来讲，孟森对统计在中国的创建、发展和传播功不可没。

《统计通论》能够流行于当时的日本和中国，除占据天时、地利、人和之外，笔者认为决定性的因素是书的内容文理兼修且兼具实用性和操作性，加之横山雅男学贯中西，文辞达练，更是增强了可读性。作为知识采集者的横山雅男通过这本书向读者生动地展示了德国国势统计学派的实用性。

要探究《统计通论》在中国统计学史上的地位与价值，必须着眼于其内容。从知识社会学的角度来讲，横山雅男和孟森都是新知识的采集者和传播者，特别是横山雅男对统计知识的筛选在某种程度上划定了当时日本统计学学科的边界和领域，间接影响到中国的统计学。接下来，本书分别从《统计通论》的组织结

---

① 蓝红军. 翻译方法论研究 [M]. 北京：外语教学与研究出版社，2019：193.

构、《统计通论》中的统计知识和统计技术、《统计通论》中的统计思想与统计素养三个方面详细讨论该书的内容，兼论孟森的翻译与按语。

1)《统计通论》的组织架构。

书如其名，《统计通论》可谓一部缩略版的统计小百科，涵盖了统计学的起源及历史，日本统计略史，统计知识和技术，统计应用，如何建立统计工作机构和制度，如何开展统计教育培养统计人才，如何收集统计数据、构建统计指标并解释统计数据。在知识的组织上，横山雅男巧妙地把第 2 编的理论和方法糅进第4～9 编的统计应用即统计指标。整本书结构紧凑，知识性强，从统计略史、统计流派、国际统计组织到日本统计略史，进而引出统计的理论和方法，包括统计的定义、学派、学说、范围，统计学与其他学科之间的关系，大数法则，统计数据的收集机关、收集方法、质量审核与清理归整，以及不同领域的统计指标。书中反复强调数据的真实性，注重用数据说话，强调量化思想。《统计通论》简明扼要地勾勒出一幅关于统计的全景图，让读者读后能迅速建立起关于统计的整体认知，而且对新知识不会产生孤离感。更加不易的是，横山雅男勾勒统计全景图时，对所有内容点的着墨浓淡得宜。

虽然《统计通论》是一本统计学教科书，但书中包含大量关于其他社会或国家的描述，以及大量新鲜的真实数据①，是一本非常国际化的书，可谓文理兼修。书中的非统计学内容新奇有趣且有借鉴意义和实用价值。对当时的日本读者和中国读者来说，阅读此书的一个额外收获是能够了解一些外国的风土人情和思想观念，且书中一些思想对当世之人特别是中国民众可以说甚为新奇，比如"物质的文明之顶点。其结局必有阻碍于人类之繁殖也"（第 251 页），"女子多有独立之生计。故此等女子之间。逐渐减少其必需婚姻之观念"（第 225 页），"故儿女多则其家大概必贫"（第 295 页），"惟有设课税于独身者之法律云"（第 247 页），"遗产平等分配法"（第 250 页）。新奇意味着吸引力，也给统计学教材裹上了一层"糖衣"。

概言之，整部书逻辑清晰，思想连贯，一气呵成，实用性强，其在中国的广泛传播和深远影响自然顺理成章。

---

① 横山雅男. 统计通论 [M]. 孟森，译. 上海：商务印书馆，1908. 书中以表格形式展示的真实数据就有 48 处，涉及日本及欧洲各国的人口、商业、农业等调查数据。此外，该书正文还有不少关于日本及欧美主要国家的各种真实数据，分布在第 103、128、129、130、209、210、214、215、217、220、222、223、231、233、234、235、237、243、252、255、257、258、264、283、288、290、291、297、304、307、309、316、320、322、334、337、346、361、365、368、371、372、373、375、378 页。本书下文括号中的"第 ×× 页"即指《统计通论》中的页码。

2)《统计通论》中的统计知识和统计技术。

"职业社会兴起运动"始于 19 世纪，表现为对专业知识的需求上升。到了 20 世纪，这种趋势愈演愈烈。在整个人类知识的历史长河中，有用、实用的知识总是传播得更快、更广。彼时，无论是在日本还是在中国，《统计通论》都是一本不可多得的专业书籍，更是一本行之有效的工具书。横山雅男注重统计知识和技术的实用性和可操作性，书中多处强调学术和应用二者之间应相辅相成，"各国虽略有不同，大概以实务上事实为主……又无不勉求学问上之材料。究之统计学之得有今日，实缘官府统计，多出于学问上有益之材料耳。上言统计局事业，一方着眼于实务，一方着眼于学问"（第 19 页），"当先着眼于学问上及实际上"（第 123 页），"……虽于各府县统计书。散见不具者之数。然不详其调查之方法。可谓遗憾"（第 232 页），"故学理与实际。常不能相离"（第 339 页）。横山雅男强调统计学在其他学科中的应用，"迈尔屋而曰。统计学者。诸科学中最要之一科也。任何学科。范围无更广于此者"（第 61 页）。书中第十一章"统计学关系之诸学"分别讲述了统计学和经济学、政治学、社会学、地理学、法学、哲学、史学、数学、万有学、国家学以及民势学之间的关系，以及这些学科该如何运用统计学来发展自身。

在人类知识史上，任何一门新的知识或学科要想得到广泛的传播和长远的发展，首先必须"有用"，知识的功能性在很大程度上决定了知识的命运。《统计通论》是一本参考价值很高的社会调查手册，操作性极强，甚至可以算是一本简易版的统计实务手册。横山雅男在书中为读者勾勒出现代统计调查工作的雏形，如图 6-1 所示。

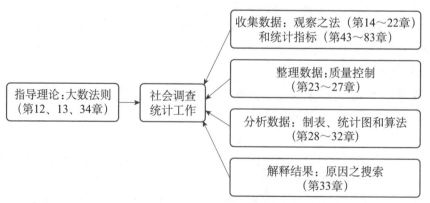

图 6-1 横山雅男勾勒出的现代统计调查工作的雏形

读者通过《统计通论》这本书既可以学习统计知识和统计技术，又能依据书

中的细致描述 ① 和讲解在实际中应用统计知识和技术来开展统计工作，收集数据构建统计指标和制作统计图表，进而产生实际的价值和影响。

用图表来展示和比较事实是人类知识发展和传播的一大突破。和文字相比，图片几乎不用翻译就能够在全世界范围内传播，而且图片给人带来的视觉刺激还能够增加一本书的吸引力。国际上早在 1686 年就出版了一份图表，显示了不同的天气条件下气压计中的水银升降情况。② 明末清初，用图表来展示事实、比较事实无论是在印刷技术上还是在学术发展上都较罕见。《统计通论》中有一章专门讲统计图，即第三十章，内分两小节线图和地图。整章不到 18 页，但包含了38 张图（其中第 9 张图是线条示例，不是严格意义上的统计图），包括现在常用的统计图——饼形图、线图、条形图、点图、面积图、雷达图、象形图、统计地图等，它们的构思和制作现在看来仍不失科学精准。横山雅男对这章的描述有血有肉，前两段就是一个统计图小史，略述了统计图的历史及作用，接着用真实的数据详述了每种统计图的制作方法、注意事项，并对图中所示数据给出了解释。民国时期不少关于统计的著作都借鉴甚至照搬了这些图。

《统计通论》中关于统计计算的内容集中在第二十九章，这章共三小节，分别是加算、比例和平均，另第四十六章和第四十九章也涉及统计计算。不过，总体而言，这本书在统计计算方面的内容比较单薄，涉及的统计计算仅限于集中趋势的描述统计，没有关于离散趋势的统计计算。③ 横山雅男用示例讲解比例和平均数的计算方法，全书只有一个计算人口增加的公式 $100\left(\sqrt[\text{卯}]{\dfrac{\text{甲}'}{\text{甲}}}-1\right)$，在这个公式里汉字"卯"表示幂，甲表示分母，甲'表示分子，这种公式的翻译风格和华蘅芳、傅兰雅在《决疑数学》中采用的公式翻译风格一致。

综上，《统计通论》在内容上偏国势统计，全书超过一半的篇幅都在描述各个领域统计指标的设计，书中介绍的统计知识仅限于数据的收集和描述统计，几乎没有任何数理统计的内容。④

---

① 横山雅男在书中对一些技术性和操作性的细节描述得十分详细，比如在讲解如何进行数据收集时写道，"以铅笔为至便也。兹事虽细，然当统计之任者。宜以注意为要"（第 88 页），在讲解统计表格的设计和制作时写道，"其票纸均为纵六寸七分横四寸五分之西洋纸……在欧美诸国。因供材料整理之便。盖用色纸……未婚男白色，未婚女青色。夫黄色。妻赤色"（第86 页）。

② 伯克. 知识社会史：下卷 [M]. 汪一帆，赵博囡，译. 杭州：浙江大学出版社，2016：117.

③ 横山雅男在第 135～138 页提到数据之间的差异，也给出了一些描述和解释，但没有介绍具体的统计计算方法。

④ YULE G U. 统计学之理论 [M]. 上海：文明书局，1913：译余赘语 2. "……统计通论……仅略述统计历史及制表绘图等事，于学理几无所及。"

3）《统计通论》中的统计思想与统计素养。

强调用数据说话，以大量真实的国际数据为基础来描述统计知识和展示统计技术是《统计通论》的一大特色，也是一大优势。横山雅男用真实鲜活的数据向世人展示了一种新的看待世界的方式和处理问题的方法，比如书中第 243 页描述德意志依据统计数据制定婚姻法。在当时，《统计通论》提供了一种全新的世界观、全新的看待世界的角度，用数字量化社会、经济、人口等一切事物，以做更精确的比较和研究。

强调数据质量。"统计之根本为事实"①，强调收集的数据应该能够尽量反映社会现实，提醒"不善之观察。不如不观察"②，重视统计分类，要求数据应该"确实而不谬误。完全而不缺漏。且次序又能整齐"③。

强调善用统计工具。"而统计惟一之目的。在增进社会之福祉。与个人之幸福安宁"④。统计方法不对"恐不免为危险之武器"⑤。统计工具的使用必须结合实际，实事求是，有技术、有思考且不违背常识。横山雅男引用其师杉亨二的"统计家十诫"，指出统计者"必用精于统计之学理。通于诸般之学术。且明于实际之人"⑥，统计人才是根本，统计领导是关键。

《统计通论》所蕴含的这些统计思想和素养至今仍是统计学习的难点和重点，也是统计工作的重中之重。

4）孟森的翻译与按语。

翻译是一种语言行为，是对外语的驯服和同化，更是一种文化活动，是对异域文化知识的采集和选择。引进外国知识，无论是技术方面还是价值观方面的知识，在当时都是一件复杂的事情。《统计通论》本身就是横山雅男编译西方统计学的产物。孟森在第 4 页的按语中言，"日本用汉字译西籍中之名词。斟酌颇费苦心。其为功于我。自不可掩"，日本直接用汉字翻译统计学术语便于中文翻译。尽管如此，孟森的翻译仍是中译本的一大亮点，他的翻译"信达雅"皆备，译言精练得体、通俗流畅，既没有翻译常见的生硬磕绊问题，也消减了新知识常见的陌生晦涩问题。译者是新知识的加工者、传播者、管理者甚至是分配者。从统计知识的传播角度来讲，如果《统计通论》的译者是其他人，那么这本书在中国可能会有不同的命运。

---

① 横山雅男 . 统计通论 [M]. 孟森，译 . 上海：商务印书馆，1908：95.

② 同① 74.

③ 同① 96.

④ 同① 61.

⑤ 同① 73.

⑥ 同① 172.

孟森的按语是本书的一大特色。按语是译者为便于读者阅读和理解而添加的注释。为了能够让中国读者更好地理解并学会、学好这些知识，孟森翻译时特别注意文化差异可能导致的理解障碍，因此给出了很多名词解释，这些名词都是日文名词。通览全书，足见其翻译时下的功夫之深。对于不熟悉甚至对这些名词闻所未闻的中国读者来说，孟森的按语给出了国外的度量衡单位如何换算成中国的度量衡单位，有助于读者读懂，增强了阅读的流畅性。第 270～273 页的按语最长，横跨四页，"译者按此节法理尚未说明。不免滋读者之惑……见夏秋龟一所著最新统计学中。计算生命。共有五法……"，孟森在这处按语中详细讲解了出生率和死亡率的不同计算方法。由此按语可知，孟森在翻译之前或之时参考过或学习过其他日语统计书，他选择翻译横山雅男的统计书从侧面反映出孟森对这本书的认可与肯定。凡例中的 2 处按语[①]告诉读者此处省略了杉亨二的照片和日本度量衡与国际度量衡之间的比较。5 处按语[②]提到林、钮的旧译本，其中 3 处是摘录旧译本内容以飨读者，显然他认真研究过原著和旧译本。2 处按语[③]给出了英华字典的译法。1 处按语[④]是孟森感慨中日甲午战争中国战败部分是因为当时政府军事报告不准确，如果有统计学就会有真相。孟森还在 2 处按语中表达了自己对有关政治问题的看法。特别值得一提的是，孟森在翻译时并非全盘接受书中的内容和思想，而是有自己的见解，例如第 293 页的按语批判了日本的殖民思想，第 120 页的按语不赞同横山雅男的三位数和四位数等同的说法。因此，孟森在翻译和传播社会统计学的时候并不是被动接受《统计通论》的内容，而是主动选择。简言之，孟森的按语折射出孟森对统计学的认可、对读者的负责以及对自己独立见解的坚持。

5)《统计通论》在我国统计学史中的地位。

在我国的统计学史上，最初决定选择翻译哪部著作可能是偶然的，但翻译之后的出版发行必然会对我国的统计学产生一定的影响。《统计通论》对中国的统计工作和统计学的影响广泛且深远，其中既有正面积极的促进作用，也有负面的不利影响。

"那时统计学在中国还是一个空白点，坊间只有由日文翻译过来的一本横山雅男的统计学，除此之外，什么也没有了"[⑤]，由此可见，《统计通论》这本书在中国统计学史上可谓是承前启后的一本书，开启了规范科学统计的篇章，是清末

---

① 横山雅男. 统计通论 [M]. 孟森，译. 上海：商务印书馆，1908：凡例 2.

② 同① 5，42，46，77，149.

③ 同① 200，201.

④ 同① 43.

⑤ 金国宝. 对"统计学大纲"的自我批判 [J]. 统计工作，1957（3）：30-34.

民初中国统计思想和统计工作的基础，也为随后出现的数理统计学奠定了思想和数据基础。

6）正面价值及影响。

《统计通论》第一次向国人展示统计学这门学科，为中国统计学的建立奠定了基础。"统计通论殆相出入自是我国士大夫始知统计为一种科学。"[1]

《统计通论》直接把英语统计名词翻译为汉语，为后世翻译树立典范。"统计为科学之名。日本初译定时。纷歧如此。其学者求汉字于我之佩文韵府及英华字典。俱无古义可据。文字中偶用统计字者。尚不以为独用之专门名词。吾国斯学尚未大有发明。而统计之为一学科定名。已传自东籍。先入为主。将来免一命名之镠铬。后起者易为功。此亦其一端也。日本用汉字译西籍中之名词，斟酌颇费苦心。其为功于我，自不可掩。"[2]从横山雅男在书中引用的中国历史人物、典故及古诗词[3]可知其中文功底扎实且翻译功底深厚。作为第一本社会统计学的译著，《统计通论》中的统计名词翻译在中国统计学史上应该占有一席之地。

---

[1]　曾鲲化.统计学教科书[M].上海：群益书社，1913：21.

[2]　同[1] 3-4.

[3]　书中第 56 页有言"横山氏好引诗古文词"。全书大量援引世界各国统计学家以及学者贤人的著作或言论，如"昔者拉浦拉斯所著书中。有格言云。政治及道德为之观察为之计算，当以自然科学中所施之法施之"（第 14 页），"博落有言。统计所以比较事实。又因事实之比较而生存者也"（第 28 页），"横看成岭。侧看成峰"（第 161 页），"康德曰。人事之法则不当求之一枝一节，当求之全体"（第 76 页），"拿破仑一世亦谓统计为事物之豫算表"（第 134 页），"如其角歌词所云。虽一声之钟。无日而不有重值分。翳江户之春也"（第 176 页），"庄尼之言云。世纵有称为精神心智之统计者"（第 382 页）；包括中国古代贤人的诗句，如"此惠心僧都之六道讲式中语也。人生度一世，去如朝露晞。非又曹子建之诗耶。信如此言。人寿如朝露矣"（第 12 页），"管仲云。疑今者察之古。不知来者视之往。万事之生也"（第 134 页），"孟子曰。不揣其本而齐其末。方寸之木。可使高于岑楼"（第 158～159 页），"昔人诗云。草色遥看近却无"（第 79 页），"韩非曰。长袖善舞。多钱善贾"（第 171 页），"周益公云。苏子容闻人语故事。必令人检出处。司马温公闻新事。即使抄录。且记所言之人……古事莫语子容。今事勿告君实"（第 173 页），"语曰。行之能断。鬼神避之。陈亮云。一日之苟安。百年之大患也"（第 208 页），"时珍云。女子二七天癸至。七七天癸绝"（第 237 页），"叔詹云。男女同姓。其生不蕃。邱琼山盛称魏太武之禁娶同姓"（第 242 页），"五行大义有云。昼生子似父，夜生子似母"（第 254 页），"暑气多夭。寒气多寿。淮南子之言"（第 261 页），"季文子曰。备豫不虞。古之善教"（第 316 页），"孔子云。君子有三戒。少之时。血气未定，戒之在色。及其壮也。血气方刚。戒之在斗。及其老也。血气既衰，戒之在得"（第 352 页），"论语曰。小人穷斯滥矣。又盐铁论曰。疲马不畏鞭箠。弊民不畏刑法"（第 353 页），"古人诗云。古刹荒凉树半遮。钟楼倚势夕阳斜。蛛封僧室闲牵网。兔匿蝉龛惯作家"（第 391 页）；最妙的是横山雅男用一句中国古诗"草色遥看近却无"来形容大数法则的本质，可见其历史、文学及统计功底。

《统计通论》间接提供学习统计学的参考资料。横山雅男为撰写《统计通论》阅读了大量西方的统计学著作、期刊及报告，处处引经据典。他深谙统计学史，书中关于统计学的历史介绍详尽翔实，从书中涉及的部分统计人物可见一斑：政治算术学派创始人伯智氏（William Petty）[①]、约翰高隆（John Graunt）及代表人物赵斯麦（Johan Peter Sussmilch），国势学派创始人康令（Herrman H. Corning）、握天华（Gottfried Achenwall）及代表人物茅顿士麦（Martin Schmeitzel）、恩歇而生（J. D. Ancherson），数理统计学创始人凯特勒（Adolphe Quetelet）和拉浦拉斯（Pierre Simon Laplace），恩格尔系数的发明者袁古（Ernst Engel），康德（Immanuel Kant），亚当斯密（Adam Smith）等。对当时国内的统计学来说，这些重要的统计人物的名字本身就是非常有参考价值的信息，有了这些人名就有了寻找学习资料的线索，节省了考察外国统计学史的时间和精力。他在书中还提到了当时的一些统计学著作，比如"译法人庄尼所著之 Element de Statistique。名之曰统计学。一名国势略论……皮息林之讲义录。名之曰表纪提纲。一名政表学论……大英百科全书中之统计篇。名之曰统计学大意……堀越爱国译国民统计学。望月二郎译统计须知。吴文聪君之统计祥说……斯氏统计要论。理论统计学……高桥二郎君译统计入门……"[②]。此外，书中引用的各国统计数据本身也是非常有价值的学术研究资源和政治参考资料。

《统计通论》在很大程度上奠定了民国时期社会统计学教材的编写风格。横山雅男编制此书时，参阅了大量统计学著作、期刊及报告[③]，对统计知识和技术的组织和编排符合日常生活逻辑。其组织框架和写作风格奠定了之后长达几十年的社会统计学教材的组织和编排风格。20 世纪初，各地各级政府和学术机构开办了很多统计讲习班和讲习所，在已发现的文献中，几乎都能看到《统计通论》的影子。纵观民国时期的社会统计学教材，相当一部分在内容编制上都沿袭了横山雅男的知识编排逻辑（详见表 6-2），从中能窥见清末民初统计教育的一脉相承。《统计通论》当时在中国如此广泛的传播和多元的影响，一方面有利于统计知识和技术的学习以及统计工作方法的统一，另一方面促进了统计学这门新学科的形成。

[①] 民国时期对外国人名的翻译和现在很不同，伯智氏即威廉·配第，为方便读者阅读，笔者在括号里加入对应的英文名，原书没有标注英文名。

[②] 横山雅男. 统计通论 [M]. 孟森，译. 上海：商务印书馆，1908：45-46.

[③] 同①凡例"因用许多参考书。然厌参考书名之繁。不复载"。

表6-2　已发现脱稿于或参考过《统计通论》的统计学教材、讲义及其他著作

序号	书名	作者	出版日期	出版商	参考情况	备注
1	《统计学》	何燮堃		广三书店	大段摘录	私立统计簿记专科讲习所讲义
2	《统计学》	不详		内部讲义，手刻	大段摘录，包括统计图	山东商业专门学校讲义
3	《统计学讲义》	俞吉英、李廷坚		云南官印局代印	内容架构基本一致，大段摘录，包括统计图	
4	《统计学讲义》	不详	不详	内部讲义		
5	《统计原理技术各论合集》	子厚氏				山西区行政讲习所讲义
6	《统计学》	彭祖植	1907	政法学社	内容架构基本一致，大段摘录，包括数据和统计图	政法述义第二十五种
7	《应用统计浅说》	寿毅成	1923	商务印书馆	内容架构基本一致，摘录数据	百科小丛书第二十八种
8	《统计学》	王溥仁	1917	陆军军需学校	内容架构基本一致	脱稿于1911年陆军军需学校讲义
9	《统计学》	陈其鹿	1925	商务印书馆	内容框架部分相同，大段摘录，包括统计图	新学制高级商业学校教科书
10	《应用统计》	寿景伟	1932	商务印书馆	内容架构基本一致，摘录数据	百科小丛书
11	《统计学》	叶弼	不详	不详	内容框架部分相同，大段摘录，包括统计图	民国大学讲义
12	《统计学纲领》	沈秉诚	1909	三田印刷所	内容框架部分相同，大段摘录，包括统计图	

　　作为民国初期大部分统计讲义或统计教材的蓝本，《统计通论》客观上推动了中国近代统计学科的建设和发展，为规范政府统计工作提供了参考，并试图从思想上让人们树立起以数据为基础的科学世界观。

7）时代局限。

统计学发端于欧洲，囿于彼时世界通信技术的状况以及横山雅男自身的学术背景，虽然他在著书之时参考了许多西方统计学著作、文章及报告，在统计表和统计图的制作方面参考了当时国际上先进、流行的体例，但不容否认的是书中内容仍然没有完全涵盖当时最先进的统计技术和思想[①]，对统计的内容介绍不全，只介绍了一些关于集中趋势的描述方法，对离散趋势几乎没有涉及，如果读者比较不同数据时没有考虑到离散情况，就有可能得出错误的结论。特别是关于统计原理、统计知识和统计技术的篇幅偏少，大量的篇幅都用在统计指标上。最遗憾的一点是，书中没有关于"随机性"的描述和讨论。虽然书中详述了大量观察的优势，但自始至终都没有阐释清楚大量观察的基础和条件，没有提到一种重要的统计原理和统计思想"随机性"。在谈到大量观察和大数法则时，横山雅男只强调了调查样本量越大，统计结果越接近社会事实，但没有指出这一规律的前提条件——"样本要随机选取"。鉴于《统计通论》当时在中国如此广泛的传播和影响，这些不足不利于彼时中国统计学萌芽创建之时建立科学、准确的统计思想基础。不知道这是不是很长一段时间内我国的社会调查缺乏抽样思想指导，甚至把社会调查、统计调查及随机抽样调查混为一谈的历史原因。

（2）解构与建构欧美教材。

20世纪20年代后，欧美高校的统计学教材已基本完成新旧范式的转换，不再以文字记述或简单的数字统计为主要内容，取而代之的是规范的描述统计与数理的推断统计，并开始关注数据特别是随机抽样数据的收集过程。国内学人在翻译欧美教材的过程中依旧秉持读者与创作者兼而有之的心态，既有删减，亦不乏增补。

以添加按语的方式解释原著是这一时期统计翻译最常见的做法。欧美教材的译者也不例外，如1923年赵文锐在译序中记，"原书力求简易，译书更甚。删芜去冗，自不待言，即学理之嫌过深，而为本书之所不必有者，亦淘汰之。且于正文，参以己意，复加案语，以期明瞭"[②]，他在第6、13、28页借用按语向读者进一步解释中位数、平均数与中位数的区别、密集数（即众数）。再如1937年郭垣在译者序中写道："惜以其选材偏重美国与出版较早，该书是否堪为中国大学教本，尚不无疑问。但教者如以个人之经验与学识，对原书精加增减，用为教本，

---

① 与横山雅男同时代的多位日本统计学家在20世纪初就开始关注数理统计学，比如吴文聪、高野岩三郎等。但囿于普通民众的数学基础，数理统计学著作在当时没有广泛传播开来，而我国当时的留日学生也缺乏数学基础，因此也没有引入相关著作。1920年后，随着留欧美学生相继归国，特别是统计学专业留学生的归来，数理统计学开始传入中国，弥补了这一缺憾。
② ELDERTON W P, ELDERTON E M. 统计学原理 [M]. 赵文锐，译. 上海：商务印书馆，1923：译序.

亦未为不可也……今重为订正，以之付梓。"[1]

第二种做法是添加各种表格。朱君毅、沈骊英、范福仁、顾克彬等在译著中都有添加"中英文译名对照表"，有的还附有"人名地名华英对照表""人名与符号索引"等，这些其实也可看作另一种形式的按语。1941 年，范福仁在翻译时遇到"原文间有艰晦之处，或须另加补充"时，便"辄加以注解，附于书末"，以期"对于读者，或有相当助益"。在翻译书名时，他考虑到"惟因含义不明，易与一般统计学混淆"，"故改译今名"。当发现书中田间试验缺乏实施的考量时，他还会告知读者"可参阅 J. Wishart 氏与 H. G. Sanders 氏合著之 'Principles and Practices of Field Experimentation'"。在意识到"原书所附统计表，尚未完全"时，他"又采五表，列为表97 至表101，以便应用"[2]。范福仁增补的 5 个表是：机率积分表、r 与 z 互查表、相关系数显著数值表、复相关系数显著数值表、2 列表内与独立性歧异之 P 值。

张世文的译者序是一份简要的导读，特别向读者强调了五点，其中第二、三点兼有解构与建构之意，"（二）本书第六章中有许多关于美国各州人口之推测图。我觉得这些图给美国人看自然很有用处，给我们看，实在没有多少意思，因此就把它删去了。（三）本书第九章中附有一个万国疾病及死亡原因表，这个表极其有用；译者特将原来的英文表附于本书附录内，做读者参考"[3]。

在这些译著中，扎根中国最鲜明的当属洛夫[4]所著的 *Application of Statistical Methods to Agricultural Research*，同事沈骊英同步将其翻译为中文，译名《农业研究统计法》，中英文版由上海商务印书馆同时出版发行。该书是美国统计学家基于在中国农业领域的统计实践编写的统计学教材，是统计应用于中国农业研究和中外统计学者合作的一大成果。书中写着"此书献给中国学者之对于本题有深切兴趣而提倡统计分析来解释其试验结果者"。序中记载"本书之得编成问世，全赖中华教育文化基金董事会及中央农业实验所之资助……复承中央农业实验所沈骊英技正为之译成中文。作者对于沈先生之谨慎译述及有益建议亦深感慰"。该书是作者基于自己在中国教学和指导试验的结果，"深感有关统计分析之基本问题，实有汇集材料另成专书之必要。书中并宜将试验机误之意义及变异数分析

---

[1] DAVIES G R. 经济统计 [M]. 郭垣，译. 重庆：三友书店，1937：序 3-4.

[2] GOULDEN C H. 生物统计与试验设计 [M]. 范福仁，译. 桂林：桂林科学印刷厂，1941：译者弁言.

[3] WHIPPLE G C. 生命统计学概论 [M]. 张世文，译. 上海：商务印书馆，1936：译者序 16-17.

[4] 该书作者是美国康奈尔大学作物育种学教授，1931—1934 年任工业部农业和作物改良顾问，1944—1949 年任南京大学植物育种特聘顾问，南京大学和中央大学特聘讲师；1949—1950 年任中国农村建设联合委员会委员。他说自己"曾受中美两国聘任教授生物统计学有年"，收到并搜集了各地学者的试验结果，因此书中有不少中国试验田的试验数据.

之方法，尽行编入……特编著此书，而尤注意于公式之如何应用，与结果之如何解释，而略其公式之演化与引申。再各种方法之应用，以农业为对象，故所举例题，亦多取材于农业研究之就结果，惟统计方法，大抵大同小异，本书所叙述之方法，任何统计资料皆得适用之也"[①]。

（3）马太效应：从参考引用量看翻译教材的累积优势。

要测量和评估译著对当时国内统计的影响，一个量化指标是国内学者的参考引用情况。我们以国内学者参考引用[②]译著或原著的次数作为影响力的测量标准，图 6-2 是国内学者单方参考引用译著及其原著的关系图，图 6-3 是这些原著彼此之间的参考引用图。两图中的颜色代表国家 / 地区（白色代表日本，深灰代表美国，浅灰代表欧洲），圆圈大小表示被参考引用次数的多少，作者名后括号内数字表示具体的次数，箭头指向的是被引教材。由于该时期国内尚未形成清晰明确的引用规范，因此在笔者找到的教材中只有 128 本于章后、书末或以脚注的形式注明参考引用细目，其余未标注参考书目的教材未纳入研究范围。

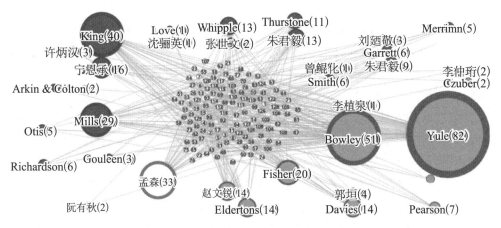

图 6-2　国内统计学教材参考 20 部原著及其译著的网络关系

说明：（1）图中 Otis、Richardson 和 Mills 的译著因为没有被引用过，因此没有进入分析图形中。虽然孟森翻译的横山雅男的《统计通论》和阮有秋翻译的冈崎文规的《社会统计论》都曾被参考过，但原著尚未发现被参考过。

（2）考虑到老皮尔逊和费希尔在统计史上的开山地位与影响，图中加了二人的著作 *The Grammar of Science*、*Statistical Methods for Research Workers*。

---

① LOVE H H. 农业研究统计法 [M]. 沈骊英，译. 上海：商务印书馆，1937：序.

② 笔者在整理参考书时发现，20 世纪 30 年代以后，国内参考的英文作品越来越多，最常参考的有：里茨（H. L. Rietz）的 *Handbook of Mathematical Statistics*、西克里斯特（H. Secrist）的 *An Introduction to Statistical Methods*、恰道克（R. E. Chaddock）的 *Principle and Methods of Statistics*、杰罗姆（H. Jerome）的 *Statistical Method* 等。因为我们的研究对象是国内学者翻译的外国统计学教材，因此未翻译的外国统计学教材不在研究范围内。

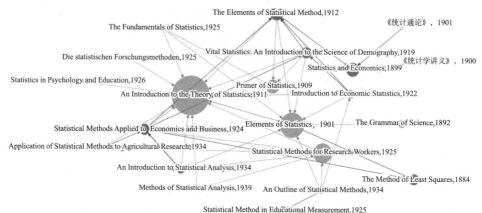

图 6-3　统计学的国际传播掠影：原著之间的互相参考网络关系

说明：虽然图中只标出横山雅男在写作《统计学讲义》和《统计通论》时参考过美国人梅奥－史密斯的 *Statistics and Economics*，但他实际上参考了大量著作，"因用许多参考书。然厌参考书名之繁。不复载"，故笔者无法做精确考证。

图 6-2 和图 6-3 都呈现出科学史学者默顿（R. K. Merton）提出的"马太效应"[①]。这 20 部原著及其译著共被引用 426 次，被引次数差距大，排在前五位的被引 235 次，特别是尤尔和鲍莱在两图中都位列前二，又因这两本书都曾多次增补再版，因此二者之间也存在参考引用关系，鲍莱曾在自己书的序里提及"尤尔先生，余当再三感谢不置者也"。与原著形成鲜明对比的是译著的被引情况，两部译著只分别被引过 4 次和 1 次。该时期的国内教材编著者几乎都直接参考英文原版，因此大部分译著的影响甚微。

综合图 6-2 和图 6-3 来看，该时期国内参考外国统计学教材展现出四个鲜明的特征：第一，溯源求本。尽管有中译本，但大部分编著者并不止于译著，而是求知识于原著。直接引用远超间接引用（即引用译著）。第二，与时俱进。国内学者引进、传播统计的大致路径与国际发展同轨，兼具本国发展特色。整个现代统计的传播路径非常清晰：发源于欧洲，以现代统计学创始人老皮尔逊为核心，经其弟子集大成于英国，发扬光大于欧美，传播到亚洲。图 6-2 和图 6-3 中被引最多的两本书来自英国。从图 6-3 可清晰地看到大部分外国统计学教材也都参考过尤尔等的书，而尤尔等又都是老皮尔逊的学生。在我国，虽然最初从日本传入的统计几乎不涉及推断统计，但随着国内教育改革的推进、留学生的归国，最先进的、体系化的统计知识也被引入国内。第三，时间上的先发优势带来影响力

① 　默顿. 科学社会学 [M]. 鲁旭东，林聚任，译. 北京：商务印书馆，2003.

上的累积效应。20 世纪前 20 年引用最多的是《统计通论》①，该书原著在 1901—1921 年先后发行过 42 版，被引次数为 33。作为目前发现最早的、在国内公开出版的统计学教材，《统计通论》在出版时间上的先发优势带来在学术引用率及影响力上的累积效应。20 世纪 20 年代以后引用量最大的是尤尔的书。这两本书的作者在统计学上的造诣不可同日而语，在整个统计学发展史上的贡献与地位更无法相提并论，但在我国统计学发展史上造就了两种不同学术类型的"马太效应"，一种来自时间（出版早）与空间（离我国近）的优势，一种源于内容先进和译文易懂的优势。这也提醒世人：通过翻译引入新知识或新技术时，第一部著作因先发优势，更易形成累积优势，选取当慎之又慎。第四，原著的影响力大于译著。以被引次数作为影响力的一个测量维度来看，除朱君毅的两本译著及孟森翻译的《统计通论》外，其他译著的被引次数均未超过原著。朱君毅的两部译著出版之时，他本人正担任中国统计学社委员会委员长、论文委员会主席、东南大学教育科教授等职，与其他译者相比，社会地位与声望相对更高。这也再次印证了"马太效应"，即相似的学术作品，如果出自高社会地位 / 声望的人，就更容易被学术界认可，得到更广泛的关注与传播，影响力也就更大。

5. 启示：历史照进现实

明代徐光启有言，"欲求超胜，必须会通；会通之前，先须翻译"。19 世纪末 20 世纪初统计学的引进不仅意味着一门新学科在我国的建立，更意味着一场学术研究方法的革命和现代量化学术研究的开启。纵观近代我国出版的统计学教材 / 讲义，不难发现走过"弯路"：前期当数理统计在欧美已然兴起之时，国内由于复杂的历史原因基本停留在搬用日本社会统计学教材的层面，对统计内涵及方法的理解囫囵吞枣，误用、错用比比皆是，地方各级统计工作人员更是知之甚少，甚或不知而胡为。中后期，欧美留学生有机会直接接触到欧美学者编著的统计学教材，并积极结合我国当时有限的统计数据编著统计学教材，致力于开拓发展我国的现代统计教育，为改造社会、建设新中国储备统计人才。

从学术发展史的角度来看，学术研究具有连续性，学术创新更无必要与过去彻底决裂。研究近代中国的统计翻译正如站在近代巨人的肩膀上，能够给当今的量化教育与知识传播以启发。首先，关注新知识、新技术的先发优势。某一领域的第一本书事关重大，如果选取不当，可能后果严重。其次，翻译必须追根溯源，一手知识最可靠、最精准。特别是在当今，学术界更注重一手知识，强调一手知识，尽量减少以讹传讹。最后，反观并反思民国时期其他学科的翻译。20 世

---

① 虽然横山雅男的《统计通论》在日本发行过 42 个版本，但他本人在日本统计学史上鲜少被提及。

纪上半叶出现大量翻译作品,"西学"大都通过翻译进入国人视听范围,既有通过翻译日本人解读过的西学作品介绍西学的,也有直接翻译西方学术著作的;因为都是新知识、新技术,在中国的传统文化与学术中闻所未闻,加之当时权威未现、专家未出,所以很多翻译工作不可避免地存在囫囵吞枣、生吞活剥的问题。如今百年已过,是时候对这些翻译工作开展自查、反省甚至是纠错了。我们希望通过对统计学翻译教材的研究,让这些凝聚了民国学人心血的旧书再次发声,引人问津,超越历史,照亮现实。

二、自主编著的统计学教材

统计学家在学习、翻译国外统计学教材的同时,也致力于编著基于中国统计数据、适用于中国教育的统计学教材。特别是进入 20 世纪 30 年代以后,不同学科的学者在多年教学经验的基础上,相继编著出基于中国调查数据的统计学教材,详见前面表格。这里以金国宝、王仲武、艾伟、郭祖超编著的教材为例,展示当时的统计学教材水平。

1. 金国宝的《统计新论》和《统计学大纲》

(1)生平。

金国宝

金国宝(1894—1963),江苏吴江人。1901年 2 月至 1905 年 12 月,在家中私塾接受启蒙。1906 年 2 月至 1909 年 12 月在同川公学读小学。1910 年 2 月至 1913 年 10 月就读于江苏两级师范学校。1914 年 2 月至 1917 年 7 月就读于复旦公学,获学士学位,上学期间给各杂志写稿。

1918 年 2 月到 1921 年 7 月任吴江中学教员,教授英文、世界地理等,时而给《时事新报》副刊《学灯》及其他杂志投稿。在这期间,翻译了列宁的相关著作并发表在张东荪创办的《解放与改造》的创刊号上。1921 年 8 月到 1922 年 7 月,任教于苏州第二师范学校,讲授英文、法制、经济等。

1922 年通过南洋兄弟烟草公司留美学生考试,此时已 29 岁。同年 9 月,受资助赴美国哥伦比亚大学读书,就读于经济系及商学院一年,学习银行、经济等,1923 年 6 月获得经济学硕士学位。1923 年 6—8 月的暑假,前往纽约大学上夜校,读商科。1923 年 6—10 月,白天在美国纽约哈力门国民银行(Halliman National

Bank）实习，专门学习国外汇兑。按计划，在美国的两年时间里，他想再取得一个学位，且当时的论文已有些许准备，奈何因家事被催归，于 1923 年 11 月回国。

1924 年 7 月到 1927 年 6 月，在中国公学、复旦大学、暨南大学等高校任职，教授统计、商用数学、经济、银行等课程，并为报纸、杂志撰文。1927 年 7 月到 1927 年 9 月任南京特别市财政局统计科科长，从事统计工作。1927 年 10 月到 1928 年 3 月任南洋兄弟烟草公司统计科科长，继续从事统计工作。

1928 年 4 月到 1929 年 4 月，赴美国康奈尔大学学习人口统计一学期，后在美国人口统计局实习。此次学习兼考察是奉时任大学院院长蔡元培之派赴美国学习人口统计，考察统计事业。[①]

1929 年 5 月到 1930 年 4 月，任南京特别市财政局局长兼首都建设委员会专门委员。1930 年 5 月辞职后，以考察地方财政的名义被派往日本考察地方财政两个月，考察了东京、京都、横滨、大阪、神户、名古屋六大都市。回国后，进入交通银行，1930 年 7 月到 1935 年 6 月在交通银行历任总行稽查兼沪行监理、沪行副总经理、总行业务部副经理、业务委员等职，同时兼任企信银团董事。1935 年 7 月辞职后，仍被交通银行聘为顾问（1935—1938 年）。1935 年 7 月到 1949 年 5 月，历任中央银行经济研究处专门委员、副局长，兼发行准备管理委员会秘书主任、稽查处副处长、会计处处长、中央印制厂监理委员会委员等职。1948 年曾自费赴美国丹佛大学留学。1949 年 6—8 月在人民银行做清理工作。新中国成立后，在上海法学院授课一学期。1949 年 9 月到 1952 年 8 月再次执教复旦大学，任教授，并兼统计专修科和贸易专修科主任。

此外，还兼中国银行董事（1936—1948 年）、上海普通考试典试委员（1936 年）、湖北省政府统计委员会名誉顾问（1934 年）、救国公债劝务委员会会计组副主任（1937 年 8—11 月）、上海解放委员会秘书（1937 年 8—10 月）、中国实业银行董事兼常务董事（1938—1948 年）、财政专门委员会委员（1938—1944 年）、外汇审核委员会委员（1939—1940 年）、高等考试署委员（1940 年）、中国兴业公司监察人兼主任监察（1943—1945 年）、吴江县银行董事兼常务董事（1946—1949 年）等职。

1952 年 9 月到 1958 年 8 月任上海财经学院统计学教授，讲授工业统计与经济统计。1958 年 8 月到 1959 年 8 月任上海社会科学院统计系教授，1959 年 8 月起任上海社会科学院经济研究所教授，主要从事研究工作。1956 年，经褚凤仪介绍加入九三学社，曾任九三学社上海市委委员、上海市政协委员、全国政协会议特邀代表。1963 年病逝，终年 69 岁。

（2）为中国统计学做出的贡献。

金国宝是终身学习的楷模，他先后习得 5 门外语，其中"英文德文能读书，

① 金国宝.侣琴诗存："杨序" 3（未公开发行）。

亦能由外文译中文，法文次之，日文又次之，尚可勉强看书"①。为学习苏联统计，自学俄文，达到能翻译的水平。他曾在自述中提及自己的特长为"统计、银行"，此处仅叙述其在统计学上的工作与贡献。

1）从事统计教学工作。

金国宝在自传中写道，"余于教育实业颇感兴趣"。他从事统计学的教学工作始于 1924 年。留美归国后，他原本打算找一家银行工作，但因当时银行业分派严重，外人很难进入，故转而进入大学教书，开始在中国公学、复旦大学任教，很快就小有名气，各大学争相延聘，继而在东南大学、国立政治大学、暨南大学及上海商科大学任课，教授普通统计学、高级统计学、工业统计学、经济统计学、货币银行等课程。1927 年任上海商科大学专任教授，兼任代理教务主任，他本打算"将该校切实整顿，延聘名师，俾与英国之伦敦经济学院争雄"②，无奈学潮爆发，心灰意冷，恰当时财政部次长钱新之邀请他担任财政部统计科科长，教学生涯就此中止。在这一时期，他还先后加入科学社、中国经济学社等社会团体，继续学术研究。"余喜数学，故近十年来之研究，多偏重于统计数理方面，即经济学，亦偏重于数理经济方面。"③

上海商科大学代理教务主任金国宝

新中国成立后，金国宝受邀在复旦大学和上海法学院教书，讲授过"贸易统计学""普通统计学"等课程。当时，他"已五十六岁，来日无多，拟在此三五年内，一面教书，一面稍稍从事著述，余旧著《统计学大纲》一书，拟乘此时机

---

①②③ 《金国宝小传》，上海财经大学档案馆。

修订增补，此外如有暇时，拟再写书一、二本，此余个人之计划也"[1]。

2）编（译）著统计学专著（见表6-3）。

表6-3 金国宝的相关作品一览

序号	书名	出版社	初版日期
1	《英国所得税论》	商务印书馆	1924
2	《伦敦货币市场概要》	商务印书馆	1925.08
3	《统计新论》	中华书局	1925.09
4	《物价指数浅说》	商务印书馆	1926
5	《中国币制问题》	商务印书馆	1928
6	《京市房捐之历史及整理经过》	南京特别市财政局事务股出版	1929
7	《下关设立米市问题》	南京特别市财政局事务股出版	1929
8	《修正南京特别市房捐章程之理由》	南京特别市财政局事务股发行	1929
9	《整理南京市财政刍议》	南京特别市财政局事务股发行	1929
10	《统计学大纲》	商务印书馆	1934
11	《统计学大纲》（上下册）	商务印书馆	1935
12	《统计学》	商务印书馆	1935
13	《中国经济问题之研究》	中华书局	1935
14	《中国棉业问题》	商务印书馆	1936
15	《遗产税》	商务印书馆	1937
16	《票据问题与银行立法》	中华书局	1947
17	《凯恩斯之经济学说》	中和印刷厂	1949
18	《高级统计学》	立信会计图书用品社	1951
19	《工业统计学原理》	立信会计图书用品社	1952
20	《社会主义制度下的国民收入研究》	上海经济学院	1956

金国宝一生笔耕不辍，研究内容以经济、统计、银行为主。他还写过一本诗集《侣琴诗存》，其中记录了许多重要历史人物、历史事件，具有一定的历史研究价值。1924年回国当年，他就在商务印书馆出版了他的第一部专著《英国所得税论》；翌年，出版了他的第一部统计学专著《统计新论》，引起了国内学术界的关注，上海、江苏的高校竞相聘请其为教授。1930年，金国宝当选中国统计学社副主席。1934年，他的第二本统计学专著《统计学大纲》由商务印书馆发行，被列入"国立上海商学院丛书"。次年，商务印书馆发行上下册版的《统

[1] 《金国宝小传》，上海财经大学档案馆。

计学大纲》。1935 年，商务印书馆出版《统计学大纲》一书的缩减版《统计学》，该书"高中适用"。该书删减了《统计学大纲》的数学理论章节，以应商科高级中学或师范学校教科书之需。1951—1952 年，立信会计图书用品社出版了他的两本统计学专著《高级统计学》和《工业统计学原理》。

①《统计新论》。

《统计新论》在我国统计学教材史上理应占据一席之地。在此之前，虽已有国内学者编著的统计学教材，但大都以日本统计学家横山雅男的《统计通论》为蓝本，偏重统计调查与统计描述，鲜少涉及统计推论、数理统计。《统计新论》书名里的"新"字也明示此书与之前同类书相比有更新之处。该书分为 7 章，分别是统计学浅说上、统计学浅说下、人生统计学概观、商情轮回说、再论恒差月差、商情研究与未来推测、美国农业经济局之农产预测法，另有"美国劳动统计局记"和"附录——译名讨论"。该书的附录其实是金国宝和朱君毅（1923 年商务印书馆出版了朱君毅的《统计与测验名词汉译》，这是国内第一本关于统计学名词翻译的专著）关于统计学名词翻译的 3 次公开讨论，分别是"统计学译名商榷""朱君复书""复朱君书"。二位统计学家旁征博引，据理力争，但态度谦和，从中可以看出当时的学者对待一门新学科的谨慎态度与科学求真之精神，让人深刻地意识到翻译特别是关键术语的翻译对一门新学科的发展非常重要。

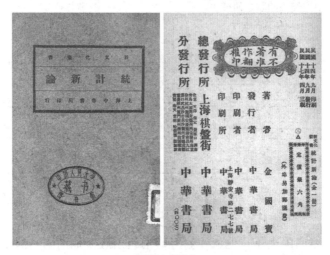

《统计新论》

金国宝的教材写作不拘一格，多以中国人耳熟能详的示例引出统计学的各种知识与技术，行文干净流畅，兼具可读性与易懂性。比如，开篇就以一个简单的示例——例如某学校某年级之学生数——引出统计学中最主要、最根本的三个问题，其中第一个问题为平均数问题（average），第二个问题为差异问题

（dispersion or variability），第三个问题为相关问题（correlation），并用一张表格生动地展示出两个变量之间的相关关系（如下图所示）。

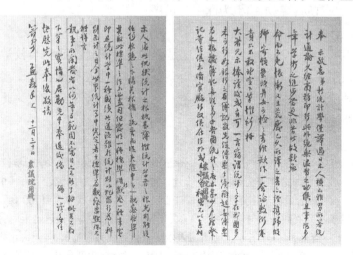

金国宝教材示例

　　清史泰斗孟森为该书作序（见下图），金国宝一直保存着孟森的亲笔序，现在由金国宝次女金行素保存。孟森在序中盛赞该书的价值："今读金君新著，重温旧业[①]，抚卷自笑。然于金君书，知其注重统计之技术，既正既确，必习必娴，使之养统计之才则有实用，使之任统计之业则有明效；非若不佞出于一时好奇之心，窥见一学科之涯涘而即止，不为人用，不为事役，纯为餍其知识之欲计也。方今官制亦仿外国，设统计局于国务院，初不知其何用，既不见囊括政治物产之年鉴，并未有一支一节可以察往知来，昭示国民，以验事物之变迁者。近惟上海有财部

孟森为《统计新论》所作亲笔序（节选一）

---

① 　这里指的是 1908 年孟森翻译日本统计学家横山雅男的《统计通论》。该书 1908—1931 年共发行过 10 版，是 20 世纪一二十年代国内最盛行的教本。

孟森为《统计新论》所作亲笔序（节选二）

派员调查物价，所制指数表颇有义理。而统计局则名存实亡，为执政豢养私人酬应请托之地而已。各部亦向有职务上之统计，初不归统计局，会刊示人，无非朘国民之脂膏，拒国民于秘密之外。近惟农商事业，尚有渐用统计法以谋知识之正确者。有国民然后有国家，今号为国家之机关，无一出于国民之意，其为荒谬，初不足责。金君但常为社会之明星可矣。社会得此良指导，则不能不以为庆也"。

此外，张君劢、钱永铭也为此书写过序。

②《统计学大纲》。

1934 年，《统计学大纲》出版，这是金国宝在统计学研究与教学方面的集大成之作，在正式出版之前，该书"并承蔡正雅[①] 先生在暨南大学，褚凤仪[②] 先生在上海法学院用过教本前后讲授已不下六七次，易稿不下二三次，此次付印又承褚君详细校阅增补，尤为感佩"[③]。

---

① 蔡正雅（1898—1957），浙江吴兴人。毕业于美国纽约大学，获理学学士学位。曾任暨南大学、光华大学教授。1928 年率先开展劳工统计，对劳工问题颇有研究，著有《中日贸易统计》和《生活费指数之内容及其应用方法》等书。1929—1942 年曾在《社会月刊》《经济学月刊》等刊物上先后发表《劳资纠纷案件之分析法》《罢工案件之分析法》《最近之上海劳工情形》《上海的劳工》《工业清查》《二十五年上海市工人生活费指数及另售物价》《上海市生活指数摘要》《上海中国职员之生活程度》，为研究中国经济史和劳工社会生活史提供了不可多得的统计资料，其宏观分析方法亦受到学界重视。1933 年起任国立上海商学院教授，兼工商管理系主任。

② 褚凤仪（1898—1975），财经金融学家，金国宝妻子褚明秀的弟弟、褚辅成的儿子。

③ 金国宝. 统计学大纲 [M]. 上海：商务印书馆，1934：引言 1.

金国宝在 1934 年版的引言开头就介绍了此书的写作经历："此书编辑实开始于十年之前，时余授课于上海中国公学、复旦大学、国立暨南大学、商科大学及政治大学等校。如第四、第五、第六、第七、（一部）、第十、第十一、第十二及第十五等章均于此时编成。民国十七年余奉大学院院长蔡子民先生命往欧美各国考察统计事业，凡一年。除搜集各种资料外，并就此书续编几章，如第一、第十四、第十六及第十七等四章，均于此时续成者也。十八年返国以后，余供职南京财政局及上海交通银行，俗务纷集，日不暇给，此书遂又搁置筐中者三年。去岁，应国立上海商学院之聘授指数编制法一科，加以蔡正雅、褚凤仪二先生之敦促，因将旧稿重加整理，又续成若干章，并经褚君详为校阅，勉得付印。其中疵谬之处，自知不免，倘承博雅君子不吝指教，则幸甚矣。"显然，这本书是金国宝多年教学实践，加欧美考察，以及当时著名统计学家蔡正雅和褚凤仪加持之综合成果。全书共二十章，金国宝在 1934 年版中写道："如用为学校教本可分两年读完，每年各读十章。"因此，到了第二年即 1935 年，商务印书馆又出版了另一个分为上下册的版本，推测是为了方便教学、上课。

《统计学大纲》最初属于"国立上海商学院丛书"，后被列入"大学丛书"。从表 6-4 的目录列表中可知，无论当时还是现在，该书都是一本好教材。从内容来看，该书涵盖了普通统计学的基本内容，包括描述统计、推断统计和统计资料的整理。以描述统计为例，该书内容细致全面，涵盖了统计量（描述集中趋势的平均数和描述离中趋势的统计量）、统计表和统计图。从架构来看，金国宝给每章都精心设计了一些练习题，练习题所用数据也大都是我国的数据，这在当时国内学者编著的统计学教材中尚属首例，具有开创性的意义和很好的影响。此外，还附有统计名词英汉对照表、人名地名对照表等，这些都是金国宝在教学过程中发现、总结出的对学生学习、掌握统计学有用的信息。该书的发行量很大，被很多老师和学生使用，目前笔者找到的最后一版是 1950 年 12 月商务印书馆发行的修订版 13 版，其受欢迎程度及影响力可见一斑。

表 6-4 《统计学大纲》与《统计学》* 的章节目录

《统计学大纲》		《统计学》	
章节	目录	章节	目录
引言			
统计表索引			
统计图索引			
第一章	绪论	第一章	绪论
第一节	统计学之定义及其应用	第一节	统计学之定义及其应用

续表

《统计学大纲》		《统计学》	
章节	目录	章节	目录
第二节	统计之法则	第二节	统计之法则
第三节	统计方法之程序	第三节	统计方法之程序
第二章	统计表	第二章	统计表
第一节	统计表之功用	第一节	统计表之功用
第二节	统计事项之特性及其相互之关系	第二节	统计事项之特性及其相互关系
第三节	统计事项之分类	第三节	统计事项之分类
第四节	统计与摘要表	第四节	统计与摘要表
第五节	统计表之形式及制表规律	第五节	统计表之形式及制表规律
第六节	统计数列	第六节	统计数列
第七节	频数表	第七节	频数表
第三章	统计图	第三章	统计图
第一节	统计图之功用及制图之原则	第一节	统计图之功用及制图之原则
第二节	统计图之分类	第二节	统计图之分类
第三节	条形图	第三节	条形图
第四节	统计地图面积图及体积图	第四节	统计地图面积及体积图
第五节	线图	第五节	线图
第四章	平均数	第六节	作图规则
第一节	平均数之意义与种类	第四章	平均数
第二节	算术平均数	第一节	平均数之意义与种类
第三节	中位数	第二节	算术平均数
第四节	众数	第三节	中位数
第五节	几何平均数	第四节	众数
第六节	倒数平均数	第五节	几何平均数
第七节	各种平均数之比较	第六节	倒数平均数
第五章	离中趋势	第五章	离中趋势与偏态
第一节	离中趋势之意义及其测定之方法	第一节	离中趋势之意义及其测定之方法
第二节	全距	第二节	全距
第三节	四分位差	第三节	四分位差

续表

《统计学大纲》		《统计学》	
章节	目录	章节	目录
第四节	平均差	第四节	平均差
第五节	标准差	第五节	标准差
第六节	相互平均差	第六节	各种离中差之关系
第七节	各种离中差之关系	第七节	偏态之意义及其形式
第六章	机率	第八节	测定偏态之方法
第一节	机率与差误正态曲线	第六章	指数
第二节	差误正态曲线	第一节	指数之意义与种类
第七章	偏态与转矩	第二节	指数编制之方法
第一节	偏态之意义及其形式	第三节	指数公式之测验
第二节	测定偏态之方法	第七章	吾国重要指数之编制
第三节	转矩	第一节	物价指数
第八章	指数	第二节	生活费指数
第一节	指数之意义与种类	第三节	工资指数
第二节	指数编制之方法	第四节	外汇指数
第三节	指数公式之测验	第五节	证券指数
第九章	吾国重要指数之编制	第六节	国外贸易指数
第一节	物价指数	第八章	系联
第二节	生活费指数	第一节	系联之意义
第三节	工资指数	第二节	系联系数之计算
第四节	外汇指数	第九章	时间数列
第五节	证券指数	第一节	经济现象变动之原因
第六节	国外贸易指数	第二节	长期趋势
第十章	直线系联	第三节	季节变动
第一节	直线系联之意义	第四节	循环变动
第二节	系联直线之测定	第五节	商情预测
第三节	标准误与估量	第十章	机率与差误正态曲线
第四节	系联系数之计算	第一节	机率
第十一章	长期趋势	第二节	差误正态曲线

续表

《统计学大纲》		《统计学》	
章节	目录	章节	目录
第一节	长期趋势之意义及其测定	附录甲	美华对照统计名词
第二节	直线趋势之测定		附人名地名索引
第三节	曲线趋势之测定	附录乙	统计符号
第十二章	季节变动	附录丙	本书重要参考书
第一节	季节变动之性质及其效用	附录丁	计算应用表
第二节	季节变动存在之确定		
第三节	季节指数之计算		
第十三章	循环变动		
第一节	循环变动之意义及其起因		
第二节	循环变动之测定		
第十四章	时间数列之系联		
第一节	时间数列系联之特性		
第二节	循环变动系联之测定		
第三节	短期变动之系联		
第十五章	非直线系联		
第一节	直线系联与非直线系联之比较		
第二节	系联抛物线方程式之计算		
第三节	系联指数之意义及其测定		
第四节	系联比		
第十六章	他种系联		
第一节	等级系联		
第二节	相应增减法		
第三节	异号成对法		
第四节	图表法		
第十七章	偏系联		
第一节	偏系联之意义及其符号		
第二节	偏系联系数之效用		
第三节	偏系联系数之计算		

续表

《统计学大纲》		《统计学》	
章节	目录	章节	目录
第十八章	响应		
第一节	响应直线		
第二节	偏响应系数与复系联系数		
第十九章	商情预测		
第一节	商情预测之意义及其方法		
第二节	哈佛法		
第三节	响应法		
第二十章	统计资料之搜集与整理		
第一节	统计资料之搜集方法		
第二节	次级资料之编制		
第三节	原始资料之搜集与整理		
附录甲	数学原理		
附录乙	统计习题		
附录丙	英华对照统计名词（附人名地名索引）		
附录丁	统计符号		
附录戊	本书重要参考书		
附录己	计算应用表		
	（一）连续自然数各平方之总和表		
	（二）连续奇数自然数各平方之总和表		
	（三）平方方根与倒数表		
	（四）对数表		
	（五）差误正态曲线下之纵坐标表		
	（六）差误正态曲线下之面积表		
	（七）ρ 与 r 之关系		

* 《统计学》为《统计学大纲》的缩减版。

3）参加国际统计会议。

金国宝一生参加过很多社会活动，主要体现在对社会团体的参与。在国内，金国宝 1927 年经杨杏佛介绍加入中华自然科学社；1925 年经马寅初介绍加入中国经济学社，曾任理事（1925—1949 年）；1930 年在南京与其他学者共同发起中国统计学社，曾任理事；1931 年与人共同发起上海银行学会，曾任理事；1939 年经陈炀章介绍加入中美文化协会；1946 年经向缃帆介绍加入中国会计学社。他还加入过中国国学会、新中国建设学会、青年会、中国政治建设学会等。在国际上，1929 年赴英国考察时加入了英国皇家统计学会，但第二年即退出；新中国成立后，加入中苏友好协会等。

1947 年 9 月，国际统计学会及联合国统计机构等组织召开国际统计会议，在美国华盛顿举行，9 月 8 日开幕，9 月 18 日结束，历时 11 天。参加会议的国家有 56 个，共 616 人，中国有 6 人，分别是朱君毅、金国宝（时任中央银行会计处处长）、刘大钧、陈达、刘彭年、唐培经，其中正式代表只有朱君毅和金国宝，其余 4 人为特邀代表。

此次会上宣读的论文共 120 余篇，按性质可分为十大类：统计工作报告类、经济计量类、人口统计类、农业统计类、社会统计类、国民所得统计类、选样类、统计方法类、美洲各国统计类及其他。我国代表朱君毅宣读的论文题目为《中国政府超然统计制度》，金国宝宣读的论文题目为《四川省九县户口普查》，他们的论文引起了与会者的极大兴趣。

金国宝借此机会在美完成了三篇考察报告：《英国加拿大之管制外汇动产法》《美国存款保险制度》《考察美国联邦仲裁委员会联邦准备银行报告》。金国宝在回国后就此次会议接受过记者访谈，表示"此次会议确有相当收获"[1]，访问内容发表在 1948 年 1 月 9 日的《金融日报》上。

（3）最早汉译列宁著作的人。

金国宝除具有统计学家、银行家、会计家、诗人等多重身份外，还是目前有据可考的最早将列宁的著作迁译到国内的人，他在自传中写道："在第一次世界大战之后，因巴黎和会之故，引起国内之五四运动，全国人心均极为振奋，各种出版品亦如雨后春笋。当时，余亦喜欢研究社会主义之书籍，并翻译过列宁的文章一篇登在《解放与改造》杂志（张东荪先生主编）第一期。"[2]1984 年，钟凤在《人物》第 6 期刊文写道："是谁最早把革命导师列宁的著作译成中文介绍给我国读者的？通常认为是郑振铎。他于 1919 年 12 月 15 日出版的《新中国》月刊上发表了列宁的《俄罗斯之政党》（此文后附有《对战争之解释》一文）的译文……戴季陶也是较早译过列宁讲话的译者。1919 年 9 月 21 日《星期评论》周

---

① 金国宝. 参加国际统计会议金国宝氏畅谈观感 [N]. 金融日报，1948-01-09（0001）.

② 《金国宝自传》，上海财经大学档案馆。

刊第十六期上，曾发表戴译《李宁的谈话》。""近年来，我国学术界就此进一步开展探索……在1919年9月1日出版的《解放与改造》半月刊创刊号上，载有金侣琴译的李宁的《鲍尔雪维克之所要求与排斥》……金侣琴还在该刊第二卷第六期上发表了《建设中的苏维埃》（为列宁《苏维埃政权的当前任务》一文的节译）……金侣琴《鲍尔雪维克之所要求与排斥》的发表日期比戴季陶要早二十天，比郑振铎所译《俄罗斯之政党》要早三个半月。"

金国宝翻译列宁著作时，正在吴江中学和苏州第一师范学校主教英语。课余时间，他常为上海《时事新报》副刊《学灯》撰稿，内容涉及政治、经济、地理等方面。受同学俞颂华所托，他翻译了列宁的《鲍尔雪维克之所要求与排斥》。他在1956年亲笔撰写的自传中写道："我对于列宁是佩服的，我也爱读列宁的书，并也翻译过一篇列宁的文章（授权《学灯》，在《解放与改造》第一期发表）。"[1]

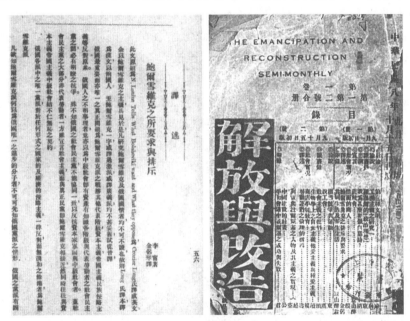

发表于《解放与改造》的金国宝翻译的《鲍尔雪维克之所要求与排斥》

2. 王仲武的《统计学原理及应用》和《统计公式及例解：附练习问题》

（1）生平。

王仲武（1897—1981），江苏江宁人。毕业于南京高等师范大学、东南大学，负笈去美，从美国哈佛大学研究生院毕业。

1920年，王仲武在某学校给商科学生教授统计学。1930年，他应中央大学

---

① 《金国宝自传》，上海财经大学档案馆。

法学院院长谢冠生、经济系主任马寅初的邀请，任教中央大学"实用统计"学程，业历数载。后在政治大学及复旦大学任教授，抗战期间在重庆大学教授统计学。

曾担任中国招商轮船公司首席统计师、西南经济研究所顾问。1929 年 5 月任国民政府交通部秘书，同年 6 月任国民政府交通部总务司第六科科长，1936 年 1 月任国民政府交通部统计主任，1940 年 6 月任该部统计长。曾在美国、加拿大各国考察统计行政。举行高等文官考试时，他任考试委员会统计典试委员，又任教育部学位评审委员会委员等。1949 年 7 月任上海铁路管理局专门委员兼统计室主任、铁道部专员。1954 年开始任北京铁道学院（现在的北京交通大学）经济系教授。1952 年 9 月加入民革。后因患肠癌逝世，终年 84 岁。

（2）在统计学上的贡献。

王仲武是中国统计学社的创办人之一。中国统计学社于 1931—1946 年召开了 14 届理事会会议（社务会议），王仲武当选第 11 届的常务理事（社务委员），当选第 4 届的统计学社社长、第 5 届的副社长。

他一生的写作都围绕统计学，正式出版的著作有《统计学原理及应用》（商务印书馆，1927 年初版）、《汉译统计名词》（商务印书馆，1930）、《次数分配之分析——基本的问题》（1931 年中国统计学社第一届年会宣读稿件，1934 年出单行本）、《统计公式及例解：附练习问题》（商务印书馆，1934 年初版）、《重庆物价特刊》（西南经济建设研究所、邮政储金汇业局，1942）、《中国最近之主要统计》（中央训练团党政训练班，1943）、《俄中英统计名词汇编》（统计出版社，1957）、《英汉统计学词汇》（商务印书馆，1981）等。

他公开发表的论文有 80 余篇，大部分都是关于统计学术研究和统计调查，如发表在《上海总商会月报》1922 年第 2 卷第 7 期的《论我国历年国际贸易消长之情形以及今后应行注意之要点》、1923 年第 3 卷第 8 期的《统计单位之研究》、1925 年第 5 卷第 5 期的《论中数：统计计算法之一》、1925 年第 5 卷第 8 期的《物价指数之澈底的研究》、1926 年第 6 卷第 3 期的《统计计算法之二：论平均》等，《统计月报》1930 年第 2 卷第 10 期的《中国邮政统计》，《交通杂志》1933 年第 1 卷第 4 期的《国联统一运输统计运动之前提》，《东方杂志》1934 年第 31 卷第 20 期的《我国户口调查方案之商榷》，《新闻报》1934 年 9 月 29 日的《王仲武讲我国人口清查法》，《服务（重庆）》1939 年第 2 卷第 3/4 期的《我如何办理交通统计》，《抗战与交通》1940 年第 44/45 期的《指数的意义和功用：二十九年六月七日在本部新运社讲习班讲演》，《西南实业通讯》1942—1945 年题为《重庆市民战时简易生活费指数》的文章 11 篇等。

王仲武对统计学在中国的扎根与发展做出了重要的贡献。他不但在多所大学担任统计学教授，教书育人，而且在20世纪二三十年代接连出版了3部在我国统计学史上占有一席之地的统计学专著，这3部专著的出版弥补了当时我国统计学发展的空白。首先是1927年商务印书馆出版的《统计学原理及应用》，该书早在1922年便已写成，5年后才得以出版发行。梁启超、马寅初、郭秉文、杨杏佛分别为该书作序。

《统计学原理及应用》是我国20世纪20年代最有分量的一部统计学教材，几乎涵盖了当时最新的统计原理与统计技术，马寅初的评价是："学理与方术兼备，取材既丰，举例亦多，关于计算数理，图表编制，尤称精赅。章末附以摘要，问题，及参考书名，组织亦善。

梁启超为《统计学原理及应用》作的序

俾初学易于致力；精研更有门径，斯诚我国出版界之异彩，而亦兹学前途之福音矣！"[①] 表6-5所示是该书的目录。

马寅初为《统计学原理及应用》作的序

----

① 王仲武.统计学原理及应用[M].上海：商务印书馆，1927：马寅初博士序2.

表 6-5 《统计学原理及应用》的章节目录

章节	内容	章节	内容
第一编	绪论	第七章	统计单位之选择
第一章	统计之略史	第一节	单位之类别
第一节	统计事实之由来	第二节	统计单位之资格
第二节	统计学术之发现	第三节	单位应用之法则
第三节	统计学术之改进	第八章	统计材料之来源与搜集
第四节	统计学派之沿革	第一节	统计材料之类别
第五节	各国统计之概况	第二节	统计材料之来源
	摘要	第三节	统计材料之搜集
	问题	第九章	统计材料之归类与分析——表列法
	参考书	第一节	表列之意义
第二章	统计之定义	第二节	表列之法则
第一节	统计名辞之由来	第三节	表列之类别
第二节	各家之定义	第四节	表列之内容
第三节	本书之定义	第五节	表列之标题
第三章	统计之法则	第六节	表列之效用
第一节	统计齐一之法则	第十章	统计图式
第二节	大量不变之法则	第一节	图式之意义
第四章	统计之用途	第二节	图表功效之不同
第一节	纯正统计之用途	第三节	图式之制法
第二节	应用统计之用途	第四节	制图之要件
第五章	统计之程序	第五节	图式之类别
第一节	审订问题	第六节	图式之应用
第二节	选定单位	第七节	制图应用之规则——计20条
第三节	搜集材料	第十一章	论集中数量（Types and Averages）
第四节	汇类分析	第一节	平均数（Average or Mean）
第五节	勘校结果	第二节	中数（Median）
第二编	各论	第三节	众数（Mode）
第六章	统计问题之审定	第四节	百分点（Percentile）
第一节	确定题目	第十二章	论差量（Dispersion）
第二节	规定要件	第一节	差量之意义及类别

续表

章节	内容	章节	内容
第二节	差量之量数及系数	第十五章	论关系数（Correlation）
第三节	差量及系数之算法	第一节	关系及关系系数之意义
第十三章	论偏斜度（Skewness）	第二节	关系之类别
第一节	偏斜之意义	第三节	关系数之计算法
第二节	偏斜度之算法	第四节	实得 r 确度之考察法与更正法
第三节	偏斜对于各均数之影响	第五节	评论 r 各种计算法之效用
第四节	偏斜度之功用	第十六章	勘校法
第十四章	论指数（Index Numbers）	第一节	关于推算结果上差误之勘校
第一节	指数之意义及效用	第二节	关于各部计算手续上差误之勘校
第二节	指数之编制与原则	第三节	关于征集上缺漏之勘校
第三节	指数之类别	第四节	关于图表制作上之勘校
第四节	指数之比重	第五节	总说
第五节	指数之基数	附录	
第六节	我国之物价指数	一	本书所用之缩写符号等字
第七节	指数制作时最应注意之各方面	二	本书所用计算之公式
		三	本书所用各计算表

说明：原书每章后面都有三个小节：摘要、问题、参考书。表中为节省篇幅，只列出第一章后面的摘要、问题、参考书。

其次是 1930 年编辑出版的《汉译统计名词》。当时，编译科学名词已然引起国内学术界的广泛关注，但主要工作都集中在自然科学领域，社会科学领域的名词编译工作尚未有人着手。1923 年，商务印书馆出版了朱君毅编写的一本薄册子——20 页的《统计与测验名词汉译》，偏重教育统计学的名词编译，收录名词 250 多种。就统计学专业而言，王仲武的这本书是国内第一本统计学名词的英汉互译工具书，为统计学在国内学术界的规范化、标准化发展提供了第一个重要的参考依据。朱君毅后来在这本书的基础上于 1933 年编著了一版词条更多的《统计与测验名词英汉对照表》。从国家宏观层面来讲，直到 1944 年，教育部才颁布了国立编译馆编订的《统计学名词》。《汉译统计名词》在 1930—1944 年成为国内很多统计学教材、专著及相关著作的重要参考。

1926 年冬，王仲武听胡明复先生说"有些统计名词和其他与数学相关联的名词，业经科学名词审查会陆续译过，但是为数太少，恐怕不够应用"，又"因为统计学术和事业，在这两年来突然发达。关于此类名词的翻译，当然更觉切要。加以友人的怂恿，所以我就把民国十一年时所编《统计学原理及应用》旧稿中的各译名，整理一下；又参考许多其他书籍——书名见后——草成了这本小册子"[①]。

　　这本小册子的内容编排很有特色。朱君毅的名词编排根据英文字母顺序从 A 到 Z，但王仲武的名词编排顺序依据有二——"第一篇，是按照一般统计书籍章节的次叙和工作的步骤，分类排列，好叫阅者便于联络的参考；第二篇，是按照英文字母顺叙排列，最便检阅"，编排可谓思虑周全。表 6-6 所示是这本小册子的编排目录。

表 6-6 《汉译统计名词》的目录

Part I.	Arranged Logically：第一篇 按类排列
Group Ⅰ	Collection of Data：第一类 搜集资料
1	Data：资料
2	Statistical units：统计单位
3	Collection of data or material：搜集资料
Group Ⅱ	Tables and Graphs：第二类 表图
1	Tables：表
2	Graphs：图
Group Ⅲ	Frequency Distribution：第三类 次数分配
1	Array：整列
2	Frequency：次数
Group Ⅳ	Types and Averages：第四类 型数及中数
1	Average or Mean：平均数
2	Median：中数
3	Mode：范数
Group Ⅴ	Dispersion and Skewness：第五类 差度及偏态
1	Dispersion：差度
2	Skewness：偏态
Group Ⅵ	Index Number：第六类 指数
1	Index number：指数

---

① 王仲武.汉译统计名词 [M].上海：商务印书馆，1930：绪言 1.

续表

2	Base system：定基法	
3	Methods of Weighting：加权法	
4	Etc.：其他等等	
Group Ⅶ	Time Series：第七类 时间数列	
1	Types of series：数列种类	
2	Trend and Fluctuation：趋向及变动	
3	Etc.：其他等等	
Group Ⅷ	Correlation：第八类 相关	
1	Correlation or Relationship：相关	
2	Coefficient：系数	
3	Methods of computation：计算方法	
Group Ⅸ	Normal Curve and Probability：第九类 常态曲线及机率	
1	Normal curve：常态曲线	
2	Probability：机率	
Part Ⅱ	Arranged Alphabetically：第二篇 按字母顺序排列	

最后是 1934 年出版的《统计公式及例解：附练习问题》，这是国内首本也是民国时期唯一一本详细例解统计学常用公式且附有练习题的工具书。该书侧重于计算，是王仲武在自己的教学实践中产生的一项成果，他在中央大学的老同事也是著名的统计学家刘廼敬、中央政治学校统计学教授褚一飞则帮忙进行了校阅。他在编写此书时参考了当时国际上有名的统计学家的专著，如恰道克、费希尔、老皮尔逊、米尔斯、尤尔等。此处的成书目的有二：一是方便读者自学，二是作为当时各大学的统计辅助教材。王仲武在序言中写道：

> 本书编著之动机，实始于民国十九年。时著者以应中央大学法学院长谢冠生、经济系主任马寅初两先生之坚邀，勉任该校"实用统计"学程，因选读同学多系经济系四年级生，在统计上已具备相当之基础。故除将各种统计调查方法，资料整理，编造报告及制表绘图等实际应用问题，作为讲习之主要部份外，复于授课之始，对于统计计算方面，曾略作有系统的复习——因该班同学程度甚优，且富于研究精神，故对此项工作，教学两方均感特殊之兴趣——以备研讨应用上之便利。著者以继续担任本学程，业历数载，爰先将讲稿中计算复习部份，逐渐扩充——（书中例题事实，间有新旧之殊者，

职是之故）率成兹篇。

本书原旨，既如上述，故所有内容编制，多以阅读及自修者研习便利为主。公式次序悉依一般统计书籍之惯例，俾易参阅。公式下附有例解，篇末更殿以各项实际练习问题。如此比较具体编述者：一方面冀供各大学统计补充教本之用；一方面亦可作从事统计者自修之参考。惟我国统计素称幼稚，有系统之资料，极感缺乏，致令各项例解及练习题之事实，间有不能不采用他邦者，深引为憾！[①]

他在凡例中特别强调：

本书举例，均以本国事实为准则。但于不得已时，间有采用他国资料者……本书例解，系遍采经济、教育、农、矿、工、商各方面之事实。[②]

为方便读者参阅，书中使用的名词以他自己编著的《汉译统计名词》为依据。

表6-7所示是该书的目录。

表6-7 《统计公式及例解：附练习问题》的章节目录

章节	内容	章节	内容
I	次数分配		百分等级
A	平均数量		四分位数
	平均数	C	离中差量
	算术平均数		全距离
	加权算术平均数		四分位差
	几何平均数		平均差
	加权几何平均数		标准差
	倒数平均数		差量系数
	众数		偏斜度
	中位数	D	常态分配
B	百分位数		二项分配
	百分位数		成功之平均数

①② 王仲武.统计公式及例解：附练习问题 [M].上海：商务印书馆，1934：序言 1.

续表

章节	内容	章节	内容
	成功之标准差		三次抛物线配合法
	差误常态曲线之方程式		指数曲线配合法
	次数分配之转矩	B	月差指数
	曲线型之判准		算术平均法
	抽样之标准误		移动平均法
	x 之平方——（配合适度之测验）		环比法
	峰度		恒差比率平均法
	平均数与众数之距离	IV	相关
II	指数	A	直线相关
A	物价指数		乘积率法
	比价平均法		相关系数
	算术平均法		相关系数——（中斜线法）
	倒数平均法		回归系数
	几何平均法		回归方程式
	中位数法		估计之标准误
	众数法		最小平方法
	总价法		估计之标准误
	简单总价法		相关系数
	加权总价法		等级差异法——相关系数
	理想公式		异号对数法——相关系数
.	爱马尔氏总价法		变量相应法——相关系数
	环比法		二列相关系数
	锁比法		均方相连系数
B	物量指数	B	非直线相关
C	物值指数		估计之标准误
III	时间数列		相关指数
A	长期趋势		相关比率
	直线配合法		直线性之试验
	二次抛物线配合法	C	纯相关及复相关

续表

章节	内容	章节	内容
	乘积率法		相关系数之可靠数量
	纯相关系数		回归系数之标准误
	n 级之标准差		相关比率之可靠数量
	复相关系数		直线性测验之标准误
	最小平方法		再版增订之公式
	估计之标准误		算术平均数
	复相关系数		几何平均数
	纯相关系数		几何平均数之对数
	行列式法		众数
	零级系数		改正平均差
	纯相关系数		标准差
	复相关系数		对数标准差
	估计之标准误		平均相联
	纯回归系数	附录	
V	可靠数量	甲	练习问题
	算术平均数之可靠数量	乙	本书所用之缩写符号
	中位数之可靠数量	丙	计算表
	四分位数之可靠数量		表 I 常态曲线之纵坐标
	标准差之标准误		表 II 常态曲线之面积
	变量系数之机误		表 III 由常态曲线面积求差值及纵坐标
	四分位差之机误		表 IV 自然数一次方至六次方之总和
	转矩之机误		表 V 由 ρ 之值求 r
	判准 $\beta_1\beta_2$ 之标准误		表 VI 由 R 之值求 r 表
	偏斜度之标准误		表 VII 由 U 之百分比例数求 r 值
	平均数与众数之距离标准误		

该书是民国时期唯一一本专门介绍统计公式并附有练习题的统计学习手册，书中对一些统计公式的讲解即便是放在今天的统计学教育中也具有极高的借鉴价值。

3. 郭祖超的《医学与生物统计方法》

（1）生平。

郭祖超（1912—1999），医学统计学家、卫生统计学家、医学教育家，我国卫生统计事业的开拓者之一，1981年国务院公布的首批博士生指导教师，第四军医大学专家组成员、博士生导师，曾任中国卫生统计学会副会长、顾问。20世纪80年代承担的"医学研究常用统计模型及数据处理方法的研究"课题通过卫生部鉴定，成为国内首创的医学数据统计处理体系[1]。

郭祖超

郭祖超是上海青浦人，成长于一个知识分子家庭。1926—1929年，他就读于江苏省立第一师范学校。1930年，被保送至中央大学教育学院心理系，受业于我国著名心理学家艾伟，1934年以第一名的成绩毕业并留校任教，讲授教育统计学。1943年春，转入中央大学医学院公共卫生科任统计学讲师，1945年升任公共卫生科卫生统计学副教授。于抗战胜利之时，完成我国第一本医学统计学教材《医学与生物统计方法》的编写，由正中书局出版，并被列为"大学用书"。抗战胜利后于1946年随校返回南京。1947年，经医学院推荐，受世界卫生组织资助，到美国约翰·霍普金斯大学公共卫生学院进修生物统计一年。1948年回国后继续在中央大学医学院任教。

1951年，郭祖超升任教授，在南京第五区组织开展生命统计试点工作，次年将生命统计推广到南京全市区和一个郊区，为创立新中国的卫生统计事业做出了贡献。1952年，其所在大学医学院归属中国人民解放军建制，改名为第五军医大学。为掌握第一手资料，郭祖超带领由11人组成的小组到当时仍是前线的舟山群岛地区，历时两个月，实地考察部队的卫生统计状况，收集到宝贵的原始数据。1954年，第五军医大学迁往西安与第四军医大学合并，郭祖超随迁。同年，郭祖超赴朝鲜参加抗美援朝卫生工作总结，并提议对中国人民志愿军卫生工作资料进行全面系统的整理和统计分析，不久意见被采纳，由抗美援朝卫生工作经验总结委员会编印了《抗美援朝卫生工作统计资料》。1956年，郭祖超加入中国共产党。同年，他参与编写《中国人民解放军卫生统计工作教范》，该教范于1957年由总后卫生部颁发全军执行，自此全军卫生统计的原始登记格式有了统

---

① 黎明，胡成弟. 治学育人五十载 呕心沥血作奉献——记郭祖超教授 [J]. 中国统计，1991（9）：34.

一规范，为军队卫生统计工作的正规化、现代化建设奠定了基础。

1960 年，郭祖超入伍并被授予中校军衔。1963 年，他编写的《医用数理统计方法》由人民卫生出版社出版。1964 年，郭祖超晋升为上校。在 1966—1976 年的十年间，在胃大部分被切除的艰难条件下，郭祖超完成论文《医学统计方法中若干辩证法问题》和书稿《医学科研中的常用统计方法》。1978 年，他主编完成《一九七四年度全国应征青年体检资料的统计分析》。1979 年，他作为副主编参与《中国医学百科全书·医学统计学》的编纂工作，并着手编写《医用数理统计方法（第三版）》，历经十年，大量增补，该书于 1988 年由人民卫生出版社出版。1984 年，他与田凤调教授积极倡导现有统计资料的再分析、再利用，发表《统计资料的再分析》一文，突破统计资料收集的传统思维局限。1986 年，他承担国家自然科学基金项目"医学研究常用统计模型及数据处理方法的研究"，后续研究编制完成了中文交互统计分析软件 SPLM，1991 年获得军队科技进步一等奖。他主持的"医学数据的交互式统计分析方法体系研究"于 1996 年获得国家科技进步二等奖。

（2）统计教学与著述。

自 1934 年留校讲授教育统计学开始，一直到 1999 年病逝，郭祖超在统计学教育的讲坛上辛勤耕耘了 66 年，在教育学、医学统计学和卫生统计学方向培养了大批杰出的人才。他在执教之初，主要精力还是放在教育心理学上，发表了一系列教育测量与统计方向的文章，比如《本县异常儿童之调查》（《青浦教育月刊》，1933）、《教育统计上常见之错误及其矫正》（《国立中央大学教育丛刊》，1936）、《怎样整理调查测验的结果》（《实验教育》，1936）、《战时急需的统计工作》（《科学世界（南京）》，1938）、《"教育测验及统计"在师范学校课程内的重要性及其教法研究》（《教育心理研究》，1940）、《曲线配合在测验学上之应用》（《教育心理研究》，1945）、《t 分配与 F 分配在心理学上之应用》（《教育杂志》，1948）等。

20 世纪 40 年代，受我国著名心理学家潘菽[①]一段临别赠言的影响，郭祖超从教育测量统计领域转入医学和卫生统计领域。潘菽认为：

---

① 潘菽（1897—1988），江苏宜兴人，中国现代心理学的奠基人之一，中国科学工作者协会和九三学社的主要发起人和领导者之一。1920 年毕业于北京大学哲学系，1926 年获芝加哥大学博士学位，1955 年被选聘为中国科学院院士，从事记忆、错觉、汉字知觉等实验研究，后来主要致力于心理学基本理论的研究，提出心理学既不同于自然科学，也不同于社会科学，而是具有二重性的中间科学的观点，将心理活动分为意向活动和认识活动，区别于传统的"知、情、意"三分法体系，就意识、身心关系、个性等心理学领域的重大问题提出了深刻而独到的见解，形成了自己的理论体系。

医学上的数据绝大多数是用仪器测量得到的，比较客观且蕴藏着深刻的规律，医学统计是发掘这些规律的有力武器，但目前在这方面仍是一片未开垦的处女地，希望你好自为之。[1]

郭祖超在1943年春转入中央大学医学院公共卫生科任教时，就发现"偌大的图书馆统计专业的书籍不足十本，且大多是外国资料，甚至连临床上常用的正常值也是照搬国外的标准。他从此立下决心，要在医学和卫生统计领域开垦耕耘，终身不渝"[2]。经过两年的努力，在阅读并搜集了大量统计资料的基础上，他写成我国第一本医学统计学教材《医学与生物统计方法》，1948年由正中书局出版。该书的序言记录了他写作的初衷：

……承乏中央大学医学院统计学讲席时，即感医学统计方法之参考书籍，在我国甚为缺乏。从事研究工作者每借重于西籍。战时西籍难得，无待赘述。即战后交通畅达，购置便利，而各书内容是否适合时代，符我国情，亦未敢必。余有鉴于此，爰不揣谫陋，在我国之医学与生物科学杂志中，尽量搜集统计资料，历时两载……最后走笔为文。书中所列参考文献，计有专著三十册，论文九十二篇，其作者共一百四十一人。集此百余位专家数十年之心血，始有本书之产生。[3]

毫无疑问，《医学与生物统计方法》这本书是我国医学统计学的奠基之作。全书行文简洁，注重关键统计概念的历史演变过程及统计原理的细致讲解，如讲到Logistic曲线时，以"此曲线因Raymond Pearl与L. J. Reed两氏用以研究人口而著名，故亦称Pearl-Reed氏生长曲线"[4]，且这种讲解全都依托初学者能够理解的中国数据。作为大学用书，该书也影响着一代代学子的医学统计学学习。郭祖超在第一章提出学习统计学应该注意的五点：第一点，资料必须准确；第二点，应有整齐、清洁并爱好数字的习惯；第三点，应养成随时核对与推理的习惯；第四点，要明了公式的用途和计算的意义；第五点，学习要循次序要多做练习。

此外，可贵之处尚有三。可贵之处一是书中所用统计资料皆来自当时国内的真实医疗统计数据，实属难能可贵。要知道，那个年代要搜集足以支撑一本27万字的大学医学统计学教材的数据，工作量肯定不小，医学数据资料的搜集本身

[1][2]　徐勇勇. 毕生耕耘建树卓然——记卫生统计学家、医学教育家郭祖超教授[J]. 中国卫生统计，1994（5）：40-42.

[3]　郭祖超. 医学与生物统计方法[M]. 南京：正中书局，1948：序言1.

[4]　同[3]331.

就是一项艰巨且极富意义的工作。书中所列统计资料大部分来自郭祖超自己已发表的研究论文，还有蔡翘、吴襄两位教授提供的关于肺活量及血液循环与呼吸速率的数据，郑集教授和戴重光、王德宝两位先生提供的关于营养实验的数据，以及成都进益高级助产职业学校附属产院、四川省立成都高级医事职业学校附属产院等提供的宝贵资料。郭祖超认为，"统计资料首贵真实，故本书所举例题悉系国内各专家之实验结果，俾读者有亲切真实之感，而无不合国情之弊"①。甚至书中课后习题所用的数据也来自国内真实的医疗数据，"使初学者认识统计数字不得杜撰虚构，并冀于日常训练中养成其求真务实之习惯"②。他在设计教材之时，不但注重医学统计知识与技术的传授，而且关注统计素养与医学道德，实属高瞻远瞩。

可贵之处二是书中几乎涵盖了当时国际上最先进的各种统计知识与技术。在国际上，20 世纪 30 年代，统计学作为一门学科真正确立起来，这就意味着统计知识与技术也达到相当完备的水平。从该书的章节目录（见表 6-8）可知，郭祖超把当时最先进的统计学知识纳入其中，如小样本推断、各类 x^2 检验、方差分析、协方差分析、因子分析、Logistic 回归、多元回归等。正如他在序言中所说的，"最近二十余年来，欧美统计学之进步极速，此项新发展，就著者所知者，尽量列入本书，如自由度（degrees of freedom）、t 测验（t-test）、变异数分析（analysis of variance）、共变数（covariance）以及有关之实验设计（design of experiments）等，均为国内流行之统计学书籍大多未备者，惟挂一漏万，在所难免。尚祈海内贤达，不吝指教，曷胜欣幸"③。

表 6-8 《医学与生物统计方法》的章节目录

章	节	章	节
第一章 绪论	医学上何以需要统计学		中位数
	常识的判断和统计的处理		众数
	实验设计的重要		直方图与多边图
	学习统计学时应注意之点		练习题
	参考文献		参考文献
第二章 平均数	小样本中均数之求法	第三章 离势量数	全距
	次数表之制法		四分位数间距
	大样本中均数之求法		均差

---

①②③ 郭祖超. 医学与生物统计方法 [M]. 南京：正中书局，1948：序言 1.

续表

章	节	章	节
	标准差		大样本中相关系数之计算法
	自由度		相关系数之抽样变异
	小样本中标准差之计算法		相关系数之显著性
	大样本中标准差之计算法		两相关系数相差之显著性与相关之合并
	差异系数		相关与回归
	练习题		相关与离均差之平方和
	参考文献		练习题
第四章 均数之显著性	一个临床的实验		参考文献
	样本均值的分配	第七章 常态曲线	二项分配
	t 分配		二项分配之应用
	均数显著性之测验		常态曲线
	可信限		常态曲线之面积
	个别的比较与团体的比较		二项分配之均数及标准差
	两均数相差之显著性		常态曲线之配合法
	机差与误差		常态性之测验
	练习题		练习题
	参考文献		参考文献
第五章 直线回归	回归方程式之计算法	第八章 计数资料	计数资料之处理法
	标准估计误差		四格表中计算 x^2 之简法
	修正值		x^2 之总和
	用缩简法求回归方程式		$R \times C$ 表中 x^2 之计算法
	大样本中回归方程式之计算法		独立性与联系性之测验
	回归系数之显著性		连续性之校正
	回归之历史的意义		四格表中 x^2 机率之直接计算法
	练习题		x^2 在遗传学上之应用
	参考文献		曲线配合之适度
第六章 相关	相关系数		练习题
	小样本中相关系数之计算法		参考文献

续表

章	节	章	节
第九章 变异数 分析	大小相等的三组间之比较		四元回归之显著性测量
	大小不等的三组间之比较		多元回归之一般解法
	依一个标准分类者		多元共变数
	依两个标准分类的三组间之比较		练习题
	交互影响之显著性		参考文献
	依三个标准分类的多组间之比较	第十二章 曲线回归	引言
	练习题		对数曲线之配合法
	参考文献		简单抛物线之配合法
第十章 共变数 分析	修正均数之显著性		与直线回归相离之测验
	共变数分析之计算法		正交多项式
	各组人数不等时之共变数分析法		Logistic 曲线
	修正均数与共变数分析之其他用途		练习题
	各组组内之共变数		参考文献
	两组资料之共变数	第十三章 单一自由度	计算离均差平方和之新法
	随机区组之共变数		两组以上之个别比较
	练习题		均衡的比较
	参考文献		不均衡的比较
第十一章 多元回归	含有三个变数之资料		回归中之个别比较
	三元回归方程式之计算法		正交多项式与回归中之个别比较
	多元相关		回转实验
	估计之误差		析因实验
	显著性测验		练习题
	部分相关		参考文献
	含有四个以上变数之资料	公式汇录	
	四元回归之计算法	附录	中英文统计名词索引

可贵之处三是书中的很多引用都做到了"直接引用"。比如，在第三章中"自由度"这一节讲到"自由度"这个概念的时候，引文出自 1908 年戈塞特

（William Sealy Gosset）以笔名"Student"在《生物计量学》上发表的文章"The probable error of the mean"（在这篇文章里，第一次提出自由度这个概念）。足见郭祖超在准备这本书的过程中功夫下得足够深入。

此外，郭祖超还发表了不少关于医学统计学和卫生统计学的论文，如《推算国人心脏面积之公式》（《现代医学》，1944）、《国人死因之商榷》（与李廷安合写，《军医月刊》，1948）等。

自 20 世纪 40 年代至 1999 年去世，郭祖超为我国的医学统计和卫生统计事业培养了一批又一批医学统计学、卫生统计学的专业人才，他的一生也是我国医学统计和卫生统计事业发展的缩影。

第七章

统计学教育：课程与师资

　　1902 年，《钦定京师大学堂章程》中首次出现书面形式的统计学课程——"统计学"[①]，此时统计学还不是一门独立的课程，只是"理财学"这门课程的部分内容。1904 年，《奏定学堂章程》第一次规定在大学堂中设立独立的统计学课程——"全国土地民物统计学"[②]。1906 年，《直隶总督袁奏拟定法政学堂章程规则折》中提到开设正科课程共 22 门，第 19 门为统计学。1907 年，北京开设京师法政学堂（1912 年更名为北京法政专门学校），开统计学课程。1913 年，曾鲲化在北京铁路管理传习所设"统计学"一科，前期设计课程 20 门，实际开设 16 门，其中包括多门统计相关的课程：统计学、统计术、经济统计、交通统计、国势调查法、社会统计[③]。与此同时，统计学课程广设于各类大学，常设在法学院、商学院、会计系、政治学系、心理系、教育系、社会学系等，课程类型与内容趋向多样化、专业化。

一、统计学课程

1. 理论统计课程和应用统计课程并蒂花开

　　通过分析民国统计学课程数据发现，从 123 部统计教材中共搜集到 52 门不同的统计学课程。本书以具体课程名称及所用教材的内容为依据，对 52 门课程进行归类，课程大致分为理论统计课程和应用统计课程两大类。理论统计课程比

[①]　《钦定京师大学堂章程》规定仕学馆第三学年有 11 门课，在主课"理财学"下明列"统计学"。

[②]　《奏定学堂章程》规定在政法科大学的主课（15 门）和商科大学的补助课（3 门）中都有"全国土地民物统计学"这门课。

[③]　铁道部交通史编纂委员会. 交通史总务编 [M]. 北京：交通部总务司，1937：68-69.

较偏重于介绍关于统计学原理的一些具体统计学知识，应用统计课程侧重介绍统计方法在教育、心理、社会以及经济等领域的具体应用。同时，根据应用统计课程具体的课程名称初步判断其所属专业领域，把应用统计课程归为 5 类：教育与心理统计、社会统计、生物与农业统计、经济与商业统计、历史统计。不同课程的开设次数不同，52 门统计学课程共开设 138 次，理论统计课程（包括统计学、统计法、统计学大纲、数理统计学、普通统计学等）占所有课程总开设次数的 42%。应用统计课程中，教育与心理统计课程开设次数最多，占总开设次数的 21%，其次为社会统计课程（16%）。这 5 类应用统计发展较为迅速，与当时的国情、国内外的历史处境密切相关，仍然是实用救国为主线，对统计理论本身的贡献不大，或者说无暇顾及。教育统计学有可能是最早确立的一个高校专业。事实上，在欧美高校，教育统计学也是统计学确立最早的应用领域之一，特别是针对各级学生的教育测试统计研究。不同课程比例详情见图 7-1。

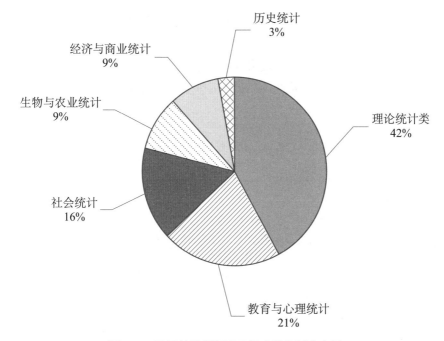

图 7-1　民国统计学课程开课次数比例分布图

1912—1926 年处于北洋政府时期，该时期统计学课程明显增多，统计学教育逐渐得到重视，呈现加强的态势。此时期共计开设 11 门统计学课程，其中开设最多的为教育相关的统计学课程，比如 1923 年张耀翔[①]、张见安、朱君毅、李湘宸、周调阳均开设了"教育统计法"课[②]；1922 年，北京高等师范大学暑假开设"心理测验和教育统计"班。其次为统计学课程。比如 1912 年，王溥仁在陆军军需学校开设统计学课程[③]；1914 年，郁达夫在北京大学政治系、经济系和史学系讲授"统计原理"课[④]；1923 年，周调阳在河南省立第一师范学校开设"教育统计学"；1924 年，国立广东大学、私立广州大学、国民大学、南京市政府统计人员养成所[⑤]、中国公学、国立暨南大学、上海商科大学、上海政治大学均开设了统计学课程[⑥]；1925 年，国立南开大学、上海大夏大学添设统计学课程。1926 年，国立东南大学和复旦大学分别新设"学务调查"课和"社会调查"课。

1927—1937 年为南京国民政府前期，此时统计学课程更为繁多，不同的统计学课程共计 25 门，其中包括数理统计学课程（比如统计学、统计学大纲、统计学之基础知识），同时多门应用统计课程开设，涉及教育学（比如教育测验与统计）、经济学（比如经济统计学、实用工商统计）、历史学（比如历史统计学、史社统计学）、社会学（比如生命统计学）、生物学（比如实用生物统计法）等。1927 年，清华大学开设"教育统计学"。1929 年，国立中央大学开设"统计研究法"。1927 年成立的私立广州统计学校，教员大都毕业于国内外名校的政治系和经济系。招生分甲、乙两级，甲级三年毕业，乙级一年毕业。甲级开设的 20 门课程中包括统

---

① 张耀翔（1893—1964），湖北汉口人。1916 年，其以题为《中国古代学者关于"性"说的介绍与剖析》的论文参加博士学位考试，获哥伦比亚大学心理学硕士学位。适逢北京高等师范学校校长陈宝泉赴美国考察教育，聘其回国任教。1920 年，张耀翔回国，任北京高等师范学校教授兼教育研究科主任，同年在北京高等师范学校创立了心理学实验室，这是中国最早建立的心理学实验室，他也是中国应用心理测验较早的学者。张耀翔在北京高等师范学校任教期间承担教育心理、普通心理、儿童心理、实验心理四门课程的讲学，讲义纲要均由其自编。1921 年夏，他应邀到南京高等师范学校所办暑期教育讲习会，讲授"教育测验"和"教育统计"课，历时 40 余天。1921 年，中华心理学会成立，张耀翔为首任会长。1922 年，张耀翔创办中国第一本心理学杂志《心理》（于 1927 年停刊）并任主编；同年在北京进行了一次近千人的民意测验，这次民意测验涉及多方面内容，是中国民意测验的开端。1928 年，张耀翔被列入美国《世界名人录》。1949 年后，张耀翔任上海华东师范大学教授、教育系主任。1956 年，任中国科学院心理研究所研究员兼心理学会上海分会理事。先后担任多所大学心理学教授以及中国科学院心理研究所特约研究员，是中国最早传播西方心理学的学者之一、中国心理学会的奠基者。

② 薛鸿志. 教育统计学大纲 [M]. 北京：高等师范编译部，1923：Ⅳ-Ⅴ.

③ 王溥仁. 统计学 [M]. 北京：陆军军需学校，1917：例言 1.

④ 注册部布告（三）[J]. 北京大学日刊，1923（1323）.

⑤ 陈炳权. 统计方法 [M]. 上海：大东书局，1934：自序.

⑥ 金国宝. 统计学大纲 [M]. 上海：商务印书馆，1934：1.

计学和社会调查，乙级开设的 15 门课程中包括统计学、教育统计、经济统计。除"统计学"课外，1931 年卫聚贤在国立暨南大学开设"历史统计学"，1933 年唐启贤在国立上海商学院开设"指数编制法"，1934 年王仲武在国立中央大学讲授"实用统计"，1935 年陈毅夫在无锡江苏省立教育学院讲授"调查统计学"。

1938—1949 年为南京国民政府后期，虽然前期统计学教育已经开始呈现遍地开花的趋势，但此后由于战争爆发，统计学课程的开设没有延续之前激增的势头，课程数量维稳，在此期间共开设统计学课程 29 门。

从开课次数角度看，理论统计课程与应用统计课程基本平分秋色。民国统计学课程倡导统计原理、统计方法和统计应用并重，教育统计、人口统计、生物统计、经济统计等逐渐从早期的社会统计中独立出来。清末统计学传入初期，深受日本影响，强调行政统计。之后，欧美留学生将系统性的统计学知识与技术带回国内，特别是引进数理统计知识。欧美现代统计学日益超过引自日本的二手统计学，占据主导地位，成为各级院校统计学课程的内容框架。随着统计学在国内的发展，国内统计学者越来越多地致力于发展针对不同教育阶段、不同研究领域的适合本土实际情况的统计学课程，统计学课程逐渐本土化。民国时期是统计学建设与发展的重要时期，从统计学课程可以看出，既有数理统计学，从理论原理方面入手，将统计学视为应用数学和通用方法论科学，同时不同领域的应用统计课程也铺展开来，使我国统计学课程呈现一种蓬勃发展的状态。

2. 开课的学校/培训机构：学校教育为主，专门培训纷繁

我国目前有据可考的最早的统计学教育始于 1896 年创设的南洋公学。1904 年 1 月颁布的《奏定学堂章程》（又称"癸卯学制"）规定，在政法科大学的主课（15 门）和商科大学的补助课（3 门）中都有"全国土地民物统计学"这门课。此后各省依据该章程相继成立大学堂、高等学堂、实业学堂、专门学校，统计学陆续出现在全国各类新式学堂中，尤以各种法政学堂因政治迫切需求为最。

随着统计学的引入和发展，尤其是欧美归国留学生的增多，年轻的归国学者坚持实地调查与实验室分析和资料研究要受到同等注意，强调运用现代科学方法进行实地研究，这些都需要统计知识和技术的支持。学界对统计学原理高度重视，各个领域应用统计学迅猛发展，专业统计人才的培养受到重视，上至高等院校，下至小学，多有开设统计学课程者。教育的整体基调是实用主义，统计学教育也不例外。在此基础上，除教育界、学术界外，政府、民间组织、商业机构也纷纷开设各种统计培训班，培养专门领域的应用统计人才，为政府机构、院校等人员提供专门的统计培训。

1907 年，宪政编查馆奏设统计局，分统计、法制两科，司道衙署设立统计处为上级机关，府厅州县设立统计处为下级机关。1908 年，在民政、度支、陆军、邮

传、农工商等部及大理院也先后设立统计处。[1]统计官制虽设，然统计人才严重匮乏。为培养各级政府统计人员，各地纷纷开设统计讲习班／讲习所，编译统计讲义。此后十年间，各类统计班并起，摸着石头过河。进入 20 世纪 30 年代，政府主导的统计班日渐成熟，比如簿记统计训练班、农业统计讲习班、工业统计讲习班、卫生统计专修班以及因战事需要而开设的军事统计讲习班（由陆军军需学校开设，横山雅男最早也是在日本陆军军需学校开设统计班）等。同时，为满足社会各界对统计专业人才的需求，一些大学也纷纷开设暑期统计讲习班／讲习会或附设统计班等。如 1909 年中华教育改进社开办教育统计讲习会，而且该社"呈请教育部，通令全国各级师范学校，一律填设教育统计学科，并拟具学程标准及施行办法於后"。教育统计学科有可能是最早确立的一个高校专业。事实上，在欧美高校，教育统计学也是确立最早的统计学的应用领域之一，特别是针对各级学生的教育测试统计研究。

与此同时，留日归国学生在日本认识了解到统计的重要性，回国后力主创办统计学校，如日本高等警察毕业生佟本华等呈请创办统计学校，首次未果，因"教育部定学校系统表，并无统计学校。此种统计学系政治科、经济科科目之一，应包含于法政专门学校之科目内"[2]。同年，续请准予设立统计专校，然亦未见其果。直到 1913 年 5 月，曾鲲化才在北京铁路管理传习所创办了第一家统计专门学堂（相当于现在大学中的一个统计学专业班）。1926 年，南开大学添设统计学课程，由何廉先生教授。在南方，在时任广东省教育厅厅长金曾澄和国民政府工商部统计科科长陈炳权等人的倡议和努力下，1927 年私立广州统计学校成立，"以养成实用统计，及簿记人才为宗旨"，是南方第一所专门培养统计人才的专业学校[3]，也是当时国内第一所正规的统计学校。虽然南北方都已成立统计专门学校，但在综合性大学中创立统计学系发生在 1927 年。这一年，南开大学在商科下设商业统计学系[4]，开我国高校统计学系之首，标志着统计学在我国高等教育体系内学科地位的确立。1937 年，抗日战争全面爆发。虽然处于战争时期，仍有一批统计学系在国立重庆大学和国立复旦大学等高等院校内设立，统计学作为专门学科开展制度化教育已比较成熟。然而，随后的几年内，战争导致高等院校人员不断迁移，各类统计资料和物资短缺，统计学领域也不可避免地受到冲击。但

[1] 刘叔鹤. 中国统计史略 [M]. 武汉：湖北人民出版社，1990：323.

[2] 江苏省行政公署批第五百八十一号（呈请创办统计学校准予立案）[J]. 江苏省公报，1913（114）：18.

[3] 私立广州统计学校. 私立广州统计学校概况 [M]. 广州：私立广州统计学校，1930：弁言."私立广州统计学校，虽无悠久历史，然在现时我国南部数省观之，则仅有一此校而已。"

[4] 天津南开大学一览（民国十八年）// 民国大学校史资料汇编：第一册 [M]. 南京：凤凰出版社，2014：453.

总体看，抗战之前的发展势头并未停止，只是被迫放缓，学者们的学术研究也未曾止步。

统计专修班／讲习班／讲习会／训练班／研究班／速成班等则是以统计为培训核心、以培养统计专业人才为目标的统计专门培养学校，这类学校培养的统计专门人才不同于统计学专业的学生，前者学习周期短、重在特定领域的统计应用且只有学历证明，后者接受的是现代新式高等教育且有学位证书。

根据对整理资料的统计可知，统计学课程的开设机构同样为学校和培训机构两大阵营，开设统计学课程的学校／培训机构共 90 所（学校包括大学、学院、专门学校、暑假学校、中学等，培训机构包括改进社、讲习所、促进会、训练所、训练班等）。90 所学校／培训机构中，学校有 59 所，占比为 65%。

59 所学校中，41 所学校有具体的统计学课程名称[①]，其中 14 所学校开设了两门及以上的统计学课程。开设统计学课程种类最多的学校为国立中央大学和交通统计学堂，均开设 7 门统计学课程，且兼具理论统计课程和应用统计课程。在 31 所培训机构中，共有 20 所搜集到了具体的课程名称，其中 18 所培训机构均仅开设一门统计学课程，唯有广东省政府统计讲习所开设了两门统计学课程："经济统计"和"统计学大纲"。41 所学校中，28 所开设了理论统计课程，占比为 68%；而 20 所培训机构中，开设理论统计课程的只有 6 所，占比 30%。限于有限的数据和太过粗略的学校／培训机构分类，不能完全展示学校和培训机构统计学课程的开设全貌，但这个比例可以为学校和培训机构的开课目的提供一定的参考。从现有数据的统计结果来看，学校教育通常比较重视理论统计学的讲授，而培训机构往往更加注重某一领域应用统计学的训练。

各所学校和培训机构具体开课情况见表 7-1。

表 7-1　民国统计学课程开设学校／培训机构的开课情况

开课学校	课程名称	课程种类数量
学校		
国立中央大学	教育统计学	7
	社会调查概要	
	生命统计学	
	实用统计	
	经济统计	
	统计学	
	统计研究法	

---

① 有的学校有明确的开课教师，但是没有具体的课程名称，亦算作有课程信息。

续表

开课学校	课程名称	课程种类数量
交通统计学堂	统计学	7
	统计术	
	经济统计	
	社会统计	
	交通统计	
	国势调查	
	社会调查	
广州统计学校	测验与统计	3
	经济统计学	
	统计学大纲	
国立重庆大学	统计学	3
	数学	
	统计应用数学	
国立复旦大学	社会调查	3
	生物统计学	
	统计学	
中央警官学校	社会调查	3
	社会学	
	统计学	
中央政治学校	实用工商统计	3
	统计学	
	统计应用数学	
国立东南大学	教育统计学	2
	学务调查	
国立广东大学	教育测验与统计	2
	统计学	
国立暨南大学	历史统计学	2
	史社统计学	
江苏省立教育学院	调查统计学	2
	统计学	

续表

开课学校	课程名称	课程种类数量
交通大学	统计学	2
	高等统计	
金陵大学	教育统计学	2
	实用生物统计法	
军需学校	经济学	2
	统计学	
北京大学	统计学	1
北京师范大学	心理测验和教育统计	1
持志学院	历史研究法	1
大夏大学	统计学	1
东吴沪江夜校	统计学	1
国民大学	统计学	1
国立上海商学院	指数编制法	1
河南省立第一师范学校	教育统计学	1
湖南省立第一师范学校	教育统计学	1
沪江大学	统计学	1
华西工商专科学校	统计学	1
江苏省立上海中学	统计制图学	1
劳动大学	统计学	1
立信会计专校	统计学	1
民国大学	统计学	1
南京高等师范学校	统计学	1
南通学院	生物统计学	1
清华大学	教育统计学	1
私立广州大学	统计学	1
私立上海法学院	统计制图学	1
私立中华大学	统计学	1
宪兵学校	统计学	1
协和大学	生物统计学	1

续表

开课学校	课程名称	课程种类数量
中国大学	经济调查统计	1
中央干部学校	统计学	1
中央陆军军官学校	社会调查概要	1
中央政治学校附设蒙藏学校	统计学	1
培训机构		
广东省政府统计讲习所	经济统计	2
	统计学大纲	
财政部川康区监务人员训练班	监务统计实务	1
改进社南京年会教育统计组	教育统计学	1
广东省政府创办统计讲习所	教育调查统计法	1
贵州定番邮政建设研究所	田间试验	1
国防部预备干部管训处	社会调查	1
河南省会计人员训练所	统计学	1
湖南省教育会暑期学校	教育统计学	1
教育部行政讲习会	教育统计法	1
京师学务局教员讲习会	教育统计学	1
京兆小学教员暑期讲习会	教育测验	1
军委会政训研究班	社会调查概要	1
南京农业普查人员训练班	统计方法	1
南京市政府统计人员养成所	统计学	1
山东省民众教育馆	统计学之基础知识	1
正郡小学教员讲习会	统计法	1
中国统计学社附设统计补习学校	统计实务	1
中华教育改进社	教育心理测验	1
中华平民教育促进会	社会调查方法	1
中央训练团	调查统计概述	1

3. 学校／培训机构地域分布：跨度大，省市较集中

针对搜集到的 90 所学校／培训机构，通过查找各所学校／培训机构的沿革历史，我们找到 61 所高校和 29 所培训机构所在地。本书按照当前最新的行政区域

划分标准，将所在地的省 / 自治区 / 直辖市这一级行政单位进行统一。经统计发现，统计学课程开设学校 / 培训机构所在地遍布我国 11 个省和 4 个直辖市，南至广东省，北到北京市，东部沿海多个省 / 直辖市均开设学校 / 培训机构，西边最远到了四川省成都市。江苏省有 15 所学校和 9 所培训机构开设统计学课程，开设统计学课程的学校和培训机构总量最多，开设学校的数量同样最多。各省 / 直辖市学校 / 培训机构详情见表 7-2。

表 7-2 统计学课程开设学校 / 培训机构所属省 / 直辖市

学校 / 培训机构所在省	课程开设学校 / 培训机构	学校 / 培训机构数量
江苏省（24 所）	国立东南大学	学校（15 所）
	国立中央大学	
	国立中央政治大学	
	金陵大学	
	金陵女子文理学院	
	劳动大学	
	陆军军需学校	
	南京高等师范学校	
	中央干部学校	
	中央陆军军官学校	
	中央政治学校	
	中央政治学校附设蒙藏学校	
	南通学院	
	江苏省立教育学院	
	江苏省立上海中学	
	财政部统计处	培训机构（9 所）
	军委会政训研究班	
	改进社南京年会教育统计组	
	南京农业普查人员训练班	
	南京市政府统计人员养成所	
	中国统计学社附设统计补习学校	
	中华教育改进社	
	中央统计联合会	
	江苏省区长训练所	

续表

学校 / 培训机构所在省	课程开设学校 / 培训机构	学校 / 培训机构数量
北京市（13 所）	北京大学	学校（9 所）
	北京法政专门学校	
	北京师范大学	
	辅仁大学	
	国民大学	
	交通统计学堂	
	清华大学	
	宪兵学校	
	中国大学	
	教育部行政讲习会	培训机构（4 所）
	京师学务局教员讲习会	
	京兆小学教员暑期讲习会	
	中华平民教育促进会	
上海市（11 所）	持志学院	学校（11 所）
	大夏大学	
	国立复旦大学	
	国立上海商学院	
	沪江大学	
	交通大学	
	立信会计专校	
	上海商科大学	
	上海政治大学	
	私立上海法学院	
	中国公学	
河南省（9 所）	河南省立第一师范学校	学校（1 所）
	财务人员养成所	培训机构（8 所）
	河南省财政厅统计股	
	河南省会计人员训练所	
	河南省统计人员训练所	
	河南省政府统计人员训练班	
	教育机关会计人员训练班	
	区政人员训练所	
	征收人员训练所	

续表

学校/培训机构所在省	课程开设学校/培训机构	学校/培训机构数量
广东省（8所）	广东国民大学	学校（6所）
	广州统计学校	
	国立广东大学	
	国立暨南大学	
	国立中山大学	
	私立广州大学	
	宪兵军官训练班	培训机构（2所）
	广东省政府统计讲习所	
湖南省（5所）	湖南省立第一师范学校	学校（3所）
	湖南省立第一中学校	
	私立岳云中学校	
	湖南省教育会暑期学校	培训机构（2所）
	中央训练团	
重庆市（3所）	国立重庆大学	学校（3所）
	华西工商专科学校	
	中央政治学校	
福建省（3所）	福建省立农学院	学校（3所）
	协和大学	
	厦门大学	
浙江省（3所）	浙江省立女中	学校（3所）
	中央警官学校	
	省立四中	
湖北省（2所）	武汉大学	学校（2所）
	私立中华大学	
	中国农民银行	培训机构（1所）
贵州省（2所）	交通大学	学校（1所）
	贵州定番邮政建设研究所	培训机构（1所）
山东省（2所）	山东大学	学校（1所）
	山东省民众教育馆	培训机构（1所）
四川省（2所）	华西协和大学	学校（1所）
	国防部预备干部管训处	培训机构（1所）
山西省（1所）	国民师范大学	学校（1所）
天津市（1所）	南开大学	学校（1所）

教育与政治有着密切关系。在近现代中国的特定社会历史条件下，政治的需要、权力的介入有时会对教育的走向产生关键的影响，这在民国时期表现得尤为明显。从学校/培训机构所在地的分布可以看出，统计学课程开设地虽然跨度很大，但是比较集中的均为北洋政府时期和国民政府时期的政治和经济中心。比如，江苏省南京市作为国民政府时期的首都，具有非常大的政治优势，共有21所学校/培训机构，独领风骚。除了政治因素以外，经济的支撑也是教育发展必不可少的条件。从地域分布结果可以看到，东部沿海几乎所有省/直辖市均开设了统计学课程，包括5个省和2个直辖市，并且开设课程的学校和培训机构数量较为集中的也均在沿海省市；相比较而言，内陆广大的地域也只占到了所有15个省/直辖市的一半，且除了北京市之外，每个省/直辖市只有零星几所学校/培训机构，没有特别明显的集中趋势。

二、师资力量：多校任教，分科教授

国外留学生和国内毕业生确保了统计讲师人才的储备，奠定了我国统计学教育长足快速发展的基础。尽管战争的消极破坏影响遍及社会各个角落，很多大学被迫西迁，但前30年的累积优势加之现实急需统计人才带来统计学教育的持续惯性发展、统计专门人才的养育[1]，为战后社会建设储备了人才。

本书共搜集到94位授课教师，其中明确所授科目的共56位。从所授具体科目的统计中可以看出，多数授课教师教授单一科目，仅有10位教师教授两门及以上的统计学课程。由此可见，授课教师基本呈现术业有专攻的特点，单独教授理论统计课程或某一门应用统计课程。教授多门统计学课程时，要么为比较接近的应用统计课程，要么为理论统计课程加一门应用统计课程。同一门课程通常有多个老师开设，并不会为某一位授课教师所垄断。详见表7-3。

表7-3　授课教师及所授科目

授课教师	所授科目
曾鲲化	统计学
	统计术
	经济统计
	社会统计
	交通统计
	国势调查

---

[1]　复旦重庆两大学统计系及统计专修科学生到国府统计局实习概要 [J]. 统计界简讯，1941（1）：2-3.

续表

授课教师	所授科目
徐钟济	统计学
	经济统计学
	高等统计
	"统计专题报告"课
	统计方法
卫聚贤	史社统计学
	历史研究法
	历史统计学
陈毅夫	社会调查
	调查统计学
褚一飞	统计学
	统计应用数学与数理统计
金国宝	统计学
	指数编制法
李鼎辅	统计法
	教育测验
刘坤阊	统计学
	统计实务
刘万镒	测验与统计
	教育调查统计法
张爽坤	社会学
	社会调查
朱庆疆	统计学
杨国础	教育统计学
余松烈	生物统计学
赵仁镕	生物统计学
赵章黼	统计学
芮宝公	统计学
王思立	统计学
言心哲	社会调查概要
周调阳	教育统计学

续表

授课教师	所授科目
朱君毅	教育统计学
常彦春	教育测验与统计
陈善林	统计制图学
郭垣	统计学
李锐夫	统计应用数学
秦古温	经济统计学
王书林	教育统计学
王仲武	实用统计
俞寿荣	统计学
艾伟	统计学
蔡毓聪	社会调查
陈律平	统计学
邓桢树	社会调查
范福仁	田间试验
勾适生	统计学
郭祖超	统计学
黄廷真	统计学
黄翼	统计学
邝宗源	统计学
李成谟	统计学
李鸣陆	统计学之基础知识
李湘宸	教育统计法
林和成	实用工商统计
卢郁文	经济学
齐泮林	教育统计学
祁德华	统计学
唐启贤	指数编制法
王绥	实用生物统计法
吴藻溪	经济调查统计
徐恩曾	调查统计概述
薛仲三	统计学

续表

授课教师	所授科目
杨铨	统计学
于恩德	社会调查方法
张见安	教育统计法
张耀翔	教育统计法
周伯平	数学
周君适	统计研究法

　　从授课教师所在学校／培训机构的统计结果看，共有 71 位授课教师明确定位到了其开课学校／培训机构。其中 33 位在两所及以上学校／培训机构开设了统计学课程，占比接近半数。开课学校／培训机构最多的为徐钟济，在 10 所学校／培训机构开设统计相关课程。各授课教师开课学校／培训机构及所在学校／培训机构数量详情见表 7-4。

表 7-4　民国统计课程授课教师开课学校／培训机构

授课教师	开课学校／培训机构	所在学校／培训机构数量
徐钟济	私立中华大学	10
	东吴沪江夜校	
	中央干部学校	
	国立中央大学	
	交通大学	
	国立中央政治大学	
	国立复旦大学	
	沪江大学	
	南京农业普查人员训练班	
	北京师范大学	
金国宝	国立复旦大学	6
	上海商科大学	
	国立上海商学院	
	中国公学	
	上海政治大学	
	国立暨南大学	

续表

授课教师	开课学校 / 培训机构	所在学校 / 培训机构数量
郑尧梓	宪兵军官训练班	6
	军需学校	
	江苏省区长训练所	
	中央统计联合会	
	国立中央大学	
	中央政治学校	
朱庆疆	教育机关会计人员训练班	6
	河南省会计人员训练所	
	区政人员训练所	
	河南省财政厅统计股	
	征收人员训练所	
	财务人员养成所	
褚一飞	国立重庆大学	4
	国立复旦大学	
	华西工商专科学校	
	中央政治学校	
刘坤阊	军需学校	4
	中央政治学校附设蒙藏学校	
	中国统计学社附设统计补习学校	
	中央政治学校	
杨国础	湖南省教育会暑期学校	4
	私立岳云中学校	
	湖南省立第一师范学校	
	湖南省立第一中学校	
余松烈	国立复旦大学	4
	南通学院	
	福建省立农学院	
	协和大学	
赵仁镕	国立复旦大学	4
	南通学院	
	福建省立农学院	
	协和大学	

续表

授课教师	开课学校 / 培训机构	所在学校 / 培训机构数量
赵章黼	国立复旦大学	4
	国立中央政治大学	
	中央警官学校	
	国立重庆大学	
芮宝公	国立复旦大学	3
	国立中央大学	
	江苏省立教育学院	
王思立	立信会计专校	3
	交通大学	
	国立中央大学	
卫聚贤	国立暨南大学	2
	持志学院	
言心哲	国立中央大学	3
	军委会政训研究班	
	中央陆军军官学校	
周调阳	京师学务局教员讲习会	3
	改进社南京年会教育统计组	
	河南省立第一师范学校	
朱君毅	清华大学	3
	国立东南大学	
	厦门大学	
陈善林	私立上海法学院	2
	江苏省立上海中学	
陈毅夫	国立复旦大学	2
	江苏省立教育学院	
杜元载	中国大学	2
	北京大学	
郭垣	民国大学	2
	北京大学	
李鼎辅	正郡小学教员讲习会	2
	京兆小学教员暑期讲习会	

续表

授课教师	开课学校/培训机构	所在学校/培训机构数量
李锐夫	国立重庆大学	2
	中央政治学校	
刘万镒	广州统计学校	2
	广东省政府创办统计讲习所	
罗大凡	国立暨南大学	2
	国立中山大学	
马寅初	国立中央大学	2
	国立重庆大学	
秦古温	广州统计学校	2
	广东省政府创办统计讲习所	
王书林	金陵大学	2
	国立中央大学	
王徵葵	辅仁大学	2
	国民师范大学	
王仲武	国立中央大学	2
	军需学校	
杨寿标	财政部统计处	2
	中国农民银行	
俞寿荣	军需学校	2
	中央政治学校	
张世文	华西协和大学	2
	金陵女子文理学院	
张爽坤	中央警官学校	1
艾伟	国立中央大学	1
蔡毓聪	国立复旦大学	1
蔡正雅	国立暨南大学	1
常彦春	国民师范大学	1
褚凤仪	私立上海法学院	1
邓桢树	国防部预备干部管训处	1
杜元载	北平师范大学	1
范福仁	贵州定番邮政建设研究所	1

续表

授课教师	开课学校／培训机构	所在学校／培训机构数量
勾适生	大夏大学	1
顾君	北京法政专门学校	1
郭祖超	国立中央大学	1
黄廷真	广东国民大学	1
柯象峰	金陵大学	1
李鸣陆	山东省民众教育馆	1
李云亭	国民师范大学	1
林和成	中央政治学校	1
刘迺敬	国立中央大学	1
卢郁文	军需学校	1
毛起鹓	河南省政府统计人员训练班	1
倪亮	国立重庆大学	1
宁恩承	南开大学	1
祁德华	军需学校	1
唐启贤	国立中央政治大学	1
王溥仁	陆军军需学校	1
王绶	金陵大学	1
吴藻溪	中国大学	1
谢冠生	国立中央大学	1
徐恩曾	中央训练团	1
薛鸿志	中华教育改进社	1
薛仲三	国立复旦大学	1
杨铨	南京高等师范学校	1
于恩德	中华平民教育促进会	1
俞子夷	浙江省立女中	1
周伯平	国立重庆大学	1
周君适	国立中央大学	1
朱祖晦	武汉大学	1
邹依仁	国立中央大学	1
曾鲲化	交通统计学堂	1

统计学教育不是孤立存在的，其与社会政治、法律和财政经济等的发展有着千丝万缕的联系。清末民国时期，统计学教材伴随着西学东渐的浪潮逐渐传入中国。民国时期的留学生对于引进西方先进的科学理念、知识和技术方法厥功至伟，是开启中国现代化进程的先驱者之一。很多留学生回国后，首选到高校担任教职，开设相关专业课程，为现代统计科学在中国的传播、统计人才的培养躬身实践，为统计学科的创建奠定了基础，为统计学科的发展做出了卓越贡献。

第八章

统计学教育：典型学校与院系

在中国统计学教育的办学发展历史上，1912 年由曾鲲化创建的统计学堂、1927 年成立的私立广州统计学校、1929 年中央政治学校成立的统计组和统计专修科，以及西南联合大学的统计学教育具有独特且重要的历史地位。

一、统计学堂

1. 北京铁路管理传习所[①] 的创办（1909 年）

曾鲲化（1882—1925），湖南新化县孟公镇人。幼时家贫，天资聪颖。1898 年考入新化实学堂。1901 年考取官费留学日本资格，进入日本成城军校（即日本陆军士官学校预备校，后改称振武学堂）。在此期间，他接触到日本学者所著《支那铁路分割案》一书，此书主要论述日本如何与俄、英等列强争夺我国铁路权益，从而把铁路作为侵华的触角。读此书后，深受刺激的他认为铁路将是影响我国未来兴衰的重要事业，于是放弃军校学习，考入日本私立岩仓铁道学院，学习铁路管理专业。留日期间，曾鲲化当选为清朝留日学生总干事，并加入同盟会，与陈天华、谭人凤、谭二式、苏鹏、曾继梧、蔡锷、章士钊等同乡有密切来往。作为学生领袖，留日期间他结识了孙中山。

1906 年，曾鲲化学成归国。回国后，曾鲲化对我国铁路进行了一次全面考察，历时 3 个月，独自一人走遍全国 15 省，并写出考察报告，史称"丙午调查"。其后，曾鲲化在调查报告的基础上写就《中国铁路现势通论》一书，在书中提出了全面系统的管理思想。他认为"管理权为铁路之命脉，权在我，则人为我用；

[①] 1909 年创办的北京铁路管理传习所，1910 年更名为交通部交通传习所，1917 年改组为铁路管理学校和邮电学校，1921 年与上海工业专门学校、唐山工业专门学校合并组建交通大学。1923 年交通大学改组后，学校更名为北京交通大学（现北京交通大学的前身）。

权归人，则我用于人"①。而我国铁路恰恰缺乏管理。我国各铁路学堂很少设置管理科，海外攻读管理专业的留学生也为数不多。在此期间，曾鲲化进入清政府邮传部（主管交通和通信）担任司员。

1908年，曾鲲化起草《上邮传部创办铁路管理学堂书》一文，主张使管理与机械、建设并行，极力主张创办铁路管理学校。1909年11月，经邮传部尚书徐世昌上奏清政府批准，于时称北京府右街李阁老胡同创办邮传部北京铁路管理传习所，开我国铁路管理先河。对于铁路管理人才的培养，曾鲲化根据当时我国铁路管理的需要，分为"高等班"和"简易班"两种学制。高等班学制三年，培养中高级铁路管理人员；简易班学制一年，培养一般铁路管理人员。高等班28门课程，简易班20门课程。1909年，传习所共设6个班，学生400多人。1910年，在学校开办一年后，这里走出了第一批我国自主培养的铁路管理人才，共计大概200人，分别被派往津浦、京张、京奉、吉长等铁路和车站。三年后的1912年底，高等班100余名学生毕业，分往全国各铁路。许多毕业生取代洋人，担任铁路车务处处长、副处长、车务段长等重要职务。在培养铁路管理人才的同时，毕业生中也涌现出铁路运输专家金士宣、著名会计学家杨汝梅等不同领域人才。

2. 开办统计学堂②和统计学科（1912—1914年）

在传习所开办的前三年，学校只有铁路工程和邮电两大学科。1912年，曾鲲化担任北洋政府交通部统计科科长。开展河北省统计专项调查后，他意识到统计专业人才的缺乏，同时感到缺少将铁路和邮电两个学科串联起来的技术和方法。曾鲲化立即给时任北洋政府交通总长朱启钤写了两个报告，一是《上交通部创办统计学堂呈词》，建议在传习所开办第三个专业——统计学科（见图8-1），并建议"以统计学引导全路，树立一道同风"；二是《上交通总长朱桂莘（朱启钤）先生书》，希望朱启钤为他撰写的《统计学教科书》题词作序。

《上交通部创办统计学堂呈词》说：

> 司员曾鲲化为呈请养成统计人才以便改良统计事。窃谓统计乃万事万物之豫算表，权舆《禹贡》，阐扬泰西，迄今日一跃而跻于学理上一等位置。世界设统计协会，国家设中央统计局，地方设各种统计社团，俨然有与经济学、

---

① 曾鲲化. 交通文学 [M]. 北京：共和印刷局，1913："第九编"序跋 4.

② 清末到民国，我国高等教育经历了"学堂—学校—大学（学院）"三种形态。清末，随着洋务运动的兴起，国内开始废科举、办新学。从19世纪末到清朝灭亡，全国各地开办了40余所各类学堂，如京师大学堂、北洋学堂、三江师范学堂等；民国初，教育部将"学堂"改为"学校"，如"清华学堂"改为"清华学校"；到20世纪20年代，国民政府又将部分学校转为大学或学院，如"清华学校"1928年更名为"国立清华大学"。

曾鲲化的《上交通部创办统计学堂呈词》

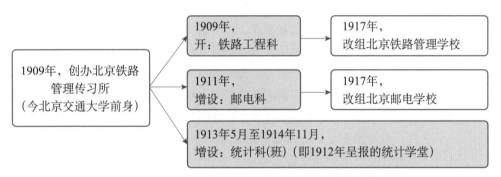

图 8-1 北京铁路管理传习所、统计科（班）及统计学堂关系图

法律学并驾齐驱之势。盖统计实种种事情之总汇点，为规画、进行政策之不二法门。统计立，则比较生；比较生，则优劣自然而见。司政者细察其所以优、所以劣之原因，而后改良进化之方针乃确有把握。欧美日各国均视统计为极要关键，其管理员较各课特多。区日计、周计、旬计、月计、期计、年计六种，按期令地方将所管事务分类调制，呈报中央。中央集其大成，经之、纬之。于是，全国统计得以和盘托出。我国当五年以前，几不知统计有何等关系；现共和成立，无论在朝在野，以周知国情为前提。故国家正式统计之必要，已毫无疑义。内阁统计局设立，业经二载，尚未见有事业发生。此于统计发展前途当生莫大之影响，然非职司所在，不便妄参末议，姑就本部言之。

本部综管船、路、邮、电四政，其复杂繁难，非各部所能比拟。而统计之重要，亦视各部更进一筹。司员细阅现今所制《交通统计表》，多与统计学理大相背驰。欲正本清源，有不可不亟应改良者三大则。

一曰：体例不适。统计之目的，在穷究社会事物之关系与进化之定律。

而所藉以向此目的进行之要素，则有三焉：曰记述、曰列表、曰制图。记所不能尽者，通之以表；表所不能穷者，显之以图。今仅有数目表，而记述图式概付阙如，未免为统计家所窃笑。夫数字为统计之筋骨，而记述乃其皮肉。有筋骨而无皮肉，不成全体。故制表时，当着眼于学问上及实际上，略叙其表中所含之真理妙味。俾阅者如读名家著述，生气勃勃，跃于纸上。若徒画纵横线列记数字，决非统计表之上乘也，统计外观极干燥无味，除有高等脑力或富统计学识者外，率不喜披览。故有时须制种种美术的统计图，使其大要易于通晓以为诱进世人嗜好之一助。盖图画乃无字之文章，数字乃无声之议论，不徒于事实有关，亦统计美观上所不应不尔者也。

二曰：调查不精。统计事务，首重调查。而调查以地方为单位，调查结果之正否，视单位观察之正否如何。故司中央集查之任者，当以眼光观察全体所得之事实，萃其性质相同之点，分析之、综合之、比较之，务令其确实而不误谬、完全而不缺漏且次序又能整齐，斯可谓为尽统计家之能事。查以前所颁发各局、所调查表式类，多偏于总表，而分表反瓯脱视之，是以名目不清、事实互异，数目亦多有不确不全之处。夫分表为总表之母，分表万端千绪而总表则一以贯之，未有分表不明而总表能得精确之结果者也。今宜仿各国成例，参酌本国情形，详制应有分表，颁发各处，庶纲举目张，可以符统计之名实。

三曰：机关不备。凡办一事，必设执行机关专司其责。本部统计虽有专科，而各局、所并无此项设备。故一办统计，行文各局、所非历数月或年余不能答覆。夫所贵乎统计者，一面表示现在情形，一面为历史材料，藉以定改进、扩充之标准者也。乃事隔数月或数年，而统计报告尚未发行，已大失统计之价值。今宜令各局、所特设专课，按月汇报本部，然后中央与地方有直接的系统组织于经济之整理、行政之筹画，当有极大之利益也。虽然欲实行以上各事劈头有一极困难之问题，即统计人才是也。西谚曰：人有价值，即其职务有价值。故任官必当其所学，为文明国之通论。统计系一种专科，非熟悉其学术者决不能担任。法国统计家卓里氏尝谓：国家统计局长不但当知统计学术、富各种学识、谙行政实际而已，且须具公平正直之品，庶几无偏无党，可以进统计于学问上之高尚地位。若谓统计止为形式事务，惟取字践端好长于加减乘除者为之，此实门外汉之论也。我国学统计者如麟角凤毛，渺不可多得。而今日需才孔急，又不可视为等闲。据司员浅见，拟于交通传习所中添设统计一班，定额百名。限一年毕业，以统计为主课，簿记、会计、法规、经济等为辅似课。其学生选有中学程度者充之。毕业后，视成绩之等差，分派各局、所，专任统计事务。似此办法，经费不多，时期亦短，将来于本部行政上必可收事半功倍之效，云云。

朱启钤很快批准了在传习所开设统计班的请示，并委派曾鲲化担任统计班总教习。经过一年的准备，统计学堂于 1913 年 5 月正式开学。该届统计班招收了 80 名学生，都是从各个铁路局选拔出来的优秀年轻人，需要在传习所学习两年。曾鲲化在开学典礼上首先讲道"创设统计一班，冀为全国之先导"，强调作为国家第一个统计人才项目，一定要办成全国的表率。他对统计学科有着明确的定位，认为"统计学者是国家社会组织的指导师，依照大数定律的原因结果之关系，能探其底蕴而对照类推因果之关系"，因而统计可以将"彼此之比较，荟于斯；今昔之比较，荟于斯；而所以优、所以劣之内容，逐一一彰明"。国家、社会与各级组织通过对统计报告的分析，利于斟酌提出改进的方针办法，"以此致力于社会，社会可享完全之幸福"。他说，"民国鼎革以来，万机待举，而欲此目的之健全达到，则研究统计学术实为急务中之急务"，希望交通统计班能够成为全国学术的先导。他要求学生修炼自我品性，恪守统计职业操守："凡百事，宜以尊重道德为主，统计学者更应拳拳服膺"。[①]

在 1911 年曾鲲化写给交通部的报告《上交通部创办统计学堂呈词》中，曾设计 20 门主要课程，包括：统计学、统计术、政治统计、经济统计、交通统计大要、路电邮船分类统计、会计学、商业簿记、交通政策、交通簿记、交通法规、交通文学、中国交通史、法制经济、英文、交通英语、商业算术、珠算、国文、图画。在实际授课中，曾鲲化将个别课程内容做了调整和合并，实际课程计划如下图所示。

科目＼学年	国文	统计学	会计学	摘记学	统计术	数学	英文	经济统计	铁路簿记	珠算	法学大纲	经济学	交通统计	国势调查法	社会统计	图画
第一年 上	二	六	五	五	二	四	四									二
第一年 下	二		四			四	三			六						二
第二年 上	二					四			五						六	二
第二年 下	二					四			七	二				五	四	二

统计班课程表

资料来源：交通部、铁道部交通史编纂委员会.交通史总务编 [M].南京：交通部总务司，1937："第三章 教育" 59-66.

统计学堂两年 16 门课的教学安排中，大致可分为三类课程。第一类是基础课：国文（7 学分）、数学（14 学分）、英文（16 学分）、经济学（2 学分）、法学大纲（2 学分），共 5 门 41 学分。第二类是专业相关课程与技能：会计学（6 学分）、簿记学（5 学分）、铁路簿记（10 学分）、珠算（8 学分）、图画（8 学分），

---

① 佘江东.论曾鲲化早期铁路管理思想 [J].近代史研究，1989（4）：100-109.

共 5 门 37 学分。第三类是专业课程：统计学（6 学分）、统计术（10 学分）、经济统计（9 学分）、交通统计（12 学分）、国势调查法（3 学分）、社会统计（10 学分），共 6 门课程 50 学分。

在所有课程中，英文和数学是学分最多的两门，而且贯穿两年 4 个学期，足见曾鲲化对统计学专业学生打下扎实的外语和数学基础的重视。另外三门覆盖 4 个学期的课程是国文、珠算和图画。珠算是当时数据计算的基本工具，要求学生熟练使用；图画在这里主要是指统计图表的绘制，对统计人员也有较高要求。

关于统计专业课，曾鲲化设计了 6 门。"统计学"这门课程讲授统计学基本理论和方法，在第一学期开设。"统计术"这门课是曾鲲化的独创与特色，包括统计图表的绘制与分析、各种统计分析方法的正确应用，以及统计工作中各种问题的处理和解决。关于统计学与统计术二者的关系，曾鲲化认为："统计之先有其术，而后有其学，亦与各科学如出一辙。虽然此不过历史上先后发见之关系也，今欲以科学的讨论之，则不先通其学，断不能研究其术何者。凡科学之成立，必不可无一定之顺序。方法其顺序，方法之大……"① 由此可见曾鲲化对培养学生实际能力的重视。统计专业课除"统计学"和"统计术"外，还开设了"经济统计""社会统计""交通统计"，其中"交通统计"课时多，达 12 学分，突出交通统计人才培养的特色。在这些课程之外，还专门开设了"国势调查法"这门新课。上述 6 门统计专业课对应统计专业人才的培养，在当时无疑是全新且全面的，在今天看来也没有落伍。

统计班按照两年的教学计划安排，但为早出人才，统计班的课程和时间都安排得十分紧凑，到 1914 年 11 月顺利完成教学计划，共 78 人考核合格，准予毕业。

3. 统计学堂的教师与教材

在 1913—1914 年统计学堂办学的两年间，校长是姚国桢②，教务长是辜鸿铭③，

① 曾鲲化. 统计学教科书 [M]. 北京：共和印刷局，1913："第一编" 2.

② 姚国桢（1883—1942），字幼枝，安徽贵池人，清举人。毕业于京师大学堂。曾任邮传部学习郎中，北洋政府交通部佥事、总务厅文书课课长。1914 年，任统计委员会副会长。1916 年 10 月，任北洋政府交通部邮传、邮政司司长，并兼任邮政总局局长。1917 年 7 月，任交通部参事。1919 年，兼任交通部总务厅厅长；12 月，任交通部次长，一度代理总长。1927—1928 年任北京交通大学校长。

③ 辜鸿铭（1857—1928），名汤生，字鸿铭，祖籍福建省惠安县，生于南洋英属马来西亚槟榔屿。学博中西，号称"清末怪杰"，精通英、法、德、拉丁、希腊、马来西亚等 9 种语言，获 13 个博士学位，是清代精通西洋科学、语言兼及东方华学的中国第一人。他翻译了中国"四书"中的三部——《论语》《中庸》《大学》，创获甚巨；著有《中国的牛津运动》（原名《清流传》）和《中国人的精神》（原名《春秋大义》）等英文书，热衷向西方人宣传东方的文化和精神，并产生了重大影响。

教务主任是华南圭①，曾鲲化任统计班总教习。统计学堂的教师队伍也都是当时
国内各领域的名家，曾鲲化亲自开设"统计学""统计术""经济统计""交通统计"
等课程，李侃协助曾鲲化讲授部分统计学课程。统计学堂聘请胡文耀②等讲授数
学，聘请杨汝梅③、陈震等讲授会计学、簿记学等课程，马寅初曾在该校讲授英
文（1914—1916 年）和簿记学（1917 年）。④

1912—1914 年曾鲲化讲授统计课程期间，国内仅有日本横山雅男的《统计
学》和《统计通论》的译本、彭祖植的《统计学》和沈秉诚的《统计学纲要》4
本教材，甚至彭祖植和沈秉诚编写的教材主要参考的也是横山雅男的《统计通
论》。曾鲲化觉得翻译／编译日本的教材不能满足我国交通管理统计人才的知识
和技能需要，于是亲自编写了《统计学教科书》，作为统计学科的主要教材。同
时，他还担任统计学科的主任讲习，即首席教授。

在讲授统计学时，曾鲲化联系中国实际，列举当时北洋政府交通部统计管
理的三大弊病，即"体例不适""调查不精""机关不备"。作为北洋政府交通部
统计科科长，他在授课时敢于剖析主管的工作，不但体现了刚正不阿的职业精

---

① 华南圭（1877—1961），字通斋，江苏无锡人。1896 年中举。京师大学堂成立后，就学
于师范馆。1904 年公费留学法国。1910 年毕业于法国公益工程大学，获工程师文凭。归国后
考取进士。1928—1929 年，担任北平特别市工务局局长，其间，制定了《玉泉源流之状况及
整理大纲计划书》《北平河道整理计划》等，提出了整治永定河及修建官厅水库，将景山、中
南海辟为公园等意见。任内，还主持辟出沙滩经景山前门至西四丁字街的道路，辟出地安门
东大街和地安门西大街。1929—1934 年，任北宁铁路局总工程师兼北宁铁路改进委员会主
席。1932 年，出任天津整理海河委员会主任，倡导且主持了天津海河挖淤工程。1933—1937
年，担任天津工商学院院长。1938—1945 年，因不愿意替日本人工作而流亡法国。1949 年起，
应北京市人民政府邀请，出任北京都市计划委员会总工程师，后又担任顾问，直到 1961 年
逝世。
② 胡文耀（1885—1966），字雪琴，浙江鄞县人。1908 年毕业于震旦学院，赴比利时鲁汶大
学深造，1913 年获博士学位。历任北京大学理学院、北京高等师范学校教授，兼任北京观象
台编辑。与翁文灏、孙文耀并称"震旦三文"。1931 年，任震旦大学校长。1951 年，拒绝教
会外籍神职人员诱其举家迁法，带领师生收回学校权力。
③ 杨汝梅（1879—1966，也有说 1882—1966），字予戒，湖北均川赵家冲人，清末举人。
1903 年，赴东京高等商业学校留学 8 年。北洋政府时期历任财政部制用局会办、审计处第三
股主任审计。南京国民政府成立后，历任财政部赋税司科长，审计院审计官兼第一厅厅长，
主计处主计官兼岁计局副局长、局长，工商部会计处会计长。抗战时期在重庆任高等考试文
官文试典试委员、中央政治学校讲师、各县市行政讲习所教官。抗战胜利后，任邮政储金汇
业局监察委员等职。
④ 交通部、铁道部交通史编纂委员会．交通史总务编 [M]．南京：交通部总务司，1937："第
三章　教育"59-66.

神，而且增强了课程的实际价值，所展示的实际案例生动细腻，学生钦佩，老师效仿。在讲解统计学的数量观、总体观和推断观时，他引用《桂路调查记》中的数据和事实，从广西铁路入手，深入分析整个西南铁路，循循善诱、深入浅出；在讲授统计学的数据及图表作用时，他概括为"图画，乃无字之文章；数字，乃无声之议论"[①]；在讲授统计的职业操守时，他指出合格的统计人员应做到"须至公无私，不得稍存意见，俾世人以征信录视之，而于国家社会以直接间接之利益也"。

在此期间，曾鲲化陆续编写了《铁道统计》（1912）、《统计学教科书》（1913）、《交通统计》（1913），翻译了美国统计学家梅奥－史密斯的《经济统计》[②]（1914，群益书局出版）（原著 *Statistics and Economics*，哥伦比亚大学出版社 1899 年出版，是国际上最早的经济统计教科书之一），该译著是我国第一部关于经济统计的著作。

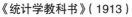
《统计学教科书》（1913）　　　　　《经济统计》（1914）

在《统计学教科书》中，曾鲲化提到"顾君译英国尤尔氏所著统计学之理论，又与吴县王世澄君合译英国巴来氏统计学，不日出版。顾为数学专家，王长于经济学，其译此书想有足多者"[③]。中译本尤尔的《统计学之理论》是清末民国初期第一本欧美统计学教材译本，但由于书中数学符号和公式较多，若学生未接受系统的数学训练，难以将其作为统计学教材使用。因而，尤尔的教材译本在当时的影响有限。中译本鲍莱的《统计学原理》由于相似的原因，订数不多，没有

---

① 曾鲲化. 统计学教科书 [M]. 北京：共和印刷局，1913：第一编 26.
② 日本统计学家吴文聪曾在1902年翻译过这本书，日文译作是《经济统计学》（上、下册）。
③ 同① 22.

正式发行。① 直到 1937 年，鲍莱的书才正式由李植泉翻译出版。

曾鲲化自撰的《统计学教科书》介绍，将统计科学定义为"统计学者，于社会的大量现象取其同性，依大量观察法以研究其间所存因果关系与共同法则之学问也"②。他认为这门学科的重要性在于"统计乃万事万物之预算表"③，上至国家，下至每一基层社会组织细胞，无不需要借助统计的工具进行管理。从国家管理的角度看，统计一可作为制定各项政策的依据，二可以佐证立法和施政的结果，三可令国民知晓国家的现状，以团结朝野力图进步，跟上时代与世界发展潮流。"统计者，万事万物之度量衡也。社会情形虽日趋复杂，一若风云变幻无所测其端倪。然苟以具体的头脑，经缜密的调查，依统计演绎或归纳规则，原始要终而推寻之，莫不有其常轨之可迹。既有常轨足徵，则据现在事实与已往比较，自得以预计将来，定其改良进化之标准。"④ 交通铁路行业规模大、纷繁复杂，管理者必须系统掌握全局才能做出科学决策；实施者需要研究各种统计报表和数据，才能准确理解和把握管理者意图，并落实到每一个环节。这些都需要统计学方法和技能。

这本教科书既借鉴了日本统计学教科书重视国家管理的特色，同时又吸收了英美统计方法在社会经济领域应用的长处，体现了曾鲲化自己独到的统计见解，即统计学的数量性、总体性和推断性。数量性强调任何事物都是数量和质量的统一，要求统计学从事物的定性认识出发，来研究事物总体数据数量方面的特征，从而认识事物的本质、变化规律和发展趋势。总体性指统计学的研究对象是事物的总体，总体是个体的集合。社会规律通常具有总体特征，统计通常从整体的视角看待研究对象，对总体各个单位的事实进行大量观察、汇总和分析，从而提炼出总体共有的规律和特征。推断性指统计研究主要是对现象内在规律的认识。研究对象可能是无穷无尽的，而统计推断设定观察的群体是有限的，对总体的判断是基于有限群体特征向总体的推断。曾鲲化在教材和授课中特别强调统计的数量性、总体性和推断性，将这三个特征作为统计学生必须理解和掌握的基本要求。在曾鲲化的教学中，他特别注重统计图、统计表和统计分析三项基本方法，用中国铁路的实际数据要求学生、训练学生。

《统计学教科书》讲义分为历史、学派、理论、技术、设备五编，共 20 余万字，在统计学堂教学中受到教师和学生的欢迎，外校学生争相传阅抄写。北

---

① 王仲武. 统计学原理及应用 [M]. 上海：商务印书馆，1927：杨杏佛先生序 2.

② 曾鲲化. 统计学教科书 [M]. 北京：共和印刷局，1913：第三编 12.

③ 曾鲲化. 上交通部创办统计学堂 [M]// 曾鲲化. 交通文学. 北京：北京琉璃厂共和印刷局，1913：第三编 6.

④ 同②序 2.

京共和印刷局、上海群益书社、汉口昌明公司、长沙南阳印书局 4 家出版发行机构，在曾鲲化新书《交通文学》一书的封底介绍了《统计学教科书》的出版发行过程：《统计学教科书》为"首倡统计学校之人出统计唯一之著述，奢为我国统计史中放一绝大光彩。各校学生耳其大名，争向该校生徒索阅讲义，不辞劳苦，一一抄誊。本局闻之以此极有利益于国家社会之书，应讲普及主义，因面商曾先生梓以饷世"①。

4. 统计学堂的学生

曾鲲化在统计学堂的人才培养计划中对统计毕业生提出了很高的要求，他写道："统计家以崇尚道德为其天职。苟于此处稍有欠缺，纵理论如何透澈，技艺如何精微，亦如若西子之蒙不洁，人皆深恶痛绝之，不瑕也。兹特揭道德上应行恪守者如左（引者注：原书为竖排文字，指如下）。一、负完全责任；二、郑重将事，不可丝毫疏忽；三、坚守中立，不可有所偏颇；四、不可加入政党；五、数字不可屡为正误，恐统计信用因之坠地；六、宜以事实为主，据事直书；七、数字关系甚大，切不可私自增减；八、有则曰有，无则曰无，务得事实之真情不可臆度；九、注意世间状态及习惯不可或怠；十、平心静气，默察其是非得失，下以真正之判断。"②

曾鲲化在办学中，对统计人才的职业道德十分看重，并认为如果统计家失去道德，即使学问高深，也得不到真正的尊重。这十条标准的实质是"实事求是，客观公正"。其中第四"不可加入政党"，意思是统计不应该受党派和政治派别意见的影响，须保持客观。曾鲲化对杉亨二的十条准则的顺序略加调整，但仍然保留"不可加入政党"一条，特指在民国初年，封建残余势力和北洋军阀混战，政权更迭频繁，此时曾鲲化痛感政府腐败，因而着重强调避免受政党和派别的影响。

统计学堂从 1911 年起在全国招生，吸引了众多有志青年。其中，龚理清 1911 年春先考取了清华学堂留美预备班（中等科学生），当年预备班考试科目为 5 门，分别是中文、英文、历史、地理和算学（数学），全国有 1 000 多人报考，116 人正式录取，另有 25 人备选，汤用彤、李济也在这批考生之中。龚理清得知统计学堂招生后，又考取了传习所统计班，并顺利毕业。经过近两年的学习，1914 年 11 月该班有 78 人毕业。此外，在毕业生中，有几位投身军界，后来成为抗日战争时期的名将。如曹典江（1891—? ），1914 年毕业后，考入保定军校第三期。1933 年 4 月 2 日，北京交通大学武汉同学会成立，曹典江身在军

---

① 曾鲲化.交通文学 [M].北京：北京琉璃厂共和印刷局，1913：广告页.
② 曾鲲化.统计学教科书 [M].北京：共和印刷局，1913：第五编 19.

界，情系母校，入选第一届学会理事。多数毕业生仍为我国的铁路建设事业默默奉献。石道伊毕业后参加滇缅公路的建设，也曾经同我国桥梁专家茅以升一同参建钱塘江大桥。

《交通史总务编》对 1912—1914 年的统计学堂统计班的教师、课程和教学计划有较为详细的记载，也有 78 名统计班毕业生的名单，但缺少毕业生分配去向以及毕业后为国服务的记载，对还原这段统计学教育是个遗憾。

1916 年 10 月，曾鲲化出任北洋政府交通部路政司司长，准备在我国交通管理和教育领域大干一场。受北洋军阀间的权力和派系斗争牵连，1917 年 8 月曾鲲化被免去路政司司长职务，改任京汉铁路局局长，不久又被降为株萍铁路局这个三级铁路局的局长。1920 年，交通部内部发生变化，曾鲲化被调回北京任交通部参事，虽然这只是一个闲职，但给了他充足的时间，任职期间他完成了《中国铁路史》这部著作。

1924 年，孙中山在广州筹划组建国民政府（广州），准备请曾鲲化出任交通总长。但由于北方军阀的强硬抵制，国民政府的组建计划落空。1925 年春节后，曾鲲化的母亲在湖南老家病重，他匆忙赶往新化，但到家时还是没能再看 85 岁老母一眼。巨大的悲痛和劳累使得曾鲲化一病不起，后得知当年 3 月 12 日孙中山病逝，曾鲲化振兴我国铁路管理和统计教育的希望彻底破灭，于 5 月 11 日病逝于老家湖南新化。

虽然民国初年的交通统计学堂由于多种原因只办过一届，仅有 78 人毕业，但它作为我国统计学教育与统计学科的萌芽，为日后培养统计人才提供了宝贵经验，在世界统计学教育史上也留下了中国学者的智慧和贡献。

二、私立广州统计学校

1.成立概况

私立广州统计学校成立于 1927 年，是当时南方唯一一所统计人才专门培养学校。学校在成立之初，定名为国立，后因其时全国尚无统计学校，且筹备经费挪用于北伐战争，改办专门夜校。1935 年，遵照私立学校不得以所在城市命名的规定，改名为私立广州统计学校。抗日战争全面爆发后停办。自开校以来，共招生 8 期，毕业生逾 400 人，服务于党、政、军、商、工各界。

1926 年，国民政府教育行政委员会认识到统计的重要性，委任陈炳权为统计学院筹备主任，与金曾澄、温仲良、周树常等会商所有章程及推进草案。未料北伐战争爆发，经费难筹，被迫搁置。不久，陈炳权又与金曾澄、温仲良、陈律平、陈梓如、周树常等筹备办统计学校，推周树常起草各种章程，在位于广州市文德路的教忠学校借用教室及附近场所作为校址，先招收两个夜班，报名学生达五六百人。1927 年 3 月 10 日开课，视为私立广州统计学校成立。

学校在成立之初采取委员制，因当时委员制在大学管理中盛行。推举金曾澄、温仲良、陈炳权、陈律平、陈梓如等为委员，陈炳权为常务委员兼教务主任，陈梓如兼训育主任，周树常为总务主任。数月后，效果一般，遂从委员制改为校长制。由校董会推举金曾澄为正校长，陈炳权为副校长。北伐战争后，政府北迁，金曾澄被任命为国民政府教育行政委员会常务委员，由副校长陈炳权代理校长职务。1927 年春季，陈炳权又调到南京工商部，校董会又推举温仲良为代理校长，并取消副校长一职。

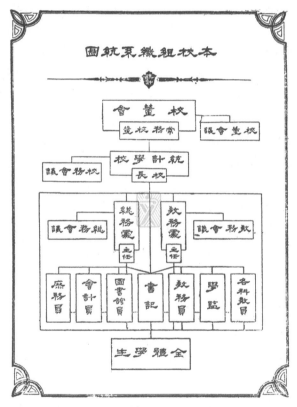

私立广州统计学校组织系统图

2. 招生与人才培养

私立广州统计学校以夜班生办学为始，考虑有二：其一，方便日间有工作、晚上想学习统计的人。其二，学校教室借自他校，日间不能授课。校董会计划在找到固定校址后，即开始招收日班生。

在班级设置方面，分为甲、乙两级，甲级班学生三年毕业，乙级班学生一年毕业。1927 年春季，为满足社会需求与职业教育的准备，先开设乙级班两个，编为第一期 A、B 班。秋季又添招一班，编为第二期 C 班。1928 年春季，第一期学生毕业，又招收一个乙级班，编为第三期 D 班，秋季招收一个乙级班，编为第四期 A 班。同年，添设甲级班一个，编为第一期甲级 A 班。1929 年和 1930 年，均为春季招收乙级班和甲级班各一个，秋季招收乙级班两个、甲级班一个，依次编为第几期 A、B、C、D 各班，详见表 8-1。

表 8-1　1927—1930 年的招生班级情况表

招生年份	班级类别	班级期 / 次	毕业年份
1927 年春季	乙级	第一期 A 班	1928 年春季
		第一期 B 班	
1927 年秋季	乙级	第二期 C 班	1928 年秋季
1928 年春季	乙级	第三期 D 班	1929 年春季
1928 年秋季	乙级	第四期 A 班	1929 年秋季
	甲级	第一期 A 班	1931 年秋季
1929 年春季	乙级	第五期 B 班	1930 年春季
	甲级	第二期 B 班	1932 年春季
1929 年秋季	乙级	第六期 C 班	1930 年秋季
		第六期 D 班	
	甲级	第三期 C 班	1932 年秋季
1930 年春季	乙级	第七期 A 班	1931 年春季
	甲级	第四期 D 班	1933 年春季
1930 年秋季	乙级	第八期 B 班	1931 年秋季
		第八期 C 班	
	甲级	第五期 A 班	1933 年秋季

在生源方面，乙级班学生多为初级中学毕业生或程度相当者，甲级班学生多为高级小学毕业生或程度相当者，但文化程度其实是参差不齐的。

在学制方面，办学之始，男女同班，乙级班毕业生中有女生。1928 年后，奉令办理男女分校或分班制后，因为学校的女生人数不多，分班困难，遂停止招生。到 1930 年秋季，又奉准男女同校，复招学生，每班人数平均四五十人。其中，因为成绩恶劣或旷课太多而令退学者居少数。

统计学是一门实用性的学科，私立广州统计学校为即将毕业的学生提供到政府各机构及各社团（如各大工厂、公司等）实习的机会，在实践中锻炼学生的调查与统计的本领。例如，1933年广州市举行人口调查，该校师生都参与了调查工作及协助办理统计事务。学校尤其注重指导学生搜集有关社会事业状况的资料，编制各项详细的统计图表。这些既作为学生的平时成绩，又由该校汇编成册，印制出版，以供政府参考及国人研究，等等。①

临近毕业，学校派学生到各机构实习。这样，既能帮助政府及社团办理统计事宜，又能让学生亲身体验到理论与实际相结合的益处。因此，毕业后，学生多从事社会服务或在政府供职。

3. 课程设计

私立广州统计学校的办学初衷是为社会培养实用统计簿记人才，但因为当时尚无办理统计专科的课程标准，所以乙级班的课程设计如表8-2所示。

表8-2 乙级班课程设计

第一学期			
学科	每周授课时数	学分	课程内容
三民主义	1	1	三民主义之背景内容、体质及实施之步骤与各派社会主义之比较
统计学	3	3	一、统计之历史及原理；二、统计材料之搜集方法
商业簿记	2	2	账簿之组织、总账之专记、各种特别账簿公司制会计、单式簿记、复式簿记
官厅簿记	2	2	编造预算主要账、补助账、报告表单据、办理决算
经济学	3	3	需要与工作交换、与价值货币私产、与承继租赁、与利贷劳银、与赢利互竞、与合作
数学	3	3	代数各种方程式解法、百分算、利息算
英文	2	2	文法、读本
珠算	1	1	珠算之基法、小数诸等法、归法、百分法
几何画	1	1	平面几何画

① 广州统计学校近况（附表）[J]. 实业统计，1933，1（1）：363-364.

续表

第二学期			
学科	每周授课时数	学分	课程内容
统计学	3	3	一、统计材料之整理方法：列表法，绘图法；二、统计材料之分析方法：平均数、差异数及相关数
数学	3	3	几何等级差及等比复利、年金主要级数（指数、对数、三角级数等）
教育统计	3	3	一、教育统计之内容需要及应用；二、教育事实之搜集；三、教育材料之整理及分析
经济统计	2	2	经济统计之定义、物价指数、商情预测及生产交易、分配、消费等统计
会计学	2	2	会计之原理、贷借对照表、资产负债之分类单、会计与复会计法、财产估价法、会计上关于负债股款、商品各问题
审计学	2	2	账簿检查、贷借对照表、监察损益科目、监查人之资格与责任
银行簿记	2	2	银行之组织、银行业之内容、银行之会计科目、银行之账簿、表单、票据、银行营业之各项手续、银行决算之程序
公文程式	1	1	上行公文各种用语，下行公文各种用语及上行、下行公文各种举例

甲级班的课程设计如表 8-3 所示。

表 8-3　甲级班课程设计

科目	第一学期				第二学期				第三学期			
	上学期		下学期		上学期		下学期		上学期		下学期	
	每周授课时数	学分	每周授课时数	学分	每周授课时数	学分	每周授课时数	学分	每周授课时数	学分	每周授课时数	学分
三民主义	1	1	1	1								
国文	4	4	3	3								
英文	4	4	3	3	2	2						
数学	4	4	3	3	3	3	2	2				
历史	2	2	2	2								
地理	2	2	2	2								
珠算	1	1	1	1								
经济学			2	2	3	3						

续表

科目	第一学期				第二学期				第三学期			
	上学期		下学期		上学期		下学期		上学期		下学期	
	每周授课时数	学分	每周授课时数	学分	每周授课时数	学分	每周授课时数	学分	每周授课时数	学分	每周授课时数	学分
社会学			1	1	2	2						
政治学					1	1	1	1				
簿记学					3	3	2	2	3	3	4	4
审计学											3	3
银行学							2	2	2	2		
会计学							2	2	2	2		
几何画					1	1	3	3				
统计学							3	3	4	4	5	5
财政学									2	2	2	2
关税学											2	2
社会调查									3	3		
交通学											2	2

夜校的授课时间为：除周末及例行假期外，每周日下午6点到9点。甲、乙两级班都采用学分制，乙级班的学生修满36学分为毕业最低限度，甲级班的学生修满108学分为毕业最低限度。相比之下，乙级班的学生更常被派到各机关、学校、商店、工场，开展实地调查，磨练实际本领。

除甲、乙级班学生外，私立广州统计学校还招收选修生（以乙级班课程为限），专门为想研究某科或补习某科者而设入学资格，不加限制。凡年满18周岁以上，得自由选修收费，以科为单位，每学期每科收5元，期满考试及格者由该校给予成绩证书。

4. 教师与教材

私立广州统计学校的师资在当时当算雄厚，统计学课程的教员为国立东南大学政治经济本科毕业生陈律平和美国哥伦比亚大学经济学硕士陈炳权，教育统计课程的教员为国立广东高等师范大学本科毕业生刘万镒，经济统计课程的教员为珠江商业专门学校毕业生秦古温（也是第一期乙级班毕业生）等。

私立广州统计学校有自己出版的教材，如1928年2月出版的梁云启的《铁路簿记》、1929年2月出版的周植伦的《公文程式》、1929年7月出版的秦古温的《经济统计》、1929 年 7 月出版的吴谨心的《商业地理》、1929 年 9 月出版的周憩颂和苗作云的《代数学提要》、1929 年 9 月出版的陈律平的《统计学大纲》、1930 年 3 月出版的刘伯权的《教育调查统计法》、1930 年 9 月出版的温友鲲的《几何画》等。

三、中央政治学校的统计组和统计专修科

1. 统计组

1927 年 5 月 5 日，中央党务学校成立，当月直接举行招生考试，与保送学生复试同时进行，最终录取 200 人。同年 8 月，新生入学上课，并在当月举行第二次直接招生，录取 114 人。同年 9 月，第二次录取新生入学上课。1928 年 5 月，第一期学生毕业考试举行，毕业者计 176 人。担任北伐工作学生回校以后，续予以毕业者计 76 人，派往各省市党部工作。同年 7 月，续招第二期新生，分两次考试，共录取 410 人；9 月，第一次录取新生入学上课；10 月，第二次录取新生入学上课；12 月，因蒙藏及华侨学生远道来京，纷请入学，特设蒙藏及华侨补习班，计录取 43 人。1929 年，附设蒙藏及华侨特别班，修业期限定为两年。

1929 年 6 月，中央党务学校改为中央政治学校。同年 7 月，进行改组，更订教育计划，本科分设政治、财政、地方自治、社会经济四系。1930 年 7 月，重新厘定学系，计设六系十四组，这里的组遵循的学制是大学本科四年制。六系为行政系、财政系、社会经济系、教育系、外交系和法律系。其中，社会经济系下设三个组，分别是工商行政组、公用组和统计组。1931 年 7 月，本科学系重经厘定，设政治、法律、财政、社会经济、外交、教育六系，并实施分组办法。

时任统计组课程的教师大都是国外留学回来的统计学名师，包括：赵人儁、吴定良（生命统计）、郑尧榉（数理统计）、朱祖晦、厉德寅、蔡正雅、马寅初、乔启明、刘迺敬、陈其鹿、张心一、唐培经、吴大钧、言心哲、褚一飞（统计学、高等数学、数理统计、会计数学）、芮宝公[1]（工商统计、指数论、指数法）、朱君毅（统计图示法）、林和成（工商统计、预算论）、刘南溟（统计学）等。[2]

中央政治学校统计组的课程设置如表 8-4 所示。

---

[1] 芮宝公，别号晓缘，江苏江都人，1906 年生。毕业于复旦大学商科。曾任国民政府主计处统计局科长，内政部统计处技正、帮办，江苏省立教育学院、中央政治学校及附设计政学院讲师，国立中央大学兼任教授，上海复旦大学教授，兼统计专修科主任及训导长、总务长。

[2] 中央政治学校. 中央政治学校十周年纪念刊. 1937.

表 8-4　中央政治学校统计组的课程设计

学年	上／下学期	科目名	课时	上／下学期	科目名	课时
第一学年	上学期—（甲）必修科目	党义	2			
		政治学	3			
		经济学	3			
		中国近世史	3			
		西洋近世史	3			
		国文	2			
		英文	4			
		科学方法论	3			
		数学	4			
	下学期—（甲）必修科目	党义	2			
		政治学	3			
		经济学	3			
		中国近世史	3			
		西洋近世史	3			
		国文	2			
		英文	4			
		用器画	3			
		数学	4			
第二学年	上学期—（甲）必修科目	统计学	3	上学期—（乙）选修科目	经济思想史	3
		数学	4		第二外国文	3
		经济史	3		第二外国文	3
		货币与银行	3			
		财政学	3			
		科学管理	2			
		英文	3			
第二学年	下学期—（甲）必修科目	统计学	3	下学期—（乙）选修科目	经济思想史	3
		高等统计应用算学	3		第二外国文	3
		经济史	3			
		货币与银行	3			
		财政学	3			
		经济独立	3			
		英文	3			

续表

学年	上／下学期	科目名	课时	上／下学期	科目名	课时
第三学年	上学期—（甲）必修科目	经济政策	3	上学期—（乙）选修科目	高等经济学	3
		数理统计	3		第二外国文	3
		社会调查	3		中国经济思想史	3
		统计制度	2		国际经济关系	3
	下学期—（甲）必修科目	商业循环	3	下学期—（乙）选修科目	高等经济学	3
		工商统计	3		第二外国文	3
		农业统计	3			
		社会统计	3			
第四学年	上学期	实习				
	下学期—（甲）必修科目	户口调查	2	下学期—（乙）选修科目	苏俄经济制度研究	3
		物价与生活费调查	2		第二外国文	3
		财政与金融统计	2			
		统计问题	2			

资料来源：中央政治学校.中国国民党中央政治学校课程一览.1932：144-149.

其中，统计组的核心课程大纲与安排如下[1]：

（1）用器画。本课程以练习制图器具之运用及一般几何图之作法，使学生能用以制作图表。

（2）数学。本课程注重各种数学公式及应用方法，以备研究统计之用。分三学期讲授。第一学年第一学期讲授微分。内分：各种函数分数及其连积、不定式求限、微分、全微、变数代换、制曲线总论、制曲线例解、关于平面曲线之应用。第二学期讲授积分及微分方程。内分：不定限及定限积分、求面积、求旋转体积、重心、能率、二重及三重积分、线积分、微分方程概论、初级微分方程式、线性微分方程、微分方程组。第二学年第一学期专讲最少二乘法。内分：外差之概率、观测之校正、单个量之直接观测、多个量之间接观测、观测后之讨论。

（3）统计学。本课程注重统计学之基本原理及主要方法。至其如何应用，则

[1] 中央政治学校.中国国民党中央政治学校课程一览.1932：174-184.

仅略加说明，以待其他专门学程之讲解。

（4）高等统计应用算学。本学程讲授数学在统计方法上之应用及统计公式之数学的分析，以为研究数理统计之准备。

（5）科学管理。目的在应用科学方法于行政机关之管理，以研究提高效率的方法。其内容分组织、制度、人员、管理四部分。组织方面包括组织之原则、各种组织方式之利弊、组织法规之拟定。制度方面包括工作设备布置及各种省工机器之应用等，工作程序、案卷保管以及印刷手续、庶务管理与会计制度等，工作标准（如工作之分析、职务之划定、手续之统一、成绩标准之确立等）。人员方面包括人员之选用与测验、训练与考绩、待遇与升斥等。管理方面，包括指导与督促之方法、各种报告之格式、行政统计之应用等。

（6）统计制图。讲授如何应用器械与普通画之方法，以表示工商统计、农业统计、社会统计所得之数字，使一般之统计兴趣与统计功用同时增加。

（7）社会调查。注重社会调查与社会统计之关系，研究社会调查之方法、调查表之编制法、调查表之整理及调查后之报告。调查问题包括人口调查、住屋调查、贫穷调查、失业调查等问题，并于课外由教授指导实地调查。

（8）工商统计。本学程内容分：工厂调查及统计方法，工业生产统计及其指数之编制，物价物值之统计方法，商情研究及预测，劳资纠纷、罢工失业工资生活费等统计及调查方法，其他工商劳工统计之应用问题。除讲演外，并注重问题练习。

（9）农业统计。本学程内容分四大部分：讨论中国农业统计上之困难、介绍各国农业统计之方法、指示中外农业统计之材料、实习中国适用之农业统计方法。

（10）社会统计。本学程目的在于使学生能应用各项统计方法，分析各种社会问题。分五部分：社会统计之意义重要及统计方法、世界各国及我国之人口统计、生命统计之略史方法及其与地方行政之关系、教育方面统计资料之分析及编制方法、财富分配之统计等。

（11）数理统计。本课程教授或然率与平均数及离中数之关系，关联数之数学理论，单关联数、复关联数与部分关联数之数学理论，一元方程、二元方程之引用于估计法之数学问题，以及众数分配论。

（12）户口调查。本学程叙述各国户口调查之历史经费及其所用之调查方法，而于我国户口调查之历史缺点及此后户口总调查时之要点，尤特别注意。

（13）物价与生活费调查。本学程注重于物价与生活费调查之经济的意义与理论，至其在各国之状况及我国物价与生活费调查之经过与现状，亦分别提出讨论。

（14）财政与金融统计。本学程讲授如何搜集并分析财政及金融方面之统计资料，诸如各项税收之比例、各种经费之增减、银行利率之变动、准备金额之高下、汇兑行市之涨落，以及金银之国际移动等问题，均加以研究与实习。

（15）统计问题。本学程研究国富与全民收入之估计，生产统计之搜集与分析方法，商业循环与劳工问题，工业问题生活费指数与劳工立法，以及其他关于统计本身之学理的问题。

1931 年 8 月，中央政治学校招考本科第四期新生，共 145 名；9 月，本科第一期学生 253 人修学期满，分发实习。《中央政治学校十周年纪念刊》里记载的第一批毕业的统计组学生共 6 名。1932 年 5 月，本科改名为大学部；7 月，举行第一期学生毕业典礼，毕业学生人数为 235 人，均经分派及介绍实际工作。

根据《中央政治学校十周年纪念刊》的记载，第二期毕业的统计组学生只有黄兆鸿一名，第四期毕业的统计组学生共 6 名，第五期毕业的统计组学生有 9 名，其中毕业生刘坤阊先后在军需学校、中央政治学校担任讲师，教授统计学课程，其与第八期统计组毕业生俞寿荣合编的《统计学概论》于 1943 年 11 月由中华经济统计研究所发行。第六期统计组共招生 23 人，第七期统计组招生 9 人，第八期统计组共招生 12 人。

本科第一期经济系统计组   **大学部第二期社会经济系统计组**
毕业学生名单   **毕业学生名单**

资料来源：中央政治学校.中央政治学校十周年纪念刊.1937：14.   资料来源：中央政治学校.中央政治学校十周年纪念刊.1937：17.

（四）经济系 （1）统计组

姓名	别號	年齡	籍貫	永久通訊處
王進安		二四	江蘇江寧	南京積善里二十一號
唐宗壽		二四	江蘇無錫	無錫玉祁唐鼎豐永號
張逸銘	隱軒	二五	江蘇鹽城	江蘇鹽城伯泰南倉石劬記 交
黄存性		二三	江蘇泰縣	泰縣姜堰雲莊
黄定安		二六	河北宛平	北平新街口大四修巷三十三號
劉坤閏		二五	湖南湘潭	長沙抄高峯廿五號
潘麗昌		二四	江蘇太倉	崑山浮橋
黄永禄		二〇	江西贛縣	贛縣灶見巷十四號
蕭抱堅		二五	湖南湘鄉	湘鄉谷永陶龕學校轉

大学部第五期经济系统计组毕业学生名单

资料来源：中央政治学校.中央政治学校十周年纪念刊.1937：25.

（六）经济系 统计组

姓名	别號	年齡	籍貫	永久通訊處
丁康		二三	江蘇如皋	江蘇如皋郭家圈料下窎
卜昇華		二五	江蘇武進	原籍江蘇武進局前街一四二
李榮豐		二七	河北撫寧	河北撫寧留守營南李莊
李慶泉		二六	河北安國	河北安國北馬村
趙金山		二六	河北安國	
謝佐民		二七	貴州冕安	貴州冕安三江鎮

大学部第四期经济系统计组毕业学生名单

资料来源：中央政治学校.中央政治学校十周年纪念刊.1937：23.

（五）经济系 统计组

姓名	别號	年齡	籍貫	永久通訊處
王篤翮	琢成	二八	江蘇泰縣	泰縣曲塘曲源仁記料
佟玉瑛	亮時	二五	遼寧開原	
余琦庭		二五	江西婺源	浙江衢縣料委謝西塔里
何立長		二三	江蘇江都	揚州阜官人巷四十七號
李海倫		二五	江蘇泰縣	修水區祠退將球先生轉
金宜莊		二七	浙江平陽	平陽煖庫
胡藻		二三	浙江平陽	
胡福成		二九	江蘇宜興	宜興西簥院二十八號
馬永英		二三	浙江紹興	（休學）
馬可福	雪原	二四	寨省萬之	一號
張剑丹		二五	湖南祁陽	祁陽白地
陳劍翰		二六	湖南祁陽	
張文新		二五	江蘇上海	上海蒲東用蒲起橋橋十
張成迂		二六	浙江義烏	義烏朝陽門口
黄克平		二六	浙江逸中	
閉通君起		二五	遼寧北鎮	
閉窩亞興		二五	湖北潘水	湖北潘水堂
楊得平	益之	二五	湖南長沙	長沙高等法院楊子延轉
楊壽樞	攝辰	二三	江蘇鹽城	
劉鳳文	邦羽	二三	湖南	泰州湘堡朝陽巷四號
黄自培		二六	江蘇新民	遼寧新民
韓柏松	重華	二五	浙江青田	浙江青田
蕭德		二六	湖南寶慶	寶慶西路黄楊橋備紹昌和
顏恩浩		二六	遼寧本溪	本溪刀村

大学部第六期经济系统计组毕业学生名单

资料来源：中央政治学校.中央政治学校十周年纪念刊.1937：42,43.

　　1937年8月，大学部学制改设行政、财政、经济、教育、法律、外交、新闻七系。财政系分财务行政、会计两组，经济系分金融、统计、土地经济、经济行政四组，教育系分教育行政、乡村教育两组。

**大学部第七期经济系统计组
毕业学生名单**

（五）经济系

1. 统计组

姓名	别號	年齡	籍貫	通訊處
金興中		二二	浙江嘉興	宣港鎮特交山
陳光森	嵒林	二六	湖北當陽	湖北當陽吳萬全長記
梁受華		二四	江蘇江都	揚州多子街映月軒
冯春明	靜濤	二一	貴州貴陽	四川成都上西順城街一百四十一號
楊岡材		二四	四川華陽	河南新鄉牛站布廠街一
萬啟瑛		二三	湖北當陽	湖北當陽吳萬全長記
劉一鶴		二一	安徽當塗	當塗二倍巷
劉鵠報		二二	湖南	湖南湘潭
蕭振闊		二二	湖南長沙	長沙萬壽街蔣黃家老屋轉黃家老屋石灰嘴郵櫃

资料来源：中央政治学校 . 中央政治学校十周年纪念刊 . 1937：47.

**大学部第八期经济系统计组
毕业学生名单**

（五）经济

1. 统计组

姓名	别號	年齡	籍貫	通訊處
卡志鴻	雲青	二一	河北保定	北平常内斜魚巷八號
卓日勛		二一	江西萍鄉	江西萍鄉城内有文書局轉日下邮务·郵
俞秉榮	劍彝	二〇	江蘇宜興	江蘇宜興張澤橋
我實尔	叔庚	二一	河北武清	河北武清張泰名片
郭先忞	澂宜	二三	南京市	南京珠市口二三號
袁桑佐		二二	四川簡陽	四川内江原垻坪
張瑞文		二二	湖南	本京大王府巷一百號
張岳		二一	安徽合肥	安徽合肥吳良橋東名片
冯先忧		二一	湖南祁源	湖南祁陽官山坪杜堉橋
鍾泉泉		二一	吉林敦化	河北省安平縣北張莊
萬祐燡		二一	湖南	湖南安化擄市大昌
屈毅沈		二二	湖南	底轉義源堂

资料来源：中央政治学校 . 中央政治学校十周年纪念刊 . 1937：51.

2. 统计专修科

1939 年 6 月，中央政治学校改组。自 1939 年度起，原由大学部及地政合作两学院停止招生。根据实际情况的需要，设立各种专修班，招收高中毕业生及相当程度者施以训练，并设立公务员训练部，办理高等考试及普通考试初试及格人员训练。蒙藏学校改为边疆学校，仍为该校附设。1941 年 7 月，中央执行委员会常务委员第一七九次会议通过该校修正章程，其重要修正之点如下：（1）于公务员训练部、大学部外设专修部；（2）总务处改置文书、出纳、庶务、人事四科，医务所、印刷所及警卫队；（3）规定高等科训练期为六个月，普通科训练期为一年，大学部修业年限为四年，专修科修业年限为两年或三年。

1939 年 10 月，统计专修科第一批录取新生揭晓，共录取 121 名。同月，补录统计专修科学生两名，至此第一批新生共计 123 名。

1941 年 3 月，中央常务委员会第一七〇次会议决议：中央政治学校大学部毕业生曾修主计学科两种以上，毕业后在各官署或公营事业机关曾任会计或统计职务三年以上，及计政学院毕业学生曾修主计学科两种以上，毕业后曾在各官署或公营事业机关任会计或统计职务两年以上、具有成绩者，将来担任主计工作任用时，经考试院铨叙部审查属实，俱认为具有主计人员任用条例所称会计主任、统计主任及荐任职之资格。

中央政治学校暨各院所科班历届录取及毕业人数一览

院所科班	第一期 录取	第一期 毕业	第二期 录取	第二期 毕业	第三期 录取	第三期 毕业	第四期 录取	第五期 录取	第六期 录取	第七期 录取	第八期 录取	第九期 录取	第十期 录取	合计 录取	合计 毕业	备注
大学部	814	252	410		67	44	145	168	163	127	160	144	210	358	1652	479	1086
高等科		235	67	92	166									1080	949	395
公务员训练部	265	208	231	187												
高等科附设公务员金融班	144	126												144	144	126
普通科	263	142	63											326		22	14
公务员普通科	38	22	30	28	29	27	35	28	35	20	26			236	164	
地政学院	40	88	30	25	13	15	19	27	19	20				175	134	
地政学院	42	35	31	27	20	16	21							102	91	
合作学院	30	2												90	28	
工作研究所	24	24												24	24	
训练员设计班	82	32	32											32	32	
特别藏疆班	27	19												27	19	
特别训练班	18	17												18	17	
侨生班																
统计会计院计政班	135	82	127	123										393		182
各地政班	113	66												113	66	
专科	125													128		65
修班																
新闻班	67	67												67		43
新亚非菲业班	57	51		84				8						95	81	
训练班甲组	44	44	28											44	28	
训练班乙组																
行政人员训练班	82	83	95	96	57	97	132	182						407	407	

资料来源：中央政治学校．中国国民党中央政治学校大事记．1942：51．

3. 中央政治学校附设计政学院

（1）成立过程。

1932 年 12 月 10 日，中央政治学校校务委员会议议决设立计政学院，定名为国民党中央政治学校附设计政学院，公推王陆一、罗家伦、陈立夫、陈其采、石磊、赵棣华、吴挹峯七人为计政学院筹备委员，以王陆一为主任委员。关于成立该学院的宗旨和目的，在《学院章程》中有明确记载："第一条，中央政治学校为培养专门计政人才，树立国家计政制度起见，特设计政学院。"[1]1933 年 1月 10 日，计政学院筹备委员会召开第一次筹备会议，公推主任文员王陆一负院内全责，委员石磊负责教务。自 2 月 10 日至 3 月 1 日进行第一次招生，经筹备委员会决议：先行招考高级部会计审计班及统计班。[2]

中央政治学校附设计政学院组织图

资料来源：计政学院秘书室. 中国国民党中央政治学校附设计政学院一览. 1934.

---

① 计政学院秘书室. 中国国民党中央政治学校附设计政学院一览. 1934：规章 1.
② 中央政治学校. 中国国民党中央政治学校大事记. 1942：12.

计政学院招考男女学员及细则（附表）

资料来源：中国国民党中央政治学校附设计政学院招考男女学员 [J]. 河南大学校刊，1934（47）：1.

1933 年 2 月 16 日，中央政治学校召开第二次筹备会议，讨论组织学院考试委员会并聘任教授事项。3 月 1 日，正式聘请王陆一为本学院主任。3 月 6 日，举行新生入学试验；18 日举行考试委员会，评定考生成绩。参加考试者共 225 人，录取 19 人。4 月 14 日开始第二次招考事宜。4 月 1 日，第一次录取新生入学，4 日开始授课。4 月 14 日举行第二次新生入学试验；21 日，第二次考取新生揭晓，计有周昭敬等 30 人。5 月 1 日正式开学，办理新生入学手续。5 月 6 日，举行开学典礼，罗家伦、吴大钧诸先生暨男女来宾达 60 余人，吴大钧诸先生均有讲演。

（2）学生培养概况。

1933 年 5 月 8 日，第一期会计审计班、统计班学生正式上课。在《学院章程》里对招生、培养及毕业分配都有明确的说明："第二条，计政学院设会计审计班及统计班两班，各分高级、初级两部。第三条，高级部学生入学资格须在国立、省立或教育部立案之私立大学毕业，初级部学生入学资格须在高级中学毕业，并均须经本校入学试验及格者。凡在各机关任职人员具备前条资格有志入学者，得由任职机关长官保送应试。第四条，计政学院设主任一人，承校长、教育长之命主持全院院务，由校长聘任之。第五条，计政学院依课程科目设教授、讲师、助教若干人，由校长聘任之。第六条，计政学院各班各设主任教授一人，负责指导学生学习及研究事项，由院主任就教授中指聘之……第十二条，计政学院学生修业期限初级部定为两整年，高级部定为一足年。第十三条，计政学院学生修学期满，经考核成绩及格者，始准毕业。毕业后，按其班次及成绩，得由本院呈请校长，转呈中央分发各机关充任计政职务。"①

前面提到统计班最初的课程设计分为高级和初级两班，但实际先开办的是高级班，包含三个学期。具体的课程及课时安排如表 8-5 所示。

表 8-5　统计班课程及课时安排

学期	课程名	每周课时	期限
第一学期	党义	2	一学期
	统计学	4	一学期
	统计应用数学	3	一学期
	会计学（一）	3	二学期
	社会学与社会问题	2	一学期
	人寿保险	2	一学期
	科学管理	2	一学期
	民法	2	一学期
	公文程式	1	一学期
	共计	21	
第二学期	数理统计（一）	3	二学期
	统计图示法	2	一学期
	统计实例（一）	2	二学期
	指数法	3	一学期
	人口统计	3	一学期
	财政学	2	一学期
	经济问题（一）	2	二学期
	会计学（二）	3	二学期
	共计	20	

---

① 计政学院秘书室. 中国国民党中央政治学校附设计政学院一览. 1934：规章 1-2.

续表

学期	课程名	每周课时	期限
第三学期	数理统计（二）	3	二学期
	统计实例（二）	2	二学期
	商情预测	2	一学期
	国势调查法	3	一学期
	各国统计制度	1	一学期
	经济问题（二）	2	二学期
	经济地理	2	一学期
	审计学	3	一学期
	行政法	2	一学期
	共计	20	

资料来源：计政学院秘书室.中国国民党中央政治学校附设计政学院一览.1934：66-69.

所有课程都有明确的课程目标和详细的课程大纲。其中，主要课程"统计学"课的内容分为：1）统计学之历史、意义与功用；2）统计材料之搜集与分类；3）次数分配；4）集中量数如算术平均数、中数、众数、几何平均数；5）离中差数如四分位差、平均差、标准差；6）指数之编制；7）几率曲线及其应用；8）不可靠性之确定论；9）相关方法；10）时间数系。[1]

"数理统计"课内容包括：一导言，讲述次数分布、次数分布之图形表示、各种均值、莫孟及其计算法等；二莱西斯散布论，讲述布诺力数列、博阿松数列、莱西斯数列、莱西斯比与舍利欧变迁系数、散布论之应用等；三常态次数曲线，讲述二项分布之次数曲线、相对的确率试验之次数曲线、复合常态次数群之次数曲线及常态次数曲线之应用等；四抽样，讲述布诺利定理与大数定律、小数定律、概误等及其应用；五次数曲线论，讲述次数曲线之配合、适合之程度、皮尔逊氏广义次数曲线论大意、舍利欧氏次数函数论大意等；六相关论，讲述相关之意义、相关系数、相关曲面、回归线、相关比及结合系数等；七时间数列，讲述时间性的变迁、累积倾向、时间数列之相关、时间数列之比较等；八时间性分析，讲述已知时间之分析及时期之探觅等；九指数，讲述指数数列之平均、平均数比、复合物价比、配权法、及指数之确度等。[2]

"统计图示法"课的目标在于使学生明瞭图示之应用、种类及编制方法，并

---

[1] 计政学院秘书室.中国国民党中央政治学校附设计政学院一览.1934：80.

[2] 同[1] 82.

设有练习问题，使学生练习制图；对于其普通图示上之错误，亦随时指出纠正。重在用图示表明事实、解释学理，以辅助叙述及表列之所不及。对于制图标准，在合理而不专尚美术，凡织巧无意义之图式概不采用。[①]

"统计实例"学程的目的在于：训练学生运用统计方法，研究实际问题，俾原理与使用得以融会贯通。先由教授指导学生搜集初级资料，加以整理；次则指导学生择定题目，实地调查。并参观重要统计机关，藉以明了统计值设备及其工作之进行。[②]

"人口统计"课教授人口调查之意义与目的，以及调查之各种方法。其程序如下：（甲）绪论；（乙）人口静态论——A 静态调查之理论，B 江苏省近代式户口大调查计划书，C 调查结果之说明；（丙）人口动态论——A 动态调查之理论，B 江苏省动态统计实施计划，C 调查结果之说明；（丁）人口增加法则之数理的研究；（戊）人口重心之研究；（己）生命统计。[③]

"国势调查法"课首述国势调查之意义、严格及范围；次及人口之分布与人口调查之各种纲要等；又次乃述国势调查实施之地域、时期、手续、机关等；至各国国势调查法规之内容及颁布时期，亦将讨论及之；终述调查费用之估计及来源等。[④]

第一期统计学课程的教授有朱君毅、陈宝生（字楚珩）等，讲师有黄文山（凌霜）、白午华、周一燮等。此后，唐启贤、郑尧桦、吴大钧、褚一飞、杨汝梅、陈炳权等陆续加入。因为是中央政治学校的附设学院，所以统计教师与大学部统计组的统计教师多有交叉重叠。

1934 年 2 月 12 日，第一期审计班和统计班的学生被分到各计政机关实习。其中统计班的实习机关包括中央统计处、国民政府主计处统计局、江宁县政府（人口调查办事处）、南京国防设计委员会、内政部统计司、实业部统计处长办公室、首都警察厅、财政部统计科、上海市政府社会局、江海关统计处等。学院规定所有参加实习

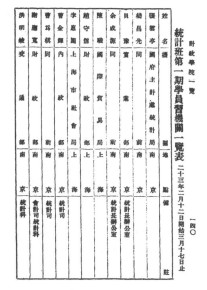

计政学院统计班第一期学员
实习机关一览表

资料来源：计政学院秘书室. 中国国民党
中央政治学校附设计政学院一览. 1934：140.

①② 计政学院秘书室. 中国国民党中央政治学校附设计政学院一览. 1934：83.

③ 同① 84.

④ 同① 85.

的学生要在出发前一个月内，拟定实习论文的题目，呈由班主任核定，然后按照题目内容为实习研究标的。实习完毕后，将实习经验和研究结果撰写成论文一篇，字数在一万字以上，于第三学期开始后两个月内完成。3月2日，王陆一主任召集第一期会计审计班和统计班实习学员，询问实习情形。3月7日，实习指导委员会委员分组出发视察并指导各生实习。3月17日，第一期会计审计班和统计班各实习学生实习期满，返回学院。5月22日，王陆一主任与第一期会计审计班、统计班开展个别谈话，加以指导。

中央政治学校附设计政学院第一期会计审计班及统计班学生修业期满摄影纪念照片

资料来源：计政学报，1934，1（3）：1.

附设计政学院第一期毕业学生名单（部分）

资料来源：中央政治学校 . 中央政治学校十周年纪念刊 . 1937：30，31.

第一期畢業學員服務機關調查表

計政學院一覽

姓名	籍貫	現任職務	永久通訊處	暫時通訊處
黃景憲	武進	全國土地委員會調查	秀坊十七號	計局（二二五五六）
黃培福	江蘇宜興	縣交通處員會計	京滬線橫林	陝西潤德里南京電報局（二二五四九）
王希唐	宜興縣	中央黨部民運會總務科	常州豐毅鎮	本京國民政府主計處統計局（二二五五六）
俞巧生	江蘇	交通部南京電報局會計	京滬線橫林	陝西武功集本京專科學校
謝應寬	建水縣	交通部南京電報局會計	秀坊十七號	本京國民政府主計處統計局
糗昌先	江蘇	中央黨部民運會總務科	江蘇陳家港	安徽滁縣滁縣郵局（二一一）
張通勤	溧水縣	全國土地委員會專員調查	溧水縣時家碼頭局	室本京交通部（二二一三）
洪明峻	南京	財政部會計司第三科	南京浦江門內泰倉巷十九號	鎮江省政府稽書處統計
吳隆赫	江蘇	股長入海工程處稽核股	淮陰清江浦工程處稽核股	淮陰清江源生藥號轉張
施正源	南京	鐵道部會計長辦公處股	南京棉鞋營九號	轉本京計政學院統計
朱楔元	南陵	軍事委員會南昌行營	南京洋珠巷四十二號	轉本京計政學院章長府君

（一四一）

計政學院一覽

姓名	籍貫	現任職務	永久通訊處	暫時通訊處
曹金輝	江蘇	審計部統計科科員	南京集慶路四十九號	本京美國衛教導總隊部（二二九一六）
沈鴻俊	青浦縣	審計部統計科科員	京滬線安亭白鶴江	經理處（二三九一六）
周昭枚	江蘇	審計部科科員	泰興黃橋沈連勘轉	本京國民政府主計處統計部
曹翁葳	泰興縣	國民政府主計處統計局	泰興秦縣海安劉同盛莊	本京國民政府主計處統計部
李憲圖	嘉定縣	國民政府主計處統計局	上海博羅店曹王廟	本京國民政府主計處統計
吳漱眞	崇明縣	科員	崇明廟鎮東北三條街	本京計政處統計
丁俊狀	江蘇	審計部科科員	鎮江界首沙溝石家港	本京國民政府主計處統計
朱偉年	寶應縣	北平軍分會政訓處	江蘇寶應縣政府北門大街	北平軍分會政訓處
石凌漢	興化縣	軍事委員會會計	江蘇興化縣政府西一號	南昌大總部（二二九〇七）
貝豫	吳江縣	實業部統計長公室科	蘇州桃花塢二三五號	實業部本京辦公處崔
邵凰恭	浙江	全國七地委員會稽核	杭州郭東園巷五十八號	軍事委員會稽核
陳驤	浙紹興	區調查員	浙江紹興白官章隆村鄕	浙江上虞白官章隆村鄕
章長卿	上浙虞江紹	本院助教	復興號	本院

（一四二）

計政學院一覽

姓名	籍貫	現任職務	永久通訊處	暫時通訊處
史晚星	安徽	溧水飛機場建築敘項緒	溧水飛機場	江蘇省溧水秘書處統計
張雲亭	安徽當塗	核處稽核主任	當塗博望鎮	江蘇省政府統計室科員
羅郁純	當塗	閩侯稽核股長	閩侯稽核處	安徽當塗縣博望鎮
林槙	閩侯	軍事委員會政治訓練處	四川廣安羅渡溪	安徽當塗縣博望鎮
陳人望	四川	軍事委員會政治訓練處	公廨附股股長	南京計政學院
余青源	四川	軍事委員會政治訓練處	四川瀘縣內鼓東路十一號	四川廣安羅渡溪
王奉璿	山東	中央黨部民運會調查審科	山東臨淄淄友坊村	本京東敷街交通研究院
趙守信	臨淄縣	軍事委員會南昌行營別	河南唐河縣湘陽郵局	中央黨部民運會調查審科（二二一六五號）
危鼎銘	河南	軍事委員會南昌行營別	河南唐河縣湘陽郵局	先生轉南京計政學院章長府君
趙鵬瑞	湘陰	湖北警官學校會計科	長沙桂花堂皇里危達三	江西南城別勛湘陰郵局
夏鎭華	吉林	軍事委員會會計	吉林省垣連區棧	本京計政學院轉
程烈	廣海東	國民政府主計處試計局	香港九龍城西頭四十二號	本京計政學院轉
陳恩釣	浙江餘姚	科員	溧陽銘源油號轉	本京計政學院

（一四三）

計政學院一覽

姓名	籍貫	現任職務	永久通訊處	暫時通訊處
陳忠杰	湖南長沙	國民政府主計處試計局科員（未報到）	長沙科員	（一四四）

啟事：各畢業同學現任職務及暫時通訊處，如遇有異動時，卽請函知。

计政学院第一期毕业学生服务机关调查表

资料来源：计政学院秘书室. 中国国民党中央政治学校附设计政学院一览 . 1934：141-144.

附设计政学院第二期统计班学生、特设会计统计速成班毕业学生名单（部分）

资料来源：中央政治学校．中央政治学校十周年纪念刊．1937：33，34，58.

　　1938 年 6 月，计政学院奉令结束，第七期肄业生并入大学部，继续训练。[①]
1939 年 3 月，计政学院第七期学生 11 人毕业。至此，附设计政学院退出历史舞台。

四、西南联合大学的统计学教育

　　在 1938—1946 年短短的 8 年时间里，由北京大学、清华大学和南开大学在抗日战争中南迁组成的西南联大创造了我国近代高等教育的奇迹。这所学校不但培养了一大批栋梁之材，而且树立了刚毅坚卓的爱国主义精神。这 8 年中的统计学教育与教学，创造了民国时期一所学校开设课程多、师资力量强、人才辈出等典范。

　　1. 统计学课程

　　在西南联大办学的这段时间，理学院、法商学院和师范学院从统计理论、方法到应用，共开设了 12 门统计学课程，表 8-6 是开设的统计学课程的具体信息。

---

① 　中央政治学校．中国国民党中央政治学校大事记．1942：22.

表 8-6　西南联大 1938—1946 年开设的统计学课程

学年	开课学院	开课学系	课程	学分	课程类型	教师
1938—1939	理学院	物理学系	统计力学	6		王竹溪
	法商学院	经济商业学系	统计学	6	二年级选修	戴世光
	师范学院	教育学系	教育统计学	4	二年级必修	曾作忠
1939—1940	法商学院	经济商业学系	统计学	6	二年级必修	戴世光
			高级统计	6	四年级选修	
	师范学院	教育学系	教育统计学	4	二年级必修	曾作忠
1940—1941	理学院	算学系	数理统计（甲）	3	三、四年级必修	许宝騄
			数理统计（乙）	2		
		物理学系	统计力学		研究性课程	王竹溪
	法商学院	经济商业学系	初级统计（甲）	6	二年级必修	杨西孟
			初级统计（乙）	6		戴世光
			高级统计	6	四年级选修	杨西孟
	师范学院	教育学系	教育统计学	4	二年级必修	曾作忠
1941—1942	理学院	算学系	数理统计	5	三年级和研究生必修，外系可选	许宝騄
			数理统计	3	四年级和研究生必修，外系可选	
		物理学系	统计力学	3	四年级选修，研究生必修	王竹溪
	法商学院	经济商业学系	初级统计（甲）	6	二年级必修	杨西孟
			初级统计（乙）	6		戴世光
			高级统计	6	四年级选修	杨西孟
1942—1943	理学院	化学系	统计力学	3	四年级必修	黄子卿
	法商学院	经济商业学系	初级统计（甲）	6	二年级必修	杨西孟
			初级统计（乙）	6		戴世光
			高级统计	6	四年级选修	杨西孟
	师范学院	教育学系	教育统计学	4	二年级必修	胡毅
1943—1944	理学院	算学系	几率	3	三年级选修	钟开莱
	法商学院	经济商业学系	初级统计	6	二年级选修	杨西孟
			高级统计	6	四年级选修	
	师范学院	教育学系	教育统计学	4	二年级必修	胡毅

续表

学年	开课学院	开课学系	课程	学分	课程类型	教师
1944—1945	理学院	算学系	高级算学	3，3*	一至三年级选修	孙本旺、许宝騄
	法商学院	经济商业学系	初级统计（甲）	6	二年级必修	杨西孟
			初级统计（乙）	6		戴世光
			高级统计	4	四年级选修（上、下学期）	杨西孟
				4		
			人口统计	3	三、四年级选修（上、下学期）	戴世光
			经济统计	3		
	师范学院	教育学系	教育统计学	4	二年级必修	胡毅
1945—1946	法商学院	经济商业学系	初级统计（甲）	6	二年级必修	杨西孟
			初级统计（乙）	6		戴世光
			人口统计	3	三、四年级选修（上、下学期）	戴世光
			经济统计	3		
		社会学系	人口统计	3		戴世光
	师范学院	教育学系	教育统计学	4	二年级必修	胡毅、陈熙昌

* 两个学期，每学期 3 学分。

归纳表 8-6，西南联大办学的 8 年间，理学院开设了"数理统计（甲、乙）""几率""统计力学""高级算学"等 5 门统计课程，其中"数理统计（甲、乙）""几率""高级算学"4 门课程由算学系开设，"统计力学"由物理学系和化学系开设。

法商学院经济商业学系开设了"统计学""初级统计学（甲、乙）""高级统计学""人口统计学""经济统计学"等 6 门课程。其中"初级统计学"分为甲、乙两个班级，分别由留学美国密歇根大学的杨西孟和戴世光两位教授主讲，学分一样，由二年级学生任选。据戴世光回忆，"联大保留了学术民主的传统，……统计学，杨西孟着重数学理论，我偏重于应用，两个人都开课，学生可以自由选听。只有社会系例外，陈达认为社会学主要搞应用，指定我的统计课为必修"[①]。师范学院教育学系将"教育统计学"列为二年级学生的必修课，文学院学生可以选修。

这 12 门统计课程，有许宝騄开设的"数理统计（甲、乙）"这样的最新理论和方法课程，更多的是统计方法和应用的课程，如"初级统计""高级统计""人

---

① 戴世光. 怀念抗战中的西南联大 [M]// 箫吹弦诵情弥切：国立西南联合大学五十周年纪念文集. 北京：中国文史出版社，1988：25.

口统计""经济统计""统计力学""教育统计学"等。选课的学生有二年级到四年级本科生，以及研究生。西南联大共有 5 个学院，开课的有理学院、法商学院和师范学院，文学院和工学院没有直接开设统计课程，但有兴趣的学生都可以选修统计课程。工学院的数学基础课都是选修理学院算学系的课程，工学院化学工程专业 1943 年新生任玸在回忆录中写道：

> 现将我当年在西南联大化工系读书时所体会到的联大在教学上的特点及几件小事略述如下：
>
> 1. 教师阵容强大。名教授亲上第一线执教，治学都极严谨。……极富盛名的统计数学教授许宝𫘧老师讲授微积分……①

2. 名师荟萃

这 12 门统计课程的任课教师简介整理如下②：

（1）理学院。

许宝𫘧（1910—1970），统计学家，西南联大教授，是中国早期从事数理统计学和概率论研究并达到世界先进水平的一位杰出学者。1938—1945 年，他在多元统计分析与统计推断方面发表了一系列出色的论文，发展了矩阵变换的技巧，推导出样本协方差矩阵的分布与某些行列式方程的根的分布，推进了矩阵论在数理统计学中的应用。他对高斯 – 马尔可夫模型中方差的最优估计的研究是后来关于方差分量和方差的最佳二次估计的众多研究的起点。他揭示了线性假设的似然比检验的第一种优良性质，推动了人们对所有相似检验进行研究。1940 年后，他也进行了概率论方面工作，得到了样本方差分布的渐近展开以及中心极限定理中误差大小的阶的精确估计。他对特征函数也进行了深入的研究。1947 年与 H. 罗宾斯合作提出的"完全收敛"则是强大数律的有趣加强，是后来一系列有关强收敛速度研究的起点。20 世纪 50 年代以后，许宝𫘧在长期患病的情况下仍以顽强的毅力主持了极限定理、马尔可夫过程、实验设计、次序统计量等科学讨论班，带领青年开展科学研究。他对于矩阵偶在某些变换下的分类、马尔可夫过程转移函数的可微性、次序统计量的极限分布及部分平衡不完全区组设计等多方面都开展了研究。

王竹溪（1911—1983），统计物理学家，西南联大教授。1938 年获剑桥大学博士学位，1938—1942 年讲授"统计力学"。1949 年 1 月，王竹溪被任命为清华

---

① 任玸. 在联大化工系读书时的回忆片段 [M]// 笳吹弦诵情弥切：国立西南联合大学五十周年纪念文集. 北京：中国文史出版社，1988：307.

② 其中，许宝𫘧、戴世光、杨西孟等因前面已有介绍，此处主要介绍其学术及教学相关情况。

王竹溪

黄子卿

大学物理系主任。1952 年，全国高等院校调整，王竹溪到北京大学任物理系教授、理论物理教研室主任。1955 年当选为中国科学院学部委员（院士）。1962 年起，他任北京大学副校长。王竹溪主要从事理论物理特别是热力学、统计物理学、数学物理等方面的研究，在湍流尾流理论、吸附统计理论、超点阵统计理论、热力学平衡与稳定性、多元溶液、热力学绝对温标、热力学第三定律、物质内部有辐射的热传导问题以及基本物理常数等领域取得多项重要成果，在有序无序变化的统计力学理论方面将贝特理论做了重要推广，在热力学的理论研究方面做出多方面的推广，同时对物理学史、基本物理常数和汉字检索机器化方案等做了不少有成效的研究。

黄子卿（1900—1982），物理化学家，西南联大教授。1935 年获麻省理工学院博士学位，1942—1943 年讲授"统计力学"，1955 年当选为中国科学院学部委员（院士）。1938 年，《美国艺术与科学院汇刊》发表了黄子卿、贝蒂、本笛克特等三人合写的论文，题为《绝对温标的实验研究（Ⅴ）：水的冰点和三相点的重现性；水三相点的测定》。1948 年，美国的《世界名人录》列入了黄子卿的名字。1954 年，国际温标会议在巴黎召开，再次确认上述数据，并以此为准，定绝对零度为 −273.15℃。在黄子卿看来，化学和物理学一样，都是实验科学，理论只不过是通过大量实验所进行的抽象归纳的结果。他曾形象地比喻说："拿马车来做例子，马就好比实验，车就好比理论；马要在前，车要在后。如果把马放在后边，车就动不了啦。"黄子卿认为，正确的、好的实验有永久性，而错误的理论一钱不值。当然，只是实验数据还不是科学；只有对实验数据进行系统的处理，形成或多或少普遍化的理论时，这样的内容才能称为科学。

（2）法商学院。

戴世光（1908—1999），统计学家，西南联大教授，清华大学教授。1936 年获密歇根大学统计学硕士学位，1938—1946 年讲授"统计学""初级统计学""高级统计学""人口统计""经济统计"。1952 年，院系调整，戴世光到中国人民大学统计系任教，直至去世。1979 年，戴世光当选为第一届中国统计学会副会长，1981 年被国务院学位委员会批准为第一批博士生指导教师，1982 年被聘为第三次全国人口普查顾问。戴世光的学术贡献与影响包括：1）为中国现代人口统计理论做出开创性贡献。1940—1942年，与陈达、李景汉一起完成了调查研究报告《呈贡人口普查》《呈贡农业普查》。撰写了《人口普查选样研究》（1941），编制了《呈贡县人口生命表》（1944）。1989年出版了《1942—1982年昆明环湖县区人口的变动与发展：一个城乡社区的人口学研究》。2）首次提出"节制生育"应为中国的基本国策。1948年在清华大学《新路》第一卷第五期上发表了《论我国今后的人口政策》，提出了系统的人口政策。3）实事求是，推动统计学教育改革。50年代，中国大学里的统计学教育按照苏联的模式，分成性质截然不同的两门学科。一门是属于经济学下的社会经济统计学，名为"统计学"；一门是属于数学下的概率论与数理统计学，名为"数理统计学"。70年代，戴世光发表《积极发展科学的统计学，为我国早日实现四个现代化服务》，掀起了关于一门还是两门统计学的大讨论。4）对国民收入方法论的研究与贡献。80年代初期，关于国民收入方法论的争论是当时统计学界的热点问题之一。苏联和东欧国家等应用物质产品平衡体系（MPS）核算国民收入，而世界其他多数国家应用国民核算体系（SNA）核算国民收入。1980年，戴世光撰写了《国民收入统计方法论》一文，对国民收入统计方法的学术渊源、国际研究现状、与中国实际结合需要解决的问题做了系统的阐述，为我国实施国民核算体系奠定了统计方法论基础。戴世光是中国大统计和统计一级学科的开拓者，也是现代人口统计的奠基人。

杨西孟（1900—1996），统计学家，西南联大教授。1937年获密歇根大学统计学硕士学位，1940—1946年讲授"初级统计学""高级统计学""经济数学"。1947年秋再度赴美国，进入芝加哥大学研究院专攻经济计量学。1949年回到香港，在中国国际经济研究所工作，1950年随所内迁，任副所长。1956年参与制定我国长期科学规划世界经济科学部分，任中国世界经济学会、中国美国经济学会、中国国际贸易学会顾问，长期从事美国经济的研究。

杨西孟

（3）师范学院。

曾作忠（1895—1977），心理统计学家，西南联大教授。1932年获华盛顿大学博士学位，1938—1941年教授"教育统计学"。曾作忠在北京求学时，积极参加1919年的五四运动，被选为学生代表。后曾任广州第

曾作忠

八路总指挥部政治部主任。1929 年，进入美国华盛顿大学研究院深造，主攻教育心理学。1932 年获哲学博士学位。回国后，先后受聘为国立暨南大学、云南大学、西南联大教授。解放后，曾作忠担任过广西大学文教学院院长、湖南大学教授、湖南师范大学教育学教授兼心理学教研组主任，并任中国心理学会理事。他通晓英文，能笔译俄文、法文。出版专著 14 部，其中用英文出版 2 部，还发表论文 70 多篇，150 多万字。1956 年 8 月加入中国民主同盟。1958 年 2 月被错划为右派。1977 年病逝。1979 年获得平反。

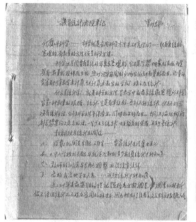 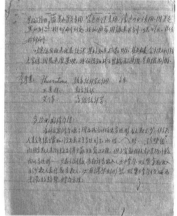

"曾作忠"教育统计"讲义手稿"两页（1938—1940）

胡毅

胡毅（1904—1994），教育统计学家，西南联大教授。1928 年获芝加哥大学博士学位，1942—1946 年讲授"教育统计学"。新中国成立后，参加了《毛泽东选集》第 1~3 卷英译版翻译工作。历任河北师范学院院长，河北天津师范学院院长，河北大学教授，河北省教育厅副厅长，河北省第五届人大常委会副主任，河北省第四届政协副主席，民盟中央委员，民盟河北省委主任委员，第三届全国人大代表，第五届、第六届全国政协委员。

开设统计学课程的 7 位教师中有 5 位获得海外名校的博士学位，2 位获得硕士学位。其中，理学院的 3 位教授 1955 年都被选为中国科学院学部委员（院士），另外 4 位是我国经济学与教育学领域的知名教授。

当时，西南联大的课程多数没有印好的现成教材，老师一般自己准备讲义，也有的老师会指定一些中英文的参考书。

1941 年初，许宝騄结束学业回国后，由于 1940—1941 年度的"数理统计（甲、乙）"的课程已经安排，他来不及休息调整，就走上讲台，开始了我国第一门"数理统计"的教学。

许宝騄当年讲授"数理统计"的讲义没有记录和留存。但可以肯定的是，许宝騄是首次在国内开设统计学前沿课程，而且第一次将课程定名为"数理统计"的人。在此之前，"数理统计"的名称仅仅出现过一次，即 1935 年罗大凡编写的《数理统计学》（上海北新书局）。这本书名为"数理统计学"，实际上与当时的"统计学"并无差异。书中基本没有统计方法的数学推导和数理基础的内容。因而，许宝騄开设的"数理统计"是国内首次介绍统计方法的数学基础课程。

学生钟开莱（K. L. Chung）1979 年发表了《许宝騄在概率论方面的工作》（HSU's work in probability）一文，载于《统计学年刊》（*Annals of Statistics*，1979，7（3）：479–483）。他说：

> 许宝騄于抗战中期的 1940 年从英国回到昆明。他开了一门很长的课程，从测度和积分开始，讲到概率论，再通向数理统计。课程的第一部分基于 Caratheodory 的 Vorlesungen uber Relle Funktionen，第二部分则取材 Cramér 的 Random Variables and Probability Distributions。他是一个风度优雅而又富有激情的老师，随身带着预先写在本子上的完整的备课笔记。他喜欢在课堂上点出微妙之处。例如，在推导特征函数的反演公式的时候，他强调 Lebesgue-Stieltjes 积分是能在单个点上积分的。他有一本用得很旧的 Cramér 的书，页边上写着许多批注，用来说明该处是用一种不必要的难懂的方式写成的，但本书确实包含了概率论的所有实质性的内容。他是一位名副其实的特征函数方法的行家，他的文章……都显示了他对这一宝贵工具的迷恋和精通。那些年代，在昆明很难得到数学文献，那些从北京（当时叫北平）泊运来的旧图书资料也藏在山洞里以防空袭。（我们虽不住在山洞里，但当空袭或警报响起的时候，却不得不冲向防空洞并在里面待一段时间。）藏在山洞的书里有一本 Kolmogorov 的 Grundbegriffe der Wahrscheinlichkeitsrechnung。在我的请求下，许从山洞里取出了这本书，他说："这是另一种数学。"当然，他不是一个概率学家，当时这样一个称号在世界的任何地方都很难接受。由于所受的教育和个人兴趣，他更喜欢解决实质问题而不是做形式上的推广。但他绝不阻止别人追求自己的爱好和对其他的东西感兴趣。只要他被一个新课题所吸引，就坚决地投入工作并很快地做出有价值的成果。[①]

[①]　许宝騄先生纪念文集编委会. 道德文章垂范人间——纪念许宝騄先生百年诞辰 [M]. 北京：北京大学出版社，2010：16–17.

文学院外文系教授胡毅在师范学院开设了"教育统计"课程，吸引了不少外系学生选修。哲学心理学专业 1941 级新生蔡孔德就选修了这门课。胡毅当年所用教材是他 1932 年出版的《教育统计学初步》。

《教育统计学初步》

下图为哲学心理学系蔡孔德 1943—1944 年选修外文系胡毅教授"教育统计"课程的听课证，清楚地标明这门课程 4 学分，历时一整学期。蔡孔德的学号为（A）4129，这里 A 表示入学为西南联大 [1]，4129 表示 1941 年入学，当年入学第 29 号。

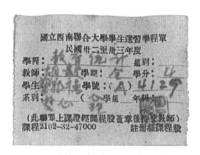

"教育统计"课程教材和学程单

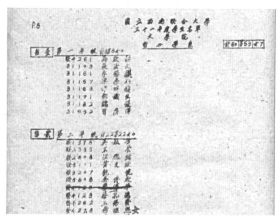

蔡孔德清华入学时的档案页

在蔡孔德用过的教材中有他当年的读书笔记和作业习题。

---

[1] 除了 1938 年西南联大建立以后入学的用 A 学号外，1938 年以前入学的三校学生学号用三校校名的第一个英文字母，T 表示清华大学，P 为北京大学，N 为南开大学。

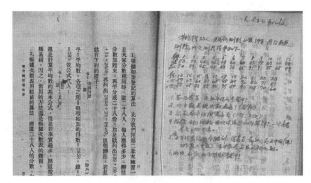

蔡孔德的读书笔记和作业习题

图中的作业习题是：

某班学生 23 人，做几何测验，复习一周后再做测验，两次测验结果如下：

学生	1	2	3	4	5	6	7	8	9	10	11	12
第一次	83	77	40	46	49	60	60	81	98	63	44	88
第二次	90	89	45	45	63	76	65	91	91	85	65	99
学生	13	14	15	16	17	18	19	20	21	22	23	
第一次	87	63	60	87	60	98	39	96	42	71	51	
第二次	88	65	50	85	80	98	50	94	48	70	60	

1. 第一次与第二次的平均各是若干？

2. 何分数发现次数最多？（众数）

3. 众数与平均相差多否？（一次，二次）

4. 根据平均比较两次成绩？如何解释？一次高者是否二次也高？

5. 将每次结果依次序排列，谁最高，谁最低，在正中间（绝对分数的中数），将中数与众数及平均比较？

6. 两次每次的全距都是若干？

我们看到这个习题考查两组数据的描述统计和比较分析，这在 20 世纪 40 年代初期的教育领域已经是很复杂的应用了。

3. 英才辈出

短短 8 年时间，西南联大培养的 2 000 多名毕业生中就出了 2 位诺贝尔奖获得者、8 位"两弹一星"元勋、5 位"国家最高科技奖"获得者、174 位两院院士（学部委员）和一批人文社会科学大家。统计学在当时还不是专业，仅仅是几门课程，但这些课程造就了日后的一批统计学家。

杨振宁 1938 年夏考入西南联大化学系，1942 年毕业于物理系。他在 1983 年出版的《杨振宁论文选集》中的论文《超晶格统计理论中准化学方法之推广》的附记中写道："在 1942 年获昆明西南联合大学学士学位后，我即成为该校研究生。我的论文是统计力学方面的，导师是王竹溪教授。他在 30 年代受教于英国 R. H. Fowler 教授。王先生将我引入物理学这一领域，自此以后它一直是我感兴趣的领域。"[①]

钟开莱（1917—2009），世界知名的概率统计学家、华裔数学家、美国斯坦福大学数学系前系主任。1917 年生于上海，1936 年入清华大学物理系，1940 年毕业于西南联合大学数学系，之后留校任数学系助教。钟开莱先是师从华罗庚攻读研究生，后转到许宝騄的门下。1944 年，他考取第六届庚子赔款公费留美奖学金。1945 年底赴美国留学，1947 年获普林斯顿大学博士学位。20 世纪 50 年代任教于美国纽约州锡拉丘兹大学（Syracuse University），60 年代以后任斯坦福大学数学系教授、系主任、荣休教授。钟开莱著有专著十余部，为世界公认的 20 世纪后半叶"概率学界学术教父"。2009 年 5 月 31 日逝世于菲律宾罗哈斯市（钟开莱妻子的故乡）。

1937 年 7 月底，南开大学首遭日军轰炸，成为全面抗战以来中国第一个蒙难的高等学府。随后，北平沦陷，日军强行驻兵北大、清华等高校。1937 年 11 月，清华、北大、南开被迫南迁长沙，三校合组国立长沙临时大学。国立长沙临时大学 11 月 1 日开学。1937 年 11 月，日军飞机第一次轰炸长沙，临时大学办学难以继续，教育部乃命令国立长沙临时大学西迁昆明。1938 年 1 月，第一学期结束，举行学期考试后，临时大学便开始组织师生为西迁做准备。

当年前往昆明新校址有三条路线：第一路是从海道赴滇的队伍，成员主要包括教师及眷属、体弱不适宜步行的男生和全体女生，共计 600 多人，大家共搬走了 5 万册图书，300 吨实验器材、仪器、标本和文件档案。师生们乘火车沿粤汉铁路经广州至香港，乘船抵达越南海防，再由滇越铁路至昆明。第二路取道越南赴滇的队伍走的是湘桂公路路线。这一路是乘车沿湘桂公路经桂林、柳州、南宁至镇南关抵达越南河内后，经由滇越铁路到蒙自、昆明。而第三路是徒步搬迁的"湘黔滇旅行团"，参与人员共计师生 300 多人，闻一多、曾昭抡、李继侗、袁复

---

① 杨振宁. 忆在西南联大的艰苦岁月 [M]// 笳吹弦诵情弥切：国立西南联合大学五十周年纪念文集. 北京：中国文史出版社，1988：217.

礼4位教授与学校派出的指导员黄钰生共同组成辅导委员会。当时的湖南省主席张治中特派中将黄师岳担任团长，负责指挥一切。"湘黔滇旅行团"实行严格的军事化管理，由长沙乘船到益阳，再从湘西徒步穿越贵州省，凭一双脚走到云南昆明去。一路上经过3个省会27个县，以及数百个村镇，历经68天，行程总计3 248里，除乘船坐车外，步行路程达2 548里。在"湘黔滇旅行团"的284名学生中，就有理学院王寿仁、法商学院蒋庆琅和周华章这三位日后著名的统计学家。

王寿仁（1916—2001）1939年在西南联合大学毕业后受聘于北京大学算学系，1950年奉调至中国科学院数学研究所筹备处，1952年开始担任数学研究所概率统计组组长，1956年被借聘到北京大学数学力学系，为国内首个概率统计专业兼课。1961年在数学研究所任新建立的概率统计研究室主任，并为中国科技大学创办了概率统计专业。1979年任新成立的应用数学研究所第一副所长（华罗庚为所长）。1988年以古稀之年出任中国数学会奥林匹克委员会主席。1990年，国际数学奥林匹克竞赛（第31届）首次在中国举行，他任组委会秘书长。他还曾担任中国科学技术协会书记处书记、国际统计学会理事、中国统计学会副理事长等职务。

蒋庆琅（1914—2014）1936年考入清华大学物理系。1937年，他改学经济，于1940年获学士学位。1946年，他到达美国，进入加利福尼亚大学伯克利分校；1948年和1953年，他先后获统计学硕士和博士学位。现代统计学奠基人之一耶日·内曼（Jerzy Neyman）教授推荐他去加利福尼亚大学伯克利分校的公共卫生学院讲授"寿命表"课程。他从数学观点出发，变革了古老的寿命表，使之成为严格的统计学工具。他曾任加利福尼亚大学伯克利分校公共卫生学院生物统计系主任、生物统计学交叉学科共同主席，1987年退休时获"Berkeley Citation"荣誉称号。蒋庆琅是美国统计学会、数理统计研究院和英国皇家统计学会的会员，曾是哈佛大学、耶鲁大学、埃默里大学、北京大学和伦敦大学等许多学校的访问教授。1982年，蒋庆琅应政府之邀，为国内医学统计学骨干教师系统培训寿命表方法。他说："我在1940年代离开祖国，当时国家十分贫困。如今，发生了巨大变化，却没有我的贡献……今后，任何时候，如果需要，我就自费飞去你们那里！"改革开放后，国内陆续翻译出版了他的《寿命表及其应用》（1984，2015）、《随机过程及生命科学模型》（1987，2014）和《实用统计方法》（1998）。

周华章（1917—1968）1934年考入清华大学物理系，后转入地学系气象学专业，1939年从西南联大地学系毕业后考入南开大学经济研究所攻读硕士学位。1948年3月，他赴美留学，1952年6月获得芝加哥大学数理经济学博士。1953年回国后，他先在华东纺织工学院担任高等数学的教师。1956年4月，周华章晋升教授。同年，在钱学森、于光远的直接部署下，周华章从上海调到清华大学，参加中国科学院数学研究所运筹学的研究。针对我国数理统计专业人才奇缺的局面，1958 年 8—9 月在北京大学举办了国内数理统计专业的第一个"数理统计暑期讲习班"，周华章主讲"工业技术应用的数理统计学"。他上午讲课，下午亲自带领学员到北京市工厂企业实习，采取实例验证的方法教学。讲习班虽然仅仅办了一个多月，却为全国高校培养了一批数理统计的青年骨干教师。他的《工业技术应用的数理统计学》（上下册）1960 年由人民教育出版社出版，成为 20世纪 60 年代仅有的几本数理统计教材之一，培养了一代数理统计人才。

萧嘉魁（1910—1997）1934 年考取清华大学"清寒公费生"，1939 年在清华大学毕业并留校任教，作为陈岱孙的助教，协助陈岱孙等开设"经济学概论""经济简要"等课程。1946 年考取公费赴美留学，师从 J. M. 克拉克教授，对凯恩斯经济学、投入产出分析和经济统计进行了深入研究。1949 年毕业于美国哥伦比亚大学，获硕士学位。1950 年归国，在清华大学任教。1952 年秋，萧嘉魁被评定为副教授。这一年，院系调整，他被分配到北京铁道学院任教，任运输经济系副主任和统计教研室主任。1956 年，被评为教授。1958 年春，调到内蒙古财经学院任教。1963 年春，调到天津财经学院任教。改革开放之初，他参与翻译联合国统计局编的《投入产出表和分析》（萧嘉魁、周逸江译，中国社会科学出版社，1981）和《国民经济核算体系 SNA》（闵庆全、崔书香、萧嘉魁译，中国财经出版社，1982），为我国政府统计核算体系转型和经济统计教育教学做出了贡献。

李志伟（1917—2008）1935 年考入清华大学经济学系。1940 年，他毕业于西南联大，同班同学有蒋庆琅和杜润生等 31 人。同年考入清华大学研究生院，1943 年毕业并考取第六届留美公费生。1944 年进入芝加哥大学，师从 1976 年诺贝尔经济学奖得主弗里德曼。1951 年回国后在外贸部研究所工作。1964 年调入北京对外贸易学院（现对外经济贸易大学）。改革开放后，外经贸处于前沿，企业管理、市场调查和预测等都需要统计分析；而国内财经高校当时普遍讲授的"统计学原理"只停留在描述统计范畴，远不能满足未来市场导向的企业统计分析的需要。那时，国外图书进口种类很少，李志伟通过各种途径找到美国大学商学院使用的统计学教科书，通过比较，最后采用汉伯格的《决策统计分析》原文版。李志伟等编写了《统计分析概论》（对外贸易教育出版社，1984），后获北京市"七五"期间优秀科研成果二等奖和经贸部优秀教材奖。

查瑞传（1925—2001），教育家查良钊之子。祖籍浙江海宁，远祖查慎行、查嗣庭等皆为清代著名文人。查瑞传与著名诗人穆旦（查良铮）为叔侄关系。查瑞传 1943 年转学入西南联大化学系，曾作为美军译员参加抗日战争。1946 年毕业后考入清华大学化学系研究生。1949年4月到华北大学学习。1950年转入中国人民大学俄文专修班,8月调入新组建的统计学系从事统计学的俄文口、笔译工作,后承担统计学系统计学原理、经济统计学、数理统计学、抽样调查等的教学和科研工作。1974年初,我国恢复人口学研究,他从自己热爱并已取得较大成就的统计学专业领域转入人口学领域,成为恢复我国人口学研究的少数开拓者之一。此后,他一直从事人口学的教学和研究工作,曾任中国人民大学人口研究所(系)教授,硕士生、博士生导师,北京市人口学会常务理事,国家计划生育委员会第一至四届人口专家委员会委员。1988—1997年任北京市第九、十届人民代表大会代表、常务委员会委员。1995年,他被宝钢教育基金理事会评为优秀教师一等奖。他发明了"标准生育率"预测法,率先提出"人口惯性"原理,论文《计划生育和保障人权》获中国人口学会一等奖。

林富德(1925—2017)1943年考入西南联大经济学系,1947年毕业于清华大学经济学系,并留校任教。1952年院系调整,他被调到中国人民大学统计学系任教。1974年,他与刘铮、邬沧萍、查瑞传、杨学通等一起从统计学转向人口学和人口统计研究。1979年,他与刘铮、邬沧萍一起向国务院提交了《关于控制我国人口增长的五点建议》,受到党和政府的高度重视,在全国经济工作会议上被作为重要参考文件下发。他曾任北京市人民政府专家顾问团第三、四届顾问,中国社会学会人口与环境委员会理事,民盟中央经济委员会委员,人口文化促进会学术委员,等等。他在全国残疾人抽样调查、1982年和1988年全国生育节育抽样调查、1992年中国生育率抽样调查、1997年全国人口与生殖健康抽样调查和2000年全国计划生育/生殖健康调查等重大调查中均担任专家组成员。

1938—1946年的8年间,西南联大的本科毕业生共2 437人[①],其中算学系仅26人毕业,经济学系562人毕业。算学系的26名毕业生中就走出了王寿仁、钟开莱两位概率统计大家。经济学系是西南联大学生最多的大系,粗略统计,受戴世光、杨西孟统计课程的影响,就有蒋庆琅、周华章、萧嘉魁、李志伟、查瑞传、林富德等走上了统计领域的教学与研究道路。更不用说,杨振宁就是学习了王竹溪的"统计力学"后,选择了统计物理进行研究,与李政道一起做出了影响世界的科研成果,作为华人首次获得了诺贝尔物理学奖。

---

① 不含1938年前北京大学、清华大学和南开大学已入校并在西南联大期间毕业的952名学生。参见国立西南联合大学史料[M].昆明:云南教育出版社,1998:第五卷5-6。

第九章
中国共产党在革命根据地的调查统计教育

　　中国共产党历来重视实地调查与统计。1927—1934 年，毛泽东在中央苏区亲自开展过多次农村调查，如寻乌调查、兴国调查、才溪乡调查等。1930 年 5 月，毛泽东在《反对本本主义》中首次提出著名的"没有调查，没有发言权"[①]。1931 年 4 月 2 日，毛泽东在《总政治部关于调查人口和土地状况的通知》里对其做出补充，提出"我们的口号是：一，不做调查没有发言权。二，不做正确的调查同样没有发言权"[②]；为了使得调查所得的材料真实正确，通知中还列出调查的具体要求与作法，包括调查表格（即问卷）的编制、调查员的培训、表格填写法等，并提出"以上各项，如果调查时不弄清楚，则自己茫无把握，必致把阶级成分弄错了，失了统计的正确价值"[③]。1937—1945 年，陕甘宁边区开展了一系列成规模、有主题的调查统计工作，为边区各项政策的制定与评估提供了一手的统计数据。统计工作需要统计人才，统计人才靠统计教育培养，中国共产党在边区的统计教育尚处于萌芽、摸索阶段；到解放区后，才正式在大学中开设统计学课程。

　　从边区到解放区，虽然一直深陷战争，但我们党提出抗战与教育并重、抗战与教育兼顾。在陕甘宁边区，据估计当时文盲占总人口的 90% 以上，扫盲是迫在眉睫的教育主题，党的教育方针以普通教育为主，兼顾针对干部的高等教育。到了解放区，社会亟待建设，各类人才的教育迫在眉睫，包括统计教育。

　　1937 年七七事变后，为造就成千上万的革命干部，满足抗日民族解放战争的需要，中共中央于 1937 年 7 月底决定创办陕北公学，并于 8 月任命成仿吾为

---

①　毛泽东. 反对本本主义 [M]// 毛泽东选集：第 1 卷. 北京：人民出版社，1991：109.

②　同① 118.

③　毛泽东. 总政治部关于调查人口和土地状况的通知 [M]// 毛泽东文集：第 1 卷. 北京：人民出版社，1993：267.

陕北公学校长兼党组书记。陕北公学的办学宗旨和培养目标是"实施国防教育，培养抗战人才"。陕北公学招收来自全国各地的进步青年，施以短期革命教育培训后，让其投身实际工作。普通班学习时间为3~4个月，高级研究班为6个月。办学两年，陕北公学共培养6 000多名学生，吸收3 000多名青年加入中国共产党。

1939年夏，抗日战争形势发生变化，日寇、国民党顽固派加紧进攻根据地。6月，中共中央决定陕北公学、延安鲁迅艺术学院、延安工人学校、安吴堡战时青年训练班四校联合组成华北联合大学，开赴华北敌后办学。7月7日，华北联合大学在延安宣告成立，学校设社会科学部、文艺部、工人部、青年部。华北联合大学的教育方针是：为革命实际斗争的需要而培养革命干部；注意理论与实际相结合；贯彻少而精和通俗化的原则。

1940年，华北联合大学朝正规化方向发展，将各部改为学院，设有：社会科学院，下设法政系、财经系；教育学院，下设教育系；文艺学院，下设戏剧系、音乐系、美术系、文学系；工学院，下设机械系、采矿系。除原有的专修科外，增设了本科和预科。后成立法政学院、群众工作部、中学部。此时，全校共4 000多人，其中学员3 000多人，是华北联合大学鼎盛时期。

1941年8月至1943年是晋察冀边区最困难的时期，敌人的"扫荡"、封锁使根据地缩小，边区粮荒严重，生源减少。华北联合大学经过两次缩编，只保留了教育学院，改由边区行政委员会领导。在此期间，许多干部、学员在对敌斗争中牺牲。1944年，晋察冀边区行政委员会对华北联合大学教育学院的性质、任务、教育方针等问题做出具体规定，即以提高在职干部水平、文化为主，贯彻学以致用、理论和实际密切联系的原则，培养干部为抗战和新民主主义社会建设服务、为群众服务的技能。

本书首次尝试从统计学学科史的角度切入探究中国共产党早期的调查统计教育。经典统计学有三大功能：统计调查、统计描述、统计推断。中国共产党在革命历程中从统计调查开始，扎根中国大地，深入最底层的大众生活，开展最切实的统计调查，进而把握中国的脉搏，基于大量的一手调查统计资料制定不同时期不同领域的具体政策。中国共产党从自己大量的调查统计实践中总结知识，借鉴并结合西方统计学的知识，建构最贴合中国实际的调查统计教育体系。

一、实践出真知：陕甘宁边区的统计教育萌芽

边区的统计工作扎实有效，为统计教育提供了现实的、丰富的、新鲜的统计素材与统计教材，但囿于当时广大群众尚处于文盲半文盲的教育水平，少数干部

也只是具备中等教育水平，统计教育对象的教育水平客观上决定了当时无法大规模开展正规的统计教育。但在少数中高等学校中，统计学课程已然在列。

陕甘宁边区是 1935 年 10 月中共中央与中央红军到达陕北后，在陕甘边和陕北革命根据地的基础上扩大、巩固与发展起来的。1937 年七七事变后，中国共产党为共同抗日，宣布取消两个政权的对立。9 月 6 日，陕甘宁边区政府正式成立，管辖区域位于陕西、甘肃、宁夏三省接壤处，是"中国最贫瘠、长期落后而且人口稀少的地区之一"，却成为八路军、新四军的总后方，成为模范的民主抗日根据地，党中央在这里指挥全国各根据地的抗日战争和国民党统治区的抗日救国活动。解放战争时期，大部分时间党中央仍留在陕甘宁边区指挥全国解放战争。

历史上，陕北地区的文化教育落后，抗战初期边区的文盲比例高达 90%，"就陕甘宁边区教育的发展历程看，从边区政府 1937 年 9 月成立至 1940 年 12 月期间主要进行旨在扫除文盲的普及教育"[①]。在恶劣的自然与政治条件下，边区政府带领边区人民开展了军事建设、政治建设、经济建设和文化教育建设，在新民主主义教育方针指导下，制定了教育为革命战争和根据地建设服务的方针政策，形成了不同于旧中国，也异于外国的教育体系，包括在职干部教育、干部学校教育（属于高等教育）、中等教育、社会教育、小学教育、幼儿教育、部队教育。特别是经过 1942 年的整风运动后，在干部教育中，明确规定以研究中国革命实际问题为中心、以马列主义基本原则为指导的方针，提倡"调查研究"，调查研究不仅是各级政府机关还是各类学校的"必修课"。

1. 在职干部教育中的统计

1938 年党的六届六中全会决议提出着重抓延安在职干部的教育工作，1942 年 2 月通过的《中共中央关于在职干部教育的决定》明确指出，"在目前条件下，干部教育工作，在全部教育工作中的比重，应该是第一位的。而在职干部教育工作，在全部干部教育工作中的比重，又应该是第一位的"[②]，"在职干部教育，应以业务教育、政治教育、文化教育、理论教育四种为范围"，"对一切在职干部，都需给以业务教育，实行'做什么、学什么'的口号"[③]。1939—1940 年，边区高等法院领导开办过两期司法干部训练班，学期 3~4 个月，学员为各县原任裁判员，共 39 人，开设课程包括政法、司法行政、边区法令、法学概论、刑法述要、民法述要、刑事审判实务、民事审判实务、看守工作、书记工作、司法公

① 雷甲平. 陕甘宁边区教育史 [M]. 西安：陕西人民出版社，2004：22.

② 陕西师范大学教育研究所. 陕甘宁边区教育资料（在职干部教育部分）[M]. 北京：教育科学出版社，1981：162.

③ 同②163.

文程式、国文、统计、法医学等，统计作为一门独立的课程被列入司法干部的必修课。

2. 高等教育中的统计

高等干部学校教育是陕甘宁边区高等教育中的一类特色教育。这一时期由于抗战急需人才，边区的高等干部学校以短期训练班为主，培训时间只有三个半月或半年，最多一年。各学校的课程设置立足实际需求，体现了少而精、学用一致的原则。边区直属学校之一的陕甘宁边区党校是边区党委直接领导的一所培养边区党的基层干部的学校，是在陕北特委创办的短期训练班的基础上逐步发展起来的。1941年底到1942年初，遵照《中共中央关于延安干部学校的决定》和《中共中央关于在职干部教育的决定》开设普通班和高级班，高级班培养县级干部，普通班培养区级干部，并对课程设置做了调整，先后增加了读报常识、统计、国际问题等课，同时高级班还增加了两个月的实习期，培养和锻炼学员的实际工作能力。

另一所边区直属大学——延安大学是中共中央1941年为集中人力、物力、财力，将陕北公学、泽东青年干部学校、中国女子大学合并而成的，第一任校长是吴玉章。随后，延安大学几经调整，1944年行政学院并入延安大学，民族学院从延安大学分出，各院的设置改为：鲁迅艺术文学院、自然科学院和行政学院，另办一个医药系，其中行政学院下设行政、司法、财政、教育四系。在1944年5月20日公布的《延安大学教育方针暨实施方案（草案）》中规定财经系的科目"全系：（1）边区经济概况；（2）会计审计与统计"。1946年，为适应革命形势迅速发展对干部的急需，延安大学暂设政法、会计、教育、新闻四个班，学制半年到一年。

3. 中等教育中的统计

陕甘宁边区的中等教育是从无到有逐步发展起来的，包括师范学校教育、普通中学教育和中等职业学校教育，肩负培养现任干部和未来干部的双重任务。根据抗战的教育政策"修订学制，废除不急需与不必要的课程，改变管理制度，以教授战争所必需之课程及发扬学生的学习积极性为原则"[1]，规定的高级师范教育科目有：社会科学概论、国文、历史、地理、数学、生物学、物理、化学、哲学、美术、音乐、体育、全体训练（女生习军事看护）、教育行政、教育心理、课程及教材研究、教育测验及统计——劳作课于课外进行，各学期每周教学课时如表9-1所示。其中，"教育测验及统计"安排在第二学年的两个学期，共4学分。

---

[1] 刘宪曾，刘端棻.陕甘宁边区教育史[M].西安：陕西人民出版社，1994：208.

表 9-1 陕甘宁边区高级师范教育各学期每周教学课时

时数 \ 科目 / 学期		社会科学概论	国文	历史	地理	数学	生物学	物理	化学	哲学	美术	音乐	体育	全体训练	教育行政	教育心理	课程及教材研究	教育测验及统计	教学实习	每周教学总时长	每周自习总时长
第一学年	一学期	2	6	3	2	5	3			1	2	2	1	1	2	2				32	15
	二学期	2	6	3	2	5	3			1	2	2	1	1	2	2				32	15
第二学年	一学期		5	2	2	4		3	3	2	2	2	1				2	2	2	33	14
	二学期		5	2	2	4		3	3	2	2	2	1	1			2	2	2	33	14
说明		1. 高级师范每周应有周会，占教学时间一小时，主要进行策略教育，时事报告，教导概况，主题讲演。 2. 每日上课及自习时数规定为 8 小时，每周以 48 小时计算，除上课时间外，余为自习时间。 3. 劳作为课外必要活动，学生课外运动及活动，不包括在自习时间内。 4. 学生自习 (讨论会在内) 须有教员督促指导。 5. 学生自习及课外运动时间，得斟酌地区、季节等情形略为移动伸缩。																				

资料来源：雷甲平 . 陕甘宁边区教育史 [M]. 西安：陕西人民出版社，2004：107.

这一时期边区的各级学校教育以快速培养实用干部为基本原则，在课程要求"少而精"、教材要"通俗化与中国化"的原则下，边区的中高等学校都开设过统计课程，包括司法统计、财政统计、教育统计等，以应用类统计课程为主，符合当时革命战争急需人才的现实需求。

二、自下而上的统计教育需求与落地的、反思的、自上而下的统计教育设计

与学校统计教育相比，边区的调查统计实践全面多彩。中国共产党历来重视调查研究，党的领导人毛泽东在苏区、边区、解放区都做过丰富的实地调查与统计，是中国共产党从事社会调查特别是农村调查的开拓者之一。既往关于中国共产党领导的社会调查研究很多，成果丰硕，但鲜见从社会调查研究方法与统计学的学术学科史角度切入，即便有也大都在西方学院派调查统计的话语体系中解读中国共产党在中国做的中国调查。因此，此处选择从调查统计方法的视角入手，研究中国共产党在边区的调查统计实践，并努力展开一些与西方学院派调查统计

的对话。

　　边区的调查统计基本与彼时西方的统计学关联并不紧密。中国共产党在边区开展调查统计研究，并非因为西方做调查统计，我们也学着做，而是发自本土的革命、改造和建设所需，要了解中国国情，就必须深入中国的农村和城市进行实实在在的调查。1941 年 7 月 7 日，中共中央决定设立调查研究局，毛泽东亲自担任局长与政治研究室主任，8 月 1 日，《中共中央关于实施调查研究的决定》发布，号召和要求开展广泛的调查研究工作，强调在中央和地方都必须设置调查研究机关，中央下设中央调查研究局，内设调查局、政治研究室、党务研究室三个部门，作为中央一切实际工作的助手。在大兴调查研究之风的同时，陕甘宁边区的统计工作也有了一定规模的发展。1942 年，《解放日报》发表《建立必要的卫生统计》的社论，强调制定统一的统计方案，指定专人加以短期训练，以便顺利开展各机关的卫生统计工作。此后陆续开展了边区的工业统计，农村生产互助组、合作社统计，邮电调查统计，财政金融统计，教育统计等。可以说，边区的统计教育和统计培训是自下而上的实际需求，区别于当时国统区绝大部分中高等学校的自上而下的统计教育，因此重在满足战事且即时的应用，对统计理论和统计技术的讨论不多见。然而，正式的、书面的、体系化的讨论虽然罕见，在边区的调查统计实践中却蕴含着饱含学术价值的统计理论和统计技术，遗憾的是到目前为止关于这方面的研究凤毛麟角。

　　事实上，调查统计并非"西学"，若追根溯源甚至可以说是"中学"。我国的统计事实和统计思想古来有之，"十八世纪中，法国教士瑪皮译书经禹贡篇，传之欧洲。彼邦人见之大惊，以为东洋古代之一种统计。夫此篇乃列记夏禹之功绩，即治水之次序，州境之区划，河川之原委，土质、物产、贡赋之次第者也。若从现时统计学评之，虽似毫无价值，然以记述派而言，未始不足供一读。况远在数千年前，而已有此种调查乎。故揭之以供参考"[1]。遗憾的是，"数千年来只以此书为考据之用，不知古圣王命意所在。转令外人见之惊为发明独早，相率急起直追以成一家之学。可羞也可慨"[2]。近代欧洲学者基于数学、概率论等学术研究的发展，将统计逐渐发展成为一门体系化的学科。

　　近年来，关于陕甘宁边区的各种统计资料陆续整理出版。遗憾的是，关于当时在一线参与调查统计的人员（以基层干部，如村长、县政府干部为主）、负责整理调查统计资料的人员以及分析调查统计资料的人员目前尚无从得知具体信息，只能说他们都是无名英雄，为后世留下了宝贵的研究资料。简摘几幅边区的

---

①　横山雅男.统计通论 [M].孟森，译.上海：商务印书馆，1908：7-8.

②　沈秉诚.统计学纲领 [M].东京：三田印刷所，1909：1-2.

统计图表，以窥见一斑。

边币发行之初，边、法币的比价是1元当1元，不久边币的比价便开始下降，同时物价也在上涨。见下面统计表：

延安市物价统计表（以1941年1月为基期）

1941年	1月	2月	3月	4月	5月	6月
物价指数	100	115.5	130.5	134.2	174.8	221.6
逐月增加的百分率		15.5	12.9	2.8	30.2	26.7

边币比价统计表（法币百元折合边币额）

1941年	1月	2月	3月	4月	5月	6月
边法币比价	100	112	120	135	148	170
逐月增加的百分率		12.5	6.6	12.5	10.2	14.6

边区的统计图表一

资料来源：中国财政科学研究院.抗日战争时期陕甘宁边区财政经济史料摘编（第五编 金融）[M].武汉：长江文艺出版社，2016：95.

西安差不多的，如1944年的5月及9月，未校正平价，已经超过校正平价，当然不必再校正。校正结果，以曲线表示如下：

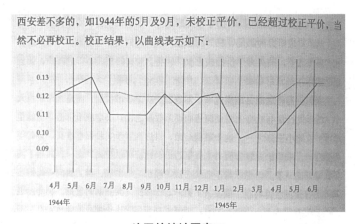

边区的统计图表二

资料来源：中国财政科学研究院.抗日战争时期陕甘宁边区财政经济史料摘编（第五编 金融）[M].武汉：长江文艺出版社，2016：208.

与同时期其他地区的调查统计不同，中国共产党深入最广大劳苦大众的生活、最复杂的社会关系进行调查统计。边区的统计教育需求是自下而上的，先踏入实践，再走出实践、总结经验，再次深入实践，如此往复，开创了一套贴合中国国情且行之有效的调查统计方法体系。首先，调查统计工作的问题意识明晰，以解决实际问题为核心。其次，边区的领导人高度重视，亲自负责，甚至亲自到实地做调查，参与调查资料的统计分析，因此边区的调查统计深入人心、深得人心。再次，边区的调查统计工作有始有终，有反馈，有现实效用，让基层工作人员和老百姓亲眼看到、亲身体验基于调查统计做出的各种政策规定的好处，因此

边区公营工厂工人 1944 年供给制与工资制工人生活标准

单位：元

(1) 供给制的一个工人全年生活

项目	全年供给	单价	合洋	说明
伙食:小米	18.25斗	2000	36500	此表是根据一般工人生活而制成，同时也没有包括全部供给，如厂方对伙夫的供给与冬季的烤火费等
菜	365斤	30	10950	
石炭	365斤(大秤)	11	4015	
青油	12斤	500	6000	
食盐	12斤	150	1800	机器及军火制造业的工人待遇，则以上述米数中，供给三分之二米及三分之一麦子，同时另供给肉一斤，其工资则为12至40斗，平均数则为26斗
调料	折米0.24斗		480	
衣服及用品单衣	2套	10000	20000	
棉衣	1套		28920	
单鞋	2双	2400	4800	
棉鞋	1双	5000	5000	
毛巾	2条	900	1800	一部分因工作条件容易破烂衣服的工人，则另酌予补充
肥皂	6条	360	2160	
工资:一般工资	9.6至36斗,平均数为22.8斗		45644	
合计			168025	

以每斗米价2000元计,合米8.4石多。以边币每8元合法币一元计,折法币21003元多。

(2) 全面工资制的一个工人全年工资

全年工资	合边币	合法币	说明
小米89.52斗至114.72斗			此为一般工厂中的工人工资,而机器及军火制造业之工人工资,每人全年小米101.52斗至137.52斗,其平均小米则为119.52斗
平均米102.12斗	204240	25530	

注: 副业生产及个人生产都未包括在内。

边区的统计图表三

资料来源：中国财政科学研究院.抗日战争时期陕甘宁边区财政经济史料摘编（第九编 人民生活）[M].武汉：长江文艺出版社，2016：113.

得到了群众的配合与拥护。基层调查统计工作人员虽然相关知识水平一般，但工作认真负责，最大程度保证了调查统计的真实性与准确性。最后，边区的调查统计处处彰显自觉性与自主性，遵循西部农村的民风民俗，根据要解决的问题、面对的人群、当地的风俗等因地制宜地制定出具体的、有针对性的调查统计方案，遵循实事求是的精神，不唯书，不照搬外国和本国的经验，具体问题具体分析。中国共产党的这套自下而上的统计教育设计，遵循"一切从实际出发、理论联系实际、实事求是"的思想路线，如果用现在的调查统计术语来表述，甚至有种"混合调查方法"的意思。

三、摸着石头过河：华北解放区的高等统计教育

抗日战争期间，华北联合大学在残酷的敌后战场办学 6 年，主要开展国防教育和思想政治教育，提高在职干部的文化水平和政治素质，形式以半年以内的短训班为主。1945 年 8 月，抗日战争胜利结束，国内一度出现和平建设的曙光，解放区各项建设事业亟待开展。一方面，中共晋察冀中央局决定全面恢复华北联合大学。在解放战争的背景下，学校的办学方向以短期训练班为主，兼顾未来，为向新型正规大学过渡做准备。另一方面，晋冀鲁豫边区 [①] 政府主席杨秀峰、副主席戎子和遵照中共中央指示，在 1945 年 11 月，向边区政府委员会提出在本边区创办高等学校，培养急需建设人才的意见。经边委会讨论，决定创办新华大学，后定名为北方大学，办学地址位于河北省邢台市。

经过紧张的筹备，1946 年 1 月，晋冀鲁豫边区北方大学在河北省邢台市南关西中华基督教会旧址正式成立，著名历史学家范文澜任校长。北方大学是解放区创建的一所新型综合性大学，以培养造就大批建国人才为目标。1946 年 3 月，正式成立教育学院、财经学院、行政学院、工学院和医学院 5 个学院。"正如时任北方大学校长范文澜回忆所说：应该说，这是中国共产党创办的第一所正规的综合大学。抗日战争时期，共产党创办的抗日军政大学，主要是为了抗击日寇的侵略，为取得抗日战争的胜利而培养军政人才，在那种特殊的条件下，还不能称为综合大学。而北方大学，已经着眼于政治、经济、教育、文化等各个方面，已经有了夺取全国政权后的战略性准备。" [②] 1946 年 6 月，内战爆发，蒋介石派兵进攻解放区，北方大学奉命在 1946 年 10 月由邢台迁往山西潞城。1947 年 8 月 1 日，北方大学财经研究室成立，副主任为张鱼，主要成员有肖前、柯炳生、何钊等。头三个月为研究准备时期，学习政治经济学基本理论及新民主主义的各种财经政策，掌握统计的知识和技能，并对"基点村"进行调查，搜集材料。尔后，成立了合作经济研究小组与工商管理研究小组。1948 年 5 月，北方大学迁回邢台。

---

① 晋冀鲁豫边区是中国共产党领导的敌后抗日根据地之一。1937 年 10 月，八路军一二九师开始在山西太行和太岳山区建立抗日根据地。1938 年 4 月，抗日根据地扩建为晋冀豫边抗日根据地，驻涉县，后迁至邯郸市。1939 年 3 月，冀鲁豫边抗日根据地初步形成。1941 年 7 月，根据北方局的提议，晋冀鲁豫边区临时参议会召开，正式选举组成包括太行、太岳、冀南和冀鲁豫边 4 块抗日根据地的晋冀鲁豫边区政府。

② 马书岐，马海鹏.烽火硝烟中的红色教育 [C]. 中共长治市郊区委员会宣传部编印，2016：52 [山西省内部资料性出版物准印证（2016）Z 字第 2 号]。

　　1948 年春，为迎接全国解放，中共中央决定将晋冀鲁豫边区的北方大学与晋察冀边区的华北联合大学合并，成立华北大学，校长为吴玉章，副校长为范文澜、成仿吾。1948 年 8 月 24 日，华北大学在河北正定正式成立，一大批爱国青年跨越封锁线，进入华北大学学习。1949 年 4 月，华北大学迁入北平。1950 年10 月，华北大学改名为中国人民大学。北方大学在 1946 年到 1948 年两年多的办学时间里为新中国培养了一千四五百名革命干部，华北大学从 1948 年 8 月到1949 年底，共为新中国培养了近两万名革命干部。

　　1946 年 3 月成立的北方大学财经学院，在边区财经专门学校的基础上发展而来，院址设在马厂，梁维直为主任。100 多名新老解放区的青年在这里接受财经教育，为解放区更为未来的共和国准备财经干部。

　　1947 年，原边区财经学校的 99 名学生转入北方大学财经学院[①]，其中男生97 人，女生 2 人，主要来自太行、太岳、冀南、冀鲁豫解放区，年龄在 16～31 岁间，文化程度以初中毕业或肄业为主。这 99 人分为 3 班上课，学制 2 年 4 个学期。除了"社会科学概论"（4 小时 / 周）、"国文"（4 小时 / 周）"数学"（4 小时 / 周）、"政治经济学"（4 小时 / 周）、"思想方法论"（4 小时 / 周）、"中国革命与中国共产党"（2 小时 / 周）、"世界地理"（2 小时 / 周）、"近代史"（2 小时 / 周）等基础课外，主要专业课程包括"商业会计学"（4 小时 / 周）、"统计学"（4 小时 / 周）、"货币银行学"（4 小时 / 周）、"工商管理"（4 小时 / 周）、"成本会计"（3 小时 / 周）等，统计学几乎在各个学期都有。

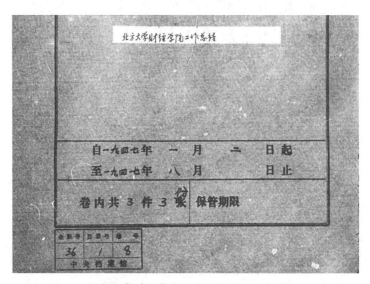

北方大学财经学院工作总结（1947 年）

---

① 文献来自《北方大学财经学院工作总结》，1947 年 8 月，存中央档案馆。

杨坚白（杨娱天）

当时，北方大学财经学院缺乏教师，不少教师身兼多门课程，比如"统计学""成本会计"两门主要课程都由杨坚白一人承担。杨坚白（1911—2004）生于辽宁本溪，曾用名杨娱天。父亲在清末毕业于师范学堂，终身教书。杨坚白从小在家中从父读书，学习古文古诗、数学、日语等。九一八事变之后，他参加共产党地下组织，1933 年加入中国共产党。1936 年，他被叛徒出卖遭逮捕入狱 2 年，狱中仅有的精神食粮是几本马克思主义书籍。1938 年出狱后，杨坚白徒步跋涉到重庆，并找到了东北救亡总会，被接受到会内工作，担任《反攻》编辑，后又担任宣传队长。1941 年，他到太行山根据地做公营工业管理工作，任太行实业公司[①]研究科科长、厂长等职，主编了《太行工业》刊物。1943 年在

北方大学财经学院部分教员名单

说明：手绘表中"说明"第一项：工厂建设教员和成本会计教员（管云、杨坚白）系在太行实业公司担任工作，未列入表内。

① 太行实业公司成立于 1947 年 1 月 1 日，是太行地区工业生产的领导机构。其前身是 1940 年 5 月成立的太行生产合作总社、1941 年 7 月成立的晋冀鲁区生产贸易管理总局等。太行实业公司内部设有秘书处、厂务科、技术科、研究科、人事科、总务科等。参见赵丽生，等. 太行革命根据地成本会计制度研究 [J]. 山西财税，2019（2）：43−48。

整风运动中，杨坚白被审查，直到 1946 年才被解除审查。在被审查期间，杨坚白潜心学习了《中国革命战争的战略问题》《论持久战》《实践论》《矛盾论》等，对马列和毛泽东著作进行了较为系统的学习，为后来从事研究工作打下基础。

抗战胜利后，由于从敌伪方面接收的一些工厂、矿山需要有会计、统计知识的人才，杨坚白一方面总结、研究工业管理经验，一方面编写讲义，供培训干部之用，形成《实用工业会计和成本计算》《实用统计方法》两本书，由华北新华书店①出版。1948 年，杨坚白回到东北，先后在辽北、辽西省政府任研究室主任，侧重于农村政策的研究，除草拟调查报告、研究报告外，也结合研究问题，在报刊上发表相关文章。1950 年 11 月至 1954 年秋，杨坚白在东北统计局工作，先后任秘书长、副局长等职，写作出版了《统计理论基本问题》，翻译了《统计和计划》《怎样研究经济现象的动态》等书。除了行政事务，杨坚白的主要任务是主持东北地区的国民收入计算和国民经济平衡统计，这是新中国成立后国民收入计算的开端。1954 年秋，杨坚白调入国家统计局后，仍在此基础上，主管全国的国民收入计算和国民经济综合平衡统计工作。这一领域成为杨坚白后半生的研究专业。

1956 年，杨坚白调入国家计委世界经济研究局工作，主持撰写《世界主要资本主义国家工业化的条件、方法和特点》一书。1958 年 10 月，杨坚白应孙冶方之约来到中国社会科学院经济研究所从事经济理论研究工作，任综合平衡研究组组长。所研究的项目均围绕社会再生产理论和国民经济综合平衡问题这个中心展开，同时还研究统计理论问题。"文化大革命"结束之后，杨坚白的研究工作逐渐恢复。1980 年 3 月，他被定为研究员，1987 年 12 月离休后仍担任中国社会科学院研究生院教授。著有《统计学理论研究》《国民经济综合平衡的理论和方法论问题》《论工业和农业的关系》等。2004 年 6 月 27 日，因病于北京逝世，享年 93 岁。

杨坚白主张加强统计监督，强调统计学原理的共同性，为我国社会经济统计学引进数理统计方法打开突破口。他在宏观经济理论、统计学理论、生成价格理论和经济改革理论等方面的学术思想和成就，对我国社会主义经济建设、发展和

---

① 华北新华书店创建于 1941 年 5 月，中共中央北方局做出《关于开办新华书店的决定》，指出"在《新华日报》华北版所在地开设书店，领导和推动全区的书店工作"。报社附属的书店扩大为新华书店华北总店，在报社发行部的领导下，先后在漳北、晋中、冀南、太南、晋东南等地设立分店，至此，华北《新华日报》形成一个完整的图书发行系统，为华北新华书店的建立奠定了基础。1943—1948 年，据不完全统计，华北新华书店发行图书 237 种。参见：姚文锦，余大中，张彦昭，等. 晋冀鲁豫边区出版史（山西部分）[M]. 太原：山西人民出版社，2009：29-30。

改革的理论探讨产生了历史性的深刻影响。[1]

四、解放区编写出版的第一本统计教材《实用统计方法》

《实用统计方法》是杜思湘[2]和杨娱天（杨坚白）1947年为北方大学财经学院"统计学"课程编写的教材，由华北新华书店1948年3月正式发行。作者收藏的这本封面上有红色印章"中国人民解放军晋冀鲁豫军区通信三局电讯工厂"，通信三局曾为解放战争和新中国通信与信息技术事业做出不可磨灭的贡献。

杜思湘、杨娱天（杨坚白）的《实用统计方法》（1948年3月）

这本教材被列为"太行工业丛书之五"。"太行工业丛书"是华北解放区为新中国培养财经干部所用的系列教材，共5本，按序列分别是：《实用工业会

---

[1] 中国社会科学院经济研究所学术委员会. 杨坚白集 [M]. 北京：中国社会科学出版社，2019：作者小传3.

[2] 杜思湘情况不详。可以肯定的是，《实用统计方法》是杨坚白写的，可以从1949年8月新华书店东北总分店再次出版该书时没有杜思湘署名，且杨坚白所作该书结束语这些方面明确此书是杨坚白编写。

计与成本计算》（杨娱天编）、《工厂管理参考资料》（太行实业公司研究室编）、《对数及其用法》（高亦平编）、《技术工作者手册》[①]（杨娱天编译）、《实用统计方法》（杜思湘、杨娱天合编）。其中，杨坚白参与编写的有 3 本，由此可见他是当时北方大学财经学院的教学主力。

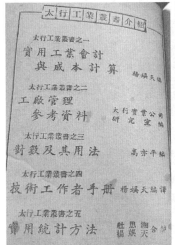

太行工业丛书

《实用统计方法》共包含 13 章，分别是：第一章"调查"（调查的群众路线问题，大量观察与典型调查，典型调查的可靠性，搜集材料的方法，调查提纲及调查表，间接材料的使用问题，如何插补过去的未知数字）；第二章"整理"（统计集团的种类，部分集团的划分标准，划分部分集团的注意点，划分部分集团的方式，统计资料的整理，分组归类法，按照数量分类的实际用例，组距说明，组限说明，组距、组中点、组限间的关系，统计数列，数列中各项间的相互关系，两个或几个统计数列的关系）；第三章"统计表"（为什么要制表，记载各种不同内容的表式，表的项数，简单表与综合表，次数表，制表的规则和注意点）；第四章"统计图"（为什么要做统计图，统计图的种类，条形图，面积图，体积图，形象图，统计地图，线图，历史线图，次数线图，绘图规则及注意点）；第五章"代表数"（两个难题，代表数，绝对代表数，代表数一相加平均数，代表数二相乘平均数，代表数三倒数平均数，代表数四中位数、四分位数、十分位数、百分位数，中位数、四分位数等的图解法、特性和功能，众数，众数的特

[①]　这本《技术工作者手册》盖有"中国人民解放军晋冀鲁豫军区通信三局材料装配科"的图章，该科与《实用统计方法》的"电讯工厂"同属"通信三局"的下属单位，这里的"通信三局"是我国现代通信与信息技术的红色发源地。

性和功能，五种代表数间的关系，代表数的应用）；第六章"指数"（指数的意义和应用，物价调查，选择典型集镇或城市，如何选择商品种类与品种，如何搜集材料与填制物价表，如何选定基期，编制指数法一综合比率法，编制指数法二简单比率法，编制指数法三加权比率法，指数加权的方法）；第七章"差异数"（什么叫差异数，差异数的分类，全距与四分位差，平均差和标准差，差异数的应用，各种差异数的性质和关系，相互平均差，表示差异的洛伦式曲线）；第八章"偏态差误"（差异数的两个联带问题，偏态，偏态系数，偏态的计算，差误的意义，差误的分类，差误的计算，事实与估计机率）；第九章"长期趋势"（时间数列，长期趋势，如何确定长期趋势的方向，如何确定各个时期长期趋势的数值）；第十章"季节变动"（起因，如何确定季节变动的有无，如何显示季节变动，计算季节指数的方法，如何整理季节指数，如何使用季节指数，使用季节指数时的注意点，季节的长短）；第十一章"循环变动及非常变动"（循环变动，非常变动，如何测定循环变动，如何比较各时间序列的循环变动，商情指数）；第十二章"相互关系"（数列各项间相互关系的图解，两个数列间相互关系的图解，有关系和没关系，相关的分类，相关的考察方法，工商统计中的相关，就历史线图考察相关，散播图，相关表，数理计算法，γ的差误，消长系数与消长方程式，各种相关显示法比较，时间序列的先行调整与修正）；第十三章"结束语"。另有附录五个。

这本教材最大的特点就是紧密结合解放区的实际情况，深入浅出，用简洁的语言、解放区实际数据、较简单的数学公式和方法，使文化水平和数学基础相对薄弱的解放区干部能懂、能用、能解决问题。例如：

第一，重视统计数据的来源和质量。教材第一章以"调查"为始，而非常规的统计学定义，从"调查的群众路线"开头。"我们的调查工作，不是只依靠几个专业的调查员。每个革命同志，都有了解情况，调查研究的义务，因而全体革命同志，都是我们最可靠的调查员。我们的调查材料，不是来自天空，而是要向广大群众作调查，所以，工人、农民、基层干部都是我们最可敬爱的先生。要做这件事，第一是眼睛向下，不要只是昂首望天；第二是开调查会，不要东张西望，道听途说。总之，没有满腔热忱，没有求知渴望，没有眼睛向下的决心，没有放下臭架子甘当小学生的精神，是一定不能做，也一定做不好的。必须明白，群众是真正的英雄，而我们自己往往是幼稚可笑的，不了解这一点，就得不到起码的知识。"[1]

此外，该教材还吸收了中国共产党在苏区和边区的宝贵的调查统计实践经验

---

[1]　杜思湘，杨娱天.实用统计法方法 [M].河北省平山县：华北新华书店，1948：1.

总结，如第一章第四节"搜集材料的方法"直接摘录 1941 年《中共中央关于调查研究的决定》中列出的收集资料的方法。

第二，强调方法与应用。作者在"前言"中特别强调过此目的，"统计工作的步骤，首先是调查材料，搜集材料，然后是制成图表，进行分析（代表数、差异数、相关数式，等等）；本书就按这个步骤，分别予以说明。在内容方面，因以实用为目的，所以侧重于方法的介绍和说明，只要把做法熟练了，进一步研究统计理论，亦非难事"。几乎在每一章、节的最后，都要举例说明该章或该节方法的应用。例如第一章"调查"的最后两节"间接材料的使用问题""如何插补过去的未知数字"；第三章"统计表"以"制表的规则和注意点"结尾；第四章"统计图"终于"绘图规则及注意点"，注重应用。

为达到即学即用的目的，在统计学术语的选择上，该教材注意通俗化与易懂性。例如，当时一般教材将均值、中位数、众数等概括为"集中趋势"，而这本教材用"代表数"，更为通俗、直观、易懂。相应地，一般教材将标准差、方差和平均差等概括为"离散趋势或离散程度"，该教材则用了"差异数"。"代表数"与"差异数"互相对应，简明易懂。

第三，教材所用数据大都为实际数据，且多来自解放区。"在题材方面，主要是根据本解放区财经工作的材料"，例如第一章的"太行老区土地改革后阶级土地关系变化表"。

"太行老区土地改革后阶级土地关系变化表"截图

杨坚白用这张表说明土地改革没收了地主和富农的土地，使得这两个阶级的土地占比低于人口的占比；同时，他用 409 个村的大样本与 11 个村的小样本，对地主、富农和农民人口与土地所占比率进行比较，发现大、小样本比率"相差无几"，借此说明小样本的典型调查也有代表性。

再如第三章中的表 9 "精兵简政政策实施前后公营工厂厂数变化表",这张表用实际数据解读了抗日战争中精兵简政政策的实施效果。1940—1941 年,抗日根据地进入最艰苦的时期。日本帝国主义和国民党顽固派对陕甘宁边区实行包围封锁,企图困死边区军民,而边区地广人稀,民力、财力、物力都很有限,军政机构人员又相当庞大,财政经济困难更为突出。1941 年 11 月 6—21 日,陕甘宁边区第二届参议会在新落成的大礼堂举行。毛泽东出席开幕式并发表重要演说,号召参议员本着知无不言、言无不尽的精神,提供意见,实行党内外的民主合作,团结抗战,打倒日本帝国主义。陕西省米脂县开明绅士李鼎铭,1941 年以无党派人士身份当选为陕甘宁边区政府副主席,提出"精兵简政"的意见。毛泽东认为,精兵简政虽然是针对陕甘宁边区的情况提出的,却是解除目前各个抗日根据地存在病症的一剂良方。他在提案旁加了一段批语:这个办法很好,恰恰是改进我们的机关主义、官僚主义、形式主义的对症药。

"精兵简政政策实施前后公营工厂厂数变化表"截图

1941 年 12 月,中共中央向全党发出精兵简政的指示,明确为了长期斗争,准备胜利反攻,必须普遍实行精兵简政。抗日战争期间,精兵简政收到了显著成效,达到了精简、统一、效能、节约与反官僚主义五个方面的目的。

第四,善用图表,生动直观,解读明晰。第四章"统计图"一章用(山西)昔(阳)东、和(顺)东、平(定)东 1944 年贷款成分分布的数据做成统计表和统计图。

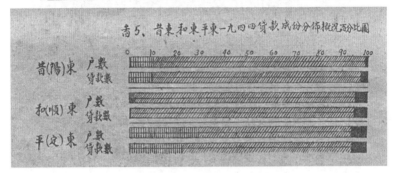

昔东、和东、平东一九四四贷款成分分布概况百分比图表截图

武乡韩壁地区抗战前和土地改革后各阶级人数及百分比图如下所示。

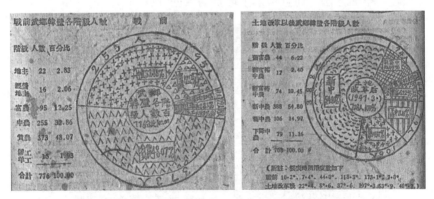

武乡韩壁抗战前和土地改革后各阶级人数及百分比图

武乡韩壁地区抗战前地主约占 4%～5%，土地改革后地主没有了；富农由原来的 12.25% 降为 2.4%，减少了约 10 个百分点；新富裕中农和新中农占到近70%。土地改革前后该地阶级成分发生了巨大变化。应该说明的是，作为解放区的太行山，出版印刷条件十分艰苦，反映在这本教材的用纸无法和大城市正规出版社相比，尽管如此，杨坚白和新华书店的出版编辑人员仍然印出了生动简洁的圆形对比图。

第六章"指数"用"太行区出口山货综合加权指数"，生动直观地计算出抗日战争中 1942 年和 1944 年部分代表性日杂商品价格的暴涨。

"太行区出口山货综合加权指数"截图

第十二章"相互关系"用抗战中涉县索堡镇棉花和土布数据计算相关系数，不仅因果关系清晰，而且简洁明了，易学易懂。这些实际数据不但帮助读者和学生增强兴趣、掌握方法，而且留下了珍贵的数据资料。

"抗战中涉县索堡镇棉花土布相关计算"截图

第五，为了帮助解放区干部尽快掌握统计方法，满足统计工作者需要，该教材以附录的形式对"统计所需数学知识""四位对数表""平方、立方、倒数表""计算尺使用法""计算器使用法"等加以较为详细的介绍。

当然，由于时代和苏联统计学界极左的影响，教材也存在一些历史的局限，主要体现在"前言"和"结束语"中。"前言"写道：

> 统计是根据过去和现在的典型研究与大量观察，以统计数字为中心，经过比较分析，以推测未来变化的一种科学。它的应用范围非常广泛，无论自然现象或社会问题，举如生理天文、新量子论、经济科学、社会科学的研究，统计都占有很重要的位置。
>
> 统计是一种技术性的科学，但它也同样是有阶级性的。资产阶级的统计学，它的观点和方法是机械唯物论和形式逻辑，而在实际运用中，由于为资产阶级服务的立场，常常是歪曲事实的。例如在 1930 年资本主义空前大恐慌的时期，全世界失业人数约为三千五百万乃至四千万人，但据国际联盟劳动局材料，仅是二千万人。……而我们的统计学则是从实际出发，以真实的统计数字，毫无慈悲地暴露地主、资产阶级的罪恶；生动具体地绘画出劳动人民如何挖穷根，如何栽富根的形象，并结合阶级分析的方法，从数字上显示出事物发展的规律，指导着我们的革命工作，顺利前进。所以我们研究统计学，同样是首先要确立为人民服务的立场，并学习辩证唯物论与历史唯物论的思想方法，才能发挥统计的效能，单纯的技术观点，必须予以廓清。①

这本教材对统计学的概括简洁而清楚，强调"无论自然现象或社会问题……统计都占有很重要的位置"，在第十三章"结束语"中特别强调"统计数字只能告诉我们数量变化的现象，并不能告诉我们为什么如此变化的本质。譬如采用同样的资本主义经济发展的统计数字，由史大林或瓦尔加来做分析，得出一种结论，由资本主义国家的官方或学者做分析，得出的是另一种结论，显然，问题的本质的说明，是立场、观点、方法问题，而不是统计数字或公式本身。再小一点说，事物的变化也不是纯数学所能说明的"②，因此"前言"中指出"统计是一种技术性的科学"十分必要。但强调统计有阶级性，就与"技术性的科学"矛盾。实际上，作者是想说，统计应用起来是有阶级性的，就好比武器本身没有好坏，但掌握武器的人是分好坏的。

这本教材是在太行山区十分艰苦的条件下编写发行的，与同时期国民政府出版的统计教材相比，无疑在印刷质量上不可相提并论。但它从解放区的实际出发，学以致用，成为新中国成立前财经干部学习统计的重要教材，为新中国的建设做出了贡献。

① 杜思湘，杨娱天.实用统计方法 [M].华北新华书店，1948：前言.
② 同① 133.

五、正规化与科学化办学：从晋冀鲁豫边区到东北解放区——统计教育的发展

1948年，杨坚白调到东北，《实用统计方法》1949年由新华书店东北分店再版，这版署名只有杨娱天（杨坚白）一人，印制质量明显提高。从结构上看，再版时杨坚白删去时间序列的"长期趋势""季节变动""循环变动及非常变动"三章内容，增加的内容包括第五章"代表数"的"平均数的特性与功用"、第六章"指数"的"生活费指数编制法"。

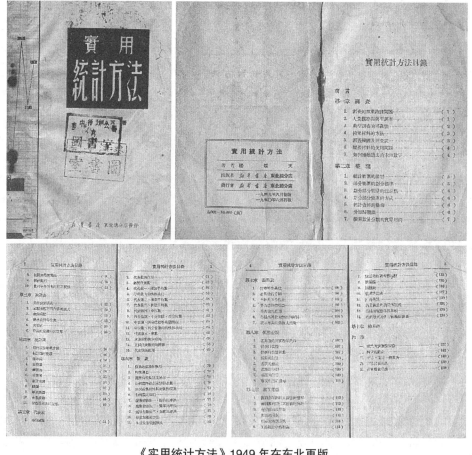

《实用统计方法》1949年在东北再版

在"前言"中，关于统计的概念，前一版是"统计是一种技术性的科学，但它也同样是有阶级性的"。而再版时改为"统计是一种技术性的科学，但从为谁

服务的意义上看，它同样是有阶级性的"。显然，再版时叙述更加客观、精准一些，因为作为一种技术性的科学的统计科学，本身并没有阶级性。

杨坚白在"再版后记"中写道：

> 这本小册子的初稿，是一九四七年起写于华北解放区，去冬又加以修正补充，经东北新华书店出版。今天看来，在取材和写作方法上，都不能令人满意。昨天书店来信，据说销路尚快，急于再版。因时间仓卒，工作繁忙，来不及改写，惟有向读者深致歉意而已！
>
> 另一方面，在二中全会以后，由于毛主席号召"胸中有数"，因而使这本小册子，拥有相当数量的读者，这正象征着我们经济建设工作的发展，要求工作内容，更深入更具体，并以数目字来准确地说明问题。这又是值得使人兴奋的。我肯切地希望这本小册子，能收到"抛砖引玉"之效！[①]

从杨坚白 1949 年"再版后记"所述可以看到，虽然杨坚白对这本教材不甚满意，且没有时间进行细致修改，但新中国成立前夕，经济建设人才急需统计知识，尽管有大量统计教材发行，然而能够满足解放区文化水平相对不高的财经统计人员需要的统计教材只有这一本，因而该教材需求较大，急于再版。

另外，1949 年 3 月，党中央在河北西柏坡召开党的七届二中全会，会议深入讨论了如何实现党的工作重心转移的问题。根据毛主席的提议，全会确定，党必须用极大的努力去学会管理城市和建设城市。毛主席做了《党委会的工作方法》总结报告，提出 12 点要求，其中第 7 点："胸中有'数'。这是说，对情况和问题一定要注意到它们的数量方面，要有基本的数量的分析。任何质量都表现为一定的数量，没有数量也就没有质量。我们有许多同志至今不懂得注意事物的数量方面，不懂得注意基本的统计、主要的百分比，不懂得注意决定事物质量的数量界限，一切都是胸中无'数'，结果就不能不犯错误。例如，要进行土地改革，对于地主、富农、中农、贫农各占人口多少，各有多少土地，这些数字就必须了解，才能据以定出正确的政策。对于何谓富农，何谓富裕中农，有多少剥削收入才算富农，否则就算富裕中农，这也必须找出一个数量的界限。在任何群众运动中，群众积极拥护的有多少，反对的有多少，处于中间状态的有多少，这些都必须有个基本的调查，基本的分析，不可无根据地、主观地决定问题。"[②]

---

① 杨娱天.实用统计方法 [M].东北新华书店，1949：再版后记.

② 毛泽东.党委会的工作方法 [M]// 毛泽东选集：第 4 卷.北京：人民出版社，1991：1442-1443.

做到"胸中有数","对情况和问题一定要注意到它们的数量方面，要有基本的数量的分析"是对干部的基本要求，进一步激发了广大干部学习统计知识的热情，《实用统计方法》正是在这一背景下再版，"胸中有数"从此成为指导统计工作的核心理论。

为了帮助解放区财经干部和北方大学财经学院的学员尽快掌握数量分析方法和技术，除了要学习《实用统计方法》外，杨坚白还编译了《技术工作者手册》，其内容包括对数的计算、面积体积的公式、中外度量单位的换算等。

如果说 1946 年创建的北方大学财经学院是中国共产党创办的第一所财经和统计专业的教育机构，那么，1946 年由中共中央东北局成立东北行政学院，1948 年招收统计学专业学生，1948 年 11 月东北人民政府在原辽宁省立沈阳商科职业学校基础上建立的"东北商业专门学校"则是第二所财经和统计高等教育机构。该校先在沈阳，后迁往长春，设有统计、国内贸易经济、对外贸易经济、合作经济、会计和俄文 6 个系及一个高职部。历任校长有丁克坚、熊飞、苏恒等，副校长有袁君时、温耀中等。

1948 年 11 月，东北全境解放，根据形势需要，当时东北人民政府有关部委先后接收和兴办了多所培养财经管理干部和专业人才的高等学校，有东北商业专门学校、东北财政专门学校、东北银行专门学校、东北合作专门学校、东北计划统计学院 5 所，5 所学校中的计划、统计系科是现在东北财经大学统计学院的前身。东北商业专门学校是中国共产党创办的最早的高等商科学校。学校成立之初，聘请著名统计学教授唐启贤[①]担任统计系主任。统计系的师资力量雄厚，汇集了来自上海交通大学、复旦大学、国立东南大学、东北大学及原国立中央大学的多名教授和一批讲师、助教。1950 年 7 月开始招生，至 1951 年 6 月，统计系已有 3 个班 98 名同学。[②]

---

① 唐启贤（1904—1983），字希禹，江苏扬州人。1926 年毕业于私立上海复旦大学工商管理系。1928 年，任南京市社会调查处统计组组长。1929 年，因发表《促进中国工商业方案》一文，被国民政府工商部招用。1930 年后，任实业部统计科科长，同时在江苏省合作人员养成所讲授统计学。1935 年，任《中国经济年鉴》编委会委员。1936 年，加入中国统计学社。1937 年后，曾任重庆经济部会计处科长、行政院统计主任、主计处专员、设计局社会组专门委员等职。1942 年后，历任国立复旦大学、国立重庆大学、私立东吴沪江大学联合法商学院、私立大夏大学、私立上海法学院、私立上海法政学院等校教授，统计学社理事。1951 年，由复旦大学调往长春东北商业专门学校，任统计系教授兼系主任。随后，因商专调整合并，先后任教于东北财经学院、辽宁大学、辽宁财经学院。著有《统计学》《实业统计》《指数之编制与应用》《战时经济原理》《生产潜力的计量方法》《国民经济总产量指标的作用及计算方法》。

② 东北财经大学统计学院 60 年（1948—2008）[M]. 大连：东北财经大学，2008.

六、新中国成立初期的统计高等教育建设与转轨

1949 年 10 月 1 日新中国成立后，因大规模经济建设事业，迫切需要培养一大批财经和统计专业人才。从 1950 年开始，全国六大行政区陆续建立财经院校，又或在综合性大学中设立财经系科。

东北行政区 1950 年组建东北人民大学，设立会计统计系；1951 年又因需要成立东北计划统计学院，设经济计划、统计两个系。华北行政区 1950 年在华北大学的基础上组建中国人民大学，同年招收统计学专业研究班、本科班和专修班。华东行政区的上海财经学院，前身是 1946 年组建的上海商学院，统计系也于当年成立；1950 年私立上海法学院的财经系科并入该校，更名为上海财经学院。中南行政区在 1948 年 6 月经中共中央批准筹建的中原大学下设立财经学院，后为中南财经学院。西南行政区在光华大学招收统计专业；1952—1953 年院系调整时，西南地区 16 所财经院校和综合大学的财经系科并入四川财经学院。西北行政区在新中国成立初期主要依靠西北大学和兰州大学的财经系科培养统计专业人才。

从 1950 年开始，我国财经类的统计学科全面学习苏联，翻译出版了 H. 廖佐夫的《统计学原理》(1950)、叶若夫等的《统计学教程》(1950)、沙文斯基的《工业统计学教程》(1951)、邵里茨的《农业统计学》(1951)、H. 廖佐夫和 H. 齐列利包木的《商业统计学教程》(1951) 等一批苏联统计学教材，还有以苏联教材为基础编写的《统计学讲义》(中国人民大学统计教研室编写 6 分册，1958)。虽然民国时期大学的统计学教材和以杨坚白《实用统计方法》为代表的解放区统计学教材都退出了历史舞台，但《实用统计方法》理论联系中国特别是解放区实际的指导思想和实践已经成为我国统计教育宝贵的精神财富，应该永远发扬光大。

七、小结

中国共产党在抗战、解放时期，坚持办教育，坚持在调查研究的基础上制定各种政策方针，广为人知的"没有调查就没有发言权"诞生于此时期。这句名言的后一句在当今社会更有必要着重强调——"没有好的调查也没有发言权"，这是一个不缺调查的年代，但是好的调查统计还远远不够。调查统计既是统计工作的重要内容，也是统计描述与统计分析的基础与前提。

与国统区的学校统计教育相比，边区和解放区办学条件艰苦，缺教材，少教员，但"实事求是，不尚空谈"，统计教育目的明确：培养能用的统计人才，全面把握我国的国情，为抗战、解放提供事实性、数据性的政策依据。因此也走出了一条具有中国特色的统计办学道路，始终坚持辩证统一的历史唯物主义，破除主观主义与形式主义的作风，以共产党人在革命根据地的亲自调查和统计经验为教育基础，借鉴西方近代统计学的相关知识，理论联系实际，自主编写统计学教材、设计教学方案，培养了一大批有为的调查统计工作人员，为抗日战争和解放战争的胜利做出了不可磨灭的贡献。虽然这套统计教育可能与西方主导的所谓"科学"的统计教育有差异，但调查结果好用、调查过程符合我国国情，推动了"真实"的调查统计，而非纸面上"科学"实际却无从下手的调查统计。

20世纪二三十年代，整个中国兴起了一场轰轰烈烈的社会调查运动，这些调查依其研究理论和目的的不同，逐渐形成三大流派：学院派、乡村建设学派和马克思主义农村学派。[①] 在中国共产党的调查统计史中，除了要客观、准确地描述党的调查与统计实践历史外，更应深入挖掘这些统计实践背后的学术思想、学术意义及其对当今社会的启发与意义所在。我们不能丢掉这部分宝贵历史，应站在巨人的肩膀上，挖掘我国调查统计史，特别是党的调查统计史中的学术价值，再创我国调查统计学术研究的新高，为国家发展、社会建设、文化繁荣、学术昌盛贡献力量。

在调查统计领域，是否必须在西方建构的话语体系下发展，能否扎根中国大地，学习、总结、提炼中国共产党在20世纪上半叶所做的调查经验，结合当前中国的新形势，建立一套适合中国国情、在中国行之有效的调查统计知识体系？凡调查必要求随机抽样，随机抽样对调查总体有各种要求，如果不能满足，即使设计出一套完美的随机抽样方案，真到实地开始执行的时候也必然困难重重。很多时候，书斋里设计的完美随机抽样方案最后执行得体无完肤，事实上已经失去了随机抽样的初衷与意义，执行结果是非随机的，甚至是便宜的。这种打着"随机"的幌子所做的"随意"调查并不在少数，有的甚至影响恶劣。

研读完民国时期的统计教育和中国共产党在革命根据地的统计教育，仿佛看到两个平行时空，一个信奉的是西方现代的甚至是贵族式的洋化教育，一个根据革命、抗战的需求提倡实用、好用的平民教育，这两个平行的统计教育时空共同构筑了20世纪上半叶中国的统计教育。中国共产党在革命根据地的统计教育是中国统计学史上不可或缺的组成部分，在中国统计学史上理应占有一席之地。

---

① 刘大可.毛泽东中央苏区调查研究的学术史回顾与展望[J].党史研究与教学，2020（5）：75-92.

第十章
统计学术共同体

学术共同体在时下的教育界等很多领域被广泛地讨论，但关于学术共同体的界定不一。总体来说，狭义上的学术共同体是指社会中存在的、基于主观上或客观上的共同特征组成的各种层次的团体、组织，包括有形的共同体和无形的共同体。[①]广义上的学术共同体是基于库恩所阐述的科学共同体理论形成的，即由建构共同遵循的"范式"（paradigm），包含共同的信念、理论、方法、价值标准的成员凝聚而成。库恩认为，科学共同体就是产生科学知识的科学家集团。科学家集团由特定专业的从业者组成，他们因教育和科学训练的共同要素而联系在一起，了解彼此的工作，有充分的专业方面的思想交流，在专业方面的判断是比较一致的。最核心的是，科学共同体的形成在于其成员接受共同的"范式"。库恩所说的范式是指信念、理论、方法、价值标准等。科学共同体的基本特征就是共同体的成员拥有共同的信念、理论、方法，接受同样的价值标准。从库恩给出的定义中可以概括出科学共同体的以下特征：它是产生科学知识的科学家集团，集团的成员有经常性的充分的学术交流，他们的专业判断比较一致，拥有共同的范式。[②]

20世纪初，特别是辛亥革命之后，随着新文化运动的兴起和发展，越来越多的年轻学子留学海外，在接触到先进的科学技术的同时，也领略了西方各种人文主义思想。为了争取民主、发展实业，他们深切地感到要想推动中国的现代化，必须联络同好，积极宣传西方的先进科学技术，因此，他们回国后纷纷组织团体，普及宣传科学知识，出版各类学术书刊。在众多政治团体以及经济界商

---

① 鲍曼.共同体：在一个不确定的世界中寻找安全[M].南京：江苏人民出版社，2003：1.

② 梁庆寅，郑振满，陈春声，等.学术共同体[J].开放时代，2016（4）：11-42.

会、同业公会出现的同时，大量的学术社团亦应运而生。①民国时期，学人通过人脉连挂与组织组建，形成集团力量与学术权势，以统领学界、影响政府，各党派、学会呈现各派各会共存、齐头并进的态势。在军阀混战、人民思想异常活跃的背景下，民国时期的科学社团数量激增、涵盖面扩大。民国期间的学术共同体是一种精神共同体，其有共同的思想取向或学术旨趣，同一组织的学者不仅是同事更是同人。学术共同体的主体活动者为团体成员，同时会有相关专业领域的研究和成果总结，因此，学术共同体不仅是学术研究科学化、规范化探索的营地，同时也是相关学人可以共同促进专业发展的平台。

据以上两点，本书所指的统计学术共同体的范围较为宽泛，凡团体成员中包括统计学者、开设过统计课程、创办过刊物、出版或发表过统计作品以及进行过调查的团体均视作统计学术共同体。本书在搜集和掌握各种原始资料的基础上，尝试梳理统计学术共同体的发展历程、主要组成人员、举行的重要活动等，缕析各个统计学术共同体在统计学发展过程中留下的具有研究价值和纪念意义的痕迹，力求对其予以客观评价。

一、中国统计学社——第一个全国性的统计学社团

我国统计事业之举办与统计学术之研究，虽于清末肇其端，民初绍其绪，惟以事属创始，成效未著。②1906 年，清政府在宪政编查馆下设立统计局，专事办理全国统计事宜，堪称政府专门统计机构之嚆矢。早在 1909 年 9 月，清政府就有谕旨饬令京内外创办统计所，但并未贯彻执行。1912 年 11 月，中央统计协会成立，以调查事实、研究学理为宗旨，由此开启近代中国统计社团建立的序幕。20 世纪三四十年代，有关政治、商业、文化教育等社团组织纷纷成立，中国统计学社亦为其中之一。

本章试图系统考察这一学术团体，从而认识中国统计学的成长历程、留学归国统计学家的贡献、国民政府经济政策制定的思想基础、民国统计思想的变迁，以及民国社会政、学、商各界的互动关系等问题；同时尝试通过对 20 世纪三四十年代中国统计学社的研究，再现民国时期主流统计学家的活动和思想，以期增进对中国近代统计学发展历程的全面了解。

---

① 郑会欣."无党无偏，不激不随"：论中国经济学社的历史地位及其作用 [J]. 中国文化研究所学报，2006（46）：1.

② 中国统计学社. 中国统计学社一览 [M]. 1934：1.

1. 中国统计学社的成立及发展概况

（1）成立过程。

国民政府自奠都南京后，重视开展调查与统计工作，从中央到地方、从高校到科研机构，各机关纷纷设立统计组织，延聘统计专门人才，统计事业始渐呈蓬勃发展之气象。为方便各机关统计人员工作沟通，促进统计事业发展，1930年2月26日，立法院统计处召集国民党中央及其下属各机关的统计工作者在中央大学礼堂召开中央统计联席会议。会中一部分出席人员，鉴于我国统计事业亟待开展，建议组织中国统计学社，借以研究统计学理及方法，促进国内外统计事业之发展，并提交报告"盖以统计为一种新学科，用途极广，而我国斯项事业，既不发达，国人统计智识，尤待研究，亟应组织学社，以资提倡，而促发展"①。随后，统计联席会议主席指定代表陈炳权、朱祖晦、刘迺敬等审查报告，经审查通过后，出席联席会议者自由加入为发起人，共25人签名发起组织中国统计学社，并推定朱祖晦、刘大钧、刘迺敬、王仲武、陈炳权、张心一、陈其鹿、金国宝、赵人儁9人负责筹备。②中国统计学社前已屡有人发起，但因种种原因未成立，统计联席会议的召集是中国统计学社创立的良好时机。③1930年3月9日上午9时，在南京中央大学召开中国统计学社成立大会，到会者20余人，朱祖晦担任临时主席，组建了社务委员会，中国统计学社最初的领导机构即为社务委员会，金国宝、朱祖晦、陈炳权、刘大钧、王仲武、陈钟声、朱彬元7人为首任社务委员，至此中国统计学社遂告成立。大会讨论并通过了《中国统计学社社章》，明确了学社的宗旨为：1）研究统计学理及方法；2）促进国内外统计事业的发展。④

（2）发展概况。

中国统计学社是在中国统计学有一定发展的基础上创立的，其组织者为具有较高素质的名校留学归国经济学者。在刘大钧、朱君毅等的领导下，学社从诸多的学术团体中脱颖而出。创立初期，学社以较快的速度从南京市的小团体发展成为全国性的拥有较多分社的学术组织。学社成立后，大量吸收政界及商界的社员，向各界募集基金，组织与影响向社会各界延伸，逐渐走向兴盛。1937年抗战全面爆发，中国统计学社随国民政府西迁至重庆，其发展势头受到了极大的遏制。尽管中国统计学社继续在重庆发展社员、召开年会，但因战事关系，学社的发展面临两个困难：一是社员散居各地，因战事关系地址大多已经迁移，联络不便；二是学社面临经济困难，致使出版刊物未能继续刊行。因此，学社的发展进

---

①　中国统计学社. 中国统计学社一览 [M]. 1934：4.

②　中国统计学社第十四届理事会. 中国统计学社概况 [M]. 1948：10.

③　刘大钧. 中国之统计事业 [J]. 统计月报，1930，2（10）：4-25.

④　同②.

入一个由盛转衰的时期。

2. 中国统计学社组织机构的发展

（1）学社总部地点和领导机构。

1930年，中国统计学社在南京成立。1931—1934年，中国统计学社总部并没有固定在南京，而是在南京、上海交替轮换。1935—1937年这三年里，学社的总部一直设在南京。全面抗战爆发后，中国统计学社随国民政府由南京西迁重庆，学社的组织和活动也随之转移到重庆。抗战胜利后，中国统计学社迁回南京。

中国统计学社创立之初，社务委员会为领导机构。1930年3月21日，中国统计学社在南京国民政府立法院召开第一次社务委员会议。会议推举刘大钧为主席，金国宝任副主席，并推举孙拯、赵人儁、刘廷冕、刘迺敬、吴大钧、陈其鹿、金诵盘、盛俊[1]、何廉9人为编辑。金国宝、朱祖晦、王仲武、陈炳权、刘大钧、陈钟声、朱彬元7人当选中国统计学社的首任社务委员。[2]为符合民众团体法制案，在第四届年会上，社务委员会第一个提案便是"制拟请改社务委员会为理事制"[3]。之后，学社的领导体制实行的是"票选理事制"，即理事由社员通信票选，在社员大会前一个月以记名投票法行之，连选得连任，并在会议召开时开票宣布结果。每届理事的选举，先由理事会推定社员3人组成可选委员会，除原任理事9人外，加推18人，共计27人为理事候选人，以供社员参考。学社设社长1人，主持理事会会务。副社长1人，协同社长主持理事会会务。社长及副社长以当选理事得票最多数者分别充任。1943年，在重庆召开的第十二届年会上，社长改为理事长，理事互推常务理事3人组成常务理事会，互推理事长1人主持会务；增设监事会，由5人组成，互推常务监事1人。本届年会的决议会在年会之后实行，下一届年会时便有所体现。虽然第六届年会才正式修改社章把社务委员会改为理事会，但在第四届年会之后，从第五届开始一直到第十四届领导机构均采用理事会的名称。第五届启用"理事会"名称的同时，主席、副主席改称为社长和副社长。第七届理事会仅设"常务理事"一人，之后继续使用社长、副社长名称，一直持续到第十二届理事会。历届社务会 / 理事会职员见附录1。

① 盛俊（1884—1960），字灼三，浙江金华驿头村人，清末秀才，后就读上海吴淞复旦公学预科。1905年赴日留学，归国后担任民国财政部驻沪调查货价局局长。1919年翻译《改订进口税则》，编著《海关税务纪要》等书。近代中国研究物价和生活问题之先驱，曾参与创办《萃新报》。

② 中国第二历史档案馆. 中国统计学社概况 [M]// 中华民国史档案资料汇编（第五辑第三编·文化）. 南京：江苏古籍出版社，1999：792.

③ 中国统计学社在沪举行四届年会 [J]. 青岛教育，1934（2）：7.

　　不论是社务委员会，还是后期理事会，都会根据实际需要，设置各种专门委员会。现统计到第十四届社务委员会/理事会共计28个专门委员会。其中，研究委员会仅在第一届（1931年）和第二届（1932年）中设置。各届社务委员会/理事会均设有编辑委员会。第一届设编辑9人，其中1人为总编辑。第三届（1933年）编辑减为7人，第四届（1934年）编辑只有5人。第三届社务委员会开始设置论文委员会，之后各届均设有论文委员会，可见论文讨论为学社一个重要事项。第五届开始设置年会筹备委员会，专门负责年会的筹备，此后学社年会也逐渐制度化和规范化。在全面抗战时期，学社设置了战时相关委员会。"八一三"事件发生以后，中国统计学社随政府西迁。1938年第八届年会上，鉴于战时统计工作之重要，经理事会决议组织战时统计工作策划委员会，开展战时各种统计工作，供有关机关参考。

　　第九届（1939年）新增战时应用统计资料委员会，第九届和第十届（1940年）设置战时经济统计委员会，说明学社扎根国家需求，始终努力把统计与实际应用紧密结合。1946年12月22日第十三届年会修正通过的《中国统计学社社章》第15条规定，每一委员会设主任委员一人，由理事会推选；委员若干人，由主任委员提请理事会聘定；各委员会主任委员及委员之任期，除编辑委员为三年外，其余均为一年。同时，设文书、会计各一人，办理文书及国内外通信暨财务事宜，均由社聘请社员充任。历届社务委员会设置见附录2。第十四届委员会委员见附录3。

　　（2）学社社章修改。

　　1930年中国统计学社成立之际，即制定社章。之后，《中国统计学社社章》共经历5次修改，社章修改内容主要围绕组织机构设置和社员社费。1936年第六届年会修改社章，将社务委员会改为理事会，内设常务理事1人；1937年第七届年会修改社章，将常务理事改设正副社长，并将理事人数由7人增至9人[①]；1942年第十一届年会修改社章，将原任理事由9人增设为15人。1946年第十三届年会修改社章，社员社费为5 000元，永久社费为50 000元，预备社员社费为3 000元。1948年第十四届年会修改社章，社员缴纳社费标准自1948年9月1日起一律改收金圆券，并修正为下列数目：1）常年社费2元；2）入社费2元；3）预备社员入社费1元，常年社费1元；4）永久社费20元。并拟提请第十四届年会追认。

----

① 因为中国统计学社机构调整先执行，在后期召开的年会中将机构调整写进社章，所以附录1显示第五届就出现了理事会和正副社长。另外，中国统计学社社章中规定人数为计划人数，与实际人数有出入，因此，此处人数与附录有出入属于正常。

从 1930 年到 1937 年，中国统计学社对社章进行了 3 次修改。学社迁至重庆后也有过几次小范围的修改，其目的就是要提高社员的入社标准，使学社成为社会精英的组织。社章修改详情见附录 4。

（3）学社主持人及委员会 / 理事会委员。

中国统计学社共出现过 4 位主持人：刘大钧、王仲武、吴大钧、芮宝公。其中，吴大钧主持最多，共主持了 7 届（第十四届由朱君毅代理），刘大钧主持了 5 届，芮宝公和王仲武各主持了 1 届。抗日战争全面爆发以前，中国统计学社成立初期，刘大钧多为主持人，实际上整个学社的大体事务都由他主持。在前四届社务委员会中，刘大钧连任前三届主席，第四届主席才更换为王仲武；前三届理事会中，刘大钧继续担任其中两届领导人，只有第六届社长为吴大钧。由此可见抗日战争全面爆发前学社整个领导层的变化并不是很大，特别是刘大钧连任前三届主席，说明当时中国统计学社已基本形成较为稳定的由刘大钧主持的领导层。抗日战争全面爆发以后，学社主持人主要为吴大钧。这里以 1937 年抗日战争全面爆发为分界点，分别分析两位主持人领导下的中国统计学社理事会 / 委员会成员组成情况。

抗日战争全面爆发前，学社共产生以刘大钧为核心的 7 届领导，共计 19 人、48 人次，当选委员及当选届数如下：刘大钧（6 届）、金国宝（5 届）、王仲武（5 届）、林暐（3 届）、盛俊（3 届）、孙拯（3 届）、张心一（3 届）、朱君毅（3 届）、蔡正雅（2 届）、曾昭承（2 届）、陈炳权（2 届）、陈华寅（2 届）、吴大钧（2 届）、朱祖晦（2 届）、陈钟声（1 届）、任叔丹（1 届）、芮宝公（1 届）、谢应宽（1 届）、朱彬元（1 届）。中国统计学社最初由朱祖晦、刘大钧、刘迺敬、王仲武、陈炳权、张心一、陈其鹿、金国宝、赵人儁 9 人负责筹备，其中有 6 人当选学社前七届委员，共计 23 人次。这说明学社筹备者在前七届领导中占一定的优势。非筹备者的学社社务委员有 13 人，即盛俊、林暐、孙拯、朱君毅、陈钟声、朱彬元、蔡正雅、曾昭承、陈华寅、任叔丹、芮宝公、谢应宽、吴大钧。从目前查找到的资料可知，其中至少有 5 位留美归国学者，8 人在政府部门或是工商业界担任与经济财政相关的职务，其中还有 4 人在高校任职。抗战全面爆发前的 19 位社务委员中，学历以留美学者为主（至少 10 位留美学者），职业以政府官员及任职于高校的教师为主。中国统计学社在此时期的委员主体是清华留美归国的经济学者，当时经济学界的名家大多已经加入学社，比如何廉、陈达、陈长蘅等，留日学者有孙拯、盛俊等人。学社之所以在短期内迅速发展，主要是因为学社的组织者刘大钧、金国宝等人均是清华留美归国的统计学家，这批人统计学专业水平高，社会活动能力强，在统计学界有较高的声望，因此能团结大多数统计学者。

1938 年学社迁至重庆后，学社的核心领导者不再是刘大钧，而是由吴大钧接替。随着学社的西迁、社员构成的变化，中国统计学社的理事也有不小的变化。在 1938—1946 年间，中国统计学社社长 / 理事长主要是吴大钧，他共担任了 4 届社长和 2 届理事长，芮宝公担任了 1 届社长，朱君毅担任了 3 届副社长和 2 届常务理事，褚一飞担任了 2 届副社长和 1 届常务理事。社长 / 理事长及副社长 / 常务理事的人选，基本上改变了抗日战争全面爆发前刘大钧等人为主要领导者的学社格局。从理事的情况来看，这一时期相较于南京时期变化也较大，这期间（1938—1946 年）25 位委员 / 理事的当选届数如下：吴大钧（6 届）、朱君毅（6 届）、王仲武（6 届）、刘大钧（6 届）、金国宝（6 届）、芮宝公（6 届）、褚一飞（6 届）、陈长蘅（5 届）、赵章黼（4 届）、汪龙（4 届）、郑尧桦（3 届）、何廉（3 届）、卫挺生（3 届）、唐启贤（2 届）、寿勉成（2 届）、李成谟（2 届）、陈华寅（2 届）、曾昭承（2 届）、艾伟（2 届）、杨蔚（1 届）、言心哲（1 届）、乔启明（1 届）、吴半农[1]（1 届）、陶孟和（1 届）、徐钟济（1 届）。抗日战争全面爆发后（此处指 1938—1946 年），中国统计学社 25 位委员 / 理事共当选 82 人次。其中，刘大钧、吴大钧、朱君毅、金国宝、芮宝公、王仲武、陈华寅、曾昭承 8 人在抗战全面爆发前后均有当选，8 人在抗战全面爆发后共计当选 40 人次，占了抗战全面爆发后当选人次的近一半。此 8 人的多次当选，也保证了领导的延续性，说明他们是学社理事中的核心成员、统计学社的主导力量。本书对 25 位委员 / 理事的学历、职业、专长等进行分析，从中可进一步看出学社理事会的特点。思想派别方面，他们大多是社会统计学及数理统计学的学者；方法论方面，刘大钧、何廉是统计学界归纳法中统计法的代表，王仲武是统计学界社会统计学的代表，大部分理事均采用统计方法研究经济学；研究课题方面，以研究中国现实的经济问题为主，尤其以物价指数、工资指数等方面的问题居多；专业领域方面，除统计学家外，还有管理学、教育学、心理学等应用社会学家。学社的理事会聚集了当时较多专业的精英人物。学历方面，留学美国 10 人，留日 2 人，留欧 1 人，国内知名大学毕业 3 人。不难看出，留美出身的委员 / 理事在理事会中占主要地位。从社会职业角度分析，政界任职 13 人次，学界任职 12 人次，商界任职 1 人次。

---

[1]　吴半农（1905—1978），原名吴祖光，号曲林，安徽泾县人。中国现代经济学家，清华大学经济系毕业。曾赴美留学，获哥伦比亚大学经济学硕士学位。1936 年 12 月取道苏联西伯利亚回国至南京，任中央研究院社会研究所研究员、国民政府经济部秘书。1940 年 12 月改任经济部统计长、资源委员会驻美国技术委员会专门委员，再度赴美。1944 年任太平洋国际学会美国分会客座研究员。1956 年，参加中国民主同盟。中国人民政治协商会议第三、四、五届委员。1972 年被调回外交部国际问题研究所从事研究工作。1978 年病逝于北京。著有《工资指数论》《我国对外贸易分析》《当前资本主义世界经济形势》等。

中国统计学社委员/理事的职业则是亦学亦官亦商，包括了政界、学界、商界的精英，通常一人兼有多个身份。若是从学历和社会职业角度联合分析，在委员/理事中亦学亦官者多为留美出身者，他们构成了中国统计学社理事会的主体。

就常理而言，学社与学会大多由学人组成。学社成立初期也正是这样的社团，但在学社总部设立在南京之后，其组织构成有了极为明显的变化，除发展统计学者入社之外，还大量吸收政界、商界、学界的上层人物，将社会各界的人物组织在同一学术团体，形成了中国统计学社区别于国内其他学术团体的鲜明组织特点。

从中国统计学社近20年的发展历程可知，学社的兴与衰由外在的社会政治原因导致，这反映出近代学术与政治是紧密相连的。1930年中国统计学社在南京创立后，由于其构成的主导人物是学术水平较高的清华留美归国统计学者，加上刘大钧、金国宝的不懈努力，学社很快便由一个单纯的学术研究团体发展成为中国统计学界的中心组织。自学社总部稳定在南京后，因为迎合了一些新兴的资产阶级和新政权的需要，学社得到南京国民政府和工商界的关注和支持，其社会影响力也随之迅速扩大，并由此走向兴盛。抗战全面爆发以前，中国统计学社绝大部分社员支持国民政府，许多社员还直接参政。1938年，学社随国民政府内迁至重庆后，学社所募集到的资金因时局不稳定引发通货膨胀而不断贬值，此时社员散落在各地，甚至在政治立场上也出现了分化，学社至此逐渐走向衰落。抗战胜利后，中国统计学社基本处于销声匿迹的状态。在新旧政权交替时期，中国统计学社的社员选择了不同的道路。陈长蘅、金国宝等毅然留在了大陆，陈其采等到了台湾，刘大钧、卫挺生、何廉等去了美国，学社也随之解散，最终退出历史的舞台。

3. 中国统计学社分社的成立

中国统计学社成立后，为促进统计事业之发展，便于同一地方社员联络，在各地筹设分社。学社成立初期分社发展较为缓慢。抗战全面爆发以前，学社共成立4个分社：南京分社（1934年）、上海分社（1935年）、广州分社（1935年）、武汉分社（1936年）。

中国统计学社随国民政府迁至重庆后，便加紧联系学社的社员以及重庆当地的一些经济界要人，筹备组织中国统计学社重庆分社，一方面是希望将中国统计学社迁到重庆的社员重新组织起来，另一方面则是希望发展重庆当地一些有势力的社员，使得学社能够在重庆站稳脚跟。学社迁至重庆后，吴大钧便积极地在重庆联络和发展社员，中国统计学社重庆分社的筹备工作很快便完成。1938年4月10日，重庆分社正式成立，骨干社员吴大钧、金国宝等都参加了会议。重庆分社理事大多为从重庆市的各界社员中推选而出者，而社员多为四川人，反映出刚到重庆的统计学社对当地势力的借重。有一点值得指出的是，分社成员按常理而言应是统计学者，而此时的重庆分社则大多是由官员组成，这恐怕主要是从学术以外的角度来考虑。中国统计学社重庆分社的成立，使学社在重庆有了新的组织。

抗日战争胜利后，学社积极筹备分社的设立。依据 1946 年 12 月 22 日第十三届年会修正通过的《中国统计学社社章》第 21 条的规定，"凡在同一地方有社员十人以上者，经理事会之决议，得设立分社"。中国统计学社还专门拟定了《中国统计学社分社简章通则》，其中第 2 条明确规定："分社名称应冠以所在地地名，称中国统计学社某地分社。"截至 1948 年 9 月，中国统计学社先后在社员聚集较多的地方成立了陕西、四川、贵州、湖南等 19 个分社，影响遍及全国各大城市。尽管学社成立的分社不少，但因为战事的关系，不少分社资金短缺，开展活动不多。

中国统计学社分社情况详见附录 5。

4. 中国统计学社社费及学社基金的筹募

中国统计学社并无固定经费。为了在筹集基金方面取得进展，学社在组织和制度建设方面进行了一系列的努力和改进。

1930 年学社成立伊始便规定，普通社员每年缴纳社费 5 元，团体社员每年至少缴纳 10 元，社友每年缴纳 2 元。普通社员一次缴纳 10 年社费者得为永久社员，此后免纳社费。在学社成立之初，参加中国统计学社的工商界人士并不是很多。第五届年会召开之后，加入统计学社的资本家开始增多，如穆藕初、刘鸿生、徐新六等相继加入学社。这些人的加入，一方面起到了示范性的作用，另一方面则是他们内部之间相互介绍，使得更多的工商界人士加入学社，这无疑对学社的发展有着至关重要的影响。发展工商界人士入社，主要的作用则是让他们负责募集和管理学社的基金，但总体来说，中国统计学社在资金上并没有被工商界人士完全控制，仍然在统计学者刘大钧等的主导之下。

1938 年第八届年会上，学社重新修订社章，规定社员每年缴纳社费 4 元，预备社员每年缴纳社费 2 元，社员一次缴足 10 年社费者为永久社员，此后不再缴纳。在 1943 年第十二届年会上，学社再次更改了社员常年社费的缴纳标准，由之前的 4 元改为 20 元，永久社费为 200 元，预备社员由 3 元改为 10 元。1946 年社员社费更改为每年 5 000 元，预备社员每年 3 000 元。1948 年起改为收金圆券，社费金额也相应变化。

学社自成立以来不断修改社员入社社费标准，并且一直以来都是写入章程，这从制度上达到了保证学社基金稳定的效果。然而，学社要发展事业，需要大量的经费，光靠社员所交的社费，维持正常运转尚且困难，遑论事业的拓展。因此，学社早在成立初期就设立了基金筹备委员会，面向社会筹募资金。学社加强和社会各界的联系，发动其分社组织向社会各界募集基金，以保证学社各项社务能够正常运转。战后经费紧张，学社活动举步维艰，学社募集基金的突破则是凭借各分社的努力募集，尤以云南分社最为卖力，所募集到的基金数额较大，一定程度上缓解了总社基金困难的局面。1948 年 8 月，中国统计学社云南分社"为开拓统计学术，培植统计人才，拟筹办统计学校，惟以经费拙着，经各机关统计同仁会商决定，公演平剧方式筹集基金，业精呈准地方主管官署，复得各有关机关，及昆明市业同业会之赞助，现筹备已行就绪，并经函聘南京主计部统计局朱局长，赵副局长，为名誉演出演员（已率覆赞同），省府戴计长自培为主任演出委员，各有关机关首长戏剧界名宿，及各机关主办统计人员为演出委员，兹已定期于八月十四日至二十日于云南大戏院公演平剧七日云"①。此次戏剧演出募集基金，反响极大，"故连日均告客满，并延长公演两日，至八月二十二日始告满结束。此次募捐结果，除连日开支外，约净余国币十五亿元左右"②。云南分社曾两次发动各界向总社捐款，成效颇丰。第一次募捐共计 539 万元，第二次募捐共计 613 万元。1948 年 3 月 22 日，中国统计学社在召开的第十四届第二次理监事联席会议上决议，发起募集基金 2.5 亿元。会议决定由募集基金委员会聘定社员 50 人，每人最少筹足 500 万元，限于 5 月底以前筹募完毕。③截至该年 9 月 10 日，中国统计学社募集基金 5 亿余万元。

　　基金的收入以捐款为主，费用支出方面用于补助月刊比重较大，但剩余的经费也多。尽管学社大部分的基金所得有赖于各分社的多方筹集，然而，尤为奇怪的，就是在各分社刊物出现资金短缺以至于迫不得已停刊的情况下，却看不到来自总社的更多的基金支持。可见，此时的中国统计学社在使用基金发展学术事业方面似乎显得有些吝啬，有违学社初创时的宗旨。

　　全面抗战初期，中国统计学社所拥有的基金不多，但按战前法币计算还较为乐观。单从召开的年会规模来看，开展社务所需足以维持。尽管募集到的基金不少，但是何以在战争时期保值增值，却是摆在学社基金运用者面前的一道难题。以中国统计学社所拥有的人才和信息看，学社完全有能力运用资金购买外汇来保值甚至是增值，但学社的领导者却选择了最为保守的方式——节省。自此，中国统计学社基金就随着通货膨胀的加剧开始不断贬值。到 1948 年 8 月实行金圆券

---

① 统计消息：六、滇统计学社为筹募统计学校基金定期公演平剧 [J]. 云南统计通讯，1948，（7）：9-10.

② 统计消息：三、滇统计学社为创办统计学校筹募基金平剧公演已告结束 [J]. 云南统计通讯，1948 年，1（8）：10.

③ 中国统计学社理监事联席会议重要决议 [J]. 统计月报，1948（129-130）：18-19.

时，300万元法币交换1元金圆券[①]，即中国统计学社所募集的几亿元基金还不到200元，这使得学社最后一笔数目可观的基金瞬时灰飞烟灭。

5. 中国统计学社社员

（1）社员入社条件及社员类型。

成立初期，中国统计学社对于社员的入社资格并没有做特别的要求，门槛较低，"由社务委员会提议，凡请求入社者须经社务会议指派委员审查并讨论"[②]。1930年12月15日，中国统计学社社章经由南京市党部批准后正式施行。社章第一章第三条规定了普通社员的入社标准，凡在国内外大学毕业、具有下列资格之一者得为本社普通社员："1.著有有价值之统计著作者；2.主办重要统计工作在三年以上富有成绩者；3.有相当之统计学术研究者"[③]。这为新社员入社增加了难度。1933年5月14日，中国统计学社第三届年会第四次会议上讨论提出了新的规定：凡连续三年不缴纳社费的社员应放弃本社社员资格，由会计将此备案，然后通知该社员在三个月内缴清，否则遵照该议案执行。凡请求入社者，必须经由社务委员会详细审查并函信全体社员，一个月后全体社员无异议方可加入。此外，社务委员会还提议修改社章第二章第三条关于社员资格之规定，经讨论达成一致：出席社员四分之三以上同意方可执行该入社标准。这一规定也大大提高了入社门槛。

随着学社的影响越来越大，要求入社者也越来越多。在这种情况下，学社在发展组织时，开始确立了走上层精英路线的方针。1937年，中国统计学社再次修订社章，社章第二章第四条明确规定，凡在国外专科以上学校毕业，具有下列资格之一而无《文化团体组织大纲》第五条各款情事者，经社员五人介绍、理事会通过方可成为本社社员："一、有统计专门著作者；二、办理重要统计工作三年以上著有成绩者。"随着社员人数的剧增，社章第五条还增加了预备社员这一规定："凡志愿研究统计学术之学生或统计工作人员而无文化团体组织大纲第五条各款情事经社员二人介绍理事会通过得为本社预备社员。"[④]

1930年学社成立后通过的第一部社章中第二章第三条规定本社社员分为四类：普通社员、名誉社员、团体社员和社友。名誉社员入社标准为"凡对于统计学术有特殊之贡献或对于本社有特殊之赞助经社员二人之介绍并社务委员会通过者得聘为本社名誉社员"。团体社员为"凡国内外研究学术团体或办理统计之机

---

① 国民政府币值的改革，有两个基期作为划算标准，一是以1937年上半年为基期，二是以1938年8月19日为基期。

② 中国统计学社第十四届理事会. 中国统计学社概况 [M]. 1948：10.

③ 中国统计学社. 中国统计学社一览 [M]. 1934：15-16.

④ 中国统计学社社章 [J]. 广东统计通讯，1946，4（12）：94-95.

关与本社宗旨相符并能互相辅助者经社务委员会审定得为本社团体社员"。社友的要求是"凡研究统计之学生及其他志愿研究统计学者经社员二人之介绍并社务委员会之通过者得为本社社友"[①]。1934年的社章中第一章第三条、1936年修正的社章中第二章第三条中，社员均只剩三类，即普通社员、团体社员和社友，已不再设定名誉社员。

（2）社员人数及构成。

中国统计学社创建之初仅30多个社员。到抗日战争全面爆发的1937年，学社社员发展到了390人。1935—1936年，社员人数变动不是很大；而到1937年，社员增至近400人。这并不是社员发展缓慢，而是学社有意而为之。总而言之，学社的组织发展方针，是重视吸收统计学界及统计事业界的精英。截至1938年10月，中国统计学社在渝社员达到458人，这说明学社的组织并没有因抗战而中断社务，在重庆重新将社员聚集了起来。抗战胜利后，1946年学社社员人数达到845人。1948年第十四届年会时，社员人数突破千人，达到1 314人。

关于社员的构成，中国统计学社在成立之时便规定："凡在国内外大学毕业具有下列资格之一者得为本社普通社员：1. 著有有价值之统计著作者；2. 主办重要统计工作在三年以上富有成绩者；3.有相当之统计学术研究者。"[②]中国统计学社寄希望于吸收统计学者和有统计实践经验者这两部分人作为社员，这无形中为政界、商界人士入社敞开了便利之门。但在学社发展初期，社员大部分还是统计学者，尽管有一些政界、商界人士，但人数不多。

1930年左右是国民政府准备开展经济建设以及蔡元培等人提倡"行政学术化，学术科学化"的时期。1935—1937年，为了增强同南京国民政府以及南京工商界的联系，以实现提高中国统计学术水平和改进中国现实统计问题解决的双重目的，学社积极向政界、商界扩张组织，形成了以统计学者为主，包括政界、商界、学术界的精英人士的学术团体。1935年5月，中国统计学社在南京召开第五届年会后，极力邀请南京政、商、学各界名流加入，学社和社会各界增强了联络。以年会为契机，政界、商界、学界上层人士开始大量加入中国统计学社。1935—1937年正值此体系的深化阶段，这时政界上层人士开始重视与建设有关的经济学术。在此之前，加入学社的政界上层人士并不是很多。随着学社影响力的逐渐扩大，卫挺生、陈其采、周炳琳、吴鼎昌等政界上层人士都加入学社。这些政界上层人士的加入，增强了学社与政府之间的联系；而大部分政界人士还兼有教授身份，可谓双重身份集于一身，对学社的影响也是不容小觑的。除

---

① 中国统计学社.中国统计学社一览 [M]. 1934：16.

② 同① 15-16.

此之外，学社还发展了一些文化界的名人入社。例如，社会学家吴景超、人类学家吴定良等都加入学社。这些文化界名人的入社，有利于扩大学社的影响。总之，到了 20 世纪 30 年代中后期，中国统计学社社员包括政界、商界、学界的精英，这便使得学社成为当时中国统计学界的主流团体，掌握了当时统计学界的主要话语。

6. 中国统计学社开展的培训

民国时期，许多大专院校开设了统计课程，一批学者开始教授这门学科，统计学知识逐渐在全国传播开来。1936 年，中国统计学社与中央统计联合会成立联合讨论会，以研究统计专门问题。1939 年，中国统计学社在第九届年会上决议筹设统计补习学校，"以训练初级统计干部人才，而应计政之所需"[①]。后经第九届理事会议商议，推定吴大钧为该校校长，朱君毅为副校长，褚一飞、赵章黼分任教务总务主任，共举办了 3 期补习培训。1940 年第十届理事会，奉教育部渝字第 1572 号训令，厘定商学院统计学系必修统计学课程教材之内容。1941 年举办统计补习学校初级班两期，每期授课 3 个月。第一期校址择定重庆曾家岩求精中学及中一路嘉庐一号，计结业学生 70 余人。第二期校址改设黄家垭口正中书局内，计有学生 20 余人。之后，中国统计学社第十二届理事会第二次会议决议，与中华职业教育社共同举办中华函授学校统计专修班一班，并函请主计处统计局分别函令中央及地方统计处室，保送该处室未受统计训练之工作人员受训，学生人数达 200 多人。为了更系统、有针对性地造就统计学人才，以适应社会各方面的需求，中国统计学社在 1946 年第十三届年会上决议创设统计专科学校，交第十四届理事会筹办，第十四届理事会根据事项决议，设统计专科学校筹备委员会，推定赵章黼为主任委员，王万钟为副主任委员，负责筹备，这便是在广州成立的统计专科学校。学校所招收的学员大部分是中学毕业生，经由四年或是两年半的学习后毕业，然后分配到各机关工作。

7. 中国统计学社年会

中国统计学社是由两个统计学群体创立的，一为刘大钧、金国宝、刘迺敬等留学归国的统计学者，二为陈炳权、张心一等毕业于国内大学的大学教授或是政府官员。两者组织学社的目的存在着一些差异。刘大钧等的目的是交换统计智识、编译书籍等，主要侧重于提高统计科研水平；陈炳权等的目的则为以统计讨论中国的经济问题，以统计服务于政府相关经济政策的制定，以统计为教授之内容，偏重于为教学服务。这些差异体现在学社成立后召开的年会上宣读的论文中，以及举办的一些活动中。学社主要的创始人是刘大钧和金国宝，学社的主要

---

① 中国统计学社第十四届理事会. 中国统计学社概况 [M]. 1948：10.

社务活动偏向于学术上的数理统计研究。

（1）中国统计学社年会召开时间、地点和模式。

中国统计学社于 1930 年成立，1931 年便召开了第一届年会。自 1931 年在南京召开第一届年会后，每年例行召开年会，借以讨论统计学理与统计实务。这一制度一直延续到 1948 年[①]，这期间共召开了 14 届年会。第十届年会延期一年，于 1941 年召开；第十三届年会原拟在渝召开，旋以抗战胜利，复缘事繁，各负责人无法分身，从而延期，最终于 1946 年在南京召开；最后一届年会，即第十四届年会，则于 1948 年在重庆召开。学社成立的目的是加强社员间的联络，促进统计学术的交流。《中国统计学社社章》（1946 年修正通过）第五章第十八条规定，社员大会分年会及临时大会两种，其中"年会每年举行一次，其地址、日期由理事会决定之；临时大会由理事会于必要时召集"。社员对大会提出的提案，须五人以上联名签署，并在会期提前一周提交理事会，方可列入议事日程。

1938 年以前学社召开的年会大多都是在南京，从 1931 年至 1937 年共召开 7 次年会，其中 5 次在南京召开，2 次在上海召开。从抗战全面爆发直到胜利后，学社相继召开了 7 次年会，除 1946 年第十三届年会于南京召开外，其余 6 次年会均于重庆召开。1931 年 3 月 28 日，中国统计学社第一届年会在金陵大学[②]举行，学社主席刘大钧致开幕词后，便由美国社会学家汤浦森教授[③]，以及中央研究院总干事杨杏佛相继发表演讲。因时局关系，第二届年会于 1932 年 9 月 13 日由在南京召开改为在上海召开；次日，学社 20 多位成员齐聚八仙桥青年会九楼。

1935 年 5 月 31 日，中国统计学社第五届年会于南京中央大学致知堂举行。中国统计学社的前四届年会都由社务委员会筹办。直至第五届，年会才交由理事会筹备。1935 年对于中国统计学社而言，是发生重大转变的一年，也是步入一个全新阶段的一年。学社无论是从社员人数看还是从形式看，都有了很大的变化。这表现在社员人数的增长、形式上有所创新以及提交论文的数量逐年增多等。学社开始就当时国内情形择定中心议题，由社员详为研讨，以供政府采择施行。为了调动社员的积极性，提高学术水平，学社还设立了论文委员长，积极向

[①]　内战爆发后曾因时局混乱，第十三、十四届年会未能按年如期召开。

[②]　金陵大学（1888—1952 年）是美国基督教会美以美会（卫斯理会，Methodist Church）在南京创办的教会大学。1928 年，金陵大学向国民政府教育部呈请立案，成为第一所向中国政府请求立案并获批准的教会大学。1952 年全国高校院系调整，金陵大学撤销建制，主体并入南京大学。

[③]　为提升知名度，增强社会影响力，吸收文化界、政界、商界人士是学社发展社员的重要工作。美国社会学家汤浦森教授便是中国统计学社的名誉社员之一。

社员征集论文，负责联络相关的事宜。可见，年会内容与形式不断变化，趋向规范化，以达到既联络同志、传播统计知识又交流学术的目的。这样一来，年会的论文不论是数量还是质量均有所提高。而且在宣读论文时，与会社员亦能广泛参加讨论，社员之间集思广益，学术研究氛围日渐浓厚。自第五届年会后，学社基本上定下了年会的新模式，即：开幕典礼—名人演讲—招待宴请—宣读论文—参观游览。

1）开幕典礼：通常在上午举行。一般先由社长致开幕词，然后年会筹备委员会负责人报告会议筹备经过。

2）名人演讲：学社时常邀请一些政界、商界及学术界的知名人士担任年会的主讲嘉宾。如学社在第七届年会上邀请中央民众训练部副部长王陆一、国民政府主计处主计长陈其采、内政部长蒋作宾以及中央委员陈立夫相继发表演说；第九届年会邀请的来宾，有中央社会部副部长洪兰友、国民政府主计处主计长陈其采等。这极大地提升了学社的知名度和社会影响力，对其发展起到了积极作用。

3）招待宴请：年会筹备委员会事先与当地的政界、实业界联系，在年会期间设宴招待与会嘉宾。这不但有利于增强学社与地方的关系，而且为学社节省了花费，实为一举两得。

4）宣读论文：这是年会中最重要的一个环节。最初，因没有特定议题，社员就自己研究的领域提交论文，带有一定的随意性。

5）参观游览：大多就近安排，主要是参观会议所在地周边的名胜古迹。

年会的召开增进了社员间的联系和学术交流，也扩大了学社的社会影响。从此，进行学术讨论等多种活动的年会成为中国统计学社一年一度极为重要的集体性学术活动。

至此，中国统计学社年会论文交流系统已基本程序化、规范化，从草创时期论文宣读的随意性到特定主题的讨论，从以社务为中心到以论文讨论为中心，学社的发展逐步修成"正果"。

年会相关情况见附录6。

（2）中国统计学社年会主题及论文。

年会上最重要的一个环节便是安排一些社员宣读论文。但因筹备仓促，论文的篇数并不多。中国统计学社早期年会并无什么特定的目标，大多是邀请一些学者或社员就自己的专题简单地做一些报告，无论形式上还是内容上并不是很规范，显得有些"幼稚"，而且事先并没有任何充足的准备，带有极大的随意性。早期的四届年会都没有特定的议题，社员就自己研究的领域提交论文，内容略显宽泛，也没有独立的科研成果，因此带有一定的随意性。如第一届年会上宣读的论文《统计方法与社会》《误差定律的解剖》《中国调查户口方法之商榷》等都是泛泛而论，并没有针对时局提出相应的解决性方案。论文之少是显而易见的，此后三届年会提交的论文也都如此。

自第五届年会起，规定中心问题，详为研讨，以供政府探择施行，为此设立论文委员长，负责联络事宜。第五届年会的中心议题是"研究户口与农业普查之方法"，会议宣读论文 12 篇，如李成谟的《法国人口普查方法》、陈华寅的《印度人口普查方法》、乔启明的《对于我国举行农业普查之建议》等；第六届年会的议题是"搜集统计资料"，会议宣读论文 12 篇；第七届年会的议题为"户籍及人事登记"，张延迟的《南京市户口统计之整理经过》、汪龙的《死生率按年龄之一研究方法》等 10 篇论文在会上宣读。各届年会召开时，社员就中心问题分撰通俗文字，于开幕时刊诸各大报纸，借以引起社会各界对于统计的认识与兴趣。从年会讨论主题的演变分析，这些主题便是当年中国社会状况的热点话题。抗日战争全面爆发后，年会讨论主题围绕战时热点问题，比如 1938 年第八届年会的讨论主题为"战时调查户口及举办户籍问题"和"编制战时农业工业矿业交通物价等统计问题"。历届年会宣读论文先后共 140 余篇。

从中国统计学社年会的演变不难发现一些启示。起初年会召开的用意，可归结为三点：一是讨论本社即将要进行的事宜；二是进行学术交流；三是尽可能与当地的实业界联系，扩展其公众影响力。此时的中国统计学社仍处于上升时期，因此极力注重发展社务实属平常。自第五届年会开创了主题讨论的先河，此后的历届年会都因循这一常例。中国统计学社逐渐发展成形，不但统计事业得到了发展，而且一大批学者的视野不再局限于纯学术学理的研究，而是将其所研究的学术成果贡献于政府，为政府制定相关的经济政策提供了参考价值。正如 1940 年时任国民政府中央社会部副部长洪兰友所言，统计"乃一切行政设施之张本"，其中体现在重庆市评定物价、疏散人口与防止敌货等诸多问题中，表明中国统计学社所提供的工具和方法具有一定的重要性。

总而言之，中国统计学社的年会，既重视学术的讨论，又重视和社会各界的交往，以文会友，体现了一个典型的社会活动型学术团体的特征。由于中国统计学社是当时中国统计学界较有影响力的组织，因而学社讨论主题的演变脉络基本上可以表征当时中国统计思想的演变情况。

历届年会中心议题详见附录 6。

8. 中国统计学社出版书籍及发行刊物

中国统计学社自成立后，陆续出版了诸多书籍及刊物。较为早期的有《统计论丛》（1934）、《统计译名》（1934）、《人口统计新论》（1934）、《中国统计学社一览》（1934）等，后期较有影响力的则有《统计行政》（1941）与《中国统计学社概况》（1943）等。

1934 年，陈长蘅主编的《统计论丛》一书由上海黎明书局出版，该书收录的 13 篇文章皆为社员在年会上发表的论文，作者大多为统计界的知名学者。该书内容丰富，涉及农村人口的增减、工人生活质量等，并注重理论和中国国情相结合，正如该书序言所说："目下全国统计行政正从事根本革新。统计法规亦将分别次第完成。党政最高当局倘能努力提倡，切实扶助，我国今后的统计工作必能大放光明。"[①] 同年，朱祖晦的《人口统计新论》一书于大华印刷公司出版，书前有刘大钧、陈长蘅所作序言及作者自序。该书分"人口统计之意义""各国人口清查法之比较""各国生命注册法之比较""中国人口统计正讹""用拣样调查法调查中国人口之建议"5 个部分，附录则收入近 30 年拣样调查法之应用、户口调查统计报告规则、户籍法及美国人口统计重要表格等数种资料，是颇有分量的一部学术论著，也是后人了解当时人口统计状况的难得史料。1935 年，著名学者蔡元培亲自为《中国统计学社一览》做题注，由此可看出此时的学社在当时的学术界已有较大的影响力。该书主要收录了学社前四届年会的会议内容、社章的规定以及历届社员名录等，反映的是学社早期各项社务的主要概况。从该书内容的单薄可看出，学社创立时期各方面还不甚成熟。

抗战全面爆发后，中国统计学社大多数书籍已停止出版，这一时期学社出版的著作较有影响力的只有两部，即《统计行政》和《中国统计学社概况》。《统计行政》一书，涉及统计与户籍、财政、教育行政、军事行政等之关系，"以此之贡献于政府及社会，当此经济问题日渐严重之时，亦不无大价值焉"[②] 而《中国统计学社概况》则是从学社发展简史、社务进行的概况、历届社务委员及理监事名录、社员录以及社章五部分内容入手，系统介绍了学社从创立之日起的大小事务，与前期的《中国统计学社一览》相比，在内容上有了质的提高。

除了出版书籍之外，学社还创办了一些刊物。中国统计学社在每届年会后，于年会所在地报纸上刊出《中国统计学社年会专刊》。具体如《中国统计学社第一年》《中国统计学社第三届年会会刊》等。1936 年中国统计学社第六届年会后，按月编辑《中国统计学通讯》。1937 年第七届年会后，由正中书局杂志推广所出版发行的《中国统计学社学报》（半年刊），于每年 6 月 12 日出版，后因经费不足而终止。之后，因统计事业日渐发展，社员分散各地，"平素各社员对社务推进之形情，以及总社对于各社员之动态，不易明了"[③] 1936 年春，按月编辑《中国统计学社通讯》，内容分"社务""社员动态""通告"等栏，每期 20 余页，

---

①　陈长蘅.统计论丛 [M].上海：黎明书局，1934：序言 1-2.

②　中国统计学社.统计行政 [M].重庆：正中书局，1941：180.

③　中国统计学社第十四届理事会.中国统计学社概况 [M].1948：10.

装订成册，分赠各社员，以资联络。后因经费紧张，只出版了 8 期。1942 年第十一届年会编有《统计行政》，内容为社员在年会上关于中心议题讨论的论文。

此外，学社的一些分社也出版自己的刊物，如湖北分社的《中国统计学社湖北分社社刊》（第一集和第二集）、贵州分社的《统计通讯》、云南分社的《云南统计通讯》、陕西分社的《商情预测》、绥远分社和四川分社的同名刊物《统计知识》等。在众多分社之中，云南分社出版的《云南统计通讯》虽刊出的时间较晚，但是刊出的连续性最强且内容最为丰富。该刊自 1948 年 5 月 15 日出版，在资金不足的情况下持续出版 11 期，对当时一些名人、著名论著、学社人事和社务、国民政府法令政策等全面刊载，这不得不说为一个奇迹。

学社出版著作和发表刊物见附录 7。

9. 中国统计学社研究工作及成果

民国时期有名的统计学家、统计教师、政府统计工作人员基本都是该社社员，致力于研究算数命名分节标准、编译及审查统计名词[①]、编辑统计期刊、奖励统计著述、研究人口农业普查方法、研究编制经济指数方法、编拟战时举办经济统计问题研究纲要、研究统计与各种建设问题，对推动民国时期我国的统计学术研究、统计学教育、政府统计工作等都做出过不可磨灭的贡献。

（1）研究算数命名分节标准。

我国大数的分节一直采用的是四位一节之古制[②]，数位少时尚可，若遇数位繁多时便仅添一个数名。大数命名与分节法表述不清晰，读来颇为拗口，"一般报告者，骤视之，必觉朗诵困难，须经潜心默会始能念出"[③]。自1924年起，国民政府实业部对大数命名与分节的方案便开始探讨，但收效不大。1931 年，教育部应中华书局呈请，通令应用"亿""兆"两字，即在"万"字上冠以数字，以昭划一。1932 年 11 月，南京市社会局呈请教育部统一算数大数定位分节，教育部遂训令国立编译馆审核具报，国立编译馆遵即拟定标准，呈请核定施行。1933 年 4 月，教育部在南京召集天文数学物理讨论会，复提出讨论算数命名分节标准问题，经议决大数计法为个、十、百、千、万用十进法，万以上亿、兆、京、垓等用万进法，并由教育部呈送行政院转呈国府鉴核。国立编译馆再次奉教育部训令，以奉行政院指令，国立编译馆查算数命名分节，关系学术会计统计各方面，

[①] 1944 年，由统计学社社员组成的统计学名词审查委员会（31 人，皆为统计学家，主任是朱君毅）反复研究，悉心审核，计得名词九百二十有四则，7 月呈请教育部公布，12 月由重庆正中书局出版，名曰《统计学名词》。

[②] 四位一节，即：自个数起，满四位为一节，至第五位另起一节为万。自万位数起，满四位为一节，再至第五位为亿。

[③] 朱君毅. 我国大数命名之商榷 [J]. 统计知识，1947（2）：1.

至为重大，于 1933 年 10 月，致函中国统计学社，抄送全案，请求中国统计学社签注意见。中国统计学社以此案关系学术研究，未便缄默，曾由社务委员会精密商洽，详述本社之主张。于第十二届及第十三届年会时，吴大钧、朱君毅曾先后宣读大数命名论文提出讨论，对于大数命名，确有若干宝贵之意见。

中国统计学社遂组织社员进行了多次讨论，根据中国大数命名的三个要点[①]，主张兆以下个、十、百、千、万、亿、兆用十进法，兆以上京、垓、秭、壤等用千进法，"兆以上名词，不妨重订而使之科学化。对于字形方面，既主张采用千进，则千以上之数字皆为千之自乘倍数；对于字音方面，韵易混，而声不难辨别，兆以上数字无论其音韵同否，其声应使易于辨别，如西文 Million、Billion 之类，皆同韵而易其声"[②]。

1942 年 1 月，国民政府经济部再次召集专家就此方案进行探讨，"但迄未奉准公布施行"[③]。而此时的国统区正面临着物价上涨、法币贬值的困局，"统计数字，位数大增，以无有系统大数命名与分节方法，故数字之宣读，甚感困难"[④]。针对此种现象，在 1946 年召开的中国统计学社第十三届年会上，朱君毅宣读了《我国大数命名之商榷》一文。文章明确指出，现行大数命名与分节存在缺点有三：一是意义含混不清晰。如除个、十、百、千、万之五种数名外，亿、兆、京、垓等数名含义众多，表达均不清晰。二是记数名词太少。如 1931 年 6 月，国民政府教育部曾规定，在记数名词未确定前，将算数中有歧义的亿、兆、京等数名取消。所有万以上的数目，均在万字以上加数字，即十万、百万、千万、万万、十万万等。这便使得读者听之，倍感吃力。三是补救的方法依旧问题诸多。张伯苓曾建议把"万万"改为"亿"，但若是遇到位数繁多时，仅仅是添一个数用处并不大。再者，命名与分节并不相配合。现行的大数命名是根据四位一节的旧制，而事实上大数分节却是根据三位一节的各国通行标准。这便产生了命名与分节相背驰的情况，造成种种读数之不便。

因此，朱君毅提出将大数命名与分节加以调整。改进之意见有二：第一，因三位一节制度已经通行世界各国，我国也应与世界各国保持一致，采用三位一节之制（即每隔三位，加以一撇，表示一节），废除四个数位共用一个数名之制（如一万、十万、百万、千万）；并采用三个数位共用一个数名之制，即每三位数字作为一节，以一、十、百冠之。第二，亿、兆、京等数名应当取消，而以镱、铫、镓等新创数名代替，其数位与数值分别与 Million、Billion、Trillion 等

[①]　三个要点：a.无备我国旧有算数命名之意义，及以往之习惯；b.须注意及翻译西文算数名称之便利；c.三位分节之通则。

[②][③][④]　中国统计学社第十四届理事会.中国统计学社概况 [M]. 1948：10.

相当。

而采用这几个数名则是有理由的：一是原有的亿、兆、京意义含糊不清，理应废除以避免其令人产生疑惑。二是镱、铫、镱属于新创造的字，这其中并没有别的含义，只有"温器""长矛"的意思；而这些字也较为生僻，不至于让人误解。三是我国用来记数的名词，用金字旁的居多，如镒（二十四两）、钟（六斛四斗）、锱（六两）、铢（一百四十四粟、九十六黍或十二分）等。依照此办法而行，一方面保持三位一节的现行制度，另一方面采用新创的命名相配合，则读数就明朗许多了。

（2）编译及审查统计名词。

"统计学"一词是个舶来品。在从国外输入国内初期，输入人员和途径的多种多样，造成统计学科名词术语的混乱。然而，科学名词贵在统一。编译和审查统计名词一事直接关系到科学的规范化，并制约着学术的交流。早在 1931 年，学社召开第一届年会之时，就推举朱祖晦、刘迺敬、王仲武等 5 人组成统计名词讨论委员会，负责统计学名词的翻译与审定。1932 年第二届年会时，该委员会共翻译了 133 个统计名词。1934 年，中国统计学社第四届社务委员会开第二次社务会议时，决定成立统计名词审查委员会，以朱君毅为委员长，李黄孝贞为副委员长。该委员会议决关于英文统计名词之编译，以王仲武所编之《汉译统计名词》为根据，并以李黄孝贞编补之统计译名提要及朱君毅所编之《统计与测验名词英汉对照表》为参考。朱君毅会同社员李成谟共同拟定主要英文统计名词及其汉译，计 720 个，于 1933 年 12 月完成，印装成册。1933 年复审查 6 次，总计审查并通过主要统计名词 624 个。1938 年，第八届统计名词编译委员会主任委员曾昭承曾与国立编译馆商洽统计名词编译事宜，国立编译馆复将初译之英文名词送交中国统计学社编译委员会审查。1939 年秋，国立编译馆聘请朱君毅主持编订统计名词。1941 年 1 月，国立编译馆呈请教育部聘请朱君毅、吴大钧、吴定良、金国宝、艾伟、陈长蘅、陈达、许世瑾、王仲武、王万钟、褚一飞、芮宝公、邹依仁、唐启贤、郑尧榫、潘彦斌、刘南溟、朱祖晦、杨西孟、汪龙、刘大钧、赵人儁、厉德寅、乔启明、赵章黼、尤崇宽、罗志如、杨蔚、吴大业、倪亮、李蕃诸位统计名词审查委员，以朱君毅为主任委员，分别审查。1941 年 3 月 26 日举行审查会，"凡历三日，始克藏事"[①]。共计通过统计名词 924 种，由正中书局于 1944 年 12 月出版。1948 年，中国统计学社统计译名委员会主任委员朱君毅及副主任委员田克明、徐钟济复拟就统计学名词补充表，计名词 300 余种，并经统计译名委员会集会审查通过，印发第十四届年会各会员。可见，统计

---

① 中国统计学社第十四届理事会. 中国统计学社概况 [M]. 1948：12.

译名委员会对统计名词的统一起着审查定稿的关键作用，学社为统计学名词在中国的统一做出了重要贡献。

（3）研究各重要省市人口调查办法。

"户口普查为户口之静态普查，其目的在获得一地域内某时期户口之总数，并研究户之构成与口之本质，以供一切设施之根据……且我国关于户口之查记事务，至为紊乱，有保甲户口之编查，有警察户口调查，有户籍及人事登记。"[1]1934 年，围绕中国统计学社第五届理事会举行第六次社务会议，社员陈长蘅、孙拯提议本社组织人口调查研究委员会，由该会设法约集社内外对于人口调查具有研究或兴趣者，商拟一本国人口调查方案，以便给政府及有关机关提供建议。会议决议推定委员 30 人，以陈长蘅、吴大钧、陶孟和、王仲武、陈达、孙拯、朱祖晦、郑尧梓、李昌熙 9 人为常务委员，由陈长蘅召集。经集会数次，议定分组研究办法，并由中国统计学社分函全国各重要省市政府及自治县区，征询各该地调查人口办法、经济来源与数目，并所用调查表册填报说明及办事手续之印刷物品。关于办理经过及经验所得，亦均一一加以精密考查。所有各重要省市办理人口之调查材料均经函复到中国统计学社，逐一加以研究整理。第六届理事会组织全国户口农业普查方法研究委员会，继续加以研究，以其结果贡献于关系机关——国民政府主计处统计局。1936 年，后者会同内政部详拟实施全国户口普查具体方案，具体内容为：第一，收集各国户口农业普查方法，由各委员分别译述，编为论丛或是丛刊；第二，收集并编辑我国历来户口农业调查方法，以供参考；第三，参加各地的实地调查，以经验补理论之不足，用来作为将来工作计划之准备；第四，为实施上述工作计划，如有必要，在适当范围内扩充委员名额。次年，中国统计学社第七届年会的主题之一便是开展人口普查，以"阐扬本社推进国家基本统计事业"为使命，广泛征求与会社员对此问题的意见和建议，以供各级政府及统计机关开展调查统计之参考。中国统计学社为人口普查方案所提出的标准参考方案为：1）清查户口之方法；2）人事组织；3）收集材料；4）调查表之编订；5）清查之实施（初查和复查）；6）整理材料并公布统计结果。

（4）研究编制经济指数方法。

1936 年，中国统计学社在第六届年会上决议拟设置经济指数编制研究委员会，负责材料的选择与合并，并在此基础上加以研究。1937 年，中国统计学社第七届理事会决议设置经济指数编制研究委员会，推定盛俊、欧阳执无、李黄孝贞、张肖梅、陈伯庄等 18 人为委员，盛俊为委员长，当时因上述委员约有半数在京、半数在沪，集会颇感不便，于是在京沪分别开会，目的是"研究经济指数

① 吴大钧. 我国之统计事业 [J]. 台湾统计通讯，1947：1-13.

方法，以观察全国经济状况之盛衰程度，已在京沪两处数度集议，搜集资料，积极设计"①。两次开会时各委员皆发表极有价值之意见，其观察点虽互有出入，而意见大致相同。

经过扎实的学术研究，中国统计学社取得了丰硕的研究成果，如《上海市工人生活费指数》（上海市工人社会局）、《物价指数浅说》（金国宝）、《物价指数论提要》（赵人儁）、《生活费指数编制法说略》（盛俊）等，介绍了编制经济指数的情况，同时提出了编制经济指数的方法，如选样、分类、时期、权数等，广为学术界和各级政府所参考与借鉴。

（5）编拟战时举办经济统计问题研究纲要。

中国统计学社以战时农矿工业交通物价等统计，为推进战时后方生产充实军需供应与调节物价等设施之根据，推定张延哲、芮宝公、王仲武等分别拟有战时农业统计研究纲要、战时矿业统计研究纲要、战时工业统计研究纲要、战时物价统计研究纲要、战时交通统计研究纲要，于第八届年会详加讨论，以其结果，供献各方。

（6）研究统计与各种建设问题。

1939年，鉴于我国无论在战时或战后进行各种经济建设均应以计划经济原则为准，而计划经济的实施均须以统计数学为依据，第九届中国统计学社理事会请中国统计学社论文委员会就统计建设这一问题加以研究，其目的在于研究我国进行各种经济建设，如以计划经济为依据，则依我国目前情形，在政治、经济、文化、社会、军事等方面，最低限度究需要何项统计资料，以为设计之张本。经论文委员会主任委员褚一飞召集，论文委员会议决分统计与政治建设、统计与经济建设、统计与社会建设、统计与文化建设、统计与国防建设五组，积极进行，并拟成纲要，于1948年第十四届年会发表。

（7）纠正数量名词的读音。

关于"石"这一计量单位，在《汉书·律历志》里便有记载："三十斤为钧，四钧为石。""石"本是重量单位，一石为一百二十斤。因古时粮食论斗，是容量单位，十斗粮食的重量大约相当于一石，因此粮食也论石。而"担"的计算则和"石"有所不同，一担为一百斤。"查我国数量名辞最混淆不清者莫过于石与担。石为量名。担为衡名。此两字因讹读误用，不惟读者混淆意义亦混淆，致令在语言上及字义上皆莫由分辨；但此两字在粮食统计上应有至大且广，又非求其音义有明确分别不可。"②

---

① 中国统计学社举行年会 [J]. 河南统计月报，1937，3（6）：126-128.

② 中国统计学社在沪举行第四届年会 [J]. 经济旬刊，1934，3（1）：72-73.

由于这两个字的混淆不清，一些粮食调查统计者为避免出现统计失误，大多采用"斤"作为计量单位而避免使用"石"或"担"，"但石为容量之名，决不能废，亦不可废。与其消极的避免，实不如积极的纠正之为当也"[①]。

正因如此，中国统计学社成员刘治乾于1934年第四届年会上提出"纠正'石'之读音使与'担'有别以便于统计"的提案，并得以通过。刘治乾指出，"担"读音上应为"单（dān）"，"石"则应读为"担（dàn）"，在科学原则上，"此种讹误决不应令其继续存在，依样糊涂"[②]。为了防止这一读音上的错误带来统计上的错误，他提出了两个方法：一是由学社社员在社会中随时注意纠正读音的错误；二是由学社呈请教育部通令全国各个学校，以示大范围的纠正。从这可以看出，中国统计学社并不单纯是进行学术研究，还时常关注一些常见的社会问题，这体现出了学社的经济适用性。

10. 中国统计学社的影响

中国统计学社组织严密，延续时间长达将近20年，领军人物刘大钧、朱祖晦等均为统计学界的著名学者，而社员多半是全国政、学、商界的精英。学社作为民国时期较为著名的学术团体之一，对近代中国统计学的发展、国民政府经济政策的制定，以及工商界的经营管理等方面都产生了重要的影响。研究中国统计学社对各方面的贡献以及它的地位，有助于我们较为深入地了解学术与政治、学术与经济之间的复杂关系。

（1）合办研究机构——中国经济统计研究所。

中国经济统计研究所由中国统计学社与中国经济学社共同创办，主要由学社的领军人物刘大钧负责，是民国时期著名的民办经济研究所。该所主持了全国第一次大规模的工业普查，还面向国际发行了刊物《经济统计月志》，取得了重大的学术成果。之所以花一些篇幅研究该所的历史，有两个重要的目的：一是更全面地了解中国统计学社的学术贡献，二是更深入地了解民国时期中国统计学社与政、学、商之间的复杂关系。

1932年11月，国防设计委员会成立。1932年12月21日，受国防设计委员会委托，中国统计学社与中国经济学社合办中国经济统计研究所，调查全国之工业。1933年初，中国经济统计研究所正式成立。研究所是三方面合作的结果，合作的枢纽是国防设计委员会委员、中国经济学社副社长、中国统计学社社长刘大钧。研究所成立后，刘大钧任委员长兼所长，何廉、何德奎、黎照寰、盛俊等人任副委员长，林曦任名誉会计，朱君毅、李干、金国宝、徐广德、孙拯、陈达、陈长蘅、蔡正雅、寿景伟等任两社合组委员会委员。由此可看出，中国经济

①② 中国统计学社在沪举行第四届年会 [J]. 经济旬刊，1934，3（1）：73.

统计研究所主要由经济学社和统计学社的理事组成，这反映了这批统计学家和经济学家之间的联系十分紧密。他们大多既是统计学家又是经济学家。研究所由众多的专家组成，但具体工作主要还是由刘大钧负责。

中国经济统计研究所历年所办统计事业，分调查及研究两项，其调查项目即为研究之所需，而调查对象亦依调查之所得，二者相辅相成。[①] 中国经济统计研究所成立后，其调查项目包括：

1）两次上海工业调查。调查对象为上海市区内应用原动力或有工人 10 人以上的新式或半新式工业。逐厂调查，自 1931 年 5 月到 1932 年共调查工厂 2 001 家，到 1933 年 7 月全部整理完竣。第一次工业调查是在 1931 年。研究所在得到太平洋国际学会的捐款之后，便联合国民政府统计局、实业部、财政部国定税则委员会、国立交通大学研究所以及上海市社会局等相关部门，共同举办了上海工业普查。此次调查的结果，由刘大钧整理并用英文写成上海工业调查初步报告。[②] 第二次工业调查则在 1933 年，因 1931 年调查的材料大多已不再适用，国防设计委员会委托研究所调查全国工业。于是，刘大钧便在中山文化教育馆等多家单位的支持下组织了第二次上海工业调查。

在两次上海工业调查结束后，刘大钧将调查数据细加整理，出版了《上海工业化研究》。英文版以研究所之名于 1937 年交由上海商务印书馆负责承印，全书共计 466 页。中文版则以中山文化教育馆丛书名义于 1940 年交由长沙商务印书馆出版，共计 366 页。该书在 1937 年首先以英文版问世后，各界好评如潮。当时的各大报刊对该书做了极高的评价，如《大陆报》《中国经济月刊》《时事新报》《大美晚报》等。朱通九也称其为"我国调查工业之最伟大者，当为学术界所推崇"[③]。

2）上海丝业调查。根据历年各机关与 1931 年所得调查资料，编制研究报告，1932 年 5—7 月进行第二次调查，以资比较。1933 年 7 月，整理完毕。

3）全国第一次工业普查与《中国工业调查报告》。在中国经济统计研究所成立之前，全国从未开展过一次真正的工业普查，因此"工业……其项目参差不齐，尤不能得全国总数"[④]。1933 年，国防设计委员会出于稳固国防的目的，出资委托研究所对全国各地进行工业普查。调查涉及华中、华北、华南十七省，凡符合工厂法的工厂，逐一详细查填。此次工业调查耗时较长，从 1933 年 4 月直

① 胡纯仁，汪桂馨，赵章黼. 中国经济统计研究所事业概况 [J]. 统计月报，1937（29）：89-90.

② 刘大钧. 上海工业化研究 [M]. 长沙：商务印书馆，1940：47.

③ 朱通九. 刘大钧与经济学 [J]. 申报，1941-01-20（8）.

④ 刘大钧. 中国工业调查报告：上册 [M]. 经济统计研究所，1937：1.

到 1935 年 5 月才结束，前后耗时长达两年。1934 年，调查完成，后将调查结果由委托机关发表。此次调查的负责人仍是刘大钧，调查遍及全国 17 个省市，可见范围之广。经反复调查整理后，最终形成了全国第一次工业普查的成果——《中国工业调查报告》，共计 3 册。而刘大钧本人也称此次全国工业普查及其报告"其普遍性及精密性皆远过以前所有之工业统计，即较诸英美工业普查之项目，亦有过之无不及也"①。该调查报告出版之后便广受好评，例如《中国资本主义发展史》（第 3 卷）中提到：刘大钧主持的 1933 年工业调查是旧中国唯一的一次工业普查。②日本著名统计学者久保亨更认为："刘大钧对几乎所有符合工厂法的中国资本的工厂都进行了调查，被调查的工厂数共 2 435 家。在当时像这样调查范围之广泛，结果之准确，是其他工业普查所无法比拟的。"③由此可见，刘大钧所主持的中国经济统计研究所在当时能高水平地完成民国时期唯一一次甚至是中国第一次工业普查，为当时的国防建设和学术研究提供了较为完整和准确的统计数据。中国统计学社为此也做出了重要的理事贡献。

4）江浙蚕桑区经济概况调查统计。此项调查择定浙江吴兴县，1935 年 2 月初开始，5 月底调查完毕，1937 年整理完毕，并简略调查浙江嘉兴、江苏无锡两地，以资比较。

研究事项可分为已完成和未完成两部分。已完成部分如下：

1）上海之发展与工业化。根据该所历次调查及其他机关调查结果，综合研究其对于社会经济诸问题的影响。

2）吴兴农民家庭经济概况。为江浙桑蚕区经济概况调查研究之一部。

3）统计数列。按月继续编制，现已完成者有：a.上海对外贸易净值与指数；b.上海工商金融等业倒闭停业统计；c.上海标准商品市价；d.上海交易所之成交额。

4）一般经济调查研究报告。此项工作，受金融界委托，按月继续调查与研究，专供金融界参考，截至 1936 年底已出 120 种。

5）发行《经济统计月志》。1934 年 1 月，中国经济统计研究所在上海创办了《经济统计月志》。自创刊之日起每月按时出版 1 期，直到 1941 年太平洋战争爆发前夕停刊，该刊共出 8 卷 94 期。该刊内容分为"经济论述""统计图表""图表说明""研究动态"4 部分，以中英文两种文字同时出版。

此外，尚有《中国统计事业》《民元人口统计》《上海国货工厂调查录》等刊

① 刘大钧.上海工业化研究 [M].长沙：商务印书馆，1940：3.

② 许涤新，吴承明.中国资本主义发展史：第 3 卷 [M].北京：人民出版社，2003：803.

③ 久保亨.关于民国时期工业生产总值的几个问题 [J].历史研究，2001（5）：30-40.

物出版。这种内容安排体现了以刘大钧为代表的经济学家注重统计数字的实证研究趋向。中国经济统计研究所注重以上海为中心的华东地区统计研究，与南开大学经济研究所注重以天津为中心的华北地区统计研究可谓南北呼应。[①]

中国经济统计研究所开展的统计研究如下[②]：

1）江浙桑蚕区经济概况调查研究。始于 1935 年 2 月，预计 1937 年 3 月完成。

2）上海纺织业研究。始于 1935 年 7 月，预计两年完成。

3）一般经济调查研究报告。始于 1935 年 7 月，陆续调查研究，待完成一种报告时，即另编其他报告。

4）统计数列。始于 1936 年 1 月，按月续编上项未完工作。

该所进行调查的方法，多数为派遣调查员，实地调查；唯关于农村调查方面，因为地域关系，不得不就地临时雇用人员帮同办理，该所调查员指导。

该所调查研究结果刊发的刊物有：刘大钧编著 The Growth and Industrialization of Shanghai, The Silk Reeling Industry in Shanghai, A Preliminary Report on Shanghai Industrialization；刘铁孙、王家栋合编《上海国货工厂调查录》。其他定期刊物有《经济统计月志》（中英文合刊，1937 年已按月出版至 3 卷 12 期）。

（2）组织人口调查研究委员会。

中国统计学社成立的一个重要宗旨，便是促进国内统计事业的发展。为了更好地推进统计研究事业，学社决定组织人口调查研究委员会。在学社第五届理事会第六次社务会议上，社员陈长蘅、孙拯两人提议组织人口调查研究委员会。由该会设法聚集社内外对于人口调查具有研究或有兴趣者，商拟一个人口调查方案，以供国民政府及有关机关参考。会议经决议后通过成立该委员会。

中国统计学社人口调查研究委员会成立后，即开始进行有组织的研究活动，"议定分组研究办法，并由本社分函全国各重要省市政府及自治县区，征询各该地调查人口办法，经济来源，经费数目，并所应用之调查表册填报说明，及办事手续之印刷物品，其次关于办理经过及经验所得，亦均一一加以精密考查"[③]。而政府对于人口调查这一议案，也曾征求过该委员会意见，希望该委员会协助，为此委员会成员就此问题提交了诸多论文，例如王仲武的《中国人口调查具体方案的商榷》、陈华寅的《各种生育率计算方法之比较》、郑尧梓的《人口重心之研究》、乔启明的《江阴峭岐生命统计之研究》、褚一飞的《生育效率统计问题》等。

① 孙大权.中国经济学的成长：中国经济学社研究（1923—1953）[M].上海：上海三联书店，2006：186-199.

② 此处只查到当时完成状态，后续完成情况未查到相关资料。

③ 中国统计学社.中国统计学社一览[M].1934：9.

（3）加入中国社会科学研究委员会。

20世纪30年代，中国经济学社为了加强社会科学界研究事业的分工合作，以及方便向国际机构筹款，特地发起组织中国社会科学研究委员会（The Social Research Council of China）[①]，中国统计学社也作为一个重要团体参与其中。此时正值中国统计学社初创时期，除了学术交流外，提升其知名度与影响力也是学社考虑加入中国社会科学研究委员会的重要原因之一。

1932年11月9日，在中国经济学社第十届理事会上，中国统计学社的主要领导者刘大钧被指定为组织筹备委员会的理事之一，并被赋予全权。在此次理事会议上，刘大钧也做了相应的报告，"美国煤油大王基金会现将派人来远东组织研究基金公会，以提倡研究事业，并谓中国统计学社愿与本社合作共同研究"[②]。1932年12月21日，在中国经济学社理事会上，中国统计学社正式与中国经济学社合并为"中国社会科学研究委员会"[③]。

中国社会科学研究委员会是以中国经济学社和中国统计学社为主的一个面向整个社会科学界的联络机关，旨在推进中国社会科学事业的发展。1933年9月5日，《中央日报》报道了中国社会科学研究委员会的成立情况："社会科学之研究，年内渐为国内公私机关所注意，颇有相当之发展，惟对于分工合作一层，以缺乏联络之机关，尚未能十分之贯彻。中国经济学社与中国统计学社，有鉴于此，因发起中国社会科学研究委员会……计参加团体有中央研究院北平社会调查所、南开大学经济学院、国定税则委员会调查股……等十余机关。"[④]从报道中不难看出，参加中国社会科学研究委员会的机关有十余家，其中不乏当时中国重要的社会科学研究机关，这足以证明中国社会科学研究委员会的成立对社会科学界产生了极大的影响。

尽管中国社会科学研究委员会成立后发展势头并不乐观，但从另一个角度看，中国统计学社和中国经济学社的联合是一项新的尝试，而在此之中，中国统计学社的作用也不容小觑。另外，从学科的定义而言，这也反映了当时的中国统计学界以及经济学界的学科界限并不是那么分明，相反，双方联系还较为紧密。

---

① The Social Research Council of China，其与当时美国The Social Science Research Council（社会科学研究理事会）有极大的雷同之处，可见中国社会科学研究委员会有模仿此机构之嫌。美国社会科学研究理事会是由劳拉·洛克菲勒纪念基金赞助成立的，至今仍是美国促进社会科学各专业发展、交流以及合作最为权威的机构。详见：资中筠.冷眼向洋：上卷[M].北京：三联书店，2001：204。

② 中国经济学社.第十届理事会第二次常会记录.上海市档案馆，Q264-1-372，46-47.

③ 同②47-50.

④ 国内研究机关合组社会科学研究会[J].中央日报，1933-09-05.

这体现在以下三点：第一，两个学社的社员社会关系相似，多是留美归国学者，同时也是两个学社的社员；第二，在当时较为注重实际调查的风气之下，两个学社的研究方法也尤为相似，即将社会实地调查、统计数字分析、经济理论阐释三者有机结合在一起；第三，两个学社关注的内容多有重叠的部分，如人口问题、劳工问题、工业化问题等。因此，刘大钧、金国宝等人虽被称为统计学家，但同时也是较为著名的经济学家。

（4）学术演讲。

中国统计学社的学术演讲分为两种，一为请各界名人为社员演讲，一为社员领导人物向社会公众演讲。请各界名人为社员演讲，大多系政界要员，如国民政府主计处主计长陈其采、中央民众训练部副部长王陆一、中央委员陈立夫以及中央研究院总干事杨杏佛等。除了请政界要员做演讲外，学社还请一些学术专家做学术演讲，如美国社会学家汤浦森教授、英国著名学者戴乐仁（B. Taylor）等。请名人讲演，有利于提高社员的学术水平，同时也得到社员的欢迎。

学社的社员公开演讲主要是在各大公共场所，学社先发出通知，每次听讲者达上百人次。中国统计学社最著名的演讲者便是刘大钧。刘大钧的演讲遍及全国各地，内容多涉及工业问题和现实问题，深受各界欢迎。学社专家举办的大量公开演讲起到了传播统计学理论、扩大学社影响力的作用。1935 年后，社员的公开演讲活动便集中在年会期间进行，成为年会不可或缺的重要项目之一。

（5）参加国际学术交流。

1930 年，受中国统计学社委派，刘大钧参加在东京召开的第 19 届国际统计学会大会，提交了《中国之统计事业》一文，得到与会学者的高度重视，该文后刊载于 1934 年出版的《统计论丛》。1931 年 9 月，第 20 届国际统计学会大会在马德里召开，南京国民政府仍派刘大钧参加。回国后，他撰写了《考察各国统计制度报告》，刊载于《统计月报》11、12 月合刊"国际统计会议专号"上。1947 年，金国宝、朱君毅、刘大钧、陈达、陈彭年、唐培经 6 人参加了在华盛顿召开的第 25 届国际统计学会大会，金国宝、朱君毅分别提交了《四川九县户口普查》《中国政府超然统计制度》等文，与参会的国际学者进行了充分的学术交流，借此增进了彼此了解，加深了友谊。会后，代表们成为国际统计学会的普通会员，中国的统计学也开始在国际统计学界占有一席之地。

（6）"经济学名词审查委员"和经济学院士候选人。

1939 年，教育部聘请了"经济学名词审查委员"，负责审查国立编译馆送审的各家编订的经济学名词译名，目的是统一全国经济学名词。"经济学名词审查委员会"的 32 名委员中，中国统计学社社员有 11 人，占总人数的 1/3。经济学名词审查关系到中国经济学学术发展，起着至关重要的作用，而中国统计学社社员在该委员会中占了一定的优势，由此可见中国统计学社社员不光是在统计学界有着重要的影响力，在中国经济学界也有着一定的学术地位。

1948年国民政府举办的院士评选，在当时的学术界可谓一件大事。各个学科所推选出的院士，代表了当时学术界的最高水平。经济学院士的8位候选人中，有3位是中国统计学社社员，分别是刘大钧、何廉以及方显廷。夏炎德为此还称赞过刘大钧，称其犹如美国的华而巴。这便足以说明中国统计学社的一些骨干社员在经济学界具有公认的极高学术地位。其中，与经济学界联系较为密切的社会学界的院士候选人陶孟和、潘光旦也是统计学社成员。

从以上论述可知，中国统计学社社员既是中国经济学界的主要组成部分，又是中国统计学、教育、科研、出版界的主体构成部分，同时还是"经济学名词审查委员"和经济学院士候选人的组成部分。这些都足以说明中国统计学社在当时民国经济学界算得上主流团体。

二、其他相关的学术共同体

统计学是实际应用的学问，在众多行业中都有其用武之地，这也体现在多个社团组织的具体活动中。正是统计活动在各个社团中的开展，使统计学与不同的社团相互融合，彼此促进，可以看作形成了一个个统计学术共同体。1921年，新教育共进社、新教育杂志社、实际教育调查社和中华教育改进社确定了4项重点工作，即调查、研究、编译和推广，其重点之一即为调查。合并前的实际教育调查社于1921年邀请美国孟禄博士来华进行教育调查，孟禄调查中国教育后认为存在问题最为严重的领域为中等教育，中华教育改进社主要对中等教育进行了大量调查。1930年，平民教育促进会进行了河北定县社会及人口调查，其目的在于进行平民教育试验。在普及平民教育的过程中，平民教育促进会对定县的历史、地理、政治、经济、教育、民俗、户籍、职业、生活状况等情况进行了系统而全面的社会调查，并将整理出的调查资料汇总出版了《定县社会概况》。1938年在云南昆明成立的西南联合大学国情普查研究所于1939年在云南呈贡做了我国近代唯一一次人口普查试验，为新中国成立后的人口普查打下了坚实的基础。除此之外，本书又梳理了5个统计相关的社团组织，对社团中统计的发展和使用进行初步梳理，以期能够看到其在统计发展中的作用。

1. 中国经济学社

1923年11月，中国经济学社由清华留美归国的经济学者刘大钧、陈长蘅、陈达等人与燕京大学英籍教授戴乐仁共12人在北京创立，选举出的学社领导成员有：社长刘大钧，副社长戴乐仁，书记林襟宇，会计卫挺生，出版部主任陈长蘅，副主任陈达，出版经理胡立猷。[①] 1923—1924 年，学社以刘大钧、戴乐仁为正副社长，社务发展缓慢。1925—1927 年，学社以刘大钧、马寅初为正副社长，积极进行组织扩充。1927 年春，南京国民政府成立后，马寅初、刘大钧、卫挺生、陈长蘅等纷纷由北京南下加入南京政府。1927 年 11 月第四次年会后，理事会由北京迁到上海。自 1923 年成立至 1936 年，中国经济学社先后召开了 13 次年会，每届年会期间选举产生新一届理事会。全面抗战期间，尽管条件艰苦，无法每年召开年会，学社还是召开了三次社员大会，然而因通信困难，没有办法联络学社大多数社员，因而也无法进行理事会的选举。但从第一届至第十三届理事会的理事名单也可以发现一个特点，那就是代表性与延续性相对稳定，理事的更替并不频繁。社章规定，理事的产生是在每届年会召开前一个月将候选人名单寄给每一名社员，然后在年会召开的社员大会上检票通过。早期的理事没有任期规定，可以连选连任；第七届年会修改社章，规定自下届起，理事会成员每年改选三分之一（即三人），应改选者不得连任，这样候选人的名单略有扩大，但还是有限，尤其是社长和副社长，多年来大都由马寅初、刘大钧二人轮流出任。

中国经济学社 1923—1927 年在北京期间，经济学界的名家大多已加入学社，其中留美归国经济学者有何廉、唐庆增、董时进、顾翊群、潘序伦、王建祖等，留日者有贾士毅、孙拯、徐永祚、谢霖等，留欧者有刘秉麟、杨端六[②]、陈翰笙等。中国经济学社已成为团结全国经济学家的中心组织。学社之所以在短期内发展迅速，主要是因学社的组织者马寅初、刘大钧、陈达、陈长蘅等人均是清华留美归国的经济学家，这批人经济学专业水平高，社会活动能力强，在经济学界有较高的声望，能团结大多数经济学者。[③]

中国经济学社社员几乎包揽了整个中国当时最著名的经济学者、大学教授，以及富有经验的银行家和企业家，其中有些人既是学者又是中央或地方政府中担任相当职务的财政经济官员，身份相互重叠。根据新编《中国经济学社一览》（1935）社员名单，学社有两名名誉社员（胡汉民、蔡元培）、两名赞助社员沈鸿烈（青岛市市长）和何键（湖南省政府主席），此外登记在册的社员（包括永久社员和普通社员两大类）共 658 名，另外还有中央研究院总干事杨杏佛、《申报》总经理史量才等已故社员 20 名。其中最重要的人物当属马寅初和刘大钧两位，

---

① 刘大钧. 中国经济学社略史 [M]// 中国经济学社. 中国经济问题. 上海：商务印书馆，1929：353.

② 杨端六，1906 年留日学习外语，参加同盟会；1913 年起留英 7 年学习经济，1920 年归国。

③ 马寅初全集：第 15 卷 [M]. 杭州：浙江人民出版社，1999：322.

他们的个人经验及对人生道路的最终选择，在中国经济学社众多社员中也极具代表性。在当时的统计界有职务或影响力的人物包括政界人物陈其采（国民政府主计处主计长），金融界实业界领袖王云五（商务印书馆），著名经济学家刘大钧、李权时、方显廷、何廉、卫挺生等。刘大钧作为中国统计学社和中国经济学社两大社团的发起人之一，对两个社团和两个领域的发展都做出了非常大的贡献。刘大钧（1891—1962），早年毕业于京师大学堂，后赴美国留学，进入密歇根大学学习经济统计，毕业后回国，任清华学校教授，并兼任北京交通大学、北京大学、北京师范大学等校教授，此外先后担任北京政府经济讨论处调查主任、中国政府出席华盛顿会议代表团秘书、财政整理委员会及税则委员会专门委员等职，1927年国民政府成立后，刘大钧一度出任立法院统计处处长、国民政府主计处主计官兼统计局局长，后又受聘为军事委员会资源委员会委员、军事委员会国民经济研究所所长。抗战胜利后，刘大钧任联合国统计委员会中国代表，驻纽约办事，后又任经济部驻美国大使馆商务参事，直至退休。可以说，他的一生一直与政府之间保持着密切的联系。刘大钧于1923年发起创设中国经济学社，连任三届社长，后长期担任副社长。1930年，他创设中国统计学社，任社长。后两社联合改组成立中国经济统计研究所，他又一直担任所长。刘大钧是著名的统计经济学家，在他的组织与领导下，中国经济学社对上海乃至全国的工业进行了大规模的统计与调查，这不但扩大了中国经济学社的影响，而且发挥了中国统计学社的重要作用。

中国经济学社年会及各界理事会成员见附录11。

2. 中央统计联合会

鉴于当时统计事业发展的四大弊端，即事业偏枯、方法歧异、经费靡费、人民纷扰，从事统计的工作者有的主张呈请国民政府速设中央统计最高机关，有的主张召集全国统计会议。然而，制度的改革并非统计机关本身所能为力，全国的联络又以中央的联络为前提条件，因此中央统计机关先进行非正式接洽，爰推立法院统计处函请中央及首都各统计主管机关派遣代表，假立法院会议开一场统计联席会议，讨论中央各机关统计工作联络方法。此项办法经统计处呈请立法院批准后，联席会议遂于1930年2月26日召开，中央及首都各机关派出统计人员共计50余名出席会议。会议提案28起，议决事项15件，所议事域虽限于统计范围，要皆国家施政大计，经会议人员联名建议政府，呈请备案采行。会议主席刘大钧指定雷震、朱祖晦、戴应观、王仲武、陈其鹿、陈炳权、张心一7人筹备起草，当由各起草员几经商议，拟定简章。1930年4月20日，联席会议在立法院继续开会，起草员将所拟草案提出讨论，经大会修正通过，定名为"中央统计联合会"。1930年5月10日，成立大会召开，中央统计联合会即正式成立，大会选举刘大钧、雷震、陈郁、王仲武、金诵盘 5 人为本会常务委员。[1]

中央统计联合会以谋中央各院部会统计事业之联络及发展为宗旨，由各院部会所派主办统计长官一人组织之。联合会下设行政院、立法院、司法院、考试院、审计院 5 院，其中行政院下设 9 个部和 4 个委员会。联合会各机关代表人见附录 12。

中央统计联合会会议分为两种：会员大会和常务委员会。会员大会每月召开一次，常务委员会视需要增减开会次数。大会出席人员皆各机关固定代表，全数出席为 21 人。常务委员由大会推选，共 5 人。1930 年 5 月 10 日成立大会决议，本会干事资格以在大学毕业后曾研究或办理统计者为标准，人选事宜委托刘大钧办理。6 月 4 日的第一次常务委员会确定联合会工作范围如下：（1）讨论或研究各处统计调查表格；（2）开大会时由各会员书面叙述统计工作大纲，其详细情形由该会员口头说明；（3）报告大纲要点如机关名称、统计种类及方法、统计范围、进行程度、统计结果、将来计划、工作难点、填表人及主管人姓名。同时，第一次常务委员会议决联合会函请内政部派新任统计司长加入本会。6 月 19 日，第一次会员大会进一步确定联合会工作范围，对第一次常务委员会的第一项工作进行细化：讨论或研究各机关统计调查表格（请各机关于一星期内先将各种表格各寄 20 份至本会，由本会汇齐分送各机关）。其余两项工作不变。6 月 28 日，第二次常务委员会审定第一次会员大会决定由干事拟制的统计工作情形调查表格，之后联合会向各机关出席代表发送该机关统计调查表格。7 月 22 日第二次会员大会上，各出席代表报告了统计工作情形，并且刘大钧进行了报告，报告了国际统计学会略史，并提议国内统计专家以个人名义多著论文送交国际统计会议以广宣传。因 9 月在日本东京的国际统计会议中国派有代表出席参加，第二次会员大会议决请各机关于两星期内（8 月 7 日以前）将已完成的统计材料整理后送交联合会（最好用英文稿或预先翻译成英文），由联合会委托专家再加整理译成英文印刷后送交国际统计会议。8 月 15 日，第三次常务委员会决定请刘季陶和朱仲梁全权整理各机关送来的统计材料，待统计材料整理完毕后，送请各机关自己翻译各种名词。8 月 28 日，第三次会员大会上，立法院代表报告了美国统计专家韦尔考司博士 9 月 6 日离京，在京期间会有多次公开演讲。此次会员大会议决在年底以前刊印会务报告，会务报告共两项内容，一为本会逐次开会议决案件，二为各院部会之统计工作概况；同时，公布我国出席国际统计会议各代表、国际统计会议副会长及立法院统计处各科长名单。10 月 16 日，第四次常务委员会将各机关送来的统计工作情形调查表编成目录抄印，在大会时分发。10 月 30

---

① 中央统计联合会. 中央统计联合会特刊 [M]. 1931：3.

日，第五次会员大会决定每年发行刊物 2 次，每次刊物印刷费 400 元，通过了常务委员会所拟本年发行刊物内容，同时订正各机关统计工作分类表，整理各机关统计工作情形调查表时发现统计工作互相重复的即通知各该机关相互讨论合作方法。11 月 11 日，第五次常务委员会请雷震拟就工作概况调查表格，分送各会员机关请其填送，同时拟就联合会缘起及筹备经过，送各常务委员细加审定，再由下届常务委员会决定。11 月 20 日，第六次会员大会通过了常务委员会所拟统计工作概况书格式，各机关除将本年统计工作概况编就送交联合会外，仍将各项统计结果分别编就送交联合会。12 月 25 日，第七次会员大会决定函请事业部加入联合会并指派出席代表，请审计院及财政部二位出席代表审查本会账目。联合会工作除执行大会议决案件外，还负责文件的收发。收文中包括统计调查表格 18 件、国际统计会议材料 15 件、统计工作情形调查表 12 件。

中央统计联合会为了灌输统计学识，曾借中央大学和计政学院举行统计学术讲演，讲题分为原理和实验两部分，讲演会共开 12 次，后经讲师增订原稿编辑成书——《中央统计联合会统计演讲集》，内容包括了统计学的各方面。原理部分内容包括朱君毅的平均数、褚一飞的相差数、郑尧梓的常态曲线与机误、王书林的相关、李成谟的时间数列。实验部分讲题有吴大钧的户口普查、唐启宇的农业清查、蔡正雅的工业清查、陈长蘅的生命统计、盛俊的物价指数和沈有乾的测验。[1] 这本书所举统计资料的实例，多用中国所有的事物，如朱君毅讲平均数时举中国历代帝王的平均寿命来做例子，李成谟讲时间数列时更多采用江苏省的各种统计。原理部分各篇有的附有参考书目。实验部分有的附有调查表格，比如农场清查所附的美国第十五届普通农场清查表和江苏句容县农场清查表，物价指数所附的我国的物价指数表和各国物价指数所采用的公式，可以给予读者研究或实用上的参考便利。

中央统计联合会围绕各个机关的联络问题，开展了一系列关于统计的规范和调查，努力促进各个机关的统计标准化，同时积极推进统计知识的传播，为统计工作的开展做出了不可磨灭的贡献。中央统计联合会 1930 年会议信息见附录 13。

3. 南开大学经济研究所

南开大学经济研究所是由何廉在张伯苓的支持下建立的，它的前身是南开大学社会经济研究委员会。加上抗战时期的重庆南开经济研究所和战后的天津南开经济研究所以及上海中国经济研究所，南开经济研究所共经历了 4 个阶段。

南开大学经济研究所主要事业分为研究和教务，如实地调查、专题研究、统

---

① 中央统计联合会. 中央统计联合会统计演讲集 [J]. 经济统计月志，1939，6（1）：24.

计编制等总称为研究工作，以往大学生及现在研究生训练属于教务工作。该所创始之际，研究工作仅限于中国经济，且偏重城市工业，后逐渐推广到乡村工业；初期受人力、财力所限，从天津工人家庭和天津城市工业两项调查入手，前者为编制工人生活费指数的预备工作，后者则因地理关系较易开展。

1929 年以后，该所工作范围渐次扩大，除编制指数，调查天津工业外，更着手农业经济、乡村工业及地方财政的研究和调查。[①]

（1）关于工业经济。

1）全国一般工业经济研究。出版了《中国工业化之程度及其影响》《中国工业化之统计的分析》《河北省之工业与劳动》《中国之棉纺织业》《中国之钢铁业》《中国之缫丝业（英文本）》等。

2）天津市工业调查。所得材料均经整理，先后刊为专著，包括棉纺织业、织布业、地毯业、针织业、粮食及磨坊业、制鞋业、手艺工人家庭生活调查等方面。

3）华北乡村工业调查。1931 年秋，天津进行的城市工业调查即将结束，此项调查仅限于城市部分，不足以显示中国工业全貌，于是又进行乡村工业调查。1932 年冬季，择定河北省高阳县为调查中心，外加附近的蠡县、清苑、安新、任丘等县。1934 年春，高阳一带调查工作结束，遂进行宝坻县乡村工业调查，历时一年。此项调查报告，有《华北乡村织布工业与商人雇主制度》《由宝坻手织工业观察工业制度之演变》《乡村织布工业的一个研究》等专著出版，还有重要论著，如《高阳土布工业的组织现状和改革的建议》《从一般工业制度之演进观察高阳土布工业》《高阳及宝坻两个棉织区在河北省乡村棉织工业上之地位》等文先后发表；此外，关于一般乡村工业之论著，重要的有《中国之乡村工业》《浙江省之乡村工业（英文本）》等。

4）四川省工业调查。1936 年春，派员入川，与四川大学西南社会科学研究所合作，调查四川省之农工商各业。此时，工业方面调查结束的有成都市之棉织业，报告在缮写中。

（2）关于农业经济。

1）东北移民区域农业经济调查。1929 年，分派人员到东三省移民区域调查农业经济，历时两年。

2）山东移民原籍之农业经济调查。东北移民区域农业经济调查结束后，前往移民之原籍山东省调查农业经济，1932 年开始，历时一年。

① 胡纯仁，汪桂馨，赵章黼. 统计通讯：统计事业：二、学术团体方面：（一）南开大学经济研究所十年来事业概况 [J]. 统计月报，1937（31）：100-106.

此两项调查，除《东三省之内地移民研究》一文外，还有《东三省租佃制度》《东三省乡之差异》《山东农民离村的一个检讨》《近二十年来山东益都县五十个农村的农户和耕地所有权之变迁》等文陆续发表。

3）静海与典当调查。属于农村信用调查。1933年冬开始调查，1934年冬完成调查。1937年已经分析完毕，形成报告。

4）河北省西河棉区棉花产销调查。1934年春，调查西河区棉花运销概况，作为举办运销合作的根据。调查历时一年，所得资料于1934年9月1—3日在《大公报》发表棉运合作特刊三期，其他发表文章包括《天津棉花运销概况》《天津棉花需求—价格相关之研究》《中国棉花运销合作的组织问题》等。

5）山东农业调查。1934年夏，着手山东农产调查，调查产品包括棉花、小麦、花生、烟叶及丝茧等项，历时一年，到1937年已有《山东省棉花之生产与运销》一文发表。

6）四川省稻米产销调查。1937年，与四川大学西南社会科学研究所合作，内容注重四川盆地稻米生产及川西稻米运销。

（3）关于统计。

经济统计的编制，为该所创始重要工作之一，到1937年已编成发表的，先后顺序如下：

1）中国进出口物价指数。1867年始，按年发表。

2）中国进出口物量指数。按年发表。

3）华北批发物价指数。1911年始，按周发表。

4）天津工人生活费指数。1926年始，按周发表。

5）天津外汇指数。1898年始，按周发表。

6）上海外汇指数。1905年始，按周发表。

其他重要经济统计及指数，如1924年起上海钱业公单之每月收付统计，1917年起上海各大银行钱庄之平均库存统计，1873年起上海银拆之平均市价，上海输出入物价指数，上海及北平生活费指数，上海、广州、汉口、青岛等批发物价指数，上海证券指数，等等，均于该所编印的《南开指数年刊》发表。

（4）政治研究。

1931年开始从事地方政府研究，方法仍由实地调查入手。

1）概况研究。1931年开始进行地方行政研究工作，1932年开始做初步概况调查，先后到河北涿县、满城、大名等十一县调查，1933年夏告一段落，1937年已有《河北省十一县赋税概况》一文发表。

2）定县县行政与乡镇行政之调查研究。河北县政建设研究院将该院所在地定县之县行政和乡镇行政之调查与研究委托南开大学经济研究所开展，历时16

个月。

指数的制定和调查的开展都是统计的重要内容。南开大学经济研究所在编制指数和开展多项调查进行专项研究的同时,既非常成熟地应用统计知识,同时又推广了统计的应用,发展了统计方法。

4. 边事研究会

蒙藏委员会专门委员唐柯三,以多年来边疆多事、人民颇受影响,之前曾与蒙藏委员会常委临时提议恢复设计委员会,经蒙藏委员会决议先设立蒙藏委员会边事研究会,对边事有整个的计划。随即,蒙藏委员会参事室起草组织规则十条,经常会修正通过后,呈请行政院核准备案。边事研究会于 1934 年 10 月 7 日成立。

边事研究会针对边疆问题进行各项调查及研究工作,关于边疆之调查事项,该会因经费支绌,实际调查一直无法推行,先拟定各种调查表格,以为准备。已拟定的调查表格有:

(1)史地,包括地势、山川、地质、气候、疆界变迁、名称沿革及历史政治等。

(2)政治,包括政治制度及组织、地方行政、民族感情及外国政治侵略等。

(3)经济,包括农工商业、人民生计、牲畜、垦殖、森林、矿产、水利、人口、金融、实业、物产、货价、田赋、税率、合作及外国经济侵略等。

(4)文化,包括教育、宗教、语言、习俗、社团、名胜及外国文化侵略等。

(5)军事,包括军事、交通、要隘、驻军概况、军屯及有关国防需要等。

5. 武汉大学法科研究所

武汉大学法科研究所开展 3 项调查,并分别针对调查出版相应刊物:

(1)三十年汉口外汇指数及华中茶叶状况,1937 年 1 月刊于《统计月报》。

(2)与太平洋学会合作调查华中茶叶状况。该项调查报告书,英文版由上海Kelly and Walsh Ltd Co. 印行,中文版 1937 年在印刷中[①]。

(3)1937 年与湖北省政府合办汉口市工商业总调查(调查表格见附录 14)。

20 世纪 20 年代初期,北京既是民国政府的首都,也是全国政治、文化的中心。各个高等学府中聚集着当时国内最优秀的一批学者。他们大多从海外留学归来,不但崇仰西方的民主与自由,更渴望有一个充满学术氛围的空间。他们在外国留学期间对于学术团体的作用都有亲身的体验,回国后也都想成立相应的学术团体进行交流。为了促进和推动中国科学和经济事业的发展,这些爱国的知识分子不仅教书育人、潜心研究学术,还分别提出"科学救国""实业救国""教育救

---

① 中文版见书样未找到。

国"的口号，希望在中国摸索出一条实现现代化的道路，而大量学术团体的出现就是其中一个真实的写照。据统计，民国成立第一年申报成立的学术社团仅有 5 个，1919 年五四运动时已增至 53 个，到了南京国民政府成立之后的 1931 年又增加到 74 个。共出版丛书 279 种，创办期刊 33 种。全面抗战前夕，全国性的学术社团已剧增至 159 个。中国统计相关团体组织正是在这样的背景下应运而生。作为第一个全国性的统计学社团，中国统计学社于 1930 年创立，至 1949 年消失，维持了近 20 年之久。学社社员以任职于南京国民政府的统计工作者为主，同时也大量吸纳政、学、商界人士。其在创设与发展过程中，一直秉承"发展统计学理与统计事业"的宗旨。自成立以来，中国统计学社通过出版书刊、召开年会、审定名词、创建研究机构、培训统计学人才等途径，积极致力于统计学的知识传播和体制化建设，不断扩大社会影响力。在大数命名分节标准、人口调查办法、经济指数等方面，中国统计学社开展了扎实的学术研究，其研究成果直接贡献给社会，也为各级政府制定经济政策、开展统计学的实践提供了重要依据。凭借着内在的话语力量与外在的社会影响力，中国统计学社一方面积极为政府提供施政方针，培养统计人才等；另一方面则与社会保持密切的联系，了解社会情势状况。作为民国时期学术界较有影响力的团体之一，中国统计学社开展了大量的活动，在民国统计学界产生了积极的影响，取得了较为突出的成绩，并为新中国统计学的发展奠定了基础。在中国统计学发展的道路上，中国统计学社并不是孤军奋战，统计学的应用特性决定了其在各个领域中不可替代的位置。各个团体组织积极参与统计行政、传播统计知识、培养统计人才等，不论是指数的编制、生物统计还是种类繁多的调查项目，都在不断推动统计的应用，无形中促进了统计的发展，从这一意义上说，其构成了统计学术共同体，共同促成了统计学发展的繁荣景象。

第十一章
统计学的应用：人口统计学与生命统计

现代社会科学、自然科学都离不开统计，实证研究更是以统计学为核心的研究方法。

一、统计学与各个学科的关系

统计学是一门独立的学科，但非一门孤立的学科，而是与其他学科之间有密不可分的关系。对人口学、经济学、社会学、教育学、心理学、政治学、生物学、农学等学科而言，统计学是一种重要的研究工具。自统计学传入中国之初，学界就一直讨论并强调统计学与各学科的关系。对此，早在1903年林卓南翻译的横山雅男的《统计学》里就有专门的章节讨论。"第二十三章统计学与其他学的关系。统计学，乃精确之社会学。其与他种学问有关系无疑也。今将各学之与统计学有关系者揭于左。统计学与经济学之关系。甚为切密，不拘何处，皆能见其不可阙之明证。经济的现象，统计学最易穿凿之。因穿凿此现象可从大数上屡现其事实，易得比较也……统计学与政治学，有极切之关系。政治学，于国家生活之实际，求其根本，事愈多，则法亦愈多，故与统计学深有关系。此二者之关系，决非始于今日，自古已有官府统计，可以知其一斑……统计学与地理学，有密切之关系。盖地理学多藉统计学，而统计学亦多藉地理学也。至政治地理，其关系更为密切。所以有时统计学与地理学相类，其界限不甚分明。地理学记载一事一物，统计学依大数观察之方法，研究社会及国家的现象之量……统计事实之对于法学，亦有关系。如法文布章，以报告法令实施之结果。于刑事民事统计等，极为有益。法人柯岛仑曰：'法律中，得统计学助力最多者，刑法也。智力的现象，尤多藉统计学材料者，刑事与犯罪也。刑法家藉统计学有二要点，一则犯罪及犯罪的影响之原因，一则法制之研究，是也。'……统计学与史学之关系，自今视之，一若无有。所谓历史者动之统计而统计者静之历史也者……统计学与数学之位置，颇多注意之点。有时彼此并无密切之关系，而俨然对峙。有时显甚大之关系。自两学本来之区别言之，数学则由固有之性质，而要观察。统计学则基于观察，以统计学为数学中之一类，甚为得当。又统计学中所用算术，皆极简捷。详言之，凡观察诸现象，计算排列，藉数以求其关系，不过欲得精确之结果耳。柳文曰'统计的方法及问题，皆具有数学本性……'"①

20世纪上半叶，现代各学科在中国教育体系中的创建与发展，带动了统计学在各学科中的应用，应用较多的学科包括人口学、社会学、教育学、心理学、经济学等，比较有特色的是历史统计学。从本章开始详细讲解各分支统计学的发展。

二、人口统计与生命统计

人口是社会成立的第一要素，是国家的原动力，是文化与财富的生产者。人口的增减与迁移，对于社会、国家乃至全世界的影响极大，其重要性谁也不能否认。人口问题是社会问题里最重要的问题，因为无论哪一种社会问题，都不能离开"人"的问题而发生。换句话说，人是各项社会问题的创始者，没有人就没有社会问题。人口问题既然如此重要，就不得不来研究，以求适当解决的方法。人口问题的研究，可从多方面下手，而人口调查为研究各项人口问题中最紧要的步骤，是发展各种社会事业的基础。②

进入20世纪，我国的人口问题为世界所关注，特别是人口数量。"吾国从未举行合统计方法之人口调查，朝野亦皆视为不急之务。警政稍良之省，虽有户口调查，然亦为官样文章，奉行故事而已。故外人之编年鉴者独屏吾国材料不取，以其不可靠也，国人之欲知国情者，亦惟东西书籍是赖。外人为研究吾国情形计，遂不得不越俎代谋，故旅华西人与日人均有支那年鉴之作……自夏禹以来吾国人口统计，其数目均由考据推测而来，自不能以近世统计眼光观之。"③

中国人口向无精确之统计。④尽管19世纪末梁启超提出的"四万万同胞"为世人广为征引，但此时中国的人口数量到底几何，无人知晓，亟须开展一次现代的、统计学意义上的人口普查以解决此难题。

---

① 横山雅男.统计学[M].林卓南，译.上海：时中学社，1903：72-76.

② 中国社会学社.中国人口问题[M].上海：世界书局，1932：89.

③ 中国之人口统计[J].科学，1920，5（5）：523.

④ 陈华寅.最近中国之人口统计[J].统计月报，1930，1（1）：18.

三、人口普查略史

人口普查（census）源于罗马帝国时代盛行的一种制度——登记壮丁，用于赋税和兵役的分配，附带确定人民在政治上的地位与资格，实际等同于现代的户口登记（registration），即动态人口统计。

第一次近代式人口普查发生在1665年的新法兰西（New France，即现在的加拿大），调查内容包括年龄、性别、职业状况等，在确定的一天举行普查，挨家挨户调查，可谓第一次真正的人口普查。至1754年，新法兰西每隔数年定期举行人口普查。

第二次近代式人口普查发生在瑞典。1748年，瑞典通过法案规定每个教堂每年要把其管辖教区的人口数、出生人口数及死亡人口数进行登记，并编制三种表式，送至内政部。第一次的统计结果于1749年发布。此后，各教堂每年都有材料报送内政部。

真正具有现代意义的人口普查是1790年美国举行的第一次全国人口普查，此后每隔十年普查一次，属于定期普查，因此也有现代人口普查始于美国一说。1790年3月1日，受美国选举权平等政潮的影响，美国联邦国会通过法案规定人口普查每十年举行一次。第一次的调查内容简单，只有每户人口数、户主姓名及年龄、16周岁以下和16周岁以上的人口数。10年后，1800年的第二次人口普查仍以户为单位，将年龄改分为5组。1850年的第七次人口普查修改了办法，规定以人为普查单位，调查内容增为5项：性别、年龄、种族及出生地、职业。有人认为这次修改借鉴的是比利时1841年的人口普查，此种推测不无道理。主持1850年美国人口普查的是统计学家沙塔克（Shattuck，也有译作"沙特克""夏塔克"等）。据他所言，他学自爱尔兰，爱尔兰人口普查的主持人与伦敦统计学会有通信往来，而伦敦统计学会又与比利时主持人口普查的凯特勒（Quetelet）有通信联络，且比利时的人口普查以个人为单位，每人在调查表上占一行。此后，美国人口普查的方法愈趋严谨。至1902年，美国国会决议成立普查局（Bureau of the Census）主持人口普查，同时兼办其他统计。自此，美国人口普查结束临时组织的办理方法，由政府正式成立的机构负责，手续更加完善。1910年，美国《普查法》颁布，随后该法几经修改。

四、我国历代户口编查略史

我国虽无人口普查，但我国的户口登记调查（census registration）由来已久。

我国的人口统计以《尚书·禹贡》九州表为嚆矢，"据史书记载，西历纪元前约二千二百年，禹王平水土，辨九等之田，收什一之税，其时民户一千三百五十五万九百二十三，民口三千九百二十万。是尔时已有户口与土地之统计矣。其九州之区画，土壤之性质，田赋之高下，江河之源流，转运之路径，物质之种类，载在禹贡，斑斑可考。惟其户如何编查，则因年远代湮，无从稽考"①。

自周朝至清末，我国历代人口编查方法或沿袭旧制，或创立新规，沿革经历大致如下：（1）周朝乡遂法。周朝徭役赋税的分配及行政区划皆以户口为准则，以乡遂法编查户口。该法以郊门之内外分为二大区。郊门内为乡，即离京都比较近的区域；郊门外为遂，即离京都比较远的区域。对乡遂的划分为：五家为比，五比为闾，五闾为族，五族为党，五党为州，五州为乡；比有比长，闾有闾胥，族有族师，党有党正，州有州长，乡有乡大夫，是谓乡制。五家为邻，五邻为里，五里为鄼，五鄼为都，五都为县，五县为遂；邻有邻长，里有里宰，鄼有鄼长，都有都师，县有县正，遂有遂人，是谓遂制。乡遂之内，各级首领管理辖区内登记男女、老幼、贵贱、废疾、死亡、田地、收获、六畜、车辆的数量。另设媒氏掌管出生登记，凡婴儿出生三月命名后，须向媒氏呈报登记。三年大比，即每三年举办一次国势大调查，与上一次大调查的结果比较对照，以此为政治推进之张本。各种登记调查的结果都记录在木板上，层层汇转，十月到达国王之手，最后登于天府。（2）汉代算赋法。秦汉的户口编查大抵因循周制，只增加了人课税，即征收人口税，每年8月举行，为历代所宗。通过征收人口税，可间接查知人口数。（3）隋朝输籍法。该法为隋炀帝大业年间开国元勋高颖创制，规定全体人民都要登录户籍，以此为征役之根据。（4）唐朝坊村邻里户籍法。三户为保，四户为邻，百户为里，五里为乡，每里设正一人，掌管按比户口。在邑居者为坊，在田野者为村，村坊邻里互相督查。将天下户口根据资产多少分为九等，县司登记，州司复核。每三年造册一次，每次三本，一本留县，一本送州，一本送户部。（5）宋神宗保甲法。保甲法是唐代户口编查法的改订版，十户为保，选户长有才干者为保长；五十户为大保，选户主物产最高者一人为大保长；十大保为都保，选户主有才勇为众所服者为都保正，又一人为副应，掌管治内户口，并报告县官。这一户口编查法为后世乡村组织之宗。（6）明黄册编查法。洪武十四年（1381年）编制赋役黄册，以一百一十户为一里，推丁粮多者十人为之长；余下百户，分为十甲，每甲置甲长一人，每里编户籍一册。每册首页是一张总图。制

---

① 陈正谟.中国户口统计之研究 [J].统计月报，1930，2（6）：1.陈正谟，号季民，湖北汉阳人，北京大学哲学系毕业，1923年9月到编译所，1930年在内政部统计司任职。

作四册，一册上报户部，余三册司、府、县各存一册。呈户部的这一册，封面用黄纸，故曰黄册。每十年造报一次，年终进呈，户科给事中一人、御史二人、户部主事四人厘校诎舛。黄册里附有产业统计。（7）清乾隆保甲法。仿效明制，分类愈加繁赜，起初三年一次，顺治十三年（1656年）改为五年一次。乾隆六年（1741年）设保甲法，十户为牌，设牌长，十牌为甲，设甲长，十甲为保，设保正。每户发门牌，登记家长姓名、年龄、职业及丁口，悬挂在各户门口。保甲册的编制分为循环二册，交互循环对照。先由各州县官吏，给保正发放循环册和门牌纸，保正交甲长，甲长交牌长，牌长将门牌纸送到各户填注并造牌册呈甲长，甲长合十牌之册汇造循环二册送保正，保正送县，由县复核后，将循册存县，环册皆发还甲长保存应用。遇迁移、生死、婚嫁、增减，由牌长随时在该户门牌上填注涂改，并告知甲长，于册内一体改注，然后于三、六、九、十二每月初一，由保正送县，换回循册。至字体磨减，难于辨识，才重行编制。各州县根据保甲册，每年造具人口清册，呈送按察使司，由按察使司于年终编制总册，呈由督抚具奏。该法颇具现代人口调查之特征。乾隆、嘉庆及道光三朝皆赖保甲制度。自咸丰后，保甲制度逐渐废弛，户口编查，多不完备。至光绪三十四年（1908年），为准备立宪，筹备户口编查，由民政部奏定调查户口章程，先调查户数，后调查户口，宣统二年（1910年）才得以实行。[①]

纵观历代户口统计表（见表11-1）中的人口数字大小，颇有不合理之处，其中历代疆域大小不同可能是人口数字差异显著的最重要的原因。再者，历代户口编查的目的均为课赋征役，不在周知民数，老弱妇孺不在统计之列；为避兵役隐瞒不报之事，加之地方政府为中饱私囊谎报瞒报者，史不绝书。此外，历代户口调查的对象多限于平民，贵族、武士、官吏、少数民族兼狡猾之户均不在列，乞丐、僧尼、奴仆、游民等亦不在编，偶有查计，多为估数，不加编审。因此，人口统计总数偏低。直到清乾隆保甲法不为赋税徭役，组织又精密，因此户口数字代有增加。至道光十五年（1835年），我国人口已达四万万。

表 11-1 我国历代户口统计表

朝代（年）	户数	口数	每户平均数
夏王朝（公元前 2200 年）	13 533 923	39 200 000	2.9
周康王时期（公元前 1020 年）	13 714 923	49 232 151	3.5
汉元始二年（公元 2 年）	12 233 062	59 594 978	4.9

① 陈正谟.中国户口统计之研究 [J].统计月报，1930，2（6）：4；文永询.统计研究：我国历来之人口调查 [J].统计月报，1934（26）：3.

续表

朝代（年）	户数	口数	每户平均数
汉建武二十一年（公元 45 年）		21 007 000	
汉中元二年（公元 57 年）	4 279 634	21 007 820	4.9
汉永兴元年（公元 153 年）		53 256 229	
汉永寿二年（公元 156 年）	16 070 906	50 066 856	3.1
晋太康二年（公元 281 年）		16 163 863	
隋大业二年（公元 606 年）	8 907 563	46 019 956	5.2
唐开元二十三年（公元 735 年）		48 146 609	
唐天宝十三年（公元 754 年）		52 880 488	
唐天宝十四年（公元 755 年）	8 914 709	52 919 309	5.9
宋开宝元年（公元 968 年）	3 090 504		
宋大中祥符七年（公元 1014 年）		31 970 030	
宋大观初（不详）	20 910 000		
宋崇宁元年（公元 1102 年）		43 820 769	
宋绍兴三十年（公元 1160 年）	11 375 733	19 229 008	1.7
元至元廿七年（公元 1290 年）	13 196 206	58 834 711	4.5
明洪武二十六年（公元 1393 年）	10 652 870	60 545 812	5.7
明弘治四年（公元 1491 年）		56 055 676	
明万历六年（公元 1578 年）	10 621 436	60 692 856	5.7
清顺治十七年（公元 1660 年）		104 984 000	
清顺治十八年（公元 1661 年）		21 086 809 （104 984 000）	
清康熙九年（公元 1670 年）		106 078 000	
清康熙十九年（公元 1680 年）		94 022 500	
清康熙二十四年（公元 1685 年）		23 411 448	
清康熙二十九年（公元 1690 年）		112 002 000	
清康熙三十九年（公元 1700 年）		112 260 500	
清康熙四十九年（公元 1710 年）		128 210 500	
清康熙五十九年（公元 1720 年）		134 960 000	
清雍正二年（公元 1724 年）		25 284 818	
清雍正八年（公元 1730 年）		140 140 000	
清乾隆六年（公元 1741 年）		143 410 559	
清乾隆二十二年（公元 1757 年）		189 920 000	

续表

朝代（年）	户数	口数	每户平均数
清乾隆四十一年（公元 1776 年）		268 234 181	
清乾隆四十八年（公元 1783 年）		283 094 000	
清乾隆五十七年（公元 1792 年）		360 444 000	
清嘉庆元年（公元 1796 年）		275 662 044	
清道光元年（公元 1821 年）		355 540 258	
清道光十五年（公元 1835 年）		401 767 053	
清道光二十二年（公元 1842 年）		413 021 000	
清道光二十九年（公元 1849 年）		412 986 649	
清道光三十年（公元 1850 年）		414 493 000	
清咸丰十年（公元 1860 年）		260 925 400	
清光绪八年（公元 1882 年）		381 309 000	
清光绪十一年（公元 1885 年）		377 636 000	
清光绪二十年（公元 1894 年）		421 000 000	
清光绪二十八年（公元 1902 年）		439 947 271	
清宣统三年（公元 1911 年）		342 639 000	

资料来源：中国之人口统计 [J]. 科学，1920，5（5）：523-524；陈正谟. 中国户口统计之研究 [J]. 统计月报，1930，2（6）：4-5.

五、清末户口调查——承上启下的宣统二年户口调查

论起我国户口统计的来源，清道光三十年（1850 年）以前，大都来自官方报告；自道光三十年以后，即以海关调查、邮局报告或私人报告为来源。[①] 清光绪末年，因筹备立宪之需，订立了一个为期六年的调查户口计划。第一年颁布调查户口章程；第二年调查各省户口总数；第三年汇报各省人口总数并编订户籍法；第四年调查各省人口总数；第五年汇报各省人口总数并颁布户籍法；第六年实行户籍法，由民政部主管，通令各省区按期查报。宣统二年（1910 年），分别将户数、人数查竣，汇造单册具奏。截至宣统三年（1911 年）十月止，各省查报的结果延至民国元年（1912 年）才由内务部汇造户籍表册行世。

这次户口调查的行政架构如图 11-1 所示。

---

① 陈彩章. 中国历代人口变迁之研究 [M] 上海：上海书店，1945：自序.

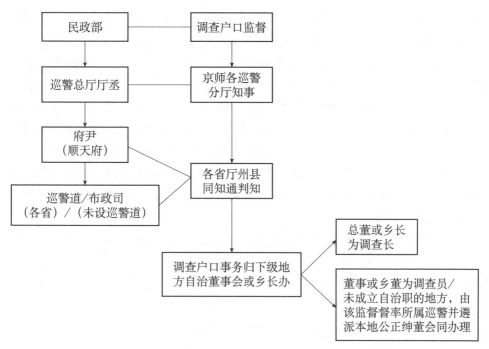

图 11-1　宣统二年户口调查行政架构

调查监督应该在管辖区，按照地方自治区域，制定调查户口区域方案。如果自治区域尚未划分，应该由各调查监督就所辖地区，酌量地理面积，暂行分割区域，申请总监督核定。关于调查户数的方法，由调查员在划分的地段内，按照民政部制定的门牌格式，按户依号编订，一户一号。如有两户以上同住，则以一户为正户，其余为附户。对于两户以上同住的，以最先入住者为正户，后住进的为附户；如果同时入住，就以人口较多的那户为附户，附户应该另行编制户号，标明附户字样，钉上门牌。在调查户数的时候，应该同时调查户主姓名。在调查人口数时，由调查员根据编定的户数，按照民政部制定的调查口票（即调查人口数表格）格式，交由户主填报，口票上列出姓名、年龄、职业、籍贯、住所等项目，同时要调查户内有无曾经受过监禁以上刑罚的人、户主有无正当职业以及户内是否多人杂居。填写完的调查口票，调查员随时再到各户逐项抽查。在编造口数册（即人口册）时，应该把册内年满 7 岁的学龄儿童和年满 16 周岁的壮丁分别计算总数，附记在人口册的后面。除调查户口外，同时有其他调查，在有船户的省，应该另行分加别号。在没有设立行省的地方，如内外蒙古、青海、西藏等地，应该由该省长官调查。对于旅居中国的外国人，无论是游学、经商还是作工人等，都应该由出使大臣率各领事分别调查。

这次户口统计的结果分清单（各省呈报的统计结果）与清册（内务部汇总各

省呈报的统计结果）两方，但有些省份的清单与清册数字不一致，根据清单总计全国户数为 59 825 607，依据清册合计全国总户数为 62 484 265。

宣统二年（1910 年）的户口调查是我国人口调查方法与人口统计史上承上启下的关键事件。民国时期，各省警察局即市政府所做的人口调查，大都复制这次调查的方法，略微调整。而且，这次调查也引起了国外学者的广泛关注，调查结果为中外学者所重视，比如美国统计学家柔克义（W. W. Rockhill，或译为"W.W. 罗克希尔"）、沃尔特·弗朗西斯·威尔科克斯（W. F. Willcox）等，常以此为据推测我国人口的增加率等。特别是威尔科克斯和陈伯修（即陈华寅）在1929 年第十九届国际统计会议上对中国人口总数的争议，双方各据其理，互不相让，引起广泛关注。

宣统二年（1910 年）的户口调查结果显示人口数量骤降近一万万，实属巨大。关于这次调查的结果，争议也很大，或笃信，或深非。究其原因，复杂难辨。一方面，调查方法不精密，调查范围未及全国；另一方面，清末社会动乱、民不聊生，外加庚子之灾，人口减少也是实情。

国际劳工局中国分局统计专员朱祖晦[①]认为：

> 吾人以为此时所得之户数与口数，实亦不足深信。清季始行警察之制，然仅限于都会城中及其附郭；偏僻小县，每无警察之制；至于乡村，更无论矣。即使当时警察政治果有以异于保甲法，其所能稽查之民户，亦仅限于所辖之区，至于警察势力所不能到之区，盖仍恃诸村董地保之悠悠言论，或仅恃县中之粮串底册。而况当时仍采用填报之法。中国人民至今犹多怀疑人口统计之性质，然则其所填报者，每为失实之事耳。是故此时所得之户数，以及人口数目，滋难信矣。[②]

六、民国时期的户口调查

如果说中国是一个谜，那么中国的人口问题要算是谜中之谜了。[③] 20 世纪上

[①] 朱祖晦（1899—1980），江苏南京人。美国哈佛大学硕士。曾任国民政府设计委员会设计委员、中央研究院社会科学研究所研究员、国际劳工局中国分局统计专员。1933 年起任国立武汉大学法学院经济学系统计学教授，1938 年离职。其论文《统计学上两量之比》《拣样调查法之理论》《三十年之汉口外汇指数》等在当时颇有影响，1934 年还出版过《人口统计新论》一书。

[②] 朱祖晦. 中国人口统计之过去及其目前救急之途径 [J]. 统计月报，1931，3（2）：104.

[③] 范师任. 最近二十年来中国人口问题之研究 [J]. 光明之路，1931，1（7/8）：1.

半叶，我国没有举行过大规模的户口调查。1912 年之后，政府机关、海关、邮局、学术团体以及国内外学者，都想解开这个谜中之谜。国际上，1925 年美国纽约《世界报社年鉴》记载中国总人口约 375 000 000。法国以色列（Israel）博士在《哥达年鉴》中记载中国总人口约 386 000 000。国际联盟统计局 1925 年的统计为 401 000 000。法国学者本勒（Bunle）在 1923 年国际统计学会上称中国总人口为 411 000 000。1928 年，美国威尔科克斯博士根据宣统二年（1910 年）的户口调查，加以厘订，算出我国各省户数 6 450 多万，以每户平均人口 4.3 人乘之，求得人口数 27 700 多万，加上边疆人口，全国总人口约 29 400 万，尚不及三万万人，因屡被提出证据并认为估计太低，于 1930 年修正为 34 100 多万人。1929 年，美国 H. P. 霍华德（H. P. Howard）根据各种调查统计，估计我国人口在五万万以上。

在国内，学者陈长蘅根据宣统二年（1910 年）的调查结果，估计当时人口少则 38 500 多万，多则 40 400 多万，并根据每年 11‰ 的增长率计算，至 1928 年，全国总人口少则 46 000 多万，多则 47 300 多万。陈华寅根据民国元年（1912 年）的户口调查，估计当时人口达 39 300 多万，以每年 7.8‰ 的自然增加率计算，估计至 1928 年，全国总人口为 44 500 多万；陈启修根据年鉴，估计我国人口有 53 100 多万。

总之，不同学者各据一数，众说纷纭，精确度究竟如何，也殊难判断。1923 年，著名社会学家余天休[1]就倡议组织学社研究中国人口问题。1931 年，中国社会学社第一次出版年刊《中国人口问题》，即以我国人口问题为讨论的中心。

1. 民国元年（1912 年）至民国十六年（1927 年）的户口调查

人口统计为庶政之母。1912 年中华民国成立后，政治建设、社会治理都需以人口统计为基础，因此内务部立即着手全国范围的户口调查，而这次调查的统计结果直到 1916—1917 年才由内务部陆续出版。虽然这次全国人口调查的调查章程、具体的调查方法目前仍处于失考状态，不得而详，但调查结果有据可考，当时国内外学者都研究引用过。

民国元年（1912 年）全国户口调查的具体项目包括：户数、男子数、女子数、男女出生数、男女死亡数、已婚男子数、未婚男子数、以职业分类的人口数、以死因分类的人口数、以国籍分类的外国男女侨民人口数、以职业分类的外

---

[1] 余天休（1896—1969），广东人，曾留学美国，并获博士学位，我国提倡社会学研究最早的学者之一，著有《社会学大纲》等社会学著作约 15 种，对我国早期社会学发展有一定的贡献。1922 年 2 月，时任北京师范大学社会学教授的余天休发起成立"中国社会学社"，中国社会学社是中国社会学界第一家学术机构，其编辑的《社会学杂志》（双月刊）作为会刊，由余天休任主编，由商务印书馆出版。

国男女侨民人口数等。除上述各项人口统计事项外，还有各县的面积，已耕、未耕的亩数，山丘的高度，河流的里数，以及不属于人口统计的其他事项，堪称至此为止历史上最详细的统计。[①]刘大钧认为，"民元人口统计，虽不能称尽美尽善，然观于所列各项目，则诚可认为中国户口调查之最详细者"[②]。

此次户口调查涉及十九省及京兆、北京两区的统计。根据内务部印行的内务统计记录，总计户数为 65 896 781，人口数为 351 045 822。户数、口数较宣统二年（1910 年）均激增，疑似当时各省选举的影响，由政客操纵浮报民数，以期在国会中多占议席所致。此虽不无根据，但亦为可一概而论。刘大钧在 1931年国际统计学会会议上的《1912 年人口统计》的论文中，有所论列，据其研究所得，"除少数省份外，多数省份尚少浮报选民之嫌疑"[③]。陈正谟认为，"民元调查，选民纵有浮报，户数未尝如法炮制。此乃由于政客之徒，不知户口统计之义，只将选民浮报，未将户数增加，以掩藏其弄巧。遂致刘先生（即刘大钧——引者注）发现河南某县每户平均口数竟达三百三十四人之多……当时户数不仅未曾浮报，且有遗漏，因其户数尚有少于宣统二年所查者"[④]。他据此统计结果依公式推算至 1928 年，我国的总人口数为：

$$\log pn = \log 403\,041\,748 + \log 1.012$$
$$= 8.605\,359 + 17 \times 0.005\,180\,5$$
$$= 8.693\,427\,5$$

反对数 $8.693\,427\,5 = 493\,660\,000$

这一时期，各省分别编查人口统计，其中有自觉按照民国元年户口调查办法按年编查者，有编查一两次或七八次而中止者，有四五年后始行编查者，更有完全未编查者。自民国元年（1912 年）至民国十六年（1927 年），只有山西一省能够按照民国元年户口调查办法按年编查，至为专业详细。编至民国十年（1921年）的有江苏、吉林、黑龙江、察哈尔四省，编至民国七八年或四五年的有浙江、江西、山东、河北、河南、湖北、湖南、四川、辽宁、新疆十省。只编查过一两次或迟至民国四五年始行编查的有贵州、福建、甘肃、青海、宁夏、绥远六省。完全没有编查过的有安徽、陕西、云南、广东、广西五省。各省人口编查参差不齐，故内务部实际并未按年汇编总册。

---

① 李芳. 中国人口统计问题 [J]. 中华周刊，1937（586）：6.

② 文永询. 我国历来之人口调查 [J]. 统计月报，1934（26）：3.

③④ 陈正谟. 我国人口之研究 [J]. 统计月报，1933（14）：5.

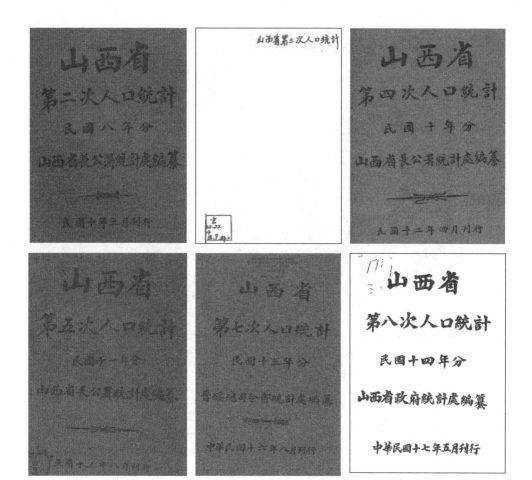

民国山西部分人口统计编纂材料

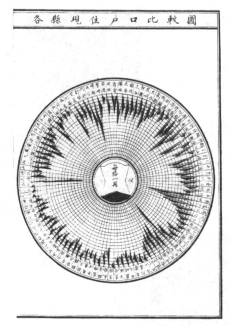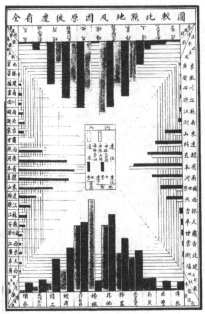

民国山西第九次人口统计材料插图

资料来源：山西省第九次人口统计，1931-04.

2. 民国十七年（1928 年）的户口调查

1928 年，国民革命军入定中原，结束军阀混战，统一全国，训政开始。内政部于当年秋天，制定户口调查办法及表式，通行各省，令各省市办理户口调查，汇齐报内政部，以备实施训政之参考。截至 1930 年底，查竣报内政部的有江苏、浙江、安徽、山西、河北、辽宁、陕西、湖北、湖南、新疆、绥远、察哈尔、黑龙江十三省。只调查一部分的有山东、福建、江西三省。所用方法有擅自更改者，江浙皖三省系援用前内务部在 1915 年颁布的规则，南京市则完全另行制定调查方法与表格，其他各省均根据内政部 1928 年所订的户口调查规则及表式办理，但具体所用办法均不一致，致使整个统计工作很难统一。对于没有查报的省份，内政部根据以往的最后调查数目，参酌该省的土地面积及人口密度，并比照此次各邻省报内政部的调查数据，加以估计。

1928 年内政部编订的调查表及所列项目如下：

（1）普通户调查表。调查项目有：户主、亲属、同居、佣工等的姓名、性别、已未婚嫁娶、有无子女、年龄及出生年月日、机关、曾否入国民党、居住年数、职业、宗教、教育程度、废疾、其他事项。

（2）船户调查表。调查项目与普通户调查表同。

（3）寺庙调查表。调查项目包括：主持、徒众、佣工等的性别、年龄及出生年月日、籍贯、曾否入国民党、居住年数、剃度年月日、其他事项。

（4）公共处所调查表。调查项目有：该处名称、性质、主持人姓名、办事及佣工人数及性别。

（5）区县省市户口统计表。调查项目一是内省普通户及外国人寄居中国户口各项总数，调查项目二是船户、寺庙及公共处所各项户口总数。

（6）各区县省市每月户口变动统计表。调查项目包括迁入、徙出的户口数，出生、死亡、婚姻等男女人数。

调查项目大部分仿效清末人口分类办法。1931年，内政部公布调查统计结果，总人口为474 487 000，显然各省统计以千人为单位，不免含有多少估计的成分，不免有估计过高或估计过低之弊。此次内政部所依据的资料，大部分来自各省特别区及特别市的官方报告；各省特别区及特别市所依据的统计资料，又来自各县各市或各警察区的官方报告。但在过去数年中，全国各省区市县大部分在相当长的一段时期内都卷入战事或匪徒骚扰，这些地方不能遵照内政部规定举行户口调查是明显事实。在相对安宁的省份，虽然能开展户口调查，但以国内统计人才缺乏、调查方法简陋以及地方政府敷衍塞责之故习，真实精密的统计调查恐百无一二。

在所有的省市中，编制最精密者为上海市，除照颁格式编造户口变动统计外，并按月编制上海市公安局各区所市民分析统计，使整个上海市人口状态表现无遗，深合近代人口统计的目的。

这一时期，人口静态统计的基本情况如下：1928年，南京、上海、汉口、天津、广州、福州六市举行户口调查；1929年，山西、河北、吉林、绥远、察哈尔、宁夏、北平七省市举行户口调查；1930年，山西、陕西、河北、辽宁、宁夏、察哈尔、青岛、汉口八省市举行户口调查；1931年，江苏、浙江、湖北、山西、察哈尔、宁夏六省举行户口调查；1932年，江苏、浙江、河南、湖南、广东、云南、宁夏、绥远、察哈尔九省举行户口调查；1933年，安徽、河南、湖北、广西、贵州、青海、宁夏七省举行户口调查。

除各省市政府举办的人口统计外，还有各县临时自动举办的，或由中央机关指定一县办理特种调查兼办人口统计的，其范围虽仅限于一县，但所用方法与所得结果颇有价值。（1）1930年河北定县社会及人口调查。当年，中华平民教育促进会拟开发定县为我国模范县，调查该县户口为5 255户，每户平均人口5.8人，以此比率，推算全县人口总数。（2）1933年江苏江宁县户口清查。江苏省以江宁为试验县，举行户口清查，并接续办理人事登记。由国民政府主计处统计局派员指导筹备、训练、整理等工作。（3）1933年江苏句容县农业及人口调查。参谋部国防设计委员会在句容县办理人口农业总调查，调查项目颇为详细，共耗费用2 400多元，统计费2 080元，人均费用约1分7厘。

3.民国十九年（1930年）的全国人口产业大调查

1930年，国民政府令行政院转饬内政部、农矿部、工商部，各机关商同立法院统计处，筹商全国人口产业大调查。此调查以人口与农业为先，以便成立基本统计，到第二次户口大调查时，再加入工商业总调查。

关于人口调查的内容包括：（1）全国人口户数及口数；（2）全国户口之密度；（3）全国人口之男女比例；（4）全国人口之出生年份、出生地点及迁徙状况；（5）全国人口之种族别及宗教别；（6）全国人口之现有配偶数及子女数；（7）全国人口之职业细别；（8）全国人口之教育程度；（9）全国人口之生活需要及生活能力。关于农业总调查的内容有：（1）农民户口及农民人数；（2）熟地、荒地之亩数；（3）动植物之产量；（4）地权之分配；（5）资本之额数；（6）借贷之方法；（7）天灾之状况；（8）农法之改良。①

关于调查机关，国民政府设立全国人口产业查记委员会，由有关院部长官及统计专家组成。其中设立执行部，由有关院部的统计人员组成。各省各特别市由省市政府各有关机关组织，省市人口产业查记委员会由省政府主席或市长为委员长。各县各普通市照此原则办理。在调查前，由各省各特别市政府选派人员，到中央所设训练机关接受一定时期的训练。各省接受过中央训练的人员，回到本县各乡区召集各乡村学校教职员、各公家机关职员以及乡区中达到一定教育程度的人员开展培训。再由中央派员至各省各特别市，由各省派员至各县市，监督宣传与调查。在调查日当天，全国总动员，凡接受过调查训练的人员都从事调查，凡有一定教育程度的人皆从旁协助。

4.民国二十八年（1939年）的呈贡人口普查——我国现代人口普查的典范

民国时期的人口问题虽然不能在短期内得到合理的解决，但关于人口的调查与统计，应当研究之，实行之，以备万一之需用。1939年清华大学国情普查研究所在云南呈贡县的人口普查试验是我国近代唯一一次关于人口普查与人口统计方法的试验。

1938年8月，西南联合大学国情普查研究所（清华大学国情普查研究所，以下简称国情普查研究所）在云南昆明成立，作为战时设立的五个特种研究所中唯一的社会科学研究机构，承担着研究国情普查方法、掌握社会基本事实的重要使命。该所在清华大学社会学系的基础上组建，时任清华大学社会学系主任的陈达出任所长，戴世光主持该研究所统计部工作，时任清华大学社会学系教授的李景汉负责该研究所调查部工作。1939年6月，为躲避敌机轰炸，国情普查研究

---

① 陈正谟.中国户口统计之研究[J]，统计月报，1930，2（6）：14-15.

所迁至呈贡文庙。同年，"燕京大学—云南大学社会学实地调查工作站"成立，并于次年迁到呈贡魁星阁。至此，中国社会学界的两大学术团体"文庙派"与"魁阁派"汇聚形成，同时在中国大地开展社会学的中国化与本土化探索。费孝通曾肯定国情普查研究所开展的关于普查方法的实验，"这实验奠定了来日全国性普查的方法和技术"[①]。而1939年陈达、戴世光、李景汉主持开展的呈贡县人口普查试验正是其中的典范。戴世光也因此与社会学结缘，1957年参加过两次关于恢复社会学的活动，1983年作为中国人民大学社会学系的代表参加我国社会学"六五"规划会议，此次会议确定了三项"六五"期间社会学学科重点研究项目，其中中国人口问题研究包括我国生育率降低趋势与问题的议题，由戴世光、袁方和张乐群等负责学术指导。

时任清华大学校长、西南联合大学实际负责人的梅贻琦十分看重国情普查，认为，"国情普查可以说是一切社会学术的张本。没有普查，没有数字，没有统计的记录，一切社会学说是冥想，是空论，是嚼文嚼字，是一些词的堆砌，是一些主义的戏法变换罢了"，并指出，"空疏"和"偏蔽"是近代社会学说的两大弊病，且后者危害更甚，不仅是因为偏蔽的学说"喜欢从一部分社会资料得到的结论来解释全般的社会现象和整部的历史变迁"，更是由于在执行无法落实的偏蔽学说时，"其为祸却大，因为强制举措之际，以及其不通而又须改弦易辙之际，其所耗费的力量，其所引起的纠纷痛苦，是无法计算的"。因此，他希望战时国情普查研究所的试验研究能够在抗战结束后，为国家建设提供可凭借的事实依据及科学的研究方法。[②]

在研究方法上，国情普查研究所注重掌握我国的基本国情，并致力于探寻、试验在我国开展大型社会调查的方法。而"云大研究室在方法上和普查所是不同的"[③]。魁阁研究室是在功能主义的指导下，以类型比较的方法开展社区研究，并在此过程中不断提出有概括性的理论问题。如果用简单的二分概念对其进行划分，便可说前者旨在探索定量研究方法，后者力求精进定性研究方法。这两座闪耀的学术灯塔尽管在方法上有所区别，但最终目标和终极关怀一致，即科学地认识中国社会，为中国的建设提供科学、系统的分析方法。[④]在社会学研究方法的中国化进程中，吴文藻和费孝通主持的魁阁研究室的贡献无疑，但国情普查研究所的价值亦不容忽视。"陈达主持的清华大学国情普查研究所的普查工作，在理

---

①　费孝通. 中国社会学的长成 [J]. 文讯，1947，7（4）：10.

②　梅贻琦. 云南省户籍示范工作报告 [M]. 云南环湖市县户籍示范实施委员会，1944：梅序.

③　同①.

④　梅贻琦. 云南省户籍示范工作报告 [M]. 云南环湖市县户籍示范实施委员会，1944；戴世光. 呈贡人口普查1940. 原始手稿油印本，1940；费孝通. 云南三村 [M]. 北京：商务印书馆，2021.

论上和方法上为社会学的中国化作出了贡献。"①

　　"国情普查研究所的工作，目的不在普查本身，而在普查方法的研究：务求其简洁精当，省费可靠；研究而有得，就把所得的交给国家，供国家实行普查时的参考采择。普查原是国家大政，并且是施政的第一个步骤，非学术机关在权能上所得越俎为之的……我们今后的希望是，就研究所本身说，我们一方面对于研究的题材还要推广，例如工商业的普查，又如人口品质资料的搜罗分析，一方面对于研究的方法还要力求精进。"②国情普查研究所成立后开展过一系列普查方法试验的研究，其中最早开展的就是 1939 年云南呈贡人口普查，这是一次从研究设计、调查内容、调查方法到统计方法都具有现代意义的人口普查。而人口普查本质上是社会调查的一种特殊形式，因此这更是一次目标明确的、科学的、扎根中国大地的关于调查技术和统计方法的试验与研究，是宝贵的学术遗产，具有重要的学术价值和可鉴之处。即便在当今中国社会科学界，关于研究方法中国化的试验与研究也是凤毛麟角。虽然已有学者关注到呈贡人口普查，在展示史料的同时，肯定了其对于现代人口普查的意义③，但对于呈贡人口普查所开展的普查方法探索与试验的关键细节以及其中所蕴含的量化意识与技术仍有进一步挖掘的空间。有鉴于此，本书第一次从调查研究方法的角度详致考究这次人口普查方法的试验，探讨实际执行者与主持人之一的戴世光④在其中做出的贡献，特别是他关于研究方法的本土化探索、对调查数据质量的量化管理和兼具国际视野的学术自

---

① 　王康. 社会学史 [M]. 北京：人民出版社，1992：311.

② 　梅贻琦. 云南省户籍示范工作报告 [M]. 云南环湖市县户籍示范实施委员会，1944：梅序.

③ 　乔晓春. 中国人口普查研究 [M]. 北京：中国人口出版社，1995；侯杨方. 中国人口史：第 6 卷 [M]. 上海：复旦大学出版社，2001；阎明. 中国社会学史：一门学科与一个时代 [M]. 北京：清华大学出版社，2010；袁卫. 从"人口革命"到重构统计教育体系——戴世光教授的学术贡献 [J]. 中国人民大学学报，2012（1）：146-152；杨海挺. 抗日战争时期西南联大在云南的地理与人口国情调查试验 [D]. 昆明：云南大学，2015；吕文浩. 被遮蔽的光彩——李景汉与中国近代人口调查研究 [J]. 清华大学学报（哲学社会科学版），2018（5）：140-150.

④ 　因国情普查研究所的成果大都以集体名义发表，仅在最后列出参与的成员，因此个人在其中的贡献不易辨别。又因研究所有关的人口和农业调查报告由戴世光编写、所长陈达审定，可以推断戴世光全程参与了此次试验，并负责大部分工作，否则难以编写出如此详细的调查报告。此外，戴世光在《戴世光文集》的代自序中写道："1938 年夏，我首先在清华大学国情普查研究所科学研究的任务就是在云南省呈贡县设计并组织人口普查和统计，设计并组织农业普查和统计，以及设计和组织人口出生和死亡的登记、调查和统计。其后由我和其他教授、教师、练习生、统计员等一起在 1939 年举行呈贡县 7 万人口的人口普查统计。"此外，当时为西南联大社会学系学生的袁方也曾在"戴世光先生人口理论学术座谈会"上提到："在云南昆明，60 万人的人口普查，都是戴老主持。"参见：戴世光文集 [M]. 北京：中国人民大学出版社，2008：367。

觉堪称经典。

（1）情定"国情普查"门 [①]。

戴世光，著名统计学家、人口学家、社会调查研究方法专家，我国现代人口普查、统计学的奠基人之一，1953 年从清华大学转到中国人民大学，从事统计学与人口学的教学和研究工作。他曾对我国 1953 年的人口普查方法和数据做过细致的研究分析，在肯定这次人口普查的同时也实事求是地提出了改进建议。[②]1974—1978 年，他在北京经济学院从事 4 年人口学的研究工作（实际没去，研究所就设在中国人民大学校内北五楼），又捡起了 30 多年前的人口统计研究，此后一直没有停止对人口统计方法与社会科学研究方法的研究。在此期间，除了与人合编《资本主义国家经济统计指标基本知识》《世界人口统计简编》外，他还撰写了《世界各国人口政策》《战后美国人口问题》《战后法国人口问题》等专论。1978 年，他转回中国人民大学统计系，完成《半封建半殖民地中国人口问题的分析》。1982 年，他作为全国第三次人口普查办公室顾问前去昆明指导云南省人口普查工作，并与云南大学人口研究所陈旭光教授合作研究课题"1942—1982 年昆明环湖县区人口的变动与发展"，成果于 1988 年以专著《1942—1982 年昆明环湖县区人口的变动与发展：一个城乡社区的人口学研究》的形式出版。"该著作的出版，在国内外人口学界引起了广泛的关注，被认为是研究中国现代城乡社区的珍贵文献。"[③]而这一切都要从戴世光选择"国情普查"门讲起。

清华大学经济系于 1926 年 4 月成立，其早期办学目标为"造就人才，改良社会组织，发展国民经济能力"。首任系主任陈岱孙注重理论与中国现实结合，强调"理论、事实与技术兼重"，旨在帮助学生打下坚实的理论基础，了解国家实际状况，同时获得在经济界服务社会所必备的技术训练。[④]1927 年，戴世光考入清华大学经济系，是年经济系入学考试覆盖了诸多领域并要求考生联系日常生活中观察到的经济现象，根据经济学原理进行具体分析和计算，以期全面考察考生对基本概念的理解、逻辑思维能力和知识面，题目是"试论中法两国人口繁殖之不同点及其原因"，戴世光后来对国情普查情有独钟很可能源于此事。1931 年，戴世光获经济学学士学位，遂进入清华大学研究院研究"社会、经济统计方法应

---

① "国情普查"是一个概括的名词，指一个国家中各种基本情形的普遍调查。根据普查对象的不同，又可分为人口普查、农业普查、工业普查等若干独立的普查。参见：国情普查与云南的人口调查 [J]. 今日评论，1939，1（6）。当时的"门"就是现在的"专业"。

② 戴世光. 我国 1953 年的人口普查 [J]. 教学与研究，1957（4）：1-6.

③ 袁卫. 从"人口革命"到重构统计教育体系——戴世光教授的学术贡献 [J]. 中国人民大学学报，2012（1）：147.

④ 李惠，袁卫. 戴世光学术年谱 [M]. 北京：中国人民大学出版社，2021：14.

用问题"[1]，"至于专业选择，先选的财政，念念看觉着空；当时已经在羡慕学工程的算算画画很实际，因而念了半年财政，就改搞统计，重新学起来"[2]。导师是赵人儁，选习的主要课程有高级统计学、经济理论、经济统计、微积分等。1933年，戴世光报考留美公费生未竟。1934年毕业之际，再次投考"国势清查统计"门（后改称"国情普查统计"）成功，考取清华第二届留美公费生。关于其留美求学深造经历，第四章有专门介绍，此处不再赘述。总之，正是在求学过程中，戴世光实现了情定"国情普查"门。

（2）战火中的现代人口普查试验。

抗战时期，戴世光就认识到当时中国的根本问题在于怎样建设成现代化的国家，因此一定要有所凭借，其中对人口事实的了解最为重要。[3] 尽管当时国情普查研究所的研究人员不仅经常面临空袭的威胁，还常要忍受物价飞涨所带来的种种困扰，但为了战后重建，学者们克服了种种艰难困苦，可以说是在战场上坚持开展了人口普查与农业普查的试验。这些试验为我国开展全国人口普查积累了宝贵经验。比如，当时戴世光便已经认识到，普查需要在指定的空间和时间内取得人口数据，于是划定普查区并设定普查日；注重调查项目的设计、强调宣传和与当地政府的合作、抽调教员担任调查员等，这些经验在新中国成立后开展的前两次人口普查中都有直接借鉴。

1938年戴世光回国后，应梅贻琦邀请加入国情普查研究所，并在经济学系教授统计学，随即在云南呈贡县设计并组织人口普查和统计、农业普查和统计以及人口出生和死亡登记等国情普查工作。可以说，戴世光之前的三年海外求学和实习经历与此时国情普查研究所欲求在中国做一次人口普查的试验需求完美匹配。戴世光入所后就开始招聘助理和统计练习生若干人加以指导和培训，到云南省民政厅、昆明市政府、呈贡县政府、宜良县政府、晋宁县政府所属之人口普查机构参观调查，通过云南省民政厅第三科（即云南全省编查保甲户口办事处），商借包括公共处所、普通户、船户、寺庙在内的各县户口调查表格等资料，并自行研究。通过分析比较和实地考察，确定呈贡县作为人口普查区优势明显：此地距离昆明市不足20公里，有火车与昆明相连，交通便利，居民以经营农业为主，人口数量合理。1938年12月2日，陈达自上海携眷返回昆明，戴世光到车站迎接，汇报了自己对周边各县所做的考察情况和意见，随后陪同陈达在昆明县官渡镇及附近乡村、呈贡县回龙乡等地考察，与地方官员接洽商谈。对此，陈达写道：

---

① 戴世光.戴世光文集 [M].北京：中国人民大学出版社，2008：2.

② 李惠，袁卫.戴世光学术年谱 [M].北京：中国人民大学出版社，2021：17.

③ 戴世光.论云南省户籍示范工作 [J].当代评论，1942，2（5）：5-8.

戴世光对于选择试验区事，已着手进行，除路远者不适宜外，余亲赴昆明市近处视察，先到昆明县属官渡镇及其近村。官渡离昆明市南门外约五里，一日下午与戴步行去，归时沿滇越铁路走，遇火车来到九门里时，车虽徐行但不停，余等一跃登车。

余与戴君另一日往呈贡见县长，并到回龙乡在乡公所与乡长、保甲长、小学教员相谈。余有意选呈贡县为试验区。李景汉兄适由迤西归昆明，某日请李与同人二人，往官渡及呈贡视察，以便汇集各人的印象，作最后的决定。①

在各方的共同努力下，1939 年 3 月抗战进行时，云南呈贡人口普查落地，这不仅是我国第一次具有现代意义的人口普查，更是我国近代一次关于调查研究方法中国化的试验。呈贡人口普查试验的范围选定在云南省呈贡县，目的是找到适合我国国情的人口普查方法，包括人口资料的收集、整理以及分析方法，为将来我国开展全国范围的人口普查提供可靠的数据支撑与技术实践经验。这次试验的内容分为三大块：设计、调查与统计。"设计的范围包括本试验自始至终各主要步骤，如试验区的选定、调查表的编制、工作人员的组织与训练、统计法的选择、人口统计的数量与性质的决定、经费的估计等。设计、调查与统计的总和，可简称为方法的试验。"②试验原则有四：结果务求比较可靠，经费务求比较节省，时间务求比较经济，手续务求比较简单。普查日定在 1939 年 3 月 6 日，委定各乡小学教员为调查员并给予为期的培训，通令各乡保甲长负责宣传及领导调查，调查周期为 1939 年 3 月 12 日至 1939 年 5 月 1 日。在调查过程中对调查表有初步审核，调查结束后要复查，初审和复查工作结束后还需要根据随机抽样的原则随机抽选 10% 的调查表做实地复查。初审、复查、抽查的标准与依据有四个方面：一致性（consistency）、统一性（uniformity）、完全性（completeness）和准确性（accuracy）。

完成人口资料收集工作后，开始人口资料的整理，包括计算和统计两部分。因为是试验，所以采用了两种整理法：划记法和条纸法。1939 年 12 月完成两种方法的比较试验，综合考虑数据录入的精确度、人力与经费的需求，最终确定条纸法更适合中国国情。研究者拟根据这次试验的经验于 1940 年冬天在云南举行更大范围的人口普查，即云南环湖 10 县人口普查，以做进一步的试验。1940 年 8 月，国情普查研究所完成《云南呈贡人口普查报告》（油印本），共 153 页。呈

---

① 陈达.浪迹十年之联大琐记 [M].北京：商务印书馆，2013：188-189.

② 戴世光.呈贡人口普查 1940.原始手稿油印本，1940：2-3.

贡人口普查是一次科学性十足的社会科学试验，这份报告详致记录了试验的全过程，细到条纸的厚度、长度、宽度、颜色、缺角位置，且用于盛放条纸的木箱的制作全过程以及所需洋钉、麻绳的数量，均附有图片，每一个质量审核环节都有错误率计算方法和结果解读。即使没有受过人口普查方法专业训练的人，依照此报告也能复制出一个相似的人口普查执行方案。

（3）社会调查方法的本土化探索。

学术研究的本土化始于清末民初，是一个由来已久的重要话题。彼时，随着留学生陆续回国并在大学担任教职、开展研究，西方的知识体系在阐明和解决中国问题时具备何种程度的有效性和可行性，渐为学者所关注。吴文藻曾呼吁创造有中国特色的理论和研究方法，培育"独立的科学人才，来进行独立的科学研究"，使学术研究"植根于中国土壤之上"，从而实现"彻底中国化"[①]。在学术研究本土化的实践过程中，最能体现这一追求的就是结合本土社会所进行的一系列实地调查。毋宁说，学术研究本土化的最初表征就是社会调查的本土化。只有对本土现实问题有准确的把握、对本国国情有充分的认知，才有可能提出切中问题要害的解决方案，才有机会建构富有生命力和解释力的理论体系。

戴世光打破了 19 世纪末 20 世纪初学术界"欧风美雨"带来的全面崇洋媚外与闭门造车的两极分化，用深厚且专业的学术素养和扎根中国大地的实际行动打开了中国现代人口普查的新局面，而这些都值得今人反复咀嚼与学习。

1）国际经验的本土化探索。

国际经验的本土化研究，就探索者而言至少需要具备两个条件：一要熟知本土风俗习惯，二要深谙国际经验与人口统计分析需求。戴世光深知，唯有采取科学的调查方法才能准确把握中国人口现状，进而为学者开展研究、政府制定政策提供客观的现实依据。纵观这次试验的全过程，从试验地点和普查日的选取、调查对象的界定、调查表题项和表格的设计、填表方式、调查员的选择与培训，到调查表格的整理以及最后的统计分析，处处透露着国际经验的本土化探索。限于篇幅，下面仅就其中一二略作分析。

在人口普查中确定人口标准是关键，即设定统计口径。戴世光指出，国际上通用的标准有两个：实际人口和住所人口，"英国采用上述第一种标准，美国采用第二种标准，西班牙和德国采用两种混合制。我们求与我国的社会情形及办理人口普查的方便起见，似以采用住所人口制为宜。农业社会的人口富于固定性，大多数人都有住所；况我国的家庭制度根深蒂固，无家的个人比较少见。我们于

---

① 吴文藻.吴文藻人类学社会学研究文集 [M].北京：民族出版社，1990：13；吴文藻.论社会学中国化 [M].北京：商务印书馆，2017：总序 4.

举行人口普查时，如以住所为标准，对于计算固定人口的总数时，可以减少重复及遗漏。"①

关于人口普查表，"我们详察本国的需要及欧美的成例，拟定人口普查表，共包含 10 个项目，即姓名、与户长的关系、通常住所、籍贯、性别、年龄、婚姻、教育、职业（包括行业及职务）及废疾。这些项目似于近世人口普查为最基本并不可缺少的问题，在试验人口普查时，不妨暂时采用，将来我国对于人口问题的研究较深、对于普查日的经验较富时，关于问题表的项目，可以参酌实情而修改。我们希望中央政府于不久的将来，制定并颁布标准问题表，以便各省县举行人口普查时采用，庶几全国有一致的问题表，以期由该问题表所得的各种答案，可供比较的研究"②。即在积累足够国内经验的基础上，结合国情，制定标准问卷，以便做比较研究。至于填表方式，戴世光综合考察了国际常见的三种填表方法：调查对象自填，调查员根据受访者答案代填，调查员代填后由被调查者署名。英、法、德诸国用第一种，美国、印度用第二种，意大利用第三种。尽管第一种方法便捷，但考虑到当时我国人民文化程度整体较低，一部分户长连名字都不会填写，且人民对普查意义了解尚不充分，所以采用了第二种填表方法。

符码（coding）是整理人口普查表的第一步，用当下的调查术语讲就是事后编码。编码难度最大的题项是"职业"。戴世光在海外实习中发现欧美已发展出自己的一套混合职业符码制度，大的分类为行业，小的分类为职务，只有一个符码表（即编码表、编码手册）。他根据当地的职业状况，改成两项交叉制，行业与职务各有一符码单，两项交叉，能获得同样的结果，而且两项交叉制较为简单，也更符合中国人的职业情况。

在完成人口普查表的整理后，如何对这些人口普查表进行统计则是此次试验的重要内容。为此，戴世光提出三个中心问题："（一）在统计方法中，自人工到机器，哪一种比较适合于我国的人口普查？对于这个问题，要想寻得适当的答案，我们必须注意：（甲）准确性，（乙）劳力的需要，（丙）经费。（二）整理人口材料时，用何种方式列表比较合理？（三）为适应我国政府的需要及社会科学的研究，哪几种人口统计，我们应该优先供给？"③接着，戴世光基于在欧美及印度所做的相关考察，提出四种试验方法，分别是划记法（tally method）、条纸法（the individual slip system）、边洞法（paramount sorting method）和机器法（mechanical sorting and counting system）。随后，他用了一大段描述四种方法的起

① 戴世光.呈贡人口普查 1940.原始手稿油印本，1940：12.

② 同① 13.

③ 同① 17.

源及在不同国家的应用情况，并列出了相关的英文参考文献，足见其在权衡比较时所持有的慎之又慎的态度。戴世光在综合比较四种国际常用方法的基础上，结合国内鲜见的实践［即民国二十四年（1935 年）山东邹平县的人口普查］，决定在这次试验中仅对划记法与条纸法做初步分析，至于其余两种方法，则须等到试验完成，另印报告。

理论和技术的本土化向来极其复杂，需要经历漫长曲折的探索与反复验证，既要避免简单地将外国理论、模型套用于中国案例，又要防止不顾中国国情生搬硬套国际经验，这些绝非坐在书房拍脑袋就能解决的。在这次试验中，每一次国际经验的本土化操作都克服了上述弊病，凡借鉴必注明原由，凡改革必讲明具体做法。

2）国内外经验的创造性改进。

民国时期，人口普查都称为"户口普查"，这源于"口系于户""户着于地"的一种传统观念。这一时期，户口普查均由户口行政机关办理，有四种系统：户口普查、警察户口调查、户籍与人事登记以及保甲户口编查。四种户口行政系统的目的不同，办理机构互异，但登记与调查的内容不免有重复抵触之处，这是各自为政、缺乏统计的一种表现。[①] 训政时期，国民政府先后颁布《户口调查统计报告规则》和《统计法》，通令全国各省一致遵行，由此各地纷纷开展人口调查，虽然不规范，但也积累了一些探索性经验。戴世光虽从海外留学归来，但没有轻视这些地方性的户口调查，反而遍查各地相关资料，特别是云南本省的户口调查经验，不拘一格地吸纳国内外经验，这在五四运动以后全面批判传统的大背景下愈显难得。

戴世光通过翻阅我国既往地方性的户口调查资料，发现以往的人口调查差不多是一户一张表，非常不经济。"民国二十七年云南省的普通户调查表，亲属占7 栏，同居占 6 栏，佣工占 4 栏，共计 17 栏。再加上每张表右首的填载例，约占 12 栏的地位，结果一张表专为一户之用，如一户仅有一人，也须用一张表，亲属若有八人，就要用两张表。"[②] 对此，他给出具体的改进做法并量化了改进的效果，"本届呈贡的人口普查表与上述云南的调查表，大小是一样。但是一张计有 25 栏，可以填 25 人，如平均以每家 5 口计，则表数可省 4/5，印表经费当然也有比例的节省。另一点是为调查员省时间着想，有许多项目的性质是有固定的分类，而且有的只能分为二种或三种，如婚姻不外'已'、'未'和'鳏寡'（乡村甚少离婚者）。与其调查员逐项照填答案，不如用符号代替……取消填载例，

---

① 朱君毅.民国时期的政府统计工作 [M].北京：中国统计出版社，1988：.

② 戴世光.呈贡人口普查1940.原始手稿油印本，1940：3.

采用调查员须知"①。他通过把以往的开放题改成封闭题，提高了填答效率，减少了填答错误。

在用条纸法整理普查资料的过程中，戴世光首先介绍了条纸法："简单地说，条纸整理法是用一张条纸来代表一个人，条纸的两端抄记上关于某个人的符码。"②在统计某一具体的人口特征时，只需点数这一特征栏中有多少张条纸，就能得到关于这一人口特征的统计数字。随后，为了适应需要并达到经济和准确的目的，戴世光在方法和工具上都做了相应的创新。一是用的纸相较于印度人口调查的用纸较厚，而较厚的纸张数起来可以提高效率，减少错误；同时缩小了条纸的尺寸，使得条纸的成本没有增加。二是利用符码，在抄录时只抄符码，既简化了手续又节约了时间。三是只用条纸的两端来记符码，这样审查时便利得多。分类员只要捏住条纸的一端，就可以翻阅另一端的符码。印度人口调查的条纸则自上而下，需要一项项将材料抄入。四是将印度人口调查分类时所用的木盒改为可以活用的木表。木表是用木板、洋钉和麻绳隔成，上面用写白字的黑布做横幅标题。除此之外，他还用条纸的颜色来代表性别，男性为黄色，女性为白色，而且因性别不同，条纸的缺角也会有变化，如图11-2所示。在全世界都在倡导创新的同时，恰恰从侧面反映出创新维艰，大多数创新都是小步慢跑、快速迭代。在调查方法的创新上，并不是只有实现研究范式的转换才是创新，创新很难一蹴而就，细节的改进也是一种创新。

在调查员的人选上，戴世光注意到在国际上"英、美采用临时雇员，按件计工资，在德、日系借重公务员及中小学教员，有奖状而无薪金，间或给予津贴。这两种各有利弊，但原则上似以后者为佳，因为国家可将调查员的工作视为公民的天职，正如人民有服兵役的义务一样。前者虽可利用报酬对工作加以控制，但临时征雇的调查员，大致无训练，又多为失业者"，虽然"我国向来借重乡保长，但乡保长的地方公事太忙，且大多数不识字，对于调查难以胜任"；综合国内外以往的经验确定"我们此次以小学教员为调查员，无薪，有津贴及奖状"，而且"老百姓对教员，具有相当的信仰和尊敬……对于所问各项，有据实答复的倾向，不会产生派疑或征兵的猜疑……很自然地减少了许多困难"③。

正因为深谙中国的文化传统及社会现实，又熟知西方先进的人口普查技术，戴世光才有可能探索出适合当时国情的人口普查方式，这既不是西方先进普查技术的直接转渡，也不是基于我国以往普查方式的消极继承，而是在学术自觉和实践自觉基础上的批判性创新。

①　戴世光.呈贡人口普查1940.原始手稿油印本，1940：3-4.

②　同①31.

③　同①11.

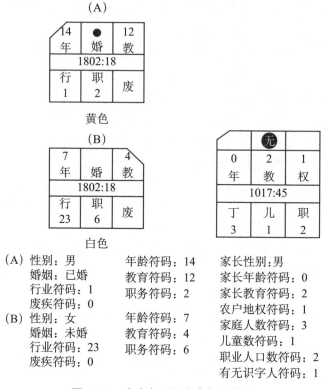

图 11-2　个人条纸和家庭条纸式例

（4）精细的量化管控与超前的数据化思维。

1）量化意识是量化管控的前提。

进入 21 世纪，冠以数字开头的新名词满天飞，量化管理俨然成为一种新型管理模式。具有强大功能的计算机和高精尖的互联网技术为更精准的量化管理提供了技术支撑，但这不能直接等同于量化管理，只倚赖新技术的所谓的量化管理其结果往往偏向弱智管理。要向智慧的量化管理靠近，首要的是回归基础和日常，同时还要有信度与效度兼顾的数据及专业化的数字人才。此次试验，戴世光以深入骨髓的数据化思维，借助统计方法，对整个试验过程做了精细的量化设计与管控，可谓我国近代量化管理社会调查的先驱。其中对调查数据质量的量化管理思维与技术对今天的社会调查依然深有启发。

量化管理的前提是量化意识，也可以说是档案意识，如此才能提前设计好事件推进过程中每一步可能产出的数据并提前做好采集数据的准备工作，这一步一旦被忽视，后期便会深陷"无米之炊"的困境。戴世光对这次试验的设计严谨细致，从一开始他就有意识地布局数字生产和操作务实。在云南呈贡人口普查的报告中，他非常有前瞻性地、细致地记录了试验过程中每一步能够被量化的数字，包括调查员培训及实地调查所需的天数、调查员和监察员（及督导）每日的平均工作量、抽样的错误次数及比较分析、末次审查的平均速度、事后编码的效率及出错率、随机抽查的错误率等。而且他准确地运用最小值、最大值、算术平均数、众数、百分比等统计量给出科学的统计分析，以备后面开展全国人口普查参考。

在《呈贡人口普查 1940》的第二章"调查经过"中，戴世光通过一系列的数字，客观、清晰地呈现了普查开展的日期、所用的时间和调查员的平均工作量："原定于民国二十八年三月六日开始调查，因为训练班延长了半天，致路远的调查员，当日不能达到其工作区，所以临时决定普查日不更改，而调查却由三月十二日开始……调查工作开始最早者为三月九日，最迟者为四月十日，全县半数以上的调查区在三月十二日开始工作。在规定工作时间 5 日以内开始工作的调查区，计占调查区总数的 7 成……实地调查所用的时间，最早的由调查日起 3 天即行结束，最晚的计占 50 天，平均每调查区占 15 天。若由工作日数来说，则最少的占用 2 日，最多的也不过用 16 日，平均连续工作 8 日，即可完毕，而用 5～9 日的调查区，约占全数的 57%。调查员每天调查的人数，最少为 40 人，最多的为 210 人，平均每天调查 83 人。每调查员平均每日曾调查 55～105 人之间的占调查区总数的 78%。"[①] 如此详尽的记录，不仅直观地展现了此次试验的整体概况，也为后期把握全国性普查的进度、合理分配人员、估算工作量等提供了可以凭借的依据。

2）基于随机抽样的质量控制。

在对整个调查数据的质量管理即信度监督过程中，戴世光将量化管理发挥到了极致，即便今天的社会调查有计算机与互联网的支持，绝大多数也没有达到这次试验的高度与精度，究其根本在于没有掌握量化管理的精髓：高质量的过程数据（即现在所谓的并行数据 paradata）与扎实科学的统计思维。

在这次试验中，人口普查数据的质量管理集中体现在调查过程中对人口普查表的 4 次复查审核（调查员自审、监察员审核、10% 的抽样检查和末次审核）和调查结束后整理人口普查表的 2 次复查审查，6 次复查都有错误数据记录，且有错误之间的比较与原因探析。这里仅以两次 10% 的抽样检查为例，"在每个调查区的调查及复查工作结束之后，就开始最后一步抽查的工作。按自由选样的原则，抽出十分之一的表号（以调查表为单位），按家长姓名找着该家后重新调查一次。这次负责调查的是本所同仁，按着抽查方法及计算错误细则分别工作，平均一天每人可以抽查三个调查区"[②]。抽查结果如图 11-3 所示。

---

① 戴世光. 呈贡人口普查 1940. 原始手稿油印本，1940：11.

② 同① 13.

根据戴世光的设计，最后一次抽查采用基于随机原则（隔十抽一，即等距抽样）从呈贡县全人口中以家庭表为单位随机抽取 10% 的子样本，由不同调查员重新调查一次。这样的设计既保证了调查的质量，又通过比对两次调查的不一致之处，即差误率，得以用鲜活的数据展示调查信度。报告中也详细记录了差误的计算法则并给出细致的描述："以上各项全是说明每 100 个人平均错多少，譬如教育为 1.0%，是说 100 个人中，平均有一个人的教育项目是错的；漏填为 2.0%，是指每调查 100 人要漏 2 个

一般的错误	3.4%
年	2.0%
生月	4.0%
婚姻	0.4%
识字	0.1%
教育	1.0%
职业	10.9%
废疾	0.1%
多填	2.0%
漏填	2.0%

图 11-3　抽查错误分析

人。先以各调查区为单位，根据抽查结果计算百分比，然后就每项目所有调查区组成频数分配。因为这些分配都有高度的正偏度（positive skewness），如采用算术平均数作平均数，则将受很严重的极端影响，所以以上述各种百分比，全是用众数（mode）来代表的。"[①] 值得关注的是，即便是在一次随机抽查的错误描述上，戴世光亦非常谨慎，在考察了错误呈正偏态分布后，谨慎决定采用众数作为平均数来表示调查出错的基本情况。今天又有多少调查项目能够采用这样严谨的操作呢？而在这一次人口普查试验中，基于随机抽样的量化管理在不同环节至少出现过 6 次。

3）基于试验数据与统计的研究方法比较试验。

戴世光将数据作为探索人口普查本土化、中国化的基准。在整个试验的过程中，他经常"没事找事"，善于"无中生有"数据，用"无中生有"的数据优化人口普查。随着试验中生产的过程数据越来越多，决策基础越来越丰满，决策能力随之提高。

人口普查资料的整理与统计向来是一项耗资甚多、烦琐艰巨的工作，更不要提在这个过程中还要做各种试验。在比较划记法与条纸法时，戴世光基于三个维度——准确的程度（即信度）、时间和经费，收集并记录了每步产生的试验数据，借用适当的统计方法进行比较分析，最终谨慎地给出了试验结果和结论。根据划记法整理呈贡全县人口普查表，统计出呈贡县有 70 755 人，条纸法统计出有 71 223 人，后者多出 468 人，两法相对的错误比率是 0.66%（即 468/70 755）。但他认为单从理论上比较还不够，而且究竟哪种方法得出的总人数是真值也无法断定。因此，需要从统计结果中抽取一部分做比较试验，同时要找出一个完全对的数字作为比较依据，不但总数要和调查表上的人数符合，而且每一项要再对着调

---

① 戴世光.呈贡人口普查 1940.原始手稿油印本，1940：13.

查表重新数一次。综合比较后决定以乌龙浦村男女教育程度、壮丁人数和第一人口监察区家庭人数为试验对象，比较数表结果、划记法结果和条纸法结果三种结果的差异，以数表结果为真数值。[①] 试验结果整理成表格，如表 11-2 所示。

表 11-2　乌龙浦村男女教育程度三种结果的比较

(a) 数表结果：

性别	合计	不识字			识字								
		未读不识字	就学不识字		未就学	私塾		小学	高小	高小毕业	中学	中学毕业	专校毕业
			4年以下	4年及以上		1～4年	5年以上						
男	917	465	178	152	1	14	38	27	7	16	13	3	3
女	1 044	1 016	19	3	1	1		3	—	—	—	—	—

(b) 划记法结果：

性别	合计	不识字			识字								
		未读不识字	就学不识字		未就学	私塾		小学	高小	高小毕业	中学	中学毕业	专校毕业
			4年以下	4年及以上		1～4年	5年以上						
男	914	464	178	153	—	14	37	27	7	15	13	3	3
女	1 027	1 001	17	3	1	1		3	—	—	—	—	—

(c) 条纸法结果：

性别	合计	不识字			识字								
		未读不识字	就学不识字		未就学	私塾		小学	高小	高小毕业	中学	中学毕业	专校毕业
			4年以下	4年及以上		1～4年	5年以上						
男	917	465	178	152	1	14	38	27	7	16	13	3	3
女	1 044	1 016	19	3	1	1		4	—	—	—	—	—

以数表结果为比较基准，划记法的结果显示男子教育各单元格的绝对差误总和是 5，即 |465-464|+|152-153|+|1-0|+|38-37|+|16-15|=5，女子教育各单元格的绝对差误总和是 19（算法同男子）。而用条纸法统计的结果显示男子教育各单元格都没有差误，女子教育各单元格的绝对差误只有 2，转换成的相对差误是：划记法的男女教育相对差误分别为 0.545 和 1.820（即 5/917 和 19/1044），对应的条纸法分别是 0.000 和 0.192。[②]

同理计算出乌龙浦村壮丁人数（见表 11-3）。三次结果的比较为：划记法的绝对差误总和是 4，条纸法的绝对差误总和是 2。相对而言，条纸法的错误只有

----

① 戴世光. 呈贡人口普查 1940. 原始手稿油印本，1940：13.

② 同① 45.

划记法的一半。第一人口监察区家庭人数的划记法绝对差误总和是65，条纸法的绝对差误总和是8，计每百个单位的相对差误为：划记法1.278、条纸法0.162。戴世光在报告中给出的结论是："我们可以看出条纸法比划记法准确得多，我们之所以只选了这三种来作比较，是因为数目太大的，找比较的根据太难；而拿数目太小的来比较，容易受偶然现象的影响，不见得可靠。"毫不意外的是，在选择试验比较标准和材料时，他依然尽可能遵循概率统计的条件。"此外，划记法的几步工作都是连接在一起的，不能将它分成一步一步的来和条纸法作更进一步的比较。但是只看这三种比较的结果，我们至少可以说条纸法要比划记法准确，虽然我们不敢断定说条纸法一定比划记法准确几倍。"[①] 由此可以看出，戴世光仅将结论限定在试验数据的范围中，没有做任何无事实依据的外推。

表11-3　乌龙浦村壮丁人数三次结果的比较

统计方法	合计	18~24	25~34	35~44
数表结果	297	65	98	134
划记法结果	301	65	98	138
条纸法结果	297	65	99	133

关于两种整理方法的经费和时间比较，因两种方法并非同时进行（划记法是1939年7月8日—10月10日，条纸法是1939年10月15日—12月31日），加之物价飞涨，所以比较起来非常困难。但经费和时间的比较结果又非常重要，因为涉及后期开展全国人口普查的总体筹备部署。戴世光的解决之道是，"关于费用，从本所支出账目里，可以找出纸张文具在这两个时期间变动的情形，有了这个标准，就可以假设两种方法是同时进行的"。他以报纸、蓝墨水、米三种物品在1939年7月初和10月初的价格为参照，"我们可以进一步假定划记法也是十月初举行的，以两个时期开始时墨水的价比，定全部文具费用的价比。当然这个办法并不太可靠，不过大致不差。此外报纸的价钱有了，统计员的薪金也很容易算"。不得不说，好的社会调查设计者不仅是调查方法专家，严格讲还要是通才式学者，深入生活，了解物价指数等与调查息息相关的各种社会面向。而由上述方法计算出的划记法费用总数为1 334.42元，比条纸法少44.33元，"其间划记法进行时所费的时间多，因为薪金多；条纸法所需要的统计工具却比划记法多，结果费用差不多可以扯平。由于这个分析，我们可以说条纸法费用是多些，不过其差别很少，并不能算重要"。关于花费时间的比较，他以效率最高的统计员速度为标准，分析两种方法每步工作所需的时间。假定人口总数是1万人，将4名统计员平分为两组，分别用划记法和条纸法整理，在详细列出每种方法在各项目

所需的时间后，得出结论："26 天与 24 天的比例，相差甚微。根据本次的试验，两法所需的时间，似无重要的区别。"①

戴世光没有因划记法比条纸法少 44.33 元、多 2 天的工作量，就简单随意地断定条纸法比划记法更不经济，划记法比条纸法效率更低。他承认有差异，但也非常清楚这个差异实际上不能算"显著"。今天很多做差异比较的定量研究，发现一点差异就大惊小怪，很多时候都把所谓的"统计显著"默认等同于"事实显著"，浪费大量精力在分析一些莫须有的、不显著的、不重要的差异上。除此之外，他还发现，"经费及时间与资料的多少，有一种直线的关系，即资料多，则时间与经费将成比例地增多；而这两个因素与拟编制统计表的数目是曲线关系，即需要的统计表多，则时间与经费会增多，但非比例的，因为统计表的多少与一部分整理手续无关（如抄录等），是以我们在最后除了做一个清算表之外，同时还提出另外两个因素，以为参考之用"②。这两个因素是统计资料单位的数目和统计表数，前者具体指人口数和家庭数，后者具体指个人统计表数量和家庭统计表数量。

最终，戴世光基于真实的试验数据，通过科学的统计比较与分析，并结合当时的中国国情，谨慎地给出此次试验的结语，而非结论："统计方法最重要的一点是准确，我们只能在相当准确的条件之下，节省经费，是以经费节省是有限度的，如果我们把准确牺牲太多，即使经费很节省用，也没有意义。根据上面的分析，我们认为，条纸法要胜于划记法。"③

（5）启示：实践自觉的社会调查研究方法试验。

目前，学界关于戴世光的研究绝大多数聚焦于他在统计教学和统计科学研究上的贡献，虽偶有提及他作为人口统计学家的贡献，但着墨欠乏，更不要提他在社会调查研究技术方面的成果。④但是，戴世光在《戴世光文集》的代自序中自我总结研究生涯，"以上四项就是我从事科学研究 60 年对于统计科学研究，以及中国人口问题研究的经验小结"，其中第二项是"（二）实事求是是端正我在

① 戴世光.呈贡人口普查 1940.原始手稿油印本，1940：47.

② 同① 49.

③ 同① 50.

④ 袁卫.从"人口革命"到重构统计教育体系——戴世光教授的学术贡献 [J].中国人民大学学报，2012（1）：146-152；袁卫.西南联大时期的许宝騄与戴世光 [J].统计研究，2019，36（5）：120-128；李惠，袁卫.海外留学时期的戴世光 [J].统计研究，2020，37（9）：120-128；颜日初.加强社会经济统计科学的研究为实现四个现代化服务——与戴世光同志商榷 [J].中南财经政法大学学报，1979（2）：114-116；施泰.统计名人录——戴世光 [J].统计与预测，1996（5）：54-55；石敏，杨海挺.西南联大档案中的戴世光教授 [J].云南档案，2016（10）：19-33.

研究中国人口问题学术思想上徘徊、摇摆的指导思想"[1]，可见他自己认定人口问题研究在其学术生涯中的地位。关于戴世光全程参与的这次人口普查试验，也鲜有学者关注到，少有的几篇研究大都浮于表面，停留在简单介绍的层面，没有从社会学、人口学、统计学的视角做出全面深入的研究。这次试验以及近代中国唯一一处社会调查研究方法的研究中心——国情普查研究所有太多研究价值，绝非一篇文章所能涵盖。戴世光在试验中不遗余力地发挥自己的统计优势与丰富的人口普查国际经验，将调查数据收集、试验过程数据收集、量化质量控制完美践行于中国大地。遗憾的是，其中很多科学实用的操作在今天中国的大部分实地社会调查中仍没有得到很好的贯彻实施。

温故而知新，继承学术历史遗产是学术创新的基础和路径之一。"国情是多方面的，国情的普查当然也是。方面虽多，总括起来却又不出两种基本的东西，一是人，一是物；一是民众，一是产业；人口的普查属于前者，而农工商矿的普查属于后者。"[2]1939 年的呈贡人口普查和 1940 年的呈贡农业普查正是针对国情两个方面的两次方法试验，试验目标明确，研究问题清晰，研究人员专业，研究方法科学，研究过程规范，研究结果具有极高的学术价值与现实指导意义。作为研究成果之一的《呈贡人口普查 1940》将科学性、可行性、学术性与实用性完美结合在一起，内容翔实，没有"假大空"的弊病，包含调查设计（抽样设计、普查表设计/调查问卷的设计、访问员手册/调查手册、审核表、复核表）、试调查、访问员和督导的招募与培训、人性合理有效的质控（科学的量化质控）、事后随机抽样抽检、数据录入（比较法、抽检法）、符合统计原理的数据描述与数据分析（众数作为平均数）等，值得当世学人学习。

文化自觉是实践自觉的基础与底蕴，实践自觉而后方能谈及理论自觉。尽管当时没有数据意识、数字化管理等新概念，但我们的先辈却在实地研究中践行着量化管理的内涵，自觉寻找人口普查技术中国化与本土化的依据并开展严密的实证验证，为新中国成立后开展第一次真正全国范围的人口普查奠定了实践基础，提供了技术支持与宝贵的一手经验。

5. 民国各机关团体及私人所做的人口调查与估计 [3]

（1）中国邮政局编查的人口调查估计。

中国邮政局在 1919 年、1920 年、1925 年和 1928 年都编制过人口调查报告，但报告中只记载人数，无户数和男女各别人数。资料来源系由各地地方长官及

---

[1]　戴世光.戴世光文集 [M].北京：中国人民大学出版社，2008：代自序.

[2]　梅贻琦.云南省户籍示范工作报告.云南环湖市县户籍示范实施委员会，1944：梅序.

[3]　文永询.我国历来之人口调查 [J].统计月报，1934（26）：7-8.

各邮政局职员调查或估计而来，因为邮区的划分与普通行政区的划分不尽相同，所以二者报告时有不一。其 1925 年的人口总数比 1920 年的人口总数增加了约 4 941 万人，年平均增加率为 21.7‰，似乎失之过巨，未可尽信。但因为这也算是我国半官方的人口报告，所以西方学者在讨论中国人口问题时常引之。

（2）中国海关编查的人口调查估计。

中国海关对于中国人口也时有调查估计的报告，不过也只是记载人数，没有记载户数及男女各别人数。数字来源大部分根据政府调查报告，小部分由各埠海关职员调查估计。但编制方法简陋，如河北、河南、山东、福建、广东、广西、山西、陕西、甘肃、贵州等省的人口，皆抄自清光绪二十九年（1903 年）、三十年（1904 年）或三十一年（1905 年）的户部报告，历年皆无变动。又有若干省份的人口在过去多年毫无变动，直到 1929 年，有的省骤然增加三四百万至八九百万人，又或有省骤减数百万至一千数百万人。如此骤然增减，显然抄自邮政局或各省政府的人口调查统计，因此，已不足为信。

（3）中华续行委办会的人口调查估计。

1913 年，在中国传教的各基督教会开全国会议时，决议组织中华续行委办会（China Continuation Committee，后改称中华基督教协进会），任务之一为担负调查中国人口的工作。直到 1916 年，才确定着手办法，1918 年开始调查人口，1919 年结束调查，1922 年发表人口调查报告。该会调查估计的依据，除引用光绪十一年（1885 年）的户部报告和宣统二年（1910 年）的民政部报告外，其他资料来源以各地地方长官及警察方面的调查报告为主，以各教会传教士的估计数目为辅，如有缺漏，则以邮政局的估计数目辅补，非凭空臆造。然而，其可靠性亦不甚强，因为大多数的报告仍属于私人意见。但优点是，以县为研究我国人口的最小地理单位。是时邮政局虽有估计各县人口的计划，但尚未实行，该会首先采用县单位制，实不为无见。单位一经缩小，则所得结果，自较按省估计更易核实。

整个 20 世纪上半叶，尽管国内外各方开展了不同形式的人口调查与中国人口估计，但总体而言，要么调查方法不精，要么调查范围不全，加之社会动荡不安，因此无精确的人口统计。直到中华人民共和国成立后，1953 年才开展了第一次全国范围的现代人口普查。

第十二章
统计学的应用：生物统计学

一、生物统计学源起

早在 19 世纪中叶，统计学开始应用于生物学研究。有意识地将数理统计学引入生物学以及人类学领域的先驱是阿道夫·凯特勒（Adolphe Jacques Quetelet，1796—1874），他奠定了主要在英国生物统计学派独立发展起来的生物统计学的基础。[①] 1901 年，弗朗西斯·高尔顿（Francis Galton，1822—1911）与其学生卡尔·皮尔逊（Karl Pearson，1857—1936）以及拉斐尔·韦尔登（Raphael Weldon）创办了一份新的科学期刊《生物计量学》，首次提出了"Biometry"（生物统计学）一词[②]，也就是后来的 Biostatistics。之后，通过弗朗西斯·高尔顿、卡尔·皮尔逊、威廉·希利·戈塞特（William Sealy Gosset，1876—1937）、罗纳德·艾尔默·费希尔（Ronald Aylmer Fisher，1890—1962）等对统计方法的创新，以及统计方法应用在生物学上的尝试，独立的生物统计学最终创立。

随着查尔斯·达尔文（Charles Darwin，1808—1882）的著作《物种起源》（*The Origin of Species*，1859）在生物科学领域掀起了一场革命，英国生物统计学派兴起。英国生物统计学派的生物学家弗朗西斯·高尔顿和卡尔·皮尔逊对统计学在生物学中的应用起到了主导作用。弗朗西斯·高尔顿巩固了生物测量

---

① 李晓霞，姚远，Mary Augusta Brazelton. 生物统计学家汪厥明的科学贡献 [J]. 生物学教学，2021，46（8）：79-80.

② 彭明春，马纪. 生物统计学 [M]. 武汉：华中科技大学出版社，2015.

学和优生学的基础。① 弗朗西斯·高尔顿应用统计方法研究人种特性与遗传，探索其遗传规律，提出了相关与回归的概念②，开辟了生物学研究的新领域。③ 尽管他的研究当时并未成功，但由于他开创性地应用生物统计方法来进行生物学研究，所以后人推崇他为生物统计学的创始人。④ 之后，弗朗西斯·高尔顿的学生卡尔·皮尔逊于 1897 年接手了弗朗西斯·高尔顿位于伦敦的生物统计实验室。1901 年，卡尔·皮尔逊第一部生物统计学著作《生物统计》问世，到 1948 年已有十版之多，此书为生物统计至宝，卡尔·皮尔逊的研究结晶尽在此书中。⑤ 生物统计学理论基础的建立归功于卡尔·皮尔逊，他承继生物统计创始者弗朗西斯·高尔顿，发展了回归与相关的概念，提出复相关、总相关、相关比等概念，不仅发展了弗朗西斯·高尔顿的相关理论，还为之建立了数学

---

① 弗朗西斯·高尔顿是达尔文的表亲，他参与了达尔文研究成果的讨论。阿道夫·凯特莱的工作，特别是社会物理学和人类学，给弗朗西斯·高尔顿留下了深刻的印象，而这正是弗朗西斯·高尔顿首次使用统计方法研究人类遗传过程的基础。1865 年以来，弗朗西斯·高尔顿出版了几部关于人类学和遗传学的著作。弗朗西斯·高尔顿根据大量的事实材料，证实了阿道夫·凯特莱的结论，即一个人不仅身体特征符合 Gauss-Laplace 公式所描述的概率法则分布，而且精神能力同样符合这一分布。因此，他设法向英国生物学家灌输统计方法。1882 年，弗朗西斯·高尔顿建立了人体测量试验室，测量了 9 337 人的身高、体重、呼吸力、拉力和压力、手击的速率、听力、视力、色觉等人体资料，得出了"祖先遗传法则"，引入中位数、百分位数、四分位数、四分位差以及分布相关、回归等重要的统计学概念与方法。1889 年，弗朗西斯·高尔顿发表了关于回归分析方法在遗传学中的应用的论文。1892 年弗朗西斯·高尔顿出版的《指纹》中指出每个人的指纹是独一无二的，并提出了指纹分类和识别的常用方法。指纹的独特性在于指纹图案的不规则和凹陷，它们称为"高尔顿标识"。弗朗西斯·高尔顿对资料记录与分析极为详细，为英国生物数学奠定了重要基础。

② 弗朗西斯·高尔顿在伦敦建立了一家生物统计实验室，希望通过对大量模式的研究将数学的严格性引入生物学。他征集家庭成员前来测量，收集了家庭成员的身高、体重、特定骨骼数据以及其他特征，分析父母与子女的变异，发现了"均值回归"。弗朗西斯·高尔顿针对这种回归关系提出一种数学度量方式，他称之为"相关系数"；他给出一个公式，根据生物统计实验室收集到的相关数据计算该系数。

③ 萨尔斯伯格. 女士品茶 [M]. 刘清山，译. 南昌：江西人民出版社，2016.

④ 杜荣骞. 生物统计学 [M]. 北京：高等教育出版社，2009.

⑤ 赵仁镕，余松烈. 生物统计之理论与实际 [M]. 上海：新农企业股份有限公司，1947.

基础。[1]卡尔·皮尔逊理论对象均为大样本（large sample），大样本由极大数目集合而成，其性质与无穷大族群相近，因此应用卡尔·皮尔逊的公式，须有大量观测资料；但一般科学研究，有时限于人力、物力及时间的关系，大量资料的获得颇为困难，因此卡尔·皮尔逊的公式在应用上受到很大限制。这些问题被英国人威廉·希利·戈塞特[2]和罗纳德·戈尔默·费希尔解决了。1908年，威廉·希利·戈塞特首次以"学生"（Student）为笔名在《生物统计》第六期第一卷发表了《平均数的概率误差》，首创小样本理论（small sampling）[3]，为"学生t检验"提供了理论基础。之后30年，"学生"撰写了一系列非常重要的论文，几乎所有论文都发表在《生物统计》上。与此同时，罗纳德·戈尔默·费希尔创建了方差分析[4]，

---

[1] 卡尔·皮尔逊在生物统计实验室组织许多年轻女性根据弗朗西斯·高尔顿在人体测量方面积累的数据计算相关的分布参数。1900年，卡尔·皮尔逊推导出卡方分布，并提出了有名的卡方检验法。卡尔·皮尔逊将生物统计学提升到通用方法论的高度，首创了频数分布表与频数分布图，提出了分布曲线的概念。卡尔·皮尔逊创设许多参数（parameter）的计算公式，并被波兰人耶日·内曼（Jerzy Neyman，1891—1931）进一步发展，发表了许多公式，曾获空前成就。虽然弗朗西斯·高尔顿及其学生卡尔·皮尔逊开展的是生物统计学研究，但在这一过程中，他们更重要的贡献是发展了统计学方法本身。卡尔·皮尔逊在1893—1912年间写出18篇做出"在演化论上的数学贡献"的文章，他是生物统计学研究的集大成者。卡尔·皮尔逊为统计方法应用于生物方面奠定重要基础，其对生物统计理论与实践均有极大贡献。

[2] 威廉·希利·戈塞特是卡尔·皮尔逊的学生，威廉·希利·戈塞特和卡尔·皮尔逊是朋友。1906年，威廉·希利·戈塞特说服老板给了他一年假期，在高尔顿生物统计实验室（Galton Biometrical Laboratory）跟随卡尔·皮尔逊学习。威廉·希利·戈塞特在吉尼斯酿酒公司工作期间发现酵母细胞数量符合泊松分布，泊松分布不属于卡尔·皮尔逊的偏斜分布（skew distribution），这是一种特殊分布，只包含一个参数，不是四个。

[3] 小样本理论是由英国统计学家威廉·希利·戈塞特于20世纪初创立的，其中小样本是指样本容量小于50（有些规定为小于等于30）。小样本分布在统计假设检验和区间估计等方面的应用，可以省人、省钱、省时间，因而，引起了工业、农业和科学研究等实际工作者的重视和欢迎；同时，也吸引了更多的统计学家开拓这方面新的领域。

[4] 1923年，《收成变动研究二》发表在《农业科学期刊》上，介绍了一组研究不同混合肥料对马铃薯品种有何影响的实验，罗纳德·艾尔默·费希尔到洛桑之后，洛桑的实验出现了明显的变化，不再对整片田地施用一种实验肥料，而是把田地分成小块，并把每块地进一步分成若干排，对每块地的每一排进行不同的处理。在这篇论文中，罗纳德·艾尔默·费希尔提出了"随机化"（randomize），得到了生物科学中最为重要的一种工具。这种方法用精心设计的科学实验将不同处理方式的影响因素分离开，罗纳德·艾尔默·费希尔称之为"方差分析"（analysis of variance），在《收成变动研究二》中，方差分析首次与世人见面。方差分析应用于某些例子的公式出现在《研究工作者的统计方法》中，在《收成变动研究二》中得到了数学推导。1925年，罗纳德·艾尔默·费希尔出版了《研究工作者的统计方法》，这本书的英文版本更新了14版。这本书对方差分析和协方差分析进行了完整表述。

发明了乡种田间试验设计方法，提倡田间试验新法 Rothamsted，提出随机化（randomization）和区组（blocking）概念。[①] 他对威廉·希利·戈塞特的 z 分布加以改良，将 z 分布改为 t 分布，命名为 "Student's t-Distribution"[②]，同时阐明自由度（degrees of freedom）的概念。[③] 小样本 t 分布、方差分析（analysis of variance）、z 分布及 χ^2 分布的改良等，是现代生物统计学的骨干，也是罗纳德·艾尔默·费希尔的主要功绩。罗纳德·艾尔默·费希尔成功地将生物学家、实验家和数学统计学家集于一身，罗纳德·艾尔默·费希尔不仅给生物统计学（biometrcs）带来新方法，还带来新思想。他奠定了实验设计理论（the theory of experimental design）的基础，之后实验设计理论得到进一步发展，并成为生物统计学的一个独立分支。[④] 罗纳德·艾尔默·费希尔被公认为当代生物统计学的泰斗。[⑤]

二、民国生物统计学传播及发展过程

生物统计学跟农学关系甚密。作为一个农业历史悠久的国家，早在 1909 年，我国便有农业试验的记载。1909 年，《商务官报》发布《湖北农业试验成绩表》。[⑥] 彼时的农业试验统计主要为作物播种及收获的简单的统计记录，作为一种调查统计，算不上真正意义上的生物统计和试验设计。农业改进，首先看重的是试验。而试验是否有效，完全依赖于设计与分析的精当。生物统计学的应用是设计与分

---

① 1925 年，罗纳德·艾尔默·费希尔提出了随机区组设计和拉丁方设计，1926 年发表了试验设计方法梗概，1935 年这些方法得到进一步完善，并首先在洛桑农业试验站得到检验与应用，后来又被他的学生推广到许多其他科学领域。罗纳德·艾尔默·费希尔对上述理论详加阐明，从而使其可应用于人力不能控制的大自然现象，使科学研究有了适当的方法。

② 罗纳德·艾尔默·费希尔改良了小样本的分布，把 z 分布改为 t 分布。同时对 t 分布与常态分布（现在称为正态分布）的关系进行了详细描述，歪度（skewness，现在称为偏度）和峰度（kurtoss）均等于 0，t 分布可变为正态分布，自由度（degrees of freedom，$n=n'-1$，n' 为样本量）越高，分布越接近正态，如果自由度无穷高，t 分布即为正态分布。对于大样本和小样本的界定标准，因其界限很难划分，费希尔没有给出明确的数量标准，但通常 $n>30$ 时，即可视作大样本，应用正态分布的原理进行分析。费希尔计算了各个 n 值分布之数值，列制成表，使应用方便。

③ 汪厥明. 现代生物统计学之内容概要 [J]. 农报，1947，1（2）：1-3.

④ LUHININ O S. Statystyka [Statistics][M]. Kyiv: Tsentr uchbovoyi literatury, 2007: 608 [in Ukrainian].

⑤ GOULDEN C H. 生物统计与试验设计 [M]. 范福仁，译注，马保之，校阅. 桂林：科学印刷厂，1941.

⑥ 湖北农业试验成绩表 [J]. 商务官报，1909（26）：36-42.

析精当的保障。① 20 世纪 20 年代，罗纳德·艾尔默·费希尔发明的方差分析是生物统计划时代的进步，对科学的贡献未可限量。变量分析法不仅影响了统计方法，试验设计也因此一改旧观。此时，中国已有多位学者接触并开启了生物统计的倡导之路。

本书作者共搜集到民国时期出版的生物统计相关图书 18 本、发表的生物统计相关文章 34 篇（见表 12-1），最早的图书为杨铭崇的《农业统计学》，最早发表的文章为 1930 年潘简良的《生物统计学在作物育种上的地位》。涉及中国本土的著者/译者共有 39 位和 3 个单位，其中多位在民国生物统计学的建立和推广过程中都起到了至关重要的作用。

表 12-1　作者搜集到的民国时期生物统计相关图书（文章）出版（发表）信息

出版年	书名	作者
1934	农业统计学	杨铭崇
1936	中国作物育种学	王绶
1936	田间试验之原理与实施	约翰·威沙特（J. Wishart）和 H.G. 桑德斯（H. G. Sanders）著，马保之、范福仁译
1937	农业研究统计法	洛夫（Harry H. Love）著，沈骊英译
1937	实用生物统计法	王绶
1937	植物育种学	汪呈因
1941	生物统计与试验设计	古尔登著，范福仁译注，马保之校阅
1942	田间试验之设计与分析	范福仁
1945	平衡不完全区集试验之理论与改正	黄朕
1945	作物育种与生物统计	浙江省立台州农校
1947	农业研究试验统计用表	新农企业股份有限公司编译室
1947	田间试验之设计与分析	范福仁
1948	生物统计之理论与实际	赵仁镕，余松烈
1948	医学与生物统计方法	郭祖超
1948	作物育种学泛论	沈学年
1948	遗传学	郝钦铭
1948	实用生物统计学	王绶
不详	生物统计学	邓先斌

---

① 马保之. 介绍行将来华之英国生物统计学家韦适博士（附照片）[J]. 科学，1934，18（7）：932.

续表

发表年	文献名称	作者/译者
1930	生物统计学在作物育种上的地位	潘简良
1932	园艺系柑橘果树之实验设计	温文光
1933	发展浙省棉业计划：二、研究及试验之设计	冯肇传
1933	豫北谷类进种试验设计纲要	第五区农林局
1934	生物统计学（附表）	洛夫著，邓宗岱译
1935	作物栽培试验设计之商榷（附表）	丁耀宗
1935	生物统计之土壤肥料试验的应用	马寿征
1935	陕西防疫处卫生试验室生物学部二十四年二月至十月检验材料分类统计表	不详
1936	田间试验之新设计及随机排列之方法	马保之，范福仁
1936	燕麦各种因子影响于产量之生物统计的研究	F. R. Immer 和 F. J. Steyenson 著，陆觐成译
1936	近代统计学方法在果树学田间验试上之应用（附图表）	T. N. Hoblyn 著，章文才译
1937	华北猪种饲养比较试验设计报告（附表）	唐翘燊
1937	廿六年度果树试验设计（附表）	原芜洲
1940	小麦倒伏性之初步试验：管理中英庚款董事会协助科学工作设计之一（附表）	鲍履平
1940	简单试验之设计	范福仁
1940	怎样写作一个农艺方面的研究试验设计	M. Streece 著，盛承师译
1940	陕西渭惠渠灌溉区棉花灌溉试验设计之商榷（附图表）	刘大同
1941	三向三等群因子试验之设计	周惠
1941	书报介绍：因子试验及拟因子试验之设计及分析	潘简良　龚弼
1941	二向三向拟因子试验之设计与分析	周惠
1941	二向三等群拟因子试验之设计	周惠
1941	地力之测定：三要素肥效实验设计	张乃凤
1941	多品种比较试验之设计与分析摘录（附表）	翁德齐
1941	生存竞争——生物之数学观	曾禾生

续表

发表年	文献名称	作者/译者
1942	两种拟复因子试验设计及分析方法之介绍（附表）	缪进三
1942	肥料放置法盆栽试验：试验设计	朱谟显
1943	蚕桑：家蚕育种之技术设计	蒋同庆
1945	平衡不完全区集试验之理论与改正	黄朕
1946	畜牧试验之设计附表	E. W. Crampton 著，严炎译
1947	现代生物统计学之内容概要：汪厥明教授在本所农艺讨论会演辞	汪厥明
1947	生物统计是甚么	汪厥明
1948	几种混杂因子试验之设计与分析（附表）	Jerome C. R. Li 著，包敦朴译
1948	田间试验设计问题	杨德忠
1949	几何学理应用于田间试验之混杂设计	王鉴明

　　这里首先介绍一下吴定良。虽然其主要研究领域为人类学，我们并未收集到民国时期其在国内发表的生物统计学的文章，但其在国际顶尖生物统计学杂志《生物计量学》上发表了多篇文章。1926 年，他转入英国伦敦大学学院继续攻读统计学，师从英国著名的统计学家卡尔·皮尔逊教授，在皮尔逊教授主持的"生物测量与优生学实验馆"（Biometric and Galton Laboratories）工作。在 1926—1935 年英国留学期间以及稍后的几年里，他在生物统计顶尖杂志《生物计量学》上就发表了 11 篇文章。尤其在骨骼测量学方面，他与导师皮尔逊教授或与著名人类学家莫兰特教授合作，进行了大量研究，发表的论文多为生物统计学相关内容，包括《人类面部骨骼扁平度的生物统计学研究》(T. L. Woo. & G. M. Morant. A Biometric Study of the Flatness of the Facial Skeletonin Man. *Biometrika*，1934，26（1-2）：196-250)、《人类颧骨的生物统计学研究》(T. L. Woo. A Biometric Study of the Human Malar Bone. *Biometrika*，1937，29（1-2）：113-123) 等。1935—1946 年在中央研究院工作期间，吴定良在《生物计量学》上继续发表多篇人体测量方面的体质人类学论文。1948 年，鉴于其在生物统计学和人类学方面的杰出贡献，吴定良当选为中央研究院生物组院士。从严格意义上说，吴定良并不是一位专门的生物统计学家，但其为民国时期最早接触生物统计学的学者之一，师从生物统计学奠基人之一卡尔·皮尔逊，吴定良为民国时期少有的在国际生物统计学杂志《生物计量学》上发表文章的学者。

　　汪厥明（1897—1978）在 1947 年发表的两篇文章均为对生物统计学发展史、

主要内容包括作用对象和方法的简介。1924 年，汪厥明获日本帝国大学研究院农学硕士学位；1924 年 8 月回国，即被国立北京农业大学聘为讲师，并担任涿县农事试验场技师；1926 年被聘为教授。1927 年，南京国立中央大学农学院特聘他到校工作一年。1928 年，他又返回国立北京农业大学农艺系，当时该系的师资力量与实验设备是全国第一流的。[①] 20 世纪 20 年代，英国的生物统计学权威罗纳德·艾尔默·费希尔的方差分析刚刚进入欧美科学家的视野，汪厥明就已在国立北京农业大学开设生物统计学课程，并精心指导学生率先在农业及生物科学试验中开始运用生物统计研究方法。[②] 1936 年，汪厥明赴欧洲考察学习，同时在英国剑桥大学学习国际前沿学科"生物统计学"。抗战全面爆发后，北平大学、北洋工学院、北平师范大学等院校被迫西迁入陕组建国立西安临时大学，1938 年 4 月改称为国立西北联合大学。汪厥明回国后立即追随原校入西北联合大学，任农学院教授兼农艺系主任。1938 年夏至 1945 年，他先后任广西大学、中山大学、云南大学等校农学教授。1946 年，他赴台湾大学任农学院农艺系教授兼主任直至退休。台湾大学农学院于 1946 年筹办创建以"汪厥明"命名的"厥明生物统计研究室"。1947 年，汪厥明正式出版了他在抗战时期所撰写的专著《动差、新动差、乘积动差及其相互关系》，为此台湾大学将"厥明生物统计研究室"更名为"厥明生物统计研究所"以示庆贺，同时他被任命为首任所长。1948 年，台湾省立农学院在农学系设立生物统计研究室，请生物统计学专家汪厥明教授主持，着重于蒲场试验方面，做水稻产量与其他特性间相关的研究及水稻空白试验，亦系该研究室研究工作之一。[③] 汪厥明毕生致力于生物统计学的研究与开拓，是生物统计学与中国农业试验应用的先驱。

现代作物育种研究，须以生物统计为基础，但此项学科，当时在西方各国，尚无完备名著。中央农业实验所[④] 于 1934 年 3 月，聘请美国著名育种专家洛夫[⑤]教授来华编撰生物统计学巨著，取材悉用本国现有材料，以适应中国环境；并聘美费翰女士来华助理。[⑥]1934 年 9 月，中央农业实验所总技师、美国著名育种专

①　张仲葛.中国近代高等农业教育的发祥 [M].北京：北京农业大学出版社，1992：167-168.
②　李晓霞.汪厥明：不该被遗忘的中国生物统计学创始人 [J].科技导报，2017，35（16）：93-94.
③　农学系生物统计研究室工作近况 [J].台湾省立农学院院刊，1948（2）：4.
④　原名中央农业研究所，实业部直属机构，政府设置，依照民国二十年（1931 年）十月三十一日公布的《中央农业实验所章程》规定，研究及改进发展中国森林蚕丝渔牧农艺及其他农业技术及方法，就中外已知之良法加以研究及试验并推广成效的结果，调查农业实际情形并输入有益农业的动植物，调查及研究农村经济及农村社会，以科学方法研究农产品或原料的分级。
⑤　洛夫曾为实业部农业顾问、中央农业实验所总技师、美国康奈尔大学作物育种学教授。
⑥　国内农业消息：简讯：农业实验所编生物统计 [J].农业周报，1934，3（24）：17.

家洛夫教授即将离华，为指导中国育种界进入新轨道，决定离华之前，完成生物统计学巨著，同时请中央农业实验所农艺系技正沈骊英女士译成中文，一并付梓。[①]1934 年，洛夫原著写成。1937 年 1 月，沈骊英翻译了洛夫所著 *Application of Statistical Methods to Agricultural Research*，译名为《农业研究统计法》。[②]洛夫所著该书虽为英文写成，实际上书中示例数据许多根据其在中国搜集得到，做到了一定程度上的中国化，更符合中国的实际情况，因此更有利于中国生物统计学者学习。"尤注意于公式之如何应用，与结果之如何解释，而略其公式之演化与引申。再各种方法之应用，以农业为对象，故所举例题，亦多取材于农业研究之结果。"[③]此书也指出了生物统计学的范围和发展目标。生物统计学作为一门应用学科，其目的不在于公式的推演，而在于其在农业上的应用。

我国应用生物统计学于农事试验，自洛夫教授来华后，始稍具基础。然而，世界各国生物统计在农事试验上的应用技术日新月异，实有博究精研之必要。中央农业实验所有鉴于此，1933 年乘金陵大学教授沈宗瀚博士赴欧美考察农业之便，托其向最近田间试验新法发源地之英国延聘一生物统计学专家来华，指导田间试验技术。经沈博士洽谈，以及英国伦敦皇家滑雪药品总公司总董麦克文爵士（Sir Harry McGowan）的资助，聘定世界著名生物统计学家韦适博士（John Wishart）[④]。1934 年 9 月 1 日，韦适博士抵华，留华四月，除指导中央农业实验所田间试验技术外，同时接见各方生物学家、数学家，讨论一切关于生物统计的问题及高深统计原理和方法，日程如下[⑤]：

（1）9 月 2 日接见各方农学家及生物学家，然后赴北平旅行，至迟于 9 月 20 日返回南京，开始讨论及演讲工作。

---

① 农事消息：本所消息：总技师洛夫博士赶编生物统计学 [J]. 农报，1934，1（3）：13.

② 《农业研究统计法》序中提到：洛夫曾受中美两国聘任教授生物统计学有年，当执教时，各地学者以其试验结果，商请指导分析结果者颇多。数年以来，深感有关统计分析之基本问题，实有收集材料另成专书之必要。书中并宜将试验机误之意义及变异数分析之方法，尽行编入，应读者可应用之以自行分析其结果。

③ LOVE H H. 农业研究方法 [M]. 沈骊英，译. 上海：商务印书馆，1937：序 1.

④ 韦适博士，苏格兰人，1897 年出生，1934 年任英国剑桥大学农学院统计学教授。曾任伦敦大学高尔顿优生学实验所（Yalton Eugenie Laboratory）助手三年，此期间掌管该所的为世界统计学泰斗卡尔·皮尔逊。1927 年，韦适博士曾兼任伦敦皇家大学数理教授；后受洛桑实验站（Rothamsted Experiment Station）之聘，任统计师，与创立最近田间试验新法的罗纳德·艾尔默·费希尔为同事，对变异数分析法（method of analysis of variance，即罗纳德·艾尔默·费希尔的变量分析法）的研究、提倡及其在田间农事试验上的应用贡献殊多。

⑤ 马保之. 介绍行将来华之英国生物统计学家韦适博士（附照片）[J]. 科学，1934，18（7）：932-934.

（2）每周至少与中央农业实验所技术人员讨论 2 次，每次讨论时间 2 小时。

（3）分析中央农业实验所积有的试验结果。如时间许可，亦可分析外来试验成绩。

（4）为南京各大学、各研究机关的高级学生与职员及其他外来人士，举行有系统的演讲和试验，于 9 月下旬开始，希望继续至 10 月底。

（5）上项演讲，专为生物学者而设，每周 2 次。如时间许可，对数学者亦可同样每周举行演讲 2 次。

（6）中央农业实验所 1934 年冬季改良作物讨论会开会时，讲演田间试验新技术，每周 2 或 3 次，并规定三四星期之期间与国内优秀土壤学者举行特别讨论会。中央农业实验所改良农作物讨论会每年举行，1934 年为第三年。各农业机关技术人员及大学助教参会人数，每年都有增加。比如第一年仅江浙鲁三省，派代表 43 人，1933 年参会人数一跃至 110 余人，代表江浙秦粤及察哈尔等十余省。会员对改进农作物的各种问题，讨论极具兴趣，尤以洛夫博士所授生物统计学及田间技术等科，最感新颖。用统计方法来分析试验结果，为欧美育种学的新发展，我国学者精于斯道者极少，大学校内设有此科目者更少。独中央农业实验所冬季讨论会，有博士亲自教导，实为难得之机会。中央农业实验所请得英国剑桥大学韦适博士，在本届讨论会中讲授田间新技术。韦适博士与洛夫博士皆主张以生物统计分析田间试验，惟其方法大同小异。洛夫博士对于作物试验，主张有系统之排列。其结果以巴氏法和学生法等分析之。韦适博士主张用随机排列，而以变异数分析法计算其结果。二者皆认为试验差异或土壤差异不可避免，研究作物者应注意设法减少差异。减少差异的方法，二者根据各自的学识经验，分为有系统排列和随机排列两说。今参加讨论会会员对于洛夫博士的有系统排列及其分析方法，已略窥端倪。若再能乘参加本届讨论会之便，详聆韦适博士教导，略知随机排列法与变异数分析法的用意与方法，与洛夫博士方法互作参考，于我国农业前途殊多裨益。

马保之 1933 年在美国康奈尔大学获博士学位后至英国剑桥大学，从韦适博士专攻田间试验技术，历时将近一年，于 1934 年秋同韦适博士一起返国，应中央农业实验所之聘担任小麦育种及田间技术技正。

其后在中央农业实验所的几年，马保之与同为中央农业实验所技佐的范福仁多次合作编写生物统计学相关书籍。1936 年冬，马保之、范福仁合译的 J. Wishart 与 H. G. Sanders 合著的 *Principles and Practices of Field Experimentation*（译名为《田间试验之原理与实施》）出版，该书为中央农业实验所丛书第一号。1937 年，范福仁与马保之深感生物统计与试验设计进步奇速，而其介绍有青黄不接之感，遂合作，草拟成《生物统计与田间试验》一书，1938 年已成书数章，后因抗战，此书创作中断。

1940 年，马保之对 C. H. Goulden 博士 *Methods of Statistical Analysis* 一书作了书评，对该书评价极高，"欲著一好书，确非易事，率尔操觚，非脉络不明，即内容枯涩，而生物统计一类书，又易流入呆板，毫无生趣。Goulden 氏积多年宝贵之教授经验，著成此书，而学生之质疑问难，均有利于该书之改进。综观全书，最值得称道者，即其系统分明，不蔓不枝，释理处用讨论之语气，俾得引起读者之兴味，而不致废卷长叹。其比较深奥之理论，往往就在此平易讨论中，曲折传出。学习统计，必须多做习题，若仅读书，收效不但缓慢，且在读书时获得之印象，转瞬便成过眼烟云，一般生物统计书籍，大多无习题，致有志是道者，练习无由。本书非但每章（除第一章，第五章）有习题，并且大多附有答数，可供读者校对，习题做完后，可立知演算之正误"①。1940 年，范福仁获读该书，"觉其内容丰富，词意简明"②，遂译成中文，原名译作"统计分析方法"，因其含义不明，易与一般统计学混淆，故最终改译名为《生物统计与试验设计》，马保之为范福仁中文译著的校阅者。范福仁在译者弁言中对原书也给予很高的评价，"本书所引示例与习题，大多取诸实际资料，俾读者不仅得明白之印象，抑且获确实之练习，而习题泰半附有答数，以便自校"③。现找到的范福仁翻译的最早版本为 1941 年 8 月出版的第二版。

范福仁翻译的《生物统计与试验设计》第一版目前尚未找到，第一版译著完成时间为 1940 年，马保之在 1940 年对该书的书评中曾写道："本书共十六章，最精彩者，为第五章简单试验之设计，第九章 χ^2（卡平方）测验，第十章小样本之配合适度及独立性测验，第十一章变量分析，第十二章田间试验，第十四章非直线回归，第十五章相关

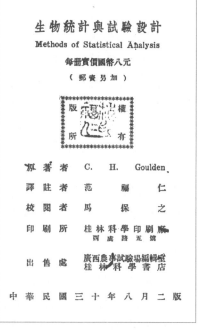

《生物统计与试验设计》封面

---

① 马保之. 书评：生物统计与试验设计（C. H. Goulden 氏著）[J]. 广西农业. 1940，1（1）：51.

②③ GOULDEN C H. 生物统计与试验设计 [M]. 范福仁，译注，马保之，校阅. 桂林：科学印刷厂，1941：译者弁言.

变量分析。"[1]通过将马保之对范福仁第一版《生物统计与试验设计》的内容介绍与已找到的第二版章节内容进行比对，可基本推断第二版章节内容与第一版无大差异。在译著《生物统计与试验设计》中，译者范福仁因"原文间有艰晦之处，或须另加补充"[2]，在书末加了注解，同时增加5个统计表（表97到表101），以便读者理解应用。译著《生物统计与试验设计》中虽详细论列田间试验设计与分析的内容，但对其具体实施方法的介绍并不完备。

1942年1月，范福仁著《田间试验之设计与分析》（初版）出版，英文名为 *Design and Analysis of Field Experiments*。1940年夏，范福仁翻译完成《生物统计与试验设计》，随即应贵州定番乡政建设研究所之约，在农业研究生班讲授"田间试验"，"当将平日所积稿，匆促整理，权充讲稿"[3]，之后历时年余，将讲稿整理扩充，写成《田间试验之设计与分析》一书。全书共二十章，书中示例仅为显示分析方法，多数为虚设的简单数字，间或引以实例，免与真相隔阂。"研习田间试验，必须多作设计与分析之练习，若仅浏览，则所获印象，转瞬便成过眼烟云，故本书每章（除第一第十二章）均设以习题，间或附以答数，以便自校。"[4]第十一章"缺区及拉丁方不完全之补救法"为范福仁与马保之合作发表在《农报》的文章，稍加整理而成。范福仁与马保之1936年合译的《田间试验之原理与实施》中有一篇名为"实施考虑"，范福仁认为其中多有见解独到之处，"时经五载，而斯篇之列论，仍不为时间所磨灭"[5]，因此范福仁将"实施考虑"一篇重新整理，每节冠以标题，作为第十二章的内容。《田间试验之设计与分析》所用的统计表，大部分与《生物统计与试验设计》一书相同，此书中不再重复附表，从 R. A. Fisher 与 F. Yates 的《生物、农业、医药研究应用统计表》新选了5个统计表，列在本书书末。

1947年，范福仁著《田间试验之设计与分析》订正再版，其与1942年初版相比，只是在细微处做了修改，框架内容一致。再版书为新农丛书，且为大学教本，此时范福仁为农林部农事司第一科科长。

目前找到的民国时期生物统计学译著共三本——《农业研究统计法》《田间试验之原理与实施》《生物统计与试验设计》，涉及三位译者沈骊英、马保之和范福仁，三位均是民国知名生物统计学家，且都有南京实业部中央农业实验所的工作经历。

---

[1]　马保之. 书评：生物统计与试验设计（C. H. Coulden 氏著）[J]. 广西农业，1940，1（1）：51.

[2]　GOULDEN C H. 生物统计与试验设计 [M]. 范福仁，译注，马保之，校阅. 桂林：科学印刷厂，1941：译者弁言.

[3][4][5]　范福仁. 田间试验之设计与分析 [M]. 桂林：上海科学公司桂林分公司，1942：弁言.

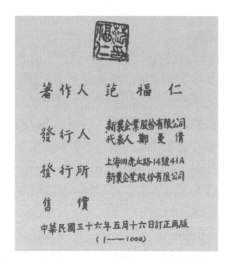

再版《田间试验之设计与分析》　　　再版《田间试验之设计与分析》
　　　　版权页　　　　　　　　　　　　　　　封面

　　中央农业实验所汇集了民国时期多位生物统计学家，同时引进国外生物统计学家讲学。金陵大学和美国康奈尔大学则是多位生物统计学家的摇篮。金陵大学农学院毕业的有 4 位，分别是王绶（1924 年毕业）、马保之（1929 年毕业）、范福仁（1934 年毕业）、赵仁镕（1936 年毕业），其中王绶、马保之从金陵大学农学院毕业后，便到美国康奈尔大学继续深造。翻译洛夫著作的女生物统计学家沈骊英也于 1928—1929 年在康奈尔大学进行农学学习。

　　1932 年，王绶前往美国康奈尔大学作物育种学系学习，进修作物育种和生物统计等课题。1933 年，王绶在美国康奈尔大学获得作物育种学硕士学位，回国后继续留任金陵大学农学院，一面教课，一面进行大豆、大麦及统计试验。王绶对生物统计学和田间试验技术深有造诣。1933 年从康奈尔大学作物育种学系学成归来后，他将方差分析等新的统计方法应用到育种试验中，将随机区组同拉丁方排列等新的田间技术介绍到国内。1933—1940 年，他先后任金陵大学农学院教授、农艺系主任、农艺研究部主任、开设"作物育种""生物统计""田间技术"等多门课程，深受学生欢迎。[1]王绶的著作皆在从康奈尔大学回国后写成。

---

[1]　吴强. 王绶的中国农业研究及其开创意义 [J]. 山东农业大学学报（社会科学版），2018，20（3）：6-15.

王绶根据自己在育种方面和生物统计方法上的新研究，并且结合国内外的新成就，撰写了《中国作物育种学》（1936年初版）、《实用生物统计法》（1937年初版）和《生物统计学》（1948年初版）三部有实用价值的专著，成为当时的通用教材。《中国作物育种学》在初版之后短短两年时间就再版到第5版，可见其影响之广泛。《实用生物统计法》对我国农业教育具有重要意义，在新中国成立后多次再版，1959年4月出版了第6版，很长一段时间内作为教材使用。

1948年，赵仁镕、余松烈的《生物统计之理论与实际》再版。此书为大学教本，由新农企业股份有限公司出版。二人在自序（1947年4月1日）中写道："有关生物统计之中西名著，可能在坊间获得者已属不少，惟欲于其中选一合于农学院学生程度而可用做教本者，实属不易，或嫌过深，专注于理论之探讨，非一般学子之数学程度所能了解，或嫌过浅，禁用实际示例介绍分析方法，读后仅能依样模仿而不知所以然，较理想之生物统计教本，应理论与实际并重，介绍任一统计方法时，宜先阐明其基本原理，是读者理解之，乃用极浅近之数学方法，引述计算公式来源，然后再以示例演算解释之，不仅可作读者实际应用时之模范，并可引导读者作进一步研究。"[①] 第一章对重要术语进行了概念的界定和解释，包括集团（population）与样本（sample）、集团之研究与随机样本、常轨数（parameter）与估计常轨数（statistic）、样本之种类与大小、数量资料（quantitative）与变数（variable or variate）、错误与机误（error）、无效假说（null hypothesis）。这是我国较早的农业生物统计学方面的著作之一，也是我国较早的应用于农业院校的生物统计学教材之一，对于培养农业生物统计人才、促进农业统计学科发展起到了重要的推动作用。

沈骊英为民国女性生物统计学家，1925年夏进入美国"卫斯理"大学研习植物学，1928年以优异成绩毕业，获得理学学士学位。1928年夏季进入美国康奈尔大学农学院，跟随当时国际农学界知名专家洛夫教授研究作物育种学。1929年回国。1931年冬，因丈夫沈宗瀚专任金陵大学教授，沈骊英遂辞职赴南京家居，潜心读书与著述，并协助洛夫教授与沈宗瀚整理文稿。1932年，中央农业实验所购得英国雷丁（Reading）大学约翰·潘希维尔（John Percival）教授搜集的世界小麦一千七百余品种。沈骊英1933年进入中央农业实验所，开始任技正，即在南京开始试验一千七百余小麦种适应于中国环境之能力。1934年春，麦将熟矣，忽遇大风雨，历经一夜，小麦全数倒伏。惟沈骊英以锐利之目光察觉一千七百余品种间之倒伏程度颇有差异，乃赤足跋涉于泥泞田中，对于每一品种

---

① 赵仁镕，余松烈.生物统计之理论与实际 [M].上海：新农企业股份有限公司，1948：自序.

详加观察记载，发现有一品种屹然直立，有众靡独挺之概，此即中农廿八小麦之源始，也标志着沈骊英杂交育种工作的开始。以后在各地历经试验，证明其茎坚、产丰、抗病力强，尤适应于川鄂黔陕等省。自 1939 年起，四川省加大规模推广，名为中农廿八，以纪念其推广之年。沈骊英在中央农业实验所任职八年零一个月之久，其间虽历经战争，却仍凭借专业的知识和惊人的毅力选育出 9 个小麦新品种。中国迄今只有两个品系的小麦是以人名来命名的，其中之一就是以沈骊英之名命名的小麦品种，这就是广为人知并以她的英名命名的骊英 1 号、3 号、4 号、5 号和 6 号小麦，她也被誉为"小麦圣女"。沈骊英在生物统计与田间试验方法上的贡献颇多。她于 1931 年在浙江农事试验总场研究水稻田间试验方法，继加以统计分析，著有《水稻试验之统计分析》，并译述洛夫教授之水稻育种法，力求方法精确而简单易行；至其离世之时，国内外之水稻试验方法多采用之。1934 年，中农所总技师洛夫博士完成《农业研究统计法》，原著为英文，沈骊英将其译为中文，文字力求"信达雅"，且于统计方法建议于洛夫教授者颇多，故洛夫教授于该书序云：作者对于沈骊英先生之谨慎译述，及有益建议，亦深感谢。全书计四百九十五页，约三十万五千字，国内大学多用此译本为教材。

生物统计学是应用于研究生物的统计方法论，按生物统计之应用，不仅限于作物，其他如园艺森林畜牧、病虫害、遗传生理、渔业、气象及农经等研究试验，皆可用生物统计方法之设计加以分析。[1] 1930 年，潘简良介绍了生物统计学在作物育种上的应用。其在文章中指出，自古至今，对于试验上的种种方法，有许多改良，直到现在，还没有到完全的地步。在改良的过程中，生物统计学成了一门独立的科学，大家都认为应用统计学的原理来分析试验的结果，才算是准确的。[2] 统计学最大的贡献是能计算试验的差误，从而使人注意到差异的程度。潘简良详细介绍了计算试验差误的几种方法，文末强调育种家一定要有高深的统计知识，否则所得结论定会有很多错误，并列出了最常犯的三种错误：应用错误的计算方法，直接比较两个试验，对学生法（Student's *t*-Distribution）的错误解读。1935 年，马寿征介绍了生物统计在土壤肥料试验中的应用，阐明洛桑实验站地方所试验的资料及技术，以数学统计作有系统的归纳。[3]1936 年，章文才[4] 翻译 T. N. Hoblyn 的文章[5]，介绍生物统计学在果树学田间试验上的应用。田间技

① 汪厥明. 现代生物统计学之内容概要 [J]. 农报，1947，1（2）：1-3.

② 潘简良. 生物统计学在作物育种上的地位 [J]. 农业周报，1930（31）：15-18.

③ 马寿征. 生物统计之土壤肥料试验的应用 [J]. 土壤与肥料，1935（5/6）：1-20.

④ 章文才（1904—1998），金陵大学园艺系毕业，英国伦敦大学园艺学博士。

⑤ 1935 年 10 月 24 日译于伦敦。原文作者信息：T. N. Hoblyn, Dp. Hort.（Wye），East Malling Research Station, Kent, England.

术方法在我国农艺作物试验中已广为采用，所得结果亦尚称满意，唯在国内各种果树试验上极少有应用，或以为果树生长期甚长，且每株占地面积甚广，应用时不如农艺作物方便。该篇文章主要介绍近代果树试验的具体设计及统计方法，并说明整齐种苗（standardization of rootstocks）的应用。[①]

生物统计学是应用统计方法于生物学研究。生物学的范畴异常广泛，包括一切动植物及人类有关的学科，因此生物统计学的研究领域也非常广阔。1930年前后，生物统计学已成为农业上的一种重要科学。[②]1940年前后，农艺、园艺、育种、经济昆虫、植物病理、家畜饲养、肥料学、优生学、人种学以及医药学者均认识到其重要性，"靡不引为研究必需之知识"[③]。1947年前后，农林、气象、人类学、社会现象、经济、心理、教育等均广为采用生物统计学方法。[④]1947年，汪厥明教授在一次农艺讨论会演辞中曾提出，"现代生物统计理论之基础已经确立，应用亦已甚广"[⑤]。可见生物统计理论已有一个较为明确的框架，且成熟地应用于多个领域。之后，生物统计越来越广泛应用到医学研究及公共卫生方面。

---

① HOBLYN T N. 近代统计学方法在果树学田间验试上之应用（附图表）[J]. 章文才，译. 农林新报，1936，13（1）：36-43.
② 洛夫. 生物统计学 [J]. 邓宗岱，记录. 河北实业公报，1934（36）：105-118.
③ GOULDEN C H. 生物统计与试验设计 [M]. 范福仁，译注，马保之，校阅. 桂林：科学印刷厂，1941：译者弁言.
④ 汪厥明. 生物统计是什么？[J]. 张佩英，记录. 台湾省林业试验所通讯，1947（创刊号）：1-3.
⑤ 汪厥明. 现代生物统计学之内容概要 [J]. 农报，1947，1（2）：4.

第十三章
统计学的应用：教育与心理统计学

　　自科学的精神和方法应用到教育的问题上来，统计法就成为研究教育的重要工具。有了这种工具，教育学者，才能从复杂的事实中寻出个条理来；从偶然的景象中找出个原则来；从枝枝节节的现象中理出个因果或连带的关系来。研究教育的人，几乎一刻不能离开这个工具。要想在教育方面发古人所未发，明今人所未明，非直接或间接借重统计法不可。就是办教育行政或当教员的，要想知道自己所用方法的效力如何，也得晓得些统计法。统计法能使眼界小的变大些，眼界近的变远些，眼界偏的变完全些。他的功用，如同显微镜，千里镜，无非是要补足我们肉眼的缺点。他把教育界的种种现象缩起影来，使我们看得清楚。他帮助我们找真理，但只是一种工具。有时人把统计太看重了，做起文章来，满篇的数目字；做起书来，十分九的篇幅都为数目字占去。他们拿工具当作目的看待，未免喧宾夺主了。这是我们研究统计的人应当注意的。[①]

——陶行知，1922 年 12 月 14 日

一、教育统计与教育调查

　　清末以来，教育始终被各界公认为救亡振兴的不二法门，成为社会关注的中心。各种门类的社会统计层出不穷，政府部门、社会团体以及私人都加入到不同主题的统计行列中，其中教育统计尤为朝野上下所瞩目。地方统计开展甚早。1905 年 12 月学部（相当于现在的教育部）成立后，教育统计成为一大要务。两年后，学部总务司主编的《第一次教育统计图表》问世，内容达 960 页，数据之

---

① 薛鸿志. 教育统计学大纲 [M]. 北京：北京高等师范编译部，1922：序二.

详尽，涵盖之广泛，远非前代所谓统计可比拟。此后，每年公布一次，直至清亡，共三次。

《第一次教育统计图表》封面（1907 年）

《第一次教育统计图表》（1986 年中国台湾文海出版社影印版）

《第一次教育统计图表》制作精良，有 10 页统计图：各省学务岁入比较图、各省学务岁出比较图、各省学生人数比较图、各项学生人数比较图、各省专门学生人数比较图、各省实业学生人数比较图、各省师范学生人数比较图、各省普通学生人数比较图、历年学生人数比较图、各省学务资产比较图。其余 950 页为统计表，分为三大部分：学部暨京师学堂表、直省总表和直省各表。在例言中对此次教育统计的标准、方法有详细说明。

此次各省造报表册，凡关款项之处以银圆（原文为"元"）计算者凡六省，江宁、江苏、湖北、湖南、浙江、福建是也。以银两计算者凡十一省，

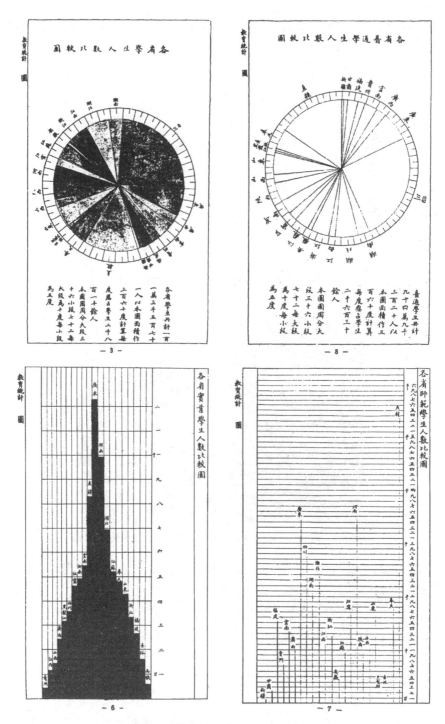

《第一次教育统计图表》部分插图

资料来源：学部总务司. 第一次教育统计图表. 1907：3，7，8.

直隶、吉林、黑龙江、山东、山西、河南、广东、广西、江西、云南、新疆是也。银圆银两并见者凡一省，安徽是也。未经声明银圆银两者凡四省，奉天、陕西、贵州、甘肃是也。

本编直省总表凡关款项之处，除未声明银圆（原文为"元"）银两，各省只得照填外，其余原用银圆计算各省概行改从银两计算，以归划一而便比较。

本编直省各表凡关款项之处，除银圆银两并见之省按表改从银两，以免分歧外，所有全用银圆计算及全用银两计算各省概仍其旧。

凡一表之内有分计之数与总计之数，未能针孔相对者，本编概据分计之数核改总计之数。

凡一省之表有甲表之数与乙表之数互有出入，未能决其孰是者，本编两存其疑，惟于该表后附笔注明。

各省学堂处数、学生人数，各表往往有学堂而无学生，有学生而无学堂，二者必有一误，本编亦不臆为订正，惟于该表后附笔注明。

各省造报表册，有于数目内夹入十百千万等字样者，核与部定表例不合，本编概行订正。

各省造报表册，有于千数、万数或十万数字之下加点者，核与部定表例不合，本编概行订正。

各项学堂教员资格表，各省造报多未完备，本编只以列入直省总表，而于直省各表内概行撤去。

学龄儿童教育会、劝学所、宣讲所等表，各省造报甚属寥寥，本编只得从阙。

从调查方法、统计标准、统计办法、统计图表来看，这次的统计水平很高。但遗憾的是，这次统计图表的规则及主要负责人目前仍处于失考状态。考虑到1907年我国尚未出现专门的统计学专业，甚至连统计学这门课都鲜少开设，能够做出如此精美的统计图表，制作之人的统计能力不容小觑。1908年学部举办了第二次教育统计，并编制了《第二次教育统计图表》。这两次教育

部分清代教育统计图表封面

统计为后来的教育调查表式提供了最重要的经验参考。1910 年的学部总务司咨文中曾提到："学部为办理教育统计事务，向北京及各地各学堂下发统一的统计表格（'一览表式'），要求按期填写缴回。这件文书即为次年（1910 年）学部行文度支部，要求度支部督促下属学堂如期上缴统计表格的文件。"（该咨文详见本书所附彩色插页。）

　　民国政府延续了清末教育统计的模式程序，并不断加以扩充完善。除全国性全方位的统计外，各地各级分门别类的教育统计也日益程式化，还先后创办了多种统计杂志，留下了丰富的数据，为后人的相关研究提供了多样的原始资料。

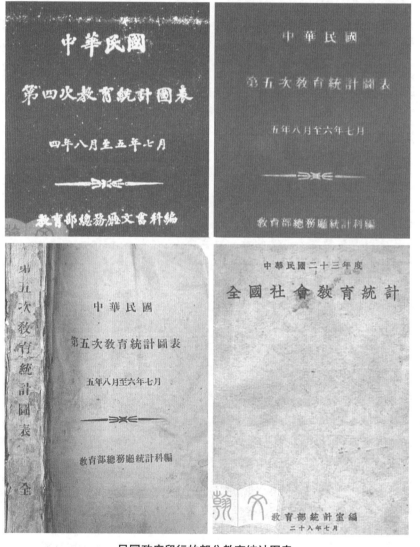

民国政府印行的部分教育统计图表

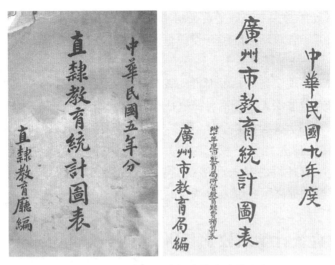

民国地方政府印行的部分教育统计图表

朱君毅（1933—1949 年长期担任国民政府主计处统计局副局长）在《民国时期的政府统计工作》里介绍了民国时期教育统计的基本情况，"教育年度的统计资料，分为两个半年度汇报。由于学制年度的计算，系自八月一日起至次年七月三十一日止，故教育材料的汇报，上半年自二月一日开始，下半年自八月一日开始"[1]。

关于教育调查，"东南大学教育科设有教育调查课程，曾于山东省施行调查一次，迄民国十一年山东教育厅乃请专家调查济南学校状况，是为中国教育调查之始"[2]。1923 年，东南大学组织昆山教育调查；中华教育改进社推广 Twiss 科学的教育调查、Terman 的小学教育调查，以及该社的京师教育概况调查等。此后，教育调查日益发

民国印行的《国民学校的统计图表》封面

---

[1]　朱君毅. 民国时期的政府统计工作 [M]. 中国统计出版社，1988：78.

[2]　刘万镒. 教育调查统计法 [M]. 广州：中国统计学会广州统计学校，1930：11.

达，尤以研究教育者为主，如《黄炎培考查教育日记》、袁希涛等的《欧美考查教育团报告》等。各级学校陆续开设教育调查科、教育统计科，以培养教育统计专才。

政策导向催生现实需求，继而推动教育调查和教育统计的学术研究，与教育调查相关的研究愈加深入、全面，研究成果频出，如《学校调查纲要》（张裕卿，商务印书馆，1923）、《学务调查》（程其保，商务印书馆，1934）、《教育调查统计法》（刘万镒，广州统计学校，1930）、《教育调查》（邰爽秋，教育印书合作社，1931）、《学校各科视察之研究》（邵鸣九，商务印书馆，1933）等，这些学术研究成果反过来提高了我国教育调查的质量。

二、教育统计学的教学与研究

19 世纪末 20 世纪初，我国的教育体制经历了翻天覆地的变化。1905 年，历经 1 200 多年的科举制被废除，西学教育体制全面引入，迅速演变为我国教育的"体"，与之相随的分科观念与方法也逐渐为国人所了解、接受。"与此同时，教育学在与心理学、伦理学、生理学、社会学、统计学等学科（认真来说，这里的'学科'是'科学'。下同）的双向渗透中，又衍生出一批交叉性或边缘性的教育学科分支，形成了所谓'复数教育科学'（educational sciences）概念。这一概念意味着大量社会学科，还包括某些自然学科，应用于教育领域所形成的分支学科群。大抵在 1920 年代及稍后，这些分支先后在中国'登陆'，于是建立了现代教育学科的一定体系……有些是先有国人编著，而后又引介西方的相关著述，如教育哲学、教育统计学等。"[①]科学教育与教育科学的移植，顺带引入教育统计学和心理统计学，二者经历了从译介发展到编著、从草创发展到植根中国文化的新学科的发展过程。教育统计学和心理统计学以学生的学业表现为研究对象，通过测验，主要是测得学生的学习成绩，获得学习数据，用统计方法分析研究学习数据，进而改进教学方法、学习方法，最终目标是推动教育事业的改进与发展。

尽管 1907 年学部就编印了《第一次教育统计图表》，但当时教育统计学尚未进入我国教育系统。1908 年，孟森翻译的《统计通论》初版问世，统计学渐渐为学人、政客所知。10 多年后，应用于教育领域的教育统计学方才问世。1908 年，

---

① 瞿葆奎，郑金洲，程亮. 中国教育学科的百年求索 [J]. 教育学报，2006，2（3）：3-11.

《东方杂志》第 5 卷第 10 期刊登了林万里[①] 翻译的日本书部省视学官野尻氏根据1905 年、1906 年列国政治年鉴编制的"各国小学教育统计表"，列出了日本、英国、普鲁士、德意志、奥地利、匈牙利、法兰西、意大利、俄罗斯、荷兰、比利时、瑞士、瑞典、挪威、丹麦、西班牙、葡萄牙、美国、墨西哥、智利 20 个国家的小学基本情况，林万里感慨表中"独缺我国可耻也"。

民国元年（1912 年），教育部通咨各省调查 1911 年 8 月以来教育损失状况，以此筹备民国第一次统计。1913 年，教育部拟定各种统计图表，因为当时国务院有办理统计年鉴的规划并拟先组织统计委员会，并请教育部将统计表式送院厘定后再行颁布。但这个委员会未及成立，国务院就因修正约法取消，教育部拟办的统计也因之暂停。1914 年 8 月，教育部另拟统计表式和试办呈请获批。教育部旋即发布试办教育统计暂行规则和简明表式并印订成册，通令各属道县各发一份，要求将表式内的学校表照刊复印多份，饬发各县转发各学校备用，各个学校依照学年按次造报统计表格，于当年送汇。

---

① 林万里（1874—1926），中国近代史上著名的记者、报人、新闻工作者。清光绪二十四年（1898 年），应林启之邀，林万里赴杭州参与创办求是书院、养正书塾、东城讲舍、蚕学馆 4 所新式学堂，任求是书院总教习。光绪二十七年（1901 年）六月，任《杭州白话报》主笔，宣扬新政，提倡社会变革，宣传禁烟，倡导破除迷信及妇女缠足等恶习。光绪二十八年（1902 年）一月，返福州，与表兄弟黄翼云、黄展云等创办全省第一所新学——福州蒙学堂，在校秘密组织"励志社"。后到上海与蔡元培、章炳麟等创立"中国教育会""爱国女学社""爱国学社"，出版《学生世界》杂志。光绪二十九年（1903 年），赴日本留学，参加中国留学生的爱国拒俄排满活动，加入"军国民教育会"。同年夏返沪，与蔡元培等创办《俄事警闻》。十二月，自办《中国白话报》，公开宣传以暴力推翻帝制。光绪三十年（1904 年），出任《警钟日报》主编。孙中山曾书"博爱"二字相赠。后加入光复会。1911 年武昌起义胜利后，林万里任福建都督府政务院法制局局长和共和党福建支部长。民国二年（1913 年），当选国会众议院议员，被聘为总统府秘书兼直隶省督军署秘书长。次年，袁世凯解散国会，林万里回到福建。民国四年（1915 年），林万里再度入京，附和袁世凯称帝，被袁委为参政院参政。帝制取消后，林万里重操新闻旧业，创办《公言报》，任主笔。民国八年（1919 年）初，在上海创办《平和日刊》。民国十年（1921 年）春，在北京创办《新社会报》，自任社长，以白水为笔名，发表政论文章，揭露军阀政客的黑幕丑闻。1922 年，《新社会报》报馆被查封，林万里入狱 3 个月。出狱后，《新社会报》改为《社会日报》出刊。民国十二年（1923 年）十月，因刊登揭露曹锟贿选总统的文章，《社会日报》报馆遭封闭，他再次入狱。出狱后，于民国十五年（1926 年）八月五日在该报登载《官僚之运气》一文，揭露潘复与张宗昌相互勾结、狼狈为奸的丑闻。当晚遭军阀张宗昌逮捕，翌晨被杀害于天桥。

京师立　學校中華民國 年八月至 年七月教育統計簡明表							
京师立學校					總	備	考
學　生　數							
畢業生數							
輟學生數							
死亡生數							
教　員　數							
職　員　數							
歲　入　數							
歲　出　數							
資　產　數							
中華民國　年　月填報							

1914 年教育部教育统计简明表式

资料来源：京师教育报，1914（10）：8.

1914 年 8 月教育部呈准的《试办教育统计暂行规则》全文如下：

第一条　教育统计分为三种，一为省教育统计，一为县教育统计，一为学校统计。

第二条　统计年度依照学年计算，例如第一次统计自民国元年八月始至二年七月止，以后依此递推。

第三条　各省统计报部之期至迟不得过次学年五个月，至县报省、学校报县之期，由省县各按路程远近分别规定。

第四条　凡关于初中等教育之学校，每年应遵县定期限，依照学校统计表式填报所在地之县知事。

第五条　凡关于高等教育之学校每年应遵省定期限，依照学校统计表式，填送所在地之道尹，汇报巡按使。

第六条　各县知事每年应遵省定期限，依照县教育统计表式，填送本道道尹，汇报巡按使。

各县统计表应造两份，一份存巡按使署，一份由巡按使汇订送部。

第七条　各省巡按使每年应遵部定期限，编制省教育统计表，连同各县统计表报部。

第八条　编制统计表别有说明，附载表册，凡办理统计人员应详细观

（一）

某学校	某科或某部	某科或某部	某科或某部	某科或某部	总	备考
学生数						
毕业生数						
修学生数						
死亡生数						
教员数						
职员数						
岁入数						
岁出数						
资产数						

表中所谓某科或某部各指一校各有树种以上性质而言，如初等小学校各分高等初等等级，简易学校分第一部第二部，专门学校分某科某科，大学校分科之外，并须分门之类，填具时须添列已全布之各种学校现况，及事实须上栏各分列填载。

凡初等小学校据教女生者，其学生毕业修学死亡各数中，各有女子者下，应分别记入应考体中。

凡未满分科场简各级，（如城具研究区推等）各项数应格结内。

览，依次编制。

第九条　统计表应由巡按使署照式刊印，颁发各县，转发所属各学校。

第十条　此项表式试办三届后，即当酌量改订，以期逐渐精密，现时各省已制成之教育统计，如有较此表式加详者，并应附送本部，以资考核。

第十一条　此项表式既极简略，遇有必须调查事项为表式所未载者，当由部随时制订某事项之表式颁发各省填报。

第十二条　本规则内，凡关于省之规定，特别区域均适用之。

第十三条　本规则至呈准日施行。

教育统计简明表式如下：

(二)

輟 學 生 數									死 亡 生 數									教 員 數								
公			私			總			公			私			總			公			私			總		
男	女	總	男	女	總	男	女	總	男	女	總	男	女	總	男	女	總	男	女	總	男	女	總	男	女	總

（三）

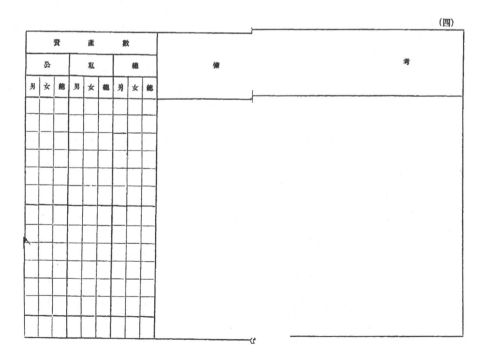

某縣		職　員　數								歲　入　數									歲　出　數								
		公			私			總			公			私			總			公			私			總	
		男	女	總	男	女	總	男	女	總	男	女	總	男	女	總	男	女	總	男	女	總	男	女	總	男	女	總
初等教育	小學 初等																											
	高等																											
	乙種實業 農業																											
	工業																											
	商業																											
	其他																											
中等教育	中學																											
	師範																											
	甲種實業 農業																											
	工業																											
	商業																											
	其他																											
總																												

（四）

資　産　數									備 考	
公			私			總				
男	女	總	男	女	總	男	女	總		

（一）

科縣	學校數 公			學校數 私			學校數 總			學生數 公			學生數 私			學生數 總			畢業生數 公			畢業生數 私			畢業生數 總		
	男	女	總	男	女	總	男	女	總	男	女	總	男	女	總	男	女	總	男	女	總	男	女	總	男	女	總
初等教育 小學初等																											
高等																											
乙種農業																											
甲種工業																											
實業 商業																											
其他																											
中等教育 中學																											
師範																											
甲種農業																											
工業																											
實業 商業																											
其他																											
總																											

本表統計各縣初等高等教育及國民初等中等教育學校，惟各省區所屬高等教育學校，亦擬直接調查照省表高等教育學校式附作一覽，附於本表之後。

(二)

级									毕业生数									死亡生数									毕业生数									教员数									总数								
国			公			私			国			公			私			国			公			私			国			公			私			国			公			私			国			公			私		
男	女	总	男	女	总	男	女	总	男	女	总	男	女	总	男	女	总	男	女	总	男	女	总	男	女	总	男	女	总	男	女	总	男	女	总	男	女	总	男	女	总	男	女	总	男	女	总	男	女	总	男	女	总

凡以前所谓初等复数学校，均改入乙种实业校内，中等实业及师范均改为成人甲种实业校内。

凡此项学校，附设他项者须分别志之，庶无偏考内繁例。

凡表中率字均各项述所集，可于其相当结中另一横盘。如太子文科大学大事，应以注所集，即可于本是校数下文字行相交之结中，作一横盘。

凡民国元年停办之县校各有若干，应记入备考结中。

（二）

某省

教育类别	职员 国		职员 公		职员 私		数 总		职员 国		职员 公		职员 私		数 总		职员 国		职员 公		职员 私		数 总	
	男	女	男	女	男	女	男	女	男	女	男	女	男	女	男	女	男	女	男	女	男	女	男	女

初等教育：小学、乙种实业、蒙养、工业课、实业、其他

中等教育：中学、师范、甲种实业、工商贸易、农商、其他

高等教育：高等师范、法政、医学、农业、工商、商船、外国语、预科、大学（文科、理科、法科、商科、医科、工科）、其他

总

（四）

費				達				數			備	考
國		公		私		總						
男	女	男	女	男	女	男	女	總				
	總		總		總							

（一）某名	学校数									学生数									毕业生数									奖生数					
	公			私			总			公			私			总			公			私			总			男		女	总		男
	男	女	总	男	女	总	男	女	总	男	女	总	男	女	总	男	女	总	男	女	总	男	女	总	男	女	总		女				

初等教育：小学、初等、高等、乙种实业、工业、商业、其他

中等教育：中学、师范、甲种实业、工业、商业、其他

高等教育：高等师范、专门学、政、法、工、商

大学：预科、本科、文、理、法、商、医、农、工

校数：其他

凡农业等种国别说明系均注於需考栏中。

凡表更要数一项，凡初等学校及高等小学内均须填入，惟於备考栏内注明初等及高等小学共有若干。

凡述教女子之学校教治填入男校中及四女子前设者，填入女校中，其餘各项，除专科数毕业生数编学生数额外，均照此填写，惟兰收女子之男校各有子女若干，悉注於备考栏中。

凡以钢所谓初级师范蒙院，均须入大此师范学之师范性格中，以前所有高等专堂，均填入大学预科性格中，惟附属大学内之预科共有若干，悉注於需考栏中。

教育部还编制了详细的教育统计简明表式说明，就是表式说明书，内容如下：

- 表内各项数目均以一学年内共有之数计，惟教职员数应以本学年最后学期现有之数填入。
- 表内数目均用亚剌伯（即"阿拉伯"——编者注）数字横写，数字排列尤宜位与位齐，以便观览。
- 表内款项均应以银圆计算，其未通用银圆之处，以库平银七钱二分作为银圆一枚，又凡以米麦等物作为学校经费者，亦应照市价合成银圆。
- 款项以圆为单位，圆以下四舍五入。
- 表内资产一项包括建筑物、购置物、基本金三种，建筑以营造费计算之，购置物以原价计算之。
- 现在大学尚无完全办理者，故将大学一项分科列表，惟大学校数共有若干须注明表旁。
- 每表后系以备考，遇有特别事项应声明者，概填入备考栏中，如无，亦不必赘。
- 表册广长及装制以部颁表式为准，不得任意参差。

要做好教育统计，除了政府的政策导向和保护外，更需要有专业的统计学人才。专业的教育统计学人才源自专业的教育及训练，教育统计学顺势提上日程。

1919年，《教育杂志》第11卷第11期所载隐青的《教育的统计学》讨论美国的教育统计学，内容广泛，包括统计学、统计方法、教育实验方法、教育调查方法、教育统计图表的制作等，第一次从统计学学理层面探讨专门的教育统计学。

进入20世纪20年代，教育统计学迎来了快速发展时期，教育统计学教师、教育统计学课程、教育统计学教材、教育团体次第出现并日臻完善。1921年，中华教育改进社成立，以"调查教育实况，研究教育学术，力谋教育进行"[1]为宗旨。该社第三届年会报告书发表在该社刊物《新教育》1924年第9卷第3期，决议案里包含"四、请本社选派对于测验及数学均有研究者二人前往美国专门研究测验统计之高深理论三年，所有费用均由本社设法供给。回国后，即在本社服务。五、心理教育测验定为师范学校及高中师范科最末学年第一学期之必修科目，共三学分"[2]。

---

[1]　中华教育改进社简章 [J]. 教育丛刊，1922，2（8）：36.
[2]　第三届年会决议案 [J]. 新教育，1924（9）：702.

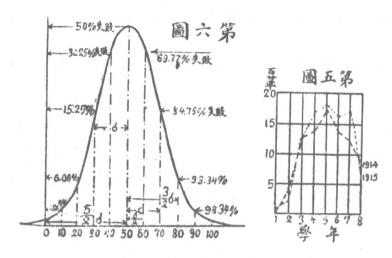

《教育的统计学》插图

资料来源：隐青. 教育的统计学 [J]. 教育杂志，1919，11（11）：10.

1922 年，北京大学哲学系曾请张见安做过"教育统计学"的主题讲演。[①] 同年，薛鸿志编著的《教育统计学大纲》出版，这是我国目前有据可考的第一部教育统计学专著。"这本书的名称，虽然名为'教育统计学'，但若严格说起来，其意义即是'应用于教育上的统计法（Statistical Methods Applied to Education）'。因为统计法早已作一种研究学术的普通工具（参看第一章绪论），现在又作研究教育的利器了，所以这本书里的方法，虽然是偏重教育方面的应用，而研究他种应用统计方法的科学，也可以用作参考。"[②] 可见，薛鸿志深谙统计原理，明了统计学理本质。这本书的参考书几乎涵盖了当时国际上最新的应用统计学著作，比如 Harold O. Rugg 的 *Statistical Methods Applied to Education*、G. Udny Yule 的 *An Introduction to the Theory of Statistics*、Edward L. Thorndike 的 *The Introduction to the Theory of Mental and Social Measurements* 等。陶行知在为这本书作的序中提到 1922 年"教育统计法输入中国，到现在只有四年"[③]。可知，教育统计学在 1918 年前后输入我国。在序中，陶行知还写道："在高等专门大学中曾经担任这门功课的人，有张耀翔、张见安、朱君毅和我四个人。社会上对于这门学问也渐渐的觉得他的需要了。我们因为事务很忙，几年来还没有得到机会，做本适用的书来报答社会。今薛君远举用了二年的时候，采集 Rugg、Yule、Thorndike、

---

① 注册部布告：哲学系所请张见安先生讲演教育统计学. 北京大学日刊，1922（973）：1.

② 薛鸿志. 教育统计学大纲 [M]. 北京：京华印书局，1922：vi.

③ 同② iv.

Brown、McCall、Whipple 诸家的著作的菁华，辑成此书。他的毅力，真可令人佩服。薛君在校时最喜欢研究统计；毕业后，应中华教育改进社之聘，掌理统计事宜，将近一年。此书是他的学问经验融合的出产品。"①

薛鸿志编著的《教育统计学大纲》是北京高等教育丛书的一种，为北京高等师范的教材。作为第一本教育统计学教材，它在内容和编排上已经非常接近经典统计学的完整内容。第一章"绪论"简略介绍了统计和统计学的历史、统计学的应用以及统计学在教育研究上的应用。"用科学的方法研究教育，固不仅恃实验已也；各项事实之调查，亦极关重要。如下列各种问题：

（1）关于学生方面者：如年龄、年级之记录，升级、留级之方法，退学、转学之章程等事。

（2）关于课程方面者：如教科书之内容、地方之风俗习惯，及社会生活之需要等事。

（3）关于教师方面者：如教师之学识、经验、委任方法、薪俸数目，及教师家庭中之职业等事。

（4）关于教授方面者：如学生进步之速率、分量、限度，及形式之陶冶等事。

（5）关于教育行政方面者：如行政机关之组织、人员之资格及薪俸、用人法则、职务情形等事。

（6）关于经费方面者：如岁入、岁出、来源、用途，及学款之支配等事。"②

第二章"教育测量"包括主观测量和客观测量；第三章"列表法"讲述如何制作统计表；第四章"绘图法"讲解如何制作各种常见的统计图，如饼图、条形图、直方图、线图等；第五章"位置数量（point measures）"的内容是描述统计中的集中统计量，包括范数、平均数、中点数（中位数）、百分点（百分位数）；第六章"差异数量（variability measures）"介绍的是描述统计中的离散统计量，包含全距、四分位差、方差和标准差；第七章"关系数量（relationship measures：correlation）"详细讲解了各种相关系数的测量与计算方法；第八章"概率曲线（probability curve）"集中讲述了概率原理及两种常见的概率分布——二项式之分配（二项式分布）和常态分配（常态分布，normal distribution）③；第九章"概率曲线之应用"谈到概率曲线下的面积等问题；第十章"正确数量（reliability measures）"重点讲解标准误的算法及其应用。

---

① 薛鸿志.教育统计学大纲[M].北京：京华印书局，1922：iv - v.

② 同①3-4.

③ 民国时期对 normal distribution 的翻译尚未统一，最常见的译词是"常态分配"，即现在的正态分布。

著名教育家陈宝泉 ① 在这本书的序中有言：

    ……我国向富于文的观念而贫于数的观念。故文字之传播汗牛充栋，求

———————————

① 陈宝泉（1874—1937），字筱庄，中国近代教育家。1896 年，他在维新思潮影响下参加康有为创办的强学会。1897 年，考取京师同文馆算学预备生。1901 年，任天津开文书局编校。1902 年，任天津民立第一小学堂教员；同年，又协助严修创办天津师范讲习所。1903 年，由严修保送到日本留学，专攻速成师范科。1904 年回国后，历任天津地区各小学教务长，并创设单级小学堂，筹备天津教育博物馆。旋入直隶学校司，任职期间，拟定劝学所、宣讲所等章程，均付诸实施。1905 年，任直隶学务公所图书课副课长，主编《直隶教育杂志》（此为我国近代最早的省级教育行政机关刊物）。1910 年，擢升为学部实业司司长。1912 年 7 月，被教育部任命为北京师范大学的前身——北京高等师范学校的校长［陈宝泉既是北京高等师范学校的主要创办人，又是北京师范大学的主要奠基人与创办人之一。为了表彰陈宝泉的光辉业绩，北京师范大学分别在不同时期建有"筱庄楼"和"筱庄斋"（筱庄是陈宝泉的字）］，并应教育总长蔡元培之约，出席"全国临时教育会议"，参与民国初年教育改革。1915 年，率北京高师附小（今北京第一实验小学）主任郑际唐、北京高师附中（今北京师大附中，俗称北师大一附中）主任韩诵裳考察江苏、浙江教育。1917 年，与黄炎培、郭秉文、蒋维乔等考察日本、菲律宾，以及中国广东、香港教育。1919 年，与袁希涛等考察欧美教育。在美时，由著名教育家孟禄（Paul Monroe）等陪同参观，并邀孟禄访华。在美国，陈宝泉还热情会见了张仲述［张伯苓胞弟，后曾于 1923 年主持北京师范大学（1923 年，北京高等师范学校更名为北京师范大学）与中华教育改进社合办的"中学课程研究班"］、李建勋（1921 年 10 月至 1922 年 11 月任北京高等师范学校校长）等留学生代表，邀请他们回国任教。在任北京高等师范学校校长期间，陈宝泉还积极参加各种学术集会和学术团体的领导工作，由他亲自创办并担任会长的重要教育社团有北京通俗教育研究会、北京教育学会、天津县教育会、全国师范教育研究会等。他又与张元济等发起师范讲习社，编辑出版《新体师范讲义》。1915 年，参与发起全国教育会联合会，以后历届年会均参与主持。1917 年，与蔡元培、黄炎培等发起成立中华职业教育社。1920 年冬，调任教育部普通教育司司长。1922 年，参与制定"壬戌学制"，并任中华教育文化基金委员会委员。1923 年，任教育部教育次长兼普通教育司司长。在普通教育司司长任内，他还组织了教育行政讲习会、小学成绩展览会等活动。1923 年 8 月，参与发起中华平民教育促进会总会，与陶行知等九人一起当选为执行董事。1924 年，被选为中华教育改进社九位董事之一，又任该社教育行政委员会副主任、义务教育委员会副主任。1925 年 3 月，与李大钊等受聘担任"华北六大学中文辩论会"评判员。1928 年，陈宝泉离开教育部。1929 年，任天津特别市政府参事、教育部名誉编审、天津市贫民救济院院长，又在南开大学兼课。1930 年底，任河北省政府委员兼教育厅厅长。1931 年九一八事变后，发电报指责蒋介石的不抵抗政策，在教育界引起很大反响。1933 年，拟定《河北省教育三年计划》，整顿高等教育，开办义务教育实验区。1935 年 7 月，蒋介石政府与日寇签订了丧权辱国的《何梅协定》，陈宝泉愤而辞去教育厅厅长职务。1937 年七七事变后，他接受天津市教育局邀请，给中小学教师做报告，劝勉教育界同人发奋图强、共赴国难。当时天气炎热，他情绪过于激动，又患高血压症，从此卧床不起，医治无效，于天津沦陷之日逝世，享年 63 岁。

一用数理辟明事物者，除天文律吕及简单之户口册外，殆绝无之。近日各衙署虽颁有统计报告，然极迟缓且不尽真确。始予亦颇不谓然。乃从政教育部以来首提议征各省普通教育统计。虽经部通行各省，其迟缓且过于向所经历，此固由于政治之关系。然省责之县，县责之学校，均含有比较公文书略轻之感念，可断言也。然教育之实际，非有精确之统计殆无。由改良而进步，需要与普通之感念相差。若此则教育行政之隐忧，自恧且深懼也。薛子乃乘此时机，首编教育统计学大纲以应教育社会学之需要。若从事教育者能人手一编，群感于数的观念之重要，斯诚教育界之大幸也夫。①

事实上，在这本书出版的前一年，薛鸿志已经将书中内容发表在《北京高师教育丛刊》上。1921 年，薛鸿志在《北京高师教育丛刊》第 2 卷第 6 期发表文章《教育统计学述要》，开篇说"是篇为李湘宸教授所授之教育统计学余之笔记也。课余之暇，本先生所授之次第，参考 Rugg 所著之 *Statistical Method Applied to Education* 及 Thorndike 所著之 *Mental and Social Measurement* 二书，潦草简略，勉成是篇"②，可知至少早在 1921 年北京高等师范学校就已开设教育统计学的课程，授课教授是李湘宸③。李湘宸 1917—1920 年在美国哥伦比亚大学师范学院留学期间主攻教育行政、教育统计学，接受的是当时最新的教育统计学教育，据此可推知，他在 1921 年开设的教育统计学的课程内容应该非常先进。在这篇文章里，薛鸿志将李湘宸教授教育统计学的大纲总结如下：

---

① 薛鸿志 . 教育统计学大纲 [M]. 北京：京华印书局，1922：iii.

② 薛鸿志 . 教育统计学述要 [J]. 北京高师教育丛刊，1921，2（6）：1.

③ 李建勋（1884—1976），字湘宸，1905 年选入直隶高等学堂学习，后转入天津北洋大学示范班，1908 年毕业后由直隶提学使司派往日本广岛高等师范学校学习理化。1911 年辛亥革命爆发后，中断学业，回国参加革命。后再次东渡日本，1915 年完成学业归国。1915—1917 年任直隶省视学。1917 年，获得公费留美学习的机会，进入哥伦比亚大学师范学院，学习研究教育行政、教育统计和学务调查；1918 年获理学学士学位；1919 年获文学硕士学位。1920 年下半年，在美国调查各类学校、各级教育和各种类型的教育行政组织。1921 年回国，任北京高等师范学校教育系教授兼教育研究科主任。1922 年，任北京高等师范学校校长。1923 年被任命为中华民国出席旧金山世界教育会议代表。会后，再次进入哥伦比亚大学师范学院进修，完成博士论文，获得博士学位。旋即被教育部委派为考察欧美教育专员，完成任务后，于 1926 年取道欧洲回国。此后历任东南大学、清华大学教授。1929 年，任北平师范大学教育系教授、系主任、教育学院院长等。新中国成立后，先后任平原省师范学院教授、天津师范学院副院长。主要著作有《战时与战后教育》（与许春生合著，1924）、《美国民治下的省教育的研究》（英文版，1928）、《天津市小学教育的研究》（与周学章合著，1934）等。

1. 定所要研究问题之范围及搜集关系本问题之材料。

2. 将所搜集之材料作有系统多分类（即用次数分配法）。

3. 将所搜集之材料用简赅之法表明之。其法有二：

A. 分析法。

（1）平均法——以平均数为代表——即中央趋向；（2）差异法——表明与中央趋向差异之程度；（3）关系法——表明各类事实之关系；（4）信证法——定统计结果之确实的分量。

B. 图式法。应用各种次数曲线图表等，以代表关于教育之材料。

当时的教育统计学教学计划可见一斑，课程内容饱满且先进，不输欧美大学的教育统计学课程。薛鸿志编著的这本教育统计学教材在很大程度上奠定了教育统计学的教学大纲基调，这一时期陆续出版的相关专著或教材在内容上都与之相仿（见表 13-1）。

表 13-1　1921—1930 年间与教育统计学相关的专著

序号	书名	所属丛书系列	作者、译者	出版年份	出版社	用作教材的学校
1	智力测验法		廖世承编著	1920（初版）		
2	教育统计学大纲	北京高师教育丛书	薛鸿志编著	1922（初版）	京华印书局	北京高等师范学校
3	儿童心智发达测量法	教育丛书	宾尼特（A.Binet）著，费培杰译	1922（再版）	共学社	
4	统计与测验名词英汉对照表		朱君毅编	1923（初版）	商务印书馆	
5	学校调查纲要		张裕卿编	1923（初版）	商务印书馆	
6	教育统计法		教育杂志社薛鸿志等编	1925（初版）	商务印书馆	
7	测验概要	师范丛书	廖世承、陈鹤琴编	1925（初版）	商务印书馆	
8	教育统计学	东南大学教育科丛书	朱君毅著	1926（再版）	商务印书馆	国立东南大学
9	教育测验纲要	现代师范教科书	华超编	1926（再版）	商务印书馆	江苏教育局暑期讲演会
10	教育统计学	国家教育协会丛书第三种	周调阳著	1926（初版）	中华书局	京师学务局教员讲习会

续表

序号	书名	所属丛书系列	作者、译者	出版年份	出版社	用作教材的学校
11	教育测验与统计法		李鼎辅编	1927	北京女子学院小学部出版部	
12	教育统计学纲要	现代教育名著	塞斯顿（L. L. Thurstone）著，朱君毅译	1928（初版）	商务印书馆	清华大学
13	实验主义与教育	万有文库第一集一千种、师范小丛书	朱兆萃著	1929（初版）	商务印书馆	
14	智力测验法	南京高等师范学校丛书	陈鹤琴、廖世承著	1930（五版）		南京高等师范学校
15	全国初等教育统计		教育部普通教育司著	1930		
16	全国人口产业总查计划大纲		立法院统计处编	1930		
17	教育调查统计法		刘万镒著	1930（再版）		
18	南洋华侨学校之调查与统计	南洋丛书	钱鹤著	1930（初版）		

　　1924 年 1 月，我国第一本基于本国教育数据、自主编著的教育统计学教材出现，是大教育家俞子夷编写的《测验统计法概要》，由商务印书馆出版。"民国七年，俞子夷先生曾仿造一种小学毛笔书法量表，可说是中国最早的测验。"[1] 从俞子夷在 1923 年 1 月给这本书作的自序中可以窥见当时统计学进入教育学领域的概况："近一二年来心理测验和教育测验已经由提创的时代进入编造的时代，不久，恐怕就是实用的时代来了。测验法的效用已经大家都明白的了。测验的材料除各处编造的以外，改进社在去年（即 1922 年——引者注）下半年请了专家来指导用大规模的办法编造，此刻编造的已经大半就绪，不久便能发行应用了。但是有测验用，必定要懂得统计的方法，对于测验的结果才可以有正当的解释。测验是一种工具，本身是没有效用的；测验的效用，是在测验的结果上。测验的结果往往是许多数目字，要从许多数目字里寻出有价值的意义来，一定要靠统计法。所以测验推广，同时也要测验法普及。专门的统计学，要有高深的数学根基方看得懂；那末又是普及上的一个障碍。这一本小书是避掉高深数学的说明，专用浅近的例子来说明

---

① 梁士杰，陈选善. 新教育测验与统计 [M]. 上海：儿童书局，1937：26.

的。所以希望小学教员都能看了实地去用，就是师范学校里也可以用来当做测验统计学程的教科书。当教科书用，大约每星期一时够半年的用。暑假学校，高级中学教育科都可以当做教本；大约一学分的学程，用起来恰好。"[1]

首先，文中提到的中华教育改进社邀请专家，指的是 1922 年中华教育改进社聘请美国教育心理测量学家 W.A. 麦柯尔（W. A. McCall，也有译作"W. A. 麦考沃"）博士到中国。当时，虽然关于智力测验和教育测验的出版物不下十余种，但一律采用麦柯尔创制的 TBCF 方法[2]。在麦柯尔的指导和赞助下，留美教育家陈鹤琴、留美心理学家兼教育学家廖世承[3]基于我国儿童的测验资料，编著出专门针对我国儿童的专著《测验概要》（商务印书馆，1925），供师范及高中学生学习。

其次，在教育测验与心理测验如火如荼的发展态势下，如何分析测验结果引起广泛关注。毫无疑问，统计学是分析教育测验与心理测验数据的不二之选，但高级统计学需要具备良好数学基础的人才能读懂，急需专门针对教育学和心理学

① 俞子夷. 测验统计法概要 [M]. 上海：商务印书馆，1924：1.

② TBCF 方法是美国教育心理测量学家 W. A. 麦柯尔在 1918 年发明的一种积分法，包含 T 分数、B 分数、C 分数和 F 分数，其中 T 分数是根据 T 量表计算的分数，代表一个学生的总能力；B 分数是根据 T 分数计算出的一个数值，代表一个学生的聪明程度；C 分数也是从 T 分数计算得来，表示年级分数；F 分数中的 F 是 Effort 或 Efficiency 的缩写，代表学生的学习效率或一个人的智力与学业的比较。

③ 廖世承（1892—1970），字茂如，江苏嘉定（今上海嘉定）人，中国近现代著名的心理学家和教育家。1909 年入南洋公学，1912 年考入清华学校高等科，1915 年毕业后赴美入布朗大学，专攻教育学、心理学，获硕士、博士学位，1919 年获布朗大学哲学博士学位和教育心理学博士学位。留美时曾得曼宁优奖生（James Manning Scholarship）荣誉，并得 SigmaXiKeg 荣誉。1919 年从美国布朗大学学成回国后，任南京高等师范学校（1920 年底并入国立东南大学）教授兼附中部主任，与陈鹤琴合编出版《智力测验法》一书，列有实验方法 35 种，这是我国最早的智力测验专著。1924 年，廖世承编撰出版了《教育心理学》，为我国提供了这门学科最早的教科书。同年，在实验的基础上，他写出《东南大学附中道尔顿制实验报告》，比较了道尔顿制与班级教学制的优劣，并得出根据我国具体条件很难实行道尔顿制的结论。1925 年，廖世承与陈鹤琴合编了《测验概要》，该书对推广教育测验和心理测验起到了一定的作用，是一本测验最简便的用书。廖世承把当时只用于个人的中小学测验发展为用于团体，并丰富了测验内容，这种测验被称为"廖氏之团体测验"。廖世承后任教于上海光华大学、光华附中、国立师范学院、华东师范大学、上海第一师范学院、上海师范学院，并曾任主任、副校长、副院长、院长等职，是当时著名的中等教育专家，致力于教育科学实验，参与创建我国最早的心理实验室之一，即南京高等师范学校心理实验室，并与陈鹤琴一起进行心理实验的研究。廖世承、孟宪承、陈鹤琴、俞子夷、徐养秋、程其保皆系郭秉文、陶行知在南京高等师范学校倡导教育学要科学化的改革中延聘的名师。自 1951 年起，廖世承先后任华东师范大学副校长、上海第一师范学院（后与上海第二师范学院合并为上海师范学院）院长、上海师范学院（现上海师范大学）院长等职，为发展新中国高等师范教育做出了很大的贡献。

的应用统计教育和专门教材。

1924 年，由中华教育改进社编制的《中国教育统计概览》出版（商务印书馆，1924），这是民国时期国内第一本由民间团体自主编辑的教育统计报告，陶行知在序言中对编制的目的、数据收集过程、数据分析和报告的编制过程都有描述：

> 这编统计的报告，是预备答复关于中国教育的数量方面几个简单的问题。因为现在中国的各教育行政机关及各学校所保存的记录未能充分的详细，所以本社发出的调查表也是很简单的。此项调查，由 1922 年五月作起，至 1923 年四月告一结束。专门学校及大学校的材料是直接由各校征集来的。各学校的名单，系由教育部,《中华教育年鉴》, 及新闻纸中的广告收集来的。调查的学校共有 125 校，其中有 93 校已将调查表寄还，其余 32 校的材料是用教育部 1919 年的报告补充的。还有几处教会立的学校已将其报告寄还，但是太迟不及列入了。
>
> ·················
>
> 这编统计是本社统计员薛鸿志先生主持编造的，统计助理员杨可大，尹彤墀两先生协助薛君进行。叶兆林，马庚虞，杨述孝，三先生计算数目，很花了许多工夫。朱济明先生把材料编成现在的格式。吴夷则先生等把这编统计的数目，完全用计算机改正，花了许多精力和时间。我在这里替改进社特别谢上列诸位先生。[①]

报告内容分为五部分：统计总表、各省区高等教育统计表、各省区中等教育统计表、各省区初等教育统计表及未分知之统计表。

1926 年，薛鸿志再撰文《统计学之功用及教育统计之需要》[②]，强调教育统计学的重要性及收集数字材料的重要性，从文言统计向数字统计转变，倡导开展各种科学的教育调查。同年，曾在哥伦比亚大学专攻教育统计学的朱君毅教授著成国立东南大学教育统计学教材《教育统计学》一书，由商务印书馆发行，该书在内容编排上与薛鸿志的《教育统计学大纲》大致相同，但书中使用了很多国内学校的教育数据，比如东南大学的新生数据和教员数据、中华教育改进社的社员数据、江苏省立第一女子师范学校的学生数据等，从侧面反映了教育统计数据的积累。这一年，朱君毅还在《新教育评论》发表《与中小学教员谈教育统计学》一文，

① 中华教育改进社. 中国教育统计概览 [M]. 上海：商务印书馆，1924：序言.
② 薛鸿志. 统计学之功用及教育统计之需要 [J]. 励志，1926（1）：28-30.

以学生考试成绩为例，讲解描述统计的计算方法与实际用法。[①]

民国时期我国开设的教育统计学课程集中在教育统计学（见表 13-2）、教育测量学、教育心理学三门。

表 13-2　民国时期教育统计学开课情况统计（部分）

课程名称	授课教师	开课时间	开课学院
教育统计学	周调阳	1923 年	河南省立第一师范学校
教育统计学	周调阳	1923 年	京师学务局教员讲习会
教育统计学	周调阳	1924 年	改进社南京年会教育统计组
教育统计学	朱君毅	1925 年	国立东南大学
教育统计学	朱君毅	1925 年	清华大学
教育统计学	杨国础	1934 年	湖南省教育会暑期学校
教育统计学	杨国础	1934 年	湖南省立第一师范学校
教育统计学	杨国础	1934 年	湖南省立第一中学校
教育统计学	杨国础	1934 年	私立岳云中学校
教育统计学	王书林	1937 年	国立中央大学
教育统计学	王书林	1937 年	金陵大学
教育统计学	齐泮林	1946 年	

1930 年是教育统计学发展史上承上启下的一年。这一年，《学务调查》《教育调查统计法》《南洋华侨学校之调查与统计》等相继问世，教育调查在学术研究领域被清晰地与教育统计区分开来，这意味着从事教育统计学研究的人对教育统计的认知更上一层楼：光有统计是不够的，还要通过调查收集高质量的数据才能做有价值、有意义的教育统计分析。

1930 年刘万镒编述的《教育调查统计法》由中国统计学会广州统计学校印行，是中国统计学会广州统计学校丛书之一，也是第一部兼顾讲述教育调查具体方法和程序以及教育调查资料统计分析方法的专著，金曾澄、私立广州大学创始人温仲良和陈炳权为之作序。

该书在我国教育统计学史上意义重大，将教育调查与教育统计分列讲解，澄清了当时一部分人将调查等同于统计的错误认知，厘清了调查与统计的辩证关系。这是第一部将教育调查与教育统计放在同等地位讨论的教育统计学专著，既重视教育数据的收集，即教育统计调查方法，又兼顾教育数据的分析，即教育统

[①] 朱君毅.与中小学教员谈教育统计学 [J]. 新教育评论，1926，1（4）：14-18.

计数据的描述与挖掘。全书分两编，具体目录如下：

第一编　教育调查

一、教育调查之造因

二、教育调查之意义

三、教育调查之性质

四、教育调查之价值

五、教育调查之沿革

六、教育调查之进行程序

七、教育调查之担任

八、教育调查方法

　　甲、因材料种类而分者

　　　　1. 原始调查法

　　　　2. 次级调查法

　　乙、因担任人员而分者

　　　　1. 亲自调查法

　　　　2. 被问人填报法

　　　　3. 调查员计查法

　　　　4. 通讯员估计法

　　丙、因材料来源而分者

　　　　1. 教育机关团体表册法

　　　　2. 他人制成材料法

　　　　3. 图书馆法

　　丁、因范围而分者

　　　　1. 完全调查法

　　　　2. 抽样调查法

　　　　3. 个别调查法

　　戊、因手续而分者

　　　　1. 直接调查法

　　　　2. 间接调查法

　　己、因确度而分者

　　　　1. 主观法

　　　　2. 客观法

　　　　　A. 指数法

B. 量尺法

C. 测验法

九、教育调查之先决要件

十、教育调查之分类

附录：各种教育调查表纲要

甲、学校教育调查纲目

乙、地方教育行政调查纲目

丙、乡村教育调查纲目

丁、社会教育调查纲目

第二编　教育统计

一、统计与教育之关系

二、教育统计之起源

三、教育统计之涵义

四、教育统计之需要

五、教育统计之研究

六、教育统计之编制

甲、规定内容要件及条例

乙、搜罗事实与审核

丙、订定表式与说明

丁、汇类编列

1. 顺序分配

2. 等级分配

3. 次数分配

4. 次数面积

5. 次数累积

戊、比率计算

1. 变动比率法

2. 分配比率法

3. 组间比率法

4. 异类比率法

己、位置计算

1. 百分位数法（中数法附）

2. 众数法

3. 平均数法（算术、几何、调和平均法）

庚、差异计算

    1. 全距法

    2. 四方差法

    3. 平均差法

    4. 标准差法

    5. 差异系数

辛、相关计算

    1. 乘积率法

    2. 相关比率法

    3. 四层表法

    4. 等级法

    5. 均方相关法

壬、确度计算——可靠度

    1. 平均数确度法

    2. 中数确度法

    3. 四分差确度法

    4. 标准差确度法

    5. 相关确度法

癸、图表报告

七、测验统计之编造与核算

甲、测验量表之编造

    1. 百分量表

    2. 年龄量表

    3. 年级量表

    4. 成绩比较表

    5. T 量表

    6. B 量表

    7. C 量表

    8. F 量表

乙、测验成绩之核算

    1. 核算公式

    2. T 分数核算法

    3. B 分数核算法

    4. C 分数核算法

　　　　5. F 分数核算法

　　　　6. 全部 TBCF 分数核算法

　　　　7. 各种教育上之效率核算法

　　　　8. 各种年龄核算法

　　八、统计图表之种类与举例

　　　甲、各种各级教育机关团体应有图表之种类

　　　　1. 学校应有之统计图表

　　　　2. 县市教育机关应有之统计图表

　　　　3. 省区教育机关应有之统计图表

　　　　4. 全国教育行政机关应有之统计图表

　　　乙、各种教育统计图表之示范

　　　　1. 直线图

　　　　2. 阔条图

　　　　3. 直方图

　　　　4. 曲线图

　　　　5. 圆形图

　　　　6. 三角形图

　　　　7. 方形图

　　　　8. 分布图

　　　　9. 形象图

　　　　10. 组织图

　　　附录：1. 对数表　2. 乘方表

　　这一时期，专攻教育统计学的留学生陆续回国，如李建勋、朱君毅、廖世承等。高等学校如北京高等师范学校等是推广教育统计学的重地，有薛鸿志、李建勋、李鼎辅、张耀翔、张见安、朱君毅等名师，而且面向全国开办暑期学校、讲习班、讲习会等，学员以各级学校的教员和教育部门的办事人员为主，宣传教育统计的价值，讲授教育统计的方法，最终提高教育统计的数据质量，为昌明我国教育、改进我国教育政策提供数据支持。中华教育改进社是我国发展教育统计学的推手，该社 1922 年邀请美国测验专家 W. A. 麦柯尔博士到我国，与我国各大学校教授合力编制各种应用测验方法，可谓硕果累累，对我国教育界的影响深远，这一时期的大部分教育、测验和心理方面的著作中都有提及麦柯尔的这次来华指导。2011 年，中华教育改进社复建，在官网（http://www.ceiiedu.org/）的介绍中详细描述了这段历史："1922 年 12 月，美国教育测量专家麦柯尔教授，应中华教育改进社聘请，来我国帮助编制各种教育测验和训练有关人才的工作。麦氏来华后，和广州、上海、苏州、南京、武昌、天津、北京等地教育专家交换意见，并合作完成了包括 TBCF 制在内的 50 多种测验，撰写《中国教育的科学测量》一文，训练两期研究生。我国专家陆志韦、俞子夷、廖世承、陈鹤琴、刘廷芳等订正皮奈西门智力量表，编制中小学各种测验的工作，也于这期间完成。"

　　进入 20 世纪 30 年代，教育统计学迎来了大发展时期。这 10 年间教育统计学的相关专著（主要是教材）如雨后春笋般层出，已找到的有 30 本（见表 13-3）。从年份分布看，1931—1937 年每年都有多部教育统计学著作出世。全面抗战开始后，教育统计学教材几乎没有产出，战争对我国当时教育学界的危害不言而喻。

表 13-3 20 世纪 30 年代部分教育统计学教材信息

序号	书名	所属丛书系列	作者、译者	出版年份	出版社	用作教材的学校
1	教育统计学纲要		塞斯顿（L.L. Thurstone）著，罗志儒译	1931（初版）	商务印书馆	
2	教育心理学大纲	教育丛书	朱君毅编	1931（初版）	中华书局	厦门大学（教育学院特设师资组）
3	教育统计学大纲	教育丛书	朱君毅编	1931（初版）	中华书局	厦门大学（暑期学校师资组）
4	教育测验与统计	师范学校用书	廖世承编著	1932（初版）	中华书局	
5	新中华教育测验与统计	高级中学师范科用	廖世承编	1932（初版）	新国民图书社	
6	教育测验与统计		杜元载编	1933（初版）	文化学社	北京大学、北平师范大学、中国大学
7	教育统计学初步		胡毅编著	1932（初版）	大东书局	
8	教育图示法		邰爽秋编	1932（初版）	教育印书合作社	
9	教育统计学纲要	现代教育名著	塞斯顿（L.L. Thurstone）著，朱君毅译	1933（国难后第一版）	商务印书馆	

续表

序号	书名	所属丛书系列	作者、译者	出版年份	出版社	用作教材的学校
10	学务调查	师范丛书	程其保编	1933（国难后第一版）	商务印书馆	国立东南大学（教育科）
11	测量术	万有文库第一集一千种工学小丛书	冯雄著	1933（初版）	商务印书馆	
12	教育测验与统计	师范学校教科书甲种	朱君毅著	1933（初版）	商务印书馆	
13	高级统计学	大学丛书	艾伟著	1933（初版）	商务印书馆	国立中央大学
14	教育统计学讲义		艾伟著	1934 年之前	中山大学讲义股	国立中央大学
15	教育统计学		汤鸿鼐著	1934（初版）		
16	心理与教育之统计法	大学丛书	葛雷德（Henry E. Garrett）著,朱君毅译	1934（初版）	商务印书馆	清华大学
17	教育测量统计法	中国测验学会丛书第一种	欧提斯（Arthurs Sinton Otis）著,顾克彬译	1934（初版）	南京书店	
18	教育统计学纲要		杨国础编	1934（初版）	中华书局	湖南省教育会暑期学校
19	教育测验及统计		常彦春编	1934（初版）	太原范华制版印刷厂	
20	教育测验与统计	师范学校教本世界新教育丛书	潘之赓著	1935（再版）		
21	教育测验与统计	师范学校及乡村师范学校	王书林编著	1935（初版）	正中书局	
22	教育心理	师范学校及乡村师范学校	王书林编著	1935（初版）	正中书局	
23	初级教育统计学		范公任著	1935（初版）	世界书局	
24	教育心理		沈有乾编著	1935（初版）	正中书局	
25	教育测验统计的应用	中国教育研究社主编小学教师进修丛书	谷秀千著	1936（初版）	新亚书店	

续表

序号	书名	所属丛书系列	作者、译者	出版年份	出版社	用作教材的学校
26	教育测验与统计	简易师范学校及简易乡村师范学校	高君珊编著	1936（初版）	正中书局	
27	新教育测验与统计	师范新刊本之一	陈选善、梁士杰合编	1937（初版）	上海儿童书局	
28	教育测验与统计	简易师范学校教科书	朱君毅编	1937（初版）	商务印书馆	
29	教育统计学	大学丛书	王书林著	1937（初版）	商务印书馆	中央大学、金陵大学
30	测验及统计	师范·简师	国立编译馆编	1937（上海市一版）	中华书局	

这一时期翻译的国外相关教材增多，这些国外教材都是名师在名校的授课成果，统计知识先进（出现"复相关""随机抽样"等新知识）、示例生动、课后习题丰富，是难得的好教材。1931年，罗志儒再次翻译美国教育心理大家塞斯顿（L. L. Thurstone）的《教育统计学纲要》，该书朱君毅在1928年翻译过。1934年，朱君毅翻译的葛雷德（Henry E. Garrett）的《心理与教育之统计法》是当时的"大学丛书"，一直到1974年我国台湾地区仍在继续发行。同年，顾克彬翻译的美国著名心理测量学家阿瑟·辛顿·欧提斯（Arthur Sinton Otis）[1]的《教育测量统

_____

[1]　阿瑟·辛顿·欧提斯（1886—1964），美国心理测量学家。出生于美国科罗拉多州丹佛市，逝于美国佛罗里达州。求学于斯坦福大学，原先学习建筑工程，后来学习心理学，并获该校学士学位、硕士学位和博士学位。嗣后，在斯坦福大学有过短期的学术任职，不久便赴世界图书公司担任编辑，在那里度过他的大部分生涯。在斯坦福大学期间，他曾师从L.推孟（Lewis Madison Terman）攻读研究生。那时，欧提斯已提出了将斯坦福－比内量表改成纸笔测验形式的设想。第一次世界大战期间，推孟在R. M.耶基斯新兵心理测试委员会供职。当时，美国军队需要迅速并有效地选拔士兵和军官，为了适应这种要求，美国心理学会主席耶基斯及桑代克等认为可依靠测验进行选拔，于是将推孟的学生欧提斯尝试性编制的团体智力测验方法运用于军队，称作陆军甲种测验（Army α Test）。此后，欧提斯又编制了适用于母语为非英语被试和文盲被试的陆军乙种测验（Army β Test）。这两种测验方法在第一次世界大战中曾施测于近200万名美国新兵。用智力测验方法来筛选士兵对战争的胜利起了很大作用。战后，此种测验方法经改进广泛用于民间，被教育与工商各界普遍采用。1918年，欧提斯和雷诺（Roger T. Lennon）发展了学校能力测验（OLSAT），该测验方法以团体施测方式来测量与学业成就有关的抽象思考及逻辑推理能力，以供特殊儿童筛选及一般学生教学与辅导参考。欧提斯编写了多本教科书，主要是算术和几何方面的书籍。第二次世界大战期间，他编写了关于航空学的教科书，但是他自己直到1948年才学会飞行。

计法》出版。这三部译著及其原著在民国时期对整个教育统计学界的影响很大,被国内学者参考和引用的频率很高。

另外,国内著作之间彼此参考的情况也很常见。朱君毅在初版的《教育测验与统计》"编辑大意"中写道:"编辑本书时,采用廖世承及陈鹤琴二君的测验概要及周调阳君的教育测量法精义二书的材料甚多……均此致谢。"[①] 常彦春在初版的《教育测验及统计》的"编辑大意"中有言:"编辑本书时,参考麦柯、廖世承、陈鹤琴、周调阳诸先生的著作很多……均此致谢。"[②] 杨国础在初版《教育统计学纲要》的序言中提到,"致谢薛鸿志、周调阳二兄及张耀翔、朱君毅二先生;因为使无诸先生之著作作参考,此稿简直不能完成"[③];汤鸿鬺初版的《教育统计学》中也对朱君毅、周调阳、薛鸿志、艾伟、王仲武、俞子夷、赵文锐、邰爽秋[④]等一一致谢。窥豹一斑,当时国内教育统计学的学术圈子已然成形。

1932年8月,教育印书合作社出版了时任河南大学教授邰爽秋编撰的《教育图示法》,这是一部关于教育数据可视化的专著,也是民国时期第一本关于数

---

① 朱君毅. 教育测验与统计 [M]. 上海:商务印书馆,1933:编辑大意.

② 常彦春. 教育测验及统计 [M]. 太原:范华制版印刷厂,1934:编辑大意.

③ 杨国础. 教育统计学纲要 [M]. 上海:上海中华书局,1934:序言.

④ 邰爽秋(1897—1976),字石农,江苏东台人,中国近现代教育家。他出生于贫寒的书香门第。1914年秋,考取江苏省立第五师范学校,毕业后进入南京高等师范学校(东南大学)。1923年毕业于国立东南大学教育系,同年公派留美。1924年,获美国芝加哥大学教育硕士学位。1927年,获美国哥伦比亚大学教育博士学位,后回到国内。1928年,被国民政府任命为省立南京中学校长兼中央大学教授。历任南京第四中山大学、广州中山大学、河南大学教授,暨南大学教育系主任,大夏大学教育学院院长,中国民生教育学会理事长,中国民生建设实验院院长,国民政府教育部战时教育委员会委员等职。1929年,大胆倡议"庙产兴学运动",提出"打倒僧阀,解放俗众,划拨庙产,创办教育",受名寺大庙的住持们和国民党中央常务委员戴季陶迫害,险遭暗杀,不得不离开南京,经香港辗转到上海另就大夏大学教育学院院长之职。1930年,离开上海来到河南大学任教,深入农村进行社会调查。邰爽秋是中国教师节的最早倡议者,与晏阳初、梁漱演、陶行知并称为"中国教育界四大怪杰"。1931年5月,邰爽秋与教育家程其保等人倡议设立"教师节"。1933年,邰爽秋发起了"提倡土货,抵制洋货倾销,发展国民经济"的"土布运动",又称"廿二运动",得名"布衣博士"。1935年2月,他与蔡元培、陶行知、叶圣陶、巴金等发起推行简体字运动。同年,任省立河南大学教育系主任、教授,与李廉方等在开封推广实验教学法。1937年,日寇全面入侵,他随上海大夏大学教育学院迁往庐山,后至重庆。1938年,大夏大学与复旦大学合并的联合大学解散,邰爽秋携家眷随大夏大学赴贵阳。1947年,他参加"反独裁,反内战,反饥饿"的爱国民主运动。1949年新中国成立后,历任辅仁大学、北京师范大学教授。1976年12月24日,病逝于北京。主要著作:《民生教育》、《教育经费问题》、《教师节与教师幸福问题》、《地方教育行政之理论与实际》、《普及教育问题》、《教育行政测量法》(英文)。他的《教育经费问题》和陈友松的《中国教育财政改造》,代表了民国时期中国教育经济学研究的最高水平。

据可视化的专著。在整个民国时期，尽管统计教材和统计报告不少，里面多少都会有一些统计图表，但关于数据可视化的专著凤毛麟角，目前笔者找到的只有三本，除这本外，另外两本是《统计图表编制》（朱佐廷，1934）和《统计制图学》（陈善林，1936），都比这本书晚。查看三本书的内容，以郤爽秋编撰的最全面、最先进，讲述最详细清楚、实用性最强。究其主因大概是该书是在翻译美国学者威廉姆斯（Williams）所著的 *Graphic Methods in Education* 的基础上，参照美国图示标准委员会（Joint Committee in Graphic Presentation）所订标准，参合 Brinton 所订制图规则，并融入我国教育数据编著而成，而且增加了数十种新图是原著所无者，更选制图字体三十余种。

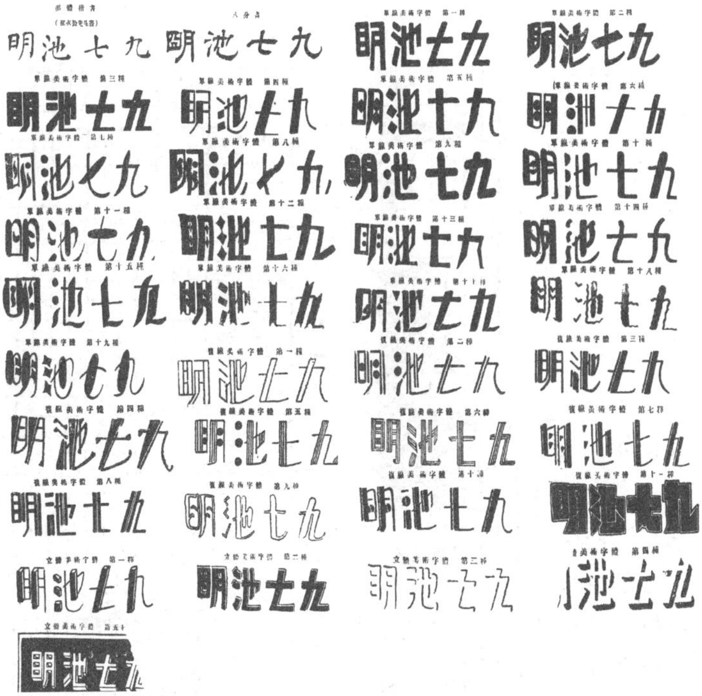

《教育图示法》制图字体示例

从内容编排看（每章后附课后习题和参考书目），《教育图示法》是一本非常适合做教材的统计图制作书，书中第一章第四节提到本书之目的是：

一、说明图示法之价值及其应用。

二、训练制图之能力，使毫无绘图经验者，亦易于着手。

三、介绍表显教育的及社会的事实时必需之实用图式。

四、指示各种图形之用途及表现某种事实或意念时所必用之图形。

五、指出制图时所易犯之错误及避免之方法。

六、举出绘制图形之标准及制图时应注意之点，以养成学者判断之能力。

全书共 448 页，制作了 183 张统计图，大部分统计图所用的数据都来自国内，内容全面丰富，包括图示法的目的、种类、价值及应用、制图标准、制图常见错误及应注意之点、制图准备工具及手续，以及方图、矩形图、三角形图、条形图、圆形图、各种线图、地图、组织图、建造图、形象图的具体制作方法及可能的表现形式。即使在今天，这也是一本不可多得的关于数据可视化的优秀教材。

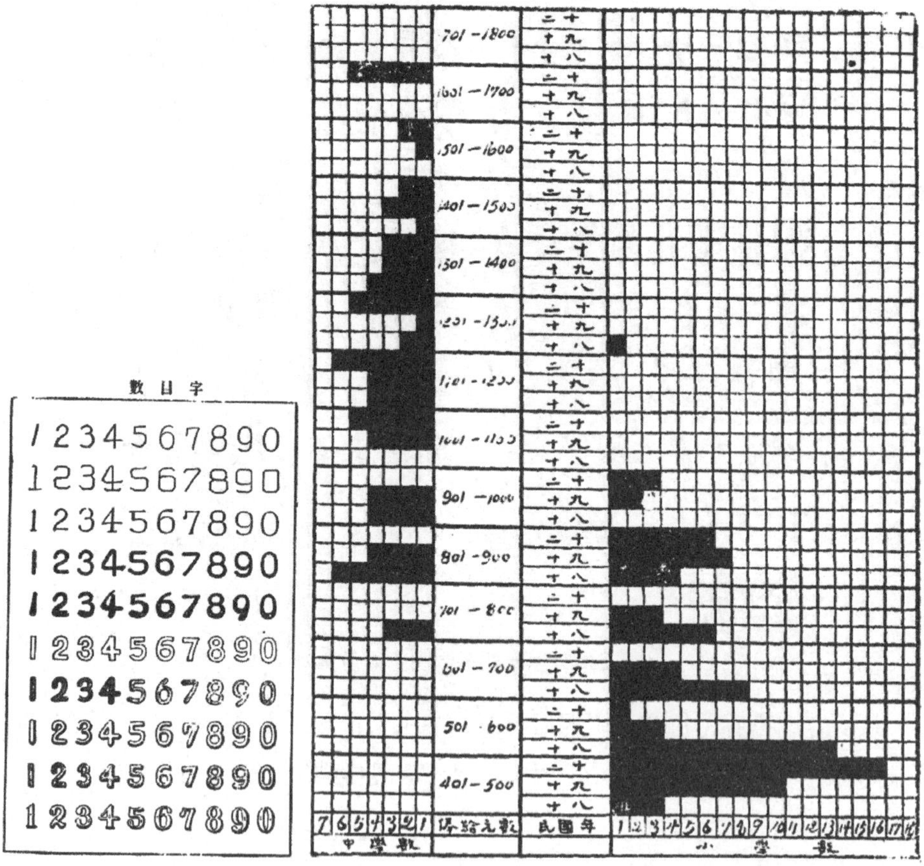

第六十八图 某地三年间中小学教师薪水之分配

《教育图示法》统计图（1）

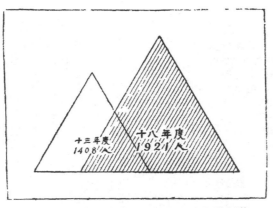

第四十三圖　國立中央大學十三年度與十八年度學生數之比較

教育圖示法

《教育图示法》统计图（2）

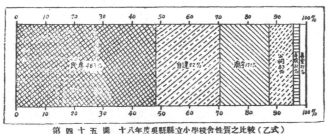

第四十五圖　十八年度吳縣縣立小學校舍性質之比較（乙式）

《教育图示法》统计图（3）

第四十八圖

某年度南京市小學教師資格之比較

《教育图示法》统计图（4）

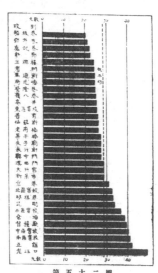

第五十二圖

十七年度南京市立小學每生平均費用之比較

《教育图示法》统计图（5）

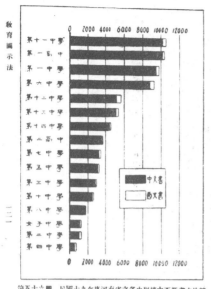

《教育图示法》统计图（6）

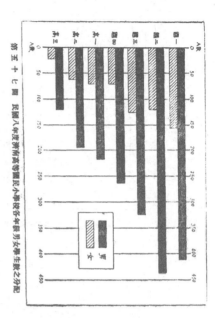

《教育图示法》统计图（7）

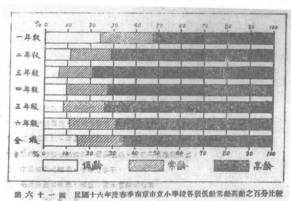

《教育图示法》统计图（8）

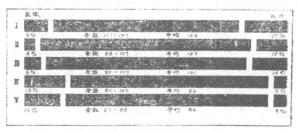

《教育图示法》统计图（9）

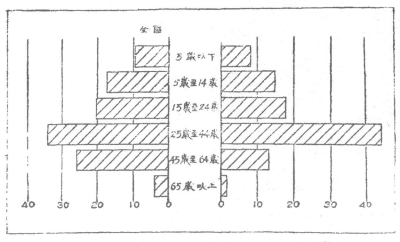

第六十七圖　美國波的 Butte 城各年人口之分配與全國之比較

《教育图示法》统计图（10）

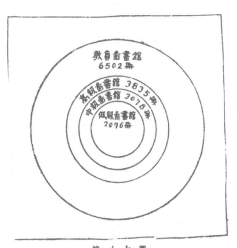

第 八 十 圖
十九年度國立中央大學實驗學校各圖書館現有圖書之比較

《教育图示法》统计图（11）

第 八 十 三 圖　東南大學附屬中學各科畢業生升學人數之比較

《教育图示法》统计图（12）

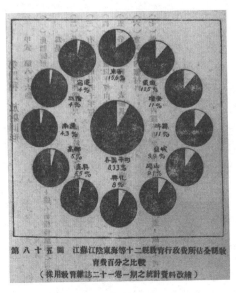

第八十五圖　江蘇江陰東海等十二縣教育行政我所佔全縣教
育費百分之比較
（採用教育雜誌二十一卷一期之統計資料改繪）

《教育图示法》统计图（13）

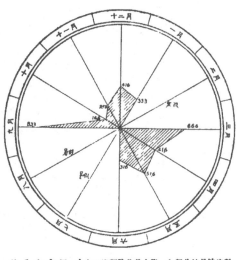

第八十六圖　十九年度福建集美小學一年級生按月缺席數

《教育图示法》统计图（14）

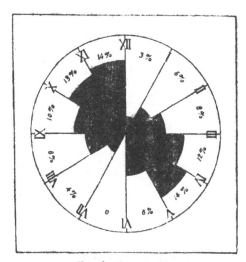

第 八 十 七 圖
某城一年內（1873）工業上意外事件在每日各時間內
百分數之分配

《教育图示法》统计图（15）

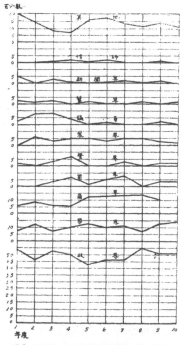

第九十九圖　北平師範大學附屬中學民國元年
至十年度學生家庭職業之百分比較
（採自周鵬陽教育統計學四十七頁）

《教育图示法》统计图（16）

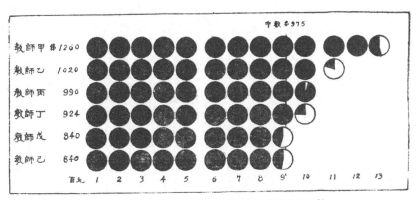

第 一 百 一 十 一 圖　某年度某處教師之薪水數

《教育图示法》统计图（17）

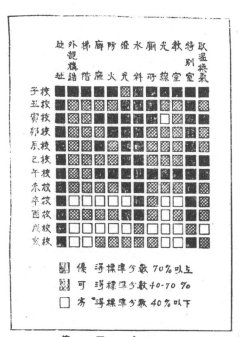

第 一 百 一 十 三 圖
某年度某城各學校校舍效率依照施菊野安格霍二氏測量表
所測結果分項比較

《教育图示法》统计图（18）

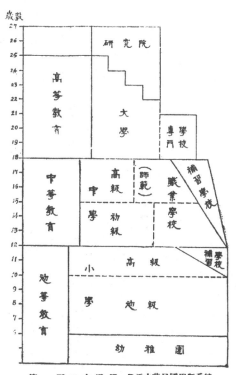

第 一 百 二 十 五 圖　最近中華民國學制系統

《教育图示法》统计图（19）

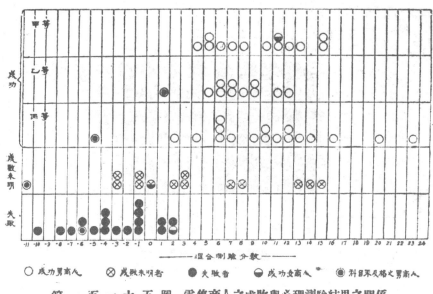

第一百一十五圖　零售商人之成敗與心理測驗結果之關係

《教育图示法》统计图（20）

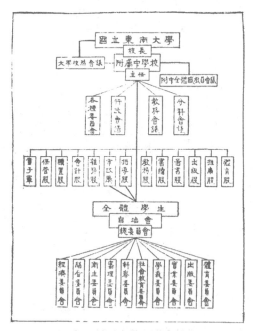

第一百二十七圖　國立東南大學附屬中學校之組織系統

《教育图示法》统计图（21）

第一百三十圖　民國十八年異嘉禮之街道

《教育图示法》统计图（22）

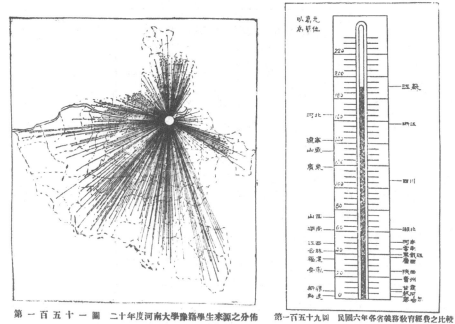

第一百五十一圖　二十年度河南大學豫籍學生來源之分佈

《教育图示法》统计图（23）

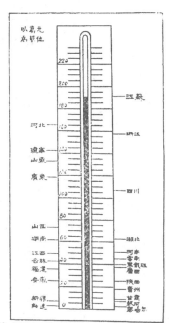

第一百五十九圖　民國六年各省義務教育經費之比較

《教育图示法》统计图（24）

第一百六十五圖　燕子磯小學畢業生出路之比較

《教育图示法》统计图（25）

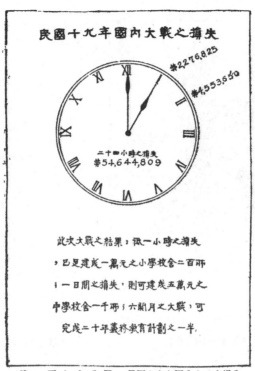

第一百七十八圖　民國十九年國內大戰之損失
（根據新聞報十一月十日黃郛氏著之禱告和平一文。黃氏估計
此次戰役損失不下十萬萬元。）

《教育图示法》统计图（26）

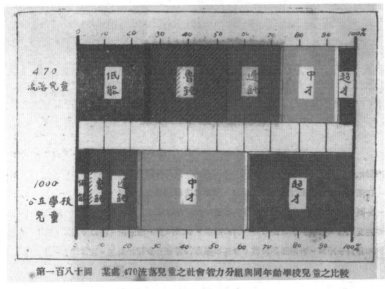

第一百八十圖　某處470流落兒童之社會智力分組與同年齡學校兒童之比較

《教育图示法》统计图（27）

《教育图示法》书中的广告页如下图所示。

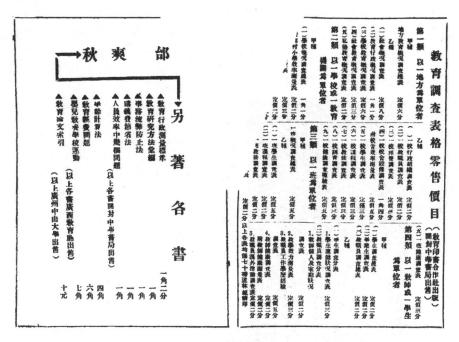

《教育图示法》广告页

说明：大量关于教育调查的专门表格（其实就是现在的调查问卷）已出版，由此可推知当时的教育调查进展得如火如荼。

朱君毅在为该书所作的序中盛赞："图示之法，年来盛行国内……顾一般图示，多重外表，而欠准确。不特失却图示之真义，反致引起阅者之误会……邰爽秋博士专攻教育行政，对于图示方法，特具兴趣。近复根据美国勃林登及威廉斯诸图示法书中之原理，参酌美国各种教育调查报告中所用之图式，并搜罗国内教育上之资料，编著《教育图示法》一书。材料丰富，议论周详，而关于绘图之具体方法，尤多精细之说明。不特足以补余书之不足，实为吾国图示书之创作也。"①

1933 年 10 月，商务印书馆出版了艾伟的《高级统计学》，这本书是民国时期最具代表性、具有最高水准的统计学教材之一，脱稿自艾伟七年间的十次心理学讲座及统计学讲课讲稿（国立中央大学、中华教育文化基金董事会所设的教育心理讲座等），此处列入教育统计学的教材，是因为作者在自序中提到："本书命名曰'教育学院统计学'或'高级统计学'，所以分别高级师范统计学或初级统计学也……所以作者的这本书是为教育学院学生或大学生作统计教本用的，或为

<hr>

① 邰爽秋. 教育图示法 [M]. 上海：教育印书合作社，1932：序.

中学教员作参考书用的。"[1]而且沈有乾在1934年《图书评论》上发表的文章《艾伟著高级统计学》中曾推测"此书既将经济统计及数理统计置于其范围之外，又处处用有关教育问题之资料，若迳称'教育统计学'，最为名实相符。序中所云，似可见著者对于此书之命名有其不得已之苦衷者在。"[2]综合观之，该书实际是一本教育统计学的著作，放在此处得宜。

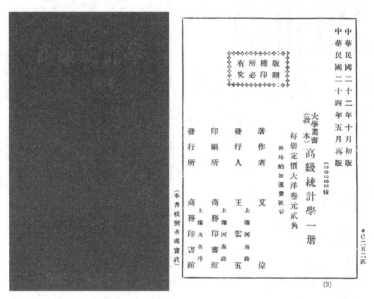

《高级统计学》(1933)封面、版权页

沈有乾对此书评价甚高："综观此书，在各种教育统计学中，似最完备详尽，虽缺点未能尽免，仍有其价值，仍有其用处。读者但求著作为'空前'足矣，岂可求其'绝后'乎？"[3]

此书兼顾初级统计学与高级统计学，从1933年的一册改为1934年的上下册，能看出来，作者意识到有必要将初级统计学的内容与高级统计学的内容区分开。该书可作为不同学期、不同读者的参考书。1934年版的上册内容都属一般统计学，坊间已有不少，但下册内容属于高级统计学，内容有随机抽样、点二列相关、等级相关、质性相关、非直线相关以及回归线等，当时关注到此类统计知识的书籍凤毛麟角，加上书中多用我国数据，且"本书中间有一二新颖材料，或新颖解释，在他书中所未曾见者，皆七年来十次统计班同学发问之所赐也"[4]，这一点更是不可多得。因此，该书问世之初，即引发学界广泛关注。林

---

[1] 艾伟.高级统计学[M].上海：商务印书馆，1933：序.

[2][3] 沈有乾.艾伟著高级统计学[J].图书评论，1934，2（7）：65.

[4] 艾伟.高级统计学：下册[M].上海：商务印书馆，1934：序.

伯遵于 1933 年在《独立评论》第 78 期发表文章《统计学的治学途径和〈高级统计学〉》、沈有乾于 1934 年在商务印书馆《出版周刊》[①]第 105 期发表《高级统计学》，对艾伟的《高级统计学》进行介绍、评论并推广。当然，林伯遵和沈有乾也指出书中有不周之处，比如"这一节的第一句话是'现在我们要讨论机率了'。第二句是'所谓机率者英文曰 Probability'，自此以下便是关于机率的例子，连定义都没有。第一个例子是买彩票，作者说彩票的分数有十万个，中彩的只有一个，以 P 代表成功，以 Q 代表失败，可以得下列的公式：P+Q=I。这样的解释，似乎不大清楚。P 实在是代表成功的机率，Q 代表失败的机率。P 和 Q 的来历是应当叙明的，这个极容易引申的公式，既迭经应用，也应当有个交代才好。作者应用的办法，似嫌操之过急，机率的理论，用 Probability 一个英文字就讨论完了……上面的几点，从理论及应用两方面说起来，都是极严重的'挂漏遗误'，尤其是第一第二两点是很难令人谅解的。虽然有这些遗误，这本书也自有它的特长，自有它的用处。把它提出来讨论的本意，不过是要提醒专攻社会科学而想利用统计学的人，不可忽略了统计学的治学途径"[②]。直到 1947 年周先庚在《教育通讯（汉口）》发表的《评齐著教育统计学》一文中，仍然极力推崇此书。周先庚认为，"据评者所知，国人所著教育统计学中，除去艾伟的高级统计学外，当推齐先生这本书为最佳了"[③]。

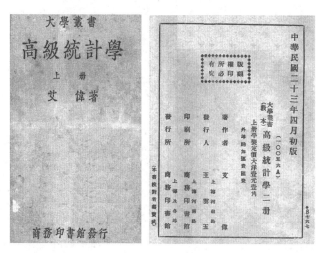

《高级统计学》（上下册，1934）上册封面、版权页

---

① 商务印书馆《出版周刊》的《高级统计学》实际摘引自《图书评论》的《艾伟著高级统计学》，即实为一篇。

② 林伯遵. 统计学的治学途径和《高级统计学》[J]. 独立评论，1933（78）：18.

③ 周先庚. 评齐著教育统计学 [J]. 教育通讯（汉口），1947（7）：39.

高 級 統 計 學

目 次

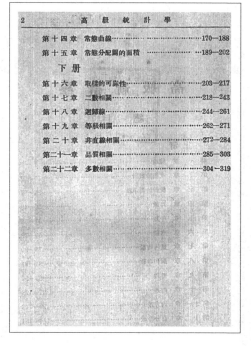

《高级统计学》目录

说明：该书初版有两个版本，1933 年版共一册，1934 年版分上下册，两个版本在内容上完全相同。

　　该时期大部分著作是教材，其中属于师范类丛书的都是教材，且在体例或例言中大都明言"本书的大纲，系以教育部所规定的高中师范科教育测验与统计课程暂行标准为根据，以供师范学校教科书之用"。教育部的政策实际上推动了教育统计学的推广与发展，客观上促进了教育统计学的繁荣与发展。

　　综上，20世纪30年代是我国教育统计学、测验统计学和心理统计学的大发展时期，学人辈出，研究成果丰硕。上一时期积累的各类教育统计数据是国内教育统计学研究成果增长的基础与依据。与此同时，国外译著和国内著作竞相出版，各级学校广泛开设满足不同应用需求的教育统计学课程或培训班，国内自己培养的教育统计学人才在政界、教育界、学术界闪耀着各自的光芒。

　　进入20世纪40年代，前半段仍处于战时阶段，有3本教育统计学的书出版（见表13-4）。其中，学林社编制的《教育之实验设计与统计方法》是学林社出版的论文编辑第三辑，共收录8篇文章，其中第一篇是沈有乾的《教育研究中之实验设计与统计方法》，本辑的辑名即取自该篇篇名，后七篇分别是陈礼江的《近百年来中国之民众教育及今后应取之途径》、胡樸安的《从文字学上考见古代辨色本能与染色技术》、葛绥成的《中国与国学之过去和现状》、徐尉南的《中国美术工艺》、周振甫的《严复思想转变之剖析》、吴文祺的《近百年来的中国文艺

表13-4　20世纪40年代部分教育统计学教材信息

序号	书名	所属丛书系列	作者、译者	出版年份	出版社	用作教材的学校
1	教育之实验设计与统计方法	学林社第三辑	沈有乾著	1941（初版）	学林社	
2	教育统计学讲话	教育讲话丛书	沈有乾编著	1944（初版）	世界书局	
3	教育测验讲话	教育讲话丛书	陈选善著	1944（初版）	世界书局	
4	教育统计学		齐泮林著	1946	贵阳大中印刷所	北京大学
5	实验设计与统计方法		沈有乾著	1946（初版）	中华书局	哈佛大学教育研究院
6	教育测验与统计	中华文库小学教师用书第一集	李象伟编	1948（初版）	中华书局	
7	测验及统计	师范·简师	国立编译馆孙邦正编，朱君毅、肖孝嵘校	1948（初版）	正中书局	
8	测验及统计	师范教科书	杨思明编著	1949（初版）	商务印书馆	

思潮》（二续）和马叙伦的《读金器刻词》（卷中）。

1944 年出版的两本都属"教育讲话丛书"，主编是哥伦比亚大学心理学博士陈选善[①]，"一、本丛书就教育各部门，约请专家，分别编著，定名为教育讲话丛书。二、本丛书编辑主旨，在就教育各部门，给予读者一种综合的鸟瞰，以为专门研究之基础。三、本丛书内容着重在历史背境之叙述，发展趋向之指示，各家学说各派主张之介绍，参考材料之提供，研究方法之指导，俾启发读者思想，引起读者兴趣。四、本丛书文字力求流利生动、深入浅出，俾便阅读而利了解。五、本丛书读者以师范生、大学教育系学生、中小学教师、一般从事教育工作人员及对于教育有兴趣者为对象"[②]。其中，陈选善主编的《教育测验讲话》重点在讲述测验的性质、功用和发展趋向，"关于处理测验结果的方法读者可阅读本丛书沈有乾先生编《教育统计学讲话》"[③]，可见两本书的编制有内在逻辑且相辅相成。《教育测验讲话》是民国时期教育测验的集成者，前面提及的与教育测验有关的著作以及当时国际上成熟的教育测验专著几乎都是本书的重要参考，比如萧孝嵘[④]订正的墨跋智力量表百分数常模表、艾伟和朱亚男合编的初级小学常识测验、艾伟的中学英语测验量表甲乙之常模、邰爽秋的教学效率测量表、俞子夷开发的各

[①]　陈选善（1903—1972），字青士，浙江杭州人，教育家。1915 年入清华学堂。1923 年留学美国，入俄亥俄州立大学教育系。1926 年获哥伦比亚大学硕士学位，1928 年获心理学博士学位。曾任清华大学、圣约翰大学教授，大夏大学教授兼教育学院院长，光华大学教务长，中华职业教育社常务理事，编辑《教育与职业》月刊。1948 年赴美考察教育。新中国成立后，历任教育部视导司副司长、高等师范教育司副司长、高等教育第二司副司长、人民教育杂志社副总编辑。曾任中国心理学会常务理事、中华职业教育社常务理事、中国民主促进会中央委员。20 世纪 50 年代主持和参加心理学、教育学等教科书的编写工作。主要著作有《职业教育之理论与实际》（1933 年）、《新教育测验与统计》（1937 年）、《教育心理学》（1938 年）、《教育研究讲话》（1944 年）、《教育测验讲话》（1944 年）等。

[②③]　陈选善. 教育测验讲话. 上海：世界书局，1944：教育讲话丛书编辑凡例.

[④]　萧孝嵘（1897—1963），1919 年从上海圣约翰大学毕业，1926 年留学美国哥伦比亚大学研究心理学，1927 年 6 月获硕士学位。后赴德国留学，在柏林大学系统地研究格式塔心理学。1928 年 8 月再去美国加利福尼亚大学继续研究，1930 年 6 月获哲学博士学位。随即赴英、法、德等国心理研究所进行博士后的心理学调查研究工作。1931 年回国，任南京中央大学教授、心理系主任、心理研究所所长等职，先后历十余年。1949 年任上海复旦大学教授、教育系主任。1952 年院系调整后，任上海华东师范大学教授。曾任中国心理学会、中国测验学会、中国心理卫生协会、中国教育学会等理事，曾任上海市心理学会副理事长。曾发表论文四十余篇，出版专著十余种。主要论著：《格式塔心理学原理》（1933 年）、《实验儿童心理学》（1933 年）、《变态心理学》（1934 年）、《儿童心理学及其应用》（1935 年）、《普通应用心理学》（1936 年）、《儿童心理学》（1936 年）、《萧孝嵘修订墨跋量表》（1937 年）和《教育心理学》（1940 年）等书。

种测量表（如小学国文毛笔书法量表是我国最早的测量表）、张耀翔的识字测验、陈鹤琴的小学默字测验、廖世承等的中等混合理科测验、杨国铨的本国地理测验等，陈选善编制此书真正实现了对教育测验的历史、现状及未来发展趋向的全面描述与探讨。从学科史的角度看，这本书对 20 世纪上半叶我国的教育测量学史做了一个非常细致的梳理，因此也是一本非常有价值的、关于中国教育测量学史的参考书。

相比之下，沈有乾的《教育统计学讲话》共十三讲，内容中规中矩，前述教材都有叙及，在第二讲"统计的材料与方法"中制作了一张统计材料（也就是现在的"数据"）的分类图（原书第 15 页），明晰新颖。

20 世纪 40 年代后半段则呈现战后的百废待兴状态，教育界各学科都面临复兴与发展的急切需要，教育统计和教育统计学更是重中之重。经过了前面 30 多年的铺陈与积累，加之国际统计学术界在 20 世纪前 30 年开发了各种统计模型与统计技术，此时的教育统计学教材已经清楚列出线性回归、积差相关、点二列相关、等级相关等最新的统计知识。其中，时任国立北京大学教育学系代主任兼教授的齐泮林所著的《教育统计学》最具代表性，我国实验与应用心理学奠基人周先庚曾在《教育通讯（汉口）》上撰文评论此书，认为"据评者所知，国人所著教育统计学中，除去艾伟的高级统计学外，当推齐先生这本书为最佳了。这两

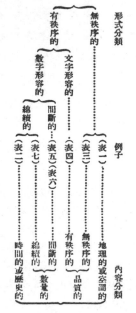

《教育统计学讲话》分类图

本书性质略有不同。艾著近乎专著，主观嗜好很有表现。齐著是为学生而编的一本教科书，所以采取'方法，应用及原理三者合而为一'的编制法，在教在学的方面都很便利。不过此书恐系私人出版，由贵阳大中印刷所承印，其中夹带英文及所有数目字，错误非常之多。希望将来再版时，能够详细校对一遍才好"[1]。

沈有乾的《实验设计与统计方法》极富特色。首先，该书是当时教育部指定的"大学用书"，系大学教科书；其次，该书其实是一本外国教材，是作者在哈佛大学所授课程的编辑成果，所论统计知识与技术之先进不言而喻。沈有乾在序中言明：

---

① 周先庚. 评齐著教育统计学 [J]. 教育通讯（汉口），1947（7）：39.

《教育统计学》封面和版权页

　　此书内容大部分即是作者在哈佛大学教育研究院所讲"教育测量21"一学程之材料，介绍实验设计与结果处理之原理及方法，俾从事于实验研究者有所适从。虽所引实例多属心理学与教育学之范围，惟工具之应用不必受原料之拘束，所论当可适用于生物科学与社会科学上多种研究。

　　统计学之初步概念及方法，如中心量数、参差量数与相关量数之意义及计算，在通行书籍中已有详细之讨论，无另行说明之必要，是书所注意者为"重要性之考验"（用现在通行的翻译，即"显著性检验"——引者注），采用伦敦大学费学教授之方法最多。

《实验设计与统计方法》封面和版权页

序中的"费学"，即英国统计学家罗纳德·艾尔默·费希尔。众所周知，费希尔是近代统计学与实验设计的集大成者，更是诸多统计方法（如卡方检验、方差分析）、实验设计方法（如拉丁方块）的首创者。沈有乾在这本书中大部分都采用费希尔的教授方法，内容与国际接轨。这虽然不是民国时期第一部关于实验设计的专著，但确是实验设计知识与技术最先进的一本。另外，该书最有特色的一点是行书风格大胆新颖——"问答式"，这种行文方式在民国时期的教材中罕见，在今天也不多见。

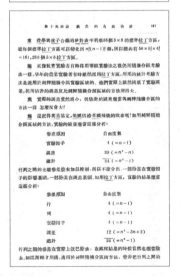

《实验设计与统计方法》问答式行文摘录

这一时期由于特殊的历史原因，教育统计学基本处于停滞不前的状态。

第十四章
统计学的应用：编制指数

一、民国指数概念的引进及意义

"指数"这一名词于 1916 年 11 月 10 日，由杨端六从《中华新报》上连载发表的《二年以来之欧洲经济战》中移译来华："测物价之升降而按期比较表列之，谓之'指数'。指数之制作，虽不甚难，以其过涉专门，兹东不赘欧美各都市之物价指数。""英语 Index Number 日人译为指数，我国沿用之。日语含义虽不明，然照汉文解释，颇为吻合。盖'指'为指示之意，言其举万有不齐之事物，一一指示而出之也；'数'为屈指可数之意，而指数固恒以百分率或千分率表示也。"[①]

指数（index number）就其形式而言，为一统计数字；就其功能而言，为一种测量社会经济现象数理变化的统计方法。1930 年，杨西孟在《指数公式总论》中指出："概括论之，指数为一种统计之数字所以显示一群变量之平均变动者也。……单取物价指数论之，则显示各物之价格变动者称为价比（price relatives）；故物价指数者，诸价比之平均数也。"[②] 1932 年，冯华年在发表的《中国之指数》中写道："指数为一联数字，用以测量大群变数在时间或空间上之相对的变动者也。凡大群变数之变动，万有不齐，脱无驳繁就简之法，无以观其大势，焉能测其程

《中华新报》上的"指数"定义原文

---

① 盛俊. 生活费指数编制方法说略 [J]. 浙江民政月刊，1931（39）：3–13.

② 杨西孟. 指数公式总论 [M]. 北京：社会调查所，1930：3.

度。今有指数，则千端万绪变化百出之事事物物，莫不可用一联数字以测定其升降疾徐之度。"[1] 冯华年认为，指数可从广义和狭义两个角度理解。广义的指数为取数据中基数（base number）的相对数。此种指数也许并不能反映数据的规律。狭义的指数为描述数据一般变异趋势的相对数。1948 年唐启贤在《指数之编制与应用》中写道："文明日进，人事愈繁，顾欲理乱解纷，执简驭复，明其大略，审其趋势，必有以综合之，平均之；然而事至不齐，计数之单位不一，对于同样单位计数之事项，可用综合与平均之法以显明其状况，若不同单位计数之各种事项，则非仅用综合或平均之法，即可以显明其一般状况，必先有以絜度而齐一之。于是以不同单位之实数合成公母数（common denominator），普通即百分数，因其互为比较，可称之为百分比率，然后综合或平均之，其结果乃可以显明此各种事项之一般状况。此种演变实数以为比较，揭明事实状况之数，即所谓指数。"[2] 唐启贤认为，可将指数简单定义为以各事项之实数合成公母数，通常为百分比率，综合或平均所得的结果。指数可以进行时间的比较（不同时间纵向比较），也可以进行空间的比较（同一时间横向比较）。指数可化繁为简。通过指数可明确社会经济各种现象的关系或变化，鉴往知来，用此测彼，得处事途径之指南、应变决策之工具。英人吉孛林（L. F. Giblin）谓："测量一国之文明程度，应用指数尚较自动车为当也。"[3] 1948 年，张以忠指出："指数（Index Numbers）的定义迄今尚无严格的解释。"[4] 指数采用相对数，可以比较不同物品的价格，表现全体的变动概况，指示具体物价的变动情形。指数系两期数量之比率，而以基期数量为 100，各期数量并非一单纯数量，而为若干数量之综合数或平均数。

不同时期，不同学者对指数定义的解释略有差异，但其基本意义未变，为一以简驭繁的相对数。诚如杨西孟所述，"各代学者之所以殚精竭虑以作指数之研究者，并非偶然；实以指数为一种科学方法，以之应用于繁赜之社会经济现象中，能以明晰而准确之数字显示各种盈虚消长之情况，不但可供学理研究上之资助，且可为人事举措设施之凭依"[5]。又有张以忠所言："社会现象日趋错综复杂，变化万端，要明了其既往的陈迹，或测定其未来的动向，必有赖于指数的应用了。"[6]

---

①　冯华年. 中国之指数 [J]. 经济统计季刊，1932（4）：661-881.

②　唐启贤. 指数之编制与应用 [M]. 上海：中华书局，1948：1.

③　同②5.

④　张以忠. 指数之研究 [M]. 上海：交通书局，1948：1.

⑤　杨西孟. 指数公式总论 [M]. 北京：社会调查所，1930：iv.

⑥　同④2.

二、我国指数演进阶段

要编制指数必先统计。我国近代的物价统计最早来自在华英人，其实物价并没有引起清政府官员的特别关注。目前有据可考的史料显示，早在 1850 年，《北华捷报》（*The North-China Herald*）就刊登上海船货物价表与上海市场物价表，全英文，英式计价单位，物品是外国人平常吃的食物类，显然是专供在华外国人阅读参考。

《北华捷报》刊登的上海船货物价表与上海市场物价表

英国人从最初关心舶来食品到后来关注供国人消费的进口商品价格，如棉纺织品、糖、五金、煤、水产品等，范围逐渐扩大。1868 年 1 月 8 日，《字林西报》（*North-China Daily News,* 1850—1951 年）刊登了上海 1865—1867 年连续三年的主要进口货物价格（多为纺织品和矿产），初现价格比较之意，依旧供外国人参考。

《字林西报》刊登的上海 1865—1867 年主要进口货物价格

早期以及现在对我国最早之指数归纳，一般认为是在1895年。参考冯华年1932年发表的《中国之指数》和张以忠1948年所著《指数之研究》，可将我国指数演进分为四期：1895—1918年为我国指数的萌芽时期，1919—1926年为我国指数的创始期，1927—1937年为我国指数的兴盛期，1937—1949年为我国指数的极盛期。

1. 第一个时期（1895—1918年）：萌芽期

第一个时期为1895—1918年，为外人代我编制之时期。英国W. S. 威特莫（W. S. Wetmore）根据中国海关报告册编制了"1873至1892年中国批发物价指数"（Table of index numbers for Twenty Chinese staple commodities），1895年刊登在英国皇家殖民委员会（British Royal Colonial Commission）的《皇家殖民委员会报告书》（*Proceedings of the Royal Colonial Institute*）（1894—1895 Vol.26，pp.140-145）上。同年，日本币制调查委员会（Japanese Monetary Commission）抄录转译了当时英国驻上海总领事乔治·杰米森（George Jamieson）编制的三张物价表，分别是"支那内地贸易品价格割合表""支那产输出产品价格割合表""支那外国产输入品价格割合表"，刊登在《货币制度调查会报告》（Report of Commission for the Study of Monetary Systems，1895）中。最初英国人编写我国的物价指数后，日本人摘抄英国人编写的指数，在发表时说明引自英国总领事乔治·杰米森，但并没有说明具体是从哪儿引用的这些指数。之后，日本人编写了一份"上海食用品价格割合表"。

1864年，赫德颁发第8号"总税务司通札"，要求每个月末，各税务司应向总税务司呈送简短的月报，内容包括当月发生的主要事件、口岸贸易情况、税收摘要、办公支出以及罚没款数额。1865年1月6日，赫德发出该年第1、2、3号通札，指示对海关的贸易统计进行系统的整顿，建立严格的统计制度，各关须向总税务司署递送进出口贸易统计年度报告。1867年起，指定各口副税务司总辖统计造册。赫德发觉年度报告对了解各地情况还是为期过长，便逐步发展成期限较短的半年、季度、每月、每周的报告。其中除贸易报告外，各口的税务司还要把各埠的经济、政治、社会情形和政府动态、军事活动等都详加叙述，由洋员亲自执笔，华籍人员不得参与。到1873年10月，为了适应各口海关的需要，鉴于设在上海的印刷与表报部门每年需印的文件数量激增，而海关统计工作的重要性亦与时俱增，赫德决定把江海关的印书房（Printing Office）和表报处（Returns Department）合并起来，与上海海关分开，使之独立组成一个机构——造册处（Statistical Department），归总税务司署管辖。造册处设在上海，它的任务是受命提供各海关使用的统一表格、统一的海关证件，编印海关贸易报告、统计年报，印刷海关文件、书籍等。随之建立了一套编印、分发、保管、使用、出售出版物的制度。[①] 这也是为什么英国编制的中国物价指数的年限主体是 1873 年后。威特莫本身是英国人，在上海海关工作。而乔治·杰米森本就是在上海的英国总领事。当时在海关工作的中国人只能编制贸易的统计数据，并不能真正接触这些数据背后所涵盖的经济政治情况，更别说运用这些数据来进行未来决策了。这也合理地解释了，为什么当时没有中国人运用海关册来编制中国人自己的物价指数。

但这也并不意味着 1900—1919 年这 20 年是我国指数的空窗期。1897 年，《渝报》[②] 第一期刊登了"渝城物价表"，这是目前有据可考的我国报纸最早刊登的中文物价表，它列出了渝城 9 种日常食品的价格。细看物价表里的货币不一，有"票银""行银""制钱"等；且兑换地点不同，有"兑京""兑沪""兑汉"。小小一张物价表，包含多种度量单位与币种，当时的度量衡之混乱可见一斑，这妨碍了商业交流与发展。

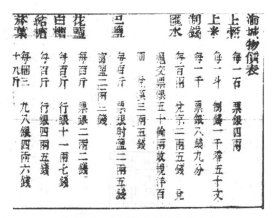

《渝报》刊登的"渝城物价表"

第一期的物价表包括 7 种五谷类、7 种五金类、9 种食物类、16 种馐物类、

---

① 章宏伟. 海关造册处初探 [J]. 中国出版，2003（3）：45−48.
② 《渝报》的创刊人为宋育仁。光绪二十年（1894 年），37 岁的宋育仁以参赞职随公使龚照瑗出使英、法、意、比四国。在伦敦期间，宋育仁与政治家、学者、工商界人士、报刊记者等广泛接触，着意考察英国等西欧国家的议会、财政和教育制度，积极研究英国的社会风俗、宗教、法律等。后来，随着甲午战争爆发，宋育仁认为"倭兵少财乏，持久足以困之"，便提出了千古奇谋，向国外购船突袭日本腹地。但清政府软弱，宋育仁从此被踢出了权力中心。光绪二十二年（1896 年），宋育仁就奏荐回川办矿务、商务，初设商务局于重庆，大力兴办民族资本主义工商业。光绪二十三年（1897 年），他联络杨道南等，在重庆以股份制方式创办四川第一家报刊《渝报》（旬刊），宣传通经致用，介绍国外科学技术，此为四川报业之始，他也成为四川报业第一人。

19 种药物类、54 种服物类、37 种杂货类，总共七大类、149 种物品，可谓非常齐全地囊括了市面上的货物。与早期外国人刊登的物价表相比，这份物价表涵盖种类繁多，与中国人的生活以及工商业联系更加紧密。

再者，译自 1903 年的横山雅男的《统计学》、译自 1905 年的井上源之丞的《经济学》中都提到了"标准价"，1917 年王溥仁的《统计学》里也提到了物价指数，可见我国学者当时已经意识到了"指数"这一概念，但由于种种原因，并没有将指数作为第一要紧的事物去研究。当时的工商业中心乃是上海市。在其他广大地区还是以农业为主的时候，农民自可以物易物。而民族资本主义在半殖民状态下艰难发展，资本不够集中，流通不够快速，且海关掌握在外国人手中；同时，币制较为混乱，且度量单位的统一也是历经万难；除了用海关册来编制中国物价指数，其他任何一种调查物价指数的方法都将花费巨额时间、精力与金钱。因此，当时并不具备发展指数的条件。

2. 第二个时期（1919—1926 年）：创始期

第二个时期为 1919—1926 年，为我国指数创始期。我国指数实际发展时期以 1919 年为起点，开国人用原始资料自编指数之端。1919 年，财政部在上海设立驻沪调查货价处，专门负责调查进出口货价变化，主要目的为辅助税则修改。修改税则需要有材料作为根据，"吾们都知道海关税饷，规矩是值百抽五的。什么叫做抽五？就是现行的税率，是百分之五。税率底高下，论理该由本国政府做主。无奈吾国还受着条约底束缚，必得和有约各国商量妥当，要他们一齐承认了，方才可以变更。但也用不着调查那样麻烦的手续。调查手续，不是为抽五，为的是值百这两个字"①。调查"值百"，看似容易，实则不然。一则，今日的"值百"不同于明日的"值百"；二则，调查物品的性质有影响，趸售物价虽然较零售物价更准一些，但不一定是现货，又兼货品有高等品和低等品之分，民国政府需要斟酌出一个价目，进行合适的税则改制。1919 年 1 月，根据上海修改税则委员会主任蔡廷干之意见②，财政部为专办物价统计在上海设立直辖附属机构——财政部驻沪调查货价处（Ministry of Finance, Bureau of Markets, Shanghai），着手调查货价。③财政部驻沪调查货价处成立后，1919 年 9 月开始编制"上海物价指数"（后更名为"上海趸售物价指数"），以该年该月为基期，于调查所得之物价中，选择 150 种编为上海物价指数，采用简单算术平均法。此为中国最早以原始调查资料自编的物价指数，编辑人为盛俊，物价来源由特约当

---

① 财政部驻沪调查货价处. 财政部驻沪调查货价处底性质和职务 [M]. 上海：财政部驻沪调查货价处，1924：4.

② 畏垒. 货价调查处存废之研究 [J]. 银行周报，1923，7（49）：16-17.

③ 同① 1.

业专门家按期报告，但牛肉、猪肉、鸡蛋、牛乳、柴等采自上海工部局卫生处零售价目表。[①] 在编制指数之初，实地调查面临种种问题：币制不统一，如何选择货品种类，计量单位，权数，基年，等等。共收录 8 分类，105 个项目，子目151 项商品。根据官册主要货物与居民日常生活所需大宗用品来选择，其中洋货占 2/3，土货占 1/3，采用了相对简单的算术平均法，未加权，按周发布。上海物价指数统计的是批发价，不是零售价，同日的同一物品的不同价格取平均值，每周三统计。盛俊认为，物品选择比指数权数计算更重要，做的指数都是无加权的，但重要的物品会有两个或以上的不一样的计量，比如棉花分日本的、本地的、印度的。取平均值的时候先取四类（燃料，建筑材料，工业用品，其他物品）的平均值。这四类的平均值再与剩下的四类平均：粮食，其他食物，布料，其他原料金属。

　　上海物价指数一经公布，便引起了经济界人士的关注，社会上开始就物价指数进行各种讨论。指数可以帮助明晰物价升降缓急，推算货币购买力消长，解决劳资争论，了解对外贸易趋势，限制物价暴涨，考验商情循环，实属经济晴雨表。1923 年，畏垒在《银行周报》发表文章《货价调查处存废之研究》，文中非常微妙地提到，初发表时，海关外员多有歧视，但后来屡得西方媒体称道，英美日本的经济报刊争相转载，中国自始入世界统计国之林。[②]

　　1919—1926 年期间，为了夺回海关权，将指数运用于修订税则，是盛俊乃至其他经济学家的第一要义。1920 年，王效文在《银行周刊》发表《论指数之算法》，介绍伦敦经济学家 Jevons、Soetbeer、Saurbeck、Falkner 等所编制指数的算法。指数的理论研究，时间上虽早，但并未引入当时最新的欧文·费雪（Irving Fisher）的理想公式。1922 年，《银行周报》刊登了沧水的《物价指数与铜元兑价之对观》，将指数与货币价值联系起来。《银行周报》还多有刊登其他国家的指数编制情况，对指数的讨论日渐增加。

　　杨端六发文[③] 建议盛俊，统计可以不那么频繁，不用按周，每月一次即可，且按阳历的月，这样可以与外国比较，也方便与前年比较。盛俊采纳了杨端六的建议，将统计频率从每周一次改为每月一次。盛俊的好友刘大钧[④] 在《修订税则章程案》第二稿第四节"调查货价编制指数问题"部分对财政部驻沪调查货价

---

① 李成谟. 我国现有趸售物价指数编制方法及其性质之研究 [J]. 政治季刊（南京），1933，1（1）：167-199.

② 畏垒. 货价调查处存废之研究 [J]. 银行周报，1923，7（49）：16-17.

③ 杨端六. 内外书籍介绍批评：上海货价季刊 [J]. 太平洋（上海），1924，4（6）：8-16.

④ 刘大钧 1911 年赴美攻读经济学和统计学，1915 年获美国密歇根大学学士学位，当时任外交部关税特别会议筹备处筹备员。

处给出建议。文中，刘大钧探讨了各国统计指数状况。美国通行指数，由美国政府劳工局或是各类杂志所制，采用的是批发价；英国商部法政府以及德国用的是 Soetbeer 所制指数，采用的是进出口价。连环基期（chain system）每年的本位都是前一年，例如 2013 年的基期是 2012 年。同时介绍六大类指数算法，分别是数术指数（arithmetic index）、反比例指数（harmonic index number）、几何指数（geometric index number）、中数指数（median）、众数指数（mode）和综合指数（aggregative index number），明确写出费雪的理想公式。由此可以看出刘大钧非常了解当时国际学术前沿成果。

然而，盛俊并不认为上海物价指数用简单算术法有何不妥。他写文反驳道："按刘君此论甚高，但以本处所编上海物价指数（现改称上海趸售物价指数）为修改进口税则之用。而凡所可否，一以是否与此目的相符为准，则未免稍涉误会。此项指数，原为一般的趸售物价指数，所以推测物价变迁之大势，与货币价值之高下。而修改税则截然无关。证诸本书所载各项文件，其事自明。至提供修改进口税则，本处另编有上海输出入物价指数，与增补上海输入物价指数二种。前者仿自国际指数，或者辨法，与刘君所拟大略相同。惟此种统计，是否仅备参考，抑或即可作为实行修改之根据，似亦不无商榷之余地也。计算方法之采用数术指数，由于我国向无生产消费统计，比重资料之缺乏者半。由于草创伊始，人手不敷，不得不力求算法之简易者亦半。相沿日久，惮于改弦更张，姑仍其旧。至新编之输出入物价指数及增补输入物价指数，均已改用算术比重平均计算法，与菲色尔教授所称最良公式……所求得之指数，相差极微已。"[①]

刘大钧当时的建议中肯且具理论支撑，方法梳理明白。盛俊认为，相较于国外指数发展源于货币价值变动，编制指数时应当围绕这一主题，我国指数编制就是为了税则改制，达到目的即可，不必一味追寻最精确的方法，而是要采用最简易可行且无大错的方法，这样才能一直坚持下去。1925 年，盛俊总编的《编制上海物价指数论丛》中收录了这些建议和评论文章，其他文章仅收录原文，对刘大钧的文章，盛俊在文章后面进行了反驳。

值得一提的是，1922 年，欧文·费雪的巨著《指数编制》（*The Making of Index Numbers*）出版，用 1913—1918 年 36 种物品价格试验 134 个指数公式，发现最合适的公式只有 8 个。1924 年 1 月，刘大钧在《银行月刊》第四卷第一号发表了《一百三十四种物价指数》，内容与《修订税则章程案》给盛俊提的建议一致，结尾部分增加了指数的验证方法："指数如何而准确，如何而偏上偏下，皆恃'指数试验法'以证明之。前论数术指数之弊，已应用一种试验法系就年度而为

① 盛俊. 编制上海物价指数论丛 [M]. 上海：财政部驻沪调查货价处，1925：67.

正反之推证者。尚有二法则：就货价与交易额，或各项货价相互推证。若一指数经三种试验法考验，而皆无瑕疵，则自为最佳之指数矣。"[①] 此篇文章篇幅较短，实质上是欧文·费雪的巨著的缩略，可认为是中国引入欧文·费雪的理论的第一篇论文。

上海物价指数自发布后经过多次修改：1920 年 10 月第一次修改，主要改动为按月发布；1922 年 1 月第二次修改，当时国际通用基期为第一次世界大战之前的 1913 年，但没有收集到 1913 年全年数据，只有 1913 年 2 月初过年时候的数据，所以采用 1913 年 2 月的数据为基期；1931 年 6 月第四次修改，计算方法改为简单几何平均法，基期改为 1926 年。1923—1925 年间，财政部驻沪调查货价处另有编制 1914—1925 年"大条银指数表""各国趸售物价指数表""先令大条指数比较图""中日英美趸售物价指数比较图"等一系列指数图表。

香港贸易部根据关册编物价指数一种，在《香港贸易报告书》中发表；金陵大学巴克（J. I. Buck）教授 1925 年带该校学生在河北平乡、盐山及山西武乡二地搜集农村物价各八九种，编为指数，在《美国统计学社季报》（*Publication of the American Statistical Association*）上发表。同时，驻沪调查货价处编制"上海输出入物价指数"各一种，在该处自刊《上海货价季刊》上按期公布。香港贸易部及巴克教授的指数分别公布于我国香港和美国，并未引起国人注意，驻沪调查货价处编制的指数以调查翔实、编制周到名闻于世，迭受中外各方赞扬称许。上海物价指数是我国第一份自主编制的指数，与外国编制的指数不同，该指数是历经了实地调查，而不是海关册估价，且全权由国人编制而成。

3. 第三个时期（1927—1937 年）：兴盛期

第三个时期为 1927—1937 年，为我国指数的兴盛期。1923 年 3 月，财政部驻沪调查货价处创刊《上海货价季刊》。该刊由财政部驻沪调查货价处编辑，后并入财政部国定税则委员会，为政府经济部门的宏观调控提供数据参考。该刊分中英两版，不出售，面向海内外，以赠送的形式发行。赠送团体为海内外有关系的各官署、学校、团体及各大进出口商家。1925 年 5 月 30 日发生五卅惨案，6 月爆发省港大罢工，让全中国以及在华帝国主义势力的目光聚焦于中国劳工的生活水平。1926 年是指数编制的分水岭，自 1926 年之后，我国编制的指数呈现百花齐放的局面，指数编制目的更加宽泛，参与学者愈加庞杂，如经济学家何廉等运用指数来了解中国经济，社会学家蔡正雅等运用指数来反映人民生活。

财政部驻沪调查货价处 1925 年发布《编制上海输出入物价指数说明书》，1926 年发布《编制上海生活费指数之商榷》。该处出版物颇多，定期刊行者有

---

① 刘大钧. 一百三十四种物价指数 [J]. 银行月刊，1924，4（1）：11.

《上海物价月报》与《上海货价季刊》两种。1928 年，该处并入财政部国定税则委员会，但其统计工作仍然照常进行。[①]

上海输出入物价指数非常好地运用指数来反映我国经济的"国计"[②]，如在新中国成立后中国科学院上海经济研究所和上海社会科学院经济研究所汇编的《上海解放前后物价资料汇编（1921 年—1957 年）》中的摘录。

附表八	上海输出入物价指数比较表 1926——1936年									1926年=100	
类别＼年度	1926	1927	1928	1929	1930	1931	1932	1933	1934	1935	1936
输出物价指数	100.0	106.1	104.5	105.2	108.3	107.5	90.4	82.0	71.7	77.6	96.1
输入物价指数	100.0	107.3	102.6	107.7	126.7	150.2	140.2	132.3	132.1	128.4	141.7
物物交换率（输入=100）	100	99	102	98	85	72	64	62	54	60	68

上海输出入物价指数比较表

上海市农工商局成立于 1927 年 7 月，劳资调解是其所掌职责之一，1928 年 8 月改组为上海特别市政府社会局。1928 年 2 月开始，该局每月编写"上海汇率指数"并刊登在《商业月报》。同年，由于劳资调解困难，该局着手编制生活费指数，主要负责人为蔡正雅。以 1928 年为例，上海特别市政府社会局《上海特别市十七年罢工统计报告》注上海市罢工案例 120 起，劳方参与人数 213 966 人，受影响的工商厂号 5 438 家，罢工天数超过 10 日的 30 起，超过 100 日的 1 起。《上海特别市工资指数之试编》1928 年出版，内收该局举办劳工统计一年来的经过、上海特别市工资指数编制法的说明、各业工厂工人工资表，以及有关专论 4 篇——《编制工资指数方法之研究》（何廉）、《编制工资指数讨论》（杨端六）、《怎样去解决劳动问题》（蔡正雅）、《一年来工作经过情形述要》（毛起骏），另有有关的商榷书函 15 篇。书函有金国宝和蔡正雅与国际劳工局友人教授来回讨论生活费指数编制的信件。有 3 篇序，分别由何廉、金国宝及蔡正雅作。

广东省政府农工厅成立于 1925 年 7 月，内设统计科，职务在于：编制生活费指数，编制物价指数，编制佃农公金指数，编制农地价格指数，统计全省农工人数及每年罢工表，以及其他农工统计事项。与财政部驻沪调查货价处为修改税则的目的不同，广东省政府农工厅编制物价指数的目的是根据正确的价格来比较变迁，编制指数是时势所需，选择货物和比重是斟酌地方情形所得，采用的是市

① 刘大钧.中国之统计事业 [J].统计月报，1930，2（10）：4-25.

② 中国科学院上海经济研究所，上海社会科学院经济研究所.上海解放前后物价资料汇编（1921 年—1957 年）[M].上海：上海人民出版社，1958：60-61.

面发行价格，计算方法为用算术平均法得到各类指数，基期是 1913 年。

陈炳权[①]在《统计汇刊》上发表了《编制广州历年批发物价指数之经过》。当时，陈炳权只成功地编制了"广州历年批发物价指数"，在给蔡正雅作序时感慨无数据材料、无统计人才、无杰出领导者等问题，这些问题直至 1926 年何廉回国之后才得以解决。

物价指数、生活费指数等指数的调查以工商业最为紧迫、灵敏且方便。北平虽为当时的首都，却不是工商业中心，指数研究并不多。甘布尔教授（Sidney David Gamble）在社会经济调查筹备委员会（北平社会调查所的前身）干事孟天培的协助下编制了"1900—1924 年北京零售物价指数"[②]，收录于甘布尔 1926 年编著出版的《1900—1924 年的北京物价、工资和生活标准》（*Price, Wages, and the Standard of Living in Peking*, 1900—1924）中。调查者从北京劳工家庭的消费品中选了 7 种编制指数：小米面，玉米面，白面，白 / 老米，小米，洋 / 高阳布，煤球。粮食占家庭预算的 70%，房租及杂项占 13%，并未列入生活费指数。劳工不常吃肉，肉价不能列入生活费指数。劳工虽常吃青菜，但青菜市价没有记载，无法调查，也没有列入生活费指数。指数分为按月和按年两种形式发表，指数公式采用欧文·费雪第 2153 公式，以当时国际通用的 1913 年为基期，但民国新立，市价较高，该基期与北京实际适用情况有待商榷。

社会调查部由中华教育基金会于 1926 年成立，聘请国立北京大学陶孟和（履恭）教授为主干事，1929 年改组为社会调查所。[③]成立之初，为形势所需，财政部驻沪调查货价处和天津南开大学社会经济研究委员会（后改为南开经济研究所）即派人接洽，要求共同进行生活费调查，北平社会调查所立即着手财力和人力的合作分配。南开大学社会经济研究委员会由何廉教授全权主持，调查费用由北平社会调查所出。与上海的合作约定未来调查资料编制指数由驻沪调查货价处主持，计算及报告由北平社会调查所负责，经费则由双方共同分担。[④]上海主持货价调查的人员包括盛俊、赵人儁、金乘钧、芮宝公、陆宗蔚等，北京主持统计和编辑的人则为杨西孟。从此，北京、天津、上海都有了定期生活费指数研究。

① 陈炳权在 1919 年赴美国留学，1924 年 5 月在美国哥伦比亚大学获得经济学硕士学位。回国后，历任财政部、实业部统计处统计长。

② 戴乐仁. 中国社会经济调查所之由来 [J]. 工业改造，1926（11）：11-13.

③ 1924 年，社会经济调查筹备委员会组建。1926 年，中华教育基金会成立社会调查部，设置社会调查部顾问委员会，顾问委员会中一半为筹备委员会中人。1929 年，社会调查部改为社会调查所，设置社会调查所委员会代替社会调查部顾问委员会。

④ 杨西孟. 上海工人生活程度的一个研究 [M]. 北平：社会调查所，1930：陶孟和序.

南开经济研究所编制了"南开指数体系"，用指数反映中国经济。南开经济研究所的创始人也是主要推动者何廉，1922 年进入耶鲁大学研究生院，主修经济学，费雪教授为其三大授业老师之一。第一学期末听费雪教授"物价水平"课，由此开始在费雪教授的指导下长期从事指数调查工作。何廉在整个博士生涯中都全力以赴地帮助费雪教授编制《物价指数百科全书》，同时编制每周商品批发价格指数和每周股票市场价格指数。这些调查工作让何廉得到了编制指数的良好训练，为其日后的工作打下了坚实的基础。回国前夕，美国哥伦比亚大学教授弗雷德里克·米尔斯（Frederick Mills）所著的《价格行为》（The Behavior of Prices）给何廉留下深刻印象，"由于这本书引起的兴趣，使我唯愿我自己对物价的研究也能仿效他的作法"[1]。弗雷德里克·米尔斯教授在序言里提到："价格是经济控制的媒介。不考虑货币和价格的作用，研究现代经济生活将是徒劳的。"（Prices constitute the medium of economic control. It is futile to study modern economic life without regard to the part which money and prices play.[2]）何廉最初的研究想要获得中国经济的实际知识，这必须借助一定数量的经济数据。由于价格是经济活动的中心，因此何廉一开始就打算以经济学家的视角着手物价指数研究。

1926 年，"廉自月前归国以来，闻京沪间职工调查之，风起云涌。爱本献曝之心，仓促编成此稿"[3]。何廉在《劳工统计编制方法之研究》中简略说明生活费指数的编制方法，此时并未着手编制，这是何廉唯一一篇没有实际调查、只有方法说明的指数报告。何廉从美国带回了一套统计仪器，包括一台加法机、一台计算机，以及一些制表和制图的仪器。[4] 当时，国内做实际调查的指数编制，无论是财政部驻沪调查货价处还是广东省政府农工厅统计科，采用的都是简单算术平均法。何廉回国后，调查了 1912—1927 年上海和广州的物价情况，经过认真分析比较后，用了一个他自认为更好的公式重新计算了一遍，并建议上海方面修正其指数。何廉的教学极具特色，致力于"中国化"，用中国的素材来解释所学的原理。由于找不到现成的资料，只能自己亲自动手去挖掘。1927 年春末，国立北京大学社会学系主任陶孟和邀请何廉担任中华文化教育基金会的社会研究部[5]的研究导师。何廉谢绝了，并向当时南开大学校长张伯苓建议在南开大学成立一

[1] 朱估慈，杨大宁，胡隆昶.何廉回忆录[M].北京：中国文史出版社，1988：69.

[2] Frederick C. Mills. The Behavior of Prices[M]. New York: National Bureau of Economic Research，1927：31.

[3] 何廉.何廉文集[M].天津：南开大学出版社，2020：66.

[4] 同①.

[5] 即中华文化教育基金会的社会调查部。

个研究机构，一个不属于任何学科，专职探讨研究中国社会、经济、工业上的实际问题的机构。之后，南开大学在 1927—1928 年度预算中拨出 5 000 大洋，同时获得中华文化教育基金会的资助 4 000 大洋，作为何廉的研究经费。1927 年 7 月 1 日，何廉在陶孟和与张伯苓的帮助下在南开大学成立了南开大学社会经济研究委员会。"我深切感到教师若不参加研究，教学只有死路一条；而且只有通过教学才能使研究有机会持续不断地发展。"[1] "南开经济研究所的愿望是，通过统计数字的收集，编纂与分析，以数量来表示国内的经济情况。"[2]

1928 年 1 月，何廉与《大公报》合办《统计周报》副刊，同时创办英文期刊《南开统计周报》(*Nankai Weekly Statistical Service*)[3]，对外发布社会经济研究委员会的研究成果。同年，委员会在何廉的指导下开始着手编制物价、生活费和外贸指数。后来经过不断发展壮大，形成了蜚声海内外的"南开指数"体系。[4]

1928 年，"华北批发物价指数"公布，最初只有 78 项物品，后来陆续增加。值得注意的是，其有两种分类标准：一是按工业分为食物、服用、金属及其制品、建筑材料、燃料及杂项；二是按加工程度分为原料和制品，原料又分农产品、动物、林产及矿产，制品又分为出产品及消费品。自同年 1 月起，每月有月指数；4 月起，每周有周指数。周指数采用简单几何平均法，月指数则直接通过当月周指数的算术平均法得来，而年指数由当年月指数的算术平均法计算得到。

---

① 朱估慈，杨大宁，胡隆昶.何廉回忆录 [M].北京：中国文史出版社，1988：62.

② 方显廷.方显廷回忆录 [M].方露茜，译.北京：商务印书馆，2006：79.

③ 1928 年创刊于天津，周刊，属于经济类刊物。由南开大学社会经济研究委员会编辑，天津法文图书馆总发行，办刊地址在天津法租界中街 71 号。预订全年，定价五元。1934 年改为月刊，更名为《中国经济月报》。1935 年又改为季刊。战时一度停刊。1944 年在重庆复刊，变更为非卖品，共出两期便停刊。该刊主要发表统计当时金融外汇兑换汇率，黄金，粮食等工农业品批发价指数累计等资料。该刊的主要内容大致可以分为三个部分。第一部分为金融钱市，主要包括公债市场、国外汇兑、国内汇兑、银拆与洋厘、上海大条银及标金市价的统计汇总，以表格的形式按照时间和地区划分，比较清晰直观地反映了当前的金融状况。第二部分为生活统计数据，主要包括各地的生活指数、产品的批发价指数以及米价指数等统计，主要是对于华北地区如天津等地的物价指数进行统计汇总等。第三部分为商情略说，该刊在汇总统计各种金融、物价数据的同时，也对当时的市场情况进行解读，有关于文字的解读，也有数据计算比较之间的分析等。如有时该刊的第一版会刊登该月份的商情略说，对这个月的批发物价、金融钱市等方面的变化趋势进行解读，以供读者参考。也有通过计算平均值的方式分析，如关于平津及上海公债的平均最高值和平均最低值的表格汇总等。该刊主要是以当时的市场为中心，报道相关的经济动态，既有关于黄金市场的，也有关于物价市场的，涉及内容较为全面，为我们了解该时期的经济市场提供了资料，对于我们研究该时期的经济史具有一定的参考价值。

④ 何廉.何廉文集 [M].天津：南开大学出版社，2020：852.

这份指数依旧是无权数的，各物轻重以项数多少来计算。华北批发物价指数是当时我国较成熟的指数编制成果，之后的物价指数编制皆以此为标杆。相比而言，上海趸售物价指数作为我国第一个指数，一直处于摸索阶段，从选择项目比重、调查物价方法、权数到指数计算公式多有变动，食品比重从最初的 20% 上调到 40%。

1930 年 6 月，《南开经济研究周刊》公布 "天津工人生活费指数"，后有周指数，按期在《南开统计周报》公布；因为是试编指数，1932 年 6 月做了第一次修正。由于物品项数少，新添物品的基年价格不用该年的实价，采用推算价，根据原比例推算。改换物品时，先将新物价连缀于旧物价上，再计算指数。该指数采用加权综合法，每周计算一次，同样有月指数和年指数。此生活费指数虽说与北平社会调查所合作，但编制工作全权由何廉主持，社会调查所提供费用支持。1932 年，何廉主导的南开大学社会经济研究委员会公布了 "中国进出口贸易物量物价指数"。早在 1928 年春，何廉已经决定在另一个领域开展工作，利用费雪的 "理想公式" 编纂分析进出口物量与物价，以及 60 多年来中国进出口贸易的货物名称。何廉研究中国进出口贸易趋势的根据点在于物价指数和物量指数。物价指数相对容易一些，国内已有上海、广州编制的物价指数。物量指数为消除价格变动影响之后的价值量变动指标，由于每种实物产品都具有独特的使用价值，不同的实物产品具有不同的使用价值，要汇总不同实物产品，无法找到一种统一的实物计量单位来表示不同类型产品的总量，但千差万别的产品却有两个共同的单位，一是价格，二是劳动时间，用产品数量乘以单位价格，即可将各种产品汇总为价值的总额。

中国进出口贸易物量物价指数起编时期是 1867 年，通过《海关中外贸易统计年刊》上卷统计辑要，比当时已编制指数的起编日期都要早。更难得的是，物量指数涵盖所有物品，从中可窥见中国当时物量进出口经济真实发展情况。何廉也不仅仅满足于运用最简便易行且相对科学的指数计算方法。何廉将指数分为未调节指数和调节指数，调节指数去除长期趋势的变动（何廉用的是一个二次函数），可得指数不寻常变动，用以解释中国经济变化。

中国最早的外汇指数 "天津对外汇率指数"，由南开大学经济研究所编制。第一次公布于 1927 年《清华学报》第四卷第二期，之后在《南开统计周报》上公布，涵盖英、美、法、日四国的汇率。初以 1913 年为基期，经过几次变动，最后以 1930 年为基期；采用加权综合公式计算；权数原用计算期前一年对各国的贸易值，但因各国货币单位不同，英金一镑与美金一元，其值相差数倍，平均汇率指数受英镑的影响太大，后改用各国的贸易值按海关发布的汇率折成外币后分别作为权数。

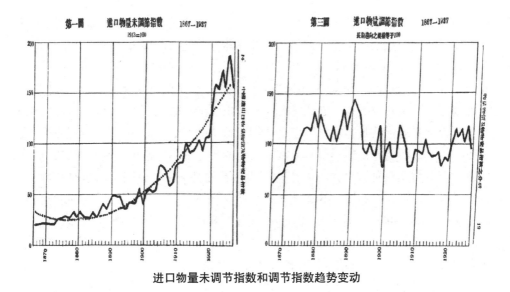

进口物量未调节指数和调节指数趋势变动

资料来源：何廉. 中国六十年进出口物量指数物价指数及物物交易指数（一八六七至一九二七）[M]. 天津：南开大学社会经济研究委员会，1930：14，19.

1935 年，何廉汇集多种指数编成年刊《南开指数》，一直发行到抗日战争全面爆发，即使在日本全面侵华期间，何廉指导制定的多种指数也曾每周编制。与当时国内其他专项指数相比，何廉从一开始就计划做一个完整的指数体系。当时编制指数的研究普遍认为，比起公式的选择，如何选择物品种类数量、收集调查物品价格更加重要。然而，何廉用实际编制结果让大家重新重视并修改自己的指数计算方法。何廉归国后，对我国指数编制影响巨大，他所主导的南开大学经济研究所编制了多种类型的指数，我国指数研究不再是咿呀学语，也不再是外国研究的附庸，真正成为可以与外国匹敌的指数研究。

这一阶段，国内学者对于指数的各种原理和方法的理解已相当成熟，当时研究指数的学者大多是经济学和社会学出身，研究领域多有重叠，许多学者从自己的专业研究视角出版著作或发表文章让大众了解指数。例如经济学学者金国宝、赵人儁、芮宝公等，社会学学者陈达、陶孟和、杨西孟等。

金国宝重新梳理了指数概念，明确指出指数不仅仅限于物价测量，"指数之目的，与编制之方法，大有关系。目的不同，则编制之方法，亦不能无异。盖指数之用，不限于物价一端，他若生产、贸易、工银、汇率，今皆有指数之作矣。生产指数，当然不能与物价指数同其作法，即同为物价指数，而目的亦有不同。或测生活费之变化，或测货币购买力之同异。测生活费者，当以零售物价为准，而测货币之购买力者，则以趸售物价为归。又若吾人设一指数，以为预测商情变化之标准，则当选取变化最早应变最速之物品，并视其过去时代，预测商情之正确程度，而定权数之高下。然此指数，断不能作为货币购买力之标准甚明。故吾人之目的不同，则物品之种类不同，而权数之大小与平均之方法，亦无一相同，要当视其特殊之目的，而定各种方法之去取也。"[1] 金国宝所著《物价指数浅说》没有编写实际调查的数据，介绍了几种比较出名的指数编写方法和指数理论，列举了几种重要的指数具体算法，以及介绍了费雪的两大还原测验和理想公式。该书在时间上并不能算是最早引入欧文·费雪的理论的，然而由于举例详细，且每种公式都具体示例如何使用，对于初接触指数的群众来说，确可以当作教科书。之后的指数论文，多有提到金国宝的《物价指数浅说》。1925 年 8 月，盛俊编辑了《编制上海物价指数论丛》，其中就有截取金国宝的《物价指数浅说》第一、二、三节关于上海物价指数的部分[2]。1925 年 8 月，王仲武发表了《物价指数之澈底的研究》[3]，也是介绍常见的指数计算公式这类教程。

财政部驻沪调查货价处也是我国物价指数理论编写的一个重要阵地，有盛俊、赵人儁、芮宝公等。1928 年底，赵人儁编写了《物价指数论提要》。这是本短小精悍的介绍物价指数理论的书。由于他当时已是盛俊的助手，盛俊给此书作序。1931 年，赵人儁在《统计月报》上发表《关于解释生活费指数与工资指数应有之认识》，总结道："一般编制指数者，类多引伦敦大学教授鲍莱与雅鲁大学费休之言，谓权数之得失，与指数本身无重大之关系，甚至曲解权数可有可无。然工资指数无论其表示一般工资情形，或某业工资情形，必须有相当之工人人数统计为加权之用，否则指数结果，畸轻畸重？殊未见其能代表凌乱之现象而表示平均之概况也。"芮宝公 1930 年发表了《物价指数论》，1936 年出版了《物价指数编制法》（初版）。

1926 年，陈达在《清华学报》上发表了《生活费研究法的讨论》，提出生活费问题研究有三个必须注意的问题：消费量、零售物价、生活费指数。他总结道我国生活费研究处于萌芽阶段，指数研究就更少了，在合乎科学方法继续研究方面毫无成绩可言。当时，我国物价指数研究都没有完全成熟，更不可能有合适的生活费指数。

1930 年 5 月，杨西孟出版了《指数公式总论》，这是一本指数理论书籍，大体是杨西孟简练且明晰地总结了费雪所著的 *The Making of Index Numbers* 成果。

---

[1] 金国宝. 物价指数浅说：第五版 [M]. 上海：商务印书馆，1947：10-11.

[2] 《物价指数浅说》可能有更早的版本，金国宝的序是 1925 年 5 月的。

[3] 王仲武. 物价指数之澈底的研究 [J]. 上海总商会月报，1925，5（8）：1-19.

杨西孟的《指数公式总论》与欧文·费雪的
The Making of Index Numbers **的目录比较**

吴大业编写了《关于生活费指数公式之讨论》。还有冯华年，他的《我国之指数》是当时中国所有指数的汇总。冯华年的指数研究多围绕生活费水平，这也是当时指数研究的一个趋势。

4. 第四个时期（1937—1949年）：极盛期

第四个时期为1937—1949年，为我国指数的极盛期。1937年抗日战争全面爆发后，政治经济文化中心转移到西南各省，物价上涨，生活成本高昂。物价问题引起朝野人士的密切注意，各政府机关及学术团体编制各地物价指数者比比皆是。抗日战争胜利时，战时编制的物价指数及战前编制、战时未断的有趸售物价指数25种、进口出口物价指数2种、零售物价指数26种、生活费指数13种、工资指数3种，共计60余种。以地域为单位，重庆最多，指数编制数十种。最著名的为经济部统计处、财政部四联总处、中央调查统计局、特种经济调查处所编重庆市趸售零售物价指数，国民政府主计处统计局、经济部统计处、社会部统计处及重庆市政府统计室所编的重庆市公务员生活费指数，社会部统计处所编的重庆市工人生活费及工人工资指数。数量而言有惊人的发展，质量而言也有相当的进步。

三、民国时期的指数研究：图书与期刊文章

目前共收集指数相关图书39本[①]，出版时间从 1925 年至 1949 年。对 39 本图书进行简单归类，可以看到，其中有 27 本为物价指数相关图书（见图 14-1），且最早出版的图书为盛俊在 1925 年出版的《编制上海物价指数论丛》，由此可推测，最早编制的指数即为物价指数，且其始终为指数编制的主旋律。

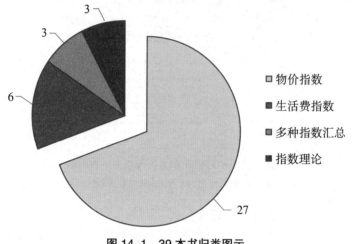

图 14-1　39 本书归类图示

39 本图书中译著 2 本，共涉及 20 位作者和译者，19 个政府机关、研究院和大学。来自期刊和报纸的文章共搜集到 15 835 篇[②]。按照我国指数演进的四个阶段进行划分，文章数量呈现非常明显的增长趋势，从 1919 年开始至 1949 年，每年均有文章发表，不曾间断，但在第一阶段 1919 年之前仅仅找到一篇文章（见图 14-2）。

15 835 篇发表文章的期刊共 477 种、报纸 70 种。目前可辨认的文章作者共计 206 位；涉及机构、高校、研究院 79 个，其中江苏 37 个，接近 17 个省市的一半（见图 14-3）。

---

① 多个年份的汇刊算作一本图书，多个版次的图书仅统计初版。
② 同一指数出现的文章在不同的日报、周报、月刊、季刊出现都算作不同的文章。

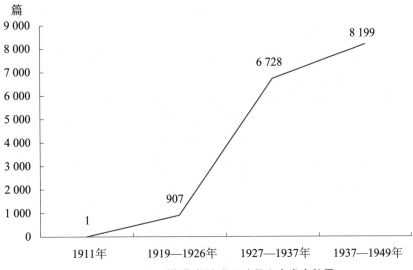

图 14-2　民国时期指数演进四阶段文章发表数量

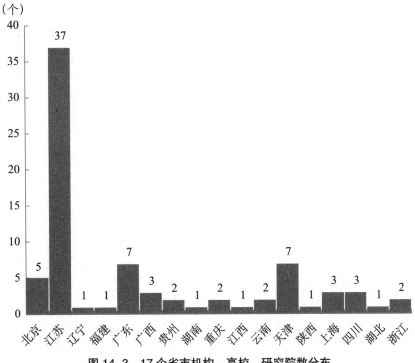

图 14-3　17 个省市机构、高校、研究院数分布

指数采用相对数，可用于比较不同物品的价格，表现全体的变动概况，指示具体物价的变动情形。最初的指数研究围绕物价，即货币价值，旨在探究货币

价值变动的影响因素。20 世纪以前的指数皆为批发物价指数。1900 年以后，"百物昂贵，生活维艰，学者逐渐从事于生活费指数的编制。"[①]之后，随着指数方法的发展和社会情境的变动，"不惟物价指数，凡百变化多端的大群变数，如全国之生产量，如铁路之运输额，如工资，如生产费，如证券行市，无一不可编为指数而衡度其盈虚消长之大势矣"[②]。20 世纪上半叶，我国长期处于动荡战乱之中，越是动乱，指数越是具备发展的动力和条件，以此为政府提供政策依据。自1919 年起，我国指数发展紧跟世界指数发展步伐，从其图书出版和文章发表的数量、内容，涉及的作者、机构等均可窥见我国近代指数曲折但从未间断，甚至愈加繁荣的景象。

①② 冯华年. 中国之指数 [J]. 经济统计季刊，1932（4）：661-717.

第十五章

统计学的应用: 历史统计学

统计是静态的历史, 历史是动态的统计。

——施勒策 (August Ludwigvon Schlozer, 1735—1809)

历史与统计方法之完全接近, 乃在文化史发展之现代, 并且从统计学的发达来看, 统计学要使成为历史家之一种重要的工具, 也须等待至统计机关及统计技术发展至现代的时候。从前公开的官厅统计, 只有人口统计, 且无齐整的刊印出来, 但在十九世纪中叶以后, 行政统计的公开, 和统计学者的合作, 遂使统计学有不断进步, 不特统计的教学日益进步, 且使引用统计学以较量及所解释种种社会理象之概念也日益扩大, 结果便是史学与统计学之完全携手, 而有所谓历史统计学之产生了。

——朱谦之 (1899—1972)

一、历史统计学的开山之人: 梁启超的历史统计学思想与实践

在我国, 将统计学应用于历史学研究的最早倡议者是梁启超。1922 年 11 月 10 日, 梁启超在国立东南大学史地学会做题为《历史统计学》的讲演, 随后《晨报副刊》在 1922 年 11 月 28、29 和 30 日连续三天刊登此次讲演的全部内容, 1923 年《史地学报》第 2 卷第 2 期也刊登了此次讲演全文。此次讲演的内容奠定了民国时期对历史统计学的认知与定位。1923 年《清华周刊: 书报介绍副刊》第 2 期对此篇的评论极高:"作一国学方法论大纲读, 亦无不可也。"

"历史统计学, 是用统计学的法则, 拿数目字来整理史料推论史籍。这个名称, 是我和我几位朋友们杜撰的。严格来说: 应该名为'史学上之统计的研究

法'。因贪省便，姑用今名。但我们确信他是研究历史一种好方法，而且在中国史学界尤为相宜。"① 梁启超对历史统计学的定义下得还是比较准确的，即统计方法在历史学研究中的应用。那么，如何用统计方法来研究历史呢？首先，他认为："用统计方法治史，也许是中国人最初发明。史记的'表'是模仿那'旁行斜上'的周谱。""旁行斜上"原指《史记》中的《三代世表》《十二诸侯年表》等，后泛指用表格行式排列的系表、谱牒等。"近来这种技术应用到各方面，种种统计表出来；我们想研究那件事，只要拿他的专门统计表一看，真相立刻了然。所以'统计年鉴'等类之出版物，真算是绝好的现代社会史。"用表格的形式记录史实、整理分类是梁启超对历史统计学认知的第一个面向，可以说是他对统计学的

	前 206	前 205
	高皇帝元年 汉高祖元年。	二 汉高祖二年。
大事记	春,沛公为汉王,之南郑。秋,还定雍。 此年春四月刘邦已由沛公被封为汉王,去南郑赴任。此年秋八月,回军关中,平定了雍国。	春,定塞、翟、魏、河南、韩、殷国。夏,伐项籍,至彭城。立太子。还据荥阳。 此年春,平定塞、翟、魏、河南、韩、殷等诸侯国。此年夏,进攻项羽,攻入了彭城。在关中立刘盈为太子。刘邦在彭城战败,退守荥阳。
相位	一　丞相萧何守汉中。 萧何为相的第一年。萧何为丞相,在汉军攻取三秦时据守汉中。	二　守关中。 萧何为相的第二年。汉军东进及与楚军相持于荥阳时,萧何镇守关中。
将位		一　太尉长安侯卢绾。 卢绾为太尉的第一年。长安侯卢绾任太尉。
御史大夫位	御史大夫周苛守荥阳。 周苛出任御史大夫,在汉王刘邦等退出荥阳后继续坚守荥阳。	

《史记》

资料来源：司马迁．史记（二）[M]．陈曦，王珏，王晓东，周旻，译．北京：中华书局，2019：1688.

相当直观的理解，这一点与日本统计学鼻祖杉亨二最初对统计学的理解相差无几。19世纪后半期，日本学者对 Statistics 的翻译经历了从"政表""表记""制表"到"统计学"的历程。现代统计学本身的确立与发展经历了一个漫长的过程。19世纪末20世纪初，现代统计学传入我国后，国人对统计的理解一方面参差不一，另一方面随时间的推移在变化。最开始的理解就是统计资料、统计图表、统计调查，这也是非学者常见的理解层面。梁启超也认为把史料按照一定的标准整理成统计表是历史统计学的主要内涵之一，他赞赏清初"顾栋高先生著成一部五十卷的春秋大事表，把全部左传折碎了，从各方面分析研究，很有统计学的精神"。

其次，他理解"统计学的作用，是要'观其大较'。换句话说：是专要看各

---

① 本部分自此往下的引文均出自梁启超的《通论：历史统计学》[梁启超．通论：历史统计学 [J]．史地学报，1923，2（2）：1-8]。

种事物的平均状况，拉匀了算总账"。换用统计学的术语表述即：计算平均数。但是，与平均如影随形的另一个概念"差异"，他没有提及。学习过统计学的人都知道，要用描述统计法，必须兼顾描述集中趋势的平均量和描述离中趋势的差异量，否则有可能做出扭曲的、不真实的描述。

至此，制作统计表和计算平均数是梁启超认为的"这种学问的理论大略"。随后，他介绍了自己着手的试验及成绩。

梁启超先介绍了自己与友人丁文江[①]开展的历史统计学研究试验。这项试验缘起"我多年想做一张表，将二十四史里头的人物分类：学者，文学家，政治家，军人，大盗，……等等，每人看他本传第一句'某某地方人也'；因此研究某个时代多产某种人，某个地方多产某种人。我这计划曾经好几次和我的朋友丁文江先生谈起，他很赞成。后来他说：先且不必分类，只要把正史上有传的人的籍贯列下来再说。他自己便干起来。现在还没有完全成功，只是把几个统一的朝代——汉唐宋明做成了，编出一张很有趣的'历史之人物地理分配表'"。基于这张表格，他发现"可以看出几个原则：（一）帝都所在地人物往往特多。……（二）南北升降之迹甚显著。……此种现象，恐由于宋南渡后南方之人为的开发，与蒙古侵入后北方之意外的蹂躏。但人民自身猛进与退婴之精神，亦不容轻轻看过。（三）原则上升降皆以渐；然亦有突进者。……我们想：这种情形，系由文化之新开辟。从前这些地方，离中央文化圈很远；一经接触之后，再加以若干年之酝酿醇化，便产出一种新化学作用。美国近年之勃兴，就是这种道理。以此推之，还有许多新地方也该如此。这表现仅编到明朝为止，若继续编下去，当又有新资料可以证明这个公例。……（四）此外尤有一最显著之现象，则人物分配日趋平均。……可见我们文化普及之程度，一天比一天进步。倘若将清史续下去，只怕各省不平等的现象还要格外减少哩！"从他的描述中不难看出，他认为用统

---

① 丁文江（1887—1936），江苏泰兴人，地质学家、社会活动家，中国地质事业奠基人。1911年，丁文江从英国格拉斯哥大学毕业回国后在滇、黔等省调查地质矿产，之后在上海南洋中学讲授生理学、英语、化学等课程。1913年，他担任工商部矿政司地质科科长，之后创办农商部地质研究所并任所长，1914年辞去所长职务。1916年，他组建农商部地质调查所，担任所长。1918年，他随梁启超赴欧洲考察，并列席巴黎和会。他向北京大学校长蔡元培建议聘请美国地质学家葛利普及当时在英国留学的李四光到该校任教。1921年，他辞去地质调查所所长职务后，兼任名誉所长，担任北票煤矿总经理。1922年，他主持召开了中国地质学会第一次筹备会议。1923年，他当选中国地质学会会长。1929年春，他兼任地质调查所新生代研究室名誉主任。1931年，他担任北京大学地质学教授。1932年5月，《独立评论》在北平创刊，他参与《独立评论》的编辑工作。1933年6月，他离开上海赴华盛顿出席第16届国际地质大会，与葛利普、德日进同行，其后再次到欧洲考察。同年9—10月，他访问苏联。1935年12月，他在湖南谭家山煤矿考察时煤气中毒，1936年1月5日逝世。

计法研究历史学有助于发现隐藏在浩瀚史料中的"原则",这里的"原则"转换成现代语词,就是"模式""规律""特点",也就是对史料做分类统计、计算百分比有助于发现历史发展的某种规律或某些特点,进而考察这些规律或特点的成因,这其实已经超出了统计学的范畴,也是研究的高明之处。

表三十一

书别	前汉		后汉		唐		北宋		南宋		明	
	人数	百分数	人数	百分数	人数	百分数	人数	百分数	人数	百分数	人数	百分数
陕西	二二	一〇·五	七二	一五·九二	二六	二〇·四〇	六三	九·三	六	〇·九	八〇	四·五一
直隶	二一	一〇·〇	二八	六·一二	二二	一七·六〇	二一	三·一	七	一·一	二八	七·一一
山西	一〇	四·八二	一六	三·五〇	一八	一四·四〇	一四	九·九五	一七	二·八	五六	三·一六
河南	三〇	一八·七五	七〇	一五·二〇	二一	一六·一〇	三二四	二一·八	三七	六·一	二三	六·九二
山东	六一	二·二	五七	一二·四七	九七	七·六〇	一五六	一〇·六八	一三	二·一	九三	五·二五
江苏	二三	一一·〇六	一三	二·四四	八二	六·四〇	九七	六·三	四九	八·一	二四一	二·一九
浙江	二	〇·八六	一四	二·九五	三四	三·七七	八四	五·七四	三六一	二·八	二五八	四·四五
湖北	七	三·三五	二一	二〇〇	二九	二·一	一九	一·一	一四	二·三	一七六	二·九
安徽	三	一·四四	二四	五·二五	二一	一·七〇	五〇	六·三六	七一	一·七〇	五七	二·一
四川	二一	一〇·一	二六	五·六八	二一	一·六	九三	六·三六	七一	一·七〇	五二	二·一
江西	一	〇·四九	二	〇·四三	七	五·〇	八一	五·四四	八三	一·四	二〇四	二·九
湖南	〇	〇	二	〇·四三	三	二·〇	一二	〇·八二	一二	一·九八	二七	一·五
福建	〇	〇			一	〇·二〇	九五	六·五分	八八	一·四	九二	五一·九
广东	〇	〇			三	〇·二	四	〇·六六	五〇	八·一		
广西	〇	〇			一		六	〇·九六	一三	〇·七三		
贵州	〇	〇			一						二〇	〇·五六
云南	〇	〇							一四	〇·七九		
甘肃	一〇	〇·九二	一七	三·七二	五三		一九		三二	三·八九	二三	一·五
奉天(南人)												
内蒙(汉人)	三	一·四四										
外族	二	〇·九六	一	二	五〇	三·九〇	七	〇·六			一四	〇·七九
总数	二〇八		四五七		二二八		一四六一		六〇四		一七七一	

丁文江编《历史人物分布表》

资料来源:卫聚贤.历史统计学:中国统计学史[M].太原:三晋出版社,2017:129.

梁启超接着介绍了自己的文章《千五百年前之中国留学生》,该文刊登在《改造》1921年第4卷第1期。这是他用统计方法研究佛教史的成果,"调查我们先辈留学印度的事实。我费不少的劳力,考据出二百来个人,内中有姓名可考者一百零五,无姓名可考者八十二"。他设定的五个分类标准分别是年代别、籍贯别、行迹别、留学期间别和经途别,在此基础上制作了五个统计表。

"我根据这些数目字,知道事实上'如此如此',我便逐件推寻他'为什么如此如此'。于是得了好多条假说或定说,对于那回事情的真相大概都明瞭了。"进而他强调学问之术:"总之凡做学问,不外两层功夫:第一层,要知道'如此如此',第二层,要推求'为什么如此如此'。论智识之增殖,自然以第二层为最可贵者。但是若把第一层看轻了,怕有很大的危险;倘若他并不是如此,你糊糊涂涂的认定他如此,便瞎猜他为什么如此,这工夫不是枉用吗?枉用还不要紧,最糟是瞎猜的结论,自误误人。"梁启超的治学之道——首先要借助统计方法了解

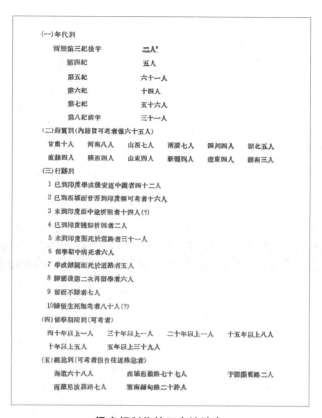

梁启超制作的五个统计表

研究问题的真相，再分析研究问题的原因，令人敬服。

梁启超的历史统计学思想可归纳为四个关键词：统计分类、统计表、平均数、百分数。他对历史统计学是寄予厚望的，"因为我们纸片上的史料是丰富不过的。……'浩如烟海'……只要肯在里头爬梳，什么宝贝都可以发见出来"，"须知学问的殖民地丰富得很，到处可以容你做哥伦布，只看你有无志气有无耐性罢了"，"到了我们这些刁钻古怪的史学家手里头，也许有废物利用的日子哩"！但他同时提醒："我并非说这是研究史学的唯一好方法；但我敢说最少也是好方法中之一种。因为史家最大任务，是要研究人类社会的'共相'和'共业'。而这种'观其大较'的工作，实为'共生'之绝妙法门。所以我们很喜欢他。加以我们现存的史料，实在丰富，越发奖励我们工作的兴味。但是这种工作，是很麻烦很劳苦的，而且往往失败；我自己就曾经失败过好几回。我并不劝各位同学都向这条路上走；但哪一位对于这种工作有兴味，不妨找一两个题目试一试。须知从麻烦劳苦中得着一点成功，便是人生最快乐的事；或者还可以说人生目的就在此哩。"

梁启超之后，关注这个分支学科的学者不多，学科背景以历史学家为主，兼有地理学家、心理学家、统计学家等。在讨论他们的历史统计学研究之前，有一个不可绕过的国际历史人物：美国历史学家哈罗德·安德伍德·福克讷（Harold Underwood Faulkner）[①]，因为他关于历史学与统计学的文章在 1931 年、1934 年、1935 年和 1941 年被不同的民国历史学家翻译成中文发表在四份不同的学术期刊上（详见表 15-1），在学术界引发了广泛的关注，如时任国立中山大学历史系教授的朱谦之在 1936 年发表的文章《史学与统计学》中提到"世界杂志第二卷第二期和新社会科学第一卷第三期均介绍有 Harold U. Faulkner 所著'史学与统计学的关系'一篇"[②]。

表 15-1　民国时期公开发表的关于"历史统计学"的研究成果

序号	篇名 / 书名	作者 / 译者	期刊 / 出版社	发表年期 / 出版年
1	历史统计学	梁启超	《晨报副刊》	1922 年 11 月 28 日
2	历史统计学	梁启超	《晨报副刊》	1922 年 11 月 29 日
3	历史统计学	梁启超	《晨报副刊》	1922 年 11 月 30 日
4	历史统计学	梁启超	《史地学报》	1923 年第 2 卷第 2 期
5	史学与统计学的关系	Harold Underwood Faulkner/ 黄睿刚译	《世界杂志（上海 1931）》	1931 年第 2 卷第 5 期
6	史学与统计学	Harold Underwood Faulkner/ 张履谦译	《新社会科学》	1934 年第 1 卷第 3 期
7	历史统计学	卫聚贤	商务印书馆	1934 年 11 月初版
8	史学与统计学	Harold Underwood Faulkner/ 张履谦译	《史地社会论文摘要月刊》	1935 年第 1 卷第 4 期
9	历史统计学底根本问题	杨成柏	《研究与批判》	1935 年第 1 卷第 1 期

[①]　福克讷（1890—1968），美国历史学家，先后获得美国卫斯理大学学士学位、哥伦比亚大学硕士学位和哥伦比亚大学博士学位，任教于 Smith 学院，著作有《美国经济史》（*American Economic History*, 1924）、《从凡尔赛到新政：哈丁 - 柯立芝 - 胡佛时代纪事》（*From Versailles to New Deal: A Chronicle of the Harding-Coolidge-Hoover Era*, 1950）、《自由裁量权的衰减：1897—1917》（*The Decline of Laissez-Faire, 1897—1917*, 1951）、《政治、改革和扩张：1980—1900》（*Politics, Reform and Expansion, 1890—1900*, 1959）。

[②]　朱谦之. 史学与统计学 [J]. 国立中山大学文学院专刊，1936（3）：33-73.

续表

序号	篇名/书名	作者/译者	期刊/出版社	发表年期/出版年
10	史学与统计学	朱谦之	《国立中山大学文学院专刊》	1936 年第 3 期
11	历史学与统计	Harold Underwood Faulkner/巽译	《江苏教育》	1941 年第 3 卷第 2-3 期
12	历史学与统计学	李絜非	《东方杂志》	1943 年第 39 卷第 17 期

说明：1、2、3 和 4 都是梁启超在国立东南大学做的同一个讲座《历史统计学》的内容。

《史学与统计学的关系》是一篇关于史学与统计学关系的略史小文，结构清晰，从旧史学中的统计切入。19 世纪以前，统计学在历史著作中的应用很少且用的是最简单的统计，统计技术的进步加速了其在历史研究中的应用。新史学的诞生过程掺和着史学与统计学的结合，伴随着对经济史、社会史的新的研究兴趣以及科技革命的影响。新史学诞生后，史学与统计学的结合日益密切。接下来，福克讷讲解了历史统计资料的搜集整理以及如何用统计方法分析搜集到的历史资料，并清晰明确地指出统计方法在史学研究中的价值、定位及地位：

> 我们必得承认人之单位是各不相同，具有复杂的差异点的；又得承认统计之应用于各项史事，也不是有一致的价值的。统计在解释法国大革命、大陆政策、及拿破仑的失败是可以有极大的价值的。但欲解释拿破仑之性格和决断是无甚用处的。同样史学家亦如经济学家一般，很容易为不适当的统计、错误的方法、及有谬误的结论所误事，而他的对于统计技术之缺乏训练尤须使他时加留意。
>
> 统计学至多只供给史家以许多必具的工具之一种；但无论他研究的方法是从地理学、心理学、人类学、经济学，或政治学方面着手，或竟想联合此各方面，他仍然要靠赖许多有相互关系的及可相比较的统计材料。如果他是教历史的，他必得应用史图、史表、以及各种的图表。在统计表上用虚线来描绘历史，现已非常普通，且已通行于中等教育的教学中，统计学家且已另辟一历史统计学的新科目了。
>
> 统计学一方面使史学家的工作趋易，而他方面则使之益难。这一种新工具使他能作更确切的推论，但同时却使他的工作愈益繁重。凡史事之可以应用统计的材料者，则不用统计学的，结论便有缺憾。同时统计学亦使史学研究的范围日益加广。总之最紧要的是统计学已给经济史及社会史的发展以有

用的助力，而使此古老的史学有一新的目的和新的生命了。①

如果说梁启超是我国近代历史统计学的开山人，那么福克讷的这篇文章可谓历史统计学研究方法的奠基之作，基本架构了20世纪三四十年代我国历史统计学的研究方法与框架。

二、历史统计学的集大成者：卫聚贤

卫聚贤（1899—1989），我国著名的历史学家、考古学家、古钱币学家、博物学家、文化人类学家。18岁才入读山西万泉县第一高级小学。毕业后考入山西省立第二师范，不久因支持进步学生而被开除。返回小学任教半年，又考入山西省立商业专门学校，修习过统计。1926年毕业后，考入清华国学研究院。清华国学研究院从1924年至1928年共招有四届学生，卫聚贤考取的是第二届。卫聚贤在清华国家研究院受教于梁启超、陈寅恪、王国维、赵元任、李济"五大导师"，尤其受梁启超、王国维教诲独深（卫聚贤毕业论文《"春秋"研究》与《"左传"真伪考》即得二师之启发和指点而成）。卫聚贤专修中国上古史，研究课题是《左传》，导师是王国维；此外，李济的建构中国考古学对其构成了直接影响。卫聚贤因自幼持操算盘，精于统计，遂惯于运用"历史统计法"而别开蹊径。著作《左传研究》书成，梁启超对之赞叹不已。卫聚贤历任暨南大学、中国公学、持志学院教授。

卫聚贤所著《历史统计学》是这一时期我国第一本也是唯一一本历史统计学专著，1934年11月由商务印书馆出版。这部著作的成书过程不易，初稿毁于战火，后来重新编著。在自序中，卫聚贤详明何以著成此书："社会学需要统计，是大家都知道的；而历史学需用统计，向来没人注意；虽有人常喊着'用科学方法整理国学'的口号，但是作的人很少。……余曾毕业于山西省立商业专门学校，在商校时学过统计。及至清华研究院，即应用统计的方法整理国学。至国民政府教育部工作时，上海中国公学大学部文学系，曾约我讲演，我即以'应用统计学整理国学'为讲题，后发表其讲演词于《东方杂志》第二十六卷第二十四号。二十年度第二学期，暨南大学约我讲授"历史统计学"，我费了二三个月时间，将《历史统计学讲义》作成，寄至暨大，因图表甚多，先行印刷，以免授课时没有讲义；不料日人侵沪，其稿毁于火，诚令人痛心！本年（即1935年）为

① FAULKNER H U. 史学与统计学的关系 [J]. 黄耆刚，译. 世界杂志（上海1931），1931，2（5）：1-6.

持志学院教授'历史研究法'，而研究历史的方法很多，用统计学研究，也是其法之一；除已将其他研究历史的方法讲授外，兹从新再编《历史统计学》，以为历史研究法之一。……本书自在持志学院印为讲义后，承金国宝及刘大钧先生指正，盛俊及胡朴安先生作序，蔡正雅先生介绍出版，这是我一并感谢的。"[1]这本书是卫聚贤研究历史统计学、应用统计方法研究历史的结晶。

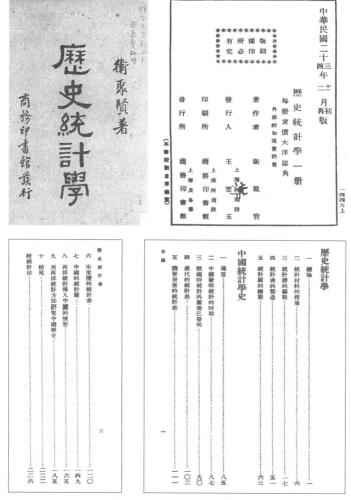

卫聚贤著《历史统计学》封面、版权页、目录

1931年，卫聚贤在暨南大学讲授"历史统计学"，这是我国大学开设的、有据可考的第一门历史统计学的课程。

① 卫聚贤. 历史统计学 [M]. 上海：商务印书馆，1934：自序.

1934 年夏，中国统计学社在上海召开年会，卫聚贤将该书分赠学社同人，并请盛俊作序，盛俊读后在序中大赞："俊受而读之，觉得著者对于史料之如何搜集，如何观察，图表之如何编制，如何应用，多所发挥，较诸新会发端之论，更具体化，不但鸳鸯秀出，而且把金针度人了。"[①]同时，盛俊"还有点补充的意见，统计是以数字叙述事实的，而历史的事实，未必尽可用数字来表示……以数字来表示或以文字来叙述，这要看史料的性质而定，却不必拘泥"[②]。

全书分为两部分："历史统计学"和"中国统计学史"，其中"中国统计学史"是卫聚贤在历史研究与教学中对历史统计的梳理性成果，作为《历史统计学》的附录合并出版。卫聚贤对统计方法在历史研究中的定位明确清晰："我所授的这'历史统计学'，不注重高深的方法统计，而注重一般使用的应用统计；而应用统计除将学理解释外，注重在练习；即是欲各位同学会作统计表及统计图，使用于欲所统计的事实上去。"[③]简言之，搜集、整理统计资料，用描述统计工具，即统计表和统计图，将统计资料化繁为简、化零为整。换句话说，在研究历史时能用上的都是描述统计方法，集中在做统计表和统计图。第一部分"历史统计学"包含五章：总论、统计材料的搜集、统计谱的编制、统计表的制造以及统计图的绘制。"总论"概略介绍了统计学的起源及语源、统计的学派、统计学的定义、统计学的分类和统计学功用。从统计学的定义"统计学乃是一种方法学及工具学。凡事物属于同类性质而在两件以上，可以类列比较的，均应施之以统计。将其事件统计，就其大量观察而求其现象，由其现象而推测其所以然"[④]可知，卫聚贤对统计学的理解仍然停留在 20 世纪初国人翻译的横山雅男《统计通论》中所述的层面。虽然此时现代统计学的内容基本都已成形，但国内学者对统计学的理解存在严重分层，非统计学专业的学者对统计学的了解、认知片面、偏颇。

第二章"统计材料的搜集"包括定问题的范围、定统计的单位、规划材料的搜集、材料的整理（归类、卡片、卡片排列、应用适当的检字法）。

第三章的"统计谱"是卫聚贤的发明。"'统计谱'这个名词，在统计学上未有，它只分为统计表统计图二种，但其表中又分为详表及总表两类：详表亦名原始的表（Original table），总表亦名第二次的表（Secondary table），他们这样的分法，以为：（1）详表系固有的事实，详加计载，保存其实在情形，以备作详细研究时的资料；（2）总表系将详表的事实，合并缩减作简赅的记载，并利用分析法，以作各种比较观。我现在把它分为：统计谱统计表统计图三种，统计谱即详

①② 卫聚贤.历史统计学 [M].上海：商务印书馆，1934：盛序.

③ 同①自序.

④ 同① 3.

表，统计表即总表。"[1]事实上，卫聚贤所谓的统计谱就是梁启超1922年讲演中提到的《史记》中的"旁行斜上"。他在书中写道："'谱'字的来源，为司马迁的《史记·三代世表》，据桓谭《新论》说《三代世表》，旁行斜上，并效《周谱》，则旁行斜上即是表格。……统计谱的范围，以卡片及原始调查表包括在内。凡表格中用文字记载的为统计谱，表格中除项目用文字余皆用数目字记载的为统计表。"[2]这章以《史记》《汉书》《儒林传》为实例，详细描述了作谱的全过程。

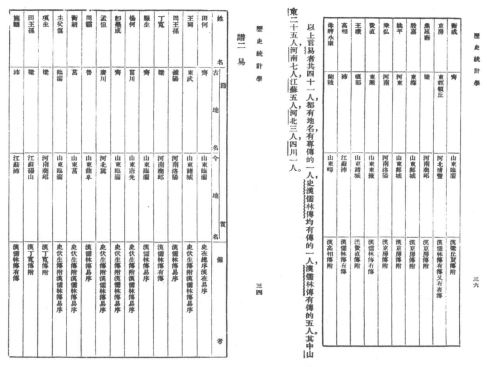

卫聚贤在《历史统计学》中所作统计谱示例

第四章介绍了统计表的功用、统计表编制的规律、统计表的种类，并以四个实例辅助讲解。

第五章在第一部分所占篇幅最多。卫聚贤认为，表显事实有三种方法——文字、表格和图形，尤以图形兼具三种方法的长处。这章的内容包括统计图的重要、图的种类、绘图的选择、绘图的规律、直条图的绘制、平面图的绘制、容积图的绘制、形像图的绘制、组织图的绘制、统计地图的绘制和曲线图的绘制。

---

① 卫聚贤.历史统计学 [M].上海：商务印书馆，1934：17.

② 同① 18.

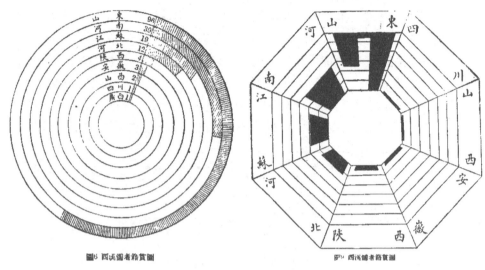

《历史统计学》中的统计图

从统计学的角度分析，虽然《历史统计学》是民国时期第一本关于历史统计学的专著，但书中讲到的绝大部分内容在当时一般的统计学教材中都有所涵盖，不同的是书中所用数据资料都是以文字为主的史料。卫聚贤在第一部分的结尾处写道："统计图的式样很多，我这书说的太简略了，不过引人入门——用统计方法研究历史，其详应参考统计学各书。"①

客观讲，第二部分"中国统计学史"才是这本书的精华与精彩之处，这是卫聚贤用他习得的统计学与统计方法研究中国统计史的结晶。他是我国第一位系统研究中国统计学历史的学者，他将我国的统计分为四个时期：创始期（战国至东汉初年，谱牒已为发达）、衰落期〔魏至五代（晋及南朝宋梁除外），多反对用表格〕、兴盛期〔宋至民国（明除外），统计图表的用法及原理多合乎现代〕、使用期（近数十年来政府有统计处之设，商科教育学系有统计科程之列）。这部分共分十章：导言、中国发明统计的时期、战国时统计的图表已发明、汉代的统计表、魏晋至唐的统计表、宋至清的统计表、中国的统计图、西洋统计传入中国的情形、用西洋统计方法研究中国历史和结尾。

他在最后一章"结尾"中分析认为，"中国统计发达的原因，约分三途：一关于政治的，A 横的方法，B 纵的方面；二关于社会的，A 商业的发达，B 数字的发达；三关于学术的，A 整理纵的，B 整理横的，C 整理复杂的"②。随后，他指出："中国无论在政治方面、社会方面、学术方面，均因需要统计而能产生统

① 卫聚贤. 历史统计学 [M]. 上海：商务印书馆，1934：84.

② 同① 222－224.

计，而何以中国的统计不能成为统计学而尚为图谱？其原因是中国中原的民族离开渔猎游牧社会已远，不能每日奔跑使身体强健耐苦；而经营农业，形成保守的习惯；海岸线又不弯曲，未有航海探险的精神。于是由不进取而形成苟安，由不能耐苦而形成惰性，故多不能工作此刻苦的统计工作，甚至不愿看此统计的书。"[①] 最后，他感慨："为研究学术而使用科学方法，被'惰民'排挤，使无人知名，真是'良可慨也'"。[②]

卫聚贤开设了我国第一门"历史统计学"课程，著成我国第一本《历史统计学》专著，也是第一位系统梳理我国古代至民国时期的统计学历史的学者，称得上民国时期我国历史统计学研究的集大成者。

三、民国学者对历史统计学的评价

总体而言，民国时期对历史统计学的研究成果凤毛麟角（见表 15-2），且研究取向和研究路径大致趋同，集中在人与地理之间的关系上，显然深受先行者梁启超和丁文江的影响。

表 15-2　民国时期公开发表的应用统计方法做历史研究的成果

序号	篇名	作者/译者	期刊/出版社	发表年期/出版年
1	千五百年前之留学生	梁启超	《改造》	1921 年第 4 卷第 1 期
2	近代学风之地理的分布	梁启超	《清华学报》	1924 年第 1 卷第 1 期
3	历史人物与地理的关系	丁文江	《史地学报》 《科学》 《东方杂志》	1923 年第 2 卷第 4 期 1923 年第 8 卷第 1 期 1923 年第 20 卷第 5 期
4	由历史上观察的中国南北文化	桑原骘藏/杨筠如译	《国立武汉大学 文哲季刊》	1930 年第 1 卷第 2 期
5	中国人才产生地	张耀翔	《晨报副刊》	1926 年 11 月 24、25 日
6	中国历代人物之地理的分布	朱君毅	《厦门大学学报》 中华书局常识丛书第四十种	1931 年第 1 卷第 1 期 1932 年 7 月初版
7	中国近三十年人物的分析	余天休	《社会学刊》	1932 年第 3 卷第 2 期

---

① 卫聚贤. 历史统计学 [M]. 上海：商务印书馆，1934：224.
② 同① 225.

续表

序号	篇名	作者/译者	期刊/出版社	发表年期/出版年
8	自然淘汰与中华民族性（北中国与南中国）	Ellsworth Huntington/潘光旦译	新月书店《新月》	1929年12月初版 1928年第1卷第6、7、10期 1929年第2卷第1期
9	战国后中国内战的统计和治乱的周期	李四光	《庆祝蔡元培六十五岁论文集》，国立中央研究院出版	1933年1月初版

丁文江的《历史人物与地理的关系》一经发表，即引起当时史学界学者的关注，如傅斯年、朱谦之等，其中当以傅斯年的评述最全面有据。1928年《国立第一中山大学语言历史学研究所周刊》第1卷第10期刊登了傅斯年所写的《评丁文江的〈历史人物与地理的关系〉》。傅斯年在文中写道：

这篇文章我非常的爱读，当时即连着看了好几遍。我信这篇文章实在很有刺激性，就是说，很刺激我们从些在欧洲虽已是经常，而在中国却尚未尝有人去切实的弄过的，些新观点、新方术，去研究中国历史。又很提醒我们些地方。但这篇文章的功绩，在此时却只是限于这个胎形，看来像是有后上，我们却不能承认其中证求得的事实为成立。而且这种方法也不是可以全不待讨论的。……而他这一些文章，都给我一个显然的印观，就是，丁君在求学问的线路上，很受了 Siv Francis Galton, Prof Karl Pearson 一派的影响，而去试着用统计方法于各种事物上，包括着人文科学。这实在是件好事。我们且于丁先生的施用上，仔仔细细看一下子。

（点一）拿现在的省为单位去分割一部"二十四朝之史"（从曾毅先生的名词）中的人物，不能说没有毛病。……

（点二）丁君从他所造的表中推比了许多事实和现象。但这些事实和现象和这个表中的数目字，严格说起，多毫没有直接的关系，这些推比也但是些预期（Anticipations）而已。……这些意思与这些数目间的关系，只是联想，不是相决定的"因数"。这类，看起来像很科学的，而实在是"预期"之件，颇有危险。

（点三）第一表所以不见得能得好成就者，因为包罗太宽大，立意上太普遍，而强从一个无从分析的表中去分析事实。至于第二表，却是一件极好的作品，这一表之所以成功，正因为题目是有限而一定，不如上一表一样。这个表中的意思，也或者可以有斟酌的地方。鼎甲数虽然不受省分的制限，但恐怕也不能说是完全自由竞争的结果，尤其不见得鼎甲是能代表文化。……

（点四）丁先生谓在两汉的时代，中国文化的分布不平均，后渐平均，到了明朝甚平均，这恐怕也是因为拿着现在的省为单位，去比量，才有这个现象。……是则丁君所谓古不平均今平均，又一幻境也。总而言之，这事实与其谓为当年文化至不平均，毋宁谓是现在的行省中国大得多了。

把上列几点约起来，我对于这篇文章的一个一般的印象：是觉着把统计方法应用在历史一类的研究上尤其要仔细。普通说起，凡是分布上凌迟出入的事实，都可应用统计方法，而这样分布上凌迟出入的事实，几乎是可研究的事实之大部分。但统计方法的收效，也以他所去施用的材料之性质为断。统计方法最收效的地方，是天文。岂特如此，我们竟可说天文是统计学的产生地。因为统计方法之理论，几乎都是从天文学中造端，而近代统计学方法之立基柱者 Quetelet，自身是比利时的钦天监，这正因为天文学上的数目，我们用来做统计的比较的，总是单元（Homogeneous），而所用数目，多半是由我们所限定的标准造出的。就是说，我们对于这些数目有管辖之可能。及乎到了生物学的事实上，就不这样便宜。虽然这些数目还是由我们定的标准产出，然而事实的性质已远不如天文事实之单元，实在是些复元的（Heterogveneovs）。至于历史现象，我们不能使他再回来，去量一下子，又是极复元的物事，故如不从小地方细细推求比论，而以一个样子定好如当代欧美都市统计表一般的形状，加上，恐怕有点疏误。历史本是一个破罐子，缺边掉角，折把残嘴，果真由我们一整齐了，便有我们主观的分数加进了。我不赞成这个以现在省为二千年历史之总地方单位，去百分国土大小很不相等的各时代的人，正是因为这表太整齐，这表里面的事实却是太不整齐。

研究历史要时时存着统计的观念，因为历史事实都是聚象事实（Mass-facts）。然而直截用起统计方法来，可原小心着，因为历史上所存的数目多是不大适用的。

…………

我可以把上文总结起来，说：丁君这一种方法，将来仔细设施起来，定收很好的效果，不过他这篇文章（特别是第一表）却但是一个大辂的椎论。我们不取这篇文章所得的结果，因为他们不是结果；但取这篇文章的提议，因为他有将来。

时任国立中山大学教授朱谦之持相似的观点："这种统计方法，有两大缺点，为他自己所知道的，就是第一是职业不同的人混在一块计算，文艺家同将帅性质迥不相同，却算是一个单位。第二是程度不同的人没有区别，绝大的人物和极小人物仅够得上有列传的，也都算得一个单位。然而最大的错误，乃在以现在的省为标准，不能和科学的地文人文的标准相和。"①从科学统计的角度评价，傅斯年和朱谦之的评论可谓中肯切题，都清楚地指出丁文江对历史人物及其地理所在统计的致命问题是：统计口径不统一，对历史人物的定义不清，对省份的划分标准不一。

此外，朱谦之对民国历史统计学的相关研究做过细致的搜集与详致的述评，研究成果以《史学与统计学》为题目发表在 1936 年第 3 期的《国立中山大学文学院专刊》，文中他引经据典对福克讷、丁文江、梁启超、桑原骘藏、亨丁顿（Huntington）、张耀翔、朱君毅、余天休、李四光、刘剑横、北平社会调查所等所做的历史统计学研究逐一点评。以李四光为例，"李四光氏根据过去的若干种事实，所提出《战国后中国内战的统计和治乱的周期》，可算历史统计学在中国政治史上之充分的应用，由此可以说明前人从未注意之历史周期的现象。不过说到这种'周期发生的原因'，李氏对此尚未提出何种的解决方法的，在此美国一位著名的人文地理学专家亨丁顿（E. Huntington）在他所著《种族的品性》（The Character of Races）中，有四章讨论中华民族，潘光旦译：'自然淘汰与中华民族性'"②。

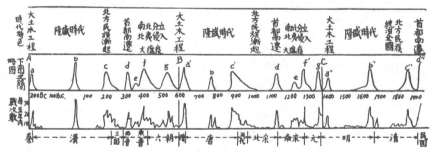

《史学与统计学》中的统计图

资料来源：朱谦之. 史学与统计学 [J]. 国立中山大学文学院专刊，1936（3）：33-73.

朱谦之认为："历史统计方法不但可应用于政治史经济史方面，而且也可以应用于文化史之其他各方面。如根据隋书新旧唐书宋明史，经籍志，及艺文志，清四库书目可以作成'史部著述统计表'。根据叶昌炽语石，可以作成关于造像人数的统计表。这不是很明白看出历史统计的方法是可以拿来研究文化史之各方面嘛？然又不但如此，统计学在应用于文化史之全领域以外，我们更可注意的，

①② 朱谦之. 史学与统计学 [J]. 国立中山大学文学院专刊，1936（3）：33-73.

就是统计方法，即单就狭义的史学方法上说，即在所谓'文献考订学'上说，也是有许多用处的，如由统计观察，则古史的世系，多不可信，可见古史之考证是非兼用统计的方法不可了。然而关于这方面最有贡献者，似应推及卫聚贤氏的《历史统计学》……此种独出心裁的研究法，是很值得我们注意的。几年前陶知行晏阳初等，曾用此种方法，统计所见各种小学教本、通俗小说、报章尺牍等最常见之字，次数最多者，选得千余字，编为课本；卫聚贤胡朴安等，应用之以治训诂，治史学，其所得的成绩，已可观如此。这又可见历史统计学即在治史方法，即文献考订学上，也是很有用处的了。"[①]

纵观这段不到 30 年的历史统计学研究，从研究成果和讨论范围看，虽然首倡者梁启超在当时已获得极高的社会地位与广泛的学术影响力，但在民国时期，历史统计学仍是一个相当小众的研究方向，学界的共识是把统计方法作为历史研究的一种辅助方法。相关研究所用的统计方法简单，基本停留在描述统计的阶段，绝大部分对描述统计的应用也是偏颇的，只关注平均趋势，对差异性的关注不足。但在当时，这已然是一次大胆创新的尝试，也可以说是我国量化历史研究的胚胎期。

---

① 　朱谦之. 史学与统计学 [J]. 国立中山大学文学院专刊，1936（3）：33-73.

第十六章
统计学的应用：数据可视化

一、数据可视化

数据可视化是一个新名词，但数据可视化的思想与实践在我国的出现由来已久。数据可视化常见的表现形式有统计表和统计图，二者都是对信息的可视化压缩、形象式表达，也是一种整理事实的方法。我国历来有借助表格和图形记录历史的传统，两千多年前的《史记》中就有文字与数字结合的大事年表；明万历三十七年（1609 年）的《三才图会》更是我国古代图式的百科全书，有星象图、地理图、八卦图、组织关系图、人物图等，也不乏年表图、统计表。

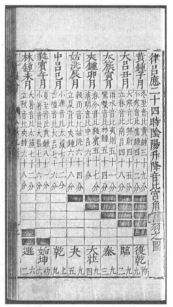

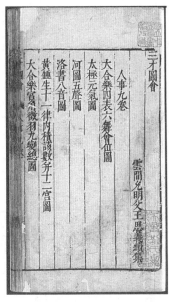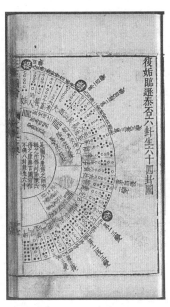

《三才图会》部分图表

资料来源：王圻，王思义 . 三才图会人事九卷 [M]. 明万历三十七年（1609 年）：32；三才图会文史一卷 [M]. 明万历三十七年（1609 年）：33.

清末民国初期，随着外国统计图表被翻译引进，加之各种统计工作生产出越来越丰富的统计数据，统计图表遂广泛流行于社会各界，特别是政府的各类社会统计，如经济统计、人口统计、教育统计、社会福利统计等，进而催生了以制作统计图表为主题的教科书，而这些统计图书反过来又提高了我国近代统计图表的制作水平和实用程度。1903 年，由林卓南翻译的横山雅男的《统计学》出版，第十三章"制表"和第十五章"统计图表"首次从统计学的角度向国人介绍统计图和统计表的概念、制作方法及意义，"以统计图示统计之事实云者，使其大要易于了解，又使无统计智识者亦嗜好之之一方便也。抑以统计之事实，示之于统计图，虽不及数字之表列与文字之记述，然统计于不言不语之间，说明生人之故。外观极为干燥无味，故除有高等之脑力，或解统计趣味者之外，概不喜之，是为今日之常态。是以统计表之外，必用种种统计图，以为诱进世人之助，原不俟论。有名之博物家阿轧细斯曾曰，显微镜乃与人以第二眼，图画则与人以第三眼。余以为统计图则与统计家以第二眼，然对于世人则为与之以第一眼矣"①。书中绘制的统计图式丰富，如条形图、直方图、饼图、折线图、雷达图、象形图、地理图等，成为 20 世纪上半叶我国政府统计报告的重要参考。

---

① 横山雅男 . 统计通论 [M]. 孟森，译 . 上海：商务印书馆，1908：138－139.

據明治二十九年末。查得全國人口年齡。以萬分比例表列於左。用高分比例之理由。欲顯百歲以上之人口也。(算式同前例)少。

年齡	人口	萬分比例
自初生至十歲	九六六三七七二	二三六一七三
自十一歲至二十歲	八六三六二六五六	二〇二一三〇
自二十一歲至三十歲	六八六八四六六九	一六〇八一三三
自三十一歲至四十歲	五四四四四、五三三	一二七五〇一
自四十一歲至五十歲	四九六六三五五	一一六三九
自五十一歲至六十歲	三四六七七、二〇二	八一一四四
自六十一歲至七十歲	一〇九、一五一	五三五三
自七十一歲至八十歲	二三一四六八二	一三五五七
自八十一歲至九十歲	一、五四〇三	五二一六一
自九十一歲至百歲	三一六二	三六二一

統計學

四十一

第九圖　第八圖

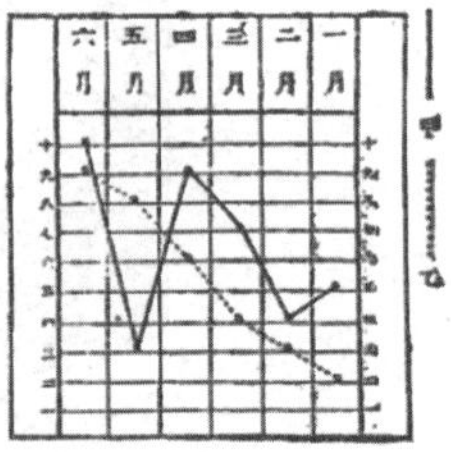

年致層勞之數。所顧的事實也。能隨於用何者不甚詳。表無鈍無銳皆能為勝且無論何番。較。及相互之關係。對能於一圖之中

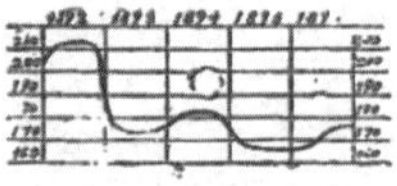

第六圖

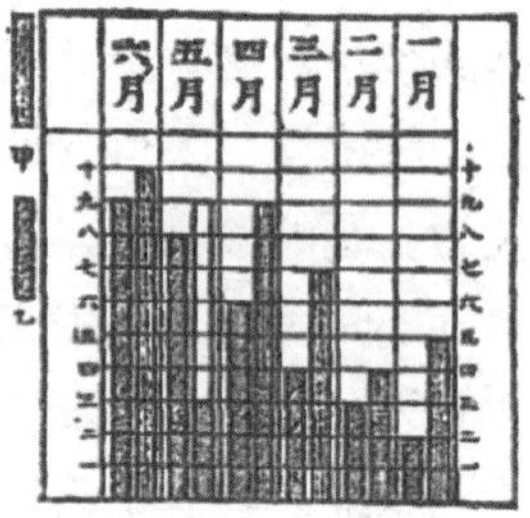

第一圖

統計學

第二圖

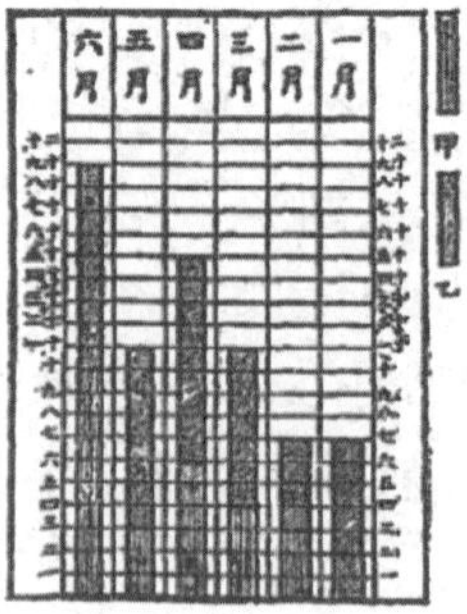

第五圖 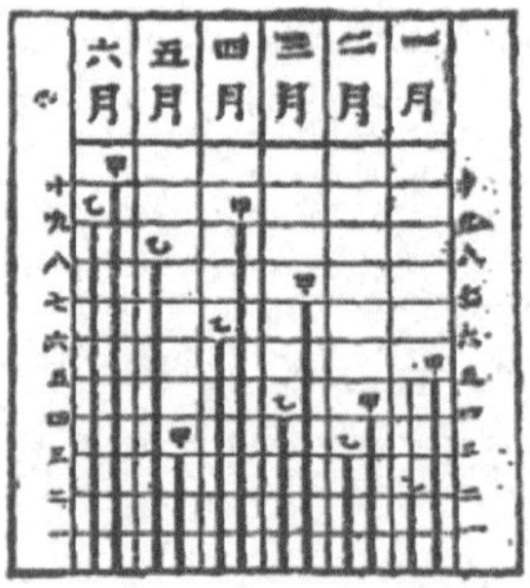　第一七圖

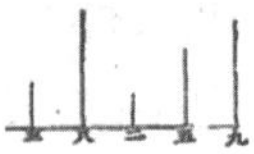

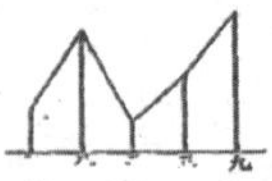

第三圖

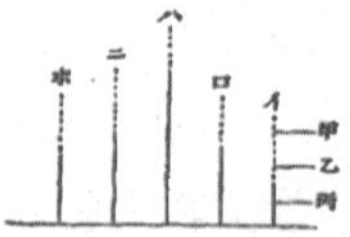

第四圖

四十九

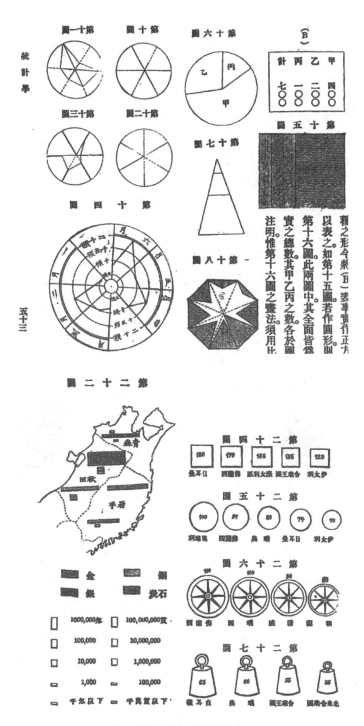

《统计学》部分图表

资料来源：横山雅男. 统计学 [M]. 林卓南，译. 钮永健，校. 上海：时中学社，1903：41，49-54，58，60.

二、统计图

　　我国的图形实践与思想源远流长，汉字本身就是一种象形文字，用简化的图形编码、存储和传递信息。现代统计图的兴起是高质量统计数据随之而生的必然结果，比如玫瑰图就是其发明者"提灯女神"弗洛伦斯·南丁格尔（Florence Nightingale，1820—1910）根据自己在战场记录的伤员伤势数据发展而来。出于对资料统计的结果会不受人重视的忧虑，她发展出一种色彩缤纷的图表形式，以使数据能够更加让人印象深刻。

东部军队士兵死亡原因图解

弗洛伦斯·南丁格尔，1857

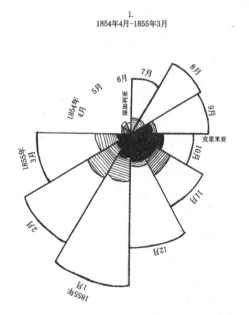

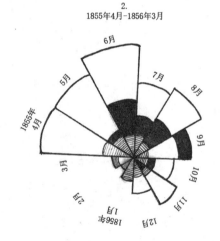

白色、黑色和横线三部分的面积代表死亡数，但这三类面积的计算均由圆心开始。
　　白色区域：感染导致的士兵死亡数。
　　黑色区域：受伤过重导致的士兵死亡数。
　　横线区域：其他原因导致的士兵死亡数。
　　1854年10月和1855年4月的黑色区域和横线区域重合，1856年1月和2月的白色区域和横线区域重合。
　　每块扇形代表各个月份中的士兵死亡数，可通过区域边界线比较不同月份中不同原因导致的士兵死亡数。

玫瑰图示例

　　统计数据是制作统计图的材料库，没有统计数据就不可能发展出现代统计作图技术。这一时期的统计学图书中大都设有专门的章节讲解统计图和统计表，也有制作统计图表的专著，目前找到的有：邰爽秋的《教育图示法》（教育印书合作社，1932）、朱佐廷的《统计图表编制》（黎明书局，1934）、陈善林[1]的《统计制图学》（商务印书馆，1936）。还有统计图表的应用图书，如1907年学部总务司编制的《第一次教育统计图表》、1931年10月10日社会调查所出版的《中国之经济地位统计图》（吴半农、王子建、韩德章、刘心铨[2]编制，陶孟和、杨西孟审定）和《北平社会概况统计图》（陶孟和、杨西孟审定，林颂河、王子建、韩德章、刘心铨编制）、1932年罗志如编制的《统计表中之上海》（国立中央研究院社会科学研究所集刊第四号），以及各种类别的各级政府统计，其中山西省长公署统计处编纂的"山西省人口统计"系列是这一时期政府统计统计图表的模范，一些统计图的图式兼具原创性和创新性，图形简洁、信息丰富、一目了然。

---

[1] 陈善林（1909—1996），江苏奉贤（今属上海）人，著名统计学家。1931年毕业于国立暨南大学商学院，20世纪30年代起历任上海法学院、立信会计专科学校、东吴大学、国立上海商学院教授，曾任中国统计学会理事、上海统计学会顾问、九三学社上海财经大学主任委员等职。中华人民共和国成立后，历任上海财经学院、复旦大学、上海财经大学统计学教授，上海市统计学会副会长。1936年8月由上海商务印书馆出版的《统计制图学》，1938年由上海中华书局出版的《统计学》，1952年出版的《统计列表与制图》《贸易统计学》，1982年出版的《经济预测法》，均为其个人专著。并有《谈谈生活指数的编制问题》《论商业统计中的回归预测》等多篇论文发表。与人合作的有《统计发展史》《工业统计学》等多部教材，晚年合编《统计辞典》，参编《辞海》中的统计词目。1985年担任《商业统计学》和《商业统计习题解答》教材主编。

[2] 刘心铨（1903—1983），四川富顺县人。1925年考入清华学校。1929年，从国立清华大学毕业，前往北平社会调查所任职，其间还在北平大学兼教统计学。1937年，由北平社会调查所去资源委员会统计室担当顾问工作。抗战时期，曾在湖南大学任教两年。抗战胜利后，任东北造纸厂协理（副总经理）职务。1949年后，曾任北京大学教授，教统计学。1950年，西南财经委员会成立后，担任西南财经委员会统计处副处长职务。1953年初，调到刚成立不久的四川财经学院任统计系教授兼系主任。1960年，四川财经学院经济研究所成立。1962年，他调任所长，直至1965年又回统计系任系主任。粉碎"四人帮"后，刘心铨教授的工作得到了恢复。他准备为社会主义的高等教育和科研工作奉献自己的余生。在年事已高、身患疾病的情况下，他仍写出了具有较高质量的《典型调查在统计工作中的作用》《社会经济统计学与其他科学的关系》等多篇科学论文，在全国性的统计刊物和《四川财经学院学报》上发表，以解决统计理论工作者和实际工作者面临的有关问题。他的这些研究成果曾得到我国著名统计学家杨坚白的高度评价。刘心铨是我国统计学界的前辈、知名教授，他把毕生的精力都献给了我国统计学的教育和科研工作，曾任中国统计学会理事，成都市政协委员，成都市第四、五、六、八、九届人民代表大会代表。

邰爽秋编撰《教育图示法》的目录

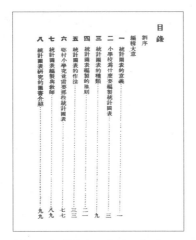

朱佐廷编《统计图表编制》的目录

陈善林著《统计制图学》的目录

1. 制作统计图表的专著

　　民国时期统计图表的制作是一门专业课程。《教育图示法》《统计图表编制》《统计制图学》这三本专著既是制作统计图表的工具书，也是学校的教材。其中，《教育图示法》是民国时期"中国教育界四大怪杰"之一的邰爽秋在河南大学讲课的讲义，参考了大量国内外最新的研究文献，也是他多年从事教育调查和教育研究的实践成果。他根据"美人威廉斯氏所著《教育中之图示法》Williams: Graphic Methods in Education 一书编著。与其原书不同之点有五"（卷头语）。该书条理清晰、内容翔实、可操作性强，是这一时期制作统计图表的代表作。邰爽秋认为①：

① 邰爽秋.教育图示法 [M].上海：教育印书合作社，1932：1-2.

　　图示法者，以图形表显某种事实、某组事实、或某种观念之方法也。其目的在将事实之全部情形及其关系、或某种观念之意旨具体的实现于图形之上，使普通阅者，亦能一目了然，得其真意。图示之式，千态万状，大别之不外下列十五种。

　　一、方形
　　二、三角形
　　三、矩形
　　四、条形
　　五、圆形
　　六、曲线形
　　七、次数多边形
　　八、各个次数分布形
　　九、块形
　　十、组织系统
　　十一、地图
　　十二、建造图形
　　十三、形像
　　十四、文字
　　十五、特种图形

他在书中绘制的一些统计图所用数据都来自我国当时的实地调查。

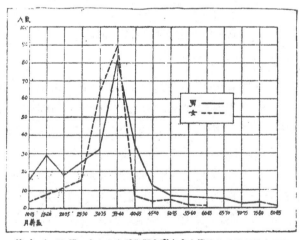

第 九 十 三 图　十七年度下学期南京市立小学校教职员月俸之比较

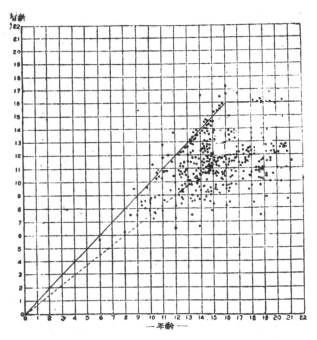

第一百一十九圖　470 流落兒童年齡及智齡之分配

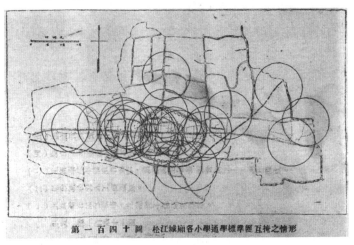

第一百四十圖　松江城廂各小學通學標準區互掩之情形

《教育图示法》部分插图（统计图）

资料来源：邰爽秋.教育图示法 [M].上海：教育印书合作社，1932：197，257，307.

　　邰爽秋认为，统计图的价值甚大，包括但不限于引起兴趣、节省心力、免除错误及推广效用，可应用于著作、报告和展览。书中细致介绍了制作统计图的前期准备工作及相关资料，分别、重点讲解了各种常见图示法的具体制作方法、步骤和过程中易犯的错误以及避免方法，并辅以大量基于国内外真实数据绘制的统计图表，甚至详细介绍了一些常用制图工具和用品的用途及用法并配以实物图。关于制图标准及注意事项，邰爽秋在参考了美国威利亚德·C.布林顿（Willard C. Brinton）所著的《图表展示事实的方法》（*Graphic Methods for Presenting Facts*）中列出的 22 条制图规则和 16 条检验图形项目后，按照制图步骤，制定出制图标准及应注意之点共计 71 条，供读者参考，其写作用心程度不可谓不真切，书中内容在今天依然具有很高的实用价值和借鉴意义。

　　1. 图形所根据之资料须正确。

　　2. 图形之资料当顾及制图之目的。

　　3. 选择图式时当注意读此图者为何种人。

　　4. 选择图式时当顾及资料之性质。

　　5. 选择图式时，须注意能使图内各项事实便于比较。

　　6. 图形若为出版之用，则选择图式时，当注意使图形不因复印而失其明显之效用。

　　7. 能用条形代表数量最好，盖面积与体积均易误解。

　　8. 制图之质料，或纸或布，视应用之目的而定。

　　9. 制图质料之大小视应用之目的而定。

　　10. 图形各边比例，须能将图内事实最适宜的表现出来。

　　11. 图形各边比例须顾及图形之美观。

　　12. 若印制某图形之地位业经确定，则该图原稿各边之比例，应能于缩印后，适合于该地位之大小。

　　…………

　　71. 出版用图，其纸之边缘或方面，当注明印制时应注意之点以免错误。

　　综观上述绘图之标准及应注意之点，吾人可归纳为四条原则：（一）内容正确；（二）构造简明；（三）价值实用；（四）形式美观。此四条原则，学者宜牢记之，更按照本书所述方法，勤加练习，则于制图之道，可无困难矣。[①]

　　该书于 1935 年 8 月增订再版，更名为《实用教育图表绘制法》，书名中加入了"表"，相应地，增订版的唯一变化在于增加了一章"表格之种类及其构造"，如此实现统计图表兼顾。该书是这一时期内容最全面的统计图表教材与专著。

[①]　邰爽秋.教育图示法 [M].上海：教育印书合作社，1932：49-75.

"表格之种类及其构造"章目录

《统计图表编制》属"黎明乡村小学丛书"，是专为"乡村小学统计图表的编制"编写的图书，"本书目的在供给乡村小学教师及乡村师范教师参考之用。本书对于各种统计图表编制方法，详为叙述，并多举乡村小学实地应用之图表为例，以资参证"[①]。该书中的统计图包括环形图、饼图、面积图、线图、条形图、地图，图中所描述的都是当时国内的教育数据。

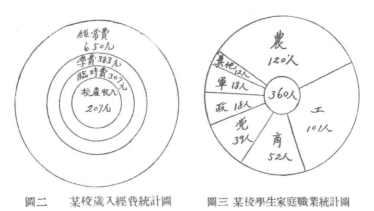

圖二　某校歲入經費統計圖　　　圖三 某校學生家庭職業統計圖

[①] 朱佐廷.统计图表编制 [M].上海：黎明书局，1934：编辑大意 1.

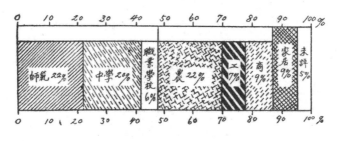

图九　某校畢業生狀況統計圖

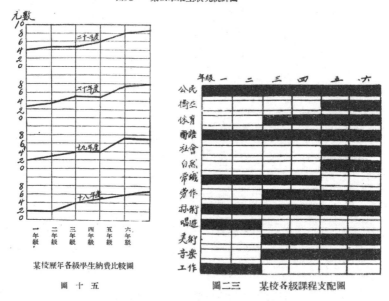

《统计图表编制》部分插图（统计图）

资料来源：朱佐廷.统计图表编制 [M].上海：黎明书局，1934：47，58，66.

　　《统计制图学》属"大学丛书"。1934 年，陈善林在"私立上海法学院江苏省立上海中学等校，讲授统计制图一学程，感教本之缺乏，爰于二十四年冬，攟摭中外制图论著，抉剔涵咀，草成六章，或可为一般人士研究科学之一助也"[①]。该书在民国时期的发行量较前两者更大，目前搜集到的版次有 1936 年 8 月的初版、1948 年 7 月的第 7 版、1950 年 4 月的第 8 版，此外 1968 年该书在我国台湾地区还发行过台版第 2 版。该书作为大学教材广为采用，影响广泛。

　　陈善林是国内首位对统计图进行细致分类的学者，他曾感慨："图示法在国外早有专著，然在国内仅于统计著作中，设章论及，对于制图规律之探讨，步骤之说明，式样之选择等，每多残缺不全。"[②]《统计制图学》是民国时期我国统

①② 　陈善林.统计制图学 [M].上海：商务印书馆，1936：引言.

计图形制作的集大成者，他在书中写道①：

> 统计图之种类，如依其绘制之目的分：可分为计算图，分析图及说明图三种。如依其用途分，可分为书图，壁图及桌图三种。如依其比较之性质分：可分为时间比较图，空间比较图，次数分配图及数量比较图四种。若就其形式而言：则可分为长条图（Bar Diagram），平面图（Surface Diagram）、立体图（Volume Graph），象形图（Pictogram or Figurative Diagram），系统图（Organization Chart），统计地图（Cartogram or Statistical Map）及曲线图（Curve Graph）等七种如下：
>
> （一）长条图 (Bar Diagram)
>> （1）单式长条图（Simple Bar Diagram）
>> （2）复式长条图（Component Bar Diagram）
>> （3）独一分段长条图（Single Part Bar Diagram）
>> （4）单式分段长条图（Simple Part Bar Diagram）
>> （5）复式分段长条图（Component Part Bar Diagram）
>> （6）条线混合图（Bar and Curve Diagram）
>
> （二）平面图（Surface Diagram）
>> （1）圆形图（Pie Diagram）
>>> （i）单圆形图（Simple Pie Diagram）
>>> （ii）多圆形图（Component Pie Diagram）
>>> （iii）扇形图（Sector Diagram）
>> （2）矩形图
>> （3）三角形图
>> （4）多角形图
>
> （三）立体图（Volume Graph）
> （四）像形图（Pitogram or Figurative Diagram）
> （五）系统图（Organization Chart）
> （六）统计地图（Cartogram or Statistical Map）
>> （1）点地图（Dotted Map）
>> （2）横线地图（Shaded or Cross-hatched Map）
>> （3）颜色地图（Colored Map）
>> （4）像形地图（Figurative Map）

---

① 陈善林. 统计制图学 [M]. 上海：商务印书馆，1936：8-9.

（5）标针地图（Pin Map）

（6）模型地图

（七）曲线图（Curve Graph）

（1）等差曲线图（Arithmetic Curve）

（i）历史曲线图（Historical Curve）

（a）简单历史曲线图（Simple Historical Curve）

（b）圆滑历史曲线图（Smoothed Historical Curve）

（c）累积历史曲线图（Cumulative Historical Curve）

（d）距限曲线图（Zone Curve）

（e）带纹曲线图（Band Curve）

（f）山状曲线图（Mountain Curve）

（g）分歧曲线图（Divergence Curve）

（ii）次数曲线图（Frequency Curve）

（a）直方图（Rectangular Histogram）

（b）简单次数曲线图（Frequency Polygon）

（c）圆滑次数曲线图（Smoothed Frequency Curve）

（d）累积次数曲线图（Ogive or Cumulative Frequency-Curve）

（2）等比曲线图（Logarithmic Curve）

（i）单对数曲线图（Semi-logarithmic Curve）

（ii）双对数曲线图（Double-logarithmic Curve）

陈善林依据统计图的形式将其分为 7 个大类、18 个小类，在有的小类下面还有细分类。他认为："统计表虽能化杂乱为简整，然以数字表明事实，每多陷于抽象，无甚深义；且数字与数字之间，苟非审慎检视，仍不易发觉事实之因果。统计图则不然，不待数字文字之比较说明，事实之大体，具能举呈于前，虽无统计智识者以其表示之彰明显著，一见亦可了然。此统计图之所以重要也。"[1]该书详细讲解了每一种统计图形的制作方法及需要注意的细节、适用条件，并辅以国内的统计数据作为实例，让读者能够依据书中的步骤绘制出自己所需的统计图。

陈善林在书中绘制统计图前，大都先绘制出统计表，以便读者检视与比较。

---

[1] 陈善林. 统计制图学 [M]. 上海：商务印书馆，1936：引言.

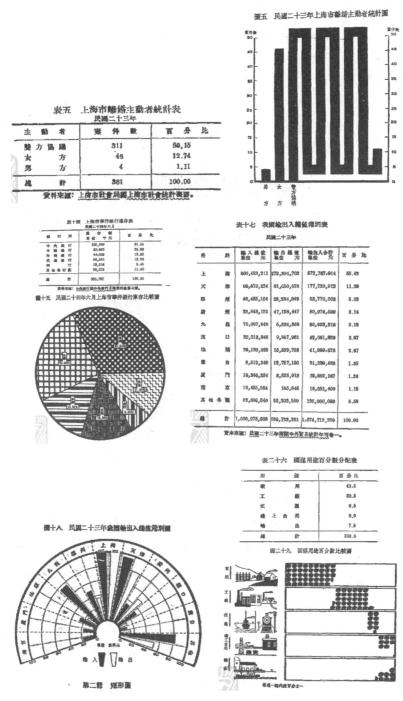

《统计制图学》部分插图表（统计图表）

资料来源：陈善林．统计制图学 [M]．上海：商务印书馆，1936：19, 20, 33, 38, 46, 47, 66.

2. 统计图的应用

史料显示，民国时期各界对统计图表的应用无处不在，图形表现形式可谓登峰造极，在信息包含量、图形表现力等方面都不输当前统计软件制作出的图表。下面的统计图出自 1939 年贵州省政府秘书处统计室制作并发行的《贵州省概况统计图》，图形制作精美，无论是字体的选择、排列以及统计图与统计表的恰当结合，还是图中能完整呈现出当时贵州省 81 个县的具体名称及相应面积，都展示出制作者非凡的制图能力，或者说可视化水平。

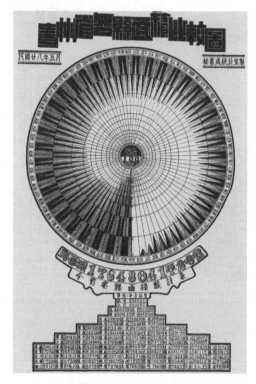

贵州省各县面积比较图

资料来源：贵州省政府秘书处统计室.贵州省概况统计图 [M].贵阳：贵州省政府秘书处统计室，1939：2.

下页的三幅图出自 1947 年湖北省政府编印的《湖北人口三十五年冬季户口总覆查实施纪要》，每幅统计图都信息量满满且表现力十足，充分展示出与统计量、统计表相比，统计图的优势之处。

类似的统计图形在 20 世纪上半叶的各种统计史料中广泛存在，且大部分为手工绘制，令人不禁感叹前人在数据可视化上的非凡想象力与制作能力。甚至可以毫不夸张地说，当今常用的统计分析软件都无法做出这些图，不是因为计算能力、绘制能力不足，而是因为缺乏可视化的想象力。如今的统计图表完全是由各种统计软件的编程人员设计并设置的，在这个已经设定好的范围内，用户从中（有时是不得不）选择能用的图形，从这个意义上说，统计软件技术限制了统计工作者的图形想象力，换句话说，统计工作者自动放弃了其他统计图形制作的可能性。

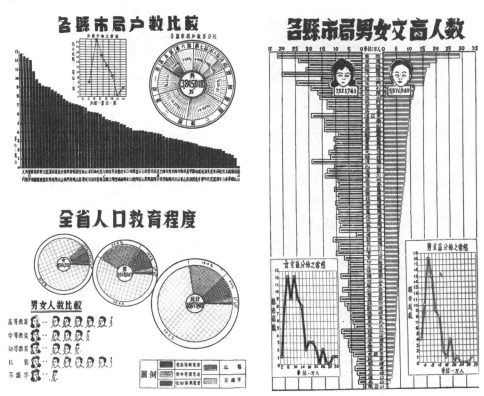

《湖北人口三十五年冬季户口总覆查实施纪要》部分插图（统计图）

资料来源：湖北省政府民政厅.湖北人口三十五年冬季户口总覆查实施纪要 [M].武昌：湖北省政府民政厅，1947：插页.

3.《中国之经济地位统计图》

1931 年社会调查所出版的《中国之经济地位统计图》"专用统计图以表现'中国之经济地位'，在国内还算是创举。因为是创举，所以遇着的困难也特多，而表现方法之未能尽善尽美也是意料中事了"。"这束统计图是本所今年双十节打算举行而因国难作罢的展览会副产之一。全图共七十六幅，分为七部；所用材料都是以国内外各著名机关所发表的调查与估计为根据（材料来源详见编者现正编述之'中国之经济地位'一书，图中恕不注明）；搜集选择，在可能的范围内，自然力

《中国之经济地位统计图》

求翔实。不过中国底统计数字实在过于贫乏，且多不甚可靠，益以编者个人之时间有限；识见浅陋，东鳞西爪，挂一漏万之弊，当然在所不免。"

"统计图底作用在使事实简明化而予阅者以深刻具体的印象；此所以供专家之参考者少，供通俗之观瞻者多。阅过此图的诸君如能对于'中国之经济地位'得一深切精确之认识，此图之作即为不虚了。"[1]

该书由吴半农、王子建、韩德章、刘心铨编制，陶孟和、杨西孟审定，是国内第一部专用统计图形来描绘中国经济地位的著作，图绘的内容包括人口及土地、富源及出产、工业、交通、对外贸易、财政及金融、外人投资七大方面，图式多样、内容丰富且易读。自出版以来，销路颇畅，因此于1944年再版。下面截取书中部分统计图以飨读者。

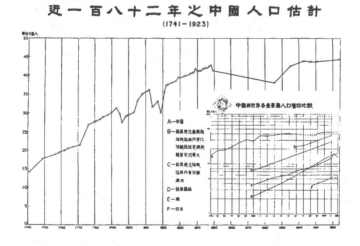

---

① 吴半农，王子建，韩德章，刘心铨.中国之经济地位统计图 [M].北京：社会调查所，1931：编者序.

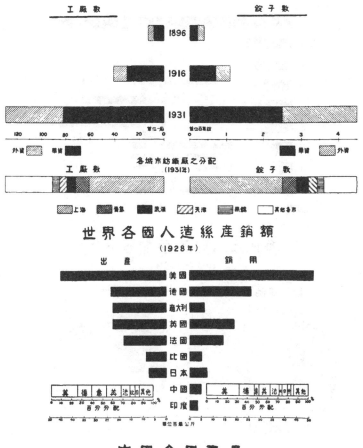

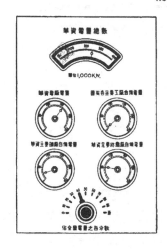

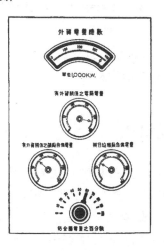

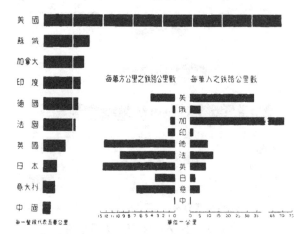

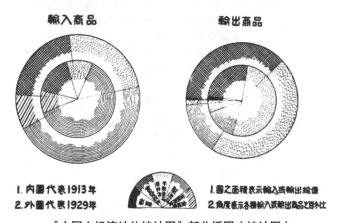

《中国之经济地位统计图》部分插图（统计图）

资料来源：吴半农，王子建，韩德章，刘心铨.中国之经济地位统计图 [M].北京：社会调查所，1931：A1, C1, C6, C12, D2, E6.

三、统计表

我国素有运用表格整理史料的传统。西汉史学家司马迁撰写的纪传体史书《史记》里就包含十表（大事年表）：三代世表第一、十二诸侯年表第二、六国年表第三、秦楚之际月表第四、汉兴以来诸侯王年表第五、高祖功臣侯者年表第六、惠景间侯者年表第七、建元以来侯者年表第八、建元以来王子侯者年表第九、汉兴以来将相名臣年表第十。提倡历史统计学的梁启超甚至说过："用统计方法治史，也许是中国人最初发明。史记的'表'是模仿那'旁行斜上'的周谱。"[1]"旁行斜上"原指《史记》中的《三代世表》《十二诸侯年表》等，后泛指用表格行式排列的系表、谱牒等。"近来这种技术应用到各方面，种种统计表出来；我们想研究那件事，只要拿他的专门统计表一看，真相立刻了然。所以'统计年鉴'等类之出版物，真算得绝好的现代社会史。"[2]

汉兴以来将相名臣年表第十、高祖功臣侯者年表第六

资料来源：司马迁. 史记 [M]. 陈曦，王珏，王晓东，周旻，译. 北京：中华书局，2019：1689，1180.

　　1907 年，上海商务印书馆出版了南洋公学译书院初译的《新译日本法规大全》，这是一部全面汉译日本法律规范的外国法规类图书，全书按照行政官厅顺序划分为 25 类，涵盖了宪法、各部门行政法、刑法、监狱法、刑事诉讼法、民法、民事诉讼法、商法、出版法、著作权法、商标法、专利法、矿产资源与环境保护法等部门法，其中第四卷"统计报告 文书官印 外交"第一章"统计报告"中的"人口统计材料统计表取扱手续"明文规定"人口统计材料统计表式样"。

　　这种样式的统计表在 20 世纪前 10 年是主流。20 年代开始出现现在通用的"三线表"；进入 30 年代，三线表逐渐成为统计表的主流表现形式。与统计图相比，由于制作相对简单，统计表的使用更加广泛与流行，民国时期的各类政府统

---

①②　梁启超. 通论：历史统计学 [J]. 史地学报，1923，2（2）：1-8.

计报告基本都以统计表的形式编印发行，如各省人口统计、土地统计、农业统计、经济统计等。

人口統計材料統計表式样

统计表各通另纸调制用纸为美浓判

第一号 本籍人口族称别	户主			家族			合计		
族 称	男	女	计	男	女	计	男	女	计
华 族									
士 族									
平 民									
总 计									

第一表，以每五年十二月三十一日为期。将当日有本籍在该市町村内者及弃儿之现在数，于翌年一月三十一日以前，依户籍簿所记载调查记入。

人口统计材料统计表式样

资料来源：南洋公学译书院.新译日本法规大全：第四卷 [M].北京：商务印书馆，2008：3.

彭祖植编《统计学》中的表格

资料来源：彭祖植.统计学 [M].上海：政法学社，1913：51.

第四表 英格蘭與威爾士之游民統計—— 1892 年

	1.	2.	3.	4.	5.	6.
年 齡	屋 内	屋 外	總 數	首 都	其馀英威各處
未满十六歲者	111,782	441,805	553,587	100,671	452,916
十六歲以上至未满六十歲	232,284	385,299	617,583	148,066	469,517
六十歲以上	114,144	287,760	410,904	64,779	337,125
一 切 年 齡	458,210	1,114,864	1,573,074	313,516	1,259,558

陈其鹿编《统计学》中的表格

资料来源：陈其鹿.统计学 [M].上海：商务印书馆，1925：92.

第 十 一 表

全校學生每年經費比例表	部別	高等部	中學部	小學部	蒙養園	補習學校	總　計
	學生數	236	300	567	96	104	1,303
	經費數	141,732.0	36,000.0	16,680.0	4,200.0	10,800.0	209,412.0
	每生平均用費	600.5	120.0	29.4	43.7	103.8	160.7

第 十 二 表

全校學生每年經費比例表(由第十一表改製，名稱仍舊)

部　　別	學 生 數	經 費 數	每生平均費
高 等 部	236	141,732	600.5
中 學 部	300	36,000	120.0
小 學 部	567	16,680	29.4
蒙 養 園	96	4,200	43.7
補 習 學 校	104	10,800	103.8
總　　計	1,303	209,412	160.7

薛鸿志译著《教育统计学大纲》中的表格

说明：同一页里既有封边的统计表也有开口的统计表。

资料来源：薛鸿志.教育统计学大纲 [M].北京：京华印书局，1922：25.

表 I₁ → 表 I$_1$

省 區	小學學生數	中 學學生數	專門學校學生數	總 數
京師及京兆……	85,020	7,641	13,671	106,332
直　　隸……	555,127	12,473	2,169	569,769
奉　　天……	326,010	9,401	659	336,070
吉　　林……	68,785	2,283	102	71,170
黑 龍 江……	51,463	1,804	75	53,342
山　　東……	777,771	11,066	787	789,624
河　　南……	282,589	8,362	426	291,377
山　　西……	800,827	11,857	863	813,547
江　　蘇……	399,037	17,226	4,611	415,874
安　　徽……	95,979	8,628	171	104,778
江　　西……	225,478	7,297	907	233,682
福　　建……	150,817	6,269	843	157,929
浙　　江……	416,202	11,513	1,041	428,756
湖　　北……	236,789	8,411	2,577	247,777
湖　　南……	324,451	14,698	1,799	340,948
陝　　西……	217,654	3,620	224	221,498
甘　　肅……	122,018	1,600	190	123,808
新　　疆……	5,757	85	—	5,842
四　　川……	575,636	12,174	1,428	589,238
廣　　東……	376,799	11,914	1,716	390,429
廣　　西……	201,526	6,683	276	208,485
雲　　南……	203,172	4,697	115	207,984
貴　　州……	66,855	2,273	230	69,358
特別區及領地……	41,040	838		41,878
總數……	6,601,802	182,804	34,880	6,819,486

中學校之女生數與學生總數之百分比

表 III₁₃ → 表 III$_{13}$

省 區	男生數	女生數	總 數	女生百分比	等級
京師及京兆…	4,646	823	5,469	15.05	1
直　隸…	7,434	46	7,480	0.61	13
奉　天…	3,558	154	3,712	4.15	6
吉　林…	960	—	960	0.00	—
黑龍江…	594	35	629	5.56	3
山　東…	6,199	92	6,291	1.46	10
河　南…	3,036	—	3,036	0.00	—
山　西…	6,910	—	6,910	0.00	—
江　蘇…	8,263	953	9,216	10.34	2
安　徽…	1,920	18	1,938	0.93	12
江　西…	4,165	—	4,165	0.00	—
福　建…	3,662	111	3,773	2.94	8
浙　江…	5,011	120	5,131	2.34	9
湖　北…	5,338	186	5,524	3.37	7
湖　南…	8,867	86	8,953	0.96	11
陝　西…	1,829	—	1,829	0.00	—
甘　肅…	777	—	777	0.00	—
新　疆…	—	—	—	—	—
四　川…	9,581	—	9,581	0.00	—
廣　東…	8,639	468	9,107	5.14	5
廣　西…	3,921	—	3,921	0.00	—
雲　南…	2,783	157	2,940	5.34	4
貴　州…	1,664	—	1,664	0.00	—
熱　河…	178	—	178	0.00	—
綏　遠…	102	—	102	0.00	—
察哈爾…	99	—	99	0.00	—
總數…	100,136	3,249	103,385	3.14	

中华教育改进社编《中国教育统计概览》中的表格

资料来源：中华教育改进社.中国教育统计概览 [M].上海：商务印书馆，1924：1，31.

四、启示

    我国的图表思想是当代数据可视化最深厚的思想源泉之一，也是激发统计图表创作的土壤。当前数据可视化更多的是通过统计软件实现，大多数统计软件的图形形式高度相似，且图形样式有限，甚至可以说是机械，呈现出一种统计作图的简单化趋势，甚至可以说是一种"无意识"的被简单化。是时候有必要在统计图表的制作上解放思想，改变过去仅仅基于可视化软件、缺乏想象力的机械作图套路，返回以研究问题为核心的图形思想，基于中华文化的深厚图表思想底蕴，以中国国情为最真切的素材，制作出具有中国特色的统计图表，开拓当代人的数据可视化思维。

第十七章
统计学的应用：抽样调查

"然统计学之材料，必自调查始。调查即为统计学之本旨"[1]，统计调查随之而来。尽管 1907 年宪政编查馆奏设统计局并令各省成立调查局，但由于缺乏统计专才，这些机构的设立仅停留在纸面上。民国前期"政府设统计专局，十数年略无成绩。学校设统计科目，所造甚尠"[2]。因此，统计调查进入我国之初期，仅且只能停留在概念上。随着越来越多的学者了解、掌握并在国内传授统计学，以及当局对统计的功用越来越重视，实践层面的统计调查才被提上日程。而随着实地调查的开展与推进，各种问题与分歧渐渐显露，迫使相关人员吸收更加专业的统计调查知识，也迫切需要专业统计调查人才的指导。

20 世纪上半叶，有学者曾致力于研究如何在我国开展统计调查、社会调查，并出版了一批优秀的研究成果，如：1924 年商务印书馆出版张镜予的《社会调查》；1929 年商务印书馆出版黄枯桐的《农村调查》；上海书店的"民国丛书"第三编之 17 "社会科学总论类"里有四本关于社会调查的专著，分别是 1927 年蔡毓聪的《社会调查之原理及方法》、1927 年樊弘（1937—1939 年在剑桥大学进修过）的《社会调查方法》、1933 年李景汉（加利福尼亚大学硕士）的《实地社会调查方法》、1933 年言心哲（南加利福尼亚大学硕士）的《社会调查大纲》；此外还有 1929 年冯锐的《乡村社会调查大纲》、1930 年杨开道的《农村调查》、1931 年于恩德的《社会调查法》、1936 年陈毅夫的《社会调查与统计学》（上册、下册）、1936 年吕仁一的《统计及商业调查》、1936 年冯紫岗的《怎样举办农村调查》、1944 年史可京的《调查方法》、1944 年张世文的《农村社会调查方法》、1944 年李景汉的《社会调查》、1944 年汪龙的《社会调查纲要》、1947 年邓植树的《社会调查概论》、1947 年萧承禄的《调查统计》、1949 年于光远的《调查研

---

[1]　涂景瑜.统计学讲义 [J].北洋法政学报，1910（141）：5.

[2]　王仲武.统计学原理及应用 [M].上海：商务印书馆，1927：马寅初博士序.

究》等。通过梳理这些关于调查的学术研究成果，能一窥我国近代抽样调查的发展历程。

到目前为止，我国抽样调查发生发展过程的相关研究非常缺乏，偶有研究也是站在今人的立场上，用当代的抽样调查体系去理解、解释历史时空中的抽样调查史实，比如用现今的抽样方法体系去倒推、强解抽样调查在民国的发展历程，如此种种难免有所偏颇。此处笔者想努力回到 19 世纪末 20 世纪上半叶的历史现场，梳理抽样调查在清末民国时期的传入、传播、发展和实践历程。本章将基于丰富扎实的史料，从抽样调查概念的传入、翻译、理解、传播、实践五个方面展开详致的研究，力图由碎到通、由点到面地呈现清末民国时期抽样调查的全貌。在此过程中，探索研究中国统计学史的取径与做法，以供学界讨论。

一、统计调查的兴起

从 19 世纪末到 20 世纪前 30 年，国内对调查、社会调查、统计调查、全体调查（普查）、抽样调查（抽查）、随机抽样调查等相关概念的理解混乱，误解丛生，譬如大量观察就是全体观察、抽样调查 / 部分调查就是随机抽样调查等。借助当时知识人关于统计调查的理解，能够大致将清民国时期对统计调查、普查、抽查、随机抽样调查的认知。"统计调查"四个字在 1908 年孟森翻译自日本横山雅男的《统计通论》中出现过，"统计家，有各个观察法、全个观察法、大数观察法"[①]，翻译成现在的术语就是个案法、普查法、随机抽查法。"计查与调查有别。计查最精确，惟经费甚巨。调查只得其大略"[②]。"例案调查 Sampling（即社会调查）"[③]，被当作抽样调查 / 社会调查。

追溯历史，会发现所有抽样调查都源于受限于资源不足无法做全体调查而不得不做抽查，通过调查总体中的一部分来了解总体的情况。因此，调查方法的发展路径可归纳为：如果普查所需的资源都具备，就会做全体调查即普查。否则，退而求其次，只能选择调查总体中的一部分，即抽查。抽查的最终目的是了解总体的相关情况，因此抽查从一开始就强调样本的代表性，也因此被叫作代表性调查。随着抽查的应用越来越广，人们越来越多地发现了抽查法存在的一些问题，进而改进，后来借助统计技术的不断精进，能够用概率来计算抽样误差，将朴素、模糊的代表性调查进阶为用概率表达的科学的、精确的随机抽样调查，以至

---

① 涂景瑜. 统计学讲义 [J]. 北洋法政学报，1910（146）：67.

② 彭祖植. 统计学 [M]. 长沙：集成书社，1913：90.

③ 蔡毓聪. 社会调查之原理及方法 [M]. 上海：北新书局，1928：21.

于后人将抽样调查分为随机抽样调查和非随机抽样调查。但并不能因此就确定只要是基于随机抽样法的抽查就一定能代表总体，凡是基于非随机抽样法的抽查就一定不能代表总体。是否为随机抽样调查是对调查是否具有代表性的一种简化的判断法。事实上，现代的抽样调查指的就是随机抽样调查，甚至有人认为调查就是抽样调查。2017 年重庆大学出版社翻译出版的《社会科学研究方法百科全书》中的"Survey"就是"抽样调查，由两个基本元素刻画其特征：数据形式和分析方法。抽样调查可以产生一组由个案分列变量的表格型数据……问卷广泛地用于抽样调查"[①]。

民国时期，统计调查作为一个新名词，初期学者们对其内涵的理解与认知不一。"统计调查之方法，各家不同，即其调查之程序，亦不相一致；故欲述一种方法，为各家所通用者，实非易事。惟法国统计学名家培尔缔翁与英国统计学名家薄荷莱氏之统计调查方法，较有系统；故本书即采用之。其方法之程序维何？曰：（一）搜罗材料，（二）制成表式，（三）提纲挈领，（四）评议结果是也。"[②]"统计学之调查，贵能得贝壳各种之长度。惟所采集之贝壳愈多，则所成之统系愈整齐，终必至绝对的和缓而后已。"[③]

"现在是一个大数的时代……至于这一二个事实究竟是否是特殊的，当然非大量观察不可，因为这是一个大数的时代。"[④]1927 年北新书局出版了蔡毓聪编写的《社会调查之原理及方法》。蔡毓聪根据"社会记录的等级"对实地调查进行了分类，如图 17-1 所示。

实地调查
的种类

社会记录
的等级

· 个案调查　　　　　个人

· 案例调查　　　　　一群

· 全体调查　　　　　全区域

图 17-1 蔡毓聪对实地调查的分类

《社会调查之原理及方法》系统介绍了社会调查的意义、原理、种类、方法

① 刘易斯－伯克，布里曼，廖福挺.社会科学研究方法百科全书：第 3 卷 [M].沈崇麟，赵锋，高勇，主译.赵锋，王玥，马妍，本卷译者.重庆：重庆大学出版社，2017：1342－1343.

② 陈其鹿.统计学 [M].上海：商务印书馆，1925：50.

③ 爱尔窦登兄妹.统计学原理 [M].赵文锐，译.上海：商务印书馆，1923：26.

④ 蔡毓聪.统计学 ABC.上海：世界书局，1928：4－5.

与技术、组织与实施等，并略述美国春田城的调查，该调查在民国社会调查的著作或文章中出现的频率很高，被誉为"在当时是唯一的科学的社会调查"[①]。"实地调查……发展了三种很不相同的技术……一个案调查 Case work……二例案调查 Sampling（即社会调查）……三全体调查 Complete enumeration"[②]，"现在我们为便利名称起见，依照着他们的目标，内容，和方法，来把社会调查约略地分类一下。一普遍调查 The General Survey……二周详调查 The Comprehensive Survey……三单位调查 The Unit Survey……四概况调查……这类调查也有很多的人叫他做初步调查 Preliminary Survey 的……五继续调查 The Continuous Survey，这类调查就是定期调查，亦叫做永远调查 The Permanent Survey"[③]。"统计调查之方法虽多，然概括之，不过全查，抽样，及估计三大类而已。"[④]

陈律平在 1929 年出版的《统计学大纲》中对调查方法做过一个系统的分类。

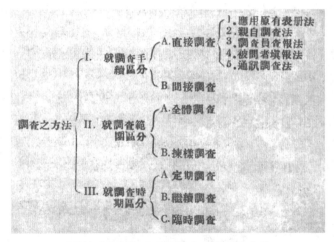

《统计学大纲》中对调查方法的系统分类

不同学者依据不同的标准对调查做出不同分类。一派是根据调查范围，分全体调查和拣样调查[⑤]；一派是根据材料种类，分原始调查法（primary investigation）和次级调查法（secondary investigation）；一派是根据担任调查的人员，分亲自调查法、调查员计查法和通讯员估计法；一派是根据材料来源，分机关团体表册法（the official records）、他人制成材料法（special eudeational[⑥]

① 蔡毓聪. 社会调查之原理及方法 [M]. 上海：北新书局，1928：213.

② 同① 21-22.

③ 同① 81-85.

④ 刘治乾. 抽样法在统计学内之重要 [J]. 统计月报，1930，2（11）：105.

⑤ 刘万镒. 教育调查统计法 [M]. 广州：广州统计学校，1930：17-22.

⑥ 原书英文应有错。

data）和图书馆法（library method）。显然，不同分类法之间相互交错。无论如何，其时社会调查、统计调查已进入人们的认知和实践中。

二、随机抽样调查理论与方法的传入

关于抽样调查，从目前已找到的资料看，1907 年出版的彭祖植的《统计学》一书中最早提及，但他用的不是"抽样调查"或"抽查"这两个词，而是"因顾了得法"和"调查"两个名词。"除大量观察法外，尚有社会的现象观察法。今列举于左①。（一）因顾了得法。此法据计算二观察社会的大量现象之一部也。例如调查地方之人口，先取地方一部而计算之，因以推测他部。所谓举一标准而度全体者是也。""（二）调查。此自其已知之计算，类推未来之事实，而求其最相近者之方法也……调查二字，在寻常之义甚泛；而在统计学上，则有制限，谓以确实所得之数而求相近之数也。（三）审查。此不据数量而计算，而以有特别技能之人之意见，求现象之真相者也……（四）模型的单独观察法。观察之目的，专求模型的。"②彭祖植在书中大量引用横山雅男《统计通论》中的内容，但显然他并没有全部真正地理解，他认为"大数即全体之意"③，误认为横山雅男的大量观察法就是全体观察。

出版于 1923 年、由赵文锐翻译自英国爱尔窦登兄妹的《统计学原理》中出现了 "sample""sampling""at random" 三个关键的随机抽样概念，赵文锐分别翻译为"标本""采集""随意"。从选用的中文词可知，他对随机抽样的理解也比较浅，特别是把 "at random" 译为"随意"，在没有关于这些概念的详细解释的背景下，有误导读者"随便采集一些标本"之嫌。书末作者再次强调采集标本必须以"随意"为前提：

> 读者当知本章之理论，全以讨论之标本，［随意］采集为前提。即全书之理论，亦以讨论之标本，［随意］采集为前提。（案 Selection at random 译为［随意］采集，［随意］二字，为统计学之专门名词，取其为［故意］之反对，［故意］有成见，［随意］无成见也，如采集极多之叶片，不能一一考察之；若专取其最大者或最小者以为标本，不啻胸有成见，所得者限于一部分，不足以代表全体，是谓［故意］之选择；若将其全部搅乱之，使之大小散处无定所，然后顺手取之，则所得者，不偏不颇，必足以代表全体，是谓

---

① 原文中后面的文字在左侧。

②③　彭祖植.统计学 [M].上海：政法学社，1907：34，35.

　　[随意]之选择；若以他方法采集之，不免徒劳而无功……而二者大相悬殊，此无他，采集之不适当之过也。[①]

　　虽然这段描述中有强调"不偏不颇""代表全体"的意思，但在没有更多理论知识的背景下，在汉语语境中，"随意"二字难免会引起读者的误解与误读。

　　朱君毅在出版于 1933 年的《统计与测验名词英汉对照表》这本小册子里收录了"random"和"sampling"，汉译为"随机"和"取样"。

　　出版于 1925 年、由陈其鹿（1922 年毕业于哈佛大学工商管理研究院）编写的《统计学》是新学制高级商业学校教科书，书中第一次对随机抽样方法给出详细的描述，"以此作标本（Sample）代表全体，而统计亦可以有相当之准确程度"，"是故选择标本时，如标本之数甚多，则不妨用无标准的乱选，以防调查员之偏见加入其内；但若标本仅居全数之极小部分，则不妨将全数材料分为数类，每类选出标本若干，而每类标本之多寡，则比例于每类总数之多寡。此外又有一法，用以选择标本，即将各项材料，按其大小，排列成序，选取标本时，即间隔相等级数而选取之，此法实较为准确，惟不易行之耳"[②]。陈其鹿用日常语言描述了三种一直沿用至今的随机抽样方法：简单随机抽样、分层抽样、按比例抽样。不过，他没有给这三种随机抽样的方法正式命名。

　　历史一般不是匀速发展的，有时出现重大事件足以影响历史进程。1928 年是我国调查史上重要的一年。在这一年的 7 月和 8 月，蔡毓聪的《社会调查之原理与方法》、王仲武的《统计学原理及应用》和樊弘的《社会调查方法》相继问世，三位作者均对统计数据的收集重视有加，在充分参考国际上先进的抽样调查技术与统计知识的基础上，尽量用国人能理解的语言对统计调查的过程与细节进行了细致地描述与讲解。蔡毓聪在《社会调查之原理与方法》第 114 页第一次提出关于随机抽样的一个重要问题："以有限的凭机会的一部份记录，来作为全体居民状况的结论，究竟是可能的么？这是一个很重要的问题，值得我们来考虑一下的。对于这个问题，论理学家和数学家都认为是可能的，只要所选择的例案是公正的。那么，现在我们就可以讨论，机会例案是否公正的例案？"他把"random sampling"翻译为"机会例案"，引用著名统计学家阿瑟·鲍莱在英国所做的一个贫困研究中所用的抽样方法讲解"机会例案"的具体操作，"每二十三幢工人房屋调查一幢"，显然他讲解的随机抽样方法是等距抽样。此外，他列举了根据收入的不同层次，按比例进行随机抽样的方法。这是国内学者第一次将随

①　爱尔窦登兄妹.统计学原理 [M].赵文锐，译.上海：商务印书馆，1923：59-60.

②　陈其鹿.统计学 [M].上海：商务印书馆，1925：50.

机抽样的基础概率论与具体的随机抽样方法结合在一起讲解。

　　王仲武在《统计学原理及应用》中用了三章讲解统计调查，并将"抽样调查法"作为一个单独的小节，先讲解随机抽样的原理，再辅以示例。

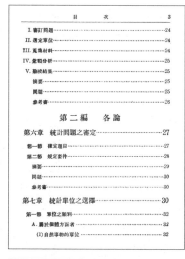

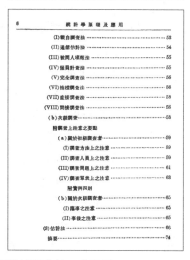

《统计学原理及应用》中讲解统计调查的三章目录

　　（VI）抽样调查法（Sampling Method）。斯法之进行，固较简便。惟对于所抽出之代表事实，务期其有代表全体之资格。切不可预存成见，使所抽出之现象，为全体中之特殊者，罕见者，而得无价值之结果也。故当抽样之时，最宜循其自然，毫无定鹄（at random）。或多派数人，多抽现象，以减少其或差（probable error）之机会，而得较确之答案。

　　设例：假设调查某城人民之体格，完全调查法，自难采用，势不得不以斯法代替之。惟当抽样之时，尤须审慎，固不可仅以富庶官僚之体格，而例其余。亦不宜以贫穷之劳动者，而为其代表。故欧美常用之法，即于每街任抽三五家，详细调查，然后就各街所得之报告而求得结果。如是，每街之三五家中，既非一律，而各街被查之家庭，又自不同。是其所得之结果，已可为全城人民体格近似之代表（approximate representation）。又或多派若干人，各自调查。然后再将各个之报告平均之，使彼此之成见互相冲消，亦补救之一法也。①

樊弘的《社会调查方法》是社会研究丛刊第一种，以美国史密斯学院（Smith College）经济学和社会学教授 F. 斯图亚特·卓别林（F. Stuart Chapin）的《社会调查与社会研究》（*Field Work and Social Research*）为参考，书中的章节划分依据这本参考书，内容案例也多出自这本参考书。樊弘在序言中还提到："著者应该特别感谢陶孟和先生，因为此书的编著，全因陶孟和先生的诚恳指导和热心改正，始能成书。如果经了改正之后，内容还有不妥适处，这完全是著者应该自负的责任。本书编成之后，又承李景汉先生的评阅并指示修正，实深铭感。"②而且，关于历史研究方法，樊弘参考的是时任北京大学教授的胡适的《中国哲学史大纲》和《胡适文存》。

从该书的章节目录中能看出全书内容细致全面，聚焦最常用的社会调查研究方法，代表了当时国内学术界关于社会调查研究方法的最高水平。表17-1是该书的目录，包含第一版和第三版。1932年，商务印书馆遭遇轰炸，大量书稿付之一炬，该书的第二版也在其列。樊弘在第三版改订本自序开头就写道："本书原拟在第二版的时候改订，但后来竟将机会错过了。第一次的第三版改订稿，在沪战发生时，不幸又为日帝国主义者所焚毁。这是第二次的第三版改订稿。"③一年后，1933年4月，该书的第三版面世。"在这次改订稿内，样本调查一章大半改作了。历史方法章内，改了几个字。个体调查章内，改了几行。全体调查章内，将抄记机和分类机的说明完全删去，因有一个读者告诉我，没有见过机器，只有说明，是无用的。其余部分都与第一版一样。本书在这次改订的时候，关于样本调查章内的改订部分，多承好友刘桐先生、杨锡茂先生宠赐批评，历史方法章中那几字是好友徐式庄先生提议改正的。著者对于这三友人的启示，特别在

---

① 王仲武. 统计学原理及应用 [M]. 上海：商务印书馆，1927：56-57.

② 樊弘. 社会调查方法 [M]. 上海：中华教育文化基金董事会社会调查部，1927：序言.

③ 樊弘. 社会调查方法 [M]. 上海：中华教育文化基金董事会社会调查部，1933：第三版改订本自序.

此致谢。"① 樊弘在第一版中把 "sample" 和 "sampling" 翻译为 "标本" 和 "选择"，到了第三版改译为 "样本" 和 "选样"。

表 17-1 《社会调查方法》章节目录

第一版		第三版改订	第一版		第三版改订
章节	目录	目录	章节	目录	目录
第一章	实地调查社会的绪论		（三）	偶然的证据	
一	社会关系		四	个体调查的方法	
二	社会问题		（一）	第一次与被调查人见面的手续	
三	社会研究		（二）	家庭以外的调查	
四	实地调查		五	文字的记载	
五	结论		六	个体调查的一个例	
第二章	历史的方法		第四章	标本的调查	样本的调查
一	总论		一	选择标本的方法	选择样本的方法
二	历史的方法		（一）	广阔的选择	广阔的选样
（一）	校勘		（二）	代表的选择	代表的选样
（二）	考订		（三）	机会的选择	机会的选样
（三）	分类		二	标本调查与错误问题	样本调查与差错问题
（四）	训诂		三	机会选择的实施原则	代表选样的原则
（五）	评判		（一）	标本的组织	样本的组织
（六）	决定特殊的事实		（二）	标本的范围	样本的范围
第三章	个体的调查		（三）	选择标本的方法	选择样本的方法
一	总论		四	标本调查的一个例	样本调查的一个例
二	个体调查的意义		第五章	全体的调查	
三	个体调查的证据问题		一	总论	
（一）	眼见的证据		二	人口调查的旨趣和预备	
（二）	口头的证据		（一）	调查表的编制	

① 樊弘.社会调查方法 [M].上海：中华教育文化基金董事会社会调查部，1933：第三版改订本自序.

续表

第一版		第三版改订	第一版		第三版改订
章节	目录	目录	章节	目录	目录
（三）	街道册的预备		第七章	调查表的整理	
（四）	其他各种表册的预备		一	调查表的订正	
（五）	调查分区的预备		（一）	正确	
（六）	宣传的预备		（二）	一贯	
（七）	调查员的收录试验		（三）	划一	
第六章	调查表的编制		（四）	完备	
一	绪言		二	调查表的分类	
二	调查表的编制		三	制表	
（一）	调查表的形式		（一）	制表的意义	
（二）	调查表上问题之布置		（二）	制表的预备	
（三）	问题单位之选定		（三）	制表的工作	
（四）	问题的修词		附录	与人力车夫谈话	

樊弘是真正懂得社会调查研究方法的学者，他在书中把社会研究与实地调查之间的关系做成关系图以示读者。

他认为，社会在近一百年的时间里发展出三种社会调查工具：个体调查、样本调查、全体调查。他也是当时国内第一位对抽样方法做分类且详述每种抽样方法的学者，在书中第四章介绍了三种抽样方法：广阔的选样（extensive sampling）、代表的选样（representative sampling）和机会的选样（random sampling）。

广阔的选样亦可称为盲目的选样，转换成现在的调查术语就是"随意抽样／方便抽样"，即一种非随机抽样方法。书中对这种抽样方法有详细的描述：

这种选样仅注意扩充那被调查者的例子，而不问各种例子的特性，是否足以代表全体。用广阔的选样法，所调查的资料，即使没有调查者个人的偏见存乎其内，亦常缺乏真实的代表性，这是他的最大的缺点。譬如调查工人家庭的收入和支出的状况，最难解决的就是在这些工人家庭之中，究有那些特殊的例子，足供全体工人家庭之代表。这然是实施样本调查以前所极当特加注意之点。否则其所调查的对象，既不确知其是否具有代表的意义，又如何能想望那调查所得的资料，具有真实的代表性呢？这岂不是盲目的选择材料吗？因为这样，所以这种只问形式，不问实质的选样，已大半被人摈斥。①

代表的选样用现在的调查术语表示就是"判断抽样"，也是一种非随机抽样方法。樊弘对这种方法的讲解如下：

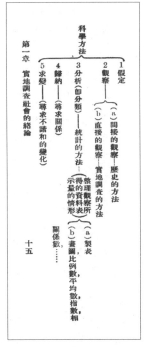

樊弘所做社会研究与实地
调查关系图

> 调查者在实施调查之前，精心结构的去选择那在一方面，虽是小于全体，在他方面却又能代表全体的例子。换句话说，就是调查者，在实施调查以前，对于所要调查的资料，究竟何者具有可资代表的真实性，俾先有一种确切的标准在心内。以后他在调查的时候，便能知所取舍；对于那种不合于他的标准的资料，他便知道取消；反之，对于那种恰合于他的标准的资料，虽极不容易取得，也必得把它采入。举例来说，在一九一六年，北美合众国的劳工局，调查哥伦比亚区（District Colombia）的标准生活状态，总共收到二千一百一十一个家庭的家计簿。但仅选出了二百份，作为研究的基础。这二百份的特点有二：一则对于购买零星杂货的用度记载得较为详尽，再则他们包含的白种人的工人家庭，至少亦有一个男人，一个妇人，并且共同居住在一所租赁的房屋里面。除了小孩而外，更没有成年的人在那里食饭睡觉。②

樊弘认为这种"代表的选样"能够避免"只顾分量不顾性质的选择的缺点"，但是他同时强调了这种抽样方法本身也有问题，"调查者在选择材料的时候，往往不能排除主观的成见"③，会导致无意中把"代表的标准"定得过高或过低。他又用了美国的一个实例来解释这种抽样方法可能导致的问题。他认为，只有在调查者对被调查者的全体构成人员非常了解的情况下，才能较好地应用这种抽样方法。如果不了解被调查者的全体构成，就需要选用"机会的选样"方法。

---

① 樊弘. 社会调查方法 [M]. 上海：中华教育文化基金董事会社会调查部，1933：85-86.

② 同① 86-87.

③ 同① 87.

机会的选样就是现在的随机抽样，也叫作概率抽样法。樊弘对"机会的选样"方法的讲解坚持理论与实际相结合的原则。

> 机会的选样，就是根本于论理学上的机会率（chance theory）去选择那一方面虽是小于全体，然而他方面却又能代表全体的样本例子。例如有一个公司，新造出五种剃刀，但不知在这五种剃刀之中，何种的销路最大。他便想将这五种新的剃刀，送给买主试用，请求他们评判，究竟看哪一种剃刀在应用上最便利，于以推知他们的销路。但是，他又不能将他的剃刀送给所有的买主试用，这公司当然只能选择少数的例子来代表全体。依据机会选择的原则，他可以用一种完全超乎主观的见解的方法，从他的主顾之中，挑选出那些用作试验代表的主顾。这个挑选的方法，就是使这些当选人的资格，一概取决于机会，而不取决于选择人的意旨。说得更具体一点，他可以按照百家姓的次序，预先决定每姓选择若干个人作试验。决定以后，再将他的所有主顾的名字，一一分开写在卡片上。更将这些卡片任意淆乱，然后再从其中按照预定的比例，每姓选出若干个，将剃刀送给他们试用，并要求他们将试用的结果报告。设使这个公司调查的结果有百分之六十五报告前三种好，百分之六十五报告后两种好，那末他们便可推知这五种剃刀的销路在所有的主顾之中，大概均是一样的。①

樊弘第一次在抽样方法的具体操作实施过程中使用了"当选人的资格，一概取决于机会"②这个描述，把抽样与概率（也就是机会）联系在一起。在他之前的学者虽然也强调样本需要具有能够代表总体的属性，不要加入研究者的主观意图，等等，但都没有明确提出具体应该如何操作、依据为何。樊弘是第一个明确提出抽样取决于概率的人。他还用了一节"样本调查与差错问题"详细讲解随机抽样导致的误差与样本代表性和可靠性之间的关系。此外，他还指出，即使是机会的选样也有风险。

> 依据上述这两个例，可知机会选样的特质，在使全体中的各分子，于当选上，均有平等的机会。这个方法的好处，当然就在能够免除主观的感情作用。不过在他方面，也不能说他丝毫没有危险。（一）这种选择最可虑的，就是恐怕所选择的资料太少，不足代表全体。（二）虽则这种选择，用

---

① 樊弘. 社会调查方法 [M]. 上海：中华教育文化基金董事会社会调查部，1933：88-89.

② 同① 89.

意在乎避免主观的感情作用，但是有时，或许也未能把主观的偏见，完全排除。为免除这两个弊病起见，所以机会的选择，在挑选样本的时候，须注意三件事：（1）样本须从全体资料中选出，不应从局部的资料中或容易接近的资料中选出。（2）全体资料中之每个例子，都要使他有平等的当选的机会。（3）每个选择，都应绝对独立。绝不可因为选择了［甲］，然后因［甲］之关系，而迁移其选择的权利于［乙］。[①]

接着，樊弘介绍了两种通用的机会选样方法：纯粹机会的选样和有规则的间隔的选样（selection at regular intervals），也就是"简单随机抽样方法"和"等距抽样 / 系统抽样"。至此，国内开始出现有具体名称的随机抽样方法。

综上不难看出，上述三本书中关于统计调查、抽样调查的内容与案例大都取自欧美出版物中的资料，国内相关的内容与案例不多。这也正常，毕竟要设计一套随机抽样方案在当时国内学术界不是一件易事，不要提实地执行随机抽样调查，更是难上加难。

此后，关于统计调查方法与抽样方法的著述和研究逐渐增多，很多关于统计和社会调查的出版物中都会或多或少、或详或略地介绍抽样调查。比如：朱君毅在 1928 年翻译出版的《教育统计学纲要》中写到了一种"随机选择"方法："例如六年级学生，依字母次序分班，研究者随机的从表上取出最前一百名。偶视之，此种手续，可谓随机选择，盖因字母而排列之姓名，其先后固与智力之优劣无关。"[②] 宁恩承在 1925 年翻译了金（King）的《统计方法》，直到 1929 年才出版，金在书中细致讲解了统计调查的每个步骤及其中蕴含的细节，该书为民国时期很多统计学出版物的重要参考书籍。

进入 20 世纪 40 年代，国内学者对随机抽样的理解与翻译选词都趋近统一。1944 年，张世文在《农村社会调查方法》第四章介绍，"选样调查法又称抽样调查法，亦称样本调查法，系由英文 Sampling method 译出来的。所谓选样调查法系选出小于全体而能代表全体的一部分而施以调查的意思……根据什么标准，去选择标样，才能代表全体，这实在是我们首先要解决的。兹将选样的方法，分述如次：（甲）机会选择法……（乙）间隔选择法……（丙）特殊选择法……（丁）比例选择法"[③]。

1944 年，立信会计图书用品社出版了褚一飞的《统计学续编》，该书是中华经济统计研究所丛书之二，书中第十章"抽样概论"当算是国内学者第一次对

---

① 　樊弘. 社会调查方法 [M]. 上海：中华教育文化基金董事会社会调查部，1933：90.

② 　L. L. 塞斯顿. 教育统计学纲要 [M]. 朱君毅，译述. 上海：商务印书馆，1928：133.

③ 　张世文. 农村社会调查方法 [M]. 上海：商务印书馆，1944：18.

随机抽样理论和方法进行系统介绍，该章包括五个小节，分别是：第一节"概论"、第二节"抽样之种类及其征性"、第三节"实地随机抽样之方法"、第四节"样本之动差与原始全体之动差之关系"及第五节"抽样可靠性之测定"。这本书第一次明确提出了一些关键概念，包括抽样理论（theory of sampling）、随机抽样（random sampling）、分类抽样（stratified sampling）、选择抽样（purposive sampling）、代表抽样（representative sampling）、混合抽样（mixed sampling），最难能可贵的是作者在书中明确写明"表面观之，用任何纯粹偶然方法所抽取之样本似均为随机样本，但实际上则并不一定"[1]，"惟吾人另有必须注意者，即一切随机抽样，常因方法之错误，可能产生最不随机（Most unrandom-looking）之结果，故吾人对于一切抽取所得结果，不能不加以测验"[2]。

三、关键术语的翻译：孤独的标准化与泛起的多样化

现代统计学发源于西方，在近代传入中国之时也可称为一门"翻译的学科"，其中的抽样调查亦是如此。翻译在很大程度上是一种对异域文化的再理解。始于清末的"西学东渐"一直持续到民国。如果说初期国内受到的是不同文化、不同语言带来的巨大刺激，那么民国时期的"西学东渐"还受到另一个来自内部因素的影响：汉语由文言文向白话文的转化，汉字从繁体字向简体字的转变。文字代表着一种认知世界的框架，语言是理解世界的方式，文字和语言的双重变革绝非易事，特别是在文化传统遭受西学冲击的情况下。

对于这点，民国知识人早有切身深刻的意识："惟是［翻译之难］我们人人都承认。统计学这种科学是必须精确的。译的时候，一方面恐怕失了原意，不得不逐节逐句的推敲下去；他方面又须顾虑到中文的通顺和明白清晰，要避去欧化中文的毛病。更困难的，我们中国没有确当的统计名词。有些名词意离音涩，一个人有一个译法。有的名词是从日本统计名词生硬拉用来的，究竟是生涩。还有许多我们从来所没有的名词，必须创译。创译名词是困难的。无论创译得怎样好，大家因为和他不熟悉，便觉得生硬。有这种种困难再加上译者的学识简陋，要译到十分完善的地步，自然是很难的事。不过投砖引玉希望因为这本小书出版有更好的统计书籍出世"[3]。在当时统计学概念翻译上异名同体很普遍，譬如关于"random"的翻译，民国学者对随机抽样的这一核心单词的翻译类别多达20种。

专业名词的翻译是一项极具挑战性的工作，当对象是完全脱离传统文化的

---

① 褚一飞. 统计学续编 [M]. 上海：立信会计图书用品社，1944：379.

② 同① 393.

③ 金. 统计方法 [M]. 宁恩承，译. 上海：商务印书馆，1929：序.

西学时更是难上加难。术语翻译，如果直译，极有可能因译文晦涩为整个社会所忽视。如何实现统计学术语翻译由日常白话到规范术语的灵活转换一直是引进、学习、传播西学的一大难题。术语翻译的一致性是个大问题，因此中华自然科学社、中国统计学社都将翻译列为一项主要工作。前面已交代过，关于统计学术语翻译先后出版过几本工具书。但即便有公开出版发行的统计学名词英汉对照表，学者们也并没有据此作为标准进行翻译。总体而言，近代国内学者对随机抽样的理解仍然存在分歧，对"sample""sampling""random sampling"翻译的多样性就是理解不一致的直观体现。民国时期，对"sample""sampling""random sampling"的翻译众说不一，如表 17-2 至表 17-4 所示。

表 17-2　民国时期对"sample"的译词出处一览

序号	译词	出处
1	标本	《统计学原理》，爱尔窦登兄妹著，赵文锐译，1923 《统计学》，陈其鹿，1925 《统计学概论》，周燮，1931 《社会调查方法》，樊弘，1933 《统计学纲要》，刘鸿万，1935 《实用工商统计》，林和成，1936 《统计学方法概论》，许炳汉译，1929
2	标样	《统计方法》，金著，宁恩承译，1925 《生命统计学概论》，G. 钱德勒·辉伯尔著，张世文译，1936 《统计实务进修课本》，刘坤闾，1943
3	代表	《统计学原理及应用》，王仲武，1927
4	例案	《社会调查之原理及方法》，蔡毓聪，1928
5	样本	《教育统计学纲要》，L. L. 塞斯顿著，朱君毅译，1933 《教育统计学纲要》，罗志儒，1931 《统计学概论》，周燮，1931 《统计与测验名词英汉对照表》，朱君毅，1933 《社会调查方法》，樊弘，1933 《实用工商统计》，林合成，1936 《社会调查与统计学》（上册、下册），陈毅夫，1936 《教育统计学》，王书林，1937 《统计学》，陈善林，1938 《统计学原理》（一、二、三、四），A. L. 鲍莱著，李植泉译，1937 《统计学》（上册、下册），郑尧柈，1940 《生物统计与试验设计》，D. H. 高尔顿著，范福仁译，1941 《统计方法》，F. C. 米尔斯著，李黄孝贞、陆宗蔚译，1941 《调查方法》，史可京，1944 《农村社会调查方法》，张世文，1944 《统计学名词》，国立编译馆，1944

续表

序号	译词	出处
6	标准	《统计学概要》，丘瑞曲，1929
7	独立	《汉译统计名词》，王仲武，1930
8	样例	《统计学》，唐启贤，1931
9	样子	《教育统计学初步》，胡毅，1932 《高级统计学》（上册、下册），艾伟，1933 《人口统计新论》，朱祖晦，1934 《教育测量统计法》，A. S. 欧提斯著，顾克彬译，1934 《实用工商统计》，林和成，1936 《配合曲线》，罗志如，1941 《实验设计与统计方法》，沈有乾，1946
10	例子	《社会调查大纲》，言心哲，1933 《社会调查方法》，樊弘，1933
11	例证	《社会调查大纲》，言心哲，1933
12	张本	《社会统计大纲》，毛起鹈，1933 《统计学》，陈善林，1938
13	个体	《统计研究法》，E. 裴倍尔著，李仲珩译，1933
14	样元	《统计研究法》，E. 裴倍尔著，李仲珩译，1933
15	元	《统计研究法》，E. 裴倍尔著，李仲珩译，1933
16	模范	《统计方法》，陈炳权，1934
17	案例	《社会调查与统计学》（上册、下册），陈毅夫，1936
18	范样	《密勒氏统计方法论》（上册），F. C. 米尔斯著，徐坚译，1941
19	样组	《实验设计与统计方法》，沈有乾，1946
20	样品	《动差、新动差、乘积动差及其相关间关系》，汪厥明，1947

表 17-3　民国时期对"sampling"的译词出处一览

序号	译词	出处
1	采集	《统计学原理》，爱尔窦登兄妹著，赵文锐译，1923
2	取样	《教育统计学纲要》，L. L. 塞斯顿著，朱君毅译，1933
3	拣样	《统计学大纲》，陈律平，1929
4	拣选	《统计学概要》，丘瑞曲，1929
5	抽样	《教育调查统计法》，刘万镒，1930
6	选取	《教育统计学纲要》，L. L. 塞斯顿著，罗志儒译，1931

续表

序号	译词	出处
7	选择	《社会调查大纲》，言心哲，1933
8	摘取	《商业统计》，林光澂，1933
9	抽选	《历史统计学》，卫聚贤，1934
10	采取	《统计学纲要》，刘鸿万，1935
11	抽取	《生物统计与试验设计》，D. H. 高尔顿著，范福仁译，1941
12	抽查	《统计实务进修课本》，刘坤阊，1943
13	选样	《社会调查纲要》，汪龙，1944

表 17-4 民国时期对"random sampling"的译词出处一览

序号	译词	出处
1	机会例案	《社会调查之原理及方法》，蔡毓聪，1928
2	随机例案	《社会调查之原理及方法》，蔡毓聪，1928
3	随机选择	《教育统计学纲要》，L. L. 塞斯顿著，朱君毅译，1933
4	随机抽样	《汉译统计名词》，王仲武，1930 《统计学名词》，国立编译馆，1944
5	随便取样	《汉译统计名词》，王仲武，1930
6	随机抽查	《汉译统计名词》，王仲武，1930
7	随机选取	《教育统计学纲要》，L. L. 塞斯顿著，罗志儒译，1931
8	机会的选择	《社会调查大纲》，言心哲，1933
9	随机取样	《商业统计》，林光澂，1933
10	任意取样	《社会统计大纲》，毛起鵕，1933
11	随机抽取	《统计概论》，芮宝公，1935
12	任意选择	《教育测量统计法》，A. S. 欧提斯著，顾克彬译，1934
13	随意的取样	《教育测量统计法》，A. S. 欧提斯著，顾克彬译，1934
14	随机抽样	《统计学原理》，A. L. 鲍莱著，李植泉译，1937
15	随手抽取	《统计方法》，F. C. 米尔斯著，李黄孝贞、陆宗蔚译，1941
16	任意抽样	《调查方法》，史可京，1943
17	机会抽样	《调查方法》，史可京，1943
18	机遇抽样	《统计学名词》，国立编译馆，1944
19	任运选样	《社会调查》，李景汉，1944
20	逢机取样	《动差、新动差、乘积动差及其相关间关系》，汪厥明，1947

　　来自不同学科的学者与知识人都曾提到随机、随机抽样、随机抽样调查这些概念，但他们对其理解深浅各异，甚至有人掌握或翻译的根本就是错误的随机抽样知识。从上述三个表格中的时间看，民国时期学者对随机抽样关键术语的翻译长期处于众说不一的状态，直到 20 世纪 40 年代左右才开始出现名词翻译走向统一的趋势，但截至 1949 年学者对这些术语的翻译依然没有完全统一，换句话说就是在一定程度上各持己见。随机抽样（random sampling）是一个科学的统计概念，传入之初由于种种原因被译为"随意抽样""随便抽样"等，这种词不达意甚至有些扭曲本义的翻译的影响一直持续到现在。

　　从收集到的著作或期刊文章可以看到，虽然对相关术语的翻译信达不一，但绝大部分知识人都掌握了随机抽样的精髓和本质：用随机抽样这种方法最可能抽取出具有代表性的样本，但对随机的理解较狭隘，普遍认为随机抽样就是每个样本被抽中的概率相同，即等概率抽样才是随机抽样。

　　学术界关于随机抽样的研究与讨论可分社会科学和自然科学来看。自然科学对随机抽样的理解更深刻、操作更规范。社会科学对随机抽样的认知差异性较大，且在操作上有一定的随意性。

　　民国时期在学术期刊上发表的关于抽样调查的文章很多，比如《丽新路工人生活抽样调查统计》[①]、《上海农家抽样调查》、[②]《邛崃县司法案件的抽样调查与质疑》[③]，但细究内容皆非随机抽样。关于随机抽样的文章不是很多，却都是精品，比如 1929 年朱祖晦发表在《统计月报》第 1 卷第 2 期上的《近三十年中抽查法之应用》、1930 年刘治乾发表在《统计月报》第 2 卷第 11 期上的《抽样法在统计学内之重要》（见表 17-5）。

表 17-5　民国时期关于随机抽样的文章发表信息

序号	年份	作者	题名	发表期刊	卷/期
1	1929	朱祖晦	近三十年中抽查法之应用	《统计月报》	第 1 卷第 2 期
2	1930	吴知	社会科学与统计方法（上）：介绍统计学之基本法则	《社会科学杂志（上海）》	第 2 卷第 4 期
3	1930	刘治乾	抽样法在统计学内之重要	《统计月报》	第 2 卷第 11 期
4	1932	刘治乾	抽样法在统计学内之重要	《湖南大学期刊》	第 6 期
5	1935	刘治乾	抽样法在统计学内之重要	《县训》	第 3 卷第 3 期

①　茅仲英. 丽新路工人生活抽样调查统计 [J]. 教育与民众，1932，3（9/10）：1787-1817.

②　上海农家抽样调查 [J]. 经济统计月志，1935，2（5）：0-1.

③　李学成. 邛崃县司法案件的抽样调查与质疑 [J]. 崃风，1947（6）：9-10.

续表

序号	年份	作者	题名	发表期刊	卷/期
6	1933	徐则敏	实验取样的可靠性	《浙江教育行政周刊》	第 4 卷第 33 期
7	1934	沈有乾	均数与中数取样误差之实验的比较：对于教育统计学之一小贡献	《教育杂志》	第 24 卷第 1 期
8	1934	彭寿邦	棉作考种取样之研究	《中华棉产改进会月刊》	第 2 卷第 6、7 期合刊
9	1935	孙贻谋	考查美棉绒长取样方法之研究	《浙江省建设月刊》	第 9 卷第 5 期
10	1935	朱祖晦	拣样调查法之理论	《国立武汉大学社会科学季刊》	第 5 卷第 2 期
11	1935	邹依仁	应用贝诺意（Bernoulli）等分配定理考察森林抽样测量之可靠性	《实业统计》	第 3 卷第 1 期
12	1935	蒋家森	统计学上经济资料抽样时错误公式的应用	《上海法学院商专季刊》	第 6 期
13	1936	潘简良、朱学淳	随机排列之取样法	《农报》	第 3 卷第 21 期
14	1936	马保之、范福仁	田间试验之新设计及随机排列之方法	《中华农学会报》	第 149 期
15	1936	袁丕济	关于抽样之基本问题	《计政学报》	第 2 卷第 1 期
16	1936	言心哲	如何选定调查区域	《中央日报》	1936 年 4 月 30 日
17	1942	黄朕	榜徨变异与逢机抽样之理论	《福建省农事试验场场报》	第 1 卷第 5 期
18	1942	林锦成	日常应用的抽样方法	《广东统计通讯》	第 2 期
19	1943	俞剑彝	关于抽样应有之基本认识	《社会调查与统计》	第 1 期
20	1947	徐钟济	美国人口抽样调查	《统计月报》	第 119、120 期合刊
21	1948	徐钟济	美国人口抽样调查	《台湾统计通讯》	第 2 卷第 2 期
22	1948	潘嘉林	论人口选样调查	《统计月报》	第 129、130 期合刊

　　值得一提的是，民国后期有学生的学位论文以随机抽样理论为题，比如 1945 年金藻香的《抽样理论之分析》。还有一些关于教育的文章题目中包

含 "随机"，如《中心训练与随机训练之比较研究计划大纲》[①]、《注音符号 "系统教学" 与 "随机教学" 之比较实验》[②]、《小学算术教材的重点（三）从随机教学到应用问题》[③]、《低级算术的随机教学》[④] 等，虽然文中大都没有提及如何随机，但显然，"随机" 作为一个概念已为学界所认可。

四、随机抽样实践

随机抽样调查是从抽样调查中发展出来的一种调查方式，强调抽样方法的随机性，目的是尽量让样本具有较强的代表性。清末民国时期，无论是学术界、政界还是商界人士都意识到抽样调查的可行性与重要性。在时局动荡和缺乏国家层面的基础数据的现实情况下，开展省时、省钱、省力的抽样调查不失为一个获取数据、了解社会和改造社会的明智之举。而且 "拣样调查，可以遍及广大之范围。其最要之点，虽是将一部分详细研究，但所得结论，当可应用于全体。故拣样之方法应用最多"[⑤]。把抽样调查法等同于随机抽样调查法是民国时期的一个普遍认知，"抽样调查法（Sampling Method）……惟对于所抽出之代表事实，务期其有代表全体之资格。切不可预存成见……故当抽样之时，最宜循其自然，毫无定鹄（at random）。或多派数人，多抽现象，以减少其或差（probable error）之机会，而得较确之答案"[⑥]。

国内学者早在 20 世纪初就接触到随机抽样，但在随后长达半个世纪里，除了陈达、戴世光、李景汉在云南呈贡做的人口普查试验外，几乎没有中国人在中国开展过真正的随机抽样调查，这是否暗示着从抽样理论到抽样应用，即从理论到实践的跨越难度？在当时的中国，对随机抽样的理解不到位、翻译不信达、实践不足，天时地利人和全都不具备，国内外环境恶劣，民智待启，这些都不利于一种全新的调查方法在中国的实施。

在进行随机抽样调查研究之初，笔者对我国清末民国时期的统计学发展已

---

① 袁国昌，尹秋农.中心训练与随机训练之比较研究计划大纲 [J].教育周刊，1934（186）：41.

② 孙秀莹，孙秀华.注音符号 "系统教学" 与 "随机教学" 之比较实验 [J].福建教育，1936，2（9）：87-95.

③ 俞子夷.小学算术教材的重点（三）从随机教学到应用问题 [J].基本教育，1948，2（3）：48-52.

④ 阴景曙.低级算术的随机教学 [J].中华教育界，1949，3（1）：21-23.

⑤ 陈炳权.统计方法 [M].南京：南京特别市市政府统计人员养成所，1927：21.

⑥ 王仲武.统计学原理及应用 [M].上海：商务印书馆，1927：56-57.

做过相当的了解与研究，但随着对随机抽样调查相关文献的深入研究，笔者惊讶地发现：民国时期，除 1939 年云南呈贡县人口普查中的随机抽样调查外，竟然再找不出第二个真正意义上的随机抽样调查。鉴于我国统计学在 20 世纪上半叶的繁荣发展，为何随机抽样调查竟如此萎靡？是源于战乱导致的时局不稳还是源于缺乏抽样专业人才？随着研究的深度推进，答案浮出水面：关键是缺乏抽样框，巧妇难为无米之炊，没有抽样框就无法做随机抽样，随机抽样调查也就无从谈起。而抽样框的缺乏源于贫乏的数据文化。民国时期基础数据（如人口普查数据）的缺乏不仅扼住了当时我国随机抽样调查的喉咙，也在一定程度上钳制了社会的改造与国家的建设。直到今天，基础数据都没有得到应有的重视；至少在学术界，基础数据的缺乏是大量学术研究无法开展或深入的关键。"我国向富于文的观念而贫于数的观念。故文字之传播汗牛充栋。求一用数理辟明事物者除天文律吕及简单之户口册外，殆绝无之。"①

民国时期的学者对统计学知识包括随机抽样知识的学习与理解最值得称赞的一点是，不囿于西方统计知识的限制，在真正理解了统计方法包括随机抽样方法的基础上，能够大胆灵活不死板地应用到中国的统计实践中。以随机抽样为例，绝大部分学者在讲解抽样调查的时候，最关注、强调最多的是抽出的样本要尽可能代表总体；有时候也许非随机抽样方法更有可能实现这个目标，就采取非随机抽样方法，比如采用立意抽样、配额抽样方法，从而没有被概念拘泥于随机抽样的具体方法上。

---

① 薛鸿志. 教育统计学大纲 [M]. 北京：京华印书局，1922：序一.

第十八章
民国时期统计学术的国际交流

虽然民国后期战事连连，但并没有完全打断统计学术的国际交流。学者们开展国际交流的形式主要有两种：加入国际学术组织，参加国际会议与国际考察。

一、加入国际学术组织

1. 国际统计学会与国际统计会议

20世纪上半叶，和统计学术关系最密切的国际协会当属国际统计学会（International Statistical Institution，ISI），其组织的国际统计会议是该时期最高水平的统计学术会议。在民国时期，国际统计学会与国际统计会议一度被翻译为"万国统计学会"（或"万国统计协会"）和"万国统计会议"等。

国际统计学会的前身是1853年比利时统计学家、"平均人"概念的提出者L. A. J. 凯特勒（L. A. J. Quetelet，1796—1874）在比利时首都组织召开的国际统计会议（International Statistical Congress），至1876年共举行过九届。1885年6月24日，在伦敦统计学会成立五十周年庆祝会上，与会者探讨了成立国际统计学会的可能性，奥地利统计学家诺依曼·斯帕拉特（Neumann Spallart，1837—1888）对成立国际统计学会的提案做了说明。经过讨论修改章程，与会者决定筹建国际统计学会组织，推选伦敦统计学会主席威廉·罗森（William Rawson，1812—1899）为会长，法国统计学家E. L. 利瓦瑟（E. L. Levasseur，1828—1911）和斯帕拉特为副会长，意大利统计学家路易吉·博迪奥（Luigi Bodio，1840—1920）为总干事，英国统计学家约翰·B. 马丁（John B. Martin，1841—1897）为司库。由于斯帕拉特在筹建和创立国际统计学会方面的卓越贡献，人们称颂他为"国际统计学会之父"。[1]

---

① 龚鉴尧. 国际统计学会诞生经过 [J]. 江苏统计，1995（4）：31-32.

　　国际统计学会致力于开展国际统计学家的合作交流活动，发展和改进统计方法及其应用。其宗旨是鼓励统计学家开展国际协作，交流专业知识，培养统计兴趣，提高统计水平；协助对促进国际统计发展有兴趣的统计团体与统计组织建立协作关系，培养能胜任工作的统计专家；研究统计理论，评论统计方法和统计实践，鼓励统计研究工作，并推动统计方法在各个领域的应用；促进各国采用最有效的统计方法；增强国际统计数字的可比性；奖励公众评定优良的统计实践和有效的统计方法。到目前为止，其成员来自全球 120 多个国家。

　　1930 年 6 月 6 日，中国统计学友会代表李雄的《筹划中国统计意见书》中的第十条建议就是"加入万国统计会计。雄一面筹划设立中国统计各机关，一面促进加入万国统计协会。本个人之能力，切实提倡。希望当途援助此事，极为容易。其会费每年不过二三千元。但我国统计年鉴，若不见信于人，或无统计专家出席，则难免见笑于列邦"[①]。国际统计学会发展会员采取邀请制，入会资格限制极严。我国第一位受邀加入国际统计学会的学者是中央研究院院士、英国伦敦大学统计学博士吴定良，他于 1931 年加入国际统计学会，1934 年加入国际人类学社。此后，直到 1947 年，国际统计学会才函请吴定良推荐中国会员，当时的会长是美国统计学家斯图尔特·A. 赖斯（Stuart A. Rice），秘书处设在荷兰海牙，各国共有会员 153 人，荣誉会员 11 人。国际统计学会对会员额数有限定，与其他国际学会性质不同，加入不易。当会员死亡有缺额时，经"推荐"与"票选"手续，才能入会，因此，远东各国会员极少，印度 2 人、苏联 3 人、日本 4 人，中国仅吴教授 1 人。会员候补者须对于科学统计（scientific statistics）或行政统计学（administration statistics）具有特殊贡献与权威著作，经原会员 5 人的推荐，全体会员票选通过后，方能加入。该学会因第二次世界大战久未履行选举手续，数年内原会员死亡须补缺者达十余人。1947 年 9 月该学会在美国首都华盛顿举行年会，决定于 1948 年 2 月前完成补选手续，此次补选，中国仅能分配一额，"最近吴教授接海牙秘书处通知，嘱其选择国内统计学家最有成就者推荐一人"[②]。

　　有意思的是，根据目前在国内查到的史料，国际统计学会邀请时任国民政府主计处统计局局长朱君毅和中央研究院院士、清华大学教授陈达加入。[③] 1948 年 10 月 4 日，朱君毅和陈达当选为国际统计学会会员。[④] 但查阅国际统计

①　李雄. 筹划中国统计意见书. 中国统计学友会，1930：10.

②　国际统计学社函吴定良教授推荐社员 [J]. 国立浙江大学校刊，1947（170）：1.

③　国际统计学会我国三人入选会员 [J]. 外交部周报，1948（99）：2.；朱局长君毅赝选国际统计学会会员 [J]. 统计月报，1948（135－136）：30.

④　国际统计学会我国三人入选会员 [J]. 外交部周报，1948（99）：2.；朱君毅陈达当选国际统计学会会员 [J]. 统计知识，1948（23）：5.

学会官网上的会员名单，只能找到陈达的信息，而找不到朱君毅的信息。[①] 综合朱君毅和陈达的国外求学经历及国内出版的专著分析，1948 年被邀请入会的应该只有陈达一人，也就是说，民国时期我国加入国际统计学会的会员只有两人——吴定良和陈达。与陈达同年入会的还有美国著名的统计学家、质量管理先驱威廉·爱德华兹·戴明（William Edwards Deming），统计学、经济学与数学大家哈罗德·霍特林（Harold Hotelling），足见陈达的统计学造诣。

国际统计学会入会名单（部分）

资料来源：*Members of the International Statistical Institute a cumulative list for the period 1885—2002.*

　　国际统计学会在成立之初的宗旨之一就是要促进各国统计的标准化与可比性。虽然我国统计学者最早加入国际统计学会是在 1931 年，但早在 1924 年国民政府就与国际统计学会发生过联系。例如，1924 年 7 月 18 日，国际联合会秘书

[①] 不过，国际统计学会官网上的名单也有说明，"All information is as complete as we could make it, but also there are some gaps. Should any reader have additional information, or detected errors in this publication list, we would be very grateful to receive feedback"。所以朱君毅 1948 年是否当选为国际统计学会的会员，还需要更新、更全的史料做更全面的分析。

长函送国际统计学会决议案等文件致农商部请核复咨。1925 年第 44 期《外交公报》用了 14 页刊登该函件（1924 年 7 月 18 日）与回函（1924 年 12 月 20 日），其中《为咨行事准驻欧国际联合会全权代表办事处联字第五二五号函转寄联合会秘书长致本部》中提到：

> 第五十二号函并检送国际统计学会上年（引者注：即 1923 年）九月在比京（引者注：即比利时首都布鲁塞尔）开会时决议案（附件甲）。英国矿产局所拟之矿产统计表格式（附件乙）及经济股提出、行政院通过之关于统一经济统计办法部份之报告书（附件丙），各一份到部，并询我国政府对于一九二三年国际统计公会关于国际商务及渔业统计之决议案暨矿产局所定之矿产统计表格式内所该之原则，有否意见提出。设无意见提出，则对于此项原则能否予以采用，并称所拟原则照现今之体式，如诚不能立即实行，则拟召集另一统计学专门家会议正式代表本国政府商订一妥实之协定等语。相应抄录原函，连同甲乙丙三种附件一并咨行贵部，照查核办，如各种附件与国务院统计司执掌有关，请贵部经与该局接洽。将来该项附件译成汉文，并希以两份咨送本部为荷此咨。

1924 年 12 月 20 日，农商部复咨：

> 因查本部对于一九二三年国际统计公会关于商务及渔业统计之决议案暨矿产局所定之矿产统计表格式内所该原则暂无意见提出。至于此项原则大率根据学理，将来或可酌量采用，以期实行。兹特将甲乙丙附件三种译成汉文，准咨前因相应检同译文两份，咨复贵部，即希查照察收，为幸此咨。

窥豹一斑，20 世纪上半叶，我国的统计学术国际交流在很大程度上因"实用"而起，纯粹的学术性、学理性的国际交流尚不多见。

1925 年 9 月 27 日—10 月 4 日，国际统计学会在罗马召开第十六届国际统计大会。综合考虑经费、地点、时间等因素，我国政府派时任我国驻意大利使馆三等秘书徐同熙前往出席。[①]

> 遵经赴会参与会务，刻已告竣，特将逐日会议情形以及该会组织内容仅

---

① 国际统计学会本年九月在罗马开会希派员参与电（十四年八月二十五日收驻义唐公使）[J]. 外交公报，1925（54）：19.

为钧座陈之。九月二十六日晚，国民经济部总长白露竹氏邀集各国公私赴会人员，在部茶叙。俾与各员以互识之机会。白氏当众演说，略谓凡百事业之具体的增上，非有科学之援助不为功，而统计科学尤为研究经济问题、社会问题不可或缺之一基础。无统计，则一切发展皆失其依据之准绳。本届大会在罗马召集实为意大利莫大之荣誉，深盼诸君今日初次之会晤，足以发生彼此间最亲善之感情。

1930 年 9 月 15—20 日，第十九届国际统计会议在日本东京举行，我国本派定立法院统计处处长刘大钧[①]和内政部统计司司长乔万选[②]为会议代表，后因乔万选离职改请派彭昭贤未果[③]。但会议前，外交部接到时任国际统计学会副会长 W. F. 威尔科克斯（W. F. Willcox）来函，希望我国推荐中国人口方面的学者出席。刘大钧查明呈复，呈请加派陈长蘅和陈华寅为出席代表。呈文刊登在 1930 年第 2 卷第 7 期的《统计月报》首页：

呈为呈请事，案准外交部公函开，关于东京国际统计会议开会派员一事，迭准来函均经令行驻日汪公使转知在案，兹据该使呈称，据该会准备委员会派员来馆面称关于个人代表出席事，约于六月中旬可发出招待状，惟现又接国际统计协会副会长 Willcox 来函，推荐研究中国人口之学者 Warren Chen 等四人参加，如中国公私代表已有研究人口之专门学者，该副会长所荐之人，即可不必参加，请查明中国公私代表中有无此项专家，迅速见复等语，特抄录 Willcox 原函送请转行立法院查复等情，相应检同原附抄件函请查明见复，以凭转复为荷等由，并附原函一件到院，当经检发原件令行本院统计处处长

---

① 训令：第一一八七号（十九年三月二十六日）：令外交部：为简派刘大钧为日本东京国际统计会议出席代表由 [J]. 行政院公报，1930（138）：7-8.

② 训令：第一二九四号（十九年四月三日）令内政，外交部：为内政部选定统计司司长乔万选出席日本东京国际统计会议案经呈准简派由 [J]. 行政院公报，1930（140）：14-15. 乔万选（1896—1938），又名乔德符，字子青，山西徐沟（今清徐）人。中华民国政治人物。早年留学美国，获哲学博士和法学博士学位。回国后，历任上海租界临时法院推事、东吴大学法律学院教授、国立中山大学副教授、山西党政学院主任、国民政府内政部统计司司长。抗日战争时期，附汪投敌。1940 年 11 月起，历任上海法租界汪伪国民政府第一特区法院院长、司法行政部常务次长、法制专门委员会副主任委员、司法行政部政务次长、国民政府政务参赞、特别法庭审判官及庭长、驻德大使、国立四川大学农学院教授等职。

③ 指令：第二一二五号（十九年七月十一日）令内政部：为前奉国府令派司长乔万选为出席国际统计会议代表兹因乔万选离职拟请改派彭昭贤充任社转请核派由 [J]. 行政院公报，1930（168）：34-35.

刘大钧查明见复，以凭核办去后，兹据该处长呈称，遵查中国赴会政府代表，唯职与前内政部司长乔万选二人，乔司长业已去职，闻内政部有不再另派人之议，私人代表中，亦无研究人口之专门学者，此次统计协会副会长 Willcox 对于我国人口问题，既特著专文拟提大会讨论，复推荐中外人士四人，以便到会参议，用意固属甚善，且查所推我国学者，一为立法委员陈长蘅，一即职处科长陈华寅，对于人口问题，素有特别研究，亦皆堪胜专家之任，惟若令其以私人资格前往，殊恐因限于经济或生困难，届时未能参加，致事关我国问题到会讨论者，反多为外人，似觉未宜，现所推陈委员等，既均在本院供职，合请即恳由院据以呈请国民政府加派为政府代表，庶期间至而臻妥善之处，理合具文呈复，伏候察夺等情前来，查该处长呈请加派代表，系为预备讨论我国人口问题时，得有此项专门人员出席参加，所陈不为无见，至本院立法委员陈长蘅科长陈华寅，于人口问题亦素有研究，堪以胜任，据呈前情，理合具文呈请钧府鉴核俯赐明令加派该两员充任代表，实为公便，谨呈。

关于会议论文，"此次会议完全为研究学术性质，故欢迎各国提出论文共同讨论。闻我国方面担任撰论文者，颇不乏人，唯因我国各项材料，向不齐备，搜集为难，且以时期迫促，致未能如期完稿者不少，因之提出者仅有六篇：（一）刘大钧氏之中国统计事业与成绩，（二）陈长蘅氏之中国人口问题之几方面观察，（三）陈华寅氏之一九二九年中国全国人口之估计，（四）林晖氏之中国国民政府职员统计，（五）张心一氏之中国农业统计与总查计划，（六）陈钟声氏之一九一二年以来中国人口总查略史"[1]。

最后，刘大钧、陈长蘅[2]和陈华寅[3]代表我国赴日出席第十九届国际统计会

---

① 我国提出国际统计会议之论文 [J]. 统计月报，1930，2（8）：138.

② 陈长蘅（1888—1987），中国人口学家、经济学家。字伯修，号建公，四川（现在是重庆）荣昌人。1906 年入四川游学预备学堂英文班。1911 年赴美留学，1917 年获哈佛大学硕士学位。回国后，先后任北京大学经济系讲师、盐务稽核所编译、国立中央大学法学院经济系副教授。1928 年任中国经济学社常务理事。20 世纪 30 年代参加中国统计学社，并先后任重庆朝阳大学法学院经济系教授兼系主任、国立英士大学财政学教授。1949 年后任金华新成初级中学校长。1956 年任上海文史馆馆员。1961 年任上海市人民政府参事。1980 年任上海市人口学会顾问。1987 年在上海去世。主要著作：《中国人口论》（1918）、《进化之真相》（1919）、《三民主义与人口政策》（1930）等。

③ 陈华寅（1904—1956），人口学家，人口统计专家，曾任国民政府实业部参事，发表过大量有关中国人口和人口调查的文章，如《苏浙皖三省各县人口密度说明》《南京工人家庭之研究》《劳工家庭之生计调查与人口研究》《民国十八年中国人口总数之推测》《关于我国人口年龄统计之资料》《人口调查方法》等。

议，三人于 1930 年 9 月 10 日乘火车由京抵沪，受到中国统计学社、中国经济学社及中国评论社的欢迎，9 月 12 日在上海乘坐轮船东渡日本。[①] 此为我国统计学者首次参加国际统计会议。该次会议上英、美、法、德、意、苏等 27 国统计学专家共 80 余人。大会讨论的内容包括人口统计、统计方法、经济统计及社会政治统计等问题。会议分三部分：大会、社务会和分组会。除社务会只能会员参加外，另外两部分皆可全体参加。其中，分组会依论文性质分三组：第一组是人口及一般统计，又分为五项讨论；第二组是经济统计，又分为五项讨论；第三组是社会统计，又分为八项讨论。[②]

各国代表竞相提交论文，数量颇多。我国只有六篇，即刘大钧的《中国对于国际统计的可能与希望》和《对于中国将来统计发展的观察》、陈长蘅的《中国人口问题》、陈华寅的《一九二九年之中国人口概观》、林晖的《政府职员统计》和张心一的《中国农业调查》。[③] 其中，陈长蘅的《中国人口问题》引起与会者的深切关注。陈华寅和美国康奈尔大学统计学权威教授 W. F. 威尔科克斯博士就中国人口问题展开了激烈的讨论。威尔科克斯根据欧美人口学家的研究，认为 1901 年总调查的结果是中国人口总数为 330 000 000 人，到 1910 年增加约 10 000 000 人，合计为 340 000 000 人，此后再无增加，因此中国 1929 年的总人口应为 340 000 000 人。陈华寅起而反驳，认为根据 1912 年总调查的结果，中国人口计本部各省为 313 007 101 人（粤、皖、贵三省除外，因当时未调查）。而根据 1910 年的调查，粤、皖、贵三省人口总数为 74 882 899 人，假设以此为标准，1912 年中国除蒙、藏、青外的各省人口已达到 387 890 000 人。再加上蒙、藏、青的人口数，中国人口达到 393 190 000 人。威尔科克斯根据的是 1910 年的调查，有数省未调查过，因此数据不完备，似难令人信服。陈华寅根据 1912 年的确数，又按每年每千人平均人口的增长率为 7%～8% 推算，至 1929 年，中国的人口能达到 440 000 000 人；并根据 1912—1929 年各省各县人口统计概要，详述增加的比率，为各国代表所关注。

威尔科克斯和陈华寅在 1929 年中国人口总数上的认定差异达一亿之多，双方各据其理，互不相让。最后，大会主席吉尤（Giui，意大利人）宣告人口问题是专业的学术问题，双方既然都言之有故，各自再继续研究，待下届大会再进行讨论。一场热辩无结论而散。

---

① 刘大钧等昨晚来沪 [J]. 新闻报，1930-09-11（9）.

② 鲍静安. 一年来之其他国际会议：（三十四）国际统计会议 [J]. 时事年刊，1931（1）：691-692.

③ 国际统计会议中国人口之论争 [J]. 银行周报，1930，14（37）：1-2.

中国出席国际统计会议，此次尚为第一次，以吾国统计学之幼稚，其成绩似不能谓非差强人意。惟国际会议，除固有的性质外，尚有宣扬民族精神之政治的意义，而吾国统计届受此刺激，盼能急起直追，于下届大会时，能有更优良之结果也。[①]

某种程度上，这次会议算是我国统计学家参加国际会议的一次牛刀小试，尽管结果不尽如人意，但至少中国统计学家的统计研究引起了与会各国的广泛关注，其中美国代表、时任密歇根大学教授的汤姆生会后直接到我国待了一年，专门考察我国的人口统计问题。更为重要的是，国内统计学家摸清了国际统计会议的门路，为参加下届国际统计会议取经，并能有的放矢地为下届会议做准备。

当时，国内对这届国际统计会议非常关注，《统计月报》《会计月刊》《行政院公报》《立法院公报》《内政公报》《东方杂志》《新闻报》《银行周报》等报刊先后发表过近 30 篇专文和报道。

1931 年 8 月，第二十届国际统计会议先在罗马举行预备会议，9 月在西班牙马德里召开正式会议。根据 1931 年监察院令"派刘大钧代表……川旅等费拟定预算总计需国币壹万一千八百元……审查意见通过"[②]，1931 年 8 月 4 日，时任国民政府主计官兼统计局局长刘大钧先在上海印制有关统计的报告，准备在会上分送给与会国家。8 月 7 日，刘大钧乘"大连丸"经西伯利亚铁路赴欧。他先在罗马参加一个关于国际人口问题的会议，随后应邀出席国际统计学会第二十届国际统计会议。[③]该会闭幕后，他赴意、比、英、法、德、日等国考察统计学术进步概况，约在 11 月归国。[④]

第二十届国际统计会议的主席是德拉图尔（Delatour）。该会议分为三个组：第一组是人口统计组报告，第二组是经济统计组报告，第三组是社会统计组报告。刘大钧的报告在第一组，该组共 11 篇报告，分别是：（1）J. H. 范·赞腾（J. H. Van Zanten）的地方交通统计提案；（2）F. 扎恩（F. Zahn）的国际移民统计报告；（3）威尔科克斯的美国限制移民额法之统计根据论文；（4）M. 迈克尔·胡贝尔（M. Michel Huber）的死亡表计算之统一办法报告案；（5）W. 波默特（W. Bohmert）的痂症之死亡率论文；（6）贝拉·福尔德斯（Bela Foldes）的统计提案；（7）统计利用气象观察提案；（8）威尔克科斯关于美国宪法补充第十八条之民意测验报告；（9）刘大钧的中国人口统计论文；（10）G. 蒂林（G. Thirring）

---

① 国际统计会议中国人口之论争 [J]. 银行周报，1930，14（37）：1-2.
② 国民政府主计处第一八五号公函内开敬启者案准 [J]. 审计部公报，1931（6）：3.
③ Chinese Delegate to Statistical Meeting Arrives in Madrid[J]. The China Press，1931-09-25 (4).
④ 刘大钧定期出国 [J]. 新闻报，1931-08-04（7）.

的大城市统计研究委员会工作报告；（11）波默特的德国大城市发展之要素论文。根据《统计月报》1931 年第 11 和 12 期的记载，"本组对此文表示十分兴趣。前此本会亦曾经 Wilcox 及刘君论文讨论同一题目。Vidal 发言谓本会对于此项人口问题，全恃个人著文讨论，未能合作研究，未免遗憾。主席答谓办事处应接受 Vidal 之意见"①。

1937 年，《统计月报》第 31 期在"统计译文"一栏刊登翻译的《国际统计学会会章及其所属统计常设办事处办事规则》，该会章是 1885 年 6 月 24 日经伦敦大会决议通过，并于 1887 年罗马大会、1895 年彼奈大会、1905 年伦敦大会、1909 年巴黎大会及 1913 年维也纳大会逐次修正。

1947 年 9 月，时任国民政府主计处处长兼统计局副局长朱君毅、中央银行会计处处长金国宝前往美国华盛顿参加第二十五届国际统计会议。该会议于 9 月 8 日开幕，18 日闭幕，共有 55 国参加，各国政府代表 342 人，专家 292 人，其中美国统计专家约有百人。参加该会议的机构有 7 家：联合国机构、国际统计学会、泛美统计学会、经济统计学会、美国统计学会、国际国富与国民所得研究学会、国际人口科学研究会。

　　会议要目分为八项：（一）一九五〇年世界人口与农业普查之举办，（二）国富国民所得之调查，（三）抽样方法之理论与实际，（四）统计方法之必须统一，（五）统计教材之拟定，（六）统计分类之研究，（七）国际人口科学研究会之成立，（八）国际国富与国民所得研究会之组织。共有论文一百三十余篇，报告数十种，大会限定以英法西班牙三国文字发言，并不笔录，各出席人员各挂一收音机，欲听英法拨 1 号（引者注：此处原文为"英法"，按前后意思，应为"英文"），听法文拨 2 号，听西班牙文拨 3 号，均甚清晰，由留声机做成片子永远保存。我国除代表朱君毅和副代表金国宝二人外，尚有刘大钧、陈达、唐培经等，参加 9 月 9 日下午朱代表报告"中国政府超然统计制度"计二十二分钟，内容及发音等均博得大会之实许，加拿大中央统计局长马帅氏并认为制度新颖，具有优点。"中国城市人口发展"论文由陈达宣读，听众反映亦良好。朱代表并受财政部委托出席货币基金之收支差额会议，复受国际棉花咨询委员会之邀请参加棉花会议，均称圆满。②

《台湾统计通讯》1947 年第 1 卷第 6 期记载筹备及会议日程如下：

①　国际统计会议记录 [J]. 统计月报，1931（11-12）：5.

②　世界统计会议及国际统计学会年会筹备情形略报 [J]. 湖南统计通讯，1947（11）：17.

联合国世界统计会议，及国际统计学会第廿五届年会等，定于本年九月在华府召开。联合国及国际统计学会等有关组织十余单位，派员组织联合筹备委员会，进行筹划，对于议事日程，会场布置及便利莅会代表饮食、起居、活动等，均有详尽策划，堪称周到。开大会期间，联合国及美总统杜鲁门氏等对于出席代表，均有接待，美国民间更以得能接待代表为荣。联合筹备委员会决定除各种学会之业务会议，限于其会员参加外，与会代表及来宾可以列席于任何会议，重要议题已列于联合议事日程者，八九两日有"经济关系之统计分析"，十日及十一日有"机率理论在社会科学方面之应用"，"统计推论"，及"统计资料之国际比较与国际标准之发展"，十二日有"资源选择及利用之原理"，"国际所得资料之现状及联合国对此之计划大纲"，"最近长期趋势之分析"与"抽样理论"，十三日有"实际抽样"与"美国实质社会经济统计之发展"，十五日有"民意测验"，"国民所得之测量"与"试验设计在英美"，十六日有"通货膨胀及失业之测量与防止"，十七日有"世界人口农业普查"，及"社会安全及健康统计"，十八日有"最近人口趋势"，其他有关国际统计方法之统一，与统计资料之比较，逐日皆有讨论，大会收到有价值之论文甚多，除于会中宣读外，尚有论文集之印行，各国贤彦聚首一堂，从容论道，对于统计理论值阐扬，与统计应用之拓展，当可预期也。[①]

2. 国际劳工组织：国际劳工局与国际劳工统计专家会议

国际劳工组织（International Labour Organization）是 1919 年根据《凡尔赛和约》作为国际联盟的附属机构成立的组织，是一个由政府、雇主和劳工代表组成的三方组织。1946 年 12 月 14 日，国际劳工组织成为联合国的一个专门机构。其宗旨是：促进充分就业和提高生活水平，促进劳资双方合作，扩大社会保障措施，保障工人生活与健康。国际劳工组织的主要活动有：从事国际劳工立法，制订公约和建议书，提供援助和技术合作。组织机构包括：国际劳工大会、理事会和国际劳工局。其中，国际劳工大会是最高权力机构，每年开会一次。国际劳工组织在秘书处设统计司，通过国际劳工统计专家会议制定劳工统计的国际标准，编制劳工统计数据，并在劳工统计方面开展技术合作、提供援助和培训，以支持成员国改进劳工统计数据的制作、分析和传播。

在民国时期，一方面，在国内，劳工问题引起了学者和政府的关注，表现之一就是翻译国际劳工组织的相关专著。1928 年，商务印书馆出版了《国际劳动组织》（韦荣译）、《国际劳工机关概要》（王治焘译）、《各国劳工运动史》（林

定平、邓佰粹著）。1929年，商务印书馆出版"上海特别市政府社会局丛书劳工类"，共5种，原版均由国际劳工局出版，分别是《生活费指数之编制法》（*Methods of Compiling Cost of Living Index Numbers*，丁同力译，蔡正雅校）、《失业统计法》（*Methods of Statistics of Unemployment*，丁同力译）、《工业劳资纠纷统计编》（后更名为《工业劳资纠纷统计编辑法》，*Method of Compiling Statistics of Industrial Disputes*，莫若强译）、《工人意外遭遇统计法》（*The Statistics of Industrial Accidents*，丁同力译）、《劳动协约统计法》（*Methods of Statistics of Collective Agreements*，丁同力译）。

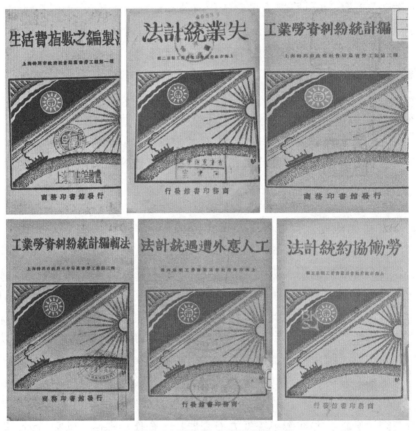

上海特别市政府社会局丛书劳工类

另一方面，在国际上，国际劳工局对中国的劳工状况非常关心，曾两次派遣副局长到我国考察。

1934年3月初，时任国际劳工局副局长劳莱脱为考察远东文化及劳工状况，从欧洲乘坐意大利邮轮"廉脱凡第号"抵达香港，劳莱脱即赴广州考察劳工状况及文化事项，后改乘轮船于3月16日抵达上海，调查我国文化及劳工状况。当

时，上海文化界要人均赴码头迎接，我国委托李石曾亲自引导、参观上海市文化
及学术机关。当日晚 7 时许，"并由中委李石曾、吴稚晖及中欧文化协进会主持
人程和铣具名，假座法租界福开森路世界学社欢宴劳氏，并邀中央研究院院长蔡
元培、行政院秘书长褚民谊、教育部高等教育司长沈鹏飞、劳工局中国分局主
任陈宗城、前中国驻伦敦总领杨光泩及马肃、庄文亚、李熙谋等作陪，宾主酬
酢极欢，直至九时始散。劳氏宴毕后，即于昨夜十一时乘夜快车南京，拜会中
央当局，然后转赴平津一带考察，预定四月一日赴日本，经美而返欧云。（大公
社）"[1]。《劳工月刊》于 1935 年的第 1~3 期报道了劳莱脱访问日本的情况。

　　1934 年，时任国际劳工局副局长马利德亲临南京中央政治学校的计政学院
做题为"国际劳工组织"的演讲。《中央政治学校校刊》报道了此次访问：

　　　　首由该院王主任致介绍词，介绍毕，马博士即席演讲，由沙炯劲先生记
录，咨录其大意如下。
　　　　诸位先生，鄙人今日得与诸君研讨经济社会问题，深为荣幸。今愿以国
际劳工组织情形向诸君一为报告……
　　　　国际劳工组织之基本原则有二：（一）基于人道之原则……（二）基于
经济之原则……
　　　　国际劳工组织，设有两个机关：（一）国际劳工大会……（二）国际劳
工局……
　　　　其工作可分为三种：（一）国际劳工大会之准备，如搜集各种材料，俾
作开大会时讨论之根据。（二）学术上之贡献：国际劳工局常广搜各种有关
劳工材料，编印书籍图表，供学术上之研讨。因之世人恒以国际劳工组织为
学术之研究机关。（三）劳工事业之推广。劳工局对于学术之研究外，对于
实际事业之推广，亦在不断之中努力。社会上各种问题，至为复杂，绝非一
单独机关，所能解决。故国际劳工局恒与国际卫生经济等机关取得密切之合
作，即以失业问题而论，目下失业之群众不下三千人，若合其家属计之，则
在一万万左右，即占全世界人口二十分之一。此虽为劳工问题，然因失业而
购买力薄弱。商业经济而受其影响。故国际劳工局，为欲解决此项问题，即
不得不与社会一切之组织，通力合作。最近举行之世界经济会议，国际劳工
局亦派代表参加。美国最近复兴运动及中国艰苦伟大之革命运动，国际劳工
局亦深致密切之注意焉。[2]

① 国际劳工局副局长劳莱脱昨晨抵沪 [J]. 新闻报，1934-03-17（0012）.
② 国际劳工局副局长马利德博士莅计政学院演讲 [J]. 中央政治学校校刊，1934（75）：7-8.

　　1946 年 9 月，国际劳工局再次派出副局长考察我国劳工情况。时任国际劳工局副局长蒲乐开先到访南京，随后到访上海。[①] 下图展示了全国商会理事兼秘书长寿景伟[②] 在会所内招待蒲乐开的历史照片。

寿景伟招待蒲乐开的照片

　　资料来源：商业月报，1946，22（6）：1.

---

① 　国际劳工局 [J]. 新闻报，1949-09-01（6）.

② 　寿景伟（1891—1959），字毅成，曾名肇强，别号茶佣、心月居士，浙江诸暨连湖乡墨城湖人，国际贸易专家。1914 年毕业于北京法政专门学校。毕业后，应浙江法政专门学校校长周伯雄（子豪）礼聘回杭州执教，讲授财政学及经济学课程，历时 6 年，任商科主任 2 年。后赴上海任商务印书馆业务科副科长，与王云五、蒋百器等共同创办公民书局，并任《公民月刊》编辑主任。在此期间，出版了《财政学》《财政诠要》《应用统计浅说》《中美英法德日信托业务比较论》等书。1923 年，经考试获得浙江省公费留学资格，与其三弟寿勉成同往美国，兄弟两人合用这笔官费，同时勤工俭学。寿景伟在哥伦比亚大学经济研究院专攻财政，历时 3 年，以《中国的民主与财政》论文获哲学博士学位，应聘纽约华美协进社，任秘书。1927 年回国，在国立东南大学讲授商业经济。他积极协助刘湛恩创办沪江大学城中区商学院，并担任首任院长。后历任国民政府工商部工商访问局副局长、国际贸易局副局长。1929 年，受国民政府派遣为中国出席国际商会代表团团员，并代表中国教育界参加了日内瓦世界教育会议。1937 年秋，任国民政府经济部商业司司长兼中国茶叶公司总经理。1941 年，国际劳工会议召开，寿景伟、朱学范分别被指派为中国资方、劳方代表赴美参加会议。1944 年他辞去政府公职，出任中华协进社主席理事、上海国际贸易委员会主任委员及全国商会理事兼秘书长等职。新中国成立后任浙江省政协委员。1959 年 3 月，病逝于杭州。

我国第一次派员参加国际劳工统计专家会议是在 1947 年 8 月。当年，第六届国际劳工统计专家会议在加拿大蒙特利尔举行，我国派定社会部统计长汪龙[①]博士出席，是我国第一次派员出席国际劳工统计会议。[②] 此次会议的主要议题为工资、生活费、工业灾害及失业统计资料之搜集、分析及编制方法之检讨与改进。汪龙于 1945 年受国际劳工局聘任，担任该局统计专家委员会委员，对于此次会议各项议题，事前曾与该局交换意见。[③]

汪龙回国后详细汇报了此次会议的情况，回顾了前五次会议的概况，并对我国当时的国际劳工统计工作提出建议。

汪龙致社会部签呈

（1948 年 7 月 7 日）

窃职去秋奉派出席第六届国际劳工统计专家会议，并便道考察劳工统计事业，当时曾将会议概况及考察情形迭函呈报在案。兹再将该项会议之详细经过及决议拟具报告专呈，祈鉴察。此项报告一因职今春返国不久复应国际劳工局之约再度出国，二因日常事务不容搁压，以致时作时辍，稽延时日，合并陈明。谨呈

部长、次长

　　附报告书一件

职　汪龙谨呈

七月七日

　　附件

出席国际劳工统计专家会议报告书

汪龙

一、以往各界国际劳工统计专家会议之回顾

二、第六届国际劳工统计专家会议之概况

三、关于雇用失业及劳力统计之决议案

---

① 汪龙，曾任国民政府社会部统计处统计长。1938—1944 年间在中央政治学校及国立复旦大学讲授社会调查与统计课程，汇编有讲义，内容分上下二编：上编概述社会调查的一般原则与方法，下编分论人口、职业、生计、工资、劳资争议、工业灾害、社会病态等统计资料的收集与分析。1944 年 2 月，改订后的讲义《社会调查纲要》由商务日报文化信托部出版。其在中央政治学校公务员训练部的高等科讲义也被整理出版，书名为《统计学》。

② 蒋耘，宋庆阳. 社会部统计长汪龙出席第六届国际劳工统计会议报告书 [J]. 民国档案，2010（1）：38-49.（文档记录形式是史稿，现存于第二历史档案馆。）

③ 世界统计会议闭幕 [J]. 台湾统计通讯，1947，1（6）：7.

四、关于生活费用统计之决议案

五、关于工业灾害统计之决议案

六、其他决议案

七、会后对于我国劳工统计事业刍议

我国统计事业素不发达,尤其关于劳工统计,由于内容之复杂、资料搜集之匪易,更形落后。在社会部未改隶行政院以前,我国有关劳工统计之资料不但残缺万分,且复谬误百出。民国二十九年冬社会部改隶行政院后,鉴于劳工行政为其主要职掌之一,而一切劳工政策之决定与推行无一不需以统计数字为其依据,本诸需要,经数年来之积极倡导,不断督促,勉使我国劳工统计事业初具规模。现在国内外人士对于社会部所编之各种劳工统计资料已渐予注意,分函索阅参考,而联合国及国际劳工局所编印之各种刊物,亦已按期采用社会部所发表之各种劳工统计数字,此未始非社会部对于劳工统计经多年努力所得之初步成果。此次于出席会议与各国代表专家接触之余,深感我国劳工统计事业虽已薄基初奠,而内容仍嫌空虚,今后欲使我国劳工统计事业确能日新月异,迎头赶上,则有待努力与改进之处仍多,举其要者约有下列各端:

一、统计乃事实之表现,必也先有事实,然后始能有其应有之数字,而此种事实之取得,则往往又非藉助于行政结果不为功。年来我国劳工行政虽已有长足之进展,但对于若干有关劳工行政之基本工作,诸如厂矿检查、职业介绍、社会保险等,均因限于人力、财力及时间,尚未能积极推进,必须由此取材之各种劳工统计,诸如失业、雇用、劳力、工业灾害等,因之亦无从搜集编制。嗣后对于上述各种劳工行政,似应特别予以加强,此不独藉可取得有关之统计资料,亦实为改进劳工生活之基本措施。

二、目前,国际间对于有业人口之统计与比较加倍注意。我国因人口普查迄未举办,人口统计迄付阙如,致有业人口数字亦迄未由取得。窃以近三十年来,选样调查之理论与方法均有显著之进步,其应用范围亦日趋广泛;甚至大部分统计专家均承认选样调查不独节省人力、财力与时间,且如选样得宜,其结果每较普查所得尤为准确可靠。当此勘[戡]乱时期,匪区未尽修复,人口普查尤难期其早日实现之前,似可由户政主管机关依照全国自然环境及人口分布情形,于较短时期内实施选样调查,不独藉可取得有业、失业及其他劳工统计资料,即全国人口总数及其分配情形亦可据以作精确之推论。

三、年来社会部直接调查编制之工人生活费用指数及工资指数虽已普及于全国各重要城市,惟其所采用之权数仍系民国三十年之家计调查(或消费量概况调查）与工人人数。抗战胜利后，各地工人生活与战时自未必尽同，而由于复员关系，各地工人人数尤多异动，为使所编指数更能符合实际情形，亟应另行举办各地家计调查与工人人数调查，俾能根据调查结果修正权数。惟兹事体大，需费较巨，但如行政当局确认我国劳工生活有检讨之必要及生活费用指数与工资指数又为检讨劳工生活所不可或缺者时，似有宽筹调查经费以完成此项调查工作之必要。

四、年来劳工统计之范围虽因社会类公务统计方案之推行已有明确之规定，各项公务统计虽亦因方案之推行已具规模，但此项方案试行以来，各级社会行政机关之能依照方案所规定之程序，按期汇转编制而无误时效者仍属不多。推其原因，实由于年来各级社会行政机关之统计组织虽已次第设置，但其现有员额与事业经费均极短绌，如与其他社会行政工作所占有之人员与经费相较，亦难成适当比例。夫若干基本劳工统计，如劳资争议、劳工团体等，其数字之取得，多有赖于基层，且须经长期不断之登记，始克有济，绝非少量之人力与财力所能毕其事者。今后对于各级社会行政机关办理统计之人员与经费，为应事实之需要，似应妥予调整。

以上四端为加强我国劳工统计事业应有之初步措施，至于本届会议所通过之各项议案，我国在原则上自应尽量予以采用，固无待于赘言。又国际劳工局虽已召开统计专家会议六次，但我国之派遣代表与会，则以本届为始。以往国际间多讥我为无数字之国家，在本届会议中，我国曾提出不少资料与方法，已使国际观感为之一变。今后如何加强我国劳工统计事业在国际间之联系，藉收交换切磋之效，使我国劳工统计方法得以适应世界潮流，与各先进国家并驾齐驱，不稍落后，则尤有待于办理劳工统计工作者之孜孜不懈，日新又新。我行政当局在可能范围内，亦应改善统计人员之工作条件，勿误以用于统计事业之人员与经费为虚糜，则我国劳工统计事业必有其光明之前途。①

3. 国际经济统计学会

国际经济统计学会是研究国际经济统计的中心组织，20 世纪 30 年代其会长是美国的费舍尔（Fisher）教授，副会长是法国的迪维西，董事为来自意大利、英国、德国、挪威、波兰诸国的经济统计专家。1932 年，国际经济统计学会邀请我国经济专家入会②，被邀入会的有时任南开大学经济研究所所长兼统计学教

---

① 蒋耘.宋庆阳.社会部统计长汪龙出席第六届国际劳工统计会议报告书 [J].民国档案，2010（1）：38-49.（文档记录形式是史稿，现存于第二历史档案馆。）

② 国际经济统计学会邀请我国经济专家加入 [J].福建民众，1932，2（10）：5.

授何廉，时任国民政府主计官兼统计局局长、经济学家刘大钧和时任国立上海大学商学院教授蔡正雅；并致函委托《中国评论周刊》报社转邀我国统计学社会员孙拯、张心一、陈华寅三人加入。[①]

二、国际考察与国际交流

1. 国际考察

20 世纪上半叶，关于统计的国际考察与国际交流主要集中在政府层面，学术界次之。但因为这一时期很多学者同时兼有政府官员与大学教师两个身份，所以很多情况下无法完全区分出是政府层面的交流还是学术交流。

1930 年 9 月，美国密歇根大学教授汤姆生在日本东京参加完第十九届国际统计会议后，到我国上海考察户籍人口统计的相关情况，研究中国人口统计，同时兼在金陵大学从事学术研究。[②]

1931 年 9 月，国民政府主计官兼统计局局长刘大钧在西班牙马德里参加完第二十届国际统计会议后，顺道欧洲多国考察各国统计事业。[③]

1932 年 9 月，我国著名心理学家、时任国立中央大学教授艾伟到伦敦大学学院访问，并在心理学系注册。他在一年的时间内，除在心理学系选修 7 门课外，还选修了应用统计与优生学系卡尔·皮尔逊博士的 5 门课。

艾伟以访问学者的身份到英国伦敦大学学院，跟随统计学大师皮尔逊博士在高尔顿实验所（Galton laboratory）研

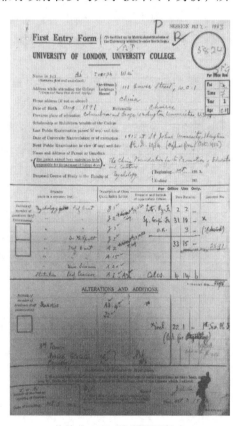

艾伟在 UCL 的学籍登记卡

---

① 国际经济统计学会消息 [J]. 新闻报，1932-11-06（14）. 国际经济统计学会邀请我国经济专家加入 [J]. 福建民众，1932，2（10）：5.
② 十九次国际统计会议美国代表汤姆生来沪：闻将留华一载，研究人口统计 [J]. 会计月刊，1930（10）：60.
③ 刘大钧后日离沪赴欧 [J]. 新闻报，1931-08-05（13）.

究统计学。主客双方均十分满意。皮尔逊博士建议艾伟多停留一年，为教育统计作一专门研究，艾伟很高兴地接受了这一建议，延期事项也得到我国外事机构的同意，但国立中央大学一再电促艾伟从速回国，他只得暂停此计划。1936 年，皮尔逊博士逝世。未能在皮尔逊博士生前完成教育统计的专门研究，艾伟常引以为憾。①

1947 年 10 月 4 日，在美国华盛顿参加完世界统计会议后，朱君毅到加拿大参观中央统计局，该局隶属工商部，"有职员一千五百人，尚有办理一九四一年户口普查留下临时人员三百人，有加减机五十架⋯⋯每部分较我国之科为大，所有政府一切统计及人口普查出生死亡结婚登记均由此局集中办理，其组织与业务范围，极为庞大。预计十月十四日返回纽约，转赴华盛顿参观并考察统计机关及普查局机构等即行返国约十一月下旬抵京云"②。

2. 国际交流

1940 年，《主计通讯》刊文《庆贺美国统计学社成立百年纪念》，文中记载：

> 一九三九年十一月二十七日美国统计学社与波士顿（Boston）分社开联合会议于波士顿，庆贺该社成立百周（1839—1939）年纪念。是日下午全体出席会员参观该社历史上足资纪念之遗迹：如该社成立时建筑之办公场所；往年开会地点麻省工业专门学院之罗哲尔纪念堂（Regers Building）；及波士顿公共图陈列展览之往昔印刷品，文件及各项相片等。晚间由麻省副总督卡希尔（H. T. Cahill）设宴款待，社长柏尔（R. Peall）致词，并由康乃尔大学名誉退职教授威尔科克斯（W. F. Willcox）讲述"美国统计学社创办人沙特克（L. Shattuck）之生卒"，麻省工业专门学院名誉退职教授杜威（D. R. Dewey）等演说并报告该社百年史上之重大事绩。
>
> 二十九日举行年会，由美国税则委员会丢朗德氏（E. D. Durand）主席，户口普查局局长敦恩氏（H. L. Dunn）演讲"户口普查之过去及将来"，芝加哥大学教授俄格柏恩（W. F. Ogburn）讲"近年来统计之趋势"，司丹福大学（引者注：应为斯坦福大学）食物研究所主任台维斯（T. S. Daris）讲"百年后之美国统计学社"。
>
> 国际统计学会为庆贺美国统计学社成立百年纪念起见，拟定一九四零年五月十四日在华盛顿召开第二十五届大会，届时将由美总统及国会联合决议

---

① 艾国正. 中国统计学的一位先驱——艾伟先生 [J]. 统计与信息论坛，1991，2（6）：51.
② 国民政府主计处统计局朱局长君毅出席联合国世界统计会议及参观经过 [J]. 湖南统计通讯，1947（11）：17.

委员会当局，联名邀请世界各国统计学术研究团体派遣代表前往参加。预定是日晚间聚餐会，将敦请罗斯福夫人参加，并拟请美国统计学社社长发表演说云。

就目前欧洲之发展而论，国际统计学会第二十五届大会之举行，固颇有展期至国际局势和缓时再行召开之可能，然吾人深望上述之计划，仍能圆满进行，且能见诸实现。①

20世纪上半叶关于统计学的国际会议，因为我国的国情普查及政府统计大都尚付阙如，缺乏基础统计数字，无法开展统计应用研究，所以我国学者大都本着学习国际先进技术与经验的态度参与。

① 庆贺美国统计学社成立百年纪念 [J]. 主计通讯，1940（1）：22-23.

参考文献

东北财经大学统计学院 60 年（1948—2008）. 未出版.

毛泽东文集：第二卷. 北京：人民出版社，2009.

陈桂生. 中国革命根据地教育史：中. 上海：华东师范大学出版社，2016.

杜思湘，杨娱天. 实用统计方法. 石家庄：华北新华书店，1948.

范伟达，王竞，范冰. 中国社会调查史. 上海：复旦大学出版社，2008.

黎明，胡成弟. 治学育人五十载沤心沥血作奉献——记郭祖超教授. 中国统计，1991（9）.

刘大可. 毛泽东中央苏区调查研究的学术史回顾与展望. 党史研究与教学，2020（5）.

刘宪曾，刘端棻. 陕甘宁边区教育史. 西安：陕西人民出版社，1994.

陕北公学. 陕北公学. 延安：新华书局，1937.

徐勇勇，毕生耕耘　建树卓然——记卫生统计学家、医学教育家郭祖超教授. 中国卫生统计，1994，11（5）.

徐勇勇. 拓荒者的足迹——记卫生统计学家、医学教育家郭祖超教授. 中华预防医学杂志，1997（3）.

《延安大学史》编委会. 延安大学史. 北京：人民出版社，2008.

卫聚贤. 历史统计学. 上海：商务印书馆，1934.

陈善林，张浙. 统计发展史. 上海：立信会计图书用品社，1987.

刘叔鹤. 中国统计史略. 武汉：湖北人民出版社，1990.

李惠村，莫曰达. 中国统计史. 北京：中国统计出版社，1993.

徐国祥，王德发. 新中国统计思想史. 上海：上海财经大学出版社，1999.

刘畅，张云. 二十世纪中国的统计学. 北京：党建读物出版社，2000.

王德发. 中华民国统计史：1912—1949. 上海：上海财经大学出版社，2017.

李章鹏. "列国岁计政要"的翻译出版及其意义. 统计研究，2015，32（9）.

黄兴涛，李章鹏. 现代统计知识和观念的传入与清末新史学. 史学史研究，2016（3）.

林毅夫，胡书东. 中国经济学百年回顾. 经济学（季刊），2001（1）.

陈明智.清末统计学译著《统计通论》研究.上海：东华大学，2014.

季啸风.中国高等学校变迁.上海：华东师范大学出版社，1992.

沈殿成.中国人留学日本百年史：1896—1996：上、下册.沈阳：辽宁教育出版社，1997.

实藤慧秀.中国人留学日本史.谭汝谦，林启修，译.北京：北京大学出版社，2012.

谢长法.中国留学教育史.太原：山西教育出版社，2006.

舒新城.近代中国留学史.长春：吉林出版集团股份有限公司，2010.

汪一驹.中国知识分子与西方：留学生与近代中国（1872—1949）.新竹：枫城出版社，1978.

宫川公男.统计学的日本史.东京：东京大学出版会，2017.

竹内启.统计学词典.东京：东洋经济新报社，1989.

大桥隆宪.日本的统计学.东京：法律文化社，1965.

岛村史郎.日本统计史群像.东京：日本统计协会，2013.

岛村史郎.欧美统计史群像.东京：日本统计协会，2013.

岛村史郎.日本统计发达史.东京：日本统计协会，2012.

日本统计研究所.日本统计发达史.东京：东京大学出版会，1960.

籁内武司.日本统计发达史研究.东京：法律文化社，1995.

明治文化全集编辑部.明治文化园全集：经济篇.东京：日本评论社，1929.

佐藤正广.帝国日本与统计调查.东京：岩波书店，2012.

池田丰作.日本统计史 [M].东京：贤文社，1987.

京师大学堂.经济统计学（上下）.上海：上海译书局，1904.

北京图书馆.民国时期总书目（1911—1949）：社会科学（总类部分）.北京：书目文献出版社，1995.

学部总务司.学部奏咨辑要.1909.

丘成桐.从明治维新到二战前后中日数学人才培养之比较.高等数学研究，2010，13（2）.

第三篇
新中国成立到"文化大革命"
（1950—1976 年）

第十九章
新中国成立后统计人才的培养

一、六大行政区统计院校布局

进入 1949 年 1 月，随着辽沈、淮海、平津三大战役的相继胜利，国民党在长江以北的军队损失殆尽，中国北方大部分地区已经解放，以前以地域命名的野战军番号（即西北野战军、中原野战军、华东野战军和东北野战军）已不合时宜。

1949 年初，中央军委下达命令，将西北野战军改编为第一野战军，中原野战军改编为第二野战军，华东野战军改编为第三野战军，东北野战军改编为第四野战军，华北军区的部队改编为华北野战军，作为直属军委的战略机动部队。

四大野战军到 1950 年完成作战任务后，先后被取消了番号，但所属部队及其主要将领仍按所占地域分别安排辖地。如第一野战军番号取消后，部队即并入西北军区。第二野战军番号取消后，组成西南军区。第三野战军番号取消后，部队全部归华东军区领导。第四野战军番号取消后，部队归中南军区指挥。这四大军区，加上原东北军区和华北军区，成为新中国成立后设立的六大军区，事实上仍是迁就原有地方军事系统而设立的。

正是在这六大军区的基础上，实行了大行政区的管理体制。全国划分为东北、华北、华东、中南、西北、西南六大行政区[①]，除华北人民政府并入中央外，其他五个大行政区都设有大区一级的行政机构。

为了满足新中国经济建设事业的需要，从 1950 年开始，六大行政区陆续建立了财经院校，或者在综合性大学中设立财经系科。

（一）东北行政区

1946 年中共中央东北局成立东北行政学院，1948 年招收统计学专业学生。

---

① 这 6 个大区的第一书记分别为高岗、刘少奇、饶漱石、林彪、邓小平和彭德怀。

1950 年组建东北人民大学，设立会计统计系。1951 年又因需要建立东北计划统计学院。1952 年，东北人民大学的财政信贷和会计统计两系、东北财政专门学校、东北计划统计学院、东北银行专门学校合并组建东北财经学院，成为东北行政区的财经院校。

（二）华北行政区

1950 年在华北大学基础上合并组建中国人民大学，在 1949 年政务院批准的八大系中，有六个系属于财经管理类，分别是经济系、经济计划系、财政信用借贷系、贸易系、合作社系和工厂管理系。除了中国人民大学，南开大学也保留了财经和管理学科。而北京大学、清华大学、燕京大学、辅仁大学等老校的经济管理等科系，在 1952—1953 年的院系调整中先是调整到中央财经学院，接着在 1953 年又调整到中国人民大学。

（三）华东行政区

华东行政区的财经院校是上海财经学院，它的前身是创办于 1917 年的南京高等师范学校商业专修科，抗战胜利后于 1946 年组建上海商学院，统计学系也于当年成立，邹依仁任主任。1950 年上海法学院的财经系科并入该校，同时更名为上海财经学院。之后的两三年间，华东财经学校、交通大学、光华大学、大夏大学、复旦大学、沪江大学、浙江财经学院、江南大学、立信会计专科学校、大同大学、圣约翰大学、震旦大学、东吴大学等校的经济、管理等财经科系并入上海财经学院，统计学科的师资队伍一度十分强大。朱君毅、金国宝、厉德寅、朱祖晦、邹依仁、陈善林、王思立、薛仲三、许炳汉、勾适生、桂世祚、郑德如等华东地区的统计名家在这一时期齐聚上海财经学院，使之成为与中国人民大学统计教师队伍并驾齐驱的两大中心之一。

但与中国人民大学不同的是，上海财经学院的这批学者多数是民国时期大学的教师或者政府统计官员。在 20 世纪"50 年代前中期，教育界全面学习苏联先进的建设经验，改造旧学校，努力为新中国建设服务。学院从 1950 年 10 月起，每年有计划地选送一批教师到以'接受苏联先进的建设经验，并聘请苏联教授，有计划、有步骤地培养新国家的各种干部'为基本任务的中国人民大学，或读研究生班，或进修马列主义理论和专业课。……在教学计划和课程设置上，参考人民大学的课程安排，取消学分制，采用学时制，使上课实习、自习时间得以恰当配合；取消选课制，采用班级制，以便更有计划地完成教学任务；成立 28 个教研组（教学小组），建立经常的工作制度，如备课、听课、辅导、实习等制度；注重俄文进修，在教师中开展业余俄文学习，使教师在编写课程教学大纲时能参考苏联资料；增加政治理论课比重，占全部学习时间的四分之一；针对1952年级采用三年制的情况，明确：一年级着重政治课，二年级政治课与业务课并重，三年级着重业务课。1954年6月，学院邀请苏联专家布列也夫和波格达维奇来院讲学，分别对国民经济计划和工业经济课程教学内容作重点演讲，并帮助计划经济、工业管理两系解决教学改革中发生的问题，全院掀起了学习苏联经验的热潮"[1]。

华东地区的另一所培养统计人才的高校是厦门大学，该校1950年在财经学院设立统计学系，是南方培养统计人才的重镇之一。

（四）中南行政区

1948年6月，以邓小平同志为第一书记的中共中央中原局决定并报经中共中央批准筹建中原大学，由第二书记陈毅同志担任中原大学筹备委员会主任。1953年全国高校院系调整时，以中原大学财经学院为主体，集中中山大学、湖南大学、南昌大学、河南大学、广西大学、中华大学等一批高等院校财经学科的师资力量和图书资料合并组建中南财经学院，隶属教育部，1978年更名为湖北财经学院，2000年更名为中南财经政法大学。

（五）西南行政区

西南地区的财经院校是四川财经学院，它的前身是1925年成立的光华大学，1946年更名为成华大学。1952—1953年院系调整时，以成华大学为基础，将西南地区的重庆大学商学院、华西大学经济系、重庆财经学院、西南人民革命大学等16所财经院校和综合大学的财经系科并入，组建四川财经学院，1985年更名为西南财经大学。

（六）西北行政区

新中国成立初西北地区还没有独立的财经院校，统计专业人才的培养主要依靠西北大学和兰州大学的财经系科。

在20世纪50年代前中期的六大行政区内，已经建立了四所独立的财经院校，即东北财经学院、上海财经学院、中南财经学院和四川财经学院。中国人民大学、南开大学、厦门大学、西北大学和兰州大学等也成为培养财经人才的重镇。

在1953年院系调整基本完成后，1954年高等教育部发文，对全国高等院校

---

① 　上海财经大学校志编审委员会. 上海财经大学90年（1917—2007）[M]. 上海：上海财经大学出版社，2007：16.

财经系科进行调整。[1]

高等教育部院系调整文件第 1 页

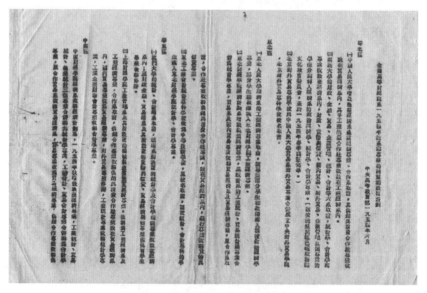

高等教育部院系调整文件第 2 页

① 具体请参见中央人民政府高等教育部（54）综教李字三九五号《全国高等财经院系
一九五四年院系和专业的调整和设置计划》及《一九五四年院系调整后全国高等财经院系、
专业设置概况》，1954 年 6 月 18 日发布。

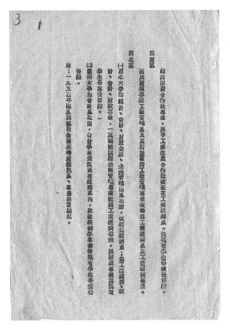

高等教育部院系调整文件第3页

在《全国高等财经院系一九五四年院系和专业的调整和设置计划》中，有关统计系科的安排如下：

华北区：南开大学的财政、金融、贸易、企业管理、统计、会计等六系取消，统计学、会计学两专业改设在经济系内。

东北区：东北财经学院原统计系的工业统计、贸易统计两专业合并为统计学专业。东北工业会计统计专科学校改为中等技术学校，原校名取消，该校统计、会计专科的学生调入东北财经学院统计学、会计学专业。

华东区：厦门大学的统计、会计学系取消，该两系所设置的统计学及会计学两个专业改设在经济系内。

中南区：中南财经学院工业统计、贸易统计、农业统计三个专业合并称为统计学专业。

西北区：西北大学的统计学、会计学、财政金融、企业管理四系取消，改组为经济系，设工业经济、统计、会计、财政专业。

在上述文件后面，附有《一九五四年院系调整后全国高等财经院系、专业设置概况》。现将设有统计学系和专业的院校列出：

1.综合性大学

·中国人民大学

统计系（专业：统计学）

·南开大学

经济系（专业：政治经济学、统计学、会计学）

·东北人民大学

经济系（专业：政治经济学、财政学、统计学）

·厦门大学

经济系（专业：政治经济学、统计学、会计学）

·云南大学

经济系（专业：政治经济学、统计学）

·西北大学

经济系（专业：工业经济、统计学、会计学、财政学）

2. 高等财经学院

·东北财经学院

统计系（专业：统计学）

·上海财经学院

统计系（专业：统计学）

·中南财经学院

统计系（专业：统计学）

·四川财经学院

统计系（专业：统计学）

3. 高等工业学院

·北京铁道学院

铁道经济系（专业：铁道统计、铁道会计）

经过 1952—1953 年的院系调整，1954 年高等教育部又对全国财经类院校专业布局进行了调整，这也可以说是 20 世纪 50 年代的第二次院系调整。这次调整没有 1952—1953 年那次调整力度大，主要是向综合方面调整。对于财经和统计学专业来讲，一是拓宽了经济类和财经类专业设置，绝大多数综合性高校的统计学系、会计学系等并入经济系，财经人才朝综合性方向发展；二是统计学专业人才培养朝综合性、宽口径方向发展，工业统计、农业统计和贸易统计 3 个专业合成一个统计学专业；三是除了 4 所财经院校保留统计学系外，综合性高校只有中国人民大学保留了统计学系，其他院校的统计学系都并入了经济学系，这种状况一直持续到 1958 年。

1958 年全国开始"大跃进"，高等教育也同样开始大发展。1957 年全国高等学校有 229 所，到了 1958 年秋天，全国各地已经建立起了 23 500 多所业余"红专"大学和半工半读大学。

对于财经类高等教育来说，这次"大跃进"与 1954 年调整的方向相反，高等院校进一步朝专业化方向调整。

二、18 所财经院校

截至 1966 年"文化大革命"开始之前，全国已经有 18 所财经类高等院校。

（一）吉林财贸学院（吉林财经大学前身）

1946 年 7 月，为适应建立东北根据地对大批专业干部的需要，东北银行总行在佳木斯举办了第一期训练班。1948 年 3 月，东北银行总行从佳木斯迁到哈尔滨，将训练班设在哈尔滨市田地街，先后举办第二、三期训练班，每期 3 个月，共招收和培训银行干部 90 名。

1948 年 9 月，总行训练班建立了以银行业务负责人为骨干的兼职教师队伍，有计划地完成了干部培训工作，扩大了社会影响，开创了东北金融教育新局面。

1948 年 12 月，总行训练班随同东北银行总行由哈尔滨迁到沈阳，训练班设在沈阳市小南门里伪交通银行旧址。到 1950 年 2 月，东北银行总行训练班共举办 7 期，累计培训银行干部 1 207 名。东北银行总行训练班的创建及其不断完善，为实施学校教育创造了条件。

在新中国成立后的国民经济恢复初期，为迅速发展金融事业，东北各省、市先后设立银行分支机构，急需培养和充实大批银行干部。1950 年 3 月，东北银行总行决定将总行训练班改为东北银行干部学校，由章梦生同志任校长。

1950 年 6 月，东北银行总行决定在东北银行干部学校的基础上扩建东北银行专门学校，并拨款东北币 ① 5 亿元作为建校经费。1950 年 7 月 25 日，干部学校从沈阳迁到长春市人民广场银行大楼。经过近两个月的筹建，9 月 15 日东北银行专门学校成立，新中国第一所金融高等学校在长春诞生。

东北银行专门学校担负为全国培养金融管理干部和专业人才的任务。学校设有专科、高职科和初职科。学校师资力量较强，在统计学教授赵希献等影响下，不断提高教学质量，带出一批教学新生力量。

1953 年初，在东北银行专门学校的基础上，成立了中国人民银行长春银行学校，校址仍在长春市人民广场银行大楼。1954 年，中国人民银行总行对下属银行学校进行调整，撤销了苏州银行学校、山东银行学校、旅大银行学校，将学

---

① 东北币是 1945 年起由东北银行发行的纸币，流通于东北解放区。1951 年 4 月起按东北币 9.5 元折合旧人民币（1949 年发行的第一套人民币）1 元的比价收兑。

生并入长春银行学校。1958 年 3 月，中国人民银行总行和吉林省分行决定，将吉林省银行干部学校并入长春银行学校，进一步加强和充实了长春银行学校的师资力量。

1957 年 2 月，长春银行学校由长春市人民广场银行大楼迁到斯大林大街 82号。随着办学条件的改善，到 1958 年 6 月，中国人民银行长春银行学校拥有教职工近 200 人，在校学生近 800 人，建立和完善了各项规章制度，一所正在规划的中等专业学校已初具规模。

1958 年 9 月 29 日，吉林省人民委员会第二次会议决定：吉林财贸学院正式成立，中国人民银行长春银行学校停办。建院初期，由毕业于清华大学研究院，曾任上海财经学院教授，著有《统计学通论》《统计学》的王思立教授担任统计教研室主任。该校在"文化大革命"中被撤销，1978 年恢复，2010 年更名为吉林财经大学。

（二）辽宁财经学院（东北财经大学前身）

1948 年 11 月，东北全境解放。根据经济恢复和建设的需要，东北人民政府先后接收和兴办了多所培养财经管理干部和专业人才的高等院校，主要有东北商业专门学校、东北财政专门学校、东北银行专门学校、东北合作专门学校、东北计划统计学院等 5 所。

东北商业专门学校由东北人民政府于 1948 年 11 月在接收的原辽宁省立沈阳商科职业学校的基础上建立而成，校址先在沈阳，后迁到长春。学校设有统计、国内贸易经济、对外贸易经济、合作经济、会计和俄文 6 个系及 1 个高职部。历任校长有丁克坚、熊飞、苏桓，副校长为袁君时、温耀中。东北商业专门学校统计学系成立之初，聘任复旦大学唐启贤为系主任，教师队伍来自上海交通大学、复旦大学、东南大学、东北大学及原中央大学，1950 年 7 月开始招生。到 1951年 6 月，统计学系已有 3 个班 98 名学生。

1950 年 3 月，东北财政专门学校成立，设有统计教研组。同年 8 月，东北人民银行总行在长春创办了东北银行专门学校，设有银行借贷、银行会计、银行统计 3 个专修班和 1 个高职班，拥有多名统计教师。1951 年 8 月，东北人民政府经济计划委员会在沈阳创办了东北计划统计学院，院长由东北人民政府经济计划委员会主任顾卓新兼任，副院长林里夫主持日常工作，下设经济计划、统计 2个系以及 1 个速成部（专修科）。

1952 年 10 月，在全国高等院校院系调整中，5 所院校中的东北计划统计学院、东北财政专门学校、东北银行专门学校合并，成立东北财经学院。校部设在沈阳南昌街，在南湖和南昌街两地上课。东北财经学院的第一任院长为饶斌，第一任党委书记为董桂林；开始设有经济计划、统计、财政信贷等 3 个系，另有 1 个专修科。统计学系负责人是古鸿齐。

1953 年 8 月，根据高等教育部全国高等学校院系调整计划，东北商业专科学校（即更名前的东北商业专门学校）和东北合作专科学校（即更名前的东北合作专门学校）并入东北财经学院，相应的计划、统计系科也合并到东北财经学院相关的经济计划和统计学系中。这样，早期的 5 所财经学校都合并到东北财经学院中。9 月，东北财经学院合并工作基本完成，院部迁到沈阳北陵原东北合作专门学校校址。全院调整为 6 个系 10 个专业，6 个系为财政信贷系、经济计划系、贸易系、统计学系、会计学系、合作社系，其中，统计学系设工业统计、贸易统计 2 个专业，负责人为邢殿忱。不久，统计学系重组，系主任为时中，党总支书记为邢殿忱，全系设统计学原理、经济统计、工业统计、贸易统计 4 个教研组。教师队伍扩大到 50 多人，统计专业学生 300 余人。

1954 年 6 月，东北人民大学（现吉林大学）的工业经济专业和东北工业会计统计专科学校的工业统计、工业会计专修科并入东北财经学院，学校设国民经济计划、工业经济、统计、财政信贷、贸易经济等 5 个系。

1958 年 7 月，教育部决定将东北财经学院移交给辽宁省领导，与沈阳师范学院、沈阳俄文专科学校合并成辽宁大学。统计学系更名为计划统计系，系主任为佟哲晖，副主任为王积业。这时教职工近 50 人，本科生和专修科学生近 800 人。

1959 年 8 月，辽宁省委决定，将辽宁大学计划统计系、财政系以及农业经济、工业经济和贸易经济专业与辽宁商学院合并成立辽宁财经学院。同月，计划统计系的全体教职工和学生连同有关教学设备、图书资料等与其他两系由沈阳迁至大连。辽宁财经学院于 1959 年 9 月正式开学，佟哲晖为计划统计系主任，全系教职工 30 多人，在校生 400 多人。

"文化大革命"期间，辽宁财经学院得以保留，成为"文化大革命"前 18 所财经院校中硕果仅存的一所，1972 年开始招收工农兵学员；1985 年更名为东北财经大学。

（三）中央财政金融学院（中央财经大学前身）

中央财政金融学院的前身是 1949 年 11 月创办的华北税务学校，1950 年 2 月改名中央税务学校。中央财政学院 1951 年 9 月成立，1952 年 6 月中央税务学校并入中央财政学院。

在全国院系调整期间，1952 年 8 月，中央财政学院与北京大学、清华大学、辅仁大学、燕京大学的经济系科合并成立中央财经学院。1953 年 4 月，部分师资根据财政部安排组建中央财政干部学校。1953 年 8 月，中央财经学院的师资调整到中国人民大学、北京大学等校，中央财经学院撤销。1958 年 12 月，中央财政干部学校与中国人民银行总行干部学校合并组成中央财政金融干部学校，1960年后与中央财政金融学院一套人马两块牌子，1969 年被迫停办，1978 年 2 月复校。1979 年中央财政金融干部学校重新挂牌，1983 年更名为中央财政管理干部学院。中央财政金融学院的牌子在 1960 年 1 月—1996 年 5 月一直存续，1996 年 5 月16 日更名为中央财经大学。1998 年 12 月中央财政管理干部学院并入中央财经大学。

（四）北京对外贸易学院（对外经济贸易大学前身）

该校前身为高级商业干部学校，创建于 1951 年，受中央人民政府贸易部和教育部双重领导。1952 年，中央人民政府贸易部撤销，学校划归对外贸易部，受中央人民政府对外贸易部和教育部双重领导。同年，学校设立零售会计统计师资训练班。零售会计统计师资训练班为期 4 个半月，旨在培养既能教学又能做业务的干部。培训班约 100 人，学员主要由各大区业务部门选送。学员入学前必须参加文化考试，要求达到初中毕业水平。1953 年，学校更名为北京对外贸易专科学校，由高等教育部委托中央人民政府对外贸易部领导。刘伯午由中国人民大学调入，至此，学校有了专职统计学教师。1954 年，中国人民大学贸易系对外贸易专业并入北京对外贸易专科学校，中国人民大学陈及时同时调入，以北京对外贸易专科学校为基础成立北京对外贸易学院。

李志伟是学校早期著名教授，毕业于西南联合大学经济学系，1944 年考取第六届庚款留美公费生，师从诺贝尔经济学奖得主弗里德曼（Friedman），1951年获芝加哥大学经济学博士学位，回国后在对外经济贸易部研究所工作，1964年调入北京对外贸易学院。

该校 1984 年更名为对外经济贸易大学。

（五）北京经济学院（首都经济贸易大学前身）

1956 年成立的北京劳动干部学校和北京实验工人技术学校，在全校设置统计学课程。1958 年 10 月，经劳动部批准两校合并成立北京劳动学院，1962 年开始招收统计学专业专科生。1963 年 2 月，国务院批准以北京劳动学院为基础成立北京工程经济学院（国文办张字 88 号）。同年 6 月 7 日，国务院批准将北京工程经济学院改名为北京经济学院（国文办字 409 号）。

20 世纪 50 年代到“文化大革命”前，陈允明、刘厚普、傅春生、王持位、徐叔赓、吴浦月等从中国人民大学、北京工业大学、河北大学等校调入，成为北京经济学院统计学科的骨干。

1969 年，学校停止招生，教师全部下放到五七干校。1972 年教师返京，暂归北京工业大学管理。1974 年，北京经济学院恢复，开始招收工农兵学员；同年成立计划统计系，师资由中国人民大学计划统计系的部分教师和北京工商管理专科学校的部分教师组成。同年，北京经济学院成立人口研究室，地点仍在中国人民大学校内北五楼，统计学系戴世光、杨学通、刘铮、邬沧萍、查瑞传、林富德等开始人口统计和西方统计理论的研究与介绍，产出了一批研究成果。1978 年中国人民大学复校后，人口研究室回到中国人民大学，组建人口学系。

20 世纪 50 年代调入的统计教师成为北京经济学院统计学科的骨干。1995 年，该校与北京财贸学院合并为首都经济贸易大学。

（六）北京商学院（北京工商大学前身）

北京商学院的前身是 1950 年初创建的中华全国供销合作总社干部学校和 1953 年创建的中央商业干部学校，1944 年毕业于重庆大学统计专业的杨遵庆等在此任教。1958 年，中华全国供销合作总社干部学校合并到中央商业干部学校。1959 年，商业部经国务院批准成立中央商学院，1960 年更名为北京商学院，中央商业干部学校并入。学校以商业统计为主，统计成为商业管理的主要量化工具。1969 年北京商学院因"文化大革命"停办，1978 年经国务院批准恢复招生。1999 年，北京商学院与北京轻工业学院合并，机械工业管理干部学院并入组建北京工商大学。

（七）河北财经学院（天津财经大学前身）

1958 年，南开大学的统计、会计两专业与天津商业学校合并组建河北财经学院，属于统计、会计专业的全体学生及部分教师调入该校。计划统计系是建校时最初设置的 5 个系之一，始终为学校的主力学科。

建校时统计学专业的师资主要有：来自南开大学的杨曾武、刘儒、李惠村、周逸江、张鼐、张万程；来自天津市财经学校的姜树荃、陈志成、郭时达；等等。建校初期，由其他院校引进若干教师充实师资力量：1963 年从内蒙古引进萧嘉魁、刘伯午、许金泉；1959 年引进中国人民大学统计学系青年教师徐衡。同时，本系培养的部分优秀毕业生留校任教，如 1960 年毕业的于玉林、1961 年毕业的杨胜明（杨圣明）、1964 年毕业的周恒彤，成为师资中的有生力量。

这一时期，河北财经学院统计学科拥有一批全国知名的年富力强的统计学名师。首任系主任杨曾武毕业于燕京大学经济系，在统计学基本理论上早有建树，在国内统计学界已有重要学术地位；萧嘉魁毕业于西南联合大学，毕业后留校在经济系任教，曾赴美留学，获哥伦比亚大学硕士学位，对西方经济学、西方统计学有深厚造诣；周逸江专攻数理统计与数量经济；李惠村潜心研究统计史；刘伯午在外贸统计中自成一家；刘儒、姜树荃、张万程、陈志成在经济统计学方面深有造诣。诸位名师在国内统计学界均有重要影响。

计划统计系设国民经济计划（简称计划）、统计学2个专业。1961年，工业经济系撤销，工业经济专业并入计划统计系。

1966年5月，"文化大革命"开始，河北财经学院的教学活动与招生工作全面中止。1962—1965年入学的4届学生于随后几年相继毕业。这一阶段，计划统计系领导班子和组织架构基本未变，下设统计、计划、工业经济3个教研室。1969年10月，河北财经学院更名为天津财经学院。随后，学校师生先后下放到五七干校和农场进行劳动锻炼，直至1970年夏返校。

1970年秋，受"文科没有必要办大学"思潮的影响，天津财经学院由本科降格为中专，更名为天津市财经学校，只保留外贸、金融、财政、工业会计、工业计划统计、商业企业管理专业。此时，校内已经没有学生，部分教师到工厂学习生产过程和会计核算实践。

1971—1972年，该校连续招收中专生，学制两年。期间，1971年工业计划统计专业招收2个班，除完成校内教学，也在教师带领下到一机局等政府部门实习统计工作。1972年，工业计划统计专业和工业会计专业各招收1个班。1973年未招生。

1974年7月，国务院批准天津市财经学校恢复为高校建制，复名为天津财经学院。计划统计系更名为工业管理系，是学校4个系部之一（另外3个为商业经济系、财政金融系、对外贸易系）。同年秋，学校开始按照"自愿报名，群众推荐，领导批准，学校复审"的原则招收工农兵大学生。

该时期，工业管理系下设工业计划统计（简称统计）、工业会计（简称会计）2个专业。1974—1976年，连续招收3批工农兵学员，其中会计专业每年招收2个班，统计专业每年招收1个班。统计专业招生情况为：1974年，招收统计7401班，44人，1977年毕业；1975年，招收统计7502班，46人，1978年毕业；1976年，招收统计7603班，39人，1980年毕业。同期，学校还开办了各类短训班和进修班。

1977年，天津财经学院恢复统计学专业本科生招生，是"文化大革命"后较早恢复招生的财经类院校之一。2004年天津财经学院更名为天津财经大学。

（八）上海财经学院（上海财经大学前身）

上海财经学院统计学科创建于1946年。在民国中央大学商学院时期，1928年设立了统计实习室，供学生实习之用。在国立上海商学院前期，学校聘请统计学家金国宝为教授。1946年7月上旬，正在复员的国立上海商学院呈请教育部，拟增设统计学系。同月 12 日，教育部电令学院，准予增设统计学系。8 月，学院聘请邹依仁为统计学系主任。[①]

系科始建，统计专任教师不多，根据开课需要聘请兼任教师。各类设施也相当简陋，没有专门的资料室和计算机室。系办公室里，只有两三个放有统计方面书刊的书柜，另有 10 台左右手摇和电动的计算机。[②]课程体系和课程内容基本上仿效欧美国家，开设统计学、高等统计学和数理统计等必修课程。学校非常注重统计课程的实习，在校舍不敷应用的情况下，仍然设法辟有统计实习室。[③] 1947年 5 月，学院成立统计学会，负责人为高锦泉，指导老师为邹依仁。

1946 年 9 月，统计学系录取第一批新生，共计 39 人。1947—1950 年每年招收学生 20 余人。1950 年，首届统计学毕业生共计 15 人，分别是：蔡瑾、吕舜麟、陈福临、郑汉民、毕铸池、陆开祺、严志坚、俞剑华、杨本全、徐庚林、孔德谔、曹泽菁、刘杭、张有年、林霏莹。[④]

1950 年 8 月初，国立上海商学院更名为上海财政经济学院（以下简称上海财经学院）。同月 29 日，华东军政委员会教育部部长吴有训在给学院的公文中称："私立上海法学院因经济困难，曾一再请求我部补助，兹经与该院院长褚凤仪商得同意，经呈请中央人民政府教育部批准，决定将该院经济、银行、会计、统计四系及会计统计、银行二专修科暨附属中学并入你院，该院江湾路校舍由你院进行接管，褚凤仪先生参加你院院务委员会。"[⑤]此次并校开启了学校院系调整的序幕。

1952 年，我国开始了大规模的院系调整。这年 8 月，有 4 所高校的统计系科和相关教师随着院系合并调入上海财经学院。其中，复旦大学财经学院的统计学系及统计专修科整体并入，调入的统计学系教授有薛仲三（系主任）、崔明奇、厉德寅，统计专修科的教授有金国宝（科主任）、柴作楫。山东财经学院统计专修科并入，朱祖晦教授、贾宏宇副教授调入。浙江财经学院的会计系并入时，主攻统计学的朱君毅教授、郑德如副教授也同时调入。震旦大学法学院夜专修科中

① 邹依仁（1908—1993），先后就读于法国巴黎大学统计学院、美国密歇根大学研究生院，获文学硕士、理学硕士学位；1938 年回国后，历任上海复旦大学统计专修科主任兼统计教授，重庆中央大学、重庆大学教授，南京中央大学经济系教授，国立上海商学院统计学系主任等。

② 上海财经大学校志编审委员会. 上海财经大学志稿（1978—2006）[M]. 上海：上海财经大学出版社，2007：220.

③ 上海财经大学档案馆. 上海财经大学校史档案资料选辑（1914 年—1950 年）[M]. 上海：上海财经大学档案馆，2003：332.

④ 上海财经大学校志编审委员会. 上海财经大学 90 年（1917—2007）[M]. 上海：上海财经大学出版社，2007：211.

⑤ 内部刊物文章：张次博. 高校院系调整与上海财经学院的兴盛 [J]. 财经高教研究，2009（4）：1-9.

的统计专修科并入，王思立教授、蒋士驹副教授调入。① 多所高校统计系科教师调入，使上海财经学院统计学科实力大大增加。

名师云集可以说是这一时期统计学科的一个重要特点。在 1956 年进行的教授定级中，统计学科的二级教授有邹依仁、褚凤仪；三级教授有金国宝、陈善林；四级教授有王思立、朱君毅。6 位教授中 4 位有海外留学背景：除邹依仁外，褚凤仪曾留学日本、法国和德国，朱君毅和金国宝留学美国。除了上述知名教授外，还有一位教授虽然在校工作时间只有短短两年，但对该校统计学科的发展也起了很大的作用，他就是薛仲三教授，曾留学美国，获约翰·霍普金斯大学卫生统计学专业医学硕士学位，1952 年从复旦大学调入，担任统计学系主任。

在这一阶段，我国借鉴苏联高等教育教学模式，对高校的教学模式进行改革。学校统计学科的教学改革主要表现在如下几个方面：第一，设置专业。1952年 9 月，上海财经学院设置工业统计专业，从 1954 年起，工业统计专业改为统计学专业。第二，仿效苏联高校设置教学内容和课程体系。当时苏联统计学界排斥财经院校开设数理统计课程，认为其属于数字游戏。因此，在这个时期，学校没有开设数理统计学及其分支课程。统计学原理，工业、农业、商业等部门统计学和经济统计学是统计学专业开设的主要课程。其中，统计学原理课程主要是论述与编制、检查、分析国民经济计划有关的方法和理论，内容比较单薄，方法比较简单，对数学的要求不高，难度不大。各个部门统计学和经济统计学基本上是统计实务的阐述，理论性不强。② 第三，建立基层教研组织，加强教学管理。1952 年 9 月，统计学系下设教研组。在 20 世纪 50 年代，统计学系设有统计学原理教研组、工业统计教研组、贸易统计教研组和经济统计教研组等。贸易统计教研组于 1958 年出版了教材《商业统计学》，该书的前言说明："本书是我们在学习苏联的基础上，遵循理论联系实际的方针，结合现行商业统计制度，参阅有关商业统计书刊，并根据历年教学经验，进行编写的。"③

随着国民经济的恢复，统计人才的需求增加，学校招生人数也逐年上升，1957 年，学校统计系招收学生 148 人，分成 4 个班级。④ 1958 年 6 月，上海财

---

① 内部刊物文章：张次博. 高校院系调整与上海财经学院的兴盛 [J]. 财经高教研究，2009（4）：1-9.

② 上海财经大学校志编审委员会. 上海财经大学志稿（1978—2006）[M]. 上海：上海财经大学出版社，2007：220.

③ 上海财政经济学院贸易统计教研组. 商业统计学 [M]. 上海：上海财政经济出版社，1958：前言 1.

④ 上海财经大学校志编审委员会. 上海财经大学志稿（1978—2006）[M]. 上海：上海财经大学出版社，2007：220.

经学院与华东政法学院（今华东政法大学）、复旦大学法律系、中国科学院上海经济研究所、上海历史研究所合并成立上海社会科学院。上海财经学院三届在校学生转入上海社会科学院继续完成学业，至1961年最后一届学生毕业。

1960年，上海财经学院重建，校名由上海财政经济学院更改为后所习称的上海财经学院。上海社会科学院原财经系科的180名教师、干部调入学院。恢复建校后学校没有专门设置统计学系，而是在其他学系开设统计学相关专业。1960年，学院贸易经济系包括商业经济、商业财会、商业计统3个专业；工业经济系包括工业经济、工业财会和工业计统3个专业；夜校还设有统计专修科。[①] 1962年，学院对系和专业进行调整，共设6个系、9个专业，其中会计统计系下设会计学和统计学专业，设有工业统计教研组和商业统计教研组。[②] 在这一时期，会计统计系副主任贾宏宇分管统计学专业。随着经济建设的恢复、发展，统计学专业师资队伍、学生人数以及教学、科研、图书、设备等均有稳定发展，直到1972年统计学专业随学院一起被撤销。

1978年，上海财经学院复校。在复校之初设立的5个系6个专业中就有统计学系和统计学专业。1985年学校更名为上海财经大学。

（九）江西财经学院（江西财经大学前身）

1923年秋季，江西省立商业学校创立于南昌市系马桩。依托民族工商业方兴未艾、商业教育蓬勃发展的背景，学校设立会统科、银行会计科、财政信贷科等多门学科进行人才培养。1934年，学校已全部实行五年制，普通课程与专业课程相结合，统计学就作为当时为数不多的专业课程之一进行讲授。

1937年全面抗日战争爆发，学校被迫频繁搬迁。1946年1月，学校全部迁回南昌，会统科随着学校一道经历了战后重建、百废待兴的时期。1947年，学校不仅恢复了旧观，而且呈现出了新气象，统计学专业也得到了较好的发展：不仅学校向江西省会计处、统计处、省银行及兴业公司推介毕业生，而且在江西省立商业学校从创办到1949年的26年间，会统科毕业生中的绝大多数从事财会、统计等经济管理工作，成为政府机关、科教单位及企事业单位的领导或骨干。

1950年9月，江西省人民政府决定在原有基础上组建江西省立财政经济专科学校，接受江西省教育厅、江西省财经委员会的双重领导。根据建制安排，由教务处下设统计科，负责统计教育教学工作。统计科隶属于学校大专部，于

---

① 上海财经大学校志编审委员会. 上海财经大学90年（1917—2007）[M]. 上海：上海财经大学出版社，2007：257.

② 喻世红. 图说上财：1917—2007 [M]. 上海：上海财经大学出版社，2017：171.

1950 年夏开始招收 1 个班，合计 35 人。从 1951 年 9 月至 1954 年 2 月前后有两届专修科毕业生 70 人，由国家统一分配，参加统计工作。

1954 年 2 月，江西省人民政府将江西省立财政经济专科学校予以撤销，改为江西省财政学校。随后于 1954 年，在国家统计局与高等教育部、财政部的协商下，在江西省财政学校基础上成立国家统计局南昌统计学校，学校由此进入了一个新的发展时期。此后，衡阳统计学校于 1955 年 1 月并入。1954—1958 年这 4 年中，学校利用更名为"中央人民政府国家统计局南昌统计学校"并由国家统计局直接领导的契机，成立专门的统计学科委员会，初步搭建起了统计学的学科平台。

这一时期学校开设的统计学专业课仍为主要的教学任务，包括统计学原理、统计理论、农业统计、工业统计、商业统计、其他行业统计等。南昌统计学校自 1954 年秋开始招生，历届招收初中毕业生，学制三年。1958 年在校学生人数达 650 人。1954—1958 年，学校先后为国家培养了中等专业统计人才共计 1 261 人。

1958 年 5 月，江西省在向国务院提交的报告中提出：以国家统计局南昌统计学校为基础创建江西财政经济学院。计划统计系作为学校 1959 年开展本科教育首次招收本科生的 3 个院系（即贸易经济系、财政信贷系、计划统计系）之一从此诞生。

1962 年，江西省委根据中央"八字"方针以及"集中统一、缩短战线、精兵简政、厉行节约"的指示，决定对省内的一些工厂、学校实行调整或"下马"。在这一形势下，江西财政经济学院于 1962 年 7 月同全国大部分地区的其他高校一样奉命"下马"，改为江西省财政贸易学校（1965 年又改为江西省财贸干部学校），归属江西省委财贸政治部领导，同年停止本、专科生的招收工作。在高等教育遭遇如此严重打击的情况下，计划统计系在学校更名后仍然继续承担原招收的 3 届学生的教学任务。1958—1966 年这 8 年中，共培养了 483 名本科生和干部专修生。1966 年"文化大革命"开始后，学校的发展遭到了严重的打击，随着全国大部分高校被迫"下马"，江西省财贸干部学校也被迫停办。

1976 年，"文化大革命"结束，计划统计系迎来了复立的重要契机。1978 年 12 月，教育部以〔78〕教计字第 1427 号文件批准同意在江西省财贸干部学校的基础上改建江西财经学院，计划统计系也随着江西财经学院的恢复成为学校最早恢复和建立的 4 个系之一。

1996 年，江西财经学院更名为江西财经大学。

（十）安徽财贸学院（安徽财经大学前身）

1959 年安徽财贸学院建立，1961 年由合肥市迁至蚌埠市，后归全国供销合作总社管理。统计学科最早可以追溯到建校时期的计划统计教研组，当时开设的主要课程有统计学原理（华伯泉）、部门统计（胡功亮、吴彬）、商业统计（文昭义）、外贸统计（杨寿标）等。1962 年开始招收计划统计专业本科生，学制四年。1963 年 3 月，计划统计专业更名为统计学专业。当年统计学专业招收 1 个班，学生 42 人，其中男生 37 人，女生 5 人。1966 年 3 月，安徽财贸学院更名为安徽商学院。1970 年 9 月，安徽商学院撤销，改办中技学校，更名为安徽省财经学校；1978 年恢复为安徽财贸学院，开始招收统计学专业本科生；2004 年更名为安徽财经大学。

（十一）中南财经学院（中南财经政法大学前身）

1951 年 3 月，学校前身中原大学财经学院就创建了统计学系并下设学制为两年的统计学专业，其所成立的统计教研室为当时全院 8 个教研室之一。季啸风为首任系负责人，当时为了理论联系实际，特将统计教研室设在当时的中南军政委员会财政经济委员会（简称中南财委）统计处内，由陶然处长兼任教研室主任，董友松、李德堃任教研室主任助理。1952 年 6 月，统计教研室由中南财委迁回学校。1952—1953 年的全国院系大调整中，中原大学财经学院与中南六省的中山大学、湖南大学、河南大学、南昌大学、广西大学、中华大学等一批高校财经学科的师资力量和图书资料合并成立中南财经学院，学院把原有专业调整为统计等 6 个系及统计等 10 个专业，成立工业统计、贸易统计等 14 个教研室（组），统计学专业也汇集了中南各省高校统计学师资、图书和设备，统计学系下分工业统计、农业统计和商业统计 3 个专门化，系主任为杜润生，刘奇为副主任。1956 年刘奇担任系主任一职。全系共有教授 7 人，副教授 3 人。其中，李蕃教授早年留学法国，新中国成立前曾任复旦大学商学院统计学系主任，是我国早期统计学系的创办人之一；陈正模、王祥麟、刘叔鹤、李茂年、刘奇、孙振声、涂葆林、熊大凤、崔之庆、董友松、宁克庭、尚振礼、暴奉贤、李德堃等教师都是当时主要的学术骨干和师资力量。统计学科的师资力量和水平得到了进一步的巩固和提高。为了进一步提高统计学科的师资队伍水平，中南财经学院统计学系自 1952 年起陆续选派了孙振声、涂葆林、熊大凤、尚振礼、崔之庆、张庚秋、刘都庆、周兆麟、陆华铎、何良俊等赴中国人民大学攻读研究生，成为学校统计学科师资队伍中承前启后的重要力量，形成了在中国统计学界有重要影响的学者群体。

这一时期虽然为学校统计学科的开始阶段，但老一辈统计学家们的育人思想和学术贡献，为学科未来发展奠定了坚实的基础，其代表性的学术思想和学科特色主要表现在：

（1）注重理论联系实际，培养国家急需人才。

针对当时新中国百废待兴、人才奇缺的状况，统计学科主要招收统计学、工业统计、贸易统计、农业统计等专业的一年制干部专修科、函授生，为体现学以致用，将统计教研室设在中南财委统计处内，为国家培养了大量有用人才，如原农业部长刘中一，就是统计学系 1952 年的毕业生。李茂年 20 世纪 50 年代初在长沙市进行了新中国成立后的早期职工家计调查和农户收入调查，堪称理论联系实际的典范。

（2）吸收百家学术观点，容纳各路统计贤才。

当时统计学科的师资力量在学校是最强的，李蕃、刘叔鹤留学法国，谢心正是留学美国的印度尼西亚归国华侨，杜润生有到印度工作的经历，王祥麟、李茂年、熊大凤等也曾在高校执教多年，为国家建设培养人才。他们所创建的良好的学术氛围一直影响着几代统计教育工作者，他们为后人做出了榜样。

（3）学术队伍承先启后，学识知识取长补短。

这一时期的师资队伍经历了不同年龄、不同层次的相互融合、共同建设的过程，既有新中国成立前任教并留学归来的知识分子，又有新中国成立初期刚参加工作的年轻学者；既有旧中国按西方统计理论培养的统计人才，也有新中国按苏联模式培养的研究生。但为了同一学科的发展，为了祖国的建设，他们团结合作，扬长避短，共同培养了一大批国家急需的人才。

1958 年下半年，以中南财经学院、中南政法学院为基础合并中南政法干校、武汉大学法律系成立湖北大学，统计学系与国民经济系合并成立计划统计系，王祥麟任系主任，崔之庆任副主任。学校在合并后继续招收统计学专业本科生，同时招收统计学专业的函授本科，函授生遍及河南、湖南、广东、广西各省份。当时的统计学专业教师达 30 多人，统计学专业在校学生达 180 多人。统计学科的师资力量和实力得到进一步加强。

"文化大革命"中，湖北大学被撤销，统计学的师资也随之损失殆尽。1971年 12 月，在原湖北大学基础上成立湖北财经专科学校，统计学专业在工业经济、商业经济、农业经济、计划财政 4 个系下分别招收了学制两年半的工业统计、商业统计、农业统计和综合统计等 4 个专业的专科班，并相应成立 4 个专业的统计教研室，统计学师资又得以重新整合和发展。统计学科的专业方向涵盖了按国民经济划分的各主要部门。

这一时期的后一阶段虽然是统计学科发展乃至整个学校学科发展的困难时期，但在前期仍然有一些重要的学科发展特色和思想留在学科发展历史上，这主要体现为：

（1）重数理统计和经济统计的融合，加强对外交流。

针对旧中国统计学（主要为数理统计学）与新中国初期苏联专家所传授统计学的内容，不同教师根据自己所长相互配合，注重中国实际和学科的发展。同时，这一时期，尚振礼还被选派到越南中央财经学院讲授统计学课程，为统计学科对外交流活动的开始。

（2）教材建设取得重大突破。

这一时期的重要特点之一就是由使用苏联教材转变为自编教材。如1960年湖北人民出版社出版刘奇、涂葆林、尚振礼等人合编的《工业统计学》，兄弟院校多用作教材，在学术界影响较大，反映良好。20世纪六七十年代校内使用的《国内贸易统计学》等教材，使用面覆盖当时商业部的师资培训，干部进修，本、专科教学等，反映良好，影响较大，使学校有能力成为改革开放后全国第一本《商业统计学》统编教材的主编单位。

（3）深化理论联系实际并取得丰硕的成果。

这一时期的学科发展与我国的政治运动紧密相联，但同时又体现出学校性质和学科特色。首先，选派教师到武汉市统计局各科室工作研究，到厂矿去工作调研，增强教师理论联系实际的能力，提高教师专业水平。其次，加强对在职统计队伍的教育培训工作，提高统计工作者业务水平的同时，也使教师了解实际统计状况。最后，教师运用理论解决实际问题的能力得到提高，并取得良好效果。例如李茂年20世纪60年代初研究抽样调查技术，对国家农产量调查方案提出了许多修改意见，做了许多开创性的工作；对于湖北地区风压的研究，解决了建筑设计和气象部门的实际问题。这种利用专业知识和特点进行教学科研的研究方法，对推动我国统计科学的发展做出了贡献。

1978年学校复校为湖北财经学院；1985年更名为中南财经大学；2000年与中南政法学院合并，组建中南财经政法大学。

（十二）湖南财贸学院（2000年并入湖南大学）

1958年12月，湖南省财政干部学校、湖南省粮食干部学校、湖南省统计干部学校、中国人民银行湖南省分行干部学校及湖南省商业干部学校等5所财经类干部学校合并，组建成立湖南省财政贸易干部学校，校址为岳麓山下的石佳冲。

1960年，湖南财贸学院在湖南省财政贸易干部学校的基础上成立，属本科院校，为湖南省属高等学校，并于当年招收了学院首届学生。1966年，"文化大革命"开始后，学院停止招生。

1978年12月，教育部批示，同意在湖南财会学校的基础上恢复湖南财贸学院，更名为湖南财经学院。1979年1月，正式恢复建立湖南财经学院，归属湖南省领导，为省属高等学校。1980年1月，经国务院批准，湖南财经学院改由中国人民银行总行与湖南省双重领导，以中国人民银行总行领导为主，成为部属高等学校。1986年6月，湖南国际经济管理学院并入湖南财经学院。2000年湖南财经学院并入湖南大学。

（十三）四川财经学院（西南财经大学前身）

四川财经学院的统计学科源自 1925 年上海光华大学。统计学系是 1952 年 10 月全国院系调整成立四川财经学院时首批组建的 5 个系之一，是全国财经院校中最早招收统计学专业本科生的单位之一。师资队伍由院系调整前的重庆大学银行保险系、成华大学会统系、四川省立会计专科学校、川北大学、贵州大学及西南财经委员会等单位的统计学教师组成，共有教师 17 人，其中教授、副教授 6 人，暂由原成华大学副教授董辰秋主持工作。

1953 年，全国院系调整中，四川财经学院除从西南财经委员会调来刘心铨等 4 人外，又从先期并入重庆西南革大三处的重庆大学与求精商学院、重华学院转调孙宝钰、梁祯、瞿世荃、谢公亮等教授及副教授、讲师、助教等 19 名教师到成华大学，加上其他途径调入的部分教师，使当时全系教师总数达到近 40 人，其中教授 9 人、副教授 6 人、讲师 8 人、助教 16 人，刘心铨任首届系主任。1955 年、1956 年前往中国人民大学进修的教师相继返校后，形成了中青年教师中的骨干力量。当时开设的主要统计课程有：统计学原理、经济统计、工业统计、商业统计、农业统计、基建统计、财政统计、人口及国民收入统计等。

1953 年，四川财经学院建立了系办公室和系资料室，并设立了统计原理和工业统计两个教研室。1960 年统计学系与会计学系合并，改名为核算经济系，杨佑之任系主任。1961 年四川省教委和省委高等教育部门指示将四川财经学院与四川科学技术学院（1960 年成立，设于财经学院，成为当时四川省内两块牌子一套机构的唯一院校）合并，更名为成都大学，原核算经济系与工业经济系、农业经济系、财政贸易系合并为计划经济系，杨佑之任系主任，冯家禄任党总支书记。1963 年计划经济系撤销，成立会计统计系，杨佑之任系主任，李维汉任党总支书记。1960—1963 年这段时间，统计学虽未单独成系，但仍保留统计学专业。1965 年 9 月，会计与统计分开，恢复统计学系。刘心铨复任系主任。

1978 年秋复校后，四川财经学院即设统计学系，恢复招生；学校归属中国人民银行总行后，统计学系本科还增设金融统计专门化方向（1981—1986 年）。刘心铨任系主任。同时，应统计业务等部门的要求，为提高在职干部的理论水平，举办了统计专修科。1985 年学校更名为西南财经大学。1988 年统计学系更名为计划统计系。2000 年 9 月计划统计系更名为统计学系。2001 年 11 月学校撤系建院，成立统计学院。

（十四）山西财经学院（山西财经大学前身）

1958 年 9 月，山西省 5 所干部学校（银行干部学校、财政干部学校、供销合作干部学校、商业干部学校、粮食干部学校）合并为山西财经学院，毕士林等在校任教。1978 年初开始全国招生，是全国少数 1977 级招生院校之一。1978 年 9 月划归中华全国供销合作总社领导；1982 年改为商业部主管；1993 年又改为国内贸易部主管；1996 年又复归中华全国供销合作总社主管；1997 年与山西经济管理学院合并组建山西财经大学，实行省部共建共管；1999 年改由山西省主管。

（十五）内蒙古财经学院（内蒙古财经大学前身）

1960 年，绥远省工商厅贸易干部培训学校、内蒙古自治区工业干部学校、内蒙古自治区商业干部学校、内蒙古自治区财政干部训练班合并组建内蒙古财经学院，设置计划统计、财政、贸易、粮食 4 个系。萧嘉魁为计划统计系首任系主任。萧嘉魁毕业于西南联合大学，毕业后留校在经济学系任教，后赴美留学获哥伦比亚大学硕士学位，对西方经济学、西方统计学有深厚造诣；时任教师还有刘伯午、郑熔之、马延森、莫恒、杨莹等。

1962 年，内蒙古财政金融学校和内蒙古商业学校并入内蒙古财经学院。同年年底，内蒙古财经学院更名为内蒙古财贸干部进修学院，1965 年改建为内蒙古财贸学校，开设统计学课程的教师分散在各教学科。马延森等在工业教学科教授工业统计学；丁步崇、黄书铭等在商业教学科教授商业统计学。

1980 年经教育部批准，复建内蒙古财经学院，并于同年开始招收计划统计专业本科生。2012 年学校更名为内蒙古财经大学。

（十六）西北财经学院（陕西财经学院和西安交通大学前身）

陕西财贸学院 1960 年建院；1962 年与西北政法学院合并为西安政治经济学院；1963 年后再次独立为西北财经学院；1972 年与陕西省财会学校合并，降格为陕西省财经学校；1978 年复校为陕西财经学院；2000 年陕西财经学院并入西安交通大学。

陕西财贸学院时期，学院隶属陕西省人民政府领导，发展规模定为 3 500 人。实际招生时，受生源所限，实际在校学生规模为 600 余人。本科层次设有 6 系 8 个专业，6 系分别为工业经济系、贸易经济系、财政信贷系、粮食经济系、会计系和统计系，8 个专业是在独立建院前西北大学经济系工业经济、工业会计、工业统计 3 个专业的基础上，增加了贸易经济、贸易会计、财政、信贷、粮食仓储 5 个专业。这一时期，学院共有教职工 144 人，其中教师 83 人，17 个教学班，

104 门基础课和专业课，面临着教学任务重、师资力量不足、教材缺乏等矛盾和困难。对此，学院一方面制定了师资培养规划，加强了师资队伍建设；另一方面大抓教材建设，两年内就组织教师编写了 35 种约 300 万字的教材，基本满足了教学急需。

西安政治经济学院时期，在"办少办好、压缩规模、精减人员、提高质量"的原则下，陕西财贸学院部分的办学规模压缩为 1 000 人，在校学生规模压缩为 500 人，只保留了工业经济、贸易经济、财政信贷、统计 4 个专业。

西北财经学院时期，学院改属商业部和陕西省人民政府双重领导，发展规模定为 1 600 人，改设工业经济、贸易经济、财政信贷、统计 4 个系，工业经济管理、工业会计、贸易经济、财政、信贷、统计 6 个本科专业。这一时期，学院开始围绕教学工作开展科学研究和教材建设，在学院成立后的第一个学年，安排的 46 项科研课题就完成了 45 项；课程设置繁多而重复的现象得以改善，16 个教学班开设的基础课和专业课精简为 47 门。

陕西省财经学校时期，主要任务是为陕西财经战线培养财政、金融、会计、统计、企业管理等专业人才，发展规模定为 800 人，学制一年。这一时期，根据各地县和各业务部门的需要，校内外共举办了各种短训班 106 期，培训各类在职职工近 16 000 人。

在恢复并更名为陕西财经学院之前，时任学校领导和广大教师做了大量工作，特别是在如下三个方面：一是不管学院如何演变，师资力量基本得以保存，为此后开展专门的财经高等教育留下了宝贵的人才资源；二是有了固定校舍，结束了借住他校的历史。在西北财经学院成立之初的 1963 年 9 月，根据陕西省人民委员会办公厅 311 号文件，将陕西师范大学北院 20 808 平方米校舍和半个操场划给西北财经学院，也就是西安南郊大雁塔西侧的翠华南路 105 号所在地；三是改为中等财经学校以后，大批教职工饱含恢复重建的愿望和决心，为之积极奔走、努力准备。1975 年 4 月，财经学校领导小组应校内外的强烈要求向当时的陕西省革委会财政局报送了恢复财经学院的报告，但未获批准。直到 1978 年 4 月，陕西财经学院才得以恢复。

（十七）甘肃财经学院（兰州财经大学前身）

甘肃财经学院 1958 年在甘肃行政干部学校基础上组建，朱杰、刘斌等开设了统计学原理课程。1961 年学校停办。1972 年 11 月，在甘肃财经学院旧址成立甘肃省财贸学校，实施中专教育，1974 年招收统计学专业学生 50 人，1976 年招收商业统计专业学生 50 人。从 1974 年开始，甘肃省财贸学校开办短期培训班，其中统计班学员 100 名，商业统计班学员 188 名，银行统计班学员 45 名。1981

年甘肃省财贸学校更名为兰州商学院，2015年更名为兰州财经大学。

（十八）新疆财经学院（新疆财经大学前身）

新疆维吾尔自治区财贸学校在1957年7月成立之初就组建了计划统计专业科，下设计划教研室和统计教研室；原自治区干校本部及财经部隶属于各业务厅局的25人（其中汉族14人，少数民族11人）构成了当时的师资力量；这一年厦门大学计划统计本科毕业的杨恩瑜和陈炳林满怀建设边疆的热情，来到了计划统计专业科，成为该科的骨干力量。财贸学校成立后，招收计划统计专业中专学生，生源主要来自广东，283名学生分在当时的计划统计班，学制为2年。

1959年，在党的"鼓足干劲、力争上游、多快好省地建设社会主义"总路线的指引下，新疆维吾尔自治区财贸学校升格为新疆财经学院。计划统计专业科调整为计划统计系，并设置了工业统计、国民经济计划、农业统计和商业统计4个专业，在本科、大专和中专3个层次招生。

1961年1月，中共中央八届九中全会提出了"调整、巩固、充实、提高"八字方针。自治区党委和人民政府为了贯彻"八字"方针，精简机构，精兵简政，对自治区高校进行了相应调整。新疆财经学院在这一形势下，于1962年7月摘帽办中专，恢复自治区财贸学校建制。同年学校停招工业统计、国民经济计划、农业统计和商业统计4个专业，其中50%的教师精简至塔城地区、阿勒泰地区和乌鲁木齐市。

1964年商业计统专业开始招生，1966—1974年学校陷入瘫痪状态。1974年，财贸学校停止招生8年后恢复招生，首次招收工农兵学员。同年，计划统计系也开始招收中专生。

1977年恢复高考后，计划统计系是学校最早恢复设置的4个系部之一。1980年学校恢复本科招生；2007年更名为新疆财经大学。

1958—1960年，除了以上18所开设统计学专业的财经类院校外，部分省份在原有中专学校基础上升级建设或者新办高等财经院校，例如山东财经学院、贵州财经学院等，使得财经院校的数量很快超过20所。除了西部地区西藏、青海、宁夏、广西等少数省份，以及福建、浙江、云南等因各自省份综合性大学已经开设了统计专业而没有设立以外，其他省份都在这两年的大发展中创办了财经院校，培养统计人才的高校布局更加均衡、普及。

三、数理统计人才的培养

新中国成立后，"概率论与数理统计"学科属于数学学科的一个领域，只以若干门课程开设，但许宝騄、魏宗舒、徐钟济、周华章等几位20世纪三四十年代留学英美的博士和王寿仁、张里千等一直在默默准备，寻找机会开办数理统计专业和方向，为国家培养数理统计人才。

（一）北京大学

北京大学是我国最早开展概率统计教学科研的单位。1940年许宝騄从英国学成归来，任北京大学教授，讲授勒贝格积分、中心极限定理及相关的数理统计课程，并指导钟开莱、王寿仁等研究概率统计方面的问题。这是我国概率统计学科之肇始。

20世纪50年代初，许宝騄在北京大学开设了"分析讨论班"和"实变函数"两门课程。参加讨论班的有江泽培、赵仲哲及中国科学院的王寿仁、张里千、成平等。他指导的研究生赵仲哲于1951年毕业。

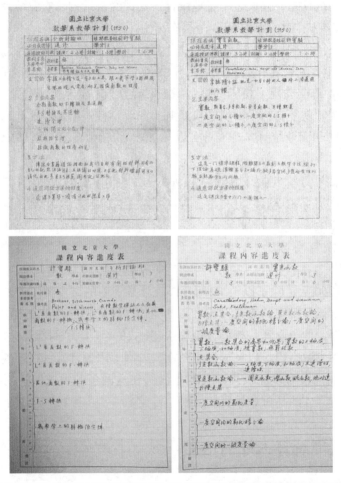

1950年许宝騄填写的"分析讨论班"和"实变函数"教学计划和课程进度表

　　在 1956 年制定的全国科学发展规划中，概率统计和计算数学、微分方程一起被列为数学的重要发展方向。为落实这一方面的科学规划，北京大学于 1956 年成立了概率统计教研室，许宝騄为首任主任并亲自主持"概率统计专门化"方向。当时学习苏联做法，把教研室主任看成很重要的学术职务，由校长颁发任免通知。同时从北京大学数学力学系挑选了 34 名四年级学生，中山大学和南开大学各选派了 10 名学生，共 54 名学生，作为国内第一届概率统计专门化的学生在北京大学学习。除了北京大学的原有教师外，还从中国科学院数学研究所抽调了王寿仁、张里千，从中山大学抽调了郑曾同、梁之舜等教师，加强专门化课程的教学力量，开设了测度论、概率极限定理、数理统计和马氏过程等专门化课程。这一有力的措施对我国概率统计教学科研队伍的形成和发展起到了巨大的推动作用。这一届专门化学生于 1957 年毕业，至"文化大革命"前共培养了 8 届约 200 名概率统计专门化毕业生，另有研究生 8 人，许多人长期活跃在教学科研第一线，成为我国概率统计事业的骨干力量，其中两人当选为中国科学院院士。

1961 年许宝騄（站立前排右 3）、江泽培（站立前排左 3）、
张尧庭（下蹲前排左 2）与专门化师生

　　对于北京大学 20 世纪 50 年代由许宝騄牵头的概率统计人才的培养过程，当时协助许宝騄的王寿仁在 1995 年撰文回忆道：

　　　　根据我国 1954 年制定的 12 年科学技术发展远景规划中关于发展数学的要求，1956 年秋在北京大学数学力学系开办了我国历史上第一个概率统计专门化，在此之前我国只是在社会科学方面开设了统计课。当时把北京大学、南开大学及中山大学数学系三、四年级的部分学生集中于北京大学进行学习，由北京大学许宝騄先生主持，集中了中山大学的郑曾同、中国科学院数学研究所的王寿仁、张里千及北京大学的赵仲哲诸位，开设的课程有：初等概率论、测度论及概率基础、中心极限理论和数理统计等。约在 1953 年数学所和北京大学就组织了非参数统计讨论班，1956 年又组织了以 Doob 书为基础的讨论班。这两个讨论班吸收了全国各大学选派的青年数学家参加，为以后在我国建立概率统计的研究打下了基础。为了推动概率统计的研究工作，中国科学院数学研究所于 1957 年以后两年间先后邀请了波兰专家费茨、乌尔班尼克，苏联专家邓肯及匈牙利专家瑞尼等到北京大学讲学。可惜由于当时正逢各种政治运动，学习受到严重干扰，这些专家的作用未得发挥。

1960 年以后逐渐恢复了正常秩序，北京大学高年级同学在许宝騄先生领导下重新组织了非参数统计讨论班，经过两三年的努力，这个讨论班造就了一批人才，获得了很有特色、水平很高的研究成果，以"班成"的名义发表了多篇论文。此外还开设了马氏过程讨论班，调查研究当时正在发展中的马氏过程与势函数理论。这一时期虽然许先生身患疾病，但他的指导作用非常重要，在讨论班上每隔一段时期，他就以精练的语言、统一的观点总结不同人关于同一方面的许多工作，使之脉络清晰并指出前进的方向。这一严谨的工作态度、缜密的思想方法及认真的作风，使讨论班的参加者受益良多。经过一段的努力，大家摸到了当时的国际动向，可以说工作开始纳入正轨。但好景不长，震惊中外的"无产阶级文化大革命"席卷中国大地，研究工作及教学完全停顿，而这一时期在国外，概率统计方面的研究却飞速前进，这使我们失掉了一个有利于赶上世界先进水平的时机。许先生也于 1970 年与世长辞，更使我国概率统计界失掉了一位良师。[①]

1956 年北京大学数学系毕业后留校担任许宝騄的助手的张尧庭也回忆了这段经历：

据我的了解，解放后 1956 年的全国第一次科学规划对中国的概率统计学科的发展起了根本性的转折。在此之前，许宝騄教授尽管在国际概率统计界有相当高的威望，但他在国内深感受到压力，自己曾一度想改行搞代数，是全国第一次科学规划确定了数学的三个重点学科：计算数学、微分方程、

---

① 北京大学内部刊物文章：王寿仁. 历史的回顾 [N]. 北京大学校刊，第 714 期，1995-09-15（2）.

概率统计，这样他才坚定地为发展概率统计尽自己的责任。当时集中了全国仅有的一些教师（中山大学的郑曾同、梁之舜先生及年青的助教），集中了中山大学、南开大学的学生（每校十名），到北京大学学习概率专门化，从课程设置、教材、教师都是许先生亲自筹划安排的。这一届学生 1957 年毕业，像徐光辉、夏起圣、胡迪鹤、董泽清、陈乃五等都在国内外有相当的影响。此后，每年都有 20 名左右的学生分在概率专门化，还有全国各地来的进修教师。可以说北京大学数学系是培养概率统计人才的一个基地和源地。许宝騄先生主持的讨论班是当时国内概率统计的学术交流中心，中科院数学所的人几乎都来参加，培养了一批又一批的人才。毫无疑问，北京大学的确能反映、代表中国的概率统计发展的水平。[①]

关于当时专门化所上的课程，当年的学生谢衷洁撰文回忆道：

概率论专门化开设的课程分为两类：一类是公共课，另一类是分支性的讲课。

1. 公共课：到了四上（大四上学期——笔者注），开始上一些课。记得有以下两门课由三位老师讲授：

A. 测度论：由当时来北大参加许宝騄讨论班的中山大学教授郑曾同先生讲授。听课的人数大概 20～30 人，地点在大饭厅对面一排平房里（后来为仪器厂所用）。讲课内容已记不大清楚，大概相当于 Loève 书的前几章。反正也不考试，所以自己测度论没学好。至今留下的印象是他把 Sigma 代数，按英文的 class 称为班，如"称 B 是一个班，是指其中的元素……"

B. 数理统计：听课的人数很多，记得是在一个大教室，大概有五六十人。分为两段教学：第一段由中科院的张里千先生讲授，内容主要是讲抽样和样本分布。

好景不长，上课没有多长，即宣布暂时停课，因为张里千先生要到张家口一带下放劳动。张先生下放劳动后还给我们全班同学来信讲述他的情况，印象中好像还比较正面，只记得他说当地老乡对他很好。

接替张里千先生讲数理统计的是中科院概率研究室副主任王寿仁先生。如今只记得他讲课的内容有参数估计和假设检验。王先生讲课很清楚，尤其统计思想。其特点是满口的英文名词：bias，orthonormal，等等。当时有影

---

① 北京大学内部刊物文章：张尧庭. 把统计科学推向新的高度 [N]. 北京大学校刊，第 714 期，1995-09-15（2）.

印的 Mood 的数理统计书作为参考书。

2. 分支性讲课：四下（大四下学期——笔者注）当时理论联系实际搞运动，分为许多小组活动。各分支根据联系实际的内容临时性地由教员讲一些有关的内容。

A. 序贯检验方法：记得我们有一些人由张尧庭带领到一家生产电器件的工厂（也许就是北京电子管厂）搞理论联系实际。可能是要对产品进行质量检验，张尧庭给我们讲了"序贯检验方法"。这是我第一次听到有关序贯检验的统计方法。

B. 信息论：江泽培先生从苏联回国后不久即带领马希文、王有志、谢衷洁到中科院电子所搞理论联系实际课题。先请电子所的专家讲一些无线电电子学和通信的基本知识，因为这是信息论的基础背景。记得当时讲到"谱"和"功率谱"时，我们学生都能接受。但是江先生反复问问题，搞不清楚。后来才知道江先生是搞不通"功率谱"和 Kolmogorov 理论中由泛函的 U 算子引出来的"谱函数"有何关系（后来当了教员经过钻研完全可以讲清楚二者关系，这是后话）。当时我们北大三名学生外，参加学习活动的还有科学院的章照止、夏起圣。[①]

云南大学原校长王学仁深情地回忆了 1958 年 8—9 月北京大学举办的"数理统计暑期讲习班"和当年 10 月举办的"数理统计教师进修班"：

1958 年 8 月至 9 月，北京大学数学（力学）系与中科院数学研究所联合在北大举办几个数学讲习班，其中有数理统计暑期讲习班，为期一个月，由清华大学周华章教授主讲"工业技术应用数理统计学"，来自全国高校和京、津科研单位的 50 余人听讲。施鼎钟、钱大同老师作辅导，王寿仁、徐钟济等先生也讲了几次课。一个月的时间里，周先生讲完了他全部的书稿，后经整理 1960 年由高等教育出版社出书，1964 年重印。在夏日炎炎的北京，周先生每天上午、下午连续讲课，累得满头大汗，课间到洗手间用水龙头冲洗，令人十分敬佩。课堂讲授结束后是实习，由周先生亲自带领讲习班的学员分别到北京国棉一厂、北京市砖瓦厂、林业部林科所等单位实习，使我们受益匪浅。

周华章教授是我国应用统计的开创者之一，在他的教诲和亲自带领下，

---

① 北京大学内部资料：谢衷洁. 关于 54 级概率论专门化的一些情况 [M]// 北大概率统计史料汇编. 北京：北京大学，2016：11.

讲习班的不少学员以后都在我国应用统计的舞台上英姿飒爽，大显身手。

关于数理统计教师进修班，王学仁继续回忆如下：

1958 年 10 月，由北京大学数学（力学）系与中国科学院数学研究所联合开办数理统计教师进修班。数学所进修班有来自全国高校教师 30 余人，北大进修班有葛广平（河北师院）、周思纯（贵州大学）、刘寿喜（安徽师大）、俞治平（辽宁大学）、黄显瑶（湖北大学）、林贤玖（西安交大）、林鸿庆（厦门大学）、林玉清（厦门大学）、余忠明（南京大学）、张朝金（陕西师大）、聂朝武（西南师大）、张文彬（陕西师大）、肖佑恩（武汉大学）、钱尚玮（南开大学）、王学仁（云南大学）等 16 人。两个进修班的教学统一安排。由王寿仁教授讲概率论（格涅坚科（Gnedenko）《概率论教程》），赵仲哲教授讲数理统计（克拉美《统计学数学方法》一书的前八章），张尧庭教授讲统计部分，江泽培教授讲"测度论"和"平稳随机过程"（尹文霖老师辅导）。

在 1958 年的那个年代，国内许多大学都没能开出"概率论""数理统计"等课程，能来到北京大学进修，得到名师教诲，深感幸运。这些进修教师来自全国各地高校，他们中的一些人后来都成为各校教学、科研中的骨干，不少人著书、出论文，为国民经济做出贡献。[①]

中国科学院数学研究所概率统计组的王寿仁、张里千等参加了北京大学的数理统计教育教学项目，这一项目也成为我国数理统计教育科研事业的播种机。

（二）中国科学技术大学

中国科学技术大学 1958 年 9 月创建于北京，首任校长由郭沫若兼任，其创办被称为"我国教育史和科学史上的一项重大事件"。建校后，中国科学院实施"全院办校，所系结合"的办学方针，紧紧围绕国家急需的新兴科技领域设置系科专业，创造性地把理科与工科即前沿科学与高新技术相结合，注重基础课教学，高起点、宽口径培养新兴、边缘、交叉学科的尖端科技人才，汇集了严济慈、华罗庚、钱学森、赵忠尧、郭永怀、赵九章、贝时璋等一批国内最有声望的科学家，建校第二年即被列为全国重点大学。

---

① 北京大学内部资料：王学仁. 北大数学系是中国统计学科的播种机 [M]// 北大概率统计史料汇编. 北京：北京大学，2016：13.

1958 年中国科学技术大学第一年招生时，没有设概率统计方向。1959 年应用数学和计算技术系（新生入学后不久电子计算机部分分出，系名改为"应用数学系"，1964 年毕业时改名"数学系"）共招生 78 人，分在 3 个班上课，在三年级时分为 5 个专门化（毕业时称为专业），四年级时按照专门化重新编班，计算数学和概率统计分在一班，物理数学、控制论以及数论和代数分在二班。前三年因为有调干生加入，也有学生由于身体和学业原因休学，人员与入学时有所变化，第四年和第五年已经相对稳定，最后毕业 77 人，分别为：物理数学 18 人，指导教师张宗燧、田方增；控制论 7 人，指导教师关肇直、宋健；数论和代数 15 人，指导教师华罗庚、万哲先、王元；计算数学 20 人，指导教师冯康、石钟慈；概率统计 17 人，指导教师王寿仁、张里千、陈希孺。

概率统计专门化的 17 人在第四年分成概率和统计两个组，概率组有王柱、何原武、林宝珍、安鸿志、严加安、顾岚、李国英和郭世贞 8 人；统计组有刘百良、齐翔林、冯士雍、李从珠、陈忠琏、熊纪长、张少吾、杨振海和李锦江 9 人。

中国科学技术大学数学系 1959 级毕业生合影（二排右 7 华罗庚、右 9 王元、右 10 殷涌泉，以上 3 位是老师。前排右 4 李国英、左 4 顾岚、左 5 齐翔林；二排左 1 王柱；三排左 2 张少吾、左 5 熊纪长、左 7 陈忠琏、左 9 李从珠、左 10 林宝珍；四排左 2 李锦江、左 3 安鸿志、左 6 杨振海、右 7 刘百良、右 6 郭世贞、右 2 何原武；后排左 2 严加安、右 8 冯士雍。摄于 1964 年 7 月 16 日）

冯士雍回忆他们这届概率论与数理统计专业的专业课程有：

1）概率论 1，任课教师：何琛。

教材：W. Feller, *An Introduction to Probability Theory and Its Applications*（2ed.），该课程主要是离散空间的概率论。

2）概率论 2，任课教师：王寿仁。

教材：M. Loève, *Probability Theory*，该课程是基于测度论的概率理论。

3）数理统计（概论），任课老师：陈希孺、钱大同。

自编教材。主要参考书有：H. Cramér, *Mathematical Methods of Statistics*；E. L. Lehmann, *Testing Statistical Hypotheses*；H. Scheffé, *The Analysis of Variance*；等等。

4）统计判决理论，任课教师：陈希孺。

自编教材。主要参考书有：D. Blackwell & M. A. Girshick, *Theory of Games and Statistical Decisions*，等等。

5）试验设计，任课教师：项可风、戴树森。

教材：H. B. Mann, *Analysis and Design of Experiments*。

6）极限理论，任课教师：陈翰馥。

自编教材。

7）生物统计方法，任课教师：杨纪珂[1]。

自编教材。参考书是科学出版社于 1963 年出版的由杨纪珂翻译的斯奈迪格的《应用于农学和生物学实验的数理统计方法》（G.W. Snedecor, *Statistical Methods*，1959）。

实际上我们这一届又分两个组：概率与统计，课程有分有合。上述课程是统计组的，概率组应该没有 4）5）7），但他们应还有别的课。王先生的课程 2），概率组学的也比统计组多。6）是为概率统计专业与控制论专业一起开的，主要是讲用于大样本理论的数学方法。7）是因为我们这一届开设的课程太理论、太抽象了，所以毕业前夕又让统计组同学修了杨纪珂先生为生物物理系开的课程，让学生进一步了解统计方法的实际应用。

上述课程都是四年级与五年级第一学期的。分专业前的一至三年级，我们学的是关肇直主讲的高等数学系列教程。关先生助手有丁夏畦、林群，他

---

[1]　杨纪珂（1921—2015），出生于上海松江。1944 年毕业于交通大学唐山工程学院（今西南交通大学），1947 年赴美国俄亥俄州立大学求学，获冶金硕士学位。1955 年回国后，历任重庆大渡口钢铁厂工务员，重庆矿冶研究所初级研究员，中国科学院化工冶金研究所副研究员、生物物理研究所副研究员，中国科学技术大学副教授、教授，安徽省副省长，安徽省第七届人大常委会副主任，中国能源研究会理事长等职。1988 年，杨纪珂加入中国致公党，后任致公党第九届、第十届中央委员会常务副主席，致公党第十一届、十二届中央委员会名誉副主席。

杨纪珂还曾任第七届全国人大常委会委员，第八届全国人大常委会委员、环境与资源保护委员会副主任委员，第五届全国政协委员，第六届全国政协委员，第九届全国政协常务委员、人口资源环境委员会副主任。

们负责开设习题课——实际上是主课外的辅助课程。

五年级第一学期除专业课程外还组织了小型讨论班，都是由中科院数学所概率统计室的研究人员主持的。统计组有张里千主持的试验设计（人员有李从珠、陈忠琏、冯士雍）及成平、陶波主持的统计判决理论。试验设计讨论班的内容是正交拉丁方的构造及部分平衡不完全区组设计（PBIB 设计）的构造。当时概率组部分同学也参加了许先生主持的讨论班（在许先生家里）。

（三）南开大学

南开大学早在 1929 年就在商科设立了商业统计系，是我国最早成立的统计学系，在世界范围内比南开大学统计系早的只有英国卡尔·皮尔逊（Karl Pearson）在伦敦大学学院（UCL）1911 年创办的应用统计系和美国约翰·霍普金斯大学 1918 年建立的生物计量与生命统计系（Department of Biometry and Vital Statistics）。宾夕法尼亚大学 1931 年建立经济与社会统计系（Department of Economic and Social Statistics）与南开大学统计学系是同一年。当年，何廉为经济学院院长兼财政学与统计学教授。另外，还有吴大业、冯华德、方显廷等教授统计学，并建有统计实习室。室内陈列了内容相当丰富的各种统计资料、统计图表和计算工具。但遗憾的是，1934 年 3 月，由于经济学院的名称被迫取消，统计学系停办。

1946 年，南开大学由昆明回迁复校，商学院被批准设立会计统计系。1950 年上半年，南开大学全校注册学生 947 人，其中，会计统计系 79 人。

1950 年，会计统计系教师有杨曾武、杨学通、毛乃均、张延祝、王茂如、张翯、马丙贞，另有兼职教师管锦康、李宝震、张英元等，后又有沈月华、卢士忠入该系任教。会计统计系的目标为培养高级专门的会计、统计人才以及掌握会计统计学原理及其应用的技术研究人才。会计统计系专业必修课有高等数学、货币银行学、高等会计学、成本会计学、审计学、经济核算与监督、专业会计、高等统计学、经济统计、专业统计、指数论、工商业统计、差额分析等，选修课有银行会计、合作会计、交通会计等。其中，杨曾武讲授初级统计学、工商统计学等课程。

1951 年 5 月，学校决定将原来的会计统计系分为统计学系、会计学系。统计学系有专职教师 7 人；当年招收统计学本科生 14 名。

1952 年全国院系调整中，从津沽大学进入统计学系的教师有林和成、刘儒、水世戴，以及少部分学生。

1954 年初，在国家对高等学校进行的第二次调整中，统计学系被撤销，其中统计学专业并入政治经济学系，政治经济学系改名为经济学系。经济学系下设 4 个教研室，其中之一为统计教研室，杨曾武为主任。3 月 2 日，统计学专业正式开课，学制四年。主要授课教师有杨曾武、林和成、陈彩章、刘儒、何启拔、易梦虹、毛乃均、钱秀娥、陈荫枋、李惠村、陈炳富、张蠹、周逸江、熊性美、张万程、王瑞惠。其间，统计学专业基础课和专业课有政治经济学、哲学、中国革命史、马列主义基础、高等数学、俄语、统计学原理、经济统计学、会计核算原理、工业会计核算、国民经济计划、财政与信用等；专门化课程有工业统计学、工业企业组织计划、工业经济、工业企业经济活动分析、工业统计专题作业、工厂参观、生产实习等；此外还有选修课，如数理统计方法、工业产品质量统计检查、统计组织与制度、统计学史等。

1955 年 6 月，学校统计教研室有教师 14 人，其中教授 3 人：杨曾武（教研室主任）、陈彩章、林和成；副教授 4 人：何启拔、刘儒、钱秀娥、毛乃均；讲师 4 人：陈荫枋、陈炳富、周逸江、李惠村；助教 3 人：张万程、王瑞惠、水世戴。

1955 年 9 月，王梓坤赴莫斯科大学数学力学系攻读概率论博士，导师为苏联科学院院士柯尔莫哥洛夫[①]（Колмогоров）和多布鲁申（Добрушин）。

1956 年秋季学期，南开大学、中山大学各 10 名学生和多位教师集中在北京大学学习概率统计，许宝騄亲自授课。

1957 年 9 月，胡国定赴苏联莫斯科大学进修，从事概率论与信息论的研究。

1958 年，高等院校进一步朝专业化方向调整。此次调整，南开大学的统计学、会计学两专业与天津商业学校合并创建河北财经学院。属于统计学、会计学专业的全体学生及部分教师调入该校，其中包括统计教研室主任杨曾武。同年 9 月 1 日，新成立的河北财经学院举行了开学仪式。

1959 年数学系教研组调整为几何代数、概率论、函数论、计算数学、微分方程、力学等 6 个教研组。杨宗磐为概率论教研组主任，王梓坤为概率论教研组副主任。10 月，校党委研究本校专业、专门化设置问题。全校共设置专业 32 个，数学力学系设数学、计算数学、力学 3 个专业，数学专业有微分几何、几何代数、泛函、概率统计 4 个专门组。

从 20 世纪 60 年代开始，南开大学概率统计教师开展了一系列应用研究，特别是利用统计方法做地震分析和预报。1975 年在全国概率统计会议筹备会议上，

---

① 统计学界学者早期多采用"柯尔莫哥洛夫"的译名，本书涉及历史文献较多，故采用此译名，不采用《辞海》中的"柯尔莫哥罗夫"这一译名。

南开大学教师代表介绍了利用马氏链方法对地质预报的研究工作。王梓坤、李漳南承担国家地震局等下达的"数理统计预报，地震预报"项目。张润楚带领学员参加天津地震局关于地震台站数据观测和地震预报研究项目的协作工作。

1976年南开大学概率统计教师承担"地质预报"项目，开展随机点过程方法预报地震的研究、地震统计预报的相关性理论探讨。同年8月，胡国定组织数理统计研究讨论班［参加人还有张润楚、邱标际（河北大学），共3人］，讨论班用的是美国John Wiley & Sons出版社1973年出版的C.R. Rao的专著 *Linear Statistical Inference and Its Applications*。每周两次，每次约半天，持续两个多学期。

1977年上半年，王梓坤在国家地震局讲学约两个月，讲学内容为统计预报；5—6月，张润楚在太原晋祠为山西地震局地震数据分析培训班讲授"数据分析方法与地震预报"课程。

（四）华东师范大学

魏宗舒1941年在美国艾奥瓦大学获得统计学博士学位后回国任教，是民国时期屈指可数的数理统计留学归国博士，1952年因全国院系调整从圣约翰大学调入华东师范大学数学系任教授，开启了华东师范大学的数理统计学科建设。

1958年，魏宗舒指导青年教师研读《概率论教程》，带领青年教师参加气象局委托的科研任务，编写教材，为本科生开设选修课"抽样与检验"。该课程成为华东师范大学第一门与实际应用相结合的统计学课程。同年，茆诗松从数学系毕业后留校工作，参与《概率论教程》读书讨论班。

1959年，华东师范大学数学系本科学生的学制从4年延长到5年，当年分成函数论班、微分方程班、代数班、概率论班和基础班等5个班进行教学。概率论班共33名学生，开设了测度论（汪振鹏任教）、极限理论（吕乃刚任教）、随机过程（林忠民任教）、数理统计（1年，魏宗舒任教）。学生毕业时大都去了中学、技校担任数学老师，只有周纪芗留在概率统计组任教。

1960年，华东师范大学在数学系中设立概率论与数理统计教研室，开始招收研究生。1963年，茆诗松开设"概率论与数理统计"课程，并编写了中文教材。1966年，魏宗舒等翻译的克拉美的名著《统计学数学方法》出版。该书被认为是数理统计学成熟的标志，成为年轻人学习数理统计的重要理论书籍。

"文化大革命"期间，概率论与数理统计教研室的教师们深入工厂企业，宣传推广正交试验设计和可靠性方法，为制药、冶金、仪表、化工、机电、农林等领域的企业和科研院所提供技术服务和支持。1975年，教研室以上海科学技术交流站的名义编写出版了《正交试验设计法》，成为上海乃至全国普及和传播统计知识和方法的重要读本。

第二排教师左起：吴珠卿，应天翔，徐春霆，魏宗舒，吕法川，周延昆，陈淑，林忠民。留校的部分学生：汤羡祥（四排右1），周纪芗（一排右1），计惠康（三排右1）

（五）复旦大学

复旦大学统计学科具有悠久的历史和优良的学术传统。1938年，毕业于巴黎大学的李蕃在复旦大学创立统计学系。对我国统计科学和军事医学做出过卓越贡献的薛仲三，我国首位有重大国际影响的统计学家吴定良，民国时期发行量最大的统计学教材的作者金国宝，著名经济统计学者厉德寅，以及概率统计青年学者郑绍濂、汪嘉冈、李贤平等，先后在复旦执教，奠定和传承了复旦大学统计学科的扎实基础和优良传统。

到1952年全国院系调整前，复旦大学已经聚集了一批著名学者和青年才俊。当时，不仅在复旦大学财经学院下设有统计学系，而且设有统计专修科。按照华东地区院系专业调整计划，复旦大学的统计学科整体并入上海财经学院。调整的名单为①：

统计学系：薛仲三（教授、系主任）、崔明奇（教授、留复旦、进数学系）、厉德寅（教授）、王思立（教授）、邱渊（讲师）、杨诵娟（助教）、何燮理（助教）、徐世森（助教）、章汎娥（助教）、许义生（助教、暂留复旦）、王鸿宾（助教）。

统计专修科：金国宝（教授、科主任）、柴作楫（教授）、黄婉英（助教）、

① 姜义华，梁元生. 20世纪中国人物传记与数据库建设研究. 上海：上海书店出版社，2014：218-219.

杨遵庆（助教）。

1952 年，复旦大学统计学科的教师基本都调整到上海财经学院了，只有崔明奇、许义生留在数学系。1956 年魏宗舒牵头举办"上海概率统计"讨论班时，崔明奇、许义生、郑绍濂等都是骨干，他们一起翻译克拉美的《统计学数学方法》，并在 1960 年由复旦大学数学系编写了《统计数学》。

前排左起：孙振宪，陈传璋，黄缘芳，苏步青，郦福绵，周慕溪，陈建功，周怀衡，崔明奇，朱良璧；中排左起：王寿如，王光淑，谷超豪，胡家赣，仇焕章，麦学贤，江福汝，夏道行，郑绍濂，许义生，叶敬棠，金福临；后排左起：胡和生，张开明，宗月娴，孙保太，许自省，王国珍，单伯轼，黄育仁，黄烈德，陆念屹（空缺一人姓名）

四、国家统计局 5 所统计学校的建立与中等专业统计人才的培养 [①]

在 20 世纪 50 年代，为培养中等专业统计人才，满足基层统计工作需要，国家统计局在东北、华东、中南、西南、西北 5 个大区分别设立了长春、上海、南昌、重庆和西安统计学校，学制 3 年，从初中毕业的学生中招生（见表 19-1）。

表 19-1　20 世纪 50 年代国家统计局 5 所统计学校概况

校名	成立时间	校长	教师人数（最多时）	毕业生人数	移交时间
西安统计学校	1954 年 7 月	陈明	75	1 000	1958 年 5 月
重庆统计学校	1954 年 7 月	孟功才	81	1 500	1958 年 8 月
南昌统计学校	1954 年 9 月	张鹏、王荫桐	66	1 200	1958 年 3 月

---

① 本节内容主要参考国家统计局内部资料《统计文史》"国家统计局 5 所统计学校"专辑（国家统计局统计资料管理中心，2014 年 5 月）。

续表

校名	成立时间	校长	教师人数（最多时）	毕业生人数	移交时间
上海统计学校	1955 年 7 月	张云阶	42	300	1958 年 7 月
长春统计学校	1956 年 7 月	邱绍明	50	300	1958 年 5 月

注：毕业生人数不含成立前招收的学生。

在 5 所统计学校中，重庆、南昌和上海 3 所学校是国家统计局接管的当地政府或部委所属学校，西安统计学校由西北统计局主办的干部训练班发展而来，长春统计学校是在迁往长春的西安市财经学校基础上建设的。

这 5 所学校按照高等教育部和国家统计局颁发的教学计划、教学大纲以及《中等专业学校章程》等文件进行教学，学生从初中毕业生中选取。课程分为基础课程、社会经济课程和统计学专业课程三大类：基础课程有政治、语文、数学、物理、化学、体育等；社会经济课程有政治经济学、经济计算、经济地理、农业基础、工农业经济、会计原理、农业会计、工业会计等；统计学专业课程有统计学原理、农业统计、工业统计、商业统计等。

当时各校的教学大纲和教材都以翻译的苏联教材为主，在苏联教材的基础上增加中国应用的案例或数据，没有统编教材，油印的内部教材占了很大比重。从 1954 年建立到 1958 年移交给地方政府的短短 4 年时间里，5 所学校的毕业生有 4 000 余人。他们绝大多数被分配到地、县级和国营工矿企业的统计部门工作，也有少部分分配到省级统计部门，还有 31 人分到国家统计局工作。

1958 年初，根据中央下放高等学校和中等技术学校的意见，国家统计局决定将这 5 所统计学校交给地方政府。从 1958 年 3 月起开始移交，8 月全部完成了移交工作。移交后，长春统计学校在当年 5 月就被撤销了，是 5 所学校中成立最晚、撤销最早的一所，存在时间仅仅两年，毕业生也是最少的。上海统计学校由上海市冶金工业局接管，资产移交给了新成立的上海市钢铁工业学校。南昌统计学校与其他学校合并，组建了江西财政经济学院，1996 年与江南财经管理干部学院合并组建江西财经大学。重庆统计学校更名为成都计划统计学校，1980 年又被国家统计局收回，更名为国家统计局四川统计学校，2000 年再次移交给四川省管理，2001 年并入成都信息工程学院。西安统计学校更名为陕西省计划统计学校，1980 年与四川统计学校一起被国家统计局收回，恢复西安统计学校名称。1984 年升格为西安统计学院，成为国家统计局直属的唯一一所普通高等院校。2001 年再次移交给陕西省管理，2002 年与陕西经贸学院合并组建西安财经学院。回过头来看，20 世纪 50 年代中期在全国五大区组建的 5 所统计学校（华北区未建）中，西安统计学校、重庆统计学校和南昌统计学校 3 所成立较早，师资较强，毕业生也较多。1958 年移交地方后，这 3 所学校更名（或合并）后继续发展，为统计系统培养人才，改革开放后合并发展成为 3 所财经或信息类大学。

（一）西安统计学校

西安统计学校成立于 1954 年 7 月 20 日，前身是 1953 年 5 月开办的西北统计局干部训练班。1954 年，我国大区一级行政机构撤销，西北统计局撤销前将干部训练班移交给国家统计局，更名为国家统计局西安统计学校，委托陕西省监督指导，校长由陕西省统计局局长陈明兼任。建校初期仍在原西北统计局干部训练班校舍（西安市东郊一面粉厂厂房和仓库）办学，随着学校规模的扩大，原有设施已不能满足教学需要，国家统计局与陕西省政府决定在西安市南郊大雁塔西北（今小寨东路 4 号）建立新校区，并于 1955 年动工，1957 年建成使用。当时，学校确定的招生规模为 1 640 人：1954 年招了 6 个班 293 人；1955 年招了 8 个班 357 人；1956 年招了 8 个班 294 人；1957 年因开展增产节约运动，经国家统计局同意，没有招生。西安统计学校还招收了专修科学生，毕业生为西北地区的经济建设和统计事业做出了巨大的贡献。

（二）重庆统计学校

重庆统计学校的前身是西南军政委员会工业部干部学校。1949 年底重庆解放后，西南军政委员会工业部在化龙桥复旦中学校内开办干部训练班，1950 年 11 月改为干部学校，由西南工业部副部长万里兼任校长，开始面向社会招生。1953 年 8 月，干部学校与重庆市第一、第二、第三财经学校，江津财经学校，宜宾财经学校合并，更名为重庆工业会计统计学校，由西南行政委员会地方工业局领导，孟功才任校长，学校迁至重庆市盘溪石门乡（今江北区下石门 1 号）。1954 年 7 月，高等教育部和国家统计局决定将重庆工业会计统计学校转交国家统计局领导。1954 年 8 月 8 日学校更名为国家统计局重庆统计学校，孟功才任校长。

由于学校由 6 所学校合并而成，师资力量较强。教学时，重庆统计学校根据苏联的教学大纲，自行编制了 10 门专业课的教学大纲，其中经济统计、统计学原理、工业统计和会计学原理 4 门课程的教学大纲被国家统计局印发给其他四校试用。1955 年正式毕业的 453 人，全部分配到中央机关和国家重点工程单位。其中，分配到燃料工业部 80 人，重工业部 75 人，第一机械工业部 54 人，第二机械工业部 49 人，轻工业部 36 人，纺织工业部 30 人，国家统计局 16 人，辽宁省统计局 15 人等。后几年的毕业生被分配到河南、四川、云南、江苏、甘肃、青海等省统计部门工作，满足了西南、西北等地区经济统计事业发展的急需。

1958 年 8 月，学校移交给四川省，更名为成都计划统计学校，校址由重庆迁至成都市光华村。1963 年，学校迁至内江市，更名为四川省计划统计学校。1980 年学校由国家统计局收回，更名为国家统计局四川统计学校。2000 年，学校再次移交给四川省管理，并迁至成都市龙泉驿区。2001 年，学校并入成都信息工程学院。

（三）南昌统计学校

1950 年 9 月，江西省立财政经济专科学校组建，校长由江西省财委副主任兼财政厅长牛荫冠兼任。1954 年 2 月，江西省人民政府决定将该校改为江西省财政学校，张鹏任校长。1954 年 9 月，国家统计局与高等教育部、财政部协商，并征得江西省人民政府同意，将江西省财政学校移交国家统计局直接领导，更名为中央人民政府国家统计局南昌统计学校，国家统计局任命张鹏为校长，校址在南昌市三经路 13 号。

1954 年 12 月，根据国家对大中专学校统计调整的意见，国家统计局决定将1954 年 1 月组建的国家统计局衡阳统计学校并入南昌统计学校。至 1955 年 1 月，这所最早建立的统计学校整体迁至南昌，完成合并。南昌、衡阳两校合并后，由王荫桐任校长，张鹏等任副校长。

南昌统计学校的毕业生主要分配到地市级统计部门，但地域比较广泛。比如1955 年的 340 名毕业生，分配到 21 个省份，包括边远的内蒙古、青海和新疆等地。1956 年毕业的 96 人，大部分分配到江西、上海、湖南、江苏、浙江、安徽、广东、内蒙古等省份的统计部门，还有 15 人分配到国家统计局。

1958 年 3 月，国家统计局将南昌统计学校移交给江西省管理。同年 8 月，江西省以南昌统计学校为基础，合并其他学校，成立了该省历史上第一所本科财经院校——江西财政经济学院。1996 年 5 月，江西财政经济学院与江南财经管理干部学院合并，组建江西财经大学。

（四）上海统计学校

上海统计学校的前身是上海市商业学校，该校由商业部主管，校址位于上海市虹口区吴淞路 299 号。1955 年 7 月 9 日，高等教育部、商业部和国家统计局联合发出通知："上海市商业学校即日起转交国家统计局领导"，更名为"国家统计局上海统计学校"。国家统计局调派南昌统计学校的副校长张云阶担任上海统计学校校长。

学校 1955 年暑期首次招生，报考人数达 1 762 人，最终录取 160 人，分成

4 个班；1956 年再招 4 个班，140 人；此后没有招生。1958 年 3 月，按照国家统计局要求，全校停课考试，提前分配。8 个班共 300 人全部分配到江西省南昌、九江、上饶地区的工业企业和政府统计部门。

1958 年 3 月 27 日，国家统计局报告教育部："上海统计学校的学生分配完成后，该校的校舍、设备及教职员工移交给上海市人民委员会。"教职工大多分配到上海大中专学校，资产移交给新成立的上海市钢铁工业学校。

（五）长春统计学校

长春统计学校前身与 1953 年 9 月成立的西安市财经学校有关。到 1955 年，由于西安地区财经干部已经饱和，西安市文教局拟将西安市财经学校改为普通中学。该校教师向高等教育部、国家计委反映不同意见。此时，国家统计局正准备在东北组建统计学校，缺少专业教师。得知消息的常务副校长姜维之专程到北京拜访了国家统计局局长薛暮桥，薛暮桥同意将学校迁至长春，在此基础上组建国家统计局长春统计学校。

1956 年 7 月，在得到高等教育部和国家计委的指示后，西安市政府同意将西安财经学校迁往长春。随后，副校长姜维之、郭育人率 20 余名教职工奔赴东北，组建长春统计学校。当年 10 月，国家统计局委派物资分配统计司秘书主任邱绍明任校长，姜维之任主管教学的副校长。

1957 年初，国家统计局购买了斯大林大街 77 号（今人民大街 3623 号）的原伪满洲国民生部办公楼作为校舍，学校从开运街迁到此处。这栋建筑建于 20 世纪 30 年代，是目前 5 所统计学校中唯一保存至今的建筑。

在统计学专业的 8 名教师中，5 名是中国人民大学统计学系的毕业生，分别在 1956 年和 1957 年分配来校；另外 3 名来自重庆、南昌和西安统计学校。

1956 年 9 月，学校招收了 298 名学生，这也是该校唯一一届学生，生源全部来自吉林省。1958 年 3 月，根据国家统计局统一安排，学生提前毕业。由于学习未满 3 年，这些学生没有拿到毕业证书，只有结业证书。当年，苏联援建的"156 项重点工程"需要大量人才，经化学工业部与国家统计局协商，决定"抽调 1 153 名中等统计学校学生支援各厂"[①]。其中，吉林化学工业公司下属的吉林肥料厂（后改为吉林化肥厂）接收了 274 名学生。

1958 年 4 月 3 日，长春统计学校公布了撤销方案，校长邱绍明和 8 位统计教师调入吉林省统计局，其余大部分教师分配到长春市各学校。姜维之等错划为

---

① 《中华人民共和国化学工业部关于接收中等统计学校学生的通知》（（58）化人计萧字第 110 号），存国家统计局档案馆。

右派分子的教职工下放到农场、工厂接受劳动改造。学校于 5 月撤销。

1958 年 3 月，其他 4 所统计学校也同样结束了短短几年的办学，完成了历史使命。未完成 3 年学业的学生提前毕业，绝大部分被分配到苏联援建的企业和基层统计部门。

20 世纪 50 年代中期，为了培养国民经济建设的统计人才，曾经在短短的三四年时间内（1954—1958 年），迅速地在五大区办起了 5 所统计学校，培养了约 4 500 名中等统计学专业人才，初步满足了国民经济计划与统计工作的需要。但从这 5 所统计学校建立、发展和撤销的历史看，由于缺乏长远细致的规划，虽然凭借行政力量，以及统计教职员工的事业心及奉献精神办成了这段教育事业，但一刀切的命令式管理不仅浪费了资源，也遗留下一些问题。比如，1958 年 3 月，5 所统计学校撤销，长春统计学校 1956 年入学的学生没有读完 3 年，只拿到结业证书，对这些学生后来的职业发展和生活待遇都产生了影响。直至 1983 年，经吉林化学工业公司和吉林省统计局请示，国家统计局报教育部批准，才给所有毕业生补发了学历证明。

然而，对于平地起家的中国中等统计教育来说，这段不长的试验积累了宝贵的办学经验，培养锻炼了教师队伍。西安、重庆、南昌 3 所统计学校虽然在 1958 年下马，但 3 所统计学校的教师队伍没有散，"文化大革命"后西安和重庆 2 所统计学校又被国家统计局收回，成为培养统计干部的摇篮。

五、20 世纪五六十年代统计研究生的培养

新中国建立之初，由于共和国的经济建设急需统计人才，而大规模的统计人才培训又需要大量师资，作为社会经济统计师资摇篮的中国人民大学从 1950 年统计学专业设立之日起就开始招收 2 年学制的研究生，他们绝大多数都是正规大学本科毕业，经过考核择优录取，目标是经过 2 年的学习和进修，成为高校财经类统计学专业的教师。

（一）财经类统计学研究生的培养

中国人民大学统计学系首届研究生 13 人 1950 年入学，1952 年毕业。在校期间，他们在老教师和苏联专家的指导下分别从事统计学原理、工业统计、农业统计、商业统计等研究和教学实习。韩嘉骏、徐向新、马宝贵、祖延安、郭日聪、刘友津、黄慧等 7 人留在中国人民大学统计学系任教，涂葆林、崔之庆、尚振礼、潘同生、孔繁滋等 5 人被分配到中原大学（1953 年更名为中南财经学院）任教，成为这两所学校统计学科的青年骨干。1953 届（1951 年入校）有 5 名研

究生毕业，黄孟藩、王恩玉、徐慈君、张敏如等4人留校任教，钱伯海被分配到厦门大学统计学系任教。钱伯海本科毕业于复旦大学，研究生毕业后一直在厦门大学任教，在经济统计和国民经济核算方面做出了突出贡献，成为中国统计学会首届副会长（1979年）和1986年由国务院学位委员会批准的博士生导师。

中国人民大学在1950—1964年共培养了8届研究生，累计100人（见表19-2）。在这个时期，研究生毕业虽然没有授予研究生学位，但他们绝大多数学术和业务能力突出，成为高等院校的教学骨干、国家统计局和省市统计局的领导、高等院校的领导，为我国统计学科和统计事业做出了贡献。

表19-2 中国人民大学1950—1964年培养的研究生

时间（年）	研究生数	毕业生名单
1950—1952	13	韩嘉骏、徐向新、马宝贵、祖延安、郭日聪、刘友津、黄慧、涂葆林、崔之庆、尚振礼、潘同生、孔繁滋、李堪
1951—1953	5	黄孟藩、王恩玉、徐慈君、张敏如、钱伯海
1953—1955	25	蒋光远、袁寿庄、尹德光、周英、于洞娥、潘雁瑾、郑菊生、何良俊、虞金生、戴健群、杨秀华、刘类成、吴本余、陈东、周兆麟、刘光南、刘铁祥、俞文华、童励均、吴玑端、王本琦、廖群笙、陈秀昌、张晓丰、张荫培
1954—1956	31	张黎影、向长键、黄婉英、董俊昌、熊大凤、张礼棠、陈昌念、王治柱、章汎娥、李隆章、戴伯勋、贺毅、刘淑端、朱杰、毛泰富、乔淑琴、庆华、施兆福、谢少卿、杨则坤、杨思铮、王持位、来宛仙、罗国梁、吴宣陶、葛霖生、徐叔赓、刘耀曾、陈志科、张庚秋、刘传泗
1956—1958	2	刘树声、刘祖护
1960—1962	3	陈志成、朱汕、余士杰
1961—1963	17	曾声文、陶尚义、丘传英、薛永应、苏德宣、王惠芳、崔俊峰、董振山、张兴文、徐绍栩、邵宗明、戴美德、韩忠本、康文斗、孙贵义、程仪、李邦达
1962—1964	4	易琛根、彭克宏、贺菊煌、张树宝

（二）数理统计研究生的培养

从新中国成立到"文化大革命"开始前这段时间数理统计领域的研究生较少，主要是因为数理统计在当时还不是独立的专业和学科，仅仅是数学中的一个方向。另一个原因是数学和数理统计研究生学制较长，一般为3年，加之当时政治运动较多，部分研究生没有毕业。下面是北京大学、中国科学院数学研究所和华东师范大学概率统计研究生培养的简况。

1. 北京大学

北京大学的数理统计研究生培养是在数学力学系整体人才培养的大框架下实施的，研究方向是概率统计，表 19-3 是北京大学数学力学系历年招生中数理统计方向的学生名单。

表 19-3　1951—1965 年北京大学数学力学系数理统计方向研究生名单

年份	研究生名单
1951	汪掬方（1952 年院系调整时被分配去清华大学）
1956	殷涌泉（1958 年毕业），施鼎钟、邓炜材（暨南大学）（由于反右而未完成学业）
1958	孙振祖（郑州大学）
1960	潘捷建（华中师范学院）
1961	张绪定（1964 年毕业留任北京大学数学力学系）
1962	吴健、郑忠国（1965 年毕业）
1965	王洪玉、殷鹤龄（由于参加农村"四清运动"和"文化大革命"而未毕业）

1956 年北京大学成立概率统计教研室，许宝騄任主任，开始数理统计专门人才的培养。中国科学院王寿仁、徐钟济，中山大学梁之舜，清华大学周华章等来北大授课，又有张尧庭、胡迪鹤等青年骨干协助，为全国培养了一批数理统计的青年才俊。但限于研究生招生人数很少，15 年间仅有 15 人，加之政治运动干扰，最终毕业人数仅 12 人。

陈家鼎与郑忠国在纪念许宝騄先生的文章[①]中回忆：

> 许先生在 1956 年招收了三名研究生：殷涌泉、施鼎钟、邓炜材。由于反右派斗争，他们受到不公正对待，学了一年后被迫离开北大。1960 年春，招收研究生潘捷建。潘来自华中师范学院，是由组织上推荐来的。潘是社会主义建设积极分子，但年龄较大，学习基础较差。由于许先生的耐心帮助和有力指导，潘在学习上进步很快，并写出了优秀论文。他的毕业论文被译成英文在日本出版了。潘毕业后回原单位工作，惜逢"文革"，未能充分发挥其作用，后不幸患癌症早逝（1978 年）。
>
> 在 1958 年的"大跃进"形势下，北大数学力学系的基础学科研究工作受到很大冲击。当时，微分几何方向的研究生孙振祖由于导师下放劳动而无

---

① 许宝騄先生纪念文集编委会. 道德文章垂范人间：纪念许宝騄先生百年诞辰 [M]. 北京：北京大学出版社，2010：292.

人指导，就在许宝騄先生指导下学习概率论。时间很短，但在许先生帮助下很快在生灭过程方面写出了论文。1962 年入学的研究生是吴健，他在许先生的指导下从事非参数统计的学习和研究，写出了优秀论文，毕业后分配到第四机械工业部工作。

2. 中国科学院数学研究所

1963 年，中国科学院数学研究所王寿仁、越民义招收了陈培德、方开泰两名研究生。陈培德因病推迟一年入学，进入统计室，导师是王寿仁，1968 年毕业留在数学研究所。方开泰 1963 年入学，进入运筹室，导师是越民义，在培养过程中改作数理统计研究，1967 年毕业留在数学研究所，后在多元统计领域做出贡献。2008 年其与中国科学院院士王元一同因"均匀试验设计的理论、方法及其应用"获得国家自然科学奖二等奖。

3. 华东师范大学

华东师范大学 1960 年在数学系中成立概率统计教研室，开始招收研究生。1961 年阮荣耀、费鹤良、张逸、朱素秋等 4 人入学，1964 年毕业。阮荣耀留在华东师范大学从事数理统计的教学与研究，后来数学系新设控制论专业，阮荣耀改作控制论研究。费鹤良毕业后被分配到上海师范大学，一直在数理统计领域耕耘。张逸和朱素秋毕业后从事计算机方面的教育和研究。

茆诗松在《我国数理统计学的一位奠基者——记魏宗舒教授》一文中写道：

> 1960 年华东师大数学系成立了概率统计教研室，同年 9 月，以教研室的名义招收研究生，魏先生积极参与策划和制定培养计划，在以后的几年的时间中他将主要精力放在培养研究生和青年教师身上。他带领研究生与青年教师到实践中去，在上海自行车厂和上海第一印染厂，他告诉青年教师和研究生在劳动中要注意观察数据是怎样产生的，如何去收集数据，还在现场向青年教师、研究生和工程师们讲解如何去处理这些数据。他还组织读书班，读 Lehmann 的《统计假设检验》。他先讲了几次，然后让研究生和青年教师轮流报告，大家提问题，谁被问倒了，回去准备后，下次继续报告。他让青年教师走上讲台，帮他们修改讲稿，听完课后提出改进意见。这批研究生和青年教师后来大多成为数理统计教学和研究的骨干。

4. 其他院校

在 20 世纪 50 年代末 60 年代初，复旦大学、南开大学、中山大学等校数学系也开始招收研究生，但招生数量很少，主要集中在基础数学和概率等方向上。

第二十章
统计科学研究与统计教材

一、统计出版物总览

从新中国成立后的 1950 年到"文化大革命"结束（1950—1976 年）的 27 年间，我们收集到正式的统计学术出版物[①] 共 331 本（套），如表 20-1 和图 20-1 所示，出版目录见附录 3。

表 20-1 1950—1976 年的统计学术出版物

年份	本（套）数	其中：译著数
1950	15	9
1951	16	9
1952	14	7
1953	31	20
1954	23	18
1955	31	27
1956	39	30
1957	40	19
1958	25	18
1959	15	4
1960	17	6
1961	6	2
1962	6	3
1963	5	1

① 正式的统计学术出版物指由出版机构出版的统计著作、译著、教材和知识型书籍等。

续表

年份	本（套）数	其中：译著数
1964	13	5
1965	10	6
1966	3	1
1967	0	0
1968	0	0
1969	0	0
1970	0	0
1971	0	0
1972	0	0
1973	3	0
1974	7	0
1975	5	1
1976	7	1
合计	331	187

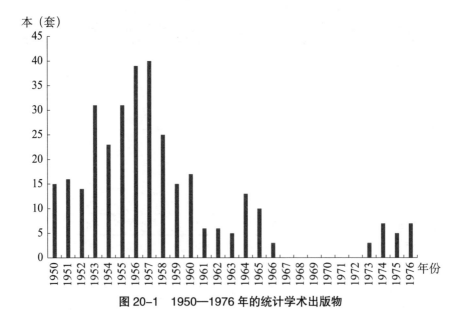

图 20-1　1950—1976 年的统计学术出版物

　　第一，从时间上看，20 世纪 50 年代出版的著作数量较多，且在 1956—1957 年达到一个高峰。大背景是 1956 年 1 月 14—20 日在北京召开了关于知识分子问题的会议。会上，毛泽东作了重要讲话。他号召全党努力学习科学知识，同党外知识分子团结一致，为迅速赶上世界科学先进水平而奋斗。周恩来作了《关于知识分子问题的报告》。该报告提出了正确对待知识分子问题的政策、方针和方法。紧接着，1956 年 4—5 月，在中共中央政治局扩大会议和最高国务会议第七次会议上，中共中央和毛泽东正式提出"百花齐放、百家争鸣"的方针。5 月 26 日，中共中央宣传部部长陆定一向知识界作了题为《百花齐放，百家争鸣》的讲话，系统地阐述了"双百"方针。因而，1956—1957 年迎来了统计科学研究和出版的一个小高潮。1958 年骤减的原因是 1957 年夏开展的反右派斗争，以及 1958 年后中苏关系的恶化。1958 年开始"大跃进"和紧接着的三年困难时期使得统计人多忙于运动，全国出版的著述跌至个位数，1963—1966 年有限的几本统计出版物都是关于数理统计在管理和自然科学领域的应用。"文化大革命"中的 1967—1972 年竟没有一本统计图书出版，"文化大革命"后期的 1973—1976 年出版的也主要是数理统计试验设计、正交试验等应用方法类图书。

第二，从出版物形式和内容看，1950—1960 年，翻译出版物接近 60%，主要是翻译苏联的统计教材和相关出版物。其中 1954—1956 年翻译的苏联统计图书占到 80% 以上。背景是 1954 年苏联召开的统计科学会议决议认为，统计学是独立的社会科学，数理统计学是应用数学，随后国内在 1955—1956 年集中翻译出版了一批苏联统计图书。从出版物内容看，在所有的 331 本（套）中，介绍苏联政府统计工作做法、经验和我国统计工作经验交流的图书约有 170 本（套），超过了一半。

第三，从出版单位看，统计出版社出版的著作数量最多（见表 20-2）。

表 20-2

出版单位	数量：本（套）
统计出版社	71
立信会计图书用品社	29
中国人民大学（出版社）	28
东北财经出版社	20
科学出版社	16
上海科学技术出版社	15
财政经济出版社	11
机械工业出版社	9
商务印书馆	7
中国财政经济出版社	7
农业出版社	6

续表

出版单位	数量: 本（套）
人民教育出版社	6
东北统计局出版部	5
高等教育出版社	5
人民铁道出版社	5
上海财政经济出版社	5
上海人民出版社	5
新知识出版社	5
合计	255

中国统计出版社成立于1955年，从成立后到1960年就出版了近70本统计图书，主要是翻译苏联统计出版物和统计工作性质的图书；立信会计图书用品社从1950年到1956年初结束经营，短短6年时间就出版了近30本统计图书，而且多是民国时期老作者的新版或者增订版，如王思立、邹依仁、金国宝、徐钟济、朱祖晦、陈善林、谭启栋、李祥煜、蔡正雅、陈其鹿、陈永秉等；中国人民大学（出版社）从20世纪50年代初开始，率先翻译出版了苏联社会经济统计的系列教材，并成为全国经济类（财经类）统计教材的供应源头；科学出版社、上海科技出版社、机械工业出版社主要是在20世纪60年代出版了一批数理统计在自然科学和工程技术领域应用的统计图书；东北财经出版社和东北统计局出版部集中在50年代初期翻译介绍苏联的统计工作。

第四，从作者看，国内作者出版统计图书最多的是邹依仁，他有8本著述出版，分别是《工业统计》（立信会计图书用品社，1951）、《高级统计学》（立信会计图书用品社，1951）、《新统计学名词公式表格汇编》（立信会计图书用品社，1953）、《统计平均数》（立信会计图书用品社，1955）、《统计抽样法》（新知识出版社，1957）、《统计学名词公式汇编》（增订本）（新知识出版社，1957）、《资产阶级统计理论批判》（上海人民出版社，1958）、《工业产品质量统计检查法》（中国统计出版社，1958），足见其之多产。

出版3本专著的有3位：一位是陈其鹿，他的3本书为《初级统计学》（立信会计图书用品社，1953）、《统计原理与实习教材》（立信会计图书用品社，1954）、《统计图示法》（上海财经出版社，1958）。另一位是杨纪珂，他有3本著作和1本译著，分别是《数理统计方法在医学科学中的应用》（上海科学技术出版社，1964）、《应用于农学和生物学实验的数理统计方法》（斯奈迪格著，杨纪珂等译，科学出版社，1963）、《科学实验设计一百例评注》（科学普及出版社，

1965）、《质量评估方法平话》（中国工业出版社，1966）。还有一位是张知几，他在 1953 年编了一本《大众统计学》，由立信会计图书用品社出版，由邹依仁校，比较简单通俗。1956 年新知识出版社又将此书出版，名字改为《大众统计》，相比前一版本，为便于普及，新版更加通俗。1957 年，张知几还在新知识出版社出版了《统计指数》，也是比较科普性的图书。

出版 2 本的有王思立、金国宝、谭启栋、陈善林、唐启贤等，他们都曾在民国时有图书出版。1927 年出版过《统计学原理及应用》的王仲武 1957 年在中国统计出版社出版了《俄中英统计名词汇编》。

国外作者的译作出版最多的是苏联专家尼. 尼. 廖佐夫（Н.Н.Ряузов），他于 1950 年 8 月来到中国人民大学，作为统计学科顾问，负责培训教师，帮助制定教学计划和培养方案，指导研究生。中国人民大学及东北统计局出版部等组织编译出版了廖佐夫的多本（套）教材，如 1950 年版《统计学原理》（第一分册、第二分册、第三分册），1952 年修订版的《统计学原理》，1950 年的《工业统计学教程提纲》，1950 年、1951 年分别在不同出版社出版的《商业统计学教程》（上、下）等。廖佐夫在中国人民大学带出了第一批统计研究生，包括马宝贵、徐向新、韩嘉骏、涂葆林、崔之庆、尚振礼、钱伯海等人，他们都成为我国经济统计领域的骨干。廖佐夫的几本教材在 20 世纪 50 年代我国经济类统计教育中产生了较大的影响。

二、统计教材的编写

新中国财经类的统计教育从一开始就一边倒地全面学习苏联，方式是苏联派专家到中国人民大学对教师进行培训，统计教材也是先翻译苏联的教材，然后按照苏联教材的体系替换成中国的数据，再编写我们自己的教材，因而中国人民大学的教材就成为财经类统计学专业的首选教材。

（一）中国人民大学财经类统计学教材的编写

1950 年秋，中国人民大学统计学科开始有本科生、研究生和专修科的学生入校。几门主要的统计学专业课如"统计学原理""工业统计学""商业统计学""农业统计学"等是在苏联专家廖佐夫、德米特里耶夫、扎卡留金等的指导下开设的。所用的教材是根据苏联相关教材和文章，由统计教研室教师编写并油印给学生使用。

1. 统计学原理

"统计学原理"课程是所有统计学专业以及非统计学专业必修的基本课程，

因而这门课程的教材建设就成为最重要的任务。由于新中国成立前的统计教材都不能用了，1950年9月，中国人民大学统计学科教师在开学时一边抓紧翻译廖佐夫的《统计学原理》教材，一边用翻译稿当作讲稿，再参考一些苏联的相关文章和教材开展教学。1951年由统计教研室翻译的廖佐夫《统计学原理》出版，共发行13万册，成为中国人民大学乃至全国统计学原理课程的基本教材。该书目录如下。

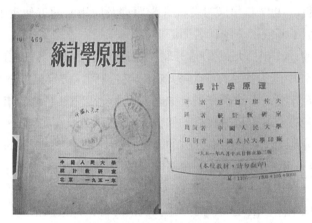

1951年8月版廖佐夫《统计学原理》（第二版）

第一章　统计的对象及任务

　　第一节　何谓统计，其内容如何？

　　第二节　社会主义条件下的统计

　　第三节　统计的对象与方法

　　第四节　统计中的几个基本概念

　　第五节　统计学发展中的列宁、期大林阶段

　　第六节　统计在社会主义经济中的任务

第二章　统计调查

　　第一节　统计调查的概念

　　第二节　统计调查的组织形式

　　第三节　统计调查计划的基本问题

　　第四节　统计表报的组织

　　第五节　经常调查和一时调查

　　第六节　统计调查按登记事物方式的分类

　　第七节　统计调查按总体所包括内容程度的分类

　　第八节　普查

---

① "底"按现在的表达为"的"，以下不再单独加注说明。

　　经过对廖佐夫《统计学原理》的学习，以及对 1950 年入学本科生及专修科学生的教学实践，中国人民大学统计学原理教研室的教师开始编写自己的教科书。1952 年 8 月，中国人民大学统计学原理教研室推出了自己的第一版《统计学原理讲义》（简称《讲义》），主要章节目录为：

对比翻译的廖佐夫的《统计学原理》与 1952 年中国人民大学统计学原理教研室集体编写的《讲义》，《讲义》保持苏联教材的基本框架和体系，即仍然为10 章，绝大部分内容没有变化，只是在个别章节有小的增减。新增加的内容主要有：第一，在第一章增加了第三节"资本主义社会条件下的统计"和第四节中"新民主主义社会条件下的统计"，特别写入"李富春同志在第一届统计会议上的报告中说：'过去，中国是个半殖民地半封建的国家，严格地说是没有统计工作的。旧中国的统计，是向美英资产阶级学习的。这种统计不能作为我们的武器，它对于我们实行国家的管理与监督是不适用的。……我们要建设新中国的统计，做到正确的核算，使国家和人民真正了解情况，从而决定政策，制订计划，就非向苏联的、为马列主义武装的、科学的统计学习不可。'他一再强调说：'我们的统计建设工作，首先应该从思想上肯定：学习苏联的马列主义的统计学，批判美英资产阶级的统计学。在统计工作的思想领域里，同样要实行毛主席所说的"一边倒"的政策。'"[1] 第二，在最后一章（第十章）"苏维埃统计的发展及其目前组织"增加了对新中国统计的介绍，更名为"苏联和新中国统计的发展及其目前的组织"，新写了"新中国统计的建立""新中国统计工作的初创阶段""新中国统计发展的新阶段及其目前组织"三节内容。

1953 年新版的《讲义》删减了第八章"抽样调查"的内容。廖佐夫的《统

---

[1]　中国人民大学统计学原理教研室. 统计学原理讲义. 北京：中国人民大学，1953：8.

计学原理》这一章共 15 节，内容较多，包括：第一节"抽样调查的任务"；第二节"抽样误差的概念"；第三节"甚么东西在制约着抽样误差的数量"；第四节"随机抽样的原则"；第五节"测定抽样误差的公式"；第六节"对公式的注释"；第七节"契比舍夫—利亚普诺夫定理"；第八节"在预先定出抽样误差数量时（精确性）之必要抽样数目底公式"；第九节"应用公式的实例"；第十节"随机抽样的选择方式"；第十一节"随机选择"；第十二节"分层随机抽样"；第十三节"说明事先分层优点的实例"；第十四节"机械选择"；第十五节"整列选择（整群选择）"。新版《讲义》则删减为 6 节，删去了廖佐夫教材中的第三、四、六、七、九、十、十一、十二、十三、十四、十五节。最为重要的是删去了"随机"这一抽样的重要概念，新版《讲义》中已经见不到"随机"这一概念，因为社会主义的计划经济可以精确计划到每一项工作、每一件产品，因而不再是随机的了。当然，抽样误差的简单公式还保留着，也没有说明公式的来源和条件。

如果说廖佐夫的《统计学原理》已经大大简化了统计方法，新编《讲义》就更将这一趋势推向极端，所用数学工具从高等数学倒退到中学数学，再简化到小学数学的加减乘除等四则运算，最复杂的是计算平均发展速度的开方。

《讲义》从 1952 年发行第一版后，分别在 1953 年 9 月、1955 年 9 月和 1956 年 8 月修订发行第二版、第三版和第四版。1957 年版虽然是新版，但内容基本没变，可以认为是第五版。

统计学科除了重点建设统计学原理教材外，当时的工业统计、农业统计和贸易统计教研室的教师也编辑出版了工业、农业和贸易统计的教材，它们同样成为全国经济类院校相关课程的主干教材。

左为 1953 年中国人民大学统计学原理教研室编写的《统计学原理讲义》(第二版)，
右为 1955 年的《统计学原理讲义》(第三版)

1956 年《统计学原理讲义》（第四版）

2. 工业统计学

"工业统计"和"商业统计"两门课程最早都是由廖佐夫开设的，他从 1950 年 8 月到 1951 年 6 月，以引言、总结、辅导等形式给统计教师讲授统计学原理、经济统计、工业统计、贸易统计等，课时约 400 小时。1951 年 9 月到 1952 年 6 月，他又给研究生系统讲授了贸易统计，课时约 100 小时，同时给本科生进行了专题讲座和示范教学，课时约 20 小时。

1957 年《统计学原理讲义》（第五版）

廖佐夫的《工业统计学教程提纲》

廖佐夫讲课使用的教材是苏联沙文斯基的《工业统计学教程》，为了明确重点，廖佐夫编写了《工业统计学教程提纲》（讲课大纲），并且在 1950 年 10 月印刷出版。沙文斯基三分册的《工业统计学教程》（1950 年版）章目如下：

沙文斯基的《工业统计学教程》

第一分册目录

1957年，统计学系编出了自己的讲义，章目与《工业统计学教程》基本相同，增加了一章，即第十章"新技术统计"，使得总的章目扩展为13章。

3. 农业统计学

20世纪50年代建立统计学科初期，农业统计学教材是统计学原理教研室翻译苏联专家斯·维·邵里茨1951年版的《农业统计学》，该教材分为上、

《工业统计学讲义》

下两册，共 10 章，分别为：

第一章　苏联农业统计的对象、任务和组织
第二章　农业企业的分组
第三章　土地使用和用地统计
第四章　种植业产量统计
第五章　畜牧业统计
第六章　农业产量统计
第七章　农业劳动统计
第八章　农业固定资产统计
第九章　农业生产支出及成本统计
第十章　农业动力设备、生产设备及机械化统计
附录　农业方面完成五年计划的情形

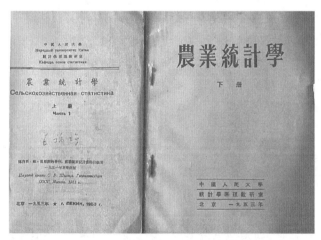

斯·维·邵里茨的《农业统计学》

1954 年 4 月到 1955 年 7 月，苏联农业统计专家德·谢·扎卡留金来中国人民大学讲学，唐垠、马宝贵等作为助手跟随扎卡留金备课，传承了苏联的农业统计学。马宝贵一直开设"农业统计"课程，改革开放后他还在研究并开设"列宁论统计"的课程。

1958 年中苏关系破裂后，我们开始自己编写教材。1964 年，以马宝贵、尹德光、张敏如为主，编写出版了《农业统计学》，除了基本保留苏联版本教材的基本内容外，主要增加了我国农村人民公社收入分配、社员户收支和我国农业统计组织等内容。

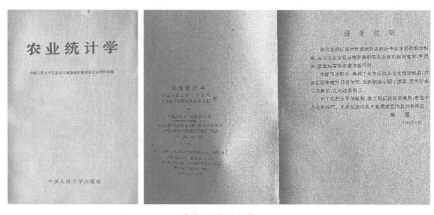

《农业统计学》

4. 商业统计学

这门课最早也是廖佐夫开设的，用的教材是 1951 年由经济出版社出版的《商业统计学教程》（上、下册），其主要章目有：

《商业统计学教程》

上册目录

第一章　苏联商业统计学的研究对象、内容与任务

第二章　商品流转的各种基本指标体系

第三章　农产品采办统计

第四章　商品批发交易统计

第五章　商品零售交易统计

第六章　社会给养统计

第七章　商品储存统计

廖佐夫在 1950—1951 年给统计教师讲授了"贸易统计"，在 1951—1952 年又给研究生系统讲授了"贸易统计"。1954 年，中国人民大学统计学系的教师编写了《国内贸易统计学》（上、下册），1957 年又编写了《中国国内商业统计学讲义》，开始使用自己编写的教材。

中国人民大学统计学系教师编写的《国内贸易统计学》和《中国国内商业统计学讲义》

从新中国成立到 1957 年，统计学科的教材基本上都是苏联统计教材的翻版，在其基础上适当增加一些反映中国国情的数据，作为中国人民大学乃至全国财经类高校统计学科的通用教材。

5. 苏联《统计理论》与两本《讲话》

1953 年苏联中央统计局局务委员会组织了 27 位不同领域的统计专家编写了一本《统计理论》，共 23 章，由国家统计局编译处集体翻译，并于 1954—1955 年由财政经济出版社分 5 分册印制发行，又由统计出版社 1957 年发行合订本。

该书的"内容提要"强调：本书扼要地论述了统计科学的基本原理和方法以及苏维埃统计中最迫切的问题；确定了统计学是研究社会生活现象和过程的科学，批判了以数学法则——大数法则作为统计学基本原理的反马克思主义的错误观点。

《统计理论》（5分册）

该书内容主要包括：

第一分册
序　言
第一章　统计学的对象和方法
第二章　苏联的统计组织
第三章　统计指标体系
第四章　统计观察

第二分册
第五章　统计资料的汇总与分组
第六章　统计表
第七章　统计中的平均数与相对数
第八章　指数
第九章　动态数列
第十章　统计资料的图示法

第三分册
第十一章　人口、保健和文化统计的基本指标
第十二章　社会产品生产统计

统计理论（合订本）

这本书的 3 个附录十分重要，对苏联和 20 世纪 50 年代以后的中国统计学界影响深远。

附录一"关于统计学的讨论总结"实际是苏联科学院副院长奥斯特洛维季杨诺夫（又译为奥斯特罗维季扬诺夫）院士在 1954 年 5 月 28 日苏联科学院主席团会议上的报告。报告说：

> 在三十年代，曾经广泛地流行过一种理论：说统计学是关于自发的和偶然的自然现象与社会现象的科学，而把大数法则和概率论看做是它的中心原理。
>
> ……………
>
> 为了讨论引起争论的问题，为了研究统计科学的对象和方法，苏联科学院、苏联中央统计局和苏联高等教育部从三月十六日到二十六日举行了统计学问题的科学会议。
>
> 应邀到会的共有七百六十人，其中有列宁格勒、基辅、明斯克、巴库、

---

① 原文如此，莫斯科经济学院即后面附录一报告中提到的莫斯科经济统计学院。

塔什干、梯比里斯（今译为第比利斯——笔者注）、里加、埃里温、阿拉木图、哈尔科夫、斯维尔德洛夫斯克、依尔库茨克（今译为伊尔库茨克——笔者注）的代表。

参加会议的，主要是统计方面的科学工作者和实际工作者。除了他们之外，参加会议的还有经济学家、工程师、数学家、哲学家和医生。

在会议上曾把苏联中央统计局局务委员会组织人力集体编著的《统计理论》和苏联高等教育部莫斯科经济统计学院集体编著的《统计学概论》样本这两份材料分发给参加会议的人。

会议上，有六十个人发言，二十个人提出了书面意见。

为了进行总结，在会议的全体大会上选出了由二十九人组成的委员会。参加该委员会的有观点不同的代表。……

会议上暴露出来的观点，基本上可以归纳为三种比较突出的主张：

第一种，认为统计学是研究社会现象和自然现象的科学；

第二种，认为统计学是研究方法论的社会科学，它是关于收集一定社会现象的数字资料时所根据的那些原则的学说，是关于这些资料的加工方法的学说；

第三种，认为统计学是一门社会科学，它主要是研究社会生产关系，或者主要是研究经济的。

……………

……大多数人都一致认为统计学是一门社会科学。

奥斯特洛维季杨诺夫院士的报告介绍了三种不同学术观点和各自的解释，这个附录使我们能够比较客观地了解当年的这场由学术争论演变成的政治决定。

附录二"苏联统计学科学会议决议"是这次统计会议的政治决议。内容要点如下：

苏联科学院、苏联中央统计局和苏联高等教育部所组织的关于统计学问题的科学会议，是完全适时的，它对于研究和解决苏维埃统计科学的一些根本问题，有着极其重大的意义。

会议讨论了统计科学的内容和对象、方法等基本问题，也讨论了共产主义建设现阶段上统计学的迫切任务。

科学会议对于消除苏联统计学家中间长期存在的各种分歧意见，有很大的意义。这些分歧意见，曾使得一系列重要经济问题的研究工作停滞不前，同时也阻碍了科学工作人员和实际工作人员联合起来共同解决党与政府向苏维埃统计提出的各项任务。

科学会议根据上述问题的讨论结果，作出了如下的结论：

一、统计科学的对象和方法

统计学是独立的社会科学。它密切联系着大量社会现象的质的方面来研究大量社会现象的量的方面。……

…………

统计学的理论基础是历史唯物主义与马克思列宁主义的政治经济学。……

统计科学用一系列的范畴、指标和专门的方法阐明它所研究对象的客观的性质和特征。统计学中的范畴、指标和方法是科学认识和实际活动的基础。

…………

除了作为社会科学的统计学之外，还存在着物理统计学、力学统计学等科学知识部门，而且在日益发展着。这些科学知识部门，无论就其对象的性质或就其应用的方法来说，都和作为社会科学的统计学根本不同，因此不能把它们看成是统计学的一些部门。在物理学、力学、天文学和其他自然科学的领域中广泛应用着数理统计学，而数理统计学却是数学的一部分。作为社会科学的统计学和研究自然界的诸科学之间的联系表现在这一点，即统计学在研究社会现象的同时也研究它们同自然现象的相互联系。另一方面，自然科学在研究自然现象时也应用某些统计方法。

二、关于统计学教科书和教学大纲

（一）根据上面讲过的，应该对会议上提出的两本教科书——……《统计学概论》样本和……《统计理论》一书——给以评价。

这两本教科书的优点在于它们把统计学定为以社会生活现象为对象的科学，它在现象的质与量的密切联系中从量的方面来研究社会生活现象。……

两本教科书都拒绝以"通用的"统计学或数理统计学顶替作为社会科学的统计理论，这是正确的。

克服对社会经济统计的形式的数学的解释，乃是统计科学发展的极其重要的条件。

…………

三、关于统计科学的现状和任务

苏维埃统计学是在原则上新的、真正科学的统计学，它是在马克思列宁主义理论基础上发展起来的。

…………

会议决议在最后部分提出了加强苏维埃统计的 14 项重要工作。

决议拒绝承认物理统计学、力学统计学等自然科学统计学是统计学的一部分，因而强化了统计学（即社会经济统计学）的主导地位，也人为地割裂了统计方法的有机联系，不仅在苏联，也在中国产生了深远的不利影响。

附录三为"莫斯科经济学院对《统计理论》一书的讨论"。在这次科学会议上，对这本集体编写的《统计理论》教科书进行了细致的讨论，基本结论是肯定了这本教材的政治方向和基本内容，提出了一些改进的意见，使得这本教材成为官方认可的统计教学模板，其中文译本也成为我国财经类高校的主要教科书。

《统计理论一般问题讲话》

受苏联集体编写《统计理论》的影响，中国人民大学统计学系在 1956—1957 年间集集体的力量编写了两本讲话。一本是 1956 年徐前、江昭、林富德、刘新、周复恭、郑尧等编写的《统计理论一般问题讲话》（1956），内容类似于苏联《统计理论》的前两分册，10 章的内容也基本仿照《统计理论》的前 10 章，分别为：

第一题　统计学的对象和方法（徐前、江昭）

　　一、统计学的对象

　　二、统计学的理论基础

　　三、统计学的方法

　　四、统计、会计和业务技术计算的相互关系

第二题　中华人民共和国的统计组织（林富德）

　　一、统计组织的基本原则

　　二、中华人民共和国的国家统计系统

　　三、中华人民共和国的主管部门统计系统

第三题　统计观察（郑尧）

　　一、统计观察的概念和意义

　　二、统计观察的两种组织形式

　　三、统计观察计划

　　四、关于统计报表的几个基本问题

　　五、普查·几种主要非全面观察

五、关于计划执行情况的统计图

六、象形图和统计地图

这本讲话实际上是《统计理论》的精练本，成为当时经济类院校学生和广大统计工作者的教材或参考书，影响巨大。

另一本《经济统计学讲话》（1957），大体上是苏联《统计理论》的第三、四、五分册的内容，由徐前、戴世光、于涛等编写，共 24 讲，主要章节有：

《经济统计学讲话》

第一讲　经济统计的对象、方法和任务
　　　　（徐前）
　　一、经济统计学的对象
　　二、经济统计学的理论基础
　　三、经济统计学的方法
　　四、经济统计学在我国社会主义建设中的任务
第二讲　物质生产部门分类（于涛）
　　一、物质生产领域和非物质生产领域的划分
　　二、物质生产部门分类
第三讲　人口统计（戴世光）
　　一、人口数目统计
　　二、人口构成统计
　　三、人口变动统计
第四讲　国民财富统计（于涛）
　　一、国民财富的概念及其统计任务
　　二、国民财产的分类
　　三、天然资源统计
第五讲　固定资产统计（王文声）
　　一、固定资产的概念及其统计的任务
　　二、固定资产的分类
　　三、固定资产的估价
　　四、固定资产的结构及变动指标
　　五、固定资产磨损统计

　　五、国民经济平衡表总计表

　　后记

　　《经济统计学讲话》有 14 位教师参与编写。上述两本讲话的编写有近 20 位教师参加，是典型的集体成果。

　　6. 自编《统计学讲义》

　　从 1958 年开始，中国人民大学统计学系开始清除苏联修正主义在统计学科中的影响，动手编写我们自己的统计学教材，同时开始教学改革（教改），明确提出"破字当头，立也就在其中了"。

　　经过整个统计教师队伍的集体努力，仅仅用了几个月的时间就完成了新版《统计学讲义》（有 6 个分册，简称"6 分册"）。主要章节目录如下：

第一分册

第一章　统计的对象和任务

　　第一节　统计的产生和发展

　　第二节　统计的对象和理论基础

　　第三节　统计的任务

第二章　统计的基本方法

　　第一节　统计方法的科学基础

　　第二节　大量观察法和专题论述法

　　第三节　分组法

　　第四节　综合指标

第三章　统计方法中的动态数列

　　第一节　动态数列的种类与编制原则

　　第二节　动态数列的分析指标

　　第三节　动态数列的联系、分析和修匀

第四章　统计方法中的指数

　　第一节　指数的一般概念

　　第二节　总指数的基本形式——综合指数

　　第三节　指数体系

　　第四节　综合指数的变形

　　第五节　固定组成指数和结构影响指数——分析平均指数动态的
　　　　　　　指数法

第五章　统计指标体系

这本新版的《统计学讲义》共 30 章，第一分册的 5 章主要介绍统计原理和基本方法，包括时间序列和指数；第二分册第六章到第四分册第十九章介绍人口、自然资源、社会产品、物资供应等方方面面，以及每一领域的主要统计指标和指标解释；第五分册第二十章到第二十六章是国民经济统计，内容从国民收入到人民生活，从物资平衡、财政平衡到劳动平衡，再到国民经济总平衡；第六分册介绍统计组织、统计调查（报表制度、普查及重点调查、典型调查和抽样调查）、统计资料的整理和分析、新中国统计的建立和发展。

这本教材之所以能够在 1958—1959 年很快就编写完成并出版，关键在于 1956 年集体编写了《统计理论一般问题讲话》、1957 年集体编写了《经济统计学讲话》，这本讲义实际是两本讲话的综合，既包括统计原理和方法的部分，也包括经济统计的方方面面。很快，这本新教材就代替了苏联的统计教材，成为统计和财经专业学生及广大统计干部的学习或参考教材，为培养政府统计系统干部做出了贡献。

1959 年《统计学讲义》（6 分册）

1962 年，中国人民大学统计学系将 1959 年的 6 分册重新印制为一卷本，内容没有变化。

这本教材（同 6 分册）一直沿用到"文化大革命"时期，也成为"文化大革命"后重新编写《统计学讲义》（4 册，1979 年版）的基础。

（二）其他财经院校的统计教材

厦门大学经济系计划统计教研组以集体的力量在 1959 年出版了《统计理论一般问题》（福建人民出版社出版）。

该书在"写在前面"里写道：

1962 年《统计学讲义》（一卷本）

1958 年是我国各项建设事业全面大跃进的一年。在党的社会主义建设总路线的光辉照耀下，统计工作也和其他工作一样，掀起了大改革、大跃进的高潮，取得了巨大的成绩和许多新的经验，从而把我国的统计工作推向了一个新的时期。

　　在党的教育与总路线的鼓舞下，我们厦门大学经济系统计专业的师生，试图根据我国十年来社会主义统计工作的实践，特别是 1958 年统计工作大跃进的巨大成绩与经验，从统计理论上予以总结。这是编写本书的目的，也是本书编写上的主要特点。

1959 年《统计理论一般问题》

　　本着这个目的，在 1958 年暑假，由统计专业部分教师和毕业班同学拟出了编写大纲。11 月，在厦门市计划委员会的协助下，由龙维一、翁礼馨、曾克同、俞大刚四位教师和统计专业 1959 年级的全体同学合作，写成讲义初稿。1959 年初，继由龙维一、翁礼馨两位教师修改编写，于 4 月底完成全稿。修改编写过程中，又蒙福建省计划委员会戴以超、张迪欣同志对有关章节提出了宝贵意见。因此可以说，本书是师生集体创作、内外大协作的产物。

该书的目录为：

这本《统计理论一般问题》和中国人民大学 1956 年编写的《统计理论一般问题讲话》非常相似，基本是参照后者和苏联的《统计理论》编写的，内容主要是针对当时政府统计工作的需要，从章节整体看，只是多了"统计评比"一章。这本书对资产阶级统计的批判一点没有减弱，虽然大量引用列宁和斯大林的语录，但全书不再出现"苏联"两个字，从字面上已经找不到学习苏联统计理论的痕迹。

1963 年 4 月，厦门大学经济系统计教研室在 1959 年《统计理论一般问题》的基础上编写了《统计学原理》，并于当年 10 月出版。该书的前言写道：

1963 年《统计学原理》

　　本书系福建人民出版社 1959 年 10 月出版的《统计理论一般问题》的修订本。

　　《统计理论一般问题》出版以来，蒙各方面提出了不少宝贵的意见。同时，从 1959 年以来，我国统计工作的实践和统计理论的研究又有了进一步的、巨大的发展。为了适应我国统计事业发展的需要和提高统计教材质量的要求，在校、系党政领导的亲切关怀与大力支持下，由我室部分同志对原书作了全面的修订工作。在修订过程中，参考并吸收了兄弟院校讲义的许多优点。我们希望，本书可以作为高等院校统计学原理这一课程的教学参考，并供统计工作者进修统计理论之用。

全书除导论外，分十二章。龙维一同志编写导论、一、二、四章，曾克同同志编写第三章，翁礼馨同志编写五、六、七、八、十、十一章，钱伯海同志编写第九章，黄良文同志编写第十二章。由龙维一同志负责主编。

该书章节目录为：

对比1963年的这本《统计学原理》与1959年《统计理论一般问题》的内容，最主要的变化是增加了"抽样调查"这部分内容，而且介绍了随机抽样的思想和原则。关于随机抽样调查的方法，1957年我国曾邀请印度抽样调查专家马哈拉诺比斯访华，并准备在我国农产量调查和职工家计调查中推广应用。[①]但由于20世纪50年代后期"大跃进"的干扰，以及中印关系的恶化，随机原则基础上的抽样调查研究和实践客观上被搁置下来。中国人民大学1959年的《统计学讲义》（6分册）虽有涉及，在第六分册第二十八章中以一节的篇幅略加介绍，但没有详细讨论随机原则和抽样误差的问题。厦门大学的这本《统计学原理》由钱伯海新撰了第九章"抽样调查"，以概率论大数定律为基础，介绍了随机原则，强调了它是不同于典型调查和重点调查的方法，特点是排斥主观有意的选择；抽样调查不仅可以从样本推断（全及）总体，而且可计算抽样误差；该教材还简要介绍了纯随机抽样、等距抽样、分层抽样和整群抽样等调查方式。这些曾经在20世纪50年代被批判为资产阶级统计方法的内容，在这本教材中能够介绍，应该说是冒着被批判的风险的。

厦门大学的这本《统计学原理》对财经类院校产生了较大的影响，也成为"文化大革命"以后统计教学的基础和起点。中国人民大学1978年11月重印《统计学讲义》时，在"说明"中介绍："在统计学原理部分增加了'抽样法'一章，内容选自厦门大学经济系计划统计教研室1975年编的《统计基本理论》一书。"而厦门大学1975年的《统计基本理论》也源自1963年的这本《统计学原理》。

上海财政经济学院统计学原理教研组1958年1月编写并由上海财政经济出版社于同年3月出版了《统计学原理》。该书在"序言"中写道：

① 详见第二十三章"20世纪50年代的中印统计交流"。

　　本书是我院统计系统计学原理教研组集体编写的。自从 1952 年以来，统计学原理教研组同志在学习苏联和中国人民大学的基础上，为了满足教学上的需要，曾经多次编写统计学原理讲义。本书是就过去的讲义加以修正、补充和改写而成的。

　　在编写这本书的过程中，曾经参考和利用了 1954 年 3 月苏联召开的统计学科学会议关于统计学对象和方法的决议，苏联中央统计局集体编写的"统计理论"，苏联斯特鲁米林院士主编的"统计学"以及中国人民大学的统计学原理讲义等书的材料和意见。

　　正如"序言"所说，该教材主要参考苏联的《统计理论》和中国人民大学的教材编成，代表了当时财经类院校统计学教材学苏联、学中国人民大学的基本特点。

　　该教材的章节目录为：

第一章　统计学的对象和方法
　　第一节　统计学的对象
　　第二节　统计学的理论基础
　　第三节　统计学的方法
　　第四节　统计学的阶级性
　　第五节　统计学的部门
第二章　中华人民共和国统计组织
　　第一节　统计的任务
　　第二节　核算与统计
　　第三节　统计组织的原则
　　第四节　统计组织的体系
第三章　统计调查
　　第一节　统计调查的概念
　　第二节　统计调查计划的基本问题
　　第三节　统计报表制度
　　第四节　普查和各种非全面调查
　　第五节　调查的方法
　　第六节　统计调查的差错及其防止方法
第四章　统计归纳与分组
　　第一节　统计归纳的概念

对比上海财政经济学院的《统计学原理》与中国人民大学和厦门大学的相关教材，我们看到这些教材在体系框架上大体相同，但在一些章节的编写和处理上各有特点。比如，上海财政经济学院的《统计学原理》，在第六章"平均数"中，将"众数和中位数"一节放在"标识变动度"，即方差和标准差内容之后介绍，强调算术平均数、方差和标准差是计算出来的平均代表值，而众数和中位数是位置代表值；平均发展速度（即几何平均数）放在"动态数列"一章中介绍，避免与算术平均数放在一起介绍容易混淆变量观察值的平均和比率（变化率）的平均。

第九章以一章的篇幅介绍"抽样调查"，开篇指出："我们在前面已经讲过，统计学是一门社会科学，数理统计学是数学的一个分支。统计学与数理统计学之间有着一定的联系。抽样法就是联系的具体表现之一。按照抽样法的数学理论以及抽样公式的导演来说，它是数理统计中的一个主要组成部分。但统计学在研究社会现象时，有许多时候也必须要采用抽样法，因此，统计学就把抽样法从数理统计学方面移用过来，并且也列为统计学中的许多专门方法之一。"

这一段很巧妙地既介绍了抽样调查方法，又回避了统计学的阶级性，仅仅是"移用方法"。要注意这本书是 1958 年 3 月出版的，1957 年印度马哈拉诺比斯应周恩来总理邀请访华，主要目的就是宣传介绍随机抽样调查方法[1]，全国统计学界在 1957—1958 年正处于学习数理统计和抽样调查的热烈气氛中，上海财政经济学院的这本教材反映了当时的最新成果。

为适应批判资产阶级统计学的大环境，部分章节的后边编有对资产阶级统计的批判，这些也是那个时代的痕迹。

其他院校和地方在 20 世纪 50 年代也发行过经济类的统计学教材，但基本内容都仿效苏联和中国人民大学的统计教材，如 1953 年江苏省行政干部学校编印的《统计学讲义》就是中国人民大学《统计学原理讲义》的缩写本。

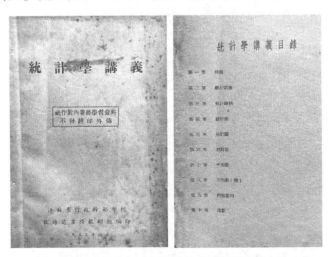

1953 年江苏省行政干部学校的《统计学讲义》

---

[1] 关于马哈拉诺比斯访华过程及其对中国统计学界的影响，见本书第二十三章"20 世纪 50 年代的中印统计交流"。

（三）数理统计的教学与教材

1.《统计学数学方法》的翻译

1956 年，在"向科学进军"的号召鼓舞下，北京大学许宝騄领导的概率统计讨论班集中了中国科学院数学研究所和中山大学等高校的师资力量，集中研读英文原著，其中的代表作就有克拉美[①]的《统计学数学方法》（以下简称《方法》）。上海"概率统计小组"的魏宗舒、崔明奇、徐钟济、郑绍濂等也将研读翻译的重点瞄准了克拉美的这本《方法》。中国科学技术大学 1959 级概率统计专门化的数理统计课程由陈希孺主讲，也将《方法》列为主要参考教材，可见该书在当时受欢迎和重视的程度。现在我们看到正式出版的《统计学数学方法》有两个版本，一是 1960 年由高等教育出版社出版的"第一分册"，二是 1966 年由上海科学技术出版社出版的完整译本。

1960 年高等教育出版社的《统计学数学方法》（第一分册）

克拉美的原书 1946 年由美国普林斯顿大学出版社出版（H. Cramér, *Mathematical Methods of Statistics*, Princeton University Press, 1946）。原书共 37 章，分为 3 个部分。第一部分"数学的基础知识"共 12 章；第二部分"随机变量与概率分布"也是 12 章；第三部分"统计推断"有 13 章。

1960 年出版的该书"第一分册"由郑朴、吴锦翻译，仅译出了第一部分的 12 章。在书的前面，除了克拉美自己的"序言"之外，高等教育出版社专门邀

[①]　C. H. 克拉美（Carl Harald Cramér, 1893—1985），瑞典数学家。1929 年成为斯德哥尔摩大学教授。1950—1958 年任该校校长。1958—1961 年任瑞典的大学联席主席。曾在普林斯顿大学、哈佛大学和加利福尼亚大学工作。

请刚从苏联柯尔莫哥洛夫门下回国的南开大学王梓坤[①]翻译了俄文版序言（该书 1948 年译成俄文出版时是请柯尔莫哥洛夫写的序言）。柯尔莫哥洛夫（王梓坤在书中将其译为"柯莫果洛夫"）在序言中开门见山地说：

> 克拉美（Cramér）这本书的任务首先是纯学术性的：为数理统计建立一套能满足现代要求的叙述体系。近年来，许多人对这一体系的大致轮廓是清楚的，而且多次在苏联和英美作家的一系列杂志文章中阐明过。虽然如此，至今所有的数理统计教程仍然建立在完全不能适应现代要求的理论基础上，因而它的实用部分在很大程度上具有纯方法性。在这种传统下写成的教程中，全世界不能不认为罗曼诺夫斯基（В. И. Романовский）的俄文教程（"数理统计"，1938）是最好和最完整的。然而，近来在苏联学者，包括罗曼诺夫斯基本人在内的著作中，关于假设的统计检验和参数的统计估计（或者分布的直接"非参数的"估计）的一般原则性研究，获得了很大的进展，这引起了从本质上重新叙述数理统计基础的必要。既然对数理统计若干专门问题的研究，超过了所有教本中沿用的以数学与概率论为前题的叙述水平，人们逐渐明确，必须及时地从完全现代的立场，来系统地叙述数理统计的一些原则性问题。显然，这一新的叙述体系，只能在它完成了对各方面具体材料的巨大整理工作以后，才会有最后的说服力。本书便是实现这一计划的尝试。

> 这本书不是没有缺点的。数理统计中若干重大的研究方向，书中没有应有的反映，例如：主要结果由 H.B. 斯米尔诺夫[②]得到的"非参数问题"；严格叙述建立在一般随机过程论上的时间序列；随机变数的置信界（在英文名词中，tolerance limits 不同于 fiducial limits，在英文著作中，只对非随机的参数称置信界）；和才开始发展的"序列分析"（sequential analysis）。另方面，将来一般基础理论的叙述也许会变得更初等和更易于接受〔这里，我指的不是放弃运用一般测度论、波雷耳（Borel）可测性的观念及 Lebesgue 积分，而是指更易懂地、附以直接涉及概率论与数理统计的例题，来叙述这些

---

① 王梓坤，1929 年 4 月出生于湖南零陵，籍贯江西吉安，数学家，1952 年从武汉大学数学系毕业后分配到南开大学任教；1955 年考入苏联莫斯科大学数学力学系做研究生，师从数学大师柯尔莫哥洛夫和多布鲁申，1958 年毕业获苏联副博士学位；1977 年由讲师直接晋升为教授；1981 年被聘任为博士生导师；1984—1989 年担任北京师范大学校长；1991 年当选为中国科学院学部委员（院士）。

② 原文如此，王梓坤在序言此处和接下来的书评中对斯米尔诺夫的缩写部分采用了不同译法。

观念〕。最后，至于 Cramér 把科学研究的任务归结为"描述"（Description）、"分析"（Analysis）及"预言"（Prediction）（见第十三章）的总的想法，则具有明显的经验论的色彩（很难多说，因为在这些问题上，作者吝于发言）。

显然，柯尔莫哥洛夫在当年还是客观地表达了自己的看法，对这本经典著作既给予充分肯定，也谈了他个人认为的不足。其中，柯尔莫哥洛夫对苏联数学家罗曼诺夫斯基的《数理统计》评价甚高。

王梓坤受出版社之邀，还写了一篇书评《关于 H. 克拉美一书的哲学观点》。从现在的图书出版看，很少有在一本译作的文前部分增加这样一篇书评的。书评的前一段是对这本著作的总体评价：

> 哈·克拉美一书汉译本的出版，无疑地会给我国广大读者带来很大的好处。这本书在两方面取得了显著的成就：第一，它在严格的数学基础上，首先是在奠基于 A. H. 柯莫果洛夫 ①（Колмогоров）公理系的近代概率论基础上，系统而又清楚地叙述了数理统计中的基本知识和若干特殊问题。在全书中基本贯彻了计算与证明到底的精神，这是一般数理统计书所不能胜任的；其次，本书中所用的数学工具虽然不很简单而且多种多样，但对读者却只要求普通的数学分析知识（相当于 В. И. 斯米尔诺夫'高等数学教程'第一及第二卷，除去其中微分方程部分），由于全书写得平易近人，只要循序渐进地读下去，是不难接受的。因此，从教学的观点来看，本书也是有益的。诚然，它也有一些内容上的缺点，这在俄译本序言中已评论过。……
>
> 本书的数学叙述虽然相当严谨而且自封，但作者在本书中提出的或者反映的一些哲学观点，却不是无可非议的。作为本书的热心读者，我们希望在对它进行批判以后能给我国读者带来最大限度的好处。……
>
> ……………②
>
> （三）关于数理统计适用范围与举例：这问题实际上对全部数学都存在，不过对数理统计更为突出。事实是这样：一方面，数学由于它的高度抽象性而获得了广泛的应用，另方面又由于它只研究事物的空间形式与数量关系这一侧面而使它不能充分研究具体事物全部的规律性。……

---

① 本书中译为柯尔莫哥洛夫。

② （一）和（二）是批判克拉美"关于数学的作用与对象"和"关于概率论与数理统计中的若干基本观念"，略去。

数理统计的应用问题尤有特殊的现实意义。为了要掩盖阶级本质，资产阶级的学者们常常把资本主义社会制度所固有的许多现象解释为自然的偶然的现象，因而夸大概率论与数理统计在所研究社会现象中的作用，这是不恰当的。

在本书中，作者没有明确地涉及这个问题，然而就书中列举的许多例题以及分散在各处的个别言论看来，作者力图显示数理统计适用范围的极其广泛性，从农业、气象、人口调查以至于生物、心理和各种社会科学。这些例子，作为一般理论的解释，从数学的教学观点看来是可以参考的，但必须充分警觉地注意到这是来自资本主义社会的统计调查，而统计调查一般是决定于调查的目的与调查人的立场的，这就不能不以批判的眼光来看待它们的实际内容和意义了。

最后，应该指出，本书中多处引用生物学（如 §13.2）及 G. 孟德尔[①]（Mendel）的学说（如 §30.2）来解释某些基本概念或理论的应用，这都是很不恰当的，问题不仅在于孟德尔学说本身，而且还在于忽视了现象本质的方法论上的错误。

…………

在 20 世纪 50 年代，苏联统计学界批判数理统计在社会领域的应用掩盖了阶级矛盾，是资产阶级的统计学（见第二十一章"对资产阶级统计学的批判（上，1950—1957）"）。这篇克拉美哲学观点的批判文章就是在这样的背景下给广大读者提前打预防针的。王梓坤的文章没有扣太多的帽子，是从学术商榷的角度展开讨论的，但还是留下了那个时代批判资产阶级统计的痕迹。在 20 世纪四五十年代的苏联，除了统计学分成两门，一门是马克思主义的社会经济统计，一门是资产阶级的数学形式主义的数理统计以外，在生物学界还对孟德尔、摩尔根的生物遗传学进行了批判[②]，两门学科的境遇非常相似。

---

① 孟德尔（Gregor Johann Mendel，1822—1884），现代遗传学之父，遗传学的奠基人。他通过豌豆试验在 1865 年提出遗传学定律。

② 美国生物学家摩尔根（Thomas Hunt Morgan，1866—1945）在 20 世纪初就以果蝇为对象，进行遗传学研究。1926 年，摩尔根系统而全面地概括了当时遗传学的研究成果，创立了基因学说，提出基因控制生物的遗传与变异，为现代遗传学的发展打下了基础。人们把摩尔根思想的拥护者称为"摩尔根学派"。

米丘林（Michurin，1855—1935）是苏联著名的植物育种学家。他一生致力于通过外界环境的作用定向地培育新品种的研究，取得了很大成绩。他特别主张通过人的力量创造一定的外界条件来控制生物的生长发育，以达到人类所需要的目的。他曾说过，杂种的组织，依靠两亲者不过 1/10，依靠环境者却占 9/10。

克拉美《统计学数学方法》完整译本的翻译由魏宗舒领衔，郑朴、吴锦参加翻译。这个版本是 1966 年 1 月由上海科学技术出版社出版的，对比 1960 年高等教育出版社出版的"第一分册"，除了个别译名作了调整，比如 time series 在 1960 年版本中译为"时间叙列"，1966 年版本译为"时间序列"等，1960 年版本的人名都译成中文了，如波雷耳等，1966 年版本的外国学者人名则保持原文，如 Borel 等。茆诗松回忆魏宗舒主持翻译这本书时写道："他对译稿讲究达意与修辞，往往一个词或一个句子要与其他教授讨论多次。"

1966 年上海科学技术出版社的《统计学数学方法》

两个学派的主要分歧是：摩尔根学派认为，生物体中存在决定遗传的特殊物质——基因；而米丘林学派否认这种特殊物质。到了 20 世纪 50 年代，分子生物学的建立证明了摩尔根学派的正确。在米丘林去世后，苏联农学家李森科（Lysenko，1898—1976）打着"米丘林遗传学"的旗号，在 1935—1941 年给摩尔根学派戴"资产阶级"等政治帽子，原本的学术争论逐渐变成了阶级斗争。结果，摩尔根学派的瓦维洛夫被逮捕，最后死于狱中。

李森科在 1948 年 8 月所做的《论生物学现状》的报告，还经过斯大林批准。在报告中，李森科将米丘林生物学称为"进步的、唯物主义的"，而将孟德尔、摩尔根遗传学称为"反动的、形而上的"。争论的结果是，苏联高等教育部开除了一批反对李森科观点的教授，关闭了摩尔根学派的实验室，取消了摩尔根学派的课程。

1952 年，李森科发表了《科学中关于生物物种的新见解》一文，提出了物种形成的新观点。这个所谓的新见解不仅遭到了遗传学家的反对，而且使许多植物分类学、细胞学、农学等方面的专家不能认同。苏联 300 多位科学家联名请求免去李森科的全苏列宁农业科学院院长职务，这个请求被接受了。但是后来李森科又找到赫鲁晓夫做靠山。赫鲁晓夫用权力支持李森科，打击批评李森科的科学家。直到 1964 年赫鲁晓夫下台，苏联遗传学界才恢复正常的工作秩序。

在孟德尔、摩尔根遗传学说的基础上，发展起来了现代分子遗传学和遗传工程技术，而苏联和中国在那个年代却因此而拉开了与世界科学发展新水平之间的差距。

　　这个内容完整的译本除了保留克拉美原书的序言外，魏宗舒等三位译者只写了一页简单的"译者序"，简单明了，直接点明"H. Cramér 写这本书的目的，是要把数理统计学建立在现代数学的基础上，使能适应现代的要求"；接下来介绍了该书三部分的内容和相互关系；最后一句指出，"总之，这是一本数理统计学的理论著作，有一定的参考价值，但也同时存在着缺点"。显然，魏宗舒主持翻译的完整版重视的是译著的准确和质量，并没有更多的评论。

　　克拉美在原书的序言中说："在晚近二十五年中，统计科学取得了巨大的进步。"魏宗舒等译者特别加注："这里的统计科学是指数理统计而言"。之所以要特别强调"统计科学"就是"数理统计"，目的是要区别于"属于社会科学的统计学"，强调数理统计也是"统计科学"，将世界通用的"统计学"方法部分强调为"数理统计"的习惯在国内一直延续至今。

　　2. 数学系的统计学教材

　　北京大学、复旦大学等综合性院校的数学系在 1956 年"向科学进军"的号召下，除了学习讨论国外原版教材外，也编写了供数学系理科学生学习的统计教材。代表性的出版物是复旦大学数学系 1960 年集体编写的《统计数学（试用本）》（上海科学技术出版社，1960）。

　　该书目录如下：

序
绪　论
第一篇　随机变量与概率分布
第一章　基本概念
第二章　随机变量及分布函数
第三章　随机变量的数字特征
第四章　特征函数
第五章　极限定理
第二篇　数理统计
第一章　参数估计
第二章　假设检验
第三章　产品验收的抽样方案
第四章　离差分析
第五章　回归分析
第六章　质量控制
第七章　极值分布

《统计数学（试用本）》

　　教材的名称为《统计数学》，直接列为数学的内容，是为了避免与社会经济统计学的"统计学"之争。

　　"序"的开场白说："统计数学是研究自然界中随机现象的数量规律的一门学科，它在尖端技术、大型工程、现代物理、国民经济及大量计算中都有广泛的应用。但在解放前，这一学科在我国却是空白点。解放后，特别是 1958 年大跃进以来，在党的领导下，在整个飞跃发展的形势推动下，统计数学在我国也得到了迅速发展。而且随着技术革新和技术革命的蓬勃开展，工农业生产水平和科学技术的迅速提高，统计数学的应用也将愈为广泛。为了使培养出来的干部能更好地符合我国社会主义建设的需要，在综合大学数学专业的教学计划中，必须加强统计数学的内容。为此，迫切需要有一本符合综合大学数学专业教学计划的统计数学教科书。"

　　这篇序有三点值得关注：

　　一是强调统计数学是研究自然界随机现象的，但在所举的例子中，"国民经济"显然属于社会领域，就与前边所说只研究自然界问题产生矛盾，因而统计数学仅研究自然界随机现象是不准确的。

　　二是这里所说的"统计数学"即"数理统计"，新中国成立前在我国高等教育中是很薄弱，但也不是绝对的空白点。许宝騄 1940 年从英国回国后就在西南联大算学系（后改称数学系）开设了"数理统计"，徐钟济、唐培经、魏宗舒等也相继在中央大学、圣约翰大学等开设了"数理统计"。罗大凡、李锐夫先后出版了《数理统计学》《统计应用数学》，内容都是数理统计理论和方法。因而，不能说新中国成立前是空白点。

　　同时也应该看到，国际上统计学理论和方法体系在 20 世纪三四十年代发展变化最快。首先,在理论层面,柯尔莫哥洛夫建立了概率论公理化体系,J. 奈曼(J. Neyman)与爱根·皮尔逊(Egon Sharpe Pearson)创立了假设检验理论,这些理论观点和方法至今仍然占据着大学统计学教科书的主要篇幅。其次,在出版学术刊物方面,1930 年前后,一批统计学专业期刊纷纷创刊,其中《美国统计学会会刊》(*Journal of the American Statistical Association*,JASA)于 1922 年正式更名为现名;1930 年《数理统计年刊》(*Annals of Mathematical Statistics*)在密歇根大学创刊,由哈利·克莱德·卡弗(Harry Clyde Carver)担任第一任主编;英国《皇家统计学会会刊·B 系列》(*Journal of the Royal Statistical Society Series B*)创刊于 1938 年。这些期刊的发行标志着统计学作为独立的知识形态已经形成。最后,在人才培养方面,从 1911 年卡尔·皮尔逊在英国伦敦大学学院创立第一个应用统计学系,到 1933 年爱荷华州立大学成立美国第一个统计学实验室,以及美国加利福尼亚大学伯克利分校的统计实验室相继成立,再到 1935年乔治·华盛顿大学设立统计学系、1946 年哥伦比亚大学成立独立的统计系,标志着统计学科进入一个新的发展阶段。

三是 1958 年"大跃进"以来,在党的领导下,在整个飞跃发展的形势推动下,统计数学在我国也得到了迅速发展。这倒是反衬出 1958 年前的一段时间,在国际统计理论方法领域空前繁荣的大环境下,我国国内几乎没有新的著作和教材出版,值得我们认真回顾和反思。

3. 工科领域数理统计教材

周华章

在新中国成立后的 20 世纪五六十年代,工科院校、医科院校的统计教学所受影响相对较小,陆续编写出版了数本数理统计教材,内容新颖丰富,培养了一批各领域统计应用人才。

清华大学周华章[1]1960 年、1964 年编写出版了《工业技术应用数理统计学》(上、下册,人民教育出版社),这本书是新中国第一本数理统计教材。在 20 世纪 50 年代初期,虽然出版过邹依仁的《高级统计学》(立信会计图书用品社,1951)等少数几本统计教材,但基本都是用民国时期的老讲稿稍加改编出版的。该书紧接着在 50 年代中期也受到是资产阶级统计教材的批判。周华章

---

① 周华章(1917—1968),出生于江苏江阴,1938 年从清华大学地学系毕业后考入南开大学经济研究所攻读硕士学位,1948 年 3 月赴美留学,1952 年 6 月获得芝加哥大学数理经济学博士学位。

1952 年 6 月获得芝加哥大学数理经济学博士学位后回国，任清华大学数学系教授。1956 年，党中央发出了"向科学进军"的号召，并组织 700 余名专家，由周恩来总理、聂荣臻元帅主持制定《1956—1967 年科学技术发展远景规划》。钱学森、于光远等专家预见到这场以全面追赶世界先进水平，并以"两弹一星"等尖端科技为重点的大战役必然需要科学的组织管理，为此钱学森在中国科学院力学研究所内成立运筹学研究室，从清华大学借调周华章到中国科学院从事运筹学研究工作。周华章还是最早将英文 Operations Research 译为"运筹学"的学者之一。

　　周华章在编写这本数理统计教材的同时，还在 1958 年北京大学和中国科学院联合举办的"数理统计暑期培训班"上系统地进行讲授。

　　作者从旧书网上购得的上册教材是周华章 1960 年送给清华大学土木工程系王国周[1]教授的，书中还夹有写在"清华大学生产实习报告专用纸"上的习题"用 χ^2 准则估计正态分布规律"，习题选自俄文教材，字迹清秀整齐，是谁做的习题恐已无法考证。

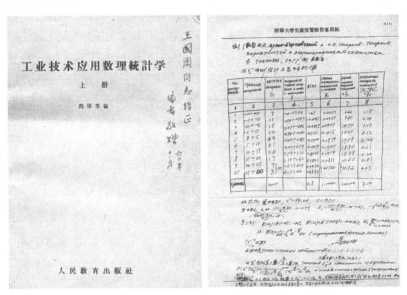

周华章 1960 年赠清华大学王国周的书籍封面及书中所夹习题手稿

---

[1]　王国周（1919—2008），1942 年毕业于昆明西南联合大学土木工程系。1942—1944 年留校任助教。1945—1946 年在美国铁路公司实习。1946—1948 年任北平平津铁路局工务处工程师。1948—1988 年任清华大学讲师、副教授、教授；1980—1984 年兼任土木与环境工程系主任。

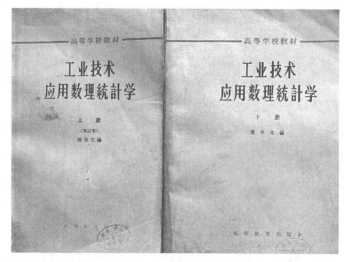

周华章的《工业技术应用数理统计学》(上、下册)

　　该书上册的出版说明中写道:"本书对数理统计学在工业技术上的应用作系统性的阐述,分上下两册出版。上册主要内容有频数分布与频率分布及概率论的基本概念,几种常用的频率分布,大子样与小子样推断理论等。在叙述时尽量采用我国工业实例,本书可供高等工业学校学生、工厂技术检验人员、业务单位研究人员作参考之用。"上册在不长的时间内先后出了两版。该书1963年的第二版比1960年的第一版有较大改动,特别是第四、七、八、九、十、十一等章。第二版从试验数据的分组入手,引入常用的统计特征数及其计算方法(第一至三章),再介绍概率论的基本概念、基本分布(第四至七章),然后在此基础上介绍大、小样本的假设检验及参数估计方法(第八至十二章)。该书可供高等工业学校作教学参考用书,也可供实际工作的研究和技术人员参考。上册第二版及下册第一版的内容包括:

上册

第一章　引论

　　1.1　数理统计学与工业技术

　　1.2　两个概念

　　1.3　数理统计学的内容

　　1.4　母体、个体与子样

　　1.5　数理统计工作的步骤

　　1.6　数理统计学发展简历

　　1.7　数理统计学最近三十年来的发展

---

① 现译为泊松分布，下同，不再说明。

周华章针对当时工科院校实际需求，借鉴英美和苏联最新的数理统计方法编写的这本教材内容丰富翔实，是一本较好的应用数理统计教材。作者不仅介绍经典的分析方法，而且专门介绍"数理统计学最近三十年来的发展"，较为详细地讨论 20 世纪 30 年代到 50 年代的工业产品质量控制、非参数统计推断理论、序贯分析、实验设计和判决函数 5 个领域的统计方法和应用技术。特别难能可贵的是，这本书十分关注"应用"，不仅举了大量的实际案例，而且多次在不同章节中讨论"应用中要注意的几件事"。当年听过周华章讲课的学生对这门课程评价极高。也正是由于这本教材很受欢迎，人民教育出版社很快就请周华章在 1960 年第一版的基础上加以修改，特别强调从数据出发。周华章对第四、七、八、九、十、十一章进行了较大的修改，1963 年发行了第二版，到 1965 年 3 月已经 5 次印刷。高等教育出版社 1965 年从人民教育出版社中独立出来，这本教材继续由高等教育出版社出版发行。中国科学技术大学 1959 级概率统计班虽然没由周华章讲授数理统计，但这本书也成为他们的重要参考书。冯士雍回忆说："我虽然没有见过周老，但这本书仔细地读过。"

另外一本为工科院校编写的数理统计教材是林少宫[1]1963 年编写的《基础概率与数理统计》（人民教育出版社，1963）。该教材只有 9 章内容，体系如下：

林少宫　　　　　　　　　林少宫的《基础概率与数理统计》

---

[1]　林少宫（1922—2009），1944 年毕业于中央大学经济学系，1947 年赴美留学，于 1952 年在伊利诺伊大学获经济学博士学位。1953 年在美国俄亥俄州代顿大学任讲师。1955 年回国，在华中工学院（华中理工大学，现华中科技大学）数学系、数量经济学系、经济学院任教。曾任华中工学院经济管理学院院长，中国现场统计研究会第一、第二届副理事长，中国概率统计学会、中国质量管理协会（现中国质量协会）常务理事。林少宫教授长期从事统计学和计量经济学的教学与科研工作，代表作有《基础概率与数理统计》《正交设计在农业试验上的应用》《简明经济统计与计量经济》《微观计量经济学要义》等。

林少宫的《基础概率与数理统计》较为数学化，强调数理基础，与现在的概率统计教材已经十分接近，几乎没有受到苏联和当时极左思潮的影响。但比起周华章和杨纪珂的教材，应用和案例相对较少，更适合综合性大学或理科学生学习使用。

4. 生物、医科、农林院校的数理统计教材

在 20 世纪五六十年代，仅部分工科院校开设了应用数理统计的课程，而在生物和医学学科与农林院校数理统计开设得较为普遍，苏联《统计理论》的影响相对较小。比较有代表性和影响力的教材有杨纪珂和郭祖超翻译编写的数理统计教材。

杨纪珂在国内交通大学和美国俄亥俄州立大学的专业是冶金和化工冶金。他 1955 年回国后曾在中国科学院化工冶金研究所工作，1958 年大炼钢铁时向所里提出的氧气炼钢方案没有被采纳。杨纪珂的夫人汪安琦 1947 年在美国著名的私立女校威尔斯利学院（Wellesley College）毕业并获得生物学硕士学

杨纪珂

郭祖超

位，毕业后曾在杜克大学攻读博士学位，1955 年回国后先后在中国科学院实验生物所、动物研究所、遗传研究所工作。杨纪珂的数学功底很好，经常帮助夫人计算生物统计学的一些难题，慢慢地熟悉并喜欢上了生物统计和应用数理统计。

关于怎么从冶金研究转向应用数理统计教育与研究，在《杨纪珂自述》中有一段专门的回忆，标题是《异军突起：传播统计方法》[1]。

1959 年我在化工冶金研究所工作期间，安琦正在动物（研究）所跟陈桢先生研究金鱼的遗传。那时候在中国，遗传学学者的日子却不大好过。

说来也话长。在苏联，出了一位著名的"科学家"李森科。他的遗传学理论得到了苏联元首斯大林的喜爱而大受表彰，同时把李森科的对立面所谓"摩尔根派"的遗传学家瓦维洛夫全盘加以否定，将他贬谪去了西伯利亚，死在那里。连带被"枪毙"的学科还有统计学。因为如果用统计方法把李森科的实验结果进行分析，其伪科学的原形就会毕露。于是，这两门科学就在苏联遭受批判，从而销声匿迹。我国当时的学术界被迫学习苏联，不可有异。于是这两门科学也被视作禁区，谁也不敢轻易问津。

至于统计学，就连名称都遇到了困难。因为一提起"统计"这个词，有的当权老干部就会问：是"中统"还是"军统"？怀疑其内容涉及国民党统计调查局这类特务机关。学术界为了避免麻烦，不得不添加了两个字，以"数理统计学"的名称来说明这只是个学科名称，与特务机关无关。这个新名词于是沿用迄今。

这两门重要的基础学科于是从全国所有的农学院、医学院和生物系的课程中消失了。学生所能学习的唯有李森科所倡导的"米丘林获得性遗传学说"。后来过了许多年后，李森科的伪科学原形毕露，成为举世所不齿的科学界败类。但在那个年代，正是李森科伪科学横行霸道的年代。谁要是斗胆赞成经典的遗传学和统计学，就会立时招来政治麻烦，成为个人以至全家的大灾大难。

那些分配到动物研究所做科研工作的助理研究员都是大学毕业生，可是谁也没有在大学里学过统计学。到了科学院，面对在实验工作中所积累的大量数据，他们由于没有学过统计学，遇到了很大的困难。同时，对外国的文献，凡是遇到统计分析的术语和内容时，也都看后不能理解。不得已，只得向刚从美国回国并新到动物（研究）所工作的汪安琦先生请教。

那是 1960 年发生的事。

---

① 杨纪珂. 杨纪珂自述 [M]. 长沙：湖南教育出版社，2011：170.

找安琦的是比她小 5 岁的史瀛仙[1]。安琦让史瀛仙找我，说"杨先生在美国学统计比我学得还好，我学统计学时他当我的辅导员"，于是把我介绍给她。我那时刚好因氧气炼钢的项目被"枪毙"而赋闲，她来找我来得正好。于是我把她实验所得的成千上万的数据全盘接收下来帮忙整理。

我首先了解了她的实验内容、做法和目的，然后对她通过大量实验获得的数据用统计方法加以梳理，最后得出了合理的结论。不但如此，我还对她的实验进行了评价：有哪些数据是多余的，浪费了一些时间和物力；有哪些数据是缺漏的，必须补上，否则得不出可靠的结论。而且还作出进一步深入研究的建议，提出实验设计的方案等。

我这样做数据分析的服务工作，使她十分高兴。但我一点也不吃亏，因为大大地扩展了自己的知识面。可谓切磋琢磨，互补有无，相得而益彰也！

有了这个开端，动物（研究）所内外就不断有其他从事科研工作的年轻人来找我帮忙分析数据。我也来者不拒，尽量服务。不出半年，彼此获益良多。动物（研究）所的研究人员都希望把他们在大学里被"枪毙"了的这门应用统计课程补习起来。原先他们请过北大数学系的老师来讲课，结果很是失望，听到的理论多而应用少，多数人听不懂，用不到实验工作中去。于是史瀛仙到我这里来要求为他们讲这门课。

我于是取出了安琦从美国带回国的一本讲义和一本书。讲义是安琦的导师格林教授教统计用的；书是美国各大学农学院、医学院和生物系普遍采用的由斯奈迪格教授编写的《应用于农学和生物学实验的数理统计方法》（George W. Snedecor, *Statistical Methods for Agricultural and Biological Experiments*[2]）。我把讲义翻译成中文发给大家，并据此作了一系列的讲解课程。

我讲的课程通俗易懂，深入浅出，使多数对数学不太在行的农学、医学和生物学者都能掌握，因此大受欢迎。消息不胫而走。继动物（研究）所之

---

[1] 史瀛仙（1927—2014），江苏吴江人。1950 年毕业于成都华西大学，留校任教。后在哈尔滨医科大学任教。1961 年于中国科学院动物研究所研究生毕业，留所工作。后任职于中国科学院发育生物研究所等单位，为美国天普大学、纽约大学、海洋生物所访问研究员。长期从事转基因动物的研究，协助童第周建立融合细胞技术；筹建了基因工程室，克隆了牛生长素 cDNA（互补脱氧核糖核酸）、牛催乳素 cDNA 及鉴别牛性别的 DNA（脱氧核糖核酸）探针。发表论文 30 余篇。编著《发育生物学》，获美国天普大学国际学联"中美学术交流贡献奖"和中国科学院科学进步三等奖。

[2] 此处英文书名似有出入，应为 *Statistical Methods: Applied to Experiments in Agriculture and Biology*。

后，首先是中国生理学会请我去为生理学家讲学，其次是中国医学会请我去为全北京市各医院的主治医师讲学，然后是植物学会、微生物学会等都由北京市科学技术学会出面组织我去讲课。那时候讲课都是不取任何报酬的，我也绝不计较，乐此不疲。每次讲课都是几百人以至上千人来听，座无虚席，后面还有站着的。听众的热情，确实对我是莫大的鼓舞。原本为先进的氧气炼钢法不获重视而产生的消极情绪，至此一扫而光。

外地的大学也知道了这桩事，通过各省市的科协，纷纷来北京请我去讲课。我仍是来者不拒，热心前往，越讲越有劲。我的助手孙长鸣一直跟着我学，日子久了，也成了统计方法专家。据他统计，从1961年到1963年的3年间，我总共作了63场大、中型的讲课报告会。

就这样，原本是作为我的副业的统计方法，却在医学、农学和生物学三门大学科中异军突起。我成了其中的急先锋，确实非我始料之所及！

正所谓：山重水复疑无路，柳暗花明又一村！

我到了这个"又一村"中，确实如鱼得水。这要感谢三个人：一是美国俄亥俄州立大学生物系的格林教授，是他，把统计方法教给我和安琦；一是苏联的李森科，是他，"枪毙"了统计学，使我有机会在祖国填补并传播这门屡遭冷遇的学科而大受欢迎；还有一位是史瀛仙，是她，第一个找我为她整理数据，第一个为动物（研究）所找我去那里讲授统计方法。

我作为统计方法的蜂媒蝶使，向农、医、生物界传经送宝，因此填词两阕《西江月·事物多规律》以留后念：

事物皆含规律，奈它变异重重。

恰如云阵护苍龙，只见一鳞半缝。

拾得锦囊数百，收存花粉千钟。

春来大地漫东风，蝶使蜂媒相送。

我和安琦花了一年时间把斯奈迪格教授写的书翻译成中文，交科学出版社出版，责任编辑是蒋伯宁，1963年出版，书名为《应用于农学和生物学实验的数理统计方法》。接着，我写了一本《数理统计方法在医学科学中的应用》，1964年由上海科学技术出版社出版。

这两本书的出版，使我从此脱离了冶金和化工两门科学的领域，转业到属于应用数学的统计学领域中去了，为纪念我这生平的大转折，（我）写了三首七言律诗以作纪念：

编译数理统计书成得句

万物参差本不齐，侏儒翁仲两端奇。

输赢素为随机望，丰歉每因概率迷。

量数回归分布律，解开秘奥乱麻题。
仙人指掌浑多事，谁上灵台问一乩？

一年辛苦不寻常，酌字裁行费较量。
比似蜂劳融作蜜，敢输蚁力缀成章。
人随红叶垂垂老，书傍黄花阵阵香。
今日把君如好友，西窗夜雨梦初长。

书成手迹纸千张，数字丛中日月长。
欲度浮生临海角，那堪腰鬏赴潇湘。
恨无铁搭钢珠力，悔读蝇头蛊尾章。
今岁风光无限好，南溟穷发两苍茫。

在此之所以摘录了《杨纪珂自述》整整一节的内容，不仅因为这段文字简洁地写出了杨纪珂先生从冶金化工领域转行到统计学领域的整个过程，而且通过杨先生的实践启示后人如何从数据入手进行应用研究。特别珍贵的是，这段回忆还原了 20 世纪五六十年代苏联影响下的统计学及遗传学面临的困境和背景。更难能可贵的是，杨先生在那样的困境中凭借统计应用，保存了统计科学的火种，传播着统计科学的知识，并推动了统计学在中国医学、农学和生物学领域的应用。

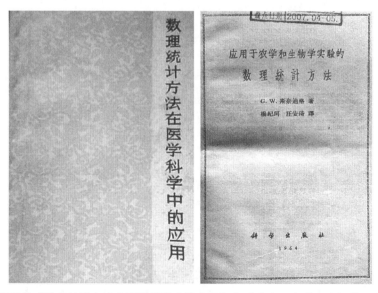

杨纪珂的《数理统计方法在医学科学中的应用》和《应用于农学和生物学实验的
数理统计方法》

杨纪珂编写的《数理统计方法在医学科学中的应用》原来是他在北京市科学技术学会组织的系列讲座的讲稿，他也曾用相似的内容给中国科学技术大学首批概率统计专业学生上过应用统计学课程。这本教材共 8 章，内容如下：

绪　论

第一章　概率、排列与组合

　　1.1　数理统计的基础

　　1.2　概率的定义

　　1.3　概率的相乘定律

　　1.4　概率的相加定律

　　1.5　条件概率的定律

　　1.6　Bayes 的逆概率定理

　　1.7　排列

　　1.8　组合

　　1.9　连续性概率和概率密度

第二章　分布

　　2.1　总体和样品

　　2.2　分布和数学期望

　　2.3　二项分布

　　2.4　Poisson 分布

　　2.5　正态分布

　　2.6　统计量 t 的分布

　　2.7　解消假设和数理统计推断

　　2.8　统计量 χ^2 的分布

　　2.9　统计量 F 的分布

第三章　单组数据的随机样品

　　3.1　单组数据及其作图表示法

　　3.2　单组数据的中心位置

　　3.3　单组数据的离散程度

　　3.4　大群数据的分组编码计算法

　　3.5　敏斜度和峭度

　　3.6　单组数据的正态分布配线

　　3.7　从正态分布作抽样实验

　　3.8　从单组数据作数理统计推断

应该说，这本教材，其内容、统计术语等已经接近现代的统计教材，内容深入浅出，是一本好的应用教材。

在医学、生物领域，"文化大革命"前另一本使用较为广泛的统计教材是郭祖超等编写的《医用数理统计方法》（人民卫生出版社，1963），该书是在1948年编写的《医学与生物统计方法》（上海正中书局，1948）基础上修改增补的。

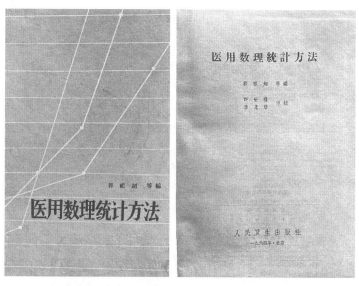

郭祖超等编的《医用数理统计方法》(1964 年版)

该书第一版的章节目录如下：

第一章 资料之搜集与整理

 1.1 科学研究与数理统计方法

 1.2 实验设计中之一般注意事项

 1.3 分组法

 1.4 统计表

 1.5 统计图

 小 结

 练习题

 参考文献

第二章 计数资料

 2.1 运用相对数时的注意点

 2.2 由样本相对数估计全体相对数

 2.3 χ^2 测验之意义

 2.4 四格表

 2.5 $2 \times K$ 表

 2.6 $R \times C$ 表中独立性（或联系性）之测验

 2.7 连续性之校正

 2.8 $2 \times 2 \times 2$ 表

① 当时表述为机率。

② 今译为泊松。

　　这本教材由郭祖超等编写，许世瑾、李光荫审校。全书共 14 章，概括了数理统计在医疗卫生领域应用的主要方法。参考文献包括 G.W. Snedecor 1956 年 [1] 的《统计方法》第 5 版（*Statistical Methods*, 5th ed., The Iowa State College Press, 1956），内容丰富，并举了大量医疗和疾病的实际数据与案例，是一本深入浅出的好教材。但碍于当时的大环境，在第三章中增加了一节（3.2 节）"马克思、列宁、斯大林关于均数的理论"，留下了时代的印记。

---

[1]　书中参考文献所注时间 1959 年似有误，该书第 5 版出版时间为 1956 年。

　　作为农林院校统计教材的代表，北京林学院数学教研组 1961 年编写出版了《数理统计学》（高等林业院校交流讲义，农业出版社，1961）。教材只有 4 章，内容简洁：

　　绪　论
　　第一章　概率论概要
　　　　1. 概率的概念
　　　　2. 概率的基本性质
　　　　3. 随机变数及其概率分布
　　　　4. 随机变数的特征数
　　　　5. 几种特殊的概率分布
　　　　习题一
　　第二章　总体特征数的抽样估计
　　　　6. 抽样估计的几个基本问题
　　　　7. 总体特征数与统计量
　　　　8. 总体平均数的抽样估计
　　　　9. 总体成数的抽样估计
　　　　10. 两总体特征数之差的抽样估计
　　　　习题二
　　第三章　统计假设检查
　　　　11. 统计假设检查的概念
　　　　12. 小概率原理
　　　　13. 总体平均数的假设检查
　　　　14. 总体成数的假设检查
　　　　15. 方差分析
　　　　16. 正态分布的假设检查
　　　　习题三
　　第四章　相关分析
　　　　17. 相关关系及回归方程
　　　　18. 回归方程中参数的抽样估计
　　　　19. 总体条件平均数的估计
　　　　20. 相关关系的紧密程度
　　　　21. 复相关
　　　　22. 偏相关

23. 相关分析方法应用于实际工作中
的有关问题
　　习题四
　　附　表

这本教材简洁明了，也尽可能应用林业数据
举例，是一本好教材。但其在"绪论"中，迫于
当时的环境，增加了两门统计学的内容：

北京林学院数学教研组编写的
《数理统计学》

　　　　统计研究方法，可以按照它所研究的对
　　象的性质而分为两大类：一类是研究社会经
　　济现象的数量特征和规律性的统计研究方法，
　　阐述这种统计研究方法及其理论的科学就是
　　社会经济统计学；另一类是研究随机变动的
数量的特征和规律性的统计研究方法，阐述这种统计研究方法及其理论的科
学就是数理统计学。
　　　　…………

　　把社会经济统计学和数理统计学严格地区别开，并将它们分别纳
入社会科学与数学两个科学体系中，是苏联通过数十年社会主义建设的
实践以及科学界的反复研究、讨论、争辩之后，在一九五四年三月的
科学会议上所作的结论。以前的所谓统计学，虽然也有某些分类，但并
没有这样的明确，对于所谓社会调查统计，尽量回避阶级分析，将数理
统计学的一些数学公式拼凑到社会统计学中，并声称这是可以普遍地适
用于研究一切现象的数量特征和规律性的通用科学，实质上就变成为
掩饰资本主义制度下的阶级剥削真象[1]；为腐朽的资本主义制度服务的
科学。……
　　我们认为，在了解什么是数理统计学这一问题时，也应该同时对于数理
统计学与社会经济统计学的区别以及和所谓通用的统计学的区别必须有一个
明确的了解。因此，我们把这一问题作了一个简单扼要的说明。现在，在我
国以及其他社会主义国家中，通常就把社会经济统计学简称为统计学。但这
与我国解放前所出版的"统计学"以及资本主义国家的"统计学"著作，是
有着本质上的不同的。

---

[1]　现在的表述为"真相"。

应该说，20 世纪 50 年代统计学界和政府统计全面学习苏联，人为地将数理统计和社会经济统计分裂开来，形成两门性质不同的独立的学科，伤害最大的是社会经济统计，其次是理学类的数理统计理论研究，工业、农业、生物、医学领域所受影响相对小些，统计在这些领域的应用取得了较好的成果，从中也培育成长了一批应用统计人才。

三、统计科学研究

新中国成立后，由于全面学习苏联并受苏联统计学极左思潮的影响，我国的统计学主要是社会经济统计学，是一门有阶级性和党性的社会科学，概率统计则是数学的一部分。在 1956 年制定的全国科学发展规划中，概率统计和计算数学、微分方程一起被列为数学的重要发展方向。为落实这一方面的科学规划，北京大学于 1956 年成立了概率论教研室（后称概率统计教研室），许宝騄为首任主任。许先生领导的北京大学概率统计教研室成为我国数理统计人才培养和科学研究的播种机。[1] 因而，这段时间的统计科学研究就要分别从这两个角度说起。

（一）社会经济统计

关于社会经济统计学的科学研究，莫曰达[2] 曾专门撰文《追忆改革开放前的"百家争鸣"与统计科学研究》[3]。莫曰达 1954 年从西南统计局调到国家统计局，长期从事政府统计、社会经济统计和中国统计史研究，是我国统计系统第一位研究员。他亲身经历了 20 世纪 50 年代后统计科研规划和组织出版工作，曾任中国统计出版社副总编、国家统计局统计科学研究所副所长。他在这篇回忆文章中写道：

解放以后，在党的十一届三中全会以前，我国很少进行统计科学研究。

---

[1]　北京大学内部资料：王学仁. 北大数学系是中国统计学科的播种机 [M]// 北大概率统计史料汇编. 北京：北京大学，2016：13-14.

[2]　莫曰达（1926—2020），1948 年毕业于上海暨南大学，1949 年 8 月参加中国人民解放军第二野战军西南服务团，曾在川南财委、西南财委、西南统计局工作，1954 年调入国家统计局，1956 年任副研究员，1988 年成为我国统计系统第一位研究员，曾任中国统计出版社副主编、国家统计局统计科学研究所副所长。

[3]　莫曰达. 追忆改革开放前的"百家争鸣"与统计科学研究 [J]. 统计研究，2002（7）：55-56.

1951 年开始的对资产阶级统计思想的批判,可谓十分热闹,但意见都是"一边倒"的,并非是真正意义上的统计科学研究。当时,统计科学研究比较活跃的时期,是在 1956 年和 1957 年上半年。科学研究如果不允许不同意见的自由争鸣,那就谈不上是科学研究。

1956 年 1 月,党中央召开了知识分子会议,接着,提出了"百花齐放、百家争鸣"的方针,这为繁荣学术研究创造了条件。为了掀起统计科学研究的高潮,国家统计局进行了以下的准备与打算:

第一,1956 年三四月间,草拟了《1956—1967 年统计科学研究规划(草案)》,列出近 50 个研究课题,包括马克思主义统计理论和西方统计理论的研究,统计计算方法和统计分析方法的研究;统计历史和统计现实问题的研究。《草案》经国务院计委口讨论,原则同意,准备修改后付诸实施。

第二,进行统计科学研究,需要调动各方面的统计科研力量,特别是一批欧美统计学派的专家共同讨论。解放以来,他们一直受到批判、压抑。1956 年,准备成立中国统计学会。初步拟定的会员名单,把留学欧美的一批老一辈统计学家,如陈达、金国宝、朱君毅、邹依仁、褚一飞、王仲武等都包罗在内了。

第三,1956 年,有一批久住西方的统计界人士回国,如吴半农、许国志、刘源张、陈余年、邬沧萍[①]等。1956 年 12 月,由统计出版社邀请他们座谈。会议由国家统计局副局长孙冶方主持。会议商定由统计出版社陆续出版一批介绍欧美统计理论和方法新成就的学术著作。

第四,1957 年统计出版社的选题计划中,除继续编译苏联统计教科书和学术著作外,还列有欧美统计学说的译作和国人介绍的专著。当年,出版了唐启贤《生产潜力的计量方法》,邹依仁《工业产品统计质量检查法》[②]等书。霍厄尔的《数理统计概论》,克热麦尔的《数理统计方法》的译本,均列入计划。德明的《抽样的若干理论问题》,叶兹的《普查与调查的抽样方法》,汉森等的《抽样调查的理论》,有的已约稿开译。

第五,制订了《统计人员技术职称标准(草案)》,鼓励统计人员向科学进军。

第六,出版《统计研究》月刊,共发行了 9 期。

这些工作的进行,活跃了当时的统计学术气氛。

---

① 原文如此,此处留学海外统计学者归国时间表述为 1956 年并不确切,如邬沧萍为 1951 年归国。

② 此处作者及出版时间有出入,邹依仁、王建民、蒋瑛编著的此书实际出版时间为 1958 年 5 月。

但是，1957 年反右斗争开始后，上述打算也就烟消云散了。统计理论上的问题始终没有讨论起来；欧美统计学术著作的翻译，也停顿下来；介绍西方统计学的著作，也不再出版。

1956 年 1 月 14 日，中共中央在北京中南海怀仁堂召开关于知识分子问题的会议，毛泽东、刘少奇、周恩来、陈云、林伯渠、董必武、彭德怀、彭真、张闻天、邓小平、陈毅、罗荣桓、李富春、徐向前、贺龙、蔡畅、李先念、薄一波、王稼祥等领导参加会议，会议代表 1 279 人。大会由刘少奇担任执行主席，周恩来代表中央作《关于知识分子问题的报告》：一，提出了知识分子"已经是工人阶级的一部分"的科学论断，强调要坚决摒弃在知识分子问题上的"左"的宗派主义倾向；二，提出了"科学是关系我们的国防、经济和文化各方面的有决定性的因素"的思想，发出了"向现代科学进军"的号召；三，提出了知识分子继续"进行自我改造"的要求，并且指出了改造的有效途径。

16 日到 20 日，会议进入小组讨论和大会发言阶段，重点讨论周恩来的报告、《中共中央关于知识分子问题的指示（草案）》和全面解决知识分子问题的 11 个专题意见（报告）。在 1 月 20 日的闭幕会上，毛泽东讲话，肯定"这个会议开得很好"，并且指出：现在叫技术革命和文化革命，革愚昧无知的命，没有知识分子是不行的，单靠老粗是不行的。中国应该有大批知识分子。他号召全党努力学习科学知识，同党外知识分子团结一致，为迅速赶上世界科学先进水平而奋斗。

根据知识分子问题会议精神，组成 700 多位科技专家参加的国务院科学规划委员会，在周恩来和规划委员会负责人陈毅、李富春、聂荣臻等的组织领导下，于 1956 年 10 月经党中央、国务院批准后发布《1956—1967 年科学技术发展远景规划纲要》（即"十二年科技规划"），拟定了 57 项重大研究任务，除去个别基础理论项目外，其他项目都在 1962 年提前五年时间完成了。紧接着，1956 年 4 月 28 日，毛泽东在中共中央政治局扩大会议上提出：百花齐放、百家争鸣，应该成为我国发展科学、繁荣文学艺术的方针。

1. 统计科学研究规划

正是这样的大背景极大地鼓舞了广大知识分子，激发了他们的政治热情，调动了他们的积极性，在全国范围内、在各个科技领域迅速掀起了"向现代科技进军"的热潮。从 1956 年到 1957 年上半年一年多的时间里，国家统计局就有了莫曰达文章所提到的加强科学研究的六项规划和打算。经过对国家统计局档案文献的核实，上面六项计划的落实情况如下：

第一，关于草拟了《1956—1957 年统计科学研究规划（草案）》，列出近 50

个研究课题问题，实际上在全国知识分子问题会议期间，国家统计局已经制定并上报。《中华人民共和国统计大事记（1949—2009）》中有如下记载：

> 1956 年 1 月 17 日，国家统计局党组向中共中央宣传部报出《统计科学理论研究工作 12 年（1956—1967 年）远景规划（初步意见）》。《规划》主要内容如下：一、12 年内统计科学的理论研究工作要达到如下目标：肃清资产阶级统计思想在中国的影响，全面健全社会主义统计理论的体系，使统计理论的研究工作紧密地和统计工作的实践相结合，指导统计实践的正常发展，逐步接近苏联统计理论研究工作的先进水平。二、12 年内完成编制并审定统计理论教科书及社会主义生产各部门的统计学教科书等 15 项研究工作。三、3 项基本措施：成立专门的统计学术研究机构；培养专门的统计研究人才；树立统计理论研究的风气，建立统计学术研究的奖金制度。[①]

第二，关于调动留学欧美的统计学老专家，准备成立中国统计学会一事，国家统计局档案中没有记载。中国统计学会直至改革开放后的 1979 年 11 月才成立。[②]

第三，关于中国统计出版社邀请从欧美归国的统计界学人座谈，"如吴半农、许国志、刘源张、陈余年、邬沧萍等"，"会议由国家统计局副局长孙冶方主持"。当年的《统计工作通讯》有记载，文章题目是《统计出版社编审委员会召开会议座谈资产阶级统计的基本情况》，文章介绍：

> 为了贯彻"百家争鸣"的方针，统计出版社编审委员会特于 11 月 25 日邀请部分从欧美日本各国回国不久的在京统计学家座谈了当前资本主义各国统计工作和统计学术思想的基本情况。会上大家着重介绍了资产阶级统计的发展过程以及目前资本主义各国统计的主要派别及其趋向，此外还介绍了一些资产阶级统计的主要著作，并建议统计出版社根据当前编译出版力量，有计划地组织翻译或编写一些有关评价资产阶级统计的书籍和文章，供大家研究参考或讨论学习。座谈会上，大家还希望今后能成立一个全国性的关于统计方面的学术性组织，定期组织学术研究讨论会，以推动我们统计科学的研

---

① 国家统计局. 中华人民共和国统计大事记（1949—2009）[M]. 北京：中国统计出版社，2009：43.

② 同①138.

究工作，从而提高我国统计科学水平。①

第四，1957 年统计出版社的选题计划中，除继续编译苏联统计教科书和学术著作外，还列有欧美统计学说的译作和国人介绍的专著。1957 年和 1958 年出版了唐启贤的《生产潜力的计量方法》、邹依仁的《工业产品统计质量方法》等书。霍尔的《数理统计概论》、克热麦尔的《数理统计方法》的译本，均列入计划。德明的《抽样的若干理论问题》、叶兹的《普查与调查的抽样方法》、汉森等的《抽样调查的理论》，有的已约稿开译。②

第五，关于制定《统计人员技术职称标准（草案）》，经查，1963 年 2 月全国统计工作会议上，首次下发会议文件《统计人员技术职务名称和等级划分的暂行规定（初稿）》。该初稿共 14 条，制订于 1963 年 2 月。主要内容如下：一、根据《统计工作试行条例》第三十八条的规定，为了使统计人员专业化，不断提高业务水平，更好地为社会主义建设服务，特制定本规定。二、全国各部门、各地区、各单位的统计人员，具备统计技术条件的均按本规定评定职称和级别。三、统计人员技术职务名称分为以下四种：高级统计师、统计师、助理统计师、统计员。

第六，关于出版《统计研究》月刊，共发行了 9 期。《统计研究》于 1958 年 1 月创刊，发行了 9 期，当年 10 月停刊。③

《统计研究》杂志是响应 1956 年"向科学进军"的号召，本着"百花齐放、百家争鸣"的方针而创办的，但 1957 年的反右斗争的扩大化使得 1956 年全国知识分子问题会议所确定的方针和政策受到严重的干扰和冲击。到 1958 年《统计研究》创刊时，1956 年较为宽松的政治环境已经改变，学术自由讨论和争鸣的氛围也不复存在，加之《统计研究》与已有的《统计工作》（国家统计局主办，半月刊）内容重复，运作步履维艰，因而只是勉强发行了 9 期就停刊了。

该刊在 1958 年第 1 期创刊号社论中谈到统计高等教育时说：

全国各大专院校的统计系，是为国家培养高级统计人才的。这些统计系的学生也就是今后国家统计机关的干部。因此各大专院校统计系对提高我国

① 郭静君. 统计出版社编审委员会召开会议座谈资产阶级统计的基本情况 [J]. 统计工作通讯，1956（24）：26.
② 莫曰达. 追忆改革开放前的"百家争鸣"与统计科学研究 [J]. 统计研究，2002（7）：55-56.
③ 国家统计局. 中华人民共和国统计大事记（1949—2009）[M]. 北京：中国统计出版社，2009：57.

统计工作的理论水平,负有重大的责任。建议各院校要加强对统计教学工作的领导,改进统计学课程的教学内容。我们认为统计专业课的比例应占到百分之四十到五十,使学生能切实掌握统计理论和方法方面的知识。同时对学生还要加强经济政策和经济理论教育,使每个未来的统计工作者,能够系统地了解我国建国以来的经济情况和经济政策。因为要做好统计工作,不仅要有统计理论和方法方面的知识,更重要的是要熟悉国家的经济情况和经济政策。只有这样他们才能够理解统计报表指标的政治经济意义,才能用统计资料进行分析研究。这门课程不能只讲解政治经济学的抽象原理,必须以党中央及国务院各位负责同志关于经济建设方针和政策的报告为主要内容。[①]

最后这句话,即统计专业的学生"必须以党中央及国务院各位负责同志关于经济建设方针和政策的报告为主要内容"进行学习,反映了当时的统计教育指导思想和办法。

在《统计研究》1958 年发行的 9 期中,几乎每一期都有对右派、资产阶级统计、修正主义统计思想的批判。如第 2 期刊登南开大学学报文章《从统计的各个方面驳斥右派分子林和成的谬论》[②];第 3 期刊登《我国 1953 年人口普查的伟大成就不容抹煞!》[③],批判右派分子陈达,同期还登载了《上海财经学院统计系批判该系右派分子厉德寅》[④];第 8 期发表了《统计学中有无修正主义之争》[⑤],认为南开大学的统计教学中存在修正主义统计。这 9 期中,真正体现学术争鸣、学术讨论的文章几乎没有,因为在创刊号《编者的话》中,已经点明对"带有原则性的错误或谬论则一定予以批判和驳斥"[⑥]。

《统计研究》最后一期的《停刊启事》中说:本刊自创办以来,在宣传我国社会主义建设伟大成就以及推动统计科学研究等方面,都起了一定的作用,但缺点也很多,特别是结合当前实际工作不够。同时根据几个月来的经验,特别是反教条主义以后,在内容上,《统计研究》与《统计工作》也很难区分。为此,本刊确定自第四季度起停刊,将其中一部分内容,如统计资料、重要论文等,移至《统计工作》上发表。

《统计研究》复刊时,已经是改革开放后的 1980 年底。

---

① 社论:一定要把统计干部的统计科学理论水平提高一步 [J]. 统计研究,1958(1):1-4.

② 从统计的各个方面驳斥右派分子林和成的谬论 [J]. 统计研究,1958(2):26-27.

③ 李琴柯. 我国 1953 年人口普查的伟大成就不容抹煞! [J]. 统计研究,1958(3):3-11.

④ 上海财经学院统计系批判该系右派分子厉德寅 [J]. 统计研究,1958(3):12.

⑤ 胡梯云. 统计学中有无修正主义之争 [J]. 统计研究,1958(8):44-45.

⑥ 编者的话 [J]. 统计研究,1958(1):15-16.

2. 中国科学院经济研究所成立统计组

1957 年上半年，在周恩来总理的关心下，中国科学院经济研究所成立了统计组，由孙冶方所长兼任统计组组长。主要任务是改进总产值计算方法。统计组指出工业总产值的局限性，提出从总产值的性质看，它只能是个反映总周转额的计算指标，不应把它作为考核评价指标的想法，建议用净产值指标来反映经济效益。统计学组还对劳动生产率、农产量抽样调查等问题进行了研究，并写出了一些文章和报告。由于随机抽样涉及无产阶级社会经济统计和资产阶级的数理统计，经过反右派斗争和"大跃进"，典型调查重新成为统计报表和普查之外的主要调查及收集数据的统计方法。

在当时的大环境下，统计组的研究也无法深入下去。

莫曰达在追忆改革开放前统计科学研究问题的文章里接着写道 [1]：

> 当时，统计学术讨论似乎分成两个领域：一是统计基本理论问题，例如，统计学是一门社会科学，统计学是一门有阶级性的科学，统计学不是方法论科学，统计学的理论基础是历史唯物主义和政治经济学。这些观点是不能突破的，这是"禁区"，谁要是有不同意见，就会被视为异端，群起而攻之。"百家争鸣"中，国家统计局虽然有意研究西方统计理论，但还没有展开就停下来了。国家统计局于 1957 年 5 月邀请京、津地区部分经济学、统计学教授座谈，有人对苏联统计理论的局限性提出了意见，结果被打成统计学界的"大右派"，在 7 月份以后，受到了迎头痛击。一是计算方法与调查方法上的问题，当时来自苏联的许多规定并不符合中国的实际，不能准确反映中国的情况，这方面的问题是可以不同于现行规定，展开争鸣的。
>
> 1957 年 9 月，国家统计局局长薛暮桥在题为《第一个五年计划时期我国统计工作的经验和今后任务》的报告中指出：
>
> "要建设社会主义的统计工作，必须学习苏联社会主义统计工作的先进经验。"
>
> "资产阶级统计学家认为，只有建立在数理统计基础上的统计工作才是科学的统计工作，才有科学的价值。我们认为，统计学是社会科学的一个分支，必须以马克思列宁主义的历史唯物主义和政治经济学为基础。"
>
> "统计既然是社会科学，它就必然是有阶级性的。资本主义的统计学是为资产阶级服务、维护资本主义剥削制度的；而社会主义的统计学则要为广

---

[1]　莫曰达. 追忆改革开放前的"百家争鸣"与统计科学研究 [J]. 统计研究，2002（7）：55-56.

大劳动人民服务，揭发资本主义社会阶级剥削的本质、为实现社会主义、共产主义的伟大事业而奋斗。这是我们同资产阶级统计学家的最根本区别。"

又指出："过去我们的统计工作也像其他工作一样，了解我国的实际情况不够，结合我国的实际情况不够，这是我们工作中许多缺点的主要来源。因此必须很好地来研究我国的实际情况，根据实际情况和实事求是，安排我们的统计工作。任何主观主义和脱离实际的做法，都会使我们的工作受到巨大损失。"

这就是对"百家争鸣"时期统计学术研究的结论。

统计工作中已经出现了反对教条主义、走中国自己道路的苗头。进一步的发展，就出现了统计工作和统计学术研究的"大跃进"。"大跃进"中的统计虽然因违背了统计工作的基本规律而以失误告终，但确实是走中国化统计工作道路的一次重要尝试，不过措施极其不当，就只能碰壁而回。

可以这样说，中国统计科学研究真正的"百家争鸣"只能从党的十一届三中全会确定改革开放方针之后算起。

关于"文化大革命"前社会经济统计领域中的科学研究，中国人民大学倪加勋教授也回忆说："'文化革命'前，整天政治运动不断，科研条件不具备。以我们那一届为例，1956 年入校，刚入校开始学习四大理论课，很快 1957 年反右，1958 年、1959 年'大跃进'，'人民公社'，'除四害'，'大炼钢铁'，我们在学校边上办造纸厂（即"文革"后的造纸六厂）。叶长法总结这几年说：'来也空，去也空，最大的收获是整风'。60 年代也相似，'文化革命'前根本没有科研。"[1]

（二）数理统计

1. 北京大学概率统计讨论班

胡迪鹤在《纪念先师许宝騄诞辰一百周年》中回忆[2]：

许宝騄先生从 20 世纪 50 年代初到 1970 年去世，一直住在佟府丙八号。从北京大学办公楼往东南行约五六百米，柳林深处坐落着几栋小平房，有的形似老北京的四合院，有的由门字形的三排平房组成，这就是鲜为人知的佟

---

① 倪加勋 2019 年 8 月 2 日上午于中国人民大学调查与数据中心所作的《回忆人民大学统计学科历史访谈录》。

② 胡迪鹤. 纪念先师许宝騄诞辰一百周年 [M] // 许宝騄先生纪念文集编委会. 纪念许宝騄先生百年诞辰. 北京：北京大学出版社，2010：371.

府。许先生所住的丙八号是一所两廊四间的小平房。一进门是一个临时封闭
起来的托檐，不到四平方米，用作厨房。由此前进，是一条由北向南的走
廊，尽头是一间贮藏室，东西两侧各有两居室。西侧较大，住着张景昭老师
一家，东侧两间较小，进门一间大的，也只有十三四平方米，算作是许先生
的客厅，里面的套间就是卧室和卫生间了。客厅其实是一个多功能厅。厅内
东面墙上，挂着一块黑板，北面放着两个齐屋顶高的书架和一张双人沙发，
西南各放置一张单人沙发，中间是一张一米见方的矮桌，厅内还放着几张小
凳和几个竹壳热水瓶。许宝騄主持教研室的讨论班时，这个客厅就是教室；
教研室要进行政治学习或讨论问题时，它变成了小会议室；查阅资料时，它
变成了图书馆；用餐时，它又变成了餐厅；只有外客来访或学生向先生问问
题时，这间小屋才恢复原来的角色——客厅。

1949 年以后，国内教学方面的杂志，除了少数几所大学的学报以外，就只
有《中国科学》《科学记录》《数学学报》《数学进展》这几种主要杂志。年轻人
的文章很难有发表的机会。有鉴于此，许宝騄极力主张创办概率统计杂志，还
说：如经费不够，可从我的积蓄中资助。无奈那时对出版物的控制很严，就连与
政治相隔甚远的杂志也不易获得创刊。

从 1955 年起，许宝騄身体非常虚弱。他于 1933 年开始患肺结核，终生未娶，
一直过单身生活。他身高约有 174 公分，但体重只有 43 公斤多。到了 60 年代，
他已因身体条件不能在课堂上讲授概率论。尔后的岁月，他只能在家中坐在沙发
上对讨论班的研究集体讲课。

1956 年，周恩来总理主持制定了《1956—1957 年科学技术发展远景规划》。
规划中把概率论与数理统计作为数学的三大重点发展方向之一。为了落实这一规
划，大力发展我国概率论与数理统计，许宝騄殚精竭虑，费尽心力，采取了当时
条件所能做到的一切措施。

1956 年秋，中国科学院数学研究所的王寿仁、张里千，中山大学的郑曾同、
梁之舜被借调到北京大学任教。与此同时，从北京大学数学力学系抽出 34 名四
年级学生，从中山大学和南开大学各抽调 10 名四年级学生来北京大学培养，此
外北京大学还接收全国各主要综合性大学的概率统计方面的教师来进修。许宝騄
亲自主持"独立随机变量族的极限理论"的讨论班，系统地学习了"测度论""概
率极限理论""马尔可夫链""数理统计"等课程。这是我国培养的第一批数量可
观的概率论与数理统计人才。自此以后，全国各综合性大学绝大多数都设有概率
论与数理统计教研室。

1956 年以前，北京大学数学力学系仅开设一门概率论课程，教材是苏联格

涅坚科所著《概率论教程》（丁寿田译）。此书作为教学参考书可以，完全作为教材并不太合适。许先生建议搞教材建设：一是引进、翻译国外一批优秀著作当教学参考书；二是组织力量自己写书。

遗憾的是，由于各种原因，这些著译计划在许宝騄有生之年绝大部分没有完成：有的仅出了一半就夭折了；有的还在酝酿中，等到"文化大革命"后，才出版了一部分。

"文化大革命"前，我国与西方并无学术交流，许宝騄计划在1957年和1958年聘请苏联和东欧的一些著名学者来华讲学，如苏联的邓肯（Denkin）教授、普罗霍罗夫（Прохоров）教授，波兰的费兹（Fisz）教授和乌尔鲍尼克（Urbanik）教授。结果，1957年费兹来北京大学讲了多元分析和抽样论等专题；乌尔鲍尼克来北京大学讲了广义随机过程；邓肯于1958年来北京大学讲了马尔可夫过程的几个前沿课题。由于当时反右派斗争和"大跃进"，学生们没有多少时间向这些专家学习，学术交流基本上没有取得什么效果。

1956—1959年，许宝騄所主持的讨论班讨论的主题，包括不变原理［参考普罗霍罗夫和唐斯克（Donsker）的论文］、多元分析［参考安德森（Anderson）的书］和随机过程［参考杜布（Doob）的书］。他要求学生在讨论班上主讲，在他们讲完后，他再用其特有的简洁的方法加以总结。1959—1962年，试验设计、抽样调查［参考科克伦（Cochran）的书］都是研究的主题。在他的领导下，讨论班在这一阶段做过林业的相关调查。1963—1966年的主题是次序统计量、平稳时间序列［参考格列南德（Grenander）和罗森布拉特（Rosenblatt）的书］、马尔可夫过程以及组合数学。

1958年以后，他主持了三个讨论班：数理统计、马尔可夫过程、平稳过程。参加讨论班的人员，不仅有北京大学概率论与数理统计教研室的师生，还有校外的一些人士。在1956年第一批大规模培养概率论与数理统计人才的实践基础上，许宝騄逐步确定了本专业必学的基本课程：测度论；概率极限理论（后改称分析概率论）；随机过程论；数理统计。根据本专业的不同研究方面，可在下列诸课程中选择一两门：马尔可夫过程，平稳过程，博弈论，排队论，统计试验设计，抽样论，等等。

对于当时的讨论班，王学仁回忆道："1958—1961年，北京大学数学（力学）系与中国科学院数学研究所联合开办了为期二年的概率统计教师进修班，又为全国各高校培养第一批概率统计专业的骨干教师。进修班选用经典教材，除由江泽培、王寿仁、赵仲哲、成平、张尧庭、胡迪鹤、尹文霖、陈家鼎等教授亲自上课外，还有选择性地参加许宝騄教授主持的一些讨论班活动，如：测度论、博弈论、矩阵变换、多元分析等。这个进修班为中国概率统计培养和储备了一批概率统计的专业人才，奠定了学科发展的基石。"

在 1958 年，国内许多大学都没能开设概率论、数理统计等课程，这些进修教师对能来到北京大学进修，得到名师教诲，深感幸运。这些进修教师来自全国各地高校，他们中的一些人后来成为各校教学、科研中的骨干，不少人著书、发表论文，为国民经济做出贡献。

1959 年以后，全国数学界展开了轰轰烈烈的数学理论联系实际的运动，进修班结束了课堂教学，分组下工厂进行实践活动。作者分别参加了胡迪鹤教授领导的电话分局电话占线研究小组（有陆祖键等参加），张尧庭教授带领下的应用统计研究小组（有陈敦隆、葛广平、周思纯、刘寿喜、聂朝武等参加），到中国医学科学院，中国林业科学研究院，北京市电话局，北京国棉一、二、三、四厂，清河制呢厂，北京汽车厂，北京农机厂等 20 余家工厂和研究单位寻找课题，应用数理统计的理论和方法，为生产和科研单位解决了一些实际问题，对将统计的理论研究与实际结合迈出了重要的一步。

2. 上海概率统计小组

在 1956 年 1 月全国知识分子问题会议"向科学进军"的号召下，上海及其附近的统计学者在华东师范大学魏宗舒的领导下，组织了"概率统计小组"，徐钟济在"文化大革命"中写下了细致的回忆[1]。

> 1956 年春，华东师范大学魏宗舒给我写信，信的大意是："上海科委通过成立概率统计小组，小组的目的是：1. 翻译几本书（除翻译克拉美的统计数学方法一书外，还拟翻译一本较初等的数理统计，如 Hoel 著的一本，后来初等的一本始终没有翻出来）。2. 开设讨论班，例如拟读 Loève 的概率论。3. 每个月有一次座谈会，交流和总结经验，在星期天大家见面，希望我能参加。"接信后就向浙江师范学院的负责人（系党支书和系主任）请示，他们请示学校领导，结果同意我参加上海概率统计小组的星期（天）座谈会。（事实上，除了星期（天）外，我有自己的任务，也不能参加他们小组的业务活动。）我就是这样参加了三四次（到暑假前）。参加者还有：许义生[2]、崔明奇[3]、

---

[1]　见徐钟济个人回忆材料《关于上海概率统计小组的问题》（1969 年 2 月 24 日），徐钟济儿子徐恒保留。

[2]　许义生（1924—2008），浙江临海人，1951—1957 年任复旦大学统计学系、数学系讲师，1958 年调入安徽大学，任数学系主任、教授，著有《经济计量分析》等。

[3]　崔明奇（1906—1958），广东省电白县人，1930 年毕业于北京大学数学系，曾任湖南大学副教授、暨南大学教授。20 世纪 40 年代始任复旦大学教授。在统计学方面研究精深，发表论文多篇。

郑绍濂 [①]、吴乙申 [②]、徐伟成 [③]、周华章（只见过一次）。

在会上因为我没有参加上海小组的业务，提不出意见来，总是听的多，谈的很少。晚上魏就留我住在他家客厅（即书库）内，主要是翻看他带回的书刊，第二天早晨就回杭州。座谈会有哪些内容呢？1.谈了翻译数理统计的计划，有时还谈了已翻译的情况和质量。2.谈了讨论班的计划和情况。（以上1和2我都没参加。）有一次崔明奇讲了。崔到北京去过一次，会见了许宝騄，也会见了卢庆骏（卢是从复旦调哈军工的），谈起了有关科学规划中发展数理统计的事情，以及他们表示想我参加培养青年的工作。

1956年8月我去北京参加中国数学会召开的论文报告会，经过上海（时）曾看了魏宗舒。1956年10月上海财经学院邀请我参加该校的论文报告会。这个时期我又参加了上海概率统计小组安排的一次星期（天）座谈会。好像崔和魏议论了上海财经学院三名统计教授薛仲三、厉德寅、邹依仁的数学水平。

1956年11月，我来北京，就脱离了上海概率统计小组的座谈会。

上海"概率统计小组"拟翻译的 H. 克拉美的名著《统计学数学方法》（H. Cramér, *Mathematical Methods of Statistics*, 1946）1960年由郑朴和吴锦翻译了第一部分（数学基础部分的前6章），并由高等教育出版社在1960年出版。全书1966年由上海科（学）技（术）出版社出版，由魏宗舒、郑朴、吴锦翻译。这本克拉美1946年出版的书被认为是统计学成熟的标志，是统计学数学方法体系完整严谨的代表作。

另一本计划翻译的是赫尔的《数理统计导论》（Hoel, P. G., *Introduction to Mathematical Statistics*, Wiley & Sons, 1947），如果说克拉美的《统计学

[①] 郑绍濂（1931—2009），生于浙江兰溪，复旦大学管理科学教授，曾任国务院学位委员会第三、四届管理科学与工程学科评议组召集人。1953年毕业于复旦大学数学系，留校任教，相继在哈尔滨军事工程学院卢庆骏教授指导下学习概率论，在许宝騄、王寿仁教授指导下在中国科学院数学研究所进行随机过程理论的研究。1959—1960年，由他负责建立了概率论专门化课程计划，先后讲授了多门概率统计课程，1960年晋升讲师并担任数学系副系主任，1963年兼任复旦大学教学科学部副主任。

[②] 吴乙申（1918—1998），1941年毕业于上海交通大学管理系，1947年赴美留学，1949年获华盛顿大学经济学硕士学位，1950—1954年在美国哥伦比亚大学任助理教授，1954年回国后在华东化工学院任教，曾主编《应用统计学》（机械工业出版社，1986）。

[③] 徐伟成（1909—2001），1931年毕业于上海大同大学，1936—1938年在美国密歇根大学攻读硕士学位。1938年回国任沪江大学副教授，1940年起任福建省、上饶市等经济委员会委员，1949—1952年任教于大同大学，1952年起任华东化工学院教授，曾主编《化工应用数学》（化学工业出版社，1982）。

数学方法》是一本数理统计的理论性著作，学习时数学基础要求较高的话，赫尔的《数理统计导论》则是一本入门的学习教材。从两本著作的选择可以看出当时上海"概率统计小组"仍然密切注视国际统计学科的最新进展，翻译引进最有影响力的统计著作。遗憾的是后一本《数理统计导论》没能出版。

3. 1960 年天津会议与 1963 年杭州会议

1960 年冬，中国科学院数学研究所在天津召开了数理统计会，数学研究所王寿仁、成平，华东师范大学魏宗舒，浙江大学刘韵清等参加了会议。同年，华东师范大学数学系成立概率论与数理统计教研室。

1963 年春，中国科学院数学研究所在杭州召开了数理统计会，数学研究所王寿仁、成平，北京大学张尧庭，北京师范大学严士健，复旦大学郑绍濂，华东师范大学魏宗舒，华东化工学院吴乙申，华中工学院林少宫，浙江大学刘韵清等参加会议。

"文化大革命"前，在苏联统计学理论影响的大环境下，数理统计学科在艰难前行。

第二十一章

对资产阶级统计学的批判

（上，1950—1957）

一、背景

1949 年 10 月 1 日新中国成立后的一段时间，北京大学、清华大学、南开大学等学校的统计学课程仍然沿用民国时期的统计教材和教学方式，也陆续重印出版了金国宝的《统计学大纲》（商务印书馆，1950）和《统计学》（商务印书馆，1950）、薛仲三的《普通统计学》（商务印书馆，1950）和《高等统计学》（商务印书馆，1951）、勾适生[①]的《统计学原理》（生活·读书·新知三联书店，1950）、褚一飞的《统计学概要》（商务印书馆，1950）、王思立[②]的《统计学新论》（立信会计图书用品社，1950）和《统计学通论》（立信会计图书用品社，1951）、朱君毅的《统计学概要》（正中书局，1950）、邹依仁的《高级统计学》（立信会计图书用品社，1951）等。

对资产阶级统计学的批判，在我国最早来自解放区的统计教育。1948 年华

---

① 勾适生（1905—1987），毕业于南开大学，新中国成立前曾任中央通讯社记者，四川省政府统计处、交通部统计处专员，联合国救济总署上海分署统计员。新中国成立后，先后任中央和华东财经委员会计划局统计专员和特约专员，大夏大学、上海财经学院等校统计学教授，1956 年 3 月任上海市人民委员会参事。著有《统计学原理》等。

② 王思立（1911—1991），1936 年毕业于清华大学，后在中央大学、交通大学、震旦大学任教，新中国成立后在上海交通大学、复旦大学、上海财经学院、吉林财贸学院、杭州电子工业学院任教授，著有《统计学新论》《统计学通论》等。

北新华书店发行的《实用统计方法》[杜思湘、杨娱天（即杨坚白①），1948年3月]是太行工业丛书之五，在北方大学和华北大学使用。书中前言写道："统计是一种技术性的科学，但它同样是有阶级性的。资产阶级的统计学，它的观点和方法是机械唯物论和形式逻辑，而在实际运用中，由于为资产阶级服务的立场，常常是歪曲事实的。……而我们的统计学，则是从实际出发，以真实的统计数字，毫无慈悲地暴露地主、资产阶级的罪恶；生动具体地描画出劳动人民如何挖穷根，如何裁富根的形象，并结合阶级分析的方法，从数字上显示出事物发展的规律，指导着我们的革命工作，顺利前进。所以我们研究统计学，同样是首先要确立为人民服务的立场，并学习辩证唯物论与历史唯物论的思想方法，才能发挥统计的效能；单纯的技术观点，必须予以廓清。"

新中国成立后对资产阶级统计学进行的批判也受到苏联的影响。在东北计划委员会统计局编辑的《统计工作》等刊物上已经系统介绍苏联批判资产阶级统计学的文章。1950年12月编辑出版的"统计工作丛书（1）"《为马列主义的统计理论而斗争》收集了5篇苏联当时有代表性的文章。分别是：

（1）《为马列主义的统计理论而斗争》（苏联《统计通讯》社论）；

（2）《反对曲解马列主义的统计学说》（H.米哈依洛夫）；

（3）《反对统计学说中资产阶级的客观主义与形式主义》（卡兹洛夫）；

（4）《论统计理论的几个问题》（И.皮撒列夫）；

（5）《论统计理论工作》（苏联科学院经济研究院讨论会的纪要及结论，1948）。

针对苏联《统计通讯》的社论。《统计工作》第2卷第3期专门刊登了东北人民政府计划委员会统计局《关于学习〈为马列主义的统计理论而斗争〉的通知》②（1951年1月28日），

《为马列主义的统计理论而斗争》

———————————

① 杨坚白（1911—2004），1932年参加革命；1941年起在太行山根据地做工业管理工作；1951—1954年任东北统计局秘书长、副局长；1954年调入国家统计局，主管国民收入计算和国民经济综合平衡统计工作；1956年调入国家计委，从事研究工作；1958年调入中国科学院经济研究所。著有《统计理论基本问题》《统计学理论研究》等。

② 东北人民政府计划委员会统计局. 关于学习《为马列主义的统计理论而斗争》的通知 [J]. 统计工作，1951，2（3）：28.

内容如下：

《关于学习〈为马列主义的统计理论而斗争〉的通知》

各省市统计局（处）长：

各部局统计处（科）长：

《为马列主义的统计理论而斗争》一文，是苏联中央统计局机关刊物《统计通讯》上的社论，这篇文章是代表着苏联统计领导方面的观点的，可以作为我们学习马列主义的统计理论的指南。此文由本局译出，刊载于统计工作丛书之一——"为马列主义的统计理论而斗争"上面（即这个小册子的第一篇）。

统计在苏联一向是被重视的，而且它在苏联建设社会主义的过程中已经起了很大作用。但到现在为止，还有某些统计学者，因受了资产阶级形式数字派的影响，而存着一种把统计学当作研究自然和社会的万能学科，把大数法则和机率论当作统计学上的万能方法。本文就是着重的批判了这种非马列主义的错误理论，及其危害性。并进而根据马列主义理论，明确的提出了统计学的定义及研究对象，阐明了统计学与经济学和数学的关系。在统计理论和统计方法上给我们指出了一个明确的方向。

我们东北统计工作建立未久，很多统计干部，对新旧统计学的理论和方法，尚缺乏明确的认识，因此，本局特决定以此文做为全东北各级统计负责干部的必读文件。同时在第一季度，即以此文做为业务上理论学习的基本文件。各地各部门开统计训练班时，亦应按受训干部的水平，讲授此文，使之

树立起正确的统计理论思想。学习中发现的问题，希随时反映给我们，以便
研究解答。特此通知，

东北人民政府计委会统计局

元月二十八日

再如《统计工作》第 1 卷第 5 期刊登的《介绍几篇苏联的统计理论文章》中
有"反对资产阶级统计学中的客观主义与形式主义"等内容。《统计工作》1952
年第 6 期刊登了苏联札斯拉文的文章《资产阶级统计学是为帝国主义服务的》，
文章中说：

> 资产阶级的统计学已把所余无几的科学性抛弃殆尽。它故意歪曲事实，
> 用极其卑鄙的手段在一切经济统计领域中进行捏造。
>
> 现代的资产阶级统计学，是帝国主义者为反对和平民主与社会主义阵营
> 而斗争的工具。它是以资产阶级的政治经济学和社会学的反动"学说"为依
> 靠的；它是从凯因斯、皮谷、勃维利奇的"理论"及其他法西斯的或半法西
> 斯的"理论"吸取滋养的。
>
> 统计学是阶级斗争的一个锐利的武器。这一点，资产阶级统计学家们也
> 不否认了。

这篇长文列举了一些美国统计在经济与管理领域应用的例子，说明美国统计
学者为提高效率的应用是为剥削工人阶级、维护资产阶级利益服务的，进而是为
帝国主义服务的。

这篇文章的题目很醒目，成为当时统计学者和统计工作者的重要学习文件。
不仅如此，东北统计局还专门将此文，再加上捷尔明斯基的《评美国资产阶级的
劳动生产率统计》、施尼鲁林的《资产阶级是怎样假造食品统计的》、柴尔林的
《美国生活费指数的伪造》、考列利克的《美国家计费统计的伪造与劳动人民的贫
困状况》和奥斯特洛乌莫夫的《资产阶级刑法统计的反动本质》5 篇文章，印成
"统计工作丛书（5）"《资产阶级统计学是为帝国主义服务的》。[①]

该书的"编者前言"写道：

> 这本小册子，收集了六篇批评资产阶级统计的论文。《资产阶级统计学
> 是为帝国主义服务的》一文，曾刊《统计工作》月刊一九五二年第六号；其

① 东北统计局. 资产阶级统计学是为帝国主义服务的 [M]. 沈阳：东北财经出版社，1952.

余五篇以前都没有发表过。这些论文对资产阶级的统计作了无情的揭露与批判，能够帮助我们认识资产阶级统计学的真面目，和它所担当的可耻的脚色，从而使我们对资产阶级统计学提高警惕，并加强对于它的斗争。

这些论文在分析与批判资产阶级统计的作伪与捏造时，揭露了它们所欲盖弥彰的事实——帝国主义腐朽没落的事实，对我们在如何对待资产阶级的统计资料上，在从统计资料来了解帝国主义的内幕上，都是有帮助的。

一九五二年十二月十五日

《资产阶级统计学是为帝国主义服务的》

东北统计局是 1950 年 4 月在沈阳市成立的我国第一个大区统计局，其前身是 1948 年 10 月成立的东北财经委员会调查统计处，东北统计局首任局长王思华，副局长林里夫，秘书长杨坚白。1952 年 8 月国家统计局成立后，王思华调国家统计局，历任工业统计处处长、副局长，1961 年 6 月至 1969 年 12 月任国家统计局局长。1954 年 8 月，东北统计局随大区一级行政机构撤销而撤销，大部分工作人员被分配到东北各省市统计局，50 余人调到国家统计局。杨坚白调国家统计局后任综合处处长，1956 年调离。1950 年 5 月，东北统计局创办《统计工作》。这是新中国第一份统计专业期刊，在发布统计政令、传播统计理论、介绍统计知识、交流统计经验等方面，都发挥了重要作用。该刊虽然是东北大行政区的刊物，但实际上有着全国性的影响，成为当时统计理论工作者和统计干部的学习材料。

《统计工作》创刊后，基本上是每月一期，6 期为一卷。1952 年该刊取消卷期制，改按月份编号。到 1952 年第 12 号，该刊共发行 32 期。《统计工作》在第 2 卷第 2 期以前是对内刊物，此后改由书店对外公开出售，从第 2 卷第 5 期起交新华书店发行。从第 3 卷第 6 期起，该刊从由东北统计局出版部出版改由东北财经出版社出版。因国家统计局成立后准备出版全国性的统计刊物，1952 年 12 月 31 日该刊出版最后一期后停刊。1953 年起国家统计局编辑出版《统计工作通讯》，实际上成为《统计工作》的续刊。

二、对资产阶级统计学批判的导火索

当时，在学习苏联、批判资产阶级统计学和统计思想的大环境下，我国统计领域从 1951 年起就开始了对资产阶级统计学的批判。批判的肇始是勾适生 1950 年 10 月在三联书店出版了《统计学原理》，并且自撰了该书的"著作介绍"在《经济周报》第 11 卷第 24 期（1950 年 12 月 14 日）发表。

《经济周报》1950 年 12 月 14 日发表的著作介绍

勾适生在自撰的新书介绍中说："《统计学原理》可说是解放后的统计学第一种创作。在配合着对于苏联统计学思想的需要之下，著者提供了新颖的理论和实用的技术，也正补充了苏联统计学著作中文译本底不足之处。"

前面我们提到，新中国成立后的一段时期，高等学校的财经类教学仍然沿用民国时期出版的统计教材，发行和使用量比较大的如金国宝的《统计学大纲》（上、下册，1950）和《统计学》（1950）、薛仲三的《普通统计学》（1950）和《高等统计学》（1951）、邹依仁的《高级统计学》（1951）等。勾适生的这本统计学是他民国时期在上海大夏大学上统计学课的讲稿，也包括在《中

勾适生著《统计学原理》封面

国建设》等刊物上写的统计知识的介绍。将其说成"解放后的统计学第一种创作"，是不符合实际的，因为还有上述教材。勾适生声称新书提供了新颖的理论

和实用的技术，还能补充苏联统计学教材中译本的不足，显然是夸大了这本书的作用。也正是这几句带有广告性质的介绍，先是引起了统计学界广泛的关注，继而导致了质疑和批判。

时隔不到一个月，柴作楫[①]以笔名"作楫"在1951年1月11日的上海《大公报》"读书与出版"专栏中发表对勾适生新书的书评[②]。

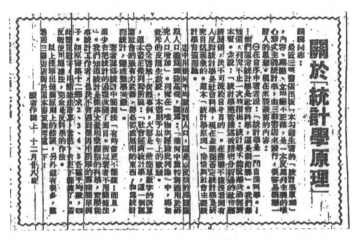

1951年1月11日柴作楫以笔名"作楫"发表在《大公报》上的书评

柴作楫的书评上来就说："最近三联书店出版一本勾适生著的《统计学原理》，内容、观点、立场极不正确，是一本反马列主义的唯心形式主义统计学。由三联书店来发行，很容易污染一般人的思想……在自序中著者说：'统计学是一门自然科学……列宁不止一次地指出：统计学不能脱离政治经济本质……在苏联不仅没看到有人反对统计学是社会科学，现在并进而否定统计学是研究自然现象的。这本《统计学原理》恰恰与社会主义统计学背道而驰。"这个豆腐块的小评论基本没有分析，而是拿列宁的话给作者扣帽子，并将三联书店也连带进去。

如果说柴作楫的书评没有分析，只有结论的话，荷生在几天之后的书评[③]就细致了不少。在正文之前，《经济周报》还在开头以"编者"名义写下按语：勾适生著《统计学原理》（三联书店出版）这本书的内容、观点、立场极不正确，是一本反马列主义的唯心形式主义的统计学。而本书著者曾拿这本书和自撰的《介绍说明》来要我们代为介绍，由于编者对来稿处理的草率态度，以致没有细致审阅内容，就把它介绍出来，犯了严重的错误，我们除深自检讨并对读者致深

---

① 柴作楫（1913—1984），1939年毕业于东北大学经济系，上海财经学院教授。

② 刊于《大公报》1951年1月11日"读书与出版"专栏。

③ 刊于《经济周报》第20卷第3期（1951年1月18日）"书评"栏。

切的歉意外，同时在本期发表了荷生同志对这本书的书评，使读者能进一步了解它的实质和内容，不致因购读这本书而受到不好的影响。

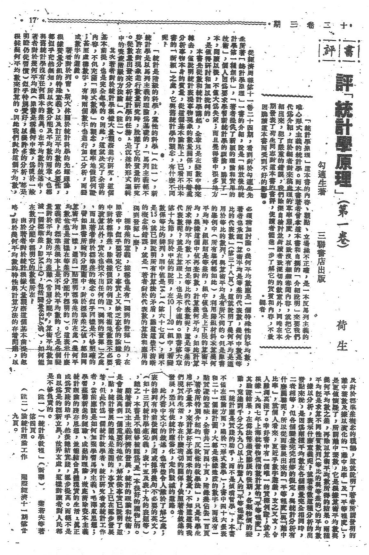

1951 年 1 月 18 日荷生在《经济周报》"书评"栏的书评

荷生的文章一开始就写道：

从《经济周报》第十一卷二十四期，看到对于勾适生先生所著《统计学原理》一书的介绍，说是"解放后的统计学第一种创作"，"著者提供了新颖的理论和实用的技术"，个人因为要求学习新统计学的理论，购买了一本，阅读以后，不仅大为失望，而且觉得书中很多地方，是值得研讨和加以批判的。

本书先从数和统计学讲起，全章只是在变数中转来转去，仅说明统计表现事物现象的数量关系，而不着重分析事物本身的质量，从这个基本论点上，已看不出本书的"新颖"之处，它与旧统计学的观念，有什么不同呢？

"统计是阶级的科学，党性的科学"[①]。新统计学是以马列主义的理论为基础的，"马列主义绝不容许在对现象进行数量研究时，脱离了它的质量的研究。从数量出发来分析统计学的任务，是沉迷于形式逻辑中的资产阶级的方法论"。

…………

随着新民主主义经济的发展，统计的理论和技术，是会被提高到一个重要的地位，解放后事实已说明了这一点。统计发展的园地是辽阔的，事实上已在逐步发展着，但是作为一个统计教学者、统计研究者或统计工作者，当前应该是如何加强学习马列主义、毛泽东思想；学习苏联新进的经验、成熟的理论，彻底清除资本主义统计理论的残存思想，并能结合具体现实的生活，真正成为实践的助手，然后总结实践，逐步提高。而绝不是自以为是的标新立异，故弄玄虚，这样对读者对人民都是不够负责的。

荷生的这篇批判文章，依据是苏联叶诺夫[②]等已经成为潮流的批判资产阶级统计学的理论，针对勾适生名为"新颖"、"解放后的统计学第一种创作"等展开批判，通篇文字还是比较和缓的。但《经济周报》"编者按"则毫不客气，上来就是"这本书的内容、观点、立场极不正确，是一本反马列主义的唯心形式主义的统计学"。不知《经济周报》的编辑为何转变得如此之快？

荷生的这篇文章很快被东北统计局主管的《统计工作》第 2 卷第 4 期（1951年 2 月 28 日）刊登引用，其"编者按"说："本文转载自《经济周报》第十二卷第三期。旧中国的统计学者，大都是学习资产阶级统计学的。在这些学者当中，虽然好多人是信仰马列主义的，也在学习马列主义；但信仰与学习，并不等于'善于运用'。因而在学术研究方面，还不免有意识的、无意识的反映出资产阶级观点来。我们认为勾适生先生的《统计学原理》有很多论点是错误的，应行纠正；而荷生批评文中的一些观点，基本上是正确的，可供参考。故特转载于此，

---

① 叶若夫，等. 统计学教程 [M]. 徐坚，译. 北京：人民出版社，1950：4.

② 叶诺夫（A. Ezhov）即上面注释中的叶若夫，当时对其名字有两种不同翻译，人民出版社1950 年出版的《统计学教程》用了"叶若夫"的译名，国家统计局的相关资料则用了叶诺夫的译名。

俾使统计工作者认清是非。"

《统计工作》第2卷第4期转载荷生的文章（1951年2月28日）

　　紧接着，1951年2月1日，勾适生就在《经济周报》第12卷第5期"讨论与批评"栏目中回复了柴作楫和荷生的批评，题目是《统计学是不等于经济统计学——答复柴作楫先生和化名"荷生"者并向读者请教》。《经济周报》在1950年底的第11卷第24期轻率地刊发勾适生的新书介绍后引起了社会的批评，迫使《经济周报》编辑在刊登荷生的批判文章前表态，以编者的话表示："《统计学原理》这本书的内容、观点、立场极不正确，是一本反马列主义的唯心形式主义的统计学。"刊发勾适生的答复文章前，《经济周报》再次写下"编者按"：

　　　　本报第十一卷第二十四期登载了勾适生先生送来关于其著作《统计学原理》的介绍一文。文中说："统计学原理可说是解放后的统计学第一种创作。在配合着对于苏联统计学思想的需求之下，著者提供了新颖的理论和实用的技术，也正补充了苏联统计学著作中文译本底不足之处"。由于编者对于来搞内容未加详细审阅，以致刊出后即接到读者的批评，并收到荷生同志对勾著《统计学原理》的一篇书评，大意认为勾著不是一本很好的读物。编者认为荷生同志与读者的批评是正确的，因此在本报底十二卷第三期刊出荷生同志对勾著的书评，同时我们并作自我检讨，向读者致歉。接着勾先生又送来一篇文章，对荷生同志与柴作楫先生的批评有所答复（柴作楫先生的书评载一月十一日上海《大公报》"读书与出版"栏）。兹将勾先生原文登出，希望读者与统计学专家们切实地提出讨论与批评。

勾适生的答复是一篇长文，分为 8 个部分，写成于 1951 年 1 月 22 日，而柴作楫和荷生的批评文章分别发表于 1 月 11 日和 1 月 18 日。从时间上看勾适生的答复很快，似乎早有考虑。在答复的开头即对两篇批评点出背景：

> 批评，尤其是对于书的批评，是要严肃的，有原则的。攻击和谩骂都不是批评。凡是一开口就给对方戴上"反马列主义的"帽子的人正表明他的理由是不够充足，而且显出他是另有别的动机。真正的马列主义者不会随便说对方是反马列主义的，更不会假借书评来攻击并谩骂对方。只有自封的马列主义者才会不负责任地指摘对方。好在读者底眼睛是雪亮的，自然会判断谁是反马列主义的。
> 柴作楫先生曾以同一内容写了三篇文章，批评拙著统计学原理第一卷，语气恶劣，理由不正，妄加武断。他投给北京《人民日报》和《新民报》的两篇并未刊出，而且已由三联书店交给我，并且共同研究怎样作个学术性的答复，以避免意气纠纷公开给社会一个不必要的影响。同时，我预料：柴先生及其合作者，无论用本名或化名，可能再作另一步的攻势，内容可同或不同。未出所料，我在一月十一日的上海《大公报》副刊读书与出版上看见一篇署名"作楫"的批评；又在一月十八日出版的上海《经济周报》看见化名"荷生"的批评。《大公报》上的一篇完全同于柴先生投给北京《人民日报》和《新民报》的两篇；"荷生"所写的一篇是有了新的内容，但是武断是一样的。负责的批评者应该以本名同读者相见。写攻击和谩骂的"批评"而不露本名，这正表明他是不负责的。柴作楫先生的动机，我大部分知道，而且有证有据。但是，我不愿公布，以免扩大纠纷。但是，如若柴作楫先生及其合作者过分地逼迫我，那时我不得不公布柴先生底动机，而请读者作个公平的判断。
>
> ············

东北人民政府计划委员会统计局所译的《新统计学概论》，译者前言中有这样一句话："如今在苏联，严格地说来，还没有一本标准的统计理论教程；根据最近苏联的评论文章，本书也与其他统计著作一样仍然有某些缺点。"我这样理解：苏联统计学研究是正在发展着，还未作到定论。

除去上述的一种书外，还有两种同性质的书在中国出版：一种是新华书店出版的统计学教程，另一种是中国人民大学出版的统计学原理。这三种书虽然都是研究"一般统计理论"（借用苏联叶若夫教授语），但是内容和体裁是或多或少地有所出入。

勾适生这段话是想说，由于苏联教材尚未定型，因而他的这本书可以作为配合或补充。对于柴作楫的批判，勾适生认为是柴混淆了统计学与经济统计学的区别。勾适生写道：

> 当前的事实是：研究经济不能不用统计方法；而且使用统计方法最多的是在经济上。我百分之百地承认，但是，统计学是不等于经济统计学。前面所提的苏联统计学，无论是下面加个教程、原理或概论，都只是统计学，也就是叶若夫教授所说的一般统计理论。东北统计局所出版的工业统计学教程和商业统计学教程就是我所说的统计学底应用，而且属于经济统计学中的两个重要的部门；这也就是叶若夫教授所说的分科统计。至少我们应该认识：统计学和经济统计学是有显著的区别。柴作楫先生把我所著的统计学原理当作经济统计学来批判，这在前提上根本犯了有意的错误。

三、全面深入批判的展开

上海方面的讨论与批判引起了中国人民大学统计教研室教师们的关注。1949年12月16日，中央人民政府政务院第十一次政务会议通过《关于成立中国人民大学的决定》，指出"为适应国家建设需要，中央人民政府政务院决定设立中国人民大学，接受苏联先进的建设经验，并聘请苏联教授，有计划、有步骤地培养新国家的各种建设干部"，并确立了学校的教育方针是"教学与实际联系，苏联经验与中国情况相结合"。中国人民大学的统计学专业从1950年创办初期，就得到苏联专家的直接指导。尼·尼·廖佐夫1950年8月就来到中国人民大学，一直到1953年6月返回苏联，在中国人民大学工作了三年。这段时间他讲授的课程有：统计学原理、经济统计学、工业统计学、农业统计学、贸易统计学和文教卫生统计学。

面对上海《经济周报》的文章，中国人民大学统计教研室在集体讨论的基础上，由铁华①、刘新②作为代表在《新建设》第4卷第5期（1951年8月1日）上发表了文章《论统计学的对象及其科学基础——评勾适生著〈统计学原理〉》。

铁华、刘新在《新建设》上发表《论统计学的对象及其科学基础——评勾适生著〈统计学原理〉》

铁华、刘新的文章指出：

中华人民共和国成立一年多以来，统计工作获得了巨大的成绩；譬如举行了中国有史以来第一次全国规模的公营及公私合营工矿企业普查及部分地区的农业普查，建立了和正在建立着国民经济各部门的统一报表制度，逐步

---

① 铁华（1920—1972），中国人民大学计划统计系统计教研室主任、统计学系主任。
② 刘新（1924— ），1946年考入南开大学商学院，1948年进入华北大学，中国人民大学统计学系教师、副教授。

建立和加强各业务主管部门各地区的各级统计机构等。这些统计工作之所以
获得相当的成就，首先便是由于苏联的先进经验与科学统计理论的指导。所
以我们要想解决统计理论的问题，便应当肯定地学习和传播建立在马列主义
基础上的苏维埃统计学。与此同时，自然也应当对于我国一些统计学的新著
给以很大的注意。

正当这个时候，勾适生先生出版了一本《统计学原理》。由于我国统计
学新著甚少，所以我们以最大的关切来注视这本大著。但我们读过之后，认
为这本书是有严重理论错误的。不久，我们看到作楫先生在大公报上发表的
意见与荷生先生在经济周报上的评论，接连又看了勾先生的两篇答复。我们
觉得作楫与荷生两先生还没有对此书提出基本问题来深加研究，而对于任何
一种科学，某些基本问题是必须首先弄清楚的。……

一、关于统计学研究的对象问题

…………

马列主义统计学的创始者列宁、斯大林一开始就规定了统计学是认识社
会最有力的工具之一，是进行阶级斗争和社会主义建设的武器。……所以肯
定地说："统计学乃是一种社会科学"。

…………

但是相反的，在资产阶级统计学家中，便把作为研究对象的事物现象
底数量方面和质量方面孤立并对立起来。这在英国统计学家鲍莱（A. L.
Bowley）、攸尔（G. U. Yule）以及美国的雷翁衰等都把统计学看成是一种
"计数的科学"，"计量而不较质"，是一种单纯研究统计方法的学问。……

中国从前的统计学著作，在统计学的研究对象这个问题上，并没有脱出
上述的资产阶级观点。勾先生的新著里也有类似的说法。……

由于对统计学的研究对象有着上述的看法，所以勾先生的结论为："统
计学在本质上是数学的应用或应用的数学，所以说，统计学是一门自然科
学"。这与一些资产阶级学者把统计学看成"数学的一个分支"（如过去大学
常用教本《统计方法》著者美国密尔斯），并无二致。……

…………

二、关于统计学的科学基础（理论基础和方法基础）

统计学的科学基础——理论基础和方法基础，使马列主义统计学在原则
上和资产阶级统计学区别开来。

…………

我们应该认清：马列主义的统计科学中，广大的研究领域都是用全面调
查（各种普查、表报制度）或其他非全面调查（如重点法、个别示范法）来

进行的……
....

其次，资本主义国家的统计学是服务于资产阶级的。……

以上是说到统计学（或社会经济统计学）的理论基础是马列主义政治经济学。现在再简单谈一下它的方法论的基础——辩证唯物论和历史唯物论在统计学研究社会经济上的应用。
....

三、关于《统计学原理》的内容问题
....

……我们觉得勾先生的著作对于目前摆在中华人民共和国面前巨大的统计工作任务没有给予任何解决，很为可惜！看来它非来自统计实践，而应用于统计实践也就不可能。
....

因之，今天摆在我们统计科学工作者面前的，首先应虚心而认真地学习苏维埃——马列主义统计学的先进理论及其统计工作的丰富经验，并且要和资产阶级的或其他一切非马列主义的统计学作不调和的坚决斗争，以建立新民主主义的新中国的统计事业。……

一九五一年三月于北京

铁华、刘新的这篇文章，已经不是简单地说教，而是开始从统计学的性质与研究对象等基本问题进行分析。虽然副标题是"评勾适生著《统计学原理》"，但文章已经从勾适生的教材开始，追溯到鲍莱（A. L. Bowley）、攸尔（G. U. Yule）、密尔斯（F. C. Mills）等英美统计学者，从统计学性质和研究对象角度展开对整个资产阶级统计学的批判。莫曰达 1989 年在《统计研究》撰文评价："这篇文章是在全国范围内系统批判资产阶级统计理论的开始。"[1]

显然，在社会经济统计领域开展对资产阶级统计学的批判是必然的事情。但为什么从勾适生的《统计学原理》开始，而没有选择比这本《统计学原理》发行量更大、影响更大的统计学教材，比如金国宝的《统计学大纲》或者邹依仁的《高级统计学》进行批判呢？这中间既有着必然，也存在偶然。在铁华、刘新1951 年 3 月评勾适生《统计学原理》的稿件投给《新建设》杂志后，《新建设》先是将这一稿件转给了勾适生。勾适生自己也觉得不理解，在 1951 年 8 月 20 日

---

[1] 莫曰达. 进一步发挥马克思主义对统计科学研究的指导作用 [J]. 统计研究，1989（6）：7-16.

给铁华和刘新写了一封信。

信中除了表示"大家同道，展开讨论，殊善。由辩论而得益友，幸甚"外，还写道："我愿以通讯与你们略谈一二，不作发表之用。拙著写于解放前，缺点正多，愿受教正。解放后，商务出版二书，一为薛仲三之普通统计学，一为金国宝之统计学大纲；立信出版一书，为邹依仁之高级统计学。三书如何？请示我一二，以便作为研究之标准。"后边这段话的意思是：请问你们觉得薛仲三、金国宝、邹依仁三位的统计学教材如何？我的这本与他们的并无二致，为何评论批判我的这本书？勾适生当时并没有意识到，这一书评掀起了对资产阶级统计学的批判，自己已经深陷批判大潮之中，而对此批判的不满最后导致其 1957 年被打成右派。

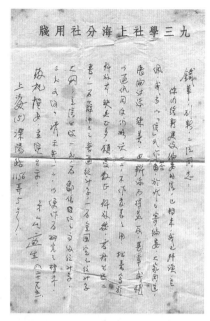

勾适生 1951 年 8 月给铁华、刘新的信

对于这篇文章，刘新回忆道：

1950 年后期，一日不知谁买到一本勾适生著《统计学原理》传阅，大家都觉得是新瓶旧酒。"序言"说是按马列主义思想写出，实际与旧著无异，挂羊头卖狗肉，后开会讨论。当其时，政治上的口号是"一边倒"，倒向以苏联为首的社会主义阵营，对资产阶级思想的一切表现都持有警惕、批判的态度，更不容假马列主义之名，贩卖私货。青年同志虽然刚接触苏联的统计学，特别是初步学习马列主义，初生牛犊胆子大，纷纷提出写文批判，并推出徐前和王丽媜二人执笔（我当时尚忙于法律系授课，未让我参与）。随后写出，开会一宣读，大家纷纷表示，"尽扣大帽子，太空洞"，一致决定让我执笔。（我）义不容辞，接受了任务。开了七八个晚班，记得是在天丰堂[①]那间小房里写完的。我觉得任何一门学科都应先有其研究阐述的范围，才能"有的放矢"，得出较准确的结论。当时统计学广泛应用（于）社会生活的各方面，是一门社会科学，而阶级社会的活动更是有阶级性的，更不容与

---

① 天丰堂位于北京东城区东四十条，新中国成立前是个饭店，新中国成立后作为中国人民大学统计教研组（后为统计教研室）住宿办公所在地达数年之久。当时青年教师两人一间，刘新住单间，因刘新已结婚成家。

研究自然现象的方法完全混同（有些地方可以借用），故马列主义（社会经济）统计科学首先就应以马列主义的立场、观点和方法为科学基础，才能做出比较准确（的）认识。文章就主要在这些基本上作评论，而不必在具体指标、方法上过多费笔墨。老实说，当年"一边倒"的看法较普遍，"上有所好，下必甚焉"，把这一政治口号误解移植到科学技术范围，就显左了。

在写此文时，我未想到参阅中国学者的旧著，主要参阅了几份报刊登载的苏联统计学家的翻译文章。写出后，先交铁华同志看，他在前二、三行改动了近十来个字。交到教研室讨论，大家都无异言通过。铁华同志最后发言"这是（教研室的）一次战斗，我作为教研室主任，也签上名字吧！"，我同意。最初我还以为可用统计教研室的名义。那年代还处在供给制，私有观念少，还不懂知识产权问题。

此文在《新建设》发表后，不久在其他报刊也陆续有批判资产阶级统计思想的文章，特别 1953 年我和徐前署名的《关于资产阶级统计理论的批判》长文（仍按前述思路写的），批判似更全面了。隔年，国家统计局要求我们根据苏联最新一次统计会议正式决定的对统计学性质的说法，缩短改写，我作了改写，题目未动，发表在 1955 年《统计工作通论》上。发表后，全部稿费我全捐公（捐给系工会，只买两支口琴奖励我二人）。[1]

诚如刘新所说，勾适生在这本 1950 年出版的著作"自序"中说：

著者在这本书里用批评的态度来介绍既成的统计学的知识，同时又加上自己所独创的原理和方法。

…………

唯物辩证法（dialectics）所追求的是真理，统计学也是这样。唯物辩证法说一切事物是互相联系的，不断变化着的；统计学完全运用这些法则，而以变数和变数值所构成的统计数列来发挥这些法则。所以说，唯物辩证法和统计学不是对立的；不过，前者在新社会里是公认为科学研究的最高法则了，但资本主义的和封建主义的统治者是不承认的，而后者早已成为旧社会这群统治者所利用的工具。统计学，正如数学一样，若落在无产阶级手里，无疑地是一种非常有用的工具。

统计学，在本质上，是数学底（的）应用（application of mathematics），或是应用的数学（applied mathematics）；所以说，统计学是一门自然科学。

---

[1] 摘自刘新 2019 年 10 月 3 日给袁卫 9 月 24 日信的回复，未发表。

…………

因为许多人看到了经济统计学，他们认为统计学是社会科学；这是个错解。

这一本书本来是预备给解放后的新中国底青年学生阅读的。中国共产党和它所领导的中国人民解放军很迅速地在一九四九年五月二十四日到二十七日之间完全解放了上海，这使著者的出版计划能够实现出来。

勾适生
一九四九年六月九日于上海科学统计供应所

勾适生这本教材是他以前在大夏大学上课的讲稿，正要出版时迎来了全国解放。勾适生试图在序言中增加几句新中国成立初期的政治内容，如这本书是按照唯物辩证法思想编写的；无产阶级使用统计学是一种非常有用的工具等。但作者认为"统计学本质上是数学的应用或者应用的数学"则与苏联统计学理论认为"统计学是一门有阶级性和党性的社会科学"产生矛盾和对立，这也是铁华、刘新文章批判的基本点。

反观新中国成立初期出版的其他几本统计教材，虽然在前言和序言中也有新旧社会的比较，但语言相对简洁平和。如薛仲三在 1950 年 9 月《普通统计学》"自序"中写道："我国现行的基本关于统计学的教科书，大概都是十余年前写的，并且都是由英美等书籍蜕化而来的。论观点不免有谬误之处，因为那些书的著者当写那些书时所处的时代背景与现在不同，其见解自难与现实符合。"金国宝在 1950 年 12 月《统计学大纲》（修订版）序言中只就内容修订做了说明，没有任何政治解释。

铁华、刘新的这篇文章发表后，全国范围内陆续开始了对资产阶级统计学的批判。这篇文章不仅在统计学领域产生巨大影响，而且影响到海外。刘新回忆道："批勾文发表后，日本情报工作厉害，竟及时译成日文，国家统计局将日文的全文寄给我，在 2014 年左右清理时，觉得家中谁也看不懂，而且中文已保存，便觉无用丢弃了。这一资料，也反映批勾文的一点国际影响，他们想知道中国统计界是否会随政权更迭转轨。"[1]

《新建设》杂志在组织刊登铁华、刘新这篇文章的同时，为了进一步宣传"马列主义统计理论"，建议中国人民大学统计教研室多组织几篇文章，编成专辑出版。其在 1952 年 1 月编辑出版了小册子《统计理论中的几个问题》，共收录五篇文章。第一篇《为马列主义统计理论而斗争》是廖佐夫在中国人民大学的讲稿；

---

[1] 摘自刘新 2019 年 10 月 3 日给袁卫 9 月 24 日信的回复。

第二篇《列宁关于统计的学说》是廖佐夫在中华全国总工会干部学校的报告；第三篇《资本主义国家与人民民主中国统计的概况以及人民民主中国统计工作者的任务》是廖佐夫1950年12月1日在第一届全国贸易统计会议上的报告（前三篇都是查瑞传译校）；第四篇是铁华、刘新在《新建设》1951年第5期批判勾适生《统计学原理》的那篇《论统计学的对象及其科学基础》；第五篇是统计学系教师李金城1951年5月在统计教研室第一届科学讨论会上的报告《马列主义政治经济学与统计学》，认为马列主义政治经济学是统计学的理论基础。

四、苏联统计学会议决议确认了两门统计学

对资产阶级统计学的批判从20世纪50年代初开始，一直到"文化大革命"。其间，1954年苏联"关于统计学问题的科学会议的基本工作总结"（简称苏联统计学会议决议）和1957年的反右派斗争使对资产阶级统计学的批判掀起了两次高潮。

苏联统计学会议是1954年3月16日至26日，由苏联科学院、苏联中央统计局和苏联高等教育部三家联合举办的关于统计学基本问题的会议，共760人参加。会议上有60人发言，20人提出了书面意见。会议集中讨论了统计学的性质、研究对象等基本问题。对此，大致有三种观点：

第一种观点认为统计学是研究社会现象和自然现象的通用科学，代表人物是皮撒列夫、亚斯特列姆斯基、舒舍林等。会议对这种观点进行了批判，认为社会现象是有阶级性的，不存在超阶级的科学。

第二种观点认为统计学是方法论的科学，代表人物是德鲁日宁。这种观点也被认为是错误的，在阶级社会中不存在超阶级的方法科学，统计学是社会科学，是有阶级性和党性的学科。

第三种观点，即会议经过讨论形成决议的观点是：统计学是独立的社会科学，它在质与量的密切联系中研究大量社会现象的数量方面，研究社会发展规律在具体地点及时间条件下的数量表现。统计学的理论基础是历史唯物论与马克思列宁主义的政治经济学。统计学依据这些科学的原则与法则，表明具体的、大量的社会现象的量变，并说明它们的规律性。

在会议讨论的基础上，苏联科学院主席团、苏联中央统计局和苏联高等教育部举行联席会议，由苏联科学院院长涅斯米扬诺夫院士担任主席，并做出肯定第三种观点的结论。

统计学性质对象问题以苏联三家权威机构最终决议的形式做出后，不仅对苏联统计科学和统计工作产生巨大影响，也使得当时全面学习苏联的我国统计学界掀起了一轮"学习苏联、贯彻决议"的高潮，彻底将原来一门统计学人为地分割成两门互不来往、完全割裂的统计学，对我国统计科学研究、统计教育、统计工作产生深远的负面影响。

如果说铁华、刘新 1951 年评勾适生《统计学原理》的文章是全国范围内批判资产阶级统计学开始的话，《新建设》杂志 1953 年 1 月和 2 月两期连载的刘新、徐前合写的《关于资产阶级统计理论的批判》算是正式对民国时期统计著作、教材以及统计学者的全面批判。刘新、徐前二位作者根据苏联统计学科会议决议精神修改了 1953 年的文章，发表在《统计工作通讯》1955 年第 8 期上，在全国掀起了对资产阶级统计学批判的新高潮。

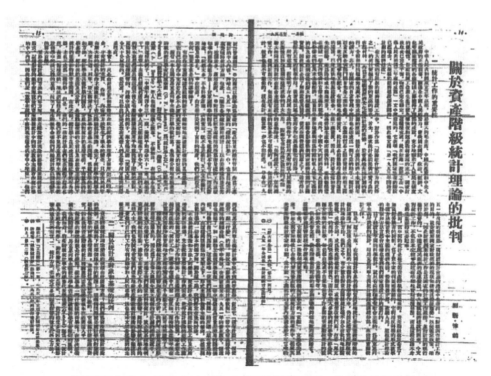

《新建设》杂志 1953 年 1 月和 2 月两期连载刘新、徐前的批判文章

《统计工作通讯》1955 年第 8 期重新刊登刘新、徐前 1953 年 1 月和 2 月两期连载的批判文章，
根据 1954 年苏联统计学会议决议精神修改，署名顺序改变

《统计工作通讯》编者按语："本文是作者在一九五二年十二月写就的，曾发表在一九五三年一月号及二月号的《新建设》杂志上；现由作者根据苏联统计学科学会议决议的精神加以改写，重新在本刊发表。"

文章分"前言""关于资产阶级统计学对象和理论基础的批判""关于资产阶级统计方法的批判""结束语"四部分。在前言中，刘新、徐前① 写道：

> 旧中国的统计是从英美资本主义国家贩运过来的。资产阶级统计是为了加强对劳动者的剥削，为了资本家的利益而服务的，它利用反科学的形式数学主义方法掩盖资本主义的经济危机，粉饰阶级矛盾，欺骗人民，这种统计理论的观点和方法不但不能满足国家建设工作的需要，而且会直接危害它的进行。
>
> 为了建设新中国的科学统计，就只有向苏联学习社会主义的、为马克思列宁主义所武装的统计，用马克思列宁主义统计理论来训练干部，来指导实际统计工作。
>
> 但是，这三年来，在我国统计学界仍然相当广泛地流行着英美资产阶级

---

① 两人的署名顺序说明见刘新回忆："1955 年我又作了改写，改写后的文章清样也经我最后校订，但公开发表时，文章作者署名却变动为'徐前、刘新'，完全颠倒。我电话询问，竟告'工人误排'。"

的统计理论。解放后公开出版的十来种统计学著作中，仍然泛滥着资产阶级统计的理论和方法。它们之中，有少数是对资产阶级统计毫不加分析批判地因袭旧说，成套介绍，成为资产阶级统计的翻版，或者仅仅改装门面，打着"马克思主义"的招牌，出卖资产阶级的货色；而其中绝大多数的统计学著作都是试图介绍新的统计学，却仍然自觉或不自觉地保留了许多旧的资产阶级统计的观点。

接着，文章批判了金国宝、邹依仁、许靖、勾适生、薛仲三等人的新版统计学著作和教材，同时也将阿成华尔（G. Achenwall）、皮尔生[①]（K. Pearson）、费暄[②]（R. A. Fisher）、游尔（G. U. Yule，前文所用译名为攸尔）、波莱（A. L. Bowley，前文所用译名为鲍莱）等统统归入资产阶级统计学家，加以批判，认为"崇美思想在某些人们思想中所达到的严重程度"。文章认为：

> 事实上，只是由于马克思和恩格斯在政治经济学和哲学方面所完成的革命，才使统计的本质、作用、内容和方法发生了根本的变化；只是由于列宁和斯大林的经典著作才彻底批判了资产阶级统计理论，奠定了统计学的科学基础。大家知道，列宁、斯大林解决了统计学的最基本的问题。如统计学的对象、方法和理论基础，统计学和其他社会科学的关系，分组法对统计的基础意义，平均数法的科学基础，统计表的意义及其分析，各种动态指标的分析及其在社会主义经济条件下统计的任务和特点等等问题。在此之后，统计学才真正成为认识社会的有力武器，才真正成为一种科学。
>
> …………
>
> 事实上，纯粹的数量关系是由数学来研究的。现实世界（包括自然现象和社会现象）的数量关系方面的那些共同之点则是由数理统计学研究的。而数理统计学是数学的一个部分，它与作为社会科学的统计学属于完全不同的科学部门。
>
> …………
>
> 资产阶级统计学抹杀社会经济法则的历史性和阶级性，把它和自然法则混同起来，其目的就是在于以自然法则移植到社会法则中来解释资本主义制度的永恒，在于散播否认阶级斗争和主张阶级调和的反历史唯物论的观点。

[①]　早期学者多将之译为皮尔生，今多译为皮尔逊。

[②]　早期学者多将 R. A. Fisher 译为费暄，后期也有出版单位和学者将之译为罗纳德·费雪，《辞海》则将之译为费歇尔，本书中采用现学界常用译名费希尔。

....

资产阶级统计学为什么会在这个根本问题上发生错误呢？这是由统计学的阶级性所决定的。资产阶级统计学无论产生于德国或英国，也无论产生于阿成华尔或威廉·彼蒂，都是为少数资产阶级的利益服务的。

1958 年前发表或出版的对资产阶级统计学进行批判以及自我批评的部分文章及著作如表 21-1 所示。

表 21-1　1958 年前对资产阶级统计学的批判以及自我批评的文章及著作（部分）

序号	名称	作者	时间／刊号	期刊／出版社
1	介绍几篇苏联的统计理论文章	统计工作编委会	1950 年 9 月第 1 卷第 5 期	统计工作
2	统计工作底阶级本质及其终极目的	林里夫	1950 年 10 月第 1 卷第 6 期	统计工作
3	统计学原理（第一卷）	勾适生	1950 年 12 月 14 日第 11 卷第 24 期	经济周报
4	关于《统计学原理》	作楫	1951 年 1 月 11 日	大公报
5	评《统计学原理》（第一卷）	荷生	1951 年 1 月 18 日第 12 卷第 3 期	经济周报
6	统计学是不等于经济统计学——答复柴作楫和化名"荷生"者并向读者请教	勾适生	1951 年 2 月 1 日第 12 卷第 5 期	经济周报
7	反对资产阶级指数论中的数学形式主义	范濂	1951 年 5 月第 12 卷第 18 期	经济周报
8	论统计学的对象及其科学基础——评勾适生著《统计学原理》	铁华、刘新	1951 年 8 月第 4 卷第 5 期	新建设
9	统计理论中的几个问题	中国人民大学统计教研室	1952 年 1 月	新建设
10	洗净统计思想中的资产阶级遗毒	冯杞靖	1952 年第 2 期	统计工作
11	从指数上看资产阶级统计思想的虚伪本质	方秉铸	1952 年第 2 期	统计工作
12	关于统计学的研究对象之我见	杨坚白	1952 年第 2 期	统计工作
13	反对散布资产阶级统计思想的毒素——评金国宝著《工业统计学原理》和邹依仁著《工业统计》（立信会计图书用品社出版）	过庚吉	1952 年第 3 期	统计工作

续表

序号	名称	作者	时间/刊号	期刊/出版社
14	关于大数法则和机率论问题	杨坚白	1952 年第 3 期	统计工作
15	资产阶级统计学是为帝国主义服务的	［苏］札斯拉文	1952 年第 6 期	统计工作
16	资产阶级统计学是为帝国主义服务的 评美国资产阶级的劳动生产率统计 资产阶级是怎样假造食品统计的 美国生活费指数的伪造 美国家计费统计的伪造与劳动人民的贫困状况 资产阶级刑法统计的反动本质	［苏］札斯拉文等	1952 年 12 月	东北财经出版社
17	关于资产阶级统计理论的批判	刘新、徐前	1953 年第 1、2 期	新建设
18	试论统计学的特点及其与政治经济学和数学的关系	杨坚白	1954 年第 7 期	新建设
19	肃清资产阶级统计思想的流毒	胡代光	1955 年第 10 期	统计工作通讯
20	对资产阶级指数"理论"的批判	王健真	1955 年第 11 期	统计工作通讯
21	关于资产阶级统计学术思想的自我批判	邹依仁	1956 年第 8 期	统计工作通讯
22	论确定经济指数同度量因素的一般原则	王健真	1956 年第 13 期	统计工作通讯
23	对于几本统计学原理教材的一些意见	王正宪	1956 年第 16 期	统计工作通讯
24	批判资产阶级统计指数的反科学性和反动本质	上海财经学院统计系	1956 年第 17 期	统计工作通讯
25	试评《统计理论一般问题讲话》	柴作楫	1956 年第 20 期	统计工作通讯
26	评邹依仁、金国宝两位先生的工业统计学著作	桂世祚	1956 年第 23 期	统计工作通讯
27	论平均速度的计算方法	张薰华	1956 年第 24 期	统计工作通讯
28	对《统计学大纲》的自我批判	金国宝	1957 年第 3 期	统计工作

续表

序号	名称	作者	时间 / 刊号	期刊 / 出版社
29	批判我在统计学著作中的资产阶级思想	王思立	1957 年第 10 期	统计工作
30	粉碎右派分子陈振汉等发动复辟资产阶级统计学的功势	胡代光	1957 年第 4 期	北京大学学报（人文科学）
31	论统计学是一门社会科学	邹依仁	1957 年第 4 期	财经研究
32	资产阶级统计资料的批判分析	马斯洛夫	1957 年	统计出版社

五、批判的重点

在 20 世纪 50 年代初期开始的对于资产阶级统计学的批判中，核心是强调社会经济统计学与数理统计学是两门性质不同的学科，民国时期的统计学著作与教材都是掩盖阶级性的资产阶级统计学。除了对于资产阶级统计思想和理论总体上进行批判外，重点批判的是资产阶级的工业统计学和指数理论。

1952 年，过庚吉发表了一篇批评金国宝《工业统计学原理》和邹依仁《工业统计》的文章。[①] 他在文章一开始就说：

> 肃清统计理论中的资产阶级思想，是当前统计工作结合"三反"斗争的内容之一。由于新中国成立不久，以苏联先进理论为指导并与当前国家计划经济的具体实践相结合的新统计学，虽已确立了它在新中国统计的领导地位，但毕竟为时尚短，还没有普及生根。而旧中国所遗留下来的英美数理统计的毒素不仅没有彻底清除，反而有些人以资产阶级统计思想的本质披上马列主义的外衣，公开走进我们的出版界和讲坛。这是资产阶级在统计思想方面对我们的进攻。我们必须予以坚决反击。

> 立信会计图书用品社印行的金国宝著《工业统计学原理》和邹依仁著《工业统计》，就是在苏联新统计理论的掩盖下，以"产品质量的检查与管制"为据点，来散布资产阶级统计思想的典型。邹依仁以叙述产品质量检验和管制的著作，视为苏联沙文斯基教授工业统计学教程的补充，并冠以《工

[①] 过庚吉. 反对散布资产阶级统计思想的毒素：评金国宝著《工业统计学原理》和邹依仁著《工业统计》(立信会计图书用品社出版) [J]. 统计工作，1952（3）：19-21.

业统计》的署名出版；金国宝在《工业统计学原理》中，一面有意识地删除了足以标识苏联统计学特征的重要观点，而将沙文斯基工业统计学教程的第一、二、三、四、五、六、十一各章抄袭过来，一面又把最近资产阶级统计学上的时髦理论"品质管制和样品检验"等拼凑进去，于是就形成经过阉割的马列主义统计理论和资产阶级统计理论的混合体，实质上则是为了模糊无产阶级和资产阶级理论的界限，借以蒙混读者，骗取市场。

资产阶级否认统计学的阶级性，把统计学视为一种纯技术性的，具有普遍性的方法。金、邹两人都异口同声地认为产品管制是最新的工业统计的专门技术，"自第二次世界大战以来，曾在各国（英美）工业界风行一时，我国自应急起直追。"大有自叹不如之感。在他们看来，为英美资本家服务的关于抽样检验产品质量的方法，也可不加区别地适用于解放后的中国。他们不了解两种社会阶级关系的不同，同样的统计方法，其本质和应用的范围，也就不同。

············

资产阶级统计理论之脱离实际的形式数学主义倾向，在金、邹两人的著作中，也充分暴露出来。用抽样调查方法来检查管制产品质量，其作用是很有限的。特别是在新民主主义的经济建设中，更无现实意义。我们国公营企业里的大部分主要产品实行着全面的质量检查，就如钢材、电瓶、车床等必须经过繁杂理化检验手续的产品也不例外。

············

当我们的工厂，目前被证明采用产品质量的检查管制方法无多大实际意义时，产品质量的随机抽样检验，和我们的统计实践又有多大的相干？《工业统计学原理》和《工业统计》，完全脱离了新民主主义经济建设的现实问题，往来于形式数学公式的圈子里，金、邹等人在事实上已成为资产阶级统计理论在新中国的代言人。他们企图以产品质量的检查管制为据点，通过他们的笔和口，扩大资产阶级统计思想的影响。

所有的统计工作人员，都有责任在理论与实践统一的原则下，拉开战线，打退资产阶级统计思想的进攻。因此，我建议华东高教部门，深入检查高等学校统计教学中的资产阶级思想，结合思想改造，彻底清算资产阶级统计理论的流毒，并建议中央出版总署，对那些专门贩卖资产阶级统计理论借以牟利的出版商，如立信会计图书用品社之类，对其所出版的书籍，也应严格予以审查。

另一篇对邹依仁、金国宝工业统计学著作的批判是桂世祚 1956 年在《统计工作通讯》上发表的《评邹依仁、金国宝两位先生的工业统计学著作》[①]。此时，邹依仁已经公开发表了《关于资产阶级统计学术思想的自我批判》[②]。即使这样，桂世祚还是不依不饶，继续深挖两位先生的资产阶级思想。虽然一上来桂世祚先肯定邹依仁的自我批判："最近邹依仁先生在 1956 年第 8 期的《统计工作通讯》中，发表了一篇自我批判的论文，比较深刻地检查了他在自己的著作中所犯的某些错误。我们认为这种态度是正确的，因而也是值得大家欢迎的。"但笔锋一转，就说：

> 我基本上同意邹依仁先生的论文中所提出的许多意见，但认为在某些方面批判得还是不够的。
>
> …………
>
> 邹依仁先生和金国宝先生的工业统计学著作中的一个基本的错误，就是他们大量地以至整本地宣传着资产阶级的统计思想。他们的著作，虽然各有其不同的特点，但在这一基本错误上却是完全一致的。同样值得我们注意的是他们在宣传资产阶级统计思想的方式上，也是完全一致的。他们都是在一方面强调学习社会主义国家先进统计思想的重要性，而在另一方面则尽量宣传资产阶级的统计思想。在这种情况下，马克思列宁主义的统计思想和资产阶级的统计思想被混淆起来了。
>
> …………
>
> 大家知道统计学是一门独立的社会科学；而工业统计学是一门专业统计学，是统一的统计科学的一个组成部分，因此也不能不是社会科学。但是，除了作为社会科学的统计学以外，还存在着作为数学的一部分的数理统计学，以及应用数理统计学的理论和方法而建立起来的一系列的科学知识部门，如物理统计学、生物统计学、气象统计学、工业技术统计学等。所谓工业技术统计学乃是利用数理统计学的方法来研究工业生产技术中的许多问题，其中也包括工业产品品质的统计检查。工业统计学和工业产品品质的统计检查还不仅是属于不同的科学部门，同时也有着不同的理论基础。作为社会科学的工业统计学的理论基础是历史唯物主义和马克思列宁主义的政治经济学，而工业技术统计学和工业产品品质统计检验的理论基础则是数学中的概率论。由此可见，工业产品品质检查是应当加以研究的，但不能把它和工

---

① 桂世祚. 评邹依仁、金国宝两位先生的工业统计学著作 [J]. 统计工作通讯，1956（23）：24-27.
② 邹依仁. 关于资产阶级统计学术思想的自我批判 [J]. 统计工作通讯，1956（8）：25-28.

业统计学混淆起来。

另一个资产阶级统计学批判的重点是统计指数理论。方秉铸 1952 年在《统计工作》上发表了《从指数上看资产阶级统计思想的虚伪本质》[①]，这篇文章通过对资产阶级指数的批判来检查他自己过去学习的指数方法和思想。

> 我是一个受过长期资产阶级经济理论教育的人，对资产阶级统计学也曾努力钻研过，在解放前曾从事经济"研究"工作多年，自以为清高不凡，但实际上不过是贩卖资产阶级思想而已！
>
> ⋯⋯⋯⋯⋯
>
> 目前一般资本主义国家编制物价指数所最通用的方法，是采用"几何平均"公式。一个稍微懂得一点数学知识的人，就可以知道，几何平均公式有这样一种数学作用，它可以缩小较大价格波动的影响，把价格波动的幅度削平，使指数所反映的物价变动趋势经常是很缓和的、很平稳的。
>
> 我们可用一个浅显例子来说明。假定有大米和鸡蛋两种商品，现在大米每斤价格由一千元涨至两千元，鸡蛋每个价格由六百元跌至三百元，价格未变动前，我们买一斤大米和一个鸡蛋，共花费一千六百元。价格变动后，我们买一斤大米和一个鸡蛋，共花费两千三百元。换言之，大米和鸡蛋价格变动的结果，使我们购买一斤大米和一个鸡蛋要多花百分之四十以上（2 300/1 600=143.8%）。但用几何平均法计算指数，得出两种商品平均起来价格没有变动。因为大米由一千元涨至两千元，其价比为 200%，鸡蛋由六百元跌至三百元，其价比为 50%，两种价比几何平均为：
> $$\sqrt{200\times50} = \sqrt{100\times100} = 100$$
> 故指数未动。几何平均公式把大米涨价一倍和鸡蛋跌价一倍[②]的变动，相互抵消了。显然这就是一种伪造指数的方法。

不同商品计算综合价格指数一般都要用加权综合指数计算，通常也不用几何平均，方秉铸在这里为了批判资产阶级统计思想，臆造了一个计算公式，并表示"通过这次三反运动，统计学界和每个统计工作者，应该从实际出发，对资产阶级统计思想污毒进行清洗，努力学习马列主义统计理论，为展开新的科学的统计

---

① 方秉铸. 从指数上看资产阶级统计思想的虚伪本质 [J]. 统计工作，1952（2）：11-13.

② 原文如此，应为"跌价一半"。

工作扫清道路"。

王健真1955年在《统计工作通讯》第11期上撰文《对资产阶级指数"理论"的批判》[①]，文中写道：

> 资产阶级的统计是直接服务于资产阶级利益的。资产阶级的利益，要求粉饰资本主义和使人们忽视阶级的鸿沟。因之，资产阶级统计学家就利用各种狡猾手段，竭力消除各个经济指标的剧烈变动，从而使经济周期和危机的进程"具有"平稳的外表。他们利用各种复杂的数学公式来捏造各种笼统的平均指标，其目的就是掩饰资本主义的矛盾，直至否认经济危机的不可避免性。我们知道，从数学上来看，同一数列的算术平均数、几何平均数和倒数平均数三者之中，以算术平均数为最大，倒数平均数为最小，而几何平均数占中间。
>
> ⋯⋯⋯⋯⋯⋯
>
> 资产阶级统计学家，违背着指数的数学形式必须从属于它的经济内容的原则，竟以几何平均数小于算术平均数，大于倒数平均数为其"理论"根据，就认为几何平均数"优越"于算术和调和平均数。故一般资本主义国家都是采用几何平均公式编制物价指数，他们的用意就是要人为地"缓和"物价剧烈变动的现象，达到伪造物价指数的目的。

在资产阶级物价指数批判的大环境下，上海财经学院统计学系以及上海统计学校在1956年5月中旬专门组织两校统计教师座谈，批判资产阶级统计指数理论。[②] 座谈会由系主任邹依仁主持，朱君毅、李振南、陈善林、桂世祚、杨惠、朱元、蒋士驹、厉德寅、褚凤仪等发言，金国宝、贾宏宇、柴作楫、马家善等提供了书面发言。这是一场阵容强大的座谈会，大家针对指数编制中资料收集、偏误理论、理想公式等问题开展讨论，认为资产阶级指数编制与无产阶级指数编制是完全不同的，资产阶级统计学家站在资产阶级立场上，利用指数掩盖阶级矛盾，美化资产阶级制度。会议认为，"对资产阶级指数理论的批判是对资产阶级统计理论批判的一个重要的组成部分。资产阶级统计理论中充满着形形式式的敌视马克思主义的资产阶级唯心主义思想。唯心主义思想在资产阶级统计学中的具体的主要的表现就是数学形式主义与主观主义。我们知道，任何

---

① 王健真. 对资产阶级指数"理论"的批判 [J]. 统计工作通讯，1955（11）：40-43.

② 唐庆洪. 资产阶级统计指数理论批判（上海财经学院统计系学术座谈会记录）[J]. 财经研究，1956（1）：13-19.

形式的唯心主义思想都会腐蚀我们的思想意识，会使我们的工作受到损害。因此，我们必须将一切掩盖在伪科学词句下的反动理论揭露出来并进行不调和的斗争"。

统计学家陈其鹿[①]早在1925年就编写过《统计学》[②]教材，并且在多所大学讲授统计学课程。1954年，他在新编的《统计原理与实习教材》（立信会计图书用品社，1954）的"前言"中，开宗明义地写道："学习苏联的先进经验和先进技术是使中国能够逐步过渡到社会主义的重要条件之一。苏联统计学奠基于马列主义政治经济学的理论，积累了三十余年社会主义建设过程中的实际经验，是世界上最进步的统计学。因此本书尽量参考苏联廖佐夫、皮撒列夫和彼得洛夫等的著作。……以上诸氏都是苏联富有学识经验的统计学家。本书根据他们的理论与方法，有系统地介绍了社会主义统计学的精义和列宁斯大林对于统计学的贡献与指示。从本书所载的许多图表中，可以见到社会主义的优越性和苏联三十余年来的伟大成就。我们将以无比的热情学习过渡时期的总路线与总任务，使社会主义得以早日实现。"

陈其鹿《统计原理与实习教材》
（1954）

这本教材的"上编"为"统计原理"，共10章，最后一章为"抽样调查"。"下编"为"实习教材"，以"讨论题"和"练习题"两种形式编写。"讨论题"首先回答"为什么统计学不是'方法'，而是'科学'，而且是社会科学？"，接下来回答"为什么统计学的对象是社会现象，而不是自然现象？"。对于第二问该教材是这样回答的："统计学的发源是为了研究社会现象而产生的。统计学的本来涵义就是一种'国家学'，即是研究国家的财富、人力做管理国家的工具。把统计学变成数理统计是从十九世纪下半期开始的，从那时起，统计学的一部分方法，很普遍的被引用到自然科学上去。但是我们不能因为这个缘故，就认为统

---

① 陈其鹿（1895—1981），昆山陈墓人。早年毕业于上海南洋模范中学，后考入北京大学经济系，毕业后赴美国留学，考入美国哈佛大学商学院，于1922年毕业，获商科硕士学位。回国后，他先后任天津南开大学、上海中国公学大学部、福建厦门大学工商科教授。1927年任江苏省农民银行监理委员兼农工厂统计科长。1930年任浙江省政府秘书处秘书兼第一科科长，翌年，任中央银行业务局文书主任。1946—1950年任南京大陆银行支行副经理。1952—1954年在上海财经学院任教授。1954年后专业从事著述写作，1963年被聘为上海市文史馆馆员。

② 陈其鹿. 统计学. 上海：商务印书馆，1925.

计学的对象是自然现象，因为研究自然界现象要靠实验，探究生物组织的构造时要用显微镜，观察天文时要用望远镜和分光镜。它们有时利用统计，不过把实验的结果记录下来做比较之用，主要还是靠实验。至于社会现象则复杂错综，千变万化，所以在研究时既不能用显微镜，又不能用化学反应药，'唯一的方法是向社会作调查'（毛主席），'必须搜集丰富的材料，分析它的不同的发展形态，并探寻出这各种形态的内部联系。不先完成这种工作，便不能对于现实的运动，有适当的说明'（马克思）。这就是说，研究社会经济问题，惟有首先做详细的统计调查，然后对统计材料加以整理和进行分析，才能从其中归纳出它的规律来。所以统计学的对象是社会现象，它是认识社会的武器，使我们对于社会现象'心中有数'。"

尽管陈其鹿在新中国成立后努力学习苏联的统计理论，用马克思主义改造思想，也写出了新编统计学教材，但还是遭到点名批判。王正宪[1]在《统计工作通讯》1956年第16期发表《对于几本统计学原理教材的一些意见》。他在文章开头就说：

解放以前，我国统计学界曾长期受到欧美资产阶级统计学思想的浸染。在这种情况下，解放初期出版的某些统计学教材充满着资产阶级统计思想和唯心主义，是不足为奇的。几年来，通过教学和社会生活的实践，通过对马克思列宁主义和苏联统计科学的学习，通过对资产阶级统计思想的批判，我国统计学界在认识上是有很大转变的，然而，不能否认，资产阶级统计思想的影响仍然是普遍地存在着的。本文只就近几年来公开出版的，由我国统计学家编写的几本统计学原理教材提出一些零碎的意见。

文章批判的统计学教材包括：李祥煜的《实用统计学》（1952），朱祖晦的《统计学教程》（1952），陈其鹿的《初级统计学》（1953）、《统计原理与实习教材》（1954），方乃和的《实用统计》（1953）。

王正宪从平均数、大量观察法和列宁再分组法等角度分析批判了上述几本教材的资产阶级观点，最后总结说：

综上所述，可知我国目前出版的某些统计学原理教材存在着许多严重

---

[1]　王正宪（1917—2004），湖南省长沙人。清华大学经济学学士，南开大学经济研究所硕士，1945年秋以第八届留英庚款公费生资格赴英国剑桥大学，1949年回国。曾任岭南大学经济系教授（1949—1952年），中山大学经济系、地理系教授（1952—1982年），中山大学管理系主任、管理学院院长（1983—1989年），民盟中央经济委员会委员。

的缺点，这一方面固然反映出统计学界残留着的资产阶级统计思想流毒，反映出我们学习苏联统计科学不深不透，另一方面也表示我们的某些统计学家没有把编写统计学原理教材当作一桩严肃认真的工作来作。从目前国家培养干部的任务和对统计学教材的迫切需求来看，从伟大的社会主义建设事业中对统计工作的要求来看，这种情况显然是不相称的。我国统计学界必须积极学习马克思列宁主义，学习苏联的统计学，批判并克服资产阶级唯心主义思想，把编写统计学教材当作一件严肃的重要的工作担负起来，使我国统计学教材的编写工作迅速提高到应有的水平。

如果是没有接触过欧美统计的年轻人，纯受苏联统计理论的影响，写出上述观点和文章不足为奇。但王正宪早期是在清华大学和南开大学，以及到英国学习经济学时接受的统计学教育，本不应有这种极端的观点。当然，王正宪以其身份和经历写出这篇批判文章，在当时的统计学界还是产生了较大的影响[①]。

六、被批判学者的自我批判

在当时统计学界全面学习苏联、批判资产阶级统计学的大环境下，民国时期过来的统计学者压力很大，因为他们留学欧美或者在旧中国大学中所学的统计学全部被定性为资产阶级统计学。因而，一批有统计学著述的学者，特别是在前述批判文章中被点名的金国宝、邹依仁、薛仲三、王思立等压力很大，陆续公开写文章批判自己的资产阶级统计思想。第一位发文的是邹依仁，他在《统计工作通讯》1956年第8期上发表了《关于资产阶级统计学术思想的自我批判》。为此，编辑部还发了"编者按"，说："上海财经学院邹依仁教授在本文中批判了自己的统计学术思想。虽然这个批判还是初步的，有待于进一步深入，但这种积极要求进步的自我检查的态度是值得欢迎的。本刊今后将陆续选登一些这类稿件，希望大家踊跃来稿。"《统计工作通讯》编辑部鼓励这种"积极要求进步的自我检查"，并希望大家来稿。此后又有了金国宝和王思立的检查文章。

邹依仁自我检查说：

> 由于在解放前长期地受着资产阶级思想和资产阶级统计学术思想的腐蚀，中毒很深，因此，在刚解放后的一两年中，不能否认，在我们的著作和

---

① 莫曰达，刘晓越. 新中国统计工作历史流变：1949—1999[M]. 北京：中国统计出版社，2015：21-24.

教学的过程中，还不自觉地、不断地散布着资产阶级统计思想的余毒，即使在最近的著作中 [1]，亦不免偶然流露着某些资产阶级统计思想。

统计学是一门社会科学，是一门具有强烈阶级性和党派性的社会科学。在阶级社会里，统治阶级利用统计来为其本身利益服务。例如，封建时代的统计是为封建王朝服务的；资产阶级统计学是为资产阶级服务的。19世纪末和20世纪初，世界资本主义进入了帝国主义阶段后，资产阶级统计学就直接为帝国主义服务了。

我在解放以前，由于不自觉地受了资产阶级统计思想毒素的麻醉，误信资产阶级统计学是真正的科学，因而常常学了美英资产阶级统计学者的口吻，无意识地为资产阶级统计作了广泛的宣传和推广。

…………

不但解放前如此，即使在解放后初期，我还是作了同样的恶劣宣传。在我的《工业统计》著作里，也大大地强调应该运用数理统计学中的平均数和距差的统计控制图形来提高枪炮子弹弹壳的品质质量 [2]。

…………

应该承认，在我的头脑中一贯存在着统计为帝国主义服务，为战争服务的严重的资产阶级统计思想。这种恶劣思想的存在，对人民的危害性是很严重的。这种思想，应该坚决地加以肃清。

邹依仁的这篇自我批判文章，分为"一、引言""二、资产阶级统计是为帝国主义服务，为资产阶级谋利的""三、对资产阶级统计学中的唯心主义思想以及数字游戏的批判""四、结束语"四个部分，写了七八千字，对自己出版的《统计与行政》《工业统计》《高级统计学》《新统计学名词公式汇编》等都进行了彻底的批判，将批判资产阶级统计学以来几乎所有上纲上线的帽子都给自己戴上，如"我的头脑中一贯存在着统计为帝国主义服务，为战争服务的严重的资产阶级统计思想""由于我长期地受了这些资产阶级统计学者的著作和讲课的影响，也曾经尽量地为这些唯心主义的统计学术思想来作广泛的宣传"。

在文章的最后，他表态说：

最后，为了完全肃清我的资产阶级统计思想，为了配合国家突飞猛进的经

[1] 指1951年出版的《高级统计学》（立信会计图书用品社）和1955年出版的《统计平均数》（立信会计图书用品社）。

[2] 邹依仁. 工业统计：第2分册[M]. 上海：立信会计图书用品社，1951.

济建设的需要，为了使我成为一个名副其实的统计科学的人民教师，我应当：

（一）更有系统地学习马克思列宁主义和毛主席的经典著作，使我能够确实以工人阶级的立场、观点和方法来研究统计科学。

（二）坚决抛弃落后的、唯心的、非科学的资产阶级统计学术思想，更进一步虚心学习为苏联 30 余年社会主义建设经验所丰富的苏维埃统计学。

即使邹依仁这么深刻地自我剖析，甚至给自己戴上不该戴的帽子，"编者按"仍然认为自我"批判是初步的，有待于进一步深入"。当然，这份自我批判也为其他统计学者自我批判提供了标杆。同在上海财经学院的金国宝和王思立在1957 年相继批判了自己的资产阶级统计思想。

金国宝的《对〈统计学大纲〉的自我批判》[①]相比邹依仁的自我批判就要务实得多、具体得多，帽子也少得多。金国宝的自我检查文章近万字，分为"一　引言""二　统计学的对象与理论基础""三　平均数""四　指数""五　商情预测""六　结束语"六部分，重点分析批判自己的《统计学大纲》。

在引言中，金国宝介绍了他所著《统计学大纲》和《统计学》两书的关系，由于《统计学》是《统计学大纲》的简写本，内容相同，所以只批判《统计学大纲》一本书。接着，金国宝介绍了撰写《统计学大纲》（1934）的背景："不过我写这本书的时候，为时尚早。那时统计学在中国还是一个空白点，坊间只有由日文翻译过来的一本横山雅男的统计学，除此而外，什么也没有了。因此，我这本书自问世以来，颇承各界不弃，一直流传到解放以后。这二十年中，毒害我国青年者，真是不在少数。我在批判之前，先要在此引咎自劾的。"

上面这几句话信息量极大。我们知道，在 20 世纪初引进我国的孟森翻译的日本横山雅男著《统计通论》，从 1908 年第一版一直发行到 1924 年的第九版（实为一个版本的第九次印刷），这本书对我国 20 世纪前二三十年的统计教育影响很大。后来，虽然陆陆续续出版了一些统计学的译著和编著，但影响都不是很大。直到 1934 年金国宝编著了《统计学大纲》（上、下册），到 20 世纪 50 年代初出版发行了十余版，是所有统计出版物中发行量最大的。

金国宝又回顾了自己早期在美国留学时[②]重点学习卡尔·皮尔生的"科学入门"（Grammar of Science）和欧文·费暄的"指数编制论"（Index Number Making），自然受到他们的影响。虽然在当时的大环境下，他不得不自我批判才能过关，但金国宝仅仅承认"我在思想上就造成了一种形式主义和唯心主义的倾

---

① 金国宝. 对《统计学大纲》的自我批判 [J]. 统计工作，1957（3）：28-32.

② 金国宝，1922—1923 年在美国哥伦比亚大学经济学系学习，获硕士学位。

向""解放以前，在我的思想中是满脑子的英美资产阶级的统计学，自不足怪"。
最后，他在"结束语"中总结，"我就本书严重的错误检查如上。但不是说，本
书的错误只有这些。此外错误的地方一定还有，不过限于时间，一时不克详细批
判，只能暂止于此。一言以蔽之，此书真可说是集英美两国唯心主义、形式主义
统计思想的大成。这次只能作为一个初步的批判，详细批判且待他日。"金国宝
仅承认自己的唯心主义和形式主义统计思想，并没有直接承认资产阶级统计思
想，更没有提到为帝国主义服务。

王思立的文章《批判我在统计学著作中的资产阶级思想》[①]与金国宝的自我
批判相似，也是从统计方法角度入手，分为"一　关于统计学的对象和理论基
础""二　关于统计资料的搜集和整理""三　关于集中趋势常数""四　关于相
关""五　关于时间数列""六　关于指数"六部分内容，对自己1948年初版、
1951年再版的《统计学通论》进行分析批判。文章的结尾也与金国宝的相似：
"这一篇自我批判姑且先到此为止。今后我将继续进行自我批判，以期肃清一切
资产阶级学术思想的残余，把自己锻炼成为一个高度马克思列宁主义水平的统计
学者和统计学教师，能够更有成效地担任统计学的教学工作和科学研究工作。"

他们几位的自我批判在结尾都留下了伏笔，似有"未完待续"的意思，就是
想看看这次检查能否过关。此时已经来到1957年的上半年，一场更大的批判浪
潮即将到来，即反对资产阶级右派斗争的展开。对于统计学界来说，原来的批判
资产阶级统计就和反右派斗争结合在一起了。

我们看到，在新中国成立初期批判资产阶级统计学的过程中，批判的主要对
象是勾适生、金国宝、邹依仁、王思立、薛仲三等。在1951—1953年进行的院
系调整中，这些学者分别从华东地区的多所院校如复旦大学、交通大学、光华大
学、大夏大学、沪江大学、江南大学、立信会计专科学校、大同大学、圣约翰大
学、震旦大学、东吴大学等转入上海财经学院。

在1951—1953年的院系调整中，北京、天津地区经济学、社会学等专业的
统计教师基本都调整到了中国人民大学。在1953年中国人民大学统计学专业的
三个教研室中就聚集了一批知名学者，包括李景汉、赵人偁（赵守愚）、戴世光、
赵承信、杨学通、陈余年、邹沧萍等。李景汉是原清华大学社会学系的教授，赵
承信是燕京大学社会学教授，由于当时社会学、心理学等被当作资产阶级的学科
取消，而他们都学过、教过统计学，因而被分配到统计学系。赵人偁和杨学通分
别来自清华大学和南开大学，赵人偁是经济学家，杨学通是物价指数专家。

为什么20世纪50年代批判资产阶级统计学时主要批判对象都在上海财经学

---

①　王思立. 批判我在统计学著作中的资产阶级思想 [J]. 统计工作，1957（10）：27-30.

院而没有在中国人民大学呢？原因主要是上海财经学院的统计教师新中国成立前多为华东地区直接讲授统计学的老师，他们中的几位教授在新中国成立前都有统计著作和教材出版，新中国成立后又再版发行；而中国人民大学的统计教师多是社会学、经济学等专业的老师，他们虽然在新中国成立前有统计文章刊出，但基本没有统计著作出版，因而没有成为批判的直接目标。但在民国时期留学海外或者受过旧大学统计高等教育的教师们仍然要做自我批判，要过社会主义思想改造关。

七、苏联统计会议对数理统计学界的影响

新中国成立之初，开始一边倒地全面学习苏联的社会经济统计。数理统计学只能在数学系、数学领域里开设概率和数理统计的课程，几位留学英美的数理统计学家都没有开设数理统计课程。许宝騄从 1950 年起在北京大学为数学系开设了"实变函数"课程，并组织"分析讨论班"。

徐钟济在新中国成立后先后在杭州之江大学和浙江财经学院数学系教数学。1954 年秋，徐钟济到北京师范大学参加教育部组织的数学物理教学大纲讨论会前，曾去上海看望魏宗舒先生，并议论当时综合性大学中只有北京大学数学系开设概率和数理统计相关的课程。徐钟济 1969 年 2 月在对许宝騄的证明材料中写道："我很想去数理统计专业（当时只有北京大学有）任教，希望能用数理统计为社会主义多做一些贡献。到北京曾去看过许宝騄，许先生对我说：'你在杭州教数学很好，苏联数理统计和社会统计学两派斗争得很厉害，还是教数学好。'听了许的话，我就不能向许说出我的心愿，也暂时打消了去数理统计专业任教的想法。"[1]

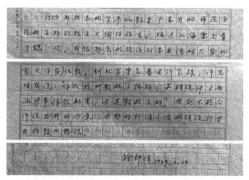

徐钟济《关于许宝騄的问题》

---

[1]　见徐钟济档案中《关于许宝騄的问题》，未发表。

我们从许宝騄对徐钟济的劝告中不难看出，在苏联统计学界批判数理统计后，我国数理统计学界存在远离数理统计这一是非之地的恐惧心理，这自然影响了我国数理统计学科的发展。

八、关于指数编制和典型调查等问题的讨论

虽然这一阶段的大环境、大背景是全面学习苏联，批判旧社会的资产阶级统计理论和思想，但仍然存在学术争鸣的土壤。当时讨论的主要问题包括指数编制的问题和典型调查的问题等。

例如，王健真在《统计工作通讯》1956 年第 13 期上发表了《论确定经济指数同度量因素的一般原则》，他试图解释同度量因素的应用，但又指出统计指数加权方法来自资产阶级指数理论：

> 在马克思主义经济指数理论中也存在着加权方法的问题。加权这个概念虽然是由资产阶级指数"理论"中沿用过来的，但它与资产阶级指数"理论"中的加权方法是毫无共同之处的。经济指数中的加权方法问题，也就是同度量因素的确定问题。……
>
> 资产阶级指数理论中的加权方法是脱离了指数所代表的经济内容单纯从数学形式出发的，故他们认为同一种指数的编制可以采用各种不同形式的加权方法。马克思主义经济指数方法中的同度量因素，则是根据对经济现象的本质的认识来确定的。因此，每种指数都有其独特的加权（即确定同度量因素的方法）。也就是说，任何一种指数只有一种抽象化方法才是正确的和科学的。……
>
> ……
>
> ……数量指标指数以基期质量指标为同度量因素，质量指标指数以计算期数量指标为同度量因素，这一原则可以推广至多种因素的指数体系。……

针对这篇文章中高举马克思主义旗帜、批判资产阶级指数数学形式主义的大旗，却把自己绕进另一种形式主义的观点，徐唐龄在接下来的《统计工作通讯》1956 年第 22 期上发表了《编制因素指数时遵循指数体系原则是否就是形式数学主义？——"论确定经济指数同度量因素的一般原则"一文的商榷》[①]。徐唐龄

---

① 徐唐龄. 编制因素指数时遵循指数体系原则是否就是形式数学主义？："论确定经济指数同度量因素的一般原则"一文的商榷 [J]. 统计工作通讯，1956（22）：7-8.

写道：

> 王健真同志认定：把保持指数体系作为物量指数以基期价格为同度量
> 因素的理由，是"主观主义"、"唯心主义的见解"，我觉得这种指责是没有
> 理论根据的。如所周知，经济指数的重要任务之一，就是在现象的总动态中
> 测定各个因素变动的影响，而个别因素变动的影响，又在相互的联系制约中
> 构成现象的总的动态，即说明一定经济现象联系的指数体系。指数体系的形
> 成，不是由于数学形式上的偶然联系，而是存在于经济现象本身。我们不是
> 孤立地去观察商品流转动态和物价变动，而是从商品流转额指数这一总动态
> 中分析二者的作用。王健真同志离开了这一关联性的认识，把同度量单位的
> 确定问题归结为只是为了使各种不同数量"直接进行相加"，要求把因素指
> 数从指数体系中割裂抽取，"一一地进行分析和认识"，把指数体系这一总的
> 经济动态看成是形式数学的范畴，从而加以责难；同时又以"反杜林论"中
> 首先研究个别特殊规律然后确定适于一般规律的原则作为这种方法论的借
> 口，这就恰恰陷入了王健真同志自己所批判的"本末倒置的唯心主义诊断的
> 残余"。

另一问题的讨论是龚鉴尧在《统计工作通讯》1956年第19期上发表的《典型调查和它的科学性》[①]，为此《统计工作通讯》还加了"编者按"，说："正确地认识和运用典型调查方法，认真总结我国几十年革命斗争中创造和积累的这一丰富的调查经验，无论就统计工作实践或统计科学研究来说，都具有极为重要的意义。但是，究竟什么样的调查方法算典型调查，典型调查是否科学，统计部门如何开展典型调查等等，却还是一个亟待研究的问题。这里我们发表了龚鉴尧同志写的《典型调查和它的科学性》一文供大家研究讨论，希望从事实际统计工作和从事统计科学研究工作的同志都能积极参加这一讨论。"

龚鉴尧综述了社会上对典型调查的四种观点，他个人认为典型调查进一步可以细分为"典型调查"和"典型抽样调查"两类：典型调查选取典型取决于我们对总体中各单位规律性的深刻了解，对各单位规律性了解得越深刻，就越能选出有代表性的典型；而典型抽样调查则取决于大数定律，抽取的样本越大，代表性就越强。

施家珍则在《关于典型调查的几个问题》[②]中不同意龚文的基本判断，认为：

---

① 龚鉴尧. 典型调查和它的科学性 [J]. 统计工作通讯，1956（19）：12-14.
② 施家珍. 关于典型调查的几个问题 [J]. 统计工作通讯，1956（22）：4-6.

"典型调查是一种非全面的统计调查方法。它是从大量社会现象中，由调查者根据被研究对象的若干特征，有意识地选择出若干有充分代表性的典型单位，进行深入而细致的调查，从调查的结果以推论全体被研究现象的综合特征或发展规律。""在同一总体内，同等单位数目的典型调查的代表性误差，不可能逾越同等样本数目的抽样调查的误差的限度，所以，我们可以借助抽样调查的公式，来判断典型调查误差的限度。"

从施家珍的论述中不难发现当时对典型调查的崇拜和对抽样调查概念的模糊。但在批判资产阶级统计学的大环境中，还能够发表不同的意见，进行认真讨论，是很令人庆幸的。

第二十二章
对资产阶级统计学的批判
（下，1957—1966）

1957 年 7 月，反右派斗争在全国展开，批判资产阶级统计学就和反右派斗争结合在一起了。

一、国家统计局专家座谈会

在北京，国家统计局在 1957 年 5 月 27 日邀请京津部分经济学、统计学教授座谈，征求对统计工作的意见。[①] 座谈会开始时，国家统计局局长薛暮桥首先说明了开会的目的："今天开这个会的目的是请各位先生帮助我们整风，批评我们的统计工作。国家统计局成立四五年来，我们与专家们的联系很少。去年知识分子会议召开以后，我们认识到必须与专家们多多来往，但拖了一年多，没有把这件事抓紧做好。这说明我们的工作中有官僚主义、宗派主义和主观主义。这也说明整风运动是很必要的。我们知道自己有毛病，但没有外来的刺激，改起来就不大容易；有了外来的刺激，才可以改得快些。整风的方式是和风细雨，但雨必须下透，才能解决问题。请大家多提意见，多批评。"

接下来，与会的学者依次发言，名单如下：

（1）李景汉 [②]（中国人民大学计划统计系教授兼社会经济调查研究室主任）；

---

① 为了帮助国家统计局整风　薛暮桥局长邀请京津部分经济学、统计学教授举行座谈会 [J]. 统计工作，1957（12）：1-10.

② 李景汉（1895—1986），中国著名社会学家、社会调查专家，获加利福尼亚大学硕士学位，清华大学教授，辅仁大学社会学系主任，中国人民大学教授。

（2）陈达[①]（中央劳动干部学校副校长、人口调查专家）；

（3）巫宝三[②]（中国科学院经济研究所副所长）；

（4）林和成[③]（南开大学经济系教授）；

（5）徐钟济[④]（中国科学院计算技术研究所研究员）；

（6）杨西孟[⑤]（外贸部行情研究所副所长）；

（7）罗志如[⑥]（北京大学经济系教授）；

（8）杨学通[⑦]（中国人民大学计划统计系教授）；

（9）戴世光[⑧]（中国人民大学计划统计系教授）；

（10）杨曾武[⑨]（南开大学经济系教授）；

（11）赵承信[⑩]（中国人民大学计划统计系教授）；

（12）严中平[⑪]（中国科学院经济研究所副所长，书面发言）；

（13）陈岱孙[⑫]（北京大学经济系教授兼系主任，书面发言）；

[①] 陈达（1892—1975），字通夫，获哥伦比亚大学博士学位，1923—1952年任清华大学教授，1953—1954年任中国人民大学教授，1954年任中央劳动干部学校副校长、教授。

[②] 巫宝三（1905—1999），中国经济学家，1948年获哈佛大学博士学位，是最早研究中国国民收入的学者，曾任中国社会科学院经济研究所副所长、代理所长。

[③] 林和成（1902—1970），1918—1923年就读于上海南洋大学，1924—1925年就读于美国耶鲁大学获硕士学位，先后任教于湖南大学、南京中央政治学校、重庆大学、上海交通大学、南开大学。

[④] 徐钟济（1904—1990），数理统计学家，1939年师从E. S. 皮尔逊获硕士学位，1941年获哥伦比亚大学数理统计博士学位，复旦大学、交通大学、之江大学、浙江大学等高校教授，1956年加入中国科学院计算技术研究所。

[⑤] 杨西孟（1900—1996），1937年获密歇根大学数理统计硕士学位，西南联合大学、北京大学教授，历任外贸部行情研究所副所长，外贸部国际贸易研究所副所长。

[⑥] 罗志如（1901—1991），中国经济思想史学家，1937年获哈佛大学博士学位，北京大学教授。

[⑦] 杨学通（1909—1987），南开大学教授，中国人民大学教授。

[⑧] 戴世光（1908—1999），1936年获密歇根大学数理统计硕士学位，西南联合大学、清华大学、辅仁大学、中央财经学院、中国人民大学教授。

[⑨] 杨曾武（1916—2002），统计学家，1939年燕京大学经济学系学士，南开大学、河北财经学院、天津财经学院教授。

[⑩] 赵承信（1907—1959），1933年获密歇根大学博士学位，燕京大学社会学系主任、教授、法学院院长，1953年转入中国人民大学计划统计系统计教研室。

[⑪] 严中平（1909—1991），1936年清华大学经济系学士，1947年赴英国进修，中国科学院经济研究所副所长。

[⑫] 陈岱孙（1900—1997），经济学家、教育家，1926年获哈佛大学博士学位，清华大学、西南联合大学、北京大学教授。

（14）吴景超[①]（中国人民大学计划统计系教授，书面发言）。

这14位学者的意见和建议集中在如下三个问题上：一是对社会和学者开放资料（数据）的建议；二是统计工作和统计方法技术在学习苏联的同时，也应根据我国实际情况吸收其他国家，特别是英美发达国家的经验；三是重视发挥高校、科研机构的作用，特别注意发挥老教授的积极性，加强国家统计局与高校的合作。

当然，学者们也提出了一些具体建议。如陈达对1953年的人口普查的划记法提出批评，建议改为条纸法。因为1939年云南呈贡人口普查的经验表明，条纸法比划记法虽然时间多用8%，经费多用3%，但正确性高出86%。他同时建议第二次全国人口普查在1960年举行。林和成建议成立全国的统计学会。吴景超建议国家公布统计数据时，减少相对数字，增加绝对数字等。

座谈会从上午八点半开始，一直到晚七点才结束。针对大家的发言和意见建议，薛暮桥最后做了总结并就部分大家关心的问题做了说明，他说：

> 由于时间关系，座谈就谈到这里。大家的意见对我们很有帮助。雨虽未下透，但比不下好得多。有几位先生因事未来，也提出了书面意见。
>
> 对今天谈到的问题，我简单谈一谈。
>
> 1. 资料供应问题
>
> 过去保密制度规定得太笼统，是否太严，还很难说。我们有些同志对这个问题没有很好研究，因此有宁紧毋松的偏向。空白报表也保密很可笑，现在许多报表事实上是公开了。物价指数成为密件，这也出于缺乏考虑，认为密比不密要保险些。第一个五年计划公布以后，问题应该很明确了。数字公布以后，可能有些坏处，可能给帝国主义钻空子，但不公开就不能动员全国人民。
>
> …………
>
> 有很多材料事实上并不保密，只是因为数字未定，拿不出去。例如国民收入的数字屡经修改，怕公开以后再修改会被动。当然完全不成熟的材料，随便公开是不行的，但到一定程度，还是应该公开。
>
> 应该承认，我们对整理、出版资料注意得还不够。社会经济研究的教条主义，统计局要负很大一部分责任，因为没有很好供给资料。大家多叫、多批评，对我们改进工作有好处。

[①] 吴景超（1901—1968），社会学家，1928年获芝加哥大学博士学位，曾任清华大学教授、教务长，1953年转入中国人民大学计划统计系。

资料供应问题的解决方法：（1）公开发行，这适用于需要量大的资料；（2）成立资料室，除北京外，上海、天津等地都可以办。资料室内安置需要量少的资料，以及不完全成熟的资料。

2.学习苏联问题和联系问题

建设社会主义，当然要学习苏联，问题在于我们学习时联系中国实际不够。不学苏联是不行的，因为苏联是世界上第一个社会主义国家。就统计工作来说，由于要为计划经济服务，就必须学习苏联。过去几年我们学习苏联没有很好结合我国具体情况，走了些弯路，但如果不学习苏联，弯路会走得更多。苏联专家教给我们很多东西，我们吃不了，所以当时还不发生学习英美统计方法的问题。现在我们吃得差不多了，感到中国有自己的特点，需要建立自己的统计制度，于是一方面要跟我国自己的专家联系，另一方面也准备学习其他国家的经验。

去年知识分子会议召开以后，我们发现与专家们联系不够，开始找李景汉先生、戴世光先生等联系，但这方面工作做得很不够。

现在我们感到不同专家们、学校和学术研究机关联系，就搞不好统计工作。统计局平常行政事务繁多，很难做科学研究工作。统计局在一两年内担负不起统计学术研究的任务，需要大学、科学研究机关来共同担负。

据王思华同志去年从印度回来说，印度有些调查统计报表是由统计学院设计的，资料的分析研究也由统计学院负责，他们这样做一定是有原因的。要进行科学研究，单靠统计局是不行的，需要大家合作。我们准备建立比较系统的抽样调查，这个工作要靠大家帮助。

过去我们同人大联系较多，但也很不够。人大过去帮助我们训练在职干部，所以与人大的联系要比其他学校多些。

大家刚才提出的问题，例如资料供应、请统计局同志讲课、学生实习等问题，相信都可以解决。

现有的统计刊物是指导实际工作的。《统计工作》的对象是统计工作的干部，他们要求解决实际工作中的问题，要多登理论文章，有一定困难。去年原想办两种刊物，怕力量不够，未办成。假使将来大家帮忙，能多写理论文章，是可以考虑出两种刊物的。

是否办个统计学会，大家也可以考虑一下。统计学会要靠大家来办，要靠统计学者自己来办。它是一个学术团体，必须由学者自己领导，如果仍由一些什么长来领导，恐怕将来会办成行政机构。

希望大家多介绍一些各地的统计专家，以便我们邀请他们参加座谈会。

学校里可以而且必须做调查研究工作。统计工作应该由大家来做，统计局固然责无旁贷，而学校也应做实际调查工作，不然教课无法结合实际。学校的调查工作与统计机关所做的不同：统计机关是为了搜集资料，而学校则是为了对各种调查方法进行试验，选出好的方法，以便统计机关采用。希望所有大学，特别是有统计系的大学，都把调查工作建立起来，我们当尽量帮助。

现在看来，这个座谈会开得相当成功。在薛暮桥诚恳的开场白动员下，学者们开诚布公地提出意见和建议，陈达上来就说："约我参加这个会，很感激。中华人民共和国成立以后，有许多工作做得很好，有很好成绩。但今天国家统计局不要我们说这些，而要我们提意见。现在我就提出下列几点意见。"虽然个别学者的批评听起来有些逆耳，但出发点是想帮助统计局改进工作，属于薛暮桥希望的"外来刺激"。最后薛暮桥的总结讲得也很诚恳、具体，从所有会议记录来看都很圆满。

但会议开过仅仅半个多月的时间，全国就从开门整风转向反击右派对无产阶级统计事业的进攻了。

在 1957 年 7 月 14 日发行的《统计工作》第 13 期上就刊登了孙昶永的文章《读吴景超、林和成两教授发言有感》[①]，虽然这时全国刚刚开始反右派斗争，文章也没有给吴景超、林和成扣上右派的帽子，但这篇文章的针对性十分明确，后来吴景超、林和成也确实成为统计学界知名的右派。孙昶永的文章批评说：

> 多数教授的发言，都对过去统计资料保密范围包括过广，供应手续过繁，因而在一定程度上妨碍了学术研究工作的深入开展等，提出了正确的批评。但是吴景超教授的指责却特别使人费解。在他看来，国家统计局的资料"多在保密的招牌下冻结起来，以致人民对这些资料无法利用，实为一大损失"。国家统计局过去一个时期内未能充分供应学术界以研究资料，确是一个缺点，甚至是很严重的缺点。对此国家统计局近来已开始着手改进。但能否因此就说统计资料被冻结起来，人民无法利用呢？我们知道，在我国的社会制度下，统计资料为人民服务，首先即表现为统计部门如何及时地向各级党政机关提供分析研究决定政策，编制国民经济发展计划和检查计划执行情况所必需的可靠的统计资料。几年来我国经济建设工作所取得的伟大成就是尽人皆知的，而这些成就的获得，应该说是与统计工作人员的劳动分不开的。这些对于明察秋毫的教授们来说决不会看不到的。那末，断然抹煞人

---

① 孙昶永. 读吴景超、林和成两教授发言有感 [J]. 统计工作，1957（13）：25-27.

民对统计资料的利用，就使我不能不怀疑到吴教授所说的"人民"是何所指了。

吴教授在进一步分析领导上在保密工作中的思想根源时，认为"思想中还存在'民可使由之，不可使知之'的封建思想残余"。为了具体阐明这一论点，他还解释了为什么不说是资本主义思想残余，那就是"因为在资本主义国家内，我们所说的许多保密资料，都是公开的"。不言而喻，在吴教授看来，我们的领导思想不但说不上社会主义，甚至是连资本主义都够不上的。……只要帝国主义和反革命分子存在一天，我们的保密制度也就需要存在一天。应该看到，我们的保密制度是敌对斗争的一个工具，而不是用来防范于人民的。在我国，我们没有什么不可以对人民讲的事情。其次，在资本主义国家里，是否就像吴教授所说的那样什么资料都是公开的呢？除了大家所共知的那些商业秘密以外，熟悉资本主义国家情况的同志还告诉我，英美政府决策部门的资料是从不为外人知道的，有时公开一些数字也只是发表合计数或相对数，而具体细数则讳莫如深，决不像吴教授所说的那样"都是公开的"。所不同的，我们保密是为维护人民的利益，光明正大毋庸隐讳；他们保密则是不敢承认资产阶级残酷剥削劳动人民的真相，真正的在实行"民可使由之，不可使知之"的愚民政策。吴教授不去这样实事求是的观察问题，只能认为在他的思想深处还留恋着资本主义制度的一套丑恶的东西。

对于资料不够公开的问题，在 5 月 27 日的座谈会上，几乎所有的学者都提出了意见和建议，只不过吴景超是书面发言，并且语言相对激烈一些。他的原话是："国家统计局过去所搜集的资料，多在保密的招牌下冻结起来，以至于人民对于这些材料，无法利用，实为一大损失。统计局的内部材料，几乎全部可以公开，而不会为国家招来损失。（个人意见，除国防及外交资料外，其他都可公开。）现在对于公开这些资料的障碍，是思想上的障碍。即若干领导，思想中还存在'民可使由之，不可使知之'的封建残余。（我不说是资产阶级思想残余，因为在资本主义国家内，我们所说的许多保密资料，都是公开的。）这就造成在人民内部，有一部分人处于非常有利的地位，他们看得到这样或那样的资料，而另一部分人则什么资料也看不到。我建议，首先把统计局内部人手一册的那本统计手册，整理复印，然后把内容逐渐加以丰富，使全国人民，都可享受统计的果实。"

薛暮桥局长在座谈会结束时针对学者们提出的资料公开问题已经做了总结和自我批评，说："应该承认，我们对整理、出版资料注意得还不够。社会经济研究的教条主义，统计局要负很大一部分责任，因为没有很好供给资料。大家多叫、多批评，对我们改进工作有好处"。但孙昶永的批评文章对吴景超的"以致人民对于这些材料无法利用，实为一大损失"，"我建议，首先把统计局内部人手一册的那本统计手册，整理复印，然后把内容逐渐加以丰富，使全国人民，都可享受统计的果实"这样的话置之不理，抓住一两句话、断章取义、无限上纲，导致对吴景超的持续批判。

而孙昶永对林和成的批评转到学习苏联的问题上，这也是座谈会意见比较集中的一个问题。孙昶永写道："林和成教授指出目前统计教学工作中存在许多缺点，这些情况我不熟悉，但我也感到有些不无可以商榷之处。林教授认为'国家统计局的一切都学苏联，这是对的'，但紧接着又说'不过科学不应该有国界。只要这个办法好、科学，就可以不管它是哪国的'。这些话从表面看来，好像是对的，但我认为实质上林教授是在反对我们学习苏联，认为学习多了，学习错了。何以得见呢？请看林教授的下述意见：'学校的统计教材非常简单，充满着教条主义与宗派主义。世界上有140多国，不能只看苏联一国。重重复复的教条主义与宗派主义，不符合中国情况。''我校（指南开大学——笔者注）的教材九成是人大的，人大的教材九成又是莫斯科的。用这种教材向科学进军，差得太远了。真所谓坐井窥天，不知天有多高。'我认为这种论点带有极大的片面性，是错误的。"与吴景超一样，林和成的话比较直接，结果成为孙昶永批评的目标。

如果说孙昶永在《统计工作》第13期[1]的这篇文章还有些讨论问题的意思的话，仅仅半个月之后的第14期就吹响了统计学界反击右派的冲锋号。在这期的篇首，刊发了"本刊编辑部"的文章《充分发挥统计工作的战斗作用　彻底粉碎右派分子的猖狂进攻》。编辑部文章开头就说：

> 资产阶级右派分子最近利用帮助党整风的机会，有组织地、有计划地、有纲领地向党发动了一次猖狂进攻，妄想推翻社会主义，使全国人民重新陷入水深火热之中，对此，我们全国广大统计工作同志表示无限的愤怒和坚决的抗议！
>
> …………
>
> 统计是阶级斗争的强有力武器，统计部门是社会主义计划经济的重要部门，资产阶级右派分子也是了解这一点的，并且阴险地企图从人民手中夺取这一武器，占领我们在统计战线上的阵地。资产阶级右派野心家章伯钧不是恶毒地在向我们计划统计部门进攻么？吴景超不是污蔑我们统计资料的保密

---

[1]　充分发挥统计工作的战斗作用　彻底粉碎右派分子的猖狂进攻 [J]. 统计工作，1957（14）：1-2.

充分發揮統計工作的战斗作用

徹底粉碎右派分子的猖狂进攻

本刊編輯部

資產階級右派分子最近利用帮助党整發展的机会，有組織地、有計划地、有綱領地向党發動了大規模的猖狂进攻，妄想推翻社会主义，使全国人民重蹈水深火热之中；对此，我们全国广大統計工作同志表示无限的憤怒和坚决的抗議！

現在全国人民群众正在广泛地深入地向資产阶级右派分子进行斗争。这是我国当前的一場极其尖銳而严重的阶级斗争，不在这次斗争中徹底粉碎資产阶级右派的猖狂进攻，我国的伟大的社会主义建設就无法順利进行。我们的統計工作是为我国的社会主义建設服务的，我们統計工作者必須充分运用我们特有的阶級斗争武器——統計，和全国人民群众一起，积极地徹底地深入地参加斗争。

資产阶级右派分子在这次向党的猖狂进攻中，最毒辣的手法之一就是混淆污蔑，顛倒是非，說什么，"我国的第一个五年計划搞坏了"，"統購統銷搞糟了"，"合作化沒有优越性"，"人民的生活下降了"，"工农生活太悲惨了"，如此等等，不一而足。我们坚决反对資产阶级右派分子的这种卑鄙謬論。統計是我們認識社会强有力工具之一，从我们丰富的統計資料中，我们清楚地确切地看出，几年来，我国的社会主义建設事业，在党的正确領导下，成績是极其伟大的：国民經济的各个部門，不論是工业、农業、交通運輸、文教衛生，都在飞躍地向前發展，人民的物質生活和文化生活也都有相应的提高。所有这些伟大的成就，在我国都是空前的，而且数字搭配一，資料具备，也是任何人都无法抹煞的。可是别有用心的資产阶级右派分子，却欺人自欺地說，"成績不是主要的"，"今不如昔"，企圖以无耻的謡言抹煞一般的事实，来达到他們仇視、反对社会主义的目的。对罪有这型謡言，我们都必須給以有力的回击。具体到我们統計部門，就是及时地、全面地、正确地整理一些統計資料，对資产阶级右派分子的謡言——加以批駁，謡言發生在哪里，我们就把它消灭在哪里。

統計是阶級斗争的强有力武器，統計部門是社会主义計划經济的重要部門，資产阶级右派分子也是了解这一点的，并且险恶地企圖从人民手中夺取这一阶級斗争的强有力的武器和統計战綫上的陣地。資产阶级右派分子难道不是狠恶地向我們計划統計部門进攻么？吳景超不是污蔑我們統計資料的保密原則为封建主义的愚民政策么？費孝通不是已公開承認今年春天在吳江县进行的所謂农村調查，"实質上是一种政治活动"，"是在农民面前挑撥他們和党的关系"么？对所有这些阴謀活动，我们也必須及时予以揭穿，并經常提高警惕，决不允許資产阶级右派分子窃据我们的陣地，决不讓他們盜获我们的武器。永远記着，我们的統計工作是为社会主义服务的。

我們无产阶级的統計之所以为認識社会的强有力的工具，阶級斗争的强有力的武器，就是因为，它是以馬克思列宁主义为理論基础的。这一根本原則是任何时候都不允許丝毫动摇的。从新中国的統計誕生的时候起，党就这样指示我们，可是在这次"大鳴""大放"中，有人却憤然提出，这一指示是"清規戒律"，并进而妄言任何先进科学都是以数学为基础的，这种謬論是我们坚决不能同意的。党还这样經常教导我们，統計工作的基本任务是为計划工作服务的。在这方面，苏联已积累了数十年的經驗，这些經驗对于我们是十分宝貴的，也是在任何資本主义国家都找不到的。因此，我们必須謙虛地学習苏联的先进經驗，可是最近却有人提出，苏联的先进經驗都是教条主义，学之无味，英美資产阶级的統計才是了不起的。所有这些謬論，目的只有一个，也是把我們的統計理論和統計实际全部都拖到資本主义的道路上去，对这种企圖，我们也必須徹底加以批駁。这样說，决不是說，資本主义国家的好的經驗我们都不学習，不是，我们要学習，但必須在馬克思列宁主义的指导下来学習，并且主要的还是学習苏联。过去如此，今后还如此。

(下轉第33頁)

《统计工作》1957 年第 14 期（1957 年 7 月 29 日）编辑部按语

原则为封建主义的愚民政策么？费孝通不是已公开承认今年春天在吴江县进行的所谓农村调查，"实质上是一种政治活动"，"是在农民面前挑拨他们和党的关系"么？对所有这些阴谋活动，我们也必须及时予以揭穿，并经常提高警惕，决不允许资产阶级右派分子窃据我们的阵地，决不让他们盗获我们的武器。永远记着，我们的统计工作是为社会主义服务的。

我们无产阶级的统计之所以为认识社会的强有力的工具，阶级斗争的强有力的武器，就是因为：它是以马克思列宁主义为理论基础的。这一根本原则是任何时候都不允许丝毫动摇的。从新中国的统计诞生的时候起，党就这样指示我们，可是在这次"大鸣""大放"中，有人却愤然提出，这一指示是"清规戒律"，并进而妄言任何先进科学都是以数学为基础的，这种谬论是我们不能同意的。党还这样经常教导我们，统计工作的基本任务是为计划工作服务的。在这方面，苏联已积累了数十年的经验，这些经验对于我们是十分宝贵的，也是在任何资本主义国家都找不到的，因此，我们必须认真地学习苏联的先进经验，可是最近却有人提出，苏联的先进经验都是教条主义，学之无味，英美资产阶级的统计才是了不起的。所有这些谬论，目的只有一个，就是把我们的统计理论和统计实际全部都拖到资本主义的道路上去，对这种企图，我们也必须加以批驳。……

除了编辑部文章，这期刊物还组织了若干批判文章，见表22-1。这些文章是不同单位针对吴景超、林和成的批判。

表 22-1　1957 年反右派斗争中批判统计学界右派和资产阶级统计的部分文章

序号	文章名	作者	刊号/时间	期刊名/出版社
1	读吴景超、林和成两教授发言有感	孙昶永	1957 年第 13 期	统计工作
2	对"统计抽样法"的几点意见	吴敬业	1957 年第 13 期	统计工作
3	粉碎右派分子向统计部门的进攻	董绍华	1957 年第 14 期	统计工作
4	同林和成教授评理	刘有锦	1957 年第 14 期	统计工作
5	决不允许右派分子向我国统计事业进攻	中国人民大学工业统计教研室全体教员	1957 年第 14 期	统计工作
6	一个统计工作者给右派分子的回答	郝志新	1957 年第 14 期	统计工作
7	统计工作者要起来进行反右派的斗争	薛暮桥	1957 年第 16 期	统计工作
8	绝不允许资产阶级统计学复辟	杨坚白	1957 年第 16 期	统计工作
9	揭穿林和成的右派言论	齐昌	1957 年第 16 期	统计工作
10	统计工作的方针任务错了吗？	杨波	1957 年第 16 期	统计工作
11	应该正确地评价统计工作	宫雨屏	1957 年第 16 期	统计工作
12	我们统计工作的方针任务是明确的正确的	陈尚久	1957 年第 16 期	统计工作
13	我国统计方针任务的正确性不容诋毁	阎守志	1957 年第 16 期	统计工作
14	所谓旧中国的统计遗产和几年来整理的情况	莫曰达，朱鸿恩，董政辉	1957 年第 16 期	统计工作
15	"对全国统计工作领导上的几点意见"一文的主导思想是什么？	毛梱	1957 年第 17 期	统计工作

续表

序号	文章名	作者	刊号/时间	期刊名/出版社
16	几年来我国统计工作的方针任务错了吗？	何哲庸	1957年第17期	统计工作
17	不准篡改社会主义统计方向	萧端清，严坤元	1957年第17期	统计工作
18	从计划方面来看几年来的统计工作	夏似萍	1957年第17期	统计工作
19	几年来统计工作的巨大成绩不容抹煞	于愫等	1957年第17期	统计工作
20	我们真的没有拿出过切合实际符合要求的完整资料吗？	薛征	1957年第17期	统计工作
21	怎能说商业统计不能反映整个社会市场的变动！	薛英，王培垠，张一耿	1957年第17期	统计工作
22	就统计机关对党外知识分子的使用问题驳斥方秉铸、王琥生的谬论	高品卿，杨远志	1957年第17期	统计工作
23	驳斥右派分子抹煞统计工作成绩的谰言	尹大任	1957年第24期	统计工作
24	统计资料的作用不许抹煞！——驳斥右派分子所谓统计资料作用不大的谬论	钟兆修	1957年第24期	统计工作
25	统计工作必须为计划服务	李恢宏	1957年第24期	统计工作
26	驳"统计队伍军心涣散、责在领导"的右派讨论	刘有锦	1957年第24期	统计工作
27	我国1953年的人口调查是科学的	毕士林	1957年第24期	统计工作
28	粉碎右派分子陈振汉等发动复辟资产阶级统计学的攻势	胡代光	1957年第4期	北京大学学报（人文科学）
29	统计工作是"今不如昔"吗？	赵静	1957年反右派斗争特辑	南开大学学报（经济科学）
30	我国统计工作的方针路线不容变更	杨曾武	1957年反右派斗争特辑	南开大学学报（经济科学）
31	驳斥在统计学的几个基本问题上的右派谬论	易梦虹，李惠村	1957年反右派斗争特辑	南开大学学报（经济科学）
32	统计学与数理统计的界限不容混淆——驳右派分子谬论兼论统计学与数理统计学的区别与联系	陈荫枋	1957年反右派斗争特辑	南开大学学报（经济科学）

续表

序号	文章名	作者	刊号/时间	期刊名/出版社
33	揭穿右派分子林和成要重版旧统计书籍的阴谋——兼评他的旧著"实用工商统计"	王瑞惠，张矗	1957年反右派斗争特辑	南开大学学报（经济科学）
34	南开经济研究所过去所编的统计指数究竟是为谁服务的？	陈炳富，刘儒	1957年反右派斗争特辑	南开大学学报（经济科学）
35	驳斥统计学界中右派分子的谬论	王积业	1957年10月（创刊号）	东北财经学院科学论文集刊创刊号（统计学专辑）
36	驳斥吴景超在人口问题上对中国人民的侮蔑	褚葆一	1958年第1期	财经研究（上海财经学院）
37	驳斥厉德寅等反对学习苏联反对学习中国人民大学的谬论	杨国璋，桂世祚，陈善林，柴作楫，邱渊，葛霖生	1958年第1期	财经研究
38	驳斥厉德寅复辟资产阶级统计学的谰言	肖车	1958年第1期	财经研究
39	坚决粉碎右派分子复辟资产阶级统计学的阴谋	王思立，朱元，蒋士驹，杨惠，郑德如，王建民	1958年第1期	财经研究
40	驳斥厉德寅对学习苏联的诬蔑	柴作楫，邱渊，葛霖生	1958年第2期	学术月刊
41	我们对资产阶级统计学的态度和右派对我们的攻击	肖车	1958年第2期	学术月刊
42	肃清资产阶级统计学术思想的流毒	中科院河北分院经济研究所，南开大学经济系	1958年12月	上海人民出版社

其中第三篇批判文章出自董绍华。董绍华[①]是国家统计局干部，他针对吴景超对统计资料提供和开放不够的意见进行反驳。文章开头就写道："《统计工作》

[①]　董绍华（1926—2010），1945年6月考入北京辅仁大学（北京师范大学前身）经济系。1948年参加辅仁大学中共地下组织领导的"民主青年联盟"组织。1949年大学毕业后，在中共中央财政经济委员会工作。1952年12月调国家统计局工作，先后任科长、副处长。1975年11月起，相继在国务院钢铁工业领导小组办公室和工交领导小组工作，并于1978年起先后在国家经济委员会、国家进出口委员会调研室任副主任、主任。1985年11月，任国家经济委员会秘书长，兼任中国包装总公司党组书记、总经理。

十二期，刊载了一篇'右派分子'向共产党领导下的统计部门猖狂进攻的文章！这个右派分子就是章罗同盟麾下六健将[①]之一的吴景超。"文章内容与前一期孙昶永文章相似，但此时已经给吴景超戴上右派的帽子。

第四篇文章的作者刘有锦是 5 月 27 日座谈会的记录员，他从自己亲身参会的角度批判林和成建议在学习苏联的同时，也要学习世界其他国家的先进统计方法的言论。

第五篇是中国人民大学工业统计教研室全体教员的文章，批判吴景超和林和成。吴景超当时是中国人民大学计划统计系的教师，在中国人民大学校内已经与李景汉一起被当作右派进行了批判。对林和成的批判主要针对林和成所说的"世界上有 140 多国，不能只看苏联一国"，"人大的教材九成又是莫斯科的。用这种教材向科学进军，差得太远了"。

在接下来的《统计工作》第 15 期（1957 年 8 月 14 日）篇首刊登了《人民日报》的社论《事实粉碎了谎言——读一九五六年度国民经济计划执行结果的公报》。社论用 1956 年国民经济的成绩批判右派的言论，说："右派分子诬蔑农业合作化'搞糟了'。事实怎么样呢？事实是去年虽然是农业合作化刚刚基本完成的一年，但是初生的农业合作社就已经在战胜自然灾害、争取农业丰收等方面表现出旺盛的生命力。"

《统计工作》第 16 期发表了国家统计局局长薛暮桥的文章《统计工作者要起来进行反右派的斗争》[②]，算是对反右的正式表态和总结。他在文章中说：

> 在今年"不平凡的春天"里，资产阶级右派分子利用我党进行整风的机会，向共产党、工人阶级和社会主义进行了猖狂的进攻。
>
> ⋯⋯⋯⋯⋯⋯
>
> 右派分子在国家统计局召集的座谈会中和在其他各种场合，也在相当巧妙的伪装下，对我国的统计工作进行了恶毒的诬蔑。他们的进攻方法，同在其他领域完全一样。如说我国统计工作的领导机关没有统计学家，我国根本没有科学的统计工作，我国还没有合规格的统计资料，而且统计机关根本不愿意向人民提供统计资料，一句话说，真是"漆黑一团"。原因何在，就是不信任旧统计学家，就是学习苏联而不向英美资产阶级统计学家学习。结论就自然只有一条，请资产阶级旧统计学家来领导我国的统计工作。
>
> ⋯⋯⋯⋯⋯⋯

---

① 章罗同盟麾下六健将指曾昭抡、费孝通、黄药眠、陶大镛、钱伟长、吴景超。

② 薛暮桥. 统计工作者要起来进行反右派的斗争 [J]. 统计工作，1957（16）：1-5.

　　……告诉右派分子：你们自己错了，我们是决不会承认你们的荒谬学说的！我们承认，数理统计作为方法来讲，对于社会经济统计是有用处的；但是我们的社会经济统计决不能建立在数理统计的基础上，更不能把数理统计作为进行社会经济统计的唯一的或者主要的方法。……资产阶级统计学家企图利用数理统计来预测资本主义经济危机，这在我们看来是个大笑话，但在右派分子看来，只有这样才是"科学方法"，这样的"科学"态度，显然缺乏最起码的科学常识。

　　…………

　　……旧统计学家和我们不同，他们根据资产阶级的庸俗的经济理论来规定统计指标体系和分组方法，他们反对对各种社会现象进行阶级分析，在他们看来，地主与农民、资本家与工人只有量的差别，没有质的差别。

　　…………

　　……右派分子又说新中国没有合规格的统计资料，或者说共产党垄断统计资料，因而妨碍统计研究。他们甚至疯狂地说：共产党抱着"民可使由之，不可使知之"的愚民政策，因而这样的社会主义还不如资本主义，简直就是封建主义。

　　…………

　　……但使我们感到失望的是，在此次反右派斗争中，发现了在我们旧统计学家的队伍中，除一部分已经认真用马克思列宁主义改造自己的旧思想、旧作风，可同我们合作以外，还存在着相当多的右派分子和有右派思想的人，如果不在他们中间进行一番思想改造工作，就根本没有团结的基础。某些右派分子企图披着马克思列宁主义的外衣来反对共产党和社会主义，这样就只有斗争，谈不上团结。

　　…………

　　我们要坚决进行反对右派斗争，不把右派分子和右派思想从我们的统计工作队伍中完全清除出去，决不罢休。……

　　薛暮桥虽然没有点名，但所举例子显然包括吴景超和林和成在座谈会上的发言。时间仅仅过了两个多月，薛暮桥在座谈会上的总结讲话与这篇文章所谈到同一问题时的说法已经完全不同。

　　该期刊物在薛暮桥文章之后的是杨坚白写的《绝不允许资产阶级统计学复辟》。杨坚白的文章主要批判林和成的右派言论，开头就写道："从整风运动开始以来，资产阶级右派分子们暴露出来了他们是吃人的鲨鱼的原形，张大血口，猖狂进攻，妄图推翻共产党的领导和社会主义制度。……他们深知统计学是进行阶级斗争的一个强有力的武器，统计部门是进行社会主义建设的一个重要的部门，因而他们企图从人民手中夺取这个武器，占领这个阵地；他们的手法则是假借帮助整风的名义，召来旧统计学之魂，让资产阶级统计学复辟，进而篡夺统计部门的领导权。"

接下来杨坚白从"统计学是一门社会科学的说法决不能改变""数学不是统计学的基础""现代资产阶级统计学的实质是什么？""苏联的统计学不值得学习吗？"四大部分，批判林和成的如下言论："任何发展了的科学都是以数理为基础的。""学校的统计教材非常简单，充满着教条主义与宗派主义。世界上有140多国，不能只看苏联一国。……我校教材九成是人大的，人大的教材九成又是莫斯科的。用这种教材向科学进军，差得太远了。真所谓坐井窥天，不知天有多高。"显然，林和成的意思没有任何问题，但最后一句"真所谓坐井窥天，不知天有多高"，则有些偏激，也是被定为右派的原因之一。

这期刊物仅仅发表杨坚白一篇批判林和成的文章似觉得分量不够，又接着刊登了南开大学经济系齐昌的《揭穿林和成的右派言论》，让齐昌代表南开大学经济系教师深入揭发批判林和成。

二、方秉铸①、王琥生② 文章的讨论

经过1956年1月全国知识分子会议的发动，向现代科学进军的热潮在全国学术界热烈展开。1957年4月27日，中共中央发出《关于整风运动的指示》，进行"反官僚主义、反宗派主义、反主观主义"三风的整风运动。5月1日该文件在《人民日报》上发表，整风运动正式开始。

辽宁省统计局方秉铸和王琥生都是1949年大学毕业后到东北财经委员会东北统计局工作的，亲身经历了新中国成立后学习苏联、建立我国政府统计体系的这个过程。1957年5月，他们抱着帮助国家统计局整顿官僚主义、宗派主义和主观主义的目的，先是在辽宁统计局内部的会议上发言，进而将发言稿整理成文在1957年6月寄给《统计工作》。随后《统计工作》将此文加上"编者按"发表在1957年第15期上。

問題討論·問題研究

对全国統計工作領导上的几点意見

方秉鑄　王琥生

> 编者按：这篇文章是作者对全国统计工作所提的意见，其中主要提到以下几个问题：对于几年来全国统计工作的评价；统计机关的性质与统计工作的方针任务；定期报表与抽样调查在统计调查中的位置；向苏联学习以及对待资产阶级统计和旧中国统计遗产的问题；统计部门对党外知识分子的态度问题。这些问题是批判统计工作中很重要的问题，正确地认识这些问题，对于进一步开展我们的统计工作具有特别重大的意义。按照方秉鑄、王琥生两同志的看法，几年来我国统计工作的成绩不是主要的，并且方针任务也是错误的……而所有这些又都是全国统计工作领导上的官僚主义、主观主义、宗派主义所造成的。这些看法是否正确？正确的看法应该是什么？希望大家积极发表意见，热烈参加争论，以便明辨是非，提高认识，把我们的统计工作做得更好。

《对全国统计工作领导上的几点意见》"编者按"

这篇"编者按"说："按照方秉铸、王琥生两同志的看法，几年来我国统计工作的成绩不是主要的，并且方针任务也是错误的……而所有这些又都是全国统计工作领导上的官僚主义、主观主义、宗派主义所造成的。这些看法是否正确？正确的看法应该是什么？希望大家积极发表意见，热烈参加争论，以便明辨是非，提高认识，把我们的统计工作做得更好。"显然，"编者按"先是认定方秉铸、王琥生（以下简称方、王）否定了我国几年来统计工作取得的主要成绩，否定了统计工作的方针任务。

方、王的文章分为四个部分：第一部分是讨论统计工作如何评价。薛暮桥1957 年 2 月在国家统计局机关全体干部大会上所做的《对几年来统计工作的评价》的报告中说："几年来统计工作的成绩很大"。一是基本上建立了统计核算制度，搜集并积累了各种统计资料；一是建立了全国的统计机构，培养了几万名统计工作干部。方、王则认为：

> 统计工作的基本任务是反映国家的经济状况，研究国民经济的发展规律，给决定政策和编制国民经济计划提供依据。建立统计核算制度和统计机构，只是为达到这种目的而采取的手段。因此，统计工作成绩大小，方针任务是否正确，必须从是否很好地完成了前述任务来衡量，而不能从采取了哪些手段上来估价。

> 几年来，虽然建立了从中央一直到省、市、县的统计机构，有几万个统计干部，有千百种定期报表，进行了多次大大小小的调查，其中包括全国规模的农民、职工家庭收支调查；但是，除工业方面稍好外，基本建设统计就反映不了投资的经济效果，商业统计也不能反映整个社会市场的变动，农业

统计则不能反映农村经济的巨大变化，农民和职工的家计调查不能正确反映工农收入变化，因而也不能说明工农生活水平的对比情况。总括一句话，各级国家统计机关虽然花费了大量劳动，搜集并汇总了数量惊人的统计资料，但在研究国家的经济状况和一些重大的经济问题时，却拿不出一套切合实际、符合要求的完整资料来。

广大的统计工作干部，对这种状况是不满意的。许多长期做统计工作的干部感到"苦闷"，也有些同志因此而"越做越对统计工作失去信心"，并发展到认为统计机关"可有可无"。1955年下半年在《统计工作》刊物上展开的"为什么不愿意做统计工作"的讨论，以及1957年春在讨论精简机构时很多省、市、县的统计干部提出统计机关可以"合并到计委一起"的风波，就是这种思想状况发展的顶点。

应该说，是重在评价统计工作的过程，还是重在评价统计服务经济建设的结果，确是值得研究思考的重要问题。方、王作为长期在统计实际工作一线的年轻干部，提出了真知灼见，因为意见过于直率，并且批评国家统计局有"主观主义、官僚主义和宗派主义"，就被认为是全面否定统计工作。

方、王文章的第二部分是在第一部分提出统计工作应该以满足国家计划经济建设为目标的基础上，进一步分析过去几年统计工作的方针和任务，认为："国家统计局所确定的1955、1956年全国统计工作任务，仍然是认真贯彻各种定期报表制度，改进现行统计方法制度、建立统计数字的统一管理制度、加强基层统计工作、提高数字质量……（见《1955年全国统计工作纲要》）。说来说去，仍然是统计工作本身的建设任务，而不是统计工作的任务。统计工作本身的建设是必须做好的，但它只能是实现统计工作任务的一种手段、武器。把手段当成任务，是本末倒置。"

方、王文章的第三部分在前两部分方针任务讨论的基础上，谈到调查方法的问题：

由于方针任务的脱离实际，在调查统计方法上，就出现了教条主义式的学习苏联的做法，只重视统计报表，不重视调查，特别是切合我国经济特点的典型调查和抽样调查。

…………

国家统计局很少对我国过去一些学术研究机关或个人所作的调查资料加以搜集整理，也很少研究过去在调查研究方法上的经验，是形成这种局面的重要原因。事实上，过去不论在解放区或国民党统治区，都有过一些社会经济调查，有些人对此并有很多经验，只是过去在统计工作的领导上认为中国在统计调查方面没有任何遗产可以有分析、有批判地整理、吸收罢了。这不正是李富春副总理早已警告过的"只此一家"的宗派主义情绪吗？

这种宗派主义情绪，也表现在对待有一定统计调查工作经验的党外知识分子的态度上。总的说来，有两种情况：对统计机关外部的这类知识分子，是一概拒之于千里之外，采取关门主义态度。几年来研究、制定各种调查统计方法，进行各种调查时，就很少或从未主动去找高等学校或科学研究机关的这方面专家合作。当各高等学校或科学研究机关主动找上门来时，也或以"保密"而挡驾，或以三番五次的人事审查而使来者"知难而退"。……

方、王作为早年参加东北统计局统计工作的青年干部，能够提出正确对待党外知识分子的问题，以及提出完全照抄照搬苏联做法是教条主义的问题，确实难能可贵。

方、王文章的第四部分作为概括和总结，写道：

我们是从 1949 年开始做调查统计工作的。在整风学习中，根据整风精神，回顾了一下八年来统计工作的发展，探讨了一下统计工作中的矛盾。我们认为：八年来我国的统计工作从无到有，业已基本上建立起来，初步反映了国家的经济状况，对编制和检查计划提供了一定的资料，有一定的成绩。不看到这一点，是片面的。但从统计工作在国家建设中应负起的任务和发挥的作用看，从经济建设的发展和各经济领导机关的要求来看，从统计机关的规模、统计干部的数量质量和花费的人力物力来看，统计工作的现状，是不能令人满意的。"投资大，经济效果小"是目前统计工作的总的写照。因此，过高评价业已取得的成绩，会使我们看不到统计工作脱离社会经济发展的严重缺点。……

因此，实事求是地重新检讨几年来统计工作的方针任务，明确统计机关的性质和制定方针任务的出发点，不再在快走慢走和贯彻报表加强机构上兜圈子；取得统计机关外部对社会经济调查有经验的专家的合作和帮助；统筹安排各级国家统计机关内部的高级知识分子的工作，改变用一般行政工作的领导方式来领导经济调查研究工作的做法；以开辟统计工作的新阵地，是统计工作的最高领导机关——国家统计局在整风运动中必须着重解决的重要问题。

如果说文章前边措辞用语比较直接生硬的话，最后第四部分则以老统计人的感情，诚恳地为国家统计局建言献策，希望通过整风运动，使统计工作能为国家经济建设多做贡献。尽管这样，由于文中的批评和建议较为尖锐，还是被当作错误言行进行了一番批判。

在《统计工作》第 16 期上，紧接着薛暮桥、杨坚白和齐昌 3 篇批判资产阶级右派文章的，就是批评方、王的 5 篇文章（表 22-1 中的第 10～14 篇），主要是针对方、王二人关于"统计方针任务"意见的批评。半个月后的第 17 期上，又刊登了 8 篇批评方、王二人的文章（表 22-1 中的第 15～22 篇）。对方、王二人的批评，与前面批判吴景超、李景汉、林和成等右派分子的区别是，文章中还称方、王为同志，而资产阶级右派已经成为敌人。当然，在对方、王的批评文章中，也有充满敌意的批判，如辽宁省统计局的萧端清、严坤元在《不准篡改社会主义统计方向》[①] 中写道："这个'意见'是对新中国统计工作的恶毒歪曲与攻击，这是妄想以资产阶级的统计方向来篡夺社会主义的统计阵地，这是向社会主义统计事业的进攻。"

然而，对方、王的批评来得快、来得猛，去得也很快。从 1957 年《统计工作》第 15 期刊登方、王二人文章，到第 16 期、第 17 期分别有 5 篇和 8 篇批评文章，前后总共一个半月时间，随后就以第 17 期刊登王、方二人的检查[②] 为终结。

《统计工作》1957 年第 17 期"来函摘登"

《统计工作》1957 年第 17 期 8 篇批评文章的后面，刊登了王晓生、方秉铸二人 8 月 3 日简短的检查。检查以"来函摘登"的形式写道：

> 最近，经过学习毛主席、周总理的报告和反右派斗争的教育，已逐步

---

① 萧端清，严坤元. 不准篡改社会主义统计方向 [J]. 统计工作，1957（17）：16-17.

② 见《统计工作》1957 年第 17 期第 27 页。

认识到我们原来所写的稿件中，有比较严重的错误。首先，在对几年来统计工作成绩的评价问题上，由于我们对八年来统计工作在国家建设中所起的作用，在估计上有极大的片面性，以致没有能正确认识到解放以来我国的统计工作从无到有地建立起来这一客观事实，而有些否定统计工作的巨大成绩。在这次反右派斗争中，各级统计机关都用大量的资料来驳斥和揭穿了右派分子否定国家建设的巨大成就这一事实，使我们深刻地体会到我们原来的看法是错误的。其次，我们对几年来统计工作的方针、任务的看法，经过最近的反复思考，也认识到有严重地脱离统计工作的具体发展条件的错误，以致未能正确地体会薛暮桥局长在这个问题上的总结。再次，对于统计工作中的宗派主义情绪问题（调查统计方法上、干部使用上、社会上的调查统计学者的运用上），稿件中所列举的一些问题，绝大部分都是我们在工作中感觉到的一些个别现象，有些并且是由于我们自己在思想上存在不健康情绪的一些错误认识。但在稿件中，不加区别和分析地把这些都当做是全国统计工作领导上的宗派主义情绪，这也是严重错误的。

王琥生　方秉铸　8 月 3 日

应该说，作为全国统计工作者和统计学界当时唯一的一份工作与学术刊物，集中两期 10 余篇文章讨论、批评方、王两位年轻统计工作者的批评意见，是异乎寻常的。但值得庆幸的是，经过短短一个多月的时间，批判就结束了，也没有将方、王二人定为右派。方、王二人"文化大革命"后都转向经济统计以及国民经济的研究，为辽宁省以及东北地区的经济发展建言献策、为辽宁省经济体制改革做出了贡献。

三、京津统计学界的批判

林和成作为统计学界知名的右派，除了《统计工作》发表文章对他进行批判外，南开大学对林和成进行了更加系统、更加深入的批判。

1957 年 10 月 16 日，天津经济学界专门组织召开了批判资产阶级右派的会议，会后由《南开大学学报》发行了经济学科批判右派的专辑，收录了天津市统计局副局长赵静、南开大学统计教研室主任杨曾武等 6 篇文章（表 22-1 中第 29～34 篇）。前 5 篇文章重点是对林和成关于统计学的言论进行批判。由于林和成说过："解放后，南大经济研究所停办，材料分散，有一部分人调到人大，生活费指数被认为没有必要编制了。现在南大经济研究所虽已恢复，但能否恢复到过去水平，还是个问题。高教部盲目调整，忽视学校传统，这说明他们做事无远见，操之过急。"陈炳富、刘儒的文章《南开经济研究所过去所编制的统计指数究竟是为谁服务的？》认为，"这些指数是为美帝国主义对我国进行经济侵略与国民党反动政权剥削人民的一种工具"。其中写道："当时以何廉领导的研究所，甘心为美帝国主义侵略我国的经济情报员，因此研究所关于指数的编制方法，就用英文报导，如'Wholesale Price and Price Index Numbers in North China'，但此文并未用汉文发表，每期指数编成之后亦首先用英文向美国报导，而且美国驻津特务机关领事馆当天用电报拍到美国国务院去，美帝为什么这样'重视'研究所的指数，目的还不是很清楚嘛？"

林和成 1923 年在上海南洋大学毕业后考取公费留学名额，1924—1925 年赴美国耶鲁大学经济学系学习，获硕士学位。他接下来 1925—1928 年转到哥伦比亚大学工商管理系学习，获硕士学位，1928—1929 年转到巴黎大学经济系旁听，1929—1930 年在德国柏林大学旁听学习。林和成回国后陆续在湖南大学（1934—1936 年）、南京中央政治学校（1936—1937 年，1939—1941 年）、重庆大学（1938—1939 年）、上海交通大学（1946—1949 年）任教授，讲授统计学、会计学、经济学等课程，其间曾在交通银行、人民银行等金融机构任职。1951 年他辞去北京人民银行总行专门委员的工作，转到天津津沽大学任教授，1952 年院系调整后转入南开大学统计学系。林和成曾出版《实用工商统计》[①]、《实用工商统计续编》等教材。

林和成是典型的知识分子，他没有参加任何党派，对政治也不太关心。但长期受到英美统计教育的影响，他很不适应新中国成立后一边倒学习苏联的统计教育。在 1958 年 9 月 6 日的一份"思想改造小结"中"我为什么变成右派分子"的段落中，他检查自己在沈钧儒 1957 年 5 月来天津组织召开的座谈会、天津市政协会、南开大学会议上，针对统计教育教学说了"现在学校里统计教材九成是人大的，人大九成教材是苏联的""苏联的统计学太简单，应补充数理统计这一门课""学习苏联的工业统计这门课程有教条主义，与我国现状不符""统计学没有国际性和阶级性，一切科学都是以数理为基础的"……再加上林和成 5 月 27 日在北京国家统计局薛暮桥局长组织召开的座谈会上的发言，他就立刻成为统计学界的右派代表，受到南开大学经济系的批判。

开始受到批判时，他十分不理解，在自己的检查中写道："在鸣放期间，我错误地认为唯心唯物尽可开口，因此在中央（国家）统计局、沈钧儒来津来召开座谈会上，以及本校的小组会等，就发出错误的言论，在我自己立场观点极不正确的情况之下，还以为当时发言的动机是好的。一直到了反右斗争的时候，我才

---

① 林和成. 实用工商统计 [M]. 北京：商务印书馆，1936.

受到生平第一次的教育，扭转了我的立场观点，使我焕然大悟我以往思想反动的本质，使我认识到我的错误是严重的，终日惭愧，不敢出门，不敢见人，恨不欲生。"社会主义国家是一切向左的国家，一切要红的国家，一切要向共产主义看齐的国家。作为社会主义国家的知识分子，向左是保险的，红是根本的，政治是灵魂，是统帅。离开了红，就会迷失方向，离开了政治，就是一无是处。"他在1958年1月、5月、9月多次写出长达20余页的思想小结和检查，但组织结论都是"交代不彻底"[①]，"从总结来看检查不深刻，从表现来看又一般，要加强对其的监督改造"[②]。

林和成 1957 年夏被定为右派后，1958 年 3 月组织的处理意见是：撤销教授职务，另行分配待遇较低的工作。这样，他就由 1956 年定的四级教授降为资料室资料员，工资由 1956 年确定的 207 元（四级教授）降为 106 元。

1978 年 6 月 2 日，南开大学党委发文《关于摘掉林和成右派帽子的决定》，根据中共中央〔1978〕11 号文件关于"全部摘掉右派分子帽子"的指示精神，决定摘掉林和成右派分子的帽子。1985 年中共天津市委组织部再次发文，去掉"改正错划林和成右派结论"中留有的尾巴，彻底推倒压在林和成身上的一切不实之词，还林和成以清白。

北京大学经济系教授陈振汉[③]在主笔的《我们对于当前经济科学工作的一些意见》中，写道："现在我们资产阶级统计学里面的许多方法、概念，像选样理论、常态曲线、时间数列和相关系数等等，我们感觉可以同样应用来分析我们社会经济现象的，但被一概摒诸统计领域之外，而我们所学所教的统计成为除了加减乘除与简单平均数以外，毫无其他内容，因之极端枯燥简单和贫乏的东西。是否我们过分夸大了有些学问的阶级性，甚至对有些东西不懂并不了解，也没有接触，但要是资产阶级的，便有'草木皆兵'之感而一笔抹煞呢？"

陈振汉的这一番话，却遭到严厉批判，被定为右派。胡代光在《北京大学学报》（人文科学）1957 年第 4 期上写了长达 16 页的批判文章《粉碎右派分子陈振汉等发动复辟资产阶级统计学的攻势》[④]。

---

① 林和成检查（1957 年 12 月），见林和成档案，南开大学档案馆存。

② 经济系党支部意见（1958 年 12 月 30 日），见林和成档案，南开大学档案馆存。

③ 陈振汉（1912—2008），我国著名经济学家、经济史学家、教育家，1935 年毕业于南开大学，1940 年获哈佛大学博士学位后回国，曾任南开大学、中央大学、燕京大学教授。1957 年因主笔《我们对于当前经济科学工作的一些意见》而被划为资产阶级右派分子。1982 年被评为全国第一批中国经济史专业博士生导师。

④ 胡代光. 粉碎右派分子陈振汉等发动复辟资产阶级统计学的攻势 [J]. 北京大学学报（人文科学），1957（4）：41-57.

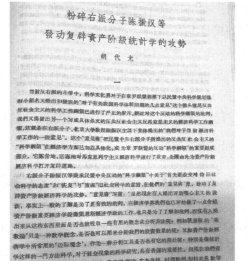

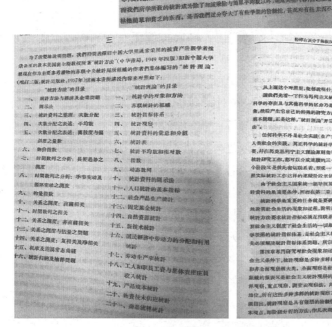

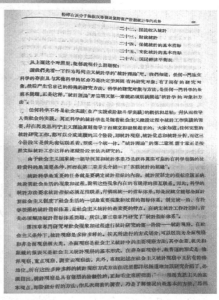

胡代光的批判文章

　　胡代光说："右派分子陈振汉等在猖狂攻击马克思列宁主义经济科学时，也把火力瞄准在马克思列宁主义统计学上。在这段'意见'里，他们丑化马克思列宁主义统计学，替资产阶级统计学擦粉，已跃然于纸上，真是淋漓尽致了。我们对于右派分子陈振汉等采取这种手法来恶毒诋毁马克思列宁主义统计学，企图使资产阶级统计学复辟，必须予以坚决回击。"

文章对比了美国密尔斯的《统计方法》①和苏联中央统计局集体编写的《统计理论》②两书的章节和主要内容，对《统计理论》一书总结说：

> 所有社会经济统计各章中，既阐述了统计指标的经济理论基础和实际经济内容，也研究了进行经济统计分析的方法，首先是在与计划指标体系取得一致的基础上，探讨了计划完成情况的分析方法。此外，还介绍了在社会主义国家中，取得各项统计资料的来源。在必要情况下，揭露并批判了资本主义国家资产阶级统计的反科学性和辩护目的。

> 从这里，我们清楚地看出了马克思列宁主义统计学具有多么丰富而生动的内容，它有着正确思想性和高度战斗性，有着严密的科学体系，它使理论紧密结合实际，从实际工作加以概括总结出理论原则，并以这些理论原则进一步指导统计工作实践。所有这些正是马克思列宁主义统计学的特点和优点。

对于作为资产阶级统计学代表的密尔斯的《统计方法》，胡代光说：

> 现在我们再来看看资产阶级统计学吧。《统计方法》一书首先从"统计方法与经济及企业问题"这个标题开始讲起。这正是资产阶级统计学者错误地把统计学看作是"方法科学"的露骨表现。他们不提出统计学研究对象问题，这是违反科学根本原则的。大家知道，每一门科学本身有其固有的研究对象，没有"无对象"的科学存在着。脱离科学的具体对象而制定出来的研究方法将带有虚构性质，因为科学的对象与方法是一个统一体。资产阶级学者企图抹杀统计对象的物质性，其结果也就否认了统计方法的客观性，必然使统计学变成了数学形式演算方式和方法的极端贫弱的虚伪科学了。这里值得注意的，就是资产阶级学者特别把统计方法与资本主义企业紧密联系起来讨论，其用意是什么？密尔斯教授自己已经告诉了读者，这是要应用统计分析方法来解答他所提出的资本主义企业活动中"属于企业个体内部组织与管理之问题及企业家与物价制度发生关系之商品买卖问题"。很明显的，资产阶级统计的目的和任务就在于帮助资本主义企业家加强对工人阶级的剥削，赚取最大限度的利润。"一切为了生意！""一切为了生意人！"现代资产阶级统计学正在这个口号下发展着。

---

① 密尔斯. 统计方法 [M]. 4 版. 李黄孝贞，陆宗蔚，译. 上海：中华书局，1949.
② 苏联中央统计局. 统计理论 [M]. 增订二版. 北京：统计出版社，1957.

我们知道，一些应用类的统计学教材为了吸引读者、为了强调应用，往往先从实际问题开始，进而再讲怎么研究和解决问题。应用类统计学教材亦如此，工商管理类（MBA）、公共管理类（MPA）等教材都是这样。胡代光非但没有讨论密尔斯教材的这个特点，反而以此作为根据，加上"反科学""无对象""抹杀统计对象的物质性"等帽子。他对苏联《统计理论》逐章逐节加以解释拔高，而对密尔斯的《统计方法》用上述方法逐章逐节加以批判。

在文章结尾，胡代光往前追溯说：

> 右派分子陈振汉及其追随者这次发动复辟资产阶级统计学的攻势，其蓄谋已久了。远在 1952 年秋全国高等学校实施教学改革后，他们就一直在反对马列主义统计学。他们始终把统计学看成是"技术方法"的课程，从而以为可以脱离马克思列宁主义理论课程的指导而进行教学工作。在这个反动资产阶级统计观点支配下，他们曾一度错误地将北京大学经济系政治经济学专业教学计划中关于统计学课程作了不合理安排。他们反对用辩证唯物主义世界观指导统计科学研究，说什么统计分组法、平均数法、指数法等跟辨证唯物主义与历史唯物主义和马克思列宁主义政治经济学根本没有关系。
>
> 他们一方面企图首先在北京大学经济系打开缺口，篡夺领导权，将北大经济系变为美国哈佛大学经济系——以唯心主义的历史方法和统计方法作基础来训练学生，从而建立起资产阶级经济学和资产阶级统计学的的复辟阵地并逐步推向全国。他们在人事上已经作了准备，除要拉入十几位政治思想有问题又不愿认真改造的人来北大经济系工作外，且在一起起草反动经济科学纲领的同时，一面就向系行政提出要请一两位资产阶级右派统计学教授来主讲"统计学"了。另一方面，他们并不仅停止于资产阶级经济学和资产阶级统计学在高等学校里复辟，而且是要借助资产阶级经济学和资产阶级统计学的复辟为资本主义制度打开复辟道路。

四、上海统计学界的批判

20 世纪 50 年代初，由于院系调整，统计教师相对集中，就形成南北两个统计学的重镇。北方的统计教师以中国人民大学为中心，南方和华东地区的统计教师一时间都集中在上海财经学院。如果说北京、天津地区统计学界揪出右派的代表是吴景超、李景汉和林和成的话，华东地区的上海则是厉德寅①和勾适生。

在 1957 年五六月间，上海财经学院同全国高校一样，面向知识分子开门整风，鼓励大家帮助党和政府改进作风。在上海财经学院党委召开的座谈会上，厉德寅针对只学习苏联以及对数理统计重视和应用不够提了一些意见，此后很快就成为上海统计学界右派的代表和重点批判对象。

1950 年底，率先批判勾适生《统计学原理》的柴作楫，和邱渊、葛霖生撰写了《驳斥厉德寅对学习苏联的诬蔑》。②批判文章说：

> 厉德寅恶毒地诬蔑我们在学习苏联时"粉碎"了"我国原有的传统"。这里厉德寅所谓的"传统"，就是蒋介石反动统治时期所流行的学术"传统"，也就是由资本主义国家所贩来的所谓"现代"的"社会科学"，就是为官僚资本主义服务的封建买办"学术"。
>
> …………
>
> 厉德寅对我们在教学改革上学习苏联进行了多方面的攻击。在教材和教课方面，他也极力诬蔑诽谤，他说我们采用苏联专家所写的教科书是"生吞活剥，全部搬来"，上堂讲课是开"留声机"放"陈年唱片"。他对人民大学出版的苏联专家的讲义吹毛求疵，竭尽挑剔之能事。这些表明他对于我们在教学内容上学习苏联、学习人民大学，十分厌恨。我们回答说：在教学上学习苏联、学习人民大学，这是完全正确的。厉德寅由于恨我们的作法乃至一贯的进行诬蔑，这是我们所不能容忍的。
>
> 在学习苏联教学经验时，我们是通过人民大学来学习苏联的，因为人民大学在财经课程方面最早得到苏联专家的指导，在学习苏联方面，比其他学校先走一步。人民大学在学习苏联方面积累了很多的宝贵经验，如在编写教学大纲和教材方面，就分别了课程的类型有步骤地把苏联先进经验和中国实际情况逐步结合起来。其中如统计学、会计学等课程，在苏联和我国所教的内容应当基本相同。因此结合的步骤是：先按苏联教学大纲讲授，适当加些中国材料，经过一定的准备时间，再把更多的实际材料提升为理论，加到教

---

① 厉德寅（1902—1976），南京高等师范学校（后发展为国立东南大学、中央大学）毕业，留校任教。1930 年公费留学美国威斯康星大学，1934 年获经济学博士学位。回国后任中央大学、中央政治学校教授等。新中国成立后，任复旦大学、上海财经学院教授。

② 柴作楫，邱渊，葛霖生．驳斥厉德寅对学习苏联的诬蔑．学术月刊，1958（2）：26-31．另一篇由杨国璋、桂世祚、陈善林、柴作楫、邱渊、葛霖生合写的《驳斥厉德寅等反对学习苏联反对学习中国人民大学的谬论》的相似文章发表在上海财经学院《财经研究》1958 年第 1 期。

材中去。人民大学是这样走过来的，上海财经学院也是这样地走过来的。如统计学原理一课，初期人民大学用的是廖佐夫教授所编写的教本，以后改用自编教本。上海财经学院也是先用廖书，又改用人民大学教本，最后也采用了自编的教本。

....

厉德寅一方面反对在教学上学习苏联，一方面也胡言乱语地攻击我国科学事业。他诬蔑我们以"数学游戏"的"大帽子"把数理统计"压"起了"七年"，因而这方面"科学研究发展中断了七年"……造成"统计学方面的一个不小的损失"。

....

其实厉德寅所借以进行攻击的口实从理论上看也是不成立的。他说："国家统计局只守着陈旧的全面调查和大样本方法，而把现代数理统计所发展的小样本方法放弃了不用"。请看，又是"陈旧"与"新"的问题。这个右派葫芦的药，早已领教了。

柴作楫并没有完整地引用厉德寅的发言，就难免不是断章取义。即使我们仅看被柴作楫引用加以批判的语言，厉德寅所提的意见也是对的。

《学术月刊》在同一期上，还刊登了时任上海市统计局副局长肖车的批判文章《我们对资产阶级统计学的态度和右派对我们的攻击》。[①] 文章开头是这样写的：

社会科学是阶级斗争的科学。资产阶级的统计学，也正象其他资产阶级的社会科学一样，是服务于资产阶级的政治和经济利益的。无产阶级专政的国家需要有统计科学，而且事实上也是最重视统计科学的，但这决不是也不能是资产阶级的统计学，而只能是马克思主义的服务于社会主义——共产主义事业的统计科学。即令资产阶级统计学中，也可能有某些阶级性并不强烈的东西，而为今天社会主义的统计事业所需要的话，那也只能是在根本否定资产阶级统计学的基础上，打碎其原有体系而有选择地吸收那些可用的材料和知识。因为，不可能想像：不从根本上否定为资产阶级服务的全套资产阶级统计学的体系，却能够适合社会主义统计事业的需要。可是，有些人偏偏

---

① 肖车. 我们对资产阶级统计学的态度和右派对我们的攻击 [J]. 学术月刊，1958（2）：31-36. 肖车还在上海财经学院 1958 年第 1 期的《财经研究》发表类似文章《驳斥厉德寅复辟资产阶级统计学的谰言》。

还不甘于资产阶级统计学的没落与死亡，竟然企图在社会主义的新中国为资产阶级的统计学招魂，阴谋复辟资产阶级的统计学。上海财经学院的素以统计学家自命的厉德寅，就是其中的一个。

肖车当时是上海市统计局副局长，他的文章分为两个部分：第一部分题为"应不应该否定资产阶级统计学？"第二部分题为"我们统计工作应不应该学习苏联？难道我们学习苏联没有成就吗？"这两部分批判的内容还是柴作楫批判的那几句话，不同之处是增加了国家统计局副局长孙冶方1956年率团访问苏联后总结的苏联40年来统计工作的成就。

另外一篇批判文章是王思立、朱元、蒋士驹、杨惠、郑德如和王建民合写的《坚决粉碎右派分子复辟资产阶级统计学的阴谋》。[①] 他们将厉德寅的前述言论概括为："对于新中国统计的各个方面放出了许多毒箭，其中最恶毒的是：第一，他企图用数理统计学顶替作为社会科学的统计学；第二，他对国家统计工作进行污蔑中伤；第三，他挑拨党和统计学者间的关系，企图煽动他们向党进攻；第四，他坚决反对学习苏联和教学改革。""右派分子厉德寅的这些荒谬言论决不是学术问题，而是资产阶级右派整个政治阴谋的一部分，他的目的是使资产阶级社会科学全面复辟，从而为资本主义制度的复辟创造条件。我们要坚决粉碎右派分子复辟资产阶级统计学或任何其他资产阶级社会科学的阴谋。因此，对于右派分子厉德寅所放的这四支毒箭，必须严厉地一一加以驳斥。"

厉德寅被划为右派，再加上民国时期曾经在中央银行、交通银行、中英美平准基金委员会等处任职，在1958年被定为"历史反革命"，判刑5年，发配到青海德令哈农场劳动改造。1963年，竺可桢找到周恩来总理说明情由，厉德寅才被释放并返回上海。此时，厉德寅已经没有了工作。在接下来的"文化大革命"中，浩劫再次降临到厉德寅头上，其全家都遭受冲击。

上海统计学界的另一位右派是勾适生。勾适生在20世纪50年代初期因所著《统计学原理》遭受批判后，调到上海市人民委员会参事室工作。在整风运动期间，他对新中国的教育事业提了一些意见，同时很欣赏中国人民大学许孟雄的"中国人民大学是教条主义的大蜂窝，培养出来的人，只会蛰人，不会酿蜜"这一言论。为此，其也被定为右派。[②]

---

① 王思立，朱元，蒋士驹，等. 坚决粉碎右派分子复辟资产阶级统计学的阴谋 [J]. 财经研究，1958（1）：20-23.

② 徐铸成. 徐铸成日记 [M]. 北京：生活·读书·新知三联书店，2013：283，287.

五、批判的继续

1957 年这一年在经历了急风骤雨的反右派斗争后，1958—1959 年间统计学界继续批判资产阶级统计学，代表性的著述是中国科学院河北省分院经济研究所与南开大学经济系联合编写的《肃清资产阶级统计学术思想的流毒》[①]。

《肃清资产阶级统计学术思想的流毒》

这本著作是对新中国成立后批判资产阶级统计学以及统计学界反右派斗争的总结，该书分为 6 章，分别为：一　新中国统计学界中两条道路的斗争；二　马列主义统计学与资产阶级统计学的根本分歧；三　资产阶级统计调查、整理、分析的虚伪性和辩解性；四　统计学与数理统计学的界限必须划清；五　彻底粉碎资产阶级右派分子企图复辟资产阶级统计学的阴谋；六　结束语。

在第一章"新中国统计学界中两条道路的斗争"中，作者写道：

> 统计学界的两条道路斗争是一场尖锐的激烈的阶级斗争，目前，这场斗争已深入到对于资产阶级学术进行批判的阶段。
>
> …………
>
> 统计学界的两条道路斗争从解放后开始至 1957 年党的整风运动为止，大致上可以划分为以下三个阶段。
>
> （一）自 1949 年全国解放以后，全国在党的领导下立即着手建立了社会主义的统计工作，开始学习苏联统计先进经验，并结合我国实际，用马克思

---

① 中国科学院河北省分院经济研究所、南开大学经济系资产阶级统计学批判小组. 肃清资产阶级统计学术思想的流毒 [M]. 上海：上海人民出版社，1958.

列宁主义统计理论来训练干部，指导实际统计工作。但在统计学界，特别是在高等学校的统计科系中，直到 1952 年教学改革以前，资产阶级知识分子还没有经过深刻的自我思想改造，资产阶级立场、资产阶级思想原封未动，资产阶级统计学观点仍旧到处泛滥；在教学中所采用的教科书和讲义，也仍然沿用了资产阶级统计学的那一套。当时情况，很可以从出版的书刊中说明其梗概。例如金国宝的《统计学大纲》、王思立的《统计学通论》、薛仲三的《普通统计学》、勾适生的《统计学原理》，都是解放后出版的，而这些"著作"都是在贩卖资产阶级的一套货色，其内容都是照抄美英资产阶级统计著作的观点，有的甚至还是整段、整章抄译的。虽然有的著作标榜着是解放后的修订本（金国宝的《统计学大纲》就是一个例子），但实际上仍旧是彻头彻尾的资产阶级统计的翻版。稍后一个时期，又出现了一些统计著作，如陈其鹿的《初级统计学》、方乃和的《实用统计》、李祥煜的《实用统计学》、朱祖晦的《统计学教程》等，都是 1952 年出版的，这些"著作"都有其"特点"，即它们都是搬用了一些马列主义的词句，抄引了苏联统计学或苏联专家讲义的部份内容，加了些似是而非的解释，却依然保存了资产阶级统计观点。

在专业统计方面，如邹依仁的三册《工业统计》是照抄美国产品质量抽样检验方面书籍的节译本，金国宝的《工业统计学原理》则是沙文斯基《工业统计学教程》的节录和美英工业试验数理统计方法的混合物。此外还有一些以"高级统计学"或其他标题出版的书籍，绝大部分内容却是照抄美英数理统计的。甚至还有把马列主义统计学当做"统计学名词、公式、表格汇编"加以出版的，真可以算得上是"洋洋大观"了。

总之，这一阶段出版的一些统计著作的一个共同特点就是宣扬美英资产阶级的统计货色，这不仅表现在内容上完全抄袭美英资产阶级统计著作，而且所用例子、所引用数字资料也几乎都是从美英书中抄来的，更不堪的是有的作者竟认为祖国语言不能表述其著作的内容，而用英文叙述。

以上这种情况不仅严重地阻碍了统计教学和科学研究的进展，而且直接影响到经济恢复与经济建设工作，甚至在一定程度上直接与当时政治运动相违背。如 1950 年正值伟大的抗美援朝运动时期，当时在政治思想教育方面主要是清除崇美、亲美、恐美思想。而这些著作在当时却起了为美英宣传的作用，成为统计学界中清除崇美、亲美、恐美思想工作中之障碍。根据以上情况，党和政府采取了一系列措施，加强了学校中党的领导，并在 1952 年在文教界知识分子中进行了思想改造运动。通过这一运动，基本上扭转了资产阶级知识分子思想上的混乱局面，清算了封建的、买办的和法西斯主义的思想，并在一定程度上批判了腐朽的资产阶级思想和学术观点。具体到统计教学方面来说，这一阶段也初步确立了马列主义统计学的方向，开始建立了马列主义统计教学的阵地，着手翻译了苏联统计著作；特别是 1950 年成立的中国人民大学在苏联专家的指导下以马列主义统计内容进行教学，曾为广泛学习和宣传马列主义统计学打下了基础。但在绝大多数高等学校中统计学的科学研究及教学基本上尚未脱离资产阶级统计学的那一套，马列主义统计学正处于与资产阶级统计学进行斗争的阶段，在当时还没有取得优势的地位。

（二）1952 年高等学校进行院系调整，大力推行教学改革以后，在教学中掀起一个向苏联学习的热潮，统计学界就逐渐结束了资产阶级统计泛滥的局面，在教学上起了重大的变化，统计科系的教学计划和教学内容，都参照中国人民大学的情况进行了改革，初步地确立了以马列主义统计学为教学的内容。解放以来，党对资产阶级知识分子自我改造采取了一系列的步骤，组织他们参加土地改革、抗美援朝、"三反、五反"斗争和知识分子思想改造运动，领导他们学习马克思列宁主义的基本知识，特别是 1952 年知识分子思想改造运动，他们大多数人的政治思想面貌有了很大进步，但他们对于其"苦心积累"的一点靠之成名立业的资本——资产阶级的货色，还保存了深厚的感情而不忍舍弃，统计学界中的资产阶级知识分子们也不例外。他们仅仅是在形势所迫的情况下学习了一些马列主义统计学，而资产阶级统计观点则基本上没有改变，以致有很多人对苏联的教材百般挑剔，吹毛求疵，他们学习马列主义统计只是为了好在教学上装点门面，好"出版书籍拿点稿费"。马列主义统计学的观点在他们思想中并未树立起来。因而在当时教学上和出版的一些书籍中，继续散布了资产阶级统计观点，与过去稍有不同的只不过是在词句上较为隐蔽而已。

1954 年苏联统计科学会议[①]的总结和决议发表以后，我国统计学界经过了学习和讨论，对于统计学一些基本问题如研究对象、理论基础以及与数理统计学的区别等问题的认识，得到了基本的统一。当时，对于国内文学艺术界以及社会科学界中的资产阶级学术观点已开始进行批判，一些资产阶级统计学者，在当时情况影响下，对其所写资产阶级统计学著作先后也进行了一些自我批判。在教学内容上由于苏联统计理论和一些较优秀的教本之出版，也有了进一步的改进。但是确有不少资产阶级知识分子由于他们的政治立场

---

① 当时国内对苏联这一会议有不同的译名，本书采用国家统计局编译处的译名"苏联统计学会议"。

并未转变过来，而且资产阶级统计学的烙印又很深，因而对于马列主义统计学这样一门具有鲜明的阶级性和党性的科学，还是免不了怀疑甚至有抵触的情绪。

....

（三）殆至 1956 年党提出"百花齐放、百家争鸣"方针后，统计学中的修正主义倾向就更为明显更为突出了，有的高等学校如南开大学甚至开了以"介绍为主的"（实际是宣扬）"资产阶级统计学讲座"，大量散布了资产阶级统计学术观点，把资产阶级统计学看成大有吸收之处。一些老"专家""学者"也拿出其"一套看家本领"来一显身手。其影响所及，使一些原来愿意学习马列主义统计学的也开始犹豫了，有些甚至怀疑过去取消和基本否定资产阶级统计学是否"过火"，有些认为马列主义统计学"简单"的错误看法又大大地抬头。而 1957 年春资产阶级右派分子利用党整风的机会，向党、向人民、向社会主义发动了猖狂的进攻。统计学界的右派分子纷纷叫嚷"新中国统计工作漆黑一团"，"根本没有科学的统计工作"，他们叫嚣要复辟资产阶级统计学，以"恢复中国统计学之传统"，硬说我们"在学习苏联和教学改革上犯了割断历史粉碎传统"的错误，并且"要使统计改变现有的一套说法"等等谬论，配合着社会上其他右派分子向党向社会主义进行了恶毒的攻击和诬蔑，妄图资本主义制度在我国复辟。在这样的大风浪里，一些资产阶级知识分子不仅在政治立场上发生动摇，而且在学术思想上对右派分子的某些谬论也曾引起共鸣。

....

近年来，我国统计学界也开展了对资产阶级统计学的批判工作，这是一个可喜的现象。但过去批判不仅次数较少，批判的深度广度尚嫌不够，而且联系我国实际情况，特别是解放后在统计出版物和教学中所暴露的资产阶级统计思想批判不够。我们这次批判工作，试图从统计教学与解放后所出版的一些统计书籍中所暴露的资产阶级统计学观点以及一些资产阶级统计学，进行一次系统的批判，以清除资产阶级统计学术思想在我国的流毒。我们深知，这一巨大工作是我们能力所不及的。参加这次批判工作的多数是青年学生，只在今年（1958 年）八、九月间集中四十天的时间进行的……

这本批判著作的开篇先概括了 1949—1957 年新中国建设初期统计学科批判资产阶级统计学的三个阶段：编者认为在 1949—1952 年间资产阶级统计学基本没有受到批判；1953—1955 年学习苏联，资产阶级统计学者嘴上也承认统计学是一门社会科学，但他们却在教材的取舍、课时的分配比例以及讲授的精略等方面，把马列主义的经济理论和政治经济分析抽掉，代之以抽象的条文和他们所"最感兴趣"的大堆抽象公式和数字计算；1956—1957 年从百花齐放到反右派斗争，资产阶级知识分子也受到了一次深刻的社会主义革命的教育，但在学术思想和教学观点上还动得不多，学术的思想批判还需要继续在一个比较长的时期内进行。

总之，这本书论述的核心是：统计学是一门具有强烈阶级性和党性的社会科学，而资产阶级统计学主张统计学是通用的科学、方法的科学是为资产阶级服务的，必须坚决、持久地进行批判和斗争。该书带有新中国成立后七八年整个批判斗争概括和总结的性质，书中点名批判的著作和人物也最多。

六、反保守，反教条，开展统计工作的"大跃进"

在经历了 1957 年大鸣大放和反右派运动后，1958 年全国开始整风运动。1958 年 4 月 2 日，薛暮桥局长在国家统计局全局干部大会上做了动员报告，4 月 16 日至 23 日全局召开 5 次批判教条主义的大会。[①] 各个司局分析解剖自己工作中的教条主义，比如过分依赖全面报表，忽视了重点调查和典型调查，开始反思学习苏联统计工作和制度照抄照搬，没有真正联系中国国情和实际的问题等。

1958 年 5 月，党的八大二次会议正式通过了"鼓足干劲、力争上游，多快好省地建设社会主义"的社会主义建设总路线，号召全党和全国人民，争取在 15 年或者更短时间内，在主要工业产品的产量方面赶上和超过英国。会上通过了第二个五年计划，提出了一系列过高的任务和指标。会后，全国各条战线迅速掀起了"大跃进"的高潮。8 月，中共中央政治局在北戴河举行扩大会议，提出 1958 年钢产量要在 1957 年 535 万吨的基础上翻一番，达到 1 070 万吨，作为 1958 年实现"大跃进"的主要步骤。会议还决定在农村普遍建立人民公社。为推进人民公社化，提前建成社会主义，各地开始宣传"人有多大胆，地有多大产"，粮食亩产量层层拔高。在工业上，为实现全年钢产量 1 070 万吨的指标，全国几千万人掀起了"全民大炼钢铁运动"，并且"以钢为纲"，带动了其他行业的"大跃进"，交通、邮电、教育、文化、卫生等事业也都开展"全民大办"，把"大跃进"运动推向了高潮。

1958 年 6 月 25 日到 7 月 8 日，国家统计局在河北省保定市召开"推广河北

---

① 本刊编辑部. 彻底解放思想　猛烧教条主义：国家统计局反教条主义大会纪要 [J]. 统计工作，1958（9）：4-13.

省改革统计工作的现场会"①。会议结束前，薛暮桥做了总结报告②，他的报告谈了
4个问题，分别是：一，统计工作如何才能大跃进；二，什么是统计工作的大跃
进；三，农村与城市统计工作的大跃进；四，苦战三月，全面跃进。

对于第一个问题"统计工作如何才能大跃进"，薛暮桥说：

> 过去几年，国家统计局在统计工作的领导上教条主义思想是相当严重
> 的。在这种思想的影响下，许多统计工作同志埋头业务，不问政治，为统计
> 而统计。统计工作如果不以政治为统帅，不是明确地为政治斗争、生产斗争
> 服务，它就会丧失灵魂，丧失生命力量，因而从生气勃勃变为死气沉沉。统
> 计工作者的思想解放，就是要从这种教条主义思想的束缚中解放出来，多
> 谈政治，少谈业务，明确树立政治领导业务的思想，并坚决执行党的群众
> 路线。
>
> 经过一年来的整风，特别是经过统计工作人员自己的反教条主义斗争，
> 许多同志的思想开始解放了。他们认真学习党的社会主义建设总路线，认真
> 研究社会主义建设高潮中，特别是工农业生产大跃进中出现的新情况和新问
> 题，努力使统计工作能够很好地为生产高潮和建设高潮服务，从而使统计工
> 作能够跟着也来一个大跃进。但是，还有许多统计工作同志，他们的思想仍
> 然没有解放，在他们的头脑中间，没有政治，只有业务，第一是统计，第二
> 是统计，第三还是统计。你要他谈情况，他就念报表数字；你要他谈问题，
> 他就讲制度方法；你要他谈如何跃进，他就说什么报表提早几天报送，至于
> 提早以后究竟起了什么作用，他却全不考虑。
>
> ⋯⋯⋯⋯⋯⋯
>
> 最近一个时期，在党的社会主义建设总路线的照耀下，我国的工农业生
> 产出现了一个震动世界的高潮。这个高潮，不是钻研业务出来的，而是政治
> 挂帅的结果。任何一个部门，只要破除了保守思想，破除了对科学技术的神
> 秘观点，充分相信群众，依靠群众、动员广大群众的积极性和创造性，就一
> 定能够出现过去意想不到的无穷无尽的力量，就一定能够出现过去意想不到
> 的生产高潮和建设高潮。同样地，河北省统计工作大跃进的经验，也充分证
> 明了，政治挂帅是保证统计工作大跃进的主要关键。河北省的统计工作大跃
> 进，并不是某些"统计专家"钻业务钻出来的，而是政治挂帅，破除了统计

---

① 全国统计工作保定现场会议全体代表. 向毛主席保证：苦战三个月，实现全国统计工作
的大改革，大跃进! [J]. 统计工作，1958（14）：1.

② 薛暮桥. 苦战三月，改变全国统计工作面貌，实现全国统计工作大跃进! [J]. 统计工作，
1958（14）：2-7.

工作中的教条主义和保守思想，破除了统计制度方法上的一些神秘观点所得到的结果，是在统计工作中贯彻执行了群众路线所得到的结果。……

在第二个问题"什么是统计工作大跃进"中，薛暮桥讲道：

什么是统计工作的大跃进呢？有些同志仍然抱着陈旧的观点，认为统计工作的大跃进，就是统计报表报得更及时、更正确、更全面。当然，统计报表应该争取及时、正确、全面，但假使这些统计报表对当前的工农业生产大跃进不起多大作用，还是为统计而统计，那就不能算是大跃进。统计工作是否跃进，既不在报表资料数量的多少，也不在报送时间的迟早，而在它对生产高潮、建设高潮所起作用的大小。脱离政治、脱离实际的统计，即使做到及时、正确、全面，也还是没有跃进。

…………

我们认为，统计工作大跃进的主要标志，大体上有下列两点：

第一是政治领导业务，把统计工作同群众的生产高潮紧密结合起来，及时掌握生产进度，发动群众评比，党政领导需要什么统计资料，我们就提供什么统计资料，政治运动、生产运动开展到哪里，统计工作就跟到哪里，彻底纠正过去脱离政治、脱离实际的倾向。……

…………

统计工作大跃进的第二个重要标志，就是要在各级党委的经常领导下，由统计部门统一组织，结合群众生产运动，发动广大群众来积极参加统计工作，为社会主义建设服务，贯彻执行统计工作的群众路线。……

薛暮桥的"多谈政治，少谈业务""最近一个时期，在党的社会主义建设总路线的照耀下，我国的工农业生产出现了一个震动世界的高潮。这个高潮，不是钻研业务出来的，而是政治挂帅的结果。任何一个部门，只要破除了保守思想，破除了对科学技术的神秘观点，充分相信群众，依靠群众、动员广大群众的积极性和创造性，就一定能够出现过去意想不到的无穷无尽的力量，就一定能够出现过去意想不到的生产高潮和建设高潮"的讲话，对全国统计工作和统计科研所产生的影响，是不言而喻的。

统计工作和统计事业的"大跃进"对高校统计学科的影响就是要积极投身到政治运动和生产建设中去。我们在1958年的《统计工作》和1959年初的《计划与统计》上看到中南财经学院计划统计系、厦门大学计划统计系和四川财经学院统计系接连刊登文章，介绍其联系生产实际进行教学科研的报道。

中南财经学院计划统计系"认真贯彻教育为政治服务，教育与生产劳动相结合的方针"，组织统计学专业四年级和计划专业三、四年级学生 100 余人，于 1958 年 6 月 25 日到 8 月 5 日，分赴武汉、黄石等地，下乡下厂，对实际工作中需要解决的问题进行了调查研究。在一个多月的时间中，在当地党政的领导下和业务部门同志的协助下，先后共写出专题论文和调查报告 100 余篇。[①]一些大学三、四年级的本科生，一个多月的时间，大约每个人都能写出一篇论文或一份调查报告，数字的"大跃进"已经开始。

厦门大学统计学专业"通过大鸣大放大辩论"，"严厉批判了理论脱离实际的做法，明确了教育为无产阶级政治服务，与劳动相结合的方针，教学面向生产面向地方的方针。在省计委的统一安排下进行实习……在短短几个月工作中，虽然任务重时间紧，但我们还写出了能解决实际问题的论文 70 篇。……在这期间，我们还根据为政治为生产服务的精神大胆的修订了教学计划教学大纲"。[②]

四川财经学院统计系的老师和学生，"在学院党的领导下，大搞科学研究。除本科四年级的学生和三位领导生产实习的教师早已赴重庆钢铁公司、重庆机床厂、重庆水轮机厂、610 纺织厂、重庆裕华纱厂等单位进行生产实习，并结合实习进行科学研究外，其余的师生和一部分职员，也已分为五组，分别到成都市苏坡人民公社……进行调查研究。在深入了解情况，充分掌握资料的基础上，提出问题，进行研究。截至目前止，该系师生已完成了科学论文 440 篇。"[③]

中南财经学院、厦门大学和四川财经学院的统计系科深入生产实际进行调查研究固然是好，但从 70 篇、100 余篇，再到 400 多篇的研究论文，从一个侧面能看到"大跃进"对统计学科的影响（见表 22-2）。

表 22-2 1958—1960 年统计工作反保守、反教条，实现全国统计工作"大跃进"的部分文章

序号	文章名	作者	刊号	期刊
1	反保守、反教条主义大字报集锦		1958 年第 9 期	统计工作
2	从一件事情看我们的保守思想	唐锦山	1958 年第 9 期	统计工作
3	彻底解放思想 猛烧教条主义——国家统计局反教条主义大会纪要	本刊编辑部	1958 年第 9 期	统计工作
4	反保守、反教条主义大字报集锦		1958 年第 10 期	统计工作

① 孙振声. 中南财经学院计划统计系联系生产、联系实际地进行毕业论文工作 [J]. 统计工作，1958（19）：20.

② 黄良文. 厦门大学统计教学的重大改革 [J]. 统计工作，1958（21）：15.

③ 何国坚. 四川财经学院统计系在大搞科学研究 [J]. 计划与统计，1959（1）：34.

续表

序号	文章名	作者	刊号	期刊
5	国家统计局薛暮桥局长六月二日在河南省统计工作座谈会上的讲话记录	薛暮桥	1958 年第 12 期	统计工作
6	利用统计数字插红旗 当好党的红旗手——山西、北京召开农村统计工作现场会议	北京市统计局农业科	1958 年第 12 期	统计工作
7	从另一件事情，也看我们的保守思想	陆宝琪	1958 年第 12 期	统计工作
8	是消极等待，还是敢做敢为？	王英魁	1958 年第 12 期	统计工作
9	要不得的埋怨情绪	潘一平	1958 年第 12 期	统计工作
10	从一件事中吸取经验教训	王恒青	1958 年第 12 期	统计工作
11	丢掉包袱 轻装前进！		1958 年第 12 期	统计工作
12	统计工作要配合总路线宣传活动	江苏统计	1958 年第 12 期	统计工作
13	鼓足干劲，苦干 20 天，改变北京市建筑企业统计工作面貌	金水	1958 年第 12 期	统计工作
14	苦战十天，改变面貌，让统计评比到处开花、分析研究蓬勃开展	唐山市统计局	1958 年第 12 期	统计工作
15	向毛主席保证——苦战三个月，实现全国统计工作的大改革，大跃进！	全国统计工作保定现场会议全体代表	1958 年第 14 期	统计工作
16	苦战三月，改变全国统计工作面貌，实现全国统计工作大跃进！	薛暮桥	1958 年第 14 期	统计工作
17	中南财经学院计划统计系联系生产、联系实际地进行毕业论文工作	孙振声	1958 年第 19 期	统计工作
18	厦门大学统计教学的重大改革	黄良文	1958 年第 21 期	统计工作
19	四川财经学院统计系在大搞科学研究	何国坚	1959 年第 1 期	计划与统计
20	关于统计学中几个重要问题的讨论——中国人民大学第七次科学讨论会统计分组会记要	中国人民大学统计系通讯组	1959 年第 9 期	计划与统计
21	拿起统计武器，为保卫党的总路线反对右倾机会主义而斗争	贾启允	1959 年第 12 期	计划与统计

第二十三章
20 世纪 50 年代的中印统计交流

　　1949 年新中国成立后，我国的统计制度和方法全面学习苏联。在统计调查领域，建立了以全面调查为基础的定期报表制度，从最基层的村级开始，逐级上报各种统计数据。但由于我国人口多、地域条件差别大、经济情况复杂并且比较落后，全面调查逐渐暴露出不足，特别是在家庭收入支出调查、农产量调查等方面，全面调查不仅数据不及时、不够准确，而且难以实施。

　　1954 年，国家统计局局长薛暮桥率团访问苏联，了解到苏联除了定期报表制度和普查以外，也用抽样调查方法收集农业、手工业等定期报表制度难以统计上报的数据。回国后，他在 1955 年 2 月召开的第四届全国统计工作会议上说："两年来的经验说明，我们在调查范围上往往强求全面，不善于运用重点调查、抽样调查等类方法，以致费力大而收效小。我们的年报应当力求全面，但月报则只能掌握重点。……对于更分散的经济（如私营小型工业、个体手工业和农业等）就必须善于运用抽样调查方法。过去我们所做抽样调查，由于方法不科学，所得结果出入很大。为使我们能够正确选择确有代表性的调查对象，并根据抽样调查所得到的资料来正确推算全面情况，我们便必须好好学习苏联在这方面的先进经验，要学习苏联中央统计局所编《统计理论》中的'抽样观察和其他非全面观察的方法'一节（中译本第一分册第八十七页）。最近我到苏联中央统计局去谈话，知道苏联在过渡时期也广泛采用抽样调查方法，但他们所用方法是科学的，而且在全国范围都是根据中央统计局的统一规定来进行的，所以调查所得到的结果的正确性就较高。我们在这方面经验还是很少，还非好好学习不可。"[①]

　　在谈到县区乡统计时，薛暮桥又说："改进县区乡统计工作的另一个重要问

---

① 薛暮桥. 第四届全国统计工作会议总结报告：国家统计局薛暮桥局长在第四届全国统计工作会议上报告 [J]. 统计工作通讯，1955（5）：1-7.

题，就是学习科学的调查统计方法。由于县区乡的调查对象，主要是分散的个体农业、个体手工业和小商小贩等，这些对象除某些指标可以普查外，一般都可采用抽样调查方法，或把普查与抽样调查结合进行。即使对农业生产合作社和手工业生产合作社，如果要想进行一些比较详细的观察，也非同时采用抽样调查或专题调查方法不可。因此学习科学的抽样调查和专题调查方法，是做好县区乡统计工作的必要条件。"①

从 1955 年春开始，国家统计局在苏联专家的帮助下，在全国开展了两项较大规模的抽样调查：农民家庭收支抽样调查和职工家庭收支抽样调查。1955 年的农民家庭收支抽样调查采取划类选点与机械抽样相结合的方法，在全国对 23 个省共 16 486 户农民 1954 年家庭收支情况进行了一次调查。这是我国首次在全国范围进行的抽样调查。在总结农民家庭收支抽样调查的基础上，1956 年对全国职工家庭收支情况进行了抽样调查。调查对象为全国 10 个主要工业部门国营与公私合营的职工家庭。采用类型比例与机械抽样相结合的方法，将 10 个工业部门按平均工资水平排队，确定了 27 个城市，选定企业后，再按照职工工资高低，等距抽选了 6 000 户家庭进行调查。

当年曾参与设计和实施的龚鉴尧撰文写道："这一时期抽样调查在我国的应用，还处于试点和初级阶段，多是采用'划类选点'型的有意抽样，即使一些叫做'类型抽样'或'机械抽样'的方案，在抽样方法上也给予很大的灵活性和随意性，并未严格按照随机原则来抽取样本。"②

国家统计局虽然从 1955 年开始实施抽样调查，但由于未按照随机原则，因而推算的全国数据并不科学准确。例如在农民家庭收支调查中，先是用典型调查的方式在一个县的成百上千个初级社、高级社中选一两个作为代表，计算该社所有家庭的平均收入，并用这一平均数作为所有此类（初级社或高级社）的收入。③ 显然，这一典型社的选取就成为数据代表性误差大小的关键。

1956 年，中苏之间产生矛盾和裂纹。正是在这种背景下，由于印度与我国发展阶段相近，印度的农业统计和抽样调查在国际上首屈一指，在 1956—1958 年迎来了中印统计交流的高潮。

---

① 薛暮桥. 第四届全国统计工作会议总结报告：国家统计局薛暮桥局长在第四届全国统计工作会议上报告 [J]. 统计工作通讯，1955（5）：1-7.
② 龚鉴尧. 我国抽样法研究与实践的发展 [J]. 西安统计学院学报，1994（2）：7-14.
③ 倪兴汉. 目前农业统计中运用非全面调查方法的一些问题 [J]. 统计工作，1957（8）：21-22.

一、王思华率团访印

1949 年 10 月新中国成立后,印度在 1950 年 4 月 1 日就与我国建立正式外交关系,是第一个与中华人民共和国建交的非社会主义阵营的国家。1954 年 6 月,周恩来总理访问印度;同年 10 月 19 日,尼赫鲁总理访问中国,毛泽东 3 次会见尼赫鲁并参加印度驻华使馆的招待会。访问期间,尼赫鲁向周恩来通报了印度统计之父、著名统计学家马哈拉诺比斯(P. C. Mahalanobis)[①]在统计和计划领域所做的工作[②]。这两次访问极大地促进了两国的交往。

1956 年,两国的统计交流达到高潮。同年夏天,三个印度计划委员会代表团访问了中国,其目的是学习研究中国对国民经济实施计划管理的方法和经验。第一个代表团由马哈拉诺比斯担任团长,团员有统计学家慕克基(M. Mukherjee)和纳塔拉詹(R. Natarajan)以及皮坦巴尔·潘脱(Pitambar Pant),临出发时马哈拉诺比斯生病,改由他的学生、计划委员会的秘书皮坦巴尔·潘脱代为负责。该代表团于 7 月 12 日抵达北京,访问长达 40 天。在此期间,他们与多个部门的官员、计划工作者和统计工作者举行了 36 次特别座谈。他们主要居住在北京,但也游历了中国各地,参观了著名的鞍山钢铁厂以及天津、长春、沈阳、上海和广州等城市。这样的旅行"给了印度代表团一个机会,让他们看到省、市两级计划和统计部门的工作"[③]。在离开中国之前,代表团前往北戴河,与周恩来进行了两个小时的交谈。他们介绍了印度的抽样调查等方法。最后,潘脱还邀请中国派代表团 12 月赴印参加在加尔各答举行的印度统计学院(Indian Statistics Institute,ISI)25 周年庆典。周恩来当即确认中国将派代表团参加,也同意派出一个研究学习小组前往印度统计学院。然后,他又说道:"我自己也希

---

① 普拉森塔·钦德拉·马哈拉诺比斯(Prasanta Chandra Mahalanobis,1893—1972),出生于印度加尔各答,对统计理论与实践,特别是抽样调查的理论与实践做出了重大贡献。马哈拉诺比斯 1912 年获加尔各答大学物理学学士学位,1915 年从英国剑桥大学毕业,1931 年在印度创办印度统计学院,1946 年任联合国统计委员会委员,1947—1948 年任该会副主席,1954 年、1956 年连任联合国第 8、9 届统计委员会主席。1949 年起为印度内阁的统计顾问。马哈拉诺比斯提出了著名的"马氏距离"(Mahalanobis Distance),表示数据的协方差距离,是一种计算两个样本集相似度的方法。

② 《人民日报》1956 年 1 月 26 日(印度共和国日)发表的一篇文章赞扬了印度在经济建设方面取得的成就,并提到了马哈拉诺比斯在制定第二个五年计划中发挥的作用。

③ Indian Statistical Institute. Annual report:April 1956—March 1957[R]. Kolkata,1957:84.

望12月中旬到加尔各答时，能与马哈拉诺比斯教授见面。"[1]中印官方之间的统计
交流正式开始。

周恩来在1956年底访问印度时，于12月9日专程访问了印度统计学院，受
到马哈拉诺比斯的热情接待。[2]

周恩来到访的两天后，即1956年12月11日，由国家统计局副局长王思华
担任团长的中国统计代表团来到印度，成员包括：国家统计局农业统计司司长黄
剑拓，中国人民大学教授戴世光，国家统计局研究员、国家统计局交通运输统计
处副处长孙世铮。[3]代表团的首要任务是参加印度统计学院25周年庆典。

周恩来总理批示同意王思华率团赴印访问

国家统计局此前只同苏联和东欧社会主义国家有所来往，此次访问印度，是
新中国成立后政府统计部门首次对非社会主义国家的访问。代表团的出访任务和
人员组成由国家统计局上报国务院副总理李富春，最后由周恩来总理批准。代表
团出访前，李富春副总理要求代表团："除去参加纪念会外，要考察一下印度的
统计工作，重点是农业统计，要注意他们农业统计中的抽样调查。"[4]代表团赴印

---

① 国家统计局接待办公室. 印度马哈拉诺比斯教授访华情况简报（第1—14期）[R]. 档案
号外交部 105-00530-06.

② 陪同周恩来的有国务院副总理贺龙，中国驻印度大使潘自力，外交部部长助理，西孟
加拉邦首席部长，印度驻中国大使. 参见国家统计局统计资料管理中心. 统计文史：第四辑
[M]. 北京：国家统计局，2014：7.

③ 国家统计局统计资料管理中心. 统计文史：第四辑 [M]. 北京：国家统计局，2014：8.

④ 戴世光于1968年3月31日所写材料，未刊，中国人民大学档案馆存。

途中经过缅甸仰光时，周恩来总理刚好访问完印度回国路过仰光。周恩来总理在仰光接见了代表团，叮嘱代表团："要注意友好关系，考察统计工作要多做调查研究，要学习，但不要硬抄硬搬。"①

印度统计学院成立 25 周年庆典盛况空前。不仅中国和苏联派遣了官方代表团，另有 12 个国家的统计学者与会，包括英国的罗纳德·A. 费希尔（Ronald A. Fisher）和弗兰克·耶茨（Frank Yates）、美国的 J. 奈曼（Jerzy Neyman）和莫里斯·H. 汉森（Morris H. Hansen）等世界统计名人。庆典大会在 12 月 17 日举行，王思华代表中国国家统计局对印度统计学院表示祝贺，并希望扩大中印统计交流。

1957 年 12 月 17 日庆典大会上王思华代表中国国家统计局致词
（坐者左二起：马哈拉诺比斯、费希尔；站立者左为王思华；站立者右为翻译孙世铮）

王思华代表中国国家统计局向印度统计学家转达了中国统计工作者的亲切问候，他称赞印度统计学院在理论和实际应用方面取得的成就，对抽样调查和农业统计的进展给予了高度赞扬。他说："在这些领域，印度统计学院不仅积累了计划和政策制定方面的数据，而且积累了大量宝贵的经验和方法，这不仅对印度有用，而且对包括中国在内的其他国家也是有益的。"王思华还强调了两国存在的相似之处，表示，中国的统计学家希望遵循毛主席的指示，即"必须通过向印度统计学家学习，以进一步向其他国家学习"②。

庆典的学术报告从 1956 年 12 月 18 日开始，一直持续到 1957 年初。费希尔一连三天做了三场报告，奈曼也做了两场。

① 戴世光于 1968 年 3 月 31 日所写材料，未刊，中国人民大学档案馆存。
② 王思华. 考察印度统计工作的报告 [R]// 国家统计局：统计工作重要文件汇编：第三辑. 北京：统计出版社，1959：90-97.

Appendix 2F

LECTURES, SEMINARS AND SYMPOSIA DURING THE TWENTY-FIFTH ANNIVERSARY
CELEBRATIONS: DECEMBER 1956 TO JANUARY 1957

18 December 1956:

PROFESSOR T. KITAGAWA (*Japan*): The logical aspects of successive processes of statistical inference.

SIR RONALD A. FISHER (*UK*): Statistics in scientific work.

19 December 1956:

DR. Q. M. HUSSAIN (*Pakistan*): Recent contributions to design of experiments.

DR. U. S. NAIR: Study of maternity rates.

PROFESSOR T. KITAGAWA (*Japan*): Application of design of experiments to Japanese engineering.

SIR RONALD A. FISHER (*UK*): Probability in the sciences.

20 December 1956:

PROFESSOR V. M. DANDEKAR: Fisherian inference.

SRI N. CHAKRAVARTI: Organization of a State Statistical Bureau.

DR. M. ZIAUDDIN (*Pakistan*): On symmetric function statistics.

PROFESSOR S. K. TAI (*China*): 1953 Population census of China.

DR. F. YATES (*UK*): Statistical aspects of agricultural planning.

PROFESSOR S. H. WANG (*China*): On the coordination between the industrialization and agricultural cooperation.

SIR RONALD A. FISHER (*UK*): Probability in the sciences.

PROFESSOR J. S. NEYMAN (*USA*): Statistics, the servant of all sciences.

12 月 20 日的会议议程[①]

12 月 20 日前三位报告人是印度和巴基斯坦专家，介绍印度统计局的组织架构等。第四位是戴世光，题目是《中国 1953 年的人口普查》。第五位是耶茨，题目是《农业计划的统计问题》。接下来第六位是王思华，报告题目是《中国工业与农业的协调发展》。第七位是费希尔，他当天谈的是《科学研究中的概率问题》。当天最后一位报告的是奈曼，他讲的是《统计学是所有科学的仆人》。中国代表团的王思华、戴世光与费希尔、奈曼、耶茨同台演讲，实为难得。

为了进一步考察了解印度统计方法和抽样技术，代表团在加尔各答参加完印度统计学院 25 周年庆典后，赴德里访问，考察印度统计局、农业部、农业统计研究所以及内政部机关的统计工作，于 1957 年 1 月 16 日回到北京。王思华随后在国家统计局的刊物《统计工作》（半月刊）1957 年第 6 期上，发表了《介绍印度统计工作，积极开展全国抽样调查》的文章[②]。黄剑拓在《统计工作》1957 年第 7 期上发表了《印度农业统计工作》[③]，戴世光在《统计工作》1957 年第 9 期发

---

① Indian Statistical Institute. Annual Report: April 1956—March 1957[R]. Kolkata, 1957: 57.

② 王思华. 介绍印度统计工作，积极开展全国抽样调查 [J]. 统计工作，1957（6）: 8-10, 17.

③ 黄剑拓. 印度农业统计工作: 考察印度统计工作观感 [J]. 统计工作，1957（7）: 11-14.

表了《印度的全国抽样调查——社会经济调查》[①]。

王思华的文章分成四个部分，分别是：印度统计工作的组织情况；印度统计工作的特点；印度的全国抽样调查；一个建议。他在文章的前言中说："我们自 1956 年 12 月 11 日至 1957 年 1 月 16 日，在印度考察了统计工作，特别是农业统计工作。印度的抽样，在全国使用很广，并且设有专门机构，他们在这方面已积累了很多经验，调查方法不断改进，因此，抽样调查成为我们这次考察的重点。"

关于印度的统计组织，王思华介绍说：

在印度独立以前，有关全国国民经济发展的统计资料，是十分贫乏的。印度独立后，印度总理尼赫鲁积极主张建立全国的统计组织和统计工作。1949 年成立国民收入委员会，发现统计资料缺乏而片断，为了搜集有关国民收入的统计资料，1950 年成立了全国抽样调查局。国民收入委员会是以印度著名的统计学家马哈兰诺比斯（即马哈拉诺比斯——笔者注）教授为主席，并由他起草了组织全国抽样调查的计划。

全国抽样统计局，隶属于印度内阁秘书厅，内分三大部：（一）社会经济调查部；（二）农业收获率调查部；（三）大工业抽样调查部。现共有工作人员 1 300 多名，分散在各地区工作。

印度全国抽样调查局，只管实地调查。至于全国抽样调查的设计和调查表式的制定，以至调查资料的整理研究，则由全国抽样调查局委托印度统计学院来作。因为印度统计学院拥有许多抽样调查专家。

此外，在印度内阁秘书厅下，还有一个中央统计组织——中央统计局，它是 1950 年成立的。……

关于印度统计学院，文章做了介绍：

印度统计学院，实际上已成为印度政府经常统计工作研究和改进的中心。它的主要工作就是全国抽样调查的设计、统计资料的整理研究和统计专门人才的培训。经过 25 年的发展，印度统计学院现有工作人员约 1 400 名。其中为全国抽样调查而工作的，共约有 850 人。

…………

[①] 戴世光. 印度的全国抽样调查：社会经济调查 [J]. 统计工作，1957（9）：2-6. 这篇文章在本质上只是陈述事实，并未试图为中国提出建议。

该院院长马哈兰诺比斯教授多年来从事于国际活动，他于 1949—1951
年任联合国所设的统计抽样委员会主席，从 1954 年起任联合国统计委员会
主席。他自 1949 年起兼任印度内阁的统计顾问。

关于印度统计资料的收集，文中介绍：

主要的方法是采用抽样调查。印度除了每 10 年进行一次人口普查，每
5 年举行一次牲畜、农具普查，一年一次的 29 种大工业普查而外，所有其
他有关国民经济情况，例如农作物的产量、全部的工业、农村社会经济情
况、城市职工生活情况，则都是采用抽样调查方法。……
          …………
……印度的统计工作，主要是依靠随机抽样调查，而随机抽样调查的理
论，是数理统计，是机率论。印度对数理统计研究很深，特别在统计技术上
钻研很深。……

关于印度全国抽样调查，文章说：

印度是一个农业大国，农户约有五千多万户，要想从每户搜集资料，就
需要大量的调查员，这是很不经济的。采用抽样方法，只需派出较少的调查
员到较少的农户（抽样户）中去进行调查，这样所花费的成本是较低的。

在印度，一般普查资料的汇总和印刷，从设计、实地调查、资料的整理
加工到印刷完毕，一般需要一、二年以上，而全国抽样调查所得的资料，整
理起来则比较快。

在各种调查中，都会使资料产生一些误差。这些误差，一种是属于抽样
调查所特有的，叫做抽样误差；一种是所有的调查（也包括全面调查）所共
有的误差，叫做非抽样误差。在印度，进行全面调查时发生误差的机会比抽
样调查为多，因为全面调查中的调查人员，能力较弱，训练较少。

他们认为抽样调查是较经济、较快、又较正确。所以，在印度，抽样调
查的应用很广。他们认为随机抽样调查是避免主观偏见的最好方法。他们认
为抽样调查是在调查范围很大、调查地区很广，而又要在短时间内取得资料
的唯一经济可行的办法。

根据此次印度考察的结果，王思华在文章最后提出建议：

根据我们最近对印度统计工作的考察所得，参照苏联运用定期统计报表和抽样调查相结合的经验，并根据我国目前统计工作具体情况，建议：在我国积极地开展全国抽样调查工作，广泛地搜集有关社会经济各方面的活情况。

目前我国统计工作的情况是：一方面统计报表太多太滥，另一方面各级党政领导机关又感统计资料不能完全满足需要，为了迅速纠正这种不合理的现象，为了防止或减少各部门滥发不科学的或劳民伤财的统计报表，只有在全国迅速实行科学的抽样调查。

…………

全国抽样调查工作的主要内容应该是：在去年国家统计局所布置的农民和职工家庭收支调查的基础上，建立比较完整的科学的（一）农村社会经济调查和（二）城市社会经济调查。……

王思华的文章代表国家统计局正式宣告在全国扩大开展抽样调查。

在同期《统计工作》（1957 年第 6 期）上，还刊登了《国家统计局薛暮桥局长在机关全体干部大会上的报告记录》[①] 和副局长孙冶方《关于农家收支调查中的几个问题》[②]。薛暮桥在 1957 年工作安排方面谈道："各种调查方法要很好研究和安排。目前我们经常采用的统计调查方法主要有三种。第一种是定期报表，如月报、季报、年报等。第二种是一次性普查，如私营工商业普查、物价普查等。第三种是抽样调查，我们的职工和农民家庭收支调查就采用抽样调查。抽样调查方法的应用范围今后还要扩大，因为我国六亿人口，幅员广阔，情况繁杂，什么都进行普查，既不可能，也无必要。而且在很多方面也只能采用抽样调查，例如对经济生活中交换、分配、消费等方面的研究等。"

为了配合王思华文章和薛暮桥讲话"扩大抽样调查"的应用，《统计工作》同期还专门发表题为《积极地在全国范围内开展抽样调查，广泛地搜集统计资料》的社论。社论写道：

为着反映我国这种复杂的经济发展过程及其变化情况，我们就不能完全依靠全面的定期统计报表，如果这样做，势必劳民伤财，不能以少量的人力和财力而收到更大的效果。只有组织科学的抽样调查，才能事半功倍。因

---

① 薛暮桥. 国家统计局薛暮桥局长在机关全体干部大会上的报告记录（1957 年 2 月 16 日）[J]. 统计工作，1957（6）：1-6.

② 孙冶方. 关于农家收支调查中的几个问题 [J]. 统计工作，1957（6）：11-17.

为在进行抽样调查中，调查的对象可以比全面调查少得很多，可以少到千分之一，甚至万分之一。而调查的指标，在调查的范围不大的情况下，可以更多。……

　　…………

　　在过去，我们统计机关只习惯于并且满足于利用定期统计报表或普查来搜集统计资料，对于科学的抽样调查并不熟悉或不够熟悉。今后必须改变这种情况，好好学习抽样调查，并使它在全国内广泛地开展起来。[①]

社论强调"要好好学习抽样调查，并使它在全国内广泛地开展起来"，"统计是一门科学，我们大家应该向科学进军"。这样，对抽样调查的重视就提高到一个新的高度，对抽样调查理论方法研究和人才培训事宜也立即提上日程，从而在我国统计和统计学界掀起了学习、研究、宣传抽样调查方法的热潮。

二、马哈拉诺比斯访华[②]

（一）访问的准备

周恩来总理1954年与印度总理尼赫鲁互访时已经了解到印度在农业抽样调查方面很有特点和成就，1956年12月初又在访问印度时专门访问了印度统计学院并欢迎马哈拉诺比斯访华。因而，1957年夏（6月19日至7月12日）马哈拉诺比斯的访华就引起中国外交部、国家计委、国家统计局等的高度重视，从1957年3月起，外交部、我国驻印度大使馆、国家计委、国家统计局等就开始了准备工作。

经过我国驻印使馆在中间沟通联系，最后确定由国家统计局、中国人民大学、中国科学院经济研究所共同邀请并接待，以上三家单位在1957年5月底联合拟文《关于接待印度马哈拉诺比斯6月中旬来我国讲学、参观访问的报告》[③]，上报国务院。报告写道：

---

① 社论：积极地在全国范围内开展抽样调查，广泛地搜集统计资料 [J]. 统计工作，1957（6）：6-7.

② 此部分内容的主要参考资料为：外交部存档的由国家统计局接待办公室编写的《印度马哈拉诺比斯教授访华情况简报》（第1—14期）[R]，档案号外交部 105-00530-06.

③ 国家统计局. 关于接待印度马哈拉诺比斯6月中旬来我国讲学、参观访问的报告 [R]. 档案号外交部 105-00530-05.

··········

马这次来我国讲学，是通过外交部，以国家统计局、人民大学、科学院经济研究所名义联名邀请的。请他讲学的主要内容是关于：统计抽样调查问题，数理统计学的成就及在实际工作中的应用问题。……马现年 64 岁，现任印度内阁名誉统计顾问、联合国统计委员会主席，（是）印度著名统计学家、享有国际声誉。他是印度政府第二个五年计划起草人。马是尼赫鲁总理的私人朋友，顾①得尼赫鲁的重视。

我们接待他们，采取真诚和友好的态度，以进一步加强中印友谊和在统计学术方面的密切联系，虚心地向他们学习、真诚地征求他们的意见、遵守求同存异的原则、避免社会制度或意识形态问题的争论。向马介绍我国国民经济发展情况和统计工作情况时，既介绍成绩和进步的方面，也要适当介绍缺点和落后的方面。

马来华前拟发一则新闻，来华后，拟请总理及李富春或薄一波副总理接见一次，举行一次小型宴会、作一次广播录音，并准备在报纸上或杂志上刊登一些学术报告。……

为作好这次接待工作，由国家统计局付局长②王思华，农业司长黄剑拓，科学院经济研究所所长狄超白，计委世界经济研究局局长勇龙桂，中国人民大学计划统计系副主任祁鹿鸣，教授戴世光等六同志组成接待小组，王思华同志担任组长。由国家统计局负责成立接待办公室办理一切具体接待手续。

接待报告附上了详细的日程安排和"学术演讲及实际工作座谈问题提要（供马教授参考）"。代表团计划 6 月 19 日由深圳入境，6 月 21 日抵京，7 月 14 日去上海、杭州，7 月 16 日抵广州，7 月 18 日经过香港返回印度，整整一个月。代表团最后确定除马哈拉诺比斯夫人同行外，印度统计学院抽样方法专家拉希瑞（D. B. Lahiri）也同行。

中方希望马哈拉诺比斯演讲和交流的主要内容有：

一、学术演讲部分

1. 十年来世界各国数理统计学的发展

2. 印度统计学院研究数理统计学的新成就及其对实用科学与国民经济活

———————————

① 原文如此，"顾"疑为"颇"的笔误。

② 原文如此，"付局长"现在的表述为"副局长"。

动方面的贡献

3. 印度计划经济与计划方法

二、专题报告部分

甲. 抽样理论方面

1. 交叉抽样法的理论根据及其应用于检查误差的经验

2. 抽样调查中同时观察多个变数，在确定样本数目的理论问题

3. 随机抽样原则与有目的的抽样的理论与实践问题

乙. 国民经济研究方面

1. "度量经济" 在经济计划工作中的应用价值

2. "投入 – 产出" 法在研究国民经济综合平衡问题中的作用及其经验

三、业务研究（座谈会）部分

甲. 抽样调查方面

1. 抽样调查在工业、农业、建筑业，以及分配、流通、消费方面的应用范围与条件

2. 组织全国范围抽样调查时，在确定样本数量，抽样方法上兼顾各地区抽样代表性的可能性及其解决途径

3. 在实际工作中，确定样本数目时对于客观对象某一变数的变异程度、误差范围及主观力量（调查经费及人员）诸因素的衡量方法和实际经验

4. 机械抽样时所依据的标识问题——选择中立标识与变数有关的问题

5. 其他临时商定的问题

乙. 经济研究方面

1. 印度估算国民收入，在方法和理论上的研究方法及其措施

2. 印度经济建设计划中影响私营经济部分实现国家计划的问题

3. 筹措建设资金所采取的 "赤字拨款法" 及其应用

丙. 其他有关统计业务与培养高级专家的各种问题

从以上所列问题来看，显然，一部分理论问题出自高校，如 "十年来世界各国数理统计学的发展" 等，更多的实际抽样问题和经济统计问题来自统计部门。不仅中方对印度代表团提出演讲问题和要求，马哈拉诺比斯在来中国前也做了充分的准备，向中方国家计委、国家统计局、人民大学和北京大学等提出了一份更长的问题清单，包括：

一、编制长期计划的方法

二、计划的方法与技术

三、计划机构

四、人口与劳动力

五、生产总值与国民收入

六、物质生产

七、资源

八、贸易与价格

九、冶金工业与重型机械制造工业

十、技术的进步

十一、科学技术人员的训练

十二、中国与印度关于统计与计划工作方面的合作

对这 12 个领域，马哈拉诺比斯都提出了具体问题，共 73 个大问题。这充分显示印度方面热切希望借此访问机会学习了解中国经济建设的情况和经验。

（二）访问的日程

自 6 月 19 日马哈拉诺比斯一行 3 人从深圳入境，一直到 7 月 12 日经深圳离境，国家统计局的接待办公室编写了 14 期简报，详细记录了他们在中国 24 天的全部活动，为我们在半个多世纪后追记这段中国统计学发展历史上的重要学术活动提供了宝贵的资料（见表 23-1）。

表 23-1　马哈拉诺比斯教授访华日程安排

时间	上午	下午	晚上
1957年6月19日（周三）	马哈拉诺比斯及夫人、拉希瑞从香港抵达深圳，黄剑拓与翻译贺载之专程迎接并陪同北上	乘火车下午 3：00 到广州站，陈应中、郭凌等迎接	宿广东省委迎宾馆
20日（周四）	参观广州市三元里农业生产合作社		
21日（周五）	乘飞机赴北京	下午 3：00 抵京，薛暮桥、王思华、祁鹿鸣、戴世光、巫宝三、徐伟、勇龙桂、陈翰笙、拉·库·尼赫鲁夫妇等到机场迎接，王思华、戴世光等陪同到北京饭店下榻	王思华、黄剑拓、戴世光等在北京饭店陪同进餐

续表

时间	上午	下午	晚上
22 日 （周六）	上午 10：00，马哈拉诺比斯、拉希瑞拜访国家统计局，薛暮桥、邹鲁风、谢鑫火接见，王光伟、勇龙桂、王思华、黄剑拓、戴世光等在座，谈话内容主要是访问安排与演讲内容等		晚 7：00 在北京饭店设欢迎宴会，国家统计局薛暮桥、孙冶方、王思华、黄剑拓，中国人民大学邹鲁风、祁鹿鸣、戴世光、陈余年，中国科学院谢鑫火、狄超白、巫宝三、徐钟济，国家计委王光伟、勇龙桂，中印友好协会陈翰笙，北京市统计局徐伟，著名学者陈岱孙、陈达等 30 多人参加，印度使馆参赞辛格夫妇出席
23 日 （周日）	马哈拉诺比斯夫妇身体不适，休息；拉希瑞由贺载之陪同游览八达岭长城和明十三陵		
24 日 （周一）		马哈拉诺比斯与拉希瑞到国家统计局座谈抽样调查（一，抽样调查的一般问题），薛暮桥等参加	
25 日 （周二）	马哈拉诺比斯与拉希瑞到国家统计局座谈抽样调查（二，有意抽样与随机抽样），国家统计局孙冶方、王思华、赵艺文、石青、许刚，研究员关淑庄、朱鹤龄、尹智麒、孙世铮，中国人民大学祁鹿鸣、戴世光、陈余年，中国科学院徐钟济等参加		代表团游览北海
26 日 （周三）	王思华陪同代表团游览故宫	薛暮桥陪同代表团旁听周恩来总理在第一届全国人民代表第四次会议上的《政府工作报告》	
27 日 （周四）	马哈拉诺比斯到国家统计局做第一次抽样调查演讲《根据印度的经验，谈谈抽样调查的几个问题》，北京相关部门 300 人参加		

续表

时间	上午	下午	晚上
28 日 （周五）		马哈拉诺比斯到国家统计局做第二次抽样调查演讲《以交叉抽样控制抽样调查误差的问题》，北京相关部门 300 人参加	
29 日 （周六）	马哈拉诺比斯与拉希瑞到国家统计局座谈抽样调查（三，职工与农民家庭收支调查问题），国家统计局孙冶方、王思华、赵艺文、石青、许刚、研究员关淑庄、朱鹤龄、尹智麒、孙世铮、中国人民大学祁鹿鸣、戴世光、陈余年，中国科学院徐钟济等参加		当天是马哈拉诺比斯的生日，晚 7:00 薛暮桥在北京饭店为马及代表团设便宴，薛暮桥夫妇、孙冶方、王思华夫妇等参加
30 日 （周日）	马哈拉诺比斯与拉希瑞游览天坛、雍和宫		
7 月 1 日 （周一）	马哈拉诺比斯与拉希瑞游览颐和园	马哈拉诺比斯与拉希瑞到国家计委座谈，主要是马提出了解中国长期计划问题	
2 日 （周二）		马哈拉诺比斯在国家计委做《印度计划工作的主要经验》报告，王光伟副主任主持，250 人参加	马哈拉诺比斯与拉希瑞到缅甸驻华使馆参加东南亚 11 国的外交代表向周恩来总理献礼的仪式
3 日 （周三）	李富春、薄一波副总理在国家计委会见马哈拉诺比斯和拉希瑞，薛暮桥、王光伟、勇龙桂、王思华在座		晚 7:00，印度驻华大使为马举行欢迎宴会，李富春、薄一波，外交部章汉夫，国家计委王光伟、宋平、勇龙桂，国家统计局薛暮桥、孙冶方、王思华、黄剑拓，中国科学院郭沫若、谢鑫火、狄超白、巫宝三，中国人民大学邹鲁风、祁鹿鸣、戴世光、陈余年等参加

续表

时间	上午	下午	晚上
4 日 （周四）	代表团 3 人共同游览天坛	马哈拉诺比斯和拉希瑞分别到国家统计局座谈：马哈拉诺比斯座谈国民收入，孙冶方主持，杨波、岳巍、陈先、巫宝三参加；拉希瑞座谈抽样调查，黄剑拓主持，国家统计局抽样调查干部 20 余人参加	代表团赴辛格参赞家宴
5 日 （周五）	马哈拉诺比斯与夫人游览中山公园	马哈拉诺比斯在北京大学讲《数理统计的发展及其在社会科学方面的应用（上）》，中国人民大学与北京大学联合举办，严仁庚教务长主持，280 人参加	严仁庚设家宴招待代表团，马寅初等参加
6 日 （周六）	马哈拉诺比斯在中国人民大学继续讲《数理统计的发展及其在社会科学方面的应用（下）》，邹鲁风主持，人员与前日下午在北京大学时相同。中午，中国人民大学在萃华楼宴请代表团	马哈拉诺比斯在国家统计局座谈抽样调查（四，误差的计算与控制），王思华主持。拉希瑞在中国人民大学座谈数理统计	
7 日 （周日）	马哈拉诺比斯和夫人在王思华、黄剑拓陪同下游览十三陵		王思华、黄剑拓在丰泽园宴请代表团
8 日 （周一）	马哈拉诺比斯到卫生部座谈，妇幼卫生司司长杨崇瑞等参加。随后到国家统计局了解中国机械工业情况，陈先、勇龙桂、景林、王思华、黄剑拓等参加	马哈拉诺比斯继续在国家统计局了解中国情况。拉希瑞到中国科学院经济研究所座谈概率论问题，巫宝三主持，中国科学院、北京大学、中国人民大学等单位 40 余人参加	晚 7:30，马哈拉诺比斯夫妇在北京饭店举行答谢宴会，薛暮桥夫妇、孙冶方、王思华夫妇、黄剑拓、邹鲁风夫妇、祁鹿鸣、戴世光、陈余年、狄超白、巫宝三、王光伟、勇龙桂、陈先、严仁庚夫妇、北京医院赵淑媛等出席
9 日 （周二）	马哈拉诺比斯与夫人拜访印度朋友，拉希瑞到国家统计局座谈抽样调查		晚 7:00，周恩来总理和夫人邓颖超在中南海会见并宴请马哈拉诺比斯及夫人、拉希瑞，薛暮桥、王思华、印度驻华大使拉·库·尼赫鲁夫妇在座

续表

时间	上午	下午	晚上
10 日 （周三）	马哈拉诺比斯在北京饭店会见《大公报》记者		晚 7:00，国家统计局、中国人民大学和中国科学院经济研究所三家邀请单位在颐和园听鹂馆为代表团举行欢送宴会，薛暮桥夫妇、孙冶方、王思华夫妇、黄剑拓、张应武、邹鲁风、祁鹿鸣、戴世光夫妇、陈余年、狄超白、巫宝三、王光伟、勇龙桂、陈先、摄影记者陈卓志、辛格参赞等出席
11 日 （周四）	早 7:00，代表团在国家统计局办公室副主任张应武及翻译贺载之陪同下乘飞机赴广州，薛暮桥、王思华夫妇、黄剑拓、祁鹿鸣、戴世光、陈余年、巫宝三、辛格等到机场送行	代表团下午 4:00 抵达广州，陈应中、郭凌等迎接	晚 6:00 广东省副省长安平生会见并为代表团践行
12 日 （周五）	早 8:00 代表团在张应武及广东省统计局办公室主任罗湘林陪同下乘火车前往深圳出境		

代表团访华日程原计划 1 个月，7 月 14 日赴上海、杭州参观访问，7 月 18 日离境。但马哈拉诺比斯和夫人抵京后不久就感觉不适，7 月 23 日周日全天在饭店休息，北京医院派了年轻有为的赵淑媛大夫自始至终照顾他们夫妇，他们对赵大夫十分感谢。也是由于马哈拉诺比斯夫妇身体的原因，他们缩短了访华的行程，取消了对上海和杭州的访问，提前于 7 月 12 日离境回国。

（三）高规格接待

1957 年 6 月 19 日上午，马哈拉诺比斯一行经深圳进入中国。国家统计局农业统计司司长黄剑拓、广东省统计局办公室主任罗湘林和国家统计局翻译贺载之专程从北京、广州前来迎接，贺载之作为翻译全程陪同代表团。当天下午 3 时许，代表团一行 3 人和陪同人员乘火车抵达广州。广东省统计局局长陈应中、广州市统计局长郭凌到车站迎接。在从深圳至广州的火车上，马哈拉诺比斯希望了解中国物理学、动植物遗传学的状况，以及中国科学研究和文教机关中薪金支出的比例等问题，特别表示希望见到北京大学许宝騄教授，由此可见许宝騄先生在马哈拉诺比斯心中的位置。在北京的3周多时间里，接待办公室举行了盛大的欢迎宴会，陈岱孙、陈达等知名学者参加，戴世光、巫宝三、徐钟济等参加了马哈拉诺比斯多次演讲和学术交流活动，但许宝騄没有露面。马哈拉诺比斯到7月5日下午到北京大学演讲，北京大学教务长严仁庚主持，并在演讲结束后在家中设便宴招待马哈拉诺比斯与拉希瑞，北京大学校长马寅初出席，许宝騄也没有出席，这不能不说是马哈拉诺比斯访问中的遗憾。

6月20日上午，代表团在黄剑拓、陈应中、郭凌的陪同下参观了广州市三元里农业生产合作社，了解广东省农家收支、广州市职工家计和广东省粮食产量抽样调查情况。当时，这些抽样调查采取苏联模式的"目的抽样"方法①。当被告知抽样调查的误差仅为2%时，马哈拉诺比斯当即表示怀疑。他指出，对于这种（目的）抽样调查，误差应该更高，并补充道，这种抽样误差在苏联高达15%，美国1950年耕地面积抽样调查误差为12%，德国、日本耕地面积抽样调查误差都在10%以上。马哈拉诺比斯认为，只有随机抽样才是最可靠的抽样方法，希望中国在这方面多做实验。

在当天晚宴上，马哈拉诺比斯说，中国是社会主义的先进国家，又有高级的农业合作社。印度的一些统计方法在中国试验可得到好的效果，因为中国是新生的国家。苏联虽是建立最早的社会主义国家，但有些统计方法太固定，不容易更改。英国的铁路工业是世界上历史最悠久的，现在反而是最古旧、不易更改的了。

6月21日下午，代表团从广州乘飞机抵达北京，国家统计局局长薛暮桥、副局长王思华、中国人民大学计划统计系副主任祁鹿鸣、教授戴世光，中国科学院经济研究所副所长巫宝三，北京市统计局局长徐伟，国家计委世界经济研究局局长勇龙桂，中印友好协会副会长陈翰笙，印度驻华大使拉·库·尼赫鲁夫妇等到机场迎接，并由王思华、戴世光等陪同到北京饭店，晚上王思华、黄剑拓、戴世光与代表团共进晚餐。②

6月22日晚，邀请方国家统计局、中国人民大学和中国科学院经济研究所联合在北京饭店举行欢迎宴会，国家统计局薛暮桥局长、孙冶方副局长、王思华副局长以及黄剑拓，中国人民大学邹鲁风副校长、祁鹿鸣系副主任、戴世光、陈

---

① Mahalanobis P C. Some impressions of a visit to China：19 June—11 July, 1957[R]. Kolkata：Indian Statistical Institute Library，1957，Q 1-3：1.

② 印度马哈拉诺比斯教授访华情况简报（第1期）[R]. 1957-06-22.

余年，中国科学院谢鑫火、狄超白所长、巫宝三副所长、徐钟济，国家计委王光伟副主任、勇龙桂局长，中印友好协会陈翰笙副会长，北京市统计局局长徐伟，以及著名学者陈岱孙、陈达等30多人参加，印度使馆参赞辛格夫妇出席。薛暮桥代表三个单位致欢迎词，他说："我们邀请马教授来我国讲学，特别是对抽样调查在中国的应用，有所指教。印度的统计工作在马教授的指导下，吸收了许多国家的丰富经验，已经取得了很好的成就。中国同印度的社会制度虽然不同，但是我们也有很多相同的地方。这些共同的特点（之一），是我们在统计工作方面，有必要广泛利用抽样调查。在抽样调查方面，印度有很丰富的经验，值得我们好好学习。这就是我们邀请马教授来讲学和座谈的主要原因。"

马哈拉诺比斯在致答词中说，他从小就知道中国是一个文化发达的国家。1924年，印度有一位著名的诗人泰戈尔住在他家，曾从他家出发到中国访问，回国后又回到他家，从而他知道了中国的情况，一直盼望着到中国来访问，这次夙愿实现了。他作为一个科学工作者，很愿意作为促进中印友谊进一步发展的桥梁。最后他举杯，建议大家为中印友好，为世界和平干杯。马教授又说，他本人是搞统计的，也参与国家编制计划的工作，同时也是退休的功勋教授，对教学有过贡献。样样懂一点，但是一无所长。希望此次能多学习到一些东西，带回去贡献给印度。[1]

马哈拉诺比斯夫妇与泰戈尔[2]

---

[1]　印度马哈拉诺比斯教授访华情况简报（第2期）[R]. 1957-06-24.

[2]　马教授夫妇的中国情结 [M]// 国家统计局统计资料管理中心. 统计文史：第四辑. 北京：国家统计局，2014：26.

　　6月26日下午，薛暮桥陪同马哈拉诺比斯旁听周恩来总理在全国人民代表大会上所做《政府工作报告》，马哈拉诺比斯印象深刻，希望尽快得到报告的英文译本。

　　6月29日是马哈拉诺比斯的生日，早上8：00，张应武代表薛暮桥局长和国家统计局为马哈拉诺比斯夫妇献花祝寿。当晚国家统计局的3位主要领导在北京饭店为他举行家庭式便宴，薛暮桥夫人和王思华夫人都出席作陪，马哈拉诺比斯夫妇十分感动。马哈拉诺比斯夫人说："今天晚上的便宴搞得很好，真好！我真没有想到，向你们透露了马教授的生日以后，你们会这样重视。真是太好了！"拉希瑞也说："我们到苏联，感到苏联很好，住在那里就好像住在自己家里一样。但今天到了中国，就感觉得更好，这种感觉就更深。"便宴后，还举行了小型电影晚会，放映了《桂林山水》《齐白石国画》《敦煌壁画》三部短片，给代表团留下深刻印象。[①]

　　7月2日晚，马哈拉诺比斯与拉希瑞到缅甸驻华使馆，参加东南亚11国的外交代表向周恩来献礼的仪式，周恩来和夫人邓颖超与他们进行了友好的交谈。马哈拉诺比斯返回北京饭店告诉夫人，今天见到周恩来和邓颖超，但由于事先不知道邓颖超会参加，没有携夫人去见邓颖超，感到遗憾，因为马哈拉诺比斯夫人一直希望早日见到邓颖超。

　　7月4日上午，代表团一行游览天坛。马哈拉诺比斯兴致很高，拍了很多照片，回饭店路过和平门外琉璃厂，就下车参观。在琉璃厂字画店中，马哈拉诺比斯夫妇很喜欢徐悲鸿的一幅国画（《三喜图》），问价100元。马哈拉诺比斯正准备买时，售货员说刚才看错了，应是200元。马哈拉诺比斯怕花多了外汇，没有舍得买。后来又看到另一幅国画（《马》），他更是喜欢，问价300元，也嫌贵没有买。[②]最后他们在永宝斋买了一幅陈寿仁的国画（《白猿》）和其他几幅国画，都是十几元、二十元的。

　　7月6日下午，马哈拉诺比斯在国家统计局最后一次座谈后，王思华向马哈拉诺比斯赠送了演讲费和稿费，马哈拉诺比斯回到北京饭店后表示无论如何不能接受现金。他表示，如果要送他一些纪念品，他愿意接受，后来接待办公室改买了一些国画和手工艺品送给他。

　　在代表团3周的访问中，共举行了九场报告会（马哈拉诺比斯五次，拉希瑞四次），十二次座谈会，薛暮桥出席了十余次活动，王思华、黄剑拓、戴世光、巫宝三作为三个邀请单位的代表几乎参加了所有的活动。王思华、黄剑拓和戴世

---

① 印度马哈拉诺比斯教授访华情况简报（第7期）[R]. 1957-07-01.

② 马哈拉诺比斯是怕国家统计局接待方为他花费太多没有买。

光作为1956年底赴印度参加印度统计学院成立25周年庆典的中国统计代表团代表，自应尽地主之谊。但在主要接待的人员中却没有孙世铮，也许因为孙世铮只是普通研究人员。戴世光在自己的回忆中写道："统计代表团的团长是王思华，团员黄剑拓（国家统计局的农业（统计）司长），戴世光和秘书（兼翻译）孙世铮（在美国留过学）。"考察团在印度约一个月，先到加尔各答印度统计学院参加纪念会（参加者除中国、苏联外，还有美国、英国、日本、巴基斯坦、埃及、泰国、新加坡、锡兰等国和印度本国的大学统计教授和统计机关的高级职员或代表），并结合考察印度统计学院的统计抽样调查工作，以及教学研究工作；随后返到德里考察访问印度统计局、农业部、农业统计研究所、内务部机关的统计工作（期间也进行了一些参观、游览），有时四人一起，有时王思华作了分工（王与孙世铮一起，黄剑拓与我一起），也有时我一人去访问抽样调查，以及人口统计；四人一起时，最初是孙世铮作翻译，后孙闹情绪，就由我任翻译，我与黄剑拓一起，由我作翻译。"[①]在3周的交流中，孙世铮只在一两次技术方面的座谈时参加了，是否有其他原因不得而知。

在北京访问期间，接待办公室想方设法安排代表团游览名胜、考察民情。王思华亲自陪同代表团参观故宫和明十三陵。代表团游览了颐和园、北海、天坛、雍和宫、中山公园等，拉希瑞去了长城（马哈拉诺比斯夫妇因身体原因没去成）。

7月10日晚，邀请方在颐和园听鹂馆为代表团举办欢送宴会，参加者与6月22日晚欢迎宴会大致相同，但这次主宾双方就轻松了许多。11日早，薛暮桥、王思华夫妇、黄剑拓、祁鹿鸣、戴世光、陈余年、巫宝三等到北京机场送别。

（四）座谈交流

据印方统计，代表团在北京举行的座谈会，每次差不多都是半天时间，可以说主宾双方都是有备而来。6月22日上午，马哈拉诺比斯和拉希瑞到国家统计局礼节性地拜会三个主办方负责人薛暮桥、邹鲁风和谢鑫火，王光伟、勇龙桂、王思华、黄剑拓、戴世光等在座。这次座谈主要是针对这次访问的日程安排交换意见。马哈拉诺比斯表示此行目的一是考察中国，二是介绍交流印度统计工作的经验。当谈及他的演讲时，马哈拉诺比斯表示想了解听众的接受能力和水平，以便能有充分的准备和较好的效果。

印度代表团于6月24日开始工作。薛暮桥在24日下午座谈中，应马哈拉诺比斯的要求，先简要介绍了中国的政府统计。薛暮桥说，过去五年（1952—1956年），中国建立了一个效仿苏联模式的完整的统计制度，并在全国范围内延伸到

---

① 戴世光1968年3月31日所写材料，未刊，中国人民大学档案馆存。

了农村合作社。国家统计局总部拥有约 650 名工作人员，是该系统的最高机构，负责收集和稽核所有统计数据，并根据需要向各政府部门提供数据。在它下面是省级统计局（27 个省、市、区——笔者注），负责协调和指导全国大约 2 200 个县的统计工作，同时向国家统计局汇报。各县下设乡镇管理机构（约 10 万个乡镇），负责协调约 75 万个合作社的统计工作。在乡、社两个层面上，大部分工作是由兼职人员完成的。按照苏联模式，统计范围是"广泛的"，涵盖了人口、农业、工业、运输、贸易、消费、卫生、教育、金融、国民收入、就业等方面。但是，与苏联不同的是，省统计局受省人民政府的行政管理，其费用由省级预算支付。这使得中国的统计制度在行政上更加分散，但他仍然认为这"可能与苏联的制度一样完整"[①]。

薛暮桥还介绍了国家统计局采用的调查方法。首选方法是全面调查，这在几个领域都相当有效。在工业部门，有 3 000 个单位（应为 12 500 个单位）[②] 提交月份报告，另有 60 000 个单位提交年度报告。在建筑业，大约有 1 000 个最重要的项目每月报告一次，其余的每年报告一次。来自铁路、航运和卡车运输的报告每月提交一次，政府采购和重要商品的消费报告也每月提交一次。然而，农业部门存在调查量过大的问题。我们感兴趣的数据包括播种面积、单位面积产量、重要农作物和牲畜产量等。各省份统计局要对 75 万个村社进行全面调查，延误成为常态，结果的准确性往往也不高。因此，1955 年，我们初步尝试采用抽样调查技术计算全国大部分地区单位面积作物的产量；此外，还使用抽样调查评估农村、工人阶级和城市家庭的生活水平。例如，从 1955 年开始农村家庭收支抽样调查，覆盖了 23 个省份的 15 000 个农户家庭，1956 年开始城市职工家庭收支抽样调查，包括 6 000 户家庭。薛暮桥介绍说，之前使用的技术是目的抽样或有意抽样，但通过加强与印度的联系，特别是在王思华率代表团访问印度之后，我们对学习印度在抽样调查方面的专业知识和经验很感兴趣。[③]

在听了薛暮桥的介绍后，马哈拉诺比斯谈了他的访问计划：在这里，我打算分三个步骤谈抽样调查。第一步是介绍抽样调查的原理和一般原则；在取得共识的基础上，第二步是深入讨论它的具体应用；第三步是最重要的，即就抽样调查的设计进行研讨。当天，马哈拉诺比斯比较详细地谈了随机抽样的原理，介绍抽

---

① Mahalanobis P C. Some impressions of a visit to China：19 June—11 July, 1957[R]. Kolkata：Indian Statistical Institute Library，1957，Q 1-3：1.

② 一位印度统计专家眼中的"中国统计"[M]// 国家统计局统计资料管理中心. 统计文史：第四辑. 北京：国家统计局，2014：16-24.

③ Mahalanobis P C. Some impressions of a visit to China：19 June—11 July, 1957[R]. Kolkata：Indian Statistical Institute Library，1957，Q 8：4.

样误差和人为的登记误差（调查误差）。他说道：

> 在经济落后的国家中，调查误差一般是比较大的。文盲众多是一个因素，交通不便、调查员可能有意漏掉一些调查对象，是另外一个因素。因而，全面调查不一定是真正全面的。农业统计、人口统计或家计调查，为满足中央决策的需要，应该进行抽样调查。
>
> 像苏联那样在统计行政上的集中程度，不适合于中国或印度这样的国家。中国的各省（份）应该寻求自己的各种办法，完成统计任务。国家统计局则进行全国性的抽样调查，以满足中央决策的需要。这种结合是最好的方式。根据印度的经验，我粗略估计，在中国进行全国性抽样调查，如果数字只为中央需要，那么只要 1 200 人就够了，如果同时要满足各省（份）的需要，那么就需 2 500 人。
>
> 美国 1950 年的人口普查，耗费 1.2 亿美元，但经过抽样调查方法检查，发现仍漏掉 300 万人口。苏联的农作物产量数字误差也有 15% 之大。我和苏联许多统计负责人有过很多往来，有些还在我家住过，我们曾多次坦白地交换意见。我现在的谈话，也非常坦白。苏联在 1928 年或 1929 年，就开始使用抽样调查。很自然地，在当时所用的方法是"有意抽样"，因为在那时，这是人们所知道的最好的方法。随机抽样在世界各国的大规模使用，只不过是近 10 年至 15 年的事情。
>
> 在印度，全面调查在原则上仅用于农作物播种面积的统计。从事调查的人员，约有 5 万之多。用抽样调查复核的结果，证明这些数字的误差非常大。
>
> 抽样调查的方法有二，即随机和有意抽样。
>
> 早在 1925 年或 1926 年，英国统计学家 A. L. 波里[①]（Arthur L. Bowley）在国际统计学会作过一次关于抽样的报告。在这个报告中，他提到随机和有意抽样。在 1930 年，意大利统计学者卡瑞多·金里又作了一次关于有意抽样实验结果的报告，这次报告的根据是 1927 年或 1928 年意大利用有意抽样所进行的人口调查的结果。他的报告，说明了有意抽样是不能令人满意的。
>
> 印度 1937 年开始使用随机抽样法。美国在 1929 年经济危机之后，也于 1936 年左右开始用随机抽样来调查失业人数。从那时以后，美国使用随机抽样于工业、商业及劳动统计方面有长足发展。而印度则多着重于抽样调查在食物、农业、人口、生活条件等统计方面的应用。

---

① A. L. 波里即本书前文中的 A. L. 鲍莱。所引材料用了不同译法，以下不再说明。

联合国抽样调查小组委员会讨论了五年（1947—1951）之久，我自己也参加了这些讨论，结论认为随机抽样是比较优越的方法。[①]

关于统计研究机构，马哈拉诺比斯说：

统计研究学院直接隶属于国家统计机构，本身并没有什么不好。重要之点，在于研究机构欲发挥其力量，必须具备两个条件：第一是必须有独立的学术思想；第二是必须与实际工作有密切的联系，使其研究方向以解决实际问题为主。

现代统计工作，不仅需要能干的统计学者，而且需要数学与工程人才及其他科学家。因之，一个统计研究机构，必须和其他科学团体有密切联系。当然，统计主要是用于社会经济调查，所以，这个研究机构必须和国家统计机构有密切联系，但它同时也必须和其他科学研究机构保持联系。在这一点上，印度对统计学的看法，是广义的看法。这就是说，我们相信统计工作虽然以社会经济调查为主，但其范围决不仅此。生物学、工程学、天文以及许多其他学科一样需要统计。[②]

6月25日上午马哈拉诺比斯与拉希瑞到国家统计局座谈：针对24日下午的座谈，主要由孙冶方和王思华两位副局长提问，马哈拉诺比斯回答。国家统计局赵艺文、石青、许刚，研究员关淑庄、朱鹤龄、尹智麒、孙世铮，中国人民大学祁鹿鸣、戴世光、陈余年，中国科学院徐钟济等参加。

王思华问："马哈拉诺比斯教授昨天谈道，苏联在1930年左右，曾应用'有意抽样'，请明确其具体内容。它与'随机抽样'有什么不同？"

马哈拉诺比斯回答：

抽样调查方法是从1920年开始大规模应用的，在此之前只有零碎的应用。……1926年，A. L. 波里教授在国际统计学会作了一个科学报告，第一次讨论了抽样的方法。他在这次报告中，谈到随机抽样和有意抽样。这时候，许多统计学家对抽样方法已开始有了一些模糊的概念。苏联于1927年在涅姆其诺夫[③]院士指导下，在农业生产方面做了许多抽样调查工作。1930

---

①② 印度马哈拉诺比斯教授访华统计报告集 [R]. 北京：统计出版社，1958：1-6；印度马哈拉诺比斯教授访华情况简报（第4期）[R]. 1957-06-26.

③ 今又译为涅姆钦诺夫。

年以后，涅姆其诺夫对于抽样调查的方法已较有把握，并将它应用在其他方面。但他所应用的主要是"有意抽样"（或称"代表性抽样"）。这种所谓代表性的抽样方法，印度在 1920 年左右的作物调查中也曾经应用过，即选择一些有代表性的村子，根据它们的数字来推算总体。我是相信机率（几率）而不相信"代表性"的。……美国现在每年有失业就业的调查和工业调查，每十年有一次人口调查，并用抽样的方法来检查调查的结果。检查共两次，如 1950 年美国人口普查后，就派了最优秀的统计人员采用抽样的方法检查普查的结果。又派了更高级的统计人员采用抽样的方法去检查上述检验的结果。在检验结果中，发现 1950 年的全面普查漏掉了 300 万人。英国在农业调查中也应用随机抽样的方法。瑞士在农业和林业调查也完全采用随机抽样方法。日本在战后也采用随机抽样的方法做了许多调查。所有这些国家进行的抽样调查大都是最近十年的事。美国是 1936 年开始的，英国是 1930 年开始的，印度是 1935 年开始的。1947 年联合国开始设立抽样调查小组，十年来一共开了五次会。第一次会议专门讨论术语的标准化问题，这一工作已基本上完成。我在 1942 年写了一篇关于抽样调查方法的论文，1944 年在英国发表，文中举孟加拉省农业调查为例来讨论抽样调查方法。四、五个月以前，国际统计学会出版的统计术语词典，才对抽样调查的涵义作了解释，并第一次介绍了交叉抽样的概念。这一词典以英、法、德、意四国文字印行。总的说来，现在的抽样调查是统计方面很新的发展。从 1930 年开始，苏联的统计工作比其他任何国家都做得先进，苏联的国民收入统计和农业统计都是很有基础的。苏联的统计组织是最集中、最大规模的，这点使我十分钦佩。但是，苏联在农业和家庭收支调查方面所应用的抽样方式却已落后了。我曾在抽样调查方面和苏联的统计学家交换过许多意见，据我所知，苏联的许多数理统计学家，如皮撒列夫等都曾主张采用随机抽样方法。1955 年初，在苏联中央统计局方法处的一个报告中，曾提出了抽样调查方法，特别是在家庭收支调查中应用抽样调查的问题。我相信，他们需要一段酝酿的时间，但如一经决定采用随机抽样方法，那么改变一定会很快的。至于苏联最近的情况，我还不太清楚。①

王思华接着问："中国各县的领导者，对农村情况较熟悉，都希望采用典型抽样，亦即有意抽样，对随机抽样在思想上还搞不通。如果对实际情况较为了解

---

① 印度马哈拉诺比斯教授访华统计报告集 [R]. 北京：统计出版社，1958：7-12；印度马哈拉诺比斯教授访华情况简报（第 5 期）[R]. 1957-06-27.

时，是否用'有意抽样'较好？"

对于这个反映当时大多数中国统计工作者和各级领导思想和认识的问题，马哈拉诺比斯回答："如果对实际情况知道得很多，采用随机抽样也没有损失。随机抽样能确定误差，而有意抽样则不能确定误差。随机抽样有两个优点：一是比较简单快速，二是有理论和逻辑的根据。有意抽样只能根据一、二个指标来研究和确定其代表性，如果研究的指标较多，则代表性就难以确定了，而随机抽样则不受指标数目的限制。"[①]

6 月 24 日和 25 日的两次座谈，形式是介绍抽样调查，但重点在是随机抽样还是苏联介绍过来的"有意抽样"或"目的抽样"，我们则用"典型调查"来代替"有意抽样"或"目的抽样"。因为随机抽样排除了主观因素，其基础是概率论，而 1954 年苏联统计学会议已经批判了皮撒列夫的随机抽样思想，认为概率和数理统计是数学形式主义的，社会主义计划经济可以做到周密计划，不存在随机和不确定性，因而是否存在"随机"是讨论的核心，而王思华后一个问题恰恰是当时统计工作者最大的顾虑之一。

如果说 6 月 24 日和 25 日两天的座谈就是马哈拉诺比斯原计划三个步骤的前两步的话，6 月 29 日的座谈主题则是围绕"职工和农民家庭收支调查"这个具体问题展开的，马哈拉诺比斯首先强调抽样调查中"随机"原则的重要性。他说：

> 用随机抽样办法总是可以得到比较全面、可靠的结果，这一点非常重要，任何其他方法就是在最好的情况下，所得的结果也不可能超过随机抽样所得的结果。必须着重指出：其他方法所得的结果往往赶不上随机抽样所得的结果。
>
> 第一个问题是如何决定抽取多少家庭的问题。方案中对在 15 万户中抽 100 户等是如何决定的不清楚。在这点上，必须遵守三个原则来选取样本：1，决定误差的大小，即资料的准确程度。如要求误差小，则样本要大；要求误差大，则样本要小。2，是要分城市的数字呢，还是只要一个总数？也就是只要求代表全国的呢？还是要求分别代表地方呢？如果只需要总数就比较简单，只需按各城市的比例抽选样本就行了。如果要分城市的，则 3，各城市的样本数都应一样，而不是按比例选取。当然，中间也可以有些伸缩余地。在印度，是分为三类城市进行家庭收支调查。第一类是加尔各答、新德

---

① 印度马哈拉诺比斯教授访华统计报告集 [R]. 北京：统计出版社，1958：7-12；印度马哈拉诺比斯教授访华情况简报（第 5 期）[R]. 1957-06-27.

里、孟买、马德拉斯四大城市；第二类是5万人口以上的中等城市；第三类是5万人口以下的城市。5万人口以上的按比例抽取样本，也可以再分区，5万人口以下的可把几个城市联合起来抽取样本。①

马哈拉诺比斯事前已经得到中国1954年农民家庭收支抽样调查的方案，讨论中他问国家统计局相关负责人："农民家庭收支调查中有一点不清楚，就是为什么先有中选户再找县。"国家统计局回答："不是的，是先按农户累计数机械抽选出居民点，再在居民点中选户。"马哈拉诺比斯又问："1954年农民家庭收支调查方案中没有提到分层原则，根据什么分层？"国家统计局回答："先按地区（省份）分层，选户时再按社员户和非社员户分层。"马哈拉诺比斯应中方要求，详细介绍了印度在家计调查和农产量随机抽样调查中的具体做法，他针对被调查户不合作问题说："在印度，我们用多抽5%样本来解决不愿合作的家庭的问题。这样做有一个缺点，就是有些家庭我们想知道的始终得不到。这种缺点是在任何调查中都会有的。这样的家庭，根据印度经验，在农村中有1%，城市中有2%～3%。在英美这种情况更严重，往往有10%～15%，故调查员必须小心仔细的应付这一问题。"②

6月24日、25日和29日的三次座谈会是在一种友好、融洽的气氛中进行的，24日的座谈会以马哈拉诺比斯讲解为主，25日和29日两次则以问答讨论形式为主。马哈拉诺比斯将当时世界上最新的抽样调查理论、方法和应用，特别是将印度过去20年左右的实践经验毫无保留地介绍给中国同行，并对中国20世纪50年代中期试点的农民家庭和职工家庭收支抽样调查提出了积极而中肯的改进意见。

1957年7月6日下午，马哈拉诺比斯到国家统计局参加第四次座谈会，主要就抽样误差的计算和控制的问题进行讨论。结合印度的经验，国家统计局相关负责人就不同指标如何计算抽样误差、重要指标和非重要指标抽样误差的控制、抽样误差与调查误差的计算与比较问题等请教马哈拉诺比斯，都得到详细的解答。③

除了在国家统计局举行的四次有关抽样调查的座谈外，马哈拉诺比斯和拉希瑞在7月1日下午还去国家计委了解中国编制国民经济计划的相关问题。当天座谈由国家计委副主任王光伟主持，副主任宋平、世界经济研究局局长勇龙桂、综

①② 印度马哈拉诺比斯教授访华统计报告集[R]. 北京：统计出版社，1958：13-21；印度马哈拉诺比斯教授访华情况简报（第7期）[R]. 1957-07-01.

③ 印度马哈拉诺比斯教授访华统计报告集[R]. 北京：统计出版社，1958：22-26；印度马哈拉诺比斯教授访华情况简报（第12期）[R]. 1957-07-09.

合计划局副局长陈先、基本建设综合局局长傅毅刚、第一机械计划局副局长景林和国家统计局副局长王思华参加。这次座谈围绕着马哈拉诺比斯事前提出的访问提纲，由马哈拉诺比斯提问，国家计委和各位司局领导回答，了解中国计划编制相关问题也是马哈拉诺比斯中国之行的目的之一。[①] 对于中国的国民经济计划工作，马哈拉诺比斯给予高度评价。纳特瓦尔·辛格（K. Natwar Singh）当年是印度驻华大使馆的一名年轻工作人员，7月5日他见到了马哈拉诺比斯。他回忆说，作为"一个直率而有趣的人"，马哈拉诺比斯对于印度五年计划的实施现状感到悲观。马哈拉诺比斯告诉他"中国领先于我们印度。他们的（计划）实施是一流的"[②]。

7月4日下午，马哈拉诺比斯和拉希瑞到国家统计局分别参加两场座谈会。马哈拉诺比斯参加由孙冶方副局长主持的国民收入研究的座谈会，拉希瑞参加由黄剑拓司长主持的抽样调查方法的座谈会。拉希瑞教授在7月6日下午参加了中国人民大学举行的关于数理统计方法及应用的座谈会及7月9日上午再次到国家统计局座谈抽样方法和技术。

在北京访问期间的十二次座谈会中，马哈拉诺比斯参加了七次座谈会，四次在国家统计局座谈抽样调查，一次在国家统计局座谈国民收入，一次去国家计委了解中国国民经济计划情况，一次去卫生部了解计划生育情况。拉希瑞陪同马哈拉诺比斯参加了五次座谈会，自己还单独参加了五次，其中三次在国家统计局座谈抽样技术，一次在中国人民大学座谈数理统计，一次在中国科学院经济研究所座谈数理统计。

《印度马哈拉诺比斯教授访华统计报告集》记录了马哈拉诺比斯四次抽样调查和拉希瑞两次抽样调查的座谈会纪要。

《印度马哈拉诺比斯教授访华
统计报告集》

（五）学术报告

马哈拉诺比斯在北京做了五场公开的大会报告，两场关于抽样调查，两场关于数理统计发展及其应用，一场关于印度计划工作的报告。

---

① 印度马哈拉诺比斯教授访华情况简报（第9期）[R]. 1957-07-03.

② 纳特瓦尔·辛格（K. Natwar Singh）是印度政治家和前内阁部长。在加入政界之前，他在印度外交部工作了31年。他曾于1956—1958年间在北京任职3年。

6月27日上午和6月28日下午，马哈拉诺比斯在国家统计局就抽样调查问题做了两场报告，听众人数都在300人左右。

6月27日报告的题目是《根据印度的经验，谈谈抽样调查的几个问题》。事先，马哈拉诺比斯将演讲提纲交给中方，国家统计局提前译成中文，发给参会人员。演讲提纲分成七个部分，分别是：（1）抽样历史；（2）各种不同的误差；（3）抽样误差；（4）全面调查与随机抽样调查；（5）调查对象；（6）分层；（7）随机抽样与有意抽样。[①]

马哈拉诺比斯在27日首场报告开始时说：

> 朋友们，薛局长：我很高兴今天早上有这样一个机会和大家讲话，并且感到非常光荣。在印度，我们认为中国是一个很好的邻邦，像自己的大哥哥一样。我很感谢有这样一个机会到北京来，并且到国家统计局来作演讲。我作的演讲提纲已经翻译成中文，相信大家都已经看到了。在这个提纲中，我把抽样调查的历史背景作了一个简单的介绍。由于时间很短，这部分我就不打算详细地讲了。我唯一需要着重讲的是抽样方法。的确，这是一个新的统计方法。二十年以前，在这方面做的工作很少。只是最近十年来，这种方法才广泛地被应用，并且得到了发展。
>
> 提纲的第二部分对抽样调查方法和全面调查方法作了比较，这个问题今天也没有时间再详细讨论，我只举出四点抽样调查方法比全面调查方法好的地方，以引起大家的注意：1，抽样调查做起来快；2，花的经费少；3，根据印度的经验，抽样调查如果组织得好，所得的结果比全面调查的结果更正确；4，用随机抽样（或机率抽样）方法，就可以借助机率的数学原理来计算结果的误差范围，而全面调查就不可能计算误差。能够计算结果的误差范围，应当认为是统计理论的一个很大的科学的进步。……

6月28日下午报告的题目是《以交叉抽样控制抽样调查误差的问题》。演讲提纲的内容包括：（1）抽样调查中的控制问题；（2）交叉样本；（3）交叉抽样法的特点；（4）以交叉抽样法作为控制方法；（5）印度使用交叉抽样法实例。第二场报告他这样开头：

> 朋友们，你们有兴趣来听我的第二次演讲，我表示十分感谢。今天我

---

① 印度马哈拉诺比斯教授访华统计报告集 [R]. 北京：统计出版社，1958：27-43；印度马哈拉诺比斯教授访华情况简报（第6期）[R]. 1957-06-29.

来讨论我们怎样把交叉样本用来作为一种控制方法的问题。抽样调查的控制方法分为三种：一是视察与监督；二是以交叉样本进行统计上的控制；三是外在检查法。有学术修养及较可靠的高级人员去检查和监督较低级人员的工作，属于行政组织上的问题，这在任何时候都是必需的。检查与监督工作的数量和质量，要看经费多少而定。但印度的经验证明，不论花多少钱，这种控制永远也不会完美无缺。因之，增加统计上的控制是必要的。……

这两场报告引起与会人员的兴趣，马哈拉诺比斯都回答了不少听众的问题。6月28日下午做完报告返回北京饭店的车上，马哈拉诺比斯问陪同的翻译[①]贺载之："薛局长在演讲结束时说了什么？"贺载之回答说："马教授关于抽样调查的演讲就到此为止，下一步，将进一步组织专门座谈。马教授的讲演虽然比较专门一些，但是讲得很成功，对我们大家帮助很大。"马教授听了以后，感到特别高兴。贺载之又补充说："你看看大家在讲演结束时，热烈鼓掌，就可以知道你的讲演很成功。"马回答：我对薛暮桥局长和王思华副局长这次始终如一的热诚接待，感到特别满意。[②]

7月5日下午和6日上午，马哈拉诺比斯在北京大学和中国人民大学就"数理统计的发展及其在社会科学方面的应用"这一主题向北京高等学校和科研机构师生近300人做了报告。这两场报告的内容是连续的，5日下午讲的是上半部分，6日上午继续讲下半部分，但会场移到中国人民大学。同抽样调查两场报告的形式相同，这两场数理统计发展的报告也是事前印发了讲演提纲（中文稿），主要内容包括[③]：

1. 数理统计发展简史

1.1　1 500年至2 000年前，印度关于"Syadvada"的jaina理论及其争论与统计思想相关

1.2　19世纪80年代后，高尔顿（F. Galton）和皮尔逊（K. Pearson）建立了"变异"和"相关"的概念和方法，应用于研究进化论和生物学

1.3　1900年后，皮尔逊提出了"卡方"统计量，生物测量（biometry）

① 马哈拉诺比斯此行访问主要是贺载之担任翻译，其间尹智麒、刘玉霞也担任部分翻译工作。

② 印度马哈拉诺比斯教授访华统计报告集 [R]. 北京：统计出版社，1958；27-43；印度马哈拉诺比斯教授访华情况简报（第6期）[R]. 1957-06-29.

③ 印度马哈拉诺比斯教授访华统计报告集 [R]. 北京：统计出版社，1958；64-83；印度马哈拉诺比斯教授访华情况简报（第12期）[R]. 1957-07-09.

思想，创办 *Biometrika* 杂志

　　1.4　1920 年左右，统计学理论基础的另一重要进展是菲歇（R. A. Fisher）[①] 的估算理论、实验设计和变异分析，推动统计应用

　　1.5　统计的数理基础的建立，柯尔莫哥洛夫（Kolmogorov）、决策理论（Decision Theory）等

　2. 数理统计应用中几个重要概念和方法

　　2.1　变异，生物学、天气、工程、统计质量控制、家庭收入等都存在变异

　　2.2　相关分析

　　2.3　实验设计与变异分析

　3. 数理统计方法的应用

　　3.1　物理科学

　　3.2　生物科学

　　3.3　工程科学

　　3.4　医学

　　3.5　教育与心理学

　　3.6　人口理论、经济学、计划理论

　4. 社会科学中应用数理统计方法举例

　　4.1　概论

　　4.2　抽样调查

　　4.3　家庭收支的分布

　　4.4　生活条件与工作条件

　　4.5　人口增长

　　4.6　产业间的关系

　　4.7　国民收入

　　4.8　经济计量模型

　　4.9　线性规划

　　4.10　运筹学

　　4.11　生育节制方法的研究

　5. 结论

　　从演讲提纲看，马哈拉诺比斯为这场《数理统计的发展及其在社会科学方面

---

① 本书中译为费希尔，前文已注。

的应用》的演讲做了充分的准备，因为这些内容是 20 世纪 50 年代中国统计学界很有争议的问题，比如随机和变异的问题在社会科学领域、在计划经济国家是否普遍存在，数理统计方法是否可以应用到人口、国民经济与计划研究中，随机抽样调查对社会科学及国民经济领域是否具有普遍性等。用马哈拉诺比斯自己的话说，他对苏联的统计相当熟悉，因而也就清楚苏联的统计制度对中国政府统计的影响。虽然从现有的文献中，我们没有看到马哈拉诺比斯对 1954 年苏联统计学会议的评价，但他在和翻译贺载之私下交流时，提到他认识很多世界著名统计学家。他说，苏联的统计学家主要是经济统计学家，中国的情况也是这样。只有印度和英国，在统计学方面有名的学者，不一定是经济学家。他又强调，苏联从 1947 年起，从未参加过国际统计学会下的抽样调查工作的活动，他们对数理统计不重视。[1] 在谈到苏联随机抽样的问题时，马哈拉诺比斯对提倡随机抽样的苏联统计学家皮撒列夫给予肯定，并且十分强调统计学的基础就是数理统计方法，这些方法可以应用到自然科学、工程、医学以及社会科学领域的各个方面。

除了这四场统计报告外，7 月 2 日下午，马哈拉诺比斯在国家计委还做了一场关于印度计划工作经验的讲座。国家计划委员会、中国人民大学、中国科学院、国家统计局共 250 余人参加。

（六）周恩来总理接见

按照访问日程，7 月 3 日上午，国务院副总理（兼国家计划委员会主任）李富春和国务院副总理薄一波在国家计委会见了马哈拉诺比斯和拉希瑞。会见从上午 9:50 开始，11:20 结束，约一个半小时，薛暮桥、王光伟、勇龙桂和王思华陪同。会上，马哈拉诺比斯告诉两位副总理，他认为中国在社会主义建设和计划工作方面都走在印度的前面，因此统计工作也自然而然地走在印度的前面。对于一般的统计工作，他没有意见。但对统计工作在联系到计划工作时，他提出两点建议：

第一，在印度，全国性的或分省进行的抽样调查，经验证明，往往可以得到正确而广泛的结果。为此他建议，在中国国家计委和国家统计局，值得建立一个直接进行抽样调查工作的部门。如果这个全国性的抽样调查机构效率高、组织强的话，中央的国家机关就有可能在四个、六个或最长八个星期的时间内，知道国民经济有关部门发展的基本情况。世界其他国家以及苏联的经验，都证明了抽样调查有以下一些好处，即：速度快、正确性高，并可以计算其误差（可以了解调查结果的正确程度），从而费用是较为节省的。应该定期（如每三个月、六个月

---

[1] 印度马哈拉诺比斯教授访华情况简报（第 3 期）[R]. 1957-06-25.

或每年）用上述方法进行抽样调查，尤其在下列情况下更为有用，即被调查的单位数目是十分庞大的，如调查播种面积、单位产量、家计支出、生活费用、人口增长情况、手工业或小型工业的生产等。

第二，根据印度的经验，设立像印度统计学院一样的学术机构，进行高深的研究，并训练高级的干部，是很有价值的。这样的学院，还需要和科学院有密切的联系。在印度，近代统计学，被认为是一门整体的科学。统计方法既可以应用到社会科学方面来，同时也可以应用到自然科学方面去。近代统计学的发展，例如在美国和苏联，最初向着两个主要方面（一方面是数学领域，另一方面是经济学领域），但最近一二十年来，又趋向于把这两个方面统一起来。例如他自己，已经教了二十多年书，从教物理和数学开始，之后就转到统计学方面来。目前，他则愈加感觉到统计学是一门整体的科学。印度统计学院已经将统计学的两个方面合二为一，有许多国家的朋友都来访问过，美国和苏联的朋友都认为这正是将来的发展方向。

李富春感谢马哈拉诺比斯提出很好的建议，并立即答复：第一，关于抽样调查，我们拟从一个省开始试验；第二，关于成立一个学院，我们愿考虑成立一个计划统计学院，正在研究之中。马哈拉诺比斯还建议，中国方面在印度设立一个小小的工作单位，由一位专家带上两个助手和一位翻译，用一两年的时间，一是在计划和统计工作方面，通过他们，交流交换资料和经验；二是帮助印度统计学院的几位学者学中文，帮助他们翻译中国重要的文件和资料；三是通过他们，使我们了解中国经济高速发展的原因和经验。这等于是派出了一个经济工作的使团。对于后边的这个建议，李富春谦虚地表示，我们愿意加以考虑，不过我们的计划工作和统计工作的水平都很低，还是小学生。马哈拉诺比斯则强调这关系到印度和亚洲的发展，李富春则建议下周拜会周恩来总理时还可以再提一下。

当天拜会结束前，马哈拉诺比斯对李富春表示："新中国给我的印象是美丽而深刻的。印度诗人泰戈尔1924年访问中国回到印度曾住在我家。"他说，"中国即是亚洲的将来。现在的中国是悠久的历史与现代文化的结合，我所看到的中国最穷苦的家庭，生活也要比印度有些家庭要好得多。"

两人随后的对话如下：

李：几十年来我们就有建设一个新中国的愿望。我们希望建设成功。但由于中国人口多、经济落后、生产又以农业为主，因此就需要很长的时间。

马：印度的情况要复杂得多，困难更大些。国大党到现在还没有具体的经济建设方针，只有政治方面的口号。我们要求中国帮助是真诚的。

李：希望马教授多多帮助尼赫鲁总理。

马：由于尼赫鲁总理接受了社会主义，国大党才接受社会主义。现在要在二个方面教育印度人民：第一、只有计划经济和社会主义相结合，建设才能够完成。第二、可以和平地完成建设，如果右派不捣乱的话。

中印双方在统计工作方面进行交流，影响要比写一本书为大。我这次回去，就准备对新中国的建设成就提出报告，影响可能是大的。因为听的人都是决定政策的人。……①

7月3日上午的交谈，特别是马哈拉诺比斯谈到统计学应该是整体的统计学，既强调数理统计的数学理论基础，也强调应用，特别是在社会经济领域的应用。这符合苏联和中国的情况。马哈拉诺比斯还特别强调统计学是数学与经济学的结合，实际上是对社会经济统计与数理统计两门统计学的否定。

7月9日晚7:00，马哈拉诺比斯和他的妻子以及拉希瑞受邀到中南海与周恩来总理共进晚餐。薛暮桥、王思华、印度驻华大使拉·库·尼赫鲁及其夫人也出席了仪式。马哈拉诺比斯重复了他向李富春和薄一波提出的三个建议。周恩来总理表达了如下意见：

（一）中国政府已决定于今年八、九月间派两名研究生去印度学习。他们可以学习抽样调查理论，也可同时进行一些实习。这两名研究生②都是大学毕业后，又作了统计工作七年之久，同时他们可以帮助作交换资料的工作。

（二）关于创办统计学院事，政府早已考虑过成立计划统计学院。我们有两种办法：或者由国家计划委员会和国家统计局独立办起来；或者从大学中抽出一个系来，再在这个基础上来办。

学院成立后，我们可以聘请几位印度教授来讲学，同时可以对我们举办的抽样调查工作，不断的给以帮助和指导。

（三）同意交换计划统计资料和各种刊物。但中国懂数理统计的很少，派专家到印度恐不容易。至于如何具体进行，可与国家统计局薛、王局长协商，作具体安排。

（四）今年在河北省做棉花产量抽样调查，在时间上和人力上恐来不及。因为棉花成熟约在九、十月间，举行抽样调查，须首先训练一批人员，这不

---

① 拜会李富春和薄一波的情况见《印度马哈拉诺比斯教授访华情况简报》（第10期，1957-07-04）。

② 即吴辉、龚鉴尧。

是一两个月所能准备好的。可否今年先做小型试验，明年再正式来搞；或者准备稻谷、大米的抽样调查，或许是可行的。（马哈拉诺比斯表示同意先选五、六个农业合作社做棉花产量抽样调查试验。此外，在城市职工家庭中，也可选择少数职工家庭做些试验工作。收集资料后可派人到印度统计学院共同研究，他们很愿意给中国以帮助。总理表示同意。）

（五）中国工业化快慢的可靠性，放在发展农业上。现在发展农业生产主要是依靠提高单位面积产量。如有较好的统计方法，可以比较正确地看出产量的高低来，这是很重要的。因此总理很同意进行全国粮食产量的抽样调查，好同全面统计数字作比较。[①]

周恩来总理对马哈拉诺比斯的三点建议逐条给予了具体的答复，但在设立独立的统计学院问题上，周恩来总理并没有谈得十分具体，只谈了两种方案。

时任国务院总理周恩来接见印度统计学者马哈拉诺比斯一行

① 拜会周恩来总理见《印度马哈拉诺比斯教授访华情况简报》（第 13 期，1957-07-11）。

（七）国家统计局给周恩来总理的报告

马哈拉诺比斯访华是周恩来总理邀请的，国家统计局在他访华期间几乎每个工作日都出一期简报（共 14 期）。这些简报都及时送到周恩来、李富春、薄一波以及外交部、国家计委、国家统计局等领导处，供他们了解访问进程、情况和结果。自然地，在访问结束后，主接待单位国家统计局要对访问和接待工作做出总结[①]。

总理，李、薄副总理，并报中央指委会：

印度统计学家马哈拉诺比斯教授这次前来我国讲学访问，自 6 月 19 日从深圳入境，到 7 月 12 日从深圳出境回国，历时 24 天，其中停留在北京的时间 19 天。在此期间，马教授除游览了市内几处名胜古迹和因病休息了一些时间外，绝大部分时间都花在讲学和研究问题上。

马教授此次来华，主要是想宣传推广他毕生所研究和提倡并已在印度开始应用的抽样调查方法，并希望通过在中国这样一个先进的社会主义社会里的实验，以验证它在学术上的普遍价值，提高自己在国际上的学术地位；另一方面，希望亲身了解中国一般经济情况和计划统计工作方面的经验，作比较研究，以便对印度的计划统计工作和他本人的学术研究工作有所帮助。在这次访问期间，他的注意力始终集中在讲学和研究问题上，对参观不感兴趣。马教授这次在北京共作了五次讲演，进行了七次座谈；随同马教授前来访问的印度统计学院抽样调查专家拉希瑞教授也单独进行了五次座谈。

马教授的五次讲演，讲了两次"抽样调查"、一次关于"印度计划工作的主要经验"和两次"数理统计的发展和在社会科学方面的应用"。这些讲演，在抽样调查的理论研究与实际应用上，对我们有很多的启发。我们认为马教授这次来我国讲学访问，对我们的工作是有帮助的。这次马教授的讲演和座谈记录，我们已经全部整理，准备印成单行小册子或在《统计工作》上发表，组织全国统计工作者进一步学习讨论。并拟按照马教授所提的意见，在今明两年内，在主要农作物产量和家庭收支调查方面作一些小型试验，以进一步探讨在我国比较广泛地运用抽样调查的可能性。

⋯⋯⋯⋯⋯

马教授在总理和李、薄副总理接见时，均曾再三要求中国派一个工作组

---

① 关于接待印度统计学家马教授的总结报告 [R]// 国家统计局统计资料管理中心. 统计文史：第四辑. 北京：国家统计局，2014：12-15.

到印度统计学院去做联络工作，以便互相交换资料和工作经验。周总理答复中国目前派这样的工作组到印度去有困难，可暂由派到印度统计学院去学习的两位研究生帮助做联络工作。

马教授再三建议中国广泛采用抽样调查方法。在李、薄副总理接见时，薄副总理曾要求马教授帮助我们在河北进行棉花产量的抽样调查。在周总理接见时，马教授表示今年进行此项调查有困难。建议先选五、六个农业合作社作棉花产量的抽样调查，并建议在城市职工家庭收支调查中，也选择少数职工家庭做些试验工作，把调查资料收集后派人到印度统计学院共同研究，他们愿意派人到中国来帮助我们进行此项工作。周总理表示原则同意，具体办法同统计局去商量。我们准备参考苏联和印度的经验，拟出一个广泛采用抽样调查方法改进农产量和家庭收支调查的具体方案，报请国务院核定。

马教授在临行前提出，他回国后可能介绍印度的学者们到中国来访问，是否邀请由我国决定，希望转告我驻印大使馆。

在这次整个接待工作中，我们始终采取了真诚和友好的态度，本着进一步加强中印友谊和在学术方面密切联系，虚心地向他们学习的精神，进行工作。整个活动都是围绕着学术和工作问题的探讨，没有涉及到社会制度和意识形态方面的争论。马教授对这次访问，始终表示满意。详细情况已在历次简报中反映，这里不再赘述。谨此简报，请予指示。

国家统计局

1957 年 7 月 8 日

（八）马哈拉诺比斯的访华观感

马哈拉诺比斯回到印度后，很快就完成了一份报告《访华印象（1957 年 6 月 19 日至 7 月 11 日）》（Some Impressions of a Visit to China, 19 June—11 July, 1957）。文章共 69 节，前 34 节主要是对中国统计的印象和评价，后 35 节主要是对中国国民经济计划和社会建设的介绍和印象。

从 1957 年 6 月 19 日一踏上中国领土，马哈拉诺比斯就急切地希望了解中国的抽样调查。中国 1955 年开始对 23 个省份 15 000 户农民家庭的抽样调查，1956 年开始对 6 000 户城市居民家庭的抽样调查，当时按照苏联式的调查方法，即 "目的抽样"（purposive sampling，当时国家统计局称为 "有意抽样"），马哈拉诺比斯称为苏联模式（on the Soviet Model）。他针对苏联的目的抽样和经济统计，写道："目的抽样在苏联 1927—1928 年开始使用，目的抽样是选取典型的样本，即有代表性或者有接近平均数的特点的样本（typical or have characteristics close to the average）。欧洲在 20 世纪 20 年代曾经使用过，印度早期也用过，现

SOME IMPRESSIONS

OF A VISIT

TO CHINA

by P.C. Mahalanobis

1.　We reached Canton in the afternoon of 19 June 1957 and halted there two nights at a beautiful garden house before catching the plane for Peking. We thus got the opportunity of seeing in some detail the work of the Provincial Statistical Bureau of Kwantung. We visited an agricultural cooperative near Canton and saw the system of maintaining the village statistical records; and got acquainted with the method of "purposive sampling" (on the Soviet model) which was being extensively used for estimating agricultural production and for family budget enquiries.

2.　We reached Peking on June 21st and found that our programme of work

马哈拉诺比斯访华报告截图

在看来这种方法是错误的。只有随机或概率抽样才正确，因为可以计算抽样误差。然而在苏联，统计机构十分庞大，习惯于目的抽样。"[①]

"苏联将统计学视为经济学的一部分，抽样与观察误差等被认为是数学的事情，这就将统计肢解为两个部分（dichotomy）。这一结果一方面是由于苏联统计学者缺乏数理统计知识，一方面是由于反对在生物和农业科学研究中使用抽象的数学方法。苏联数学家（例如柯尔莫哥洛夫被世界公认为是最伟大的概率理论家，他为现代统计理论奠定了坚实的数学基础）与数理统计学家，当然会认同'随机或概率抽样'的优越性，也提倡在抽样调查中应用随机原则。过去的三、四年间这一问题在苏联争论得越来越激烈。从公开发表的苏联统计学会议文集[②]，以及我和苏联统计学家个人的讨论中，我的印象是他们越来越倾向于'随机或概率抽样'。苏联的统计工作中还在继续使用'目的抽样'，尽管人们努力使统计理论与实际工作相结合，但在苏联数理统计与经济统计的分离状态仍然在持续。中国学习和采用了苏联的统计技术，因而在 1955—1956 年农产量调查和社会经济调查中仍然使用'目的抽样'。正如同苏联一样，中国数理统计学家与仍

① Mahalanobis P C. Some impressions of a visit to China：19 June—11 July, 1957[R]. Kolkata：Indian Statistical Institute Library，1957，Q 10：4-5.

② 即 1954 年苏联统计学会议决议。

然使用过时统计方法的政府统计工作者之间也没有合作，互不往来。"①

马哈拉诺比斯访问过苏联，和苏联统计机构保持密切的联系，也有不少苏联统计政界和学界的朋友，因而他深知中国的统计制度和方法基本是从苏联学过来的，所以在座谈和讲座中他多次从统计历史的角度讲数理统计的发展和应用，特别是讲抽样调查的历史，从早期的目的抽样到 20 世纪 30 年代以后发展起来的随机抽样。早在 1956 年底王思华率团访问印度统计学院时，代表团考察的重点就是印度的抽样调查和数理统计方法在社会经济领域的应用。薛暮桥在 6 月 24 日座谈会上向代表团介绍中国的统计时，特别强调要重视并向印度学习抽样调查和数理统计。② 马哈拉诺比斯说："中国代表团在印度考察时，也对数理统计方法在经济、人口、心理、工业和其他领域的应用表现出浓厚的兴趣。他们向领导汇报，建议应该更重视数理统计的应用。这也就是为什么中国朋友希望我们介绍实验设计、方差分析、经济计量、投入产出、线性规划、运筹学等方法和应用。"③

马哈拉诺比斯对中国统计工作总体上持肯定态度，他写道："我们对中国统计工作整体上印象深刻，不仅规模大，而且保持一致性。从 1952—1956 年生产、收入、就业等数据看，感觉相当可靠并且可比。统计（除了抽样调查和数理统计应用）在为编制国民经济计划，为政府决策提供所需要的数据方面，包括数据的范围、数据的及时性和准确性等方面，都比印度要强。"④

显然，马哈拉诺比斯指出中国统计的两个问题，这也是代表团访华座谈和讲座关注问题的重点。抽样调查问题虽然表面上是政府统计工作的问题，但背后的理论基础是如何认识和对待概率论和数理统计的问题，或者说是社会经济统计和数理统计两门统计的关系问题。数理统计应用的问题虽然表面上是中国高校和科研机构关心的问题，但实质还是数理统计是统计还是数学的问题。马哈拉诺比斯 1957 年的访问虽然主要是应国家统计局的邀请来中国介绍印度抽样调查的经验，但如果随机和概率抽样的理论基础被统计部门或者社会科学研究者质疑，则尽管在访问期间国家统计局，甚至国家领导人对随机抽样方法深感兴趣，然而一旦遇到一点点政治风波或阻力，前面的所有这些努力就都失去作用。

① Mahalanobis P C. Some impressions of a visit to China：19 June—11 July, 1957[R]. Kolkata：Indian Statistical Institute Library，1957，Q 11：5-6.

② Mahalanobis P C. Some impressions of a visit to China，19 June—11 July, 1957[R]. Kolkata：Indian Statistical Institute Library，1957，Q 3：1.

③ Mahalanobis P C. Some impressions of a visit to China，19 June—11 July, 1957[R]. Kolkata：Indian Statistical Institute Library，1957，Q 13：6.

④ Mahalanobis P C. Some impressions of a visit to China，19 June—11 July, 1957[R]. Kolkata：Indian Statistical Institute Library，1957，Q 26：12.

马哈拉诺比斯 3 周的访问，是 20 世纪 50 年代中国统计学界的一件大事。因为除了新中国成立初期苏联专家访华外，这是唯一的一次世界著名统计学家的访问，而且是周恩来总理直接邀请，得到我国政府的高规格接待，周恩来总理，李富春、薄一波两位副总理都安排会见和宴请代表团。他传播的随机抽样以及数理统计方法在社会科学中应用的思想和方法，当时在国家统计局、高校统计教师中产生了轰动和巨大影响。然而，接踵而来的"大跃进"等运动一下子熄灭了统计改革的一点火焰。

（九）王思华的总结 [①]

1957 年 9 月 11 日至 24 日，国家统计局在北京举行第六届全国统计工作会议，李富春、薄一波两位副总理到会讲话，薛暮桥做了《第一个五年计划期间我国统计工作的初步经验和今后任务》的主题报告，孙冶方和王思华分别做了访问苏联和印度的工作报告。王思华讲话的题目为《考察印度统计工作的报告》。王思华在报告开始时说："我们在去年年底至今年年初去印度作了一个多月的访问。一般概况已在《统计工作》上介绍了 [②]，今天着重谈谈印度的抽样调查。关于抽样调查这个问题，我前后有着不同的认识。现在谈谈我的学习体会，不对的地方请同志们指正。"

他的报告分为：一，我们访印与马教授来华讲学情况；二，印度统计工作的特点；三，全面调查与抽样调查；四，主观抽样与随机抽样；五，抽样调查在我国的应用范围等五部分。如果说 1957 年 3 月发表在《统计工作》第 6 期的文章主要是介绍印度统计工作的话，9 月这次讲话则是专门针对抽样调查，而且代表国家统计局谈了对抽样调查的看法，当然会直接影响国家统计局对抽样调查的工作部署和安排。

对于邀请马哈拉诺比斯访华，王思华解释道："去年印度计划统计代表团来华时，马教授本是团长，后因病未成行；这次我们去印度访问时，马教授又表示愿意来中国访问，因此，决定邀请他来中国讲学。"

针对有人怀疑向印度学习抽样调查是否改变了学习苏联的方针，王思华说：

> 我们是社会主义国家，应该以全面统计报表为主，但对非全面调查也应很好地学习，过去我们在这方面是注意不够的。有人怀疑：我们访问印度是否改变了学习苏联的方针？这种认识是错误的。我们访印和马教授来华，并

---

① 本部分主要引自：王思华. 考察印度统计工作的报告 [R]// 国家统计局. 统计工作重要文件汇编：第三辑. 北京：统计出版社，1959：90-97。

② 王思华：介绍印度统计工作，积极开展全国抽样调查 [J]. 统计工作，1957（6）：8-10，17。

不意味着我们放弃向苏联学习，事实上抽样调查早已在苏联采用了。应该肯定地说：过去、现在以至将来，我们都要学习苏联，但同时对资本主义国家比较好的方法也应学习，特别是抽样方法及统计技术上的问题。在方法上，不仅印度，即使其他资本主义国家有更好的我们也可以学习。我们学习的目的是更好地为社会主义建设服务。

抽样调查在资本主义国家比较发展，有其客观原因，即决定于它的私人所有制，在资本主义国家里，不可能进行全面的准确调查。但抽样调查并不仅在资本主义国家有，在社会主义国家里同样也有，抽样调查在苏联就有很大的发展，资本主义国家也承认苏联在这方面有研究。如英国皇家学会曾介绍过苏联的抽样调查，他们承认苏联的抽样法在十九世纪三十年代时已有很大的发展，也认为苏联的统计学家在这方面很高明。[①]

王思华接着说："这还只是苏联在三十年代的情况，以后苏联对抽样调查应用更广，如单位面积产量、家计调查、集体农庄收入、集体农庄价格等都应用了抽样方法。苏联中央统计局斯塔罗夫斯基同志在苏共20次代表大会后写的文章中，以及在最近召开的加盟共和国统计局长会议上，都强调指出抽样调查在社会主义过渡时期中应用的范围不是缩小了而是扩大了，这方面也是我们应向苏联学习的。我们的农家收支调查就是苏联专家设计的，今后研究消费及人民生活问题，抽样调查更起作用。"

在回答了"为什么要邀请马哈拉诺比斯"以及"是否改变了学习苏联的方针"后，王思华介绍了"印度统计工作的特点"。王思华讲的第三个问题是"全面调查与抽样调查"。他说：

为了搜集全面资料，在调查方法上，主要是运用全面调查和抽样调查。二种方法究竟哪一种取得的资料比较正确，要看社会经济条件。在资本主义国家，抽样调查可能比全面调查正确性大，但在社会主义国家里，全面调查的调查误差不会很大，可以比抽样调查更正确。在我国要实行全民所有制，一切要对六亿人民负责，所有生产活动及人民生活，从中央到省、县、区、乡的领导都要了解，才能进行计划管理，单靠抽样调查是不能解决问题的。

① 英国皇家统计学会会刊载文谈苏联统计学在抽样法方面的贡献 [J]. 统计工作，1957（9）：26-27. 这篇文章主要介绍20世纪20年代苏联在数学，特别是概率抽样领域的研究。正如马哈拉诺比斯访华时介绍的，苏联早期（20世纪30年代及以前）在概率抽样研究及应用领域做出过有国际影响的贡献，但30年代以后，由于苏联极左思想的影响，统计学逐渐分成两门，抽样调查逐渐放弃随机原则，而以主观的目的抽样代替。

所以必须认识，全面调查是我们社会主义统计工作的基本方法，这是客观所决定的。但对有些不属计划管理范围内的（即不是计划指标），而单位很多、很分散，又无原始记录的情况，可以采用抽样调查。我们社会主义国家是丰富多彩的，各方面都要胜过资本主义，但要使社会主义的各个方面，一切都要通过全面调查取得资料是不可能也不必要，抽样调查在我国有一定的重要性，特别是在目前的过渡时期。

一般地说，抽样调查有下列几个优点：

1. 省。调查单位少，人力、物力、财力都可以节省。调查样本少，可以少到万分之一，汇总工作量也就少。

2. 抽样调查用人少，干部经过训练后，调查资料质量可以提高。

…………

3. 抽样调查比全面调查的范围要小得多，因此调查指标可以多些、复杂些。

采用全面调查还是抽样调查，应视国家的社会经济条件而定，在我国，可以应用抽样调查，但也有其局限性。

在当时，王思华坚持在全面调查为主的前提下搞抽样调查，确实难能可贵。

第四个问题是"主观抽样与随机抽样"，王思华接受了马哈拉诺比斯的一部分思想，但在和当时占主导调查方法的典型调查进行比较时又转回到苏联的思路上去了。他先转述马哈拉诺比斯的思想：

最初的抽样方法是主观的（或有意识的）抽样，随机抽样是最近二十年内，即第二次世界大战后，才广泛采用的。印度统计学院自1935年即应用随机抽样调查农产量。随机抽样的好处据说是：

1. 随机抽样设计良好时，可以完全代表总体的每一特征；

2. 随机抽样可以避免调查者的主观影响，资料比较正确；

3. 在主观抽样中，可以从总体中选择一个或二个平均值的标本，但这标本不能代表所有的指标。在比较复杂的社会经济调查中，主观抽样只能考虑一、二个指标有代表性，不能考虑全部指标都有代表性；

4. 主观抽样中，确定全及总体的平均数，是凭调查者的主观猜测，不如随机抽样那样客观；

5. 随机抽样比较简便易行；

6. 随机抽样可以计算误差，能知道调查结果的可靠程度。

王思华讲话中总结随机抽样的好处时说"据说是"，显然是马哈拉诺比斯总结的"好处"。查阅马哈拉诺比斯的讲座以及座谈记录，王思华所谈的 6 点好处中第 1、2、5、6 点大体是马哈拉诺比斯的原意，第 4 点与第 2 点的意思接近，第 3 点与第 1 点的意思接近。①

随后，王思华话锋就转向长期实施的"主观抽样"，他说：

> 我个人认为随机抽样在资本主义国家内有一定的优越性，但也不能说除了随机抽样，其他方法就不科学。什么是科学的呢？只要能真实反映客观实际情况的就是科学，主观抽样能反映客观实际也就是科学的，特别在中国的具体情况下，由于党的群众工作路线，给我们创造了有利条件，主观抽样可能收到更好的效果。过去有些同志认为典型调查与抽样调查的区别主要在于是否随机，但根据印度马教授介绍，抽样方法中也有主观的，除了随机抽样而外，机械抽样和分类抽样多少都有主观成分。所以我认为抽样调查与典型调查的不同主要在于抽样调查是通过调查一部分对象来推算全部对象，即抽样总体必须能代表全及总体。而典型调查的主要目的，不是在于推及总体。我们的"划类选典"若能全面反映客观实际情况，也应该说是科学的，问题是在我们过去的"选典"能否反映实际？依我看法，在我国社会条件下，特别是在调查单位差异很小时，经过调查研究的"划类选典"虽不能计算误差，但在反映客观实际情况方面可能比随机抽样作用更大些。以数理公式计算误差有一定道理，但也不是一切社会经济现象都能按数学公式推理的。关于这方面的知识，我们还不多，希望我们大家要好好学习一下，并对各种抽样调查方法进行一些小型试验，以作比较，不但要从理论上来论证哪种方法比较好，而且要在实际工作中，体验哪种方法较好。

显然，后边这段对随机抽样与主观抽样比较评价的讲话，与 1957 年初访问印度回来介绍印度随机抽样调查经验时略有不同，正如 9 月在第六届全国统计工作会议上第二次讲印度统计工作时，他上来就说"关于抽样调查这个问题，我前后有着不同的认识"。不同点看来在于经历了 1957 年 6 月开始的反右运动，批判右派反对学习苏联社会主义，复辟资本主义统计的言论，强调"我们的社会经济绝不能建立在数理统计基础上"。王思华第一次介绍印度统计的文章是《介绍印度统计工作，积极开展全国抽样调查》，文章最后说："过去几年来，我们统计机关所采用的调查方法不是多种多样的，对于抽样调查是注意不够的，今后应该好

---

① 印度马哈拉诺比斯教授访华统计报告集 [R]. 北京：统计出版社，1958：7-12；印度马哈拉诺比斯教授访华情况简报（第 5 期）[R]. 1957-06-27.

好学习并使它在全国广泛地开展起来。"[1]在统计学界反右过程中，抽样调查虽然没有被全盘否定，但更强调抽样调查是非全面调查，主观和有意识抽样、典型调查等更能体现社会主义制度的优越性，更适合我国的实际情况。因而，9 月份这次王思华的讲话虽然仍然主张在我国进行随机抽样调查，但已经不再强调印度模式的随机抽样调查了。

三、高善必访华

高善必（D. D. Kosambi）

高善必（D. D. Kosambi，1907—1966），印度历史学家、数学家，获哈佛大学数学博士学位。1929—1946 年先后任教于费格森学院和贝拿勒斯大学。1947—1962 年在塔塔基础研究所任数学教授。1965 年获荣誉科学家称号，是第二次世界大战后印度新史学的奠基者，著有《印度历史研究导论》《印度古代文化与文明史纲》等。1998 年商务印书馆出版了印度学者高善必的史学著作《印度古代文化与文明史纲》，译者之一王树英在序言里引用季羡林的两段话，概括了此书价值所在："印度真正用马克思主义观点研究印度历史的，高善必应该说是第一人。""这是一部学术价值很高的著作。他一空倚傍，独立创新，印度和世界学术界给以很高的评价，它完全是当之无愧的，译为汉文，实有必要。"

高善必对统计学最重要的贡献之一是广为人知的本征正交分解（proper orthogonal decomposition，POD）技术，它最初是由高善必在 1943 年提出的，但现在较为普遍地称为 Karhunen-Loève 扩展。高善必在 1943 年发表在《印度数学学会杂志》上的论文《函数空间中的统计》中，比卡尔胡宁（Karhunen）和勒夫（Loève）早几年提出了本征正交分解。该工具已应用于图像处理、信号处理、数据压缩、海洋学、化学工程和流体力学等不同领域。遗憾的是，他这一最重要的贡献在大多数论文中没有得到认可。近年来，一些作者开始将其称为 Kosambi-Karhunen-Loève 分解。

高善必在 1952—1962 年多次访华，与中国统计学界有比较广泛的交流。在 1956 年 5 月的访华中，他于 13 日下午在国家统计局做了一次演讲，强调"统计

---

① 王思华. 介绍印度统计工作，积极开展全国抽样调查 [J]. 统计工作，1957（6）：8-10, 17.

是行动的指南"①。他对中国统计工作者说："你们的工作对五年计划起很大的作用。"在统计方法上，要讲究怎样使工作更有效。因为统计不仅要回答问题，而且要回答得及时。全面调查在全面上是理想的，重要的是不能及时。你还没调查完，事情就起了变化，所以抽样调查很重要。高善必接着举了天气预报、地质调查、产品质量检验、收获量预测和家庭收支调查的例子，说明随机抽样调查的重要性。他强调，过去的统计学只强调平均数，现代的统计方法还关注总体中的变异度。高善必最后强调，外国的统计方法，无论苏联的、印度的、英美的，都要同中国的具体情况结合起来才能用。"创造你们自己的统计方法"，是当天演讲中高善必对中国统计工作者的希望。

高善必还与中国统计学者有着广泛的接触和交流。1957年在中国科学院数学研究所访问时，他约见了从浙江调到中国科学院计算技术研究所不久的徐钟济，了解到徐钟济20世纪30年代曾经在英国和美国留学，从事数理统计研究，他当着徐钟济的面希望徐多做些统计推广普及的工作。高善必在上海与魏宗舒谈到徐钟济，认为徐钟济应该到上海参加魏宗舒组织的数理统计小组，那样才能够充分发挥其专长，而不应该在北京中国科学院计算技术研究所搞计算数学。②

四、吴辉、龚鉴尧赴印学习考察 ③

1954年印度总理尼赫鲁访华时，曾同周恩来总理商谈互换留学生事。1956年，印度计划委员会代表团来访时，又提到此事。国家统计局接到遴选两名赴印学习抽样调查人员的任务，先由局内各司上报了10名候选人，经过数学、英语、统计业务以及政治素质等方面的考察，在1956年9月22日由国家计划委员会世界经济研究局局长勇龙桂正式通知吴辉、龚鉴尧作为派出人选，准备出国，同时在国内补习微积分等高等数学和英语课程。吴辉1950年毕业于南京大学经济系，分配在国家统计局工业统计司；龚鉴尧毕业于重庆大学会计统计系，分配在国家统计局农业统计司。

吴辉和龚鉴尧1957年12月30日离京，1958年1月2日抵达印度加尔各答印度统计学院。他们的身份是访问学者，在印度期间的食宿费用由印度方面承担，使得他们能够与其他国家的访问学者一样，得到较好的接待。印度统计学院安排拉希瑞教授负责吴辉和龚鉴尧的抽样技术学习和考察工作，他们定期以口头

① 朱鸿恩. 印度高善必教授和中国统计工作者谈统计 [J]. 统计工作，1957（11）：32.

② 徐钟济档案草稿，徐钟济儿子徐恒提供。

③ 本部分内容主要摘自：吴辉. 在印度学习考察抽样调查 [M]// 国家统计局统计资料管理中心. 统计文史：第四辑. 北京：国家统计局，2014：30-38。

或者书面形式向拉希瑞汇报，外出实习及实地考察都有专人负责与陪同。

他们的学习和考察内容主要有：（1）阅读、研究印度历年全国抽样调查方案和相关材料。（2）实际参加印度农产品产量抽样调查。他们深入田间地头，使用专门的测量器具，参与农产品产量实割实测，然后使用随机数表，测出农作物圆形割块的圆心，并用计算公式推算出作物产量。（3）到大吉岭参与茶叶产量调查。印度大吉岭出产的红茶是世界著名品牌，他们了解到抽样方法不仅可以调查粮食产量，也同样适用于茶叶产量。（4）学习考察居民收入、支出、消费和就业调查。（5）学习抽样调查理论。学院给他们上课的老师是抽样专家穆蒂，穆蒂后来去世界各国演讲，也应联合国亚洲及太平洋经济社会委员会（简称亚太经社会）派遣到中国讲学，吴辉曾作为他的助手和辅导员。

马哈拉诺比斯对吴辉和龚鉴尧的访问十分重视，经常邀请他们参加各种学术活动，介绍他们说"这是中国总理周恩来派来我们这里学习考察的专家"，还多次邀请他们二人去家里做客，一起喝咖啡或共进晚餐，十分友好。

1959 年 1 月，吴辉（中）在毕业典礼上发言，左为龚鉴尧，右为马哈拉诺比斯

他们 1958 年抵达印度后不久，马哈拉诺比斯邀请他们一起去马德拉斯参加印度第 45 届科学大会，在同行的汽车里他们见到了苏联叶诺夫[①]教授。吴辉回忆道："那天早晨汽车来接时，我们发现苏联专家叶诺夫居然也在车里！他是我国最早聘请的统计专家之一。1952 年前后他在国家统计局工作时，我从事工业统计工作，经常向他请教这方面的问题。虽然一句俄语不会说，但是在异乡遇到也格外亲切，我们和他一路用肢体语言加'哈拉绍'（俄语'好'的意思）交流

---

① 叶诺夫（A. Ezhov），苏联中央统计局副局长，1950 年春作为统计专家来华，担任中财委统计总处统计总顾问，帮助中国规划和开展财经统计工作。中华人民共和国国家统计局. 中华人民共和国统计大事记（1949—2009）[M]. 北京：中国统计出版社 2009：2.

着。""第二次遇到叶诺夫是回国前夕。当时他率领苏联统计代表团访问印度统计学院。他们此行的目的是展示苏联对印度这一新兴独立国家的友好，并赠送了一批电子设备。"

龚鉴尧还与当时管理印度统计研究所培训学校的C. R. 拉奥（C. R. Rao）[①]成为了好朋友。在这一年中，他们共同访问了孟买、浦那和德里，以及印度各地的一些稻田和黄麻调查样本点。[②]在德里期间，他们还会见了仍在印度计划委员会任职的皮坦巴尔·潘脱。

正是在吴辉和龚鉴尧访问印度的一年时间里，中国开始了"大跃进"，抽样调查的开展发生了根本的变化。龚鉴尧在《我国抽样法研究与实践的发展》[③]文章中写道："到1958年上半年，全国农家收支调查发展到18 000户，分布在770多个县，1 200多个农业社，基本代表了我国不同地区、不同农业社、不同农户情况。但随着农村人民公社运动的兴起和公共食堂的兴办，农民家庭已不再是生产单位和消费单位，国家统计局从1958年下半年起停止了这项调查工作。"

1958年3月吴辉（左三）、龚鉴尧（左四）在印度统计学院与苏联中央统计局副局长叶诺夫（左二）、苏联专家卢金（右一）、伊朗中央统计局副局长马达里（左一）合影

"这种情况同我们出国学习考察前的一段时期的'抽样热'形成了鲜明的对照，但对于我来说，我却并不感到意外。因为我们在印度学习期间，正是国内轰轰烈烈的'大跃进'年代，局里的同志当时就曾来信，谈到随着人民公社化运动的发展，农民的生产、消费实现集体化，有关资料基本上都可以通过公社取得，建立在抽户进行调查基础上的农民家庭收支调查，已经完成了它的历史使命，所

[①] C. R. 拉奥（1920—2023），著名的印裔美国数学家、统计学家，2023年获得统计学最高成就奖国际统计奖（International Prize in Statistics）。

[②][③] 龚鉴尧. 我国抽样法研究与实践的发展 [J]. 西安统计学院学报，1994，9（2）：7-14.

以，我们在回国前虽然准备了一份长达数万字的学习考察报告，回国后也只得改写成一个简单的报告送局领导参阅了事。"

在吴辉和龚鉴尧1959年初回国后不久，中印关系恶化，中印统计交流在形式上画上了休止符。抽样调查也因为"大跃进"而暂停了几年，但中印统计交流播下的学术种子在改革开放后春天的土壤中萌发了嫩芽。

第二十四章
中国人民大学统计学科的创立与发展

一、统计系的建立

　　中国人民大学统计系是 1950 年命名组建八大系[①]（经济计划系、财政信用借贷系、贸易系、合作社系、工厂管理系、法律系、外交系、俄文系）后第一个单独成系的学校系级建制。

　　1952 年 5 月 21 日，统计教研室主任铁华[②]向胡锡奎、成仿吾副校长报告成立统计系事：

　　　　胡、成校长：

　　　　根据中财委统计总处建议，人民大学本科设立统计系的问题，经和该处狄超白[③]处长商讨，结果如下：

[①]　1949 年政务院《关于成立中国人民大学的决定》规定设立的八大系：经济系、经济计划系、财政信用借贷系、贸易系、合作社系、工厂管理系、法律系、外交系，这是最早的八大系。1950 年 8 月，经济系并入经济计划系。当年 9 月，俄文专修班改为俄文系，这样到 1950 年 10 月组建中国人民大学时依然是八大系。

[②]　铁华（1920—1972），1939 年到抗大学习，1946 年在北方大学任教员，1948 年在华北大学任班主任、队长，1952 年任中国人民大学统计系主任，1955 年任合并后的经济系副主任，1956 年赴苏联进修一年。

[③]　狄超白（1910—1977），1930 年考入南京中央大学政治系。1931 年 11 月加入中国共产党，抗战全面爆发后，任沈钧儒创办的《抗敌周刊》主编。1938 年任安徽省抗战动员委员会宣传部部长。1939 年春创办《文化月报》。1940 年 1 月转移到重庆，从事文化宣传与统一战线工作。1941 年皖南事变后，被派往广州。1946 年转移到香港，任中共香港工作委员会学术小组组长。1947 年兼任香港达德学院教授，主编《中国经济年鉴》。1949 年 3 月，根据党的决定，

一，为适应即将到来的国家大规模建设需要，可以现经济计划系一、二年级统计班为基础，今夏招收一定数量新生，成立本科统计系，以培养较高级和中级统计干部。该系为与业务部门合作性质，经由中央财委决定，政务院批准后，双方即具体商酌办理。

二，根据现有教学力量，一九五二年本科新生可招收一百名，并可暂分工业、贸易、农业三种专业统计班。专修科统计专修班亦可根据需要和其他条件酌量增加名额，该系、班课程计划仍以原经济计划系统计班及专修科统计班的教学计划为基础，参照业务部门多方意见考虑，修业期限按原定不动。

三，学生来源：除由本校招生计划中统筹兼顾满足原订名额中本科七十名、专修科四百名外，请由中央财委经人事部和团中央筹调和动员若干名，政治质量较好，具有相当初、高中程度的转业干部和高中毕业的青年团员学生，经考试合格后入本科或专修科学习（具体分配另订）。

四，今后中央统计部门的帮助：除统计系为合办性质议定在前，需在学生招生及课程计划内容等多商讨外，今后要更加密切保持业务指导，教学工作上的配合帮助，故需：（一）大力加强对业务教学的帮助如：审查讲义、论文、供给教学及科学研究的需用材料等。（二）成立必要的业务研究组织进行座谈和报告，并经常发挥其作用。（三）请首长或指定兼任教员，担任一定的课程讲授和专题报告。（四）为适应今后干部教育工作上的需要，请中央财委今夏筹调一批政治质量较好的大学助教和政治文化上有培养为教员前途的干部送教研室学习，培养统计教学师资，或按本校教学计划作研究生、或短期速成。

以上达成的初步协议，请审核批示，并转请中央财委考虑正式决定。

此致

敬礼

铁华

（一九五二年）五月二十二日

1952 年 6 月 13 日，中央人民政府政务院财政经济委员会（简称中财委）致函中国人民大学，同意合作设立统计系。公函写道：

率领达德学院部分师生回抵北平，任中央财政经济委员会统计处处长，兼任北京大学经济系教授。1953 年任国家统计局综合处处长。1954 年春被任命为中国科学院经济研究所代理所长。1955 年负责创办《经济研究》杂志，当年当选为中国科学院学部委员。1977 年重新工作后，担任许涤新主编的《政治经济学辞典》编辑部的负责人。1977 年 11 月 7 日因心肌梗塞逝世。

中国人民大学胡锡奎、成仿吾校长：

　　接到你们的来信，关于下学期在中国人民大学成立统计系一事，（一）本委同意由本委统计总处与贵校合作。（二）希望本科学生能招二百名，并以百分之五十至六十学工业统计。（三）专业学生来源应与教育部商量，由教育部统筹招生，不足之数可由财委系统设法调送，但本期专科名额希至少五百名。

　　此复

中央人民政府政务院财政经济委员会（印）

一九五二年六月十三日

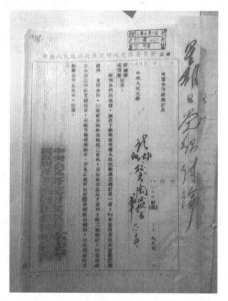

1952 年 6 月 13 日中财委致中国人民大学函

中央人民政府教育部 1952 年 7 月 3 日批复：

中国人民大学：

　　六月二十三日（52）人大字第九六三号函悉。你校与中央人民政府政务院财政经济委员会合作设立统计系，我部同意。至该系教育计划，希你校与中财委进一步研讨确定报部。

部长　马叙伦

一九五二年七月三日（印）

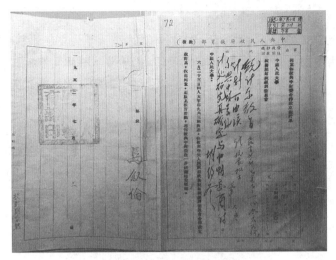

1952 年 7 月 3 日教育部的批复

根据政务院中财委和教育部的批复，1952 年 8 月 18 日，中国人民大学命令第十九号文发布，决定成立统计系。

为培养统计工作干部，以适应即将到来的国家大规模建设的需要，经请示中央人民政府教育部批准，由本校与中央人民政府政务院财政经济委员会合作在本科设立统计系。兹决定该系从第三学年度即按新的教育计划开始工作。随文附发该系教育计划，希全体学工人员周知执行。特此命令。

胡锡奎　代签

在同一天，中国人民大学命令第二十号文发布：

兹接受中央人民政府政务院文化教育委员会委托，于第三学年度在专修科统计班下，增设文教统计专业班，以适应文教统计工作的需要，并随文附发该班教育计划，希全体学工人员周知执行。特此命令。

胡锡奎　代签

我们从上面几份文献中看到中国人民大学统计系建立的初衷是为适应"国家大规模建设的需要"，而且直接由中财委下达培养目标和招生计划，培养方案也是事先由中财委统计总处和中国人民大学统计系完全按照中财委对全国统计中高层干部的需要议定的。中财委给中国人民大学胡锡奎、成仿吾二位校长的公函简单明了，希望 1952 年当年就招收 200 名本科生，其中一半以上学习工业统计专业。到 1956 年四年制本科毕业，这届学生有 192 人顺利完成学业，分配到全国，多数人都成为各级统计部门的业务骨干和领导干部。同时，中财委还要求 1952 年至少招收 500 名专修科学生，如果教育部正常考生生源不足的话，由中财委系统选调学习。结果，当年共招收 500 人入校学习，一年后有 493 人进修合格，充实到全国经济建设的干部队伍中。

　　这么大规模的教学需求，教师队伍的数量和质量就成为当时中国人民大学统计学科需要急迫解决的问题。主讲教师是铁华和申玲，实习教师为刘新（本科）、唐垠、崔世爽、徐前、江昭、于涛、刘铮、戈泊（专修科）。

　　在编写统计学史的过程中，刘新提供了大量资料和照片，不但提供了新中国成立初期批判资产阶级的原始资料，还提供了一份他和妻子刘佩珂[①]1951 年 3 月 31 日婚礼的签名纪念簿。

　　当年的结婚证书封面印有"结婚证书"四个金字，下面是五星红旗，里面四周包有红边，文字为：

刘新和刘佩珂 1951 年结婚照

　　　　结婚证书。京婚三字 0314 号甲份（应为男方的一份——笔者注）。兹有刘新，男，二十七岁，湖南桂阳人，刘佩珂，女，二十四岁，湖南桂阳人，申报于本年三月三十一日在中国人民大学举行结婚典礼，业经依法审查合格，特发本证书交男女双方收执，以资证明。

结婚人：刘新、刘佩珂

证婚人：陈洽卿

介绍人：唐垠

主婚人：马纪孔、海波

公元一九五一年三月二十七日

---

①　刘佩珂（1927—2022），祖籍湖南长沙尖山，生于天津。1946 年高中毕业，考入上海立信会计专科学校学习会计专业。1949 年初大学毕业后，参加中国人民解放军，在华东野战军后勤部审计处工作。1951 年经组织批准与刘新结婚，遂由部队复员，入职中国人民大学财务科（当时为会计室），历任股长、副科长。"文化大革命"期间中国人民大学停办，她和刘新一起到江西余江五七干校。1972 年回京，分配到北京医学院财务科，一直工作到 1992 年从北京医学院审计处处长的岗位上离休。

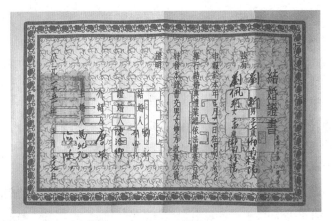

刘新和刘佩珂结婚证书

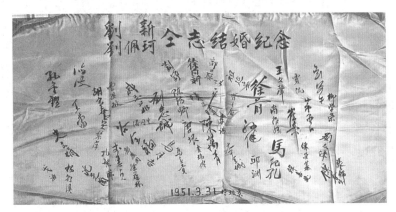

在刘新、刘佩珂婚礼红色丝绸上的签到名单

注：最上一排左起：孙金鉴（会计室）、海波（主婚人，会计室副主任）、刘铮（统计）、徐向新（统计）、郭日聪（统计）、祖延安（统计）、徐前（统计）、王文声（统计）、贾侃（统计）、刘伯午（统计）。

从上往下第二排左起：王蕾、胡宝春（财务）、曹洪敏（女，会计室）、戚玉茹（女，会计室）、刘忠诚（会计室）、陈洽卿（证婚人，会计室主任）、陈及时（统计）、张平、崔之庆（统计）、尚振礼（统计）、崔世爽（统计）、董家驹（会计室）、柳学荣。

从上往下第三排左起：史文娟（女，会计室）、吴黎萍、谷全福（会计室）、潘同生、唐垠（统计，介绍人）、陈万青（统计）、李堪（统计）、孙健、刘友津（统计）。

最下一排左起：戈泊（统计）、杨竹溪、沈芝兰、孔繁滋（统计）、李惠贞（女，会计室）、郭庆国、涂葆林、马月吉、马宝贵（统计）、查瑞传（统计）、李金城（统计）、邱渊（统计）、马纪孔（主婚人，系副主任）、韩嘉骏（统计）、练荣萃、傅春生（统计）、张锦（女，统计）。

在这份宝贵的签到名单上，共有49人，其中统计教研室27人，会计室11人。在统计教研室的27人中，马纪孔是当时学校八大系之一的经济计划系副主任，刘铮、徐前、王文声、贾侃、刘伯午、陈及时、崔世爽、唐垠、戈泊、查瑞传、李金城、傅春生这12人是当时统计教研室的首批教师，他们多数是1948年前后作为清华大学、南开大学等校在校生加入华北大学，经过学习培训成为统计教研室教师。刘伯午当时已经是东北大学副教授，1949 年参加革命，成为华北大学教师。另有涂葆林、崔之庆、尚振礼、潘同生、孔繁滋、李堪、马宝贵、徐向新、韩嘉骏、祖延安、郭日聪、刘友津等 12 人是 1950 年入校的首批研究生，他们 1952 年毕业，涂葆林、崔之庆、尚振礼、潘同生、孔繁滋分配到中南财经学院，马宝贵、徐向新、韩嘉骏、祖延安、郭日聪、刘友津等人留在中国人民大学统计学科任教。陈万青和张锦当时是系资料室工作人员。这个名单上的统计教师是新中国成立初期财经类统计学科的骨干，在 20 世纪五六十年代统计教育和研究中发挥了重要作用。1951 年中国人民大学统计教研室共 15 位教师，几乎全部到场祝贺，只有两位没在名单上：一位是教研室主任铁华，刘新老师回忆说，当时铁华回原籍解决旧式婚姻问题；另一位是江昭。

刘佩珂的工作部门，当时称为"会计室"，即后来的财务科、财务处，主任陈洽卿和副主任海波都赶来祝贺。

在这张婚礼签到簿上，每个人的签名都非常认真，字体娟秀。仔细观看，也能从签字和字体大小等角度看出几位学者的性格。作为革命资历最深的经济计划系副主任马纪孔，字体较大，但工工整整。青年统计教师徐前的签名比较显眼，字如其人。徐前在 20 世纪 50 年代就从同年龄的青年教师中脱颖而出，牵头完成了 1956 年的《统计理论一般问题讲话》和 1957 年的《经济统计学讲话》，这两本统计学著作是我国统计学者借鉴苏联统计理论，结合我国实际编写统计教材的尝试。查瑞传的签名字体格外小，但一笔一画，十分秀美，体现查瑞传一生谦虚严谨的性格。

对于 20 世纪 50 年代初期的工作和生活，刘新回忆道：

> 1950 年前后，人民大学建校之初，学校各系分散在东四附近各条胡同里办公和教学。华北大学进北京后我们先叫"统计组"，在铁 3 号办公。后来组建"统计教研室"，搬到北新桥十字路口东南角的"天丰堂"。
>
> 天丰堂有若干房间和一个小厅，那时可说是统计教师、研究生的男性宿舍兼个人办公处，分居各屋，没有系领导和系办公室。1952 年以后人大在西郊双榆树建设了新校区，上课是乘校车去西郊双榆树校区。不记得一日三餐在何处解决了。但记得每日晚饭后，刘伯午、陈及时和我，因对文史有些偏爱，刘伯午更博闻强记，历史故事很多，故聊性很浓。后几年院系调整时，二人均调到北京对外贸易学院，不久都提为教授并入党。我觉得他们都是和善、知礼、诚实可信之人，通古文，兴趣相投，故交往较多。伯午寄我诗词则较多，我为之复印成册。我为家族编"族谱"时，他也帮助提供了有

关资料。

在天丰堂，我在那住的房间最小，用几张长凳和木板搭床就占去一半，还少不了一张二屈桌，一张板凳，再摆上火炉连烟囱，房间几乎全满了，但备课写文章都赖此。记得有次晚上正铺开纸写批资统计文章时，一人远道来访，他是我青少年时代在桂阳传看巴金等（人）进步作品的传阅者，时任临县某厂领导人，他来京开会，很不容易才找到天丰堂见到我。连坐都没坐（没凳子），见我正在写作，便匆匆告辞走了。

屋子虽小，但很温暖。每逢假日，佩珂从东四六条工作地来住，买点面条，再买点肉，放在火炉一煮就香气四溢了。

婚礼是按照解放区习用的方式举行。由证婚人陈洽卿主持，介绍人唐垠向来宾介绍我们二位新人，我们的领导马纪孔和海波作为主婚人对我们新婚送上祝福，同事和朋友也纷纷表示祝贺。50余位同事和好友济济一堂，场面十分热烈。那时还是供给制，结婚那日还为我俩准备了四碗菜，具体什么菜却不记得了。

婚礼后还举办了舞会。当时，结婚仪式简朴热烈，没有送礼的，主要是送上祝福。

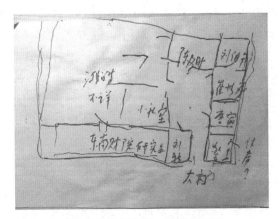

天丰堂结构示意图，百岁刘新绘

注：图中"东南财院研究生"指涂葆林、崔之庆、尚振礼、潘同生、孔繁滋等人，应为"中南财经学院"，即现在的中南财经政法大学。

二、苏联专家的指导

统计学专业在1950年秋中国人民大学命名组建之初就已经设立，当年就招收了3年制本科生23人，1952—1960年本科生学制4年，1961年后学制延长到5年。

尼·尼·廖佐夫1950年10月3日在中国人民大学开学典礼上讲话
（中国人民大学档案馆存，档案号：1950-SX12.11-18）

苏联专家尼·尼·廖佐夫（1950年8月—1953年6月在中国人民大学）1950年8月就来到中国人民大学，作为统计学科顾问，负责培训教师，帮助制定教学计划和培养方案，指导研究生。从1950年8月到1951年6月，他给统计教研室的青年教师系统地讲授了统计学原理、经济统计学、工业统计学、贸易统计学4门课，约400小时。据刘新老师回忆，听完廖佐夫的辅导课，刘新等青年教师就准备给本科生和专修科进修生讲课。当时，刘新负责给本科生上统计学原理，讲义是按照廖佐夫的授课大纲编写的，刘新试讲，廖佐夫坐在台上指导，本科生和其他青年教师坐在台下听课。为了提高效率，有时还安排其他青年教师为刘新擦黑板。廖佐夫所编写的《统计学原理》由统计教研室翻译，1951年8月先是在校内使用，很快就印刷了130 000多册，成为全国财经类统计学科通用教材。1951年9月—1952年6月，廖佐夫给研究生系统地讲授了贸易统计学课程，课时约100小时；同时给本科生示范教学约20小时。1952年9月—1953年6月，他给教师和研究生辅导约300小时。3年的时间里，他按照苏联特别是苏联经济学院的培养方案和教学计划，帮助建立了中国人民大学统计学本科生、研究生以及专修科的人才培养体系，这一体系又通过中国人民大学毕业的研究生传播到全国财经类高校。

经过几年的教学改革与实践，特别是由于1954年苏联统计学会议做出了"统计学是一门具有阶级性和党性的社会科学"的决议，为了明确统计学专业的培养方案和教学计划，中国人民大学教务部1955年制定了"统计学专业"介绍，教育部下发，其中明确：

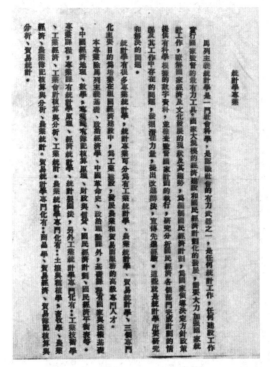

1955 年教育部下发的"统计学专业"介绍及方案

马列主义统计学是一门社会科学，是认识社会的有力武器之一，是任何统计工作，任何建设工作实行国家监督的最有力工具。国家大规模的经济建设和国民经济计划化的发展，需要大力加强国家统计工作，了解国家经济及文化发展的现状及其趋势，为编制国民经济计划，为国家领导决定方针政策提供有科学根据的数字资料，并检查监督国家计划的执行，研究分析国民经济各个部门完成计划的情况及其工作中存在的问题，发掘潜在力量，提出改进办法，宣传先进经验。这些就是统计学所要研究和解决的问题。

统计学有很多专业统计学，统计专业可分为有[①]工业统计学、农业统计学、贸易统计学，三个专门化主要目的为培养在祖国经济建设中，为工业建设、发展农业和贸易而服务的高级专门人才。

本专业除马列主义基础、政治经济学、中国革命史、政治理论课外，基础课程有国家与法权基础、中国经济地理、数学，专业课有簿记核算原理、财政与信贷、国民经济计划、国民经济平衡表等。专业课程，专业课有统计学原理、经济统计学、统计制图法，另外工业统计学专门化有：工业技术

---

① 原文如此，"有"字应为笔误。

学、工业经济、工业会计核算与分析、工业统计。农业统计学专门化有：土壤与种植学、畜牧学、农业经济、农业簿记核算与分析、农业统计。贸易统计学专门化有：商品学、贸易经济、贸易簿记核算与分析、贸易统计。

自 20 世纪 50 年代一直到"文化大革命"，这一统计学专业介绍和方案成为财经类高校统计学专业的办学宗旨。

中国人民大学统计系和统计学科建立初期，完全按照苏联的模式加以建设，经过几年的准备，到 1954 年 3 月形成了本科的培养方案和教学计划。教学计划分为 4 个模块：政治理论课、基础课、专业课和选修课。苏联的统计专业当时为 5 年制，中国人民大学定为 4 年。中国人民大学比苏联经济学院少开的课程主要是选修课，中国人民大学定为 88 总学时，而苏联经济学院开 460 总学时。除此之外，在政治理论课模块中，苏联开的是哲学，中国人民大学开的是中国革命史；在基础课模块中，中国人民大学比苏联经济学院少开了逻辑、经济学说史、统计学史和经济指数 4 门。少开这些课程，一方面是因为师资不足，还开不了这几门课；另一方面是因为要适当减少课时，这几门课对迅速培养统计干部，其实用性也不如其他课程那样紧迫。

中国人民大学统计系本科与苏联经济学院统计系本科课程及其比较

三、统计系科的调整（1950—1966 年）

在 1950 年 10 月中国人民大学命名组建时，统计学专业已经开始招生，在当年招收的首批学生中，就有统计学专业本科生 23 人（首批本科生 1950 年 3 月 13 日已经在东城铁狮子胡同校舍正式上课），1 年制专修生 71 人，2 年制研究生 13 人。当时统计学专业设在经济计划系中，培养方案、教学计划及师资培训都是在苏联专家廖佐夫的指导帮助下建立起来的。1952 年，中国人民大学与政务院财政经济委员会合作，经教育部批准，成立了统计系。当时的主要目的是培养大批的统计专业本科人才，有针对性地培训专修生，同时也要培养研究生。首任系主任是铁华，副主任是雷烽①（后改名田达成）、祁鹿鸣②，总支书记为雷烽，副书记为林懋美。1955 年 8 月，统计系与计划系合并为经济系，系主任为马纪孔③，副主任为铁华、雷烽，总支书记为雷烽。1956 年 5 月，统计系与计划系又从经济系中分出，成立计划统计系，系主任为马纪孔，副主任为铁华、雷烽、李震中、祁鹿鸣，总支书记为李震中，副书记为靳淑英。1957 年 9 月，统计与计划又分别独立成系，统计系主任为铁华，副主任为雷烽、祁鹿鸣、郑尧，总支书记为铁华，副书记为靳淑英。1960 年 6 月，两个系再次合并为计划统计系，直至 1973 年学校停办。其间，铁华、曾洪业、李震中先后担任系主任，郑尧、王经、祁鹿鸣、王丽媞、戈泊④为副主任，曾洪业、祁鹿鸣、王经先后担任总支书记，王丽媞、郑健、戈泊为副书记。1950 年和 1951 年入校本科生学制为 3 年，到 1952—1960 年学制改为 4 年，1961 年后延长为 5 年。

　　从 1952 年统计学科建系，到 1955 年与计划系都并入大的经济系，从 1956 年计划和统计独立出来组建计划统计系，到 1957 年统计与计划分别成系，再到 1960 年回归到 1956 年的计划统计系，短短七八年时间，五次调整，分分合合，原因何在？通过查阅当时的文件，拜访当年计划统计系的教师，脉络大致清晰起来。这些变化，既有当时教育大环境的影响，也有校内体制甚至人事安排的考量。前面介绍了 1952 年面向国家大规模建设需要，中财委和中国人民大学共建了统计系。1955 年统计系与经济计划系合并为经济系，推测是因为 1954 年 6 月高等教育部《全国高等财经院系一九五四年院系和专业的调整和设置计划》文件要求南开大学的财政、金融、贸易、企业管理、统计、会计等六系取消，统计学、会计学两专业改设在经济系内；要求厦门大学的统计、会计两系取消，该两

---

① 雷烽（1923—2002），1940 年参加革命，1949 年加入华北大学，1964 年调教育部。

② 祁鹿鸣（1916—1992），1942 年西北大学经济系毕业，先后到北方大学、华北大学任教，1973 年中国人民大学解散时调北京市科技局。

③ 马纪孔（1917—1964），华北大学校办秘书，1950 年任经济计划系主任，1958 年任教务处副处长，1960 年任教务处处长，1964 年病逝。

④ 戈泊（1930—2020），1946—1948 年在清华大学土木系学习，1948 年加入华北大学，1956—1960 年赴苏联留学 4 年，获副博士学位。1970 年调北京市。

系所设置的统计学和会计学两个专业改设在经济系内；要求西北大学的统计、会计、财政金融、企业管理四系取消，改组为经济系。虽然高等教育部仍然同意中国人民大学单独设立统计系，但考虑到其他几所高校已将统计系并入经济系，中国人民大学也将统计系与经济计划系合并为经济系。而1957年统计与计划又分别独立建系，据吴微[①]回忆，铁华与马纪孔都是1938年参加革命的老干部，1957年铁华从苏联进修回来后，为了安排其与马纪孔相似的职务，将统计系与经济计划系分开，铁华任统计系主任，马纪孔任经济计划系主任。1960年马纪孔任中国人民大学教务处处长，两系再次合并为计划统计，铁华任主任，一直到"文化大革命"开始。

不管何种原因，几年时间内统计、计划甚至经济系分分合合，无疑会对教学、科研以至管理工作的稳定产生不利影响。

四、统计学科的教师队伍[②]（1950—1966年）

中国人民大学1950年10月3日在北京东城区铁狮子胡同1号（现张自忠路3号）举行了成立庆典和开学典礼，刘少奇、朱德、董必武等国家领导人，以及政府有关部门负责人、外国使节、苏联专家出席典礼，和全校师生共同庆祝中国共产党亲手创办的第一所新型正规大学的创建。

（一）统计系的首批教师（19人）

1949年12月，党中央决定以华北大学为基础合并组建中国人民大学，并任命吴玉章为校长，进入1950年就开始紧张的正规教育的准备工作。从1950年2月起，统计教研室就开始筹建，学校任命铁华为教研室主任，并陆续从华北大学的青年教师中抽调一批骨干力量。从1950年2月至9月正式开学上课之间的几个月中，查瑞传、刘新、唐垠、崔世爽、徐前、江昭、于涛、刘铮、戈泊、刘伯午等陆续加入，他们年龄不相上下，大多是1948—1949年从各大学奔赴正定加入华北大学的青年。

查瑞传是西南联大训导长查良钊[③]的独子，1946年8月西南联大化学系本科

---

① 吴微（1930— ），1960年中国人民大学经济计划系毕业后留在计划教研室任教，1984年任计划统计学院副院长。

② 本部分内容主要参见《中国人民大学统计学科教师简介》。

③ 查良钊（1897—1982），字勉仲，南开中学毕业。他于1918年赴美，留学于芝加哥大学教育学院和哥伦比亚大学师范学院研究部，回国后历任北京师范大学教授兼教务长、河南大学校长、河南省教育厅长。1937年抗日战争全面爆发后，他以教育部参事、赈务委员会专员身

毕业后留校任教，并在 1947 年 8 月—1949 年 3 月在清华大学化学系读研究生，1949 年 4 月—1950 年 7 月转读华北大学教育学的研究生，同时在华北大学俄文大队学习。查瑞传的俄文基础扎实，虽然仅仅学习了一年多，但他的俄语听说和翻译能力却比专职俄文翻译还要强。苏联统计学专家廖佐夫 1950 年 8 月抵京，正在筹建的中国人民大学抽调查瑞传作为廖佐夫的翻译。在 20 世纪 50 年代初期，全面学习苏联的统计教育过程中，查瑞传顺利地完成了翻译和沟通的中间桥梁工作，与此同时查瑞传自学了数理统计和人口理论，成为改革开放后我国现代人口学的开创者之一。

刘新 1946 年考入南开大学商学院工商管理系，1948 年底从天津绕道进入解放区，到河北正定投考华北大学。其经过培训，1949 年底转入拟新成立的中国人民大学财经研究室，1950 年 9 月成为本科生"统计学"课程的主讲教师。

唐垠 1945 年考入北京师范大学化学系，1948 年 4 月加入华北大学，1950 年 9 月后被确定为专修科学生"统计学"课程的主讲教师。

崔世爽 1946 年考入中国大学经济系，1949 年 3 月加入华北大学。徐前 1948 年 11 月中学毕业考入华北大学。江昭 1948 年 8 月先考入南开大学物理系，后于 11 月加入华北大学。于涛 1944 年考入北京大学，1946 年转入清华大学地学系，1948 年 10 月加入华北大学。刘铮 1947 年考入吉林长白师范学院数学系，1948 年 11 月加入华北大学。戈泊 1946 年考入清华大学土木系，1948 年 10 月加入华北大学。刘伯午早在 1941 年 6 月已经从东北大学经济系毕业，1947 年 9 月—1949 年 3 月在东北大学任副教授，1949 年 6 月加入华北大学，1950 年 9 月调入中国人民大学统计教研室。

1950 年 9 月到 1951 年底，又有李金城、齐瑛、陈及时、贾侃、王文声、陆戈、傅春生等从中国人民大学培训结束加入统计教研室的队伍，王丽媞则是从北京农业大学调到中国人民大学统计教研室。

（二）第二批教师

这批教师是 3 年制毕业的研究生。1949 年秋从全国选调了一批大学生骨干入校成为研究生，经过 3 年的学习，1952 年均顺利毕业，13 人中有 7 人留在中

份，办理北方战区青年学生救济事宜。1938 年在西安收容战区中学生 1 700 余人，亲自率领由凤翔步行至天水，创办国立第五中学。后任西南联合大学教授兼训导长。抗战胜利后，任国立昆明师范学院（现云南师范大学）院长。1949 年赴印度出席联合国教科文组织的成人教育会议。1950 年应邀任德里大学中央教育研究院客座教授。1954 年到台湾，任台湾大学教授兼训导长，以及侨生辅导委员会主任，并担任"考试院"考试委员。1982 年，病逝于台北。查良钊先生也是现代武侠小说大家"金庸"（查良镛）和近代诗人"穆旦"（查良铮）的族兄。

国人民大学当了老师，分别是马宝贵、徐向新、韩嘉骏、祖延安、郭日聪、刘友津、黄慧。1953年毕业的研究生共5位，除了钱伯海去了厦门大学外，黄孟藩、王恩玉、徐慈君和张敏如都留在统计教研室。

前两批教师年龄大多在20～30岁之间，1949—1950年前后参加工作，很快就成为统计系教学的骨干。

1953年苏联专家廖佐夫回国前与统计系教师合影

（前排左2徐向新，左5黄慧，左6起：雷烽、铁华、廖佐夫、廖佐夫儿子、廖佐夫夫人，右3张锦，右1马宝贵；二排左3韩嘉骏，左4江昭，左6崔世爽，左7刘铮，左8黄孟藩，左9戈泊，右4唐垠，右3于涛，右1查瑞传；三排左1陈万青，左2刘伯午，左3陈及时，左6傅春生，右7刘新，右5贾侃，右2徐前，右1刘友津）

（三）第三批教师

这批教师是1952—1953年全国院系调整及以后调入的教师（18人）。由于新中国成立后社会学、人类学等学科被取消，12位清华大学、北京大学、燕京大学和辅仁大学的经济统计教师以及社会统计教师调整到中央财经学院，后转入中国人民大学统计学科。他们是来自清华大学社会学系和经济系的教师赵人儁、吴景超（到计划教研室，但参加统计研究和活动）、李景汉、戴世光、郑尧、林富德、徐芸芳、王松需，来自燕京大学的赵承信、林懋美，来自北京大学的周复恭，还有美国哥伦比亚大学回国的邬沧萍。当时从山西大学财经学院调到中国人民大学的教师有10位，其中陈允明副教授和吴浦月调到统计系。

在这 14 人中，有 5 位是 20 世纪 40 年代前留学海外的知名学者，年龄已在 40 岁以上，且早已是当时各校的名教授。他们是：

李景汉，中国著名社会学家、社会调查专家。1917 年赴美留学，主修社会学及社会调查研究方法。曾先后在加利福尼亚大学、哥伦比亚大学学习，获加利福尼亚大学硕士学位。1924 年回国，任北平社会调查所干事。1926 年任中华教育文化基金会社会调查部主任兼燕京大学社会学系讲师。1928 年任中华平民教育促进会定县实验区调查部主任。1935—1944 年，历任清华大学社会学系教授、清华大学国情普查研究所调查组主任、西南联合大学社会学系教授。1944—1947 年被派往美国国情普查局考察，并参加人口研究活动。1947—1949 年，在联合国粮农组织统计专家室工作，兼任东南亚多国农业普查顾问。1949—1952 年，任辅仁大学社会学系主任，并在北京大学兼课。1952 年任中央财经学院教授，1953 年后任中国人民大学统计系、北京经济学院教授，其间 1956 年任中国人民大学调查研究室主任，随后被错定为右派，1979 年错划右派问题得以改正。李景汉著名的"定县调查"在 1957 年后也成为批判对象，统计系在 1958 年专门组织师生到定县重新调查，撰写批判文章。1978 年中国人民大学复校后他回到计划统计系任教授，1979 年受聘为中国人民大学社会学研究所顾问。1985 年中国人民大学为祝贺李景汉从事社会研究和教学 60 周年及 90 寿辰召开座谈会。

赵人儁（字守愚），1921 年清华大学毕业后赴美，1923 年获密歇根大学学士学位，1927 年获哈佛大学博士学位，论文题目是《马萨诸塞州实际工资与成本的变动（1890—1921）：一个统计分析》。1931 年任清华大学经济系教授，后任四川大学、燕京大学等校教授，1946—1952 年任清华大学教授，1950 年任清华大学经济系主任，1952 年任教于中央财经学院，1953 年 8 月任中国人民大学统计系统计学原理教研室教授。1954 年 2 月，在中国人民大学统计系统计学原理教研室填表写道"现收集中国统计史资料，今后计划未定"，遗憾的是 1955 年就去世了，没能给我们留下统计史的宝贵资料和文字。

吴景超（字北海），著名社会学家。1915 年考入清华留美预备学校。1923 年赴美，求学于明尼苏达大学，1925 年获学士学位。同年，进入芝加哥大学继续深造，先后获硕士学位（1926 年）、博士学位（1928 年）；获博士学位当年即回国，任金陵大学社会学系教授兼系主任。1931 年起任清华大学教授，1932 年任清华大学教务长。抗日战争期间，他曾先后出任行政院经济部秘书、战时生产局主任秘书（即秘书长），以自己的学术专长贡献于抗日战争。1946 年任中国善后救济总署顾问。1947 年重返清华园任教。1952 年，高校院系调整，社会学专业撤销，调往中央财经学院任教授，1953 年起任中国人民大学教授，1957 年被错划为右派分子，1980 年错划为右派分子问题得到改正。1968 年 5 月 7 日因肝癌病逝于北京。

赵承信，1930 年在燕京大学社会学系获学士学位，1933 年在密歇根大学获博士学位。1933 年回国，先后任燕京大学社会学系教授、系主任、法学院院长等职。1945 年抗战胜利后，赵承信主持燕京大学法学院复建工作。1948 年 1 月，根据燕京大学校方决定，赴美考察一年，重点关注战后美国教育。是年冬，赵承信得知辽沈解放，即要求提前回国，于 1948 年 11 月 23 日抵平，随即投入燕京大学护校斗争。1951 年，燕京大学社会学系撤销，1953 年转入中国人民大学统计系任教授。1957 年，因建议和赞成恢复社会学而被错划为右派，取消教授资格，1979 年错划为右派分子问题得到改正。1959 年 10 月，赵承信因肺癌去世，年仅 52 岁。

戴世光，1931 年毕业于清华大学经济系，1934 年毕业于清华大学研究院，同时考取公费赴美留学，1936 年获密歇根大学数理统计硕士学位，1936—1937 年在哥伦比亚大学学习经济统计，1938 年回国任西南联大国情普查研究所副教授、统计组组长，1940 年任西南联大经济系教授，1945—1952 年任清华大学经济系教授，1953 年院系调整后任中国人民大学统计系教授，1981 年被国务院学位委员会批准为首批博士生导师，是改革开放后第一位经济统计学博士生导师。

除以上 5 位资深的教授，1951 年从哥伦比亚大学获得 MBA 学位回国的邬沧萍也调到中国人民大学统计系。邬沧萍 1941—1946 年就读并毕业于香港、广州岭南大学经济学系，1948—1951 年在美国纽约大学、哥伦比亚大学攻读并获 MBA 学位。1951 年回国后，受聘为辅仁大学副教授，随后院系调整，先后到中央财经学院、中国人民大学统计教研室，此时邬沧萍已经是副教授了。

1953 年院系调整，除了从中央财经学院转过来的 12 位教师，还有两位从山西大学调过来的教师，陈允明和吴浦月。

陈允明（1918—1996），1941 年毕业于天津工商学院，1950—1953 年在山西大学工商管理系任副教授，1953 年由于院系调整，调入中国人民大学统计系，1961 年到北京工业大学任教，改革开放后在北京经济学院（现首都经济贸易大学）任教授。

吴浦月是吴晗的大妹，1938—1943 年在西南联大经济系学习，后在山西大学任教，1953 年从山西大学调到中国人民大学统计系。

韩光远是 1941 年燕京大学社会学的毕业生，1953 年院系调整后调至中国人民大学统计系，1957 年被错定为右派，被监督劳动改造，是当年统计系 6 位右派分子中处理最严重的一位，1979 年得以改正。

在 1953 年较大规模的院系调整后，还有个别人员的调入。如 1954 年从南开大学调过来的杨学通、1955 年美国归国留学生陈余年和 1962 年调入的高庆丰。

　　杨学通 1933 年毕业于南开大学，1937 年后在天津工商学院、南开大学任教授。杨学通参加过著名的"南开物价指数"的编制，1954 年夏调入中国人民大学统计系。

　　陈余年 1937 年毕业于武汉大学经济系，毕业后在重庆交通银行做职员。他学习成绩优异，获得公费留学机会，先后就读于哈佛大学（1946 年毕业）、哥伦比亚大学（1954 年），获得这两个学校的硕士学位，著名的熊彼特是陈余年的老师。1955 年他与钱学森等一批科学家回到祖国。1957 年印度统计学院院长马哈拉诺比斯来中国访问在中国人民大学做了一场报告，当时就是陈余年做的翻译。1974 年他开始关注计算机数据处理工作，和其他几位同样德高望重的老师创立和辛勤培育了经济信息管理专业。他们以极大的热情工作，在中国创建了新的非常重要的专业——经济信息管理，并任该专业教授。

　　高庆丰 1962 年加入中国人民大学统计学科，他早年从齐鲁大学毕业，后因在国民政府东北和北平财政部门工作过，1953 年被劳动管制，但查了几年没有查出问题，在 1962 年被特别安排到统计系。后高庆丰主要研究统计史，1987 年出版了《欧美统计学史》，也在统计系开过"统计学史"的课程。

　　第三批教师的特点是，早年基本都受过扎实完整的大学统计教育与训练，但对于苏联的社会经济统计理论，他们与前两批教师一样都是在接受新生事物。

（四）第四批教师

　　1954—1960 年，陆陆续续留校的研究生和本科生成为第四批教师（22 人）。1954 年第二届本科生毕业，陈婉贞（女）、蒋惠茹（女）、王命先留校任教。1955 届毕业的 25 名研究生中蒋光远、袁寿庄（女）、尹德光留校。1955 年赵国虎毕业于中国人民大学农经系，分配到中国人民大学统计系任教。1956 届研究生王持位、徐叔赓、乔淑琴、施兆福，本科生邱维纲、汪有芸、杨锡芝（女）、何士君、徐衡，1956—1957 年调入统计调查研究室的叶善蓬、虞祖尧，1958 届研究生刘树声，1960 届本科生倪加勋、叶长法、宋韶应等留校任教。这使得中国人民大学统计教师队伍不断壮大。

　　在 20 世纪 50 年代中期，中国人民大学的统计学科人才济济，既有早期留学海外的老专家如李景汉、赵人儁、吴景超、赵承信、戴世光，也有刚刚留学回国不久的邬沧萍、陈余年等；既有长期在国内从事教学科研的杨学通、陈允明，更有一大批新中国成立前后受过高等教育、朝气蓬勃的年轻骨干。但在当时一面倒地学习苏联，照抄照搬苏联教学方案和计划的大环境下，欧美的统计教学、科研和学科体系全部是资产阶级的，第三批和后来调入的几位资深学者都要重新学习苏联的社会经济统计。1953 年以后，吴景超、李景汉、赵人儁、赵承信等都没有上过课，赵人儁1955年早逝，吴景超、李景汉、赵承信三位1957年被错划为右派分子，更没有资格上课了，只有戴世光和年轻一代一起学习苏联的教学经验。改革开放复校后，戴世光是统计系硕果仅存的一位老先生。杨学通和邬沧萍复校后转到人口所，陈余年随女儿去美国安度晚年。

20 世纪 60 年代初统计系教师合影

（左起一排：王丽媞、袁寿庄、杨锡芝、张锦；二排：赵国虎、刘友津、徐前、杨学通、刘新、贾侃、尹德光；三排：查瑞传、郑尧、铁华、祁鹿鸣、佚名、刘铮、王命先；四排：倪加勋、虞祖尧、戴世光、戈泊、江昭、于涛、王文声、邱维纲。缺少：唐垠、汪有芸、叶善蓬、马宝贵、刘树声、何士君。林懋美、周复恭、徐芸芳、韩嘉骏等在函授学院）

五、中国人民大学统计学科对全国财经类统计的辐射与影响

在 1950 年 10 月 3 日中国人民大学成立开学典礼上，刘少奇代表党中央和中央人民政府发表重要讲话，说："这个大学是新中国办的第一所新式大学，是中国历史上前所未有过的大学。中国将来的许多大学都要学习我们中国人民大学的经验，按照中国人民大学的样子来办。"统计学科领域的建设也如同刘少奇讲的一样，都是按照中国人民大学统计学科的样子来办的。

新中国成立后，国家经济和社会建设急需大批统计专业人才，而旧中国法学院、商学院经济系制定的统计专业教学方案被认为是资产阶级统计的，现在要学

习苏联、按照苏联模式培养统计人才。廖佐夫作为苏联统计教育的专家和顾问，从中国人民大学建校伊始就参与新培养计划和教学方案的制定，中国人民大学的统计学科成为中国财经院校师资的工作母机和示范，全国五大财经院校的骨干师资从中国人民大学毕业生中选派，统计教材翻译苏联教材，继而先由中国人民大学编写试用，然后推广到全国高校使用。

新中国成立初期，全国设立了6个大区，即东北区、华北区、华东区、中南区、西南区、西北区，分别建立了专门的财经院校或在综合性大学开设财经系科，为即将开始的大规模经济建设培养经济管理人才，这几所院校分别是：东北财经学院、中国人民大学、上海财经学院、中南财经学院、四川财经学院、西北大学和兰州大学。

中国人民大学在20世纪50年代培养的统计毕业生，除了充实本校统计学科师资队伍，还为其他财经院校和综合大学补充了一批中坚力量。

1952年首批统计学研究生毕业后多数回到各大学任教。除了留在中国人民大学统计教研室的马宝贵等7人外，涂葆林、崔之庆、尚振礼、潘同生、孔繁滋等5人回到中南财经学院。复旦大学的邱渊、重庆大学的练荣蓁、上海财经学院的柴作楫和湖南财经学院的刘奇也在该班学习进修，因工作需要，提前回校任教。

1953年毕业的5名研究生有4人留校任教，钱伯海是厦门大学选派到中国人民大学进修的，后成为厦门大学统计学科的骨干。

1953年中国人民大学为兄弟高校代培计划

中国人民大学教研室 1955 年暑期毕业生明细表首页（统计系毕业 25 人）

　　1955 年毕业的 25 名研究生，蒋光远、袁寿庄和尹德光 3 人留在中国人民大学任教，另外 22 人基本都是全国各高校选派的青年骨干，他们是刘类成（四川财经学院）、吴本余（燃料工业干校）、陈东（东北财经学院，后调山东财经学院）、周兆麟（中南财经学院）、刘光南（大连工学院）、刘铁祥（哈尔滨工业大学）、俞文华（上海财经学院）、童励均（四川财经学院）、吴玑端（厦门大学）、王本琦（四川财经学院）、廖群笙（东北财经学院）、陈秀昌（供销总社）、张晓丰（供销总社）、张荫培（上海财经学院）、周英（兰州大学）、于洞娥（兰州大学）、潘雁瑾（国家统计局）、郑菊生（国家统计局，后调上海财经学院）、何良俊（中南财经学院）、虞金生（东北财经学院）、戴健群（中南财经学院）、杨秀华（商业部干校）。

　　1956 年共有 31 名研究生毕业，乔淑琴、施兆福、王持位、徐叔赓 4 位留在中国人民大学，其余 27 位多回到各高校任教。他们是张黎影（供销总社）、向长键（中南财经学院）、黄婉英（上海财经学院）、董俊昌（中南财经学院）、熊大凤（中南财经学院）、张礼棠（东北财经学院）、陈昌念（四川财经学院）、王治柱（武汉大学）、章泛娥（上海财经学院）、李隆章（四川财经学院）、戴伯勋（大连工学院）、贺毅（东北财经学院）、刘淑端（西北大学）、朱杰（兰州大学）、毛泰富、庆华（中央财经学院）、谢少卿（东北财经学院）、杨则坤（北京农业大学）、杨思铮、来宛仙（女，南开大学）、罗国梁（中央财经学院）、吴宣陶（上海财经学院）、葛霖生（上海财经学院）、刘耀曾（北京矿业学院）、陈志科（湖南大学、四川财经学院）、张庚秋、刘传泗（北京农业大学）。

　　20 世纪 60 年代以后，统计学科培养的研究生人数有所减少，一方面是各个高校的教学逐渐走向正轨，自己培养的优秀毕业生开始留校，基本满足了学校的教学需要；另一方面是 50 年代中后期不断受到政治运动的冲击，60 年代初的正常教学受到严重干扰。中国人民大学统计学科在 1962—1964 年中还是培养了 20 多位研究生，这时的研究生不再以各个高校的进修教师为主，而是本科毕业后继续攻读研究生，因而毕业后多数是分配制，而不是 50 年代那样普遍回到各个高校。

1962 年研究生毕业 3 人，他们是陈志成（天津财经学院）、朱汕和余士杰（武汉大学）。

1963 年毕业研究生 17 人，他们是曾声文（供销总社）、陶尚义（解放军总后勤部）、丘传英（中国科学院经济研究所）、薛永应（中国科学院经济研究所）、苏德宣（国家统计局）、王惠芳（国家统计局）、崔俊峰（国家统计局）、董振山（供销总社）、张兴文（上海财经学院）、徐绍栩（国家统计局）、邵宗明（国家统计局）、戴美德（国家统计局）、韩忠本（河北财经学院）、康文斗（抚顺市统计局）、孙贵义（辽宁省统计局）、程仪（江苏省统计局）、李邦达（河南省统计局）。

1964 年毕业研究生 4 人，为易琛根（陕西财经学院）、彭克宏（中国社会科学院马列所）、贺菊煌（中国科学院经济研究所）、张树宝（北京工商管理专科学校）。

1950—1964 年 15 年间，中国人民大学统计学科培养了 2 年和 3 年制研究生 100 余人，他们中的半数以上分到全国高校，成为各个学校统计教学和科研的骨干，例如钱伯海是 1986 年国务院学位委员会批准的博士生导师。20 世纪 80 年代各财经院校统计系都有五六十年代中国人民大学统计系的毕业生活跃在教学科研第一线。另一部分分配到国家统计局和各省市统计部门，成为统计业务的中坚。如邵宗明（国家统计局原副局长）、程仪（江苏省统计局原局长）、叶长法（浙江省统计局原局长）等。除此之外，20 世纪五六十年代，各高校还选派了一些骨干教师到中国人民大学进修，将中国人民大学的教学方案、培养计划、教材带到全国。

中国人民大学统计学科对 20 世纪五六十年代全国经济类统计学科的影响，除了直接为兄弟院校代培教师、绝大多数毕业研究生都分配到经济类院校统计学科从事教学科研工作外，中国人民大学自己的教师队伍 72 人中陆陆续续有 14 位支援兄弟院校，包括刘伯午（1953 年，北京对外贸易专科学校，河北财经学院）、陈及时（1954 年，北京对外贸易专科学校）、吴浦月（1958 年，青海财经学院）、徐衡（1959 年，河北财经学院）、陈允明（1961 年，北京工业大学，北京经济学院）、乔淑琴、徐叔赓、王持位（1961 年，北京经济学院）、郭日聪（1962 年，中央财经学院）、祖延安（1962 年，暨南大学）、傅春生（1964 年，北京经济学院）、何士君（1972 年，辽宁财经学院）、施兆福（1972 年，华东石油学院）、张敏如（1988 年，深圳大学）。

在 20 世纪 70 年代末到 80 年代改革开放初期，统计高等教育面临恢复发展的大好时期，几乎所有经济类院校统计学科的骨干师资队伍都有中国人民大学的毕业生，湖北财经学院（现中南财经政法大学）统计系 1987 年 10 月共有刘叔鹤、王祥麟、李茂年、孙振声、涂葆林、熊大凤、崔之庆、戴健群、尚振礼、刘都庆、周兆麟等 11 位教授，其中的 8 位孙振声、涂葆林、熊大凤、崔之庆、戴健群、尚振礼、刘都庆、周兆麟都是中国人民大学 20 世纪 50 年代毕业的统计研究生。

同时，为满足国家统计局系统和其他部门对统计专业人才的需要，陆戈、李金城、王松霈、汪有芸、黄慧、蒋光远、叶长法、宋韶应等相继离开中国人民大学统计系，在各自不同的岗位上运用统计知识和技能为国家做出了巨大的贡献。如王松霈成为农业生态环境方面的专家、中国社会科学院荣誉学部委员；叶长法成为浙江省统计局局长。

1954 年 1 月，高等教育部决定召开中国人民大学教学经验讨论会，系统介绍中国人民大学学习苏联教学工作的经验并加以讨论和推广。

4 月 12 日至 21 日，中国人民大学教学经验讨论会在北京召开，全国 101 所高等学校的校长、副校长或教务长，各大区的高等教育局，中共中央与各大区的宣传部和中央各业务部门领导干部共 500 余人参加了讨论会。会议总结了中国人民大学学习苏联的六点先进经验，要求其他高校向中国人民大学学习。这六点经验是：（1）重视马克思列宁主义的思想教育；（2）着重培养工农干部成为国家各项建设事业中的骨干；（3）运用马克思列宁主义的立场、观点、方法来编写教材；（4）一切以教学为中心，为教学服务；（5）重视科研工作，以提高教师水平和教学质量；（6）通过教研室这个办校的中心环节来进行教学、科研、培养师资。《光明日报》和《北京日报》分别以《高等学校的榜样》《中国人民大学学习苏联经验是高等学校的一面镜子》为题做了详细报道。

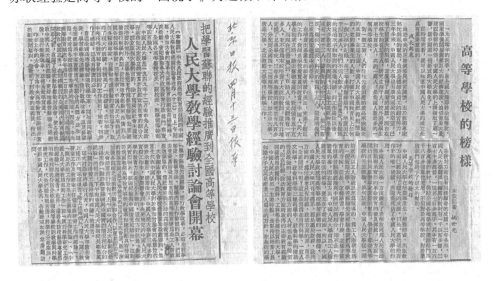

《光明日报》和《北京日报》关于中国人民大学教学经验讨论会的报道

第二十四章附录：中国人民大学统计教研室的设置及人员

一、1952 年设立 3 个统计教研室（统计系设立，26 人）

（一）统计学原理教研室（共 10 人）

铁华（32[①]，系主任），唐垠（26，教研室主任），刘伯午（35，讲师），江昭（25），李金城（23），傅春生（29），齐瑛（女，24），马宝贵（27），徐向新（22），史询美（女，23）

（二）贸易统计教研室（共 9 人）

于涛（29，教研室主任），刘新（29），徐前（24），崔世爽（26），贾侃（29），陈及时（28），黄慧（女，28），韩嘉骏（23），郭日聪（24）

（三）工业统计教研室（共 7 人）

戈泊（23，教研室主任），刘铮（23），王丽媞（女，26），王文声（21），祖延安（25），刘友津（23），陆戈[②]（21）

二、1956 年 11 月教师定级（5 月成立计划统计系，统计教师和系领导共 55 人）

吴景超教授（2 级），赵承信教授（3 级），戴世光教授（3 级），李景汉教授（3 级），马纪孔系主任、副教授（4 级），杨学通教授（4 级），陈允明副教授

---

① 括号中数字为当年年龄。

② 陆戈为陆定一侄子。

（5级），邬沧萍副教授（5级），陈余年教员[1]（5级），雷烽系副主任（5级），韩光远讲师（6级），祁鹿鸣系副主任（6级），郑尧副教授、系副主任（6级），唐垠副教授、教研室主任（6级），林懋美讲师（7级），于涛讲师（7级），林富德讲师（7级），徐前讲师（7级），刘铮讲师、教研室副主任（7级），江昭讲师、教研室副主任（7级），刘新讲师、教研室副主任（7级），崔世爽讲师（8级），傅春生讲师（8级），李金城讲师（8级），周复恭讲师（8级），蒋光远讲师（8级），黄慧讲师（8级），马宝贵讲师（8级），王文声讲师（8级），徐向新讲师（8级），陆戈讲师（8级），王丽媞教员（8级），徐芸芳讲师（9级），贾侃教员（9级），郭日聪助教（9级），刘友津助教（9级），祖延安助教（9级），韩嘉骏助教（9级），齐瑛助教（10级），黄孟藩助教（10级），张敏如助教（10级），徐慈君助教（10级），袁寿庄助教（11级），尹德光助教（11级），王命先助教（11级），王恩玉助教（11级），蒋惠茹助教（11级），陈婉贞助教（11级），王持位助教[2]，何士君助教，徐衡助教，乔淑琴助教，汪有芸助教，徐叔赓助教，施兆福助教。

三、1957年12月的4个统计教研室（统计系单独成系，教研室44人，加上系领导铁华、祁鹿鸣共46人）

（一）统计理论教研室（16人）

1. 郑尧　　　系副主任、副教授

2. 江昭　教研室副主任、讲师

3. 戴世光　　　　　　教授

4. 于涛　教研室副主任、讲师

5. 林懋美（女）　　　讲师

6. 林富德　　　　　　讲师

7. 李金城　　　　　　讲师

8. 周复恭　　　　　　讲师

9. 贾侃　　　　　　　教员

10. 陈余年　　　　　　教员

11. 蒋惠茹（女）　　　助教

12. 陈婉贞（女）　　　助教

13. 袁寿庄（女）　　　助教

---

[1] 陈余年1956年初回国，尚未聘任副教授，但5级工资是副教授标准。

[2] 王持位、何士君、徐衡、乔淑琴、汪有芸、徐叔赓、施兆福1956年4月刚研究生毕业留校，未定级。

14. 郭日聪　　　　　　　助教

15. 祁鹿鸣　　　　　　　系副主任

16. 查瑞传　　　　　　　助教

（二）工业统计教研室（9人）

1. 刘铮　　教研室副主任、讲师

2. 陈允明　　　　　　　副教授

3. 王文声　　　　　　　讲师

4. 徐芸芳（女）　　　　讲师

5. 王丽媞（女）　　　　教员

6. 王恩玉（女）　　　　助教

7. 祖延安　　　　　　　助教

8. 乔淑琴（女）　　　　助教

9. 王持位　　　　　　　助教

（三）农业贸易统计教研室（10人）

1. 刘新　　教研室副主任、讲师

2. 马宝贵　教研室副主任、讲师

3. 崔世爽　　　　　　　讲师

4. 韩嘉骏　　　　　　　助教

5. 杨锡芝（女）　　　　助教

6. 张敏如　　　　　　　助教

7. 徐衡　　　　　　　　助教

8. 尹德光　　　　　　　助教

9. 徐叔赓　　　　　　　助教

10. 雷烽　　　系副主任、副教授

（四）调查研究室（3人）

1. 唐垠

2. 虞祖尧

3. 叶善蓬

1957年7月吴景超、李景汉、赵承信、徐前、陆戈、韩光远6人被定为右派分子，吴景超、李景汉、赵承信3人被给予降职、降级、降薪处分（吴景超从2级降为5级，李景汉和赵承信从3级降为6级；陆戈和徐前被撤销原职，分配较低待遇工作，徐前被安排到资料室工作；韩光远被监督改造），因而在1957年12月的教师名单中已经删除了他们6位。

四、1959 年 12 月（统计系 48 人）

（一）统计理论教研室

1. 于涛　　　　　教研室副主任、讲师
2. 林懋美（女）教研室副主任、讲师
3. 戴世光　　　　　　　教授
4. 杨学通　　　　　　　教授
5. 陈余年　　　　　　　副教授
6. 郑尧　　　　　　　　副教授
7. 林富德　　　　　　　讲师
8. 查瑞传　　　　　　　教员
9. 刘友津　　　　　　　助教
10. 邱维纲　　　　　　　助教
11. 陈婉贞（女）　　　　助教
12. 袁寿庄（女）　　　　助教
13. 何士君　　　　　　　助教
14. 李景汉　　　　　　　教授
15. 徐前　　　　　　　　助教

（二）经济统计教研室

1. 江昭　　　　教研室副主任、讲师
2. 铁华　　　　　　　　副教授
3. 邬沧萍　　　　　　　副教授
4. 黄慧（女）　　　　　讲师
5. 崔世爽　　　　　　　讲师
6. 傅春生　　　　　　　讲师
7. 贾侃　　　　　　　　教员
8. 郭日聪　　　　　　　助教
9. 汪有芸　　　　　　　助教
10. 杨锡芝（女）　　　　助教
11. 蒋惠茹（女）　　　　助教

（三）工农业统计教研室

1. 刘铮　　　　教研室副主任、讲师
2. 马宝贵　　　教研室副主任、讲师
3. 陈允明　　　　　　　副教授
4. 刘新　　　　　　　　讲师

5. 王文声　　　　　　　　讲师

6. 徐芸芳（女）　　　　　讲师

7. 祁鹿鸣　　　　　　　　教员

8. 王丽媞（女）　　　　　教员

9. 祖延安　　　　　　　　助教

10. 徐慈君（女）　　　　助教

11. 张敏如　　　　　　　助教

12. 王恩玉（女）　　　　助教

13. 王命先　　　　　　　助教

14. 王持位　　　　　　　助教

15. 尹德光　　　　　　　助教

16. 徐叔赓　　　　　　　助教

17. 施兆福　　　　　　　助教

18. 刘树声　　　　　　　助教

（四）调查研究室

1. 唐垠　　　　教研室副主任、副教授

2. 虞祖尧　　　　　　　助教

3. 叶善蓬　　　　　　　助教

4. 赵国虎　　　　　　　助教

五、1965 年（计划统计系统计教师 40 人，加上系领导铁华、祁鹿鸣，共 42 人）

（一）统计理论教研室

1. 唐垠　　　　教研室主任、副教授　　　6 级

2. 郑尧　　　　系副主任、副教授　　　　6 级

3. 江昭　　　　教研室副主任、讲师　　　6 级

4. 于涛　　　　　　　　讲师　　　　　　6 级

5. 贾侃　　　　　　　　讲师　　　　　　8 级

6. 汪有芸　　　　　　　讲师　　　　　　9 级

7. 袁寿庄（女）　　　　讲师　　　　　　10 级

8. 邱维纲　　　　　　　助教　　　　　　9 级

9. 倪加勋　　　　　　　助教　　　　　　11 级

（二）统计研究室

1. 戈泊　　　　系副主任、副教授　　　　6 级

2. 王丽媞（女）　　　　讲师　　　　　　7 级

3. 戴世光   教授   3 级

4. 杨学通   教授   4 级

5. 李景汉   教授   3～6 级（右派）

6. 邬沧萍   副教授   5 级

7. 陈余年   副教授   5 级

8. 高庆丰   教员   8 级

9. 查瑞传   讲师   7 级

10. 虞祖尧   讲师   8 级

11. 赵国虎   讲师   10 级

12. 刘树声   讲师   10 级

（三）工、农、贸教研室

1. 刘铮   教研室副主任、讲师   6 级

2. 马宝贵   讲师   7 级

3. 刘新   讲师   7 级

4. 王文声   讲师   7 级

5. 刘友津   讲师   8 级

6. 张敏如   讲师   9 级

7. 尹德光   讲师   9 级

8. 何士君   讲师   10 级

9. 杨锡芝（女）   讲师   10 级

（四）1965 年函授学院统计教学组

1. 林懋美（女）   教研室主任、讲师   6 级

2. 崔世爽   讲师   7 级

3. 周复恭   讲师   7 级

4. 韩嘉骏   教研室书记、讲师   8 级

5. 徐芸芳（女）   讲师   8 级

6. 王恩玉（女）   讲师   10 级

7. 施兆福   讲师   10 级

8. 徐叔赓   讲师   10 级

9. 宋韶应   助教   12 级

10. 叶长法   助教   12 级

第二十五章
"文化大革命"中的统计学科

一、高校统计教育被迫中止

1966 年 5 月，全国范围的"文化大革命"开始，正常的教学活动停滞。全国高校的统计教育也同其他学科以及整个正规的高等教育一样，被迫按下了暂停键，这一下就停顿了十一二年。

1966 年大学停止招生。4 年之后，国家试图恢复招生。直至 1970 年 6 月 27 日，中央批转了《北京大学、清华大学关于招生（试点）的请示报告》，8 月清华大学开始招收第一届工农兵学员，教学工作得以恢复。后来其他高校也开始相继招生。1970—1976 年全国共招生约 94 万人，他们从工农兵中直接推荐选拔上来，被称作工农兵学员或者工农兵大学生，并负有"上大学""管大学""改造大学"的责任。

在 1971—1976 年工农兵学员的 6 届招生中，招生统计学专业的高校只有厦门大学和辽宁财经学院。

厦门大学 1972 年开始招收计划统计专业工农兵学员，1972—1976 年分别招收 50 人、79 人、50 人、42 人、39 人，"文化大革命"期间共招生 260 人。

辽宁财经学院（现为东北财经大学）1973 年开始招收工业计划统计专业工农兵学员，1973—1976 年分别招收 35 人、35 人、40 人、35 人，1975 年还增招综合计划统计专业 40 人，"文化大革命"期间共招生 185 人。

虽然在"文化大革命"期间只有厦门大学和辽宁财经学院招收统计学或计划统计学的工农兵学员，但是部分财经院校从 1973 年起承担了培训统计干部的教学工作。1973 年底，"国家计委统计组请示顾明、林乎加副主任，拟请北京经济学院代培省和重点大城市统计干部，请示得到批准"[1]。

---

[1] 北京经济学院代培统计干部 [M]// 中华人民共和国国家统计局. 中华人民共和国统计大事记（1949—2009）. 北京：中国统计出版社，2009：120.

"1975 年 10 月 20 日，国家计委商教育部，请安排在北京经济学院计划统计系办几个统计干部进修班，包括 1 个综合班，1 个农业班，各 50 人，学期 1 年；电子计算机程序设计人员进修班，各期 50 人，学期 1 年。教育部经研究同意"[①]。

"1976 年 4 月 26 日，天津财经学院同意国家计委统计局在该院开办工业统计培训班，为各地培训统计干部。"[②]

1966 年"文化大革命"开始前，全国共有 18 所财经院校，分别是吉林财贸学院、辽宁财经学院、中央财政金融学院、北京对外贸易学院、北京经济学院、北京商学院、河北财经学院、上海财经学院、江西财政经济学院、安徽商学院（1966 年 3 月更名前为"安徽财贸学院"）、原中南财经学院（1958 年与其他几所院校合并成立湖北大学）、湖南财贸学院、原四川财经学院（1961 年与四川科学技术学院合并成立成都大学）、山西财经学院、原内蒙古财经学院（1965 年改建为内蒙古财贸学校）、西北财经学院、甘肃财经学院、原新疆财经学院（1962 年降格为新疆财贸学校）。这 18 所财经院校都办有统计学或者计划统计专业，在"文化大革命"中有 16 所被撤销或者停办，只有辽宁财经学院没有停办（1966—1971 年间其计划统计系虽然没有招收大学本科生，但开设短班培训干部，1972 年 2 月恢复招收工农兵学员），武汉的中南财经学院（1958 年合并为湖北大学）在 1971 年缩编为湖北财经专科学校。

除了这 18 所财经院校设有统计学、计划统计学、工业统计学等专业外，中国人民大学、厦门大学、南开大学等综合性大学自新中国成立后一直是统计专业人才培养的重镇。

"文化大革命"中，不仅统计教育被迫中止，学校撤销，教师转行，"文化大革命"前的科学探索也被扣上政治帽子。1966 年 4 月 13 日到 5 月 26 日，在北京香山饭店召开了全国统计工作会议（香山会议）。会议的中心议题是"用毛泽东思想重新检查总结统计工作，解决我国调查统计工作的方针、任务、道路问题"。与会人员达 190 多人，李富春副总理听取了统计局的工作汇报。会议由国家计委副主任薛暮桥主持，王思华局长代表国家统计局党组做了检查。

"文化大革命"前，在收集统计数据的方法上，国家统计局主张以统计报表为主，调查研究为辅，包括抽样调查、典型调查、重点调查等。但汹涌的"文化大革命"浪潮袭来，以解剖麻雀为代表的典型调查和重点调查代替了一切调查研究方法，甚至代替了统计报表制度，王思华 1956 年访问印度后强调的随机抽样

① 北京经济学院代培统计干部 [M]// 中华人民共和国国家统计局. 中华人民共和国统计大事记（1949—2009）. 北京：中国统计出版社，2009：120.

② 天津财经学院开办统计培训班 [M]// 中华人民共和国国家统计局. 中华人民共和国统计大事记（1949—2009）. 北京：中国统计出版社，2009：124.

调查更是被认为是资产阶级的东西，因而在此次会议上受到严厉批判。

二、"文化大革命"中统计学科的坚守

尽管这段时间统计学专业不再招生，但"文化大革命"中后期统计科学研究并没有完全停止，一些高校的教师在做着各种研究，为将来恢复统计教学科研做着准备。

（一）人口统计研究

中国人民大学 1970 年 10 月接到北京市革命委员会通知，停止办学。中共中央 1970 年决定撤销中国人民大学。全校教职工集体到江西省余江县五七干校劳动。据统计系倪加勋回忆："我也随学校的大部分人到江西五七干校，初期分配在四连三排十班。四连是由学校的财经各系组成。十班是管理茶园和采摘茶叶，记得编在同一班的有我系的徐前、林懋美。"

1973 年 6 月，中国人民大学教职工返校重新分配工作，财政贸易系、计划统计系、工业经济系、农业经济系的教师、干部整体分配到 1974 年成立的北京经济学院，在北京经济学院 1974 年正式运作前，先由北京师范大学代管。中国人民大学统计系的绝大多数教师去了北京经济学院，这也就保持了统计学科教师的基本编制。

据邬沧萍回忆：

1971 年联合国恢复了中国的合法席位，那个时期也是殖民地国家纷纷独立的时期，联合国认为搞清楚各国的人口是紧迫的问题，不然对这些国家的援助都被人口增长抵消了。当时联合国提倡严格控制人口，但不知道世界上有多少人口。中国是人口大国，人口增加最快，因而联合国认为中国人口问题是关键。当时全世界害怕人口爆炸，想知道全世界有多少人口，但中国人口（情况）不知道，世界人口也难弄清楚，联合国对 1953 年中国首次人口普查的数据是怀疑的。

1971 年，当时联合国（经社理事会）有六个委员会，其中一个是人口委员会，每年开会，我后来多次参加过人口委员会的会议。联合国计划 1974 年在罗马尼亚布加勒斯特召开"联合国第三届世界人口会议"，邀请中国派代表参加。要做准备。从哪里找懂得人口问题的专家呢？由于在（20世纪）50 年代只有人民大学组织过批判马寅初的人口理论，国家计委决定委托人民大学组织力量研究人口问题，为 1974 年的会议做准备。准备工作

属于高度机密，人大就将这一重要工作交给刘铮负责。刘铮 1948 年参加革命，加入华北大学，一直是人大统计系的骨干。1973 年他从江西干校被调回北京组建人口研究所。由于当时人大已经解散，这个新成立的研究机构就建在北京经济学院，刘铮任北京经济学院经济研究所副所长兼人口研究室主任，戴世光、杨学通、查瑞传、林富德和我都抽调到人口（研究）室，集中了统计系的一些骨干，虽然我们的编制调到北京经济学院，但我们办公地点仍然在人大，在人大北五楼。由于研究在当时保密，党外人不能参加。我属于外围人员，懂英文，帮人口小组翻译材料。我和戴世光老师根据联合国的资料编了一本《世界人口统计资料简编》，由商务印书馆出版。

当时认为世界最大的三大问题是 3P（population，poverty，pollution），联合国人口司与我国国家计委合作，筹备开展我国第三次人口普查，联合国给予资金支持。戴老师到人口研究室后作为统计局的顾问参与了第三次人口普查。人口研究室和后来回到人民大学的人口所为我国人口学科的建立和我国人口及计划生育政策的制定做出了重大的贡献。[①]

人口研究室除了翻译出版人口领域的一系列出版物外，还翻译出版了国外经济统计方面的文献，如人民出版社出版的《资本主义国家经济统计指标基本知识》等，为"文化大革命"结束后我国统计学科走向正轨做了准备。

（二）数理统计方法的应用

在数理统计应用方面，以北京大学为例，20 世纪 60 年代初概率统计教研室教员查阅文献，发现日本的《质量管理》杂志登载大量正交试验设计（研究多因素、多水平的一种设计方法，是分析式设计的主要方法）用于改进产品质量的具体案例。与此同时，一位曾访问日本的国家科委（科技部前身）副主任讲日本战后经济发展很快得益于数理统计方法，并将田口玄一的《实验计画法》转给北大。师生们对此并不陌生，此前许宝騄教授主持的讨论班曾认真研读过这方面的代表作，并对部分平衡不完全区组设计进行系统研究，于 1964 年以"班成"的笔名（张尧庭主笔）发表过长篇论文。张尧庭虽然在 1963—1966 年的社会主义教育运动中被定为"反革命分子"，受到批判，但 1966 年"文化大革命"开始后，他仍然坚持到工厂推广试验设计，如到三机部（中国航空工业集团公司的前身）、北京分析仪器厂、北京石化总厂等单位推广正交试验设计。1973—1974 年，北京大学为三机部举办为期一年半的"数理统计方法短训班"，张尧庭承担

---

① 根据 2020 年 1 月 10 日袁卫、李惠对邬沧萍访谈的录音整理。

了"抽样检验"和"寿命检验"两门课的教学任务，同时编写了这两门课的讲义（油印本）。学员们在任课教师的指导下，回到工厂利用所学方法解决了具体技术问题。

20 世纪五六十年代，张里千在非参数统计和区组试验设计这两个不同领域的研究中都取得了达到当时世界领先水平的成果。他在图论方面的工作（用于构造部分平衡不完全区组设计）在图论著作中被称为张图（Chang's graphs）。20 世纪 70 年代，张里千从事多因素试验优化的理论和应用研究工作，取得了重大突破，试验效率和优化效果都大大提高。在实际应用中，张里千的正交试验法把过去很困难、复杂的多因素试验优化问题变得简单、易行，应用范围拓广了很多。在之后的二三十年里，张里千一直在全国各地（包括西藏）和各行各业（包括工业、农业、国防、科研等）积极地推广应用他的方法和技术（有些属于"卡脖子"技术，如夜视仪、某电路设计等），产生了大批成果和巨大的经济效益。

（三）气象预测与预报

1973 年 2 月，中央气象局气象科学研究所、中国科学院大气物理研究所、北京大学地球物理系等单位在北京召开了数值预报和数理统计预报学术交流与协作会议。全国各地的气象工作者、大专院校和科研单位的气象工作者踊跃与会，交流如何应用逐步回归、正交筛选、平稳时间序列等方法进行预测和预报工作。会议论文集刊选了 20 篇研究论文和论文摘要，反映出在"文化大革命"时期十分艰难的环境下，统计方法的应用仍在相关领域进行，并未完全停顿。

《数值预报和数理统计预报
会议论文集》

（四）苏州会议

1973 年，邓小平恢复工作，任国务院副总理、中央军委副主席，协助病重的周恩来主持国务院工作。1975 年 4 月，在叶剑英、邓小平的支持下，中共中央决定派胡耀邦担任中国科学院副院长、党的核心小组第一副组长。胡耀邦到任后开展了一系列恢复正常科学研究的举措，迎来了中国科学院的一个"小阳春"。

中国科学院数学研究所与北京大学等科研机构和高校于 1975 年 9 月 1 日至 10 日在苏州阊门饭店举行了一次全国概率统计的学术会议。当时，学术会议因为"文化大革命"已经中断近 10 年，概率统计学界同人得知这一消息都十分兴奋，踊跃报名，王寿仁、成平、杨纪珂、刘璋温、茆诗松等知名学者与会，参加会议的有来自 25 个省份 171 个单位的 203 名代表。会议交流了近年概率统计应用的研究成果和经验，重点是交流推广正交试验设计方法以及概率统计方法在气象、地震预报中的应用。大会和专业小组会共做了 70 多次学术报告和发言，提交的书面报告共 148 篇。[①] 中国科学院数学研究所概率统计研究室的中青年学者方开泰、冯士雍、陈忠琏等在参加会议的同时还承担起大量会务工作。

苏州会议期间，正值邓小平为首的老革命家与"四人帮"斗争进入白热化的阶段。当时在中国科学院院部工作的数学研究所研究人员邓述慧代表中国科学院在大会上致辞，传达胡耀邦内部讲话精神，强调"抓革命、促生产，恢复科研秩序，搞好科学研究"。邓述慧的讲话引起了与会人员的讨论，虽然多数参会者支持胡耀邦的拨乱反正，但也有少数人反对，还有相当比例的人不敢发言。本来正常的学术会议，受"四人帮"的影响，很难取得预期的成果。[②] 会后，批判邓小平、"反击右倾翻案风"开始，这次会议也被一些人批判。

（五）多元统计分析讨论班与黄山会议

"文化大革命"中，中国科学院数学研究所的统计领域研究人员希望能够从有限的国外文献中选择一个既有理论研究价值，又能对我国国民经济和社会发展做出应用贡献的新领域。通过认真分析研究，他们决定将多元统计分析作为研讨领域，联合攻关。这一研究设想得到概率统计研究室主任成平的支持后，方开泰牵头，与兄弟院校和应用单位联合组成讨论班。中央气象局以史久恩为首的天气预测组、中国科学院计算技术研究所的杨自强，已经发表相关文章，他们与北京医学院方积乾、孙尚拱，以及中国科学院地质研究所相关研究人员等得知讨论班消息后，纷纷报名参加。

讨论班以安德森（T. W. Anderson）1958 年的《多元统计分析导论》（*An Introduction to Multivariate Statistical Analysis*）为主要参考。由于这本著作比较理论化，讨论班没有直接讨论它，而是围绕书中的方法，由几位学者分头准备报告，大家学习讨论。方开泰、刘源张、刘璋温、方积乾、孙尚拱、杨自强等分别报告了主成分分析、聚类分析、判别分析、逐步判别等内容。讨论班还特别邀请张尧庭和陈希孺讲学，长达数月。张尧庭讲授许氏（许宝騄）公式、分块矩阵变换公式、狄利克雷分布（Dirichlet Distribution）等内容。陈希孺讲解了近代回归等研究结果。讨论班的内容整理成《多元分析资料汇编》，共 8 本，油印

① 概率统计学术会议 [J]. 科学通报，1975（12）：580-581.
② 对于苏州会议部分，没有找到原始文献，根据方开泰、冯士雍的回忆整理。

本从 1974 年至 1983 年陆续发行,为"文化大革命"中以及改革开放后广大统计学者和统计分析人员提供了宝贵的教材。当然,讨论班也为张尧庭、方开泰在改革开放后不久出版《多元统计分析引论》(科学出版社,1982)提供了条件。

据方开泰回忆:"我们的讨论班,完全是民间的,没有任何经费资助。但所领导和有关人员很乐意借会议室给我们用,所资料室关女士等也协助我们印刷并发行《多元分析资料汇编》。当时讲课,没有讲课费,也没有请吃饭。陈希孺先生也曾被邀请在我们讨论班上讲学,长达数月,无任何报酬。我觉得心里过意不去,因为张尧庭和陈希孺两位不是我们讨论班的成员,是应邀的专家。为此,经多次努力,中科院数学研究所领导同意请两位专家吃一顿饭,送一套他们喜爱的书以示谢意。这样浅薄的招待在当时已打破先例,在饭桌上张、陈两位兴奋不已,滔滔不绝,喝了很多酒。"[①]

多元统计分析的应用在"文化大革命"后期越来越广泛,在气象、地质等领域产生了一批应用成果。这就为举办一次全国多元统计分析的会议提供了条件。1977 年 8 月 22 日—9 月 6 日,在粉碎"四人帮"后不久,中国科学院数学研究所牵头组织了黄山数理统计多元分析讨论会,中科院成平、刘璋温、项可风、方开泰、陈兆国、张永光,中央气象局史久恩,南开大学胡国定,以及地质领域的潘恩沛等 77 人参加。这是改革开放前后数理统计领域的首次全国学术会议。

(六)工科院校的统计教学

1966 年开始的"文化大革命",对我国统计教育的影响也是毁灭性的。当时全国 18 所财经类院校中,16 所撤销或者停办,只剩辽宁财经学院还在办学,中南财经学院与其他院校合并成立的湖北大学等降为专科学校。综合性大学的统计学和概率统计专业也都停止招生。但一些地方的院校,特别是工科院校仍然坚持办学,在极端困难的条件下编写教材。

《基础概率与数理统计概要》是中南矿冶学院 1974 年编写的油印教材。这种教材需要先用铁笔在钢板上对蜡纸进行刻写,公式、符号、外文就更难刻写,然后由人工用油印滚子将纸一张一张地印刷,一张蜡纸最多可以印刷三四百页,而且这本教材还是每页双面印刷,可以想见当时的难度之大。在"文化大革命"中,为了避免被别人抓住辫子,教材的第一页是毛主席的五段语录:

> 自然科学是人们争取自由的一种武装。人们为着要在社会上得到自由,就要用社会科学来了解社会,改造社会,进行社会革命。人们为着要在自然

① 方开泰. 漫漫修远攻算路:方开泰自述 [M]. 长沙:湖南教育出版社,2016:116-118.

界里得到自由，就要用自然科学来了解自然，克服自然和改造自然，从自然里得到自由。

红与专、政治与业务的关系，是两个对立物的统一。一定要批判不问政治的倾向。一方面要反对空头政治家，另一方面要反对迷失方向的实际家。

要把精力集中在培养分析问题和解决问题的能力上……

大学生，尤其是高年级①，主要是自己研究问题……

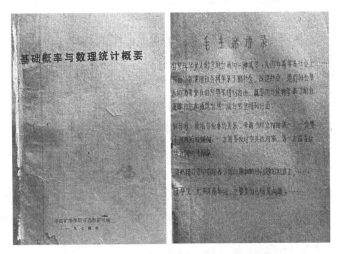

1974 年中南矿冶学院编印的概率统计教材

在"文化大革命"期间，统计学科与我国国民经济和社会发展一样，遭遇了严重的冲击。但我国统计教学与科研人员，以及广大的统计工作者，在极其艰苦的条件下，仍然坚持不断学习、实践，默默地准备着迎接改革开放的春天。

---

① 原文如此，此处据《毛泽东年谱（1949—1976）》第 5 卷应为"尤其是高年级学生"，遗漏了"学生"二字。

图书在版编目（CIP）数据

中国统计学史 . 上卷 / 袁卫等编著 . -- 北京：中
国人民大学出版社，2025.7. -- ISBN 978-7-300-33704-
3

Ⅰ . C8-092

中国国家版本馆 CIP 数据核字第 2025ND1410 号

国家出版基金项目

中国统计学史（上卷）

袁 卫 等 编著

Zhongguo Tongjixueshi (Shangjuan)

出版发行	中国人民大学出版社				
社　　址	北京中关村大街31号		**邮政编码**	100080	
电　　话	010-62511242（总编室）		010-62511770（质管部）		
	010-82501766（邮购部）		010-62514148（门市部）		
	010-62511173（发行公司）		010-62515275（盗版举报）		
网　　址	http://www.crup.com.cn				
经　　销	新华书店				
印　　刷	涿州市星河印刷有限公司				
开　　本	720mm×1000mm　1/16		**版　　次**	2025年7月第1版	
印　　张	53.75 插页4		**印　　次**	2025年7月第1次印刷	
字　　数	1 020 000		**定　　价**	498.00元（上下卷）	

袁卫等 —— 编著

中国统计学史

下卷

国家出版基金项目
NATIONAL PUBLICATION FOUNDATION

中国人民大学出版社
·北京·

目 录

1301　附录

第四篇
改革开放以后
（1977 年至今）

第二十六章

统计学科的思想解放
与统计一级学科的确立

一、关于统计学性质、对象等问题的讨论

（一）戴世光 1978 年的论文与峨眉会议

1978 年 10 月，戴世光在《经济学动态》发表了学术论文《积极发展科学的统计学，为我国早日实现四个现代化服务》，停刊近 20 年的《统计》（后更名为《中国统计》）决定恢复发行，在内部试刊的第 1 期即转发了此文。《经济研究》紧随其后，于 1979 年第 2 期再次刊登此文。这篇文章成稿于 1978 年 3 月，当时，党的十一届三中全会尚未召开，但是邓小平同志已经提出要完整地、准确地理解毛泽东思想体系和反对"两个凡是"，他所倡导的"解放思想、实事求是"的精神已经有了广泛的民意基础。戴世光感受到改革的春风，遂将郁结于心多年已然成熟的思想认识诉诸文字，公之于众，以深厚的学术积淀、开阔的学术视野和追求真理的学术胆识，为统计科学正名，率先在统计学界开始了拨乱反正。

论文明确指出，国际科学界只存在一门统计学，即数理统计学，肯定数理统计学的科学性，强调统计学在社会科学领域中应用的必要性。1954 年以来，我国统计学界出现了按自然科学和社会科学划分的"数理统计学"和"苏联统计理论"两门统计学的问题，后者长期存在于我国各大学经济系、财经院校的教学和研究工作以及政府统计工作中。他认为，从统计科学的性质来看，究竟是一门还是两门统计学，不仅涉及我国社会科学的某些不实事求是的学风问题，还会影响到我国统计科学研究为早日实现四个现代化服务。通过分析统计科学的发展历史及其现状，研究"苏联统计理论"的实际内容和"理论"外衣，戴世

光断言，"苏联统计理论"违背了马克思主义实事求是的科学态度，它是阐述政府统计部门收集社会、经济统计资料的某些工作经验，而不是一门"统计科学"，更不是一门"独立的社会科学的统计学"。根据矛盾论，他进一步考察统计科学的研究对象，运用"一分为二"的观点分析统计理论与统计方法之间的辩证关系，指出现代统计科学主要是以概率论为基础的一门应用科学，其研究对象是客观世界存在的偶然性与必然性这一对特殊矛盾；统计科学所研究的就是大量现象中个别的偶然性与集体的必然性之间对立统一的数量规律，而统计理论与统计方法是相互矛盾的两个方面，统计理论是矛盾的主要方面，统计方法是矛盾的次要方面，两者在一定情况下相互转化并不断促进了统计科学理论，即数理统计理论的发展。此文一经刊出，即在统计学界引起轩然大波，触发了统计学界关于"一门还是两门统计学"的大讨论。这是中央关于解放思想、拨乱反正在统计学界的贯彻落实，不啻于统计学界的一场关于"真理标准"的大讨论。

天津财经大学经济研究所萧嘉魁[①]教授保留了戴世光在这篇论文面世前给他的信函和论文手稿的复抄件。在信中，戴世光征求萧嘉魁对论文基本观点的意见，希望他支持并促进"一门还是两门统计学"的争鸣，足见戴世光预见到论文必然会引起争论，而真理越辩越明，他对争鸣做好了准备。这封信写于1978年4月8日：

> 嘉魁：
> 　　去冬以来，我在北京先后参加了世界经济讨论会，经济科学研究规划座谈会、计划统计组，世界经济科研规划统计组（这个组我被指定作召集人），及社会学科研规划座谈会，获得很多的启发。在我的发言中，中心问题之一就是"统计科学性质问题"。现在，我已将这一问题写成一篇论文，题为"积极发展科学的统计学，为我国早日实现四个现代化服务"，并将论文各一份递交社会科学院胡乔木、于光远同志，现已复校的中国人民大学党委，及人大的计统系，电子计算专业，人口研究室。
> 　　我现将该论文的一份复抄件（是由家中都上班的家人抽空帮我复抄的，份数有限，校改的地方很多），请你评阅，并提出意见（对于论文的修改意见，这一次是来不及了，希望给我的论文提一些根本性的意见，可以简要的提成，如"不同意××论点或观点"）。如在根本问题上基本同意，还希望

---

① 萧嘉魁（1910—1997），1934年考取清华大学，后因病休学，复学后转入经济系，1939年毕业留西南联大经济系任助教，作为陈岱孙教授的助手开设经济学概论、经济简要、经济概论（讨论班）等课程。1947年考取公费赴美留学，1949年获哥伦比亚大学硕士学位。1950年初回清华大学任教，后调至北京铁道学院、内蒙古财经学院、河北财经学院任教授。

大力支持这一问题的争鸣，并在可能范围内作些促进争鸣的工作。这个复抄件作为送给你，不必寄回。

　　此致

敬礼

戴世光

四月八日

戴世光给萧嘉魁的信及论文手稿

　　1978年11月27日至12月9日，国家统计局在四川省峨眉县红珠山招待所召开了"文化大革命"后首次全国统计教学、科研规划座谈会，业界称之为"峨眉会议"。全国17所设有统计学系或统计学专业的高校的负责人和专家，以及国家统计局和部分省市统计局的代表共30余人参加了会议。会议的主题是讨论统计教育和科研工作的长远发展和当前规划。按照"实践是检验真理的唯一标准"的原则，与会代表解放思想，打破禁区，就统计学的一些基本理论问题，如统计学是一门还是两门，统计学的性质和研究对象，怎样正确对待外国的统计理论与方法，应当用什么指标反映国民经济的发展速度，中华人民共和国成立以来我们在统计教育和科研方面有哪些经验与教训等，进行了广泛的讨论。

　　郑尧和徐前代表中国人民大学与会，戴世光在一个月前发表的《积极发展科学的统计学，为我国早日实现四个现代化服务》一文，作为讨论材料下发，成了会议激烈讨论的内容。虽然对上述统计基本问题有种种不同观点，但代表们还是形成了基本共识，在一门还是两门统计学的问题上，会议的成果表现在认可社会经济统计学和数理统计学是两门对象不同、性质不同的科学，应当并存，各学派应加强交流、共同繁荣；社会经济统计学是一门方法论科学，属于社会科学，受马克思主义理论的指导，应当把现有的以社会经济统计为内容的"统计学"如实

地改称"社会经济统计学"。峨眉会议是统计学界，特别是统计教育和统计科研领域，一次影响重大且深远的会议，开启了统计教育与科研的新纪元。

峨眉会议的召集人、时任国家统计局副局长李成瑞事后指出：峨眉会议最大的收获是解放了思想，打破了"四个禁区"，即打破了统计学排斥数理统计学的禁区；打破了一概否定西方统计学的禁区；打破了社会经济统计学作为方法论的禁区；打破了社会经济统计学不能研究统计工作中各种矛盾的禁区。

在中国统计学受苏联统计学长达 30 年影响、思想严重禁锢的时代背景下，会议的这一结论无疑已是思想解放的极大突破，但是距离戴世光的学术主张，即从根本上确立只有一门方法论性质的统计学，还有明显的距离。戴世光将峨眉会议的这个论断称为"双轨制"，是折中主义的，也是"以政代学"的一种表现。

1979 年 5 月 15 日，中国人民大学党委领导孙力余分别与各学科资深教授谈话，就如何加强科学研究，提高教学质量，迅速恢复中国人民大学办学水平征求意见。戴世光围绕《积极发展科学的统计学，为我国早日实现四个现代化服务》论文的写作目的和发表过程，谈了在解放思想，丢掉苏联"本本"包袱方面的意见和建议，他把恢复数理统计的地位和作用比作一场战斗。中国人民大学教务处全文整理了谈话记录[①]：

> 一九七八年三月，我写了一篇题为《积极发展科学的统计学，为我国早日实现四个现代化服务》的论文。一九七八年十月先在《经济学动态》上发表，之后，十二月份国家统计局在四川召开的编写统计教材会议上把这篇论文又印发给与会者，今年二月《经济研究》又转载了该论文。文中我的观点是一九六四年在四清中形成的，四清回校后曾提出改革"苏联统计理论"的建议，但不久"文化大革命"了，对此问题，未能继续提出进行讨论研究。粉碎"四人帮"之后，党对知识分子提出了向四化进军的要求，自己虽然已七十一岁了，但有生之年能为祖国实现四个现代化服务，的确感到欢欣鼓舞。我为四化做出贡献，就是想从促进统计科学、培养接班人方面努力。人大成立时的统计专业，是在苏联专家用"苏联统计理论"的本本讲授、指导，在我们学习苏联一边倒的情况下建立起来的。"苏联统计理论"实际上是政府统计工作搜集编制社会经济统计资料的某些经验，另加上一个马克思主义的帽子，从而说成"一门独立的社会科学"。我们学习了苏联，在一九五九年又加上了"统计学是有党性、阶级性的科学"。这种苏联本本由我人大传播全国，影响很大。现在国际上，统计学是指数理统计学，没

---

① 《孙力余与戴世光谈话记录》，1979 年 5 月，中国人民大学档案馆存。

有"苏联统计理论"这种科学。苏联对两门统计学到七十年代还在争论，我国认识也不统一。一九七八年我开始争鸣，主张用数理统计这种现代科学方法、技术，为我国早日实现四个现代化服务。我感觉这是一场战斗，在认识上是比较有把握的。

他以"老母鸡下蛋遇到了困难"比喻自己在要求发表统计论文和争取培养研究生方面遇到的困难，以统计学科为中心，提出办好中国人民大学，搞好教学研究需要解决的几个问题：

一、苏联本本对人大的影响

我一九五三年到人大后亲身受过苏联专家的培养，还对我表扬过。统计课是本本，其它课也有一些是本本。我说的"本本"，指某些课程的基本论点（或某些主要论点）是不实事求是非马列主义态度，理论是脱离实际的。苏联专家讲统计本本，教师随专家学本本，教师给学生讲本本，学生记本本、背本本，师生都离不开本本。其它课也有此情况，比如：（1）哲学课历史唯物主义部分，当时专家讲：苏联在一九三七年已经建成了社会主义，消灭了阶级，正在向共产主义过渡。我们也是以此看待我国的一化三改的，把三改后的社会主义说成向共产主义过渡的社会主义。这对师生影响很大。由这一例子来说明"本本"就不实事求是，就是理论脱离实际，形而上学，有时是极左的。（2）用政治经济学代替经济学，用对生产关系的研究代替社会物质资料生产的研究。这个基本论点影响到财经各系。工经、农经、贸经等部门经济课及国民经济计划课都讲成了具体的政治经济学，甚至"苏联统计理论"的统计学也是如此。特别是统计学，它本来是一门统计方法（主要是数理统计方法）业务课，要加强理论性，就硬往上拔，实际是想把统计学也讲成政治经济学。一九五八年以后，当时农业经济系改成了人民公社经济系。计划课一开始就讲成了政治经济学。这些部门经济课都讲成了政治经济学，大家一个样，都研究生产关系，这是苏联本本的一个重要表现。

最近我们和国际上有文化交流。听说南斯拉夫无统计系，我们的统计专业无法对口。我有一个学生在美国一个州立大学教书，前些天回国想找我谈谈，我也愿意了解美国的情况。他说他们学校只设有两个经济方面的系：（1）在文理学院里设有经济学系，（2）在商学院里设有工商管理系。据了解，国外讲计划，是指企业管理课中的计划问题，经济、管理系一般只有两门统计方法（数理统计方法）课，只有数学系才设有统计专业。因此计划专业和统计专业与国外都无法对口。我们学校财经设六个系，加上政治经济学

系，经济方面有七个系。我认为这是学苏联本本的另一种表现。美国只设二个经济系，解放前清华大学也只有一个经济系，我们设七个系，都是政治经济学，却分成七个搞实务专业的系，结果培养知识面窄而实务又过死的政治经济学人才。同时，我校财经六个系也不平衡，从政治经济学到现代化技术电子计算机专业，前者与后者差别大，更不配合。

胡乔木同志在国务院谈经济工作要按经济规律办事的一个发言中曾提到应该发展四门新的经济科学（即经济管理学、计量经济学、经济预测学、系统工程学），我是同意的。最近，于光远同志写了一本小册子《谈谈社会主义公有制和按劳分配问题》，其中就说到政治经济学是经济系的一个分科，我也很同意。我们则是以政治经济学代替经济学，甚而还发展到要以之代替统计学，说什么"统计学研究经济生产关系规律性的数量方面"。统计学也即数理统计学，这门科学已通过实践证明是有用的。而大学中设立统计专业，讲授"苏联统计理论"那一套（经济、工业、农业、基本建设、商业等统计），是为了给统计局培养统计员。其实国家统计局、省、市统计局工作的统计员，不需要在大学里培养，中专就完全可以了。那么我们究竟拿什么科学的统计学，为四化培养统计研究专业人才？三十年来我们统计专业一直按苏联统计本本培养教师、研究生、本科学生。现在为四化，需要大力、彻底改革统计专业的课程，我在系里却是一个少数派。社会在改变，人大改变得慢。国际上的经济管理计划和统计学都与我校者不对口。我们统计专业教的是政府统计工作搜集编制社会、经济统计资料的某些实际工作经验，并不是一门科学。

（二）关于一门还是两门统计学的大讨论

1979 年 11 月，戴世光在第一届统计科学讨论会上宣读论文《实践是检验统计科学的唯一标准》，该文 1980 年被收入《统计研究》专辑第 1 辑。这篇文章可以说是《积极发展科学的统计学，为我国早日实现四个现代化服务》的续篇，进一步讨论了"统计数字与统计学是两个完全不同的基本概念""实践证明：苏联统计理论是编制全国统计数字的经验，而不是一门科学""统计学也即数理统计学是经过科学实践检验的一门方法科学"等问题。这两篇文章针对统计学性质、研究对象，即一门还是两门统计学的问题进行了深入、系统的分析，撼动了影响我国达 30 年之久的苏联的两门统计学的基础，引起了整个统计学界长达 10 余年的大讨论。不同观点之间的交锋、砥砺，进一步深化了对该问题的理论探索，共同促进了统计学界拨乱反正的进程。

　　参加争论的部分文章如下：

　　（1）《关于统计学的问题——与戴世光同志商榷》，作者柴作楫，《统计》，1979 年第 2 期。

　　（2）《论统计学与社会经济统计学》，作者颜金锐，《统计》，1979 年第 2 期。

　　（3）《统计学是方法论科学》，作者徐绍兴，《湖北财经学院学报》（今《中南财经政法大学学报》），1979 年第 2 期。

　　（4）《实践需要一门社会经济统计科学》，作者陆华铎，《湖北财经学院学报》，1979 年第 2 期。

　　（5）《加强社会经济统计科学的研究为实现四个现代化服务——与戴世光同志商榷》，作者颜日初，《湖北财经学院学报》，1979 年第 2 期。

　　（6）《试论统计学的性质及其与数理统计学的关系》，作者邹依仁，《经济研究》，1980 年第 1 期。

　　（7）《统计学说发展变化的轮廓》，作者徐前，统计业务学习参考资料之一，国家统计局教育组编印，1980 年。

　　（8）《试论社会经济统计学的研究对象》，作者高成庄，《四川财经学院学报》（今《财经科学》），1980 年第 1 期。

　　（9）《关于统计学的研究对象》，作者姚志学，《财经问题研究》，1980 年第 1 期。

　　（10）《社会经济统计学是一门社会科学》，作者刘新、王文声、崔世爽，《财经问题研究》，1980 年第 2 期。

　　（11）《谈谈我对于统计学对象和性质的看法》，作者杨曾武，《经济研究》，1980 年第 5 期。

　　（12）《论社会经济统计学的研究对象、方法和目的——兼谈它为什么不是一门方法论科学》，作者马富泉，《财经研究》，1980 年第 3 期。

　　（13）《试论统计学的性质》，作者吴敏，《陕西财经学院学报》，1980 年第 3 期。

　　（14）《社会经济统计学的任务、性质和研究对象》，作者贺铿，《湖北财经学院学报》，1980 年第 3 期。

　　（15）《研究社会经济统计理论为现代化建设服务——与戴世光同志商榷》，作者暴奉贤，《暨南大学学报（哲学社会科学版）》，1980 年第 2 期。

　　（16）《社会经济统计学不是一门统计科学吗？与戴世光同志商榷》，作者佟哲晖，社会经济统计学原理参考资料，第 2 辑，山西财经学院计划统计系统计教研室，1980 年 10 月。

　　（17）《社会经济统计学是一门独立的社会科学》，作者傅春生，社会经济统计学原理参考资料，第 2 辑，山西财经学院计划统计系统计教研室，1980 年 10 月。

（18）《对社会经济统计一些问题的看法》，作者张文茂，社会经济统计学原理参考资料，第 2 辑，山西财经学院计划统计系统计教研室，1980 年 10 月。

（19）《试论社会经济统计学的研究对象》，作者朱杰，社会经济统计学原理参考资料，第 2 辑，山西财经学院计划统计系统计教研室，1980 年 10 月。

（20）《统计学的对象、性质和任务的初步探讨》，作者方崇智，社会经济统计学原理参考资料，第 2 辑，山西财经学院计划统计系统计教研室，1980 年 10 月。

（21）《关于社会经济统计学的研究对象问题》，作者车诚定，社会经济统计学原理参考资料，第 2 辑，山西财经学院计划统计系统计教研室，1980 年 10 月。

（22）《社会经济统计学的对象和任务》，作者刘奇，社会经济统计学原理参考资料，第 2 辑，山西财经学院计划统计系统计教研室，1980 年 10 月。

（23）《关于统计学研究对象的问题》，作者毕士林，社会经济统计学原理参考资料，第 2 辑，山西财经学院计划统计系统计教研室，1980 年 10 月。

（24）《关于社会经济统计学对象和内容的几点看法》，作者陈允明，社会经济统计学原理参考资料，第 2 辑，山西财经学院计划统计系统计教研室，1980 年 10 月。

（25）《统计学是一门方法论的社会科学》，作者刘宗鹤，社会经济统计学原理参考资料，第 2 辑，山西财经学院计划统计系统计教研室，1980 年 10 月。

（26）《试从统计认识过程中的社会矛盾论统计数字真实性问题》，作者唐垠、莫曰达，社会经济统计学原理参考资料，第 2 辑，山西财经学院计划统计系统计教研室，1980 年 10 月。

（27）《关于统计学原理之我见》，作者杨坚白，社会经济统计学原理参考资料，第 2 辑，山西财经学院计划统计系统计教研室，1980 年 10 月。

（28）《关于统计科学几个问题的我见》，作者王一夫，《统计研究》第 1 辑，1980 年 11 月。

（29）《略论社会经济统计学是一门科学和它与数学的关系》，作者陈应中，《统计研究》第 1 辑，1980 年 11 月。

（30）《试论社会经济统计学的对象、性质和内容》，作者马安、邵祥能、宋传升，《统计研究》第 1 辑，1980 年 11 月。

（31）《关于社会经济现象的随机性问题》，作者杨曾武，《统计研究》第 1 辑，1980 年 11 月。

（32）《从统计调查过程中的社会矛盾论统计数字的真实性问题》，作者唐垠、莫曰达，《统计研究》第 1 辑，1980 年 11 月。

（33）《数理统计不属于"统计学"的范畴》，作者王永胜，《陕西财经学院学报》，1981 年第 2 期。

在经历了近 30 年苏联统计理论的"只有社会经济统计学才是正宗的统计学"的影响后，我国统计学界很难接受戴世光的一门统计学，并且其是以数理统计方法为基础，同时在社会、经济、生物、医学、物理等领域广泛应用的统计学。客观地说，上述讨论文章中绝大多数都不赞成戴世光的观点，从部分文章的题目，如《社会经济统计学是一门社会科学》《论社会经济统计学的研究对象、方法和目的——兼谈它为什么不是一门方法论科学》《社会经济统计学是一门独立的社会科学》《数理统计不属于"统计学"的范畴》等，就已经一目了然。鉴于当时的背景，也有一些文章的作者不愿直接卷入这场争论，而是采取含糊、模棱两可的态度。今天看来，虽然其有些不知所云，但我们完全能够理解。

厦门大学的颜金锐在戴世光 1978 年 10 月发表《积极发展科学的统计学，为我国早日实现四个现代化服务》后，立即做出回应，在 1979 年初发表了《论统计学与社会经济统计学》[①]，文章旗帜鲜明、开门见山地说：

> ……不久前，戴世光教授发表文章，提出："现在国际科学界，只有一门统计科学，也即作为应用数学分支的数理统计学"，"它也是我国对自然科学和社会经济科学进行科学研究的一个必要的科学方法、技术"。这一精辟见解为统计学的拨乱反正、打破禁区迈出了重要一步，深为我国统计学界和广大统计工作者所重视。……
>
> …………
>
> 那末，什么是统计学呢？研究统计方法的科学就叫做统计学。统计学包含多种多样的统计方法，以适应各种不同的用途。因此，习惯上也称统计学为"统计方法"。统计方法的数学导沅，即为数理统计方法。这种科学不是与物理学、化学或政治经济学等并立的，但它与语言学、逻辑学、数学等工具科学的性质相同。这里所指的统计学，是广义的统计学。统计学所探讨的各种统计方法应用于经济、生物、医学、天文、气象……等各个领域，就形成了一系列"多门的"应用统计学。各个具体领域的统计学，就是狭义的统计学。……
>
> …………
>
> 显而易见，统计学从其历史演变过程来看，它是在数学方法引进之后才逐步形成起来的一门独立的科学。它具有数学所具备的提供其它科学以有力的方法——数学方法的科学职能，可以应用到广泛的科学领域。它的确是数学的一个分支。科学技术体系中有自然科学、科学的社会科学、技术科学和

---

① 颜金锐. 论统计学与社会经济统计学 [J]. 统计，1979（2）：31-34.

工程技术四个组成部分和不归属于上述任何一个部分但又在每一组成部分的每一门学科或技术都少不了的数学。统计学在科学技术体系的分类中应当归到数学这一口。而社会经济统计学及统计方法在社会经济领域的应用，具有"文科中的理科"的双重性质。……

…………

结论：统计学只有一门，就是数理统计学的简称。客观上不存在两门并立的统计学。社会经济统计学无疑是重要的，不过，它只是多门的应用统计学中的一门。

今天重读颜金锐的文章，让我们惊叹的是早在 40 多年前，文章作者已经把统计科学的性质讲得相当透彻，颜金锐因此和戴世光结下了紧密的学术联系和深厚的学术友谊。

1981 年后，关于统计学性质和对象的讨论渐渐减少。

（三）1983 年中国统计学会昆明会议

1983 年 11 月 14 日至 20 日，戴世光出席在昆明召开的第三次全国统计科学讨论会（简称昆明会议），并向会议提交了关于统计学性质和对象的第三篇论文《实事求是是研究统计科学问题的指导思想——评苏联〈统计理论〉及其"社会经济统计学"》[1]。此时刚好处于全国"清除精神污染"时期，"精神污染的实质是散布形形色色的资产阶级和其他剥削阶级腐朽没落的思想，散布对于社会主义、共产主义事业和对于共产党领导的不信任情绪"。但当时清除精神污染的领域和范围在某些地方已经扩大到十分荒唐的地步——《马克思传》内页因有马克思夫人燕妮袒露肩膀和颈胸的传统欧洲装束的照片，而被视作"黄色书籍"没收，有的大城市党政机关不准留烫发和披肩发的女同志进大门。

会议期间，戴世光关于一门统计学的学术主张被理解为"不承认政府统计是科学"，中国统计学会当时的主要负责人以反击统计学界的精神污染为名，组织与会党员加以批判。

莫曰达 11 月 16 日以《就〈实事求是是研究统计科学问题的指导思想〉一文同戴世光同志商榷》[2]为题直接点名反驳，文章开头就说："从 1978 年以来，戴世光同志接连发表了几篇论文，包括 1983 年 11 月在第三次全国统计科学讨论会上

---

① 戴世光. 实事求是是研究统计科学问题的指导思想：评苏联《统计理论》及其"社会经济统计学"[J]. 统计研究，1984（1）：55-62，67.

② 莫曰达. 就《实事求是是研究统计科学问题的指导思想》一文同戴世光同志商榷 [J]. 统计研究，1984（1）：63-67.

提出的《实事求是是研究统计科学问题的指导思想》一文在内，内容和写法，大同小异，目的都是重复论证他的'社会经济统计学是一门虚构的科学'的观点。"莫曰达首先认定，"社会经济统计学这门科学是在马列主义的思想指导下成立、存在和发展起来的"。显然，由于"社会经济统计学这门科学是在马列主义的思想指导下成立、存在和发展起来的"，戴世光对（苏联式）社会经济统计的不同意见自然就不符合马列主义了。

会上，郑尧也以《对〈实事求是是研究统计科学问题的指导思想〉一文的一些不同意见》① 对戴世光进行点名驳斥。戴世光、莫曰达、郑尧的三篇文章刊登在《统计研究》复刊号（1984 年第 1 期）上，戴世光的文章在前，是谈论对苏联统计理论的批判意见，莫曰达和郑尧的文章在后，是点名反驳戴世光的观点，而且莫曰达文章的成稿日期明确为"1983 年 11 月 16 日于昆明"，此时正是会议的开始阶段，其针对性是显而易见的。

《统计研究》1984 年第 1 期（复刊号）的复刊词及关于昆明会议的讨论

戴世光批判苏联"统计理论"，认为苏联"统计理论"是虚构的科学，他也从没有说过社会经济统计工作不需要马克思主义指导。但反驳者却强行给戴世光扣上这样的观点："社会经济统计学和社会经济统计工作，都不是也不需要以马克思列宁主义的有关理论作为理论基础"。

戴世光在会议上据理力争，认为政府统计固然十分重要，但政府统计工作本身不是独立的科学。然而，当时会场上的气氛已经极不正常，没有心平气和学术讨论的氛围，部分同意戴世光意见的代表也敢怒不敢言。戴世光愤然离开会场返京。

---

① 郑尧. 对《实事求是是研究统计科学问题的指导思想》一文的一些不同意见 [J]. 统计研究，1984（1）：68-72.

好在我国部分领域清除精神污染扩大化的倾向很快得到纠正，才没有影响到整个统计学科的改革与发展。对于 1983 年的这次会议，事后不少与会者都表示不应该将统计学的学术问题政治化，因为关于一门还是两门统计学的问题本质上是不同学术观点的探讨。天津财经学院的杨曾武参加了昆明会议，会后他和袁卫主动谈起这次会议，尽管杨曾武不太赞成戴世光的观点，但他对当时会议组织者（中国统计学会主要负责人）称戴世光为统计学界资产阶级精神污染的代表的做法表示反感。[①]

（四）王寿仁、成平的回忆文章

王寿仁、成平在《峨眉会议开创了统计学界各学科共同发展的新时期》[②]一文中写道：

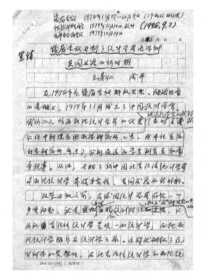

**王寿仁、成平《峨眉会议开创了统计学界各学科共同发展的新时期》文章
第三稿（定稿）的原稿**

改革开放之前，我国统计学界存在一个严重问题，就是照搬当时苏联的统计理论，认为社会经济统计是唯一的统计学，而把数理统计学排斥在

---

① 袁卫：《领我进入统计学术殿堂的老师——杨曾武教授》，2018 年，天津财经大学杨曾武纪念馆存。

② 该文后刊载于《统计研究》1998 年第 6 期的 "'纪念峨眉会议二十周年'（笔谈）" 栏目，详见第 63～64 页。1983 年 11 月 22 日在昆明市召开的中国统计学会第二届会员代表大会上，作为数理统计界的代表，王寿仁被选为中国统计学会副会长兼常务理事，成平被选为常务理事。

外。这就破坏了统计科学的完整性，在社会经济统计学和数理统计学之间筑起了一条鸿沟，严重妨碍了统计科学和统计工作的发展。1978 年 12 月，国家统计局在四川举行了"统计教学与科研规划座谈会"。会上，大家解放思想，畅所欲言，冲破了社会经济统计学与数理统计学不能交流的禁区，认为这两门学科以及其他不属于社会经济统计学和数理统计学的统计学科（如生物、医学等方面的统计学），都属于统计学科的组成部分；统计科学的各学科、各学派，应当携手合作，相互促进、共同发展；并提出成立中国统计学会，学会中不仅要有社会经济统计学者，而且要有数理统计学者、其他非社会经济统计的统计学者。这一建议在第二年就实现了。中国统计学会成立后，各地方统计学会和专业统计学会相继成立，也都由统计各学科的学者共同组成。这样，就使中国统计学会的组成较为全面，便于相互交流，为推动我国统计科学各学科的共同发展创造了必要的组织条件。

…………

1983 年 11 月在昆明召开的全国统计科学讨论会，由于种种原因，在不同观点的争论中空气有点紧张，但此次会议还是宣读了一些带有数理统计学内容有价值的论文。

在统计学史研究中，我们有幸得到王寿仁和成平先生此篇文章发表前的三份手稿，即第一稿、第二稿和第三稿（定稿，1998 年 9 月 7 日），使得我们能够加以对比，看看两位先生前后三份稿件的变化。

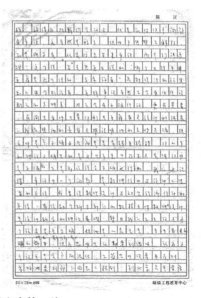

王寿仁、成平文章第一稿

王寿仁、成平在第一稿中写道：

大约是峨眉会议之后，于（19）79年统计局派代表团参加了在马尼拉召开的42届国际统计学会学术会议后，带回了很多资料，而大部分是关于数理统计内容。看到国际统计的趋势，根据"解放思想，实事求是"的思想，一改文革中及文革前，学苏联模式的影响，视数理统计方法为唯心主义，加以否定和批判的做法，邀请我们俩人参加了中国统计学会的工作，后来王先生成了副会长，成平当了常务理事，从此开始了国内两支队伍的合作。中国统计学会逐渐提倡学数理统计方法，放弃只用典型调查方法，逐渐推广抽样调查方法，社会主义市场经济更逼使多使用抽样调查方法来获得统计数据，使统计同国际接轨。当然这个过程也是逐步形成，经过风风浪浪的。为了今后，现在仍然要解放思想，实事求是精神，才会使统计工作及统计研究有大的发展，使中国在国际统计界占有应有的一席。

回顾我们俩人参加中国统计学会工作中，也经过了风风浪浪，看到了一些思想解放的过程。记得在北戴河会议上，代表们对很多问题有争议，这当然是好事。但由于思想不解放，不是用事实，从实际出发来争论，而是打语录战，这个说马克思怎么说的，那个又说毛主席是怎么说的，事实没有，各种说法的效果和后果分析没有，这样争论当然不会有任何说服人的道来，也不会有正确结论。更有甚者，有同志主张大量印刷毛主席有关统计的语录，我们想他的意图无非说明他的主张正确，但主张是否正确与否而是①靠实践来检验。邓小平的理论正确靠的是近二十多年来中国发展实践证明是正确的，不是哪位说它是正确的就行了的。我们还记得，争论中一个问题，是数理统计与统计工作者的关系，或者说数理统计与社会经济统计的关系，有位社会科学部门的教授主张数理统计是统计科学的理论基础，暂且我们不去论述这个论点是否正确，但他是一家之言，至少有他的理由，有可吸取的部分，但在昆明会议却遭到围攻，认为这个论点是资产阶级化，不符合四项基本原则，当时也遭到部分同志的抵制，到北京召开常务理事会时，又有同志提出，那样批判是不合适的，这件事也就不了了之了。学术问题，实践证明只能在实践发展中，不同意见的争论中，最终才能得（出）正确结论，有些问题，国际上争论几十年甚至上百年，还没有结论，只有一个结论是共同的，就是这些争论给这门学科发展带来了好处，围攻人，为批判一种学术观点是不能解决问题，而且是有害的。过去苏联（人）只赞成李森科的学

---

① 手稿原稿如此。

说，反对摩尔根的遗传学说的后果就是证明。过去苏联批判社会统计用数理统计方法是唯心主义，也在实践证明中是错误的。今天他们也改变了，我们想这些问题的发生与当时形势有关，也是思想解放过程中必然要出现的一种现象。

看看今天，在解放思想，实事求是的原则下，统计各学科，各种方法，各种观点都有发展，统计学科在中国得到了发展，但我们认为，统计工作及统计研究离国家要求，离国际水平还有相当距离，例如掌握了不少数据，但没有用统计方法去进行合理分析，找出规律性的东西来。数理统计的理论研究与实践相结合也未很好解决，两支队伍的合作，也还是流于形式，没有多少实质性的合作，等等，都有待今后解决。

在第一稿后，王寿仁、成平又补充了不少新内容，形成了第二稿：

峨眉会议之后，于（19）79 年国家统计局组团参加了在马尼拉召开的国际统计学会第 42 届大会，同年冬天中国统计学会成立，至今将近二十年了，回顾其发展过程颇有意味。改革开放以前，在我国，统计这门学科被严重地歪曲。由于一边倒地学习当时苏联，把数理统计排斥于统计学之外，从而破坏了统计学的完整性，实际上统计这门科学是关于发现客观规律的方法及其理论的研究，它提供调查、收集数据的一般原理，分析与解释所得结果的理论，特别是关于大量记录数据，例如各种生态的、疾病的及政府的经济和社会统计资料的收集及研究等。凡是从事以上所述内容的工作者应相互合作，才能促进统计学发展而更有效地为改造客观服务。但在（19）79 年前，我国的数理统计工作者与社会经济统计工作者存在一条鸿沟，几乎没有学术交流，更谈不上国际交流。当时我国的统计理论特别是社会经济统计理论的研究处于停滞状态，统计的实际工作缺乏完整的理论指导，而是以报表方式为主要收集统计资料的手段①。加以调查重叠使基层工作繁重，在层层上报的过程中，行政干预，为适应当时的政治风向，常常涂改原始数据，致使高层所得的信息量及准确性很有限。这和国际先进统计工作的状况，用少量资料而获得更多的结论形成明显的落后。这种情况难以适应改革开放特别是对市场经济的管理与调节的要求。

改革开放后对我国的统计工作提出了新的要求，统计局领导走出国门参观访问，特别是参加了自 42 届以来国际统计学会历届大会，看到了会上

---

① 原稿如此。

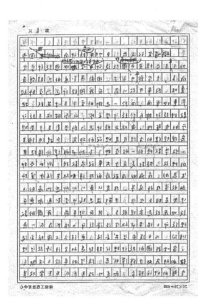

王寿仁、成平文章第二稿手写稿

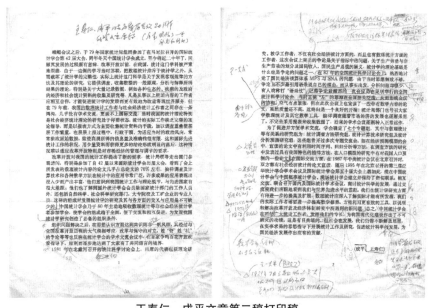

王寿仁、成平文章第二稿打印稿

所发表的数理统计内容的论文几乎占总论文的 70% 左右，抽样调查及计算技术和各种数学方法在统计中的应用非常广泛，许多成果的应用表现出投入少而产出丰富。他们意识到我国统计工作与理论脱节，与先进国家有很大差距，他们也了解到国外统计学会会员除国家统计部门的工作人员外，还包括自然科学、社会科学研究部门，大专院校及工矿企业的专业人员。这样的组

成对发展统计学的研究及其与各方面的交叉与应用是不可缺少的。中国统计学会乃于（19）80 年主动地吸收数理统计等非社会统计学者参加学会，使学会的组成趋于全面，便于交流和相互促进，为发展我国统计学研究创造了必备的组织条件。

组织问题解决之后，在思想认识方面达到共识则非一帆风顺。其经过与全国改革开放历程的大气候相呼应。改革与保守的对应，姓"资"姓"社"的争论等等也反映在统计学会的学术交流会议中。在百家争鸣、百花齐放政策指导下，顺利而逐步的（地）达到了大家有了共同语言的境界。

1981 年在北戴河召开的统计科学讨论会上，出席的代表包括理论研究、教学工作者，不仅有社会经济统计方面的，而且也有数理统计方面的工作者。这次会议上突出的争论是关于指标中的问题，关于生产劳动与非生产劳动的划分及国民收入、国民生产总值的涵义。统计学的理论基础是什么，也是争论问题之一。在（19）82 年的全国统计科学讨论会上，热烈地讨论了国民经济核算体系 MPS 与 SNA 的问题，由于当时思想解放不够，争论上不少是引用语录说自己的理由，而从事实出发，分析问题却很少。有人戏称打"语录仗"。记得争论最激烈的一次会议是在昆明举行全国统计科学讨论会，当时正值"左"的思潮在全国抬头而泛滥，从而影响会议的协和，空气有点紧张；但在此次会议上也宣读了一些带有数学内容的论文，虽然质量还不高，这终归是一个良好的开端。统计局部门也号召大家学数理统计及其他数学工具，抽样调查随着市场经济的发展也逐渐采用了，不完全采用报表来收集数据了，后来的学术会议逐渐转入正常运作。

为了促进并方便学术交流，学会确定了七个专题组，其中与数理统计等有关系的研究组为：统计调查方法研究组，统计计算技术研究组及统计分析预测研究组。这些组曾开过多次专题交流会，如在经济预测模型的会中，宣读的论文中有利用时间序列、回归分析等方法。在调查方法的研究中，发表过具有我国特色的抽样方法，在人口模型的研究中有对我国人口预测的一些论文。在国际交流方面，在 1987 年中美统计会议在北京召开时，双方都有社会经济统计的论文宣读。随后（19）95 年在北京召开第 3 届泛华统计学会[①]学术会议及国际统计学会第五十届大会上都如此。现在中国统计学会与中国概率统计学会、现场统计学会建立并保持了密切联系，相互交流联合召开国内及国际统计学术会议，商讨统计科学的发展。通过交流使我们清醒地

---

① 泛华统计学会在国内学界存在两种译名，另一种译名为"泛华统计协会"，本书除引文外采用"泛华统计协会"这一该会官方译名。

看到我们与世界先进水平的差距，我们在统计学研究方面有待进一步的提高和扩展。数理统计应深入了解实际才能有所发现。我们的实际工作者需要进一步提高数学修养，方能利用更有效的工具，以说明和解决改革开放及经济体制转变中所遇到的新问题。总之，中国统计学会在团结广大统计工作者，发挥他们的专长，为我国现代化做出了不可磨灭的功绩是有目共睹的，但社会在发展，我们仍需不断解放思想，在实事求是的思想指导下开展统计工作及研究，促进统计科学的发展，为国民经济发展作出应有的贡献。

成平、王寿仁 [①]

我们将王寿仁和成平先生的前两份手稿进行对比，可以看到，在第一份手稿中，两位先生比较平实地从他们加入中国统计学会开始讲起，谈了他们经历的"风风浪浪"，如 1981 年北戴河统计科学讨论会社会经济统计代表各自引用马克思和毛主席语录，戏称为"打语录战"；又如 1983 年昆明会议上，"有位社会科学部门的教授主张数理统计是统计科学的理论基础，暂且我们不去论述这个论点是否正确，但他是一家之言，至少有他的理由，有可吸取的部分，但在昆明会议却遭到围攻，认为这个论点是资产阶级化，不符合四项基本原则，当时也遭到部分同志的抵制，到北京召开常务理事会时，又有同志提出，那样批判是不合适的，这件事也就不了了之了"。虽然这里没有点出戴世光的名字，但表达了他们不认同这种扣帽子的态度。在第一稿结尾，他们写道："看看今天，在解放思想，实事求是的原则下，统计各学科，各种方法，各种观点都有发展，统计学科在中国得到了发展，但我们认为，统计工作及统计研究离国家要求，离国际水平还有相当距离，例如掌握了不少数据，但没有用统计方法去进行合理分析，找出规律性的东西来。数理统计的理论研究与实践相结合也未很好解决，两支队伍的合作，也还是流于形式，没有多少实质性的合作，等等，都有待今后解决。"表达了他们对现状不甚满意的态度。

第二稿比第一稿更加具体，比如具体谈到 1981 年北戴河会议讨论的生产性和非生产性劳动等问题，但对 1983 年昆明会议，则淡化了对批判戴世光的情况的描写，只用一句"空气有点紧张"一带而过。

待到这篇文章在《统计研究》1998 年第 6 期上正式发表时，其前后增加了纪念峨眉会议 20 周年的内容，"打语录仗""姓'资'姓'社'""两支队伍的合

---

① 打印稿原稿署名顺序为成平、王寿仁，但打印稿上有将二人顺序颠倒过来的修改笔迹，第三稿及最后发表的署名为王寿仁、成平，笔者判断是成平见到打印稿后做了修改，将自己的署名放在了后面。

作，也还是流于形式，没有多少实质性的合作，等等，都有待今后解决"等语句都不见了，代之以"近年来中国统计学会与中国概率统计学会、现场统计学会，进一步建立并保持了密切的联系，这是很可喜的"。

（五）中国统计学会关于昆明会议的纪要

关于昆明会议，1983 年 11 月 21 日，中国统计学会秘书处整理了第三次全国统计科学讨论会纪要，对于会议讨论的"社会经济统计学的理论基础"问题纪要如下，刊载在《统计研究》1984 年第 2 期：

> 会上，有一位论文作者[1]提出："苏联《统计理论》[2]（即我国现在新改名的'社会经济统计学'的前身）是依靠'理论'成'学'的，而理论'根据'却是虚构的。"他根据苏联《统计理论》中所说的"统计学对社会现象研究的结果，反映在数字资料中——即说明这些现象的统计指标中"的提法，断言："苏联《统计理论》把'社会经济统计数字'虚构成为'独立社会科学的统计学'。""而客观具体现象的性质和空间、时间条件，就是规定统计指标方法的客观前提。联合国编制的世界范围的《统计年鉴》，所有各国的统计数字都是可比的，就是因为统计指标所计量的客观存在的现象都是一样的，根本不是以不同的政治经济理论为根据而有所不同。"
>
> 不少同志对上述论点提出了不同看法：
>
> 第一，有的同志认为不同阶级、不同社会的社会经济统计是建立在不同理论的基础上的。社会主义国家的社会经济统计必须以马列主义作为指导思想。社会经济统计要运用马克思主义质和量的辩证统一原理，在定质的基础上，从事定量的分析；社会经济统计是依据共性和个性辩证统一原理，运用大量观察法和典型调查相结合的方法，认识社会经济现象的数量方面，进而探索其本质的；分组法是从感性认识过渡到理性认识阶段中由表及里的向导；等等。
>
> 第二，有的同志探讨了马克思怎样运用平均数法则来研究社会经济规律，认为：平均数法则的作用在于从复杂的现象中显示出某些社会经济规律的表现形式，而对这个形式作出解释，则有赖于对现象的客观性的质认识。因此统计研究是离不开马克思主义哲学和政治经济学指导的。

---

[1]　即戴世光。

[2]　原文中对苏联的"统计理论"用了书名号，按现行标点符号用法，不应用书名号，特此说明。

第三，有的同志以大量事实说明我们的社会经济统计学是在马列主义的思想指导下建立、存在和发展起来的。马克思、恩格斯和列宁，不但以他们的理论、思想，而且以他们的斗争实践为这门科学的建立作出了重大贡献。没有马列主义的指导，就没有社会主义国家的社会经济统计学和社会经济统计工作。社会经济统计学不是统计数字，但同统计数字有密切关系。收集、整理、分析统计数字也必须以马列主义作为指导思想。苏联《统计理论》有缺点或错误，但它所阐明的马列主义对统计工作、统计方法的指导意义必须肯定。社会经济统计学本身也要在马列主义理论的指导下不断发展和完善。

绝大多数同志认为，社会经济统计科学理论是要用来指导我国统计工作的实践的。数理统计方法中有不少有用的东西可以用来加深我们对社会经济现象数量方面及其变化规律的认识，但它的整个体系只能作为一种辅助工具。我们要认识社会，了解国情国力，探讨社会主义建设的规律性，必须发展以马列主义为理论基础的社会经济统计学。党的十一届三中全会以来，我国统计工作和社会经济统计科学的研究有了迅速的发展，就是因为坚持了马列主义、毛泽东思想的指导的缘故。

应该说，我国数理统计学界对于 20 世纪 50 年代苏联统计理论排斥数理统计的极左做法虽然反对，但心有余悸，公开场合很少发表关于一门还是两门统计学的观点。难怪莫曰达在《新中国统计工作历史流变（1949—1999）》中谈到苏联统计理论对中国的影响时说："苏联的统计理论，只认定统计学是研究社会经济数量表现的科学。但中国有的批判文章，不但批判了数理统计学派的统计学，连数理统计学也牵扯进去了。但中国的数理统计学家，如许宝騄、魏宗舒等，对此从未发表过意见。不管你是反对数理统计学派统计学的或支持数理统计学派统计学的，中国真正研究数理统计学的学者，对这些问题是从未加理会的。"[1]

从 20 世纪 50 年代初批判资产阶级统计学，到苏联统计理论否认数理统计是统计科学，我国的数理统计学者怎么会不关注呢？ 1951 年批判勾适生的《统计学原理》后，新中国成立前留学欧美、受过欧美统计学教育和影响的学者和统计学教材作者，纷纷进行自我批判，与过去资产阶级统计思想划清界限。许宝騄、徐钟济、魏宗舒等留学欧美的数理统计博士密切关注苏联统计理论对我国的影

---

[1] 莫曰达，刘晓越. 新中国统计工作历史流变（1949—1999）[M]. 北京：中国统计出版社，2015：24.

响，最近我们得到徐钟济的宝贵手稿，手稿清楚地还原了 1955 年他和许宝騄交谈，回避数理统计的恐惧心态。[①] 杨纪珂在《杨纪珂自述》中也对苏联统计理论及其在当时的影响有详细的回忆，详见本书第二十章"生物、医科、农林院校的数理统计教材"部分的相关内容。

（六）钱学森对统计方法的论述

1985 年 4 月，戴世光的长篇论文《马克思主义哲学是统计科学应用的理论基础》以小册子的形式由中国人民大学出版社出版。这篇文章有 64 000 字，是他一生对统计方法及其应用的哲学思考。关于这篇文章，戴世光 1986 年在《社会经济统计研究五十五年》（未公开发表）的回忆中写道：

> 我三十年来，学习、研究了辩证唯物主义，我应该在统计科学研究中应用唯物辩证法，来研究数理统计学的应用问题。因此，我在广泛的科学研究基础上，在世界统计科学日益发展的情况下，在 1981 年进一步写了《马克思主义哲学是统计科学应用的理论基础》专题科学论文。到了 1985 年，我又将之扩大为一本专著，仍名为《马克思主义哲学是统计科学应用的理论基础》，希望在国内外引起对统计科学基本理论问题的讨论。

戴世光的《马克思主义哲学是统计科学应用的理论基础》
（中国人民大学出版社，1985）

---

① 详细内容见第二十一章"苏联统计会议对数理统计学界的影响"部分。

10 月 2 日，戴世光将文章寄给钱学森。仅仅十天后的 10 月 12 日，钱学森复信戴世光：

北京市海淀区中国人民大学计划统计学院统计系

戴世光教授：

　　拜读十月二日来信及初步学习了尊作《马克思主义哲学是统计科学应用的理论基础》后，深受教益。一别五十年，学兄的学术成就令人敬佩！把马克思主义哲学用于阐明统计工作的根本问题，解决了理论与实际的统一，确为创造性的贡献；请一定用以教育新一代的统计工作者。

　　我也联想到两个问题：

　　（一）在 Scientific American 1983 年 5 期上（96 页）见到一篇 Persi Diaconis 及 Bradley Efron 写的文章讲可以利用电子计算机通过大量运算，不必先有什么概率分布假设而得出统计数字资料本身包含的概率。即所谓 bootstrapping。这似乎是更彻底的方法。

　　（二）是决定论还是统计论？我们自然是决定论与统计论的辩证统一，而最后还是决定论者。这个问题在国外自从二十年代出现量子力学以来，争论不休；A. Einstein 与 N. Bohr 就一直吵到终身。但现在一方面出现了浑沌（Chaos）理论，说明决定运动有时表现出随机运动；另一方面，量子力学可能还有更下一个层次、比微观层次还小的层次所决定的运动在左右它，即 D. Bohm 所谓的隐秩序（implicate order）。现在的科学终于回到马克思主义哲学早就明确的认识。

　　以上两点请教。

　　祝您身体健康！

钱学森

1985.10.12

　　自从 1935 年秋钱学森与戴世光同船赴美留学后，两人没有机会再次见面。这次通信刚好是 50 年后再联系，因而钱学森写道："一别五十年，学兄的学术成就令人敬佩！"对于戴世光的文章，钱学森不仅赞成戴世光应用唯物辩证法研究和解释统计方法的原理和思想，称其为"把马克思主义哲学用于阐明统计工作的根本问题，解决了理论与实际的统一，确为创造性的贡献"，而且希望将这一思想用于教育新一代统计工作者。

　　同时，钱学森还举了两个例子来进一步论述统计方法中的对立统一问题：

钱学森 1985 年 10 月 12 日给戴世光的信

1935 年 9 月 3 日，杰克逊总统号邮轮即将抵达美国西雅图，部分留美学生合影
（上数第二排右为钱学森，上数第一排右五为戴世光）

一是 bootstrapping 方法。在 20 世纪 80 年代初刚刚由布拉德利·埃弗龙（Bradley Efron）提出不久，钱学森从《科学美国人》（*Scientific American*）杂志上看到后，敏锐地感觉到这是一种颠覆传统统计理论的新思想。这种方法可以不必先有分布的假定，通过对来自实践的数据大量的计算，得到较好的结果，钱学森称之为"更彻底的方法"。

二是 20 世纪上半叶物理学界争论的老问题：是决定论（因果关系）还是统计论（概率关系）？即爱因斯坦和玻尔两位物理大师间的争论，两种理论的争论持续了几十年，最终谁也没能说服谁，新的物理研究成果不断出现，钱学森认为是决定论和统计论的辩证统一。

从这封短信中，我们看到钱老早在 20 世纪 80 年代就对数据计算能力和技术的发展十分关注，对统计方法和统计思想的理解十分深刻。

二、20 世纪 90 年代的"大统计"

进入 20 世纪 90 年代，统计学科在经历了 80 年代的大讨论之后，虽然在一门还是两门统计学等基本问题上未能完全达成共识，但大家一致认为，统计学中的经济统计、数理统计、生物卫生统计等，在国家标准局、教育部、国务院学位委员会等的专业目录中分别列入经济学、数学、医学等学科之下的情况，使统计科学的整体结构被打散，这种状况既不利于统计科学的研究，更不利于统计专业人才的培养。

（一）1992 年国家技术监督局学科专业目录的修订

在专业目录修订中首先取得突破的是 1992 年国家技术监督局公布的科技和科研成果统计的学科分类目录。该目录首次将统计学从经济学中独立出来，成为与经济学、数学等并列的一级学科。

该标准可分为五大学科门类，分别为：自然科学（代码 110～190）；农业科学（代码 210～240）；医药科学（代码 310～360）；工程与技术科学（代码 410～630）；人文与社会科学（代码 710～910）。

这次学科专业目录修订后，虽然统计学还局限于人文与社会科学大类中，不够彻底，但已经开启了统计学科独立和整合的进程，为统计学进一步在教育部和国务院学位委员会的本科生与研究生专业目录中独立奠定了基础，增强了信心。这次独立的结果，直接的影响是统计学在全国社会科学基金项目申请、经费获得、科研成果转化和科研评奖等方面都有了较大的改观。

1992 年国家技术监督局颁布的学科目录

关于这次统计学科的独立过程，张泽厚的《我国统计学科建设史上的一次重大变革》(《统计研究》2012 年第 8 期）有较详细的介绍。

（二）"大统计"学科建设研讨会

自 1992 年国家技术监督局颁布的《中华人民共和国国家标准学科分类与代码表》将统计学从经济学中独立出来，虽然统计学仍然列在人文与社会科学中，但这次变革极大地激励了统计学界的同仁，朝着人才培养、学科分类进一步独立

的方向努力。学科分类和目录的独立是基础和形式，各统计学科间真正的有机融合才是统计学科发展壮大的实质。为此，从 1993 年开始，以"大统计"思想作为团结数理统计、社会经济统计、生物卫生统计等各领域统计的旗帜，几个不同的统计学会、不同的专业、不同类型高校的统计队伍都成为"大统计"的有机组成部分和重要力量，摒弃分歧、求同存异，"同"就是"同属统计大家庭"，"异"就是不同应用领域的特色。对于"大统计"的思想，统计学界各个学会和领域基本赞同。1993—1998 年，我国统计学界在"大统计"思想指导下做了以下几件事情。

从 1993 年开始进行"大统计"思想宣传讨论。中国统计教育学会高校委员会 1993 年 12 月在郑州成立，委员会首届主任委员为袁卫，副主任委员有黄沂木、彭祥光、刘延年、林仁杰，其他委员有赵彦云、陈春魁、李协和、李长风、冯国光、王淑芬、王国定、谢启南、蒋萍、颜日初。该委员会一成立，就将统计人才需求调查和统计教育改革作为主要任务，包括宣传大统计思想。

袁卫的《建立统计一级学科，促进统计教育发展》(《统计教育》1994 年第 3 期)

紧接着，1994 年 8 月 26—28 日，国家统计局干部培训中心邀请全国统计学界专家在中国人民大学召开了首次大统计学科建设研讨会，黄树民（国家统计局干部培训中心主任）、郝国印（国家统计局干部培训中心副主任）、查卫平（国家教委高教司处长）、张庆国（国家教委高教司干部）、严士健（北京师范大学）、陈家鼎（北京大学）、邱东（东北财经大学）、张尧庭（上海财经大学）、贺铿（西安统计学院）、袁卫（中国人民大学）、冯士雍（中国科学院系统科学研究所）、柯世才（北京经济学院）、吴喜之（南开大学）、郑祖康（复旦大学）、苏炳华（上海第二医科大学）等参加，会议对袁卫、张尧庭起草的《关于学科重新分类的几点建议》进行了充分讨论，会议纪要刊登在《统计教育》1995 年第 1 期。

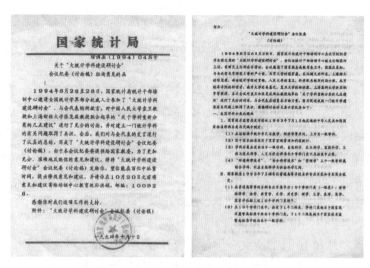

国家统计局的会议纪要和文件（1994 年 10 月）

这次研讨会最后形成"关于建立一门统计学科的建议"，会议认为普通高等学校本科专业目录已不适应现代科学和统计科学、统计教育的现状和发展，建议做如下调整：在十大学科门类的基础上，增加新的门类，可取名为"综合门类"或"基础门类"，数学、统计学、管理学都应在这一门类中。在学科门类不增加的条件下，建议将哲学门类改为综合门类，该门类中可包括哲学、马克思主义理论、数学、统计学、管理学等，因为这些学科对其他学科具有指导性，也是其他学科必须学习和掌握的基础理论和方法。统计学并入综合门类后，学位授予问题各校根据不同特点，仍可授理学和经济学学位。

大统计学科建设研讨会会议纪要（《统计教育》1995 年第 1 期）

与会代表一致希望：要加强各个统计学会之间的联系，尽快建立中国统计科学联合会，挂靠在国家统计局；要加强统计宣传，国家统计局应有专门机构抓这项工作。

1994年10月13—16日，国家统计局干部培训中心和西安统计学院在西安联合组织了第二次"大统计学"专家论证会，即一级统计学学科建设专家论证会。这次会议由时任西安统计学院院长贺铿组织，邵宗明（时任国家统计局副局长）、翟立功（时任国家统计局副局长）、李成瑞（国家统计局原局长）、常诚（国家统计局原副局长）、李林书（国家统计局原副局长）等出席会议，会议建议国务院学位委员会修订专业目录时，增加管理学门类，统计学列入管理学门类，可以授管理学学位，也可以考虑授其他学位。

1994年8月和10月的两次全国性大统计或统计一级学科讨论会与会者不同：在中国人民大学召开的大统计学科建设研讨会的与会者主要是国家教委工作人员和高校教师，包括数理统计、社会经济统计、生物卫生统计等学科的专家；后一次会议的与会者主要是国家统计局领导和财经院校代表。两次会议都坚持统计学在本科生专业目录中独立成为一级学科（学科类），门类的归属也大致相似。

一级统计学学科建设专家论证会（1994年10月）

这两次会议层次高、影响大，对大统计学科的建设起到了重要的推动作用。

（三）商议成立中国统计科学联合会

早在1994年8月在中国人民大学召开的大统计学科建设研讨会上，与会代表就广泛讨论了中国统计学会、中国概率统计学会和中国现场统计研究会的密切

合作，在三个学会之上成立一个起协调作用的联合会。

　　1995 年 3 月 7 日，三个统计学会的领导坐在一起，认真协商成立中国统计科学联合会事宜，主要目的是加强协调合作，从组织上完善"大统计"。

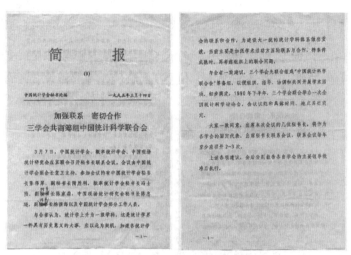

1995 年 3 月筹建中国统计科学联合会会议纪要

　　当时大家都很兴奋，接下来的首要任务是协助国家统计局共同组织好国际统计学会（ISI）第 50 届大会和该会之前的泛华统计协会（International Chinese Statistical Association，ICSA）香山会议。泛华统计协会是 1987 年由刁锦寰和其他在美国的统计学家创办的，目的是协助华人从事统计事业。到 1994 年之前，泛华统计协会举办了几次学术会议，主要是在美国的华人统计学者和我国台湾、香港地区的统计学者参加，大陆学者参加得很少，并且只限于数理统计方面的少数人员。1995 年 8 月要在北京举办 ISI 第 50 届大会，这是 ISI 大会首次在中国举办。刁锦寰非常希望能借世界各地的华人都来参会的好时机，在 ISI 大会前举办一次国际华人统计学者的聚会。可是他不知道国家统计局对泛华统计协会是什么态度。1994 年暑假期间，他特别通过张尧庭找到笔者，记得是在当时的人大"二招"请他吃午饭，席间他说出了他的顾虑，他想让笔者和国家统计局领导沟通一下，探探国家统计局对泛华统计协会的态度。笔者知道此事涉及政府统计部门和海外华人学术组织的关系，就赶紧联系时任国家统计局副局长郑家亨，郑局长说他本人觉得统计局系统可以以个人的名义参加泛华统计协会的学术活动，但要注意一个中国的原则问题。他还说他要请示局长张塞，然后再回复。郑局长的态度积极诚恳，十分在理。果然，在研究了此问题后，国家统计局同意参与 1995 年泛华统计协会的香山会议组织和学术交流活动。这个结果有些出乎刁锦寰的意料。他十分高兴，也与国家统计局的领导建立了良好的个人关系。

　　三个统计学会开会时除了商议要一起组织好泛华统计协会的会议、中日统计会议，还商议 1996 年三个统计学会的年会在一起召开，就像美国每年一次的联合统计会议一样。

（四）"开展大联合，构建大统计"的 1996 年桂林会议

　　1996 年 10 月，在广西桂林召开三个统计学会的联合年会（简称桂林会议）并共同起草《我们的建议——对国务院学位委员会研究生专业目录修订稿的意见》。

1996 年统计科学讨论会

　　1996 年 10 月的这次会议是我国统计学历史上的第一次，也是当时唯一一次三大统计学会共同组织召开的联合年会，与会代表 200 多人。此次联合年会除了正常的学术报告与交流外，还针对 1997—1998 年重新修订的国务院学位委员会本科生和研究生专业目录，联合起草了两份建议书。"大统计"也成为此次联合年会的主要议题，即什么是中国的"大统计"？如何建设好中国的"大统计"？这次会议的气氛十分热烈，3 天多的时间，会上会下大家都为建设"大统计"出谋划策。根据大家的意见，袁卫代为草拟了《我们的建议——对国务院学位委员

会研究生专业目录修订稿的意见》，各校代表踊跃签字。

桂林会议草拟的文件及代表签字

1996年10月桂林会议签字的部分代表如下：杨灿（厦门大学），耿直、陈家鼎、施沛德、高惠璇、吴岚（北京大学），黎实（西南财经大学），张尧庭（上海财经大学），谢中枢（苏州大学），谢启南、伍超标（暨南大学），陈强（上海商业高等职业技术学校），蒋萍（东北财经大学），茆诗松（华东师范大学），陆璇（清华大学），安鸿志（中国科学院应用数学研究所），杨自强（中国科学院计算数学与科学工程计算研究所），范思昌（第二军医大学），魏振军（郑州解放军信息工程学院），李济洪（山西大学），刘贤龙（华中师范大学），徐克军（同济大学），崔恒建（北京师范大学），柯惠新（北京广播学院），秦更生（四川联合大学），袁卫（中国人民大学），史宁中（吉林大学），吴喜之（南开大学），冯士雍（中国科学院系统科学研究所）等。

这份针对研究生专业目录的建议的核心内容是，鉴于当时"概率论与数理统计"列在"数学"一级学科之下，"统计学"列在"应用经济学"一级学科之下，要将两者合并，简单地列在理学或者经济学门类下都不太合适，折中的办法是放在管理学门类中，大家都能接受。1996年10月这份研究生专业目录的建议和在此之前1994年8月和10月两次本科生专业目录会议的建议也是同样，即将"大统计"的"统计学"一级学科列在综合门类或管理学门类之中。

三、1998年本科专业目录"统计学"独立成类

1998年教育部（1998年国家教委更名为教育部）颁布的本科专业目录中，经济类的"统计学"专业与数学类的"统计与概率（部分）"合并成"统计学类"归入理学门类（既可以授理学学士学位，也可以授经济学学士学位），上升成为与数学、物理学、化学、生物学、经济学等并列的学科类（相当于研究生专业目录的一级学科）。

尽管我们在1996年9月以中国人民大学统计系的名义和1996年11月以会议代表（代表数十所高校）的名义两次建议修订研究生专业目录，将统计学一级学科列在管理学门类，但国务院学位委员会和国家教委1997年修订研究生专业目录并未采纳我们的建议，没对统计学科进行调整，还是保持原目录设置，即分散在经济学和理学门类之中的二级学科。

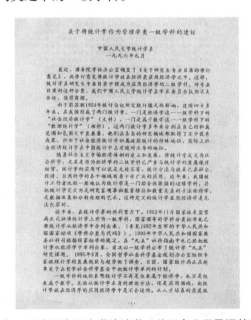

1996年9月中国人民大学统计学系关于专业目录调整的报告

但 1998 年教育部颁布的《普通高等学校本科专业目录》却对统计学专业进行了调整，将原经济学门类的"统计学"专业和原理学门类的"统计与概率"专业合并，出人意料的是没有按照我们的建议将"统计学类"放在管理学门类或者综合门类，而是放在理学门类之下，编号 0716。"统计学类"中只设一个专业"统计学"，编号 071601，并注明：可授理学或经济学学士学位。这个学位目录的颁布，对于统计学本科教育的宽口径、厚基础无疑是有益的，但没有接受我们的报告和建议，直接列在理学门类之下，还是引起了许多猜测。该目录颁布后，笔者就此结果询问高教司相关负责人，他的回复是：在最后决定统计学类的归属时，教育部当时负责此次目录调整的领导说，其在留学时考察过欧美的统计教育，他们的统计学科主要设在理学院或者文理学院，按照理科的基础和要求培养人才。这才是统计专业目录调整的决定因素。

1998 年普通高等学校本科专业目录

四、2011 年统计学上升为一级学科

在 1992 年国家技术监督局和 1998 年教育部本科专业目录两次调整后，统计学上升为一级学科的最后挑战是研究生专业目录的调整，因为研究生专业目录是科学研究、院系设置、资源配置的基本依据。研究生专业目录一般十来年调整一次，1997 年的调整没有赶上，2010 年的调整是统计学科难得的一次机会。

由于有了 1998 年本科专业目录的先例，而且管理学门类也并没有设置为综

合性的、基础性的方法学科群,显然,为了与本科专业目录衔接,研究生专业目录也应将数理统计与社会经济统计合并后的一级学科列在理学门类下。

2010 年国务院学位委员会办公室、教育部研究生司启动了改革开放后自1983 年、1990 年、1997 年后的第四次研究生专业目录调整工作。最理想的状态是将原理学门类"数学"一级学科下的"概率论与数理统计"二级学科、经济学门类"应用经济学"一级学科下的"统计学"二级学科和医学门类"公共卫生与预防医学"一级学科下的"流行病与卫生统计学"二级学科这三个二级学科合并为"统计学"一级学科,虽然列在理学门类下,但应该可授理学、经济学和医学学位。这样,就真正实现了"大统计",形成了统计学理论、统计方法和在各个主要领域的应用的科学体系。

2010 年国务院学位办发出关于调整一级学科进一步征求意见的文件,向统计学学科评议组成员征求意见。

中华人民共和国国务院学位委员会

关于征求相关学科评议组对
《学位授予和人才培养学科目录》修订中
拟调整一级学科意见的函

学位办〔2010〕48 号

有关学科评议组成员:

根据《国务院学位委员会 教育部关于修订学位授予和人才培养学科目录的通知》(学位〔2009〕28 号)要求,学科目录修订工作小组在收集整理各单位修订意见的基础上,组织专家经过反复论证,提出了《学位授予和人才培养学科目录(修订草案第一稿)》。该修订稿在提请各领域专家咨询小组论证时,专家对部分拟调整一级学科存有不同意见。为保证学科目录修订的科学性、系统性和适应性,我办决定将这些一级学科提请相关学科评议组成员进一步听取意见。

请您从该学科知识体系划分、人才培养、社会需求和学科发展几个方面,根据本次学科目录修订的有关原则要求(见附件 2),从有利于人才培养和就业需求等角度,对是否调整这些一级学科提出意见,将您的意见填入《拟调整一级学科征求

意见表》(附件 1),签名后于 8 月 30 日前邮寄或传真至国务院学位委员会办公室。

感谢您对学位与研究生教育工作的关心和支持!

联系人: 国务院学位委员会办公室 郝彤亮
通讯地址: 北京西单大木仓胡同 35 号
邮政编码: 100816
联系电话: 010-66097128, 010-66021964 (传真)

附件: 1、拟调整一级学科征求意见表
2、有关学科目录修订的文件
3、相关一级学科设置说明

二〇一〇年七月二十九日

国务院学位办关于调整一级学科进一步征求意见的文件

统计学学科评议组根据国务院学位办征求意见的要求,就统计学设置为一级学科做出如下说明。

一级学科设置说明

一级学科名称: 统计学
所属学科门类: 理学

一、该学科简要概况

统计学是关于收集、整理、分析和解释统计数据的科学，属于一门认识方法论性质的科学，其目的是探索数据内在的数量规律性，以达到对客观事物的科学认识，"由部分推及全体"的思想贯穿于统计学的始终。由于无论在科学研究还是社会生活中都有着大量的数据产生，所以，统计学在自然科学、工程技术、生物医药学、经济金融、社会科学、人文和管理科学等许多学科都有着广泛的应用，并且推动着这些学科的发展。

在国家《学科分类与代码》中，统计学是一级学科；自 1998 年，在教育部本科学科专业下，统计学是理学类一级学科。而在现行《学位授予与人才培养学科目录》指导下，国内高等教育的统计学学科设置基本是在综合性大学的理科类设置的"概率论与数理统计"专业，与在财经大学及一些综合性大学的经济学类设置的"统计学"专业。

二、该学科培养目标

【列出各学位的培养目标】

本学科可授予理学或经济学学士、硕士或博士学位。

学士和硕士学位的培养目标：掌握统计学的基本理论和方法，能熟练地运用统计方法分析数据和解决实际统计应用问题。授予理学学位的学生应具有良好的数学基础和概率论基础；授予经济学学位的学生应该具有良好的经济学基础。培养在政府、企业、事业单位和经济、管理等部门从事统计调查、统计信息分析、数量分析等开发、应用和管理工作，在自然科学、人文社会科学、工程技术等领域从事统计应用研究和数据分析工作，以及在中等和高等教育部门从事统计学教学工作的中级专门人才。

博士学位的培养目标：具有扎实的统计学基础理论，较全面地了解统计学的前沿研究动态，在统计方法和统计应用方面有创新研究成果，具有独立的科研能力和良好的外语水平。授予理学学位的学生应具有坚实的数学基础和概率论基础；授予经济学学位的学生应该具有坚实的经济学基础。培养从事统计学理论、方法和应用研究的科研和教学工作的高级专门人才。

三、该学科的主要研究方向及研究内容

数理统计：数据分析的理论和方法，主要涉及统计模型和统计推断等。

经济统计：用统计方法研究经济系统现象的数量特征和数量表现，以及经济复杂过程的统计分析。

生物统计：用数理统计学来处理生物现象，探讨如何从事生物学、医药学等实验研究的设计、取样、分析、资料整理与推论的科学。

商务统计：研究与经济管理紧密相关的统计方法，包括经济计量等。

金融统计：以金融数据和信息为主要研究对象，以金融产品定价、金融风险分析为研究内容的一门交叉学科。

精算学：研究保险和金融中的风险不确定性和各种类型保险的模型。

工业统计与可靠性：研究工业过程中不确定性及产品质量控制与设计等方面的数理统计方法。

四、该学科的理论和方法论基础

【请列出各学位的核心课程】

建立在归纳思想上的估计理论和置信区间理论，以及基于小概率事件在一次试验中不太可能发生基础上的统计假设检验理论，是统计学学科（也是数理统计）的核心理论和方法论基础。

社会经济、金融与商务统计学是统计学在经济管理实践中的应用，是统计学和经济学、金融学以及管理学高度结合的产物。它的理论方法基础有：数理统计学、经济学、金融学、管理学。

生物统计学的主要理论基础是统计推断、回归、生存分析、试验设计。

学士和硕士学位的主要核心课程：统计学基础、应用概率论、高等统计、回归模型、非参数统计、多元统计分析、时间序列分析、抽样调查、试验设计、统计计算、不完全数据分析、生存分析与可靠性、纵向数据分析、应用随机过程、计量经济、保险精算、宏（微）观经济学、金融学、管理学、质量控制。

博士学位的主要核心课程：除了学士和硕士的主要核心课程之外，还有复杂数据分析、经验过程、风险理论、统计前沿理论与方法研究。

五、社会对该学科的中远期需求情况及就业前景

【重点说明社会对该学科人才的需求情况，以及近年来人才培养情况】

统计学是研究数据或信息的搜集、分析和处理的科学，而国家社会经济生活和科学研究的各个领域都拥有大量的数据或信息，并以前所未有的规模和速度不断增加，对数据和信息的处理已成为行业或科学研究的基础，成为政府制定相关政策、企业进行有效的生产经营活动和研究者提高研究水平的重要支持。因此，社会对统计学的需求将随着时间的推移越来越大。从国内看，对统计学人才的需求日渐增长，这可以从统计专业毕业生近几年的就业情况得到证明；从国外看，需求则更大，例如美国的统计学社会需求相当大，统计学人才的主要社会需求在券商、基金、保险等各种金融机构，以及各种生物医药和医学研究中心、医药公司、疾病控制中心、医院、工程技术单位（包括各种厂矿）和其他研究与应用机构（包括教育心理）等。只要需要量化管理的地方都需要统计的复合型人才，从中远期来看，随着我国经济

市场化程度的不断深化，上述部门或单位对统计人才的需求也将急速增加。

六、该学科的主要支撑二级学科

统计学科的主要支撑二级学科包括：数理统计学、经济统计学、精算学与风险管理、生物统计学、应用概率。

七、该学科与哪些现行一级学科密切相关

【分别列出密切相关学科的名称和存在交叉的内容】

密切相关的一级学科：数学、经济学、管理学。

与数学的交叉：对数量关系或随机现象的分析研究，无论是归纳还是演绎，都要使用计算机。统计学与数学在研究方法上有着显著的区别。统计学是以数据为中心，以发现数据的变化规律为目标，结合经济学、社会学、医药学等学科的内在规律所发展的一门跨多学科、综合交叉的学科。

与经济学的交叉：经济学中涉及数据分析和量化方法的研究，统计学方法常应用于处理经济问题。统计学和经济学无论是研究问题的出发点，还是研究思路和方法上都有很大的区别。

与管理学的交叉：都使用统计方法和数据分析，统计学为管理学的研究、应用和决策提供数量化方法基础。从学科设置上讲，区分很大，管理重于决策，统计学重于数量分析。

八、新增设一级学科请说明增设的原因和理由

【需列出提出增设该学科的单位、组织或个人等】

统计学本科教学体系于1998年设置为理学类一级学科，可授予理学或经济学学士学位。因此，迫切需要设立一个相应的培养研究生的一级学科。由于社会需要更多的掌握现代统计学理论方法和统计应用技术、从事各种数据分析工作的统计人才；自然科学、人文社会科学、网络与信息科学、金融经济等众多领域需要现代统计方法作为工具；高等院校的各个学科都开设一门或数门统计学课程，需要培养更多的统计教师。所以，为了推动我国统计学的发展，使统计学的本科和研究生教学体系相衔接，更好地为国家经济建设和其他学科的发展服务，我们提出新增设统计一级学科，并可根据各院校授课情况授予统计学本科生和研究生理学学位或经济学学位。

单位或组织：中国人民大学，北京大学，清华大学，复旦大学，南开大学，四川大学，云南大学，山东大学，浙江大学，重庆大学，南京大学，中国科学技术大学，中国科学院数学与系统科学研究院，中国科学院研究生院，北京师范大学，东北师范大学，华东师范大学，上海师范大学，首都经济贸易大学，中央财经大学，上海财经大学，对外经济贸易大学，北京工业大学，北京理工大学，东南大学，中国传媒大学，北京航空航天大学等。

九、参加该学科论证的专家情况

【列出参加专家的姓名、技术职务、学术专长、工作单位等（见表26-1）】

表26-1 统计学学科论证专家情况

姓名	技术职务	学术专长	工作单位
袁 卫	教授、常务副校长	应用统计	中国人民大学
史宁中	教授、校长	生物统计、数理统计	东北师范大学
郑祖康	教授、副校长	生物统计	复旦大学
施建军	教授、校长	经济统计	对外经济贸易大学
崔恒建	教授、统计系系主任	数理统计	北京师范大学
林正炎	教授	数理统计、应用概率	浙江大学
王学仁	教授	数理统计	云南大学
耿 直	教授、中国概率统计学会理事长	生物统计 数理统计	北京大学
杨振海	教授、中国现场统计研究会理事长	数理统计	北京工业大学
何书元	教授、教育部统计学专业教学指导分委会主任委员	数理统计 应用概率	首都师范大学
陈 敏	研究员、副院长	精算学与风险管理 数理统计	中国科学院数学与系统科学研究院
汪荣明	教授、金融与统计学院院长	精算学与风险管理	华东师范大学
郭建华	教授、数学与统计学院院长	生物统计	东北师范大学
赵彦云	教授、统计学院院长	经济统计	中国人民大学
纪 宏	教授、统计学院院长	经济统计	首都经济贸易大学
唐年胜	教授、教学与统计学院党委书记	数理统计	云南大学
方兆本	教授、管理学院院长	精算学与风险管理	中国科学技术大学
刘 扬	教授、统计学院执行院长	经济统计	中央财经大学
杨 虎	教授、理学院院长、教育部统计学专业教学指导分委会委员	数理统计 精算学与风险管理	重庆大学
张忠占	教授、应用数理学院院长	数理统计	北京工业大学
陈松蹊	教授、商务统计与经济计量系系主任	数理统计 经济统计	北京大学
吴 岚	副教授、金融数学系系主任	精算学与风险管理	北京大学

续表

姓名	技术职务	学术专长	工作单位
郑　明	教授、管理学院统计学系主任	经济统计 数理统计	复旦大学
朱仲义	教授	数理统计	复旦大学
房祥忠	教授、概率统计系副系主任	数理统计	北京大学
林　路	教授、概率论与数理统计研究所所长	数理统计 精算学与风险管理	山东大学
周　勇	教授、研究员	生物统计 精算学与风险管理	中国科学院数学与系统科学研究院、上海财经大学
王启华	研究员	数理统计 生物统计	中国科学院数学与系统科学研究院
邹国华	研究员	数理统计 生物统计	中国科学院数学与系统科学研究院
陆　璇	教授	数理统计	清华大学
林元烈	教授	应用概率	清华大学
李　勇	教授	数理统计、应用概率	北京师范大学
林华珍	教授	生物统计	西南财经大学
缪柏其	教授	数理统计	中国科学技术大学
王金德	教授	数理统计	南京大学
徐兴忠	教授	数理统计	北京理工大学
吴耀华	教授	数理统计	中国科学技术大学
刘妍岩	教授	生物统计	武汉大学
张立新	教授	数理统计、应用概率	浙江大学
林金官	教授	数理统计	东南大学
岳荣先	教授	数理统计	上海师范大学
王惠文	教授	精算学与风险管理	北京航空航天大学
柯惠新	教授	经济统计	中国传媒大学
王兆军	教授、数学科学学院副院长	数理统计	南开大学
刘民千	教授、数学科学学院统计系系主任	数理统计	南开大学

经过院校建议、学科工作小组、专家小组、学科评议组投票和国务院学位

委员会最终审议通过，原经济学门类"应用经济学"一级学科下的"统计学"二级学科与原理学门类"数学"一级学科下的"概率论与数理统计"二级学科合并成为"统计学"一级学科，设在理学门类下，既可以授理学学位，也可以授经济学学位。但医学门类的"流行病与卫生统计学"没能并入，主要原因是医学学科评议组的专家认为，医学门类的所有研究生学位获得者都应该有临床医学的基本训练，如果本科和研究生不是医学出身的，没有临床医学的训练，而仅仅读两年"流行病与卫生统计学"的研究生，就可以得到医学硕士学位，其基础是不够的。因而，医学门类的"流行病与卫生统计学"没有合并入"统计学"一级学科。

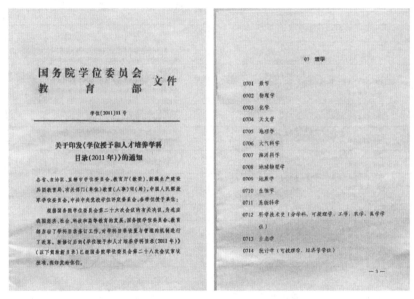

《学位授予和人才培养学科目录（2011年）》中的"统计学"一级学科

由于"统计学"一级学科是原来"统计学"和"概率论与数理统计"两个二级学科合并的，新的"统计学"一级学科授权资格的确定称为"对应调整"，即原来具有"应用经济学"一级学科和"数学"一级学科硕士或博士授权的单位都可以申请对应调整为"统计学"一级学科硕士或博士学位授权。没有"应用经济学"和"数学"一级学科硕士或博士学位授权，但原来是"统计学"和"概率论与数理统计"硕士或博士学位二级学科的授权单位也可以申请对应调整，从而获得"统计学"一级学科授权。显然，对应调整比直接申请博士或硕士学位一级学科授权要简单一些。为此，国务院学位委员会增加了"统计学"一级学科（临时）评议组，负责新的"统计学"一级学科对应调整问题。经过临时评议组讨论并投票，共有56所高校和研究单位获得"统计学"一级学科博士学位的授

权，授权单位数排在 110 个研究生一级学科博士学位授权单位数的第 9 位，"统计学"从过去较为分散、较为弱小的学科一跃成为排在博士研究生培养的前 10 名的学科。这为当时刚刚兴起的大数据时代数据分析人才的培养，提供了较好的基础。

虽然经过对应调整，统计博士和硕士培养单位增加，但师资队伍的数量和质量并没有立刻得到加强，队伍建设还需要一个相当长的时间。

五、全国优秀博士学位论文的评选

全国优秀博士学位论文（也称百篇优博）评选是从 1999 年开始的，到 2013 年，一共评了 15 年，共评选出 1 469 篇优秀论文，平均每年 97.9 篇（见表 26-2）。

表 26-2 历年全国优秀博士学位论文评选结果

年份	获奖论文数（篇）	提名论文数（篇）
1999	100	
2000	100	
2001	100	
2002	97	
2003	97	179
2004	97	139
2005	96	159
2006	99	137
2007	98	158
2008	100	177
2009	98	363
2010	100	334
2011	97	256
2012	90	278
2013	100	273

下面主要从笔者担任第四届国务院学位委员会委员（1999—2003 年）和第五、六届应用经济学评议组召集人（2003—2014 年）工作的亲身经历，反思"经济统计学"在"应用经济学"一级学科乃至整个统计学中的地位和作用。

"应用经济学"一级学科下有 10 个二级学科，如表 26-3 所示。

表 26-3 "应用经济学"一级学科下的 10 个二级学科

020201	国民经济学
020202	区域经济学
020203	财政学（含：税收学）
020204	金融学（含：保险学）
020205	产业经济学
020206	国际贸易学
020207	劳动经济学
020208	统计学
020209	数量经济学
020210	国防经济

1999—2013 年的 15 次评选中，统计学所在的"应用经济学"一级学科共评出 18 篇全国优秀博士学位论文（见表 26-4）。

表 26-4 1999—2013 年"应用经济学"一级学科全国优秀博士学位论文

序号	年度	单位名称	作者	论文题目
1	1999	中国人民大学	王广谦（金融学）	经济发展中金融的贡献与效率
2	2000	对外经济贸易大学	裴长洪（国际贸易学）	利用外资与产业竞争力
3	2002	北京大学	田晓霞（金融学）	中国资本外逃的经济分析: 1982—1999
4	2003	中国人民大学	董克用（劳动经济学）	经济体制转轨时期薪酬问题研究
5	2004	暨南大学	王聪（金融学）	我国证券市场交易成本制度研究——关于中国证券市场的 SCP 分析框架
6	2005	中国人民大学	刘晓越（国民经济学）	中国年度宏观经济计量模型与模拟分析研究
7		北京大学	卜永祥（国民经济学）	人民币汇率的决定及汇率变动的宏观效应
8	2007	中国人民大学	周晴（金融学）	"三元悖论"原则：理论与实证研究

续表

序号	年度	单位名称	作者	论文题目
9	2008	中国人民大学	贾俊雪（财政学）	中国经济周期波动特征及原因研究
10	2009	东北财经大学	梁云芳（数量经济学）	我国经济转轨时期房地产增长周期波动——特征、成因和结构变化的计量分析
11		中山大学	杨子晖（金融学）	政策工具的挤出效应与挤入效应研究
12	2010	浙江大学	王义中（金融学）	论人民币汇率波动、失衡与升值
13		华中科技大学	欧阳志刚（金融学）	阈值协整及其对我国的应用研究
14	2011	山东大学	解垩（财政学）	城乡卫生医疗服务均等化研究
15	2012	吉林大学	隋建利（数量经济学）	动态随机一般均衡模型的研究与应用
16		华中科技大学	杨继生（数量经济学）	综列单位根和综列协整检验及其对我国的应用研究
17	2013	西南财经大学	徐舒（数量经济学）	中国劳动者收入不平等的演化——技术进步与高校扩招政策的影响
18		上海财经大学	郑若谷（产业经济学）	国际外包承接与中国产业结构升级和转型

　　我们看到，在 15 年的评选中共有 18 篇应用经济学的博士学位论文入选，但在 10 个二级学科中的分布极不均匀。金融学最强势，有 7 篇，接下来是数量经济学 4 篇，国民经济学和财政学各 2 篇，国际贸易学、劳动经济学和产业经济学各 1 篇，区域经济学、统计学和国防经济没有。区域经济学和国防经济都是小学科，没有全国优秀博士学位论文不奇怪，但统计学不是小学科，1999—2013 年应用经济学中的"统计学"二级学科共培养出 800 名左右的博士生，却没有 1 篇全国优秀博士学位论文。按理说，全国平均 260 名左右的博士生中就应该有 1 篇全国优秀博士学位论文。

　　全国优秀博士学位论文的评选程序是先匿名评审打分，然后将平均分数在 80 分以上的论文交由终审组评审。21 世纪初，我国学位分 12 个门类，即哲学、经济学、法学、教育学、文学、历史学、理学、工学、农学、医学、军事学、管理学（后来又增加了艺术学和交叉学科两个门类）。终审组一般按片分：理学一个组；工学一级学科较多，常分为两个组；农学、医学和军事学有时分在一组；

人文学科的哲学、文学、历史加上法学常分在一组；社会科学的教育学、经济学和管理学常分在一组。每组成员为各一级学科的第一召集人。1997年研究生专业目录共有89个一级学科，每年评出100篇全国优秀博士学位论文，各组在给定名额前提下确定各组的最终入选名单。这个过程中十分重要的是100篇名额的分配，国务院学位委员会办公室（简称学位办）根据匿名初评平均分数超过80分的论文数占比分配给各组名额，也会适当考虑不同一级学科博士生规模和一级学科授权点的数量。也就是说，一级学科有大有小，比如工学的大气科学一级学科只有几所博士点，但数学、物理学等一级学科的博士点就有近百所，在分配名额时有所区别。

平均来说，89个一级学科评100篇全国优秀博士学位论文，大约1个一级学科每年平均1篇。所以各组在最终评审时都要考虑一级学科的大致平衡。比如社会科学组，应用经济学是比较大的一级学科，15年就评出了18篇。理论经济学学生人数和二级学科都比应用经济学少，15年评出了17篇，数量与应用经济学基本持平。在一级学科内部，就不讲平衡，只看平均分数和论文水平了。

笔者作为第四届国务院学位委员会委员（1999—2003年）和第五、六届应用经济学评议组召集人（2004—2014年），从亲身经历的10年评审来看，各一级学科第一召集人组成终审组，仔细审查匿名评审80分以上的候选论文，最后投票产生全国优秀博士学位论文。应用经济学中的统计学博士学位论文为什么15年没有1篇入选？笔者观察的结果是，在应用经济学的10个二级学科中，评选博士论文所强调的数学基础、分析工具方法和经济学理论功底3个方面，统计学的论文都没有优势。第一，从数学基础看，统计学本科基本是按照工学的数学二组织教学的，而许多经济学院，特别是实验班教的是数学一，即数学系的数学。改革开放初期，统计学科还可以以自己比经济学多掌握数学和统计方法而自豪，但20世纪90年代后，经济学科普遍强化了数学基础和统计方法的教学和训练，统计学科与经济学科相比已没有明显优势。第二，从分析研究方法看，虽然统计学科博士生在统计分析方法上有一定优势，但计算机技能和其他优化分析方法并不占优势。第三，也是最关键的，经济学理论基础是统计学博士学位论文在经济学组中的一大劣势，经济学强调任何研究都要有经济学基本理论支撑，或者用经济学理论加以解释，统计学博士学位论文在这方面普遍较弱，多是就事论事，最后结论没有上升到经济学理论的高度。因而，经济统计的博士学位论文就很难出线。如果经济统计要在经济学科中竞争，最重要的是加强经济学基本理论的训练，否则很难入经济学的主流。

2011年研究生学科专业目录中"统计学"上升为一级学科，一级学科增加到110个，但百篇优博评选随后终止了。如果继续评下去，"统计学"一级学科

就占了近 1%，虽然不能保证每年都有 1 篇，但 3 年评选两篇还是有可能的。

　　同样的道理，经济统计学作为经济学门类"应用经济学"一级学科的重要领域，理应在整个经济学领域有重要的发言权和重要的影响。不管是《经济研究》这样的重要期刊，还是"孙冶方经济科学奖"等重要奖项，都很少能看到经济统计学者的名字，也很少看到经济统计领域的研究成果。其原因与全国优秀博士学位论文评选相似，即经济统计的研究成果，习惯于作为工具，习惯于就事论事，而没有上升到经济学理论的高度。那么，从学科基础上找原因，就是统计学科的本科教育，原来经济学类的"统计学"专业和现在的"经济统计学"专业的经济学基础理论的教学和训练都应加强。

第二十七章
统计教育与学科的发展

一、高等院校的统计教育

改革开放以后，各行各业都进入了快速发展的新阶段，对统计人才的需求也与日俱增。从中专、大专、大学本科到研究生，各个层次的统计人才需求旺盛，"文化大革命"中被撤销、停办的高校迅速复校，统计学专业不断恢复招生。但高等统计人才的培养首先受到高校专业目录的限制和约束。

（一）本科专业目录的7次修订

1949年中华人民共和国成立后，按照苏联计划经济的人才需求和培养模式，经过1952—1953年的全国院系调整，1954年高等教育部颁布了《高等学校专业目录分类设置（草案）》。这个目录是按照国民经济部门分类设置的，参考了苏联大学的专业目录。摘录如下：

> 一、工业部门
> （一）普通机器制造类25个专业（1-25）
> （二）动力机器制造类7个专业（26-32）
> （三）仪器制造类2个专业（33-34）
> （四）电机制造类2个专业（35-36）
> （五）电气仪表和电气制造类3个专业（37-39）
> （六）动力类7个专业（40-46）
> （七）无线电工程和电讯类4个专业（47-50）
> （八）有用矿物的地质和勘探类9个专业（51-59）
> （九）地下矿藏开采类10个专业（60-69）

（十）冶金类 10 个专业（70-79）

（十一）天然与人工液体燃料工学类 3 个专业（80-82）

（十二）无机物硅酸盐和有机化合物工学类 10 个专业（83-92）

（十三）木料和纤维造纸工学类 3 个专业（93-95）

（十四）食品和调味品工学类 5 个专业（96-100）

（十五）纺织、皮革、橡皮和印刷类 6 个专业（101-106）

（十六）特殊工业类

二、建筑部门

（十七）土木建筑与建筑学类 15 个专业（107-121）

（十八）测量与制图类 4 个专业（122-125）

（十九）水文气象类 1 个专业（126）

三、运输部门

（二十）铁道运输类 9 个专业（127-135）

（二十一）公路运输类 1 个专业（136）

（二十二）水路运输类 6 个专业（137-142）

四、农业部门

（二十三）农学类 7 个专业（143-149）

（二十四）畜牧兽医类 2 个专业（150-151）

（二十五）水产类 2 个专业（152-153）

（二十六）农业技术类 2 个专业（154-155）

五、林业部门

（二十七）林业类 3 个专业（156-158）

六、财政经济部门

（二十八）财政经济类 16 个专业（159-174）

159. 国民经济计划；160. 工业经济；161. 农业经济；162. 劳动经济；163. 贸易经济；164. 对外贸易经济；165. 财政学；166. 货币与信贷；167. 统计学；168. 会计学；169. 手工业生产合作社；170. 供销与消费合作社；171. 铁道统计；172. 铁道会计；173. 铁道财务；174. 保险

七、保健部门

（二十九）医疗卫生类 4 个专业（175-178）

（三十）药剂类 1 个专业（179）

八、体育部门

（三十一）体育与运动类 1 个专业（180）

九、法律部门

（三十二）法律类 2 个专业（181-182）

十、教育部门

甲、大学

（三十三）社会科学类 6 个专业（183-188）

（三十四）语言科学类 19 个专业（189-207）

（三十五）自然科学类 21 个专业（208-228）

乙、高等师范

（三十六）师范院校专业类 16 个专业（229-244）

十一、艺术部门

（三十七）音乐艺术类 4 个专业（245-248）

（三十八）戏剧艺术类 4 个专业（249-252）

（三十九）电影艺术类 2 个专业（253-254）

（四十）美术艺术类 3 个专业（255-257）

我们可以清楚地看到，1954 年的高等学校专业目录完全是按照计划经济的"建设部门"设置的，在总共 257 个本科专业中，工业部门的专业就有 106 个，占 41%。统计学专业属于财政经济部门，所学课程是国民经济的主要部门统计，如工业统计、农业统计、贸易统计、建筑业统计等。中国人民大学 1950 年设置的统计学专业，在 1955 年增设了工业统计、农业统计和贸易统计 3 个专门组，培养不同国民经济部门的统计人才。

1977 年恢复高等教育后，统计学专业的设置仍然延续"文化大革命"以前的办法，招收经济学大类的统计学专业学生。

1983 年，教育部批准南开大学、复旦大学和华东师范大学设立"数理统计"本科专业，这是我国最早成立的 3 个"数理统计"本科专业。

改革开放以来，我国共对学科目录和专业设置进行了 7 次集中修订，其中大规模的学科目录和专业设置调整有 4 次。

1. 第一次集中修订

第一次集中修订目录于 1987 年颁布实施，修订后的专业数量由 1 300 多种调减到 671 种，解决了"文化大革命"所造成的专业设置混乱的局面，专业名称和专业内涵得到整理和规范。第一次集中修订时各学科还没有统一编码，国家教育委员会按照《普通高等学校社会科学本科专业目录》（〔87〕教高一字 022 号）和《普通高等学校理科本科基本专业目录》（〔87〕教高二字 023 号）两份文件分别下发设置了统计专业：

社会科学的经济、管理学类中设有统计学（代码 1004）专业。

理科数学类中设有数理统计（代码 0104）专业。

2. 第二次集中修订

第二次集中修订目录于 1993 年正式颁布实施，专业数量为 504 种，重点解决专业归并和总体优化的问题，形成了体系完整、统一规范、比较科学合理的本科专业目录。

1993 年 7 月 16 日，国家教委发布《关于印发〈普通高等学校本科专业目录〉等文件的通知》。修订后的专业目录的学科门类与国务院学位委员会、国家教委联合颁布的《授予博士、硕士学位和培养研究生的学科、专业目录》的学科门类基本一致。在前几次修订工作的基础上，目录进一步拓宽了专业口径和业务范围，调整归并了一批专业，充实扩大了专业内涵；同时根据社会对专业人才的需要和某些门类、专业的办学现状，保留了部分专业范围较窄的专业，增设了少数应用性专业。经过修订，专业数量比修订前有了较大幅度减少。

1993 年版专业目录分设哲学、经济学、法学、教育学、文学、历史学、理学、工学、农学、医学十大门类，下设二级类 71 个，504 种专业，比修订前的专业数减少 309 种。①

统计学分别设在经济学门类中的统计学（代码 020103）和理学门类下，理学门类将"数理统计"本科专业更名为"统计与概率"（代码 070104）。

3. 第三次集中修订

第三次集中修订目录于 1998 年颁布实施，修订工作按照"科学、规范、拓宽"的原则进行，使本科专业目录的学科门类达到 11 个，专业类达 71 个，专业数量由 504 种调减到 249 种，改变了过去过分强调"专业对口"的教育观念和模式。

1998 年，教育部发布《普通高等学校本科专业目录》，将经济学门类的统计学专业与数学类的统计与概率专业合并成的统计学类（代码 0716，可授理学或经济学学士学位），归入理学门类。从 1998 年起，数理统计本科生人才培养进入了一个新的历史阶段。

在教育部文件中，特别强调"本目录所列专业，除已注明者外，均按所在门类授予相应的学位。对跨学科门类的 31 种专业，注明了可授予学位的门类。此类专业的学位授予门类由有关高等学校确定一种"。对于统计学专业而言，各招生高校的"统计学"专业只能选择授予理学或经济学两种学位的一种。

---

① 1987 年修订的专业目录，除 671 种通用的专业目录外，还有 142 个试办专业和个别学校设置的专业，共 813 种。

4. 第四次集中修订

第四次集中修订目录于 2012 年颁布实施，新目录的学科门类由原来的 11 个增至 12 个，新增艺术学门类；专业类由原来的 73 个增至 92 个；专业由原来的 635 种①调减至 506 种，其中基本专业 352 种，特设专业 154 种。

统计学类（代码 0712）仍设置在理学门类（代码 07）中，但增加了应用统计学专业，两个专业分别为：

统计学（代码 071201）；

应用统计学（代码 071202）。

除了在理学门类中的两个统计学专业，这次修订又在经济学门类（代码 02）经济学类（代码 0201）中增加了经济统计学（代码 020102）这一专业，从某种意义上可以说恢复了 1998 年前的经济学类统计学本科专业，但名称改为"经济统计学"，与理学门类的"统计学"和"应用统计学"互相补充，共同构成统计学人才培养的大体系。

专业目录中所列专业，除已注明者外，均按所在学科门类授予相应的学位。对已注明了学位授予门类的专业，按照注明的学科门类授予相应的学位；可授两种（或以上）学位门类的专业，原则上由有关高等学校确定授予其中一种。

5. 第五次集中修订

第五次集中修订目录于 2020 年颁布实施，教育部在《普通高等学校本科专业目录（2012 年）》基础上，增补了近年来批准增设的目录外新专业，形成了最新的《普通高等学校本科专业目录（2020 年版）》并予以公布。

2012 年第四次修订的统计学 3 个专业没有变化，在工学门类（代码 08）计算机类（代码 0809）中增加了新专业"数据科学与大数据技术"（代码 080910T②）。

6. 第六次集中修订

根据《普通高等学校本科专业设置管理规定》（教高〔2012〕9 号），教育部组织开展了 2021 年度普通高等学校本科专业设置和调整工作：经申报、公示、审核等程序，对各地各高校向教育部申请备案的专业予以备案；并根据高等学校专业设置与教学指导委员会评议结果，确定了同意设置的国家控制布点专业和尚未列入专业目录的新专业名单，于 2021 年 12 月 10 日将备案和审批结果予以公布。

这次修订统计学本科专业没有变化。

---

① 1998—2012 年，在原 249 种专业基础上，新办、试办了一批专业，到 2011 年已达 635 种。

② 数据科学与大数据技术的代码 080910T 中的"T"表示特设专业。

7. 第七次集中修订

2022 年，教育部根据社会需求，又对部分专业进行了调整，于 2023 年 4 月 4 日予以公布。理学门类的统计学类增加了"数据科学"和"生物统计学"两个新专业，统计学类的本科专业增加到 4 个：

统计学（代码 071201）；

应用统计学（代码 071202）；

数据科学（代码 071203T）；

生物统计学（代码 071204T）。

这样，在 2020 年第五次专业目录集中修订时增加的"数据科学与大数据技术"专业归在计算机类，与数据科学本身是理科基础学科不相符，新调整到统计学类。"生物统计学"第一次作为本科专业，使得统计学的基础特征更加厚实、更加突出。北京交通大学和福建师范大学两所高校在 2022 年获批"数据科学"本科专业，授理学学位，4 年学制。中国药科大学、南京医科大学、广东医科大学、南方医科大学、海南医学院 5 所高校获批"生物统计学"本科新专业，授理学学位，4 年学制。

另外，需要说明的是，从 2012 年第四次集中修订开始，"经济统计学"就被列入经济学类，2020 年的第五次和 2021 年的第六次集中修订都没变化。

（二）改革开放后统计学本科专业培养院校的变化

改革开放后设置统计学本科专业的高校数量变化如表 27-1 所示。

表 27-1 设置统计学本科专业的高校数量变化

年份	经济学（统计学）	理学（统计学）	学校合计（专业合计）
1979	17（统计学）		17
1982	35（统计学）		35
1985	80（统计学）	4（数理统计）	84
1989	99（统计学）	13（数理统计）	112
1991	118（统计学）	12（数理统计）	130
1994	57（统计学）	15（统计与概率）	72
1999	77（统计学）	16（统计学）	93
2005	84（统计学）	76（统计学）	160
2010	104（统计学）	172（统计学）	276

续表

年份	经济学（统计学）	理学（统计学）		学校合计（专业合计）
2013	164（经济统计学）	194（统计学）	158（应用统计学）	350（516）
2021	167（经济统计学）	229（统计学）	217（应用统计学）	465（613）
2024	171（经济统计学）	232（统计学） 30（数据科学）	224（应用统计学） 9（生物统计学）	486（666）

1977 年，在邓小平的直接领导和推动下，我国高校恢复高考和招生，统计学专业和统计教育也得以恢复。1977 年首先恢复招生的有厦门大学、天津财经学院、辽宁财经学院、山西财经学院、河北大学等。1978 年中国人民大学、上海财经学院、北京经济学院、陕西财经学院、湖北财经学院、安徽财贸学院、山东经济学院、江西财经学院、吉林财贸学院、湖南财贸学院（以湖南省财会学校为基础恢复，1979 年更名为湖南财经学院）等也恢复招生。1979 年，贵州财经学院等也恢复招生，已经有 17 所高校招收经济类的统计学本科专业。1980 年，杭州商学院、内蒙古财经学院、新疆财经学院等"文化大革命"以前的财经院校都得以复校，恢复统计学本科招生。20 世纪 80 年代，高等统计教育进入了改革开放之后的第一次大发展阶段，1991 年，统计学专业招生院校数达到 118 所的高峰。

表 27-2 列出了 1989 年全国普通高等学校统计学专业设置情况。当年有 120 余所高校开设了统计学专业，名称各校有所不同，其中 12 所高校开设了数理统计本科专业。

表 27-2　1989 年全国开设统计学专业普通高等学校一览表

学校名称	本专科专业设置	硕士学位	博士学位
中国人民大学	统计学	统计学	统计学
北京联合大学	计划统计、统计学		
北京农业大学	农业计划统计		
北京商学院	统计学		
北京经济学院	计划统计	统计学	
北京财贸学院	商业统计		
北京职业大学	统计学		
海淀走读大学	计划统计		
天津财经学院	统计学	统计学	统计学

续表

学校名称	本专科专业设置	硕士学位	博士学位
天津纺织工学院	计划统计		
天津职业大学	工业计划统计		
河北大学	计划统计		
河北财经学院	计划统计		
河北商业专科学校	计划统计		
山西财经学院	计划统计	统计学	
山西经济管理学院	计划统计		
内蒙古大学	计划统计		
内蒙古财经学院	计划统计		
辽宁大学	计划统计		
沈阳大学	计划统计、统计学		
大连大学	统计学		
东北财经大学	统计学	统计学	统计学
东北工学院	工业统计		
辽宁商业专科学校	商业统计		
辽宁税务专科学校	统计学		
本溪大学	计划统计		
吉林财贸学院	统计学		
吉林商业专科学校	商业计划统计		
长春金融专科学校	会计统计学		
黑龙江大学	统计学		
东北林业大学	计划统计		
黑龙江财政专科学校	计划统计		
上海大学	统计学		
上海财经大学	统计学	统计学	统计学
立信会计专科学校	统计学		
苏州大学	统计学		
江苏工学院	工业计划统计		
南京粮食经济学院	统计学		

续表

学校名称	本专科专业设置	硕士学位	博士学位
江苏商业专科学校	计划统计		
苏州职业大学	计划统计		
杭州商学院	统计学		
浙江冶金经济专科学校	工业统计		
安徽大学	会计统计学		
安徽农学院	会计统计学		
安徽财贸学院	会计统计学	统计学	
马鞍山商业专科学校	商业计划统计		
合肥联合大学	计划统计、应用统计		
蚌埠联合大学	工业统计、会计统计		
厦门大学	统计学	统计学	统计学
福州大学	计划统计		
福建省商业专科学校	商业计划统计		
华东交通大学	计划统计		
江西财经学院	统计学		
江西大学共青职业学院	会计与统计		
山东经济学院	计划统计		
中国煤炭经济学院	计划统计		
济南职业大学	工业统计		
郑州大学	计划统计		
河南财经学院	统计学		
郑州航空工业管理学院	计划统计、统计学		
河南商业专科学校	商业计划统计		
平原大学	统计学		
江汉石油学院	计划统计		
武汉工学院	计划统计		
武汉河运专科学校	计划统计		
中南财经大学	统计学	统计学	统计学

续表

学校名称	本专科专业设置	硕士学位	博士学位
湖北商业专科学校	计划统计		
江汉大学	计划统计		
湘潭大学	计划统计	概率论与数理统计	
湖南农学院	乡镇企业会计统计		
湖南商业专科学校	商业统计		
湖南财经专科学校	计划统计		
湖南财经学院	统计学	统计学	
湖南科技大学	工业会计与统计		
暨南大学	计划统计		
深圳大学	统计学		
广东商学院	计划统计		
韶关师范专科学校	会计统计		
广西商业专科学校	计划统计		
渝州大学	统计学		
西昌农业专科学校	会计统计		
西南财经大学	统计学、会计统计	统计学	
四川商业专科学校	计划统计		
重庆工业管理学院	计划统计		
重庆商学院	计划统计		
贵州财经学院	计划统计		
贵州商业专科学校	商业计划统计		
贵阳金筑大学	计划统计		
云南财贸学院	计划统计、统计学	统计学	
西藏民族学院	计划统计		
西安工业学院	计划统计		
西安石油学院	工业计划统计		
西北农业大学	农业统计	统计学	
陕西财经学院	计划统计、统计学		
西安统计学院	计划、经济、社会人口统计		

续表

学校名称	本专科专业设置	硕士学位	博士学位
陕西商业专科学校	计划统计		
兰州大学	统计学、国民经济计划与统计		
兰州商学院	计划统计		
新疆财经学院	计划统计		
北京大学	数理统计学	概率论与数理统计	概率论与数理统计
北京师范大学	数理统计学	概率论与数理统计	概率论与数理统计
南开大学	数理统计学	概率论与数理统计	概率论与数理统计
山西大学	数理统计学		
吉林大学	概率统计学	概率论与数理统计	
东北师范大学		概率论与数理统计	概率论与数理统计
复旦大学	数理统计学	概率论与数理统计	概率论与数理统计
华东师范大学	数理统计学	概率论与数理统计	概率论与数理统计
南京大学	数理统计学		
杭州大学	数理统计学	概率论与数理统计	概率论与数理统计
中国科学技术大学		概率论与数理统计	概率论与数理统计
福建师范大学		概率论与数理统计	
武汉大学	数理统计学	概率论与数理统计	概率论与数理统计
长沙铁道学院		概率论与数理统计	概率论与数理统计
中山大学	数理统计学	概率论与数理统计	概率论与数理统计
四川大学	数理统计学		
云南大学	数理统计学	统计学	
北京医科大学		卫生统计学	
中国协和医科大学		卫生统计学	
北京中医学院		卫生统计学	
山西医学院		卫生统计学	卫生统计学
中国医科大学		卫生统计学	
上海医科大学		卫生统计学	卫生统计学
华西医科大学		卫生统计学	卫生统计学

续表

学校名称	本专科专业设置	硕士学位	博士学位
同济医科大学		卫生统计学	
中山医科大学		卫生统计学	卫生统计学

资料来源: 国家教委计划建设司、财务司. 中国高等学校大全 [M]. 北京: 高等教育出版社, 1989.

注: 卫生统计学数据没有包括军医大学。

改革开放之初，百废待兴，社会各界对统计学专业的需求巨大。在统计人才供不应求的 20 世纪 80 年代，统计学专业毕业生首先充实到国家统计局和各级政府统计系统中，各类企业和公司等也都急需统计人员，统计学专业处于蓬勃发展的上升通道。

表 27-3 是国家统计局 1982—2011 年招收高校毕业生的数据。一方面，1982—1990 年录用的人数 255 人几乎是 1991—2000 年录用的 127 人的两倍。另一方面，1982—1990 年录用的大学毕业生中，统计学专业的就占 133 人，超过总人数 255 人的一半。而在 1991—2000 年录用的 127 人中，统计学专业的仅 47 人，占 127 人的 37%。这两个数据都显示 20 世纪 90 年代统计学专业毕业生进入国家统计局的人数较之 80 年代锐减。原因何在？

表 27-3　1982—2011 年国家统计局录用高校毕业生排名前十的专业（分阶段）

排名	专业	1982—1990 年	1991—2000 年	2001—2011 年	总计
1	统计学	133	47	35	215
2	经济学	38	20	85	143
3	工商管理	16	13	30	59
4	计算机科学与技术	16	11	29	56
5	数学	13	5	25	43
6	公共管理	8	6	18	32
7	法学	3	10	16	29
8	中国语言文学	9	12	6	27
9	农林经济管理	13	1	7	21
10	社会学	6	2	12	20
合计		255	127	263	645

资料来源: 国家统计局人事司。

1991 年，统计学专业的设置和招生达到了这一时期的顶峰，共 130 所高校

开设统计学本科专业，其中经济学类的统计学专业达 118 所，理学的数理统计专业有 12 所。

1992 年初邓小平视察南方讲话后，我国社会主义市场经济改革和开放速度加快，官方核算体系也由苏联的物质产品核算体系（System of Material Product Balances，MPS）转向国民账户体系（System of National Accounts，SNA）。经济学类的统计学专业面临培养目标、教学方案、教学和教材建设改革和调整的紧迫问题。部分财经院校的统计学系和统计学专业没能未雨绸缪，在人才需求向综合型、基础型、应用型发生急剧变化时，一时束手无策，加之当时高校中凡是招生专业冠以"国际"两字的都好招生，例如"国际经济""国际金融""国际会计""国际投资"等，有些统计学系改名为"投资经济系""国际经济系"等，甚至中止或暂停统计学专业的招生。1992 年以后，统计学专业的招生院校数逐年下滑，到 2000 年前后只有 60 所左右的高校继续招生，使得统计学专业进入学科发展的低谷时期。

表 27-4 记录了 1994 年统计学本科专业的设置情况，仅有 57 所高校继续招生，几乎是 1991 年高峰时的一半。数理统计本科专业由于属于基础学科，几乎没有受到我国统计体制改革的影响，1994 年有 15 所学校招生，包括：北京大学、北京师范大学、南开大学、山西大学、吉林大学、复旦大学、华东师范大学、南京大学、安徽大学、中国科学技术大学、武汉大学、中山大学、四川联合大学、云南大学和西北大学。[①]

表 27-4　1994 年统计学专业在全国普通高校中的分布

学校名称	学校名称	学校名称	学校名称
中国人民大学	辽宁大学	安徽财贸学院	暨南大学
北京工业大学	东北大学	厦门大学	深圳大学
北方工业大学	东北财经大学	福州大学	广东商学院
北京农业大学	沈阳大学	华东交通大学	西南财经大学
北京林业大学	长春税务学院	江西财经学院	重庆工业管理学院
北京商学院	黑龙江大学	青岛建筑工程学院	重庆商学院
北京经济学院	上海建筑材料工业学院	山东经济学院	贵州财经学院
北京财贸学院	上海财经大学	中国煤炭经济学院	云南大学

① 国家教育委员会高等教育司. 中国普通高等学校本科专业设置大全 [M]. 上海：华东师范大学出版社，1994.

续表

学校名称	学校名称	学校名称	学校名称
天津财经学院	南京理工大学	郑州大学	云南财贸学院
河北大学	南京经济学院	河南财经学院	西安公路学院
河北地质学院	杭州大学	郑州航空工业管理学院	陕西财经学院
山西财经学院	杭州电子工业学院	中南财经大学	西安统计学院
山西经济管理学院	杭州商学院	中南民族学院	兰州大学
内蒙古财经学院	华东冶金学院	湖南财经学院	兰州商学院
新疆财经学院			

资料来源：根据《中国普通高等学校本科专业设置大全》（华东师范大学出版社，1994）资料整理。

　　1998 年新修订的本科专业目录，将财经类处于困境的统计学专业与理学门类中处于基础学科地位的数理统计专业（1993 年更名为"统计与概率"专业）合二为一，上升为统计学类（相当于研究生学科目录中的一级学科），使得统计学本科专业进入了新的历史发展阶段。这个统计学类（代码 0716）属于理学门类，确立了统计学与数学并列（数学代码 0701），成为所有学科的基础学科。考虑到传统社会经济统计学科的延续，统计学类可以授予理学和经济学两种学位。作为各个高校学科点，只能选择理学或经济学的一种学位来建设本科专业。

　　新专业目录为统计学科的发展提供了广阔的空间。授予理学学位的统计与概率（1993 年"数理统计"专业更名为现名）本科专业，多设在数学系中，1985年只有 4 所高校招生，到 1991 年也才有 12 所学校设有该专业。新专业目录实施后，一些学校的理学统计学类专业从数学系中独立出来，加之数据分析人才的社会需求不断增大，办有理学统计学类专业的院校数量逐年上升。表 27-5 是 1999年新专业目录实施后首年统计学类招生的 77 所高校名单，已经从 20 世纪 90 年代中期统计学类专业设置的低谷中回升。

表 27-5　全国普通高校统计学类专业分布一览表

大学名称	大学名称	大学名称	大学名称
渝州大学	内蒙古财经学院	江西财经大学	中国人民大学
重庆商学院	辽宁大学	山东财政学院	北京师范大学
贵州财经学院	沈阳大学	中南财经大学	南开大学
云南大学	黑龙江大学	湖南财经学院	东北大学

续表

大学名称	大学名称	大学名称	大学名称
云南财贸学院	南京经济学院	西南财经大学	吉林大学
西北师范大学	杭州商学院	陕西财经学院	复旦大学
兰州商学院	安徽大学	中国农业大学	同济大学
新疆大学	华东冶金学院	北京林业大学	华东师范大学
新疆财经学院	福州大学	石家庄经济学院	南京大学
北京工业大学	青岛建筑工程学院	杭州电子工业学院	浙江大学
北方工业大学	山东经济学院	华东交通大学	厦门大学
北京商学院	中国煤炭经济学院	西安公路交通大学	武汉大学
首都经济贸易大学	郑州大学	西安统计学院	中山大学
天津财经学院	河南财经学院	暨南大学	四川大学
河北大学	广东商学院	长春税务学院	兰州大学
燕山大学	中南民族学院	中国科学技术大学	陕西经贸学院
河北经贸大学	中央财经大学	重庆工业管理学院	东北林业大学
山西大学	东北财经大学	郑州航空工业管理学院	苏州大学
山西财经大学	上海财经大学	安徽财贸学院	湘潭大学
山东大学			

资料来源：根据《中国普通高等学校本科专业设置大全》(高等教育出版社，1999) 资料整理。

　　新世纪开始的第一个十年中，我国两项特殊的高等教育改革都对统计学科的发展产生了影响。一项是 20 世纪末到 21 世纪初，我国高等院校经历了一次合并的高潮，一批文、理、工、农、医学科齐全的综合性大学产生，这些学校都认识到统计学科的基础性和广泛的应用性，新增了授予理学学士学位的统计学专业。另一项是 21 世纪初，一批地市级的专科院校和师范院校升级为本科院校，例如韶关学院、许昌学院、铜仁学院等，这类升格的院校有几十所之多。升为本科普通院校后，这些学校纷纷选择理学类的统计学专业作为开办的新专业。其之所以选择统计学，一方面是看到大数据时代的到来对统计学基础人才的需求，另一方面是原来的地方院校都有较好的数学教师队伍，其中不少教师都有概率统计基础，理科的统计学专业适合学校的定位和发展目标。因而，统计学科在 1998 年新专业目录的基础上，有一个井喷式的发展。这既是我国经济社会发展对统计人

才需求的必然结果，也是 1998 年新专业目录去除了统计学专业发展的学科框架束缚后的发展趋势。1998 年之前的数理统计学科，束缚在数学类中，又和概率合在一起，统计学科很难独立发展壮大。①

2012 年教育部颁布《普通高等学校本科专业目录（2012 年）》，新目录在1998 年目录的基础上又增加了一个"应用统计学"本科专业，列在理学门类下的统计学类中，同时将原统计学类中授予经济学学位的专业转至经济学类，明确为"经济统计学"。这样，统计学就有了 3 个本科专业：统计学类归于理学门类，下设"统计学"和"应用统计学"两个专业。另一个"经济统计学"设在经济学类之下，授予经济学学位。各个高校可以根据自身力量和社会需求，开办多个统计学专业。从表 27-1 中，我们看到在 2013 年，即 2012 年专业目录实施后，统计学招生院校已经从 2010 年的 276 所增加到 350 所，招生的统计学专业数更是猛增到 516 个。办有"统计学"专业的高校有 194 所；办有"经济统计学"专业的高校有 164 所；办有应用统计学专业的高校略少，有 158 所。"统计学"和"经济统计学"两个专业分别与 1998 年专业目录中授予理学和经济学学位的专业对应，"应用统计学"是个新专业，为统计基础理论、方法在生物、卫生、教育、心理、金融、保险等领域的应用人才培养提供了新的专业。例如，中国人民大学从 1993 年开始在统计学专业下设立"风险管理与精算学"方向，培养了大批精算专门人才。在 2012 年新专业目录框架下，"风险管理与精算学"就归入"应用统计学"专业。这一"应用统计学"新专业也为各高校根据地方需求和自身特点办出特色和水平提供了空间。

到 2021 年，办有统计学专业的高等院校增加到 465 所，其中办有"统计学"专业的院校最多，达 229 所；办有"应用统计学"专业的院校其次，也有 217 所；办有"经济统计学"专业的院校有 167 所。比较 2013—2021 年这 3 个统计学专业的变化情况，不难看出，"应用统计学"专业增长最快，"统计学"专业其次，"经济统计学"只增加了 3 所高校，反映出社会对 3 个专业的需求状况。我们对这 465 所统计学招生院校做进一步的分析可知，其中 351 所院校只开设 1 个统计学专业，占了招生院校的绝大多数；另外 114 所院校开设 2 个以上统计学专业，其中 34 所开设 3 个统计学专业，这 34 所院校以财经院校为主。

2022 年新版专业目录中，统计学类增加了"数据科学"和"生物统计学"两个专业。截至 2024 年，共有 30 所普通高校开设了"数据科学"专业，9 所普通高校开设了"生物统计学"专业，共 486 所普通高校开设了 666 个统计学专业，

---

① 关于 1998 年教育部普通高等学校本科专业目录修订前统计学界的准备工作，参见第二十六章"统计学科的思想解放与统计一级学科的确立"。

名单见附录 22 "2024 年统计学本科院校名单"。

下面我们看看统计学专业的学生规模，如表 27-6 所示。

表 27-6　2001—2018 年普通高校统计学专业学生数　　　　单位：人

项目	2001 年	2005 年	2010 年	2015 年	2018 年
招生人数	4 971	7 369	12 710	16 702	19 926
毕业生数	2 462	4 664	8 476	14 295	16 727
在校生数	15 145	24 312	45 002	65 608	79 922

资料来源：教育部公布数据。

表 27-6 中统计学专业的学生数，在 2012 年专业目录颁布前与表 27-1 中的招生院校数是对应的。但表 27-6 中 2015 年和 2018 年学生数不包括"经济统计学"本科专业的学生，因为他们是经济学类的学生。我们看到统计学专业不论是招生人数、毕业人数还是在校生人数，2018 年比 2001 年都有巨大增长。2001 年全国普通院校录取 268 万人，2018 年录取 791 万人，2018 年约为 2001 年的 3 倍。如果我们按照统计学和应用统计学两个招生专业的平均录取人数估算 2018 年经济统计学的招生人数，则为 7 000～8 000 人，这样，3 个统计学专业总招生人数约为 28 000 人，是 2001 年统计学招生人数的 5～6 倍，增长速度明显高于普通高校招生的增长速度。从每一所院校的平均招生人数看，规模稳定在 50 人左右。近年来，统计学专业越来越热，一些院校的招生规模不断扩大，反映出社会对统计学基础和应用人才的需求旺盛。

二、统计研究生培养

（一）研究生专业目录的调整

我国的硕士研究生分为学术型硕士和专业型（应用型）硕士两类。统计学的研究生培养工作从 1977 年恢复高等学校招生就开始布置准备，1978 年中国人民大学戴世光、王文声，北京大学江泽培、陈家鼎，中国科学技术大学陈希孺、殷涌泉，复旦大学汪嘉冈、吴立德、李贤平，华东师范大学魏宗舒、茆诗松，中国科学院王寿仁、成平、方开泰，第四军医大学郭祖超等率先开始招收统计学科的硕士研究生。

我国研究生的管理归属于国务院学位委员会，具体事务由国务院学位委员会办公室（与教育部研究生司一套人马，两块牌子）负责。研究生学科目录的产

生、发展有着深刻的时代烙印及社会背景，具有鲜明的中国特色。

自 1983 年国务院学位委员会发布《高等学校和科研机构授予博士、硕士学位的学科、专业目录（试行草案）》以来，研究生教育的学科专业目录先后有1983 年版、1990 年版、1997 年版、2011 年版、2018 年修订版以及 2022 年版这6 个版本。

首先，从学科门类来看，从 1983 年的试行草案到 2022 年版学科目录，学科门类从 10 个增加到了 14 个，增加的这 4 个学科门类分别是军事学、管理学、艺术学和交叉学科。可以看到随着科学技术的进步和经济社会的发展，学科门类越来越丰富，学科体系日益壮大。

其次，一级学科数量的变化大：1983 年版学科目录共设置 10 个学科门类，63 个一级学科；1990 年版学科目录增加到 72 个一级学科；1997 年版学科目录增加到 89 个一级学科；2011 年版学科目录增加到 110 个一级学科；2018 年版只增加了 1 个一级学科；2022 年版学科目录增加到 117 个。我们看到，最近两次学科目录修订时，一级学科的数量已经趋于稳定。

最后，从二级学科数量来看，1983 年版学科目录共列有 638 种二级学科；1990 年版在不包括军事学门类的情况下，有 591 种二级学科，较试行草案减少了 47 种，军事学门类中共列有 29 种二级学科，总计 620 种；1997 年版学科目录在二级学科上进行了大调整，二级学科总数锐减为 386 种。2011 年开始，学科目录不再发布二级学科相关信息，也就给二级学科的统计工作带来不小的困难。

回过头看，从第一版起，我国研究生学科目录确定了学科门类、一级学科、二级学科的三级架构。学科门类、一级学科在长期的发展过程中不断增加，二级学科的规模呈下降趋势。

对于统计学科而言，在 1983 年版、1990 年版和 1997 年版学科目录中，其分散在 3 个门类中，分别是经济学门类中的"应用经济学"（1997 版代码 0202）一级学科下的"统计学"（1997 版代码 020208）；理学门类中的"数学"（1997版代码 0701）一级学科下的"概率论与数理统计"（1997 版代码 070103）和医学门类中的"公共卫生与预防医学"（1997 版代码 1004）一级学科下的"流行病与卫生统计学"（1997 版代码 100401）。其中，"统计学"在 1983 年版和 1990 年版的代码是 020122，列于"经济学"一级学科下，这两版的经济学门类中只有"经济学"一个一级学科。1997 年版学科目录的经济学门类中的"经济学"一级学科一分为二，分为"理论经济学"（代码 0201）一级学科和"应用经济学"（代码 0202）一级学科，"统计学"（代码 020208）归在"应用经济学"一级学科之下。

2011 年版将"统计学"（原代码 020208）二级学科和"概率论与数理统计"

（原代码 070103）二级学科合并，上升为"统计学"一级学科，列在理学门类下，代码 0714。2011 年研究生专业目录中"统计学"上升为一级学科，这对统计学科的影响是巨大而深远的。因为教育部在 2006—2007 年的国家重点学科评选（新世纪的第二轮国家重点学科评选）中，明确国家重点学科的评选和学科建设，逐渐从原来的二级学科过渡到一级学科。2001—2002 年的国家重点学科评选（新世纪的第一轮重点学科评选）评的是二级学科，2006—2007 年这轮的评选既评一级学科也评二级学科（以一级学科评选为主）。此后，国家重点学科就不再评二级学科了。这就意味着未来学科建设将以一级学科为基础。而且相关部门还明确，未来二级学科不再列入研究生专业目录，作为研究方向，将由各培养单位根据学科特色和地方需求自行确定。如果"统计学"在 2011 年专业目录中没能上升为一级学科，统计学科的名字就会从专业目录中消失。因为从 2011 年版以后，二级学科就不再发布了。

笔者在负责编写 2009 年和 2011 年的《中国学位与研究生教育发展年度报告》时，有幸得到 1996—2010 年"统计学""概率论与数理统计""流行病与卫生统计学" 3 个二级学科学位授予人数的数据（见表 27-7）。我们看到，1996—2010 年的 15 年间，我国共培养了近 15 000 名统计硕士，特别是"统计学"（即社会经济统计）、"概率论与数理统计"（即"数理统计"）和"流行病与卫生统计学"这 3 个二级学科规模非常接近，分别为 4 825 人、4 843 人和 4 975 人。它们基本上形成三足鼎立的局面，从一定程度上反映出我国世纪之交这一阶段对不同类型统计高层次人才的需求，即在数理统计方法、在经济管理中应用和在医疗卫生中应用三大领域基本相同。

表 27-7 1996—2010 年授予硕士学位统计   单位:人

年份	统计学	概率论与数理统计	流行病与卫生统计学	合计
1996	108	79	107	294
1997	104	85	89	278
1998	98	68	91	257
1999	148	94	118	360
2000	128	110	139	377
2001	134	111	171	416
2002	155	135	220	510
2003	164	212	326	702
2004	262	246	341	849

续表

年份	统计学	概率论与数理统计	流行病与卫生统计学	合计
2005	344	375	424	1 143
2006	527	572	467	1 566
2007	688	718	537	1 943
2008	643	719	671	2 033
2009	604	582	615	1 801
2010	718	737	659	2 114
合计	4 825	4 843	4 975	14 643

此后的 2011 年版、2018 年版和 2022 年版的专业目录中"统计学"一级学科的位置没有变化。随着大数据时代的到来，人工智能等新兴科学与技术对统计学科高层次人才的需求不断加大，2011 年后的几年中，原来二级学科的毕业生与新一级学科的毕业生统计很难准确区分，而且 2011 年后二级学科学位获得者数据不再专门统计，三大领域统计学毕业生及学位获得者人数已经难以得到了。

（二）统计学科博士授权点的变化

表 27-8 是改革开放后截至 2021 年统计学博士授权单位数的变化情况。

表 27-8　改革开放后截至 2021 年我国统计学科目录及博士授权单位数变化情况

二级学科名称	1981 年	1990 年	2000 年	2011 年	2021 年
统计学（经济学门类）	1	6	11	56（"统计学"一级学科）	60
概率论与数理统计（理学门类）	3	11	20		
流行病与卫生统计学（医学门类）	1	5	13	25（"公共卫生与预防医学"一级学科）	43

我国学科与学位的最高管理部门是国务院学位委员会。国务院学位委员会是国务院成立的国务院议事协调机构，负责领导和管理全国学位授予及其相关工作。

学科评议组是国务院学位委员会领导下的学术组织，按照研究生专业目录中一级学科设置。"统计学"在 2011 年新专业目录中上升为一级学科，"统计学"一级学科评议组负责统计学科学术型博士、硕士研究生及整个统计学科建设工作。

2011 年 5 月组成了首届"统计学"一级学科评议组（2011 年 5 月—2014 年 12 月），这届评议组由已经是第六届"应用经济学"评议组成员的袁卫、邱东、肖红叶，第六届"数学"评议组成员的耿直、郭建华，同时新聘首都师范大学崔恒建，共 6 人组成，袁卫为召集人。这届评议组的主要工作是"学科对应调整"工作，即原来有"应用经济学"一级学科博士学位授权点的院校和原来有"数学"一级学科博士学位授权点的院校可以直接申请"统计学"一级学科博士学位授权点。同时，虽然没有"应用经济学"和"数学"一级学科博士学位授权点，但有"统计学"或"概率论与数理统计"二级学科博士学位授权点的院校也可以申请"统计学"一级学科博士学位授权点。"统计学"和"概率论与数理统计"二级学科硕士学位授权点同样可以直接申请"统计学"一级学科授权。最后，对应调整后，有 56 所院校获得"统计学"博士学位一级学科授权，156 所院校获得"统计学"硕士学位一级学科授权。其中博士学位授权单位数排在所有 110 个一级学科的第 9 位（见表 27-9）。

表 27-9　2012 年对应调整后名列 110 个一级学科中博士学位授权单位前十名的学科

排名	一级学科	博士学位授权单位数
1	管理科学与工程	87
2	材料科学与工程	80
3	生物学	80
4	机械工程	74
5	数学	69
6	化学	64
7	计算机科学与技术	59
8	物理学	58
9	统计学	56
10	工商管理	55

注：截至 2012 年，另外还有 18 所授予医学博士学位的"流行病与卫生统计学"博士学位授权点，所有统计学博士学位授权单位共 74 所。

如果将医学门类中独立设置"流行病与卫生统计学"博士学位授权点的医学院校也作为统计学人才培养单位，再加上 18 所培养"流行病与卫生统计学"博士的博士学位授权点，则共有 74 所统计学人才培养单位，统计学就排在了第 4 位，成为博士人才培养的大学科了。

我们看到，"统计学"一级学科博士学位授权单位在 2011 年对应调整后已经有 56 所院校了，到 2021 年才增加到 60 所院校，增量比较少。原因是 2017 年新

增博士学位一级学科审批工作中，教育部给了"985 院校"自行调整博士学位一级学科的自主权，即学校可以自己取消一个博士学位一级学科点，同时增加一个一级学科博士点。在这个政策下，几所知名大学取消了"统计学"一级学科博士点。其中有的取消了"统计学"一级学科博士点，换来了"法学"一级学科博士点。原因是综合性大学的"概率论与数理统计"仍然包含在数学之中，没有统计学博士点，数理统计学科仍可以在数学之中发展。但对这些学校而言，要发展文科和社会科学学科，而法学要获得博士授权非常困难。还有的学校声称，学科要办就办成国内一流，办不成国内一流可以停办或者不办，这背后就是学科评估和学科排名思维在作怪。2022 年学科评估虽然有了结果，但不再对外公布，不再以学科排名论英雄，如果这个政策早 5 年实施，也许就不会有若干所大学放弃"统计学"一级学科博士点了。

第六届"统计学"评议组还按照国务院学位委员会和教育部的要求，制定了"统计学"一级学科的学科简介以及"统计学"一级学科博士、硕士学位基本要求①，详见附录 7 和附录 8。

第七届"统计学"评议组（2015—2020 年），除了国务院学位委员会布置的学位点评审、学科研究分析报告等工作外，还完成了学术型博士、硕士研究生 7 门核心课程的确定及《统计学一级学科研究生核心课程指南》②的编写。这 7 门核心课程是：

（1）高等统计学（课程编码：0714-01，南开大学王兆军、邹长亮、周永道）；

（2）高等概率论（课程编码：0714-02，华东师范大学汪荣明）；

（3）高级计量经济学（课程编码：0714-03，中央财经大学刘扬、苏治）；

（4）国民核算与宏观经济统计分析（课程编码：0714-04，中国人民大学李静萍、甄峰、高敏雪）；

（5）数据挖掘与机器学习（课程编码：0714-05，东北师范大学郭建华、复旦大学朱雪宁）；

（6）多元统计分析（课程编码：0714-06，北京大学耿直、首都师范大学崔恒建）；

（7）时间序列分析（课程编码：0714-07，华东师范大学周勇、上海财经大学刘旭）。

---

① 国务院学位委员会第六届学科评议组. 学位授予和人才培养一级学科简介 [M]. 北京：高等教育出版社，2013：113-116；一级学科博士、硕士学位基本要求：上册 [M]. 北京：高等教育出版社，2014：259-265。

② 7 门研究生核心课程指南见附录 9。

第七届统计学科评议组

这 7 门核心课程指南详见附录 9。

（三）统计学一级学科研究生发展状况（2021）

根据国务院学位办〔2018〕20 号文件，国务院学位委员会学科评议组开展编写《一级学科发展报告》工作。第七届国务院学位委员会"统计学"一级学科评议组对各授权点的研究生"师资队伍""人才培养""科学研究""社会服务"等方面进行了调研，根据调研结果完成《统计学一级学科研究生发展报告》的撰写。

截至 2021 年 12 月统计学博士、硕士学位授权点数量如表 27-10 所示。

表 27-10 统计学学位授权点数量（截至 2021 年 12 月）

授权点层次	学位授权点数量
博士点	60
硕士点	136（含 60 所博士点）

调查组分别对各个授权点的师资总数、师资结构进行了调查。表 27-11 统计了各层次授权点师资总数分析结果。

表 27-11 师资规模统计情况   单位:人

授权点类别	平均数	最小值	最大值
博士点	30	9	58
硕士点	23	8	46
总体	27	8	58

如表 27-11 所示，各个学位授权点教师数量总体平均数约为 27 人，多数为 20～40 人，其中博士点师资规模平均约为 30 人，硕士点师资规模平均约为 23 人。博士点师资人数略多于硕士点师资人数。从博士点和硕士点最小师资储备来看，两者差异不大，都在 8 人左右。调查样本显示：全部学校中师资人数最多的是首都经济贸易大学，师资总数为 58 人；博士点师资人数最少的学校是北京航空航天大学，只有 9 人；硕士点师资规模最小的是扬州大学，仅为 8 人。

调查组在调查师资规模的同时，还调查了各授权点的师资结构，包括年龄、职称、学缘、学历等方面的师资分布情况。按照师资年龄结构划分的结果如图 27-1 所示。

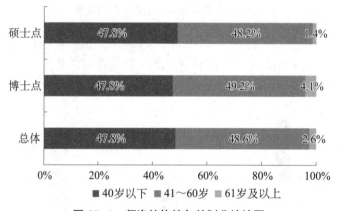

图 27-1　师资结构按年龄划分统计图

如图 27-1 所示，博士和硕士学位授权点的师资年龄结构大致相同，青年教师（年龄在 40 岁以下）和中年教师（年龄在 41～60 岁）的数量基本相等。青年教师数量偏少的学校有武汉大学和南京师范大学，硕士点青年教师数量偏少的学校有河北经贸大学和燕山大学。

师资队伍在职称结构上的分布情况如图 27-2 所示。总的来看，博士、硕士授权点的师资在职称上的分布基本相近，超过 2/3 的教师是教授或副教授，讲师所占比例在 1/3 左右，极少数为助教；图 27-2 中的统计结果显示博士点的师资结构中，职称为副教授与教授的比例明显高于硕士点，这与博士点的学术水平更高有关。

图 27-3 展示了授权点师资结构在学缘上的分布情况。在学缘分布上，博士点和硕士点有明显差异。其中，硕士点仅有不到 5% 的教师来自境外，而博士点有 15% 左右的教师来自境外，这说明硕士点单位缺乏境外师资，其结果可能导致大多数硕士点国际交流不足，在教学上缺乏国际视野；博士点单位有约 37% 的教师是本校培养的硕士、博士，约 48% 来自国内其他高校。硕士点仅有 20.5%

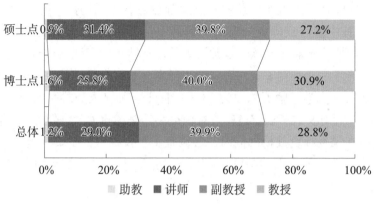

图 27-2　师资结构按职称划分统计图

左右的教师来自本校，这与硕士点无法自己培养博士生，难以满足教师招聘标准有关，同时也可以看出，博士点在师资储备上有天然的优势。

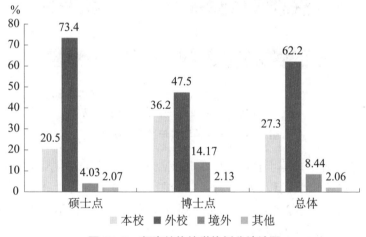

图 27-3　师资结构按学缘划分统计图

图 27-4 展示了授权点师资结构在学历上的分布情况。博士点和硕士点师资学历分布有明显差异，其中博士点有 90% 左右教师有博士学位，比较符合预期；硕士点却有 25% 以上的教师只有硕士学位，说明硕士点的师资学历结构尚待加强。

（四）应用统计专业硕士 [①]

　　我国自 1991 年开始实行专业学位教育制度，首个专业学位是工商管理硕士（MBA）。当年，国家教委批准中国人民大学、清华大学等 9 所高校开办工商管理

---

① 这部分内容主要摘自全国应用统计专业学位研究生教育指导委员会 2021 年提交给国务院学位委员会的总结报告。

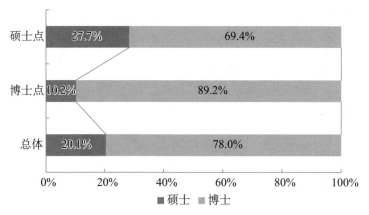

图 27-4　师资结构按学历划分统计图

硕士（MBA）教育，在中国人民大学的试办过程中，"统计管理"一开始就作为工商管理的 4 个方向之一，也为近 20 年后开办应用统计硕士专业学位积累了经验。

2010 年 9 月，国务院学位委员会首次批准 78 所高等院校获得应用统计硕士专业学位（Master of Applied Statistics，MAS）授予资格，因为高校合并，实际上第一批的授权点有 74 个，从 2011 年起陆续开始招生；2014 年新增授权点 29 个，从 2015 年开始招生；到了 2018 年又新增学位授权点 42 个，从 2019 年开始招生。第一批授权点中的天津大学主动放弃 2014 年专业学位授权点的合格评估，即自动放弃学位授予权；江苏大学学位授权点动态调整，取消应用统计硕士专业学位授予权。截至 2020 年，应用统计硕士专业学位授权点共有 144 个，即全国共有 144 所高等院校具备应用统计专业学位研究生的招生、人才培养及学位授予资格（见图 27-5 和图 27-6）。

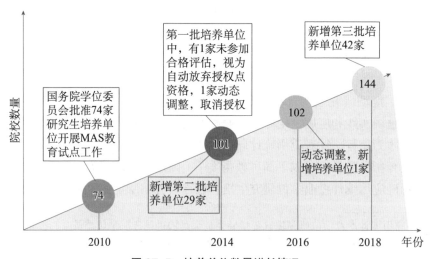

图 27-5　培养单位数量增长情况

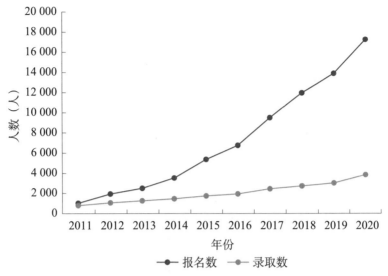

图 27-6　2011—2020 年招生情况（报名和录取人数）趋势

2021 年、2022 年和 2024 年，分别又有一批院校获得应用统计硕士专业学位授予权，截至 2024 年 8 月，全国授权点增至 242 所，名单见附录 6。

应用统计专业学位研究生教育的发展，既适应社会经济发展，特别是市场化和信息化发展对高级应用统计专门人才的迫切需要，又能填补在国外已比较成熟、在我国尚待建立的应用统计专业学位这一人才培养空白，从而对构建多层次统计人才培养教育模式、促进教育与实践的紧密结合具有重要的价值。

应用统计专业学位面向的领域（研究方向）包括：金融统计和风险管理、社会经济统计、工业统计和质量控制、生物医学统计、大数据分析等与其他学科交叉的方向。这些领域（研究方向）体现出统计学与数学、经济学、管理学、生物卫生、信息技术等相关专业的高度交叉融合。

不同于学术型硕士，应用统计专业硕士特别强调实践能力的培养。主要特点和措施有：

第一，推动研究生教育综合改革，不断完善指导性培养方案。以专业实践为导向，重视实践和应用，培养在专业和专门技术上受到正规的、高水平训练的高层次人才为宗旨，针对应用统计硕士专业学位的特点，全国应用统计专业学位研究生教育指导委员会（以下简称教指委①）确定了指导性培养方案制定的指导思想，明确应用统计专业学位研究生培养性指导方案制定的原则是精基础、重应

---

① 全国应用统计专业学位研究生教育指导委员会是协助国务院学位委员会、教育部等主管部门开展应用统计专业学位研究生教育研究、咨询、指导、评估和交流合作的专业组织。历届委员名单见附录 14。

用、强能力，要充分考虑适应我国经济社会发展和国家建设的重要领域和方向。2015 年和 2018 年，教指委专门组织全体委员召开会议，针对 2011 年制定的《应用统计硕士专业学位研究生指导性培养方案（试行）》进行了两次修订。特别是2018 年的第二次修订，委员们在多次调研、听取授权点的意见和建议的基础上，对指导性培养方案做了较大的调整：对总学分要求进行了适当的减少；同时充分考虑到授权点不同的学科特点，还将专业基础课从几门课调整为几类课，授权点可以在所列的几类课程中选择，也可另外自设课程，使各授权点能结合自身的学科背景，在突出区域特色、服务地方等方面制定出适合自己的培养方案，同时可以发挥各自学科优势、行业特色设置研究方向；给予授权点制定培养方案的充分的自主权和灵活性，鼓励探索新模式，以推动创新型应用统计人才的培养，为国家发展的建设做出更大的贡献。

第二，开创人才培养新模式，创建大数据分析硕士培养协同创新平台，探索资源共享的机制。2014 年，在教指委的推动下，由中国人民大学、北京大学、中国科学院大学、中央财经大学、首都经济贸易大学 5 所高校发起，集中统计学科、计算机学科、经济与管理学科的相关学院优势，依托应用统计硕士项目，组建了大数据分析硕士培养协同创新平台。5 所高校在大数据分析领域各具特色，优势互补。中国人民大学在大数据分析的全面性和综合性方面在国内名列前茅，北京大学和中国科学院大学是大数据分析前沿技术研究的重要基地，中央财经大学和首都经济贸易大学在财经和管理领域的大数据分析应用领域具有鲜明特色。

大数据分析硕士培养协同创新平台是一个向政府部门和企业等大数据分析人才需求单位开放的、政产学研有机融合的协同创新平台，汇集了《人民日报》、新华社、中央电视台、中国移动、中国联通、中国电信、全国手机媒体新闻传播专业委员会、赛仕软件研究开发（北京）有限公司、华闻传媒产业创新研究院、北京华通人商用信息有限公司、龙信数据（北京）有限公司等，以及在大数据分析领域有重要需求的企业或政府部门，包括阿里巴巴研究院、京东商城、宁夏西部云基地、中国科学院计算机网络信息中心等单位，这些企业或政府部门为大数据分析硕士建立实习基地，由著名专家学者组成研究团队，并选派有丰富经验的专家担任大数据分析硕士研究生的校外导师。大数据分析硕士的培养是为了满足企业和政府部门等用人单位利用大数据决策的需求，其核心竞争力是快速部署从大数据到知识和价值发现的能力，培养方案与国际接轨，核心内容是面向大数据的统计分析和挖掘技术。

大数据分析硕士实验班从 2014 年开始招生，5 校的必修课均在中国人民大学联合统一授课。平台为每门必修课均配备了 5 人以上的教学团队，由在大数据研究和应用方面有较高造诣的中青年学者组成。目前，有 100 多位教师和业界专

家参与到实验班的建设和研究生培养中。

大数据分析硕士培养协同创新平台研究生培养模式是国内首创，截至 2020 年，已有 5 届毕业生共计 284 人，大多数毕业生在头部互联网、金融公司等从事数据分析和数据工程师的工作，得到用人单位的高度评价。

为加强大数据分析硕士人才的培养，全国应用统计专业学位研究生教育指导委员会推荐用书——大数据分析统计应用丛书，包括《大数据计算机基础》《大数据分布式计算与案例》《大数据探索性分析》《大数据挖掘与统计机器学习》《非结构化大数据分析》等教材，由中国人民大学出版社于 2016 年陆续出版发行。该系列丛书深受广大读者的喜爱并广受好评。目前，该丛书的修订工作也已经逐步完成。

第三，依托学科优势、服务地方，打造独具特色的研究方向。从近几年的情况看，基于学科优势和市场需求，各授权点在人才培养上都有各自的侧重和特色，经济与社会统计、商务统计、金融统计、金融统计与风险管理、生物医学统计、市场调查与分析、工业统计与质量控制、质量控制与可靠性分析、大数据分析、商务大数据等方向比较普遍。有些则依托学科特色或所处地域优势，培养目标更具特色。例如：教育统计、体育统计（师范类院校）；交通运输统计分析（北京交通大学）；资源与环境统计、林业统计（北京林业大学）；岩溶地质统计、旅游统计（广西师范大学）；第三产业统计（哈尔滨商业大学）；水利统计（河海大学）；能源统计（华北电力大学）；人工智能与光电数据分析、光电信息爬取与数据同步处理（长春理工大学）；统计信息采集方法与数据源研究（成都信息工程大学）；等等。

师范类授权点设置了教育统计研究方向，该方向主要对与教育有关的现象展开调查分析，探究教育学的统计规律，为教育决策和管理提供参考依据。北京师范大学、东北师范大学和多家科研院所联合组建中国基础教育质量监测协同创新中心，并成立了东北师范大学分中心，以教育统计、心理测量与评价为核心目标，负责统计数据分析工作，从中发现重要科学问题。研究团队在教育统计及心理测量方面发表了系列高水平的社会科学引文索引（SSCI）论文，无论从论文数量还是论文发表级别来看，在国内都处于领先水平。

广西师范大学地处广西桂林，结合桂林的喀斯特地貌特点，设置岩溶地质统计研究方向，对岩溶的监测数据进行统计挖掘，发现其规律及异常现象，并探究其产生的原因。目前其主要与中国地质调查局岩溶地质研究所合作。

中国海洋大学在重视统计学理论研究的同时，瞄准国家海洋发展战略，优化学科方向，突出重点，强化特色，与海洋优势学科交叉融合，以海洋科技发展的统计需求为驱动，开展具有海洋应用背景的统计理论及应用研究，培养具有扎实

统计学基础的应用型高级人才。其特别是在海洋遥感数据处理的统计分析、海浪破碎的更新过程模型构建等方面，取得了有特色的研究成果，形成了在国内独具特色的海洋科技应用的研究方向。

成都理工大学结合学校学科特色与优势，形成以数学和统计学为基础、计算机为工具，融合地质、资源和经济等学科优势，结合大数据时代特点，设置独具特色的资源经济统计和地学数据统计分析研究方向。

第四，注重教师队伍建设，促进"双导师制"建设。应用统计硕士专业学位各授权点依托学科优势，借鉴国际先进经验，围绕本土需求，积极组建学界和业界高水平的师资团队。

专业学位的培养方式是以课程学习和应用技能培养为主，以科学研究为辅；坚持"宽口径，厚基础，重应用"的培养原则；采取导师负责与集体培养相结合的方式，专业学位研究生指导工作实行"双师制"——一名是研究生培养的校内指导教师，负责对学生进行专业基础理论知识的传授等，另一名为外聘业界指导教师，负责研究生的实践实习指导、监督和考核；注意理论联系实际的教学方式，聘请业界有丰富实践经验的专家授课或举办讲座，结合实际问题进行案例学习，通过课堂讨论引导学生结合具体问题进行思考探索，以培养学生独立分析问题和解决问题的能力。

在行业导师"走进学校"的同时，各授权点也积极选派中青年教师到政府或企事业兼职，参与研发工作，或挂职锻炼，以提高教师的实践教学能力。

第五，注重案例教学。案例教学是专业学位人才培养必不可少的教学环节。不断探讨适合我国应用统计硕士的案例教学，提高我国高校统计学教师在应用统计方法与案例教学方面的水平，是强化应用统计专业学位研究生人才培养质量的关键。为此，教指委举办了3期"应用统计方法与案例教学研讨会"，与会专家所做的报告包括北京航空航天大学欧阳桃花教授的《案例开发与教学：一石多鸟》、复旦大学郑明教授的《案例写作技巧》、上海财经大学周勇教授的《案例撰写之案例》、北京大学王汉生教授的《躲在深闺无人识——点击率太低你的广告谁来看》等，通过这些报告的分享、与会教师的交流与互动，在探讨和推动统计案例教学方法上取得了良好效果。

第六，举办案例大赛。随着统计在社会经济生活中的深入应用，具有较强应用能力并能够解决重要实际问题的统计学高级应用人才的社会需求日益旺盛。为培养应用统计专业学位研究生发现问题、研究问题、解决问题和评价问题的能力，以适应社会需求，探讨适合我国应用统计硕士的教学方法，提高高校教师在应用统计方法与案例教学方面的水平，教指委从2014年开始举办全国应用统计专业学位研究生案例大赛，并决定每两年举办一次。

案例大赛组委会对大赛的章程、工作流程、参赛规则、评奖规则等工作内容多次进行修订和完善，由专人负责评委专家库的建设和评选标准化的建设，使之更加制度化、规范化。

全国应用统计专业学位研究生案例大赛的举办，得到各授权点的积极响应。截至 2024 年，大赛已经成功举办 7 届，第七届大赛参赛作品为 1 236 个，是第一届大赛参赛作品的 10 多倍。举办案例大赛，在我国大力培养应用型统计人才的过程中具有积极作用，也为案例库的建设积累了丰富的一线案例素材。

第七，选编案例大赛优秀案例并由中国统计出版社出版发行。由教指委委员周勇教授主编的《首届应用统计专业硕士优秀案例选》《第二届应用统计专业硕士优秀案例选》已由中国统计出版社出版，其以案例的形式展示了我国应用统计专业硕士的学术与实践水平，对应用统计案例教学产生了积极的影响。书中收录的案例内容丰富，涵盖了经济、金融、生物医药、工业、环境、教育、电子商务等诸多方面，讨论的问题为社会各领域和生活中的热点话题，所用数据均来自实际部门或一手调查数据；在分析问题和建模的过程中，思路新颖，统计方法多种多样，既包括较为经典的统计方法，如多元统计分析、时间序列预测等，也有类神经网络、决策树、包络分析模型等大数据分析方法，统计分析软件的种类也很丰富，包括 MATLAB、R、SPSS、SAS、EViews 等，在应用统计专业硕士的培养和案例教学中，具有较高的参考价值。

第八，实践训练。以实践课程教学打造应用型创新人才，以现场教学方法改革体现实践能力的培养，依托优质业界兼职导师资源，提升实习效果。

应用统计专业硕士培养注重提高学生认识、分析、解决实际问题的能力。学生通过参与实习、实践活动，培育和提升实战能力。应用统计硕士专业学位授权点拥有国家统计局、国家统计局各省市（自治区）调查总队、省市（自治区）统计局各级政府统计部门、地方高新区等行业机构，以及市场调查公司、IT 公司等作为多层次实习实践基地，充分满足教学和学生实践需要。这些实践锻炼了学生的统计方法综合应用能力。

山西财经大学与国家统计局吕梁调查队联合建立山西省统计调查研究生教育创新中心，教师和学生能够进驻实践基地，保证学生实践教学时数充足，学生实践能力显著提高。同时学校加强与地方政府和企业的合作，开展应用统计校内导师的实践活动，有效地促进了学校与地方部门和企业之间的联系，提高了导师们服务地方经济的意识，强化了导师们实践教学的能力。

山东大学与中国金融期货交易所等国内知名企业联合创建应用统计人才培养基地，得到了企业在人员、资金、场地等方面实质性的支持，联合培养风险度量、证券投资、金融统计等领域的综合型统计人才。同时，由山东大学牵头，协

同北京大学、复旦大学、上海交通大学、南开大学、同济大学和华东师范大学成立了中国金融风险量化与控制协同中心，并以此为依托，成立了金融数学与金融工程八校研究生联盟，举办该专业研究生暑期学校，有近 300 名应用统计专业硕士研究生参加该暑期学校，与来自世界各地的专家学者进行学术交流。这种短期的国际学术交流能帮助学生了解金融市场、明确就业目标，有助于培养复合型、创新型人才。

在 2022 年以前，各种专业学位都是独立设置的，与我国研究生专业目录（学术型学位）没有联系。2022 年版研究生专业目录按照国家需求，新增了交叉学科门类和一些急需的专业学位。14 个学科门类下均设置了专业学位，新设了气象、文物、应用伦理、数字经济、知识产权、国际事务、密码、医学技术等一批博士或硕士专业学位类别，将法律、应用心理、出版、风景园林、公共卫生、会计、审计等一批专业学位类别调整到博士层次。新版目录有 14 个门类，共有一级学科 117 个，博士专业学位类别 36 个，硕士专业学位类别 31 个。

统计学的学术型一级学科和应用统计专业硕士学位没有变化。

研究生教育学科专业目录	01 哲学		07 理学	
（2022 年）	0101 哲学		0701 数学	
	0151 应用伦理*		0702 物理学	
			0703 化学	
	02 经济学		0704 天文学	
			0705 地理学	
	0201 理论经济学		0706 大气科学	
	0202 应用经济学		0707 海洋科学	
	0251 金融*		0708 地球物理学	
	0252 应用统计*		0709 地质学	
	0253 税务*		0710 生物学	
国务院学位委员会	0254 国际商务*		0711 系统科学	
教　育　部	0255 保险*		0712 科学技术史（可授理学、工学、农学、医学学位）	
	0256 资产评估*		0713 生态学	
二〇二二年九月	0258 数字经济*		0714 统计学（可授理学、经济学学位）	
			0751 气象	

2022 年版研究生教育学科专业目录（2023 年起实施）

资料来源：国务院学位委员会、教育部文件，2022 年 9 月。

（五）统计学博士研究生

1981 年 11 月国务院颁布我国首部学位条例，授予学士、硕士和博士 3 种学术型学位，同时公布首批博士学位授予单位及其学科、专业和指导教师名单。

统计学科的首批博士生导师及其专业有：

统计学：

戴世光　　　　　　中国人民大学

首批博士学位授予单位及其学科、专业和指导教师名单

概率论与数理统计：

江泽培　　　　　　　北京大学

陈希孺、殷涌泉　　　中国科学技术大学

王寿仁　　　　　　　中国科学院应用数学研究所

梁之舜　　　　　　　中山大学

卫生统计学：

郭祖超　　　　　　　第四军医大学

　　我国首批博士点和博士生导师涵盖了经济统计、数理统计和卫生统计3个主要方向。在首批7位博士生导师中，江泽培和梁之舜的主要研究领域是概率论，戴世光、陈希孺、殷涌泉、王寿仁、郭祖超开启了改革开放后统计学科博士生培养的新事业。

　　1978年，"文化大革命"前毕业于中国科学技术大学的赵林城、白志东和毕业于北京大学的苏淳考入中国科学技术大学，跟随陈希孺、殷涌泉教授攻读研究生，1978年入学时没有明确是攻读硕士还是博士学位。1980年，国家准备建立博士学位制度，中国科学技术大学作为试点单位，就从1978年入学的研究生中遴选优秀的学生直接攻读博士学位，由于名额限制，赵林城和白志东二人被选中。1981年，国务院学位委员会批准陈希孺、殷涌泉为首批博士生导师。赵林城的博士学位论文《数理统计的大样本理论》（导师陈希孺）和白志东的博士学位论文《随机变量的独立性及其应用》（导师殷涌泉）被导师和国内同行认为水平已经达到国际博士学位论文的标准。1982年5月，在北京香山兄弟楼隆重举

行赵林城和白志东的博士学位论文答辩会。当时,中国科学技术大学的研究生都在北京。王寿仁担任答辩委员会主席,江泽培、魏宗舒、严士健、成平、张尧庭、陈希孺为答辩委员会委员。吴文俊代表中国科学院参加并讲话。结果,赵林城和白志东顺利通过答辩,答辩会后,大家留下了一张珍贵的合影。

赵林城和白志东博士学位论文答辩会后合影

(前排左起:白志东、江泽培、吴文俊、王寿仁、赵林城;后排左起:严士健、魏宗舒、陈希孺、张尧庭、成平)

苏淳在获得硕士学位后 1981 年又考取陈希孺的博士研究生,苏淳的论文《关于分布函数和极限理论的研究》(答辩委员会委员:王元、王梓坤、江泽培、严士健、王寿仁、成平、陈希孺)在 1983 年 4 月也通过答辩,他们 3 人成为1981 年我国设立博士学位制度后到 1983 年 5 月前首批授予的 18 名博士之中的成员。1983 年 5 月 27 日,国务院学位委员会和北京市人民政府在人民大会堂举行隆重的学位授予仪式,我国自主培养的首批博士自此诞生。

1979 年 9 月,中国人民大学戴世光教授招收了国内第一批经济统计学硕士研究生高余先、朱汉江、章成平,1982 年他们顺利毕业获得经济学硕士学位。1981 年国务院学位委员会批准戴世光成为博士生导师,但他没有立即招生。戴世光后来告诉笔者,获批后的前两年没有招生的原因有二:一是手头的 3 名硕士生还没有毕业,自己要先将这 3 名硕士生培养好;二是自己没有博士学位,而经济统计学的博士培养,需要很强的数理统计基础、经济理论基础和经济统计分析能力,自己只有经济统计分析还可以,轻易招生,如果学生的数理统计和经济理论基础打不好,则培养不出理想的经济统计学博士。这样,一直到他的 3 名硕士毕业两年后,在多方做工作和劝说下,戴世光才同意招收第一批经济统计学博士

研究生。1984 年夏，中国人民大学统计学系应届毕业硕士研究生袁卫、蔡志洲和山西财经学院青年教师任若恩（同等学力）考取了戴世光的博士研究生。[①]

1988 年初，袁卫、任若恩、蔡志洲通过博士学位论文答辩，后经中国人民大学学位委员会审议，3 人于当年 5 月获授博士学位，成为我国首批经济统计学博士。袁卫的论文题目是《辩证唯物主义是应用统计科学方法论的理论基础》，答辩委员会由王寿仁（主席）、黄顺基、李志伟、林富德、周复恭、戴世光组成。任若恩的论文题目是《计量经济学方法论——关于在中国应用的研究》，答辩委员会由王传纶（主席）、厉以宁、贺菊煌、李志伟、戴世光组成。蔡志洲的论文题目是《国民经济核算体系统计资料应用于经济分析研究的方法论》，答辩委员会由崔书香（主席）、林懋美、萧嘉魁、贺菊煌、戴世光组成。

1988 年 1 月戴世光教授和 3 位博士生答辩后合影
（左起：袁卫、任若恩、戴世光、蔡志洲）

20 世纪 70 年代初，第四军医大学的郭祖超教授感到卫生统计学的师资出现严重断层，向当时的第四军医大学领导提出选调一些年轻人充实卫生统计学的师资队伍。1972 年，徐勇勇由部队卫生兵考入第四军医大学护校，1973 年第四军医大学训练部把当时还是学员的徐勇勇调入卫生统计教研室，师从郭祖超。郭祖超发现他虽然年轻稚嫩，基础薄弱，但奋发向上，有着强烈的上进心和一定的自学能力，于是耐心地指导他补习几何、代数等基础知识，学习英语，并派他去外地参加卫生部举办的卫生统计学教师进修班，谆谆叮嘱他要刻苦学习，坚持不懈。徐勇勇去干校劳动时，郭祖超又要求他抓紧一切可利用的时间，坚持业务学习，并指定其翻译一本英文统计学专著，还规定每隔一段时间就要寄回若干译

---

① 有关戴世光招收和培养袁卫、任若恩和蔡志洲首批 3 位博士研究生的情况见李惠、袁卫所著《戴世光学术年谱》（卷五，中国人民大学出版社 2021 年出版）。

文，由郭祖超亲自批改后再寄还给他。就这样，一个肯教，一个愿学，这位学生的水平很快得到了提高。1978年，郭祖超开始招收硕士研究生。1980年，徐勇勇考取了郭祖超的硕士研究生，1983年取得第四军医大学卫生统计学的医学硕士学位后，又获选成为世界卫生组织（WHO）的访问学者，在英国伦敦大学卫生与热带医学院访问学习，并获该校医学统计学的理学硕士学位，同时参加了英国皇家统计学会。徐勇勇回国后，1985年2月继续跟随郭祖超攻读卫生统计学博士学位，于1988年2月成为我国首位卫生统计学博士。

徐勇勇的博士学位论文题目是《线性模型算法体系及其生物医学应用》，答辩委员有：祝绍琪（四川医学院）、史秉璋（上海第二医学院）、龚惠馨（西安医学院）、黄诒焯（西安医学院）、李良寿（第四军医大学）、胡琳（第四军医大学）、卫荣魁（第四军医大学）。

徐勇勇博士学位论文答辩会师生合影
（左起：胡琳、龚惠馨、黄诒焯、史秉璋、祝绍琪、郭祖超、徐勇勇、李良寿、卫荣魁）

从1996—2010年我国统计学科博士学位授予数据看（见表27-12），经济类的"统计学"、数学类的"概率论与数理统计"和医学类的"流行病与卫生统计学"3个二级学科的博士学位授予人数都在稳定增长，"概率论与数理统计"和"流行病与卫生统计学"两个学科的博士学位授予人数增长更快一些，体现了国家对基础学科和生命健康领域高层次人才的需求更加突出。新时代和未来对基础研究高层次人才的需求将会更大，统计学科也理应为大数据时代人工智能等新领域培养高质量的人才。

表 27-12　1996—2010 年授予博士学位统计　　　　　　　　单位：人

年份	统计学	概率论与数理统计	流行病与卫生统计学	合计
1996	16	21	13	50
1997	7	18	16	41
1998	16	18	23	57
1999	21	41	19	81
2000	15	26	22	63
2001	23	39	26	88
2002	29	34	23	86
2003	31	45	32	108
2004	34	61	52	147
2005	39	55	69	163
2006	45	82	59	186
2007	50	97	79	226
2008	63	93	100	256
2009	70	75	100	245
2010	73	135	113	321
合计	532	840	746	2 118

三、统计教材建设

新中国成立后，统计学科经历了两次非学位教育的热潮。第一次是 20 世纪 50 年代，当时国民经济建设需要大量统计从业人员，东北、华北、华东、中南、西南和西北六大行政区的部分综合院校和财经院校招收了大量专修科学生，培训时间长的一至两年，短的仅几个月时间。在高校开展工业、农业、贸易、建筑业各专业统计的培训的同时，还在 1954—1958 年建立了西安统计学校、重庆统计学校、南昌统计学校、上海统计学校、长春统计学校 5 所统计学校，培养各地方统计局统计工作人员。[①]

第二次非学位统计教育的热潮是在改革开放以后的 20 世纪 80 年代。"文化大革命"不仅导致我国国民经济处于崩溃的边缘，而且使国家统计局系统和各业

---

① 见第十九章"新中国成立后统计人才的培养"。

务系统统计学专业人才奇缺，国家除了加快恢复统计高等教育以外，更急需数十万甚至更多的统计业务人员，各种统计业务培训如雨后春笋应运而生。各级广播电视大学、业余大学、函授学校、培训学校等多设有统计专业和统计培训班。

国家统计局还采取多种形式开展统计干部进修和培训，成立统计干部培训中心和中国统计干部电视函授学院（1984 年）。

以中国人民大学为例，从 1978 年复校开始，受国家统计局委托，接连招收几届统计进修生，每年人数从 40 人到 100 人左右不等。从 1980 年开始，在中国人民大学举办省、自治区、直辖市统计局长研究班；在中国人民大学、西安统计学校（1984 年升格为西安统计学院）、四川统计学校举办干部进修班，培训地、市统计局长和省统计局的处长。1984 年，国家统计局在中国人民大学、西安统计学院设统计干部专修科，学制两年，毕业后取得大专学历。专修科主要是培训各单位的青年业务骨干，部分省市统计部门也委托当地院校举办干部进修班或专修班。

举办统计电视函授教育是国家第六个五年计划时期（1980—1985 年）国家统计局干部培训的重点。1983—1984 年，国家统计局在中央电视台先后举办《社会经济统计学原理》《统计数学基础知识》两期电视讲座，以提高统计干部的业务水平。与此同时，中国统计干部电视函授学院采取个人自学、社会助学和国家考试相结合的办法，利用电视、录像、录音等方式授课，学制 3 年，经过成人高等教育自学考试，合格后可以取得大专毕业证书，国家承认学历。各省、自治区、直辖市相继成立统计干部函授学院分院，形成了统计干部培训网络。

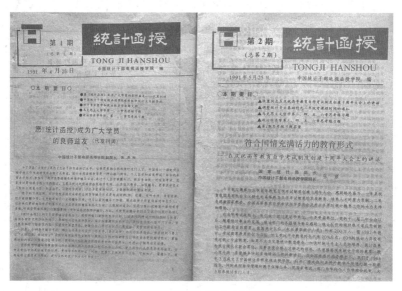

《统计函授》第 1、2 期

1983 年广播电视大学《统计学原理》电视广播讲座准考证

表 27-13 是 1989 年全国成人高等教育统计学专业的设置情况。

表 27-13   1989 年全国成人高等教育统计专业设置情况一览表

序号	学校名称	专业名称
1	中央广播电视大学	统计
2	北京广播电视大学	工业统计
3	北京西城经济科学大学	统计学
4	华北电业联合职工大学	电业企业统计学
5	天津广播电视大学	计划统计
6	天津河北区职工大学	工业统计
7	天津冶金工业局职工大学	工业统计
8	天津电子工业局职工大学	统计学
9	中国轻工管理干部学院	计划统计
10	农村经济管理干部学院	农村统计
11	河北经济管理干部学院	计划统计
12	山西广播电视大学	计划统计
13	山西电力职工大学	计划统计
14	山西煤炭管理干部学院	计划统计
15	辽宁广播电视大学	统计学
16	阜新矿务局职工大学	工业统计
17	国营庆阳化工厂职工大学	计划统计

续表

序号	学校名称	专业名称
18	辽宁经济管理干部学院	计划统计管理
19	吉林广播电视大学	统计学
20	吉林卫生管理干部学院	卫生计划统计
21	黑龙江广播电视大学	统计学
22	哈尔滨市科技职工大学	计划统计
23	黑龙江省物资职工大学	物资计划统计
24	黑龙江林业管理干部学院	财会统计
25	黑龙江省商业职工大学	商业计划统计
26	上海市闸北区业余大学	统计
27	上海教育学院	统计
28	扬州市职工大学	计划统计
29	南京计生管理干部学院	统计
30	浙江广播电视大学	统计学
31	淮南矿务局职工大学	计划统计
32	合肥农村经济管理干部学院	农村财会与统计
33	福建漳州业余大学	统计
34	江西纺织工业职工大学	企营计划统计
35	南昌市工人业余大学	工业统计
36	吉安地区职工大学	计划与统计
37	山东广播电视大学	统计学
38	河南广播电视大学	工业统计
39	长江航运职工大学	计划统计
40	武汉职工财经学院	会计统计审计
41	武汉市职工大学	工业会计统计
42	湖北省计划管理干部学院	统计
43	湖南广播电视大学	统计学
44	湖南省涟源钢铁厂职工大学	工业统计
45	湖南卫生职工医学院	统计
46	湖南经济管理干部学院	统计

续表

序号	学校名称	专业名称
47	湖南商业管理干部学院	统计
48	广西广播电视大学	统计
49	海南广播电视大学	统计
50	四川广播电视大学	统计
51	国营嘉陵机器厂职工大学	工业计划统计
52	成都煤炭管理干部学院	计划统计
53	四川行政财贸管理干部学院	统计学
54	贵州广播电视大学	统计
55	贵州计划管理干部学院	计划统计
56	云南省经济管理干部学院	工业计划统计
57	陕西省广播电视大学	统计学
58	西安广播电视大学	统计
59	甘肃省职工财经学院	统计
60	甘肃煤炭职工大学	计划统计
61	青海广播电视大学	统计

资料来源：国家教委计划建设司、财务司. 中国高等学校大全 [M]. 北京：高等教育出版社，1989.

　　到 20 世纪 90 年代末，我国设有统计学专业的中专学校达 300 余所，有统计学专业的职业高中近 200 所，为国家统计事业培养了大批基层统计人员。

　　大规模的统计进修和培训自然需要大量统计培训教材，特别是《统计学原理》这样的基本统计教材。

（一）改革开放初期（1978—1992 年）

　　学生入学和大规模统计培训首先需要的是教材。1978 年 12 月，国家统计局在四川峨眉召开了全国统计、教学科研规划座谈会（即峨眉会议），针对当时财经类高校统计教材奇缺的情况，确定了"全面规划，统一领导，分工协作，三年完成"的原则，拟定了《统计教材编写和科研工作规划》，并据此制定了 13 种统计教材的编写方案。1979 年 8 月，教育部召开全国高等财经教育工作会议，也制定了高等学校统计教材编写规划，在 13 种教材的基础上又增加了 1 种，共计 14 种（见表 27-14）。这些新编教材的显著变化是工业、农业、商业等部门统计减少了指标的解释，增加了方法的内容。

表 27-14　峨眉会议及全国高等财经教育工作会议规划教材

教材名称	出版社	出版时间（年）
社会经济统计学原理	中国财政经济出版社	1980
工业统计学	中国财政经济出版社	1981
商业统计学	中国人民大学出版社	1981
基本建设统计学	中国财政经济出版社	1982
劳动统计学	中国统计出版社	1982
物资统计学	中国统计出版社	1982
数理统计学	天津人民出版社	1983
经济数学方法与模型	中国财政经济出版社	1982
资本主义国家经济统计	上海人民出版社	1983
用 DJS-6 机算法语言编写统计汇总程序入门	中国财政经济出版社	1980
农业统计学	农业出版社	1981
人口统计学	中国人民大学出版社	1981
国民经济综合平衡统计学	中国财政经济出版社	1982
社会经济统计学原理教科书	中国统计出版社	1984

1979 年 5 月，在教材规划制定之前，中国人民大学统计系以 1959 年编写的《统计学讲义》为基础，编写了 1979 年版的《统计学讲义》，该书共 29 章。

1979 年版《统计学讲义》（中国人民大学）

该书主要内容（包括引用的资料）基本未变，仅在统计学原理部分增加了"抽样法"一章，这部分内容选自厦门大学经济系计划统计教研室1975年编写的《统计基本理论》一书。

根据峨眉会议的建议，厦门大学、四川财经学院、上海财经学院、天津财经学院、辽宁财经学院等单位编写了《社会经济统计学原理》（中国财政经济出版社，1980），尽可能吸收数理统计学中可供社会经济现象运用的方法，增加了抽样调查等内容。

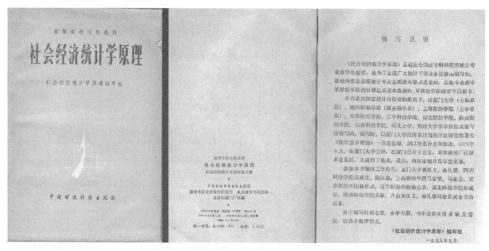

1980 年出版的《社会经济统计学原理》

1981 年 10 月，《工业统计学》由中国财政经济出版社出版。此书是在国家统计局的组织领导下，由全国 13 所高等院校集体编写的。同期，中国人民大学出版社出版了《商业统计学》，编写组成员有崔之庆、宋锦剑、崔世爽、韩嘉骏、翁礼馨、李惠村、陈善林、叶长法等。

1981 年 7 月，厦门大学钱伯海教授所著《统计学原理与工业统计学》一书由黑龙江人民出版社出版，它是财经院校非统计学专业的统计教材。

1982 年 8 月，钱伯海教授所著《国民经济综合平衡统计学》由中国财政经济出版社出版。该书吸收了国外先进经验，加强了国民经济综合平衡理论和方法的研究，是为高等学校开设国民经济综合平衡课程而编写的试用教材。

1981 年 11 月，"现代数学基础丛书"之一、陈希孺院士所著《数理统计引论》由科学出版社出版。它是为数理统计和概率论的青年研究工作者及大学数理统计教师、研究生和高年级学生所著。该书的宗旨在于用严格的数学语言，对数理统计学的基础做一个较为详细和较能反映本学科现代面貌的介绍。

1982 年 6 月，科学出版社又出版了另一部"现代数学基础丛书"，即张尧庭、

方开泰所著的《多元统计分析引论》。在 20 世纪 80 年代初期，系统介绍多元统计分析方法的著作极少，理论与实际应用并重的书几乎没有，该书的出版弥补了这一不足。

陈希孺的《数理统计引论》（1981）和张尧庭、方开泰的
《多元统计分析引论》（1982）

按照峨眉会议的精神，1979 年国家统计局的教材规划确定编写一本《数理统计学》，并委托湖北财经学院李茂年、周兆麟主编。该书于 1983 年 6 月由天津人民出版社出版，书中介绍了概率论和数理统计学的基本概念和方法。

1984 年 5 月，中国统计出版社出版了《社会经济统计学原理教科书》。在我国统计教材的编写史上，没有任何一本教材能像这本书那样动员了 20 余所高校、30 余位专家学者，历经数年集体编写。该教材持续使用 20 余年，印刷 17 次，印数达 28 万余册。这本教材培训了我国数十万统计工作者，也见证了改革开放后统计教育、科研事业的变革和发展。

这本书是峨眉会议确定编写的，要求是：根据我国统计工作的实践经验，借鉴外国适合我国需要的统计方法、理论，在厦门大学等校 1980 年新编教材《社会经济统计学原理》的基础上有所提高。该书在体系、内容等方面做了一些新的探索，尽可能吸收了数理统计学中可供社会经济统计运用的方法，并力图使理论与实践密切联系。该书由中国人民大学主编，天津财经学院、北京经济学院、四川财经学院副主编，厦门大学主审。编写组组长为杨曾武、郑尧，组员有陈允明、莫曰达、徐前、高成庄、黄良文、傅春生。

《社会经济统计学原理教科书》1983 年杭州会议代表合影

（前排左起：傅春生、徐前、黄良文、莫曰达、杨曾武、郑尧、高成庄、马家善、姚志学、杨恩瑜；中排左起：袁卫、马永淑、季敏华、杨遵庆、吴彬、林青、王连香、彭慧忠、胡健颖、车诚定；后排左起：陈炳林、曹毓侯、栗方忠、马景江、潘超霖、董秀翰、纪曾曦、吴敏、木柱、佚名）

戴世光主编的《世界经济
统计概论》（1987）

《社会经济统计学原理教科书》共 14 章，分别为：第一章，总论（杨曾武、郑尧、莫曰达）；第二章，统计设计（徐前）；第三章，统计调查（莫曰达）；第四章，统计整理（杨恩瑜）；第五章，总量指标和相对指标（马永淑）；第六章，平均指标（杨宏义）；第七章，标志变异指标（杨宏义）；第八章，时间数列（马富泉、陈汉章）；第九章，统计指数（高成庄）；第十章，平衡法（刘洪熙、庞皓）；第十一章，抽样法（黄良文）；第十二章，相关关系分析（姚志学）；第十三章，统计预测法（杨曾武）；第十四章，统计工作的管理体制和建国以来统计工作的回顾（莫曰达）。

1987 年 4 月，人民出版社出版了中国人民大学戴世光主编的《世界经济统计概论》。这本教材系统介绍了国外经济统计的指标和计算方法，推动了我国国民经济统计的改革和发展。

同一时期出版的统计学教材还有：袁寿庄主编的《社会经济统计学概要》（1987）；袁方主编的《社会统计学》（1988）；黄良文编写的《统计学原理问题研究》（1988）；于涛主编的《社会经济统计学原理》（1992）；等等。

在 20 世纪 80 年代初期，翻译和引进的几本教材对"文化大革命"后的统计专业学生了解现代统计学的学科体系和主要内容起了十分重要的作用，如影印的胡孝绳 1976 年再版的《统计学》（1980）；颜金锐翻译的日本山根太郎 1978 年 8 月所著的《统计学》（福建人民出版社，1983）；戴世光、林懋美①、周复恭等翻译的美国梅森（R. D. Mason）所著《工商业和经济学中应用的统计方法》（中国人民大学出版社，1984）；闵庆全、崔书香、萧嘉魁翻译的《国民经济核算体系》（中国财政经济出版社，1982），该书的翻译出版对我国国民经济核算体系的改革起了积极的推动作用；张尧庭和吴辉翻译的美国科克伦（W. G. Cochran）所著《抽样技术》（1985），该书的出版对我国统计抽样调查的理论、教学和实践起到了积极的推动作用。

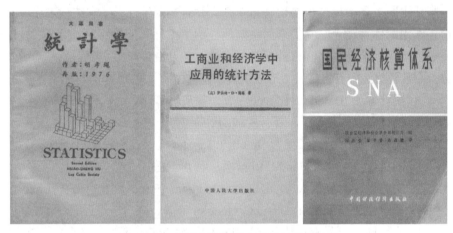

20 世纪 80 年代初期翻译和引进的几本教材

（二）追赶国际先进水平时期（1993—2000 年）

1988 年，全国统计教材编审委员会成立，承担起了制定规划、组织编写、出版、评奖及推荐使用优秀教材的工作。根据"八五"规划的要求，这一时期统计教材建设工作遵循"先编写教学大纲，后编写教材"的原则，通过教学大纲，明确界定统计专业各主要专业课程的教学目的、教学要求和基本内容，从而达到统计教学内容和统计人才培养目标的规范化。同时，教学大纲也可成为评价统计教材质量高低和进行统计教学质量评估的重要依据。

1993 年 7 月，全国统计教材编审委员会在青岛召开全体会议，确定要编写与大纲相配套的 13 本本科教材，作为"八五"规划教材。这批教材在 1995—

———————————

① 书中前言为林茂美。林懋美为"文化大革命"前用名，之后常用林茂美，本书中统一用林懋美这一名字。

1998 年由中国统计出版社陆续出版。

1995 年 7 月，编审委员会在青海省西宁市召开第四次全体会议，会上制定了"九五"规划教材及"九五"国家级重点高等院校统计学专业教材的编写和出版规划。

为了把国外最好的统计教材直接引入我国，以促进国内统计教学和教材水平的提高，从 1993 年起，国家统计局聘请了芝加哥大学商学院刁锦寰教授、密歇根大学统计学系吴建福教授、美国农业部统计处主任胡善庆教授、香港城市理工学院统计学系陈乃九教授等担任全国统计教材编审委员会顾问，进而拓宽了了解国外统计教材信息的渠道。同时，编审委员会还筹备组织国内专家学者从事一整套的"现代外国统计学优秀著作译丛"翻译出版工作。这套 15 本教材（中国统计出版社出版）是一批理论密切联系实际，并对我国统计教学和统计工作具有较强指导作用的优秀译著。它们全面系统地介绍了国外统计学的发展情况，较好地反映了当代国际统计科研和统计教育的主流，涉及统计学最主要、最基本的学科领域，而且教材之间有机结合，形成了一个完整体系。这 15 本教材如下：

（1）《统计学》，David Freedman 等著，魏宗舒等译。

（2）《抽样调查》，L. Kish 著，倪加勋等译。

（3）《调查中的非抽样误差》，Judith T. Lessler 等著，金勇进等译。

（4）《随机过程》，Sheldon M. Ross 著，何声武等译。

（5）《实验设计与分析》，Douglas C. Montgomery 著，汪仁官等译。

（6）《探索性数据分析》，David C. Hoaglin 等著，陈忠琏等译。

（7）《非线性回归分析及其应用》，Douglas M. Bates 等著，韦博成等译。

（8）《应用线性回归》，S. Weisberg 著，王静龙等译。

（9）《寿命数据中的统计模型与方法》，J. F. Lawless 著，茆诗松等译。

（10）《生存数据分析的统计方法》，Elisa T. Lee 著，陈家鼎等译。

（11）《金融与经济周期预测》，Michael P. Niemira 等著，邱东等译。

（12）《统计决策论及贝叶斯分析》，James O. Berger 著，贾乃光译。

（13）《离散多元分析：理论与实践》，Yvonne M. M. Bishop 等著，张尧庭译。

（14）《时间序列分析：预测与控制》，George E. P. Box 等著，顾岚等译。

（15）《方差估计引论》，Kirk M. Wolter 著，王吉利等译。

在组织翻译的同时，全国统计教材编审委员会还组织引进了一批外国优秀统计学图书，由中国统计出版社影印出版，作为学生的专业英语教材，以此鼓励学生直接阅读原著，提高专业英语水平。

经过改革开放后十余年的全国统一教材编写过程，我国财经类统计学专业和理学类数理统计专业的基本教材已经成形配套，加之各大学和出版社不断推出各自的

统计学教材系列，在 20 世纪末 21 世纪初，统计基本教材进入百花齐放的新阶段。

（三）结合我国实际编写统计教材时期（2000 年以后）

经历了 20 世纪 80 年代改革开放初期教材紧缺，90 年代引进翻译国外优秀教材的阶段后，从 21 世纪开始，我国的统计教材进入编辑出版的高峰时期。由于统计招生人数不断增加，用书需求大，特别是一些院校将新编教材当作考核目标，各种类型的统计教材层出不穷，但也出现了一些东拼西凑、粗制滥造的教材。

为支持和鼓励编写出高质量的教材，教育部、各省份以及出版部门设立精品教材出版计划，并定期评选各类精品教材。2021 年，教育部启动了"首届全国教材建设奖"，统计学类获奖教材如表 27-15 所示。

在 12 本获奖教材中，9 本属于高等教育类，3 本属于职业教育与继续教育类。华东师范大学茆诗松、程依明、濮晓龙编写的《概率论与数理统计教程》（第三版）获得高等教育类一等奖。这本教材是全国高校数学类专业和统计学专业的专业基础课程用书，2004 年第 1 版，累计印数为 21 万册；2011 年第 2 版，累计印数为 38 万册，2019 年第 3 版，至 2020 年已印 9 万册。该书先后被复旦大学、吉林大学、中国人民大学、北京理工大学等百余所高校使用。教师普遍反映该书选材合理，特色鲜明，理论和应用并重，配备了大量来自各应用领域的实例，是国内概率论与数理统计课程的优秀教材。

另外一本在全国高校经济学类和统计学类专业广泛使用的是中国人民大学贾俊平、何晓群、金勇进编写的《统计学》（第 7 版）。这本教材通俗易懂，有大量实际应用案例，软件使用上统一升级为 Excel 2013 和 SPSS 19.0（中文版）两款软件。全国共有 700 多所院校使用这本教材，累计印数近 200 万册。

茆诗松等的《概率论与数理统计教程》（第三版）和贾俊平等的《统计学》（第 7 版）

表27-15 "首届全国教材建设奖"统计学类获奖教材

序号	获奖教材	各册对应版次	各册标准书号	主要适用范围	主要编者	国内主要编者所在单位	出版单位	年份	类别	奖项等级
1	概率论与数理统计教程（第三版）	第3版	978-7-04-051148-2	本科生	茆诗松、程依明、濮晓龙	华东师范大学	高等教育出版社	2021	高等教育类	一等奖
2	机器学习	第1版	978-7-302-42328-7	本科生	周志华	南京大学	清华大学出版社	2021	高等教育类	一等奖
3	寿险精算（第三版）	第3版	978-7-5504-2848-5	本科生	卓志	西南财经大学	西南财经大学出版社	2021	高等教育类	二等奖
4	现代心理与教育统计学（第5版）	第5版	978-7-303-25426-2	本科生	张厚粲、徐建平	北京师范大学	北京师范大学出版社	2021	高等教育类	二等奖
5	应用回归分析	第1版	978-7-03-039375-3	本科生	唐年胜、李会琼	云南大学	科学出版社	2021	高等教育类	二等奖
6	统计学（第7版）	第7版	978-7-300-25351-0	本科生	贾俊平、何晓群、金勇进	中国人民大学	中国人民大学出版社	2021	高等教育类	二等奖
7	人工智能导论（第5版）	第5版	978-7-04-055153-2	本科生	王万良	浙江工业大学	高等教育出版社	2021	高等教育类	二等奖

续表

序号	获奖教材	各册对应版次	各册标准书号	主要适用范围	主要编者	国内主要编者所在单位	出版单位	年份	类别	奖项等级
8	人工智能（第3版）	第3版	978-7-302-51198-4	本科生	费可荣，张彦铎	海军工程大学，武汉工程大学	清华大学出版社	2021	高等教育类	二等奖
9	概率极限理论基础（第二版）	第2版	978-7-04-042762-2	研究生	林正炎，陆传荣，苏中根	浙江大学	高等教育出版社	2021	高等教育类	二等奖
10	应用统计学（第1版）	第1版	978-7-5636-5028-6	继教	主编：刘素荣 副主编：霍江林，阳顺英	中国石油大学（华东），西南科技大学	中国石油大学出版社	2021	职业教育与继续教育类	一等奖
11	新编统计基础（第七版）	第7版	978-7-5685-1668-6	高职	主编：刘雅漫，张艳丽 副主编：耿一丁，周光，潘申石，张红星	盘锦职业技术学院，辽河油田勘探开发研究院，滁州职业技术学院，山西财贸职业技术学院	大连理工大学出版社	2021	职业教育与继续教育类	二等奖
12	统计学基础（第五版）	第5版	978-7-300-27764-6	继教	主编：贾俊平	中国人民大学	中国人民大学出版社	2021	职业教育与继续教育类	二等奖

（四）非统计学专业教材

统计学专业教材强调扎实的数学基础和统计方法基础。概率论、数理统计、回归分析、时间序列、抽样、多元分析、试验设计、非参数统计等都是统计学专业不同的课程，因而也就需要相应的教材。统计学专业教材强调逻辑性、严谨性、科学性及系统性，也需要必要的推导和证明，以便学生打下扎实的基础和进行必要的训练。作为统计学专业学生，除了要熟练使用统计应用软件（如 SPSS、Excel 等）以外，还要学习掌握专业软件（如 SAS、S-PLUS、R 等）。

非统计学专业教材是统计学专业以外其他专业（如经济学、管理学、社会学、人口学、教育学、法学、物理学、生物学、医学等）所使用的应用统计教材，强调的是应用背景、应用条件、统计思想和科学解释等，特别是和计算机相结合。应用统计学教材一般都有比较强的针对性，通常将多种方法综合在一本教材之中，且回避了方法的证明和过程的推导，辅之以大量的应用案例，使读者能够学会正确应用统计方法解决本专业领域的数量分析及数据处理的问题。表27-16 是 1986 年非统计学专业开设的统计课程名称。

表 27-16　1986 年非统计学专业统计课程设置情况

学科	专业名称	课程名称
工科	地质矿产勘察	地质统计理论和方法
	地球化学探矿	地球化学数据统计分析
	石油工业经济与管理工程	统计学
	冶金工业经济与管理工程	统计学
	机械工业经济与管理	应用统计学
	电波传播	数理统计
	肉食品卫生检验	生物统计及试验设计
	纺织材料	概率论及数理统计
	纺织工业经济与管理工程	概率论与数理统计
	陆地水文	概率论与数理统计
	建筑工业经济与管理	应用统计学
	铁道运输经济与管理	统计学原理　铁路统计
	海洋运输业务	海运计划及统计分析
	交通运输管理工程	统计
	邮政管理	邮电统计学
	邮电管理工程	邮电统计学

续表

学科	专业名称	课程名称
农科	农学	田间试验与统计方法
	热带作物栽培	试验设计及统计分析
	作物遗传育种	田间试验与统计分析
	蔬菜	生物统计学
	园艺	生物统计
	热带园艺	试验设计与统计分析
	植物保护	生物统计及田间设计
	热带植物保护	试验设计及统计分析
	土壤和农业化学	肥料试验与统计方法
	农药化肥	农药化肥试验与统计
	药用植物栽培	生物统计学
	农业生态	概率论和数理统计
	农业气象	数理统计　气候统计
	烟草	田间设计及统计方法
	蚕学	生物统计
	养蜂	生物统计附试验设计
	土地利用与管理	数理统计
	兽医	医学统计学与试验设计
	农业经济管理	数理统计　统计学原理与农业统计学
	海洋捕捞	概率与统计
	渔业资源	生物统计学
林科	林学	数理统计
	林业经济管理	数理统计　林业统计
	野生动物	生物统计学
	防护林	数理统计
	森林保护	数理统计

续表

学科	专业名称	课程名称
医药	卫生管理	卫生统计学
	卫生检验	卫生统计学
	放射医学	卫生统计学
	卫生学	卫生统计学
	环境医学	环境统计学
	中药	数理统计
师范	教育管理	教育测量与统计学
	教育心理学	教育与心理统计学
	数学	概率统计计算方法　概率统计
	计算机科学	概率统计
	体育	体育统计
文史	政治学	社会调查和社会统计
	社会学	社会统计学
	人口学	统计学　人口统计学
	科技情报	概率与统计
理科	数学	概率统计
	应用数学	概率统计
	计算机科学	概率统计
	信息科学	概率统计
	数学地质	概率论与数理统计
	地球化学	概率统计
	气候学（天气动力学）	概率论与数理统计　气候统计
	气象学	统计与统计预报
	陆地水文学	数理统计
	海洋物理学	概率论和数理统计
	海洋气象学	概率统计
	海洋生物学	生物统计学
	海洋地质地球物理	概率论与数理统计方法
	生物化学	概率与统计

续表

学科	专业名称	课程名称
理科	人体及动物生理学	生物统计
	遗传学	生物统计学
	心理学	心理统计
体育	武术	体育统计
	冰上运动	体育统计学
	体育管理学	体育统计学

　　资料来源：国家教委学生管理司、计划财务司. 全国普通高等学校专业设置及毕业生使用方向介绍[M]. 北京：高等教育出版社，1986.

　　通过对全国理、工、农、医、人文社会科学各类本科生培养方案的研究，我们发现大约40%的在校本科学生在大学期间至少学习1门统计课程。现在，我国普通本科高校在校生有2 000多万人，按40%计算，约800万大学生学习统计学，因而，非统计学专业的统计教育和教材问题是统计学科或统计教育的基本问题之一。

四、统计人才培养模式（含院系设置）的改革与探索

　　从20世纪70年代末开始，改革开放的大潮席卷了国民经济和社会发展的各个领域，统计人才的需求与日俱增。传统财经类院校的人才培养已经不能满足复杂数据分析的需要，既有较为扎实的数学基础和数据分析能力，又有较强的外语和交往能力的毕业生成为各级政府统计部门和综合分析部门的用人目标。国家经济管理综合部门、教育主管部门和部分高等学校开始对统计人才培养模式进行改革与探索。

　　1984年对于我国统计学科来说是开启新时代的一年。

（一）中国人民大学成立计划统计学院

　　经济类统计学科在改革开放之初基本延续"文化大革命"以前的设置，以计划统计系居多，比如1977年、1978年首先开始恢复招生的中国人民大学、厦门大学、山西财经学院、辽宁财经学院、湖北财经学院等都是计划统计系，上海财经学院和四川财经学院复校时是统计学系，但四川财经学院统计学系1988年又合并为计划统计系。天津财经学院的统计学科1977年恢复时设在工业管理系。之所以大多数统计学专业列在计划统计系中，是因为当时在计划经济体制下，财经类的统计学专业明确为是为制订国民经济计划服务的，国家的统计部门（各级

统计局）也是设在计划委员会之中的。

中国人民大学在 1984 年组建了计划统计学院，于 1985 年下设计划经济学系和统计学系，统计学科开始脱离计划学科而独立。

计划统计学院的设置起始于中国人民大学 1977 年复校后国家对计划、统计、物价等人才的大量需求，而中国人民大学复校后教学设施和教师队伍都不能满足大量招生的需求。早在 1980 年 7 月，中国人民大学就与国家计委、国家统计局和国家物价总局形成共识，在中国人民大学成立计划统计学院，三家筹措经费 600 万元支持中国人民大学盖计划统计学院大楼，以扩大计划、统计和物价专业的招生和人员培训。

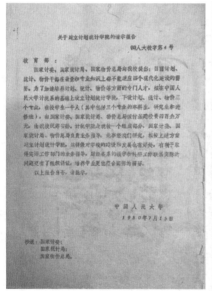 

1980 年 7 月中国人民大学给教育部的报告及教育部致国家计委、国家统计局和国家物价总局的函

教育部函同意"在中国人民大学计划统计系的基础上设立计划统计学院，暂设计划、统计、物价等专业，在校学生规模一千人，学制四年。该院仍归中国人民大学统一领导，请国家计委、国家物价总局、国家统计局负责业务指导。建立学院所需基建经费 600 万元，请国家计委、国家物价总局、国家统计局负责解决。"

但教育部 1980 年回复的文件并没有立即实施，原因是学校设立学院是个新事物，对校内管理体制等问题还没有弄清楚。校内外早已传开设立计划统计学院的事情，计划统计系 1983 年 3 月 18 日向学校提交报告，希望尽快宣布学院的成立。谢韬副校长 3 月 29 日批示："成立计划统计学院，原则上我赞成，但

一些具体问题还要统一考虑一下：1. 学校体制；2. 院系关系；3. 干部与教学力量安排；4. 经费管理；5. 招生与分配渠道等。建议为此召开一次专门会议讨论一下。"4 月 15 日校长办公会经过讨论通过，决定"现可挂牌、刻章、正式宣布成立"，并下发了《关于成立计划统计学院的实施方案》。

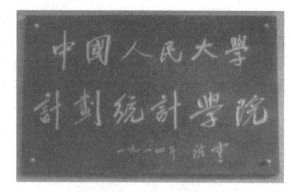

陈云题词的"计划统计学院"

中国人民大学计划统计学院是综合性大学中最早成立的学院之一。在学院的框架下，统计与计划各自独立，改变了长期以来统计服务于计划，统计学科比计划学科矮一头的状况。再往后，我国的经济体制从计划经济过渡到社会主义市场经济，"国民经济计划"专业也随之更名为"国民经济学"和"国民经济管理"专业。

1998 年教育部普通高等学校本科专业目录将统计学上升为"统计学类"，极大地提高了统计学界办学的积极性。21 世纪以来，社会对统计学专业的毕业生需求与日俱增，独立于理学院、经济学院的统计学院开始涌现。

综合性大学中的第一个统计学院是中国人民大学统计学院。2003 年 7 月中国人民大学签发了《关于成立统计学院的决定》；2004 年 5 月 8 日，中国人民大学召开成立大会，并举办 2004 年度统计科学论坛，全国人大常委会副委员长蒋正华出席大会并对中国统计学科的发展寄予厚望。

中国人民大学成立统计学院的文件　　　　**2004 年 5 月 8 日统计学院成立大会会场**

中国人民大学统计学院的成立在全国高校和统计学界产生了重大影响，随后几年，高校中统计学院不断涌现，特别是 2011 年国务院学位委员会新的研究生专业目录中统计学上升为一级学科后，统计学院更是遍地开花。截至 2021 年 12 月底，在 60 所统计学一级学科博士学位授权单位中有 39 所设在统计学院（或数学与统计学院、统计与数学学院），12 所设在数学学院（或理学院），5 所设在数据科学学院（或数据学院、大数据学院），3 所设在经济学院，1 所设在管理学院。统计学院（或数学与统计学院、统计与数学学院）在这些博士学位授权高校中已占大多数。

（二）上海财经学院开办现代应用统计专业研究生班

1983 年，国家统计局局长李成瑞在多次出国访问和参加国际统计学术会议后，采纳了国外统计学家，特别是华裔统计学家关于改革统计教育与调整统计工作人员知识结构的建议。国家统计局决定在上海财经学院开办现代应用统计专业，除本科生外，还招收研究生班，培养高层次人才。研究生班学生毕业后作为业务骨干分配到国家统计局和有关高校充实师资。

上海财经学院经主管部门财政部批准，在 1984 年初设立了直属的现代应用统计研究室，由黄树颜[①]教授任主任，并决定当年在全国范围内正式招生。1984 年秋上海财经学院迎来了第一届研究生班，这是中国第一届现代应用统计（校内简称"西统"，即"西方统计"）专业研究生。

黄树颜在其文章[②]中回忆道：

> 1980 年我专业归队，从上海海运学院调到上海财经学院（现上海财经大学），由教英语改教数理统计。报到当天，姚耐院长同我谈话，话题从数理统计到数量经济，从教学到科研，真是相见恨晚。我很高兴，高兴的是我从美国留学回国 30 年，今天才找对了地方！因为我知道，最早敢于用数学方法研究经济问题的是上海财经学院第一任院长孙冶方；现在姚院长又如此积极主张加强数理统计学和发展数量经济学，使我受到极大鼓舞。

① 黄树颜（1920—2023），1945 年西南联大经济系毕业，后至美国华盛顿大学、爱达荷大学求学，1949 年获硕士学位。回国后进华北大学政治研究所，曾任东北统计局研究员，后任上海财经大学教授、现代应用统计研究室主任，兼中国数量经济学会高校分会顾问，上海数量经济学会副理事长，国际统计学会、美国评估学会会员，《经济数学》执行副主编，发表了《时间序列修匀的时差及其估计》等经济数学、抽样理论方面的论文。

② 黄树颜. 数量经济学专业的创建 [M]// 振兴路 奉献歌：上海财经大学老同志回忆录. 上海：上海财经大学出版社，2007：146-148.

进校后，我为师生开讲数理统计课程，并招收硕士研究生。因受极左思潮的影响，财经院校一直视数理统计为"禁区"，而综合性大学将数理统计教学归在数学系内，偏重理论。随着改革开放的发展，我开始思考如何在传统的经济统计教育中加强数理统计和计量经济学的训练，培养现代应用统计专业人才。

国家统计局对统计教育改革和创新大力支持，专门拨款 224 万元给上海财经学院，这笔巨款是国家统计局史无前例的直接教育拨款。虽然这笔拨款后来由财政部部属院校统一使用，但学校将研究生班列入"世界银行贷款项目"接受资助。

我们办这个新专业的理念是既要扩大国际视野，又要充分考虑和尊重中国的历史和现实。改革不能是欧美大学的翻版，但又必须突破计划经济下财经院校职业培训的桎梏，要有现代教育的印记，要有时代精神。

遵循这一理念，我们作了一系列调研，广泛接触了国际一流的统计专家、教授，中央和地方的政府官员以及中科院、国内著名综合性大学和兄弟财经院校的同行，听取他们的建议。在此基础上，我们结合国家统计局近期与中期要求，制定了一套既符合国内实际需要，又能与国际接轨的培养高层次人才的教学计划，并在实践过程中不断加以改进调整。与此同时，我们改进了招生，研究生招生主要面向理工科毕业生，本科直接改为理科招生。

第一届研究生班的核心课程讲授聘请了国内外在该领域最负盛名的学者担任，例如："抽样调查与技术"课程分别由美国密歇根大学基什 (Leslie Kish) 教授和中科院冯士雍研究员担任；"时间序列分析"课程分别由芝加哥大学习锦襄教授和北京大学谢衷洁教授担任；"多元统计分析"课程由武汉大学张尧庭教授担任。此外还开设了外教授课的西方经济学和计量经济学。由于加强了英语口语教育，学生很快就能听懂会说，可以直接同外国教授和来访学者交流。首届研究生班学生 1987 年 1 月顺利毕业，通过论文答辩获得了硕士学位，走向国家统计局和高等院校的工作岗位。

上海财经大学 1984 级现代应用统计专业研究生班课程设置和授课教师如下：

1984 年 8 月正式入学前英语口语培训一个月（教师赵荣鑫）
第一学期（1984 年秋季）
　　英语　Robert Stern
　　微观经济学　Kent Shen

        资本论（上）　刘秉芸

第二学期（1985 年春季）

        英语　Robert Stern

        宏观经济学　Thomas

        概率论　张福宝

        哲学　全丛熹

        资本论（下）　刘秉芸

第三学期（1985 年秋季）

        数理统计　梁文沛

        抽样技术　冯士雍

        抽样调查　Leslie Kish

        时间序列分析　刁锦寰

        程序设计语言　潘翺

第四学期（1986 年春季）

        多元统计分析　张尧庭

        经济统计学　郑菊生

        随机过程　谢衷洁

        计量经济学　Albert Margolis

        线性模型　何迎晖

第五学期（1986 年秋季）　硕士论文

    上海财经学院现代应用统计专业硕士项目，共 24 名毕业生，1987 年初毕业时有 10 人分配到国家统计局，多数人分配到高校任教，后陆续有 14 人出国，其中 12 位获得美国和英国大学的博士学位，他们在高等教育、金融、保险、医药、统计软件等领域取得了突出成就。分配到国家统计局的 10 人中，两人出国，许宪春、郑京平、鲜祖德和李晓超先后担任国家统计局副局长，其他几位也都成为各部门的骨干。

    2024 年 8 月 10 日在入学 40 周年时，分布在全球 6 个时区的 18 位同学在线上参加了首届西统研究生班入学 40 周年纪念活动。回顾上海财经学院的现代应用统计专业硕士项目，其人才培养有以下特点：

    一是两年半的培养方案超前，课程设计合理，特别强调 3 个基础，即英语、经济学和数理统计的基础，为学生未来施展才能打下坚实的基础。龚肖宁回忆道："我由衷地感谢上财，它将我从探索人生的此岸推向了多姿多彩的职业生涯彼岸。上财两年半的学习和生活，也成为了我一生中最美好的回忆之一。无论是

1986 年 7 月现代应用统计专业研究生班毕业照

（前排左起：张勇、龚肖宁、王勤、田稷生、吴忠民、姜国麟、刘晓越、王晓珉；中排左起：史明高、鲜祖德、潘建成、钱家和、罗建国、梅建平、涂勇、陈芳；后排左起：李鸣、李晓超、许宪春、费虎臣、陆晓华、郭凡兵、曹健、郑京平）

在国家统计局还是在国际组织中历练，上财所赋予我的教育和技能都有助于我在工作岗位上游刃有余，不断成长。如果说这 38 年来，我为推动世界特别是发展中国家的统计能力建设做出了一点贡献的话，那所有的一切都应该归功于我的母校——上海财经大学！"许宪春说："如果说，在我的职业生涯中还取得了一些成绩的话，这与我在上财现代应用统计研究室接受的研究生教育有十分密切的关系。""这个班的课程设计为我们打下了两个基础：一是经济学的基础，既有马克思《资本论》的扎实功底，也学习了西方经济理论，包括宏观与微观经济学。二是数理统计课程不仅强调理论和方法，更重视应用。这些基础和能力的培养为我们这批人到国家统计局工作打下了很好的基础。"

二是师资队伍强大，汇集了中外相关领域的专家和名师，如时间序列专家刁锦寰和谢衷杰，多元统计专家张尧庭，抽样理论专家基什和冯士雍等。美国 SAS 公司首席系统工程师曹健回忆道："我们当初还有一个特点是讲座特别多，像克莱因（Lawrence Klein）、陈希孺、陈乃九、吴建福等都来过，像陈乃九讲了好几天，有关质量控制。""40 年前入读上财西统，好比选对了一只'成长股'加'绩优股'，不但学校声名鹊起，统计学也犹如早上八九点钟的太阳，蒸蒸日上。梅贻琦说，所谓大学者，非谓有大楼之谓也，有大师之谓也。这句名言就是我对 40 年前在上财读研的感受。"

1985 年诺贝尔经济学奖获得者克莱因讲学后与师生合影

（左起：潘建成、龚肖宁、吴忠民、克莱因、曹健、费虎臣、克莱因夫人、黄树颜、余澄杨）

三是有项目负责人黄树颜的组织和协调，邀请名家讲座，开阔了学生的眼界。黄树颜不仅教书，而且育人，是学生的良师益友。"黄树颜先生是我们这个专业，以及我国的计量经济学科的开创者。先生远去，遗爱人间，令人感动，为我们树立了向善的榜样。回想先生传道、授业、解惑，带领我们进入科学研究之门，终身受益，我们全体学子更有责任将这种大爱代代相传，使之长长久久。"钱家和回忆说。

（三）中国科学院应用统计硕士研究生班

1984 年，中国统计学会副会长、中国科学院应用数学研究所副所长王寿仁与当时的新任国家统计局局长张塞商定，为满足国家统计局系统改革开放新要求，加强国家统计局干部队伍的统计分析能力，由国家统计局提供培训费用，培养一批具有扎实数理统计基础、胜任统计分析和国际交流的高层次人才，毕业后进入国家统计局工作。

1985 年硕士研究生班面对全国高校和社会招生，报考人数约 120 人，经过中国科学院应用数学研究所严格考试，正式录取 15 人为国家统计局应用统计硕士研究生班学生。这 15 人分别是：清华大学胡宇平、白康；北京大学林京兴；中国人民大学李磊、郭琦；北京理工大学张宏性、程学斌、温勇；北京师范大学于绪宝；南开大学刘金钟；中国科学院应用数学研究所李杰；山东海洋学院梁兵；福建省统计局陈志良；国家统计局王国明、李学增。

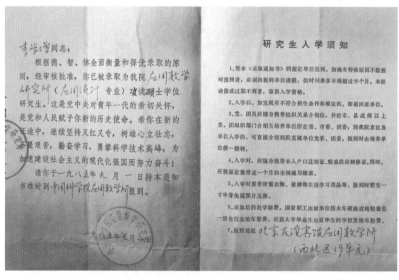

李学增 1985 年的研究生入学通知书

除了国家统计局硕士研究生班正式录取的 15 人外，不少高校得知要办这个高层次应用统计硕士研究生班，纷纷请求中国科学院应用数学研究所帮助培养骨干教师，中国人民大学、云南大学、山东海洋学院、上海海运学院等都选派了进修教师或委培研究生来学习。

该班学制三年：第一年是基础课，主要是外语，除英语外还修了日语。第二年是专业课，主修数理统计、多元分析、抽样技术等。第三年学习经济学、统计学课程后撰写毕业论文。学生的毕业论文经答辩都通过了。课程安排具体如下：

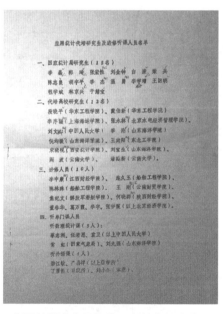

**中国科学院应用数学研究所应用统计班
听课人员名单（1985—1987 年）**

第一学期　基础课
　　　　　自然辩证法　京工老师
　　　　　英语　京工老师
　　　　　概率论　马志明
　　　　　数理统计（一）　陈兆国
　　　　　抽样技术　范剑青

　　回归分析　安鸿志
第二学期　专业课
　　英语　京工老师
　　数理统计（二）　陈兆国
　　高等统计　牛旭峰
　　回归分析　安鸿志
　　应用时间序列分析　杜金观
　　应用多元统计分析　方开泰
第三学期　专业课
　　经济数学　王寿仁
　　经济控制论　潘一民
　　统计计算软件　吴国富
第四学期　论文

　　经过三年的严格训练，大家打下了扎实的底子，都顺利毕业。学习期间，陈志良、程学斌、于绪宝、张宏性加入了中国共产党。这四位同学后来都成长为司厅级领导干部。当时的分配方案是：

　　平衡司　李杰
　　城调队　程学斌
　　计算中心　于绪宝
　　农调队　白康　林京兴
　　粮农中心　王国明　刘金钟
　　教育中心　郭琦　梁兵
　　咨询中心　胡宇平
　　研究所　李学增　李磊　张宏性
　　福建统计局　陈志良
　　江苏统计局　温勇

　　作为该班党支部书记的李学增，在回顾比较上海财经学院和中国科学院两个研究生班时说："上财研究生群体和中科院研究生群体对中国统计事业都有重要影响，特别是对统计体系形成、统计方法形成、统计数据科学化方面有重要贡献。上财群体贡献更大，他们成为了这个时代的骨干力量。相比较，中科院群体要弱一些。上财群体都上过山下过乡，有社会经历和政治经验。中科院群体多数

是从校门到校门，缺乏社会阅历和经验。因而，从某种意义上说，中科院群体学弟们的聪明才智没有能够得到施展。"

中国科学院应用数学研究所八五级应用统计研究生毕业合影

（前排左起：宋兆收、严加安、欧阳定武、章祥荪、朱静华、刘璋温、王寿仁、吴方、杜金观、安万福、安鸿志、杜恒生；中排左起：李学增、林京兴、梁兵、张永林、于绪宝、胡宇平、刘金钟、段晓平、张宏性、万一龙、马鲁、李月琦；后排左起：郭琦、陈志良、温勇、李杰、白康、李序颖、刘文卿、戴伯新、程学斌、王国明、李磊、陈莹）

（四）南开大学建立数理统计专业

1983 年 3 月 3 日，南开大学与国家统计局就建立数理统计专业正式签订协议，决定从 1983 年开始招生，总规模 400 人，每年 90% 的毕业生由国家统计局提出分配方案，纳入国家计划。国家统计局提供一次性基建投资 320 万元（后来追加到 400 万元）。当月，学校向教育部提交报告，申请建立数理统计专业。5 月 10 日，教育部批复，同意南开大学增设数理统计本科专业，学制 4 年，当年招生 40 人。1983 年 9 月，数理统计专业第一届本科学生入学。

1984 年 1 月，《南开大学》第 146 期（招生专刊）介绍："数学系设有数学、计算数学、数理统计三个专业。学制均为四年。各专业的主要任务是培养能够从事与本专业有关的科研、教学和其它科学技术工作的数学工作者。数理统计专业：主要研究数理统计的一般理论和方法，以及在经济统计中的应用，主要为国

家统计部门输送从事现代统计工作的专门人才。通过本专业的学习，不仅具有较强的数学基础和掌握数理统计的一般理论和方法，而且能应用电子计算机从事有关实际问题的研究工作。开设的专业课和选修课：概率论、数理统计基础、高等数理统计方法、随机过程及其应用、多元统计分析、回归分析、时间序列分析、信息论及其应用、经济统计学、语言程序、概率统计计算及统计软件、统计试验设计及数学专业研究的数学基础课程。"

　　1984 年南开大学数学楼动工建设，在楼座基石上刻有"国家统计局资助南开大学兴建　1984 年 4 月 7 日"字样。学生在学期间去统计局系统实习，但毕业生没有分配去国家统计局的。

（五）组建西安统计学院

　　为了加快高层次统计专业人才的培养，国家统计局除了与中国人民大学、中国科学院、上海财经学院、南开大学等联合培养统计专业人才外，1984 年 4 月 27 日，经教育部和国家计委批准，在西安统计学校的基础上，组建西安统计学院。[①] 计划招生规模为 1 630 人（其中研究生 30 人、本科生 1 600 人，学制 4 年；另有轮训干部 200 人；学院附设中专部，学生 200 人）。学院管理体制为国家统计局与陕西省人民政府双重领导，以国家统计局为主。1984 年 9 月 3 日，西安统计学院成立，首任院长是陈明。1985 年该校开始招收专科生，1986 年招收首届本科生。2001 年 6 月，教育部批准陕西经贸学院与西安统计学院合并组建西安财经学院，划归陕西省管理。2018 年 11 月，西安财经学院经教育部批准更名为西安财经大学。

五、中小学阶段的统计教育

（一）小学

　　小学数学有四大领域，分别是"数与代数""几何与图形""统计与概率""综合与实践"。 统计内容在小学一至六年级 12 个学期的数学教材中均有分布，且单元内容显示的均是统计与概率，统计知识在数学教材体系中是按一定梯度分布的。从学段内容标准来看，第一学段主要是让学生学习一些简单的收集、整理和描述数据的方法，对数据的统计过程有所体验；第二学段是让学生经历简单的数据统计过程，进一步学习收集、整理和描述数据的方法，并根据数据分析的结果

---

①　国家统计局. 中华人民共和国统计大事记（1949—2009）[M]. 北京：中国统计出版社，2009：169-170.

做出简单的判断与预测。下面以人民教育出版社（简称"人教版"）2022 年修订的数学教材为例，对小学教材关于统计知识内容的安排进行说明。

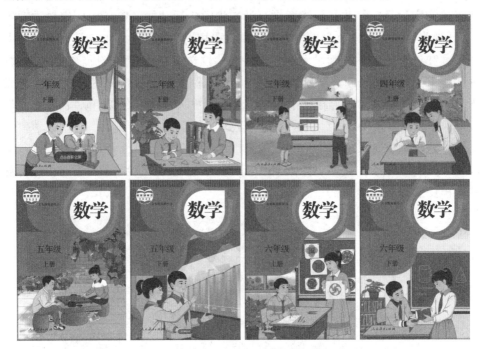

人民教育出版社 2022 年版小学数学教材（部分）

小学六年统计学习的知识串起来，到六年级时总复习的内容有：

（1）数据的收集、整理、统计图表。

（2）对图表进行分析，解决问题。

（3）条形（单式、复式）、折线（单式、复式）、扇形统计图的特点及选择方法。

（4）统计图的选用与制作。

（5）平均数。

总之，小学期间已经开始向孩子们传达一些数据图表的基本概念和直观感觉，并让孩子们开始做最简单的均值计算。

（二）中学

1976 年"文化大革命"结束后，全国教育界进入整顿时期。1978 年教育部颁布《全日制十年制学校中学数学教学大纲（试行草案）》，提出"精简、增加、渗透"六字方针，明确：增加概率统计初步知识。这是首次规定在初中阶段要学习统计初步知识，包括总体和样本、频率分布、样本均值、样本方差和样本标准差。高中阶段增加概率的内容。1980 年、1982 年和 1983 年对这一大纲进行了一

些调整，但大框架没有改变。1988 年国家教委颁布《九年制义务教育全日制初级中学数学教学大纲（初审稿）》，在教学要求中提出会用统计初步知识解决一些简单的实际问题，并开始注意到统计知识的应用功能。1996 年国家教委颁布《全日制普通高级中学数学教学大纲（供试验用）》，在高中增加统计知识，但由于教师和计算工具不能满足大纲要求，统计教学遇到困难和挫折。2001 年，教育部颁布《全日制义务教育数学课程标准（实验稿）》，开启了新一轮基础教育课程改革，概率和统计内容在初中和高中都受到更大重视。在初中阶段，"统计与概率"作为基本板块之一，同时将概率放到初中课程之中。此后，中学数学教学要求（课程标准）又经过 2003 年、2011 年、2017 年、2020 年、2022 年等多次调整，提出要培养学生进行数据分析的素养，强调学生发展、学科发展和社会发展的相互平衡。

人民教育出版社初中数学教材（2013 年版、2024 年版）（部分）

教育部于 2003 年出台的《普通高中数学课程标准（实验）》，从课程理念、内容与框架角度出发进行了调整，新标准相对于传统教学标准发生的变化较大。

高中新课程标准概率教学部分主要包括五部分：随机变量的数字特征、概率应用、集合概型与古典概型、随机事件与概率、条件概率与事件的独立性。针对高中概率部分，新课程标准提出的教学任务有：在具体情境中，了解随机事件发生的不确定性和频率的稳定性，进一步了解概率的意义，以及概率与频率的区别。

高中新课程标准统计教学部分主要包括四部分：变量的相关性、随机抽样、统计案例、用样本估计总体。针对高中统计部分，新课程标准提出的教学任务有：学生要具备从其他学科或实际生活中抽象出具有统计价值的相关问题能力，并能够对具体的实际问题情境进行有效结合，理解随机抽样学习的重要意义以及必要意义。在统计问题的解决中，学生要掌握从总体中抽取样本的简单随机抽样方法。

人民教育出版社 2019 年版高中数学教材（部分）

　　人民教育出版社中小学教材中统计学内容分布见表 27-17。显然，中学数学内容的改革使得大量原来大学的教学内容已经放到高中阶段，反之，大学的概率统计课程改革较为滞后，导致大学数学与中学数学在教学内容等方面出现严重的脱轨或重复现象。这就需要教育部统筹做好普通高中和普通高校概率统计课程大纲的修订，既要互相衔接，又要避免重复。

表 27-17　人民教育出版社中小学教材中统计学内容分布

阶段	册次	单元	页码
小学 （2022 版）	一年级下册	第三单元　分类与整理	27-32
	二年级下册	第一单元　数据的收集与整理	2-6
	三年级下册	第三单元　复式统计表	34-37
	四年级上册	第七单元　条形统计图	94-103
	四年级下册	第八单元　平均数与条形统计图	87-96
	五年级上册	第四单元　可能性	44-49
	五年级下册	第五单元　折线统计图	104-111
	六年级上册	第六单元　百分数（一） 第七单元　扇形统计图	80-93 94-102
	六年级下册	第二单元　百分数（二） 第六单元　整理和复习—统计与概率	8-14 95-98
初中 （2013、 2024 版）	七年级下册 （2024 版）	第十二章　数据的收集、整理与描述	150-187
	八年级下册 （2013 版）	第二十章　数据的分析	110-137
	九年级上册 （2013 版）	第二十五章　概率初步	126-153

续表

阶段	册次	单元	页码
高中 A 版 （2019 版）	必修（第二册）	第九章 统计 第十章 概率	172-226 227-268
高中 A 版 （2019 版）	选择性必修（第三册）	第七章 随机变量及其分布 第八章 成对数据的统计分析 数学建模 建立统计模型进行预测	43-91 92-140 141-146
高中 B 版 （2019 版）	必修（第二册）	第五章 统计与概率	55-134
高中 B 版 （2019 版）	选择性必修（第二册）	第四章 概率与统计	41-129

六、21 世纪统计学科评选与评估 [①]

21 世纪以来，教育部在全国范围一共进行了 5 次重要的学科评选、评估工作，分别是于 2001 年、2006 年、2012 年、2016 年、2020 年开始的。2001 年和 2006 年开始进行的前两轮重要评估是国家重点学科的评选。2012 年、2016 年和 2020 年教育部学位与研究生教育发展中心组织开展了 3 次一级学科的评估。这 3 次一级学科评估，在国家重点学科建设活动停止后，对高校学科建设的引领作用得到彰显，故在此一并介绍，并将学科评选和评估统称为学科评估。

上述学科评估平均每四年开展一次。第一次于 2001—2002 年进行，共评选出 964 个高等学校重点学科。第二次于 2006 年启动，共评选出 286 个国家重点一级学科、677 个国家重点二级学科、217 个国家重点培育学科。第三次于 2012 年进行，共有 391 个单位的 4 235 个学科参评。第四次于 2016 年在 95 个一级学科范围内开展（不含军事学门类等 16 个学科），共有 513 个单位的 7 449 个学科参评（比第三次增长 76%），全国高校具有博士学位授予权的学科有 94% 申请参评。第五次于 2020 年开始着手展开相关工作，2023 年结束。从本次评估开始，

---

① 与学科评估相关的是国家重点学科的评选。1988 年，国家教委曾经公布一次重点学科名单，如"应用经济学"一级学科下的"统计学"当时只有厦门大学 1 所学校入选；"数学"一级学科下的"概率论与数理统计"有北京师范大学、南开大学和华东师范大学 3 所学校入选。这次重点学科评选是在各个学校自己申报的基础上认定的，不是公开评选的。中国人民大学 1987 年只申报了 14 个二级学科（学校有申报名额限制），即辩证唯物主义与历史唯物主义、伦理学、政治经济学、国民经济计划和管理、工业经济、农业经济、企业管理、货币银行学、刑法、民法、中共党史、新闻学、人口学、中国古代史，都获得批准，学校没有申报统计学科。北京大学也没有申报"概率论与数理统计"。2001—2002 年，新世纪第一轮国家重点学科评选采取自由申报方式，中国人民大学有 25 个二级学科获得批准。由于 1988 年这次不是公开竞争的评选，国家教委和后来的教育部也没有将其列入正式的全国重点学科评选。

评估结果通知到参评高校，不再公开发布。

（一）第一次学科评估（二级重点学科评选）

2001—2002 年的学科评估是以二级重点学科为主的。经济学门类"应用经济学"一级学科中的"统计学"重点学科入选学校有两所：

> 中国人民大学
> 厦门大学

理学门类"数学"一级学科中的"概率论与数理统计"重点学科入选学校有 5 所：

> 北京大学
> 北京师范大学
> 南开大学
> 中国科学技术大学
> 中南大学

医学门类"公共卫生与预防医学"一级学科中"流行病与卫生统计学"重点学科入选学校有两所：

> 北京大学
> 山东大学

（二）第二次学科评估（一级重点学科评选为主）

2006 年开始的学科评估是向一级重点学科过渡的评审，即专家对一级学科中的二级学科分别打分，如果一所学校的二级学科设置比较齐全且分数较高，排名靠前的几所学校的一级学科成为一级重点学科。个别学校的个别二级学科得分在 60 分以上也可以成为二级重点学科。

以"应用经济学"一级学科为例，一级重点学科所在学校有 4 所：

> 中国人民大学
> 中央财经大学

　　南开大学

　　厦门大学

其中中国人民大学"应用经济学"的二级学科排名分别为：

　　国民经济学（第二）

　　区域经济学（第一）

　　财政学（第二）

　　金融学（第一）

　　产业经济学（第二）

　　劳动经济学（第一）

　　统计学（第一）

　　"统计学"二级学科中国人民大学的得分为 97.4，第二名厦门大学的得分为 83.8。

　　天津财经大学和西南财经大学虽然没有获评"应用经济学"一级重点学科，但它们的分数及格，均被评为"统计学"二级重点学科。

　　获评"数学"一级重点学科的高校有 11 所：

　　北京大学

　　清华大学（本部及北京协和医学院－清华大学医学部）

　　北京师范大学

　　南开大学

　　吉林大学

　　复旦大学

　　南京大学

　　浙江大学

　　中国科学技术大学

　　山东大学

　　四川大学

　　它们的"概率论与数理统计"二级学科当然属于重点学科之列。另外，中南大学获评"概率论与数理统计"二级重点学科。

（三）第三次学科评估（一级学科排名）

2012 年的学科评估是在 2011 年颁布新的研究生学科专业目录后，统计学第一次以一级学科整体形式（未包括医学门类的"流行病与卫生统计学"）参加评估。

0714 统计学 [①]

本一级学科中，全国具有"博士一级"授权的高校共 56 所，本次有 46 所参评；还有部分具有"博士二级"授权和硕士授权的高校参加了评估；参评高校共计 87 所。（注：以下得分相同的高校按学校代码顺序排列。）

学校代码及名称	学科整体水平得分
10002 中国人民大学	90
10001 北京大学	88
10384 厦门大学	85
10055 南开大学	
10200 东北师范大学	
10269 华东师范大学	83
10272 上海财经大学	
10353 浙江工商大学	
10358 中国科学技术大学	78
10422 山东大学	
10004 北京交通大学	
10027 北京师范大学	
10034 中央财经大学	76
10173 东北财经大学	
10028 首都师范大学	
10038 首都经济贸易大学	
10246 复旦大学	74
10335 浙江大学	
10558 中山大学	

---

① 教育部学位与研究生教育发展中心. 教育部学位与研究生教育发展中心 2012 年学科评估结果公布 [EB/OL]. [2024-10-26]. https://www.cdgdc.edu.cn/xkpsjggb2012y/.

10003 清华大学	
10248 上海交通大学	
10532 湖南大学	73
10533 中南大学	
10559 暨南大学	
10610 四川大学	
10213 哈尔滨工业大学	
10284 南京大学	
10486 武汉大学	
10487 华中科技大学	72
10520 中南财经政法大学	
10635 西南大学	
10036 对外经济贸易大学	
10125 山西财经大学	
10183 吉林大学	
10285 苏州大学	
10357 安徽大学	70
10386 福州大学	
10611 重庆大学	
11078 广州大学	
11560 西安财经学院	
10378 安徽财经大学	
10511 华中师范大学	
10689 云南财经大学	69
10698 西安交通大学	
10011 北京工商大学	
10094 河北师范大学	
10140 辽宁大学	
10252 上海理工大学	68
10280 上海大学	
10299 江苏大学	
10320 江苏师范大学	

10327 南京财经大学	
10446 曲阜师范大学	
10459 郑州大学	
10530 湘潭大学	
10596 桂林理工大学	68
10697 西北大学	
10741 兰州商学院	
11117 扬州大学	
11482 浙江财经学院	
11799 重庆工商大学	
10319 南京师范大学	
10475 河南大学	
10488 武汉科技大学	66
10512 湖北大学	
10701 西安电子科技大学	
11414 中国石油大学	
10052 中央民族大学	
10294 河海大学	
10336 杭州电子科技大学	
10338 浙江理工大学	
10389 福建农林大学	
10491 中国地质大学	
10513 湖北师范学院	
10536 长沙理工大学	65
10602 广西师范大学	
10613 西南交通大学	
10681 云南师范大学	
10736 西北师范大学	
10759 石河子大学	
11660 重庆理工大学	
11846 广东外语外贸大学	

10112 太原理工大学

10165 辽宁师范大学

10166 沈阳师范大学   64

10231 哈尔滨师范大学

10574 华南师范大学

（四）第四次学科评估（一级学科分类排名）

第四次学科评估与第三次相似，但不再给出详细得分，而是按比率分类，获评 A 类的约占 10%。

0714 统计学[①]

本一级学科中，全国具有"博士授权"的高校共 54 所，本次参评 51 所；部分具有"硕士授权"的高校也参加了评估；参评高校共计 120 所。（注：评估结果相同的高校排序不分先后，按学校代码排列。）

学科整体水平得分	学校代码及名称	
A+	10001	北京大学
	10002	中国人民大学
A	10055	南开大学
	10200	东北师范大学
	10269	华东师范大学
	10384	厦门大学
A-	10027	北京师范大学
	10173	东北财经大学
	10272	上海财经大学
	10353	浙江工商大学
	10358	中国科学技术大学
	10421	江西财经大学
B+	10003	清华大学
	10004	北京交通大学
	10005	北京工业大学

---

① 教育部学位与研究生教育发展中心. 全国第四轮学科评估结果公布 [EB/OL]. [2024-10-26]. https://www.cdgdc.edu.cn/dslxkpgjggb/.

B+	10028	首都师范大学
	10034	中央财经大学
	10036	对外经济贸易大学
	10038	首都经济贸易大学
	10183	吉林大学
	10246	复旦大学
	10422	山东大学
	10520	中南财经政法大学
	10533	中南大学
B	10125	山西财经大学
	10213	哈尔滨工业大学
	10248	上海交通大学
	10357	安徽大学
	10486	武汉大学
	10487	华中科技大学
	10511	华中师范大学
	10532	湖南大学
	10558	中山大学
	10673	云南大学
	10689	云南财经大学
	10698	西安交通大学
B-	10140	辽宁大学
	10284	南京大学
	10285	苏州大学
	10319	南京师范大学
	10320	江苏师范大学
	10378	安徽财经大学
	10446	曲阜师范大学
	10559	暨南大学
	10610	四川大学
	10611	重庆大学
	10635	西南大学
	11078	广州大学

	10207	吉林财经大学
	10327	南京财经大学
	10394	福建师范大学
	10456	山东财经大学
	10475	河南大学
C+	10530	湘潭大学
	10542	湖南师范大学
	10697	西北大学
	10741	兰州财经大学
	11482	浙江财经大学
	11560	西安财经学院
	11799	重庆工商大学
	10052	中央民族大学
	10075	河北大学
	10190	长春工业大学
	10280	上海大学
	10290	中国矿业大学
C	10459	郑州大学
	10476	河南师范大学
	10596	桂林理工大学
	10613	西南交通大学
	10621	成都信息工程大学
	10766	新疆财经大学
	11832	河北经贸大学
	10008	北京科技大学
	10009	北方工业大学
	10022	北京林业大学
	10139	内蒙古财经大学
C-	10299	江苏大学
	10370	安徽师范大学
	10389	福建农林大学
	10491	中国地质大学
	10536	长沙理工大学

C-

10592	广东财经大学
10593	广西大学
10602	广西师范大学
10671	贵州财经大学

第四次学科评估参评院校数多于统计学科的一级学科数，如果考虑医学门类中的统计学科，还有 20 所医学院校办有"流行病与卫生统计学"，整个统计学科参评院校约 140 所。

（五）第五次学科评估

第五次学科评估与第四次相似，但结果没有正式公布。据初步了解，统计学科共有 127 所高校参加评估，评为 A+ 的学校约占 3%，评为 A 的学校约占 4%，评为 A- 的学校约占 5%。评为 A 类的学校数比第四次有所增加。

七、中国大百科全书中的统计学科

《中国大百科全书》的编纂出版是中国科学文化事业一项重要的基础工程。1978 年，国务院决定编辑出版《中国大百科全书》，并成立了中国大百科全书出版社，负责此项工作。

（一）第一版

到 1993 年，《中国大百科全书》第一版的所有学科卷出齐。《中国大百科全书》第一版的出版结束了中国没有百科全书的历史，被誉为"中华文化的丰碑"，成为 20 世纪末中国科学文化事业繁荣发展的一个标志。

全书第一版自 1980 年始按学科或知识门类分卷出版，以条目形式全面、系统、概括地介绍科学知识和基本事实。内容包括哲学、社会科学、文学艺术、文化教育、自然科学、工程技术等 66 个学科和知识领域。第一版为 74 卷（含索引卷），包含 66 门学科和知识门类，1993 年出齐，选收条目 77 859 个，总字数 12 568 万字，并附有 49 765 幅随文黑白图、线条图和彩图，适合高中以上、相当于大学文化程度的广大读者使用。全国有近 2 万名专家、学者和研究人员参加编撰。

统计学科的词条在第一版中主要分散在经济学卷和数学卷中。

中国大百科全书（第一版）经济学卷和数学卷（1988 年）

第一版经济学卷共 11 个分支，分别是：1，政治经济学（总论）；2，政治经济学（前资本主义）；3，政治经济学（资本主义）；4，政治经济学（社会主义）；5，中国经济史；6，外国经济史；7，马克思主义经济学说发展史，8，中国经济思想史；9，外国经济思想史；10，部门经济学和专业经济学；11，综合。社会经济统计仅仅是"部门经济学和专业经济学"分支中的 30 余个部门与专业经济学之一。

第一版经济学卷共约 139 万字，收录约 2 000 个词条，其中社会经济统计学的词条 57 个，所占比重不到 3%。在中国经济学人物收录的 101 人中，统计学科只有戴世光 1 人。由此可见在 1988 年出版的第一版经济学卷中，社会经济统计或者经济统计的学科地位低微。经济学卷编委中有统计学领域的李成瑞和戴世光，参加经济学卷"部门经济学和专业经济学"的统计编委仅中国人民大学刘新一人。

第一版数学卷共 9 个分支，分别是：1，数学史；2，数理逻辑；3，代数学与数论；4，几何学与拓扑学；5，分析学；6，微分方程；7，计算数学；8，概率论与数理统计学；9，运筹学。

在数学卷编委会中有 3 位统计学者：王寿仁、成平和陈希孺。"概率论与数理统计学"分支编委会主编：王寿仁；副主编：王梓坤、陈希孺；成员：冯士雍、严士健、汪嘉冈、潘一民、魏宗舒。比起经济学卷的一两位编委，数学卷的"概率与数理统计"编委要强大得多。

第一版数学卷共 237 万余字，收录 992 个词条，"概率论与数理统计" 60 个词条，比重约占 6%；收录中国数学家 35 位，其中有数理统计学家许宝騄。

《中国大百科全书》第一版数学卷"概率与数理统计学"分支条目审稿会 1984 年于承德合影

（后排左起：严士健、陈培德、王梓坤、魏宗舒、王寿仁、汪嘉冈、刘秀芳、方开泰、刘璋温、潘寰、王勤、万厚郡；前排左起：冯士雍、陈希孺、成平、潘一民、杨向群、庄兴无、陈宗洵）

在第一版中，概率论与数理统计学词条的总数为 115 条，在所有 8 万词条中微不足道。但每一个统计词条都请权威的学者编写，如陈希孺撰写了"数理统计学""统计推断""大样本统计"，张尧庭撰写了"假设检验""多元统计分析"，成平撰写了"点估计""统计决策理论"，陈善林撰写了"统计图""统计表"，杨曾武撰写了"统计预测法"，刘新撰写了"统计指数"等词条。

（二）第二版

1995 年 12 月，经国务院批准，《中国大百科全书（第二版）》正式立项。之后，新闻出版总署将其列入"九五""十五"国家重点图书出版规划，并组织成立了以周光召为主任的《中国大百科全书（第二版）》总编辑委员会。2006 年，《国家"十一五"时期文化发展规划纲要》又将《中国大百科全书（第二版）》列为国家重大出版工程。

《中国大百科全书（第二版）》是第一版的修订重编版。全书内容包括哲学、社会科学、文学艺术、文化教育、自然科学、工程技术以及军事科学等各个学科和领域古往今来的基本知识。全书内容以条目形式编写，在继承第一版的编纂原则和编写理念的基础上，设条和行文更注重综合性和检索性，介绍知识既坚持学术性、准确性，又努力做到深入浅出，具有可读性，适合中等及中等以上文化程度的读者查检和阅读。

《中国大百科全书（第二版）》于 2009 年出版，是我国第一套符合国际惯例的大型现代综合性百科全书，是一部全面介绍人类各门学科知识的综合性百科全书，总卷数为 32 卷（正文 30 卷，索引 2 卷），共收条目 6 万个，约 6 000 万字，插图 3 万幅，地图约 1 000 幅。《中国大百科全书（第二版）》对于建设社会主义核心价值体系，提高全民族科学文化水平，继续推进改革开放和各项事业的创新，具有重要意义。

第二版经济类统计学分支主编为赵彦云，共编纂 53 条。第二版数理统计分支主编为陈希孺。第二版由于是第一版的修订版，卷数和词条总数比之第一版都有所减少，组织和动员程度都不如第一版。

《中国大百科全书》第一、第二版总共收录统计类条目约 120 条。

（三）第三版

2011 年国务院决定编纂出版《中国大百科全书（第三版）》，要求通过数字化编纂平台，编纂发布出版网络版、纸质版，以实现百科全书编纂和出版在网络时代与时俱进。

《中国大百科全书（第三版）》是新形势下构建中华民族优秀文明、提升国家整体文化形象、反映当代科学知识水平的重大基础性出版工程，是把握国家话语权、提升文化软实力和构筑核心价值观的标志性工程，也是规范标准知识、维护文化安全、革新传播方式的创新性工程。为适应新时代的数字化发展需求，《中国大百科全书（第三版）》已通过国务院重大立项，是党中央、国务院一项重大的文化战略决策。

2017 年 9 月 8 日，中共中央政治局委员、中央书记处书记、中宣部部长刘奇葆出席《中国大百科全书（第三版）》总编辑委员会成立大会并讲话，强调要深入学习贯彻习近平总书记系列重要讲话精神和治国理政新理念新思想新战略，以优质内容为根本，以先进技术为支撑，构建影响广泛的网络百科平台，提供方便快捷的百科知识服务，把中国大百科全书打造成我国文化建设新的标志性成果。

2018 年 11 月，习近平总书记对第三版《中国大百科全书》编纂出版工作做出重要批示，要求统筹推进纸质版、网络版及外文版的编纂出版，努力将新版《中国大百科全书》打造成一个有中国特色、有国际影响力的权威知识宝库。

第三版以网络版为主体，同步编纂出版网络版、纸质版，推出适度规模的外文版，2014 年正式启动，2021 年 7 月首批条目发布，2022 年 12 月底集中发布。全国共有数万名专家、学者、研究人员等参与该书第三版编纂工作，工作中坚持

守正创新、实事求是、开放包容，坚守高端学术品位，牢固树立精品意识，以十年磨一剑的定力精心打磨、倾力攻关。集中发布的条目中，50 万个网络版条目共约 5 亿字，分为专业版、专题版和大众版 3 个板块，涵盖国家颁布的所有知识门类和一级学科，按照 94 个执行学科和近百个专题进行编纂，随文配置图片 20 万幅、公式表格 30 多万张、视频 3 万个（约 10 万分钟）、音频 2 400 首（约 1 万分钟）、动画 150 个（约 500 分钟），并附有知识链接，内容丰富、形式多样，便于读者浏览和学习。

第三版的学科设置按照 2011 年国务院学位委员会研究生专业目录的一级学科设置（共 110 个），统计学在这次学科目录中成为一级学科，因而第一次独立组成编委会，独立编纂统计学科词条。

2015 年 6 月，统计学卷的编纂工作正式启动，成立统计学科编委会（名单以姓氏笔画为序）：

主　　编：袁卫

副主编：孙六全、纪宏、赵彦云、耿直

顾　　问：冯士雍、吴喜之、柯惠新

委　　员：王星、王兆军、朱利平、朱建平、刘扬、刘洪、邹国华、汪荣明、林金官、周勇、郑明、郭建华、崔恒建

经过 7 年的努力，到 2022 年底，统计学网络版共编纂词条约 2 300 条，已经全部上线。《中国大百科全书》统计学科词条从第一版、第二版的约 120 条，到第三版的约 2 300 条，形成了独立的学科知识体系，已经并一定会继续为我国科学技术进步、国民经济及社会发展不断做出贡献。

2017 年 7 月《中国大百科全书（第三版）》统计学科撰稿人会议合影

2019 年 10 月 17 日《中国大百科全书（第三版）》统计学卷编委会合影

2021 年 9 月，在网络版编纂工作基础上，启动了统计学卷纸质版的编写工作。中国大百科全书出版社刘杭副总编辑参加了统计学卷纸质版启动会议，对纸质版编纂工作提出要求。

2021 年 9 月 27 日《中国大百科全书（第三版）》统计学卷（纸质版）启动会议

（左起：王笛、孙六全、赵彦云、耿直、冯士雍、刘杭、袁卫、柯惠新、纪宏、郭继艳、王星）

纸质版的编写，要求学科体系更加简明科学。编委会将网络版的 13 个分支凝练为 8 个分支，将金融统计并入经济统计，将人文、教育、心理、社会、科技、法律等合并为宽口径的社会统计，增加人口统计、传媒统计等内容，将管理统计与工业统计合并为统计质量控制，将大数据统计扩展为数据科学。词条总数从网络版的约 2 300 条，精简为约 1 500 条。

《中国大百科全书（第三版）》统计学卷（纸质版）编辑委员会：

主　编：袁卫

副主编（按姓氏笔画顺序）：孙六全、纪宏、赵彦云、耿直

顾　　问（按姓氏笔画顺序）：冯士雍、吴喜之、柯惠新

委　　员（按姓氏笔画顺序）：王星、王兆军、朱利平、朱建平、刘扬、刘洪、邹国华、汪荣明、林金官、周勇、郑明、郭建华、崔恒建

分支学科编写组

综　论

主　编：袁卫

副主编：王星、黄向阳

成　员：关晓斌、唐丽娜、张琨

描述统计

主　编：刘扬

副主编：刘苗

成　员：王会娟、关蓉、潘蕊、李丰

数理统计

主　编：孙六全

副主编：邹国华、崔恒建

成　员：柏杨、金勇进、李元、林金官、刘民千、石坚、杨瑛、朱仲义

经济统计

主　编：赵彦云

副主编：李静萍、高敏雪、甄峰

成　员：肖争艳、吴翌琳、何静、贺思辉、朱喜安

统计质量控制

主　编：王兆军

副主编：赵鹏

成　员：胡庆培、李艳、李忠华

生物统计

主　编：耿直

副主编：林华珍、唐年胜、张立新

成　员：邓明华、李启寨、尹建鑫

社会统计

主　编：纪宏

副主编：黄可

成　员：宋健、胡咏梅、唐一鹏、辛涛

数据科学
主　　编：朱利平
副主编：吕晓玲、孟澄
成　　员：王汉生、许王莉、严兴

　　纸质版主编组、顾问和分支主编对网络版的 2 300 余词条逐条审核，重新梳理了条目表，舍去了部分过细过于简单的词条，补充了学科框架结构必需的词条，又经过近两年的努力，最终在 2023 年底完成了 1 467 个词条的撰写。"统计学"这一概观词条由袁卫、王星撰写，冯士雍、耿直、何旭铭、柯惠新、特里·斯皮德（Terry Speed）、杨瑛、郁彬等审阅。袁卫编写了"统计大事年表"。最终完成的 1 467 条以及八大分支词条的数量、结构大致反映了当今大数据时代中国统计学科的知识体系，见表 27-18。

表 27-18　纸质版词条数量与结构

序号	分支名称	条目数	百分比（%）
1	综论	156	11
2	描述统计	72	5
3	数理统计	487	33
4	经济统计	272	19
5	统计质量控制	90	6
6	生物统计	150	10
7	社会统计	121	8
8	数据科学	119	8
合　计		1 467	100

　　"综论" 156 个词条，约占整体的 11%。这部分收录了 46 位中国统计学者和 65 位国际统计学者，8 个中国统计学术组织和 6 个国际统计学术组织，7 个国际著名统计学术奖项，以及统计学代表著作、重要国际期刊、统计软件和统计经典论文等，是统计学科历史、现状整体概貌的反映。

　　"描述统计" 72 个词条，约占 5%，是关于数据搜集、整理、分类等的基础知识，是后边六大分支数据分析方法的基础。

　　"数理统计" 487 个词条，约占 33%，是现代统计知识体系理论、方法的基础与核心，其主要内容包括：概率论（150 条）、线性模型（87 条）、假设检验（30 条）、统计决策理论（27 条）、多元统计分析（25 条）、非参数统计（40 条）、

稳健统计（9 条）、试验设计（30 条）、抽样调查（48 条）、时间序列（33 条）等。

"经济统计" 272 个词条，约占 19%，是中国统计学科百余年来发展，特别是受苏联计划经济模式影响形成的，具有中国特色的统计知识分支。在维基百科和英美其他百科全书中，"经济统计" 这部分词条和知识内容列在 "经济学" 门类中，分支称为 "经济测度"（Economic Measures），内容大致相同。

"统计质量控制" 90 个词条，约占 6%。这部分词条虽然不太多，但是反映了统计方法在人类生产和活动中的重要应用，特别是在我国大规模工业化建设阶段产生的重要作用和影响。

"生物统计" 150 个词条，约占 10%。这部分统计知识涉及生物、医学、卫生和健康各个领域，在国际上应用领域广阔，发展很快。我国人口众多，健康水平在不断提高，统计方法在这个领域有着巨大的应用前景。

"社会统计" 121 个词条，约占 8%。这里的 "社会" 是广义的社会，包括除经济之外的教育、心理、政治、社会、司法、人口、资源、环境、传媒、气象等各个领域，是统计方法在人类社会广泛应用的概括和介绍。

"数据科学" 119 个词条，约占 8%。这部分是大数据时代统计学科与计算机、人工智能等学科交叉应用的最新进展，未来还会不断发展丰富。

《中国大百科全书（第三版）》统计学卷的扉页和版权页

统计学卷词条的这一体系，是统计理论与方法在我国长期实践发展形成的，又是统计学科面向未来发展的新起点。词条的作者共 335 人，既有魏宗舒、王寿仁、林富德、严士健、成平、张尧庭、陈希孺、茆诗松、冯士雍、潘一民、严加安、项可风、汪嘉冈、方积乾、白志东等老一辈学者，又有海内外中青年学者陈

松蹊、姚琦伟、陈嵘、吴耀华、姚方等积极撰稿，可以说这一统计学卷是数代统计学者集体努力的结晶。

统计学卷（纸质版）已于 2024 年底出版发行。它的出版是我国统计学科自创建 120 余年、新中国成立 75 年来，首次以完整的统计学科体系呈现给读者和社会，也是我国统计学科几代学者承前启后、服务大数据和人工智能新时代的重要学术成果。

第二十八章
数理统计专业的创办与科学研究

一、数理统计专业的创办

1978 年，"文化大革命"前长期受到苏联统计理论压制的数理统计学迎来了春天。

1980 年，华东师范大学就给教育部打报告申办"数理统计"专业，报告递交后如石沉大海，没有得到回复。

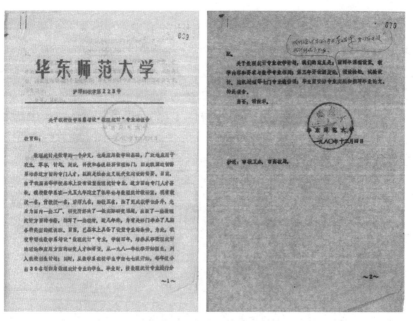

华东师范大学 1980 年的申办报告

对于华东师范大学申办"数理统计"专业的过程，茆诗松写过《统计学专业

的建立与发展》[①]一文:

> 统计学是古老学科之一。解放后在我国高校中先后设立了一百多个统计专业,但都是按原苏联计划经济要求建立的。他们认为"统计学是社会科学,有阶级性","抽样是唯心的",抽样调查被禁止使用,数据全部按政府系统由下而上一层层上报和汇总。这种统计专业已不能适应市场经济的需要了。在西方各高校中早已没有此种统计专业。这是因为在十九世纪末和二十世纪初,随着工农业的发展,近代数学进入了统计学,对统计学的基本概念给出了精确的描述,总体被描述为一个分布,样本被解释为一组相互独立的随机变量。统计学被认为是方法论,在经济领域和工农业生产中都可使用。思想解放了,各种统计思想产生了,各种统计方法逐渐被开发出来并不断完善。它们是参数估计、假设检验、试验设计、抽样调查、回归分析、多元分析、时间序列分析、决策函数、贝叶斯统计、非参数统计等。这些统计方法内容异常丰富、方法别具一格、思想不断升华。就这样,西方把政府统计推进到推断统计,大大促进了西方的工业、农业、军事和科学技术的发展。日本工业在短期内能赶超美国,统计方法是助了一臂之力的。可在西方仍然把推断统计称为统计学,而在我国,为了与强力的政府统计区别开来,把推断统计称为数理统计。

> 为了适应社会需要,在西方纷纷成立(数理)统计系。世界第一个统计系是 1900 年[②]在英国伦敦大学建立的,随后几十年中又先后建立了 45 个统计系,在美国几乎所有高校都设立统计系。它们招收了大量的本科生和研究生,并普遍为外系开设统计课程,教材也有深浅不一的版本。它们的学生很容易找到工作。在英国的一份联合招生广告上说:"一个系统训练过的统计学家的职业技巧能够被社会各部门采用的机会就像医生对人民一样。"就是在经济危机时期,统计毕业生也容易找到合适的工作。

> 相对之下,我国在这方面还较落后……当时百废待兴,无暇顾及统计学的发展,无一本教材,全国无一所高校开设"概率论与数理统计"课程。直到 1956 年"向科学进军"时,北大率先开设此课,我校是在 1959 年成立"概率论与数理统计教研室",并开设此课的,内容以讲概率为主,统计学时不到三分之一。

---

① 茆诗松.统计学专业的建立与发展 [M]// 华东师范大学老教授协会.文脉:华东师范大学学科建设回眸.上海:华东师范大学出版社,2017.

② 此时间有误,伦敦大学学院的应用统计学系建立于 1911 年。

在上述调查的基础上，茆诗松等教师向数学系和校长提出设置数理统计专业的想法，立即得到数学系与校长的支持，并于 1980 年 12 月由学校向教育部提交《关于我校数学系新增设"数理统计"专业的报告》。

⋯⋯⋯⋯⋯

申报设置数理统计专业的报告送至教育部后的二年多时间内毫无声息，期间我们多次去教育部问询，答复是：这是非师范专业，你们回去努力去办好师范专业。我们回答说，我们还有余力，多为国家办新专业，为国家多培养一些急需人才，希望考虑教师的积极性。最后的答复是："回去等待吧！"看来我们之间在认识上还存在差距。

⋯⋯⋯⋯⋯

我们等了两年半之后，1983 年发生了两件事，终于等到了转机。

1983 年初教育部科技司下发了一个通知，征询国际上新兴学科发展情况。我们得知后就看到上下沟通的机会来了。我们努力收集英美在统计学上近期迅速发展的情况（见前所述），还指出，统计已成为西方社会上的一种职业，特别在工业、经济和制药业的需求很大。相对之下，原苏联仍处于保守思潮之中，很难摆脱"统计学是社会科学"的束缚，但还是有一些进步，编辑出版了一些西方数理统计书刊，出版了《工厂实验室》《经济与数学》等杂志，定期发表一些数理统计研究与应用的文章，又先后制定了在工业中使用的统计方法标准 62 个（至少）。看来，各种统计方法已较为广泛地应用于苏联的工业界。我们将上述情况详细地写成《数理统计情况的调查报告》，并以魏宗舒、茆诗松、周纪芗、吕乃刚联合具名寄到教育部科技司，那是 1983 年 4 月 20 日的事。没隔多久，该司把此调研报告铅印发送至教育部各司局和有关高校，我们也收到一份。这份报告为上下沟通认识起了桥梁作用，也为在我校设置数理统计专业作了舆论准备。

另一件事发生在 1980 年，那年国际统计学会召开年会，首次邀请中国统计学会派人参加。在中国有两个统计学会：一个是"中国统计学会"，挂靠国家统计局，半官方性质，财大气粗，下属一百多所高校中的统计系（与教育部商定）都属其管理，专门从事政府统计研究和人才培养，"四人帮"打倒后开始与国际统计学会建立了联系。另一个是"中国数学会概率统计分会"，是中国数学会下的一个分会，挂靠中国科协，是民间纯学术团体，靠会员会费维持正常活动，与国际统计学会无任何联系。当时年会通知下达到中国统计学会，他们派局长带队和两名官员参会。在会议期间，许多外国统计学者都主动示好，问到中国著名统计学家许宝騄教授（北京大学教授，1910—1970）的情况，三位代表表示惊讶，答不上来，他们根本不知中国还

有这一位世界著名的（数理）统计学家，这很有损于我国形象，本可以加分的事变成减分的事。使三位代表更感慨的事是大会学术报告中大多数（80%以上）内容都听不懂，似乎到了另一个世界，因为大会的学术报告大多涉及数理统计。三位代表回国后很有感触，对国内统计界作了研究，他们发现，在国外统计学与数理统计是一家，可在中国被人为地分为两家，这种落后现象迫切需要解决。从这时开始中国统计学会开始吸收少量数理统计学家参加学会工作，在国内财经院校统计系开始允许讲授西方统计学（他们这样称呼数理统计）。后来他们深知需要经过系统的西方统计训练的大学生参加抽样调查和数据分析等工作。这方面人才在统计局系统缺口较大。国家统计局与教育部商定，由国家统计局出资 2 300 万元资助两所高校（后定为复旦和南开）建设西方统计专业。

上述两件事使教育部认为在高校设置数理统计专业的时机成熟了，故在 1983 年 8 月决定在华东师大、复旦大学和南开大学设置数理统计专业，并即刻招生。这就发生了本文开头的一幕。消息传到教研室，教师们兴奋异常，三年的奋斗终于有了结果，从此"政府统计"一统天下的局面被冲破了。第二年（1984 年）北大也获准设立数理统计专业，在这几年内，教育部先后批准全国 11 所高校设立数理统计专业。统计学在中国大地上获得了新生，我们将在祖国四化建设中耕耘新的天地。

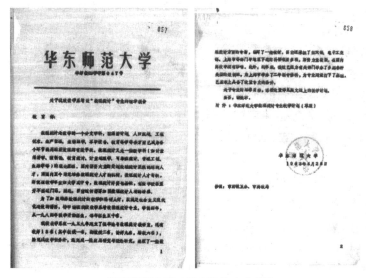

华东师范大学 1983 年的申办报告

1983 年，教育部批准南开大学、复旦大学和华东师范大学设立"数理统计"本科专业。这是改革开放以后我国首批"数理统计"本科专业。1984 年起，教

育部陆续批准北京大学、杭州大学（现浙江大学）、中山大学（1986年）等设立"数理统计"本科专业。到1991年，全国共有12所高校设立了"数理统计"本科专业，授理学学位。1993年，为了突出概率论在数理统计专业建设和人才培养中所起的基础性作用，充分调动概率论专业教师的工作积极性，国家教育委员会将本科专业"数理统计"更名为"统计与概率"。

北京大学培养数理统计人才的历史可以追溯到1940年，许宝騄从英国伦敦大学学院取得博士学位后回国，在北京大学数学系开设数理统计课程。1952年，全国高校进行了院系调整。北京大学数学系与清华大学数学系、燕京大学数学系调整组建了新的北京大学数学力学系。1956年1月，中央提出"向科学进军"的口号。同年，我国制定了第一个科学技术发展远景规划，其中提到"首先要尽快地把数学中一些重要、急需而且空白或薄弱的部门（包括计算数学、概率论与数理统计、微分方程论）大力发展起来。在配备人力、培养干部方面必须以这三个方面为重点"。北京大学数学力学系积极响应中央号召，成立概率统计教研室，许宝騄任主任。1978年，数学力学系分设为数学系和力学系。1985年，概率统计教研室从数学系中独立出来，成立了概率统计系，首任系主任为陈家鼎。1991年，北京大学成立数理统计研究所。1995年，概率统计系和数学系合并组建数学科学学院。2010年，北京大学以数理统计研究所为基础，成立了统计科学中心，首任联席主任是陈松蹊和耿直。

南开大学培养数理统计人才最早可以追溯到民国时期。1926年，何廉从耶鲁大学获得博士学位后回国，担任南开大学财政学与统计学教授，并开设多门统计课程。1927年，南开大学商科创建商业统计系。1958年，南开大学统计学系整建制移出，参与组建河北财经学院（现天津财经大学）。现今的南开大学统计学科是在数学系胡国定和王梓坤奠定的概率论与数理统计专业基础上发展起来的。1983年3月3日，南开大学与国家统计局就建立数理统计专业正式签订协议，决定从1983年开始招生，总规模400人，每年90%的毕业生由国家统计局提出分配方案，纳入国家计划。国家统计局提供一次性基建投资320万元（后来追加到400万元）。同一月份，南开大学向教育部报告，申请建立数理统计专业。4月26日，南开大学向教育部报告，明确数理统计专业设置在数学系，由理科招生。5月10日，教育部批复，同意南开大学增设数理统计本科专业，学制4年，同年招生40人。1999年，南开大学数学科学学院成立统计学系，首任系主任是张润楚。2013年，南开大学成立统计研究院，原数学科学学院统计学系全体教师转入统计研究院。2018年，南开大学成立统计与数据科学学院。

复旦大学培养数理统计人才也有悠久的历史。复旦大学统计学系最早成立于1938年，毕业于巴黎大学统计学系的李蕃担任统计学系首任系主任。1952年，

全国高校进行了院系调整。复旦大学统计学系整建制移出，参与组建上海财经学院统计学系（现上海财经大学统计与数据科学学院）。1983年，复旦大学数学系设立数理统计专业，当年列入招生目录招收本科生。1984年，复旦大学成立统计运筹系，俞文鮴任系主任。1988年，统计运筹系划归复旦大学管理学院。1999年，复旦大学管理学院将运筹学从统计运筹系中分离出去，将统计运筹系更名为统计学系。2021年，统计学系更名为统计与数据科学系。

华东师范大学是新中国成立后组建的第一所社会主义师范大学。与南开大学、复旦大学不太一样的是，华东师范大学从1980年起主动向教育部提出设立"数理统计"专业，到1983年得到教育部批准设立"数理统计"专业，过程非常曲折。1983年初，教育部科技司下发了一个通知，征询国际上新兴学科发展情况。收到这个通知之后，同年4月20日，魏宗舒带领茆诗松、周纪芗和吕乃刚等联名起草并向教育部递交了《数理统计情况的调查报告》。不久，教育部将这份调研报告作为科技规划建议编印发送至教育部各司局和有关高校传阅。同年8月，教育部初步认可设置数理统计本科专业的重要性与必要性，经与国家统计局商定，由国家统计局出资600万元，支持南开大学与复旦大学共建数理统计专业。南开大学和复旦大学各分得300万元。茆诗松在获悉此项进展以后，紧急通过学校向教育部再次汇报希望在华东师范大学设立数理统计专业的想法。这次很快得到了教育部的支持。1983年8月，教育部决定在复旦大学、南开大学与华东师范大学设立数理统计专业，立即开展招生工作，但没有再为华东师范大学联系共建单位筹措专项经费。

1983年，华东师范大学数学系在1959年成立的概率论与数理统计教研室基础上，设立了数理统计专业。当时有教授1名，副教授2名，讲师9名。华东师范大学数学系从当年9月即将入学的120名学生中，挑选了42名进入数理统计专业。1984年12月，华东师范大学将数理统计专业从数学系中分离出来，成立数理统计系。当时恰逢茆诗松出国进修，华东师范大学任命系副主任周纪芗主持工作。1986年，茆诗松回国后被任命为数理统计系首任系主任。1993年，华东师范大学成立国际商学院，数理统计系被归入其中。1994年，数理统计系更名为统计学系。1999年，统计学系从国际商学院划归理工学院。2007年，金融系与理工学院统计学系合并成立金融与统计学院。2015年，华东师范大学成立经济与管理学部，金融与统计学院并入经济与管理学部，由经济与管理学部组建统计学院。

在1983年教育部率先批准复旦大学、南开大学和华东师范大学三所高校开办数理统计本科专业后，1984年3月4日，教育部高教一司邀请武汉大学张尧庭、中国科学技术大学陈希孺、北京大学陈家鼎、华东师范大学茆诗松、中国科学院

系统科学研究所成平围绕发展我国统计队伍、培养数理统计专门人才座谈，形成《对发展数理统计教育的建议》的文件，并作为 1984 年 10 月教育部《关于印发〈数理统计教学讨论会纪要〉的通知》（（84）教高一司字 086 号）的附件二下发。

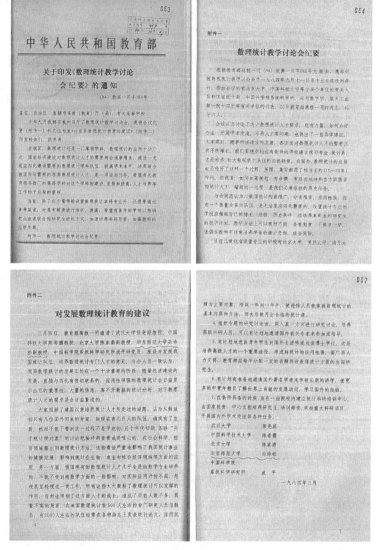

1984 年教育部《关于印发〈数理统计教学讨论会纪要〉的通知》（部分）

5 位专家一致认为：

> 我国数理统计的发展正处在一个十分重要的阶段，随着经济建设的发展，直接与四化有密切联系的、应用性很强的数理统计会日益显示出它的重

要性，大量的信息，离不开数据的统计分析，对于数理统计人才的需求是会日益紧迫的。

大家回顾了建国以来培养统计人才所走过的道路，认为从解放初只有几位国外回来的专家，到现在有几百人的队伍，确实有了发展。然而不能不看到这一过程不是平坦的。五十年代初期，苏联"关于统计学对象"的讨论把抽样调查看成是唯心的，在社会科学、经济领域禁止用数理统计方法。这些看法严重地影响了我国统计事业的健康发展，影响到统计在生物、农业和社会经济领域等方面的应用。另一方面，我国现有的数理统计人才几乎全是由数学专业培养的，不能不受到纯数学方面的一些影响，对实际应用评价不高，忽视甚至轻视这一类工作。所有这些大大限制了数理统计可以发挥的作用，自然也限制了这方面人才的成长，造成了目前人数不多，质量不高的局面。……无论是数理统计的研究人员还是教学人员，都只能承担某个分支或某些分支的教学或科研，人数又很少，面也比较窄，全国正在带硕士研究生的单位在高等院校中占的比例很小，能带博士生的只有个别专家，这一状况远远不能适应四化建设的要求。

…………

国家统计局要复旦大学、南开大学每年为其培养 100 名本科生。……就教育部本系统来看，工科院校、农业院校、经济学科、管理学科都缺乏大量的统计方面的师资，综合大学、师范院校的情况也是类似的。……从长远看，数理统计的队伍应由三部分人组成：一是以理论研究为主的人，一是以方法研究为主的人，一是以应用为主的人。最后一类的人数要相当多，这三类人要有恰当的比例，而师资队伍以前两类为骨干，目前最缺乏的是第二类人才。

关于统计专业的培养目标，大家认为应从我国的实际情况出发，本科生应受良好的统计训练，要有相当的数学基础和解决实际问题的能力，既能胜任高校的统计教学工作，又能结合实际，灵活地、创造性地运用各种方法，其中一部分能力较强的人可以继续深造，成为科研方面的重要力量。在教学方面，大家一致认为应着重于能力的培养，课程设置不宜过多过重，教学要提倡启发式，不宜把统计完全和纯数学一样来教。既要发挥已有的传统的优点——数学训练较好；又要克服目前的缺点——数据分析的方法少，解决实际问题的能力差。各个学校应根据自己的条件，在培养本科生的教学计划上可以有所不同，各有侧重，以便发挥各自的特长，总结各种方式的办学经验。在专业和系的设置上，从长远看，由于数学专业与统计专业无论在学术评价、培养目标以及教学计划等方面都有相当程度的差别，确应另行设系。

但从目前条件来看，一致认为要稳步前进，先成立专业，积极创造条件逐步过渡到系。建议教育部确定几个学校制订规划，在"七五"计划内建立统计系。

为了尽快培养师资和科研人员，大家认为目前可以采取下列措施：

1. 在一些学校筹建统计专业和统计系，制订具体的实施规划。

2. 在有条件的地方，以一个城市为中心，互相支援，联合起来招收二年制研究生班，一般不做论文，其中成绩优异者可以延长一年，做毕业论文，授硕士学位。

3. 有计划地由教育部委托一些单位组织主教进修班，以青年教师为主要对象，培训一年到一年半，使进修人员能掌握数理统计的基本内容和方法，回去后能开出合格的统计课。

4. 组织专题的研究讨论班，深入某一方向进行研究讨论，培养高级科研人员，可以有计划地邀请国外有关专家来参加或指导。

5. 有计划地选派青年学生到国外去进修或攻读博士学位。这是培养高级人才的一个重要途径。考虑到统计的应用性强，面广而人力又弱，教育部应每年分配一定的名额招收数理统计方面的出国研究生。

6. 有计划有准备地邀请国外著名学者来作较长期的讲学，使更多的中青年教员了解世界上当前的发展动向，学习国外的经验。

7. 在条件具备的时候，应在一些院校内建立统计科研培训中心，由国家投资，中心负担培养研究生、培训师资、承担重大科研项目、开展国内外学术交流等各种任务。

武汉大学　　　　　张尧庭

中国科学技术大学　陈希孺

北京大学　　　　　陈家鼎

华东师范大学　　　茆诗松

中国科学院

系统科学研究所　　成　平

一九八四年三月

时至今日，这份建议仍然适用，读起来仍然很有启发。特别是三种人才的区别和培养，统计学与数学的联系及不同，独立设置统计学系等仍然是没有完全解决的问题。

教育部高教一司根据张尧庭等 5 位专家的建议，为了办好数理统计新专业，1984 年 9 月 11 日到 15 日在杭州举办数理统计教学讨论会。除了北京大学、中

国科学技术大学等 20 多所高校代表外，国家统计局，中国科学院系统科学研究所、应用数学研究所，航天工业部一院十四所等单位，以及教育部高教一司同志参加了会议。大家认为：

> 由于许多高等院校，如农林医药、财经管理以及理、工科大学需要开设适应大学本科生和研究生学习的数理统计课程，希望各级领导积极支持在各类高校与统计有关的专业内培养各种统计人才。还应重视培养统计计算、程序包设计等软件人才，否则将无法适应马上就会面临的统计应用的高潮。
> ⋯⋯⋯⋯
> 各校应支持概率统计杂志的出版，通过各种方式给以赞助，设法捐献一定的经费，保证这一杂志顺利出版发行。

会议建议成立一个数理统计学科小组，负责与教育部联系，反映有关培养数理统计人才的各种问题，组织有关培训、教学、学术交流、咨询等项工作。这个小组初始暂由张尧庭、陈希孺、陈家鼎、茆诗松、马逢时、林春土六位同志组成，张尧庭同志担任组长。

教育部在给各省、自治区、直辖市高教（教育）厅（局）、各有关高校的通知中说：

> 在我国，数理统计还是一门薄弱学科。数理统计的应用十分广泛，国家经济建设对数理统计人才的需求将会逐渐增多。建设一支适应四化建设需要的数理统计学科队伍，提高学术水平，培养适合我国实际需要的各类数理统计人才，是一项紧迫任务。希望有关教育领导部门和高等学校对这个学科的建设、发展和提高，人才培养等工作给予应有的重视。

从 1980 年的申报开始，到 1983 年、1984 年的几次数理统计专业会议，以及教育部《关于印发〈数理统计教学讨论会纪要〉的通知》，开启了我国大规模数理统计人才培养的序幕，张尧庭、陈希孺、陈家鼎、茆诗松、成平等同志为此做出了巨大的努力和贡献。

二、数理统计教材建设

概率论的教材在改革开放前就已经出版过。1976 年，王梓坤编著的教材《概率论基础及其应用》由科学出版社出版。改革开放后，概率论与数理统计教

材陆续多了起来。1979 年，复旦大学汪嘉冈、李贤平等编著的教材《概率论》由人民教育出版社出版。科学出版社出版了一套"现代数学基础丛书"，到 1986 年共有 20 本教材，其中有 5 本教材与概率论和数理统计相关，分别是《数理统计引论》（陈希孺著，1981 年出版）、《多元统计分析引论》（张尧庭、方开泰著，1982 年出版）、《概率论基础》（严士健、王隽骧、刘秀芳著，1982 年出版）、《分析概率论》（胡迪鹤著，1984 年出版）和《概率论基础和随机过程》（王寿仁著，1986 年出版）。1983 年，魏宗舒编写的《概率论与数理统计教程》由高等教育出版社正式出版。这本教材迄今为止已经发行了 60 多万册，经汪荣明和周纪芗修订后至今还在使用。相比概率论教材而言，当时数理统计教材从总体来看还是非常匮乏、不成体系的，难以支撑数理统计专业建设和人才培养。1984 年，教育部在杭州组织召开了数理统计教学讨论会，会议委托茆诗松组织国内专家编写和出版一套数理统计专业教材，并致函请华东师范大学出版社协助出版。茆诗松组织了国内许多专家一起参与编写了 8 本教材，组成了一套"数理统计丛书"。从 1986 年起，这些教材陆续交由华东师范大学出版社出版。这 8 本教材分别是《数理统计》（茆诗松、王静龙）、《随机过程导论》（何声武）、《回归分析》（周纪芗）、《试验的设计与分析》（王万中、茆诗松）、《非参数统计教程》（陈希孺、柴根象）、《实用多元统计分析》（方开泰）、《时间序列分析》（安鸿志）和《基本统计方法教程》（傅权、胡蓓华）。这套教材出版后，受到广大师生的欢迎，被很多学校选用，部分地支撑了数理统计专业建设和人才培养。

复旦大学汪嘉冈、李贤平等编著的《概率论》（人民教育出版社，1979）

为加强对国外统计理论与实践的研究和了解，全面反映国外统计科研和教学的发展，促进我国统计教学改革和教材内容更新，国家统计局大力支持全国统计教材编审委员会和中国统计出版社翻译出版了一套"现代外国统计学优秀著作译丛"。国家统计局专门成立了由 15 人组成的"现代外国统计学优秀著作译丛"专

家委员会，时任国家统计局副局长翟立功同志担任委员会主任，时任国家统计局副局长贺铿同志和国家统计局统计教育中心主任王吉利同志担任委员会副主任，同时还聘请了刁锦寰教授、吴建福教授、孟晓犁教授等美国著名统计学家和袁卫教授等国内一批德高望重的资深专家、学者作为委员会委员。1994—1998 年，经过近 4 年的辛勤工作，《统计学》《随机过程》《统计决策论及贝叶斯分析》《探索性数据分析》《应用线性回归》《实验设计与分析》《时间序列分析：预测与控制》《金融与经济周期预测》《非线性回归分析及其应用》《抽样调查》《生存数据分析的统计方法》《离散多元分析：理论与实践》《调查中的非抽样误差》《方差估计引论》《寿命数据中的统计模型与方法》等 15 本翻译版教材全部出版发行。这套丛书的翻译出版不仅为我国数理统计教材建设和人才培养提供了有力的支撑，还为我国今后引进国外教材版权谈判和教材引进积累了宝贵的经验。

三、数理统计创建时期的科学研究（1978—2011 年）

我国高校理学门类从 1984 年开办"数理统计"本科专业，到 1993 年将"数理统计"更名为"统计与概率"，再到 1998 年上升为统计学类（可授理学或经济学学位），最终在 2012 年与研究生专业目录同步，统计学类只授理学学位，分为"统计学"和"应用统计学"两个专业。1978—2011 年，本科和研究生的专业目录经过多次修订调整，最终在 2011 年完成了一级学科的规范设置，统计学进入了快速发展的新时期。因而，我们可以将改革开放以后的统计学大致划分为两个阶段，即 1978—2011 年的改革调整阶段和 2011 年以后的发展新阶段。

改革开放初期，数理统计学科在国内刚刚起步，学科建设方面还处于起步阶段。数理统计领域的研究主要集中于抽样调查和实（试）验设计、统计推断和假设检验等基础方法以及非参数统计和贝叶斯统计等新兴方法。随着改革开放不断深入，数理统计领域开始朝更广泛的研究方向发展。这一时期我国数理统计界的学术空气进步活跃，引进了许多国际上新出现的分支，例如非线性回归、广义线性模型、生存数据分析、回归诊断、统计样条、稳健统计、半参数模型等，还结合中国数论研究的长处，开展了数论在统计学中应用的研究。加上以往已开展研究的时间序列、多元分析、投影寻踪、自助法、刀切法、可靠性统计、实（试）验设计、抽样检验与抽样调查、经济决策理论等，我国的数理统计研究已趋向全面和成熟。

以下我们按照时间顺序，根据中文期刊发表的数理统计研究成果进行系统性回顾。

（一）关于非参数统计与半参数模型的科学研究

在非参数模型方面，这个时期我国学者的兴趣仍然在非参数回归及密度函数估计方面：一方面继续研究完整数据情况下的估计。例如，洪圣岩[①]证明了密度泛函非参数估计的重对数律、中心极限定理及不变原理；赵林城[②]给出了密度核估计强相合性的一致收敛速度；柴根象、孙平和蒋泽云[③]基于模型的可加性得到了半参数回归模型的二阶段估计，并证明了它们具有很好的大样本性质；钱伟民[④]给出了密度核估计的样条光滑自助法逼近。另一方面则发展到截断样本情况。例如，李金平[⑤]给出了非参数回归的强相合估计；游凛峰[⑥]给出了非参数回归最佳收敛速度的近邻估计。此外，陈希孺、方兆本、李国英和陶波所著的《非参数统计》一书出版。胡舒合、胡晓鹏和潘光明[⑦]说明了 L^p 混合误差下线性与非参数回归模型估计量的平均相合性。李浩明、吴达对广义风险过程中的渐近方差做了非参数估计。李再兴和许王莉[⑧]考虑了非参数混合模型中的子集删除诊断，在非参数混合模型的框架下，得到了用两种方法所得非参数元素估计的系数矩阵相等，同时用两种方法得到的随机效应预测的系数矩阵也相同。刘强和薛留根[⑨]研究了纵向数据下部分线性 EV 函数关系模型，应用一般非参数权函数法和广义最小二乘法给出了误差方差以及未知函数 g(·) 的估计。吴奇峰、赵延孟和李元等[⑩]

① 洪圣岩. 密度泛函估计的重对数律，中心极限定理和不变原理 [J]. 应用概率统计，1989（2）：138-149.

② 赵林城. 密度核估计强相合性的一致收敛速度 [J]. 应用数学学报，1984（3）：334-339.

③ 柴根象，孙平，蒋泽云. 半参数回归模型的二阶段估计 [J]. 应用数学学报，1995（3）：353-363.

④ 钱伟民. 密度核估计的 Bootstrap 逼近 [J]. 同济大学学报（自然科学版），1992（1）：87-96.

⑤ 李金平. 非参数回归函数核估计的一致强收敛速度 [J]. 数学研究与评论，1986（2）：111-116.

⑥ 游凛峰. 截断样本下最近邻估计的强一致收敛速度 [J]. 应用概率统计，1989（3）：243-251.

⑦ 胡舒合，胡晓鹏，潘光明. L^p- 混合误差下线性与非参数回归模型估计量的平均相合性 [J]. 应用数学学报，2003（4）：756-759.

⑧ 李再兴，许王莉. 非参数混合效应模型中的删除诊断 [J]. 应用数学学报，2007（3）：506-516.

⑨ 刘强，薛留根. 纵向数据下部分线性 EV 模型的渐近性质 [J]. 应用数学学报，2009（1）：178-189.

⑩ 吴奇峰，赵延孟，李元，等. 非参数自回归模型异方差的小波检验 [J]. 应用数学学报，2009（4）：595-607.

讨论了非参数自回归模型异方差的检验问题，利用核估计方法定义经验小波系数，提出了异方差性检验的统计量。王炳章[①]研究回归函数的 k_n 近邻估计的渐近性质，得到了回归函数的 k_n 近邻估计的渐近正态性和它的自助法统计量的相合性。黎玉芳和杨善朝[②]在平稳相协样本下，讨论分布函数光滑估计的一致渐近正态性，在较合理的条件下给出了分布函数光滑估计的一致渐近正态性的收敛速度。

在半参数模型方面，成平和李国英获得了一批重要结果，他们使用了经验过程的工具来研究投影寻踪（PP）。张健[③]提出了以众数为投影指标的聚类方法，给出了最优方向指标值在一定条件下的渐近正态性。在检验方面，唐湘濂和李国英[④]导出了投影寻踪 -U 统计量的渐近分布；蔡越虹以及李国英、刘万荣和查文星[⑤]相继讨论了投影寻踪型柯尔莫哥洛夫、克拉美 - 冯·米塞斯（Cramér-von Mises）和奈曼优度检验及渐近分布；张健和成平[⑥]对 PP 检验的渐近功效给出了一般性定理。在散布度估计方面，崔恒建[⑦]给出了由李国英和陈忠琏所给出的 PP 估计为定性稳健、强相合的充要条件；朱力行、张健和成平[⑧]研究了投影寻踪型柯尔莫哥洛夫统计量和克拉美 - 冯·米塞斯统计量尾部概率的上下界，指出在柯氏统计量中，在分布被球对称分布所控，以及有界随机向量的条件下，这些上下界的阶一致，换句话说，除系数外，已不能改进了；他们还探讨了含参数时投影寻踪型柯氏统计量的上界。关于 PP 统计的应用也开始取得成果。例如，田铮、戎海武和党怀义[⑨]用投影寻踪回归建立了歼击机发射导弹的数学模型；邓传

---

① 王炳章. 非参数回归函数的 k_n 近邻估计的渐近性质及其 Bootstrap 逼近 [J]. 应用数学学报，2001（3）：410-417.

② 黎玉芳，杨善朝. 相协样本分布函数光滑估计的正态逼近速度 [J]. 应用数学学报，2005（4）：639-651.

③ 张健. PP 聚类的众数指标及最优方向估计的相合性 [J]. 应用数学学报，1993（1）：136-139.

④ 唐湘濂. PP-u 统计量及其应用 [D]. 北京：中国科学院，1989.

⑤ 蔡越虹. 用投影寻踪自助法进行多元分布函数的拟合优度检验 [J]. 系统科学与数学，1991，11（1）：52-62；李国英，刘万荣，查文星. 参数未知的 PPNeyman 拟合优度检验及其 Bootstrap 逼近 [J]. 数学物理学报，1996（S1）：20-30.

⑥ 张健，成平. PP Kolmogorov-Smirnov 统计量其分布尾部的大样本上界 [J]. 数学学报，1991（3）：388-402.

⑦ 崔恒建. 散布阵弱相合 PP 估计稳健的充要条件 [J]. 应用概率统计，1992（2）：113-121.

⑧ 朱力行，张健，成平. 经验过程一致偏差概率的指数界及其应用（Ⅰ）[J]. 应用数学学报，1993（4）：544-559.

⑨ 田铮，戎海武，党怀义. 非线性系统高维特征量的稳健投影寻踪建模 [J]. 数学的实践与认识，1999，29（3）：92-96.

玲、许鹏和胡锋铎^①用投影寻踪回归处理了水文数据，获得了较好结果；史久恩、陈小明和项静恬^②利用投影寻踪方法作天气预报取得成功。张健^③讨论了投影寻踪聚类的众数指标，并证明了最优方向估计的相合性。成平和朱力行^④在半参数模型下建立了一个强相合的密度函数估计，它比非参数估计要好。成平和许文源^⑤研究了密度函数含有奇异点的核估计，并指出其在半参数模型中的应用。陈桂景^⑥则讨论了半参数截断型分布族中的渐近有效估计，纠正了文献中某些错误。田凤调^⑦提出了一种全新的实用数量分析方法"秩和比法"，这是一种集古典参数估计与近代非参数统计各自优点于一体的综合评价方法。秦永松和赵林城^⑧结合非参数似然思想和参数似然方法讨论两样本分位数差异的检验问题，在一定的条件下得到了半经验似然比统计量的渐近分布。朱仲义和韦博成^⑨利用塞韦里尼（Severini）和王（Wong）提出的最佳偏差曲线的概念，对半参数非线性回归模型建立了类似于贝茨（Bates）和瓦特（Watts）的几何结构，利用这个几何结构研究了与统计曲率有关的某些渐近推断。朱仲义和韦博成^⑩还研究了半参数非线性回归模型的统计诊断与影响分析方法，得到了一系列诊断统计量。薛留根^⑪把小波光滑方法和随机加权方法结合在一起，获得了半参数回归模型中

① 邓传玲，许鹏，胡锋铎. 利用投影寻踪回归技术建立草地产量模型的研究 [J]. 草业学报，1994（2）：65-68.

② 史久恩，陈小明，项静恬. 应用方向数据统计方法对台风的移向及其概率分布特征的分析 [J]. 海洋学报（中文版），1989（6）：708-712.

③ 张健. PP聚类的众数指标及最优方向估计的相合性 [J]. 应用数学学报，1993（1）：136-139.

④ 成平，朱力行. 半参数模型的密度函数估计 [J]. 应用概率统计，1990（4）：378-385.

⑤ 成平，许文源. 奇异点参数估计及其在半参数模型中的应用 [J]. 应用概率统计，1991（1）：42-51.

⑥ 陈桂景. 在单参数双边截断型分布族中参数估计的一种新的渐近效率 [J]. 数学学报，2000（5）：833-842.

⑦ 田凤调. 秩和比法在医院统计中的应用（二）[J]. 中国医院统计，1994（2）：94-100.

⑧ 秦永松，赵林城. 两样本分位数差异的半经验似然比检验 [J]. 应用数学学报，1998（1）：103-112.

⑨ 朱仲义，韦博成. 半参数非线性回归模型渐近推断的几何 [J]. 应用数学学报，2001（1）：87-99.

⑩ 朱仲义，韦博成. 半参数非线性模型的统计诊断与影响分析 [J]. 应用数学学报，2001（4）：568-581.

⑪ 薛留根. 半参数回归模型中小波估计的随机加权逼近速度 [J]. 应用数学学报，2003（1）：11-25.

参数分量的小波估计的随机加权逼近速度。姜玉英和刘强 [1] 研究了半参数变量含误差函数关系模型，应用小波估计法和加权最小二乘法得出未知参数和未知函数的估计，在一般的条件下，证明了估计的强相合性、一致强相合性，并给出了误差方差估计的强收敛速度。田茂再 [2] 对半参数回归模型的二阶段进行了局部推断。吴建国 [3] 对一定条件下样本函数极值的重采样方法进行了研究。赵为华和冯予 [4] 研究了指数族半参数非线性模型的统计诊断和影响分析方法，得到了一系列识别异常点和强影响点的诊断统计量。张浩和朱仲义 [5] 把随机效应当作缺失数据并利用 P- 样条拟合非参数部分，从而得到了半参数广义线性混合效应模型（GPLMM）的估计算法。刘焕彬、何穗和孙六全 [6] 在复发事件数据下，研究了一个一般半参数比率回归模型中参数的估计问题。李志强和薛留根 [7] 讨论了半参数部分线性变系数模型的估计问题，采用局部线性估计系数函数估计常数系数。

（二）关于统计计算的科学研究

关于刀切法，施锡铨 [8] 通过刀切 U 统计量的泛函，得到了渐近正态分布的贝里－埃森（Berry-Essen）界。邵军 [9] 对可微统计量提出了一种改进的刀切估计，得到了渐近方差相合估计。卢昆亮和赵林城 [10] 找出了双边截断参数的最小方差无

① 姜玉英，刘强. 固定设计下半参数回归模型小波估计的收敛速度 [J]. 福州大学学报（自然科学版），2008（2）：176-181.

② 田茂再. 半参数回归模型的二阶段局部推断 [J]. 应用数学学报，2006（4）：601-608.

③ 吴建国. 一定条件下样本函数极值的重采样方法 [J]. 应用数学学报，2006（4）：646-653.

④ 赵为华，冯予. 指数族半参数非线性模型的统计诊断和影响分析 [J]. 应用数学学报，2006（4）：733-746.

⑤ 张浩，朱仲义. 半参数广义线性混合效应模型的估计及其渐近性质 [J]. 应用概率统计，2009（2）：171-184.

⑥ 刘焕彬，何穗，孙六全. 复发事件下一般半参数比率回归模型 [J]. 应用数学学报，2008（4）：671-681.

⑦ 李志强，薛留根. 缺失数据下的半参数变系数模型的借补估计 [J]. 应用数学学报，2009（3）：422-430.

⑧ 施锡铨. The rate of the normal approximation for jackknifing U-statistics [J]. Acta Mathematicae Applicatae Sinica（English Series），1985（2）：112-117.

⑨ 邵军. 抽样与重抽样：一个有效的刀切法方差估计的近似 [J]. 应用概率统计，1987（4）：358-370.

⑩ 卢昆亮，赵林城. 双边截断参数的最小方差无偏估计 [J]. 应用数学学报，1982（2）：177-185.

偏估计，并研究了其方差的数量级。程士宏[①] 研究了截断和与次序统计量的联合极限分布，并对次序统计量弱收敛问题做了说明。

关于自助法和随机加权，涂冬生和成平[②] 对非截尾型 L 统计量的自助法逼近证明了其强相合性及自助方差的强收敛性。在随机加权方面，郑忠国[③] 等解决了 $n^{-1/2}$ 相合 M 估计序列的随机加权统计量，证明了以 $o\left(n^{-1/2}\right)$ 逼近真实分布；他们同时讨论了样本中位数误差分布的渐近展开，引进了随机加权逼近，也达到了 $o\left(n^{-1/2}\right)$；他们还研究了误差分布为独立而不同分布线性模型参数估计的随机逼近；另外，他们也研究了 T 统计量的随机加权法，逼近精度达到了 $o\left(n^{-1/2}\right)$。

陈鸿建和吴传义[④] 研究了指数族的结构，给出了由方差是均值函数而能确定自然指数族的充要条件。王启应和苏淳[⑤] 研究了关于可和性方法的非一致贝里 - 埃森界及其对重对数律收敛速度、小参数问题的应用问题。李治国[⑥] 讨论了线性秩统计量的渐近正态性的条件及其收敛速度。郭盛杰和姚卫星[⑦] 提出了一个基于贝塔分布形状特征的经验分布函数，给出了精确值和近似值两种计算方法，在此基础上建立了新的极值型检验统计量，且在中小样本条件下具有更优的检验功效。

（三）关于实（试）验设计的科学研究

实（试）验设计中的均匀设计是由王元和方开泰开创的。蒙特卡罗法就是建立在数论基础上的，但要在多元分析中应用，就必须解决球内、球面上和单纯形上的均匀布点问题，也就是要解决上述区域的伪随机数，特别是小样本的伪随机数问题。王元和方开泰解决了此问题。方开泰和他的学生还把这个方法用来求极大似然估计解，求连续椭球分布的分量和表示点，并用于试验设计（建立了一种均匀设计，已被应用单位采用），用于求轧钢金属球寿命分布，用于大威力武器

---

① 程士宏. 截断和与次序统计量的联合极限分布 [J]. 应用数学学报，1993（1）：121-135.

② 涂冬生，成平. 非截尾型 L 统计量的 Bootstrap 逼近 [J]. 系统科学与数学，1989（1）：14-23.

③ 郑忠国. M 估计和随机加权法 [J]. 北京大学学报（自然科学版），1988（3）：277-286.

④ 陈鸿建，吴传义. 方差函数确定指数族的条件 [J]. 数学学报，1989（2）：174-187.

⑤ 王启应，苏淳. 关于 Summability Methods 的非一致 Berry-Essen 界及其对重对数律收敛速度、小参数问题的应用 [J]. 应用数学学报，1993（3）：383-395.

⑥ 李治国. 关于线性秩统计量的渐近正态性及其收敛速度 [J]. 应用数学学报，1998（2）：240-248.

⑦ 郭盛杰，姚卫星. 基于 Beta 分布形状的拟合优度检验 [J]. 应用数学学报，2007（3）：468-478.

瞄准点的选择，用于检验正态性的用投影寻踪的偏度和峰度方法，皆取得了较好的效果。在试验设计方面，茆诗松、马逢时和吴建福[1] 提出了利用正交表的序贯淘汰水平法，既考虑了正交表整齐可比性，又克服了主效用分析法的不足。刘朝荣[2] 研究了分枝设计中方差分量的最佳无偏不变二次估计。马毅林[3] 给出了超几何概率的一种简单的二项近似。周赛花和刘婉如[4] 给出了带有源滤波器的正交设计。关颖男[5] 考虑了单纯形 - 中心设计的 I_λ 最优观察配置。项可风和杨振海[6] 用回归模型的展开进行试验设计，提出了广义正交设计的概念。

（四）关于线性模型的科学研究

关于回归分析，项可风[7] 利用 C_p 统计量提出分组变量的逐步回归的方法。潘一民[8] 给出了双线性型统计量的一种通用递推计算方法。许重光[9] 研究了一类平稳序列谱函数估计的不变原理，从而显示了拟合自回归谱估计不仅是谱密度估计的良好方法，而且是有效方法。侯玉华[10] 说明了混合回归模型误差方差 M 估计的弱收敛性。韦博成和冯予[11] 对非线性回归模型求出了 M 估计的一阶和二阶随机展开，在此基础上，得到胡贝尔（Huber）形式 M 估计的偏差和方差的曲率表示式，同时也可求出残差和拟合误差的偏差和方差的曲率表示式。王松桂[12] 研究了线性模型中均值向量的最小二乘估计和最佳线性无偏估计之差的欧氏范数的界。

---

① 茆诗松，马逢时，吴建福. 序贯淘汰水平法：一种利用正交表的搜索方法 [J]. 应用概率统计，1990（2）：185-204.

② 刘朝荣. 分枝设计中方差分量的最佳无偏不变二次估计 [J]. 应用数学学报，1982（4）：426-428.

③ 马毅林. 超几何概率的一种简单的二项近似 [J]. 应用数学学报，1982（4）：418-425.

④ 周赛花，刘婉如. 窄带有源滤波器的正交优化设计 [J]. 应用概率统计，1989（3）：283-288.

⑤ 关颖男. 广义单纯形：中心设计的 I_λ 最优观测配置 [J]. 应用概率统计，1988（2）：157-162.

⑥ 项可风，杨振海. 模型的展开与广义正交设计 [J]. 应用概率统计，1988（3）：270-278.

⑦ 项可风. C_p 统计量和回归方程的变量分析 [J]. 应用数学学报，1979（1）：81-91.

⑧ 潘一民. 一类统计量的递推算法 [J]. 应用数学学报，1981（2）：190-195.

⑨ 许重光. 一类平稳序列谱函数估计的不变原理 [J]. 应用数学学报，1984（3）：257-279.

⑩ 侯玉华. 混合回归模型误差方差 M 估计的弱收敛性 [J]. 应用数学学报，1993（1）：140-144.

⑪ 韦博成，冯予. 非线性回归模型 M 估计矩的计算 [J]. 应用数学学报，1994（3）：437-447.

⑫ 王松桂. 线性模型中均值向量的最小二乘估计和最佳线性无偏估计之差的欧氏范数的界 [J]. 应用数学学报，1982（2）：190-193.

马江洪[1] 研究了拟合值影响与重新下降的回归估计，对拟合值影响敏感度提出相应的方差改变敏感度，导出两种稳健性之间的相互关系，把位置参数重新下降 M 估计中最 B- 稳健和最 V- 稳健的估计推广到回归情形，讨论它们的存在性及稳健性，部分证实汉佩尔（Hampel）的猜测。方开泰和张金廷[2] 提出了关于非线性回归模型参数估计的一个新算法。何中市和何良材[3] 考虑了岭回归估计 k 值选取迭代算法的收敛性，并给出其收敛极限。王启华[4] 在截尾分布函数已知和未知两种情况下，构造了基于截尾样本的非参数固定设计模型回归函数的加权核估计，并研究了它们的一些收敛性质。王成名[5] 研究了变量满足多个线性关系且部分变量带误差的回归分析。周连第[6] 把 C_p 统计量的概念以及有关性质推广到带有线性等式约束条件的多元回归分析中。邓炜材[7] 研究了非参数回归的强相容问题。朱力行[8] 给出了非线性回归最佳投影方向估计的相合性。吴诚鸥[9] 探讨了通过参数变换使参数效应曲率为零的可能性。申维[10] 研究了非线性回归误差估计的自助法逼近，证明了有渐近正态性。郑忠国[11] 讨论了一般回归系数方向的估计，他用的是非参数方法，从而避免了李克昭用极大似然法而要求苛刻的条件。安柏庆[12] 提出了回归变量的快速选择法。吴耀华[13] 也研究了线性中位回归的变量选择。王松桂[14] 对最

① 马江洪. 拟合值影响与重新下降的回归估计 [J]. 应用数学学报，1993（3）：338-346.

② 方开泰，张金廷. 非线性回归模型参数估计的一个新算法 [J]. 应用数学学报，1993（3）：366-377.

③ 何中市，何良材. 岭回归估计 k 值选取迭代算法的收敛性定理和极限 [J]. 应用数学学报，1994（1）：59-64.

④ 王启华. 截尾样本下回归函数加权核估计的一些收敛性质 [J]. 应用数学学报，1996（3）：338-350.

⑤ 王成名. 变量满足多个线性关系且部分变量带误差的回归分析 [J]. 应用数学学报，1996（1）：99-106.

⑥ 周连第. 有约束多元回归分析中的 C_p 统计量 [J]. 应用数学学报，1982（4）：379-387.

⑦ 邓炜材. 非参数回归的强相容问题 [J]. 应用数学学报，1983（4）：385-392.

⑧ 朱力行. 一种半参数密度估计的强相合性 [J]. 应用数学学报，1992（1）：127-135.

⑨ 吴诚鸥. 非线性回归模型中使参数效应曲率为零的参数变换 [J]. 应用概率统计，1990（2）：137-144.

⑩ 申维. 非线性回归诊断混合模型的讨论 [J]. 数理统计与应用概率，1996（2）：100-112.

⑪ 郑忠国. 一般回归模型中的非参数估计 [J]. 应用概率统计，1990（4）：439-444.

⑫ 安柏庆. A fast procedure of variable selection in linear regression model [J]. 系统科学与复杂性学报（英文版），1989（3）：266-274.

⑬ 吴耀华. 线性中位数回归中的变量选择 [J]. 数学学报，1990（1）：78-86.

⑭ 王松桂. 线性模型中均值向量的最小二乘估计和最佳线性无偏估计之差的欧氏范数的界 [J]. 应用数学学报，1982（2）：190-193.

小二乘估计与似然比 F 检验的稳健性给出了充要条件。陈希孺与克里希纳亚（P. R. Krishnaiah）[1]合作提出了回归线性模型的假设检验办法，证明了此检验的相合性，得到了渐近势的表达式。王松桂[2]还提出了线性模型中最小二乘估计的一种效率。胡舒合[3]在合适条件下获得了基于完全和截尾数据回归函数核估计的逐点相合性，所获的结果对于所有 X 的分布 μ 均成立，因此是分布自由的。陈式刚和安鸿志[4]讨论了带噪声的动态系统，即非线性自由回归模型，若原系统不具有任何压缩性质，但是它的某种拓扑共轭变换后的系统满足一定的压缩性质，则当噪声适当小时，相应的带噪声的动态系统将有唯一的平稳解，而且是几何遍历的。金阳和安鸿志[5]研究了平稳非线性自回归序列的高阶矩的存在性问题，此序列满足带条件异方差的非线性自回归模型。吴建国和刘锋[6]研究了部分线性回归模型中误差的序列相关性的检验问题，得到了一种全新的经验似然诊断方法，导出了经验似然的非参数的威尔（Will）定理。李济洪、杨柳和王钰[7]考虑了带有截尾数据的线性回归模型，给出了其参数极大似然估计存在且唯一的充分必要条件，且对 MLE 不存在的样本数据集 Q 的描述定义更为准确。陈放、李高荣和冯三营等[8]考虑了随机右删失数据下非线性回归模型，提出了模型中未知参数的调整的经验对数似然比统计量。吴鉴洪[9]研究了动态面板数据模型的条件异方差性检验问题，通过残差的一阶差分的平方序列建立了一个人工自回归模型，并基于该人工自回归模型系数的最小二乘估计构造检验统计量，检验误差序列的条件异方差性。田承骏[10]依据数值逼近的观点解释了周期分析，将方差分析周期外推法拓广

① Chen X R, Krishnaiah P R. A test of linearity of regression models [J]. Chinese Journal of Applied Probability and Statistics, 1990（4）：363-377.

② 王松桂. 线性模型中均值向量的最小二乘估计和最佳线性无偏估计之差的欧氏范数的界 [J]. 应用数学学报，1982（2）：190-193.

③ 胡舒合. 分布自由的回归函数核估计的相合性 [J]. 应用数学学报，1997（3）：448-455.

④ 陈式刚，安鸿志. 关于非线性自回归模型的几何遍历性 [J]. 应用数学学报，1997（4）：481-486.

⑤ 金阳，安鸿志. 非线性自回归序列的矩的存在性 [J]. 应用数学学报，2006（1）：1-8.

⑥ 吴建国，刘锋. 部分线性模型序列相关的经验似然诊断 [J]. 应用数学学报，2007（3）：555-562.

⑦ 李济洪，杨柳，王钰. 截尾线性回归模型参数极大似然估计的存在性和唯一性 [J]. 应用数学学报，2009（2）：225-235.

⑧ 陈放，李高荣，冯三营，等. 右删失数据下非线性回归模型的经验似然推断 [J]. 应用数学学报，2010（1）：130-141.

⑨ 吴鉴洪. 检验 n 和 T 都很大的固定效应动态面板模型的条件异方差性 [J]. 应用数学学报，2010（2）：204-213.

⑩ 田承骏. 时间序列分析的方差分析周期外推法 [J]. 应用数学学报，1984（2）：129-132.

为逐次平均法，并说明这类方法作为一种迭代过程具有收敛性，从而揭示了方差分析周期外推法取得拟合效果的实质。白鹏[①]引入了高斯型误差，在此误差下研究了模型中回归系数阵的极大似然估计的精确分布，求出了此分布的密度和特征函数。范永辉和王松桂[②]在面板模型中采用广义 p 值的方法，给出了一种精确的检验。李永明、尹长明和韦程东[③]研究了 φ 混合误差下回归函数小波估计的渐近正态性。林金官、李勇和韦博成[④]针对可分的连续型指数族回归模型，讨论了广义非线性纵向数据模型中偏离名义离差的检验问题，得到了检验的得分（score）统计量。

关于参数估计及其容许性，安鸿志和成平[⑤]研究了自回归参数估计的渐近均方误差，并给出了一系列误差矩的渐近性质。成平[⑥]讨论了极大似然估计的克拉美渐近有效性。成平、吴启光和李国英[⑦]研究了二阶原点矩的二次型估计的可容许性。方开泰[⑧]推导出线性置换统计量的极限分布，并说明这些极限分布有一部分不是正态的，在此基础上给出了一些有用的统计量。张双林[⑨]考虑了带约束线性模型中的可容许线性估计。覃红[⑩]对于一般的随机效应多元线性模型，给出了随机回归系数和参数的线性可估函数的泛容许性估计的定义，并得到了随机回归系数和参数的线性可估函数的齐线性估计（非齐线性估计）在齐线性估计类（非齐线性估计类）中泛容许性的特征。童恒庆[⑪]先将方差分量模型的方差分量转化为派生模型的均值参数，分别做出其相对于最小二乘估计和最优线性无偏估计的广义岭估计，再根据二步估计法做出原模型均值参数的广义二乘估计

① 白鹏. GMANOVA-MANOVA 模型中协方差阵的 MLE 的精确分布 [J]. 中国科学（A 辑·数学），2005（10）：1162-1173.

② 范永辉，王松桂. 广义 p- 值与 panel 数据模型的精确检验 [J]. 应用数学学报，2008（2）：367-373.

③ 李永明，尹长明，韦程东. φ 混合误差下回归函数小波估计的渐近正态性 [J]. 应用数学学报，2008（6）：1046-1055.

④ 林金官，李勇，韦博成. 基于连续可分的广义非线性纵向数据模型偏离名义离差的 score 检验及其功效 [J]. 应用数学学报，2009（1）：60-74.

⑤ 安鸿志，成平. 自回归参数估计的渐近均方误差 [J]. 应用数学学报，1980（1）：13-33.

⑥ 成平. 论极大似然估计的 Cramér 渐近有效性 [J]. 应用数学学报，1982（4）：357-367.

⑦ 成平，吴启光，李国英. 二阶原点矩的二次型估计的可容许性 [J]. 应用数学学报，1983（1）：18-28.

⑧ 方开泰. 线性置换统计量的极限分布及其应用 [J]. 应用数学学报，1981（1）：69-82.

⑨ 张双林. 带约束线性模型中的可容许线性估计 [J]. 应用数学学报，1994（3）：470-472.

⑩ 覃红. 多元线性模型中随机回归系数和参数的线性估计的泛容许性 [J]. 应用数学学报，1995（3）：434-438.

⑪ 童恒庆. 方差分量模型参数的广义岭估计 [J]. 应用数学学报，1995（3）：453-460.

及其进一步的岭估计，证明了这样不仅使方差分量估计的均方误差减少，而且使原模型均值参数估计的均方误差也不会增加并进一步减少。张文文[①] 对奇异线性模型提出并解决了参数的可估线性函数的估计效率问题，讨论了估计效率与霍特林（Hotelling）广义相关系数的关系，给出了估计效率的上、下界以及达到上、下界的条件。陈桂景[②] 在一般截断型分布族中给出了参数函数的估计的巴哈杜尔（Bahadur）型渐近有效性的一种定义，验证了常用估计的渐近有效性。孙六全[③] 研究了一般增长曲线模型回归系数线性估计的可容许性。谢民育[④] 研究了协方差矩阵的二次型估计在诸优良性准则下的可容许性。关颖男和张崇岐[⑤] 对二阶可加混料模型参数估计的 I_λ 给出了最优设计。戴俭华、许文源等[⑥] 给出了具有非负独立同分布新息的自回归过程模型的参数估计。而凌仕卿和邓炜材[⑦] 给出了误差项有条件异差阵的多元自回归模型的参数估计。吴启光[⑧] 在研究了随机和非随机线性模型参数及其线性组合的线性估计在平方损失和矩阵损失下是可容许的一系列充要条件之后，转而研究了可容许损失估计和极大极小损失估计；对两类截断型分布族在参数空间受限制和不受限制条件下，基于参数估计可容许性，给出了一类可容许的损失估计，其中有的有极值性；在同时估计几个损失时，分别给出了多个损失估计的容许性，其中包含许多实用分布族的例子。他还考虑了正态线性模型，求得了回归系数的线性组合平方损失的一致最小风险。张文文[⑨] 在回归系数的主成分估计的基础上，提出了一种新的降维估计——主相关估计，并

① 张文文. 奇异线性模型的估计效率 [J]. 应用数学学报，1995（4）：591-594.

② 陈桂景. 截断分布族中估计的渐近有效性（Ⅱ）[J]. 应用数学学报，1995（1）：51-64.

③ 孙六全. 一般增长曲线模型回归系数线性估计的可容许性 [J]. 应用数学学报，1994（4）：628-630.

④ 谢民育. 协方差矩阵的二次型估计在诸优良性准则下的可容许性 [J]. 应用数学学报，1994（1）：149-153.

⑤ 关颖男，张崇岐. 二阶可加混料模型参数估计的 I_λ 最优设计 [J]. 应用数学学报，1994（2）：161-172.

⑥ 戴俭华，许文源，杜金观，等. 具有非负 i.i.d. 新息的 AR（p）模型的参数估计 [J]. 应用数学学报，1993（4）：508-516.

⑦ 凌仕卿，邓炜材. 误差项有条件异差阵的多元自回归模型的参数估计 [J]. 应用数学学报，1993（4）：517-533.

⑧ 吴启光. 截断型分布族参数的估计之损失的可容许估计 [J]. 应用数学学报，1992（4）：519-529；吴启光. 随机回归系数和参数的线性估计的可容许性的几个结果 [J]. 应用数学学报，1988（1）：95-106；吴启光. 矩阵损失下回归系数的非齐次线性估计的可容许性 [J]. 应用数学学报，1987（4）：428-433；吴启光. 一般的 Gauss-Markoff 模型中回归系数的线性估计的可容许性 [J]. 应用数学学报，1986（2）：251-256.

⑨ 张文文. 回归系数的主相关估计及其优良性 [J]. 应用数学学报，1996（4）：566-570.

用实例说明了主相关估计对主成分估计的改进效果。崔恒建[①]用投影寻踪方法给出了一类新的多元位置的稳健投影寻踪型度量与估计，证明了它不仅具有同变性、渐近正态性，而且具有高效率与高崩溃点等优良性质。杨瑛[②]研究了固定设计点模型的最近邻中位数估计的光滑参数的选择问题，在一定的正则性条件下得到了 L_2- 交叉验证最近邻中位数估计的渐近最优性，同时还得到了最近邻中位数估计的弱巴哈杜尔表示。孙卓昕和徐兴忠[③]研究了二次损失下方差分量模型中回归系数的线性容许估计。秦永松和赵林城[④]讨论了有偏模型中一类统计泛函的经验似然估计及其渐近性质。洪少南[⑤]给出了两个方差分量的线性函数的不变二次无偏估计、不变二次非负估计及不变二次估计不可容许的充要条件，并据此给出了具体判别上述估计的可容许性的方法。费鹤良、徐晓岭和陆向薇[⑥]对威布尔分布和极值分布异常数据的检验给出了一系列的方法。王松桂和邓永旭[⑦]研究了一类方差分量模型中方差分量的改进估计问题，对单向分类随机模型对应于随机效应的方差分量，研究了一个不变估计类，在均方误差准则下，在该估计类中不存在一致最优不变估计，且方差分析估计是不容许估计；在一个重要子估计类中，找到了一致最优估计。邓起荣和陈建宝[⑧]对于一般的增长曲线模型，在一般的矩阵损失和二次损失下，用统一的方法分别给出了回归系数矩阵的任一指定可估函数存在一致最小风险同变（UMRE）估计（分别在仿射变换群和转移变换群下）和一致最小风险无偏（UMRU）估计的充要条件。杨善朝和王岳宝[⑨]在相依样本下研究了非参数回归函数加权核估计的相合性，获得了一些较弱的充分条件，与此同时对相依随机变量给出了一个简洁实用的伯恩斯坦（Bernstein）型不

---

① 崔恒建. 多元位置的稳健 PP 型度量与估计 [J]. 应用数学学报, 1996（4）: 582-588.

② 杨瑛. 最近邻中位数估计及其光滑参数选择 [D]. 北京: 北京大学, 1996.

③ 孙卓昕, 徐兴忠. 二次损失下方差分量模型中回归系数的线性容许估计 [J]. 应用数学学报, 1998（3）: 393-403.

④ 秦永松, 赵林城. 有偏模型中一类统计泛函的经验似然估计及其渐近性质 [J]. 应用数学学报, 1998（3）: 428-436.

⑤ 洪少南. 两个方差分量的不变二次估计的可容许性 [J]. 应用数学学报, 1998（4）: 519-526.

⑥ 费鹤良, 徐晓岭, 陆向薇. 异常数据检验的屏蔽效应 [J]. 应用概率统计, 2002（2）: 141-151.

⑦ 王松桂, 邓永旭. 方差分量的改进估计 [J]. 应用数学学报, 1999（1）: 115-122.

⑧ 邓起荣, 陈建宝. 增长曲线模型中 UMRE 估计和 UMRU 估计的存在性 [J]. 应用数学学报, 1999（2）: 169-177.

⑨ 杨善朝, 王岳宝. NA 样本回归函数估计的强相合性 [J]. 应用数学学报, 1999（4）: 522-530.

等式。秦永松和苏淳[1]利用经验似然方法给出了含附加信息时条件分位数的一类新估计，在一定的正则条件下证明了估计的渐近正态性且渐近方差小于或等于通常的条件分位数核估计的渐近方差。徐兴忠和吴启光[2]研究了协方差的二次型估计的容许性，在平方损失下，给出了一个二次型估计在二次型估计类中是协方差的容许估计的充要条件。薛宏旗、宋立新和李国英[3]在响应变量的观测值为 I 型区间删失数据的情形下，讨论了部分线性模型筛分（Sieve）极大似然估计的渐近性质，在一定条件下证明了该估计具有强相合性，参数分量的估计具有渐近正态性并且是渐近有效的。宋卫星[4]提出了非正则位置参数模型中的拟极大似然估计，表明拟极大似然估计与极大似然估计有着相同的渐近性质，并且由于拟极大似然估计的获得不依赖于未知分布密度的形式，只与一已知的分布密度有关，使得通过计算机可以实现对其求解。章栋恩[5]用表面无关回归模型导出了成分数据的均值和协差阵的估计。林明和韦来生[6]在广义均方误差（GMSE）准则下给出了回归系数的施泰因（Stein）估计优于最小二乘（LS）估计的充分必要条件，然后在 Pitman Closeness（PC）准则下比较了施泰因估计相对于最小二乘估计的优良性。喻胜华[7]研究了二次损失下一般高斯 - 马尔可夫模型中可估函数的线性极小极大估计。王静[8]研究了分组数据情形下对数正态分布所含参数的最大似然估计存在且唯一的充要条件，进而得到了最大似然估计具有强相合性及收敛速度服从重对数律的结论。喻胜华和徐礼文[9]在二次损失下研究了任意秩有限总体中线性预测的可容性，得到了 $Ly_s(Ly_s + a)$ 线性预测是可容许线性预测的充要

[1] 秦永松，苏淳. 含附加信息时条件分位数的估计及其渐近性质 [J]. 应用数学学报，2000（1）：55-62.

[2] 徐兴忠，吴启光. 协方差的二次型容许估计 [J]. 应用数学学报，2000（1）：141-150.

[3] 薛宏旗，宋立新，李国英. I 型区间删失情形下部分线性模型 Sieve 极大似然估计渐近性质 [J]. 应用数学学报，2001（1）：139-151.

[4] 宋卫星. 非正则位置参数模型中的拟极大似然估计 [J]. 应用数学学报，2002（1）：49-57.

[5] 章栋恩. 成分数据的几个估计 [J]. 应用数学学报，2002（1）：58-66.

[6] 林明，韦来生. 回归系数 Stein 压缩估计的小样本性质 [J]. 应用数学学报，2002（3）：497-504.

[7] 喻胜华. 二次损失下一般 Gauss-Markov 模型中可估函数的线性 Minimax 估计 [J]. 应用数学学报，2003（4）：693-701.

[8] 王静. 分组数据情形下对数正态分布参数的最大似然估计 [J]. 应用数学学报，2003（4）：737-744.

[9] 喻胜华，徐礼文. 二次损失下线性预测的可容许性 [J]. 应用数学学报，2004（3）：385-396.

条件。刘焕彬和孙六全[1]对截断与删失下的反映变量，提出了一类广义乘积限估计，并获得了它的弱收敛性，在回归分析中利用这类广义乘积限估计来定义一种最小距离的参数估计，并获得了这种参数估计的相合性和渐近正态性。欧阳光[2]利用加权正交回归最小二乘法给出了变系数一维线性结构关系 EV 模型中的参数估计，并利用重复观测数据和加权方法给出了有重复观测时变系数一维线性结构关系 EV 模型中的参数估计，证明了估计的弱相合性和强相合性。张日权[3]讨论了在数据是强相依的情况下函数系数部分线性模型的估计。柴根象和吴月琴[4]讨论了相依样本下污染线性模型的最近邻估计。陶宝和彭作祥[5]给出了分布函数 $F(x)$ 的尾端点估计量，证明了该估计量的强相合性和弱相合性。宁建辉和谢民育[6]在损失 $L(F, a) = \int |F(t) - a(t)| [F(t)]^{\alpha} [1 - F(t)]^{\beta} \mathrm{d}F(t)$ 下考虑了离散分布函数 F 的估计问题，在 $\alpha > 0$，$\beta > 0$ 下，获得了 F 的容许估计。陈夏和闫莉[7]研究了误差为随机适应序列下，线性模型回归参数 M 估计的强相合性，给出了随机适应误差下线性模型参数 M 估计的渐近正态性。陈希孺[8]对线性置换统计量的收敛速度和在一定条件下线性置换统计量的一切可能极限分布两个问题给出了解答。冯予和王执铨[9]提出了非线性再生散度模型基于统计曲率的诊断统计量。陈冬和程维虎[10]研究了利用样本分位数的 Logistic 总体分布参数的渐近置信估计。林赛攀和邹新堤[11]用凸函数构造了线性次序统计量和线性秩统计量，并证明了它们的渐

① 刘焕彬，孙六全. 截断与删失数据下的一个回归方法 [J]. 应用数学学报，2005（1）：1-10.

② 欧阳光. 变系数线性结构关系 EV 模型的参数估计 [J]. 应用数学学报，2005（1）：73-85.

③ 张日权. 强相依数据的函数系数部分线性模型的估计 [J]. 应用数学学报，2006（2）：374-381.

④ 柴根象，吴月琴. 相依样本下污染线性模型的最近邻估计 [J]. 应用数学学报，2006（3）：542-554.

⑤ 陶宝，彭作祥. 分布函数尾端点估计量的渐近性质 [J]. 应用数学学报，2007（4）：615-624.

⑥ 宁建辉，谢民育. 分布函数估计的可容许性 [J]. 应用数学学报，2008（4）：752-757.

⑦ 陈夏，闫莉. 随机适应误差下线性模型参数 M 估计的渐近性质 [J]. 应用数学学报，2009（6）：1123-1132.

⑧ 陈希孺. 线性置换统计量的两个问题 [J]. 应用数学学报，1981（4）：342-355.

⑨ 冯予，王执铨. 非线性再生散度模型基于统计曲率的诊断统计量 [J]. 高校应用数学学报 A 辑，2002（3）：257-263.

⑩ 陈冬，程维虎. 利用样本分位数的 Logistic 分布参数的渐近置信估计 [J]. 数理统计与管理，2002（2）：52-55.

⑪ 林赛攀，邹新堤. 线性次序统计量和线性秩统计量的渐近正态性 [J]. 应用数学学报，2006（1）：146-153.

近正态性。叶仁道和王松桂[1] 考虑了线性混合模型中方差分量的假设检验和区间估计问题，构造了对应于随机效应的单个方差分量的精确检验和置信区间，研究了所给检验和置信区间的统计性质。金立斌、许王莉、朱利平和朱力行[2] 研究了偏正态混合模型的惩罚极大似然估计。许王莉、李妍文和余昧[3] 得到了线性混合模型方差分量的谱分解估计。朱利平和朱力行[4] 研究了含发散维数自变量的单指标模型中方向向量的稳健估计。朱利平、卢一强和茆诗松[5] 给出了混合指数分布的参数估计。朱利平和刘莉[6] 得出了线性结构方程参数估计的一种简单方法。

陈希孺、白志东、赵林城和吴月华[7] 特别研究了线性回归系数最小 L_1 模估计渐近正态性问题，接近充要条件。他们从 L_r 模出发研究了 M 估计问题，在很弱的条件下建立了估计的相合性；对于离散密度的正交级数估计，他们建立了达到 $O(n^{-2})$ 速度的充要条件，而且其收敛速度是不能再改进的；对连续密度的直方图估计，他们建立了 L_r 收敛的充要条件。柴根象[8] 证明了线性模型误差密度非参数估计的 L_1 模具有指数阶概率收敛速度及渐近正态性。杨自强[9] 给出了一个简单有效的 L_1 模非线性曲线拟合。郑忠国[10] 解决了非参数估计 L_1 模最优收敛问题；他还在 L_1 模意义下解决了非参数回归核估计的一般与广义的交叉验证方法的最

① 叶仁道，王松桂. 线性混合模型中方差分量的广义推断 [J]. 应用数学学报，2010（01）：1-11.

② 金立斌，许王莉，朱利平，等. 偏正态混合模型的惩罚极大似然估计 [J]. 中国科学（数学），2019（9）：1225-1250.

③ 许王莉，李妍文，余昧. 线性混合模型方差分量的谱分解估计 [J]. 统计与决策，2012（9）：69-71.

④ 朱利平，朱力行. 含发散维数自变量的单指标模型中方向向量的稳健估计 [J]. 中国科学·数学，2010（4）：393-402.

⑤ 朱利平，卢一强，茆诗松. 混合指数分布的参数估计 [J]. 应用概率统计，2006（2）：137-150.

⑥ 朱利平，刘莉. 线性结构方程参数估计的一种简单方法 [J]. 应用概率统计，2005（2）：161-168.

⑦ 陈希孺，白志东，赵林城，等. Asymptotic normality of minimum l_1-norm estimates in linear models[J]. 中国科学·数学（英文版），1990（11）：1311-1328.

⑧ 柴根象. 线性模型误差分布估计的渐近理论 [J]. 中国科学（A 辑），1992（11）：1135-1144.

⑨ 杨自强. 关于非线性 L_1 回归的算法 [J]. 数值计算与计算机应用，1994（1）：18-23.

⑩ 郑忠国. 非参数回归模型中回归函数的估计的渐近性质 [J]. 应用数学学报，1985（3）：317-328.

优性问题。胡舒合[①]研究了双下标 L^p 混合随机变量和及其在线性模型中的应用。王启应[②]研究了线性模型中误差方差估计的 L_p 度量性质。

（五）关于不完全数据分析的科学研究

郭祖超首先将"圆形分布"理论应用于克山病急性发作时间[③]和脑电阻图上升角、主峰角的正常值研究[④]。张建中、费鹤良和王玲玲[⑤]讨论了二参数威布尔分布参数估计方法的精度问题。王玲玲和陈元[⑥]进行了对数正态分布定时截尾样本下的寿命试验与加速寿命试验的统计分析。北京大学寿命与可靠性研究组（陈家鼎执笔）[⑦]研究了双向删失数据情形的置信限，在分布对所含参数 θ 有单调性的条件下，他们给出了 θ 的最优置信区间。郑祖康[⑧]证明了卡普兰－迈耶（Kaplan-Meier）估计强一致性收敛速度达到了重对数律；他还在独立不同分布的条件下证明了卡普兰－迈耶估计在半直线上弱收敛[⑨]。郑祖康[⑩]还在随机删失数据的情况下讨论了非参数回归估计的强收敛性。陈家鼎[⑪]证明了随机截尾下威布尔分布参数

---

①　胡舒合. 双下标 L^p- 混合随机变量和及其在线性模型中的应用 [J]. 应用数学学报，1994（2）：248-254.

②　王启应. 线性模型中误差方差估计的 L_p（$1 \leqslant p \leqslant \infty$）- 度量性质 [J]. 应用数学学报，1993（1）：248-254.

③　郭祖超. 昼时性或季节性流行病学资料的统计分析 [J]. 第四军医大学学报，1980（1）：39-45.

④　徐勇勇. 毕生耕耘建树卓然：记卫生统计学家、医学教育家郭祖超教授 [J]. 中国卫生统计，1994（5）：40-42.

⑤　张建中，费鹤良，王玲玲. 威布尔分布参数估计方法的精度比较 [J]. 应用数学学报，1982（4）：397-411.

⑥　王玲玲，陈元. 对数正态分布定时截尾样本下的寿命试验与加速寿命试验的统计分析 [J]. 应用数学学报，1994（1）：109-117.

⑦　陈家鼎. 双向删失数据情形下的置信限 [J]. 应用概率统计，1990（4）：354-362.

⑧　郑祖康. Strong approximation of empirical process with independent but non-identically distributed random variables [J]. Acta Mathematicae Applicatae Sinica（English Series），1987（2）：180-192.

⑨　郑祖康. 在独立而不同分布的随机截断下 Kaplan-Meier 估计在半直线上的弱收敛 [J]. 高校应用数学学报 A 辑（中文版），1987（1）：64-74.

⑩　Zheng Z K. Strong uniform consistency for density estimator from randomly censored data [J]. Chinese Annals of Mathematics，1988（2）：167-175.

⑪　陈家鼎. 随机截尾情形下 Weibull 分布参数的最大似然估计的相合性 [J]. 应用概率统计，1989（3）：226-233.

的极大似然估计的相合性。涂冬生[①]给出了定数定时的混合型寿命试验参数的极大似然和贝叶斯估计及其渐近性质。张志华[②]研究了定时截尾样本下加速寿命试验的统计分析，给出了各应力水平下形状参数的改进近似无偏估计（RAUE）及保序估计（IRE）。倪中新和费鹤良[③]对威布尔分布场合下的无失效数据，根据"平均剩余寿命"这一概念得到了参数的拟矩估计，并利用分布函数曲线拟合方法得到了未知参数的估计。王炳兴[④]讨论了威布尔分布场合恒加寿命试验的点估计和近似区间估计，利用模拟方法说明了所给方法的有效性。王启华[⑤]研究了随机删失概率密度估计的光滑自助法逼近，给出了光滑自助法逼近成立的充分条件，并证明了概率密度的光滑自助法估计方差几乎处处收敛到概率密度核估计的渐近方差。薛留根[⑥]在完全和右删失数据下，构造了回归函数的小波估计和改良小波估计，得到了估计量的若干强一致收敛速度。李开灿和黄学维[⑦]导出了有单调缺失数据结构的正态分布参数的后验分布形式，构造了单调缺失数据结构的正态分布的协方差矩阵和均值后验分布的抽样算法。

（六）关于多元分析的科学研究

张尧庭[⑧]利用广义逆矩阵引入了随机向量之间的相关系数——广义相关系数：将这个概念用于多元线性模型的假设检验问题，不但可以导出历史上已经出现的许多统计量，还可以导出新的统计量；将这个概念用于多元逐步回归，还可以较方便地导出有关的递推公式。张尧庭和朱晓冬[⑨]研究了两个随机向量相关性的度

[①] 涂冬生. 截尾寿命试验中参数的 MLE 的收敛速度 [J]. 系统科学与数学，1986（4）：291-306.

[②] 张志华. 定时截尾情况下简单加速寿命试验优化设计的比较 [J]. 应用概率统计，2001（3）：303-307.

[③] 倪中新，费鹤良. 威布尔分布无失效数据的统计分析 [J]. 应用数学学报，2003（3）：533-543.

[④] 王炳兴. Weibull 分布基于恒加寿命试验数据的统计分析 [J]. 应用概率统计，2002（4）：413-418.

[⑤] 王启华. 随机删失下概率密度核估计的光滑 Bootstrap 逼近 [J]. 应用数学学报，1997（3）：367-377.

[⑥] 薛留根. 完全与删失数据下回归函数小波估计的强一致收敛速度 [J]. 应用数学学报，2002（3）：430-438.

[⑦] 李开灿，黄学维. 有缺失数据的正态母体参数的后验分布及其抽样算法 [J]. 应用数学学报，2009（2）：200-206.

[⑧] 张尧庭. 广义相关系数及其应用 [J]. 应用数学学报，1978（4）：312-320.

[⑨] 张尧庭，朱晓冬. 随机向量相关性的度量 [J]. 应用概率统计，1988（1）：27-34.

量，证明了 k 组随机向量的相关系数在他们所给的定义下是唯一的。徐兴忠[①] 研究了多元统计中期望向量的线性容许估计。王建军和房艮孙[②] 证明了多元指数型整函数的一个马尔钦凯维奇（Marcinkiewicz）型不等式，并由此证得了多元惠特克 - 科特尔尼科夫 - 香农（Whittaker-Kotelnikov-Shannon）型的样本定理，从而得到了多元索博列夫（Sobolev）类上的混淆误差界的阶的精确估计。张尧庭和胡飞芳[③] 论证了定性材料多变量之间的独立性与不相关性的关系，用典型相关的处理方法获得了一些新的统计量。张双林、沙秋英和朱显海[④] 考虑了 k 个多元同类自相关线性模型的回归系数和协方差阵相等的同时检验问题，得到了似然比检验统计量、统计量的矩及渐近中心分布。徐承彝[⑤] 研究了 $Y = X_1 B X_2' + U\varepsilon$ 的最小二乘估计。周方俊[⑥] 研究了带遗失数据的一类多元线性模型的MLE。方宏彬和滕成业[⑦] 研究了椭球等高分布中非中心矩阵变元 F 分布和贝塔分布，给出了它们的分布密度和特征根分布级数表达式。张帼奋[⑧] 则建立了椭球等高分布非中心科克伦（Cochran）定理。单兆林[⑨] 研究了多元污染正态分布的线性判别，在两个位置参数已知的条件下，给出了条件误分率及无条件误分率渐近分布。吴可法、范金城和李耀武[⑩] 讨论了多重线性函数关系模型在一组变量真值满足线性关系，测量值有误差的情况下的参数估计的容许性。喻胜华和何灿芝[⑪] 研究了任意秩多元线

① 　徐兴忠. 多元统计中期望向量的线性容许估计 [J]. 应用数学学报，1996（2）：196-202.

② 　王建军，房艮孙. 多元样本定理及混淆误差的估计 [J]. 应用数学学报，1996（4）：481-488.

③ 　张尧庭，胡飞芳. 定性资料的多元分析方法 [J]. 应用概率统计，1990（4）：433-438.

④ 　张双林，沙秋英，朱显海. K组多元自相关数据服从同一模型的假设检验 [J]. 应用数学学报，1995（4）：518-521，523-527.

⑤ 　徐承彝. 多元准正态线性模型中一个估计的非负最优性 [J]. 应用概率统计，1988（4）：352-362.

⑥ 　周方俊. 几类线性模型的参数估计与方差分析及有关的计算问题 [D]. 北京：清华大学，1987.

⑦ 　方宏彬，滕成业. 广义非中心 F 分布与 Beta 分布 [J]. 数理统计与应用概率，1989（1）：70-80.

⑧ 　张帼奋. 椭球等高分布族下的非中心 Cochran 定理 [J]. 应用概率统计，1989（3）：234-242.

⑨ 　单兆林. 多元污染正态分布的线性判别误分率研究 [J]. 应用概率统计，1990（1）：1-12.

⑩ 　吴可法，范金城，李耀武. 多重线性关系模型的强相合估计 [J]. 应用数学学报，1990（1）：90-98.

⑪ 　喻胜华，何灿芝. 任意秩多元线性模型中的最优预测 [J]. 应用数学学报，2001（2）：227-235.

性模型中可预测变量的最优预测。马江洪和张文修[1]在多元含误差变量（errors-in-variables）模型中引入稳健高斯-马尔可夫估计量，把一元正态含误差变量模型的若干结果推广到多元情形。王辉、叶慈南和严广乐[2]研究了一类嵌套多元指数分布相关参数的矩型估计。吴鑑洪[3]研究了约束条件下多元线性模型中线性估计的可容许性。戴家佳、苏岩和杨爱军等[4]提出了中心相似多元分布统计分析模型，研究了该模型中未知参数的矩估计问题，并证明了这些估计的大样本性质。苏岩和杨振海[5]证明了基于惯量矩的 d 维单位球面上样本服从均匀分布的基本特征，得到了球面均匀分布协差阵特征根估计的强相合性及渐近多元正态性，提出了检验球面上样本均匀性的渐近卡方统计量。曹明响和孔繁超[6]基于泽尔纳（Zellner）的平衡损失的思想，提出了矩阵形式的平衡损失函数，并在该损失函数下讨论了多元回归系数线性估计的可容许性。李从珠和王建稳[7]研究了双样本霍特林 T^2 检验使用条件的拓广及其应用。王雪标[8]讨论了关于平稳序列的多维中心秩序列顺序统计量的情况，得到了联合极限分布的稳定收敛性，进而给出了随机秩序列顺序统计量的联合极限分布。胡庆军和吴翊[9]利用矩阵的扫描运算，提出了一种对高维随机向量进行降维处理的实用方法——主变量筛选方法，该方法是不同于主成分分析法的一种降维方法。缪柏其、赵林城和谭智平[10]根据信息论准则研究了变点问题，在模型选择的框架下，研究了变点个数和变点位置的检测，证明了当方差不同时，均值向量变点个数及变点位置估计的强相合性。邱涛、吴文琦和许

① 马江洪，张文修. 多元测量误差模型的稳健 GM- 估计量 [J]. 应用数学学报，2002（1）：141-153.

② 王辉，叶慈南，严广乐. 应力服从一类嵌套多元指数分布的结构可靠度估计 [J]. 应用概率统计，2009（2）：143-154.

③ 吴鑑洪. 约束条件下多元线性模型中线性估计的可容许性 [J]. 应用数学学报，2007（6）：1140-1144.

④ 戴家佳，苏岩，杨爱军，等. 中心相似分布的参数估计 [J]. 应用数学学报，2008（3）：480-491.

⑤ 苏岩，杨振海. 球面均匀分布的拟合优度检验 [J]. 应用数学学报，2009（1）：93-105.

⑥ 曹明响，孔繁超. 多元线性模型中回归系数的线性可容许估计 [J]. 应用数学学报，2009（5）：951-957.

⑦ 李从珠，王建稳. 双样本 Hotelling T^2 检验使用条件的拓广及其应用 [J]. 应用数学学报，1995（2）：179-184.

⑧ 王雪标. 关于平稳序列中心秩顺序统计量联合分布的稳定收敛性 [J]. 应用数学学报，1993（1）：1-9.

⑨ 胡庆军，吴翊. 主变量筛选方法 [J]. 应用数学学报，2002（1）：101-107.

⑩ 缪柏其，赵林城，谭智平. 关于变点个数及位置的检测和估计 [J]. 应用数学学报，2003（1）：26-39.

王莉[1] 研究了高维两样本位置参数秩和检验。何胜美、李高荣和许王莉[2] 给出了基于秩能量距离的超高维特征筛选研究。

（七）关于时间序列的科学研究

关于提取时间序列的隐含周期这一问题，田承骏在方差分析周期外推法的基础上，发展出逐次平均法。[3] 方开泰[4] 等对最优分割法做出了推广，并将系统聚类法推广至有序样本的情况。李元、杜金观和伍尤桂等[5] 提出了一类季节性整值自回归模型。陈兆国[6] 给出了有自回归滑动平均模型噪声的回归模型的参数估计。陈兆国和顾岚[7] 研究了自回归滑动平均模型序列协方差阵求逆和参数估计问题。卢祖帝[8] 给出了关于双重时序自回归滑动平均模型存在平稳解的充要条件。范金城和李金玉[9] 说明了双线性时间序列矩估计的渐近性态。吴耀华[10] 说明了线性模型中 M 估计的渐近性质。安鸿志和顾岚[11] 研究了非平稳的自回归滑动平均模型参数的估计，他们通过估计数据平方和收敛速度估计了非平稳部分系数最小二乘估计的收敛速度。程兵[12] 给出了线性平稳过程的协方差和均值估计的大偏差结果。张金明[13] 得到了平稳正态序列协方差函数和谱函数估计的一致收敛速度。常

---

① 邱涛，吴文琦，许王莉. 高维两样本位置参数秩和检验 [J]. 系统科学与数学，2020，40（12）：2445-2458.

② 何胜美，李高荣，许王莉. 基于秩能量距离的超高维特征筛选研究 [J]. 统计研究，2020（8）：117-128.

③ 田承骏. 时间序列分析的方差分析周期外推法 [J]. 应用数学学报，1984（2）：129-132.

④ 方开泰，马逢时. 聚类分析中的分解法及其应用 [J]. 应用数学学报，1982（4）：339-345；方开泰. 有序样品的一些聚类方法 [J]. 应用数学学报，1982（1）：94-101.

⑤ 李元，杜金观，伍尤桂，等. 一类季节性整值自回归模型：SINAR（1）[J]. 应用数学学报，1994（1）：100-108.

⑥ 陈兆国. 有 ARMA 噪声的回归模型的参数估计 [J]. 应用数学学报，1983（2）：129-134.

⑦ 陈兆国，顾岚. ARMA 序列协方差阵求逆和参数估计 [J]. 应用数学学报，1983（3）：257-266.

⑧ 卢祖帝. 关于双重时序 AR-MA 模型存在平稳解的充要条件 [J]. 应用数学学报，1994（3）：374-387.

⑨ 范金城，李金玉. 双线性时间序列矩估计的渐近性态 [J]. 应用数学学报，1995（3）：470-473.

⑩ 吴耀华. 线性模型中 M 估计的渐近性质 [J]. 应用数学学报，1994（3）：401-410.

⑪ 安鸿志，顾岚. ARMA 序列参数的相关矩估计 [J]. 应用数学学报，1985（1）：52-60.

⑫ 程兵. 线性平稳过程的协方差和均值估计的大偏差结果 [J]. 应用概率统计，1990（1）：13-21.

⑬ 张金明. 平稳正态序列谱函数估计的收敛速度 [J]. 应用概率统计，1988（2）：171-182.

学将和刘维奇[①]通过计算样本协方差阵等有关矩阵的特征根，得到了自回归模型的阶的估计，讨论了高阶攸尔－沃克（Yule-Walker）估计的渐近性质。魏立力[②]对一种依次试验的时间序贯样本，给出了上述检验问题的贝叶斯停止判决法则，其中损失函数为试验费用和误判损失之和。程侃与曹晋华[③]研究了关于马氏更新模型一般可修系统可靠性分析的一般方法。林秀鼎[④]提出了M序列自相关系数的递推算法。谢盛荣[⑤]给出了非平稳高斯序列极值的渐近分布。张国胜[⑥]研究了强混合平稳序列的随机容量、随机秩顺序统计量的极限分布。李元、叶维彰、黄香和谢衷洁[⑦]讨论了条件异方差双门限自回归模型的门限和延时的识别问题，通过经验小波系数，给出了门限个数和门限以及延时的估计，在较弱的条件下证明了所给的估计是相合的。林金官和韦博成[⑧]针对具有自相关误差的非线性纵向数据模型，研究了方差齐性和相关系数的齐性检验。张玲[⑨]给出了强相依高斯序列的最大值与和的联合渐近分布。张军舰[⑩]研究了负相协（NA）序列下的威尔科克森（Wilcoxon）两样本统计量。庄光明、彭作祥和夏建伟[⑪]研究了具有随机足标的弱相依高斯序列最大值的极限分布。

（八）关于贝叶斯统计与经验贝叶斯统计的科学研究

陈家鼎[⑫]讨论了关于贝叶斯判决的存在性条件。方兆本、李金平、韦来生和

---

① 常学将，刘维奇. AR 模型识别及其参数的高阶 Yule-Walker 估计 [J]. 应用数学学报，1989（2）：218-227.

② 魏立力. 几何分布时间序贯检验的贝叶斯推断 [J]. 应用数学学报，1999（1）：54-70.

③ 程侃，曹晋华. 一般可修系统可靠性分析：马氏更新模型 [J]. 应用数学学报，1981（4）：295-306.

④ 林秀鼎. M 序列自相关系数的递推算法 [J]. 应用数学学报，1984（2）：133-141.

⑤ 谢盛荣. 非平稳高斯序列的极值之渐近分布 [J]. 应用数学学报，1984（1）：96-100.

⑥ 张国胜. 强混合平稳序列的随机容量、随机秩顺序统计量的极限分布 [J]. 应用数学学报，1993（2）：230-242.

⑦ 李元，叶维彰，黄香，等. 条件异方差双门限自回归模型的门限和延时的小波估计 [J]. 应用数学学报，2001（3）：361-376.

⑧ 林金官，韦博成. 具有随机效应和 AR(1) 误差的非线性纵向数据模型中组间方差和自相关系数的齐性检验 [J]. 数学物理学报，2008（2）：291-301.

⑨ 张玲. 强相依非平稳高斯序列对高水平超过的弱收敛 [J]. 昆明理工大学学报（理工版），2002（3）：148-151.

⑩ 张军舰. NA 序列下的 Wilcoxon 两样本统计量 [J]. 应用数学学报，2006（4）：665-672.

⑪ 庄光明，彭作祥，夏建伟. 具有随机足标的弱相依高斯序列最大值的极限分布 [J]. 应用数学学报，2008（6）：1068-1079.

⑫ 陈家鼎. 关于贝叶斯判决的存在性条件 [J]. 应用数学学报，1983（3）：367-375.

张念范①求解出一类均匀分布族参数的经验贝叶斯估计的收敛速度。王文玉②从贝叶斯估计原理出发，对一特定的损失函数及一般形式的先验分布类，给出了在这类先验分布下的模型阶数的贝叶斯判据，证明了在一般意义下，由此判据给出的阶数的估计是强一致性的估计。茆诗松和唐德钧③提出了一种贝叶斯区间估计的近似算法。陈希孺和陶波④部分地解决了辛格提出的离散指数族均值的经验贝叶斯估计收敛速度达到$O_p(1/n)$的猜想。陶波⑤还证明了罗宾斯（Robbins）提出的线性经验贝叶斯有最好一致收敛速度。钱伟民⑥则证明了正态分布参数的经验贝叶斯估计收敛速度可任意接近$O_p\left(n^{-1/2}\right)$。童恒庆⑦则研究了线性回归系数与方差联立经验贝叶斯估计的收敛速度。邵军⑧给出了异方差线性模型误差方差的经验贝叶斯估计，并给出了经验贝叶斯估计的偏差和方差的渐近展式，证明了有比常用方差估计更小的均方误差。高集体⑨研究了均匀分布$U(0, \theta)$所含θ的经验贝叶斯估计，讨论了此估计及泛函的收敛性及其极限分布。王命宇和朱燕堂⑩构造了自回归模型系数的经验贝叶斯估计，证明它的收敛速度可任意接近1。为了介绍贝叶斯统计，张尧庭和陈汉峰出版了《贝叶斯统计推断》一书。韦来生⑪利用同分布负相协样本情形概率密度函数的核估计，构造了刻度指数族参数的经验贝叶斯检验函数，并获得了它的渐近最优性。王忠强、王德辉和宋立新⑫研究了正

---

①　方兆本，李金平，韦来生，等．一类均匀分布族参数的经验Bayes估计的收敛速度[J]．应用数学学报，1983（4）：476-484．

②　王文玉．时间序列的AR及ARMA模型的阶数的贝叶斯判据[J]．应用数学学报，1984（2）：185-193，195．

③　茆诗松，唐德钧．Bayes区间估计的近似算法[J]．应用数学学报，1993（2）：158-170．

④　陈希孺，陶波．Corrected proof of a theorem concerning a conjecture of Singh [J].Systems Science and Mathematical Sciences，1990（4）：337-340．

⑤　陶波．关于线性经验Bayes估计[J]．系统科学与数学，1986（3）：195-203．

⑥　钱伟民．正态分布族的参数的经验Bayes估计的收敛速度[D]．上海：同济大学，1987．

⑦　童恒庆．线性模型回归系数与误差方差联立经验Bayesian估计的收敛速度[J]．应用概率统计，1990（3）：242-248．

⑧　邵军.异方差线性模型中的Bayes和经验Bayes方差估计[J].应用概率统计，1988（3）：301-309．

⑨　高集体．绝对损失下均匀分布族$U(\theta, c\theta)$中参数经验Bayes估计[J]．数学学报，1990（4）：486-496．

⑩　王命宇，朱燕堂．自回归模型参数的经验Bayes估计[J]．工程数学学报，1996（3）：17-24．

⑪　韦来生．刻度指数族参数的经验Bayes检验问题：NA样本情形[J]．应用数学学报，2000（3）：403-412．

⑫　王忠强，王德辉，宋立新．一种对称损失函数下正态总体刻度参数的估计[J]．应用数学学报，2004（2）：310-323．

态分布中刻度参数在损失函数 $L(\sigma,\delta)=\dfrac{(\sigma-\delta)^2}{\sigma\delta}$ 下的最小风险同变估计及贝叶斯估计，并讨论了 $[cT(x)+d]^{\frac{1}{2}}$ 形式估计的可容许性与不可容许性。张文专、唐年胜和王学仁[1] 研究了非线性再生散度随机效应模型的贝叶斯分析，通过视随机效应为缺失数据以及应用结合吉布斯（Gibbs）抽样技术和梅特罗波利斯 – 黑斯廷斯（Metropolis-Hastings）算法的混合算法，获得了模型参数与随机效应的同时贝叶斯估计。纪志荣和黄可明[2] 讨论了指数分布的无失效数据，利用指数分布的凸性和其无记忆性特性，给出了可靠度的多层贝叶斯估计，进而得到了参数 θ 的加权最小二乘估计。李乃医和黄娟[3] 讨论了缺失数据下帕累托（Pareto）分布参数的经验贝叶斯双边检验，利用概率密度函数的核估计构造了参数的经验贝叶斯检验函数。

四、统计学新阶段（2011 年至今）

2011 年"统计学"成为一级学科，这是我国统计教育、科研和学科不断发展壮大、追赶国际先进水平的里程碑。由于这个时期我们与国际数理统计科学研究充分接轨，研究方向也增加了许多，因此下面按照时间顺序根据中文期刊的数理统计科学研究成果来回顾。

2011 年，廖才秀和应隆安[4] 考虑了达尔文模型的自适应算法，这种方法以有限元后验误差分析为理论基础，提供了基于后验误差估计子的上界估计。李建波和张日权[5] 对单参数指数分布参数比率统计推断进行了研究。陈家鼎和李东风[6] 研究了随机截尾情形下正态分布参数的最大似然估计。董岩和徐兴忠[7] 对于两个

---

① 张文专，唐年胜，王学仁.非线性再生散度随机效应模型的贝叶斯分析 [J].应用数学学报，2006（4）：714-724.

② 纪志荣，黄可明. 指数分布无失效数据的统计分析 [J]. 应用数学学报，2008（2）：306-313.

③ 李乃医，黄娟. 缺失数据下 Pareto 分布参数的经验 Bayes 双边检验问题 [J]. 应用数学学报，2009（3）：492-499.

④ 廖才秀，应隆安. 达尔文模型的有限元后验误差估计 [J]. 应用数学学报，2011（1）：1-9.

⑤ 李建波，张日权. 单参数指数分布参数比率统计推断的研究 [J]. 应用数学学报，2011（5）：769-777.

⑥ 陈家鼎，李东风. 随机截尾情形下正态分布参数的最大似然估计 [J]. 应用数学学报，2011（6）：961-975.

⑦ 董岩，徐兴忠. 双参数指数分布型元件并联系统的可靠性的广义置信下限 [J]. 应用数学学报，2011（6）：1023-1031.

独立双参数指数分布元件组成的并联系统，基于两个元件的定数截尾数据，利用韦拉汉迪（Weerahandi）给出的广义枢轴量和广义置信区间的概念，建立了可靠性的广义置信下限。胡雪梅和刘锋[①]提出了两个统计量来检验半参数时变系数模型的序列相关：一个用于检验半变系数时序模型的有限阶序列相关，另一个用于检验半变系数平行数据模型的有限阶序列相关。

2012 年，赵建昕和徐兴忠[②]研究了一类相合的分位点型检验，证明了分位点型检验统计量和期望型检验统计量在固定备择下的相合性。赵旭、程维虎和李婧兰[③]基于概率加权矩理论，利用截尾样本对三参数广义帕累托分布提出了一种应用范围广且简单易行的参数估计方法，可有效减弱异常值的影响，首先求解出具有较高精度的形状参数的参数估计，其次得出位置参数及尺度参数的参数估计。张香云和程维虎[④]构建了二项－广义帕累托复合极值分布模型，使用概率加权矩方法，对所建立的复合模型推导参数估计式得到了柯尔莫哥洛夫－斯米尔诺夫（Kolmogorov-Smirnov）检验统计量的临界值。赵为华、李泽安和徐相建[⑤]基于 Q 函数和期望最大化算法并利用 P- 样条拟合非参数部分，得到了纵向数据半参数贝塔回归模型估计方法，基于数据删除模型得到了模型参数部分的广义库克（Cook）距离。丁先文、徐亮和林金官[⑥]基于经验似然方法对非线性回归模型进行统计诊断，首先得到了模型参数的极大经验似然估计。徐家杰和吴鑑洪[⑦]进一步发展了双阀值逻辑平滑转换自回归模型非线性检验的理论。

2013 年，胡宏昌、卢冬晖和朱丹丹[⑧]研究了 ψ- 混合异方差误差下半参数回

① 胡雪梅，刘锋. 半参数时变系数模型的序列相关检验 [J]. 应用数学学报，2011（6）：1103-1117.

② 赵建昕，徐兴忠. 一类相合的分位点型检验 [J]. 应用数学学报，2012（1）：168-188.

③ 赵旭，程维虎，李婧兰. 广义 Pareto 分布的广义有偏概率加权矩估计方法 [J]. 应用数学学报，2012（2）：321-329.

④ 张香云，程维虎. 二项－广义 Pareto 复合极值分布模型的统计推断 [J]. 应用数学学报，2012（3）：560-572.

⑤ 赵为华，李泽安，徐相建. 纵向数据半参数 Beta 回归模型的影响分析 [J]. 应用数学学报，2012（4）：677-692.

⑥ 丁先文，徐亮，林金官. 非线性回归模型的经验似然诊断 [J]. 应用数学学报，2012（4）：693-702.

⑦ 徐家杰，吴鑑洪. 双阀值 LSTAR 模型非线性检验的理论研究及其应用 [J]. 应用数学学报，2012（6）：1058-1069.

⑧ 胡宏昌，卢冬晖，朱丹丹. ψ- 混合异方差误差下半参数回归模型的加权小波估计 [J]. 应用数学学报，2013（1）：126-140.

归模型的加权小波估计。李泽华、刘金山和吴小腊[①] 构造了有重复观测的变系数模型中的诸多参数估计，包括系数函数、测量误差方差以及测量误差与回归误差的协方差等估计，去除了有关测量误差方差已知或可靠比已知的假定。刘金山、夏强和黄香[②] 考虑了具有奇异矩阵椭球等高分布误差的多元线性回归模型的贝叶斯统计推断，在非信息先验下得到了系数矩阵关于豪斯多夫（Hausdorff）测度的后验边缘分布和未来观察值的预测分布，并得到了一类特殊奇异矩阵椭球等高分布下误差协方差矩阵的后验边缘分布；对于具有奇异矩阵正态分布误差的多元线性回归模型，在广义正态－逆威沙特（Wishart）共轭先验下得到了类似的后验边缘分布和预测分布结果。武东和汤银才[③] 研究了定时和定数截尾情形 CE 模型下威布尔分布场合步进应力加速寿命试验的贝叶斯估计，利用加速系数和加速方程将各种加速应力水平下的尺度参数换算为正常应力水平下的尺度参数，从而获得了含正常应力下尺度参数的似然函数。

2014 年，周丽燕和王立洪[④] 讨论了误差序列存在长记忆性的多项式回归模型的回归参数向量的置信域问题，分别给出了基于普通最小二乘估计和广义最小二乘估计方法的回归参数的置信域表达式，进一步结合有效样本数的概念对经典最小二乘估计的置信域提出了一种改进的方法。邹清明和朱仲义[⑤] 研究了部分线性单指标模型的参数的 M- 估计，利用局部多项式近似技术，提出了获得模型中未知参数的两步 M- 估计方法，研究了估计的小样本性质。彭家龙、赵彦晖和袁莹[⑥] 讨论了舍入数据下一类指数分布族考克斯（Cox）模型参数的经验贝叶斯单边检验问题，构造了参数的经验贝叶斯检验函数。李元、蔡风景、孙岩和赵海清[⑦] 研究了自回归条件异方差模型参数的统计推断问题，通过经验似然方法构造

① 李泽华，刘金山，吴小腊. 有重复观测的变系数 EV 模型的参数估计 [J]. 应用数学学报，2013，36（2）：217-229.

② 刘金山，夏强，黄香. 广义矩阵分布下多元回归模型的贝叶斯推断 [J]. 应用数学学报，2013（3）：385-398.

③ 武东，汤银才. Weibull 分布步进应力加速寿命试验的 Bayes 估计 [J]. 应用数学学报，2013（3）：495-501.

④ 周丽燕，王立洪. 长记忆多项式回归模型的置信域估计 [J]. 应用数学学报，2014（1）：31-44.

⑤ 邹清明，朱仲义. 部分线性单指标模型的两步 M- 估计的大样本性质 [J]. 应用数学学报，2014（2）：218-233.

⑥ 彭家龙，赵彦晖，袁莹. 舍入数据下 Cox 模型参数的经验 Bayes 检验问题 [J]. 应用数学学报，2014（2）：321-331.

⑦ 李元，蔡风景，孙岩，等. GARCH-M 模型参数的经验似然估计 [J].应用数学学报，2014（3）：557-571.

了模型参数的检验统计量。

2015 年，姜云卢和葛文秀[①]基于深度函数介绍了一类仿射等价的多元中位数，证明了所提的中位数的影响函数是有界的，给出了中位数的相合性和渐近正态性。杨贵军、李小峰和王清[②]在辅助变量总体均值未知时讨论了双无回答层抽样的三重抽样方法，给出了三重抽样的分层汉森 - 赫维茨（Hansen-Hurwitz）估计量和比率估计量，以及它们的方差和估计方差。王红军和汤银才[③]采用数据扩充法、切片抽样法以及马尔可夫链蒙特卡罗算法，给出了具有稳定分布噪声的自回归滑动平均模型更为简洁、有效的贝叶斯建模方法。徐登可、张忠占[④]基于惩罚极大似然的思想研究了二项 - 泊松模型的变量选择和参数估计问题，在一定的正则条件下证明了所给出的变量选择具有相合性。夏业茂和勾建伟[⑤]基于多水平因子分析模型提出了一个半参数贝叶斯分析程序；对于模型的截距和 / 或协方差结构参数的分布赋予了折断的狄利克雷（Dirchlet）过程先验；在贝叶斯马尔可夫链蒙特卡罗框架内，分块吉布斯抽样器被用来执行后验分析；在统计推断的基础上进行了这些观察的经验分布。解其昌[⑥]考虑，带有平稳协变量和线性时间趋势项协整模型的稳健估计和应用，采用分位数回归方法给出了模型的估计步骤并且得到了估计的渐近分布，推导出一个完全修正的分位数估计，用来消除序列相关和长期内生性的影响。罗平和李树有[⑦]基于协方差阵未知研究了三个多元正态总体在简单半序约束下均值估计。

2016 年，张兴发和李元[⑧]研究了一类特殊的自回归条件异方差模型，与传统自回归条件异方差模型不同的地方在于该类模型的条件方差决定于可观测的序列，通过拟极大指数似然估计的方法给出了模型参数的局部估计。黄金超和凌能

① 姜云卢，葛文秀. Geman-McClure 中位数 [J]. 应用数学学报，2015（2）：303-316.

② 杨贵军，李小峰，王清. 双无回答层抽样的三重抽样比率估计量 [J]. 应用数学学报，2015，38（2）：366-378.

③ 王红军，汤银才. 具有稳定分布噪声的 ARMA 模型的贝叶斯分析及应用 [J]. 应用数学学报，2015（3）：466-476.

④ 徐登可，张忠占. 二项 - 泊松模型的变量选择 [J]. 应用数学学报，2015（4）：708-720.

⑤ 夏业茂，勾建伟. 评价多水平因子分析模型的异质性：半参数贝叶斯方法 [J]. 应用数学学报，2015（4）：751-768.

⑥ 解其昌. 一类协整模型的分位数回归及应用 [J]. 应用数学学报，2015（5）：901-918.

⑦ 罗平，李树有. 三个多元正态总体在简单半序约束下均值估计：基于协方差阵未知 [J]. 应用数学学报，2015（6）：1136-1144.

⑧ 张兴发，李元. 一类 GARCH-M 模型的拟极大指数似然估计 [J]. 应用数学学报，2016（3）：321-333.

祥 [1] 在加权线性损失下研究了考克斯模型参数的经验贝叶斯检验问题。郦博文和张海祥 [2] 针对多类型的复发事件数据提出了一类广义幂变换转移模型，它包含了比例模型，作为其特殊情况，该模型在刻画协变量对于计数过程的均值函数效应时具有很大的灵活性。

2017—2018 年，王亚飞、杜江和张忠占 [3] 研究了当误差序列为平稳的 α- 混合序列时，部分函数型线性模型的估计问题，基于卡胡宁－勒夫展开（K-L 展开）来逼近斜率函数的思想，给出了未知参数和斜率函数的估计方法。韩雪和程维虎 [4] 利用矩法和 L 矩法讨论三参数 I 型广义逻辑斯谛分布的参数估计，给出两种估计形式下参数的估计方程。王红军和汤银才 [5] 研究了具有稳定分布噪声的多重季节时间序列模型的建模及应用，采用基于抽样的马尔可夫链蒙特卡罗方法和切片抽样法估计模型参数，将多重季节模型的回归参数和稳定分布中的参数一起估计。黎玲、李华英和秦永松 [6] 在强混合样本下，利用分组经验似然方法构造了总体分位数的一类新的估计，证明了估计的渐近正态性，同时证明了含附加信息时估计的渐近方差小于或者等于不含附加信息时估计的渐近方差。夏志明和赵文芝 [7] 基于局部比较法，提出了带未知多个变点的均值突变模型中变点个数与变点位置的多步估计。金应华、吴耀华和邵全喜 [8] 研究了在乘积多项抽样对数线性模型下的某种单边假设检验问题，基于 ϕ- 散度和约束最小 ϕ- 散度估计提出了三类检验统计量。

① 黄金超，凌能祥. 一类改进的 Cox 模型参数的经验 Bayes 检验 [J]. 应用数学学报，2016（4）：562-573.

② 郦博文，张海祥. 多类型复发事件数据下一类 Box-Cox 转移模型 [J]. 应用数学学报，2016（5）：656-668.

③ 王亚飞，杜江，张忠占. 相依误差下部分函数型线性模型的估计 [J]. 应用数学学报，2017（1）：49-65.

④ 韩雪，程维虎. 基于矩和 L 矩的三参数 I 型广义 Logistic 分布的参数估计 [J]. 应用数学学报，2017（3）：331-344.

⑤ 王红军，汤银才. 具有稳定分布噪声的多重季节模型的贝叶斯分析 [J]. 应用数学学报，2017（4）：519-529.

⑥ 黎玲，李华英，秦永松. 强混合样本情形含附加信息时总体分位数的估计 [J]. 应用数学学报，2017（5）：781-800.

⑦ 夏志明，赵文芝. 带未知多个变点的均值突变模型的多阶段估计 [J]. 应用数学学报，2017（6）：931-952.

⑧ 金应华，吴耀华，邵全喜. 对数线性模型下基于 ϕ- 散度的单边检验 [J]. 应用数学学报，2018（4）：497-510.

2019年，雷庆祝和秦永松[1]在回归变量和响应变量的观察值为强混合随机变量序列时，利用分组经验似然方法构造了非参数回归函数的经验似然置信区间。何其祥和林仁鑫[2]在加速失效时间模型下研究了竞争风险数据失效原因缺失情况下模型系数的估计问题，利用倒概率加权和双重稳健增广技术构建估计方程，用非参数的核光滑方法估计失效原因缺失的概率。何道江、盛玮芮和方龙祥[3]研究了带有测量误差的维纳（Wiener）退化模型的客观贝叶斯分析，利用重参数化导出了杰弗里斯（Jeffreys）先验和参照先验，从理论上证明了其中两个参照先验所诱导的后验是正常的，而其他先验的后验均不正常。韩姣和夏志明[4]考虑线性面板模型中单个公共变点的估计问题，运用最小二乘方法估计变点，在序列个数和每个序列的观测值数量都趋于无穷时通过重参数化方法证明了变点估计量的相合性，并得到了相应的收敛速度。孔祥超、吴刘仓和刘慧娟[5]研究了再生散度分布族下的混合专家回归模型，并利用极小化极大算法及期望最大化算法对参数进行极大似然估计。

2020年，胡国治、程维虎和曾婕[6]研究了协变量随机缺失下部分线性模型的模型选择和模型平均问题，利用逆概率加权方法得出了线性回归系数和非参数函数的估计，在局部误设定框架下证明了线性回归系数估计量的渐近正态性，构造了兴趣参数的兴趣信息准则和频数模型平均估计量，并根据该模型平均估计量构造了一个覆盖真实参数的概率趋于预定水平的置信区间。解其昌和孙乾坤[7]提出带线性时间趋势模型的分位数回归协整检验方法，构建了一个分位数残差累积和（QCS）统计量来检验不同分位点上变量间的动态协整关系。陈望学、杨瑞和谢民育[8]

① 雷庆祝，秦永松. 强混合样本下非参数回归函数的经验似然推断 [J]. 应用数学学报，2019（2）：179-196.

② 何其祥，林仁鑫. 失效原因缺失的加速失效时间模型下竞争风险数据的半参数估计 [J]. 应用数学学报，2019（3）：385-399.

③ 何道江，盛玮芮，方龙祥. 带有测量误差的 Wiener 退化模型的客观 Bayes 分析 [J]. 应用数学学报，2019（4）：506-517.

④ 韩姣，夏志明. 线性面板模型中的变点估计 [J]. 应用数学学报，2019（6）：736-743.

⑤ 孔祥超，吴刘仓，刘慧娟. 再生散度分布族下联合方位与散度混合专家回归模型的参数估计 [J]. 应用数学学报，2019（6）：845-857.

⑥ 胡国治，程维虎，曾婕. 协变量缺失下部分线性模型的模型选择和模型平均 [J]. 应用数学学报，2020（3）：535-554.

⑦ 解其昌，孙乾坤. 带线性时间趋势的分位数回归协整模型检验 [J]. 应用数学学报，2020（3）：555-571.

⑧ 陈望学，杨瑞，谢民育. 完美和非完美中位数排序集抽样下刻度参数的极大似然估计 [J]. 应用数学学报，2020（3）：572-583.

研究了刻度参数极大似然估计及其性质，证明了该极大似然估计在刻度变换群下是一个同变估计。张婧、袁敏和刘妍岩[1] 主要研究了正态混合模型的贝叶斯分类方法，对每个特征应用基于正态混合模型的贝叶斯分类方法构建基本分类器，然后结合集成学习，用自适应提升算法赋予每个分类器权重，再将它们进行线性组合得到最终分类器。

2021 年，刘艳霞、芮荣祥和田茂再[2] 针对部分线性变系数模型的参数估计问题，提出了一种新复合分位数回归估计方法，利用复合分位数回归法估计参数部分，局部非线性复合分位数回归法估计变系数函数部分，并在若干正则条件下，证明了常系数和变系数函数估计量具有较好的渐近正态性质。陈建宝和丁飞鹏[3] 研究了一类个体内存在相关性的固定效应部分线性单指标面板模型，采用惩罚二次推断函数法和 LSDV 法相结合的方法对模型进行估计。张婧、靳韶佳和陈丹丹[4] 基于柯尔莫哥洛夫－斯米尔诺夫检验统计量，利用分割和融合的技巧，把独立特征筛选方法推广到区间删失数据中，提出了一种可以处理超高维 II 型区间删失数据且不依赖于任何模型假设的变量筛选方法。刘栋、杨冬梅和何勇等[5] 研究分组数据分位数回归模型的变量选择和估计问题，提出了分解系数的最小绝对值收敛和选择算子算法估计，并进一步提出了自适应最小绝对值收敛和选择算子算法估计，给出了自适应最小绝对值收敛和选择算子算法估计在一些参数未知的情况下以概率 1 选出正确模型的性质证明。

2022 年，张韵祺、张春明和唐年胜[6] 针对带有组结构的广义线性稀疏模型，引入了布雷格曼散度作为一般性的损失函数，进行参数估计和变量选择，使得该方法不局限于特定模型或特定的损失函数。李涛和韩子璇[7] 讨论了判断事后分层

① 张婧，袁敏，刘妍岩. 基于正态混合模型的贝叶斯分类方法及其应用 [J]. 应用数学学报，2020（4）：742-755.
② 刘艳霞，芮荣祥，田茂再. 部分线性变系数模型的新复合分位数回归估计 [J]. 应用数学学报，2021（2）：159-174.
③ 陈建宝，丁飞鹏. 固定效应部分线性单指标面板模型的惩罚二次推断估计 [J]. 应用数学学报，2021（1）：121-144.
④ 张婧，靳韶佳，陈丹丹. 超高维 II 型区间删失数据的非参数变量筛选法 [J]. 应用数学学报，2021（5）：690-702.
⑤ 刘栋，杨冬梅，何勇，等. 分组数据分位数回归模型的变量选择和估计 [J]. 应用数学学报，2021（5）：722-739.
⑥ 张韵祺，张春明，唐年胜. 带有组结构的稀疏模型的参数估计和变量选择方法 [J]. 应用数学学报，2022（1）：31-46.
⑦ 李涛，韩子璇. 基于判断事后分层抽样下删失数据的保序估计 [J]. 应用数学学报，2022（2）：145-167.

抽样下生存函数的卡普兰－迈耶估计及其大样本性质。张良勇和董晓芳[1] 提出了排序集抽样下参数的最优线性无偏估计量，计算了新估计量的方差，证明了其具有渐近正态性。李莉丽、张兴发和邓春亮等[2] 研究了利用日内高频数据来估计日频自回归条件异方差模型的参数，基于常规的自回归条件异方差模型框架，针对模型全部参数给出了两步估计方法。

五、从国际四大统计学术刊物看中国学者的贡献[3]

数理统计非常重视具有应用背景的基础理论与方法研究。评价数理统计科研成果的维度之一便是国际统计学领域四份重要学术期刊的发文量。国际统计学领域非常重要的四份期刊分别是 *Biometrika*（中文刊名《生物计量学》）、*Journal of the American Statistical Association*（中文刊名《美国统计学会会刊》）、*The Annals of Statistics*（中文刊名《统计年刊》）和 *Journal of the Royal Statistical Society Series B*（中文刊名《皇家统计学会会刊·B系列》）。其中，《生物计量学》于1901年创刊，现由牛津大学出版社发行；《美国统计学会会刊》由美国统计学会主办；《统计年刊》与《皇家统计学会会刊·B系列》分别由（美国）数理统计学会和英国皇家统计学会主办。为了表述方便起见，我们在后文把这四份期刊分别缩写为 BKA、JASA、AOS 和 JRSSB。

接下来，我们看看21世纪以来我国数理统计学者在国际统计学领域这四份重要学术期刊上的发文情况。值得强调的是，国际重要学术期刊的发文量只是评估科学研究的一个角度而已，并不能完整反映科学研究的全貌或真实水平。因此，需要理性对待国际重要学术期刊的发文量指标。

数理统计学者非常重视在这四份期刊上的发文量。我们收集了2000年1月到2021年12月共计22年这四份国际重要学术期刊的发文量（见表28-1），发现发文数量最多的是 JASA，几乎达到 JRSSB 发文数量的3倍，其次是 AOS。这两份期刊恰好是由美国主办的国际统计学专业期刊。发文数量最少的是 JRSSB，其次是 BKA。这两份期刊恰好是由英国主办的国际统计学专业期刊，发文数量基本体现了欧洲传统上偏向保守的风格。值得注意的是，2020年和2021年，JASA 和 AOS 的发文数量出现了明显增长，JRSSB 的发文数量出现了小幅增长，

---

① 张良勇，董晓芳. 排序集抽样下指数分布参数的最优线性无偏估计 [J]. 应用数学学报，2022（4）：509-520.

② 李莉丽，张兴发，邓春亮，等. 基于高频数据的 GARCH 模型拟极大指数似然估计 [J]. 应用数学学报，2022（5）：652-664.

③ 这部分内容由何辰轩（博士研究生）、王菲菲（统计学副教授）、朱利平、袁卫完成。

而 BKA 的发文数量则出现了减少趋势。

表 28-1　四份重要期刊在 2000—2021 年的发文数量（年平均发表论文篇数）

期刊	2020 年发文数量	2021 年发文数量	2000—2019 年发文数量（年均发文数）	2000—2021 年发文数量（年均发文数）
BKA	67	51	1 515（75.8）	1 633（74.2）
JASA	232	274	2 362（118.1）	2 868（130.4）
AOS	150	146	1 961（98.1）	2 257（102.6）
JRSSB	48	58	851（42.6）	957（43.5）
总数	497	529	6 689（334.5）	7 715（350.7）

我们来看看不同国家或中国不同地区在这四份期刊上的发文数量。我们将中国按照中国大陆、中国香港和中国台湾三个不同地区进行统计。中国澳门地区在 2000—2021 年间在这四份重要期刊上总共只发表了 5 篇论文。其中，3 篇与中国大陆地区合作发表，计入中国大陆地区统计数据；1 篇与中国香港地区合作发表，计入中国香港地区统计数据；1 篇与新加坡和马来西亚合作发表，计入新加坡统计数据。我们不再单独统计中国澳门地区数据。我们确立如下统计口径：论文作者单位只要出现了某个国家或中国特定地区，则该篇论文会计入这个国家或中国特定地区发文数量。尽管一篇论文可能会被多次统计，但这个统计口径相对公平。

表 28-2 给出了在这四份重要期刊上发表论文最多的 15 个国家以及中国三个特定地区的论文篇数。在 2000—2021 年间，美国在这四份重要期刊上发表论文数量高达 5 251 篇，在总计 7 715 篇论文中占比 68.1%。紧随其后的是英国，发表了 907 篇，占比 11.8%。中国大陆地区发表了 588 篇，排列第三。剔除重复数据后，中国（含港、澳、台地区）在这四份重要期刊上发表论文总计 873 篇，依然排在第三。其中，中国大陆和中国香港共计发表 752 篇。法国、加拿大和德国在这四份重要期刊上发表论文数量都在 400 篇以上。

表 28-2　不同国家与中国三个特定地区 2000—2021 年在四份重要期刊上的总体发文数量

项目	美国	英国	中国大陆	法国	加拿大	德国	澳大利亚	中国香港	意大利
BKA	1 011	255	113	47	101	57	72	64	69
JASA	2 276	261	257	68	160	109	99	94	73
AOS	1 421	191	157	279	109	196	94	88	38
JRSSB	543	200	61	50	58	56	70	33	33

续表

项目	美国	英国	中国大陆	法国	加拿大	德国	澳大利亚	中国香港	意大利
总数	5 251	907	588	444	428	418	335	279	213
占比	68.1%	11.8%	7.6%	5.8%	5.6%	5.4%	4.3%	3.6%	2.8%

项目	瑞士	荷兰	新加坡	比利时	中国台湾	西班牙	以色列	日本	韩国
BKA	47	17	36	30	27	17	25	32	23
JASA	63	38	69	55	41	56	36	24	30
AOS	64	107	60	45	42	35	54	36	32
JRSSB	36	29	16	30	22	19	11	13	12
总数	210	191	181	160	132	127	126	105	97
占比	2.7%	2.5%	2.3%	2.1%	1.7%	1.6%	1.6%	1.4%	1.3%

我们从表 28-3 中可以看到，除了中国大陆地区之外，中国香港地区和其他国家在过去 22 年中发文数量基本比较稳定或至多呈现缓慢增长趋势，中国大陆地区在这四份重要期刊上发文数量的增长速度远远超过中国香港地区和其他国家。中国大陆地区的发文数量在 2018—2020 年甚至超过了英国。当然，我们在看到中国大陆数理统计取得快速进步的同时，还要清醒地看到，中国与美国的发文总量依然存在着巨大差距。

表 28-3 主要国家与中国两个特定地区 2000—2021 年在四份重要期刊上发表论文的数量

年份	美国	英国	中国大陆	法国	加拿大	德国	澳大利亚	中国香港	意大利
2000	175	46	2	8	15	16	19	12	8
2001	184	44	1	15	16	19	13	14	10
2002	173	36	8	10	19	7	19	12	10
2003	179	43	5	13	13	15	16	9	11
2004	201	53	9	13	20	15	12	14	8
2005	215	30	11	14	25	13	18	19	9
2006	217	36	11	19	21	17	22	11	12
2007	235	33	16	15	27	19	20	13	6
2008	251	43	16	17	17	25	15	9	3

续表

年份	美国	英国	中国大陆	法国	加拿大	德国	澳大利亚	中国香港	意大利
2009	274	36	28	32	25	24	16	9	15
2010	234	31	23	29	25	22	18	10	5
2011	245	36	24	28	14	28	17	12	9
2012	236	34	28	20	22	16	13	10	9
2013	231	34	38	18	22	15	5	6	8
2014	217	35	41	26	17	17	12	7	13
2015	231	32	40	20	14	18	13	16	4
2016	224	49	30	16	15	20	16	13	14
2017	251	43	33	27	16	20	13	11	10
2018	267	41	54	27	15	17	14	14	9
2019	262	47	48	16	24	25	9	19	11
2020	364	61	66	31	23	28	20	18	13
2021	385	64	56	30	23	22	15	21	16
2016—2021	1 753	305	288	147	116	132	87	96	73
2000—2021	5 251	907	588	444	428	418	335	279	213

我们把中国大陆学者发表的 588 篇论文按照年份进行了统计。表 28-4 列出了每年发表的论文数量。21 世纪以来，中国大陆学者在这四份重要期刊上发表论文的数量出现了明显增长。2000 年前后，中国大陆学者在这些期刊上每年能发 1～2 篇文章就非常不错了；但近年来，在这些期刊上每年的发文数量都达到了 50 篇左右。中国大陆地区的数理统计在提升国际性方面取得明显进步。

表 28-4　中国大陆在这四份重要期刊上 2000—2021 年间每年发表论文的数量

年份	2000	2001	2002	2003	2004	2005	2006	2007	2008	2009	2010
发表论文数量	2	1	8	5	9	11	11	16	16	28	23

年份	2011	2012	2013	2014	2015	2016	2017	2018	2019	2020	2021
发表论文数量	24	28	38	41	40	30	33	54	48	66	56

接下来，我们看看中国大陆地区统计学科代表性高校和科研单位分别在2000—2021 年间以及在 2016—2021 年间在这四份重要期刊上发表论文的数量（见表 28-5）。如果看 2000—2021 年间的话，北京大学最多，中国科学院其次，上海财经大学排列第三；但如果只看 2016—2021 年期间的话，复旦大学、北京大学以及中国人民大学和上海财经大学（并列第三）排列前三。近年来，复旦大学、中国人民大学、清华大学、西南财经大学、南京审计大学、云南大学和浙江大学在这四份重要期刊上的发文数量出现明显增长，2016—2021 年年均发文数量几乎是 2000—2021 年年均发文数量的 3 倍。

表 28-5　中国大陆地区统计学科代表性高校和科研单位不同时间段
在四份重要期刊上的发文总数（年均发文数量）

序号	2000—2021 年		序号	2016—2021 年	
	高校和科研单位	发文总数（年均发文数量）		高校和科研单位	发文总数（年均发文数量）
1	北京大学	96（4.4）	1	复旦大学	37（6.2）
2	中国科学院	64（2.9）	2	北京大学	36（6.0）
3	上海财经大学	52（2.4）	3	中国人民大学	19（3.2）
4	复旦大学	46（2.1）	4	上海财经大学	19（3.2）
5	华东师范大学	33（1.5）	5	中国科学院	18（3.0）
6	南开大学	29（1.3）	6	清华大学	18（3.0）
7	东北师范大学	27（1.2）	7	华东师范大学	17（2.8）
8	上海交通大学	27（1.2）	8	南开大学	16（2.7）
9	清华大学	27（1.2）	9	东北师范大学	16（2.7）
10	中国人民大学	26（1.2）	10	上海交通大学	14（2.3）
11	北京师范大学	20（0.9）	11	西南财经大学	14（2.3）
12	厦门大学	19（0.9）	12	中国科学技术大学	11（1.8）
13	中国科学技术大学	18（0.8）	13	北京师范大学	9（1.5）
14	西南财经大学	17（0.8）	14	南京审计大学	9（1.5）
15	浙江大学	14（0.6）	15	中山大学	7（1.2）
16	中山大学	13（0.6）	16	云南大学	7（1.2）
17	云南大学	11（0.5）	17	首都师范大学	6（1.0）
18	南京审计大学	10（0.5）	18	华中师范大学	5（0.8）

续表

序号	2000—2021 年		序号	2016—2021 年	
	高校和科研单位	发文总数（年均发文数量）		高校和科研单位	发文总数（年均发文数量）
19	苏州大学	10（0.5）	19	厦门大学	5（0.8）
20	武汉大学	10（0.5）	20	浙江大学	5（0.8）
21	首都师范大学	8（0.4）			

第二十九章
国民经济核算学术史追踪

一、引言

国民经济核算是针对一国宏观经济的系统核算。通过核算，可以在总量层面为衡量一国经济提供诸如国内生产总值（GDP）等核心指标数据，进一步可以提供系统反映宏观经济运行及其结果和前提条件的一整套数据，据此可以进行不同时期之间的动态比较、不同国家之间的横向比较。所以，国民经济核算相当于一国宏观经济管理的基础设施，其重要性不言而喻。

进行国民经济核算的一套理论方法被称为国民经济核算体系。它是以经济学为理论指导、以统计学为基础、引入一定会计记账规则和表达载体所形成的一套系统方法论，属于经济学与统计学嫁接起来的研究成果，随后被政府官方统计接受，逐渐演变为国际规范，为各国政府统计定期开展国民经济核算所遵循。所以，从学术角度看，国民经济核算体系属于应用经济学、经济统计学的范畴；从统计学角度看，国民经济核算体系构成经济统计学的核心内容。

国民经济核算体系是理论研究与实践应用相结合而逐步演进的结果，既是各国政府统计部门的研究对象，也是高等教育机构经济学、统计学等学科进行教学和研究的重要内容。历史上世界各国曾经分别创建并采用过两套国民经济核算体系，即苏联等计划经济国家采用的物质产品平衡表体系（简称 MPS，或称为"东方体系"）和以欧美为代表的市场经济国家采用的国民账户体系（简称 SNA，或称为"西方体系"）。伴随苏联解体、计划经济国家经济体制转型，全球各国在 SNA 基础上实现了国民经济核算体系的一体化。在最近 20 余年间，经济发展呈现出新的特征，如经济全球化、可持续发展、信息技术带来的数字经济变革等，这些都对国民经济核算既有方法提出了挑战，所以，国民经济核算体系作为宏观经济核算方法论，仍然处于不断改进、演化的过程之中。

　　中国学术界对国民经济核算的研究可以追溯到 20 世纪 30 年代对国民收入的估算。中华人民共和国成立后，政府统计部门向苏联学习，开发建立了一些基于 MPS 的产值指标，并转化为那一时期经济统计学科进行人才培养、知识普及的主要内容。应该说，作为国民经济核算体系的系统研究，是从改革开放之后才正式启动的，其研究成果可以概括为：以中国国民经济核算体系的建立为标志，伴随中国经济体制改革和经济社会发展而逐步定型并不断改进、完善、优化，作为"龙头""主体结构""终端产品"[①] 在政府统计中得到应用，服务于宏观经济管理。

　　这是一个充满探索的研究过程。早期是中国国民经济核算体系从无到有的建立过程，其中内嵌着从 MPS 到 SNA 的观念转变；后期则逐步显示出针对国民经济核算通用理论方法的研究与实验。整个研究包含总体和专题两个层次：首先是作为国民核算体系的整体方法论研究，其次要将这些方法论具体化为核算各个组成部分以及一些重要的核算指标，针对具体方法开展研究。这些研究不是基于纯学术的理论演绎，而是以应用为先导，最终落实到国民经济核算实务上。研究者覆盖政、学、研各界的专家学者，通过相应的平台汇集各自的智慧和经验，针对中国国民经济核算体系进行理论研究、方案开发、核算实践。反过来，相关成果既成为政府统计相关部门进行实务设计的依据，同时也构成大学与研究机构进行经济统计学学科建设、人才培养教学的重要组成部分。将这一过程放在国际环境下观察，早期引进阶段主要是学习国际规范和国际经验，然后结合中国实际做二次开发；随着中国经济社会发展以及在此研究领域的进步，中国国民经济核算研究逐渐与世界同步，并开始为国际规范贡献来自中国的案例和经验。

　　整个学术研究过程的主旨可以这样归纳，即在学习和吸收国际先进经验基础上，结合中国改革开放进程和中国发展进程，在以下各层面持续推进：（1）探索国民经济核算背后的经济运行机制和管理模式，为搭建和不断完善中国国民经济核算体系提供理论论证、逻辑架构思路和方法论；（2）围绕以 GDP 为代表的一系列核心指标，界定其经济内涵和核算内容，设定基本核算方法，建立相关指标之间的逻辑联系，组成核算表，并结合发展带来的新问题不断探索更新；（3）结合核算指标的应用，对核算框架及其指标进行各种意义上的检验和评价，提出新的目标要求。

　　以下我们追溯这段学术史和学科发展史，展示不同阶段所取得的研究成果以及学术传承。所依据的材料主要是各个时期公开发表的研究论文、出版的著作和教材，以及反映学术、学科发展动态的相关材料。具体安排如下：

---

① 这些形容词来自不同专家在不同场合对国民经济核算体系与政府统计之间关系的刻画，以此强调国民经济核算对于政府统计的重要性。

（1）首先针对中国国民经济核算体系整体追溯其研究开发和演变过程，然后按照不同组成部分回顾其各自的发展轨迹，最终形成以下专题：国民经济核算体系、国内生产总值核算、投入产出核算、资金流量核算、资产负债核算、国际收支核算、资源环境核算。限于篇幅，针对前两个专题的展示较为详细，后几个专题则相对比较简略。

（2）以改革开放（1978年）为时间起点，每个专题之下都会沿着时间轴线按照一些标志性事件区分为若干阶段。各个专题的阶段划分不尽一致，但大体都体现了引入与接受、建设与开发、进一步扩展等若干阶段。

（3）具体叙述采用的方法是：以中国国民经济核算研究发展过程为经，梳理相关文献，寻找其间的演进脉络和发生节点；然后通过文字以夹叙夹议的方式将不同文献及其观点连缀起来，尽可能保持整个过程的连续性。

（4）上述追溯比较侧重于学术研究史追踪，其中包括来自政府部门专家针对国民经济核算理论、方法进行的各种探讨，但淡化、简化了政府部门核算实务方面的内容。

为完成这项学科史追踪，我们尽最大努力力求全面收集相关文献以及其他相关材料（截止于2022年初），其中涉及著作上百本、论文2 000余篇，然后通过识别、分类进行系统化整理，形成一个数据库。在写作过程中，我们浏览了全部文献，并仔细研读了其中一些有代表性的重要文献，以保证能够全面、真实地再现改革开放以来中国国民经济核算研究和应用过程，以及各方面研究力量在此过程中所做出的贡献。受篇幅所限，这里呈现出来的内容限于对主要发展脉络的简述，很多文献以及作者难以一一提及。毫无疑问，受研究时间、能力所限，作为全面的学科史，当前文本中肯定还存在缺失的内容以及薄弱的环节，很可能会遗漏某些重要文献，评述过程也可能有不当之处。这些都有待于后来者继续收集、研读相关材料，予以补充和矫正。

二、国民经济核算体系研究

对改革开放初期的中国而言，国民经济核算（以及体系）是一个新词汇——当时各界讨论的"社会主义经济核算问题"[①]与国民经济核算基本没有关系。中国从20世纪50年代逐步建立起来的一套政府统计体系直接学自苏联，其内在特征是以综合平衡思想服务于计划经济体制下的宏观经济管理。因此，当被称为

---

① 李秀珍. 建国以来我国经济学界关于社会主义经济核算的讨论简介 [J]. 经济学动态，1980（2）：25-29.

"西方体系"的国民账户体系（SNA）和作为"东方体系"的物质产品平衡表体系（MPS）通过国际组织出版物一并引入时，中国毫无疑问属于后者（尽管其内容尚不完整），前者则是一套完全陌生的架构。

随着改革开放的启动和逐步深入，结合中国国情建立一套国民经济核算体系迫在眉睫。有关国民经济核算的研究就此起步，并一直以中国国民经济核算体系的创建与发展完善作为目标。

（一）改革开放至1992年：新旧观念碰撞下中国国民经济核算体系的转型与初步设计

改革开放之初，中国国民经济核算体系研究是从综合平衡统计起步的；随后就要考虑如何面对来自西方的 SNA，并根据改革开放带来的变化吸收其中的思想和方法；最后则是要落实到如何进行中国国民经济核算体系设计。

1. 以国民经济综合平衡统计为起点

以马克思主义再生产理论为基础的综合平衡思想是中国数十年宏观管理积累的理论资产。改革开放后经济理论界重拾综合平衡理论研究，对综合平衡与计划工作、综合平衡与经济调整、综合平衡与体制改革以及全国综合平衡与地区综合平衡等内容进行了深入讨论。[①]与此同时，政府统计部门开始重提综合平衡统计，并将其作为改革开放初期的工作重点。[②]受上述种种背景影响，综合平衡统计体系成为改革开放初期学术领域开展宏观经济统计讨论的主线，并成为后续进行中国国民经济核算体系研究的起点。

为此，国民经济四大综合平衡——产品平衡、财政平衡、信贷平衡、对外平衡，成为设计综合平衡统计内容架构的依据。钱伯海出版的专著《国民经济综合平衡统计学》[③]在当时以及此后很长一段时期产生了很大影响，由其书名即可看到这个关键词代表了贯穿全书的基本逻辑。随后"国民经济综合平衡统计"的提法逐步被"国民经济核算体系"取代，但各种文献中仍然体现了综合平衡思想对

---

① 田江海，利广安. 国民经济综合平衡理论讨论综述 [J]. 中国社会科学, 1981（3）：97-102.

② 国家统计局《1980 年全国统计工作要点》强调要搞好国民经济综合平衡统计，特别提出要健全国民收入统计，号召有条件的省、自治区、直辖市都要试算国民收入。《1981 年全国统计工作要点》中进一步提出，要建立国民经济平衡统计核算体系，包括国民收入统计、投入产出统计、综合财政统计、国民财富统计和国际收支统计。

③ 钱伯海. 国民经济综合平衡统计学 [M]. 北京：中国财政经济出版社, 1982.

于核算内容设计的影响。[①] 一个最典型的例子是：当时在综合平衡统计或国民经济核算体系中常常要设计一个财政信贷部门，并在生产账户和消费账户、积累账户、对外账户之间插入一个分配账户，目的就是体现综合财政平衡。

2. SNA 的传播以及由此引发的比较研究和优劣争论

SNA 引入中国以联合国《国民经济核算体系（1968）》中译本出版为标志，同期出版的还有介绍 MPS 的《国民经济基本平衡表体系的基本原理》和对二者做简要比较的《国民经济核算体系与国民经济平衡表体系的比较》[②]，以及与此相关的其他国际文献[③]。

钱伯海的《国民经济综合平衡统计学》

最早系统阐释 SNA 基本思想与方法的是闵庆全，其在长篇论文[④]中，较早使用"国民经济核算"这一专有词汇，将其视为"宏观经济管理的重要工具"，系统介绍"国民经济核算体系"（SNA）的定义、基本方法、发展渊源，基于 SNA-1968 说明其内容组成以及如何综合起来构成一个完整的核算体系，最后落实到中国，提出建立国民经济核算体系的紧迫性以及需要解决的问题。闵庆全结合自己在会计学、经济学等方面的专业根底，非常精准地概括了国民经济核算的理论方法及其特点所在，这篇论文现在读起来对于理解国民经济核算仍然具有启发性，是一篇具有非常高学术水平的解读 SNA 的

---

① 庞皓. 我国国民经济综合平衡统计核算体系问题 [J]. 财经科学，1982（2）：49-57；张塞. 关于国民经济综合平衡统计核算几个问题的探讨 [J]. 统计研究，1985（2）：1-6；岳巍. 社会主义再生产和国民经济核算体系 [J]. 统计研究，1984（2）：9-14；高成庄. 关于我国国民帐（账）户设计中的几个问题 [J]. 财经科学，1984（1）：43-50，65；刘长新. 改革国民经济平衡表　建立具有中国特色的国民经济核算体系 [J]. 统计研究，1985（3）：10-15.

② 联合国经济和社会事务部统计处. 国民经济核算体系 [M]. 闵庆全，崔书香，萧嘉魁，译. 北京：中国财政经济出版社，1982；联合国经济和社会事务部统计处. 国民经济基本平衡表体系的基本原理 [M]. 李运宽，译. 北京：中国财政经济出版社，1981；联合国经济和社会事务部统计处. 国民经济核算体系与国民经济平衡表体系的比较 [M]. 闵庆全，译. 北京：中国财政经济出版社，1981.

③ 崔书香，萧嘉魁，闵庆全. 国民经济核算 [M]. 北京：人民出版社，1985；闵庆全. 简明《国民经济核算体系》[M]. 北京：经济科学出版社，1987；日本经济企划厅国民收入部. 新国民经济核算体系通俗讲话 [M]. 铁大章，译. 北京：中国统计出版社，1985.

④ 闵庆全. 国民经济核算：宏观经济管理的重要工具 [J]. 经济科学，1980（4）：35-42.

引入 SNA 的几本图书

文献。

　　伴随研究的深入，青年学者开始崭露头角，围绕 SNA 带来了一些更具敏锐度的研究成果。邱东在此期间发表的论文[①]以及后来出版的著作[②]特别引人注目。书中以 SNA 结构研究立论，解析其内容框架，说明其核算结构设计的依据，从统计分组和统计表式两个侧面论证 SNA 核算体系的架构和表现，并在结构剖析基础上提出了很多新的探索性观点。此外还有朱卫民、李宝瑜、赵彦云、王庆石、杨缅昆、向蓉美、蔡志洲等针对相关主题发表的论文，都特别有助于进一步深入认识 SNA 的理论方法与应用价值。（限于篇幅，这里没有列示具体文献，下同。）

　　SNA 的引入必然会与既有的基于 MPS 的基本思想观念发生碰撞，引发比较研究，进而形成不同观点之间的争论。落实到中国国民经济核算体系建设，文献讨论主要集中在两个方面：第一是如何看待 SNA 所依据的经济理论基础，焦点集中于马克思主义再生产理论与西方宏观经济学

邱东的《新国民经济核算体系
（SNA）结构研究》

---

① 邱东. SNA 的五大核算系统及其结合：新国民经济核算体系结构之剖析 [J]. 统计研究，1985（3）：16-23；邱东. 论国民经济核算体系（SNA）结构的设计依据 [J]. 财经问题研究，1985（3）：44-49；邱东. 对联合国新 SNA 的认识、评价和借鉴 [J]. 统计研究，1986（5）：24-28.

② 邱东. 新国民经济核算体系（SNA）结构研究 [M]. 北京：中国统计出版社，1990.

之间的差异，其间会牵涉收入决定论和劳动价值论问题，并具体落实到生产劳动与非生产劳动之间的争议、物质生产概念和综合生产概念之间的选择；第二是如何看待 SNA 设计中所体现的一套方法，包括部门分类方法、复式记账方法、账户和矩阵表等作为内容载体的表达方法。

政学两界专家学者普遍接受 SNA 所采用的复式记账方法以及账户、矩阵表等表现形式，并在针对中国国民经济核算体系所做设计中普遍尝试运用这些方法和形式。但在核算内容及其理论基础方面，初期各方专家学者对待 SNA 的态度以及在 SNA 与 MPS 之间的优劣比较方面则有很大分歧。当时的主流观点认为，经济理论是经济核算的基础，SNA 和 MPS 的根本区别在于经济理论基础的不同；不能接受 SNA 所依据的资产阶级经济理论和反映的资本主义经济活动内容；健全我国国民经济核算体系，有必要努力把握马克思关于再生产的基本原理。这种将两大体系之理论基础完全对立起来的倾向，成为正确理解 SNA 原理、借鉴其核算思想和内容的最大障碍。

一些青年学者力图消减其中的意识形态分歧，形成了一些具有弹性的研究思路。邱东从 SNA 的研究入手，认为"笼统地讲以资产阶级经济理论为理论基础"不利于 SNA 研究的深入。他认为，SNA 的设计依据不是凯恩斯主义的收入决定论，而是收入流量均衡分析，在收入均衡分析基础上设计出来的 SNA 属于中性统计和分析工具，"并不包含收入决定论的理论解释"，故而可以与所谓资本主义庸俗经济理论区分开来。[1] 朱卫民着眼于核算体系与理论基础之间的关系，认为研究核算体系的理论基础，不能简单地搬用政治经济学原理。直接以政治经济学的原理为核算体系的理论基础，也就是跳过了中间层次，必然造成核算体系与它所依据的理论不协调。"要使核算体系有一个科学的理论基础，必须研究政治经济学与核算体系之间的中间环节，使核算理论具有实证的性质，也就是研究和发展国民经济综合平衡理论"[2]。

3. 建立中国国民经济核算体系的模式选择和方案设计研究

各种理论方法上的争论从一开始就是与中国国民经济核算体系的设计联系在一起的。1984 年，国务院国民经济统一核算标准领导小组成立，代表着建立中国国民经济核算体系这一目标开始列入官方统计工作议程，并通过其下属办公室的具体运作，将各方研究力量集聚起来开展科学研究，为实现这一目标做出努力。

---

[1] 邱东. 论国民经济核算体系（SNA）结构的设计依据 [J]. 财经问题研究，1985（3）：44-49.

[2] 朱卫民. 论国民经济核算体系的理论基础 [J]. 统计研究，1985（3）：5-9, 15.

47．国民经济统一核算标准领导小组成立

12 月 1 日国民经济统一核算标准领导小组成立，国家计委副主任陈先任领导小组组长，国家经委朱镕基、财政部田一农、中国人民银行邱晴、国家审计署祁田、国家统计局张塞、国家标准局戴荷生任副组长。领导小组成员由国家统计局．中国人民大学．财政部．国家标准局等有关部门负责人组成。

领导小组第一次会议提出，建立和健全国民经济核算体系要体现 5 条要求：一、要富有科学性。要以马克思主义为指导，结合我国有计划的商品经济的实际情况，吸收世界各国先进方法和经验。二、要有利于国民经济的科学管理，准确反映宏观经济效果，考核微观经济效益。三、要有利于计划、统计、会计和业务核算方法的统一。四、要有利于采用现代化管理手段，建立国家经济管理信息自动化系统。五、要有利于国际间的信息交流和经济对比。会议要求，用 5 年左右的时间，把我国的核算体系逐步建立和健全起来。

1986 年 12 月 2 日，经国务院领导同意，领导小组组长由陈先改为张塞担任。

国民经济统一核算标准领导小组成立

资料来源：中华人民共和国国家统计局．中华人民共和国统计大事记（1949—2009）[M]．北京：中国统计出版社，2009：175．

在此过程中曾经多次召开与建立国民经济核算体系有关的科学讨论会。刘树成基于 1986 年 11 月召开的国民经济核算体系理论与方法论讨论会对当时讨论的相关问题及其观点做了比较详细的总结。[①]（1）在核算体系模式选择上，大多数意见都同意吸取新 SNA 和新 MPS 两者之长，"建立具有中国特色的国民经济核算体系"，但在怎样理解"中国特色"，以及把"中国特色"强调到什么程度等问题上还有不同认识。（2）大多数意见都同意"以马克思主义为指导"，但在如何以马克思主义为指导，以及如何理解马克思主义的有关原理等问题上还有不同认识。（3）有关国民经济核算体系的具体问题：在生产核算范围方面，大多数意见都主张扩大，一种主张扩大到营利性服务部门，一种主张扩大到全部服务部门；在表式结构方面，大多数意见主张结合中国国情，基本采用五大账户体系，并吸收 MPS 中的劳动平衡表等；在记账方法方面，大多数意见主张尽量采用复式记账法。

正是在这种"百家争鸣"的研究讨论基础上，1986 年形成了中国国民经济核算体系的初步方案。此后在数年内几易其稿，经过在不同范围内的试点以及国际交流，最终完成《中国国民经济核算体系（试行方案）》，并于 1992 年经国务

---

① 刘树成．我国国民经济核算体系的完善与改革：国民经济核算体系理论与方法讨论会纪实 [J]．统计研究，1987（2）：77-80，66．

院批准向社会发布（以下简称 CSNA-1992）。
随后国家统计局编撰出版相关出版物①，基于
该方案对中国国民经济核算体系进行了系统
阐述。

回顾数十年中国国民经济核算研究和开
发建设历史，可以发现 CSNA-1992 的发布
具有标志性意义。时任国家统计局总统计师
龙华② 后来这样总结 CSNA-1992 在理论上的
突破：第一，"关于社会生产的范围突破了物
质生产领域的传统观点"；第二，"核算体系
的理论基础突破了把马克思再生产理论与西
方宏观经济学对立起来的观点"。高敏雪③ 撰

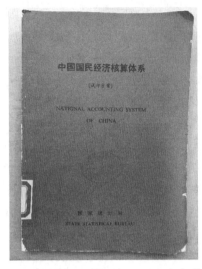

《中国国民经济核算体系（试行方案）》

文将 CSNA-1992 发布视为"具有承前启后双
重意义的标志性事件"，"一方面是告别过去，它的发布意味着中国放弃了适应计
划经济体制管理需要、自 1950 年代逐步建立起来的一套产值统计及其所依托的
MPS，开始整体转型；另一方面是开启未来，它代表了中国遵循 SNA 进行国民
经济核算体系全面开发建设的起点，开启了此后三十年中体现各个时期建设成就
和发展目标的 CSNA-2002、CSNA-2016④ 不同版本的演进"。

（二）20 世纪 90 年代至 2002 年前后：基于 SNA 的核算原理研究以及中国国民经济核算开发建设

CSNA-1992 的发布有两方面的意义：第一是意味着围绕国民经济核算研究
的一些理论禁区被打破，第二是标志着中国国民经济核算建设的一套实务开始启
动。受此影响，整个 20 世纪 90 年代有关国民经济核算的学术研究大体集中在两
个方向：一是基于 SNA 的基本原理研究与国际进展追踪，二是围绕中国国民经
济核算方案以及实施建设的理论、方法研究。在此期间，联合国等国际组织开发

① 国家统计局国民经济核算编写组. 中国国民经济核算体系：理论·方法·应用 [M]. 北京：中国统计出版社，1992.
② 龙华. 中国国民经济核算体系的建立 [M] // 国家统计局编写组. 我国 20 个统计指标的历史变迁. 北京：中国统计出版社，2017.
③ 高敏雪. 中国国民经济核算开发建设回顾：关于 CSNA-1992 [J]. 中国统计，2023（2）：31-34.
④ CSNA-2002 为《中国国民经济核算体系（2002）》的简称；CSNA-2016 为《中国国民经济核算体系（2016）》的简称。

的 SNA-1993 正式发布，既给中国国民经济核算研究带来了新的课题，同时也为中国国民经济核算体系的改革提供了新的目标参照。

1. 国民经济核算原理的系统解析与传播

20 世纪 80 年代末、90 年代前半期，以国民经济核算为主题的出版物（教科书或者普及性著作）有多种，有些来自高校和科研机构的研究人员，如向蓉美（1988）、沈士成（1988）、杨坚白（1988）、游士兵（1993）、杨作廪和向蓉美（1993）、李宝瑜（1994）；有些来自国家统计局和地方统计局，如江西省统计局国民经济核算课题研究组（1989）、许宪春（1993）、岳巍（1991）、龙华（1993）。（限于篇幅，这里没有列示具体文献。）作为国民经济核算的系统性研究著作，有三部著作特别值得关注。第一部是闵庆全的《国民经济核算综论》[1]，书中广泛参考国际文献，对基于 SNA 的国民经济核算五个子体系进行深度考察，简要追溯其渊源，重点剖析当前核算内容，并用数据实例演示其应用方向，对当时刚刚进入这个领域的人有很强的引领作用。第二部是徐向新的《国民经济核算》[2]，此书本质上就是一部针对两大核算体系进行比较的学术著作。通过比较，书中表达了对于两大体系优劣以及现阶段可行性的鲜明立场：揭示 MPS 受物质生产概念片面性掣肘而引起的核算内容不完整和内在矛盾；确认在当代条件下采用全面生产概念的时代合理性；对 SNA 内容做具体讨论，发掘其现行核算方法在中国的适用性，由此为中国国民经济核算摆脱 MPS 的束缚、实现从 MPS 到 SNA 的转变提供了系统论证。第三部是钱伯海的《国民经济核算通论》[3]，其最大特点是承接此前编著的《国民经济综合平衡统计学》，结合中国实际，以基本理论和方法、五大子体系核算、国民经济总体核算、国民核算资料的运用和开发来结构全书，阐述国民经济核算的理论与方法。此外，由张塞主编、李强和赵彦云等副主编的《新国民经济核算全书》[4]，适应当时建设实施中国国民经济核算体系、为高校和科研机构提供系统知识两方面的迫切需求，动员政学各方力量尤其是青年力量参与编纂而成，围绕国民经济核算体系产生与发展、理论与方法、创新与贡献、国际化与中国实践特色等方面进行了全面、系统的归总，堪称当时国民经济核算知识、信息的集大成者。

---

① 闵庆全. 国民经济核算综论 [M]. 北京：经济科学出版社，1989.
② 徐向新. 国民经济核算 [M]. 北京：中国统计出版社，1990.
③ 钱伯海. 国民经济核算通论 [M]. 北京：中国统计出版社，1992.
④ 张塞. 新国民经济核算全书 [M]. 北京：中国统计出版社，1993.

20 世纪 80 年代末、90 年代前半期关于国民经济核算的几部代表性图书

　　有不少文献就中国国民经济核算体系所涉及的一些重点问题进行了讨论。钱伯海[①] 面对"传统的劳动价值理论因为三次产业受到逻辑的挑战"，提出"社会劳动创造价值"的观点，认为应将三次产业劳动的总和称为社会劳动，一旦"确认社会劳动创造价值，就可以为我国新国民核算体系排除理论是非"。徐向新[②]针对 CSNA-1992 的后续改革提出了一系列问题，其中最具实质性的是对"积木式、板块化的核算结构"的质疑，通过理论推导和数字展示，论证不可能在一张表中同时进行国内生产总值和物质产品净值生产与使用的核算。这些讨论可以视为最终去除与 MPS 相关的内容、按照国际一体化框架进行后续中国国民经济核

①　钱伯海. 论社会劳动创造价值 [J]. 数量经济技术经济研究，1993（12）：15-25.

②　徐向新. 关于我国核算体系改革的几个问题 [J]. 统计研究，1993（2）：9-18.

算体系改革的前期论证。

伴随国民经济核算研究与中国实践的发展，高校相关院系针对国民经济核算的课程建设提上议事日程。1993 年 3 月，全国高校国民经济核算教学教材建设研讨会在中国人民大学举行。[①] 会议讨论了在相关专业开设国民经济核算课程的重要性，针对当时存在的各种问题，提出要进行经济统计教学体系研究和改革。具体内容包括：如何突出国民经济核算体系的教学内容，避免重复开设相关课程，建立以国民经济核算为中心的课程体系，加快国民经济核算的教材建设。

1995 年中国国民经济核算研究会成立，标志着中国国民经济核算研究有了一个专门的交流平台，为政学两界在国民经济核算理论研究和实践探索之间搭建了一座桥梁。1996 年 11 月该研究会召开第一次国民经济核算学术研讨会[②]，会议交流涉及多方面的议题：首先是国际上国民经济核算体系的发展，重点关注联合国等新发布的 SNA-1993 带来的新变化；其次是如何进一步改革完善中国国民经济核算体系，认为应以 SNA-1993 为目标模式，向国际标准靠拢，体系可以"体现中国特色，但不能称为中国特色的国民经济核算体系"；最后还涉及国民经济核算的理论基础问题，以及由国民经济核算延伸出去的社会、资源、环境核算问题。可以说，此次研讨会是对当时中国国民经济核算领域的研究关切以及主流观点的一次系统展示。

2. 对 SNA 国际进展的追踪和理论研究

SNA-1968 发布已久，此后国际上有关国民经济核算体系的进一步修订一直在进行。待 SNA-1993 正式发布之后，尤其是《国民经济核算体系（1993）》中文版[③] 出版之后，对此进行全面追踪、对修订内容进一步讨论成为一时的研究重点。龙华和许宪春[④] 在第一时间介绍了 SNA-1993 的基本结构及修订的主要内容。闵庆全和许宪春[⑤] 较为全面地介绍了国民经济核算通过 SNA-1993 显现出来的发展，这些发展不仅体现在基本理论框架上，还更加具体地体现在基本概念、基本分类、基本核算内容、基本账户结构等方面，以及在增进与其他国际统计标准相

---

① 赵彦云，李宝瑜. 全国高校国民经济核算教学教材建设研讨会在京举行 [J]. 经济学动态，1993（7）：22-23.

② 龙华，王朝科. SNA 的新发展与中国国民经济核算体系的改革：国民经济核算学术研讨会纪要 [J]. 统计研究，1997（2）：21-27.

③ 联合国，等. 国民经济核算体系（1993）[M]. 国家统计局国民经济核算司，译. 北京：中国统计出版社，1995.

④ 龙华，许宪春. 1993 年 SNA 的基本结构及修订的主要内容 [J]. 统计研究，1993（5）：32-42.

⑤ 闵庆全，许宪春. 1993 年 SNA 的发展与中国新国民经济核算体系的进一步改革 [J]. 财经问题研究，1997（7）：60-65.

互协调方面。

学界基于 SNA-1993 进行国民经济核算专题提炼研究，取得了很多有意义的成果。杨灿①在此期间有多项基础性研究并作为学术专著出版，其中包括对国民经济核算的主体原则问题的讨论，对国民经济核算账户体系结构原理的研究，以及基于 SNA-1993 对英美国家实际实施的核算体系的比较和考察，所做阐发深化了对这些基础问题的研究和思考。高敏雪②借助美国国民收入与生产账户体系（NIPAs）及其与联合国 SNA 之间的异同进行系统讨论，对学界认识 SNA 提供了另外一种有益参照。基于 SNA-1993 介绍国民经济核算原理或中国国民经济核算的著作和教材也开始出现，比较具有代表性的是袁寿庄、赵彦云等编著的《国民经济核算原理》③。该书内容直接与 SNA-1993 对接，力图以简约可读的方式传递经过最新整合的国民经济核算原理，同时注意联系中国实际，体现具有中国特色的国民经济核算实务。两方面综合起来，使该书成为当时了解国民经济核算原理以及中国实践的较好版本。

3. 基于 SNA-1993 的中国国民经济核算体系方案改进研究

SNA-1993 的发布，为中国国民经济核算体系继续改进提供了新的目标参照。许宪春发表连载长文④，分别按照基本概念和术语、基本分类、基本核算内容、基本账户结构，系统全面地讨论了中国国民经济核算体系与 SNA-1993 之间的区别。通过比较，一方面可以显示 CSNA-1992 与国际标准之间的差距，另一方面也展示了中国国民经济核算体系的目标设定以及作为基础数据支撑的政府统计现状。随后许宪春继续发文⑤，分别讨论基本概念、基本分类、基本核算范围、经济循环账户和基本核算表的补充调整和修订，还进一步延伸到一些重要项目（如住房服务、政府补贴等）的核算处理，目的是以 SNA-1993 为参照提出中国国民经济核算体系的改进方向和具体意见。这些成果最后被整合为《中国国民经济核

① 杨灿. 对国民核算主体原则的再认识 [J]. 统计研究, 1996（4）: 11-15; 杨灿. 国民经济帐（账）户体系的结构原理研究 [J]. 厦门大学学报（哲学社会科学版）, 1997（1）: 26-30, 36; 杨灿. SNA 与英美国民帐（账）户体系的比较研究 [J]. 中国经济问题, 1996（5）: 57-63; 杨灿. 宏观经济核算论 [M]. 北京: 中国统计出版社, 1996.
② 高敏雪. 美国国民核算体系及其卫星账户应用 [M]. 北京: 经济科学出版社, 2001.
③ 袁寿庄, 赵彦云, 高敏雪, 等. 国民经济核算原理 [M]. 北京: 中国人民大学出版社, 1996.
④ 许宪春. 中国新国民经济核算体系与 1993 年 SNA 的若干区别 [J]. 统计研究, 1994（5）: 18-24; 1994（6）: 24-29; 1995（1）: 23-31; 1995（2）: 16-18.
⑤ 许宪春. 关于进一步完善新国民经济核算体系的若干设想 [J]. 统计研究, 1995（6）: 26-29; 1996（2）: 12-15; 1997（1）: 18-23; 1997（2）: 28-33.

《中国国民经济核算体系改革与发展》

算体系改革与发展》这一专著出版①，在当时产生了比较大的影响。

随着核算制度层面的实际动作，CSNA-1992 的修订已经迫在眉睫。李强②重点介绍了自 CSNA-1992 出台、SNA-1993 发布之后中国国民经济核算制度的新变化，许宪春③提出关于修订《中国国民经济核算体系（试行方案）》的一些具体设想。2001 年曾召开由各界专家学者参加的专题研讨会，探讨中国国民经济核算体系的修改和完善问题，修改重点集中在删除原来"混合体系"的内容，从概念、术语、分类到整体框架逐步向 SNA-1993 看齐，与之保持一致，并由此激发了学界对相关问题进行更具学理性的思考。杨灿④撰文的焦点是如何实现 CSNA-1992 方案中的"基本核算表与国民经济账户的有机结合"，以改进由此出现的重复设计、账户体系作用不彰问题。李宝瑜⑤也是从基本核算表与国民经济账户的关系入手进行讨论，认为应该遵循国民经济循环理论优化 CSNA-1992 五大核算表的内容。

经过上述各方面的努力，经过修订的《中国国民经济核算体系（2002）》于 2003 年 5 月经国务院批准发布，这标志着中国国民经济核算进入了一个新的阶段。

4. 更宽泛意义上的国民经济核算研究

除了上述"主流"研究课题之外，学术界对国民经济核算有了更加多元的思考和探索。一是有关国民经济核算史的研究。⑥二是制度层面的相关研究，比如

---

① 许宪春. 中国国民经济核算体系改革与发展 [M]. 北京：经济科学出版社，1997.

② 李强. 中国国民经济核算体系的建立、变化和完善 [J]. 统计研究，1998（4）：41-45.

③ 许宪春. 关于《中国国民经济核算体系（试行方案）》的修订 [J]. 统计研究，2001（4）：3-8.

④ 杨灿. 中国国民经济核算体系的改革的回顾与思考 [J]. 统计研究，2001（11）：7-11.

⑤ 李宝瑜. 对我国国民经济核算体系设计方案的一些认识 [J]. 统计研究，2002（9）：49-51.

⑥ 邱东. 国民经济核算史论 [J]. 统计研究，1997（4）：65-72；朱启贵. 世纪之交：国民经济核算的回顾与前瞻 [J]. 统计研究，2000（11）：15-28；孙秋碧. 国民经济核算演进评析 [J]. 统计研究，1999（4）：60-63.

邱东[①]超越一般理论方法，赋予国民经济核算以"公共产品属性"，并以此为基点讨论其需求和供给；杨仲山[②]试图突破既往有关具体"怎么做"的研究套路，聚焦"为什么这么做"开展研究，提出了一些很有创新性的认识。三是围绕国民经济核算内容扩展的研究，有学者由此提出有关"国民大核算体系"的构想和展望。[③]

（三）2002 年至今：与国际同步前提下中国国民经济核算体系的进一步完善

进入新时期，国民经济核算国际规范完成了从 SNA-1993 到 SNA-2008 的修订升级，与此对应，中国国民经济核算体系也从 CSNA-2002 修订升级为 CSNA-2016。学术界在此期间的研究活动相当一部分是以此为中心展开的。另一个研究中心是卫星账户的应用，涉及各个具体领域中的专题，形成了一些初步成果。展望未来，国民经济核算最具探索性的部分是与数字相关的内容，同时数字技术本身也为促进国民经济核算进一步演化提供了可能，这些在一些学者的研究中已经清晰可见。

1. 国际国内相关规范修订更新的追踪研究

联合国采用公开透明的方式开展 SNA-1993 的修订工作，这就给中国专家学者进行同步追踪创造了条件。杨仲山等[④]对全部修订议题进行了系统考察，国家统计局国民经济核算司组成研究组[⑤]及时介绍各个专题的修订进展，在 SNA-2008 正式发布之后系统总结修订的主要内容，并结合中国国民经济核算现状提炼其中应予重视的重点问题，包括机构部门划分、研究与开发的资本化、编制供给使用表、采用链式指数进行物量核算等，这些内容在某种程度上可以视为下一步中国国民经济核算体系改革的前奏。

我国在第一时间启动 SNA-2008 的中文版翻译工作，由中国人民大学国民经

---

① 邱东，刘颖，肖兴志. 论国民经济核算的公共产品属性 [J]. 统计研究，1998（4）：37-42.

② 杨仲山. 国民经济核算方法论纲 [M]. 北京：中国统计出版社，2002.

③ 朱启贵. 世纪之交：国民经济核算的回顾与前瞻 [J]. 统计研究，2000（11）：15-28；戴亦一. 建立适应可持续发展战略需要的国民核算新模式：关于国民大核算体系的理论思考 [J]. 统计研究，2000（7）：3-11；钱争鸣. 国民大核算及其功能系统的研究 [M]. 北京：中国统计出版社，2002.

④ 杨仲山，何强. 国民经济核算体系（1993SNA）的修订、影响及启示 [J]. 统计研究，2008（9）：64-70.

⑤ "SNA 的修订与中国国民经济核算体系改革"课题组. SNA 的修订及对中国国民经济核算体系改革的启示 [J]. 统计研究，2012（6）：3-9.

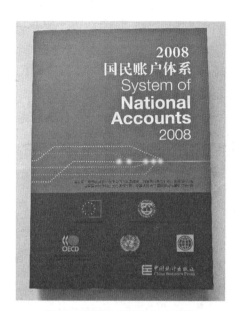

《2008 国民账户体系》中文版

济核算研究所与国家统计局国民经济核算司共同组成团队承担，翻译形成的《2008 国民账户体系》中文版 [1] 作为联合国官方文本使用并于 2012 年在国内出版。高敏雪作为翻译主编在完成中文版翻译之后，对全书内容做全面审视，并撰文 [2] 系统考察"SNA-2008 的新面貌"，从历史、现实不同层面集中阐述以下三个问题，以此显示 SNA-2008 对国民经济核算理论方法及其应用的贡献：（1）SNA 中心框架是如何演变成为一套成熟的、具有普适意义的分析工具的；（2）为适应不同环境和不同需求，SNA 在提高灵活性应用方面有怎样的进展；（3）SNA 如何在与其他统计体系之间的互动中奠定了自己的中心地位。除此之外，相关机构和学者还翻译了来自美国、欧盟、联合国等各方面的经典文献 [3]，为深入理解 SNA 原理以及相关国家实际经验提供了参考。

随着 SNA-2008 的发布引起的国际可比需求，以及中国政府统计建设为国民经济核算基础方面带来的改进，CSNA-2002 面临新一轮修订。许宪春 [4] 领衔政学两界专家学者开展此项研究，出版著作系统论证中国国民经济核算体系修订的条件和目标，在基本概念、基本核算范围、基本分类、基本核算框架、基本指标和基本计算方法等方面的主要修订内容。其中比较引人注目的修订包括：引入知识产权产品概念并纳入资产核算范围，在机构部门分类中单独列示为住户服务的非营利机构，为避免重复而取消经济循环账户，同时加强基本核算表的内容等。

① 联合国，欧盟委员会，经济合作与发展组织，国际货币基金组织，世界银行. 2008 国民账户体系 [M]. 中国国家统计局国民经济核算司，中国人民大学国民经济核算研究所，译. 北京：中国统计出版社，2012.

② 高敏雪. SNA-08 的新面貌以及延伸讨论 [J]. 统计研究，2013（5）：8-16.

③ 乔根森，兰德菲尔德，诺德豪斯. 宏观经济测算的前沿问题：国民经济账户的新设计 [M]. 伍晓鹰，许宪春，高敏雪，等，译. 北京：北京大学出版社，2013；勒盖耶，布莱兹. 理解国民账户 [M]. 国家统计局国际信息统计中心，译. 北京：中国统计出版社，2017；联合国，欧洲中央银行. 国民核算手册：国民账户中的金融生产、金融流量与存量 [M]. 中国人民银行调查统计司，译. 北京：中国金融出版社，2018.

④ 许宪春. 论中国国民经济核算体系 2015 年的修订 [J]. 中国社会科学，2016（1）：38-59，204.

2017年《中国国民经济核算体系（2016）》经国务院批准正式发布[1]，标志着中国国民经济核算体系在规范修订节奏上开始与国际保持一致，并成为中国国民经济核算进一步发展的依据。数年之后，金红和郭晓雷[2]全面梳理总结近年来国家统计局在国民经济核算方面开展的各项工作，重点阐述了地区生产总值统一核算、编制全国和地方资产负债表、探索编制自然资源资产负债表、GDP 核算、投入产出核算、资金流量核算、派生产业核算等方面取得的进展。此文既可以视为 CSNA-2016 实施的阶段性成果总结，同时也有助于把握中国国民经济核算未来理论和应用研究的课题和方向。

2. 国民经济核算理论与应用和未来方向研究

第一是理论方法研究。杨灿和孙秋碧[3]从学理上对国民经济核算中有关指数编制与应用做了深入讨论，分析连锁指数（即链式指数）法的优劣权衡、不同指数形式的具体选择以及所存在的邵氏指数漂移问题，进而放在国民经济核算场景下做具体分析。李宝瑜等[4]针对社会核算矩阵（SAM）先后发文，立足中国 SAM 进行方法研究和编制探索，形成了非常有意义的成果。

第二是应用研究。高敏雪[5]发表长文，立足生产、分配、使用三个视角，力图为实现国民经济核算服务于供给侧宏观经济观察提供框架性认识，并对当前国民经济核算应用于供给侧宏观经济观察的可能性与进一步改进提出建议。宋旭光编著的《中国国民经济核算发展与应用问题研究》[6]，论述了中国国民经济核算发展所面临的主要挑战和前沿专题研究，探讨了国民经济核算方法在财政、税收、金融、服务核算和绿色发展等方面的实践进展。中国人民银行调查统计司出版著作[7]，针对2008年金融危机带来的变化，"系统论述资金流量金融交易核算的理论框架和国内外编制实践，在此基础上探索以资金流量金融交易核算视角开展分析研究"。

① 国家统计局. 关于印发《中国国民经济核算体系（2016）》的通知［EB/OL］.（2017-08-23）［2024-07-27］. https://www.stats.gov.cn/xw/tjxw/tzgg/202302/t20230202_1893895.html.

② 金红，郭晓雷. 近年来我国国民经济核算的改革与实践［J］. 统计研究，2021（10）：12-22.

③ 杨灿，孙秋碧. 国民核算中的指数序列问题研究［J］. 统计研究，2006（6）：73-79.

④ 李宝瑜，马克卫. 中国社会核算矩阵编制方法研究［J］. 统计研究，2011（9）：19-24；李宝瑜，马克卫. 中国社会核算矩阵延长表编制模型研究［J］. 统计研究，2014（1）：23-32.

⑤ 高敏雪. 国民经济核算与供给侧宏观经济观察［J］. 统计研究，2020（2）：15-25.

⑥ 宋旭光. 中国国民经济核算发展与应用问题研究［M］. 北京：中国统计出版社，2019.

⑦ 阮健弘，高慧颖. 中国资金流量金融交易核算［M］. 北京：中国金融出版社，2021.

第三是国民经济核算研究的未来指向研究。高敏雪 [1] 结合国际国内研究动态分层次归纳、阐释当前国民经济核算的研究议题，其中既包括以 SNA-2008 为起点的前沿研究、基于 SNA 中心框架的灵活运用研究，也有接驳中国国民经济核算体系及其实务的优化和创新研究、国民经济核算数据的综合应用研究，相当于为未来一段时期的国民经济核算研究拉了一份粗略的"清单"。信息技术给人类生活带来了深刻变革，这些变革已经开始对国民经济核算产生影响。宋旭光等 [2] 一直关注这方面的国际研究动向，聚焦物联网技术、分享经济、区块链对国民经济核算的影响开展研究，形成了一系列研究成果。李静萍 [3] 从数据研究出发，通过数据资产核算探讨如何将数据这种生产要素纳入核算体系。许宪春等 [4] 针对"免费"内容产品核算问题，尝试界定"免费"内容产品的概念和范围，提出采用实物转移思路来分析"免费"内容产品的运行机理，进而基于国民经济核算视角设计"免费"内容产品的核算框架。

3. 卫星账户设计及应用探索

卫星账户起源自 SNA-1993，随后在 SNA-2008 中得到了进一步扩展应用，用于解决 SNA 统一性和灵活性之间的矛盾，实现国民经济核算与专门领域统计的对接，同时还是就一些新核算专题进行探索的"实验场"。这些方面的作用在中国都得到了不同程度的体现。

高敏雪 [5] 追踪美国卫星账户应用动态，对卫星账户的基本思想和应用场景做了初步总结；SNA-2008 发布后，她继续撰文 [6] 深入解析该文本对于卫星账户及其应用方式的阐述以及对于 SNA 实现灵活运用的重要意义。蒋萍等先后发表论文 [7]，解析 SNA-2008 对卫星账户的内容所进行的扩展与补充，以中心框架在研究口径与范围方面的限定作为切入视角，归纳解析不同类型卫星账户的产生背景

---

[1] 高敏雪. 面向新时代的国民经济核算研究议题及相关问题 [J]. 统计研究, 2021 (10): 3-11.

[2] 宋旭光. 物联网技术对国民经济核算发展的影响 [J]. 统计研究, 2014 (10): 3-8; 宋旭光, 周远翔. 分享经济对国民经济核算发展的影响 [J]. 统计研究, 2019 (2): 3-10; 宋旭光, 花昀, 何宗樾. 区块链技术对国民经济核算发展的影响 [J]. 统计研究, 2021 (2): 3-14.

[3] 李静萍. 数据资产核算研究 [J]. 统计研究, 2020 (11): 3-14.

[4] 许宪春, 张美慧, 张钟文. "免费"内容产品核算问题研究 [J]. 统计研究, 2021 (9): 3-18.

[5] 高敏雪. 美国国民核算体系及其卫星账户应用 [M]. 北京: 经济科学出版社, 2001.

[6] 高敏雪. SNA-08 的新面貌以及延伸讨论 [J]. 统计研究, 2013 (5): 8-16.

[7] 蒋萍, 刘丹丹, 王勇. SNA 研究的最新进展: 中心框架、卫星账户和扩展研究 [J]. 统计研究, 2013 (3): 3-9; 蒋萍, 蒋再平. 卫星账户研究视角与体系结构 [J]. 统计研究, 2020 (9): 3-10.

以及应用价值，并结合中国实际特别指出卫星账户与传统意义上的行业增加值之间的区别，认为不能简单地将这些增加值核算等同于卫星账户。郑彦等[①]对卫星账户在各个时期、不同国家的开发进行系统总结，试图从中提炼出一套一般性的理论与方法。

落实到具体研制，各界聚焦不同卫星账户研究专题，形成了与国际大体一致的研究态势。（1）旅游卫星账户的研究起步较早，吸引了来自国民经济核算和旅游经济不同领域的专家学者，借助国际规范和经验进行中国旅游卫星账户方法研究，尝试实际账户编制和数据应用[②]，并与卫生卫星账户一起纳入《中国国民经济核算体系（2016）》的扩展核算部分。（2）围绕研究与试验发展（R&D）核算，国家统计局密切跟进国际进展，实施研发支出核算方法改革，系统修订了1952年以来的年度 GDP 数据和1992年以来的季度 GDP 数据。[③]在此前后，政学两界有多人关注这一问题，或从资本存量角度，或从对 GDP 的影响角度进行讨论。[④]（3）数字经济是一个有待通过卫星账户进行开发研究的领域，当前国际国内均处于探索阶段，已经有不少文献涉及这一专题：开始是以信息与通信技术（ICT）为主题，随后则扩展到更具包容性的数字经济这一主题，并在研究内容上不断推进，从基于供给使用表的数字卫星账户框架设计，进而尝试从数字经济生产核算扩展到资金流量核算和资本核算，进一步讨论如何在其中突出显示数字技术对实体经济的融合。[⑤]此外还有很多以数字经济规模测算为侧重点的研究，在不同程

① 郑彦，夏杰峰. 卫星账户核算：理论发展与编制应用 [J]. 统计与信息论坛，2021，36（12）：3-11.

② 赵丽霞，魏巍贤. 旅游卫星帐（账）户（TSA）-1998 的构建 [J]. 统计研究，2001（8）：13-17；杨仲山，屈超. 从方法论角度看旅游卫星账户 TSA（2001）的方法属性 [J]. 财经问题研究，2007（11）：92-97.

③ 国家统计局关于改革研发支出核算方法修订国内生产总值核算数据的公告. ［EB/OL］.（2016-07-05）［2024-07-24］. http://www.gov.cn/xinwen/2016-07/05/content_5088582.htm.

④ 许宪春，郑学工. 改革研发支出核算方法 更好地反映创新驱动作用 [J]. 国家行政学院学报，2016（5）：4-12，141；高敏雪. 研发资本化与 GDP 核算调整的整体认识与建议 [J]. 统计研究，2017（4）：3-14；江永宏，孙凤娥. 中国 R&D 资本存量测算：1952—2014 年 [J]. 数量经济技术经济研究，2016（7）：112-129；孙静，徐映梅. SNA 视角下企业研发资本化核算及主要变量调整 [J]. 统计研究，2018（12）：16-25；徐蔼婷，祝瑜晗. R & D 卫星账户整体架构与编制的国际实践 [J]. 统计研究，2017（9）：76-89.

⑤ 屈超，张美慧. 国际 ICT 卫星账户的构建及对中国的启示 [J]. 统计研究，2015（7）：74-80；杨仲山，张美慧. 数字经济卫星账户：国际经验及中国编制方案的设计 [J]. 统计研究，2019（5）：16-30；向书坚，吴文君. 中国数字经济卫星账户框架设计研究 [J]. 统计研究，2019（10）：3-16；罗良清，平卫英，张雨露. 基于融合视角的中国数字经济卫星账户编制研究 [J]. 统计研究，2021（1）：27-37.

度上内在地包含卫星账户的要素。（4）环境经济核算是最早作为卫星账户的专题核算，中国最近 20 年间围绕环境经济核算的研究探索与国际同步，取得很多重大研究成果并被应用于国家可持续发展战略实施和决策，相关文献综述见本章后面的"环境经济核算研究"。

4. 关于国民经济核算的历史总结研究和知识传播

借助多个时间节点，比如世纪之交、改革开放 40 年、中国政府统计 60 年、CSNA-1992 实施 20 年等，各方专家学者对中国国民经济核算的发展历程进行了多视角的追溯，进而对中国国民经济核算的未来发展做出展望。相关文献包括：许宪春[①] 从国家核算制度建设角度追溯和总结新中国成立以来中国国民经济核算体系的建立、改革和发展；朱启贵[②] 回顾改革开放以来中国国民经济核算发展的历史过程，更侧重于理论创新方面的阐述；曾五一和许永洪[③] 以《统计研究》刊发的国民核算文章为主线，对 30 年来专家学者在国民经济核算领域所取得的代表性研究成果做简要评介；蒋萍和王勇[④] 分别从实践工作、理论研究、理论研究与实际工作相结合这三个层面，对 CSNA-1992 实施 20 年间所走过的路程以及取得的成绩进行总结；邱东和王亚菲[⑤] 基于公共品视角对中国国民经济核算演变进行了总结和展望。

厦门大学在 20 世纪 90 年代成立国民经济与核算研究所，对中国国民经济核算体系研究做出了重要贡献。进入 21 世纪之后，若干所大学继续利用自身优势针对国民经济核算研究和高端人才培养以不同方式进行平台建设。2006 年，中国人民大学统计学院与国家统计局国民经济核算司联合成立国民经济核算研究所。在此后的十余年中，该所承担了包括《2008 国民账户体系》《环境经济核算体系 2012——中心框架》《通货膨胀核算手册》《季度核算手册》等一批国民经济核算国际规范的中文版翻译工作，深度参与了《中国国民经济核算体系（2016）》的研发以及相关研究项目。2011 年，北京师范大学成立国民经济核算研究院，密切追踪国民经济核算的国际进展，承担国家社科重大课题开展理论与应用研究，首席专家代表中国加入世界银行国际比较项目技术咨询组共同推动国

① 许宪春. 中国国民经济核算体系的建立、改革和发展 [J]. 中国社会科学，2009（6）：41-59，205.

② 朱启贵. 中国国民经济核算体系改革发展三十年回顾与展望 [J]. 商业经济与管理，2009（1）：5-13.

③ 曾五一，许永洪. 中国国民经济核算研究 30 年回顾 [J]. 统计研究，2010（1）：35-41.

④ 蒋萍，王勇. 中国国民经济核算体系的建立与发展：写于中国国民经济核算方案实施 20 年 [J]. 经济统计学（季刊），2013（1）：14-26.

⑤ 邱东，王亚菲. 中国国民核算演变的公共品视角：模式选择、知识生产与体系构建 [J]. 统计与信息论坛，2020，35（1）：3-13.

际比较方法论发展，辅助国家统计局全面参与国际比较项目的调查并提供技术支持和开展合作研究，连续数年编辑发布《国民核算研究报告》，出版《国际比较机理挖掘：ICP 何以可能》《看懂中国 GDP》等一批论著。东北财经大学统计学院 2002 年在国务院学位办备案设立了"国民经济核算"博士点，获得国民经济核算博士学位授予权并从 2003 年开始招生，这是全国第一个也是唯一一个国民经济核算博士点，为中国国民经济核算研究和高端人才培养做出了表率。与此同时，越来越多的大学在统计学以及其他相关专业开设国民经济核算课程，在经济统计学专业下进行与国民经济核算有关的硕士、博士研究生培养。

厦门大学国民经济与核算研究所　　　　　　中国人民大学国民经济核算研究所

北京师范大学国民核算研究院举办的国际比较项目成就与展望大会代表合影

这一时期以国民经济核算为主题出版了多部著作和教材，如邱东、蒋萍和杨仲山 2002 年的著作，许宪春 2003 年的著作，肖红叶和周国富 2004 年的著作，

杨灿 2005 年的著作，向蓉美和杨作廪 2005 年的著作，王德发和朱建中 2006 年的著作，蒋萍 2011 年的著作，杨廷干 2014 年的著作，蒋萍和许宪春等 2014 年的著作，杜金富等 2014 年的著作。（限于篇幅，这里没有列示具体文献。）国家统计局国民经济核算司 2004 年编著《中国国民经济核算》[①]，详述 CSNA-1992 的框架、内容以及具体核算方法，被视为当时了解中国国民经济核算内容与实务的第一本书，在全国产生了较大影响；伴随《中国国民经济核算体系（2016）》发布，时任国家统计局局长宁吉喆领衔国民经济核算司 2018 年再次编撰培训教材[②]，作为官方解读中国国民经济核算的首要读物。高敏雪、李静萍和许健[③] 编写出版《国民经济核算原理与中国实践》，系统介绍国民经济核算原理，同时将中国实际核算内容和方法融入其中，采用中国国民经济核算数据作为贯穿全书的案例，在高校相关专业享有较高声誉。此书结合国际国内 SNA 研究动态和中国数据基础改进而每隔数年修订一次，至今已出版第五版。

《国民经济核算原理与中国实践》各版

中国国民经济核算研究会是国内政学各界专家学者进行国民经济核算研究交流的平台。2020 年该会换届形成第五届研究会理事会，组织开展了一系列学术活动，开设系列讲座，编辑出版《中国国民经济核算理论与应用研究》论文集[④]，于 2022 年举办研究会年会，集中展示了这一时期中国国民经济核算领域的研究成果。同时还协助国家统计局统计教育培训中心举办"2008 年国民账户体

① 国家统计局国民经济核算司. 中国国民经济核算 [M]. 北京：中国统计出版社，2004.

② 宁吉喆. 2016 中国国民经济核算体系培训教材 [M]. 北京：中国统计出版社，2018.

③ 高敏雪，李静萍，许健. 国民经济核算原理与中国实践 [M]. 北京：中国人民大学出版社，2006，2007，2013，2018，2022.

④ 李晓超. 中国国民经济核算理论与应用研究 [M]. 北京：中国统计出版社，2021.

系修订国际研讨班"，内容覆盖了 SNA-2008 之后在数字化、全球化、福祉和可持续发展等方面的进展和试验。

在更大范围内传播国民经济核算知识是这个领域专家学者的责任。高敏雪自 2005 年起在《中国统计》开设专栏，致力于以鲜活的材料、简洁通畅的文字，进行国民经济核算以及政府统计知识的普及和应用引导，一部分文稿曾经结集为《宏观算大账：经济统计随笔》[①]出版。国家统计局国民经济核算司组织编辑《中国国民经济核算知识读本》[②]，为普及国民经济核算知识、让更多的人了解中国国民经济核算提供了一本良好读物。邱东[③]出版著作将国民经济核算融入其对于统计测度的讨论之中，为社会各界提供了从认识论、方法论等更高层次形成的观点和思想。

三、国内生产总值核算研究

国内生产总值（GDP）核算是国民经济核算的核心内容，改革开放之后中国国民经济核算体系的转型，就是以 GDP 作为核心宏观经济总量指标的确立为标志的，后续国民经济核算体系的进一步开发也与 GDP 核算的演进密切相关。纵观改革开放以来 GDP 核算学术研究进程，大体可以分为三个阶段：以接受 GDP 为特征的转型阶段，GDP 核算体系的建设阶段，立足超越 GDP 的多元研究探索阶段。

（一）改革开放初期至 1985 年前后：产值指标大讨论与 GDP 的确立

中国 20 世纪 50 年代起建立了一套学自苏联、基于 MPS 的产值指标，当年也曾进行了非常热烈的讨论，这些"遗产"构成了改革开放之初 GDP 核算研究的起点。与此同时，SNA 的引入带来了以国民生产总值（GNP）为核心的总量测算指标。在此后一段时期，在统计学界和经济学界共同推动下，国内曾经围绕产值指标开展了一次大讨论，最终实现了核心产值指标向 GDP 的转变。

1. 一方面接续传统，另一方面引入新知

霍政[④]著文总结了 20 世纪五六十年代围绕产值指标进行的讨论，对这场讨论的焦点做出归纳，并将这些讨论及其观点放在改革开放新形势下予以审视，力图

① 高敏雪. 宏观算大账：经济统计随笔 [M]. 北京：经济科学出版社，2011.

② 中国国民经济核算知识读本编写组. 中国国民经济核算知识读本 [M]. 北京：中国统计出版社，2020.

③ 邱东. 经济测度逻辑挖掘：困难与原则 [M]. 北京：科学出版社，2018.

④ 霍政. 关于产值指标讨论的几种主要意见 [J]. 统计，1980（3）：16-20.

彰显其所具有的意义。① 以此为背景看改革开放初期研究者所发表的文章可以发现，其主体涉及 MPS 体系下的总产值、净产值、国民收入、社会最终产值等不同产值指标，其中很多讨论及观点都体现了对此前传统的接续。

戴世光是较早介绍欧美各国国民收入统计的学者，1980 年他撰写长篇论文《国民收入统计方法论》②，对欧美与苏联各自采用的国民收入统计原理以及作为理论基础的生产劳动理论加以详细比较，力主"我国经济统计应该改为按综合性生产来计算国民收入生产总值（额）、国民支出总额、国民收入价值分配额与相应的分类和分组"。伴随联合国有关 SNA 文献的正式引入，以 GDP、GNP、国民收入等为代表的新一套产值与收入总量测算指标及其核算体系开始进入中国研究者的视野。崔书香③ 结合国民经济核算体系改革，系统介绍了被统称为国民收入的四大指标：GDP、GNP、包括间接税的国民生产净值、按要素收入计算的国民收入，说明其间的差别、换算关系以及各自的适用范围，在此基础上对中国未来的选择提出了建议。时中④ 围绕工业增加值详细介绍其基本定义、统计核算方法和价格选择，是国内最早将"增加值"作为一个核算指标介绍相关信息的文献。

可以说，上述种种文献蕴含的信息给当时国内相关研究带来了冲击，作为进行比较研究的重要参照融入产值指标的后续讨论之中并激发了转型的发生。

2. 从国民收入到社会最终产值再到国民生产总值的讨论

20 世纪 80 年代前半期，围绕核心产值指标有很热烈的讨论。总体而言，整个讨论的大体走向是：从 MPS 的国民收入始，过渡到社会最终产值，最后落实到 SNA 的 GNP。

钱伯海⑤1978 年发文，接续此前 MPS 之国民收入概念，讨论"国民收入的社会计算"方法以及工业、农业等主要物质生产部门净产值的核算方法。围绕社

---

① 时隔数十年之后，高敏雪对发生在 20 世纪五六十年代的这场围绕产值问题的争论做了更详细的追踪，并立足后来发展对其做出更加全面、深刻的总结与评价。相关文献可见：高敏雪. 20 世纪 50 年代产值指标讨论的历史回顾与方法论辨析：以孙冶方《从"总产值"谈起》为主线 [J]. 经济科学，2021（2）：148-160；更详细的文本展现可见：高敏雪. 1950 年代产值问题讨论回顾（一）～（七）[EB/OL]. 统计之都（公众号），2022-03-16—2022-04-08。
② 该论文收入中国人民大学计划统计系所编文集《经济计划、生产布局和统计论文集》，后收入《戴世光文集》。
③ 崔书香. 对我国国民经济核算体系改革和国民收入统计问题的一些看法 [J]. 中央财政金融学院学报，1987（2）：80-86.
④ 时中. 谈谈工业增加值统计的几个问题：参加联合国亚太地区工业普查讲习班的学习体会 [J]. 财经问题研究，1982（2）：33-39，11.
⑤ 钱伯海. 论国民收入的社会计祘（算）[J]. 中国经济问题，1978（2）：37-44.

会最终产值有很多文章问世。① 霍政②对围绕社会最终产值基本问题所发生的争论做了仔细总结。总体而言，从国民收入到社会最终产值，指标的内涵发生了变化，从原来定义的新创造价值扩展到包括固定资产折旧的追加价值；但鉴于社会最终产值仍然是建立在物质生产范围内的产值指标，故而仍然属于在 MPS 范式内的有限改进。

从社会最终产值到 GNP，需要冲破物质生产概念的桎梏，所以不是 MPS 范式内的改进，而是从 MPS 到 SNA 不同范式之间的重大改革。很多老一辈专家受既往知识结构和思想基础所限，以比较稳健的态度对待此次转型，常常会倾向于选择局部性改革或者同时进行两套指标的计算。相比而言，另一些经济学和统计核算领域的新锐专家学者更倾向于直接接受 SNA、进行彻底的产值指标改革和转型，并提出了相应的理论论证。南京大学经济学系研究生陈志标 1981 年的论文③可以作为一个样板。文章从马克思的相关论述出发，认为在社会主义生产方式下，社会产品"从使用价值的角度看，是社会在一定时期内物质生产领域和非物质生产领域劳动的成果，包括具有一定物质形态的物质产品和精神产品，也包括劳动服务这种形式；从价值上看，它包括物质产品和精神产品的价值，也包括劳动服务费"。而对应上述使用价值和价值构成定义的指标就是国民生产总值。

上述转型讨论涉及 MPS 和 SNA 两套指标系列，不同指标之间的概念差异及其内外关系在核算原理上相互缠绕，非常复杂，由此给各方参与者带来很大困扰。钱伯海针对此连续发表论文、出版著作④，力图超越对具体产值指标和计算方法的烦琐争论，将各项指标放在国民经济生产、分配、使用过程中做综合考察，发现其中逻辑。"生产范围划到哪里，产值指标就算到哪里，中间消耗与最终使用也算到哪里，初次分配与再分配、原始收入与派生收入就在哪里分界。"⑤这段话是他经过一系列论证之后得出的结论，成为后来者研究此类问题的基本方法论遵循。

---

①　比较有代表性的文献是：钱伯海，黄良文，翁礼馨. 略论最终产品与最终产值 [J]. 中国经济问题，1979（6）：7-12，27；佟哲晖. 论社会最终产值指标 [J]. 财经问题研究，1980（1）：34-48；宁克庭，涂葆林. 试论国民生产总值 [J]. 湖北财经学院学报，1980（1）：56-61.

②　霍政. 关于最终产品产值讨论中的不同观点综述 [J]. 统计，1981（2）：38-39.

③　陈志标. 国民收入范畴的重新考察：兼论"国民生产总值"指标的理论依据 [J]. 经济研究，1981（4）：39-46.

④　钱伯海. 正确认识社会产品、国民收入的生产、分配和使用 [J]. 经济研究，1983（8）：50-53，38；钱伯海. 国民经济综合平衡统计学 [M]. 北京：中国财政经济出版社，1982.

⑤　钱伯海. 国民经济核算的平衡原则 [J]. 中国社会科学，1984（3）：21-31.

钱伯海的论文《国民经济核算的平衡原则》(部分)

从 MPS 的国民收入到 SNA 的 GNP，其间最大的理论障碍是生产核算范围的差异。前者仅限于农业、工业、建筑业、货物运输业、为生产服务的邮电业和商业等物质生产部门，后者则进一步扩展到所有提供货物和服务的生产部门。而在物质生产部门与非物质生产部门区分的背后，则是有关生产劳动和非生产劳动的理论争议。受当时学术语境的影响，争议各方大都是从马克思相关著述中寻找依据。杨坚白撰文[①]简明扼要地总结了各方争议的焦点及其背后的主要分歧所在，认为"马克思对生产劳动的概念有两种"，即一般意义的生产劳动和在一定社会形式下的生产劳动，后世研究者各自秉承不同的遵循，形成了不同的认识。恪守前一种概念，意味着选择物质生产部门作为生产核算范围；而基于后一种概念，则会倾向于将生产范围扩展到物质生产部门之外。总括而言，当时在生产劳动争论之下关于生产核算范围大体有以下宽窄不同的观点：（1）物质生产部门；（2）物质生产部门与营利性服务部门；（3）除政府活动之外的所有部门；（4）包括政府部门在内的所有部门。

---

① 杨坚白. 关于第三次产业和国民生产总值指标 [J]. 财贸经济，1985（11）：8-15.

在理论界开展大讨论的同时，国家统计局于 1985 年从实际需要出发，参照国际规范和中国国情，确定了第三产业的统计范围，并经国务院转发而得以实行。郑家亨和吴戎①著文为国家统计局的划分方法提出了相应的说明和论证，具体包含三个层次，即直接为生产、流通和生活服务的部门，为提高科学文化水平和居民素质服务的部门，为社会公共需要服务的部门②，以此可以大体对应围绕生产核算范围所产生的不同观点，实际统计"原则上应包括上述三个层次的全部，统计它们的服务价值"。

官方机构正式确定第三产业的统计范围并划分其内部组成，标志着中国开始正式启用 GDP 指标的核算，故而后来的文献常常将 1985 年视为中国 GDP 核算"元年"。尽管一开始其只是作为辅助指标，但毫无疑问这意味着核心指标转型的起点。③

（二）20 世纪 80 年代后期至 2000 年：GDP 核算体系的建设与实践

以 1985 年中国正式宣布开展 GDP 核算为起点，中国进入 GDP 核算体系的系统建设时期。核算的范式转变产生了很多新的核算问题，同时还要对既往核算惯例予以重新认识和调整。对这些问题开展研究，是学术界和政府相关部门专家的共同任务。

1. GDP 基本理论问题研究

基于生产劳动理论为 GDP 提供理论基础论证，这项工作依然在继续。徐向新在1990年出版的《国民经济核算》④中专设一节，对"国民经济核算与生产劳动理论"做了系统讨论。与此前各方研究者均直接从马克思著述中寻找依据的研究路径不同，他在书中将生产劳动理论视为一个历史的概念，沿着经济思想史的源流，详细梳理生产劳动理论从限制性生产概念（即物质生产概念）到全面生产概念（又称为综合生产概念）的变迁过程，在此基础上提出证明"全面生产概念的时代合理性"的理由，至此彻底解决了与 GDP 核算范围有关的生产劳动理论的论证。杨坚白⑤基于历史视角简述三次产业划分的渊源，明晰了基于三次产业

①　郑家亨，吴戎. 对建立第三产业统计的几点认识 [J]. 统计，1985（3）：25-28.
②　国家统计局作为三次产业统计分类划定的第三产业包含四个层次，其中第一层次是流通部门，第二层次是为生产和生活服务的部门，二者合起来就是郑家亨等文中所述的第一层次。
③　许宪春. 中国国民经济核算核心指标的变迁：从 MPS 的国民收入向 SNA 的国内生产总值的转变. 中国社会科学，2020（10）：48-70.
④　徐向新. 国民经济核算 [M]. 北京：中国统计出版社，1990.
⑤　杨坚白. 关于第三次产业和国民生产总值指标 [J]. 财贸经济，1985（11）：8-15.

结构全面认识国民经济发展水平及其变迁的思想基础，为 GDP 核算数据的应用分析提供了依据。

如何摆脱既往对 GNP 的依赖，确立 GDP 的核心地位，在当时中国场景下殊为必要。罗乐勤[①]结合联合国 SNA-1993 修订草稿，对 GNP 和 GDP 的关系做了专门讨论，认为"着眼于产品实物运动和价值分配过程，GDP 更具有整体性"。国家核算制度同样经历了从 GNP 到 GDP 的转化过程：1985 年国家统计局的核算方案是基于 GNP 制定的，直到 1992 年《中国国民经济核算体系（试行方案）》（简称 CSNA-1992）发布，才终于形成"包含了常住单位、生产活动、最终成果这三个 GDP 核心要素，符合国际标准的"完整定义。整个转化过程体现了"国家统计局会同有关部门及高等院校和科研机构"一众专家学者的集体研究智慧。[②]

2. 中国 GDP 核算框架与核算方法研究

国家统计局科学研究所较早编制《怎样计算国民生产总值》[③]，以应对当时各方了解 GNP 核算的需求。随着核算的完善，后续出现了更多制度性文献和著作。围绕 GDP 核算体系，国家统计局国民经济核算司于 1997 年出版《中国年度国内生产总值计算方法》[④]，结合实务操作全面介绍中国 GDP 核算的相关理论与具体核算方法。许宪春[⑤]于 2000 年出版《中国国内生产总值核算》，从当时已经形成的中国 GDP 核算整体架构出发，按照行业增加值和支出法两个方向，详细介绍中国现价 GDP 核算的具体方法，进而延伸到不变价 GDP 的核算、GDP 历史数据调整和补充，并通过世界银行关于中国 GDP 数据从调整到认可的过程，显示中国 GDP 核算在方法、数据来源方面的改进，以及中国经济改革及市场化进程方面的变化，可视为当时中国 GDP 核算主题下的首选专业读物。

第三产业是从国民收入核算到 GDP 核算转型过程中最受研究者关注的重点。相关研究机构 1985 年联合召开第三产业经济理论讨论会[⑥]，针对第三产业的范围、分层以及统计方法进行交流。庞皓[⑦]以《论劳务总值》为题讨论服务业生产总值

---

① 罗乐勤. 关于 GNP 和 GDP 指标的两个问题 [J]. 中国经济问题，1994（4）：54-56.

② 许宪春. 中国国民经济核算核心指标的变迁：从 MPS 的国民收入向 SNA 的国内生产总值的转变. 中国社会科学，2020（10）：48-70.

③ 国家统计局统计科学研究所. 怎样计算国民生产总值 [M]. 北京：中国统计出版社，1985.

④ 国家统计局国民经济核算司. 中国年度国内生产总值计算方法 [M]. 北京：中国统计出版社，1997.

⑤ 许宪春. 中国国内生产总值核算 [M]. 北京：北京大学出版社，2000.

⑥ 李江帆. 全国第三产业经济理论讨论会观点综述 [J]. 南方经济，1986（1）：68-71.

⑦ 庞皓. 论劳务总值 [J]. 财经科学，1988（8）：30-33.

的核算问题；围绕社会公共服务业这个最受争议的部分，崔书香[①]介绍美国政府部门核算方法以及背后的机理。金融业是 GDP 核算中的难点，吸引了政学两界众多研究者的关注，多篇文献讨论利息的处理方法，还有一些文献对金融产出核算的理论和方法做了更深入的追踪研究。

如何将 GDP 核算从年度周期推广到季度，是一个需要方法转换与衔接的课题。曾五一[②]最早撰文探讨这一问题；国家统计局国民经济核算司1997年专门出版《中国季度国内生产总值计算方法》[③]，重点介绍中国进行 GDP 季度核算的方法与具体实务；施发启[④]进一步针对 GDP 季度核算与年度核算的数据衔接问题做专门讨论，并结合中国实际做了验证。

关于不变价 GDP 核算，有很多问题需要研究。国家统计局曾邀请各方专家就工业生产指数开展研究工作[⑤]，对各类方法进行比较；吴润生[⑥]进一步剖析了当时中国不变价 GDP 核算所采用的方法以及存在的问题；吴丕斌[⑦]则着眼于拉氏和帕氏指数对固定基年不变价 GDP 核算方法做出评述，并为后续的改进提出建议；国家统计局城调总队通过深入研究和试算，最终在与不变价格法、生产指数法的比较中，选择采用价格指数缩减法作为计算工业发展速度（工业增加值物量指数）的首选方法[⑧]。

3. 有关中国 GDP 核算的数据评估

宏观经济管理部门非常关注 GDP 数据的质量。国家计委经济研究所郭树清和韩文秀[⑨]发表重磅论文，结合中国经济处于从计划经济向市场经济转型过程中呈现出来的特点，对中国 GDP 核算所面对的"难点"以及由此带来的低估"偏

① 崔书香. 西方国家国民收入统计中对政府部门活动的处理 [J]. 中央财政金融学院学报，1985（2）：77-83.

② 曾五一. 关于国内生产总值季度核算的初步研究 [J]. 统计与预测，1992（4）：21-26.

③ 国家统计局国民经济核算司. 中国季度国内生产总值计算方法 [M]. 北京：中国统计出版社，1997.

④ 施发启. 季度核算和年度核算衔接方法初探 [J]. 统计研究，1999（2）：14-16.

⑤ 许亦频. 近两年来对工业生产发展速度计算方法的研究 [J]. 统计研究，1989（6）：69-71.

⑥ 吴润生. 关于不变价国内生产总值核算的几个问题 [J]. 统计与决策，1997（8）：4-5, 18.

⑦ 吴丕斌. 对我国经济增长率计算方法的看法 [J]. 经济研究，1999（4）：74-78.

⑧ 国家统计局城调总队生产投资价格处. 关于价格指数缩减法计算工业发展速度的研究 [J]. 统计研究，2000（6）：3-7.

⑨ 郭树清，韩文秀. 我国测算国民生产总值的困难及偏差 [J]. 中州学刊，1990（6）：23-29.

差"做了深入细致的分析，进而尝试通过实际估计对 GDP 核算结果予以调整。这是一篇具有非常高学术水平的文献，充满对中国经济实际场景下 GDP 核算之应用价值的深刻洞察，相当于对当时处于开发阶段的中国 GDP 核算做了一次系统的数据评估。

中国 GDP 数据的质量在国际上已经引起很大关注。许宪春 1999 年撰文[①]全面回顾了世界银行对中国 GDP 核算数据的评估和调整工作，以及当时最近一次中国政府与世界银行的磋商过程，其中内嵌着中国 GDP 核算在此期间所进行的各种基础性和技术性改进。世界银行曾对中国政府统计体系进行整体评估，认为"在基本概念、调整范围、调查方法等方面仍存在着很大缺陷"，以此为依据对中国官方 1992 年 GDP 数据进行了大幅度的向上调整（34.3%）并一直延续下来。通过此次磋商，中方展示了围绕 GDP 核算的场景和方法所发生的变化，最终说服世界银行接受了中方意见，表示"将根据正常做法，在其出版物上公布中国人均 GNP 时直接利用中国官方 GDP 数据计算，不再进行调整"。为了进一步从数值上显示世界银行上调幅度的不合理性，许宪春继续撰文[②]专门针对当时中国 GDP 核算中的若干薄弱之处做具体分析，测算其对于 GDP 的影响，给出了具有说服力的结果。以上种种初看起来属于具体核算实务方面的处理，但其背后实际上仍然涉及中国国民经济核算体系的转型、GDP 核算等基本模式和基本理论方法问题，故而值得作为学术史的一部分予以追踪和记录。

（三）2000 年至今：GDP 核算的多维度扩展

进入 21 世纪，GDP 核算乃至整个国民经济核算所面对的环境发生了变化，由此引发针对 GDP 核算的更多维度的研究。具体在中国，一方面，在经历了转型、学习、追赶之后，中国 GDP 核算在这一阶段越来越呈现出与国际同步的特征；另一方面，伴随经济体制改革和政府统计能力建设，中国 GDP 核算的基础和相应方法也在不断优化。许宪春等 2019 年出版著作[③]，结集团队针对中国 GDP 核算多项研究议题所发表的论文，对这一阶段 GDP 核算制度做出的改进进行总结，同时对未来继续改进优化做出进一步探讨，每项议题都大体体现了上述两个侧面。以下分别按不同专题扼要追踪。

---

① 许宪春. 世界银行对中国官方 GDP 数据的调整和重新认可 [J]. 经济研究，1999（6）：52-58.

② 许宪春. 中国国内生产总值核算中存在的若干问题研究 [J]. 经济研究，2000（2）：10-16，78.

③ 许宪春，等. 中国国内生产总值核算问题研究 [M]. 北京：北京大学出版社，2019.

1. 中国 GDP 核算框架和核算方法总体优化研究

国际规范是中国 GDP 核算乃至整个国民经济核算开发建设的重要参照目标，故而相关机构以及研究者在很多节点上会基于国际规范进行比较研究。许宪春[①]以 SNA-1993 为参照，从生产范围、基本单位、估价方法到与生产法、支出法有关的各个项目的核算，全面显示当时中国 GDP 核算与国际规范之间的不同。伴随 SNA 的后续修订，"SNA 的修订与中国国民经济核算体系改革"课题组[②] 全面梳理 SNA-2008 中与 GDP 核算有关的内容，据此对中国 GDP 核算状况进行评估，并在后续针对中央银行产出、非人寿保险产出、雇员股票期权等专题进行了更详细的剖析。针对 SNA-2008 对研究与试验发展等知识产权产品在 GDP 核算中的处理方式的变化，国家统计局很快做出反应，在中国 GDP 核算中实现了"资本化"处理[③]，相关专家学者对于调整机理及其对 GDP 的影响做了比较详细、深入的解析[④]。这个案例显示出，中国在 GDP 核算方面已经逐步实现与国际研究、实践的同步性。

进入 21 世纪，中国政府统计调查体系改革步伐加快，由此极大改进了 GDP 核算的数据基础。在此环境下，官方针对 GDP 核算有很多动作，其规范性、透明性、数据准确性均有很大提高，由此形成了一批技术性文献。[⑤] 许宪春[⑥] 详细阐释了第一次经济普查对中国 GDP 核算产生的巨大影响，包括核算方法的优化和规范化、当年核算数据的矫正以及历史数据的修订。以此为标志，中国 GDP 核算区分普查年份和非普查年份形成一套相区别同时又相互衔接的核算方法，高敏雪和付海燕[⑦] 穿透具体实务处理方式，深入讨论这一套核算方法中包含的基本

① 许宪春. 我国 GDP 核算与现行 SNA 的 GDP 核算之间的若干差异 [J]. 经济研究，2001（11）：63-68，95.

② "SNA 的修订与中国国民经济核算体系改革"课题组（许宪春，彭志龙，吕峰）. SNA 的修订对 GDP 核算的影响研究 [J]. 统计研究，2012（10）：3-5.

③ 国家统计局. 国家统计局关于改革研发支出核算方法修订国内生产总值核算数据的公告 [EB/OL].（2016-07-05）[2024-07-27]. https://www.stats.gov.cn/sj/zxfb/202302/t20230203_1899178.html.

④ 许宪春，郑学工. 改革研发支出核算方法 更好地反映创新驱动作用 [J]. 国家行政学院学报，2016（5）：4-12，141；高敏雪. 研发资本化与 GDP 核算调整的整体认识与建议 [J]. 统计研究，2017（4）：3-14.

⑤ 国家统计局国民经济核算司. 中国经济普查年度国内生产总值核算方法 [M]. 北京：中国统计出版社，2007；国家统计局国民经济核算司. 中国非经济普查年度国内生产总值核算方法 [M]. 北京：中国统计出版社，2008.

⑥ 许宪春. 关于经济普查年度 GDP 核算的变化 [J]. 经济研究，2006（2）：16-20.

⑦ 高敏雪，付海燕. 当前中国 GDP 核算制度的总体解析 [J]. 经济理论与经济管理，2014（9）：5-14.

逻辑，认为"这套方法最大限度地利用了经过整合的来自各个方面的基础资料，体现了近年来 GDP 核算的创新"；在整个核算过程中，"年度核算与季度核算、国家核算与地区核算这两对关系，其方法是相对独立的，其数据结果则是相互制约、缠绕在一起的"，其中有很多问题值得继续研究。

在 GDP 核算框架中，还包含不变价 GDP 核算、购买力平价（PPP）下的 GDP、GDP 综合价格指数、季度 GDP 核算等命题。赵红撰文[1]介绍了 GDP 核算所面对的各类价格指数，深入讨论了中国当前不变价 GDP 核算所使用的一套价格指数的编制方法，揭示其中存在的问题。2012 年，时任国家统计局局长朱之鑫和副局长许宪春出版《中国不变价国内生产总值核算方法研究》[2]，系统阐述不变价 GDP 核算的基本概念和基本方法，以及国际上不变价 GDP 核算理论和方法的最新进展；进而结合中国 GDP 核算工作实践，分别从生产法、支出法以及价格指数编制三个方面对中国的不变价 GDP 核算做系统讨论，探讨进一步改进和完善中国不变价 GDP 核算方法的基本思路。

改革开放以来中国 GDP 核算制度已经经历了数十年建设过程，在各个阶段留下了基于国际规范和中国实际不断探索的足迹。许宪春及其合作者作为亲历者和研究者从不同角度对这一变迁过程加以总结，为全面了解中国 GDP 核算留下了一份完整的记录[3]，内容涉及：改革开放 40 年来中国 GDP 核算的建立、改革和发展过程，以 GDP 为中心的中国国民经济核算核心指标变迁，中国 GDP 核算历史数据重大补充和修订过程。

2. 着眼于完善和应用开发的 GDP 核算专题研究

服务业一直是中国 GDP 核算的薄弱环节，围绕服务业增加值核算的讨论和改进一直是研究者关注的焦点。在服务业整体核算层面，许宪春[4]正面阐述了中国官方统计核算的基本状况，提出了存在的问题；岳希明和张曙光[5]结合中国实际和国际研究成果，以更开阔的视野针对服务业增加值的低估开展讨论，一方面从现象观察出发，确认中国服务业增加值存在显著的低估，另一方面通过述评的

① 赵红. GDP 核算中的价格指数及存在问题研究 [J]. 统计研究，2005（5）：63-69.
② 朱之鑫，许宪春，等. 中国不变价国内生产总值核算方法研究 [M]. 北京：北京大学出版社，2012.
③ 许宪春，吕峰. 改革开放 40 年来中国国内生产总值核算的建立、改革和发展研究 [J]. 经济研究，2018（8）：4-19；许宪春. 中国国民经济核算核心指标的变迁：从 MPS 的国民收入向 SNA 的国内生产总值的转变 [J]. 中国社会科学，2020（10）：48-70，205；许宪春. 中国国内生产总值核算历史数据的重大补充和修订 [J]. 经济研究，2021（4）：180-197.
④ 许宪春. 中国服务业核算及其存在的问题研究 [J]. 经济研究，2004（3）：20-27.
⑤ 岳希明，张曙光. 我国服务业增加值的核算问题 [J]. 经济研究，2002（12）：51-59，91.

方式，将此前国内外机构和专家针对中国服务业增加值及其增长速度、生产率等进行研究取得的成果和经验引入，展示这种低估给经济分析带来的不良影响并提出相关改进建议。除此之外，还有一些文献针对特定服务行业讨论了增加值核算方法，比如自有住房服务核算方法的研究、各种金融服务核算的研究。

非市场性服务业"以投入代产出"的总产出、增加值核算方法一直受到各方诟病，为此不断有研究者探索新的核算方法。蒋萍及其研究团队 2005 年出版著作[①]，全面阐述了非市场服务的存在方式和经济学基础，深入剖析 SNA 有关非市场服务产出核算方法带来的问题，进而结合国际经验提出用"产出指标计算产出"、对产出进行质量调整的整体改革思路，并据此针对教育、医疗卫生和其他一般政府服务具体讨论如何进行产出核算，如何对其产出进行质量调整，由此为非市场服务核算提供了一套比较完整的方法论。此后徐蔼婷[②] 以"非 SNA 生产"为名开展类似研究，定义其内涵，探索其计量方式和价值估算方法，设计核算工具，并结合实际通过多个途径、方法对中国非 SNA 生产价值加以估算。

未观测经济核算是另一个受到各方关注的与 GDP 漏算有关的研究主题。相关文献可以追溯到 20 世纪 90 年代，但作为一个研究专题的讨论主要集中在 21 世纪第一个十年间。参与讨论的研究者各自的研究对象可能有所差异，分别有地下经济、非正规经济、未被观测到的经济等；研究重点也有不同侧重，并形成了不同的估算思路和方法。先后有两部著作出版，一部来自蒋萍[③]，另一部的作者是徐蔼婷[④]。此专题研究从根本上说与 GDP 作为一个宏观经济总量的全面测算有关，为此蒋萍将其归纳为一类因为"核算制度缺陷"而造成的"经济总量流失"。

3. 针对 GDP 数据质量以及评估方法的研究

与中国经济持续高速增长相伴随的是中国 GDP 数据一直饱受争议。围绕中国经济增长率是否存在高估这一命题有很多文献。孟连和王小鲁[⑤] 从基础统计数据方面存在的问题、地区 GDP 与全国 GDP 不一致、价格指数与经济增长速度之间不甚匹配等现象出发，认定中国经济增长统计数据存在失真，进而从不同角度研究其失真的程度。此文在一定程度上开辟了研究中国 GDP 及经济增长率数据质量问题的基本思路。随后美国经济学家罗斯基（Thomas G. Rawski）于 2001

---

① 蒋萍，金钰，等. 非市场服务产出核算 [M]. 北京：中国统计出版社，2005.

② 徐蔼婷. 非 SNA 生产核算方法研究 [M]. 杭州：浙江工商大学出版社，2011.

③ 蒋萍. 核算漏洞与经济总量流失：以未观测经济核算为例 [M]. 北京：中国统计出版社，2006.

④ 徐蔼婷. 未被观测经济估算方法与应用研究 [M]. 北京：中国统计出版社，2009.

⑤ 孟连，王小鲁. 对中国经济增长统计数据可信度的估计 [J]. 经济研究，2000（10）：3-13，79.

年底发表质疑中国经济增长率的文章，引发国内外很多学者对这一问题的讨论。岳希明等出版《中国经济增长速度：研究与争论》一书[①]，将更多观点阐述纳入其中。

地区数据与国家数据之间的衔接，是进行中国 GDP 数据质量研究的主要入手点之一。蔡志洲[②]从支出法视角对此进行考察评估，探讨数据调整的思路；曾五一和薛梅林[③]将考察范围进一步延伸到生产法和支出法，运用各种数据质量检验方法讨论国家数据与地区数据的可衔接性。向书坚和柴士改[④]引入产出估算法、线性调整法、辅助回归法，以全国 GDP 数据为基准，探索地区 GDP 与之衔接的方法及其具体选择。

很多针对数据质量评估开展研究的文献常常以 GDP 数据作为研究案例，其中有两篇文献对于研究 GDP 数据质量具有方法论意义。王华和金勇进[⑤]基于对统计数据准确性概念的分析，尝试对各类有关研究中采用的评估方法进行归纳分类，评述不同方法的特性及适用条件，其中针对总量数据的评估方法对 GDP 数据评估具有比较强的适用性，具体包括：逻辑规则检验法、经验参数比对法、相关指标比对法、基于模型的异常数值识别与参数稳定性分析。此后王华[⑥]进一步深化对此问题的研究，尝试构建中国 GDP 核算误差的估算框架，以推进该领域研究的体系化。

4. GDP 的扩展核算与多维观察研究

派生产业是最近十余年由实际应用部门提出的概念，属于 CSNA-2016 中"扩展核算"范畴。蒋萍等[⑦]系统讨论了派生产业核算的理论机理与方法逻辑，即"从社会总产品转向派生产业总产品"，通过供给和使用双向视角切入进行全

---

① 岳希明，张曙光，许宪春. 中国经济增长速度：研究与争论 [M]. 北京：中信出版社，2005.

② 蔡志洲. 支出法国内生产总值全国与地区数据的衔接 [J]. 经济科学，2003（4）：79-84.

③ 曾五一，薛梅林. GDP 国家数据与地区数据的可衔接性研究 [J]. 厦门大学学报（哲学社会科学版），2014（2）：110-119.

④ 向书坚，柴士改. 地区与国家 GDP 核算总量数据衔接方法比较研究 [J]. 统计研究，2011（12）：14-21.

⑤ 王华，金勇进. 统计数据准确性评估：方法分类及适用性分析 [J]. 统计研究，2009（1）：32-39.

⑥ 王华. 中国 GDP 核算误差的估算框架 [J]. 厦门大学学报（哲学社会科学版），2017（5）：111-122.

⑦ 蒋萍，艾伟强，王勇. 派生产业核算的理论机理与方法逻辑 [J]. 统计研究，2021（11）：24-34.

口径核算，展示该产业的直接贡献和间接贡献。高敏雪和孙庆慧[①]基于中国在派生产业方面的具体实践，以数字经济为例，总结当前确定其统计范围、进行增加值核算的具体方法。有不少文献针对某特定派生产业介绍国际研究动态，讨论其统计范围的识别，并延及增加值核算相关问题。进一步看，派生产业核算内容不仅限于增加值，有时还会延伸到供给使用表以及卫星账户的编制（相关文献可见"国民经济核算体系"专题的介绍），但其基础都与 GDP 核算有关。

信息技术应用通过数字经济给 GDP 核算带来比较大的冲击，故而引起很多研究者的关注。最为引人注目的研究方向是数字经济规模及其对 GDP 影响的测算，相关研究仍处于探索之中，故而在核算范围、方法及其结果方面都有很大差异。归纳起来，分歧主要集中在以下两个问题的处理上。第一是数字经济的统计范围，狭义的数字经济仅限于"数字产业化"部分，即与信息通信技术相关、提供数字技术产品或数字服务的部门；广义的数字经济则同时包括"产业数字化"部分，将统计范围扩展到使用数字技术的一般产业部门。国家统计局发布《数字经济及其核心产业统计分类（2021）》[②]，覆盖了广义定义，同时将"核心产业"（狭义定义）作为关注重点。第二是数字经济增加值的核算方法，主要分歧集中在向广义扩展部分，一方面涉及是否应该核算，另一方面则集中在如何进行核算上。一部分研究者如蔡跃洲等[③]按照"先增量后总量、先贡献度后规模"的思路，引入生产函数测算通过产业数字化引起的可纳入数字经济的增加值；另一部分专家[④]则倾向于从投入产出表出发进行相应推算。除上述数字经济核算主题研究之外，还有一些学者进一步对数字信息技术应用通过各种渠道给 GDP 核算带来的影响开展研究。李静萍等[⑤]以网约车为例，讨论数字技术应用引起的交易模式变化及其对 GDP 核算的影响；高敏雪等[⑥]针对付费知识产品发生方式及其

① 高敏雪，孙庆慧. 派生产业的识别与核算问题 [J]. 中国统计，2022（8）：40-44.

② 国家统计局. 数字经济及其核心产业统计分类（2021）[EB/OL].（2021-06-03）[2024-11-05]. http://www.stats.gov.cn/sj/gjtjbz/202302/t20230213_1902784.html.

③ 蔡跃洲. 数字经济的增加值及贡献度测算：历史沿革、理论基础与方法框架 [J]. 求是学刊，2018，45（5）：65-71；蔡跃洲，牛新星. 中国数字经济增加值规模测算及结构分析 [J]. 中国社会科学，2021（11）：4-30，204.

④ 许宪春，张美慧. 中国数字经济规模测算研究：基于国际比较的视角 [J]. 中国工业经济，2020（5）：23-41；陈梦根，张鑫. 中国数字经济规模测度与生产率分析 [J]. 数量经济技术经济研究，2022，39（1）：3-27；张红霞. 生产网络视角下中国数字经济规模及其结构：基于时序投入产出表的实证研究 [J]. 中国人民大学学报，2022（3）：76-91.

⑤ 李静萍，高敏雪. 网约打车交易宏观核算机理研究 [J]. 统计研究，2018（3）：93-102.

⑥ 高敏雪，张如一，洪旸，等. 在线付费知识产品生产交易模式与宏观核算方法研究 [J]. 统计与信息论坛，2018，33（7）：25-33.

与GDP核算的关系进行讨论；向书坚等[1]聚焦分享经济，讨论其范围界定及其对GDP核算的影响。此外，还有针对互联网免费数字内容产品的界定与核算思路进行的创新性讨论，以及有关数字知识经济增加值核算的进一步讨论。[2]

四、投入产出核算研究

投入产出研究包含两个层次：一是围绕投入产出表的核算研究，二是基于投入产出表应用的建模研究。这里侧重于第一个层次，除非与投入产出表的编制有关，一般不涉及后续建模问题；对投入产出分析的介绍主要限于其应用领域和方向，不展示应用过程中的具体方法。

（一）改革开放之初到1987年前后：第一张全国价值型投入产出表编成

1979年，中国第一次派代表参加国际投入产出技术会议，可以视为改革开放之后中国投入产出研究启动的标志性事件。陈锡康[3]借助此次会议概况，比较详细地介绍了投入产出分析技术在国际上的应用状况以及发展趋势。此后国内学者翻译了数种系统介绍投入产出核算和分析技术的国际文献。[4]陈锡康1983年出版的《投入产出方法》[5]是较早的投入产出方法方面的著作；钟契夫和陈锡康1987年编著的《投入产出分析》[6]是国内相关教学研究的经典教材，曾经获得教育部优秀教材奖。大体同期出版的有关国民经济核算的著作比如闵庆全1989年的著作《国民经济核算综论》、徐向新1990年的著作《国民经济核算》[7]等，也都将投入产出核算作为国民经济核算的重要组成部分加以介绍和讨论。这些都为投

---

① 向书坚，孔晓瑞，李凯. 分享经济核算需要厘清的几个基本问题 [J]. 统计研究，2021（8）：3-15.

② 许宪春，张美慧，张钟文. "免费"内容产品核算问题研究 [J]. 统计研究，2021（9）：3-18；平卫英，张雨露，罗良清. 互联网免费服务价值核算研究 [J]. 统计研究，2021（12）：19-29；朱贺，向书坚. 数字知识经济增加值核算研究 [J]. 统计研究，2022（1）：15-30.

③ 陈锡康. 投入产出技术在经济工作中的应用情况及发展方向 [J]. 中国经济问题，1979（4）：46-53.

④ 里昂惕夫. 投入产出经济学 [M]. 北京：商务印书馆，1980；联合国统计局. 投入产出表和分析 [M]. 萧嘉魁，周逸江，译. 北京：中国社会科学出版社，1981.

⑤ 陈锡康. 投入产出方法 [M]. 北京：人民出版社，1983.

⑥ 钟契夫，陈锡康. 投入产出分析 [M]. 北京：中国财政经济出版社，1987.

⑦ 闵庆全. 国民经济核算综论 [M]. 北京：经济科学出版社，1989；徐向新. 国民经济核算 [M]. 北京：中国统计出版社，1990.

入产出核算以及分析技术在中国的推广和应用发挥了至关重要的作用。1988 年中国投入产出学会成立,《当代中国投入产出理论与实践》①作为学会第一届年会论文集，集中展示了当时中国政学两界在投入产出理论研究、编表实践、分析应用方面所取得的研究成果。

中国投入产出学会会徽（左）及其第一届年会论文集（右）

投入产出核算是国民经济核算的组成部分，有关国民经济核算体系模式选择的讨论无疑会传递到投入产出核算上。最核心的问题是投入产出核算的范围，是否将非物质生产部门（即除货物运输和商品流通部门之外的服务业部门）纳入投入产出表的第一象限，作为一类生产部门考察其与其他部门的关联，背后实际上就是 MPS 和 SNA 两套核算体系模式的选择问题。当时出现了三种观点：沿用MPS，编制仅限于物质生产部门的投入产出表；引入 SNA，编制从物质生产部门扩展到非物质生产部门的投入产出表；积木式、板块化，能够在两种模式间转换的具有中国特色的投入产出表。

中国官方投入产出表的编制以山西省试点编制 1979 年的投入产出表为起点。②在全国层面，正式试点以 1987 年全国价值型投入产出表的编制为标志。③对两者进行比较可以发现，上述基本核算问题的处理方法已经发生了比较明显的变化：基本模式已经开始突破物质生产部门，部门分类细化程度大幅提高，编表

①　陈锡康. 当代中国投入产出理论与实践 [M]. 北京：中国国际广播出版社，1988.

②　张塞，李强. 投入产出地区表编制方法 [M]. 太原：山西人民出版社，1985.

③　国家统计局国民经济平衡统计司. 投入产出表的编制与应用 [M]. 北京：中国统计出版社，1988.

基本方法在改进，基本内容和表式越来越接近 SNA。其原因在很大程度上与中国国民经济核算体系的整体转型有关，同时也体现了投入产出核算研究、实验逐步深入所取得的成果。

（二）1987—2000 年：投入产出核算的制度化和进一步开发

陈锡康[①] 以《投入产出技术的发展趋势与国际动态》为题发表论文，高屋建瓴地概述了当时投入产出核算以及分析应用的国际动态。以下沿着这篇文献提供的脉络，追踪这一时期学术研究的动态。

中国投入产出核算需要以 SNA 为参照来规划未来发展。许宪春和李立[②] 于 1998 年撰文就中国国民经济核算与 SNA-1993 中的相关内容进行了仔细比较分析。许宪春以此为依据在另一篇文章[③] 中提出了进一步完善中国投入产出核算的设想，涉及统计单位、产业部门分类、估价方法、供给使用表和对称表、编表方法等方面的补充和调整。

自 1987 年开始，中国投入产出编表已经按照国际惯例，每 5 年编制一次基准表，中间年份利用现有资料和投入产出更新技术编制一次延长表。投入产出基准表编制过程中需要解决从企业部门到纯产品部门的数据转换问题，很多文献对此做了多方阐发，大体对应于国家统计局后来形成的实际操作方法：先编制对称型投入产出表和产出表（V 表），再按一定的假设由这两张表推算出使用表（U 表）。延长表属于更新研究范畴，RAS 法（Row-Additive Scaling Method）以及改进 RAS 法被公认为编制投入产出延长表的方法。国家统计局 1997 年编著出版的《中国投入产出表（延长表）编制方法》[④]，从方法到编表实务都有全面的阐释。与此同时，学界研究者也从不同角度尝试对 RAS 法做出改进，以期提高延长表编制的数据精度、减少误差。

国家统计局与香港中文大学合作编制了 1981 年、1983 年、1987 年、1990 年、1992 年和 1995 年共 6 个年份的可比价投入产出序列表[⑤]，标志着投入产出核

① 陈锡康. 投入产出技术的发展趋势与国际动态 [J]. 系统工程理论与实践，1991（2）：44-50.

② 许宪春，李立. 中国投入产出核算与联合国 1993 年 SNA 投入产出核算的比较 [J]. 统计研究，1998（1）：34-39.

③ 许宪春. 关于进一步完善中国投入产出核算的设想 [J]. 统计与信息论坛，1998（2）：5-7.

④ 国家统计局国民经济核算司. 中国投入产出表（延长表）编制方法 [M]. 北京：中国统计出版社，1997.

⑤ 李强，薛天栋. 中国经济发展部门分析：兼新编可比价投入产出序列表 [M]. 北京：中国统计出版社，1998.

算从现价向不变价的扩展，向后续形成可比序列数据迈出实质性一步。

陈锡康研发了"投入–占用–产出"表，其中心思想是在传统投入产出表下方增加对各类自然资源、劳动力、固定资产和流动资金的占用，从而将原来的流量分析扩展到存量。此项成果于1989年作为参会论文[①]在第9届投入产出技术国际会议上交流。基于这项扩展，陈锡康及其团队先后开展多项应用研究，其成果汇集为专著《中国城乡经济投入占用产出分析》[②]于1992年出版，带动了后续很多研究者从不同角度的研究和应用。

（三）2000年至今：投入产出核算应用领域的进一步扩展

"SNA的修订与中国国民经济核算体系改革"课题组[③]于2013年仔细分析中国投入产出表与SNA-1993以及SNA-2008的差异和当前存在的问题，认为相应改革应以核算框架为功能定位，从供给表、使用表入手，进而编制对称型投入产出表，并与国民经济核算体系的其他部分保持一致。此后，李花菊[④]结合中国实际专门讨论供给使用表的编制方法。

在投入产出核算的扩展方面也有相应进展。陈锡康等全面总结了投入占用产出表在静态模型和动态模型理论研究方面取得的进展[⑤]，并在另一篇文献中将占用要素扩展到人力资本、科学技术、自然资源、环境保护等更加广泛的方面，列举其在各个领域的应用，如农产量预测、对外贸易、经济与环境的关系等[⑥]。地区间投入产出表在这一时期有了实质性研究进展，先后有不同团队进行区域间投入产出表的编制，结合不同主题开展区域间经济发展关系分析。[⑦]非竞争型投入

[①] Chen, Xikang. Input-occupancy-output analysis and its application in China[C]. Dynamics and Conflict in Regional Structural Change: Essays in Honour of Walter Isard. Palgrave Macmillan, London, 1990, 2: 267–278.

[②] 陈锡康. 中国城乡经济投入占用产出分析 [M]. 北京：科学出版社，1992.

[③] "SNA的修订与中国国民经济核算体系改革"课题组. SNA关于供给使用核算的修订与中国投入产出核算方法的改革研究 [J]. 统计研究，2013（11）：7-10.

[④] 李花菊. 供给使用表的作用和编制方法 [J]. 中国统计，2018（2）：6-9.

[⑤] 陈锡康，王会娟. 投入占用产出技术理论综述 [J]. 管理学报，2010，7（11）：1579-1583，1659.

[⑥] 陈锡康，刘秀丽，付雪. 投入占用产出分析在理论与方法上的若干重要进展及其主要应用 [J]. 中国科学基金，2008（4）：224-227.

[⑦] 许宪春，李善同. 中国区域投入产出表的编制及分析（1997年）[M]. 北京：清华大学出版社，2008；李善同. 2002年/2007年/2012年中国地区扩展投入产出表：编制与应用 [M]. 北京：经济科学出版社，2010/2016/2018；刘卫东，等. 中国2007年30省区市区域间投入产出表编制理论与实践 [M]. 北京：中国统计出版社，2012；刘卫东，等. 2012年中国31省区市区域间投入产出表 [M]. 北京：中国统计出版社，2018.

产出表是适应全球化背景下展示国际贸易关系的需要而出现的新扩展。齐舒畅等[1]全面介绍了中国非竞争性投入产出表的编制原理，并基于2002年表进行应用探索；沿着这个方向产生了很多应用性研究成果。

有关投入产出表的更新研究，已经不限于基于RAS法编制延长表，还进一步扩展到社会核算矩阵。[2] 在不变价投入产出表编制方面，国家统计局与中国人民大学合作完成了对1992年、1997年、2002年和2005年4个年份的可比价投入产出序列表的编制工作[3]；张红霞等[4]参考国家统计局编制延长表的方法，结合RAS法，建立了以各类统计数据和国民经济核算数据为核心的序列表编制方法，用于我国1981—2018年期间序列投入产出表的编制。

齐舒畅[5]曾将投入产出应用概括为四个方面。其中，前两个方面是宏观总量和结构分析、宏观经济政策分析，代表各个时期应用研究的应有之义。后两个方面则比较精准地概括了中国投入产出核算在这一时期的重点应用方向：一是在可持续发展这一主题下开展的研究；二是世界经济全球化背景下的应用分析。相关文献很多，中国投入产出学会历届年会论文集《中国投入产出理论与实践》[6]可以显示其基本研究状况。

五、资金流量核算研究

资金流量核算是国民经济核算体系中覆盖范围最为宽泛、内容最为复杂的组成部分。与GDP等其他组成部分相比，中国资金流量核算的基础比较薄弱，尽

---

① 齐舒畅，王飞，张亚雄. 我国非竞争型投入产出表编制及其应用分析 [J]. 统计研究，2008（5）：79-83.

② 许健，肖丽. RAS法真实误差的实证研究 [J]. 数学的实践与认识，2008（15）：102-108；王韬，马成，叶文奇. 投入产出表、社会核算矩阵的更新方法研究 [J]. 数量经济技术经济研究，2011，28（11）：112-123，137.

③ 刘起运，彭志龙. 中国1992—2005年可比价投入产出序列表及分析 [M]. 北京：中国统计出版社，2010.

④ 张红霞，夏明，苏汝劼，等. 中国时间序列投入产出表的编制：1981—2018[J]. 统计研究，2021（11）：3-23.

⑤ 齐舒畅. 我国投入产出表的编制和应用情况简介 [J]. 中国统计，2003（5）：21-22.

⑥ 许宪春，刘起运. 2001年中国投入产出理论与实践 [M]. 北京：中国统计出版社，2002；许宪春，刘起运. 2004年中国投入产出理论与实践 [M]. 北京：中国统计出版社，2005；彭志龙，刘起运，佟仁城. 2007年中国投入产出理论与实践 [M]. 北京：中国统计出版社，2009；彭志龙，刘起运，佟仁城. 2010年中国投入产出理论与实践 [M]. 北京：中国统计出版社，2012.

管此前曾经按照 MPS 有过一些讨论，但完整的资金流量核算体系是改革开放之后伴随 SNA 引入逐步发展起来的。

（一）20 世纪 80 年代初期：资金流量核算的引入和初步讨论

改革开放之初，社会资金运动管理的关键词是财政信贷综合平衡。与此相对应的国民经济核算内容是 MPS 中的"社会总产品和国民收入的生产、分配、再分配和最终使用平衡表"，又称综合财政平衡表[①]。与此同时，开始有学者对接欧美资金流量核算进行研究。王传纶[②] 以其在宏观经济学、金融学方面的深厚基础和学术敏感性，介绍了来自西方国家的资金流量分析方法；1981 年中国人民银行总行金融研究所举办资金流量账户学习班，虞关涛先后写文[③]结合中国场景介绍资金流量核算和分析思路，并尝试提出中国开展资金流量核算的框架思路；闵庆全在《国民经济核算综论》中设有专章介绍资金流量核算。

金融研究所为开展资金流量分析举办学习班

中国人民银行总行金融研究所为开展资金流量分析，举办了资金流量帐户学习班。学习班邀请美国李海大学教授沈庆生进行讲学，从 1981 年 10 月 26 日开始，于 11 月 20 日结束。参加学习的有全国 8 个省、市的银行工作干部、13 所院校的教师及中央有关部委的同志共 30 余人。

沈庆生教授共讲授了四个问题：一、资金流量帐户是国民经济核算系统的组成部分；二、资金流量帐户的内容；三、资金流量的分析方法；四、资金流量表的应用。同时还介绍了外国对资金流量帐户的研究情况。

资金流量帐户，是运用经济计量学的方法对国民经济各部门的货币、信用活动情况和其他金融活动情况进行统计分析，使中央银行能够在掌握全国各经济部门的资金来源和资金运用的基础上，相应地修订金融政策、加强中央银行对全国资金的调节，提高资金的使用效果。早在四十年代美国联邦准备银行就开始进行资金流量的分析。现在世界上很多国家都采用了这种统计方法。

(张天羽)

资金流量账户学习班举办简讯

（二）20 世纪 80 年代后半期至 2000 年：中国资金流量核算的研究开发和初步应用

首先是有关资金流量核算基础的理论研究，来自不同方向的专家学者对此进行了探索。一方面，社会总供给总需求统计研究接续综合平衡思想，为资金流量核算提供了理论资源，多位学者和机构对此有深入讨论。国家统计局国民经济平

---

① 联合国经济和社会事务部统计处. 国民经济基本平衡表体系的基本原理 [M]. 李运宽，译. 北京：中国财政经济出版社，1981.

② 王传纶. "资金流量分析"的内容和应用 [J]. 世界经济，1980（1）：72-75.

③ 虞关涛. 关于我国开展资金流量分析的初步设想 [J]. 金融研究动态，1980（3）：53-57；虞关涛. 实物资金流量与金融资金流量 [J]. 金融研究，1982（4）：52-57.

衡统计司以《纵横》为题① 发表长篇论文，对此进行了比较全面的总结。

另一方面，从西方宏观经济理论分化出来的国民收入分配理论和储蓄投资理论为资金流量核算提供了更为直接的理论依据。贝多广结合中国经济场景，以《储蓄结构、投资结构和金融结构》为题发表论文②，提出以金融交易为重点的资金流量分析框架。文中观点突破了当时各种文献转述西方经济学原理的"教科书"套路，拓宽了基于计划经济所建立起来的财政信贷综合平衡的内涵，相当于一篇资金流量核算框架的理论表述。第一，其论述过程契合了资金流量核算应覆盖的三部分内容——收入分配核算、储蓄和投资的核算、金融交易的核算；第二，其着意推出的"结构"对应着资金流量核算的主要机构部门；第三，很多需要记录的交易项目以及核算指标都在文中得到了论证和澄清。

《中国 GNP 的分配和使用》

大体在同一时期，郭树清和韩文秀出版《中国 GNP 的分配和使用》③，书中系统研读了 SNA-1968 的相关内容，区分收入初次分配、再分配、最终分配，进而延伸到最终消费、储蓄与投资，非常精到地建立起一套核算框架，并结合实际，对中国 1978—1988 年十年间 GNP 的分配和使用进行了全面估算，借助估算出来的数据对这十年中国宏观经济状况做了非常全面、深刻的总结与分析。应该说，此书是在相关部门未形成完备的资金流量核算制度背景下，完成了一次非常高质量的资金流量（实物交易部分）核算数据编制和应用分析，直到今天仍然具有参考价值。

中国资金流量核算研究主要集中在 1986—1990 年这段时期。研究主力是来自政府各部门的专家和高校的学者。浏览这一时期公开发表的论著（毛邦基，1987；郭庆，1986；杨树庄等，1993；茅国平，1989；刘沈忠，1987；石良平，1987；李宝瑜，1989；曹凤岐等，1992；张可兰等，1991；河北省国民经济核

① 纵横. 社会总供给总需求平衡测算和分析方法 [J]. 统计研究，1989（3）：1-7，62.

② 贝多广. 储蓄结构、投资结构和金融结构 [J]. 经济研究，1986（10）：42-48.

③ 郭树清，韩文秀. 中国 GNP 的分配和使用 [M]. 北京：中国人民大学出版社，1991. 高敏雪曾以《三十年前的〈中国 GNP 的分配与使用〉》为题撰文（文章标题将书名《中国 GNP 的分配和使用》误作《中国 GNP 的分配与使用》——编者注），以现在的视角对此书内容加以介绍和评价，见《中国统计》2022 年第 12 期。

算委员会办公室，1992）①，可以大体了解在此过程中的主要研究议题以及相关选择。

（1）基本模式研究。当时有三种选择：基于现有基础编制社会资金核算表；遵循 MPS 编制综合财政平衡表；遵循 SNA 编制资金流量表。通过论证，最后选择的是与 SNA 接轨，以资金流量表为基本模式，同时辅之以财政信贷资金平衡表，以便能够与当时的核算内容对接。

（2）核算范围研究。从窄到宽可以有若干种选择：第一种只限于金融交易；第二种是从储蓄、投资到金融交易；第三种同时包括金融交易和实物交易两部分，其中实物交易部分以增加值 / 最终产品为起点；第四种是将实物交易进一步扩展到产业间的中间产品，以总产品为核算对象。经过多方论证，最后选择核算范围比较宽的第三种，以最终产品口径的实物交易与金融交易作为核算范围。

（3）框架结构研究。在既定核算范围之下，参照国民经济核算的内容架构，将资金流量核算分为实物交易表和金融交易表两部分，在实物交易表按照收入分配与使用、储蓄与非金融投资两部分并列，最终形成顺序包含三个部分的资金流量核算结构。

（4）核算表式研究。具体提出了两种核算表式：一种是交易 × 部门表，各行罗列交易内容，各列分部门排列，形成交叉表；另一种则是部门 × 部门表，即行和列都按照部门展示然后交叉起来，或者将部门与交易混合起来同时在行列对称列示，相当于 SNA-1968 的核算矩阵。经过各方论证最后选择了交易 × 部门的表式，但部门 × 部门矩阵表式一直为专家所关注，并在下一阶段扩展研究中得到弘扬。

（5）部门和交易项目研究。有关部门划分，研究者参照 SNA 和欧美各国实际经验，同时结合中国实际，分析不同部门的性质，阐释部门之间形成的经济循环，其中尤其对政府部门的处理多有讨论，最终确定以下部门：居民、企业、行

① 毛邦基. 建立我国社会资金流量核算 [J]. 经济研究，1987（1）：27-30；郭庆. 简论建立我国的资金流量核算 [J]. 统计研究，1986（4）：55-58；杨树庄，刘成相，周民华，等. 社会资金流量核算基本方法 [J]. 计划经济研究，1993（5）：5-17；茅国平. 试论我国资金流量统计的内容 [J]. 财经研究，1989（9）：54-57；刘沈忠. 建立我国社会资金流量核算的几个问题 [J]. 统计研究，1987（5）：40-44；石良平. 论资金流量核算 [J]. 经济研究，1987（11）：29-36；李宝瑜. 论我国国民经济核算体系的总体结构：兼论资金流量表的标准表式 [J]. 统计研究，1989（4）：41-44；曹凤岐，张兰，李华. 建立适合中国国情的资金流量核算体系 [J]. 经济科学，1992（5）：1-5；张可兰，杨祥凯，等. 中国社会资金流量核算 [M]. 北京：中国财政经济出版社，1991；河北省国民经济核算委员会办公室. 资金流量核算理论与实践 [M]. 北京：中国统计出版社，1992.

政事业、财政、金融机构和国外。有关交易项目，研究者同样参照国际规范和中国实际做具体讨论，实物交易分为两个部分：一部分以部门增加值为起点，设置劳动者报酬、上缴财政、财政拨款、财产收入、其他转移等项目，最终以可支配收入作为结果，显示收入分配过程；另一部分则设置总消费、总储蓄、资本转移、总投资等项目，展示收入使用、储蓄和投资过程。金融交易项目区分国内金融和国外金融交易以及储备资产，进而按照金融工具再做细分，以此与金融统计和国际收支统计对接。

经过这一阶段的研究开发，中国资金流量核算已经基本成形，为此国家统计局国民经济核算司和中国人民银行调查统计司联合编著出版了《中国资金流量表编制方法》[①]，代表官方发布了至此为止已经形成的研究成果。

1997 年，国家统计局首次在《中国统计年鉴》中公布 1992 年以来的资金流量表数据，带动了相关数据应用分析研究。有些研究是全景式数据分析，比如陈湛匀[②]针对上海社会资金开展的分析；也有些是利用资金流量表数据进行专题性分析，比如李扬[③]以对外开放过程中的资金运动为题进行的分析，国家计委综合司课题组[④]针对政府、企业和个人三者之间分配格局进行的分析。具有标志性的应用成果当属国家统计局和中国人民银行[⑤]联合编著的《中国资金流量核算与分析》，基于初步编制的资金流量表，结合中国实际经济状况开展全景式的数据分析，为认识中国社会资金运动提供了第一份官方统计报告。

（三）2000 年至今：资金流量核算的扩展研究与应用分析

随着中国国民经济核算体系与国际规范日趋一致，当初作为 CSNA-1992 组成部分的资金流量核算在这一时期经历了 CSNA-2002 和 CSNA-2016 两番变化，做出相应改进和优化，但主要限于一些具体项目的优化和规范化，整体框架没有改变。中国人民银行调查统计司在金融交易核算研究方面取得显著进展，主导翻

---

① 国家统计局国民经济核算司，中国人民银行调查统计司. 中国资金流量表编制方法 [M]. 北京：中国统计出版社，1997.

② 陈湛匀. 上海社会总资金问题实证研究：1994 年上海市重大决策咨询课题 [J]. 上海大学学报（社会科学版），1995（5）：5-23.

③ 李扬. 中国经济对外开放过程中的资金流动 [J]. 经济研究，1998（2）：14-24.

④ 国家计委综合司课题组. 90 年代我国宏观收入分配的实证研究 [J]. 经济研究，1999（11）：3-12.

⑤ 国家统计局国民经济核算司，中国人民银行调查统计司. 中国资金流量核算与分析 [M]. 北京：中国统计出版社，1996.

译了国际组织有关金融交易的重要文献①，编撰出版《中国资金流量金融交易核算》②，全面展示其核算框架和方法，开展资金流量核算视角下的数据应用分析，其中包括一些引人注目的新探索，比如将资金流量核算数据扩展到资金存量开展分析，将资金流量核算数据应用于货币政策和金融稳定等领域。

资金流量核算一直采用交易 × 部门的标准形式，其内在缺陷是无法显示部门之间的资金流动过程，为此有许多研究致力于如何将交易 × 部门表转换为部门 × 部门表。李宝瑜及其合作者在此方面有多项成果③，内容涉及部门间收入流量、金融资金流量，并进一步探讨将部门间资金流量纳入社会核算矩阵（SAM）框架。除部门 × 部门表外，还有其他扩展方向：一是基于预测的延长表编制；二是从流量表向存量表的扩展；三是向一般均衡模型的扩展。不同方向都有相应文献发表。

伴随中国资金流量表数据的制度化发布，有关资金流量分析的研究文献开始增多。一类是针对资金流量表的表观分析。许宪春撰文④ 按照资金流量表的内容逻辑，分收入分配、储蓄投资、金融交易三大板块，从过程到结果、从总量到结构，进行了一次面面俱到的核算数据展示，为全面的表观分析做了一次示范。围绕国民收入分配整体格局进行表观分析的文献很多，国家发展改革委社会发展研究所课题组⑤ 发表的论文属于研究当时国民收入分配格局的系统分析之作，基于资金流量表进行的表观分析是其中最重要的组成部分。另一类是与资金流量核算有关的专题分析。这些专题聚焦各时期宏观管理最关注的问题，或者利用资金流量核算数据引入相应的计量模型进行论证分析，有时会涉及对资金流量核算的某些项目做讨论并进行重新估算，还可能会对资金流量表的内容、表式做出一定修改和扩展。比如围绕要素收入分配中劳动报酬、税收占比问题的分析，有关储蓄率、消费率的分析，有关资金循环与风险传导的分析，有关金融服务于实体经济的分析。还有学者对资金流量分析方法进行总结。限于篇幅，这里不一一列举。

---

① 联合国，欧洲中央银行. 国民核算手册：国民账户中的金融生产、金融流量与存量 [M]. 中国人民银行调查统计司，译. 北京：中国金融出版社，2018.

② 阮健弘，高慧颖. 中国资金流量金融交易核算 [M]. 北京：中国金融出版社，2021.

③ 李宝瑜，张帅. 我国部门间收入流量测算及特征分析 [J]. 统计研究，2007（11）：3-7；李宝瑜，张帅. 我国部门间金融资金流量表的编制与分析 [J]. 统计研究，2009（12）：3-10；李宝瑜，马克卫. 中国社会核算矩阵编制方法研究. 统计研究，2011（9）：19-24.

④ 许宪春. 中国资金流量分析 [J]. 金融研究，2002（9）：18-33.

⑤ 国家发展改革委社会发展研究所课题组. 我国国民收入分配格局研究 [J]. 经济研究参考，2012（21）：34-82.

六、国民资产负债核算研究

中国国民资产负债核算研究开发相对比较滞后。2008 年全球金融危机极大地推动了这一领域的研究进展。来自不同领域的研究人员直接或间接地参与了国民资产负债核算研究，形成了各具特色的研究成果，与此同时官方机构也开启了中国资产负债核算的实际编表工作。

（一）20 世纪 80 年代至 90 年代初期：国民资产负债核算的引入

最早系统介绍国民资产负债核算原理的文献是闵庆全的《国民经济核算综论》[①]，书中专设一章，沿着学术研究的脉络追溯国民资产负债核算的缘起、发展以及并入国民经济核算体系的过程，进而详细讨论国民资产负债表的部门分类、项目内容，两个时点表之间的衔接，最后结合英国和美国的编表实践介绍相关数据的应用思路。庞皓[②]从经济存量角度提出问题，认为应转变观念，充分认识经济存量在经济分析中的重要作用，并对中国经济存量计量的范围做了初步探讨。叶平等[③]对 MPS 和 SNA 两大体系下经济存量统计进行比较，对理解资产负债核算也很有裨益。

尽管当时中国还没有编制国民资产负债表，但对关键经济存量指标的需求已经显现，故而已经开始有学者在计量经济学领域讨论如何估算生产函数分析中所需要的资本存量。

（二）1992—2007 年前后：中国国民资产负债核算的探索时期

进入 20 世纪 90 年代，联合国新一版国民经济核算体系 SNA-1993 发布，中国经过长期研发发布了《中国国民经济核算体系（1992）》（CSNA-1992），同时财政部发布了代表新会计制度的《企业财务通则》和《企业会计准则》。三方面制度性文件的发布，对此后一段时间国民资产负债核算专题下的学术研究取向产生了很大影响。

首先是依据国内外核算规范继续开展资产负债核算基本理论和方法的传播与

---

① 闵庆全. 国民经济核算综论 [M]. 北京：经济科学出版社，1989.

② 庞皓. 经济存量计量的若干问题 [J]. 财经科学，1993（4）：58-64.

③ 叶平，王晓晞. 两大核算体系中存量统计的比较研究：兼谈我国存量统计的改革 [J]. 统计研究，1993（1）：12-17.

研究。比如，许宪春在《中国国民经济核算体系改革与发展》①中对纳入 CSNA-1992 的国民资产负债核算有全面介绍；袁寿庄②发表论文，对资产负债核算中最为棘手的重估价问题做了较为深入的讨论；向书坚③在国民资产负债框架下对持有资产损益概念和算法进行了系统阐释。

其次是国民资产负债表与企业资产负债表的比较研究。向蓉美④最早发表论文，从概念、内容、方法不同角度对两种资产负债表进行比较，显示其间异同，进而重点讨论二者之间的衔接，以期能够在国民资产负债核算中利用企业资产负债表的资料。这随后引起陈珍珍先后两次发文⑤的持续关注并与向蓉美商榷，就这一问题进行了更深入的讨论。

与此同时，中国国民资产负债表的编制开始提上议事日程，形成了一些兼具学术研究和工作实务双重性质的文献。肖德中等⑥结合中国实际讨论国民资产负债表的内容和编制方法，内容涉及引起资产负债表变化的因素、资产负债表的特点和资产负债表编制的两个阶段。与 CSNA-1992 和 CSNA-2002 对应，国家统计局先后出版《国民资产负债核算理论与方法》和《中国资产负债表编制方法》⑦，目的是全面介绍所涉基本理论方法问题以及编制技术。但总体来看，中国国民资产负债表编制工作尚在试验阶段，一直没有实质性进展。

最后是关键经济存量的估算出现新进展。国家统计局翻译出版了经济合作与发展组织的《资本测算手册》⑧，据此对中国国有经济固定资本存量进行了初步测算⑨，为官方资本存量测算提供了一个难得的案例。同时来自经济学界的研究也

① 许宪春. 中国国民经济核算体系改革与发展 [M]. 北京：经济科学出版社，1997.
② 袁寿庄. 资产负债核算中的重估价 [J]. 统计研究，1994（2）：27-31.
③ 向书坚. 资产负债核算中持有资产收益的测算 [J]. 统计与预测，1996（3）：27-29，40.
④ 向蓉美. 新核算体系和新会计制度中资产负债表的比较研究 [J]. 统计研究，1993（6）：23-26.
⑤ 陈珍珍. 国民资产负债核算中的宏观与微观协调问题：兼与向蓉美同志商榷 [J]. 统计研究，1994（4）：14-19；陈珍珍. 从企业资产负债表到国民资产负债表 [J]. 中国经济问题，1997（3）：58-62.
⑥ 肖德中，陈之大，彭念一. 论资产负债表的编制 [J]. 统计研究，1991（2）：30-34.
⑦ 国家统计局国民经济核算司. 国民资产负债核算理论与方法 [M]. 北京：中国统计出版社，1996；国家统计局国民经济核算司. 中国资产负债表编制方法 [M]. 北京：中国统计出版社，2007.
⑧ 经济合作与发展组织. 资本测算手册：关于资本存量、固定资本消耗及资本服务测算 [M]. 王益煊，译. 北京：中国统计出版社，2004.
⑨ 王益煊，吴优. 中国国有经济固定资本存量初步测算 [J]. 统计研究，2003（5）：40-45.

有很大进展。张军等先后发文[①]，回顾和比较已有研究中国资本存量的相关文献，沿用永续盘存法对资本存量估算过程中所涉及的各个关键变量——包括各年投资流量、投资品价格指数、折旧率和重置率、基年资本存量的选择与构造——以及缺失数据进行认真研究和处理，估计了中国 30 个省区 1952—2000 年各年末的物质资本存量，在当时产生了很大影响。

（三）2008 年至今：中国国民资产负债核算研究的实质性推进和探索

随着 SNA-2008、CSNA-2016 等国内外国民经济核算规范的发布，以及 2008 年全球金融危机的爆发，国家资产负债表尤其是政府资产负债表开始引起各界强烈关注。2013 年《中共中央关于全面深化改革若干重大问题的决定》中明确提出要"加快建立国家统一的经济核算制度，编制全国和地方资产负债表"。这些事件对中国国民资产负债核算研究形成了巨大推动，由此摆脱了既往仅限于纸上谈兵的局面，各方开始实质性编制部门、国家资产负债表的探索，产生了一批基于资产负债表思维、利用资产负债数据、聚焦风险防范等主题而开展研究的论文和著作。

许宪春带领的研究小组[②]持续跟踪 SNA 的国际进展，在 SNA-2008 发布前后曾根据国际文献就生产资产、非生产资产核算范围和分类的变化加以讨论，分析这些变化对中国国民经济核算体系的影响。李金华先后发文[③]，将 SNA-2008 核算原理置于中国场景下，针对核算主体、核算分类、核算表的组成等问题加以重新阐释，以此显示国民资产负债核算的逻辑思路和编制方法论。

最为引人注目的是有关中国国家资产负债表设计、编制与应用的研究动态。面对实质性推进中国国家资产负债核算这一目标，来自不同学界、部门的研究者开展研究，形成的成果涉及国家、地方、部门不同层面资产负债表设计和编制方法的探索。

经济学背景的研究团队着眼债务风险评估，参与了资产负债表的研究。

① 张军，章元. 对中国资本存量 K 的再估计 [J]. 经济研究，2003（7）：35-43，90；张军，吴桂英，张吉鹏. 中国省际物质资本存量估算：1952—2000 [J]. 经济研究，2004（10）：35-44.

② 许宪春，陈杰. 关于无形资产的处理问题：1993 年 SNA 修订问题研究系列之四 [J]. 统计研究，2006（6）：5-8；"SNA 的修订与中国国民经济核算体系改革"课题组. SNA 关于生产资产的修订及对中国国民经济核算的影响研究 [J]. 统计研究，2012（12）：39-44.

③ 李金华. 中国国家资产负债表的逻辑思考 [J]. 经济经纬，2014（3）：114-120；李金华. 中国国家资产负债表谱系及编制的方法论. 管理世界，2015（9）：1-12.

（1）李扬率领的中国社会科学院团队[①]基于国民资产负债表的理论框架，利用国家统计局数据同时辅之以必要估算，初步编制了 2000—2010 年中国政府主权资产负债表，并利用编表数据对中国主权资产和债务状况进行结构性分析；随后进一步沿着主权资产和负债方向延伸到其他经济主体，对整个国家的资产负债状况做出研判，以此为依据构建中国主权资产负债表风险评估框架并进行分析判断。此后该团队大体每两年发布一次中国国家资产负债表[②]，基于编表数据进行不同专题的分析[③]。（2）马骏率领的研究团队[④]根据英国等编制政府资产负债表的经验和做法，运用估值法编制了 2002—2010 年中国国家资产负债表，在此基础上连续发文[⑤]利用编表数据针对政府债务风险分析方法进行了有建设性的讨论。此外还有王桂虎[⑥]完成的非金融企业资产负债的估算以及中美比较分析，以及来自国务院发展研究中心的研究成果[⑦]。可以看到，经济学领域学者和机构的研究有很强的问题意识，从政府债务风险防范视角切入，目的是依据资产负债数据发现问题并予以深度解析；为达到此目标进行国家以及政府资产负债表的编制，体现实用性，敢于大胆利用各种数据来源、进行强假设下的估算，以此填补编表过程中的数据缺口，其间所体现的理念和方法可以为资产负债核算研究提供借鉴。

政府统计背景下的研究者立足国民经济核算推进，开展了资产负债核算研究。杜金富等中国人民银行及原银监会研究人员针对政府、住户等部门资产负

① 李扬，张晓晶，常欣，等. 中国主权资产负债表及其风险评估（上）[J]. 经济研究，2012，47（6）：4-19；李扬，张晓晶，常欣，等. 中国主权资产负债表及其风险评估（下）[J]. 经济研究，2012，47（7）：4-21；李扬，张晓晶，常欣，等. 中国国家资产负债表 2013：理论、方法与风险评估 [M]. 北京：中国社会科学出版社，2013.

② 李扬，张晓晶，常欣，等. 中国国家资产负债表 2015：杠杆调整与风险管理 [M]. 北京：中国社会科学出版社，2015；李扬，张晓晶，常欣，等. 中国国家资产负债表 2018 [M]. 北京：中国社会科学出版社，2018；李扬，张晓晶，等. 中国国家资产负债表 2020 [M]. 北京：中国社会科学出版社，2020.

③ 张晓晶，刘磊. 国家资产负债表视角下的金融稳定 [J]. 经济学动态，2017（8）：31-42；刘磊，张晓晶. 中国宏观金融网络与风险：基于国家资产负债表数据的分析 [J]. 世界经济，2020，43（12）：27-49.

④ 马骏，张晓蓉，李治国，等. 中国国家资产负债表研究 [M]. 北京：社会科学文献出版社，2012.

⑤ 马骏. 国家资产负债表探究 [J]. 中国外汇，2013（1）：18-20；马骏，张晓蓉，李治国. 国家资产负债表研究成果及其应用 [J]. 科学发展，2013（12）：9-18；马骏. 地方政府资产负债表的编制和使用 [J]. 中国金融，2014（14）：18-20.

⑥ 王桂虎. 中国非金融企业资产负债的估算与国际比较：基于 1953—1990 年的数据研究 [J]. 中国经济问题，2019（1）：40-52.

⑦ 余斌. 国家（政府）资产负债表问题研究 [M]. 北京：中国发展出版社，2015.

债表开展的研究引人注目：一方面系统讨论资产负债表的基本核算原理和国际经验①；另一方面探索针对中国的应用，包括数据编制和数据分析②。罗胜和向书坚③综合吸收国民经济核算体系（SNA-2008）、政府财政统计体系（GFSM 2014）、国际公共部门会计准则（IPSASs），对政府资产负债表所涉及的核算主体和资产范围进行深入研究和讨论。马克卫等④仔细讨论了金融机构部门资产负债表的核算口径、表式设计、编制方法，最终编制完成了一套金融机构资产负债序列表。杨业伟和许宪春⑤关注城镇居民住房资产，从核算范围、估价原则等基本问题出发予以讨论，进而结合中国居民住房的不同产权属性进行实际估算，提供了一套核算数据。总结以上研究可以发现，受益于研究者的统计学尤其是国民经济核算学术背景，相关研究比较注重基本核算理论、方法的学理性讨论，强调对国际规范的遵循，此类研究成果特别有助于资产负债核算的长期建设。

面向未来，国民资产负债以及财富存量核算的研究范围在不断扩展。第一是有关数据资产的核算。在信息技术影响下，数据作为生产要素越来越受到人们的重视，故而有关数据资产的定义以及如何在国民经济核算体系中进行数据资产核算，成为各方探索的重要课题，目前已经有一些文献⑥发表。第二是有关自然资源、环境、生态资产的核算。在可持续发展理念以及气候变化影响等大背景下，这些原本游离在经济核算范围之外的要素的重要性越来越显著，与此相对应的资产核算越来越受到关注。相关文献可见"环境经济核算研究"专题。

---

① 杜金富，等. 政府资产负债表：基本原理及中国应用 [M]. 北京：中国金融出版社，2015；王毅，郭永强. 政府资产负债表：国际标准与实践 [M]. 北京：中国金融出版社，2015；杜金富，王毅，阮健弘，等. 中国政府资产负债表编制研究 [M]. 北京：中国金融出版社，2018；杜金富，阮健弘，朱尔茜. 住户部门资产负债表编制：国际准则与实践 [M]. 北京：中国金融出版社，2020.

② 刘向耘，牛慕鸿，杨娉. 中国居民资产负债表分析 [J]. 金融研究，2009（10）：107-117；"政府资产负债核算的理论和政策研究"课题组. 科学反映政府实力和调控能力：2012—2013 年中国政府资产负债表编制报告 [J]. 中国金融，2015（3）：28-30.

③ 罗胜，向书坚. 政府资产负债表的核算主体范围研究 [J]. 中央财经大学学报，2017（10）：3-11；向书坚，罗胜. 政府资产负债表中的资产范围问题研究 [J]. 统计与信息论坛，2017，32（6）：3-10.

④ 马克卫，米子川，史珊珊. 金融机构资产负债表：原理、编制及分析方法 [J]. 山西财经大学学报，2020，42（1）：28-41.

⑤ 杨业伟，许宪春. 中国城镇居民住房资产估算 [J]. 财贸经济，2020，41（10）：20-33.

⑥ 李静萍. 数据资产核算研究 [J]. 统计研究，2020（11）：3-14；许宪春，张钟文，胡亚茹. 数据资产统计与核算问题研究 [J]. 管理世界，2022（2）：16-30，2；许宪春，唐雅，张钟文. 个人数据的统计与核算问题研究 [J]. 统计研究，2022（2）：18-32.

七、国际收支核算研究

中国进行国际收支核算的基本遵循是国际货币基金组织（IMF）发布的《国际收支手册》（简称 BPM）。BPM 在其开发过程中有不同版本，中国的相应研究与这些版本的发布具有直接的对应性。

（一）1978—1992 年前后：BPM4 的引入和初步探索

中国官方开展国际收支核算工作始于 1981 年，当时对接的国际规范是 IMF 发布的《国际收支手册》第四版（BPM4），内容主要限于国际收支平衡表。

早期研究是从学习、介绍、解读 BPM4 这本手册开始的。程达才[①]结合中国进展介绍了国际收支平衡表（BOP）的基本架构，这是国内最早有关国际收支核算内容的文献。闵庆全[②]以"国际收支会计"的名义对应 BPM4 介绍了国际收支核算的方法和原理，用实例演示借贷记账法在国际收支核算中的应用，并对其所运用的复式记账方法与微观会计的差异做了说明。随后，闵庆全在《国民经济核算综论》中以一章的篇幅更加系统地介绍了国际收支核算的内容和方法、不同国家 BOP 的样貌，以及利用国际收支平衡表数据进行统计分析的思路。

伴随中国初步建立起国际收支核算制度，相关研究开始有所深化。翟志宏[③]结合中国已经初步建立的国际收支统计制度，详细介绍了 BOP 的项目组成、对应的核算方法。王立彦和翟志宏[④]以《国际收支与国民经济核算的衔接关系》为题，阐述了 BPM4 之 BOP 与 SNA 其他组成部分之间的关系，详细分析了如何实现从 BOP 到 SNA 对外经济账户的转换与衔接。

（二）1993—2007 年前后：在 BPM5 基础上的变革与发展研究

1993 年，IMF 发布《国际收支手册》第五版（BPM5），更新了 BOP 的内容，最突出的变化是将国际资本存量纳入其中，推出了国际投资头寸表（IIP）。

---

① 程达才. 什么是国际收支统计 [J]. 统计，1981（5）：33-34.
② 闵庆全. 国际收支会计 [J]. 会计研究，1985（4）：31-36.
③ 翟志宏. 国民核算专题讲座 - 第五讲 - 国际收支核算 [J]. 中国统计，1989（11）：24-26.
④ 王立彦，翟志宏. 国际收支与国民经济核算的衔接关系 [J]. 统计研究，1992（1）：27-31.

中国相关研究在这一时期对这两个方面的变化都有一定回应。许宪春[①]结合中国 1981 年制定的国际收支统计制度,详细阐释了 BPM5 的变化,主张应将这些当作中国国际收支核算的改进方向。钟伟等[②]专门针对 IIP 开展研究,阐述 IIP 和 BOP 的关系以及 IIP 的编制原则,在此基础上对美英日和我国香港地区的 IIP 进行比较,并对我国编制和公布 IIP 进行了前瞻性分析。

国际收支核算背后的各种业务统计研究也值得关注。研究重点之一是服务贸易统计。贾怀勤[③]深耕这一领域,围绕国际服务贸易统计的不同模式有深入阐述和思考,尤其是对于外国商业存在(FATS)及其与跨境服务贸易统计的关系的研究,将其视为"服务贸易统计的二元架构"。凌国平[④]在 FATS 的阐释及其在中国落地方面有很多研究成果。高敏雪率领的"中国国际服务贸易统计"课题组[⑤]将研究进一步落实到中国服务贸易统计制度层面,形成了更具实操性的研究成果。外国直接投资(FDI)统计是另一个研究重点。高敏雪带领的研究团队在此领域形成了多项研究成果[⑥],完成了中国对外直接投资统计制度的研发设计,结合国际规范和中国实际系统阐释了外国直接投资的基本定义及其应用要点,出版相关图书系统介绍 OECD 制定的《关于外国直接投资基准定义》(第三版)以及各国应用经验。

围绕中国 BOP 编制,当时特别受关注的一个问题是"误差与遗漏"项,它在一定程度上反映了 BOP 的数据质量。1991—1999 年间中国 BOP 的误差与遗漏数额多年超过贸易总额的 5%,在当时引起了专家、学者甚至海外媒体的高度关注。[⑦]

① 许宪春. 关于进一步完善中国国际收支平衡表的设想 [J]. 经济科学, 1996 (4): 54-61.

② 钟伟, 贾林果. 国际投资头寸表编制的国际比较研究 [J]. 国际金融研究, 2006 (8): 26-31.

③ 贾怀勤. 论二元架构的服务贸易统计 [J]. 国际商务(对外经济贸易大学学报), 1998 (1): 32-39; 贾怀勤. 服务贸易四种提供方式与服务贸易统计二元构架的协调方案:《国际服务贸易统计手册》"简化方法"评述 [J]. 统计研究, 2003 (3): 9-13.

④ 凌国平. 美国国际服务贸易 BOP 统计研究 [J]. 统计研究, 2000 (3): 30-35; 凌国平. 我国国际服务贸易统计现状研究. 国际商务研究, 2001 (6): 40-50.

⑤ "中国国际服务贸易统计研究"课题组. 中国国际服务贸易统计建设的背景与基本框架 [J]. 统计研究, 2007 (3): 88-91.

⑥ 高敏雪, 谷泓. 外国直接投资统计基本定义剖析 [J]. 统计研究, 2005 (4): 47-50; 高敏雪, 等. 对外直接投资统计基础读本 [M]. 北京: 经济科学出版社, 2005.

⑦ 罗鸣, 梁惠江, 张根明. 国际收支平衡表中错误与遗漏项偏大的原因分析 [J]. 国际金融研究, 1996 (11): 11; 张晓朴. 我国国际收支平衡表误差与遗漏分析 [J]. 国际金融研究, 1998 (7): 29-31.

（三）2008 年至今：以 BPM6 为依据的后续探索

2008 年，IMF 发布"国际收支手册"的第六版（BPM6），并将其正式更名为《国际收支和国际投资头寸手册》，显示出对 IIP 的强调，同时在内容上也有多处重大修订。国家外汇管理局的陈之为等 [①] 很快发文，对 BPM6 的两大变化以及对 BOP 的影响进行详细解析，并结合中国情况做了一些初步测算。

变化之一是将所有权转移作为识别对外经济贸易的基本原则，由此直接导致加工贸易（尤其是来料加工贸易）、转口贸易在 BOP 中的处理方式的变化。贾怀勤 [②] 随即按照新的核算规则重新测算了 2003—2007 年中国对外贸易数据，评估其对于中国对外贸易差额的影响。高敏雪和张芳 [③] 专门针对加工贸易的性质及其所形成的经济关联做深度分析，在此基础上比较其在 BPM5 和 BPM6 框架下的不同核算方法，进而以中国加工贸易为例进行了一次全面测算，为不同核算原则下的处理提供了数据参照。

另一个重大变化是外国直接投资的记录原则和记录方式，从过去的资产负债原则改为方向原则。这一变化实际上与 OECD 发布的《关于外国直接投资基准定义》（第四版）有着直接关系。徐晓娟和智冬晓 [④] 围绕直接投资的两类原则，分内向 FDI 和外向 FDI 对统计对象、内容和方法做了详细解读。

延伸开来，李金华 [⑤] 将国际收支核算放到第二次世界大战之后世界经济发展过程中加以考察。文中综合 BPM 各个版本，将其发展演进分为不同阶段，对国际收支核算体系的历史性贡献做出评价，可以为各方了解国际收支核算的演进过程以及与国民经济核算之间的关系提供帮助。

八、环境经济核算研究

环境经济核算原本属于国民经济核算的卫星账户，在可持续发展战略这一大

---

① 陈之为，韩健，周国林. 国际收支统计的修订及对我国的影响 [J]. 统计研究，2008（6）：16-19.

② 贾怀勤. "制造服务"，制造还是服务：评《国际收支手册》修订对中国贸易平衡的影响 [J]. 国际贸易，2008（11）：33-37.

③ 高敏雪，张芳. 加工贸易核算方法及其对中国国际收支的影响 [J]. 经济理论与经济管理，2010（7）：58-65.

④ 徐晓娟，智冬晓. 中国 IFDI 统计现状分析与评价 [J]. 统计研究，2014（1）：49-57.

⑤ 李金华. 国际收支统计核算体系的演进脉络及历史贡献 [J]. 国外社会科学，2017（5）：34-44.

背景下从 20 世纪 90 年代开始得到快速开发和应用，其发展程度已经远超其他卫星账户主题。中国改革开放以来，环境经济核算吸引了不同领域的研究者。所谓"环境"大体可以区分为资源、环境、生态三个类别和层次，不同研究者可能会有不同侧重，不同时期的研究也有不同侧重。

（一）20 世纪 80 年代至 90 年代初期：酝酿时期的研究

这一时期，国际上已经有相关专家开始在一些国家进行环境经济核算的探索，但还没有被国际组织视为开发研究的重点，更没有形成与国民经济核算体系相关联的环境经济核算体系。在中国，实施改革开放主要面向经济发展，资源环境问题尚未凸显出来。

尽管如此，已经有来自不同领域的学者以不同方式关注资源环境统计与核算的研究。比如，孔繁文等[①]针对森林资源核算开展的工作，李金昌[②]对自然资源核算问题的研究，王立彦[③]以环境及其保护为主题建立环境 - 经济核算框架的探索，不止一位研究者[④]提出要与国民经济核算衔接，修订相关经济指标实施"绿化"。

（二）20 世纪 90 年代至 21 世纪初期：环境经济核算的系统引入与总体框架研究

SNA-1993 明确将环境经济核算作为其附属核算内容纳入，相关机构还编辑发布了《综合环境经济核算》（SEEA-1993）；同时，修改原来的国民收入等指标已经作为一项重要任务写进了 1992 年联合国环境与发展大会通过的联合国《21世纪议程》。这些都极大地推动了全球各国政府和学术界对环境经济核算的关注。在此背景下，中国各方研究者从学习国际规范和经验开始，提升了对环境经济核算理论方法的关注度，开始尝试针对中国的环境经济核算应用进行研究。

很多文献从不同角度介绍环境经济核算的思想和基本组成。比较有代表性的包括：朱启贵[⑤]在多本杂志上发文讨论环境经济核算的基本方法和应用思路；高

[①] 孔繁文，何乃蕙，高岚. 中国森林资源价值的初步核算 [J]. 数量经济技术经济研究，1990（11）：56-64.

[②] 李金昌. 资源核算论 [M]. 北京：海洋出版社，1991.

[③] 王立彦. 建立"环境 - 经济"相关联核算模式 [J]. 环境保护，1992（10）：28-30.

[④] 孔繁文，等. 森林资源核算与国民经济核算体系. 北京：人民中国出版社，1993；赵景柱. 国民生产总值"绿化"问题的综合分析 [J]. 环境科学学报，1995（4）：497-500.

[⑤] 朱启贵. 环境核算：问题与建议 [J]. 财经研究，1998（8）：24-30；朱启贵. 绿色国民核算方法简评 [J]. 统计研究，2001（10）：11-22.

敏雪等在《统计研究》连续发文[①]，较为深入地讨论了环境经济核算与国民经济核算、可持续发展思想之间的渊源，并对其核算内容的组成机理和内在逻辑进行了学理性阐述，高敏雪随后出版著作[②]，基于联合国 SEEA-1993 对环境经济核算原理与框架设计做了详细解读和延伸讨论；雷明[③]尝试将环境经济核算应用于中国，对中国环境经济综合核算进行了有意义的探索。此外还有来自国家统计局专家的相关研究[④]，以及来自资源环境管理领域不同研究团队针对森林、水、矿产资源以及环境保护核算领域的研究成果。

（三）2000—2010 年：中国环境经济核算探索和绿色 GDP 研究

21 世纪第一个十年，中国有关环境经济核算的研究和实验进展迅速，不仅有整体框架和理论方法方面的研究，还有不同专题下的实际核算尝试。在此基础上，"绿色 GDP 核算"成为一个非常热门的关键词，其传播和争论在很大程度上代表了这十年环境经济核算研究起落的一个轮回。

中国人民大学国民经济核算研究所在高敏雪主导下组织团队完整翻译了联合国发布的《综合环境经济核算（2003）》（简称 SEEA-2003），由国家统计局国民经济核算司内部刊印[⑤]，对当时各方开展环境经济核算研究发挥了重大作用。国民经济核算领域的重要研究者几乎都或多或少涉足了环境经济核算。一类研究成果是发表论文，所涉研究主题大体有以下方向：一是介绍国际上环境经济核算的不同做法并加

《综合环境经济核算（2003）》（中文版）

① 高敏雪，谷泓. 对环境经济核算的总体认识 [J]. 统计研究，1998（3）：22-25；高敏雪，王彦. 环境经济核算再认识 [J]. 统计研究，2000（4）：50-53.

② 高敏雪. 环境统计与环境经济核算 [M]. 北京：中国统计出版社，2000.

③ 雷明. 资源－经济－体化核算：联合国 93'SNA 与 SEEA[J]. 自然资源学报，1998（2）：49-57；雷明. 中国环境经济综合核算体系框架设计 [J]. 系统工程理论与实践，2000，20（10）：17-27.

④ 吴优，曹克瑜. 对自然资源与环境核算问题的思考 [J]. 统计研究，1998（2）：59-63.

⑤ 联合国，等. 综合环境经济核算（2003）[M]. 北京：国家统计局国民经济核算司（内部刊印），2003.

以比较[1]；二是讨论如何将环境因素纳入原来基于国民经济核算建立的投入产出模型或社会核算矩阵[2]；三是较为深入地讨论从国民经济核算到环境经济核算的机理演变、内容组成以及思想传承[3]。另一类研究成果是出版著作[4]，力图在更大容量的框架中看待环境经济核算，将环境经济核算视为国民经济核算的延伸和扩展，更加系统地介绍和讨论环境经济核算的相关问题。除此之外，还有一些专题性著作问世，比如高敏雪[5]专门针对环境保护这个主题，按照环境产业和环保支出两条逻辑讨论其核算框架和具体问题，为在环境经济核算框架下全面处理环境保护专题提供了方法依据。

这一时期，环境经济核算在中国的落地研究出现了一个高潮，几乎所有的资源环境管理部门都联合国家统计局启动了"绿色核算"研究项目，并产生了很多有分量的研究成果。（1）中国环境经济核算整体框架研究：2004年，建立中国绿色国民经济核算体系国际研讨会召开，吸引了来自各个领域的相关研究者，形成了一部非常有分量的论文集。[6]在此次会议上，由中国人民大学会同中国环境规划院（现生态环境部环境规划院）提交了中国环境经济核算总体框架的初稿，后经过多方专家论证，形成了第一个中国资源环境经济核算体系框架。（2）以污染物排放和治理为重点的中国环境经济核算研究：形成了针对环境污染和环境治理的环境经济核算体系框架，制定了一整套具体核算技术规范，以2004年为基年第一次进行全面核算，其中有关不同口径环境成本的核算、有关GDP调整以及扣减指

---

① 向书坚，等. SEEA 和 NAMEA 的比较分析 [J]. 统计研究，2005（10）：18-22；朱启贵. 绿色国民经济核算的国际比较及借鉴 [J]. 上海交通大学学报，2006（5）：5-12.

② 向书坚. 包含环境帐（账）户的国民经济核算矩阵 [J]. 统计研究，2001（5）：17-22；孙静娟. 关于环境经济投入产出核算理论与方法的改进 [J]. 数量经济技术经济研究，2005（4）：44-50；雷明，等. 中国绿色社会核算矩阵（GSAM）研究 [J]. 经济科学，2006（3）：84-96；高颖，等. 资源 - 经济 - 环境综合框架下的 SAM 构建 [J]. 统计研究，2007（9）：17-22；廖明球，王明哲. 中国绿色投入产出表的分析：以 2007 年为例 [J]. 首都经济贸易大学学报，2013（6）：5-14.

③ 杨缅昆. 环境资源核算的若干理论问题 [J]. 统计研究，2006（11）：15-19；高敏雪. SEEA 对 SNA 的继承与扬弃 [J]. 统计研究，2006（9）：18-22.

④ 朱启贵. 绿色国民经济核算论 [M]. 上海：上海交通大学出版社，2005；戴亦一. 绿色 GDP 核算的理论与方法：环境与经济一体化核算研究 [M]. 北京：中国商业出版社，2005；王德发. 绿色 GDP：环境与经济综合核算体系及其应用 [M]. 上海：上海财经大学出版社，2008；曹俊文. 环境与经济综合核算方法研究 [M]. 北京：经济管理出版社，2004.

⑤ 高敏雪. 环境保护宏观核算理论与方法 [M]. 北京：中国统计出版社，2004.

⑥ 潘岳，李德水. 建立中国绿色国民经济核算体系国际研讨会论文集 [C]. 北京：中国环境科学出版社，2004.

数的应用，对当时环境经济核算研究和应用都具有创新性意义。[①]（3）中国森林资源核算研究：突破了既往森林资源核算的传统思维方式，整合形成了一套比较系统的森林资源核算框架和具体方法，以 2004 年为基年完成了首次中国森林核算，并在数年后完成第二次核算[②]，开发的一套核算指标可以更好地刻画森林开发、利用、保护对于可持续发展的意义。（4）中国水资源环境经济核算研究：翻译了联合国等发布的《水资源环境经济核算体系》，将水资源和水环境整合在一个核算框架之中，形成了一体化中国水资源环境经济核算框架体系，第一次完成了中国水资源环境核算[③]，针对水资源存量、水资源耗减开发了一套核算方法，并与国民经济

《建立中国绿色国民经济核算体系
国际研讨会论文集》

核算指标关联起来，为后续水资源、水环境管理提供了新思路和数据论证基础。

　　围绕绿色 GDP（以下简称 GGDP）形成了大范围传播、讨论以及研究争论。第一是公众层面：各个领域、各种身份的机构和人员都对 GGDP 抱有很大期望和很高热情，但也有很多认识上的误区[④]。第二是学术层面：针对环境退化价值和资源耗减价值以及在 GGDP 中的处理形成了热烈讨论和争论。焦点之一是资源耗减价值是否应该作为 GGDP 核算过程中的扣除项[⑤]；焦点之二是在环境退化

①　王金南，等. 中国环境经济核算研究报告 2004 [R]. 北京：中国环境科学出版社，2009；於方，等. 中国环境经济核算技术指南 [M]. 北京：中国环境科学出版社，2009.

②　"中国森林资源核算及纳入绿色 GDP 研究"项目组. 绿色国民经济框架下的中国森林核算研究 [M]. 北京：中国林业出版社，2010；"中国森林资源核算研究"项目组. 生态文明制度构建中的中国森林资源核算研究 [M]. 北京：中国林业出版社，2015.

③　中国水利水电科学研究院水资源研究所. 中国水资源环境经济核算研究报告 [R]. 中国水利水电科学研究院，2009；甘泓，高敏雪. 创建我国水资源环境经济核算体系的基础和思路 [J]. 中国水利，2008（17）：1-5；卢琼，等. 水资源耗减量概念及其分析方法 [J]. 水利学报，2010（12）：1401-1406.

④　高敏雪. 绿色 GDP 的认识误区及其辨析 [J]. 中国人民大学学报，2004，18（3）：56-62.

⑤　杨缅昆. 关于 EDP 核算思路的若干质疑 [J]. 统计研究，2002（3）：35-38；刘树，许秋起. 关于 EDP 核算思路的若干思考：兼与杨缅昆教授商榷 [J]. 统计研究，2002（9）：45-49；杨缅昆. EDP 核算理论问题的再探讨：与刘树、许秋起两学者商榷 [J]. 统计研究，2003（12）：51-54；宋旭光. 关于 EDP 核算思路的若干补充：兼与杨缅昆教授、刘树教授等商榷 [J]. 统计研究，2003（12）：46-50；杨灿. SNA 框架内的 GDP 和 EDP 核算疑难问题辨析 [J]. 统计研究，2004（7）：15-20.

价值核算中如何处理环境保护活动[①]。第三是应用层面：如何看待不同领域出于不同需求对 GGDP 形成的不同诉求[②]。来自国民经济核算领域的专家学者在上述各个层面的讨论中积极发声、交流，一方面引导公众对绿色 GDP 以及环境经济核算正确认知，另一方面则从学理上进行研究，推进环境经济核算理论和应用的发展[③]。

（四）2010 年至今：以自然资源资产负债表和生态服务产出为中心的最新研究进展

进入 21 世纪第二个十年，国际范围内的环境经济核算有了新进展。联合国《环境经济核算体系 2012——中心框架》（简称 SEEA-2012 中心框架）作为统计标准发布，这从更高层面上为环境经济核算提供了国际规范。中国人民大学国民经济核算研究所与环境保护部环境规划院（现生态环境部环境规划院）一起承担了该规范的中文版翻译工作，作为联合国官方文本使用，同时在国内出版[④]。随后高敏雪撰文[⑤] 从学理层面进行深度解读，揭示从 SEEA-2003 到 SEEA-2012 中心框架的变化，同时借助"压力－状态－反应"模型建立起各部分内容之间的逻辑关系，以此为业界了解这一国际规范新版本提供导引。

落实到中国，这一阶段的环境经济核算研究先后形成了两个专题性热点：一是纳入党的十八届三中全会通过的《中共中央关于全面深化改革若干重大问题的决定》之中的自然资源资产负债表的编制；二是服务于"绿水青山就是金山银山"的生态系统服务核算。

自然资源资产负债表与环境经济核算的环境资产核算直接相关，同时与国民经济核算的国民资产负债表、企业会计的资产负债表不无关系，吸引了很多领域的研究者参与讨论，表现出如下特点：第一是研究对象全面且有突破，不仅有针对自然资源资产总体层面的系统讨论[⑥]，还通过各项专题研究覆盖了各主要资源类

---

① 杨缅昆. 绿色 GDP 和环保活动核算：兼论 GDP 修正中的方法论问题 [J]. 统计研究，2000（9）：10-13；高敏雪. 环保活动核算与绿色 GDP 调整有关问题辨析 [J]. 数量经济技术经济研究，2001（8）：19-21；杨缅昆. 环境退化：核算理论和方法 [J]. 统计研究，2004（11）：3-6.
② 高敏雪. 绿色 GDP 核算：争议与共识 [J]. 经济理论与经济管理，2006（12）：11-15.
③ 20 年后，高敏雪撰文回顾了这一过程，具体见高敏雪. 回顾与评介：绿色 GDP 核算曾经是一个热点 [J]. 中国统计，2022（7）：35-38。
④ 联合国，等. 环境经济核算体系 2012：中心框架 [M]. 北京：中国统计出版社，2020.
⑤ 高敏雪.《环境经济核算体系（2012）》发布对实施环境经济核算的意义 [J]. 中国人民大学学报，2015，29（6）：47-55.
⑥ 向书坚，郑瑞坤. 自然资源资产负债表中的资产范畴问题研究 [J]. 统计研究，2015（12）：3-11；石薇，徐蔼婷，李金昌，等. 自然资源资产负债表编制研究：以林木资源为例 [J]. 自然资源学报，2018，33（4）：541-551.

别，如矿产与能源资源、土地资源、森林资源、水资源等，进而还有学者将讨论范围从自然资源实体资产延伸到包括经营权、开采权等无形权益的核算问题，形成了三层架构的环境资产①。第二是环境资产作为"自然资源资产"得到了更详细的定义，形成了比较完整的核算表设计，推进了国家《编制自然资源资产负债表试点方案》的形成。第三是尝试开发并编制自然资源资产负债表，一些研究者在不同区域针对不同资源有各种试算试编②，但在负债与资产的匹配、净资产的定义等基础问题上仍然存在很大的争议，没有形成逻辑自洽的资产负债核算表。

国际文献中将生态系统核算视为环境经济核算的卫星账户（简称 SEEA-EEA），从生态系统这个全新视角出发，实现了环境经济核算研究对象的拓展。中国在这一领域的研究大体与国际同步，来自生态研究领域顶级机构的各位专家领衔科研团队开展生态服务产出核算的理论研究和测算实验。从国民经济核算和环境经济核算角度看，这一时期的最突出的成果是：国民经济核算和生态学领域的专家形成互动，把理论论证和实际核算结合起来，设计了国内生态产出（GEP）总量指标，形成了一批研究案例③，并从理论上对 GEP 的概念定义、内容组成及其应用价值进行了全面论证，形成了一套规范的 GEP 核算表和核算方法④。还有学者将 SNA、SEEA、SEEA-EEA 视为同一链条，从研究对象、研究内容和研究方法上做了系统讨论⑤，阐释从国民经济核算穿过环境经济核算而后保留在生态系统服务核算中的理论方法传承，同时更突出生态系统服务核算对国民经济核算和环境经济核算（中心框架）的拓展，尤其是与以绿色 GDP 为核心的环境经济核算之间的差异，为从学理上全面认识生态系统服务核算提供了基础论证。

---

① 高敏雪. 扩展的自然资源核算：以自然资源资产负债表为重点 [J]. 统计研究，2016（1）：4-12.

② 杨艳昭，封志明，闫慧敏，等. 自然资源资产负债表编制原型研究 [M]. 北京：气象出版社，2018；史丹，等. 北京自然资源资产负债表编制及管理研究 [M]. 北京：中国社会科学出版社，2019.

③ 欧阳志云，靳乐山，等. 面向生态补偿的生态系统生产总值（GEP）和生态资产核算 [M]. 北京：科学出版社，2018；马国霞，於方，王金南，等. 中国 2015 年陆地生态系统生产总值核算研究 [J]. 中国环境科学，2017，37（4）：1474-1482；环境保护部环境规划院. 中国经济生态生产总值核算报告（2017）[R]. 北京：中国环境出版集团，2019；宋昌素，欧阳志云. 面向生态效益评估的生态系统生产总值 GEP 核算研究：以青海省为例 [J]. 生态学报，2020，40（10）：3207-3217.

④ 高敏雪. 生态系统生产总值的内涵、核算框架与实施条件：统计视角下的设计与论证 [J]. 生态学报，2020，40（2）：402-415.

⑤ 高敏雪，刘茜，黎煜坤. 在 SNA-SEEA-SEEA/EEA 链条上认识生态系统核算：《实验性生态系统核算》文本解析与延伸讨论 [J]. 统计研究，2018（7）：3-15.

第三十章
社会统计与发展

　　社会统计学是统计学的应用分支，旨在用统计学的一般原理和方法研究人类行为与社会现象，通过资料收集、数据整理与分析、统计推断和模型建构来获得有关人类社会活动和社会现象的一般性规律。统计学的相关原理和方法被广泛应用于经济学、人口学、社会学，且近年来在管理学、政治学、法学、历史学等学科的量化研究中也得到广泛应用。由于数据形式、研究关注点不同，社会科学不同学科和专业对统计方法的应用和发展存在一定的差异，经济学甚至给其对统计方法的应用取了专门名字——计量经济学（econometrics），但除了对于数理模型、因果关系的强调，其他方面其实是非常相似的。要全面论述统计学在相关人文社会科学包括管理科学中的推广发展挑战巨大，本章将主要综述社会学对统计学的学习、使用和发展。社会学内部不同二级专业建立和发展的节奏又不一样。人口学专业在 20 世纪 70 年代就恢复并设立了专门的研究机构、学术组织，社会学专业于 80 年代开始恢复，而社会工作专业的恢复和发展更晚。区分不同专业全面论述社会统计学的应用和发展超出笔者能力，也会使得相关论述过于破碎。因此我们将以社会学专业主要教学研究机构及学者对于统计方法的应用和发展来组织相关论述，并一定程度上纳入人口学、社会工作等其他相关专业和学科对统计学方法的应用和发展。

　　统计学方法是社会学研究方法的一种，其传播和应用构成了社会学研究方法发展的一部分。中国社会科学院社会学研究所赵联飞研究员 2019 年在《社会学研究》上发表文章认为：1953 年以来中国社会学研究方法的发展经历了停滞期（1953—1978 年）、恢复重建期（1979—1985 年）、实践提高期（1986—1999 年）和快速发展期（2000—2019 年）四个阶段，社会学研究方法在方法论、研究方法和具体的研究技术方面均取得了明显的进步，在整体上呈现出知识系统化、实

践规范化和取向本土化三个趋势。[①] 现代统计方法在社会学领域的应用和推广同样展现出类似的阶段性特征。从人口学专业恢复开始算起，统计方法在社会学领域的传播和应用大体可以分如下三个阶段：1970—1999 年为恢复重建和缓慢发展阶段，2000—2011 年为快速发展阶段，2012 年至今为精细化、多元化发展阶段。在这三个阶段，社会学教师与学生的背景，对统计方法的掌握及使用情况，计算机、统计软件、调查数据及学习资料的可及性都存在明显差异。

人口学、社会学专业恢复初期的学生主要来自高考恢复后的头几届大学生。受"文化大革命"影响，他们的数学与英语基础相对较差，加上计算机缺乏，接触统计学后缺乏现代统计工具应用能力，主要用学到的社会调查技术进行数据采集和简单汇总分析。此后到 20 世纪 90 年代，学生通过正常高考进入大学，英语和数学基础较好，但授课老师的水平及计算机使用条件有限，除了少数人口学研究者外，社会学学者对统计的应用并不多。少数留学海外的青年学者开始围绕中国人口转型与社会转型开展量化研究，并在美国最好的杂志上发表了一系列论文，这有助于他们在国外学界立足，相关成果也很快通过同学网络传入国内，为国内师生学习基于统计方法的社会学研究提供了榜样参考。2000 年之后，计算机及统计软件可及性的提高，社会调查数据的增加，青年海归教师队伍的壮大，人口学机构和社会学的合并，社会学院系的增加，北京大学 - 密歇根大学暑期定量方法项目等统计方法培训班的举办，使国内社会学、管理学、教育学等社会科学领域掌握统计原理及相关软件和建模技术的青年学者和研究生越来越多，使用统计方法进行假设检验和建模的论文快速增加。2010 年之后，随着可使用统计方法发表论文、能够讲授社会统计学软件应用的青年教师的增加，社会学专业统计方法课程更加丰富和体系化，统计方法集中培训班大量涌现。在早期初步多元化发展的基础上，在社会分层与流动领域之外的很多其他研究领域也开始出现量化学者群落，量化模型的精细化程度进一步提高，计量经济学领域比较重视的因果推论模型，统计学与计算机领域比较重视的机器学习、大数据方法及针对新型数据的分析方法（如空间分析、网络分析）和模拟方法（如 ABM 建模）等被大量引进且在学生中有了一定的接受度。

统计方法在社会学界的应用和发展，最终引发围绕定量与定性方法差异和关系的讨论，但自始至终，社会学从业者们特别注意统计方法在社会学领域的适用性问题，同时也一定程度上参与到对于统计方法的改进和发展中。

---

① 赵联飞. 中国社会学研究方法 70 年 [J]. 社会学研究，2019（6）：14-26，242.

一、人口学与社会学专业恢复初期的社会统计学（1974—2000 年）

社会统计学在社会学中的发展是随着人口学、社会学、社会工作专业的恢复和建立而开始发展起来的。人口学专业在 20 世纪 70 年代依靠老一辈人口学家、统计学家开始恢复，并送出了第一批学生出国学习先进方法。社会学专业在 20 世纪 80 年代恢复，通过引进海外讲师的方式让一部分学生了解到了统计方法，并有一部分学生出国留学，但是由于计算机及统计软件的普及度低，20 世纪 90 年代统计方法在社会学领域的使用还不普遍，国内外教师虽然加强合作，开展了一系列社会调查，但国内教师对于数据的分析还主要停留在初级的描述统计水平，对统计检验和统计建模的使用不多。

（一）人口学专业恢复与 20 世纪 80 年代的快速发展

20 世纪 70 年代初，人口过快增长给国家社会经济发展带来巨大的压力，实行有计划的人口增长势在必行，中国控制人口的实践迫切需要人口学的科学理论指导。1973 年冬，根据国家计划委员会、国务院科教组、国务院计划生育领导小组办公室的决定，刘铮同志毅然受命组建了新中国第一个人口研究机构——中国人民大学人口研究所（前北京经济学院人口研究室）。创始团队成员还包括查瑞传、邬沧萍、林富德等。这些人都具有一定的统计学背景，他们的人口研究实践很好地推动了具有鲜明量化特征和统计特征的人口学的发展。他们的人生经历和学术成果可以帮助我们了解社会统计学发展初期的状况及相关理论、知识的来源。

林富德（左）与查瑞传（中）、刘铮（右）在一起
注：拍摄者为沈铭。

刘铮，1930 年出生，1948 年 11 月进入华北大学学习，1950 年开始在中国人民大学任教，历任中国人民大学讲师、副教授、教授；在创建中国人民大学人口研究所之前为计划统计系工业统计教研室副主任，具有很好的统计学功底；20 世纪 70 年代末期创办了全国第一份关于人口学的《人口研究》杂志并担任主编，1981 年创建了全国第一个人口学系并兼任系主任，为中国人口学发展做出了巨大贡献；著有《人口理论问题》，并与邬沧萍等合编《人口统计学》，主编《人口学辞典》及《人口理论教程》。他在人口问题研究、人口学国际交流、人口统计和控制方面做出了重要贡献。我们可以看到刘铮的统计技术是在国内学习并在计划经济体制下的工业统计中积累起来的。

查瑞传，1925 年出生，曾就读于西南联合大学化学系，抗战后为清华大学化学系研究生，因俄语极佳成为苏联援华统计学家的翻译，并开始潜心于统计学，这为他在"文化大革命"后期参与共建中国人民大学人口研究所提供了基础。开展人口研究工作后，他首创了科学、完整的人口再生产指标体系，这一指标体系成为我国人口统计和计划生育统计的基本工具，在人口与计划生育工作中广泛使用；规范和统一了人口统计学的基本概念；在参与编著的《人口统计学》教材中引进了大量英文教材内容，为人口学学科的规范化建设做出了巨大贡献。

林富德，1925 年生于上海，1943 年考入西南联合大学，1946 年随校复员来京，1947 年以优异成绩毕业于清华大学经济学系。1947—1974 年，他先后在中央财经学院、中国人民大学、北京经济学院等学校主要从事数理经济和统计学的教学工作。参与组建中国人民大学人口研究所后，林富德负责讲授人口统计、计划生育统计、人口普查资料分析、人口分析原理、人口分析技术、人口普查、生育率分析等多门课程，获得了学生的高度认可并被评为中国人民大学优秀教师。他主编、参编或参译了大量人口相关教材与工具书，如《生与死的度量》、《中国农村人口与发展新格局》、《走向二十一世纪的中国人口、环境与发展》、《人口与计划生育统计概论》、《人口学辞典》（人口统计部分词条）、《中国大百科全书（社会学卷）》（生育率词条）等。[1] 他于 1987 年出版的《生与死的度量》用深入浅出、通俗易懂的语言，对生育和死亡统计的原理与方法做了系统介绍，被辽宁出版社列为人口知识丛书之一，受到了广大人口管理部门干部的欢迎。[2] 他还发表了《评总和生育率》《中国生育率转变的形势分析和预测》《中国生育率转变中的发展因素》《从计划生育到孩次可变型生育模式的建立》《婚龄变动对生育率的影响》《关于改进人口普查对象的设想》等论文。我们从中可以看到，林富德是中

---

① 刘金塘. 严谨治学、淡泊名利：访林富德教授 [J]. 中国人口科学，2002（2）：77-80.

② 段成荣. 勤耕不辍五十年：记人口学家林富德教授 [J]. 南方人口，1998（1）：61-63.

国人民大学将统计学方法应用于人口学教学和研究的重要人物，并且根据人口研究需要进行了部分创新。

　　人口学专业恢复后，数量有限的专业研究者开始积极从事人口学研究，介入计划生育政策的制定和论述，但是由于队伍、方法、数据、计算机技术等多方面的限制，相关研究还比较基础和粗糙。直到 1979 年联合国人口基金会启动对华援助后，情况才开始有所改变。联合国人口基金会的援助内容包括大量计算机以及人口数据收集与分析方案的培训。我国 20 多所高校及中国社会科学院由此成立了人口研究分支机构与培训中心，大批外国人口学专家来华讲学、开展培训，同时各高校和科研机构派出优秀毕业生和教师到国外著名大学和学术机构留学和培训（后文将专门介绍），从而加快了 20 世纪 80 年代我国人口学的发展。中国人民大学人口研究所在 80 年代初期邀请了国际人口科学联盟主席、美国人口学会会长、普林斯顿大学人口研究所所长等多位国际知名教授进行学术交流和授课。著名人口学家安斯雷·寇尔（Ansley Coale）在 20 世纪 80 年代初期及 90 年代两次来中国人民大学人口研究所授课，全国几十所人口机构的学者和学生参加了培训。1981 年 1—2 月，美国俄亥俄州立大学社会学教授、人口学家田心源在中国人民大学授课 17 讲，包括人口普查和社会调查资料应用。1986 年 9 月 22 日，美国人口普查局国际研究中心人口学专家阿瑞阿格（Eduardo E. Arriaga）到中国人民大学中国人口培训中心授课，讲解死亡分析技术及模型生命表。1988 年 6—7 月美国宾夕法尼亚大学人口软件专家麦克·斯特朗教授利用一周时间介绍了人口分析软件。[①]1988 年康奈尔大学社会学系主任鲍思顿（Poston）在中国人口培训中心授课两周，介绍社会调查研究方法。类似的其他方面培训还有很多。此外，受教育部委托，中国人民大学人口研究所于 1984 年 12 月 10—14 日主办了北京人口与发展国际学术讨论会，很多久负盛名的国际人口学家来到中国参会。在联合国和海外专家的支持下，我国的人口学在方法训练方面迅速与国际接轨。到 20 世纪 90 年代，中国人民大学人口学专业已经建立了完整的课程体系，很多老师和学生可以直接阅读和使用英文原版的人口及统计方法教材、计算机设备。

　　1982 年的第三次全国人口普查是我国第一次现代意义上的人口普查，由联合国给予直接指导和技术支持，完全采用联合国制定的一系列国际标准，使用电子信息处理系统。因此，1981 年初由教育部和联合国开发计划署合作在河北大学举办了专门的人口统计培训班，以便为开展普查工作做好相应的人才队伍准备。培训班由美国学者默顿斯教授夫妇主讲，多国专家参与，系统介绍了人口与社会研究方法。当时一起参加培训的学员后来不少成为国内统计领域的权威专家。卢汉

---

① 沈铭. 微机培训班在京开班 [J]. 人口学刊，1988（6）：9.

龙当时受上海社会科学院安排参加了这次培训。联合国支持的计算机设备和技术培训为中国统计和计算机的发展做出了巨大贡献。此前全国中型计算机屈指可数。联合国高度重视这次普查，资助了中国 21 台中型计算机，各省份依靠此次人口普查的计算机成立了省一级的计算中心。中国人民大学此前缺少计算机，可以说中国人民大学计算中心就是依靠管理联合国资助给人口研究所的计算机而发展起来的。

中国 1982 年人口普查国际讨论会

资料来源：联合国人口基金驻华代表处. 联合国人口基金和中国：为人口与发展合作的 40 年历程（1979—2019）［EB/OL］.（2019-10-22）［2024-11-14］. https://china.unfpa.org/sites/default/files/pub-pdf/cn_unfpa_and_china_40_years_of_cooperation_1_1.pdf.

　　除了 1982 年人口普查外，在联合国人口活动基金（1987 年更名为联合国人口基金）的支持下，我国还开展了 1985 年老龄化问题调查项目、1987 年百分之一人口抽样调查等，推动了老年学、人口健康等专业的发展。[①] 此后，我国政府也越来越重视数据在国家政策制定中的作用。1990 年第四次人口普查及此后的历次妇女生育状况抽样调查为人口研究提供了基础数据，人口学家围绕生育和计划生育开展了大量研究。1995 年之后，联合国人口基金将中国从重点援助国家转为一般援助国家。随着人口学专业队伍的发展，经济学、地理学、统计学、系统科学等学科对人口问题的关注有所弱化。在第五次人口普查数据分析、国家人口发展战略与计划生育政策调整研究过程中，人口学获得了相对独立和封闭的发展，研究内容也主要集中在人口方面，服务于中央及地方的人口政策制定。部分人口学教学研究机构开始与其他专业（包括社会学）合并发展，部分人口学家开

---

① 联合国人口基金驻华代表处. 联合国人口基金和中国：为人口与发展合作的 40 年历程（1979—2019）［EB/OL］.（2019-10-22）［2024-11-14］. https://china.unfpa.org/sites/default/files/pub-pdf/cn_unfpa_and_china_40_years_of_cooperation_1_1.pdf.

始转向其他社会科学领域，他们掌握的调查方法和数据处理技术为相关领域量化研究的发展提供了助力。

（二）20 世纪 80 年代社会学专业恢复与海外学者助力社会统计学发展

相对于人口学专业，社会学专业的恢复更晚一些，到 1980 年才开始。在中断多年后，老一辈社会学家中能够教授社会统计学的已经很少。有着统计背景的社会学家、人口学家陈达在 1975 年去世。范定九当时已经 80 多岁（1899 年生），他 1924 年毕业于南京金陵大学后赴美留学，获得芝加哥大学社会学博士学位，后来担任过金陵大学统计学专家等，著有《社会统计学》，20 世纪 80 年代社会学专业恢复后被上海社会科学院聘请担任特聘研究员，参编了《社会学简明词典》，在社会统计学推广方面着力有限。1918 年出生的袁方擅长调查研究方法，熟悉统计分析，但以前者为主，到 1988 年才编写出版《社会统计学》（中国统计出版社）。因此，除了从其他专业吸纳最优秀的学生加入社会学，依托社会学老教授进行培养外，从海外引进师资和课程、展开集中培训就成为见效最快的方式。

首先举办的是北京社会学讲习班，由中国社会科学院社会学研究所主办。中国社会科学院社会学研究所于 1980 年 1 月成立后，5 月 26 日便在北京主办了第一期社会学讲习班。计划招学员 40 人，实际加上旁听者最多时有近百人，包括夏学銮、贾春增、苏国勋、杨心恒、沈关宝、仇立平、李银河等。6 月 3—30 日期间，香港中文大学的李沛良、刘创楚教授讲授了社会调查、统计方法、社会学概论。据哈尔滨市社会科学院社会学研究所来参加学习的李德斌回忆，讲习班集中授课，每门课时间有限，故"每天都是上下午满堂灌"，甚至"有时晚间也安排来中国的学者讲学"，"课堂上以轰炸式灌输为主，而消化吸收则留待讲习班结束后，自己慢慢去咀嚼反刍"。① 从培训讲义来看，当时介绍的社会统计学相对基础，主要介绍了单变量及双变量的统计描述、抽样的基本原理、参数估计及假设检验的原理、统计控制与详析模型、多元线性回归。1981 年 5 月 25 日至 7 月 30 日，中国社会学研究会和中国社会科学院社会学研究所举办了第二期社会学讲习班。正式学员 51 人（大部分是第一期学员），加上旁听学员共 100 多人，来自香港的学者开设了抽样调查与资料分析、人口统计学等课程。

后续影响更大的是南开大学社会学专业班②。1980 年 12 月 27 日，教育部批

---

① 北大社会学系系史—阶段—再起（1979 至今）［EB/OL］.［2024-11-15］. http://www.shehui.pku.edu.cn/second/index.aspx?nodeid=19.

② 南开大学社会学专业班的情况参见：北大社会学系系史—阶段—再起（1979 至今）［EB/OL］.［2024-11-15］. http://www.shehui.pku.edu.cn/second/index.aspx?nodeid=19。

准南开大学建立社会学专业和举办社会学专业班。1981 年 2 月 23 日，由中国社会科学院社会学研究所和南开大学合办的南开大学社会学专业班开始授课。南开大学社会学专业班的学员（含旁听生）对今天中国社会学影响巨大。他们中主要或较多从事过定量研究的包括范伟达、丘海雄、蔡禾、周雪光、郭申阳、边燕杰、王勋、江山河、白红光、阮丹青。培训期间，1981 年 5 月 18 日到 6 月中下旬、1981 年 9 月及 1983 年 11 月，美国纽约州立大学奥本尼分校林南教授讲授社会学方法；1981 年 12 月 2—18 日，美国华盛顿天主教大学李哲夫等讲授社会统计学。[①]1982 年初，14 名学员又考取了南开大学社会学系的研究生班继续深造。这些接受培训的毕业生迅速成为推动社会统计学传播和社会学发展的力量。例如白红光很快就给南开大学社会学研究生班 1984 级学生讲授社会统计学，这一级的学生包括胡荣、刘林平、刘祖云、罗教讲、万向东、王奋宇、张文宏等主要或较多从事定量研究。1985 年南开大学社会学系举办了社会学调查方法培训班，费孝通出席开班典礼并做了题为《谈社会调查》的报告。

除南开大学社会学专业班外，从 1979 年到 80 年代中后期，中国社会学会、中国社会科学院、中山大学等多家机构举办过社会学培训班，邀请海外专家开展集中培训或讲座。1981 年中山大学社会学系建立，1983 年组织了暑期学习班，南开大学社会学系的研究生边燕杰、周华就参加了。1984 年中山大学开始招收社会学研究生，邀请了美国和中国香港的老师来讲授当时的课程（其中包括社会统计学课程），如杨庆堃、李沛良、刘兆佳、刘创楚、张德胜、梁祖彬等。1983 年上海交通大学举办了社会科学统计课程暑期培训班，介绍了调查统计的数学原理和分析技术，包括 SPSS 软件使用。1984 年美国统计学家布莱洛克（Hubert M. Blalock）来访，卢淑华、卢汉龙等社会学教师都受到了一定影响。上海社会科学院社会学研究所安排卢汉龙负责接待。回国后，布莱洛克给卢汉龙寄来他所在的美国华盛顿大学研究生院的介绍信息和就读申请表，又寄来两大包社会学和统计学方面的理论书籍，大部分是布莱洛克教授自己用过的教本，书上还有他的签名和不少批注。这些书籍使卢汉龙对当代社会学的基本知识和调查数理统计的方法运用有了更进一步的认识。[②]类似的培训班还有很多，这里无法一一列举。这些培训班提高了国内社会学教师的统计分析实务能力。到 1987 年，中国人民大学社会学本科专业开设了微积分、线性代数、概率论与数理统计、数据处理概论、统计原理、SPSS 软件、社会调查数据分析方法与技术等统计相关课程。中

---

① 李哲夫，杨心恒. 社会调查与统计分析 [M]. 北京：人民出版社，1989.

② 卢汉龙. 无愧初心治"群学"[M]// 上海社会科学院社会学所课题组. 初心不惑：社会学所 40 年. 上海：上海社会科学院出版社，2020.

国人民大学 1990 年的社会学研究生课程中也包括 SPSS 软件、SAS 软件的应用方法讲解。

　　除了方法培训外，海外学者与国内社会学机构和学者合作开展社会调查对调查研究方法和统计学在社会学领域的推广有较大促进作用。1987 年、1989 年、1991 年，林南在国内合作开展社会调查，涉及上海、北京、天津、厦门、深圳等城市，为国内社会学单位和教师开展社会调查实践提供了机会。南开大学社会学专业班毕业的阮丹青到美国深造，1985 年协助布劳（Peter Blau）在天津开展社会网络调查，1991 年她又与在天津社会科学院社会学研究所工作的张文宏合作开展社会研究。张文宏从头到尾参与和完成了问卷设计、抽样、入户调查、问卷回访、问卷数据录入和核查等工作，并因此两次到加利福尼亚大学尔湾分校交流。此后，张文宏还利用相关调查数据在《社会学研究》上发表了《试析当代社会网研究的若干进展》（以笔名发表）、《天津农村居民的社会网》等文章。周雪光 1983 年到纽约州立大学奥本尼分校交流，1984 年到斯坦福大学读博深造，1991 年博士毕业后到康奈尔大学工作，教授统计方法课。1991 年，他抓住中国市场化转型研究热潮，获得了美国国家科学基金的资助，在中国进行了问卷调查，后来基于数据发表了一系列定量论文，最终汇集成《国家与生活机遇》一书。1993 年，中国人民大学社会调查中心与美国衣阿华大学合作开展了"社会变迁与社会意识"全国抽样调查。其他学科也开始在国内开展调查研究，并为社会科学研究提供支持。1988 年，英国经济学家基斯·格里芬（Keith Griffin）和曾在牛津大学访问的中国社会科学院经济研究所的赵人伟在国家社科基金等的资助下，实施了"中国家庭收入项目"（Chinese Household Income Project，CHIP）调查，调查了两万户家庭，为收入分配方面的研究提供了数据支持。这一数据也成为社会学研究的重要资源。[①]1989 年，中国疾病预防控制中心营养与食品安全所（原中国预防医学科学院营养与食品卫生研究所）与美国北卡罗来纳大学人口中心合作的"中国健康与营养调查"（China Health and Nutrition Survey，CHNS）开始实施。

（三）本土非社会学专业学者对社会统计学的帮助

　　统计学等其他专业的教师对社会学专业恢复初期统计学的普及推广起到了重要作用。这些教师既包括在南开大学社会学专业班上授课的天津财经大学统计学系的刘儒，介绍如何用统计方法分析社会现象的中国人民大学计划统计系的戴世

---

① CHIP 故事 | 30 年前 CHIP 项目是如何产生的？［OL］. 北京师范大学中国收入分配研究院（微信公众号），2018-10-22. https://mp.weixin.qq.com/s/iyePO4XBMSrewSq-ii2xfw.

光，也包括从其他专业转入社会学担任教师的，如卢淑华、史希来等。其中从理工科转入北京大学社会学系的卢淑华是支持社会统计学发展的杰出代表。

卢淑华（1936—）从小喜欢数学，1953 年考入南京大学物理学系，1955 年赴莫斯科大学留学，1960 年进入北京大学无线电电子学系任教。"文化大革命"期间她受到冲击，之后平反并参加国家重点项目研究。为了换一个工作环境，1978 年她调到北京师范大学现代化教育技术研究所工作。恰好当时联合国教科文组织在北京师范大学培训计算机辅助教学（CAI），卢淑华参与其中并获得 1981 年到美国访问交流的机会。她先在波士顿数字设备公司交流，后到俄亥俄大学访学。在俄亥俄大学交流期间，唐寅北教授为她选择了心理系的程序教学课本《统计学》。在此期间，她结识了该系研究认知心理学统计模型的克莱尔（Geeqe R. Klare）教授，拓展了眼界，认识到理科所熟悉的概率统计在人文社科领域的用途。

回国后，卢淑华在北京师范大学开设了以往主要由数学系开设的概率统计课并积极探索统计学在社会科学中的应用。她主动参与了全国妇联开展的北京市婚姻调查，自己编写统计程序，协助完成了数据分析报告和相关文章，并利用相关、回归、列联表、统计检验等方法写了一篇文章交给全国妇联，但文章因为领导看不懂而没有收入调查报告，最终以《婚姻道德观的统计分析结果》为题在《社会学通讯》发表（《社会学研究》的前身，1983 年第 4 期）。1984 年卢淑华了解到北京大学有了社会学系，但是统计学方面还没人开课，基于对统计应用的兴趣和对北京大学的感情，向社会学系主任袁方毛遂自荐到北京大学社会学系开设社会统计学课程，并于 1984 年秋季给 1983 级研究生开设社会统计学课程，其授课讲解清晰、概念严谨，获得了学生们的好评。此后，卢淑华越来越多地介入社会学系的教学和科研工作，包括曾作为社会学系的成员参加 1984 年布莱洛克教授来华系列讲座，1985 年 8 月作为中国社会学代表团成员（团长为袁方）参加美国第 80 届社会学年会，并于会后访问美国多所大学。1986 年卢淑华彻底告别原学科，正式调入北京大学社会学系，开设社会统计学课程。卢淑华调入社会学系后，继续积极运用统计知识为社会研究服务，在教学上积极使用社会学专业术语和例子，融合社会学和统计学知识，兼具文理特征。在卢淑华的加盟下，北京大学社会学系同时开设有社会统计学、社会调查方法、统计软件包应用等方法类课程，被当时学界称作"方法派"。她编著的社会统计学教材在社会学界有着广泛的影响。《中国大百科全书（社会学卷）》"社会学方法"部分也主要由北京大学社会学系教师负责。

戴世光是我国著名的统计学家、人口学家、社会调查研究方法专家。1938 年清华大学国情普查研究所（以下简称"国情普查研究所"）在云南昆明成立，清华大学社会学系主任陈达出任所长，戴世光负责统计部工作，主持实施了呈贡普查、环昆明湖县区人口普查等统计工作。1952 年他从清华大学调入中央财

卢淑华与自己编著的几本教材

资料来源：卢淑华.我和我的祖国 | 卢淑华：我的社会学之路 [EB/OL]. (2021-03-18)[2025-02-08].
https://news.pku.edu.cn/xwzh/6d1f5faa7c474e4b9850e2a0b1cb9970.htm.

经学院，1953 年转入中国人民大学统计学系。1957 年他就参加过两次关于恢复社会学的活动。南开大学社会学专业班期间，他被邀请做了"统计学与调查研究"的专题讲座。1983 年他作为中国人民大学社会学系代表参加了我国社会学"六五"规划会议。此次会议确定了三项"六五"期间社会学学科重点研究项目，其中中国人口问题研究包括我国生育率降低趋势与问题的议题由戴世光、袁方和张乐群等负责学术指导。1982 年，他回到昆明亲自指导人口普查工作，对比分析 20 世纪 40 年代与 20 世纪 80 年代昆明的人口、经济、社会变化，并于 1989 年出版《1942—1982 年昆明环湖县区人口的变动与发展：一个城乡社区的人口学研究》一书。"该著作的出版，在国内外人口学界引起了广泛的关注，被认为是研究中国现代城乡社区的珍贵文献"[①]。

另外还有很多老一辈教师为早期社会统计学的发展做出了努力。例如，史希来在中国人民大学社会学系教授社会学方法。他特别重视类别数据的分析，后来基于授课内容编著出版了《属性数据分析引论》。李哲夫和杨心恒 1989 年出版了教材《社会调查与统计分析》，同样产生了一定影响。

尽管与年龄较长且具有统计专长的学者起点不同，高考恢复后从其他专业毕业然后在社会学专业恢复早期加入社会学研究机构的青年教师也以自己的方式为定量研究和社会统计学的推广做出了重要贡献。曾在中国人民大学社会学系任职的李强，是 1978 级中国人民大学国际政治系学生，硕士毕业后留校。他英语基础好，读书期间自学了很多社会学知识，自荐到郑杭生创建的社会学研究所工作，开始讲授社会学，包括定量和定性的研究。1990 年他在中英友好奖学金支

① 袁卫. 从"人口革命"到重构统计教育体系：戴世光教授的学术贡献. 中国人民大学学报，2012，26（1）：146-152.

持下到英国布里斯托大学访问一年多，学习了社会调查研究方法，回国后组建了中国人民大学社会调查中心，组织社会调查。他一直将社会分层作为社会学命脉型的领域和自己的主干研究领域，从硕士毕业论文开始就围绕社会分层展开研究。其社会分层研究尽管很少使用模型但仍然具有鲜明的量化研究特征，特别是对社会分层的测量与分析。中国人民大学的李路路，本科和研究生都是哲学专业的，但对社会学有浓厚兴趣，加入中国人民大学社会学系之后，参与组织了一系列社会调查，并组建发展了中国人民大学中国调查与数据中心。他推动在国内承办召开了国际社会学协会第 28 届社会分层与流动研究委员会（RC28）国际分层与流动会议，推动了社会分层与不平等的研究。近年来，他和学生合作使用统计模型发表了一系列社会分层领域的重要论文，极大地推动了统计数据和统计方法在社会学领域的应用。

（四）海归学者积极推动人口统计学及 20 世纪 90 年代社会统计学发展

20 世纪 80 年代后期和 90 年代，社会统计学发展缓慢。20 世纪 80 年代集中培养的师资大部分留在了国内开展科研和教学工作，部分出国留学。得益于林南等美国教授的牵线与支持，南开大学社会学专业班的周雪光、边燕杰、阮丹青、郭申阳等陆续留学美国。在岭南基金会的支持下，中山大学也送出去一批青年教师（丘海雄、周敏、郝令昕、陈皆民、陈社英等）出国攻读学位。他们多数留在了美国，等获得稳定发展并回馈祖国时大多已经到了 2000 年、2010 年之后。留在国内的学者这一时期开展了大量社会调查和数据收集工作，但由于计算机普及率低，统计实操能力弱，主要做一些汇总描述，研究中使用假设检验、统计推断、模型估计的很少。另外，这一时期社会学研究和教学机构少，高校本科生和研究生扩招都还没有开始，招生规模小，新增师资及研究生力量有限。到 1999 年，全国总共只有 7 个社会学教学和研究单位获得博士点资格：北京大学（1985 年）、中国社会科学院（1985 年）、中国人民大学（1993 年）、南京大学（1996 年）、南开大学（1997年）、中山大学（1999 年）、上海大学（1999 年）。

这一时期，短期培训仍是国内社会学研究方法师资队伍建设的重要方式。学界在北京大学、中国社会科学院和南京大学先后于 1995 年、1997 年、1999 年组织了三期社会学研究方法高级培训班，吸引了不少社会学研究方法的教学和科研人员参加。1996 年，上海社会科学院社会科学进修学院与社会学研究所举办了社会学课题设计与操作研究班，邀请了美国和我国台湾地区的一流学者来授课，吸引了 24 个省市社会科学院社会学研究所和大学社会学系的研究人员参加，对规范和全面提高社会学界乃至整个社会科学学界的课题研究设计和技术路线的质

量产生了深远影响。1998 年，尚在吉林大学任教的刘少杰邀请边燕杰教授几次到吉林大学开设社会学研究方法讲座，对吉林大学的学生和教师掌握量化方法起到了助力作用。[①]

**上海社会科学院社会学研究所举办社会学课题设计与操作研究班
合影（1996 年）**

资料来源：卢汉龙. 无愧初心治"群学"［EB/OL］. 思海社会学（公众号），2020-06-19.

日渐增加的短期出国交流、进修、博士后研究工作对社会学、人口学统计方法师资队伍成长有一定作用。1987 年上海社会科学院的卢汉龙得到纽约州立大学奥本尼分校的资助，进行了 9 个月的访学交流，交流主旨是社会结构变迁和生活质量研究，他旁听了社会统计在内的社会学课程。1991—1992 年间，卢汉龙又到林南教授新任所长的杜克大学亚太研究所客座访问和合作研究。这些交流和合作为社会质量和社会指标的调查研究后来成为上海社会科学院社会学研究所的品牌奠定了基础。1992 年，在中国人民大学社会学系任职的李强在美国密歇根大学进修社会调查研究方法，获调查方法证书。1992 年 9 月—1994 年 2 月中国人民大学人口研究所的郭志刚在美国布朗大学完成博士后研究，进一步提升了统计和人口研究能力。1995 年中国人民大学人口研究所的杜鹏到澳大利亚弗林德斯大学老龄研究中心做访问学者，次年在美国杜克大学人口研究中心做博士后研究，后来其为郭志刚主编的《社会统计分析方法——SPSS 软件应用》写作了对

① 周晓虹. 重建中国社会学：40 位社会学家口述实录（1979—2019）：上 [M]. 北京：商务印书馆，2021：454.

应分析方法一章。

　　这一时期在联合国人口基金大力支持[①]下 20 世纪 80 年代出国学习先进统计技术且迅速回国的人口学学者对社会统计学的传播和发展发挥了重要作用。相关学者包括顾宝昌、翟振武、郝虹生、郭志刚、曲海波等，郭志刚是其中杰出代表。[②] 他们不仅在国外接受了系统的研究生教育，学习了先进的现代统计学方法和人口学方法，使用操作过先进计算机，获得了相应学位，回国后还能依托联合国捐赠的计算机及软件对国内人口普查及专题调查数据展开实际分析，服务于国内的计划生育和人口发展研究事业。他们很快编著出版了相关教材，推广相关方法。这些教材系统、通俗、实用，对统计学在中国人口学、社会学领域的推广应用产生了重要影响。

1984 年美国人口学会年会中国留学生与著名人口学学者涂肇庆等合照

　　郭志刚 1954 年出生，受"文化大革命"影响，15 岁开始在北京市西城区街道工厂半导体设备二厂做学徒工，1974—1975 年因备战备荒被派去挖防空洞，1976 年 11 月被平调进工作队到延庆大路村重振集体生产。1978 年恢复高考后，他考上了中国人民大学的工业经济系，大学期间系统学习了概率论、线性代数课程。1981 年他作为成绩最好的学生之一，被推荐参加联合国资助中国青年学生赴海外学习人口学的考试。通过选拔考试之后，大四学年他在四川大学完成了出

① 易富贤. 联合国人口基金与中国的计划生育 [J]. 社会科学论坛，2018（4）：182-199.
② 郝虹生、翟振武两位人口学学者早于郭志刚等半年出国。郝虹生先去了美国普林斯顿大学，后在密歇根大学取得了硕士学位；翟振武到美国宾夕法尼亚大学学习，也取得了硕士学位。

国前的英语和人口学的基础知识集训。由于在此期间认识到中文统计学概念与英文单词对应的重要性，他后来编著和翻译的研究方法类书籍都会附上专业词汇表及对应的英文。1985 年，郭志刚获得了加拿大西安大略大学（现名韦仕敦大学）的社会学硕士学位，系统学习了西方人口理论和方法。在托马斯·K. 伯奇（Thomas K. Burch）的指导下，其硕士论文讨论了中国家庭户规模、立户率的变化趋势，并使用学校主机上的 SPSS 软件完成了基于省级数据的回归分析。

完成学业后，郭志刚迅速回国，在中国人民大学人口研究所任职。回国时，他和郝虹生等用部分奖学金换回了一台 8086 计算机，但没用多久就坏了。幸运的是，联合国捐赠的多台 286 电脑及统计软件 cstat（指 C 语言中的 stat 函数）很快抵达。中国人民大学人口研究所所长刘铮要求回国的青年教师给学生上课，并支持他们编撰新教材，同时指导他们攻读博士学位。郭志刚给学生介绍在美国学到的新方法，包括自己的硕士论文和如何从人口学角度来研究家庭。1989 年郭志刚与郝虹生、杜亚军、曲海波编写出版了《社会调查研究的量化方法》。这本教材对定量研究方法把握全面，清晰而系统地介绍了社会研究方法、抽样理论、测量、单变量分析、双变量分析、多元回归的基本原理，出版后深受欢迎，甚至被台湾学者大篇幅借鉴。由于这本书主要是对量化研究的入门介绍，缺乏适合研究生教学的高级统计部分，郭志刚很快就有了编著第二本书的计划。他一方面在课堂上给学生介绍新方法，另一方面从 1994 年开始准备日后发行量较大的第二本教材《社会统计分析方法——SPSS 软件应用》的素材。

郭志刚编著和主编的两本教材

《社会统计分析方法——SPSS 软件应用》邀请了王济川、梁在、郭申阳、杜

鹏等人口学者参加。王济川负责结构方程模型与 LISERL 软件介绍。王济川是郭志刚等在四川大学出国集训时团委负责学生管理的青年教师，1986 年申请出国留学康奈尔大学，先后获得社会学硕士学位和博士学位，1989 年进入密歇根大学人口研究中心从事博士后工作，1991 年获得怀特州立大学研究岗位进而从事教职，主要教授统计方法课程。2001 年他和郭志刚一起在国外授课资料的基础上翻译编著了《Logistic 回归模型——方法与应用》。梁在负责事件史分析部分。他 1979—1983 年就读于吉林大学数学系，1986 年赴美国芝加哥大学学习社会学，1992 年取得社会学博士学位，与郭志刚差不多同时在美国布朗大学进行博士后研究。郭申阳在教材中贡献了一章，介绍如何使用 SPSS 处理事件史数据。郭志刚在美国社会学年会上听郭申阳讲演，认为对国内学生学习相关数据处理非常有价值，便邀请收纳进来。

《社会统计分析方法——SPSS 软件应用》1998 年交稿，次年出版，销量在中国人民大学出版社统计方法类书籍中排在前列，此后多次重印再版，很多学生因为这本教材而知道郭志刚教授。这本教材不同于软件应用手册，以清晰的语言介绍了相关方法的原理、使用条件、SPSS 操作步骤与结果解读，相对容易理解，也便于上手操作。实际上，差不多在同一时期（分别在 1992 年、1995 年、1998 年、2000 年）北京大学社会学系的高级工程师阮桂海等也曾编著出版了 SPSS 应用教程。但这些教程更接近计算机教材，对统计原理的介绍较少，与人口学、社会学的结合也相对较少。郭志刚教授这本教材的流行既与当时计算机普及及统计方法流行，SPSS 成为很多高校社会科学介绍初级统计方法首选，教师和学生上手比较容易，既能完成初级统计也可以估计复杂统计模型有关，也和当时学生们阅读、查找、购买英文书籍与资料不方便，SPSS 相关网络论坛和电子资料较少有一定关系。这本教材至今仍在不断更新和重印，市场需求较大。这与不少院校教师当年读书时学习使用 SPSS，然后持续使用 SPSS 教授年轻一代学生有一定关系。

由于计算机条件等限制，20 世纪 90 年代社会学领域的统计应用仍然相对有限。吴晓刚、吴愈晓等在回忆 20 世纪 90 年代北京大学社会学系的研究生统计课程时都表示，那个时候多元回归分析都很少见到，学生无法掌握，老师在问卷调查后主要是对数据进行一些简单的百分比结构分析。

（五）社会学量化研究：从描述统计到回归建模

社会学专业恢复初期，国内社会学家展开了一系列社会调查，与此同时也与海外社会学家合作展开了不少社会调查。例如自 20 世纪 90 年代起，上海社会科学院社会学研究所与纽约州立大学的林南、明尼苏达大学的边燕杰、耶鲁大学

的戴慧思（Deborah Davis）、布朗大学的约翰·罗根（John Logan）（原来任教于纽约州立大学）、康奈尔大学的倪志伟（Victor Nee）、英国伦敦经济学院的常向群、曼彻斯特大学的李姚军、德国汉堡应用科技大学的莫妮卡（B.W. Monika）等分别建立了学术合作关系，在单位制、社区、就业、住房、企业和市场转型、社会保障、知识管理等多个方面，取得了一些高质量的合作研究成果。

但多数国内研究只注重收集那些主要反映"面上情况"的一般信息，而忽视了对特定个案和特殊群体等"点"的内容结构的深入研究。"只注重运用其抽样法和问卷法而忽视了与之配套的统计分析和理论解释"①；"这些调查厚于资料收集而薄于理论概括，就其总体来说属于经验层次"②。当时一些被认为较科学的研究主要是这种"描述性"研究，它们基本上都属于"了解状况"的类型，只不过与传统社会调查方法采用开座谈会、典型调查、个案访问等方法所不同的是，它们是采用发问卷、抽取样本、统计百分比等来进行的。这一时期较有影响的研究有"全国五城市家庭调查"（1983 年）③、"天津千户居民调查"（1983—1993 年）、"中国青年职工状况调查"（1983 年，样本规模达 12 000 份）、"中国青年农民状况调查"（1983 年，样本规模达到 25 000 份）等。部分研究在研究方法上具有一定开拓意义，比如林南、卢汉龙、潘允康、卢淑华等运用抽样问卷调查方法对上海、天津、北京等地市民生活质量的研究，阮丹青、周路、布劳等运用社会网方法对天津居民社会网的研究，朱庆芳、王永平等对社会发展指标及小康社会指标的研究等。④

这一时期开始有学者尝试基于调查数据进行统计建模和假设检验。吴晓刚出国留学时，萨列尼（Szelényi）教授就建议吴晓刚关注当时的青年华人学者谢宇1996年在《美国社会学期刊》（AJS）上发表的一篇关于中国的文章⑤，使用对数可积层面模型估计了控制流动模式后不同队列的代际流动系数。边燕杰、周雪光等改革开放后第一批出国留学的社会学学者开始有定量研究的论文在美国最好的社会学期刊上发表。这些论文后来被翻译收入 2002 年边燕杰主编的《市场转型与社会分层——美国社会学者分析中国》，成为下一阶段国内社会学定量研究

---

① 林彬. 社会学方法的研究与应用概述 [M] // 中国社会科学院社会学研究所. 中国社会学年鉴（1989—1993）. 北京：中国大百科全书出版社，1994：24-30.

② 阎鹏，社会学在中国：过去、现在和未来 [J]. 社会学研究，1990（6）：12-22.

③ 李东山，沈崇麟. 中国城市家庭：五城市家庭调查双变量和三变量资料汇编 [M]. 北京：社会科学文献出版社，1991.

④ 同①.

⑤ 吴晓刚. 前世燕缘 [EB/OL]. 北大社会学（微信公众号），2022-04-18. https://mp.weixin.qq.com/s/DwUUnu1K23iH5SwJMjZX2g.

的学习模板。在国内，1989 年北京大学社会学研究所的李银河通过征婚广告信息对当代中国人的择偶标准做了基本的描述，并分析了影响人们择偶行为的各种主要因素及其影响程度。文章除了使用卡方检验外，还参考约翰·福克斯（John Fox）的教材使用 SPSS 软件进行了对数线性回归分析。而且在《答周军同志》一文中，李银河指出原文的重要目的之一就是向同行介绍这种在国外已广泛使用但国内尚未推广、适用于分析定量变量和定序变量关系的对数线性回归分析方法。1995 年中国社会科学院社会学研究所的陈婴婴出版了《职业结构与流动》，1997 年李春玲出版了《中国城镇社会流动》，2000 年许欣欣出版了《当代中国社会结构变迁与流动》，这些著作都用到了一些调查数据分析，在许欣欣的著作中同时使用了布劳-邓肯的地位获得回归模型和对数线性模型。

二、社会学拓展阶段的社会统计学（2000—2010 年）

随着我国对外开放进入新阶段，2000 年之后国际学术交流的环境更加宽松，高校社会学院系组织快速发展，免费公开的社会调查数据的出现以及个人计算机快速普及推动了社会统计学的推广。

浙江大学社会学系的前身之一杭州大学哲学社会学系 1997 年开设社会学专业本科，1998 年获得社会学专业硕士学位授予权。四校合并组建新浙江大学后，1999 年 9 月浙江大学正式成立社会学系。2000 年，清华大学社会学系正式复建，邀请了多位海外教授回国授课并在此后出版了相关教材；厦门大学正式设立社会学系。2001 年，南京大学社会学专业被江苏省人民政府确立为"江苏省重点学科"。2002 年，北京大学社会学系为庆祝恢复 20 周年，邀请密歇根大学社会学系的谢宇教授到北京大学做了一系列讲座，讲座内容在 4 年后整理形成了《社会学方法与定量研究》一书。2003 年，中国人民大学社会学系与人口学系（所）合并组成社会与人口学院，开始开展中国综合社会调查（CGSS）；哈尔滨工程大学社会学学科建立。2003 年，河海大学获得社会学二级学科硕士学位授予权，2004 年 3 月河海大学社会学系正式挂牌成立。其他社会学院系设立不一一列举。2000 年和 2003 年上海大学、中山大学、清华大学、吉林大学、华中师范大学、武汉大学等获得社会学博士学位点资格，社会学的教学科研单位社群规模得到快速拓展。社会工作系所等教学科研单位也快速成立。这一阶段，重庆大学出版社开始组织翻译大量社会科学研究方法著作，为国内学者了解社会学研究方法特别是量化方法提供了参考。[①]

---

① 赵联飞. 中国社会学研究方法 70 年 [J]. 社会学研究，2019（6）：14-26，242.

（一）社会统计学师资成长与课程完善

1. 本土社会统计学师资的成长

进入 21 世纪以来，社会统计学领域涌现出一批具备较高统计学水平的本土教师，他们通常兼具理工科背景与社会学知识基础，大多数具有海外交流访学经历，掌握了国际流行的社会统计学方法，使得社会统计学的课程体系和相关教材得到了改善。

北京大学社会学系的统计方法课程在这一时期得到了改善和发展。2000 年，郭志刚从中国人民大学人口研究所调入北京大学社会学系任教，2001 年开始接替卢淑华为研究生讲授"高级社会统计学"课程，并于 2005 年开设"高级社会统计专题"课程，介绍 Stata 软件等新的方法和工具。周飞舟、刘爱玉则承担起本科阶段的"社会统计学"和"SPSS 软件应用"课程。博士毕业于北京大学人口研究所的李建新于 1997 年开始在日本东京都立大学从事博士后研究工作，随后于 1999 年进入北京大学工作，2005 年开始给本科生教授"人口统计学"课程，为研究生开设"定量数据分析：实践与应用"课程。本科就读于杭州大学数学系、博士毕业于中国人民大学人口研究所的周皓，于 2001 年开始在北京大学进行博士后研究，2006 年进入北京大学社会学系任教，从 2007 年、2008 年开始教授"高级社会统计学"及"抽样调查：方法论与方法"两门课程。

这一阶段，中国人民大学社会与人口学院掌握社会统计方法的教师更多。以郝大海、刘精明、洪大用、陆益龙等为代表的本土教师队伍快速发展。他们大多都掌握社会统计软件方法，可以开展量化研究，进行社会研究方法和统计方法的教学。如郝大海 1978 年考入国防科学技术大学物理学专业，毕业后在核工业九院（核工业部第九研究院，即现在的中国工程物理研究院）和辽宁大学物理系工作，1992 年通过研究生入学考试进入中国人民大学社会学系，1995 年留校任教，1996 年开始师从李强攻读博士学位。研究生期间，他就曾参与周雪光、特雷曼（Treiman）等和中国人民大学合作的社会调查，此后参与了早期 CGSS 项目的设计与执行，在边燕杰支持下到香港科技大学交流，同梁玉成、李煜、张文宏等共同编码和处理 CGSS 数据，接触和了解了大量社会研究方法与社会统计学知识。博士毕业后，郝大海开始接手本科"社会研究方法""社会统计学""社会分层与流动"课程，并为研究生开设"研究设计"课程。2007 年，其主讲的课程"社会研究方法"被评为中国人民大学本科精品课程，主编的教材《社会调查研究方法》被评为北京市高等教育精品教材。[①] 这一时期入职的青年教师如王卫东、谢桂华等都已掌握社会统计学方法，并承担起相应的教学任务。在人口学方

---

① 郝大海教授退休后仍然翻译出版了两本社会研究方法和统计方面的经典教材。

向，1995 年硕士毕业留校、2002 年获得人口学博士学位的宋健开设"人口统计学""社会数据分析""调查设计与抽样"等课程；2003 年中国人民大学统计学博士毕业的杜本峰为本科生开设"统计学"课程，为研究生开设"数量模型与经济预测"课程。

清华大学社会学系复建后，吸纳了国内兄弟院校许多优秀的青年教师与博士。孙凤 1999 年从中国人民大学统计学系博士毕业，在南开大学经济研究所做了两年博士后，2001 年调入清华大学社会学系，为研究生开设"社会统计学"课程，2006 年开始又分别为研究生和本科生开设"社会统计学（高级）"及"社会科学定量分析"等课程。刘精明 1993 年从中国人民大学社会学系硕士毕业后留校工作，2003 年获博士学位，2008 年调入清华大学，从 2009 年开始为研究生开设"动态数据分析方法及其应用"课程。

中国社会科学院社会学研究所也自主培养了一批懂社会统计的研究人员。李春玲 1987 年从北京大学历史系硕士毕业后进入中国社会科学院社会学研究所工作并在此深造，1998 年获得博士学位，较早开始从事社会分层的定量研究并通过不断学习掌握了使用回归模型开展社会分层、流动、教育不平等研究的方法，发表了一系列论文。李炜 1999 年从中国社会科学院社会学研究所博士毕业，主要研究领域涉及社会阶层、社会调查方法，并从 2005 年开始担任中国社会科学院重大项目"中国社会状况综合调查"（CSS）首席执行人，他通过自学、参加暑期培训班等方式较好地掌握了统计分析方法，为调查方案和问卷设计奠定了良好的基础。2001 年社会学研究所培养的博士赵延东开始就职于中国科学技术发展战略研究院科技与经济社会发展研究所，一方面通过社会调查方式关注风险社会和科技发展的相关问题，另一方面使用社会统计方法在社会资本与社会网络、社会分层与流动方面发表了一系列的论文。此外，博士毕业于北京大学人口研究所、2006 年开始就职于中国社会科学院人口与劳动经济研究所的王广州在人口分析与预测技术、统计分析方法、抽样技术等方面也开始崭露头角。

其他国内高校也陆续出现了一批开展社会统计教学与量化研究的本土教师。例如，中山大学的刘林平、万向东，武汉大学的罗教讲等。他们在各自院校开设过"社会统计学"或相关课程，极大地提升了高校社会学师生的社会统计与分析能力。

2. 海外归国师资的壮大

社会统计学教师队伍的发展与海外归国人才的增加密切相关。进入 21 世纪，统计软件可及性大大提高，学成归国的社会统计人才也快速增加。

在北京大学，数学科学学院、光华管理学院、人口研究所、中国经济研究中心、政府管理学院等院系和科研单位在应用统计方面的师资和课程快速提升和改善，为北京大学社会学教师和学生学习与使用社会统计方法提供了较大的便

利。例如，高惠璇、李东风等在北京大学数学科学学院，曾毅、沈艳等在北京大学中国经济研究中心，王汉生等在北京大学光华管理学院，乔晓春等在北京大学人口研究所，严洁等在北京大学政府管理学院，均开设了应用统计及软件相关课程。在中国人民大学，社会统计学课程在海外归国教师支持下进一步丰富。2004年获得澳大利亚国立大学博士学位的陈卫回到社会与人口学院，教授"调查数据分析与 SPSS 应用"；2005 年杨菊华从布朗大学社会学系毕业后加入中国人民大学，使用量化方法发表了一系列论文，并在 2008 年出版了《社会统计分析与数据处理技术——STATA 软件的应用》。南开大学人口学博士毕业后在国外从事过一段时间博士后研究工作的宋月萍 2008 年入职社会与人口学院，并给学生讲授"Stata 软件应用""卫生计量分析"等课程。

很多高校在这一时期亦有类似的人才引进，推动了社会统计方法的应用和发展。

（1）我国香港为内地培养和输送的人才。

在香港科技大学，以边燕杰、吴晓刚等为主的社会科学部定量实证研究团队不仅和中国人民大学李路路教授团队合作创立了 CGSS[①]，与中国人民大学李路路教授和中山大学蔡禾教授共同出版了《社会调查实践：中国经验及分析》等专著，更培养了一批懂统计、懂方法的人才回内地任教，如张文宏、李煜、孙秀林、梁玉成、张展新、吴愈晓（博士后）等。李煜为华中科技大学社会学 1988 级毕业生，后进入上海社会科学院社会学所工作；2006—2007 年期间在香港科技大学社会学专业深造，攻读博士学位，毕业后主要聚焦社会分层与流动、教育公平研究；2016 年进入复旦大学任教，教授研究方法相关课程。梁玉成 1998 年硕士毕业于中山大学社会学专业，留校担任助理教授，2003 年前往香港科技大学攻读社会学博士学位，2007 年毕业后回到中山大学继续任教，主要关注社会分层与社会不平等、中国社会转型研究与社会学量化研究方法，推动了中山大学社会调查研究及方法课程的发展。孙秀林 2003 年从北京大学社会学系硕士毕业后，前往香港科技大学继续攻读社会学博士学位，2007 年博士毕业后在香港科技大学从事两年博士后研究工作，后成为上海大学社会学院教师，研究领域涉及城市社会学、空间社会学、大数据分析等，所运用研究方法广泛。他和吴晓刚等合作的培训班及都市调查，推动了社会统计方法的普及与应用。此外，现为南开大学社会学教授的张文宏[②]、南京大学社会学教授的吴愈晓也都在香港科技大学社会科

① 周晓虹. 重建中国社会学：40 位社会学家口述实录（1979—2019）[M]. 北京：商务印书馆，2021.

② 边燕杰，张文宏. 经济体制、社会网络与职业流动 [J]. 中国社会科学，2001（2）：77-89，206.

学部跟随边燕杰等从事过博士后研究。除输送优秀博士和博士后人才外，香港科技大学社会科学部也通过培训班积极为国内学界输送"方法"。2005 年 1 月，香港科技大学社会科学部举办了为期 20 天的全国社会统计培训班。

在香港中文大学，李沛良不仅与金耀基、乔健等联络并主办了 8 期两岸现代化与中国文化研讨会，参与中国社会学学科重建，同时还积极在社会学定量研究上开疆拓土，编写《社会研究的统计分析》等著作，以其为主的社会科学院定量研究团队也积极协助培养本土人才，如张文宏、刘欣、张静等。张文宏 1984 年从南开大学哲学系考入南开大学社会学研究生班，1986 年硕士毕业后在天津社会科学院社会学研究所工作，2000 年进入香港中文大学社会科学院深造，攻读博士学位，师从李沛良，博士毕业后加入香港科技大学从事博士后研究工作，2004 年加入上海大学，2022 年调入南开大学，主要运用定量方法研究社会网络与社会资本、社会分层与社会流动领域，并且较早地关注并引介社会网络分析相关内容。2008 年张文宏与王卫东、刘军合作翻译了社会网络领域影响力较大的弗里曼（Freeman）的《社会网络分析发展史：一项科学社会学的研究》。刘欣 2000 年前后前往香港中文大学攻读博士学位，跟随刘兆佳、王绍光做研究，关注社会分层与流动、社会资本、政治社会学等，也能较为熟练地运用多元统计分析等社会学定量研究方法，毕业后先到华中科技大学社会学系任教，2006 年前后调入复旦大学社会学系，并成为复旦大学社会学定量研究带头人之一。

此外，香港城市大学等其他香港高校也为内地社会学界培养了许多擅用统计方法的青年人才。"南开班"的胡荣在厦门大学工作一段时间后，于 1996 年前往香港城市大学攻读社会学博士学位，主要关注社会资本、村级选举等领域，1999 年博士毕业后回到厦门大学，成为社会学学科带头人。在厦门大学任教期间，他帮助边燕杰在厦门收集问卷数据，在此过程中又自学 SPSS，后于 2003 年在《社会学研究》上发表定量论文《社会经济地位与网络资源》[①]。2009—2010 年期间他入选富布赖特学者项目，在哈佛大学社会学系旁听了彼得·马斯顿（Peter Marsden）的中级统计课，学习了 Stata 软件的应用，回国之后在给研究生的定量统计课中专门介绍 Stata 应用。黄荣贵从复旦大学社会学硕士毕业后，于 2007 年前后前往香港城市大学攻读博士学位，毕业后回到复旦大学社会学系。他具备很强的定量研究能力，后续研究关注互联网与社会、大数据分析、社会运动等议题，推动了社会统计方法在多个分支方向的应用。

（2）美国、欧洲等地输送的人才。

21 世纪初期，许多留学美国知名高校的毕业生回国，他们能运用较为成熟

---

① 胡荣. 社会经济地位与网络资源 [J]. 社会学研究，2003（5）：58-69.

与先进的社会统计方法关注中国问题，回国后促进了社会统计方法的运用。

清华大学社会学系留美归国的社会统计人才包括王天夫、罗家德等。王天夫 2001 年在芝加哥大学获得统计学硕士学位，硕士毕业后师从著名社会学家白威廉（William L.Parish），在芝加哥大学攻读社会学博士学位，2004 年毕业后回到清华大学社会学系任教，关注社会分层、社会不平等、城市社会学、数字社会研究等，并为研究生开设"社会统计学（中级）"等课程。罗家德 1993 年从纽约州立大学石溪分校社会学博士毕业，之后在加利福尼亚大学伯克利分校统计学专业做博士后研究，2005 年加入清华大学社会学系[1]，除关注社区营造外，在社会网络分析和大数据研究方法创新和推广方面做了大量工作。郑路 2000 年从中国人民大学社会学硕士毕业后前往斯坦福大学攻读社会学博士学位，除从事传统的社会分层与社会网络分析领域研究外，还主要从事金融社会学研究；2007 年博士毕业后在得克萨斯农工大学工作，后于 2011 年回国，先后在西南财经大学、清华大学任教，其在使用统计方法分析社会网络数据方面开设课程或讲座，有较大影响。

杨菊华 1987 年从武汉大学历史系硕士毕业后先后在辛辛那提大学人类学系攻读硕士学位、布朗大学社会学系攻读博士学位，主要研究人口社会学、家庭社会学，较早地推介多层模型[2]，2005 年博士毕业后到中国人民大学人口学系工作，现为中央民族大学社会学教授。齐亚强 2003 年前往加利福尼亚大学洛杉矶分校攻读社会学硕士和博士学位，2008 年毕业后加入中国人民大学社会学系，主要研究健康社会学、社会分层，同时给学生开设定量方法课程。王玉君 2011 年从美国康奈尔大学社会学系博士毕业后，进入中国人民大学，开设社会网络分析等定量课程。

吴愈晓 2001 年进入美国西北大学社会学系攻读博士学位，2006 年毕业后在香港科技大学从事博士后研究，2008 年进入山东大学社会学系任教，现为南京大学社会学院教授，关注社会分层与流动、教育社会学、定量研究方法等领域。

还有不少欧美留学归来的量化研究学者同样推动了社会统计方法在社会学领域的应用，同时为 21 世纪社会学人才培养提供了与国际名牌大学相似的方法课程。

（二）海外社会学家助力中国社会统计的推广与应用

21 世纪初期，海外学者回国讲学也大大推动了社会学量化研究的发展。北

---

① 李强. 清华大学社会学系复建 20 周年回顾 [J]. 清华社会学评论，2021（1）：1-14.

② 杨菊华. 多层模型在社会科学领域的应用 [J]. 中国人口科学，2006（3）：44-51，95.

京大学社会学系庆祝恢复 20 周年时，邀请了包括谢宇教授在内的多位海外学者做讲座交流。清华大学社会学系复建之后，也邀请了多位海外知名社会学学者（包括我国香港地区的学者）讲学。受邀学者包括斯坦福大学的周雪光教授、魏昂德（Andrew Walder）教授，芝加哥大学的赵鼎新教授、杨大力教授，哈佛大学的凯博文（Arthur Kleinman）教授，加利福尼亚大学伯克利分校的刘新教授、邢幼田教授，加利福尼亚大学洛杉矶分校的阎云翔教授，香港科技大学的丁学良教授、边燕杰教授，耶鲁大学的戴慧思教授等。不少教授都是讲授一整学期的课程，部分教授还将讲义整理形成了"清华社会学讲义"系列教材，在学界产生了巨大影响。

1. 北京大学 - 密歇根大学暑期班

2004 年，北京大学正式开办暑期学校，成为国内第一所开办暑期学校的综合性大学。2006 年，北京大学与密歇根大学联合创办跨学科研究型人文社会科学学院——北京大学 - 密歇根大学联合研究院[①]，并从 2006 年暑期开始执行全球化跨学科中国研究和中国计量社会科学研究两个暑期课程项目，其中中国计量社会科学研究项目由密歇根大学社会学系和统计系讲座教授（Chair Professor）、社会研究院高级研究员、中国研究所研究员谢宇主持，计划邀请美国计量社会科学领域高水平的专家学者开设 12 门前沿方法课程，预计 5～6 年完成。目标在于帮助学生学习如何在中国进行高质量的社会科学研究，包括中英文资料运用、如何进行访谈、设计结构性调查问卷并开展调研等。招生对象包括北京大学、密歇根大学等中美高校的高年级（本科三年级以上）学生和教师，以及校外的研究员和政府官员。

2006 年是北京大学 - 密歇根大学暑期班的中国计量社会科学研究项目执行的第一年，开设社会研究调查方法与抽样调查方法两门课程。其中社会研究调查方法由芝加哥大学博士、威斯康星大学麦迪逊分校社会学系教授诺拉·C. 谢弗（Nora C. Schaeffer）主讲，主要内容包括访谈模式、基本抽样概念、非参与性的影响、访问、计算机辅助数据采集。抽样调查方法则由密歇根大学生物统计系教授、社会研究院研究员詹姆斯·M. 勒普科夫斯基（James M. Lepkowski）主讲，课程的主要内容包括简单随机抽样、分层抽样、系统抽样、整群抽样、多级抽样和概率比例抽样，此外还涉及抽样设计、成本模型、抽样误差评估方法、非抽样误差和缺失数据插补等内容。此后北京大学 - 密歇根大学暑期班聚焦成熟与前沿的社会统计方法，任课教师均邀请海内外高校的著名教授（见表 30-1）。学员涵

---

① 　迎春. 北京大学 - 密歇根大学联合研究院计量社会科学暑期课程介绍. 社会学研究，2006（5）：241.

盖国内高校、研究单位的教师、研究人员、硕博研究生与高年级本科生。暑期班至 2023 年已成功创办 14 期,上千名师生从中受益。2012 年后,北京大学讲席教授、美国密歇根大学教授、美国两院院士谢宇创建北京大学社会研究中心并担任主任,致力于培养高水平的量化社会科学学者和打造有世界影响力的量化社会科学研究平台,进一步与密歇根大学深化了暑期班的合作。

表 30-1　2006—2010 年北京大学 – 密歇根大学暑期班部分课程情况

年份	授课教师	课程名称	课程主要内容
2006	Nora C. Schaeffer（威斯康星大学）	社会研究调查方法	访谈模式、基本抽样概念、非参与性的影响、访问、计算机辅助数据采集
	James M. Lepkowski（密歇根大学）	抽样调查方法	简单随机抽样、分层抽样、系统抽样、整群抽样、多级抽样和概率比例抽样
2007	谢宇（密歇根大学）Raudenbush, S.W.（芝加哥大学）	线性回归分析、分层线性模式	系统介绍回归分析方法、原理与应用
2008	Treiman（加利福尼亚大学洛杉矶分校）	定量数据分析	系统介绍如何使用数据及统计方法、检验各种研究设想
2009	Robert Groves（迈阿密大学）李建新、周皓（北京大学）	调查研究方法基础	总体调查误差、抽样框架、样本设计及数据收集的替代模式、实地管理操作,问题结构、措辞和上下文对受访者行为的影响,测量误差模型
	Daniel Powers（得克萨斯大学）李建新、周皓（北京大学）	分类数据分析方法	二项式和二元结果的类似回归模型、列联表、个体水平计数数据、有序和名义多项式响应变量,以及这些模型的扩展
2010	谢宇（密歇根大学）	结构方程模型	路径分析、验证性因子分析、联立方程模型
	Robert M. Hauser（威斯康星大学）	线性回归分析	线性回归在社会科学研究中的应用、通径分析、纵贯数据分析、对二分类因变量的 Logit 分析
	Roderick J. Little（加利福尼亚大学洛杉矶分校）	数据缺失的统计分析	缺失形成的原因类型及插补方法

2. 其他培训班与交流形式

除了北京大学－密歇根大学集中式的统计方法培训班，各个高校在平时和暑假也开始开办统计方法类的培训班。例如，北京大学人口研究所从 2006 年开始举办社会科学研究方法暑期班，普及社会科学的定量和定性研究方法，致力于提高中国社会科学的学术研究水平，开设有社会科学应用统计学、应用线性回归模型、分类数据分析、结构方程模型等课程[①]。而谢宇教授从 2005 年开始倡导举办的有关社会科学定量研究方法的学术研讨会——社会学与人口学研究方法研讨会，到 2024 年也已举办 15 届，对于推动中国社会科学的实证量化研究做出了巨大的贡献。

同时，各校社会学系也积极邀请国际知名学者来校做讲座或开设暑期课程。例如，北京大学社会学系邀请了吴晓刚、国光等海内外知名社会统计学家。香港科技大学社会科学部的吴晓刚曾在 2011 年 7 月讲授"社会科学定量分析方法"课程，主要介绍线性回归分析和定类数据的分析，涉及定类数据分析中的 binary logit、multinomial logit、ordinal logit 模型，泊松回归模型，对数线性模型，事件史模型等。北卡罗来纳大学教堂山分校的国光则在 2011 年 6 月于北京大学举办"社会科学与基因学"的座谈，介绍社会科学与基因学的研究关联。

（三）SAS、SPSS、Stata 等统计软件的影响

20 世纪 90 年代开始，个人计算机的普及和社会统计软件的发展极大地推动了社会统计学的应用。社会统计学软件方面，SAS、SPSS、Stata、R、Python 蓬勃发展，其中在 21 世纪初最为普及的是前三款软件。SAS 软件最早由美国北卡罗来纳州立大学的两名生物统计学博士研究生巴尔（Barr）和古德奈特（Goodnight）于 1966 年开始开发，1971 年 SAS 软件 Beta 版正式发布，1987 年 SAS 软件基于 C 语言重新进行编写。20 世纪 90 年代初，SAS 产品开始被较多中国用户使用，2005 年 SAS 在北京成立研发中心和用户服务支持中心，2006 年公司将北京分公司设为中国总部。由于这一软件体积巨大，适合用于大型数据库，且命令代码相对比较复杂，在社会学领域一直未能大范围推广。SPSS 软件最早是在 1968 年由美国斯坦福大学三名不同专业的研究生开发，并通过芝加哥全国民意调查中心得以推广，1984 年 SPSS 总部首先推出了世界上第一个统计分析软件微机版本 SPSS/PC+，极大地扩展了它的应用范围，并使其很快能够应用于自然科学、技术科学、社会科学的各个领域。1992 年其首个 Windows 版本发布，2009 年 IBM 收购 SPSS 公司，

---

① 北京大学人口研究所.《社会科学研究方法暑期班》7—8 月在北京大学举办 [J]. 人口与发展，2010（1）：114.

软件更名为 IBM SPSS。由于操作简单，SPSS 较早在国内社会学领域推广。Stata 软件由美国加利福尼亚大学洛杉矶分校两名博士生于 1984 年用 C 语言开发，到 1990 年汉密尔顿（Hamilton）出版《应用 STATA 做统计分析》（*Statistics with Stata*）等一系列将计量理论与软件操作结合的书籍，促进了 Stata 软件的普及与应用。Stata 软件可运用于数据清洗、数据可视化、统计分析、模型建立等多个领域，其简洁的可复现的代码有利于学者间合作。到 21 世纪初期，Stata 软件已广泛运用于欧美社会科学各领域，并随着海外教师回国任教及各种研究方法培训班迅速在国内推广普及。

对于使用 SAS、SPSS、Stata 这些社会统计软件作为研究工具或进行推介发表的论文，我们基于中国知网进行了简单统计。截至 2023 年[①]，以 "SAS" 为关键词的相关研究数量达到 5 710 篇，国内最早引介 SAS 软件的为翟婉萱[②]、吴本中[③] 等，最早运用 SAS 软件进行研究分析的是林德光[④]，而在统计领域早期运用 SAS 软件且具有一定影响力的是马文军和潘波[⑤]、高惠璇[⑥] 等对 SAS 软件使用方法的研究。而以《社会学研究》为代表的社会学核心期刊中，最早提及 SAS 软件的是肖鸿（张文宏的笔名）[⑦]、李强等[⑧]，最早运用 SAS 软件进行分析的是阎耀军[⑨]，2010—2015 年期间发表数量相对较高。以 "SPSS" 为关键词的相关研究数量达到 4 729 篇，国内最早引介 SPSS 软件的是叶澜等[⑩]，而在统计领域较早运用 SPSS 软件进行分析研究的是王文玲等[⑪]。从 21 世纪开始，发表数量逐年增加，2016 年

---

① 通过在中国知网搜索关键词 "SAS" "SPSS" "Stata" 得到有关文献情况（查询时间：2023 年 8 月 29 日）。

② 翟婉萱. "SAS" 计算机程序在农业资料分析中的应用简介 [J]. 沈阳农学院学报，1983（1）：105-113.

③ 吴本中. 统计分析系统 SAS 介绍 [J]. 计算机应用与软件，1987（4）：40-46.

④ 林德光. 裂区设计的多元分析 [J]. 热带作物学报，1994（2）：55-70.

⑤ 马文军，潘波. 问卷的信度和效度以及如何用 SAS 软件分析 [J]. 中国卫生统计，2000（6）：364-365.

⑥ 高惠璇. 处理多元线性回归中自变量共线性的几种方法：SAS/STAT 软件（6.12）中 REG 等过程增强功能的使用 [J]. 数理统计与管理，2000（5）：49-55.

⑦ 肖鸿. 试析当代社会网研究的若干进展 [J]. 社会学研究，1999（3）：1-11.

⑧ 李强，邓建伟，晓筝. 社会变迁与个人发展：生命历程研究的范式与方法 [J]. 社会学研究，1999（6）：1-18.

⑨ 阎耀军. 社会稳定的计量及预警预控管理系统的构建 [J]. 社会学研究，2004（3）：1-10.

⑩ 叶澜，黄倩，马效枫，等. 大型数据管理统计分析软件包 SPSS^x [J]. 计算机科学，1984（1）：56-69.

⑪ 王文铃，李玉珍，宰凤仙，等. 北京市几家综合性医院精神药物利用的研究 [J]. 中国临床药理学杂志，1990（1）：25-31.

达到高峰 353 篇，并且 2008—2021 年每年发表数量都在 200 篇以上。在以《社会学研究》为代表的社会学核心期刊中，最早运用 SPSS 软件开展分析研究的是王铁①，影响力较高的则包括张文宏等②。以 "Stata" 为关键词的相关研究数量达到484 篇，国内最早引介 Stata 软件的是王建民③，最早运用 Stata 软件进行分析的则是仇铁珍等④，2014 年之后发表数量较多。在以《社会学研究》为代表的社会学核心期刊中，最早提及 Stata 软件的是李强等⑤，最早运用 Stata 软件进行统计分析的则是吴晓刚⑥、蔡禾等⑦。

在社会统计软件教材编写与教学方面，国内学者编著了较多经典教材，并开设了相关的社会统计方法课程。如 SAS 软件上，国内学者编写的经典教材包括清华大学朱世武的《SAS 编程技术教程》、军事医学科学院胡良平的《SAS 统计分析教程》。北京大学光华管理学院 2006 年与 SAS 公司合作，开设了 "统计分析计算机软件" "数据挖掘和应用" "应用多变量统计学分析" 等社会统计课程。关于 SPSS 软件，国内经典教材包括复旦大学张文彤的《SPSS 统计分析基础教程》、北京大学郭志刚的《社会统计分析方法——SPSS 软件应用》等。在 Stata 软件方面，国内经典教材包含山东大学陈强的《高级计量经济学及 Stata 应用》、中国人民大学杨菊华的《数据管理与模型分析：STATA 软件应用》以及清华大学王天夫的《Stata 实用教程》等。

（四）社会学学科建设与数据繁荣

在学科建设上，2000—2010 年期间组建了多个社会学院系，增设社会工作专业，本科生、研究生招生规模扩大；社会学学科的博士点不断增加。2010 年全国具有社会学博士学位授予权的高校和科研机构达到 16 所。截至 2023 年 1 月，

① 王铁. 把民族的热情保持在伟大历史悲剧的高度上：电视剧《新星》观众调查报告 [J]. 社会学研究，1987（1）：49-62.
② 张文宏，雷开春. 城市新移民社会融合的结构、现状与影响因素分析 [J]. 社会学研究，2008（5）：117-141，244-245.
③ 王建民. Stata：一个新型统计软件 [J]. 中华流行病学杂志，1994（5）：318.
④ 仇铁珍，白萍. 应用 STATA 统计软件对 153 例子宫肉瘤病例生存率的多因素分析 [J]. 医学信息，1998（7）：12-14.
⑤ 李强，邓建伟，晓筝. 社会变迁与个人发展：生命历程研究的范式与方法 [J]. 社会学研究，1999（6）：1-18.
⑥ 吴晓刚. 中国的户籍制度与代际职业流动 [J]. 社会学研究，2007（6）：38-65，242-243.
⑦ 蔡禾，王进. "农民工" 永久迁移意愿研究 [J]. 社会学研究，2007（6）：86-113，243.

据考博学社统计，已有 28 所院校获得了社会学一级学科博士学位授予权。[①]

学术研究单位采集的大规模社会调查数据及其对外开放也极大地促进了社会统计学的发展。中国综合社会调查（CGSS）始于 2003 年，由中国人民大学中国调查与数据中心负责执行，是我国最早的全国性、综合性、连续性学术调查项目。2008 年，CGSS 项目组商定免费对外发布 CGSS 数据，开创了我国大型学术调查数据开放与共享之先河。除此之外，"中国社会状况综合调查"（CSS，2005 年开始）、"中国家庭追踪调查"（CFPS，2008 年开始）、"中国家庭金融调查"（CHFS，2009 年开始）、"中国劳动力动态调查"（CLDS，2012 年开始）等相继开展。这些大型社会调查多为全国范围内的抽样调查，调查主题丰富，同样学习了 CGSS 数据的开放态度。基于这些调查数据的研究多使用定量研究方法，在很大程度上推进了数据分析技术的发展，提升了社会学研究方法的整体水平。[②]

（五）社会学量化研究成果发表的特征与变化

1. 市场化转型、社会分层与量化社会学研究的发展

21 世纪初以来，社会学学者广泛运用统计模型与方法，并结合经典的社会学理论，聚焦市场化转型与社会分层等社会学经典议题展开研究，发表的成果数量与质量都明显提升。在这一阶段，我国社会分层与流动研究逐步走向高潮，研究成果数量快速增长，研究议题日益多元化，理论取向也并存发展，总体来看可以分为四大方面。[③]

（1）新的社会分层图式和社会分层范式的提出。随着 20 世纪 90 年代后期经济改革步入深水区，阶层分化趋势持续扩大，社会分层与流动的研究呈现出冲突论分层观与功能论分层观并存的态势。[④]李路路运用对数线性模型方法[⑤]，采用吉登斯（A. Giddens）的阶级"结构化"和布迪厄（Bourdieu）的阶级"再生产"概念，提出"双重再生产"的概念，认为市场机制的发展可以在一定程度上改变资源的分配过程，但因为阶层间的关系模式没有发生根本性重组，同时还运用多

---

① 全国社会学一级学科博士点汇总［EB/OL］.（2023-01-04）［2024-11-19］. https://zhuanlan.zhihu.com/p/596527515.

② 赵联飞. 中国社会学研究方法 70 年 [J]. 社会学研究，2019（6）：14-26，242.

③ 李路路，陈建伟. 国内社会分层研究综述 [M] // 中国社会科学院社会学研究所. 中国社会学年鉴：2007—2010. 北京：社会科学文献出版社，2011：20-28.

④ 李春玲. 中国社会分层与流动研究 70 年 [J]. 社会学研究，2019（6）：27-40，243.

⑤ 李路路. 制度转型与分层结构的变迁：阶层相对关系模式的"双重再生产" [J]. 中国社会科学，2002（6）：105-118，206-207.

项选择 Logistic 回归模型 [1] 指出，从再分配到市场的转型过程中，阶层化的机制体现为从"间接再生产"到"间接与直接再生产并存"。

（2）对当前中国社会分层结构、变迁与社会流动的研究。高勇运用 UNIDIFF 模型 [2]，基于"中国社会变迁调查（第二阶段）"数据，认为当代中国的代际流动不是发生在坚实而稳固的社会结构之上的，因此代际流动就表现为社会藩篱与藩篱上的"人"的"双重流动"。郑辉和李路路运用多项 Logistic 回归分析方法 [3]，认为精英排他与精英代际转化的双重作用共同促成了精英阶层的形成与再生产。边燕杰等则运用回归分析方法 [4]，通过对 2003 年中国综合社会调查的资料分析表明，单位和地区壁垒效应持续至今，但市场经济的发展正在弱化这些效应。许欣欣以 1990 年和 1993 年两次全国性抽样调查资料为基础 [5]，分析了中国社会结构发生的两次重大变迁，通过实证分析认为再分配分层机制（单位所有制、户口身份和政治资源）仍然对流动机会和地位获得发挥着作用。李骏等也运用多项 Logit 回归分析 [6]，得出户籍分割对社会流动和地位具有显著影响，与许欣欣的研究互为验证。李黎明等的研究运用对数线性模型 [7]，探讨了市场转型期间的阶层相对关系模式，并认为政治与市场的汇流使得优势阶层被垄断性继承，从而使代际继承呈现二元分割性。张文宏则关注在社会分层与流动中起到重要作用的社会网络，其在与边燕杰合作的文章 [8] 中通过二元 Logit 回归分析，指出市场转型过程中，社会网络的收入效应的总趋势是：改革开放初及之前，人情资源效应大于信息资源效应，但在改革开放中期和加入世界贸易组织之后，前者减弱，后者增强。

① 李路路. 制度转型与阶层化机制的变迁：从"间接再生产"到"间接与直接再生产"并存 [J]. 社会学研究，2003（5）：42-51.

② 高勇. 社会樊篱的流动：对结构变迁背景下代际流动的考察 [J]. 社会学研究，2009（6）：1-17，243.

③ 郑辉，李路路，中国城市的精英代际转化与阶层再生产. 社会学研究 [J]. 2009（6）：65-86.

④ 边燕杰，李路路，李煜，等. 结构壁垒、体制转型与地位资源含量 [J]. 中国社会科学，2006（5）：100-109，207.

⑤ 许欣欣. 当代中国社会结构变迁与流动 [M]. 北京：社会科学文献出版社，2000.

⑥ 李骏，顾燕峰. 中国城市劳动力市场中的户籍分层 [J]. 社会学研究，2011（2）：48-77，244.

⑦ 李黎明，李卫东. 阶层背景对本科毕业生职业地位获得的影响 市场转型与分割的阶层再生产 [J]. 社会，2009（5）：114-131，226.

⑧ 边燕杰，张文宏，程诚. 求职过程的社会网络模型：检验关系效应假设 [J]. 社会，2012（3）：24-37.

（3）对教育与社会分层关系，尤其是教育不平等问题的研究。传统的现代化理论认为，随着社会经济的发展，教育规模扩展，教育机会增长，教育不平等程度会随之下降。但郝大海运用 Logistic 模型 [1] 的研究发现，在教育领域内实行"补偿原则"向中下阶层倾斜教育资源的发展思路也未能如人所愿，它并未改变中下阶层在较高教育阶段的不利状况。而吴愈晓同样运用 Logistic 回归模型 [2] 分析得出，教育不平等问题并未得到有效改善，初中升学机会的城乡差异没有变化，高中和大学升学机会的城乡不平等有扩大趋势，教育获得的阶层差异自 1978 年以来没有发生明显变化，而兄弟姐妹数量差异所导致的教育不平等有上升趋势。在这一趋势的解释上，李煜也运用 Logistic 回归模型 [3] 研究发现，恢复高考后，家庭教育背景成为改革初期教育不平等的主要原因；而 1992 年以后社会分化加剧，教育体制受到市场化的冲击，家庭阶层背景的效用显现，教育不平等的产生机制转变为资源转化与文化再生产双重模式并存。刘精明基于第三、四、五次中国人口普查数据，运用 Logit 模型 [4] 分析发现，内生性家庭资源造成的教育不平等将稳定增长，外依性的家庭资源对机会不平等的影响则具有不确定性。

（4）对收入不平等和劳动力市场的研究。例如，王甫勤运用多元线性回归模型 [5] 分析 CGSS 2003 数据得出，人力资本是决定收入分配的主要因素，但劳动力市场分割所产生的影响也不可忽视，人力资本和市场部门之间存在交互作用，从而影响个体的社会地位。陈光金采用半对数线性回归分析 [6] 等方法的研究则发现，中国收入不平等的成因是复杂的，市场化机制扮演着主要的角色，非市场的结构 - 制度因素也发挥着不可忽视的作用。

2. 发表论文的模型化与模型的精细化

进入 21 世纪以来，社会学定量研究论文呈现明显的论文模型化、模型精细化双重特征。以社会学权威期刊《社会学研究》发表的定量论文为例，单纯使用数据描述的定量分析论文比例在 31 年间（1986—2016 年）迅速从第一个 10

[1] 郝大海. 中国城市教育分层研究（1949—2003）[J]. 中国社会科学，2007（6）：94-107，206.

[2] 吴愈晓. 中国城乡居民的教育机会不平等及其演变（1978—2008）[J]. 中国社会科学，2013（3）：4-21，203.

[3] 李煜. 制度变迁与教育不平等的产生机制：中国城市子女的教育获得（1966—2003）[J]. 中国社会科学，2006（4）：97-109，207.

[4] 刘精明. 中国基础教育领域中的机会不平等及其变化 [J]. 中国社会科学，2008（5）：101-116，206-207.

[5] 王甫勤. 人力资本、劳动力市场分割与收入分配 [J]. 社会，2010（1）：109-126.

[6] 陈光金. 市场抑或非市场：中国收入不平等成因实证分析 [J]. 社会学研究，2010（6）：86-115，243-244.

年（指 1986—1995 年）的 94.74% 下降至第二个 10 年（指 1996—2005 年）的 50.26%，再至最后 11 年（指 2006—2016 年，下同）的 12.55%。[①]

单纯数据描述的减少伴随着经典模型逐渐占据重要地位。这些经典的线性或非线性计量模型（诸如 OLS、Logit、多元或序次 Logit 等）简约而规范，且可通过多元变量的控制模式充分考察复杂多元的社会现象。同样以《社会学研究》发表的定量论文为例，OLS 模型在估算模型类文章中的比例一直保持在 20% 以上；二元 Logistic 模型以及多项 Logistic 模型合计，达到 22%（16%+6%）；而因子分析也是众多方法中使用率非常高的技术，接近 9%。[②]

在经典模型的基础上，进阶分析如交互项分析与中介变量分析也逐渐出现，这标志着经典定量模型的精细化发展。除 OLS 回归模型、Logistic 回归模型、多分类 Logistic 模型、序次 Logistic 模型等经典模型外，多层线性模型、固定效应模型、结构方程模型、对数线性模型、路径分析、聚类分析等其他模型与统计方法出现的频率也越来越高。而计算机模拟[③④]、情景性原理（谢宇[⑤]提出，高勇采用对数可积层面效应模型[⑥]、梁玉成采用 APC 模型[⑦]）、因果推断[⑧]、事件史分析[⑨]（离散时间风险模型）、零膨胀模型[⑩]、布朗分解方法[⑪]、QCA[⑫]、工具变量分析技

① 刘柳，陈云松，张亮亮. 定量群学三十年：以《社会学研究》论文为例 [J]. 江苏行政学院学报，2018（2）：75-84.

② 李路路，陈建伟. 国内社会分层研究综述 [M] // 中国社会科学院社会学研究所. 中国社会学年鉴：2007—2010. 北京：社会科学文献出版社，2011：20-28.

③ 夏传玲. 计算机辅助的定性分析方法 [J]. 社会学研究，2007（5）：148-163，245.

④ 沙莲香，刘颖，王卫东，等. 社会心理现象计算机模拟及其方法论意义 [J]. 社会学研究，2007（6）：138-160，244.

⑤ 谢宇. 社会学方法与定量研究 [M]. 北京：社会科学文献出版社，2006.

⑥ 高勇. 社会樊篱的流动：对结构变迁背景下代际流动的考察 [J]. 社会学研究，2009（6）：1-17，243.

⑦ 梁玉成. 现代化转型与市场转型混合效应的分解：市场转型研究的年龄、时期和世代效应模型 [J]. 社会学研究，2007（4）：93-117，244.

⑧ 陈云松，范晓光. 社会学定量分析中的内生性问题 测估社会互动的因果效应研究综述 [J]. 社会，2010（4）：91-117.

⑨ 吴愈晓. 家庭背景、体制转型与中国农村精英的代际传承（1978—1996）[J]. 社会学研究，2010（2）：125-150，245.

⑩ 王存同. 零膨胀模型在社会科学实证研究中的应用：以中国人工流产影响因素的分析为例 [J]. 社会学研究，2010（5）：130-148，245.

⑪ 田丰. 城市工人与农民工的收入差距研究 [J]. 社会学研究，2010（2）：87-105，244.

⑫ 黄荣贵，桂勇. 互联网与业主集体抗争：一项基于定性比较分析方法的研究 [J]. 社会学研究，2009（5）：29-56，243.

术①、追踪调查②及倾向值匹配③等复杂高级的定量方法也逐渐被引介到中国并为国内社会学定量研究者所使用。同时，相较于过往的以单模型为主，多种研究模型与方法并用的研究论文越来越多（见表 30-2）。

表 30-2 《社会学研究》定量文章研究方法种类分布（1986—2016 年）

使用方法种类		1986—1995 年		1996—2005 年		2006—2016 年	
		篇数	占比（%）	篇数	占比（%）	篇数	占比（%）
单模型		270	94.74	96	50.26	29	12.55
多模型	双模型	10	3.51	63	32.98	81	35.06
	三模型	4	1.40	27	14.14	92	39.83
	四模型	1	0.35	4	2.09	25	10.78
	五模型			1	0.52	4	1.73
	小计	15	5.26	95	49.74	202	87.45
合计		285	100	191	100	231	100

资料来源：刘柳，陈云松，张亮亮. 定量群学三十年：以《社会学研究》论文为例 [J]. 江苏行政学院学报，2018（2）：75-84.

3. 社会学量化研究主题的多元化萌芽

2000 年后，社会学量化研究出现"现代性"的主题分化④，走向"社会学本土化"的多元化萌芽阶段。具体主题不再局限于传统的社会分层与流动、经济转型和社会变迁等领域，还涉及流动人口、家庭、性别与性问题、社区与社会治理、社会网络与社会资本、文化、宗教与社会心理、社会制度与社会政策等⑤多个研究板块。

例如，在流动人口研究上，北京大学的周皓运用队列分析和回归分析方法，关注流动人口的心理健康。⑥ 其还与中国人民大学的巫锡炜合作运用多层线性模

---

① 陈云松. 互联网使用是否扩大非制度化政治参与：基于 CGSS2006 的工具变量分析 [J]. 社会，2013（5）：118-143.

② 梁玉成. 追踪调查中的追踪成功率研究：社会转型条件下的追踪损耗规律和建议 [J]. 社会学研究，2011（6）：132-153，244.

③ 胡安宁. 倾向值匹配与因果推论：方法论述评 [J]. 社会学研究，2012（1）：221-242，246.

④ 王建民. 现代性的主题分化与社会学研究范式整合 [J]. 社会，2005（5）：39-57.

⑤ 王处辉，孙晓冬，杨辰. 近三十年社会学学术研究的发展轨迹与本土化反思 [J]. 中共中央党校学报，2017，21（5）：89-103.

⑥ 周皓. 流动儿童心理健康的队列分析 [J]. 南京工业大学学报（社会科学版），2012，11（3）：75-90.

型，关注流动儿童的教育问题。[①] 郭志刚等则运用泊松回归方法，对生育率有关研究提供了社会统计学思路。[②] 在家庭、性别与性问题研究上，山东大学（发表时）的吴愈晓运用Logit模型，对影响城镇女性就业的微观因素进行研究[③]；中国社会科学院的李春玲等运用多元线性回归分析方法[④]，对收入性别差异扩大趋势及其原因进行研究。

在社区与社会治理研究上，上海大学的孙秀林运用事件史分析方法[⑤]，对村庄社区与宗族组织进行研究；厦门大学的胡荣等运用回归分析[⑥]，对政府信任度及其影响因素进行研究。

在社会网络与社会资本研究上，清华大学的罗家德等运用因子分析和结构方程模型[⑦]，并引入社会网观点对社会资本进行测量；复旦大学的桂勇、黄荣贵运用因子分析[⑧]，对社区社会资本进行建构与测量。

在文化、宗教与社会心理研究上，中国人民大学的沙莲香等运用复杂适应性系统与计算机模拟[⑨]，对危机时期民众心态进行分析与模拟。而在社会制度与社会政策研究上，中国人民大学的李路路运用多项选择Logistic回归模型[⑩]，对制度转型与阶层变迁展开研究。

---

① 周皓，巫锡炜. 流动儿童的教育绩效及其影响因素：多层线性模型分析 [J]. 人口研究，2008（4）：22-32.

② 郭志刚，巫锡炜. 泊松回归在生育率研究中的应用 [J]. 中国人口科学，2006（4）：2-15，95.

③ 吴愈晓. 影响城镇女性就业的微观因素及其变化：1995 年与 2002 年比较 [J]. 社会，2010（6）：143-162.

④ 李春玲，李实. 市场竞争还是性别歧视：收入性别差异扩大趋势及其原因解释 [J]. 社会学研究，2008（2）：94-117，244.

⑤ 孙秀林. 华南的村治与宗族：一个功能主义的分析路径 [J]. 社会学研究，2011（1）：133-166，245.

⑥ 胡荣，胡康，温莹莹. 社会资本、政府绩效与城市居民对政府的信任 [J]. 社会学研究，2011（1）：96-117，244.

⑦ 罗家德，方震平. 社区社会资本的衡量：一个引入社会网观点的衡量方法 [J]. 江苏社会科学，2014（1）：114-124.

⑧ 桂勇，黄荣贵. 社区社会资本测量：一项基于经验数据的研究 [J]. 社会学研究，2008（3）：122-142，244-245.

⑨ 沙莲香，刘颖，王卫东，等. 复杂适应系统理论对危机时期民众心态的分析与模拟：重大突发事件应对措施研究 [J]. 河南社会科学，2005（3）：1-5，12.

⑩ 李路路. 制度转型与分层结构的变迁：阶层相对关系模式的"双重再生产" [J]. 中国社会科学，2002（6）：105-118，206-207.

三、社会学快速发展阶段的社会统计学（2010—2023 年）

2010 年后，本土规范社会统计学课程体系培养的青年学者开始与留学归国青年学者共同使用统计方法语言开展教学和科研工作，推动了量化社会学研究的快速发展。

（一）掌握社会统计方法的青年教师快速增加

2010 年之后海外归来和本土培养的能够使用量化方法发表论文或讲授社会统计学课程的青年教师快速增加。根据毕业学校、出生年份整理的不完全名单如下（排名不分先后）：

从我国香港学成回到内地的学者包括李骏、黄荣贵、洪岩璧、叶华、李忠路、张春泥、於嘉、邹宇春、方博野、徐岩、胡康、盛智明、项军等；从美国回国的学者包括胡安宁、李婷、董浩、靳永爱、柳皑然、赵梦晗、杨晓照、张洪、萨支红、王琰、计迎春、汤泽群等；从英国回国的学者包括陈云松等。

国内相关专业主要高校毕业并参与工作的青年学者包括北京大学社会学系毕业的赵联飞、巫锡炜、焦开山、许琪、王军、李丁、薛伟玲、朱荟、李月、张韵、李汪洋等；中国人民大学社会与人口学院（2024 年更名为社会学院）毕业的侯佳伟、陶涛、杨凡、李龙、秦广强、朱斌、魏钦恭、石磊等；中国社会科学院社会学研究所、中山大学、上海大学、西安交通大学等院校和机构毕业的尉建文、张云亮、梁宏、蒋和超、雷开春、陈伟、李晓光等。

这些学者在研究生阶段就积极参与教材翻译和方法培训，大大提高了社会统计学方法的可及性，并积极将统计方法与社会学研究密切结合，检验这些方法的可用性和使用方式。在教材翻译方面，郭志刚带领学生和同事翻译的《应用 STATA 做统计分析》及总主编的社会学教材教参方法系列（包括《回归分析》《分层线性模型：应用与数据分析方法》《分类数据分析的统计方法》《量化数据分析：通过社会研究检验想法》等），与吴晓刚组织一批青年学者翻译的 Sage 出版社的"小绿书"系列等，影响广泛。这些翻译工作不仅直接提升了青年翻译者对相关方法的了解，也方便了相关统计方法在中国的传播。

人才队伍壮大，也使社会统计学课程朝体系化、层次化、多样化的方向发展。如今，各大社会学院系基本都开设了量化方法相关的课程，课程内容覆盖了从初级统计方法到高级统计方法的一系列量化方法，常见内容包括多元回归分析、分类数据分析、结构方程模型、线性分层模型、因果推断方法、统计软件应

用（包括但不限于 Stata、SPSS、R、Python 等）、量化论文写作等。此外，许多学校还打通了院系之间的选课壁垒，社会学专业的学生可以选择经济学、计算机、统计学等其他院系的统计课程，进一步改善了量化人才的培养条件。

除了课程之外，小型的工作坊或研讨会也是量化方法教学与应用的重要形式。与一般的社会学课程不同，量化方法的学习强调实践，非常需要操作化的训练，因此更适合进行小班教学而非大班授课。在这一背景下，许多院系的教师或团队推出了小型的量化工作坊或研讨会，以某一特定的统计工具为核心，通过实际的量化项目或论文写作来培养学生的量化研究素养。由于高度的灵活性与针对性，量化工作坊与研讨会已经成为与主流课程相配合的重要培养模式。

（二）社会学量化课程的体系化与培训班的繁荣

尽管高校的量化课程已经初具规模，但由于社会学学生规模有限，多数社会学系更为强调理论和质性研究方法，并且多数社会学本科生高中选择的是文科，因此不少社会学院系，除了基础性课程，高阶统计课程和细分方法技术课程往往难以开设。这为暑期短训班及市场化培训班的发展提供了机会。

1. 高校暑期班及研究方法短训班的进一步发展

尽管部分高校已经可以安排体系化与层次化的量化课程，但由于量化方法本身的复杂性，任一高校自身都很难仅仅依靠常规课程担负起量化方法传播的任务。在这一背景下，高校暑期班或者培训班成为一种补充性的方案。与一般的课程不同，暑期班或培训班往往时间较短、更新较快、内容较为灵活、授课老师背景更为多样、目标人群更为广泛。因此，暑期班或培训班解决了高校课程选课学生少、规模效应差的问题，弥补了高校量化课程的短板，并与一般的基础性课程结合起来，对量化方法的推广与应用起到了重要的推动作用。

近十几年来，量化方法暑期班、国际小学期与短训班的数量不断增加，授课内容也随着量化方法的发展而不断变化。比较典型的量化方法暑期班或短训班包括：西安交通大学实证社会科学研究所主办的"实证社会科学研究方法暑期班"，上海大学社会学院和香港科技大学应用社会经济研究中心（后为上海纽约大学应用社会经济研究中心）主办的"应用社会科学研究方法研修班"，北京大学光华管理学院社会研究中心主办的系列量化方法研修班和"量化社会科学工作坊"，中山大学社会科学学部、中山大学国家治理研究院和社会学与人类学学院主办的"人工社会与计算社会科学讲习班"，中国人民大学社会学院主办的"计算社会科学讲习班"（见表30-3）。这些量化方法暑期班或短训班的授课内容基本包括了社会学量化研究所需要的一般方法，具有很强的实用性与多样性特点。而且，随着大数据与计算社会科学的兴起，各种新方法也很快就进入上述暑期班与短训班

的课程中，如社会仿真模型（agent-based modeling，ABM）、Python 爬虫、文本分析、机器学习、社会网络分析、图片数据分析、空间计量等方法。

表 30-3　近年部分量化方法暑期班、短训班的授课内容

主办单位	名称	开始年份	主要授课内容
西安交通大学	实证社会科学研究方法暑期班	2010	社会资本与社会网络测量、分类数据分析、结构方程模型、多层次模型分析、追踪数据分析、事件史分析、数据爬虫技术入门、计算语言初步等
香港科技大学（上海纽约大学）、上海大学	应用社会科学研究方法研修班	2012	Stata 与回归分析、类别数据分析、空间数据分析、应用贝叶斯回归分析、GIS 应用与空间分析、倾向值分析、事件史分析、多层次线性模型、对数线性模型、固定效应模型、结构方程模型、潜类别分析、网络分析、调查数据分析、增长模型、因素分析、路径分析、数据挖掘、定量文本分析等
北京大学	系列研修班（每期主题不同）	2015	线性回归分析、分类数据回归分析、结构方程模型、空间计量、Python 数据分析、文本数据挖掘等
	量化社会科学工作坊	2017	略
中山大学	人工社会与计算社会科学讲习班	2017	ABM、Python 爬虫、文本分析、机器学习、社会网络分析、人工智能工具箱等
中国人民大学	计算社会科学讲习班	2023	自然语言处理、词嵌入模型、图片数据应用、文本分析、人工智能等

2. 在线学习与市场化培训班的兴起

（1）在线学习平台的兴起。

随着互联网与自媒体平台的兴起，在线学习与市场化社会学培训班逐渐兴起，成为量化课程建设的重要力量。微信公众号、哔哩哔哩等在线视频社区以及学者自己开发的个人网页都是量化课程传播的重要平台，如学术志、连玉君、陈强等的微信公众号、视频号等。2020 年以来，受到新冠疫情的影响，在线学习平台进一步兴起，在线学习俨然已是量化方法学习的核心途径。

（2）在线学习时代的统计工具。

随着计算社会科学与大数据方法的发展，一些不同于传统以假设检验、建模、因果检验为核心的量化研究方法开始出现，如社会网络分析、地理空间分

析、复杂系统建模、社会仿真模型等[①]，这些方法往往需要使用与传统统计方法不同的数据与算法，因此，新的统计工具随之兴起。

对于社会学、人口学等相关学科而言，Python 与 R 语言是除了 Stata 等传统统计软件之外最常用的统计工具。Python 与 R 语言都是较易上手的编程语言，有较为成熟的用于数据处理与统计分析的程序包（如 Python 的 Numpy、Pandas、Matplotlib 和 R 语言的 Tidyverse 等程序包），并且拥有较大规模的、运营稳定的开源社区，非常适合用于社会科学研究。新兴大数据方法的崛起使得 Python 和 R 语言的重要性进一步上升。无论是数据采集（包括文本数据、图片数据与地理信息等不同类型的数据）、数据清洗，还是机器学习、文本分析与情感分析、社会仿真模型，Python 与 R 语言都有较为成熟的工具处理这些问题，并可及时与最前沿的研究与统计方法进行链接。

随着互联网技术的进一步发展，多样化、个性化、可视化甚至在线使用的统计工具不断地被开发出来。这些统计工具能提高研究效率，为大数据时代复杂统计方法的应用提供了重要条件。

（3）开源与统计工具的运用。

随着互联网的逐步普及，开源合作可以加快研究创新的发展：一方面，研究者存在在统计方法和数据处理方面合作与学习的需要；另一方面，互联网技术的兴起为统计工具与代码的开源提供了便利条件。

开源与统计软件之间的关联主要以两种方式表现。第一，基于数据处理源代码的开源需求，一些学术期刊开始要求公布数据源代码，这使得 Stata 等便于合作与分享的数据处理软件的便利性凸显出来。以《社会》杂志为例，2014 年起，《社会》开始公布量化研究论文的数据源代码，至今已公布 40 余篇论文的数据源代码。这些数据源代码大多为 Stata 等统计软件的数据处理代码或日志文件。源代码的公布既有利于其他学者对文章的数据处理过程进行复制与监督，也有利于其他学者进行学习。第二，随着大数据分析的兴起，一些统计软件或互联网工具为统计工具与代码的开源提供了技术支持，如 GitHub 的兴起，这使得更新较快的大数据方法可以及时地被学者们接受，促进了大数据方法在实证研究中的应用，加快了大数据方法的发展。GitHub 等开源社区的发展对 Python、R 等语言的推广起到了极大的促进作用，在 GitHub 上可以共享和下载与统计软件相关的程序包、代码及相关统计工具，有利于学者对最新统计方法进行学习与应用。

---

① Cioffi-Revilla C. Computational social science[J]. WIREs Computational Statistics，2010，2（3）：259-271.

（三）社会学研究成果发表的变化

1. 量化研究选题的多元化

中国学者对于量化方法的使用，一开始主要集中在社会分层与社会流动领域。在相当长的一段时间内，社会分层与社会流动领域的研究进展都是依赖于研究方法和模型的创新来实现的。[①] 但是，随着量化方法被更多领域的学者接受，量化方法逐渐扩展到其他研究领域之中，包括健康、教育、家庭、主观态度（如主观幸福感、公平感）等领域。在这些领域，量化研究形成了较为独立的研究力量，出现了一些具备规模的研究团队或学术共同体。

在社会学之外，社会工作领域量化研究的兴起也是值得注意的现象。与社会学不同，社会工作学科较为强调社会工作事务与介入的重要性，而非抽象的理论或研究方法。不过，随着具有海外教育背景的学者数量的增加，以及社会工作领域英文发表的需要，社会工作学者使用量化方法做研究的现象越来越普遍。

社会心理学领域的量化特征同样明显。作为一门交叉学科，社会心理学常常被视为独立于社会学与心理学，但却同时具有社会学与心理学等学科特征的一门学科。根据研究取向的差异，社会心理学常常被分为"心理学取向的社会心理学"与"社会学取向的社会心理学"两种路径，前者更为关注微观的个体社会心理，后者更为关注宏观的社会心态。受到心理学研究的影响，"心理学取向的社会心理学"素来有量化研究的传统。这一研究路径重视使用实验法等心理学方法对社会心理进行研究。早在20世纪八九十年代中国学界就产生了一大批使用量化方法进行研究的知名学者。与之形成鲜明对比的是，"社会学取向的社会心理学"并不是很重视量化方法的使用，该领域的经典研究多受到社会理论、文化研究等人文取向、宏观的研究范式的影响，因而并不以量化分析见长。但是2012年以来，随着量化方法的高速发展，"社会学取向的社会心理学"也开始注重采用量化方法进行研究，例如，对社会心态（如主观社会阶层）的研究，或对经典社会心理学理论（如集体行动理论）的验证。

近年来，量化史学的迅速发展也是令人瞩目的。量化史学是一个典型的跨学科交叉领域。出于对本学科研究议题的关注，以及部分学科内部的历史转向，经济学、政治学、社会学等不同学科的学者开始尝试使用量化方法对历史材料进行

---

① Goldthrope J H. Progress in sociology: The case of social mobility research [M] // Svallforss. Analyzing Inequality: Life Chances and Social Mobility in Comparative Perspective. Stanford University Press，2005：ch2.

分析，如李中清-康文林团队对人口现象、职业、教育与阶层问题的关注①。与依赖于大型社会调查的一般量化研究不同，量化史学研究往往需要根据选题对特定的历史材料进行收集与整理，并转化为可供量化研究使用的材料类型。因此，特定数据库的整理是量化史学研究的根基，而量化方法则成为量化史学研究的必需工具。随着计算社会科学的不断发展，量化史学开始使用一些更为复杂的量化方法进行分析（尤其是受到经济学的影响）。量化史学的发展仍然处于上升期，并且充满活力，可以预见的是，未来的量化史学领域会由于多学科的介入而保持其多元化的特征，并且反过来推动其他社会科学学科的发展。

2. 量化研究对于因果关系的强调

随着量化研究的发展，因果关系成为量化研究的核心问题。受到内生性问题的影响，量化研究的传统分析模型往往很难做出严格的因果推断。陈云松和范晓光②指出，遗漏偏误、自选择偏误、样本选择偏误和联立性偏误是四种主要的内生性问题来源。

为了解决内生性问题，做出更为严格的因果推断，学者们采用了多种不同的研究与模型处理策略，社会学领域最为常见的因果推断的方法包括工具变量法（instrumental variable，IV）、倾向值匹配（propensity score matching，PSM）、随机实验、面板数据固定效应模型（fixed effects model，FE）等。工具变量是一个典型的外生变量，它与内生变量强相关，与影响因变量的其他不可观测因素都不相关，因此只能通过内生变量这一唯一路径对因变量产生影响。比较典型的工具变量分为以下几类：集聚数据、物候天象、生老病死、距离与价格等。③倾向值匹配指的是通过倾向值（被研究的个体在控制可观测到的混淆变量的情况下受到某种自变量影响的条件概率）将受到自变量影响的个体与没有受到自变量影响的个体进行配对从而遏制选择性误差的方法。④随机实验的方法是因果推断的黄金方法，但是其操作条件严苛，并且面临社会科学的伦理问题挑战，因此在实际过程中往往难以实施。但是，在互联网背景下，作为一种准自然实验甚至自然实

① 康文林，李中清. 中国历史量化微观大数据：李中清-康文林团队40年学术回顾 // 付海晏. 大数据与中国历史研究：第4辑 [C]. 北京：社会科学文献出版社，2023.

② 陈云松，范晓光. 社会学定量分析中的内生性问题 测估社会互动的因果效应研究综述 [J]. 社会，2010，30（4）：91-117.

③ 陈云松. 逻辑、想象和诠释：工具变量在社会科学因果推断中的应用 [J]. 社会学研究，2012（6）：192-216，245-246.

④ 胡安宁. 倾向值匹配与因果推论：方法论述评 [J]. 社会学研究，2012（1）：221-242，246.

验，互联网社会实验同样可以高度控制实验条件，从而做出因果关系的推论。[1]
面板数据固定效应模型是社会学研究领域最为常见的解决内生性问题的统计模型
之一，但是与上述其他方法不同，面板数据固定效应模型只能解决一类内生性问
题，即不随时间变化且不可观测的内生性问题。除了上述最具影响力的一些方法
之外，还有一些学者也尝试使用其他方法来解决内生性问题，从而做出严格的因
果推断，如断点回归方法。

3. 大数据方法与计算社会科学的影响

（1）数据类型的更新。

大数据方法首先意味着数据类型的更新。与传统量化研究主要使用社会调
查数据不同，大数据包括地理信息系统（GIS）数据、文本大数据（如谷歌图书
（Google Books）等公开数据）、图片数据、音视频数据、特殊网络数据（如基于
时间戳的信息流的采集，如推特信息）等。上述全新的数据类型拓宽了社会科学
研究的视野，使得社会科学可以讨论一些全新的非传统议题，如互联网社交网络
对个体特征的影响。

首先，大数据方法带来了数据采集方式的变化，爬虫成为数据采集的重要途
径。网络爬虫是互联网数据信息采集的一种重要方式，其原理大致为利用自动化
的网络工具（网络爬虫）对海量的互联网信息进行自动提取与采集。在互联网时
代，网络（网页）往往蕴藏着海量的公开大数据信息，这些大数据信息可以被爬
取下来供社会科学研究。例如，程诚和任奕飞[2]爬取了中国某大型疾病众筹平台
的众筹项目数据，用于探究疾病众筹的社会经济地位差异；龚为纲等[3]爬取了社
交媒体大数据推特和在线舆情大数据 GDETL 等数据，用于探究疫情背景下的社
会情绪的演变机制。

其次，大数据方法还意味着多种不同类型数据的使用。GIS 数据是近年来较
为常见的一种数据形式，部分互联网平台常常搭载有非常具体与完整的地理信
息系统数据，如谷歌地图和谷歌地球数据引擎（Google Earth Engine，GEE）。这
些信息可以被采集下来进行空间分析与城市研究。例如，贺力等使用谷歌街景

[1] 林寒，罗教讲. 互联网社会实验研究：社会学研究的变革与进步：基于国外已有成果的
分析[J]. 科学与社会，2016，6（2）：67-84；孙秀林，陈华珊. 互联网与社会学定量研究[J].
中国社会科学，2016（7）：119-125.
[2] 程诚，任奕飞. 求助悖论：疾病众筹的社会经济地位差异[J]. 社会，2022（1）：124-156.
[3] 龚为纲，朱萌，陈浩. 重大疫情下社会情绪的演变机制：基于 Twitter 和 GDELT 等大数
据的分析[J]. 社会学研究，2023（3）：203-225，230.

（Google Street View）数据对暴力犯罪的问题进行了分析。[①] 文本大数据是另一种常见的大数据形式，文本信息不仅是最常见的互联网数据，也是最容易采集、处理、分析的大数据类型。社会学研究中常见的文本信息来源包括大型公开数据库或网页平台（如谷歌图书）、商业网站的公开信息（如亚马逊等购物平台）、社交媒体的发布内容（如微博、推特等社交媒体）等。还有一些其他类型的数据形式，如图片数据、音视频数据、信息流等，在近些年的一些国际研究中也被使用。但由于其处理难度与复杂性，国内学界对其的使用仍基本停留在引介阶段。

（2）统计方法的更新。

除了数据类型的更新之外，大数据方法与计算社会科学还引起了统计方法的更新。对于社会学而言，最为重要的计算社会科学研究方法包括机器学习、文本分析、计算机模拟、社会网络分析等。

机器学习是社会科学领域最为常见的大数据研究方法之一，其核心在于使用特定的数据与算法，模仿人类学习的方式，对数据进行聚类、降维或预测。聚类、降维或预测并非机器学习方法的专利，常见的传统量化方法，如聚类分析、因子分析、回归分析等，也以聚类、降维或预测为目标。不过，在大数据与机器学习算法的影响下，机器学习在聚类、降维或预测方面的准确度明显提高，这使得许多使用传统量化方法的学者或者新一代学者纷纷采用新的机器学习的方法开展研究（例如李连江[②]）。由于机器学习方法与传统量化研究的统计检验逻辑存在显著的差异，有学者根据机器学习的特性提出了一些新的研究范式或方法论。陈云松等[③]提出，基于机器学习的"社会预测"是与通过统计检验实现关联和因果分析的社会学定量研究传统不同的研究路径，这一路径受到大数据与机器学习算法的赋能，富有深刻的学术价值。基于社会预测的"计算扎根"指的是"借助机器学习和归因算法，按照因果是可预测性的充分不必要条件之原理，根据对因变量的预测力筛选出以往研究未曾关注的自变量，以提出新的理论假说"的方法[④]。由于机器学习的上述特性，它还能为因果推断提供支持，可以推动反事实建构过程及选择模型的延伸。[⑤]总而言之，机器学习不仅产生了新的研究方法，

① He L, Páez A, Liu D. Built environment and violent crime: An environmental audit approach using Google Street View[J]. Computers, Environment and Urban Systems, 2017（66）: 83-95.

② Li L J. Decoding political trust in China: A machine learning analysis[J]. China Quarterly, 2022, 249:1-20.

③ 陈云松，吴晓刚，胡安宁，等. 社会预测：基于机器学习的研究新范式 [J]. 社会学研究，2020（3）: 94-117，244.

④ 陈苗，陈云松. 计算扎根：定量研究的理论生产方法 [J]. 社会学研究，2023（4）: 50-73，227.

⑤ 同②.

还为传统的方法提供了更先进的技术支持。

  与机器学习相关的是基于自然语言处理的文本分析或情感分析。自然语言处理指的是让计算机理解、处理、生成、模拟人类的自然语言（日常用语），从而实现与人类进行自然对话的能力。自然语言处理常常采用机器学习或深度学习的方式来训练模型，研究者往往借助自然语言处理技术来进行文本分析或情感分析。例如，龚为纲等使用自然语言分析的大数据方法，进行了一系列文本分析与情感分析研究，他们运用推特，全球事件、语言和语气数据库（GDELT），红迪网（Reddit）等平台信息大数据，对社会情绪、社会舆论等议题进行了深入的分析。[①]

  计算机模拟是与机器学习完全不同类型的研究范式，在众多的计算机模拟技术中，社会仿真模型在社会科学领域最为常见。与机器学习等大数据方法不同，社会仿真模拟更偏向理论检验，其核心在于"社会涌现"（social emergence），即个体间的互动会导致个体特征与整体特征之间存在明显的差异。对于社会学而言，宏观与微观的层次连接一直是社会学所面对的重要问题，而社会仿真模拟恰恰提供了一种很好的方式对微观层次的个体特征与宏观层次的社会事实进行连接与解释。例如，吕鹏等使用社会仿真模拟的技术，对大型公共场所人类群体行为动态演化机制进行了模拟。[②]社会仿真模拟研究表明，计算社会科学方法对部分社会学研究领域（如群体运动）具有很强的启发作用。

  社会学素有采用社会网络分析（social network analysis，SNA）进行研究的传统，尤其是在社会资本领域。不过，随着计算社会科学的发展，社会网络分析逐渐发展为一种跨学科的研究方法，其影响力远远超出了社会学本身。它不仅可以采集与使用更为丰富与多样化的数据，而且发展出了更为复杂的算法与理论，因而在应用场景方面更为多元化。例如，社交媒体往往可以提供丰富且连续的自我（ego）与他人（alter）互动的信息。通过对这些信息进行社会网络分析的处理，我们可以对个体的活动与兴趣进行更充分的预测。[③]

① 龚为纲，张严，蔡恒进. 海外自媒体中涉华舆情传播机制的大数据分析：基于 Reddit 平台的海量舆情信息 [J]. 学术论坛，2017，40（3）：21-31；龚为纲，朱萌，陈浩. 重大疫情下社会情绪的演变机制：基于 Twitter 和 GDELT 等大数据的分析 [J]. 社会学研究，2023（3）：203-225，230.

② Lu P, Zhang Z, Li M D, et al.. Agent-based modeling and simulations of terrorist attacks combined with stampedes[J]. Knowledge-Based Systems, 2020, 205:106291.

③ Bagrow J P, Liu X, Mitchell L. Information flow reveals prediction limits in online social activity[J]. Nat Hum Behav, 2019（3）：122–128.

四、小结与讨论

50 年看似漫长，实则短暂。一个学科的发展殊为不易，往往需要几代人、多个源头的共同努力。统计学在社会学领域的传播和应用就反映了这一点。不同源头的力量、不同的发展领域一起合奏出全国不同院系和具体研究方向、环节上社会统计方法的应用和发展。受到学术单位及组织、国际环境、计算机技术条件、生源质量、教师队伍、调查数据可及性等多方面的影响，且由于不同时期发展面临不同的挑战，主要的推动主体存在一些差异。但可以看到，无论是专业重建时倚重的专家，还是逐渐成长起来的本土青年学者，西方先进统计理论和方法都是关键的源头。基于通用的科学语言，几代学人，无论是本土学者、留学归国人员还是普通学生，都能够基于统一的方法和规范开展研究和教学工作，推动社会研究、人才培养和学科事业的发展。

不得不承认，整体而言，除了一些创新性的使用外，社会学对于统计方法本身的发展的促进作用还非常有限。这与社会学从业者的数理统计学背景、算法及计算机能力不足有一定的关系。随着数字化转型的推进以及社会学影响力的扩大，相信会有越来越多基础能力更强的人才投身相关领域并做出创新（复旦大学胡安宁教授、南京大学陈云松教授、武汉大学龚为纲教授、中南大学吕鹏教授等已经开始在相关方向上做出创新性努力）。

由于能力和时间的限制，本章只是在我们可以公开获得的原始资料基础上所做的初步尝试，肯定遗漏了更多的人与事，即便是现有的人和事也可能有不准确的地方，而且对于现有史料的整理和分析总结还处于相对比较初浅的水平。希望这些工作能够给未来更好的研究提供一个初步的基础。

第三十一章
抽样调查[*]

一、新中国成立至改革开放初期抽样调查学术领域的回顾

关于新中国成立后，我国的政府统计工作在苏联专家的指导下，从 1955 年开始，在全国开展了两项较大规模的抽样调查，已经在第二十三章"20 世纪 50 年代的中印统计交流"中做了详细的介绍。对于这段抽样调查工作的学术评价，当年曾参与设计和实施的龚鉴尧撰文写道："这一时期抽样调查在我国的应用，还处于试点和初级阶段，多是采用"划类选点"型的有意抽样，即使一些叫做'类型抽样'或'机械抽样'的方案，在抽样方法上也给予很大的灵活性和随意性，并未严格按照随机原则来抽取样本。"①

国家统计局虽然从 1955 年开始实施抽样调查，但由于并未按照随机原则，因而推算的全国数据并不科学准确。例如在农民家庭收支调查中，先是用典型调查的方式在一个县的成百上千个初级社、高级社中选一两个作为代表，计算该社所有家庭的平均收入，并用这一平均数作为所有此类社（初级社或高级社）的收入。②显然，这一典型社的选取就成为数据代表性误差大小的关键。

从统计学术出版物来看，在 20 世纪 50 年代中期，先后在 1956 年和 1957 年由统计出版社翻译出版了苏联的两本教材。虽然教材中介绍了随机抽样的基本原理，但在我国的统计实践中，并没有完全按照随机抽样的原理组织实施。

---

* 民国时期的抽样调查理论与实践见本书第十七章中的"统计调查的兴起"。

① 龚鉴尧. 我国抽样法研究与实践的发展 [J]. 西安统计学院学报，1994（2）：7-14.

② 倪兴汉. 目前我国农业统计中运用非全面调查方法的一些问题 [J]. 统计工作，1957（8）：21-22.

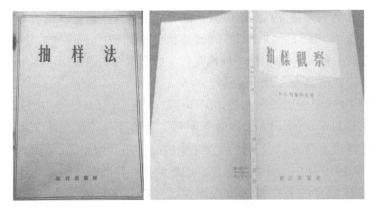

左［苏］斯塔罗夫斯基著、高拱宸译《抽样法》（1956）；右［苏］格兰科夫著、张文华译《抽样观察》（1957）

新中国成立后，我国统计学者自己编著的第一本抽样调查著述是邹依仁于1957年出版的《统计抽样法》（新知识出版社）。

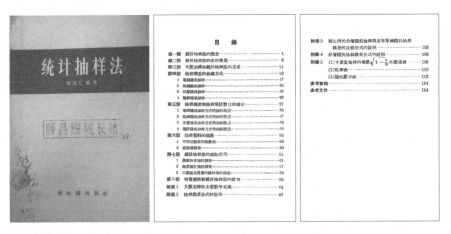

从目录来看，这本书的基本内容与今天应用统计方法中抽样调查的介绍差别不大。但迫于当时苏联统计理论决议极左思想的影响和压力，增加了第八章"对资产阶级统计抽样法的批判"。尽管存在时代的特征和局限性，但邹依仁的这本《统计抽样法》在社会经济统计领域第一次强调了随机抽样的重要性。而在此之前，人们将"典型调查"奉为统计调查之首。邹依仁在第一章"统计抽样法的概念"中这样写道："典型调查一般是主观地、有意识地抽选具有代表性的典型单位的。对社会现象的统计调查来说，在我国老解放区里以及全国解放后的几年中，曾经很多次采用过典型调查方法的。从这些典型调查，也得到一些实际所需要的资料，并且解决了一些具体问题，因而，对当时的情况来说，进行这些典型调查非但是必要的，而且在调查统计工作方面，也起着某些好的作用。在我国目

前业已进入社会主义建设高潮的时候，似应准备条件，逐步以科学的抽样调查来替代典型调查了。所以，抽样调查非但是非全面调查中最重要的一种，而且也是用途最广泛的一种。"[1]邹依仁巧妙地先肯定典型调查，再提出"逐步以科学的抽样调查来替代典型调查"，相当巧妙。

伴随着1956年底周恩来总理访问印度统计学院，1957年印度统计学家马哈拉诺比斯来华讲学访问，以及1958年吴辉、龚鉴尧赴印度统计学院访学，抽样调查理论的学习和普及以及抽样调查在中国的应用开始兴起，但随着1958年的"大跃进"和1959年中印关系的恶化，抽样调查的热潮在我国只是昙花一现。[2]

统计抽样调查的著作再次出版面世已经是"文化大革命"之后了。20世纪70年代末80年代初，统计学界与全社会一样，思想解放，迎来了学术繁荣的大好形势。统计抽样调查的著作和教材开始涌现，比较有代表性的有如下几部。

龚鉴尧的《抽样法浅说》（中国财政经济出版社，1981）是他1958年到印度统计学院学习访问后长期从事抽样调查实践的总结，十分适合统计实际工作的需要，是一本通俗易懂的好书。

1960年前后，许宝騄在北京大学开设了一个抽样调查的研讨班，为此编写了《抽样论讲义》，这是新中国成立后最早的抽样调查人才培养教材。他在讲义基础上，经过修改于1982年出版《抽样论》。该书是改革开放初期我国学者出版的抽样调查著作的代表作，适合理论研究。

龚鉴尧著《抽样法浅说》
（中国财政经济出版社，1981）

许宝騄著《抽样论》
（北京大学出版社，1982）

---

[1] 邹依仁. 统计抽样法 [M]. 上海：新知识出版社，1957：2.

[2] 详见本书第二十三章"20世纪50年代的中印统计交流"。

美国学者 W. G. 科克伦（W. G. Cochran）写的《抽样技术》一书是国际上公认的经典抽样调查教材，由我国学者张尧庭、吴辉翻译，1984 年出版。这本翻译教材对我国改革开放以后抽样调查的人才培养起了巨大促进作用，以后我国学者所写抽样调查教材的内容框架基本上都以这本书为参考。

此外，还有邹依仁、张维铭根据邹依仁 1957 年的《统计抽样法》改编的《统计抽样法》（上海人民出版社，1983）等。

［美］科克伦著《抽样技术》
（中国统计出版社，1984）

二、抽样调查有关问题的理论研究

抽样调查在我国有广泛应用，但抽样调查理论研究还很薄弱，以抽样调查为专业的研究人员数量不多，20 世纪 90 年代之前研究抽样调查理论问题的文章很少，90 年代后研究抽样调查的文献逐渐出现，截至 2021 年，关于抽样调查理论及方法应用的学术性文章有近 300 篇（笔者所查阅到的），按内容大体分为以下几个方面。

（一）基于设计和基于模型的抽样推断

用样本统计量对总体参数进行推断有两种方法体系：基于设计的推断和基于模型的推断。传统的抽样理论是基于设计的推断，随着现代统计方法的不断涌现，基于模型的推断被不断引入到抽样推断中。

基于设计的推断以随机化为基础，认为总体单元在目标变量上的取值是固定的，随机性仅仅体现在样本的选取上。由于不需要对目标变量的统计分布做专门的假设，因此，基于随机化理论的抽样推断基本属于无参数的推断方法。基于设计的推断研究内容比较广泛，涉及不同抽样方法的比较、不同估计量的比较、估计量的改进等。代表性文章有：

冯士雍，邹国华. 比估计的两个常用的方差估计量的小样本比较 [J]. 数学学报，1996，39（6）：764-776；

邹国华，周永正. 分层回归估计与分层比估计的方差性质 [J]. 统计研究，1996（5）：59-62；

冯士雍. 关于样本对总体代表性问题的认识与讨论：兼论抽样调查中辅助变

量的作用 [J]. 统计研究，2001（9）：30-34；

倪加勋，张勇. 调查内比估计效果的数据模拟分析：关于简单抽样设计与 PPS 系统抽样设计的比较 [J]. 统计研究，2005（11）：32-35；

卢宗辉，何诚颖，陶宏. 抽样方法的比较研究 [J]. 数量经济技术经济研究，2005（4）：60-66；

艾小青，金勇进. 放回抽样下 HT 估计量的性质及应用 [J]. 统计研究，2008（6）：88-92；

金勇进，王华. 序贯抽样在计算机辅助电话调查中的应用 [J]. 数理统计与管理，2006，25（6）：649-654。

基于模型的推断则是将总体取值视为随机，总体是从超总体模型中抽取的一个随机样本，对总体的推断效果取决于模型假设，与抽选样本设计无关。样本的入样过程具有无信息性是基于模型推断的基础。样本入样过程的无信息性指的是个体是否参与调查与目标变量的取值无关，如果样本入样过程与目标变量有关，基于模型的推断结果将是有偏的。事实上，基于模型推断是在淡化抽样设计作用的前提下进行的，这意味着该方法对揭示变量之间的相互关系具有一定的说服力，对样本概率特征的反映却不是很敏感。邹国华和冯士雍[1]对基于模型推断体系的思路和进展进行了综述，并介绍了对总体总值、总体均值、总体比值和总体比例的估计结果；艾小青和金勇进[2]以简单随机抽样和 PPS 抽样为例，讨论了基于模型推断体系的估计路径，并比较了基于设计与基于模型推断途径的不同；巩红禹和王丽艳[3]对基于模型的最优线性无偏估计进行了讨论，指出在特定的超总体模型下，最优线性无偏估计与基于抽样设计的估计是一致的；陈光慧和曹伟伟[4]结合广义差分估计原理提出了一种新型的半参数模型辅助抽样估计量，力图克服传统方法不能处理研究变量与相关辅助变量之间呈现非线性关系的缺点。近年来基于模型估计的文献更多地应用于小域估计和校准估计。鉴于这些领域的研究文献较多，下面单独介绍。

（二）域估计

抽样调查中经常涉及域估计的问题。域是对子总体的一种描述。进行域估计

---

[1] 邹国华，冯士雍. 超总体模型下有限总体的估计 [J]. 系统科学与数学，2007，27（1）：27-38.

[2] 艾小青，金勇进. 有限总体的估计：基于超总体模型 [J]. 统计教育，2009（2）：3-6.

[3] 巩红禹，王丽艳. 抽样调查中基于模型推断的思考 [J]. 统计与决策，2012（13）：12-16.

[4] 陈光慧，曹伟伟. 半参数乘积调整模型的抽样估计方法及应用研究 [J]. 数理统计与管理，2018，37（3）：449-458.

有两类方法：直接估计和间接估计。一般，在样本量充足且没有缺失数据的时候使用直接估计。李莉莉、冯士雍和秦怀振[①]研究了不放回追加策略下的域估计问题；吕萍和郭淡泊[②]对域估计中样本量问题进行研究，比较了比例分配、最优分配、内曼分配、等量分配和 Power 分配对估计的影响，并利用中国家庭追踪调查数据进行了实证分析。

域估计方法探讨更多地聚焦小域估计。小域并非单指目标参数估计的区域小，而是指落在特定估计区域的样本量少，直接估计无法满足推断的精度需要。解决的路径是收集多种辅助信息，利用模型进行间接估计。在该领域有代表性的文章包括：

金勇进，赵雪慧. 对抽样调查解决多层次估计问题的探讨 [J]. 统计研究，2003（12）：55-58；

吕萍. 小域估计的理论和最新进展 [J]. 统计与信息论坛，2009，24（5）：7-13；

吕萍. 基于对数变换的小域的稳健估计量 [J]. 统计与信息论坛，2010，25（12）：15-19；

国家统计局农村司课题组. 小域估计方法在小品种农作物播种面积统计中的应用 [J]. 统计研究，2012（9）：73-79；

朱钰，陈晓茹. 问卷分割设计的模拟研究：小域估计的一种应用 [J]. 统计与信息论坛，2014，29（10）：14-18；

李腾，魏传华，苏宇楠. 基于混合地理加权回归模型的小域估计 [J]. 数学的实践与认识，2017，47（22）：199-207；

李腾，魏传华，苏宇楠. 基于空间误差分量 Fay-Herriot 模型的小域估计 [J]. 统计与信息论坛，2018，33（11）：11-16；

贺建风，付永超，熊健. 基于分层贝叶斯广义线性模型的小域估计方法研究 [J]. 数理统计与管理，2019，38（2）：247-260；

李腾，魏传华，于力超. 基于混合地理加权 Fay-Herriot 模型的小域估计 [J]. 应用数学，2019，32（2）：339-348；

于力超. 基于模型的小域估计方法及其拓展：由单变量推广到多变量情形. 数理统计与管理，2019，38（3）：473-482；

王小宁. 小域估计在问卷分割中的应用研究 [J]. 统计与信息论坛，2021，

① 李莉莉，冯士雍，秦怀振. 不放回样本追加策略下域的估计 [J]. 统计研究，2007（6）：80-85.
② 吕萍，郭淡泊. 域的样本量分配方法研究 [J]. 统计与信息论坛，2018，33（5）：3-7.

36（9）：3-10；

巩红禹，王若男，王春枝. 小域估计及基准校正在贫困测度中的应用 [J]. 统计与决策，2021（10）：42-46。

（三）校准估计

自 1992 年塞恩达尔（Särndal）提出校准估计以来，国际上关于校准估计的研究发展迅速，国内也涌现出大量研究校准估计的文章。校准（calibration）是指利用辅助信息来调整样本权重，使得样本结构与总体结构一致，从而提高估计精度的推断方法。金勇进和张琅[①] 从抽样调查中项目无回答出发，讨论了校准估计处理无回答的思路、校准估计实施的步骤，指出校准法同样适用于处理单位无回答；刘建平和常启辉[②] 梳理了自校准估计法提出以来的研究成果，认为校准法的理论研究集中于最短距离法、工具向量法和模型校准法三种校准方法，应用上的研究体现在对简单参数和复杂参数的校准估计上，特别对小域估计、无回答、二重抽样等特定抽样问题和总体分位数、总体方差估计中校准估计法的具体应用做了重点介绍。

传统的广义回归抽样估计方法假设研究变量和辅助变量之间呈线性关系，因此当研究变量与辅助变量之间呈非线性关系时，传统校准法效果较差。马志华和陈光慧[③] 提出了一种基于非参数回归模型的校准估计量，论证了该估计量具有渐近无偏性、一致性和渐进正态性等优良的统计性质；毕画和伍业锋[④] 提出了基于非参数核回归的校准法；罗薇和董振宁[⑤] 在 Spencer 模型的基础上进行扩展，引入了反映辅助变量和调查变量相关关系的广义回归估计量，构建了校准加权设计效应的一般模型；贺建风、陈茜儒和陈飞[⑥] 构建了完全辅助信息下的非参数模型校准估计方法体系，提出了基于局部多项式和惩罚样条两种具体类型的非参数模

---

① 金勇进，张琅. 处理无回答的校准估计 [J]. 统计研究，2002（6）：32-36.
② 刘建平，常启辉. 抽样调查中的校准估计法 [J]. 统计研究，2014（12）：92-100.
③ 马志华，陈光慧. 基于局部多项式回归的模型校准抽样估计研究 [J]. 数理统计与管理，2016，35（1）：47-56.
④ 毕画，伍业锋. 混合类型辅助变量下模型校准抽样估计研究 [J]. 统计研究，2017（9）：120-128.
⑤ 罗薇，董振宁. 基于广义回归估计的校准加权设计效应模型研究 [J]. 数理统计与管理，2020，39（1）：69-79.
⑥ 贺建风，陈茜儒，陈飞. 完全辅助信息下非参数模型校准估计方法研究 [J]. 统计与信息论坛，2020，35（11）：23-32.

型校准估计量；金勇进和刘晓宇[①]通过 RG 法调整降低了最终权数的变异性，加权估计量具有更小的偏差、标准误差和均方误差根，具有渐近无偏性和渐近一致性；同时，在校准法的应用方面，马志华和陈光慧[②]通过对辅助信息的不同组合形式，提出了轮换样本连续性抽样调查条件下的校准组合估计量及其方差估计；贺建风[③]按照分离抽样框与组合抽样框估计方法的思路，将最短距离校准估计量引入基于多重抽样框的抽样调查体系中；陈光慧[④]基于多阶连续抽样调查，建立了各种类型的超总体回归模型进行模型辅助的广义加权回归抽样估计，给出了具体的回归估计步骤和结果；吴默妮和陈光慧[⑤]提出了平衡变量信息完整及不完整情形下的广义平衡抽样，用以解决传统平衡抽样存在的问题。

（四）缺失数据

缺失数据与数据删失不同。缺失数据指调查或实验中各种原因造成的数据缺失，在抽样调查领域缺失数据主要是调查中的无回答造成的。在社会经济的调查中无回答是一种常见现象，所以对缺失数据的研究就成为抽样调查领域的研究主题之一。

对调查中缺失数据的研究文献可以分为三个方面：一是关于缺失数据对统计推断的影响；二是缺失数据出现后的补救方法；三是如何对缺失数据的偏差进行校正。这些方面的代表性研究文章有：

金勇进. 统计调查中的缺失数据及补救 [J]. 统计研究，1996（1）：39-44；

金勇进. 缺失数据的偏差校正（系列三）[J]. 数理统计与管理，2001，20（4）：58-60；

赵存存. 抽样调查中缺失数据的处理 [J]. 中国对外贸易（英文版），2012（8）：455。

虽然对缺失数据有多种处理方法，但插补法的应用最广泛，也是学者们讨论的重点，这方面的文章有：

① 金勇进，刘晓宇. 不可忽略的无回答机制下的校准研究 [J]. 统计与信息论坛，2020，35（8）：3-10.

② 马志华，陈光慧. 基于轮换样本连续性调查的校准组合估计方法研究 [J]. 数理统计与管理，2017，36（4）：641-650.

③ 贺建风. 基于多重抽样框的校准估计方法研究 [J]. 统计研究，2018（4）：104-116.

④ 陈光慧. 多阶连续抽样设计下广义加权回归估计方法研究 [J]. 数理统计与管理，2019，38（6）：996-1004.

⑤ 吴默妮，陈光慧. 广义平衡抽样及其模型辅助估计方法研究 [J]. 统计研究，2021（6）：128-144.

刘礼. 缺失数据的插补方法及相应的 Jackknife 方差估计 [D]. 北京：中国科学院数学与系统科学研究院，2003；

杨军. 抽样调查中缺失数据的插补方法研究 [D]. 北京：中国科学院数学与系统科学研究院，2006；

杨军，赵宇. 使用回答概率的回归插补 [J]. 工程数学学报，2008，25（4）：616-622；

于力超. 纵向调查中缺失数据的来源及插补调整方法 [J]. 中央民族大学学报（自然科学版），2017，26（3）：32-36。

以上文献主要讨论单一插补方法，即给缺失数据插补一个数值。在单一插补方法的基础上，研究进一步拓展到多重插补方法，即给缺失数据插补多个数值。有关多重插补研究的代表性文献有：

庞新生. 分层随机抽样条件下缺失数据的多重插补方法 [J]. 统计与信息论坛，2009，24（5）：19-21；

于力超. 基于联合模型法和完全条件法的分层多重插补方法研究 [J]. 数理统计与管理，2018，37（4）：639-651；

程豪. 逆概率加权多重插补法在中国居民收入影响因素中的应用研究 [J]. 统计与信息论坛，2019，34（7）：26-34。

此外，采用模型方法处理缺失数据也是研究的一个方面，这方面的主要文献有：

杨军，赵宇. 辅助变量不完全情形下的回归插补及其方差估计 [J]. 系统工程理论与实践，2008（1）：146-150；

于力超，金勇进. 基于分层模型的缺失数据插补方法研究 [J]. 统计研究，2018（11）：93-104；

于力超. 基于联合模型法和完全条件法的分层多重插补方法研究 [J]. 数理统计与管理，2018，37（4）：639-651。

缺失数据机制描述了缺失数据与目标变量值之间的关系。不同的处理缺失数据的方法都是建立在缺失数据机制的某种假定上。这意味着，缺失数据机制不同，处理方法的选择就有所不同。孙婕、金勇进和戴明锋[①]讨论了不同的数据缺失机制（MCAR、MAR 和 NMAR）的检验识别方法。一般来说，完全随机缺失（MCAR）和随机缺失（MAR）机制下处理缺失数据的方法较多，相对容易，而非随机缺失（NMAR）较难，因为数据是否缺失与其自身数值有关，基于随机

---

① 孙婕，金勇进，戴明锋. 关于数据缺失机制的检验方法探讨 [J]. 数学的实践与认识，2013，43（12）：166-173.

的插补方法无法消除估计量的偏差。于力超和金勇进[1]针对非随机缺失数据机制的面板数据，阐述了如何利用基于模型的似然推断法进行统计分析。于力超[2]在非随机缺失机制假定下研究了几种基于模型的参数似然估计方法，包括模式混合模型法和选择模型法，对单调缺失模式下含缺失纵向调查数据给出了参数估计的范例。

（五）抽样框

抽样框是进行概率抽样的基础信息。对抽样框问题的讨论是抽样调查理论方法问题研究的一个重要方面。在现有文献中抽样框问题讨论涉及的内容主要有：缺欠抽样框带来的偏误；抽样框误差的模型测定；抽样框误差的控制及调整方法。代表性文献主要有：

金勇进. 抽样框偏误及调整 [J]. 统计研究，1995（3）：33-37；

赵绍忠. 对丢失目标总体单元抽样框误差一种补救方法的探讨 [J]. 统计研究，2004（12）：40-42；

庞智强，牛成英. 非抽样误差函数的构建：基于不完备抽样框下无回答误差的讨论 [J]. 统计与信息论坛，2013，28（12）：15-19。

解决抽样框问题的另一个思路是构造双重或多重抽样框，将几个抽样框结合起来，其中既包括抽样设计问题，也包括不同抽样框下估计量的结合问题。这方面的研究文献主要有：

贺建风. 基于双重抽样框的抽样估计方法研究 [J]. 统计研究，2011（12）：89-96；

贺建风，刘建平. 基于双重抽样框的二阶段抽样调查方法研究 [J]. 统计与信息论坛，2011，26（5）：7-12；

贺建风. 基于多重抽样框的连续性抽样估计方法研究 [J]. 统计研究，2012（10）：105-112；

万舒晨，金勇进. 大数据背景下小微企业多重抽样框应用研究 [J]. 数量经济技术经济研究，2018，35（9）：126-140；

高詹清，刘艺璇，贺建风. 大数据背景下多重抽样框方法探讨 [J]. 统计与决策，2020（1）：5-9。

---

[1] 于力超，金勇进. 含非随机缺失数据的面板数据参数估计方法 [J]. 统计研究，2016（1）：95-102.

[2] 于力超. 非随机缺失机制下基于模型的参数似然估计方法研究 [J]. 数理统计与管理，2019，38（6）：977-985.

此外，随着互联网的不断发展和网络调查方式的兴起，徐浪[1]针对网络调查中的抽样框误差进行了讨论，提出相关控制及调整方法；朱钰和王恬[2]提出了构建动态抽样框的思路。

（六）事后分层

分层随机抽样是一种应用广泛的抽样技术，但由于各种原因，抽样时没有或者无法进行事先分层，从而不得已而采用事后分层。使用事后分层的另一个背景是源于某种研究目标而特意进行事后分层抽样设计。如何进行事后分层，以及事后分层后如何使用数据进行估计就成为一个讨论的话题。郭世琪和冯士雍[3]介绍了简单随机抽样的事后分层技术和不等概率抽样的事后分层技术，以及其在交通运输调查中的应用；随后，冯士雍和邹国华[4]给出了系统抽样、放回不等概率抽样及二阶不等概率抽样情况下总体均值的事后分层估计、估计量的方差和它们的无偏估计；胡英[5]结合实际讨论了处理我国人口抽样调查数据时如何运用事后分层技术进行分析。

事后分层技术和其他抽样方法、估计方法结合开辟了更广泛的应用场景。庞新生[6]对多目标双重事后分层抽样中辅助变量的选择提出了改进方法；李莉莉[7]给出了系统抽样事后分层情形下域的目标估计量的估计及其方差；高岩[8]提出了一种使用因子分析和聚类分析技术的事后分层抽样设计方案，力图平衡抽样精度和调查费用的关系；艾小青[9]利用事后分层的层内单元相似性，对适应性整群抽样的估计方法进行研究，构造了一种新的无偏估计量，并证明了新估计量效率的提高。

---

① 徐浪. 网络调查中抽样框误差的矫正处理 [J]. 统计与决策，2006（4）：35-37.

② 朱钰，王恬. 网络数据环境下动态抽样框的构建及其应用 [J]. 统计与决策，2019（2）：5-8.

③ 郭世琪，冯士雍. 事后分层方法及其在交通运输抽样调查中的应用 [J]. 数理统计与管理，1994，13（6）：1-5.

④ 冯士雍，邹国华. 在几种常见的抽样方案下的事后分层 [J]. 应用数学学报，1997，20（2）：228-236.

⑤ 胡英. 事后分层方法在人口抽样调查数据分析中的应用 [J]. 人口研究，1997（6）：51-54.

⑥ 庞新生. 多目标双重事后分层抽样中辅助变量的选择 [J]. 统计与信息论坛，2001，16（2）：63-64，77.

⑦ 李莉莉. 系统抽样事后分层情形下域的估计 [J]. 青岛大学学报（自然科学版），2004，17（2）：13-17.

⑧ 高岩. 基于多元分析的多变量事后分层抽样方案设计 [J]. 统计与决策，2010（22）：8-10.

⑨ 艾小青. 适应性整群抽样下的事后分层估计 [J]. 统计与决策，2016（1）：16-18.

在使用多个分类变量对样本进行交叉事后分层时，会面临边缘总值已知、交叉格子数值未知的不完全事后分层问题。钟卫和袁卫[①]对不完全事后分层问题进行了总结，给出了两个经典的估计量，即搜索比率估计量和广义搜索比率估计量；随后，钟卫、袁卫、黄向阳[②]提出了序贯调整估计量也可以解决不完全事后分层的问题，由于其估计量构造与形式简单，对有效利用辅助信息和解决样本无回答问题具有启发性意义。

（七）政府统计中的抽样调查

抽样调查在我国政府统计中得到了广泛应用，但也面临许多问题。龚鉴尧[③]按新中国成立前、新中国成立后至"文化大革命"前、改革开放之后三个时间段，较全面地介绍了 20 世纪抽样调查方法在我国的研究与应用，并对抽样调查应用中存在的问题提出了相应的对策建议；冯士雍和龚鉴尧[④]对上述问题展开进一步阐述；冯士雍[⑤]总结了抽样调查应用与理论的若干前沿热门问题，分析了中国抽样调查的实践与理论研究所面临的主要问题；金勇进和戴明锋[⑥]对我国政府抽样调查的发展情况进行了梳理，从体制和技术方面分析了我国政府现行抽样调查存在的问题，并提出了相应的改革建议；胡英[⑦]针对我国人口普查和人口变动抽样调查存在的问题，提出了人口统计改革的设想，探讨了具体的解决办法。这些文章基本上属于结合抽样调查发展对问题进行梳理、提供对策建议的文献。

实践中政府统计的抽样调查主要面临几个热点问题：一个热点问题是抽样调查如何满足政府多层次管理的需要。从抽样理论看，抽样调查适用于规模大的目标总体，目标总体规模越小，抽样调查效率越低。而我国是多级管理，从最高的中央政府到省级、地市级、县级乃至街道乡镇，如果每个管理层级都需要依赖抽样调查数据，就会形成层层抽样，抽样的优势也会丧失殆尽。针对这个问题的研究文献主要有：

---

① 钟卫，袁卫. 对不完全事后分层的估计 [J]. 数理统计与管理，2006，25（3）：329-334.

② 钟卫，袁卫，黄向阳. 序贯调整估计量：不完全事后分层估计的新方法 [J]. 数理统计与管理，2007，26（5）：802-808.

③ 龚鉴尧. 我国抽样法研究与实践的发展 [J]. 西安统计学院学报，1994（2）：7-14.

④ 冯士雍，龚鉴尧. 我国抽样法研究与实践的发展（续）[J]. 西安统计学院学报，1995（1）：12-19.

⑤ 冯士雍. 抽样调查应用与理论中的若干前沿问题 [J]. 统计与信息论坛，2007，22（1）：5-13.

⑥ 金勇进，戴明锋. 我国政府统计抽样调查的回顾与思考 [J]. 统计研究，2012（8）：27-32.

⑦ 胡英. 关于人口统计调查方法体系存在的问题和改革设想 [J]. 统计研究，2018（4）：94-103.

金勇进，赵雪慧. 对抽样调查解决多层次估计问题的探讨 [J]. 统计研究，2003（12）：55-58；

栾文英. 永久随机数在多层次调查中的应用 [J]. 统计与信息论坛，2006，21（4）：32-36；

吕萍. 关于抽样调查中多层次调查问题的探讨 [J]. 统计与决策，2012（12）：9-11；

孙婕，金勇进，戴明锋. 我国政府统计中多层次推断问题讨论 [J]. 统计研究，2013（9）：3-9。

解决多层次问题的一种技术方法是样本追加。样本追加体现的思想是不搞"一刀切"，哪个层级有调查数据需求，就在哪个层级实施样本追加，谁需要，谁出资，谁受益。在样本追加方面存在一些理论问题，这方面的研究文献主要有：

李莉莉，冯士雍，秦怀振. 不放回样本追加策略下域的估计 [J]. 统计研究，2007（6）：80-85；

艾小青，金勇进. 域内不放回样本追加的性质分析 [J]. 统计与信息论坛，2009，24（4）：7-11；

李莉莉. 基于 Brewer 抽样的不放回样本追加策略下域的估计 [J]. 数理统计与管理，2017，36（4）：651-660；

巩红禹，陈雅. 改进样本代表性的多目标追加平衡设计 [J]. 统计研究，2018，35（12）：113-122；

万舒晨. 小微企业抽样调查的样本追加研究 [J]. 调研世界，2020（4）：49-55。

政府统计中的抽样调查一般表现为连续性调查，以获取横截面和时间序列的数据，反映社会经济不断变化和发展。如何完善连续性抽样调查设计，探讨与之相适应的估计方法是政府统计抽样调查的另一个热点问题。这方面的研究文献主要有：

张荷观. 连续调查的整群抽样 [J]. 数理统计与管理，2006，25（1）：47-51；

陈光慧，刘建平. 我国经常性抽样调查体系改革研究 [J]. 统计研究，2010（10）：3-8；

陈光慧，刘建平. 连续性统计调查设计及其估计方法研究 [J]. 暨南学报（哲学社会科学版），2010，32（2）：44-49；

陈光慧. 连续性抽样调查理论研究综述 [J]. 数理统计与管理，2012，31（3）：426-433；

陈光慧，刘建平. 我国农村住户连续性抽样调查方案设计 [J]. 统计研究，

2013（2）：80-87；

　　高莉菁. 连续性抽样调查中总体均值的估计 [J]. 统计与决策，2015（1）：87-90；

　　陈光慧，杨槟羽. 连续性抽样的时间序列估计方法研究进展及应用 [J]. 企业经济，2018（5）：167-172。

　　在连续性抽样调查中一个重要的技术问题是样本轮换。样本轮换是避免样本老化的重要举措，涉及的问题较多，故有多篇论文讨论这个问题。体现研究内容不同侧面的文章主要有：

　　俞纯权. 周期性抽样调查的最优样本轮换率 [J]. 统计研究，1995（6）：56-58；

　　冯士雍，邹国华. 有辅助信息可利用时的样本轮换方法 [J]. 统计研究，1996（3）：62-68；

　　赵俊康. 考虑偏差时的样本轮换问题研究 [J]. 山西财经大学学报，2001（4）：100-102；

　　杜子芳，刘爱芹. 样本轮换的实施效果分析 [J]. 统计研究，2002（6）：38-40；

　　孙山泽，姜涛. PPS 样本的轮换抽样 [J]. 数理统计与管理，2002，21（4）：61-64；

　　戚少成. 抽样调查的样本轮换方法研究 [J]. 统计研究，2004（3）：20-24；

　　卢宗辉，陈仁恩. 社会经济调查中的样本轮换问题研究 [J]. 广播电视大学学报（哲学社会科学版），2005（1）：82-85；

　　侯志强. 中国劳动力调查的另一种四层次样本轮换方法 [J]. 统计研究，2008（6）：93-96；

　　侯志强. 季度调查的一种平衡三层次样本轮换模式 [J]. 数理统计与管理，2008，27（4）：617-621；

　　张宁. 分层抽样下的样本轮换理论研究 [J]. 统计与信息论坛，2008，23（4）：33-36；

　　徐国祥，王芳. 连续性抽样调查中的样本轮换研究 [J]. 统计研究，2011（5）：89-96；

　　万舒晨，金勇进. 小微企业抽样调查的样本轮换 [J]. 统计与信息论坛，2016，31（11）：14-19。

　　将模型估计与样本轮换模式相结合是近些年样本轮换问题讨论的一个趋势，主要的相关文章有：

　　陈光慧，刘建平. 基于平衡单水平轮换的连续性抽样估计方法研究 [J]. 统

计研究，2008（10）：81-85；

陈光慧，刘建平. 二维平衡单水平轮换设计及其广义组合估计方法研究 [J]. 数理统计与管理，2011，30（4）：696-704；

陈光慧，刘建平. 三维平衡多水平轮换设计及其连续性估计方法研究 [J]. 统计研究，2009（11）：100-105；

刘建平，陈光慧. 基于卡尔曼滤波估计的连续性抽样调查研究 [J]. 统计研究，2009（4）：80-84。

我国政府部门进行的抽样调查通常都是总体覆盖范围大，研究目标变量多，采用多种抽样方式组合，进行多阶段的抽样调查。对于这种复杂样本估计量而言，方差估计是其中的难点，由此也引发了一些讨论。讨论主要围绕计算估计量方差的技术方法，而重抽样思想是不同技术方法的核心。郑京平在其文章[1]中介绍了复杂样本估计量方差的 Boostrap 估计方法，这是在我国较早运用重抽样方法解决方差估计的介绍性文献；施锡铨[2]较为详细地介绍了 Boostrap 及其研究动态，包括相合性、Boostrap 逼近的精确性、线性回归模型的 Boostrap、区间估计以及非独立同分布情况及其他"修改"Boostrap；孟杰等[3]讨论了适用于我国人口抽样调查的 Boostrap 方差估计方法；金勇进、侯志强、薛芳[4]结合我国劳动力抽样调查方案设计，论证了在该项调查中使用刀切法（jackknife）进行方差估计的路径，提出了三种划分随机组的方法；吕萍[5]阐述了 Fay 平衡半样本方法的基本理论及应用，对应用中存在的问题进行了讨论；杨贵军和吴洁琼[6]对 πps 抽样的霍维茨－汤普森估计量（也称 HT 估计量）方差进行了研究，发现了有利于发挥 Pareto πps 抽样 HT 估计量方差的条件，并将其应用于我国农业抽样调查数据分析。

在大范围的复杂样本统计推断中权数是一个重要问题，在抽样中权数的功能是"扩张系数"，将样本还原到总体。由于抽样的随机性，可能会出现样本结构与总体结构不一致。这需要通过对样本单元权数的调整，实现样本结构与总体

① 郑京平. Bootstrap 方法在复杂抽样中的应用 [J]. 统计研究，1987（1）：55-60.

② 施锡铨. 关于 BOOTSTRAP 的回顾 [J]. 应用概率统计，1987（2）：167-177.

③ 孟杰，沈文静，杨贵军，等. 复杂抽样的 Bootstrap 方差估计方法及应用 [J]. 数理统计与管理，2021，40（2）：266-278.

④ 金勇进，侯志强，薛芳. 刀切法在我国劳动力调查方差估计中的应用 [J]. 统计研究，2007（1）：75-78.

⑤ 吕萍. Fay 平衡半样本的方差估计的基本理论和应用 [J]. 数理统计与管理，2013，32（3）：425-432.

⑥ 杨贵军，吴洁琼. Pareto πps 抽样的 Horvitz-Thompson 估计量方差研究 [J]. 系统科学与数学，2021，41（4）：1150-1163.

结构的一致。金勇进和张喆[1]对权数问题进行了讨论，论述了大规模抽样调查样本单元权数的计算方式和权数的调整方法，论证了权数差异过大可能带来的负效应，以及在权数调整时为避免权数差异过大可以采用的控制方法；王小宁[2]结合"第四次中国城乡老年人生活状况抽样调查"的具体案例，对样本权数进行了测算，根据权效应对权数进行了调整和控制，利用刀切法对相关统计量的标准误差和变异系数进行了对比分析，验证了权数控制在提高精度方面的有效性；金勇进和刘晓宇[3]通过机器学习中的聚类算法进行调查中无回答权数调整，着重考察了在不可忽略的无回答机制下权数调整的估计效果，并利用 2015 年中国综合社会调查（CGSS）数据进行了实证分析，表明在不可忽略无回答机制下，用机器学习聚类算法调整权数，能有效控制无回答偏差，得到变异性小的最终权数和性质优良的目标变量估计。

近年来，将权数与非概率样本统计推断结合是一个比较热的话题。

（八）非概率样本的统计推断

权数是入样概率的倒数。在概率抽样条件下样本单元的入样概率可以求得，将调查值与样本单元权数相结合，从而实现对目标量的估计。在非概率抽样中样本统计量的分布未知，无法计算样本权数，因而传统的抽样理论认为非概率样本无法进行统计学意义上的推断。

大数据背景下的抽样，特别是雨后春笋般出现的网络抽样调查，很多情况下属于非概率样本。这些样本可以折射总体中的有关信息，但不具备统计推断的理论基础。对于大数据背景下的抽样调查而言，如何对非概率样本进行统计推断是一个巨大的挑战。

从目前情况看，这方面的研究主要沿两条路径发展：一条是在一定假设条件下为非概率样本构造权数，赋予其概率样本的特征；另一条是依据模型推断的原理，将总体视为从超总体模型中抽取的一个随机样本，从而淡化抽样设计，淡化入样概率。

在非概率样本的权数构造方面，刘展[4]对自选式网络调查的样本形成和统计

① 金勇进，张喆. 抽样调查中的权数问题研究 [J]. 统计研究，2014（9）：79-84.

② 王小宁. 权数在人口抽样调查估计中的应用研究 [J]. 统计与信息论坛，2019，34（12）：9-15.

③ 金勇进，刘晓宇. 基于机器学习聚类的无回答权数调整研究 [J]. 调研世界，2020（10）：11-19.

④ 刘展. 自选式网络调查的统计推断研究 [J]. 暨南学报（哲学社会科学版），2015，37（9）：106-111，164.

推断进行讨论，对网络调查总体均值、总量的估计及其性质给出了相应的推导证明，采用倾向得分的方法对权数进行调整，修正了之前的估计。金勇进和刘展[1]提出了解决大数据背景下非概率抽样推断问题的基本思路，采用匹配、链接等方式增加样本的概率特征；对权数进行构造，基于伪设计、模型和倾向得分等方法得到了类似于概率样本的权数；采用了基于伪设计、模型和贝叶斯的混合概率估计。米子川和聂瑞华[2]在介绍非概率抽样方法的基础上，结合互联网调查的特点，讨论了如何使用非概率抽样方法。刘展[3]尝试了基于倾向得分多层模型的伪权数构造法和基于倾向得分广义线性模型的伪权数构造法。张春丽[4]尝试了基于广义 Boosted 模型的倾向得分伪权数构造法。王俊和刘展[5]利用逆倾向得分加权法，构造了综合估计量。

除了上面提及的利用各类模型构造伪权数，非概率样本模型推断方面的主要文献还有：金勇进和郝一炜[6]提出利用基于模型的推断方法结合配额抽样实现非概率样本的统计推断，其思路是先设定线性回归形式的超总体模型，再利用配额样本观测数据拟合模型估计未知参数，进而利用模型对非观测单元进行预测。潘莹丽和刘展[7]研究了非概率样本的模型辅助校准估计方法。贺建风和李宏煜[8]针对现有社交网络抽样算法忽略了网络内部拓扑结构、抽样效率过低等缺陷，提出了一种聚类随机游走抽样算法，丰富了社交网络下抽样方法的研究。侯兰宝和邓严林[9]提出将非概率样本与概率样本结合为一个混合样本，利用校准模型对非概率样本构造伪权数，并利用混合样本数据推断总体。

---

① 金勇进，刘展. 大数据背景下非概率抽样的统计推断问题 [J]. 统计研究，2016（3）：11-17.

② 米子川，聂瑞华. 大数据下非概率抽样方法的应用思考 [J]. 统计与管理，2016（4）：11-12.

③ 刘展. 基于倾向得分多层模型的非概率抽样统计推断 [J]. 统计与决策，2018（23）：11-15；刘展. 基于倾向得分广义线性模型的非概率抽样统计推断研究 [J]. 数学的实践与认识，2018，48（16）：175-184.

④ 张春丽. 基于 Boosted 方法的大数据网络样本数据建模 [J]. 电脑知识与技术，2019，15（27）：277-278.

⑤ 王俊，刘展. 概率 - 非概率混合样本的统计推断问题研究 [J]. 数理统计与管理，2021，40（6）：1069-1079.

⑥ 金勇进，郝一炜. 非概率样本的模型推断. 数学的实践与认识，2019（5）：246-255.

⑦ 潘莹丽，刘展. 非概率样本模型辅助校准估计方法 [J]. 统计与决策，2021（22）：5-10.

⑧ 贺建风，李宏煜. 大数据背景下基于社交网络的聚类随机游走抽样算法研究 [J]. 统计研究，2021（4）：131-144.

⑨ 侯兰宝，邓严林. 基于校准的伪权数构造与混合样本推断 [J]. 统计与决策，2021（12）：5-9.

（九）平衡抽样和空间抽样

随着抽样技术的理论发展和在实际工作中的广泛应用，在抽样和估计过程中使用更加丰富的统计信息成为学者关注的热点。在这个背景下，平衡抽样和空间抽样成为这一领域具有代表性的抽样方法。

如果样本辅助向量的霍维茨－汤普森估计量等于辅助变量的总体总量，则称样本是平衡的，即样本各个维度的结构与总体结构高度吻合，这类样本就具有较高的估计效率。获取平衡样本的方式很多，在特定方式下抽取平衡样本称为平衡抽样设计。空间抽样的概念源于自然资源的调查，这类调查的特征是被调查总体在空间中构成连续分布的总体，难以划定抽样框，而且总体单元之间存在空间相关性。地理学家利用地理信息系统将地理空间切割，进而进行抽样。在社会经济领域调查中运用空间抽样和传统概率抽样结合较好的案例是农产量抽样调查。无论是平衡抽样还是空间抽样，核心都是充分利用高质量的辅助信息进行样本抽取和统计推断。关于平衡抽样讨论的文献主要有：

巩红禹，金勇进. 住户调查中代表性样本的一种探索获取方法：平衡抽样设计 [J]. 统计研究，2015（9）：84-90；

巩红禹. 规模以下工业抽样调查中代表性样本的一种探索设计：平衡抽样设计 [J]. 统计与信息论坛，2017，32（4）：8-15；

吴默妮，陈光慧. 广义平衡抽样及其模型辅助估计方法研究 [J]. 统计研究，2021（6）：128-144；

巩红禹，张士琦，王春枝. 基于分层平衡抽样的多目标代表性样本设计：以住户调查为例 [J]. 统计与信息论坛，2021，36（2）：36-44。

关于空间抽样，以及将空间抽样、平衡抽样进行组合的研究文献主要有：

姜成晟，王劲峰，曹志冬. 地理空间抽样理论研究综述 [J]. 地理学报，2009，64（3）：368-380；

郝一炜，金勇进. 经济社会调查中的空间平衡抽样设计 [J]. 统计与信息论坛，2018，33（11）：3-10；

李毅，成海美，米子川. 适应性网络空间抽样的设计及估计研究 [J]. 统计研究，2019，36（4）：95-105；

郝一炜，金勇进. 地理坐标信息参与下的空间平衡抽样设计 [J]. 数理统计与管理，2020，39（6）：978-989。

三、抽样调查的应用

抽样调查在我国的应用非常广泛，按实施调查的主体，可以分为政府统计中的抽样调查、市场调查行业的抽样调查、民间机构的抽样调查。

（一）政府统计中的抽样调查

1949 年以前，抽样调查在我国的应用很少，有关抽样理论与方法的研究也不多见，介绍抽样知识的著作则更少。抗日战争期间，清华大学陈达主持的国情普查研究所曾在云南环湖户籍示范区进行人口普查，具体工作由戴世光负责，普查后又用抽样方法抽查部分人口以核对其准确性。这是中国首次在自己的学者主持下按现代抽样方式进行的调查，是一次有益的尝试。

新中国成立后，为满足指导社会主义建设的需要，进行了农产量抽样调查和农民家计调查。为掌握粮食生产情况，搞准农产量统计数据，1953 年 5 月，陕西省统计局会同省计委、农业厅等部门，在三原、澄城、华县、武功等六县进行夏田小麦测产工作。虽然这还不是真正意义上的抽样调查，但是已经具备抽样调查的思想。1954 年 5 月，陕西省人民政府发出《为切实做好小麦产量调查工作的指示》。此后，农产量调查工作陆续在陕西省各地普遍开展。1962 年末到 1963 年初，全国农产量调查总队和各省份分队纷纷成立，并于 1963 年开展了农作物产量抽样调查试点工作，这标志着全国性农产量抽样调查的开始。

1955 年 1 月，国家统计局颁发了 1954 年农民家计调查方案和进行农民家计调查工作的决定，要求各地进行一次性的 1954 年度农民家计调查工作。1956 年 2 月 11 日，国家统计局发出《关于开展全国职工家计调查的通知》，开始建立全国统一的、经常性的职工家计调查制度。1963 年，国务院正式颁布了《统计工作试行条例》，规定统计部门要 "灵活地运用各种统计方法，包括全面调查、重点调查、抽样调查、典型调查，等等"。但总体而言，在改革开放之前，我国抽样调查项目较少，主要集中在农产量调查和家计调查。抽样调查的理论指导也不够，仅有 1957 年邹依仁出版了《统计抽样法》一本抽样著作，以及 1960 年前后许宝騄在北京大学主持了一个有关抽样调查的研讨班。"文化大革命" 中抽样调查因被视为 "以偏概全" 而遭到否定，抽样调查项目停滞。

改革开放以后，随着我国商品市场和市场经济的迅速发展，抽样调查有了更广泛的社会需求，社会认知也为抽样调查的推广应用提供了较好的外部环境。1979 年 3 月，在国家统计局召开的全国统计局长会议上，抽样调查的科学性和

重要性重新得到肯定。同年，国家统计局制定并颁发试行了农村经济调查方案，于 1979 年当年首先恢复农民家计抽样调查，到 1984 年农民家计调查发展为农村住户抽样调查；1980 年 4 月恢复职工家庭生活抽样调查，1985 年起进一步扩大为城市住户调查；1982 年恢复农产量调查。为了更好地服务经济发展，经国务院批准，国家统计局于 1984 年正式组建了农村抽样调查队和城市抽样调查队，两支调查队于 1988 年分别更名为农村社会经济调查总队和城市社会经济调查总队，用以在农村和城市开展经常性的抽样调查。在此期间，为了了解物价变动情况，国家统计局于 1982 年 4 月起开始了城市物价抽样调查，用直接抽样调查的资料来编制物价指数。为了准确、及时地掌握全国年度人口变动情况，更好地检查人口政策和人口计划的执行情况，从 1982 年起国家统计局组织各地进行全国千分之一人口生育率抽样调查。此外，1986 年 8 月和 1987 年 9 月、10 月，国家统计局制发了调查方案，对工业企业和交通运输企业建立横向经济联合组织的发展情况进行了两次调查；1987 年 3 月和 1988 年 8 月，对工业企业体制改革情况进行了调查。国家统计局除了组织自己的抽样调查项目外，还和其他部委联合开展调查项目，如 1986 年 10 月与国家经委联合进行了"大中型骨干企业'七五'期间技术改造动向调查"；1986 年 12 月，与国家计委、国家经委、国家科委、财政部联合进行了"'七五'期间国家重点科技攻关项目课题调查"。这期间一些国外的抽样调查文献被引入我国，有力地推动了抽样调查理论与方法在我国的普及和发展。当时发行量最大的经典文献科克伦的《抽样技术》，对我国的抽样调查工作者学习抽样调查提供了很大的帮助。

进入 20 世纪 90 年代，抽样调查在更广的范围开展。1994 年 2 月，全国统计工作会议决定：从 1994 年开始，政府统计系统将改变过去的以全面调查为主的方法，而采用抽样调查和全面调查相结合的方法。随后国家统计局又经国务院批准，确定了我国统计调查方法体系改革的目标模式，即建立以必要的周期性普查为基础，以经常性的抽样调查为主体，同时辅之以重点调查、科学推算等多种方法综合运用的统计调查方法体系。1996 年 5 月 15 日通过的修订后的《中华人民共和国统计法》中又以法律的形式对此做了规定。至此，抽样调查在我国政府统计调查中的主导地位得以确立。1994 年经国务院批准组建了企业调查队，其基本任务是：对全国第二、三产业中各种经济类型、各种经济规模的企业进行抽样调查，开展与建立现代企业制度和发展市场体系密切相关的快速专项调查，进行基本统计调查单位的统计登记工作，建立和管理基本统计调查单位名录库等。1995 年，我国开始在批发零售贸易企业、饮食业进行抽样调查的试点工作，并从 1998 年 1 月份进度报表开始，小型批发零售贸易业、餐饮业企业统计用抽样调查数据替代全面调查数据；1996 年起在全国范围内进行工业统计抽样调查试

点工作。这一时期，国家统计系统逐步建立了城镇劳动力调查制度。

进入 21 世纪以后，抽样调查在国家统计系统得到更广泛的技术含量更高层次的运用。国家统计局分别修订了一系列抽样调查制度，包括人口变动情况抽样调查，1% 人口抽样调查，城镇劳动力调查，城市与农村住户调查，农产量抽样调查，限额以下工业、批发零售业与餐饮业抽样调查等，并在 2005 年将农村社会经济调查总队和城市社会经济调查总队撤销，组建了全国统一的调查队，为抽样调查的实施提供组织保障；从 2002 年开始，将规模以下工业的抽样调查由以前每年调查 2 次扩展到每年调查 4 次，2011 年又分别将调查目标设定为以省份和 41 个行业大类为推断总体；2005 年国家统计局农村社会经济调查总队在进行播种面积的地面野外观测工作时，利用 GPS 手持机进行卫星遥感测量，取得了大量的地面及空间分布观测值，为提高卫星遥感测量播种面积精度打下了基础；同时，实现了农村住户、城市住户抽样调查一体化，对农村住户和城市住户进行统一的抽样方案设计和调查实施；对"四下"（规模以下工业抽样调查、资质等级外建筑业抽样调查、限额以下批零住餐业抽样调查、规模以下服务业抽样调查的简称）进行整体设计，实现抽样方案设计的统一和衔接；坚持普查与常规统计调查一体化设计，充分发挥普查为常规统计调查提供抽样框的作用，同时充分发挥事后抽样调查对普查数据质量的评估和监测作用，使普查与经常性的抽样结合更加有效。

在开展调查项目方面，除了上述经常性抽样调查外，由国家统计局系统组织实施的规模较大的非经常性抽样调查项目还包括：1983 年、1987 年、1992 年进行的中国儿童（基本）情况调查；1985 年、1987 年进行的妇女生育力抽样调查；1987 年进行的残疾人抽样调查；1987 年起进行的全国大中型工业企业技术开发调查；1987 年进行的投入产出专项调查；对 1988 年的收入水平进行的科学研究等单位专业技术人员工资收入情况调查；1996 年进行的小城镇抽样调查；2003 年进行的就业潜力专项调查；2003 年进行的房地产物业管理和中介企业抽样调查；2008 年、2018 年进行的中国时间使用调查；等等。

除国家统计局外，其他政府部门也加强抽样调查的运用，开展了许多抽样调查项目。国家卫生部门多年来一直运用抽样调查进行各种流行病学的数据采集，例如在 1979 年、1984—1985 年、1990 年、2000 年、2010 年进行了全国结核病流行病学抽样调查；2012—2015 年进行了高血压病抽样调查；在全国用抽样调查方法进行 5 岁以下儿童死亡情况监测；建立围产期孕妇健康及新生儿先天性缺陷与疾病监测系统。交通部门从 2008 年开始对全国公路运输量进行抽样调查，2013 年又开展了交通运输业经济统计专项调查，经过多年的努力，形成了一套以交通运输量抽样调查为主体的全国公路、水路全行业统计调查体系。长期以

来，林业部门采用抽样调查方式对国家林业及野生动物资源进行调查，在 1995 年和 2011 年分别启动了两次全国大规模的陆生野生动物资源调查。卫生部、民政部会同国家统计局等六单位在 1997 年组织了中国职工生活进步调查。国家语言文字工作委员会在 1998—2001 年曾连续进行我国语言与文字使用情况的抽样调查。科技部和文化部也在 2000—2003 年组织了中国公众休闲状况调查。国家统计局和全国妇联联合在 1990 年、2000 年、2010 年、2020 年进行了 4 次中国妇女社会地位调查。国家统计局和中国科协联合在 1992 年、1994 年、1996 年、2001 年、2003 年、2005 年、2007 年、2010 年、2015 年、2018 年、2020 年、2022 年、2023 年进行了多达 13 次中国公众科学素养调查。在中国老龄委的领导下，多个部门联合在 2000 年、2006 年、2010 年、2015 年、2021 年进行了中国城乡老年人生活状况调查。因此，抽样调查在我国各部门的政府统计中都发挥了重要的作用。

（二）市场调查行业的抽样调查

市场调查是 20 世纪 80 年代在我国新兴的一个行业，该领域又常称为市场信息调查业。市场信息调查业的概念比较宽泛，也比较模糊。根据国家统计局信息景气中心 2008 年组织实施的"中国市场信息调查业基本情况调查"中的指标解释，市场信息调查业是指"在工商行政管理机构登记注册具有合法经营资质的市场信息调查研究公司或单位，包括市场调查和社会经济咨询两大行业的公司或单位"所组成的行业。按照上述解释，市场调查业是市场信息调查业两大主体中的一个主体（市场调查业行业代码 7432，社会经济咨询业行业代码 7433），开展的业务活动主要包括：市场分析研究、竞争对象调查、消费行为调查、企业调查、产品资讯调查、市场信息咨询、市场资讯、各类市场调查分析等。

抽样是市场调查公司采集数据时最常使用的技术方法。市场调查中的抽样，既有传统的概率抽样，也大量采用非概率方式抽取样本，如方便抽样、拦截式抽样、典型选择、目的选样，定性研究则更多采用座谈会方式。近年来网络在线调查兴起，构建受访者数据库从中选样也成为数据来源的重要途径。与政府统计采用抽样进行稳定的连续性调查项目不同，市场调查中的抽样内容丰富多彩，我们不可能也没有必要一一列举该领域进行的具体调查项目。事实上，对市场调查行业发展沿革的回顾，能够从侧面反映抽样技术方法应用的背景和环境，而一个行业的发展程度也是现代社会经济发展水平的客观反映。

1988 年 4 月 23 日，广州市场研究公司正式获得广州市工商局核发的营业执照（注册号 19043577-6）。这标志着我国第一家自筹资金、自负盈亏的专业市场研究公司的诞生，它同时标志着市场调查业在中国的诞生。1988 年至今 30 多

年的发展之路，市场调查业经历了初期探索、不断学习和磨练、逐步成熟几个阶段。

早在20世纪80年代初期，我国还没有专门从事市场调查、市场研究的公司，最早开始市场调查业务的是国家统计局系统的调查队伍和所属信息咨询服务中心，主要进行的是政府信息调查服务。在1988年第一家从事市场调查研究的专业公司成立后，市场调查的市场化才真正起步。最初，国内专门从事市场调查研究的公司非常少，主要的业务以调查和执行为主。进入90年代特别是邓小平视察南方讲话后，我国对外开放之门越开越大，外国公司为了开拓中国市场，需要了解中国消费者的需求，对市场调查的需求不断增加。在这一时期，大批专业的市场调查研究公司如雨后春笋般涌现。这些市场调研公司大多是民营的，但合资公司也有。1992年北京广播学院（现在的中国传媒大学）的柯惠新等出版了改革开放后我国第一部针对市场调查领域的著作《调查研究中的统计分析法》。该书介绍了抽样调查原理及问卷设计，结合统计学原理讲授了统计分析方法，特别是多元统计分析方法，对我国早期市场调查的展开与推进给予了有力的方法论指导。

20世纪90年代中期以后，市场调查业进入了学习、磨练阶段，此阶段业务集中在数据采集和分析层面，具有"小而全"和"简单体力劳动"的特点。调查公司兼做电视、报纸监测，零售研究兼做试用品派发，广告公司兼做市场调查等现象比较普遍。随后，资历较老的公司开始在广州、北京、上海等超大城市设立分公司，多数省会城市也出现了当地的市场信息调查公司；市场调查公司不仅进行调查执行业务，也开始更多地涉及研究方面的业务，向研究公司转型。与此同时，行业竞争也在加剧，小公司合并、外资对国内公司的并购不断发生。应众多市场调查研究公司的要求，1998年9月19日，中国市场研究行业协会筹备委员会成立，协会制定了自律性质的行业规范和秩序，推动市场调查业朝理性、健康的方向发展。2001年中国市场研究行业协会加入中国信息协会，成为其二级分会：中国信息协会市场研究业分会。

协会挂靠到国家一级学会下，意味着市场调查研究行业正式步入国家产业布局的轨道，也是一个行业经历初期的探索，不断学习和磨练，逐步走向成熟的象征。这个时期，经过筛选、竞争，各个市场研究公司更加专业化，专业定位越来越明确，市场开始细分；大公司成长为市场研究公司，小公司则演变为专业的执行公司或地方代理公司，服务于大的研究公司和一些地方小客户；研究公司的网络进一步拓宽；市场研究业务也开始出现新的分水岭——研究的咨询化，研究公司能够为客户提供更有价值的意见和建议，例如新产品定价、营销、渠道等方面的全套综合方案等。

我国的市场调查研究行业在全国 GDP 中所占比例并不大，但对国民经济的发展做出了积极的贡献。准确的市场信息可以对政府的决策起到引导作用；为企业的发展提供决策参考依据，促进经营决策的科学化、规范化，提升企业的竞争力；同时，该行业为社会提供了不少就业机会。市场调查业的研究技术也在不断发展，数据采集方法由传统的入户面访、街头拦截，发展到计算机辅助电话调查（CATI）、计算机辅助个人访问（CAPI），又发展到现在采用较多的网络调查。同时，深层访谈、焦点小组座谈、投射技法等定性研究方法也不断增多，出现了许多专门从事定性研究的公司。进行市场研究的技术方法也在不断发展，形成了完善的客户解决方案，如专门针对企业客户的一整套市场化研究模型，包括市场细分研究、新产品研究、定价研究、品牌研究、广告测试等。数据分析技术也在不断提高，多元统计分析、神经网络、数据挖掘技术、机器学习、大数据分析技术等已经成为市场调查研究领域的主要分析技术。在许多市场研究公司，对算法的研究与应用也在不断取得新的突破。

（三）民间机构的抽样调查

这里的民间机构主要是指我国的高等院校和科研机构，它们是除市场信息调查业外运用抽样调查技术的另外一个群体。与政府统计的抽样调查和市场调查业的抽样调查不同，高等院校和科研机构采用抽样调查的主要目的是得到研究所需要的数据。由于经费的限制，这类调查的样本量不可能很大，但依托专业人才优势，抽样设计做得比较精致。另外，此类调查数据的使用不具有商业目的。而且，许多调查项目的数据都是对外开放的，以满足社会对问题研究的需要。

从目前收集到的信息看，社会认知度较高、影响力较大、调查数据的社会应用较多的几个主要调查项目（但不限于）如下：

中国综合社会调查（Chinese General Social Survey，CGSS），是由中国人民大学中国调查与数据中心设计并组织实施的调查，从 2003 年开始，每年进行一次，是我国最早的全国性、综合性、连续性学术调查项目。该调查全面地收集社会、社区、家庭、个人等多个层次的数据，总结社会变迁的趋势，探讨具有重大科学和现实意义的议题，推动国内科学研究的开放与共享，为国际比较研究提供数据资料，充当多学科的经济与社会数据采集平台。截至 2018 年 12 月底，使用该调查数据发表的论文已达 2 000 多篇。

中国社会状况综合调查（Chinese Social Survey，CSS），是由中国社会科学院社会学研究所设计并组织实施，从 2005 年开始的双年度连续性调查项目，目的是通过对全国公众的劳动就业、家庭及社会生活、社会态度等方面的持续性调查，获取转型时期中国社会变迁的数据资料，从而为社会科学研究和政府决策提

供基础信息。截至 2023 年底，使用该项调查数据发表的论文已达 6 000 余篇。

中国家庭追踪调查（China Family Panel Studies，CFPS），由北京大学中国社会科学调查中心组织实施。2008—2009 年在北京、上海、广东三地分别开展了初访与追访的测试调查，于 2010 年正式开展访问，经 2010 年基线调查界定出来的所有基线家庭成员及其今后的血缘 / 领养子女将作为 CFPS 的基因成员，成为永久追踪对象。项目采用计算机辅助调查技术开展访问，以满足多样化的设计需求，提高访问效率，保证数据质量。

中国健康与养老追踪调查（China Health and Retirement Longitudinal Study，CHARLS），是由北京大学国家发展研究院主持、北京大学中国社会科学调查中心执行的连续性调查项目。该项目旨在收集一套代表中国 45 岁及以上中老年人家庭和个人的微观数据，用以分析我国人口老龄化问题，推动老龄化问题的跨学科研究，为制定和完善我国相关政策提供科学的基础。该项目的基线调查始于 2011 年，并于 2013 年、2015 年和 2018 年分别进行了样本追踪调查。

中国家庭金融调查（China Household Finance Survey，CHFS），是西南财经大学中国家庭金融调查与研究中心组织实施的全国性抽样调查项目。调查的内容主要包括：金融资产和包括住房资产在内的非金融资产、负债和信贷约束、收入、消费、社会保障与保险、代际转移支付、人口特征和就业以及支付习惯等有关家庭金融微观层次的相关信息。调查在 2011 年正式开始，是每两年进行一次的追踪调查。

国家义务教育质量监测，是北京师范大学中国基础教育质量监测协同创新中心设计与实施的。监测的目的是科学评估全国义务教育质量总体水平，客观反映影响义务教育质量的相关因素的基本状况，系统监测国家课程标准和相关政策规定执行情况，为改进学校教育教学、完善教育政策提供依据和参考。调查从 2007 年开始试点，2015 年开始正式监测。在 2015—2020 年的六年间，每三年一个循环，每年监测两个学科。2015 年为数学和体育，2016 年为语文和艺术，2017 年为科学和德育。2018—2020 年与前三年的循环相同。自 2021 年起，仍为三年一个监测周期。监测学科领域主要包括德育、语文、数学、英语、科学、体育与健康、艺术、劳动、心理健康。每个监测周期为三年，每年监测三个学科领域。第一年度监测数学、体育与健康、心理健康，第二年度监测语文、艺术、英语，第三年度监测德育、科学、劳动。

四、抽样调查教育与人才培养

改革开放前，我国抽样调查应用的项目很少，主要集中在农产量调查和家

计调查方面，抽样调查的教育与人才培养也是凤毛麟角。1957 年邹依仁出版了《统计抽样法》，这是新中国成立后我国学者所写的第一部专门论述抽样的著作。1960 年前后，北京大学数学力学系概率统计专门化学生开展了抽样调查的实际活动，为此许宝騄主持了一个有关抽样调查的研讨班，使用的教材是他自己编写的《抽样论讲义》。我国早期从事抽样调查的另一位学者是中国人民大学的陈余年。20 世纪 60 年代初国家统计局成立农产量调查队时，陈余年和查瑞传给国家统计局培训时写过一些油印讲义，后来他招收过两名数理统计的研究生——邵宗明（曾任国家统计局副局长）和贺菊煌（中国社会科学院经济研究所研究员），讲过抽样调查方面的课程，但没有编过教材。改革开放后抽样调查领域的教育和人才培养出现复苏迹象，从国际交流方面看，国际著名抽样专家 L. 基什（L. Kish）20 世纪 80 年代初期（1982 年）在中国社会科学院曾进行过为期三周的讲学；国际著名抽样专家柯克·沃尔特（Kirk M. Wolter）1986 年在上海财经大学做过一个关于复杂样本方差估计的讲学。这些讲学活动对高校建立单独的抽样调查课程都是一个推动。我国普及抽样调查教育的早期推动者之一、中国科学院的冯士雍研究员从 1985 年起先后在中国科学技术大学、华东师范大学、上海财经大学、上海交通大学、中国科学院研究生院等为本科生和硕士研究生开设过抽样调查课程，教材是参考科克伦（W. G. Cochran）的《抽样技术》框架基础上编写的讲义；早期将抽样调查列入统计学专业培养方案并单独开设课程的学校主要有厦门大学、上海财经大学等，主讲教师包括黄良文、施锡铨等。中国人民大学也是最早将抽样调查课程列入统计学专业培养方案的学校之一。倪加勋在美国做了一年访问学者，抽样领域是其关注的重点，1986 年回国后即着手准备，1987 年在中国人民大学为本科生开设抽样调查课程，1988 年为研究生开设抽样调查课程，并带领研究生编了科克伦《抽样技术》一书的全部习题题解（倪加勋主编，《抽样技术习题解答》，中国统计出版社，1992），曾在当时产生很大影响。改革开放后至 20 世纪 90 年代前我国学者编写的抽样调查教材有：《抽样法浅说》（龚鉴尧，中国财政经济出版社，1981）；《抽样论》（许宝騄，北京大学出版社，1982）；《统计抽样法》（邹依仁、张维铭，上海人民出版社，1983）；《抽样调查》（龚鉴尧，经济科学出版社，1985）；《抽样调查基本原理和方法》（吴梅村，西南财经大学出版社，1987）；《农业抽样调查技术及原理》（张淑莲、吴国定、刘执鲁、张祖信，山西科学教育出版社，1988）。这一时期我国学者还翻译了一些国外抽样调查的著作和教材，如《抽样调查法》（三浦由已、井出满著，李士瀛译，工商出版社，1982）；《抽样调查理论基础》（联合国统计局编，谢嘉等译，上海人民出版社，1984）；传播力和影响力最大的是科克伦的《抽样技术》（张尧庭、吴辉译，中国统计出版社，1985），这本书的内容框架成为以后国内许多

教材内容框架的参考。

进入 20 世纪 90 年代以后，有关抽样调查的高等教育和人才培养进一步开展。1995 年 8 月，第 50 届国际统计学会代表大会在北京召开。与此同时中国人民大学举办了一个关于抽样理论与方法的专题卫星会议，国际著名抽样调查专家柯克·沃尔特、格雷厄姆·卡尔顿（Graham Kalton）、韦恩·富勒（Wayne Fuller）等，以及复杂样本方差计算软件专家杰伊·布顿特（Jay Breidt）进行了一周左右的理论方法讲座和统计软件使用培训。参加会议学习的全国高校教师、科研机构研究人员和政府抽样设计人员近百人，这是新中国成立后我国举办的学术水平最高、参与人数最多、社会影响力最大的抽样专题学术研讨会，对我国各高校开展抽样课程的建设和抽样人才的培养起到了积极的推动作用。

这一时期，我国学者编著的抽样教材和国外引进的优秀抽样教材也明显增多，社会影响力比较大的抽样教材和著作有：《抽样调查》（倪加勋，东北财经大学出版社，1994）；《抽样调查的方法和原理》（梁小筠、祝大平，华东师范大学出版社，1994）；《抽样调查技术》（樊鸿康，南开大学出版社，1995）；《抽样调查：理论、方法与实践》（冯士雍、施锡铨，上海科学技术出版社，1996）；《民意调查实务》（柯惠新、刘红鹰，中国经济出版社，1996）；《抽样调查与推断》（李金昌，中国统计出版社，1996）；《抽样调查设计原理》（肖红叶、周恒彤，经济科学出版社，1997）；以及当时使用量位居前茅的，冯士雍、倪加勋、邹国华编写的《抽样调查理论与方法》（中国统计出版社，1998）。

这一时期翻译的国外优秀抽样调查的著作有：《抽样调查》（L. 基什著，倪加勋主译，中国统计出版社，1997）；《调查中的非抽样误差》（J. T. 莱斯勒、W. D. 卡尔斯贝克著，金勇进主译，中国统计出版社，1997；《调查技能教程》（加拿大统计局编著，中国国家统计局"调查技能"项目组译，中国统计出版社，2002）；《抽样调查导论》（格雷厄姆·卡尔顿著，郝虹生译，中国统计出版社，2003）；等等。

进入 21 世纪以来，关于抽样调查的教材和著作不断涌现。教育部高等学校统计学类专业教学指导委员会也把抽样调查课程列入统计学专业开设课程的清单，绝大多数高校都把抽样调查的课程作为统计学专业的必修课。我国学者与国外学者在抽样领域的交流与合作也不断增多，国外学者参与了我国多项抽样调查项目设计的合作。2018 年 6 月，国际调查统计学家学会（International Association of Survey Statisticians）在华东师范大学举办了"小域估计及其相关统计问题"国际学术研讨会，来自世界各地几十个国家的 200 多名学者参加，这是由从事抽样研究的国际专业学会在我国举办的以抽样调查为主题的规模最大的学术会议。近年来，为人才培养助力，社会各界举办了许多大学生参加的、以抽样

调查和数据分析为主要技术手段的统计建模大赛、案例分析大赛、市场调研大赛等。中国商业统计学会 2010 年创办的大学生市场调查与分析大赛（以下简称大赛）到 2024 年已经举办了 14 届，大赛以提高大学生的组织策划、调查实施和数据处理与分析等专业实战能力为宗旨。2023—2024 年举办的第 14 届大赛全国有 1 063 所高校参与，29.5 万名大学生参赛，对培养学生的社会责任感、服务意识、市场敏锐度和团队协作精神起到了重要的引导作用，得到了社会的高度认可和广泛支持。

附录　新中国成立后抽样领域出版的主要教材 / 著作目录

国内学者出版作品（按出版时间顺序）

1.《统计抽样法》（邹依仁，新知识出版社，1957）

2.《抽样法浅说》（龚鉴尧，中国财政经济出版社，1981）

3.《抽样论》（许宝騄，北京大学出版社，1982）

4.《统计抽样法》（邹依仁、张维铭，上海人民出版社，1983）

5.《抽样调查》（龚鉴尧，经济科学出版社，1985）

6.《抽样调查基本原理和方法》（吴梅村，西南财经大学出版社，1987）

7.《农业抽样调查技术及原理》（张淑莲、吴国定、刘执鲁、张祖信，山西科学教育出版社，1988）

8.《抽样调查技术与应用》（张小蒂，上海科学技术文献出版社，1991）

9.《应用抽样方法》（黄良文、吴国培，中国统计出版社，1991）

10.《商业抽样调查指南》（陈敢、胡长泉、李朝鲜等，中国科学技术出版社，1991）

11.《抽样调查原理与方法》（马祖谟，中国统计出版社，1992）

12.《抽样调查技术》（任栋，西南财经大学出版社，1992）

13.《调查研究中的统计分析法》（柯惠新、黄京华、沈浩，北京广播学院出版社，1992）

14.《抽样调查方法研究》（吴国培，厦门大学出版社，1993）

15.《抽样调查》（倪加勋，东北财经大学出版社，1994）

16.《统计抽样调查原理与方法》（马树才、杭斌，辽宁大学出版社，1994）

17.《抽样调查的方法和原理》（梁小筠、祝大平，华东师范大学出版社，1994）

18.《抽样调查的理论与方法》（佟哲晖，中国统计出版社，1994）

19.《抽样调查技术》（樊鸿康，南开大学出版社，1995）

20.《抽样技术》（宋新民，中国林业出版社，1995）

21.《抽样原理及其应用》（王国明、李学增等，中国统计出版社，1996）

22.《民意调查实务》（柯惠新、刘红鹰，中国经济出版社，1996）

23.《非抽样误差分析》（金勇进，中国统计出版社，1996）

24.《抽样调查与推断》（李金昌，中国统计出版社，1996）

25.《抽样调查：理论、方法与实践》（冯士雍、施锡铨，上海科学技术出版社，1996）

26.《抽样调查的理论和方法》（施锡铨，上海财经大学出版社，1996）

27.《抽样调查设计原理》（肖红叶、周恒彤，经济科学出版社，1997）

28.《偏移抽样理论及其应用》（柴玉璞，石油工业出版社，1997）

29.《抽样调查与经济预测》（方促进，中国统计出版社，1997）

30.《抽样调查的理论及其应用方法》（谢邦昌原著；张尧庭、董麓改编，中国统计出版社，1998）

31.《抽样调查理论与方法》（冯士雍、倪加勋、邹国华，中国统计出版社，1998）

32.《市场调查中的抽样技术》（杨清，中国财政经济出版社，1999）

33.《抽样估计精度问题研究》（李金昌，中国物价出版社，2000）

34.《抽样调查》（樊鸿康，高等教育出版社，2000）

35.《抽样调查的理论、方法和应用》（胡健颖、孙山泽，北京大学出版社，2000）

36.《工业抽样调查理论与实践》（国家统计局企业调查总队，中国统计出版社，2001）

37.《统计调查中的抽样设计理论与方法》（赵俊康，中国统计出版社，2002）

38.《抽样调查》（倪加勋，广西师范大学出版社，2002）

39.《审计统计抽样及应用软件》（审计署驻长沙特派员办事处审计抽样课题组，中国经济出版社，2002）

40.《抽样技术》（金勇进、蒋妍、李序颖，中国人民大学出版社，2002——此书在2021年已经是第五版，从第二版开始作者为金勇进、杜子芳、蒋妍）

41.《抽样调查中若干理论与实践问题的研究》（秦怀振，中国统计出版社，2003）

42.《中国城乡老年人口状况一次性抽样调查数据分析》（赵宝华、中国老龄科学研究中心，中国标准出版社，2003）

43.《抽样技术》（杜子芳，中国统计出版社，2004）

44.《抽样调查》（孙山泽，北京大学出版社，2004）

45.《市场调查方法与技术》（简明、金勇进、蒋妍，中国人民大学出版社，

2004）

　　46.《企业抽样调查实践》（田秀华，中国统计出版社，2005）

　　47.《抽样技术及其应用》（杜子芳，清华大学出版社，2005）

　　48.《应用抽样技术》（李金昌，科学出版社，2006）

　　49.《抽样调查技术（第 2 版）》（宋新民，李金良，中国林业出版社，2007）

　　50.《企业抽样调查方法及其应用》（王文颖，中国统计出版社，2007）

　　51.《人口抽样调查方法研究：2005 年全国 1% 人口抽样调查技术业务总结论文集》（国务院人口普查办公室、国家统计局人口和就业统计司，中国统计出版社，2007）

　　52.《多层次样本轮换方法研究》（侯志强，中国水利水电出版社，2008）

　　53.《辅助信息在抽样调查中的应用模型与方法》（刘建平等，中国统计出版社，2008）

　　54.《空间抽样与统计推断》（王劲峰、姜成晟、李连发等，科学出版社，2009）

　　55.《抽样：理论与应用》（金勇进，高等教育出版社，2010）

　　56.《应用抽样调查》（陈膺强，北京师范大学出版社，2010）

　　57.《社区现场调查技术》（许国章、张涛，复旦大学出版社，2010）

　　58.《连续性抽样调查理论及其应用研究》（陈光慧，经济科学出版社，2014）

　　59.《复杂样本的模型推断》（金勇进、巩红禹、贺本岚，经济科学出版社，2015）

　　60.《抽样调查》（金勇进，高等教育出版社，2015）

　　61.《广义抽样调查技术及应用》（柯昌波、许玉明、陈正伟，西南交通大学出版社，2016）

　　62.《农村抽样调查空间化样本抽选与总体推断研究》（王迪等，中国农业科学技术出版社，2018）

　　63.《抽样调查中的样本外推和样本追加方法研究》（艾小青、胡丹丹，电子工业出版社，2018）

　　64.《抽样调查中的多重抽样框方法及其应用研究》（贺建风，华南理工大学出版社，2019）

　　65.《改革和完善我国经常性抽样调查体系研究》（陈光慧，暨南大学出版社，2019）

　　66.《现代入户抽样调查方法与实践》（胡以松，中国社会出版社，2019）

　　67.《非随机化平行模型类抽样调查技术》（刘寅，科学出版社，2020）

　　68.《统计建模技术Ⅲ：抽样技术与试验设计》（杨贵军，科学出版社，2021）

69.《抽样技术与应用》（刘建平、陈光慧，北京大学出版社，2021）

翻译出版作品

1.《抽样法》（斯塔罗夫斯基著，高拱宸译，统计出版社，1956）

2.《抽样观察》（格兰科夫著，张文华译，统计出版社，1957）

3.《抽样调查法》（三浦由已、井出满著，李士瀛译，工商出版社，1982）

4.《抽样调查理论基础》（联合国统计局编，谢嘉等译，上海人民出版社，1984）

5.《抽样技术》（W. G.科克伦著，张尧庭、吴辉译，中国统计出版社，1985）

6.《抽样调查》（L.基什著，倪加勋主译，中国统计出版社，1997）

7.《调查中的非抽样误差》（J. T.莱斯勒、W. D.卡尔斯贝克著，金勇进主译，中国统计出版社，1997）

8.《调查技能教程》（加拿大统计局编著，中国国家统计局"调查技能"项目组译，中国统计出版社，2002）

9.《抽样调查导论》（格雷厄姆·卡尔顿著，郝虹生译，中国统计出版社，2003）

10.《如何抽样（第2版）》（阿琳·芬克著，黄卫斌译，中国劳动社会保障出版社，2004）

11.《抽样调查设计导论》（罗纳德·扎加、约翰尼·布莱尔著，沈崇麟译，重庆大学出版社，2007）

12.《抽样：设计与分析》（洛尔著，金勇进译，中国统计出版社，2009）

第三十二章
心理统计

一、心理统计概述

今天，我们对于"心理统计"这一术语已经十分熟悉。近40年来，统计理论和方法广泛应用于心理学领域，人们逐渐认识到心理统计的理论与实践意义。[1] 21世纪以来，我国有关心理统计方法的研究取得了长足的进步。[2]

（一）什么是心理统计

心理统计是一门统计学和心理学的交叉学科，它是应用统计的一个分支，同时也是心理学研究的工具和方法学科。它将统计学中的理论方法应用于心理学研究[3]，利用分析和处理研究数据的各种统计方法，进行科学推断，以更精准的方式揭示心理规律，实现对心理建构关系更为准确的描述。

心理统计中常用方法一般都是在数理统计学中已经验证和确认的。但是，心理学研究的发展与深入对于统计能实现的功能提出了更多样化的要求，这又促进了数理统计的进步与完善。[4]

（二）心理统计基本内容

按照统计方法的实现功能，可将心理统计的基本内容分为三类：描述统计、

---

[1] 张敏强. 教育与心理统计学 [M]. 3版. 北京：人民教育出版社，2010.

[2] 温忠麟，方杰，沈嘉琦，等. 新世纪20年国内心理统计方法研究回顾 [J]. 心理科学进展，2021，29（8）：1331-1344.

[3] 同①.

[4] 张厚粲，徐建平. 现代心理与教育统计学 [M]. 3版. 北京：北京师范大学出版社，2009.

推断统计和多元统计。[1]

　　1. 描述统计

　　描述统计是统计应用的基础，通过描述样本数据的全貌，展现研究对象的典型代表特征、分散波动范围以及不同变量观测之间的相互关系。通过描述统计，研究者能够快速了解和把握一组样本数据的分布特征。[2] 描述统计的内容主要包括：

　　（1）数据的分组统计图和统计表。例如，通过饼图描述不同类别人数所占比例，通过直方图描述数据的分布形态，通过散点图描述两列数据之间的相互关联等。

　　（2）数据的描述性统计指标。例如，通过平均数、中位数、众数反映数据的集中趋势，通过标准差和方差反映数据的离散趋势，通过偏度和峰度反映数据的分布形态等。

　　（3）数据之间的相互关系。例如，通过积差相关系数反映两列连续正态数据间的相互关系，通过点二列相关系数描述二分名义变量（如性别）与连续正态数据（如成绩）之间的关联程度，通过列联相关系数描述两个分类变量之间的关联程度。

　　2. 推断统计

　　推断统计是应用统计的主要内容。在心理学研究中，研究者很难对研究问题的总体进行一一观测。借助推断统计的方法，研究者能够利用有限的具有代表性的样本数据实现对总体特征的推断。推断统计的内容主要包括：

　　（1）假设检验。对总体参数做出特定假设即零假设，在零假设成立的前提下，通过样本统计量抽样分布的统计推理，基于"小概率事件"的原理，在一定的显著性水平下（心理学研究中一般将其设置为 0.05 或 0.01），做出拒绝或不拒绝零假设的推断过程。假设检验的方法根据总体分布形态是否已知，可以分为参数检验和非参数检验。前者是在总体分布形态已知时，对未知参数进行检验；后者是在对总体分布形态知之甚少时进行检验。心理学研究中常用的参数检验包括：1）t 检验，常用的有单样本均值 t 检验、两个独立样本的 t 检验、两个相关样本的 t 检验；2）方差分析，常用的有完全随机设计的 F 检验、重复测量设计的 F 检验、混合设计的 F 检验等；3）回归分析，主要有回归方程整体有效性的 F 检验、（偏）回归系数显著性的 t 检验等。常用、典型的非参数检验方法包括：

①　张敏强. 教育与心理统计学 [M]. 3 版. 北京：人民教育出版社，2010.

②　张厚粲，徐建平. 现代心理与教育统计学 [M]. 3 版. 北京：北京师范大学出版社，2009.

符号检验、符号秩次检验、中位数检验、秩和检验以及秩次方差分析。

（2）总体参数估计。总体参数估计是通过获得的样本数据所提供的信息，估计总体的特征，即从局部的结果对总体情况进行推论。总体参数估计可分成点估计和区间估计。点估计是使用样本统计量对总体参数进行估计。例如，用样本均值 $\bar{x}$ 估计总体均值 μ；用样本方差 S^2 估计总体方差 σ^2。区间估计是在点估计的基础上，以一定的可靠程度对总体参数所在的区间范围进行推断。这一区间被称为置信区间，通常是由样本的统计量加减抽样分布的标准误得到。可靠程度被称为置信度或置信水平，心理学研究中一般将其设置为 95% 或 99%。

3. 多元统计

多元统计是统计应用的拓展，心理学研究中的结果变量通常会受到多个前因变量的影响。为确保研究结果的准确性，研究者通常需要同时考虑多个变量的共同作用：寻找主要的影响因素，对具有高度相关的因素进行合并。主要研究的是多元正态分布的均值向量与协方差矩阵的估计和假设检验等问题。[①]

在心理学研究中常用的多元统计方法包括多元方差分析、多元回归分析、主成分分析、因素分析、聚类分析、判别分析、典型相关分析、多维尺度分析、路径分析、结构方程模型、多水平模型、混合效应分析等，另外也包含一些特殊设计下的统计分析方法，例如追踪研究设计下的潜变量增长曲线模型和交叉滞后分析等。

自从统计方法被普遍学习和应用于心理学教学和研究，学者会定期分析和评估国内外心理统计分析方法的发展情况。根据研究对象，这种分析和评估大致可分为针对统计方法本身和统计方法应用趋势两类。

二、心理统计方法的进展

19 世纪末，伴随心理学科的独立，研究者们开始注重基于实证方法，通过数据分析进行推论。作为应用统计的分支，心理统计是伴随数理统计的发展而发展的。例如，英国的高尔顿（Galton）将高斯（Gauss）的误差理论推广至人类行为测量中。各种统计方法能够更精确地分析变量间的相互关系，使得更多的心理学理论能够得到验证和拓展。同时，心理研究对统计技术日益增长的需要也在不断推动统计学方法的发展和完善。例如，因素分析的方法正是源自心理学，是随着研究者对观测变量与潜在测量构念之间关系分析的需求而产生的。

随着统计知识和应用经验的普及与积累，国内越来越多的学者开始针对心理

---

① 李亚杰. 多元统计分析 [M]. 北京：北京邮电大学出版社，2018.

统计方法本身进行研究。温忠麟等[1]回顾了过去20年国内心理统计方法研究的情况，总结了2001—2020年心理统计研究方法的热点。根据近年来我国学者在心理统计方法领域所做的研究，可以将其按照涉及的统计模型和方法以及方法特点概括为以下7个模块。

（一）结构方程模型

结构方程模型（structural equation modeling，SEM）是由博克（Bock）和巴格曼（Bargmann）[2]提出的一般线性模型（general linear model，GLM）的扩展，又名协方差结构分析（analysis of covariance structure）、矩结构模型（moments structure models）、线性结构关系模型（linear structural relations，LISREL）、协方差结构模型（covariance structure models）、线性结构模型（linear structural relations models）。该方法具有验证性的功能。具体来说，研究者可以根据理论假设，进行模型的设定，根据模型与数据关系的一致性程度即拟合结果，对理论模型进行评价，从而实现对研究假设的检验。[3]SEM能够同时对多个自变量和多个因变量进行处理，变量可同时包括观测变量（observed variable）和潜变量（latent variable）。

SEM包括测量模型和结构模型两部分。测量模型又称验证性因素分析（confirmatory factor analysis），用来描述观测变量与潜变量之间的关系；结构模型又称路径分析（path analysis）模型，用来描述潜变量（或观测变量）之间的影响关系。SEM为数据分析提供了一个非常通用和方便的框架，许多统计分析方法，例如方差分析、因素分析、回归分析、增长模型、交叉滞后分析等都可以看作SEM的特例。近年来，随着估计方法的发展，在潜变量的框架下，SEM不断拓展，项目反应模型、潜类别分析、混合模型、多水平模型以及多水平结构方程模型等，也被整合到SEM分析框架中。

SEM统计分析框架本质上是一种验证性的技术，通过将理论假设的模型转换为统计模型，基于数据，采用一系列的整体拟合评价指标和参数估计结果，检验假设模型与数据的一致性。对于不拟合的模型，SEM分析技术可以通过模型修正对不拟合的原因进行局部探索，以修正和完善理论。SEM的基本逻辑如图32-1所示。

---

[1] 温忠麟，方杰，沈嘉琦，等. 新世纪20年国内心理统计方法研究回顾[J]. 心理科学进展，2021，29（8）：1331-1344.

[2] Bock R D, Bargmann R E. Analysis of covariance structures[J]. Psychometrika, 1966, 31(4): 507-534.

[3] 刘红云. 高级心理统计[M]. 北京：中国人民大学出版社，2019.

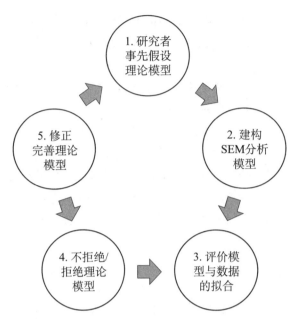

图 32-1 心理学研究中结构方程模型应用的基本逻辑

应用SEM的基本步骤包括模型设定（model specification）、模型识别（model identification）、模型估计（model estimation）、模型评价（model evaluation）和模型修正（model modification）。

近年来，国内学者围绕 SEM 应用过程中的参数估计方法选择、模型拟合评价指标的应用、不同模型的比较以及特殊情况下方法的适用性等基本方法问题，开展了不同层面的研究。

对于参数估计方法的选择和比较，不同学者进行了不同层面的研究。刘红云等[①]通过模拟研究将 SEM 框架下的两种估计方法（加权最小二乘估计和修正的分类数据加权最小二乘估计）与项目反应理论框架下的两种方法（稳健极大似然估计和马尔可夫链蒙特卡罗方法）进行比较，讨论了处理不同数据类型时估计方法选择的问题。王孟成、邓俏文和毕向阳[②]对贝叶斯方法进行概述并且叙述、演示了如何在潜变量建模过程中使用贝叶斯方法，即贝叶斯结构方程模型。

对模型拟合进行评价是解读参数估计值的前序步骤。模型拟合良好，即假设的模型与实际数据匹配度高是总体参数的估计准确性高的必要条件。这部分的研

① 刘红云，李冲，张平平，等. 分类数据测量等价性检验方法及其比较：项目阈值（难度）参数的组间差异性检验 [J]. 心理学报，2012，44（8）：1124-1136.

② 王孟成，邓俏文，毕向阳. 潜变量建模的贝叶斯方法 [J]. 心理科学进展，2017，25（10）：1682-1695.

究集中于介绍和提出拟合指数（如 Yuan 和 Chan 基于测量不变性提出了新的一类拟合指数[1]），确定拟合指数的阈值[2]，如何选择拟合指标[3]，以及其他可用于模型评价的指标[4]。

关于测量不变性的方法类研究关注需要进行检验的模型、如何进行模型检验和模型的评价标准。[5] 在模型拓展部分，则可根据研究者关注的模型结构将研究对象划分为三类：测量模型[6]、结构模型[7]以及二者合并形成的全模型[8]。特殊数据包括非连续性数据、非正态数据、缺失数据等。研究者们通过大量的模拟研究，提出以及演示了如何对这些特殊类型进行处理，从而实现模型拟合程度和参数估计的精度的提升。[9] 另外，宋琼雅、张沥今和潘俊豪[10] 介绍了贝叶斯渐近测量不变性方法的原理及优势，同时通过实例展示了渐近测量不变性方法在 Mplus 软件中的具体分析过程。

（二）因素分析

因素分析主要包括探索性因素分析（exploratory factor analysis，EFA）、验

① Yuan K H, Chan W. Measurement invariance via multigroup SEM: issues and solutions with Chi-square-difference tests [J]. Psychological Methods, 2016, 21(3): 405-426.

② 温忠麟，侯杰泰. 检验的临界值：真伪差距多大才能辨别 ?：评《不同条件下拟合指数的表现及临界值的选择》[J]. 心理学报，2008，40（1）：119-124.

③ 温涵，梁韵斯. 结构方程模型常用拟合指数检验的实质 [J]. 心理科学，2015，38（4）：987-994.

④ 郑文智，吴文毅. 结构方程模型拟合评鉴：整体拟合、内部拟合与复核效度检验 [J]. 心理学探新，2014，34（1）：57-61.

⑤ 白新文，陈毅文. 测量等价性的概念及其判定条件 [J]. 心理科学进展，2004，12（2）：231-239；李冲，刘红云. 等级数据的测量不变性检验及影响因素模拟研究 [J]. 心理科学，2011，34（6）：1482-1487.

⑥ 王晓丽，李西营，邵景进. 形成性测量模型：结构方程模型的新视角 [J]. 心理科学进展，2011，19（2）：293-300.

⑦ 李育辉，黄飞. 成对数据分析之行动者－对象互依性模型（APIM）[J]. 心理科学进展，2010，18（8）：1321-1328.

⑧ 张洁婷，焦璨，张敏强. 潜在类别分析技术在心理学研究中的应用 [J]. 心理科学进展，2010，18（12）：1991-1998.

⑨ 陈楠，刘红云. 基于增长模型的非随机缺失数据处理：选择模型和极大似然方法 [J]. 心理科学，2015，38（2）：446-451；刘红云，骆方，王玥，等. 多维测验项目参数的估计：基于 SEM 与 MIRT 方法的比较 [J]. 心理学报，2012，44（1）：121-132.

⑩ 宋琼雅，张沥今，潘俊豪. 贝叶斯多组比较：渐近测量不变性 [J]. 心理学探新，2021，41（1）：69-75.

证性因素分析（confirmatory factor analysis，CFA）以及探索性结构方程模型（exploratory structural equation model，ESEM）和贝叶斯结构方程模型（Bayesian structural equation model，BSEM）。

1. 探索性因素分析

探索性因素分析在不具有或不利用先验知识的情况下，从一组变量中抽取公共因素，即将描述某一事物的多个显变量缩减为描述这一事物的少数潜变量[1]。关于这一分析方法的研究主要集中于因素抽取和因素旋转方法两方面。在因素抽取部分，研究者主要是对抽取方法的原理和使用进行介绍，沐守宽和顾海根[2]对六种抽取方法进行了概述。在因素旋转方法部分，研究者倾向在原有方法的基础上，借助其他统计手段进行拓展，例如焦璨、吴利等[3]结合Bootstrap方法，使用目标旋转法进行探索性因素分析，提高了研究结果的可重复性。刘红云和孟庆茂[4]采用模拟研究的方法，考察了探索性因素分析作为数据驱动方法在心理学应用中的局限性，并探讨了因素间相关程度大小对测验结构的影响。

2. 验证性因素分析

验证性因素分析是结构方程模型框架下测量模型部分用来分析理论假设的测量指标与潜在变量之间的关系是否与数据拟合的分析方法，是与数据驱动的探索性因素分析相对应的一种验证性的多元分析方法。研究者根据先验知识，对因素的数量和相互关系进行设定，从而减少待估参数，验证假设的模型。[5]张蜀林和张庆林[6]对验证性因素分析的基本思想、原理与方法进行了阐述。刘欢[7]对验证性因素分析和探索性结构方程模型在处理存在交叉载荷的数据时，在结构效度分析和因素载荷等价性检验上的表现进行了比较。

3. 探索性结构方程模型和贝叶斯结构方程模型

探索性结构方程模型是在测量模型的部分采用类似EFA，但同时又保留

① 刘红云. 高级心理统计 [M]. 北京：中国人民大学出版社，2019.

② 沐守宽，顾海根. 探索性因素分析因子抽取方法的比较 [J]. 心理学探新，2011，31（5）：477-480.

③ 焦璨，吴利，张敏强. Bootstrap探索性因素分析方法及其应用 [J]. 心理学探新，2010，30（3）：84-90.

④ 刘红云，孟庆茂. 探索性因素分析在测验编制中局限性的模拟实验 [J]. 心理科学，2002，25（2）：177-179，254.

⑤ 同①.

⑥ 张蜀林，张庆林. 验证性因素分析模型及其在研究中的运用 [J]. 心理学动态，1995（1）：28-33.

⑦ 刘欢. 结构效度和测量等价性检验：CFA和ESEM的比较和应用 [D]. 北京：北京师范大学，2015.

CFA 功能的 SEM。具体来说，它既允许题目（观测变量或指标）在所有因素上的载荷不为零，又允许存在题目误差相关。[1] 张珊珊[2] 从模型结构、数据类型和因素旋转方法三个方面对 ESEM 的表现进行了模拟研究。

贝叶斯结构方程模型是依据先验信息分析得到未知参数的后验分布的 SEM。关于 BSEM 的研究主要集中于模型原理的介绍。[3]

（三）中介和调节效应分析

随着心理学研究对变量之间关系探讨的不断深入，近年来围绕变量之间复杂的影响关系，主要开展了以下领域的研究。

1. 中介效应分析

中介效应（mediation effect）是指自变量通过中介变量对因变量产生的影响。相较于回归分析，它可以分析变量间影响的过程与机制，能够得到比较深入的结构，因此被广泛应用于多个领域。国内心理学期刊中关于中介效应的文章所占比例十分可观。温忠麟等[4] 向国内引入了简单中介模型并且对其检验步骤进行了讨论，推动了国内有关中介效应分析方法的研究与应用。温忠麟和叶宝娟提出的后经完善的中介效应的检验流程[5] 成为国内主流的分析步骤。对中介效应进行分析的方法学研究主要分为四个方面：检验方法、中介效应量、中介模型拓展以及非连续变量的中介效应检验。

在检验方法部分，研究者主要对各种检验方法进行了介绍[6]，并通过模拟研

---

① 麦玉娇，温忠麟. 探索性结构方程建模（ESEM）：EFA 和 CFA 的整合 [J]. 心理科学进展，2013，21（5）：934-939.

② 张珊珊. 探索性结构方程测量模型的应用适应性：模拟与实证 [D]. 北京：北京师范大学，2017.

③ 李锡钦. 结构方程模型：贝叶斯方法 [M]. 蔡敬衡，潘俊豪，周影辉，译. 北京：高等教育出版社，2011；王孟成，邓俏文，毕向阳. 潜变量建模的贝叶斯方法 [J]. 心理科学进展，2017，25（10）：1682-1695；张沥今，陆嘉琦，魏夏琰，等. 贝叶斯结构方程模型及其研究现状 [J]. 心理科学进展，2019，27（11）：1812-1825；张沥今，陆嘉琦，张依宁，等. 社会支持对职业决策困难的影响机制：基于追踪数据的贝叶斯建模 [C]. 杭州：第二十二届全国心理学学术会议，2019.

④ 温忠麟，张雷，侯杰泰，等. 中介效应检验程序及其应用 [J]. 心理学报，2004，36（5）：614-620.

⑤ 温忠麟，叶宝娟. 中介效应分析：方法和模型发展 [J]. 心理科学进展，2014，22（5）：731-745.

⑥ 方杰，邱皓政，张敏强. 基于多层结构方程模型的情境效应分析：兼与多层线性模型比较 [J]. 心理科学进展，2011，19（2）：284-292；温忠麟，张雷，侯杰泰，等. 中介效应检验程序及其应用 [J]. 心理学报，2004，36（5）：614-620.

究对不同中介分析方法的表现进行了比较。中介效应量部分的研究与检验方法部分相似，即对各种效应量进行介绍。[①]关于中介模型拓展，则可以按照模型类别，大致分为拓展至多重中介[②]、多层中介[③]以及对纵向数据进行中介分析的建模等[④]。此外，研究者对于自变量、中介变量以及因变量单独或部分为分类或等级变量的不同情形均进行了探讨。[⑤]

2. 调节效应分析

调节效应（moderating effect）是指自变量与因变量的关系依赖于第三个变量的程度。[⑥]调节效应分析可针对变量类型分为显变量调节效应和潜变量调节效应，其中潜变量调节效应分析是调节效应分析方法研究的核心议题。温忠麟等[⑦]首先阐明了显变量调节效应的分析方法，并将其与中介效应分析进行比较。研究者对于潜变量调节效应建模主要关注三个方面：如何从有均值的潜调节模型发展至无均值结构的潜调节模型、如何从需要乘积指标的潜调节模型发展至不需要该指标的潜调节模型以及潜变量调节效应模型的标准化估计。例如，吴艳等[⑧]提出的一个无均值的潜变量交互结构极大简化了加入乘积项的结构方程模型。温忠麟等[⑨]介绍了潜调节结构方程与准极大似然估计这两种无需乘积指标的分析方法。温忠麟、吴艳等[⑩]

① 范津砚，叶斌，章震宇，等. 探索性因素分析：最近 10 年的评述 [J]. 心理科学进展，2003，11（5）：579-585.

② 柳士顺，凌文辁. 多重中介模型及其应用 [J]. 心理科学，2009，32（2）：433-435，407.

③ 方杰，张敏强，邱皓政. 基于阶层线性理论的多层级中介效应 [J]. 心理科学进展，2010，18（8）：1329-1338.

④ 方杰，温忠麟，邱皓政. 纵向数据的中介效应分析 [J]. 心理科学，2021，44（4）：989-996.

⑤ 方杰，温忠麟，张敏强. 类别变量的中介效应分析 [J]. 心理科学，2017，40（2）：471-477；刘红云，骆方，张玉，等. 因变量为等级变量的中介效应分析 [J]. 心理学报，2013，45（12）：1431-1442；王阳，温忠麟. 基于两水平被试内设计的中介效应分析方法 [J]. 心理科学，2018，41（5）：1233-1239.

⑥ 刘红云. 高级心理统计 [M]. 北京：中国人民大学出版社，2019.

⑦ 温忠麟，侯杰泰，张雷. 调节效应与中介效应的比较和应用 [J]. 心理学报，2005，37（2）：268-274.

⑧ 吴艳，温忠麟，林冠群. 潜变量交互效应建模：告别均值结构 [J]. 心理学报，2009，41（12）：1252-1259.

⑨ 温忠麟，吴艳，侯杰泰. 潜变量交互效应结构方程：分布分析方法 [J]. 心理学探新，2013，33（5）：409-414.

⑩ 温忠麟，侯杰泰，Marsh H W. 结构方程模型中调节效应的标准化估计 [J]. 心理学报，2008，40（6）：729-736；吴艳，温忠麟，侯杰泰，Marsh H W. 无均值结构的潜变量交互效应模型的标准化估计 [J]. 心理学报，2011，43（10）：1219-1228.

进行了标准化估计的推导。吴艳等[1]探讨了检验问题。

3. 中介效应与调节效应相结合的分析

当一个模型中包含的变量超过三种时，可能会出现同时包含中介变量和条件变量的情况。根据变量在模型中的位置和作用，模型可以分为有调节的中介（moderated mediation）模型、有中介的调节（mediated moderation）模型以及两者兼有的混合模型。有调节的中介模型是指在模型中自变量通过中介变量对因变量产生影响，而中介变量在其中发挥的作用受到另一个变量（调节变量）的调节。有中介的调节模型是指模型中调节变量（部分地）通过中介变量发挥作用。

对于相关方法的研究主要集中在模型介绍、检验方法以及效应量三个方面。温忠麟等[2]率先对有中介的调节、有调节的中介以及混合模型进行了解释。刘红云等[3]采用两层建模的思路构建了有中介的调节模型，并且给出了用于衡量不同调节效应的效应量指标。对于有中介的调节模型，叶宝娟和温忠麟[4]总结了其检验流程。对于有调节的中介模型，温忠麟和叶宝娟[5]对其检验步骤进行了总结。方杰等[6]对三种基于不对称区间估计的有调节的中介模型的检验方法进行了评述。方杰和温忠麟[7]提出了结构方程模型框架下的有调节的中介效应分析步骤。

（四）纵向数据分析

纵向研究（longitudinal study）是同一被试个体或群体在一个或多个特质（变量）上包含多个时间点的测量。其主要关心的问题有两大类：一类是总体

---

[1] 吴艳，温忠麟，李碧. 潜变量交互效应模型标准化估计中的检验问题 [J]. 心理学探新，2014，34（3）：260-264.

[2] 温忠麟，张雷，侯杰泰. 有中介的调节变量和有调节的中介变量 [J]. 心理学报，2006，38（3）：448-452.

[3] 刘红云，袁克海，甘凯宇. 有中介的调节模型的拓展及其效应量 [J]. 心理学报，2021，53（3）：322-336.

[4] 叶宝娟，温忠麟. 有中介的调节模型检验方法：甄别和整合 [J]. 心理学报，2013，45（9）：1050-1060.

[5] 温忠麟，叶宝娟. 有调节的中介模型检验方法：竞争还是替补？ [J]. 心理学报，2014，46（5）：714-726.

[6] 方杰，张敏强，顾红磊，等. 基于不对称区间估计的有调节的中介模型检验 [J]. 心理科学进展，2014，22（10）：1660-1668.

[7] 方杰，温忠麟. 基于结构方程模型的有调节的中介效应分析 [J]. 心理科学，2018，41（2）：453-458.

发展增长趋势和个体间差异分析[1]；另一类是变量之间纵向影响关系分析[2]。由于纵向研究是对相同被试进行重复观测，其得到的变量关系的论证会比横断研究（cross-sectional study）更具说服力。关于纵向数据分析的研究主要集中在三个方面：纵向数据收集方法的发展、纵向数据分析模型的发展以及纵向数据的缺失值处理。

　　纵向数据收集方法的发展包含加速追踪设计和密集追踪法。前者是指通过同时对相邻的多个组群进行短期追踪研究，获得重叠的组群追踪数据[3]；后者是在现实情境下按照一定程序获取几十乃至上百个测试点的数据[4]。关于纵向研究的方法类文章集中在模型发展这部分。刘红云[5]对潜变量混合增长模型进行了介绍，并将其应用于实证数据。刘源等[6]对多阶段增长模型的建模方法以及包含潜类别的多阶段增长模型进行了分析和比较。唐文清等[7]先后介绍了加速追踪设计方法、时变效应模型的原理及其在密集追踪数据分析中的应用。黄熙彤和张敏强[8]探讨了协变量相关对于时变效应模型参数估计的影响。王婧等[9]评介了多阶段混合增长模型的方法与研究现状。刘源[10]对各种多变量追踪模型进行了梳理并

①　刘红云，孟庆茂. 纵向数据分析方法 [J]. 心理科学进展，2003，11（5）：586-592.

②　刘红云，张雷. 追踪数据分析方法及其应用 [M]. 北京：教育科学出版社，2005.

③　唐文清，方杰，蒋香梅，等. 追踪研究方法在国内心理研究中的应用述评 [J]. 心理发展与教育，2014，30（2）：216-224.

④　唐文清，张敏强，方杰. 时变效应模型及在密集追踪数据分析中的应用 [J]. 心理科学，2020，43（2）：488-497.

⑤　刘红云. 如何描述发展趋势的差异：潜变量混合增长模型 [J]. 心理科学进展，2007，15（3）：539-544.

⑥　刘源，赵骞，刘红云. 多阶段增长模型的方法比较 [J]. 心理学探新，2013，33（5）：415-422，450；刘源，骆方，刘红云. 多阶段混合增长模型的影响因素：距离与形态 [J]. 心理学报，2014，46（9）：1400-1412.

⑦　唐文清，张敏强，方杰. 时变效应模型及在密集追踪数据分析中的应用 [J]. 心理科学，2020，43（2）：488-497；唐文清，张敏强，黄宪，等. 加速追踪设计的方法和应用 [J]. 心理科学进展，2014，22（2）：369-380.

⑧　黄熙彤，张敏强. 协变量相关对时变效应模型参数估计的影响 [J]. 心理科学，2021，44（5）：1231-1240.

⑨　王婧，唐文清，张敏强，等. 多阶段混合增长模型的方法及研究现状 [J]. 心理科学进展，2017，25（10）：1696-1704.

⑩　刘源. 多变量追踪研究的模型整合与拓展：考察往复式影响与增长趋势 [J]. 心理科学进展，2021，29（10）：1755-1777.

对建模思路与模型选择提出了相应的建议。郑舒方等[①] 对密集追踪研究方法进行了系统介绍，并使用各种方法进行了实证演示。关于缺失值，研究者多通过模拟研究比较在不同缺失情况下各种处理方法的表现。例如，张杉杉等[②] 通过蒙特卡罗模拟考察了两种估计方法在含有不同类型缺失数据的潜变量增长模型中的表现。

（五）多层线性模型

多层线性模型（hierarchical linear model，HLM）在不同学科领域有不同的名称，例如在社会学研究中经常使用多水平线性模型（multilevel linear model），在生物计量学中则倾向于使用混合效应模型（mixed-effects model）或者随机效应模型（random-effect model），而计量经济学中则常称之为随机系数回归模型（random-coefficient regression model）。[③] 刘红云和孟庆茂[④] 从多层线性模型的基本假设入手，对模型的参数估计与假设检验方法进行了系统的介绍，推动了国内多层线性模型研究的发展。后来学者的研究主要集中在个体水平的评价聚合到群体水平时的聚合适当性检验、因变量为分类变量的多层线性模型以及潜变量的多层线性模型即多层结构方程模型。

聚合适当性检验是对数据进行评估，检验个体水平数据是否具有足够的相似性能够进行数据聚合形成代表全体成员的高层次构念的代理值。常用指标包括评分者一致性 r_{WG} 和组内相关系数 ICC（1）、ICC（2）。目前对于聚合适当性检验的争议主要集中在哪类指标更优、r_{WG} 的原始分布确定与数据清理以及指标阈值的确定。[⑤] 对于因变量为分类变量的多层线性模型，研究者通常结合实证数据进行介绍。[⑥]

多层结构方程模型部分的方法类研究则是与中介分析、调节分析以及纵向数

① 郑舒方，张沥今，乔欣宇，等. 密集追踪数据分析：模型及其应用 [J]. 心理科学进展，2021，29（11）：1948-1972.

② 张杉杉，陈楠，刘红云. LGM 模型中缺失数据处理方法的比较：ML 方法与 Diggle-Kenward 选择模型 [J]. 心理学报，2017，49（5）：699-710.

③ 刘红云. 高级心理统计 [M]. 北京：中国人民大学出版社，2019.

④ 刘红云，孟庆茂. 探索性因素分析在测验编制中局限性的模拟实验 [J]. 心理科学，2002，25（2）：177-179，254.

⑤ 朱海腾. 多层次研究的数据聚合适当性检验：文献评价与关键问题试解 [J]. 心理科学进展，2020，28（8）：1392-1408.

⑥ 李雪燕，辛涛. 二分数据的多层线性模型：原理与应用 [J]. 心理发展与教育，2006，22（4）：97-102；谢美华，黄友泉，董圣鸿. 多层多项 Logit 模型：原理与应用 [J]. 心理学探新，2013，33（5）：430-437.

据分析相融合。刘红云等 [1] 在综述各类多水平中介模型的基础上，聚焦于多水平随机中介效应模型，考察了用于多水平随机中介效应的三种参数估计方法（限制性极大似然、极大似然、最小方差二次无偏估计）在不同情况下对随机中介效应估计的优劣。也有研究者对多水平中介和调节效应的分析进行了总结和回顾，并对不同的分析方法进行了比较。[2]

（六）潜在类别模型

潜在类别模型（latent class modeling）是探讨潜在变量的模型化分析技术。横断研究中主要使用的分析技术是潜类别分析和潜在剖面分析，而追踪研究中主要涉及的是潜类别增长模型和混合增长模型。

研究者主要从探测潜在类别结构的方法、分类的精确性以及纳入协变量的潜在类别模型这三个方面进行研究。由于大部分潜在类别分析都是在结构方程模型框架下进行探讨，为了避免赘述，这里不再展开讲述。简单来说，国内研究者主要是对各种方法的原理和应用情况进行介绍。[3] 对于后两个方面，研究者则是倾向于采用模拟研究对指标、方法的影响因素与表现进行探究。[4]

（七）心理学研究中的特殊议题

1. 信度分析

信度是指测量的可靠性（reliability），即用同一测验（或不同的平行测验）多次测量同一受测者，所得结果的一致性程度，是衡量测验质量的重要指标。关于信度分析方法的研究主要涉及三个方面：α 系数和内部一致性、同质性辨析。

---

① 刘红云，张月，骆方，等. 多水平随机中介效应估计及其比较 [J]. 心理学报，2011，43（6）：696-709.

② 方杰，温忠麟，吴艳. 基于结构方程模型的多层调节效应 [J]. 心理科学进展，2018，26（5）：781-788；方杰，温忠麟. 基于结构方程模型的有调节的中介效应分析 [J]. 心理科学，2018，41（2）：453-458；方杰，温忠麟. 三类多层中介效应分析方法比较 [J]. 心理科学，2018，41（4）：962-967.

③ 吕浥尘，赵然. 群组发展模型：干预研究的新方法 [J]. 心理学探新，2018，38（1）：91-96；张洁婷，焦璨，张敏强. 潜在类别分析技术在心理学研究中的应用 [J]. 心理科学进展，2010，18（12）：1991-1998.

④ 刘源，骆方，刘红云. 多阶段混合增长模型的影响因素：距离与形态 [J]. 心理学报，2014，46（9）：1400-1412；王孟成，邓俏文，毕向阳，等. 分类精确性指数 Entropy 在潜剖面分析中的表现：一项蒙特卡罗模拟研究 [J]. 心理学报，2017，49（11）：1473-1482；张洁婷，张敏强，黎光明. 潜在剖面模型的后续分析：比较分类分析法改进后的偏差 [J]. 心理学探新，2017，37（5）：434-440.

当前的应用研究普遍将 α 系数错误地等同为内部一致性信度。然而，在一般条件下，α 系数与同质性系数均不高于内部一致性信度。研究者主要对这一误解进行了概念的区分。[①] 另外两个关注点分别是信度置信区间估计方法[②]以及多层与纵向数据信度估计[③]。

2. 共同方法偏差

共同方法偏差（common method bias）是指由同样的数据来源或评分者、同样的测量环境或项目语境以及项目本身特征造成的预测变量与效标变量之间的人为共变。这是一种系统误差，广泛存在于采用问卷法的心理学研究中。因此，众多心理学期刊都对来稿提出了有关共同方法偏差检验的要求。最主要的研究集中在以下三个方面：共同方法偏差和共同方法变异的关系、共同方法偏差的影响以及共同方法偏差的检验和控制方法。

不同学者对共同方法偏差和共同方法变异进行了概念的辨析，但是尚未确定二者间的定量关系。[④] 共同方法偏差的影响通常会与共同方法偏差的控制一起进行探讨。[⑤] 控制方法可按照数据收集前后分为程序控制和统计控制。前者是指在研究设计和研究过程中采取降低共同方法偏差发生概率的控制措施，后者则涉及在数据分析过程中利用统计手段对共同方法偏差进行检验和控制。周浩和龙立荣[⑥]向国内首先介绍了有关共同方法偏差的检验与控制方法，促进了问卷类研究进行共同方法偏差检验与控制。

---

① 刘红云. α 系数与测验的同质性. 心理科学，2008，31（1）：185-188，176；温忠麟，叶宝娟. 测验信度估计：从 α 系数到内部一致性信度 [J]. 心理学报，2011，43（7）：821-829.

② 屠金路，金瑜，王庭照. bootstrap 法在合成分数信度区间估计中的应用 [J]. 心理科学，2005，28（5）：1199-1200；杨强，叶宝娟，温忠麟. 两种估计多维测验合成信度置信区间方法比较 [J]. 心理学探新，2014，34（1）：43-47.

③ 田雪垠，郑蝉金，郭少阳，等. 基于多层验证性因素分析的各种信度系数方法 [J]. 心理学探新，2019，39（5）：461-467；叶宝娟，温忠麟，陈启山. 追踪研究中测验信度的估计 [J]. 心理科学进展，2012，20（3）：467-474.

④ 熊红星，张璟，叶宝娟，等. 共同方法变异的影响及其统计控制途径的模型分析 [J]. 心理科学进展，2012，20（5）：757-769；朱海腾，李川云. 共同方法变异是"致命瘟疫"吗？：论争、新知与应对 [J]. 心理科学进展，2019，27（4）：587-599.

⑤ 杜建政，赵国祥，刘金平. 测评中的共同方法偏差 [J]. 心理科学，2005，28（2）：420-422；熊红星，张璟，郑雪. 方法影响结果？：方法变异的本质、影响及控制 [J]. 心理学探新，2013，33（3）：195-199.

⑥ 周浩，龙立荣. 共同方法偏差的统计检验与控制方法 [J]. 心理科学进展，2004，12（6）：942-950.

3. 效应量和检验力

效应量（effect size）是指由因素引起的差别，是衡量处理效应大小的指标。检验力（power of test）是度量假设检验优劣程度的指标，即拒绝错误模型的概率。研究者通常将效应量和检验力与假设检验问题一起讨论，主要关心假设检验问题的分歧、检验流程以及如何选用与完善效应量和检验力的计算。例如，仲晓波及其团队[①]通过系列研究对假设检验中存在的问题进行了详细论述，并建议报告实验研究效应量的置信区间。刘佳等[②]提出了关于零假设显著性检验的流程。郑昊敏等[③]依据应用研究目的和类型对三大类效应量进行了梳理和匹配。

21世纪以来，在众多学者的共同努力下，国内心理统计方法的研究取得长足进步，研究领域和深度在不断扩展。但是，国内心理统计研究尚存在一定的不足。首先，国内期刊中关于心理统计方法的论文以综述为主，例如在《心理科学进展》中有50余篇方法类论文为综述，采用模拟数据进行心理统计研究的文章仅40余篇（含《心理学报》以及《心理科学》）。这表明，心理统计研究的原创性有待提升。其次，与心理学其他分支相比，国内心理统计的科研力量较为薄弱，主要的心理统计方法研究团队为温忠麟团队、张敏强团队和刘红云团队。面对心理学研究对统计方法不断增加的需求，科研力量有待加强。

三、心理统计的应用与展望

（一）应用趋势

心理统计是量化认识心理现象的有力武器，是进行心理研究不可或缺的科学方法。它的任务是找出心理研究中的规律。

相较于关于统计方法研究的文献分析的稀少，在21世纪初，国内学者已经

---

① 仲晓波. 零假设检验和元分析之间的逻辑连贯性 [J]. 心理科学，2010，33（6）：1477-1480；仲晓波. 心理学研究中应该怎样报告实验的结果？[J]. 心理学探新，2010，30（5）：62-65；仲晓波. 关于假设检验的争议：问题的澄清与解决 [J]. 心理科学进展，2016，24（10）：1670-1676；仲晓波，黄希尧，万荣根. 心理学中对假设检验一些批评的分析 [J]. 心理科学，2008，31（4）：1010-1013.

② 刘佳，霍涌泉，陈文博，等. 心理学研究的可重复性"危机"：一些积极应对策略 [J]. 心理学探新，2018，38（1）：86-90.

③ 郑昊敏，温忠麟，吴艳. 心理学常用效应量的选用与分析 [J]. 心理科学进展，2011，19（12）：1868-1878.

开始关注和梳理分析统计方法应用于心理学研究的情况。[①]20 世纪八九十年代，显著性检验（包括正态性检验、t 检验、卡方检验和 F 检验）是国内研究者最常使用的定量分析方法。[②] 自 1998 年起的十年间，《心理学报》和《心理科学》上发表的文章最多使用的推断统计方法是方差分析、t 检验、相关分析，多元统计中因素分析方法使用最为频繁。[③] 此外，研究者还聚焦于特定统计方法在心理学研究中的使用情况，对不同阶段主要使用的方法以及前沿的方法进行了分析。[④]

粗略来说，在 20 世纪 60 年代，非参数方法的使用在达到顶峰后下降。2010 年前后非参数方法的使用频率略有回升。在同一时期，t 检验、方差 / 协方差分析以及相关分析的使用率呈下降趋势，回归和因素分析成为应用研究中的主流，并且因素分析（含结构方程模型）纳入研究生课程。[⑤]

t 检验以及方差 / 协方差分析的使用率下降表明两点：一是研究者对于相关方法的误用减少。例如，早期许多人误认为在方差分析中，采用分类自变量即可认为进行了实验研究。还有部分研究者为进行方差分析，将连续变量强行地进行划分，将之作为分类变量，导致不仅未发挥方差分析优势，还使得变量信度下降。二是统计方法的应用在不断整合。在统计学家指出 t 检验与方差 / 协方差分析以及广义回归分析均是广义线性模型的特例后，越来越多的研究者倾向于使用回归方程进行代替。

回归分析是一种确定自变量对因变量预测作用的统计方法，依据自变量的个数可以分为一元回归分析和多元回归分析。多元回归分析能够考察多个变量对一个变量的影响，符合实际研究中因变量受到多个自变量交叉影响的情况，因而在

---

① 温忠麟，方杰，沈嘉琦，等. 新世纪 20 年国内心理统计方法研究回顾 [J]. 心理科学进展，2021，29（8）：1331-1344.

② 崔丽霞，郑日昌. 20 年来我国心理学研究方法的回顾与反思 [J]. 心理学报，2001（6）：564-570.

③ 焦璨，吴利，张敏强. Bootstrap 探索性因素分析方法及其应用 [J]. 心理学探新，2010，30（3）：84-90.

④ 范津砚，叶斌，章震宇，等. 探索性因素分析：最近 10 年的评述 [J]. 心理科学进展，2003，11（5）：579-585；方杰，邱皓政，张敏强，等. 我国近十年来心理学研究中 HLM 方法的应用述评 [J]. 心理科学，2013，36（5）：1194-1200；唐文清，方杰，蒋香梅，等. 追踪研究方法在国内心理研究中的应用述评 [J]. 心理发展与教育，2014，30（2）：216-224；唐文清，张敏强，黄宪，等. 加速追踪设计的方法和应用 [J]. 心理科学进展，2014，22（2）：369-380；赵必华，顾海根. 我国近年来心理学研究中 SEM 方法文献分析 [J]. 心理科学，2010，33（2）：403-405.

⑤ 侯杰泰，刘红云. 心理统计分析：趋势、契机与展望 [J]. 中国科学院院刊，2012，27（A1），216-224.

心理学领域中应用十分广泛。但是由于其计算的复杂性，其应用一度受限。近年来，计算机使用的普及以及统计软件的开发使得多元回归愈发显示出其强大的生命力。目前，多元回归被广泛应用于调节效应的分析。但是，由于多元回归分析存在人为变换检验模型、自变量与调节变量区分不充分、方差齐性假设难以满足以及效应量指标 R^2 变化量未对调节作用进行直接测量等不足，方杰和温忠麟[①]建议利用两水平回归模型进行调节效应分析。

此外，如前文提到的，回归分析、因素分析、广义线性模型以及路径分析等统计模型都是结构方程模型的特例。

结构方程模型早期主要用于检验变量间的直接效应和中介效应以及验证性因素分析；近年来，它的应用范围逐渐拓宽至多组比较、均值差异检验、追踪设计等方面。[②] 毋庸置疑，结构方程模型已经成为多元统计最重要的工具之一，它提供了十分灵活的框架处理潜变量和观测变量，整合了心理学中的潜在构念和变量间的复杂关系。具体来说，许多心理学理论都涉及交互效应（如生活压力对心理疾病的正向影响会随着社会支持的增加而减小），但传统的多元回归未能良好地处理误差项，并且不具有检验交互项的敏感度，使得涉及交互项的心理学假设不能得到检验。然而，潜变量结构方程模型可以实现诸如此类的心理模型的检验。此外，早期研究者在借助元分析进行文献综述时，因为研究可能会提供多个相互存在关联的效应量，所以通常采用主观判断。在 2010 年前后，越来越多的研究者开始采用结构方程模型和多层数据分析的方法实现元分析，从而更好地处理协变量存在缺失数据和效应量异质的问题。

另外，从研究的类型来看，21 世纪以来，纵向研究愈发细化，研究问题逐渐深入，研究群体多元化。以"追踪"为关键词，文献来源为"心理"进行模糊匹配，在知网进行检索得到，2000—2021 年共发表期刊或会议论文 391 篇，其中，2021 年达到峰值 44 篇。[③] 研究对象也逐步从儿童、青少年扩展至中年人、老年人等。

总的来说，随着各种统计方法在国内心理学领域普及开来，相较于 20 世纪，21 世纪的心理统计学已经能够妥善解决更多在实际研究中遇到的问题。但是，心理学者仍然在快速拓展新统计方法的应用，从而实现理论和研究方法的丰富。例如，将多层回归模型转化为增长模型，从而对追踪研究中的变量进行分析，实现对个体不同时间段、不同时间间隔的观察，突破传统追踪研究只能以固定时间

---

① 方杰，温忠麟. 基于两水平回归模型的调节效应分析及其效应量 [J]. 心理科学进展，2022，30（5）：1183-1190.

② 刘红云. 高级心理统计 [M]. 北京：中国人民大学出版社，2019.

③ 由于知网数据库动态更新，不同时间检索数据可能有所差异。

段进行取样与观察的限制。

（二）展望

心理统计方法的发展不仅体现在方法和技术层面，还体现在统计的思想和思考方向可能会随着时代而发生改变。因此，在心理学研究中使用统计方法，不仅要求研究者对心理学理论进行持续的学习，对于统计方法的更新迭代也要有一定的认识。在许多前沿的方法中，一些基本的分析概念在不断演化和改变。例如，在使用测量工具时，可以进行题目打包，即将数道题目进行合并变成量表，计算每个合并项的分值。一种传统思路是使用探索性因素分析，依据每道题目在公因子上的载荷，求取各因子的得分。然而，在后来出现的结构方程模型的验证性因子模型中，每道题目一般只能从属于一个因子。又例如，关于零假设的显著性检验，不同的期刊可能会对作者提出不同的建议和要求：报告效应量、置信区间、标准误以及误差范围等。这都体现了对于统计结果思考的多样性。

此外，随着统计方法复杂性的增加，理论与方法割裂的现象也日趋普遍。以贝叶斯结构方程模型为例，在知网数据库进行检索发现，截至 2022 年 5 月，国内心理学研究中仅存在两篇使用贝叶斯结构方程模型进行实证研究的文献[①]。众所周知，许多统计方法都存在一定的前提假设（如数据需要服从特定的分布形态），但罕有真实数据能够完全满足方法的要求。因此，在方法类文章中，研究者更多是使用模拟数据进行探索，关注数据分布和错误设定的模型对于拟合结果的影响。然而，这些研究与心理学理论并没有密切的关联。

综上所述，复杂统计方法的发展在提高变量间关系估计准确性的同时，带动了心理学研究方法的转变。但是，先进的统计方法还需与核心理论相结合，才能更好地促进心理统计这一交叉学科的蓬勃发展。

四、心理教育与人才培养

20 世纪 20 年代以后，不少有关心理统计的专著和译著出版，如《心理与教育测量》（王书林著，1935）、葛雷德的《心理与教育之统计法》（朱君毅译，1934）等。高等和中等师范院校将心理统计与测量纳入必修课程，心理统计开始得到普及与应用。20 世纪 50 年代以后，高等院校停止了心理统计课程，心理

---

① 马建苓，刘畅. 错失恐惧对大学生社交网络成瘾的影响：社交网络整合性使用与社交网络支持的中介作用 [J]. 心理发展与教育，2019，35（5）：605-614；青于兰，王力，曹成琦，等. 创伤后应激障碍的症状结构分析：使用贝叶斯结构方程模型 [C]. 心理疾患的早期识别与干预——第三届心理健康学术年会，2013.

学发展受挫，量化研究未得到重视。20 世纪 80 年代初期，心理学重新迎来了生机，心理统计学也开始复苏。为满足高校的教学需求，国内学者撰写了一系列具有代表性的教材与著作，如《心理与教育统计》（张厚粲、孟庆茂著，1982）、《教育与心理统计》（郝德元著，1982）、《教育与心理统计方法入门》（周淮水著，1983）。20 世纪 80 年代末，师范院校相继恢复心理统计相关课程的开设，心理统计的教学研究迈入发展阶段。在这一时期，国内又出版了一批教材，如《心理统计》（车宏生、朱敏主编，1987）等。在 20 世纪 90 年代末期，学者们结合计算机科学和心理统计学的发展前沿动态，开始重视计算机在统计分析中的应用，在国内开展关于如何使用统计软件如 SPSS、SAS、Statistica、Minitab 等的介绍。此外，一些新的统计方法和技术不断出现并应用于心理学的研究，如结构方程模型逐步应用于心理学研究。[1]虽然，目前高校普遍在心理学专业教学计划中纳入了统计测量的课程，但是课程数量和课时还是十分有限：对于前沿统计方法的学习，多是通过工作坊的形式进行；对于方法的推广，也是主要通过学术会议进行。[2]

21 世纪以来，计算机技术迅猛发展，复杂的统计方法可以通过软件包轻松实现，在快速推动方法普及和应用的同时，也出现了一些误解和误用。例如，在零假设显著性检验（null hypothesis significance testing，NHST）方面，研究者很容易将"差异显著"误解为"差异大"。[3]但是，总的来说，心理统计的进展为心理理论的发展和建设带来了新的契机。[4]

附录　新中国成立后出版的心理统计领域的主要教材/著作目录

国内学者出版作品，按出版年份顺序

1.《心理与教育统计学》（林清山，台湾东华书局股份有限公司，1977）

2.《教育与心理统计》（郝德元，教育科学出版社，1982）

3.《教育与心理统计》（左任侠，华东师范大学出版社，1982）

4.《心理与教育统计》（张厚粲、孟庆茂，甘肃人民出版社，1982）

5.《心理与教育测验及统计》（汪俊爵，正光书局，1982）

---

① 张厚粲，徐建平. 现代心理与教育统计学 [M]. 3 版. 北京：北京师范大学出版社，2009.

② 侯杰泰，刘红云. 心理统计分析：趋势、契机与展望 [J]. 中国科学院院刊，2012，27（A1），216-224.

③ 温忠麟，吴艳. 屡遭误用和错批的心理统计 [J]. 华南师范大学学报（社会科学版），2010（1）：47-54，158.

④ 同②.

6.《教育与心理统计方法入门》（周淮水，浙江人民出版社，1983）

7.《常用教育与心理统计方法》（李仲涟，中南工业大学出版社，1987）

8.《心理统计》（车宏生、朱敏，科学出版社，1987）

9.《心理测验与统计方法》（简茂发，心理出版社，1987）

10.《心理实验设计统计原理》（郝德元，北京师范大学出版社，1989）

11.《最新实用心理与教育统计学》（谢广全，复文图书出版社，1990）

12.《心理与教育统计学》（林清山，台湾东华书局股份有限公司，1992）

13.《心理与教育统计学》（张厚粲、孟庆茂、冯伯麟，五南图书出版有限公司，1992）

14.《心理与教育统计学》（张厚粲，北京师范大学出版社，1993）

15.《教育与心理统计学》（张敏强，人民教育出版社，1993）

16.《现代教育与心理统计技术》（温忠麟、邢最智，江苏教育出版社，2001）

17.《心理与教育统计学》（高永菲，元照出版有限公司，2001）

18.《心理与教育统计》（林重新，扬智文化事业股份有限公司，2001）

19.《教育与心理统计学》（张敏强，人民教育出版社，2002）

20.《心理测验与统计方法》（简茂发，心理出版社，2002）

21.《多层线性模型应用》（张雷、雷雳、郭伯良，教育科学出版社，2003）

22.《现代心理与教育统计学》（张厚粲、徐建平，北京师范大学出版社，2004）

23.《结构方程模型及其应用》（侯杰泰、温忠麟、成子娟，教育科学出版社，2004）

24.《心理与教育统计学》（邵志芳，上海科学普及出版社，2004）

25.《心理统计》（韩昭，原子能出版社，2004）

26.《心理统计学》（周达生、戴梅竞，安徽大学出版社，2004）

27.《心理与教育统计学》（余民宁，三民书局股份有限公司，2005）

28.《心理与行为科学统计》（甘怡群、张轶文、邹玲，北京大学出版社，2005）

29.《追踪数据分析方法及其应用》（刘红云、张雷，教育科学出版社，2005）

30.《教育心理多元统计学与 SPSS 软件》（梁荣辉、章炼、封文波，北京理工大学出版社，2005）

31.《心理与教育研究方法、设计及统计分析》（孟庆茂、刘红云、赵增梅，高等教育出版社，2006）

32.《心理与社会研究统计方法》（车宏生、王爱平、卞冉，北京师范大学出版社，2006）

33.《心理与教育统计学》（陈国英，四川大学出版社，2006）

34.《心理与教育统计》（温忠麟，广东高等教育出版社，2006）

35.《教育与心理统计——SPSS 应用》（潘进玉，浙江大学出版社，2006）

36.《心理与教育统计学》（吴裕益，双叶书廊有限公司，2007）

37.《教育及心理统计学》（朱经明，五南图书出版股份有限公司，2007）

38.《心理统计与测量》（郑日昌，人民教育出版社，2008）

39.《现代心理与教育统计学》（张厚粲、徐建平，北京师范大学出版社，2009）

40.《教育及心理统计学》（朱经明，五南图书出版股份有限公司，2009）

41.《心理统计学》（邵志芳，中国轻工业出版社，2009）

42.《心理统计学与 SPSS 应用》（邓铸、朱晓红，华东师范大学出版社，2009）

43.《心理与教育统计测量》（杜文久，西南师范大学出版社，2009）

44.《结构方程模型——AMOS 的操作与应用》（吴明隆，重庆大学出版社，2009）

45.《心理与教育统计学》（辛涛等，中国人民大学出版社，2010）

46.《心理统计基础教程》（孟迎芳、刘荣、郭春彦，北京大学出版社，2010）

47.《教育与心理统计学》（张敏强，人民教育出版社，2010）

48.《心理统计学》（胡竹菁，高等教育出版社，2010）

49.《回归分析与实验设计》（辛涛，北京师范大学出版社，2010）

50.《现代教育与心理统计学》（吴柏林、谢名娟，Airiti Press Inc.，2010）

51.《心理统计学》（陈世平，南开大学出版社，2011）

52.《SPSS 数据统计与分析》（骆方、刘红云、黄崑，清华大学出版社，2011）

53.《结构方程模型：方法与应用》（王济川、王小倩、姜宝法，高等教育出版社，2011）

54.《心理统计学》（邵志芳，中国轻工业出版社，2012）

55.《调节效应和中介效应分析》（温忠麟、刘红云、侯杰泰，教育科学出版社，2012）

56.《心理与教育统计学》（余民宁，三民书局股份有限公司，2013）

57.《心理统计学》（姚应水，人民卫生出版社，2013）

58.《结构方程模型：Amos 实务进阶》（吴明隆，重庆大学出版社，2013）

59.《应用心理统计学》（刘红云、骆方，北京师范大学出版社，2015）

60.《基础教育质量监测：抽样设计与数据分析》（张丹慧、张生、刘红云，北京师范大学出版社，2015）

61.《心理与教育统计》（温忠麟，广东高等教育出版社，2016）

62.《心理统计学》（邵志芳，中国轻工业出版社，2017）

63.《心理统计学与 SPSS 应用》（邓铸、朱晓红，北京师范大学出版社，2017）

64.《心理与教育研究中的多元统计方法》（曹亦薇、张一平，北京大学出版社，2017）

65.《心理统计学》（姚应水，人民卫生出版社，2018）

66.《高级心理统计》（刘红云，中国人民大学出版社，2019）

67.《结构方程模型及其应用》（易丹辉、李静萍，北京大学出版社，2019）

68.《心理与行为科学统计》（甘怡群、张轶文、郑磊，北京大学出版社，2019）

69.《心理与教育统计学及 SPSS 运用》（李祚山、赵晨鹰，西南师范大学出版社，2019）

70.《心理统计学》（胡竹菁，高等教育出版社，2019）

71.《结构方程模型应用》（刘源、刘红云，北京师范大学出版社，2020）

72.《心理统计学》（邓铸、朱晓红、张晶晶，南京师范大学出版社，2020）

73.《多水平模型应用》（郭伯良，北京师范大学出版社，2020）

74.《现代心理与教育统计学》（张厚粲、徐建平，北京师范大学出版社，2020）

75.《中介效应和调节效应：方法及应用》（温忠麟、刘红云，教育科学出版社，2020）

76.《教育与心理统计学》（李运华、杨新宇，江西高校出版社，2020）

77.《心理统计学》（郭磊，西南大学出版社，2021）

翻译出版作品

1.《心理与教育之统计法》（葛雷德著，朱君毅译，商务印书馆，1974）

2.《心理与教育统计学》（Arthur Aron, Eelaine N. Aron, Elliot J. Coups 著，黄琼蓉等译，学富文化事业有限公司，2009）

3.《心理统计导论》（理查德·鲁尼恩、奥黛丽·哈伯、凯·科尔曼著，林丰勋译，人民邮电出版社，2010）

4.《心理统计学》（B. H. Cohen 著，高定国等译，华东师范大学出版社，

2011）

5.《心理统计》（迈克尔·索恩、马丁·吉森著，文剑冰等译，上海人民出版社，2013）

6.《心理统计：日常生活中的推理》（杰弗里·O. 贝内特、威廉·L. 布里格斯、马里奥·F. 特里奥拉著，封文波译，机械工业出版社，2013）

7.《心理统计：行为科学统计导论》（罗伯特·R. 帕加诺著，方平、姜媛等译，机械工业出版社，2013）

8.《实用心理测验与评估》（爱德华·S. 诺库格、R. 查尔斯·福西特著，李原、孙健敏、何华敏等译，机械工业出版社，2013）

9.《心理与教育中高级研究方法与数据分析：从研究设计到 SPSS》（迪米特洛夫著，王爱民、韩瀚、张若舟等译，中国轻工业出版社，2015）

10.《行为科学统计精要》（费雷德里克·J. 格雷维特、拉里·B. 瓦尔诺著，刘红云、骆方译，中国人民大学出版社，2016）

11.《心理统计导论：理论与实践》（罗伯特·R. 帕加诺著，方平、姜媛等译，机械工业出版社，2016）

12.《心理统计学》（亚瑟·阿伦、伊莱恩·阿伦、埃利奥特·库珀斯著，方双虎等译，中国人民大学出版社，2017）

13.《如何理解心理学：科学推断与统计推断》（卓顿·迪恩斯著，孙里宁等译，华东师范大学出版社，2018）

常用软件

SPSS、SAS、Statistica、Minitab、Amos、LISERL、EQS、Mplus、MATLAB、R 等。

第三十三章
生物医学卫生统计*

    生物医学卫生统计学是一门运用统计学尤其是数理统计学的原理和方法，研究医学科研及卫生工作中相关数据的收集、整理、分析和推断的学科。[1] 其应用范围包括医药卫生的各个领域，如基础医学、临床医学、药学、预防医学与卫生学等。[2] 生物统计学、医学统计学、卫生统计学是统计学原理和方法在互有联系的不同学科领域的应用[3]，三者之间因各有侧重而有所区别，但并无截然界限。医学统计学的应用更侧重于临床医学、基础医学、口腔医学、中医学等学科的非公共卫生方面的研究；卫生统计学的应用更侧重于医学与卫生学的社会方面，如居民健康状况及卫生服务领域[4]。由于生物体之间存在着个体差异，人类机体的反应受到各种因素的综合作用，表现千差万别，因此需要运用统计方法来探讨其规律。

    本章从生物医学卫生统计学科史概述、学科方法进展、学科应用与展望、学科教育与人才培养四方面展开。

---

* 本章部分内容在结构设计、史料梳理与语言表述方面参考了南京医科大学沃红梅的硕士学位论文《中国医学统计学发展简史（1949—2012）》。其中本章的第二部分"学科方法进展"所分成的"学科方法发展初期"与"学科方法发展中期"，是依据沃红梅硕士学位论文的第四部分"对医学统计学发展有重要影响的人物"中所分的"第一代人物"与"第二代人物"梳理总结而来。本章的第四部分"学科教育与人才培养"对于"课程设置"、"教材建设"、"师资队伍建设"与"研究生培养"的整理，借鉴了沃红梅硕士学位论文的第一部分"建国后医学统计学学科建设进展回顾"与第三部分"建国后高等医学院校医学统计学教材建设回顾"的史料。谨此标注并致谢。

[1] 李康，贺佳，杨土保. 医学统计学 [M]. 7 版. 北京：人民卫生出版社，2018.

[2] 颜艳，王彤. 医学统计学 [M]. 5 版. 北京：人民卫生出版社，2020.

[3] 方积乾，徐勇勇，陈峰. 卫生统计学 [M]. 7 版. 北京：人民卫生出版社，2012.

[4] 李晓松，陈峰，郝元涛，等. 卫生统计学 [M]. 8 版. 北京：人民卫生出版社，2017.

一、学科史概述

在中国，生物医学卫生统计学是一门古老而又年轻的学科。说它古老，是因为远在先秦时期我国就出现了人口统计[①]；说它年轻，是因为从 20 世纪二三十年代开始，吴定良、袁贻瑾、许世瑾、薛仲三等老一辈医学统计学家才开展生命统计研究工作。[②]1937 年王绥在商务印书馆出版《实用生物统计法》专著；1948 年赵仁镕和余松烈在新农企业股份有限公司出版《生物统计之理论与实际》；1948 年郭祖超编著的《医学与生物统计方法》由正中书局出版，这是当时影响最大的医学统计方法教科书。[③]新中国成立前，生物医学卫生统计学发展缓慢；新中国成立后，随着医学的发展和科研工作的深入，生物医学卫生统计学得到了快速发展。

1912 年，中华民国的建立是近代中国政治体制开始转型的标志，也是新型医疗卫生体系建立的开端。这一时期，广州、北京、上海等重点城市设置了卫生统计机构，开展了形式多样的统计活动，中央卫生行政部门针对重大传染性疾病常规性信息开展了收集工作。此前一段时间，清政府为了缓解社会矛盾，维护自身的统治地位，决定"广兴教育，清理财政，整顿武备，普设巡警，使绅民明悉国政，以预备立宪基础"[④]。在此政治背景下，西方警察制度被列入晚清新政的筹设议题之中。至 1927 年，中国的卫生行政基本隶属于北洋政府警察制度的管辖范围。中国卫生行政的建制化起步于 20 世纪初期，20 世纪 20 年代中期以后，中国卫生事业才得到较快的发展。由于对全国和地方的行政制度做了系统性规定，一个较为成体系的医学统计规章制度得以创立[⑤]，统计机构的设置在部分城市中也得以扩张和完善，针对传染病、死亡、死因的统计实践得到进一步加强。医学统计逐步从警察卫生行政下的实施方式走向专业化趋势。近代医学统计事业的发展经历了漫长而曲折的过程，从传教士医生的个人实践到海关制度下的系统操控，从北洋卫生警察的传统调查到国民政府卫

---

① 彭道宾. 试谈中国古代统计分析 [J]. 统计研究，1999（S1）：317-318；木柱. 中国第一批统计表的创制 [J]. 统计研究，1986（4）：77-79.

② 倪江林. 我国人口平均期望寿命的过去、现在和未来 [J]. 统计研究，1986（2）：21-27.

③ 沃红梅，陈峰. 中国医学统计学发展简史（1949—2012）[D]. 南京：南京医科大学，2013.

④ 朱寿朋. 光绪朝东华录：第 5 册 [M]. 北京：中华书局，1958.

⑤ 樊波，梁峻，袁国铭. 浅析中华民国卫生法制之得失 [J]. 价值工程，2011（2）：317-318.

生机构的独立实施，我国卫生行政从"生命无统计，疫疠无防范"的幼稚时代逐步走向专业化道路。在这一演变过程中，医学统计事业对中国社会的影响与意义是积极而多面的，如促进传染病防治有利于医学科学发展以及推动社会现代化进程等。[①]

早在 1927 年，许世瑾在北京就进行了居民死因调查。20 世纪 30 年代初，许世瑾在上海市卫生局工作期间，调查了 1 万多名中小学生的身体发育状况，编制了上海市学龄儿童的身长、体重发育表，发表了《上海市学龄儿童身长体重之初步研究》一文。他的《1934—1936 年南京市生命统计报告》一文发表于《世界生命统计年报》，这是中国第一次在国际上发表的生命统计资料。1931 年，袁贻瑾根据广东中山李氏家族家谱编制了第一份中国人口寿命表。[②]1935 年，薛仲三利用南京居民的生命统计资料，估算出南京市居民出生时的期望寿命，男性为39.80 岁，女性为38.22 岁。可见，新中国成立前我国居民的期望寿命不足40 岁。[③]

1940 年，海外华人生物统计专家从西方归国，他们之中大部分来自哈佛大学、约翰·霍普金斯大学等，而且是研究医学或生物学的专家，其中有些人已成为当地的卫生部门官员。从那时起，中国的大多数医学杂志要求论文有合理的统计推断，医学统计学也因此成为所有医学院校的必修课（包括逐步回归、非参数统计等），而公共卫生研究生必须学习更多的现代统计学方法，包括 Cox 回归、主分量分析、聚类分析等。尽管如此，中国医学统计的大多数学生缺乏实践，统计学家在数量上也远不能满足需求。[④]

1948 年郭祖超编写的《医学与生物统计方法》由商务印书馆出版，并被当时的教育部推荐为大学用书。[⑤] 新中国成立初期，有许多地方性疾病影响着当地人群的健康，如大骨节病、克山病、地方性甲状腺肿、地方性氟中毒等。为了了解地方病的分布情况，为防治工作提供依据，卫生部组织各方专家开展了大量的地方病研究工作，卫生统计人员广泛参与其中。卫生统计工作越来越受到重视。1980 年前后，各级卫生部门组织了大量的专项调查，如全国肿瘤死亡回顾调查，1979 年全国结核病流行病学调查，1979—1980 年全国高血压抽样调查，全国五种职业中毒普查，全国尘肺流行病学调查，全死因调查，等等。在这些研究工作

① 张小龙. 医学统计在中国的起步与发展（1840—1937）[D]. 合肥：中国科学技术大学，2014.

② 沃红梅，陈峰. 中国医学统计学发展简史（1949—2012）[D]. 南京：南京医科大学，2013.

③ 薛仲三. 南京市寿命表 [J]. 复旦统计通讯，1945（6）：69-89.

④ 金丕焕. 中国生物统计学的现状与挑战 [J]. 中国处方药，2002（9）：62.

⑤ 同②.

中，卫生统计学家从调查设计，调查员培训，资料收集、整理和分析等各个环节提出专业意见并全程参与，发挥了重要作用。[①]

20 世纪 50 年代初期，上海第一医学院许世瑾教授针对江苏农村和上海地区存在的社会卫生问题，带领青年教师和学生进行现场调查，并提出改进意见。军事医学科学院薛仲三教授根据抗美援朝战争及对越自卫反击战等相关资料，通过分析研究，编写了《抗美援朝卫生工作统计资料》《抗美援朝卫生工作经验总结》《中越边境自卫反击作战卫生工作统计资料》等。郭祖超教授为了规范全军卫生统计原始资料登记格式，主编了《中国人民解放军卫生统计工作教范》，为此他深入基层、收集资料、反复修改、力求完善，该书的出版为军队卫生工作正规化、现代化奠定了基础。[②]虽然受当时条件所限，我国的卫生统计科研工作开展范围较窄，但这些努力对于学科发展、人才培养等方面都起到了一定的作用。[③]

郭祖超编写的《医学与生物统计方法》（后更名为《医用数理统计方法》）、四川大学（原华西医科大学）杨树勤主编的《中国医学百科全书·医学统计学》分册，这两部堪称经典的著作对我国卫生统计学专业人才培养和统计学在医学卫生领域的推广应用，发挥了十分重要的作用。[④]

1978 年我国改革开放伊始，四川大学（原华西医科大学）杨树勤主编了全国统编教材《卫生统计学》，后该书成为卫生统计学教材的经典之作。杨树勤主编了该书的第 1～3 版，该书后经倪宗瓒（第 4 版）、方积乾（第 5～7 版）[⑤]续编，2017 年推出由李晓松续编的第 8 版。

1980 年 7 月 21—25 日，中华医学会第一届全国卫生统计学学术会议在哈尔滨召开。会上对现代多元分析在医学领域中的应用进行了介绍和探讨，交流了电子计算机在医学研究中的应用及医学人口资料的深入分析等问题。会议还广泛讨论了卫生统计学的研究对象，认为卫生统计学的研究对象应包括医学统计方法、居民健康统计、卫生事业统计三个方面。最后，经与会代表的酝酿，会议讨论成立了中华医学会卫生学分会卫生统计学组，方便以后开展国内外学术交流活动。[⑥]

---

① 田凤调，接令仪，胡琳，等. 建国以来我国卫生统计事业发展过程的回顾 [J]. 中国卫生统计，1994（5）：9-12.

② 徐勇勇. 拓荒者的足迹：记卫生统计学家、医学教育家郭祖超教授 [J]. 中华预防医学杂志，1997（3）：129-131.

③④⑤ 沃红梅，陈峰. 中国医学统计学发展简史（1949—2012）[D]. 南京：南京医科大学，2013.

⑥ 高秋萍. 中华医学会第一届全国卫生统计学学术会议 [J]. 医学研究通讯，1980（10）：21，12.

中华医学会首届卫生统计会合影

［前排左 2 李天霖（北京医学院）、左 8 薛仲三、左 9 苏德隆、右 7 许世瑾、右 5 郭祖超；第 2 排左 2 汤旦林（中日友好医院）、右 4 胡孟璇（中山医学院）、右 7 周燕荣（重庆医学院）；第 3 排左 5 陶志（上海第二医学院）、左 7 杜养志（湖南医学院）；第 4 排左 2 孙尚拱、左 4 冯士雍、右 1 陈育德（北京医学院）］

　　1984 年 9 月 6—10 日，中国卫生统计学会成立大会暨第一次学术会议在广西南宁召开①，之后各省份地方卫生统计学会相继成立②。中国卫生统计学会的成立带动了卫生统计学的研究，学会在组织学术会议、举办培训班、开展国际交流、推动地方统计学会建立、协助卫生行政部门加强统计工作等方面做了大量工作。1984 年 9 月，学会在成立的同时创办了《中国卫生统计》杂志作为学会专业期刊，同年在全国出版发行。为适应我国卫生信息化发展需要，2004 年 6 月，中国卫生统计学会更名为中国卫生信息学会③；2017 年 7 月，更名为中国卫生信

① 中国卫生统计学会成立大会暨第一次学术会议纪要 [J]. 中国卫生统计，1984（2）：2-3.
② 王庆富. 江苏省卫生统计学会成立大会在扬州召开 [J]. 中国卫生统计，1985（2）：20；常志忠. 山西省卫生统计学会成立大会暨第一次学术会议在太原召开 [J]. 中国卫生统计，1986（2）：43；胡经锄. 浙江省卫生统计学会成立 [J]. 中国卫生统计，1985（2）：33；汤泽群. 中国卫生统计学会广东分会、广东省统计学会卫生分会成立大会暨第一次学术会议在广州召开 [J]. 中国卫生统计，1986（4）：39；汤君林. 吉林省卫生统计学会成立大会暨第一次学术会议在九台召开 [J]. 中国卫生统计，1986（3）：57.
③ 沃红梅，陈峰. 中国医学统计学发展简史（1949—2012）[D]. 南京：南京医科大学，2013.

息与健康医疗大数据学会。

1989 年 5 月 20 日，中华预防医学会的卫生统计学分会成立大会在北京召开。[①] 之后许多省份预防医学会的卫生统计学会相继成立。组织机构的建立和逐步完善为宣传、普及卫生统计学奠定了基础。

纵观中国医学统计学的发展历程，从新中国成立初期仅有最初的十多位统计学家从事医学统计学工作，到如今统计学已经成为一级学科，生物医学卫生统计学成为其中一个重要的分支；作为最为重要的学术交流平台，中国卫生统计学会（现中国卫生信息与健康医疗大数据学会）也从无到有地建立起来，各个专业委员会也从最初的几个发展到数十个；教材从最初的寥寥数本医学统计学的教材，到现在有了适用于各种学习层次、比较完整的教材体系；一代又一代医学统计学家在老一辈人的培养和提携下不断成长，队伍壮大。[②]

当前，卫生统计、医学统计研究工作蓬勃开展，从高等医学院校卫生统计（医学统计）教研室所进行的科研工作内容来看，研究的热点涉及新药临床试验、分子（遗传）流行病学、卫生管理等方面，形成了多层次、多方位、形式多样的国内学术交流平台，科研工作蓬勃发展。

在学术交流的过程中学术刊物发挥了重要作用。新中国成立初期卫生统计学方面还没有专门的期刊，一些卫生统计学者主要通过公共卫生方面的杂志，如《中华卫生杂志》（后改名为《中华预防医学杂志》）等发表成果，因为期刊内容涉及整个公共卫生，所以刊登卫生统计方面的文章数量不多。

在《中国卫生统计》杂志出版发行之前，有一本关于生物统计的刊物非常值得一提，就是《科研中的统计方法（生物统计）》。该杂志于 1973 年创刊，主要目的在于总结和交流经验，促进统计在生物学、医学、农学等领域的应用。[③] 该杂志由当时南昌市医学研究所的汤旦林创办并担任主编，1973—1974 年每年出 4 期，1975—1977 年每年出 2 期，1978—1979 年停办两年，1980 年复刊出 1 期，1981—1984 年每年出 2 期，1982 年出版增刊 2 期，后停办。当时很多卫生统计学者在该刊物上发表文章，使之成为实际工作者交流学术思想、学术经验并相互切磋的阵地，为统计知识的传播做出了贡献。该杂志创刊于"文化大革命"期间，创办过程中遇到了很多困难，但为了给生物、医学等统计学者提供交流思想的园地，主编不畏艰难，努力坚持，反映了老一辈医学统计学家在传播统计学知识方面做出的重要贡献。

① 中华预防医学会卫生统计学会成立 [J]. 中国卫生统计，1989（6）：22.

②③ 沃红梅，陈峰. 中国医学统计学发展简史（1949—2012）[D]. 南京：南京医科大学，2013.

1984 年 9 月，随着中国卫生统计学会的成立，在中国医科大学丁道芳教授的推动下，作为会刊的《中国卫生统计》杂志创刊。[①] 该杂志当时是全国卫生统计行业唯一的一份国家级学术性期刊，所发表的文献代表着国内医学统计学的成就和水平。杂志在开展学术讨论、交流工作经验、介绍卫生统计理论与方法、提高卫生统计科教水平、服务社会等方面发挥了重要作用，取得了显著的成绩。我们汇总了《中国卫生统计》年度总文献量、年度基金资助文献量、2013—2022 年文献所属栏目的分布、2013—2022 年文献的学科分布、2013—2022 年文献的关键词分布（见图 33-1 至图 33-5）。[②]

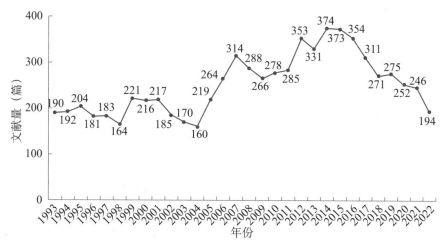

图 33-1　年度总文献量（不包含资讯类文献，如致谢、稿约、启事、勘误等）

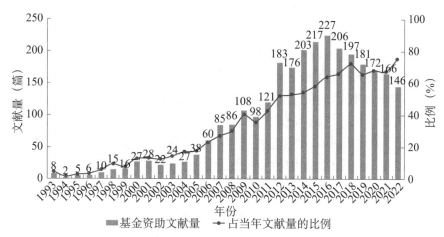

图 33-2　年度基金资助文献量（比例 = 基金资助文献量 / 发文量 × 100%）

①　中国卫生统计学会成立大会暨第一次学术会议纪要 [J]. 中国卫生统计，1984（2）：2-3.
②　资料来源：中国知网。

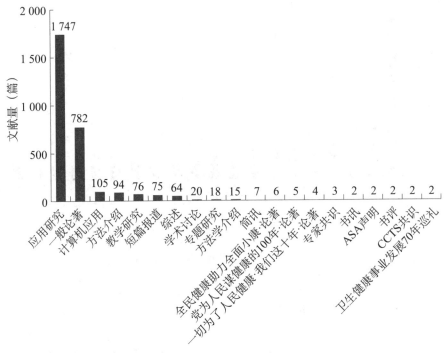

图 33-3　2013—2022 年文献所属栏目的分布

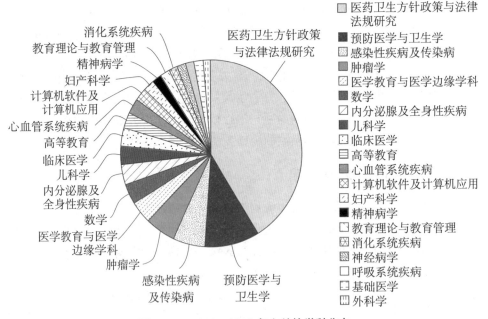

图 33-4　2013—2022 年文献的学科分布

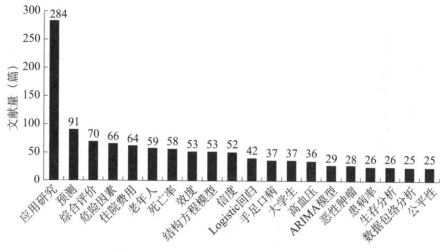

图 33-5　2013—2022 年文献的关键词分布

二、学科方法进展

20 世纪 50 年代以来，尤其是改革开放以来，随着统计学、生物数学、电子计算机及其计算软件的日益更新，医学卫生统计方法得到迅速进步与发展。例如，在理论统计研究方面，有关各种概率分布的研究、有关分布偏差的有效性（稳健性）推定、有关综合评价方法与理论的研究、有关规范化线性模型的研究、有关渐近理论的研究；在应用统计研究方面，有关综合评价方法及其应用的研究、有关统计预测理论与模型的研究、有关各种多元统计方法及其应用的研究、有关生存时间与生存质量的研究、有关生长发育生命周期和疾病发生发展过程的数学模型研究、有关计算机辅助诊断与治疗模型的医学研究以及生物信息学的研究等，都大大丰富了医学卫生领域的统计方法。[①]

（一）学科方法发展初期

在中国医学统计学发展的百年历程中，有无数统计工作者辛勤耕耘，甚至为此付出了毕生的努力，不断推动着这门学科的发展和进步。其中，以薛仲三、许世瑾、郭祖超等为代表的中国医学统计学的奠基人物，为中国医学统计学学科的创立做出了重要的贡献。

早在 1931 年，袁贻瑾在《人类生物学》（*Human Biology*）杂志上发表了

---

① 方积乾，徐勇勇，陈峰. 卫生统计学 [M]. 7 版. 北京：人民卫生出版社，2012.

《1365—1849年间一个华南家族的生命表》[①]，提出了中国第一份寿命表。他利用广东中山李氏家谱，对该家族 1365—1849 年间的 3 748 名男性和 3 752 名女性做了分析，计算出这些人在不同时期 20 岁时的预期寿命。这是中国最早的从族谱取材开展生命统计的研究。袁贻瑾在公共卫生学方面曾发表许多论文与出版著作，包括生物统计学、流行病学、人口统计学、结核病学、营养学、家庭计划等。[②]

1935—1946 年，吴定良在中央研究院做研究工作，开始时任历史语言研究所人类学组主任。在中央研究院工作期间，吴定良创办并主编了《人类学集刊》，在《生物计量学》(Biometrika) 等国内外杂志上发表了 10 余篇人体测量方面的体质人类学论文。其主要研究工作包括：对河南安阳市殷墟出土的遗骸进行了深入细致的测量，创立了颅容量的计算公式、测定额孔位置的指数，并讨论了中国人额中缝的出现率及其与颅骨其他测量值的关系；对河南安阳市侯家庄商代 161 具头骨进行了 7 项测量；长期深入贵州、云南山区的少数民族地区做体质调查，发表了《贵州坝苗人的体质》《贵州坝苗人和华南其他居民的体质》等论文，开创了中国体质人类学、民族体质人类学以及人种学的研究；1938 年与许文生共同发表的《对华北人群的人体测量学报告》，被认为是中国学者第一项人群遗传学调查研究。1946—1952 年，吴定良在浙江大学任教期间，先是在浙江大学创办了人类学系和人类学研究所，培养了我国第一批体质人类学科研人员和师资力量。20 世纪 50 年代初，他在浙江大学创立生命统计专修科，举办两期"生命统计"培训班，并为杭州市卫生局编制生命统计表，撰写生命统计研究报告。[③]

许世瑾和他的同事们采用科学的方法，持续地开展北京地区居民生命统计工作。他们详细地调查了辖区内居民的年龄、性别、职业分布以及他们的生老病死情况，写成月报和年报，为我们留下了宝贵的历史资料。特别需要说明的是，许世瑾根据在北京开展的居民死亡原因的调查，编制了生命统计报告，并在《中华医学杂志》上发表了《对中国死因分类的初步研究》[④]，在文中他提出了中国第一份居民死因分类表，开创了中国生命统计研究的先河。他调查了 10 000 多名中小学生的身体发育状况，编制了上海市学龄儿童的身长、体重发育表，发表了

① Yuan I C. Life table for a southern Chinese family from 1365 to 1849[J]. Human Biology, 1931（2）: 157-179.

② 沃红梅，陈峰. 中国医学统计学发展简史（1949—2012）[D]. 南京：南京医科大学，2013.

③ 袁卫，李扬. 我国首位有重大国际影响的统计学家：吴定良 [J]. 兰州财经大学学报，2019，35（5）: 1-6.

④ Grant J B, Huang T F, Hsu S C. A preliminary note on classification of causes of death in China[J]. National Medical Journal of China, 1927, 13（1）: 1-23.

《上海市学龄儿童身长体重之初步研究》[①]一文，这是中国第一份男女学龄儿童的生长发育表[②]。该研究不仅提供了 20 世纪 30 年代初期上海市学龄儿童的发育资料，也为后来同类研究提供了对比基础资料，因此具有重要的意义。他在《世界生命统计年报》上发表了《1934—1936 年南京市生命统计报告》，这是中国生命统计资料首次在国际刊物上发表。抗战期间，南京市和句容县的生命统计试验区被迫中断，他又在贵州省贵阳市和甘肃省兰州市等西南及西北地区试办生命统计区，调查婴儿死亡率及死亡原因，并发表《兰州市婴儿死亡率调查报告》[③]。

汪厥明是著名的农学家、作物育种和生物统计学家。20 世纪 20 年代，他率先开设生物统计学课程，是中国生物统计学创始人。抗战期间，汪厥明为早日解决粮食短缺问题，带领学生发起并组织中国作物学会，开展对各种作物的研究和改良。1932—1934 年，汪厥明对国内外包括 58 个水稻品种以及棉花等在内的 85 个品种，进行引种观察试验。这些品种分别来自我国河北、北京、山东、云南、四川、湖南等地及日本，其中日本粳稻 5 种。经过 3 年试验研究，他发现日本粳稻中的加贺、百川、一号雄町在粳稻品种中表现较佳，糯稻品种以糯籼最高。他还选育成功适应中国北方环境的 12 号棉花良种。1940 年，汪厥明与学生陈士毅、张仲葛利用一切可利用的科研资料，积极开展生物统计学研究，最终撰写出极有学术价值的生物统计学成果《动差、新动差、乘积动差及其相互间关系》（后在台湾发表）。1945 年 8 月，汪厥明被云南大学校长熊庆来聘任为农学院教授。1946 年，他赴台湾大学任农学院农艺系教授主任，曾与台湾农林界元老林渭访合作推行大面积之油桐造林试验，开启林业上应用生物统计田间设计技术之先河。中国水稻栽培学奠基人丁颖、农业经济学家王益滔等联合其他科学研究者筹办创建以汪厥明命名的厥明生物统计研究室，这是当时中国第一个也是唯一一个生物统计学的研究机构，并于 1947 年更名为"厥明生物统计研究所"。厥明生物统计研究所的创办目的是为中国培养生物统计学专门人才，与农林科研机构相互合作、共同开展试验技术设计、解决科学研究中的问题，如协助试验设计，提供资料分析方法，并与各机关合办短期讲习班、推广试验技术。研究所几十年来精心研究与试验，成效斐然，不仅提高了国内的科学研究水平，而且极大地促进了生物科学的发展，为全国试验研究机构所推崇。为了培养更专业、更高层次的生物统计学人才，厥明生物统计研究所先是设置生物统计学组，开始招收硕士研究

---

① 许世瑾，吴利国. 上海市学龄儿童身长体重之初步研究 [J]. 中华医学杂志，1932，18（6）：977-987.

② 沃红梅，陈峰. 中国医学统计学发展简史（1949—2012）[D]. 南京：南京医科大学，2013.

③ 许世瑾. 兰州市婴儿死亡率调查报告 [J]. 实验卫生，1945，3（4）：40-49.

生，又于 1975 年着手招收博士研究生。这个研究所还创建了中国第一个生物统计学图书室。研究所先是向英、美订购图书 200 余种，其后又向国内外购置大量有关统计学方面的杂志和书籍，其中杂志有 40 余种，图书达 5 000 多册，是国内拥有生物统计学文献资料最完备的机构。他一生执着于生物统计学研究，并具有独特的研究和见地，被学术界尊为"我国生物统计学泰斗"。他一生的研究成果不仅为中国现代生物统计学奠定了基础，而且为中国的农学试验研究做出了重要贡献。①

李光荫在寿命表的推广应用中做出了突出贡献。1957 年，他根据北京市的人口死亡登记资料编制了北京城区 1950 年和 1953 年寿命表，这是新中国成立后公开发表的第一份寿命表。从 20 世纪 50 年代后期起，北京市、上海市逐年编制寿命表，哈尔滨、长春、武汉、南京、福州、南昌及苏州等城市也先后编制寿命表。李光荫对推动国内生命统计研究做出了重要的贡献。在学术生涯中，李光荫对社会医学与卫生事业管理（过去曾称为保健组织学）也有浓厚的兴趣，是该学科的开拓者之一。

薛仲三（1907—1988）对编制统计表的理论和方法进行了深入的研究。1940年，他与欧阳颐首创利用统计表进行格式排列的研究方法，精练地编成了《两千年中西历对照表》，为查改和对照使用中西历提供了极大便利。1978 年，薛仲三出版了《医学统计方法和原理》一书，并于 1984 年进行了修订。在该书的编写中，他把统计方法在临床医学、流行病学等方面的应用，通过"去粗存精、去伪存真、由此及彼、由表及里的改造制作功夫"加以整理和介绍，并提出"统计图表规格化、符号系统化、计算程序化、说理通俗化"统计学研究和教学中的四大标准，力求统计学易学、易懂、易用，更好地为医学科研工作服务。他主持或者参与编写了多部卫生统计资料汇编，例如《1955 年度全国应征公民体格检查资料的统计分析》。该书采用随机分层抽样方法，从 300 万份资料中，以 10% 抽样，共抽出约30 万份资料，利用统计分类加以整理，分析了中国各地应征公民的健康水平及其身体发育情况。该书是我国第一部有关居民实际健康状况的科学文献，为了解当时我国居民健康水平和制定卫生政策提供了十分有用的参考依据，并为开展其他医学研究提供了可靠的基本资料，这样庞大的统计分析当时在国内是空前的。

郭祖超（1912—1999），是军队卫生统计学创始人。② 他在 20 世纪 40 年代

---

① 李晓霞. 汪厥明：不该被遗忘的中国生物统计学创始人 [J]. 科技导报，2017，35（16）：93-94.

② 徐勇勇. 毕生耕耘　建树卓然：记卫生统计学家、医学教育家郭祖超教授 [J]. 中国卫生统计，1994（5）：40-42；徐勇勇，尚磊. 纪念郭祖超教授诞辰 100 周年座谈会在西安举行 [J]. 中国卫生统计，2012（1）：141.

最早在中国系统地介绍了医学统计方法，他编著的《医学与生物统计方法》标志着中国医学统计学学科开始逐步建立，他本人也是中国医学统计学的奠基人和开拓者之一。20 世纪 50 年代末期，随着医学科学的发展，郭祖超开始着手对《医学与生物统计方法》进行全面修订，充实和增加了方差分析、实验设计、半数致死量及曲线回归等内容，篇幅扩充到 45 万字，更名为《医用数理统计方法》，于 1963 年 7 月出版。20 世纪 70 年代后期，随着电子计算机及其软件技术迅速发展和应用，郭祖超看到近几十年来国内外在统计方法应用于医学方面已经有了很大的发展，认为全面修订《医用数理统计方法》势在必行。1986 年全书脱稿，新增圆形分布、多元分析、综合分析、调查设计等九章 [1]，1988 年出版。

（二）学科方法发展中期

1988 年，田凤调提出了一种全新的实用数量分析方法：秩和比法。[2] 这是一种集古典参数估计与近代非参数统计的优点于一体的综合评价方法，多年来广泛地应用于医疗卫生领域的多指标综合评价、统计预测预报、统计质量控制等方面。[3] 这是我国医学统计方法的创新。多年的实践表明这种方法具有极强的生命力，对推动现代统计信息事业的发展起到了十分重要的作用。

20 世纪 80 年代，杨树勤参与了大规模的以医院为基础和部分人群为基础的出生缺陷监测工作，基于该工作开展了"出生缺陷监测的统计方法"研究，并出版了《出生缺陷的统计监测方法和季节性分析：兼及医用统计监测与周期性分析方法》，使得我国关于出生缺陷的统计理论方法和实践工作进一步系统化。1985 年，在世界银行的资助下，杨树勤主持了在四川地区开展的关于我国农村医疗保险课题的研究，对多指标的综合评价体系、精算体系、测算方法等进行了研究，对推动我国农村医疗保险工作、提高群众健康水平起到了非常重要的作用。[4]

20 世纪 50 年代初，李天霖就开始研究国际疾病与死因分类，收集并翻译了1890—1960 年历届国际疾病分类与主要工业发达国家的有关资料，在此基础上

① 沃红梅，陈峰. 中国医学统计学发展简史（1949—2012）[D]. 南京：南京医科大学，2013.

② 田凤调. 谈谈 RSR 法中分档的双重标志 [J]. 中国卫生统计，1996（2）：27-30；田凤调，郭秀花，徐桂永，等. 图集统计信息的提取：秩和比法的应用 [J]. 中国卫生统计，1995（6）：36-38.

③ 田凤调. 秩和比法及其应用 [J]. 中国医师杂志，2002（2）：115-119；田凤调. 秩和比法在疾病流行预报中的应用 [J]. 中国公共卫生，1993（1）：37-40.

④ 同①.

编写了适用于我国的死因分类方案，并向卫生部提出了采用国际疾病与死因分类的建议。20世纪80年代后期，李天霖承担了卫生部科技基金课题"中国区域卫生状况分类研究"。由于我国各地区经济发展不平衡，地区间的卫生状况差异很大，因此在宏观控制下的分级分类指导是十分必要的。在这种指导思想下，他带领研究生在选择和编制综合评价卫生状况的指标体系、卫生状况综合评价指标的筛选及分类方法等方面进行了研究。这些研究成果对于卫生行政管理部门确定工作重点、制定卫生事业发展规划具有重要的指导意义。此外，他还对人口问题进行了大量研究。早在20世纪80年代初他就提出了应注意人口性别失调及过速老龄化的问题，并针对这些即将出现的问题提出了应采取的对策及措施。[1]

张照寰于1979年任上海第一医学院卫生统计与社会医学教研室医学统计学教授、副主任，在此期间和他的学生一起引进和介绍了许多统计方法，例如多重回归模型、Logistic回归模型、Cox回归模型、比例风险模型、多阶段生存分析、结构方程模型、广义线性模型和流行病模型等[2]，这些方法现在经常被流行病学研究者和其他医学研究者采用。

史秉璋（1927—2010）在20世纪60—90年代，充分运用现代数学和电子计算机的成果，使数学与医学紧密结合，建立了多因素分析、逐步回归法、聚类分析等多元统计方法专题作为学科发展的方向[3]，为科研和医院诊断服务；主办了多期全国多元分析讲习班、医学统计师资学习班、电子计算机医学应用学习班等，具有非常重要的影响力，推动了医学统计和多元统计在国内的应用和发展。他合作研究的《白细胞分型研究中的数学方法和应用软件》《中国大陆汉族HLA多态性联合报告》等获国家教委科技成果奖及上海市优秀软件奖，发表了《六种检验四格表资料显著性方法的评价》等论文50余篇。[4]

陆守曾的科研工作涉及医学统计理论、军队卫生统计、地方病流行病学、中西医结合等领域，对拟合曲线分类、统计综合分析、超几何分布及其工具表、小

① 沃红梅，陈峰. 中国医学统计学发展简史（1949—2012）[D]. 南京：南京医科大学，2013.

② 张照寰. 生存率用作居民健康状况指标 [J]. 上海第一医学院学报，1985（5）：327-331；张照寰. 相对危险度与归属危险度 [J]. 冶金劳动卫生，1981（4）：244-248.

③ 史秉璋，赵光胜，黄淑铃，等. 原发性高血压的病因学研究：血压影响因素的多因子逐步回归分析 [J]. 应用概率统计，1987（2）：179-181；史秉璋. 多元统计分析借助电子计算机用于医学研究 [J]. 上海第二医学院学报，1981（1）：75-77；史秉璋. 多元分析中的假设检验及其检验水准 [J]. 中国卫生统计，1986（1）：7-8.

④ 同①.

样本实验设计等有深入研究[①]，成果已被广泛应用。他归纳确立了"八型指数曲线，四型双曲线"，这种分型方法已得到统计学界广泛的认可。

在导师许世瑾教授和张照寰教授的指导下，金丕焕在大学毕业后的第三年（1958年）发表了《上海市日晖新村工人住宅区居民健康状况调查报告》[②]。1959年，他开始进行恶性肿瘤发病情况的研究，在肿瘤病理学家顾绥岳教授的指导下，建立了上海市恶性肿瘤报告系统，这是中国第一个肿瘤报告系统。他还设计了比芬兰等北欧国家更简单实用的报告卡。1964年他发表了《上海市1960年肿瘤登记病例统计：恶性肿瘤发病率分析》，这是中国第一篇有关一个市肿瘤发病情况的全面报告。他将统计学的原理应用于课题的研究设计、资料分析，确保研究的科学性和严密性，建立了世界上首个豚鼠的螨致敏动物模型，并随后开展了螨浸液哮喘的脱敏治疗。[③]

1977—1983年，何大卫发表了《逐段回归的算法和性质》《线性假设检验在医学研究中的应用》《关于评价样本相关系数（r）相关程度问题的商榷》等论文。1989—1990年，他赴美国南卡罗来纳大学生物统计学教研室进修，从事回归诊断与指示变量回归研究。回国后，他撰写了用指示变量进行回归方程比较的论文，进行了"回归诊断在医学中应用"的课题研究。[④]

余松林在20世纪70年代后期至80年代末90年代初期对河南移民食道癌进行了回顾性及前瞻性研究，并对泊松分布在肿瘤流行病学研究中的应用以及非条件和条件Logistic回归模型的原理、方法及计算机应用程序等方面进行了研究。[⑤]除了主编全国统编教材《医学统计学》，他还主编和编著了《医学现场研究中的统计分析方法》《临床随访资料的统计分析方法》《重复测量资料统计分析方法与SAS程序》等著作。

① 陆守曾. 对医学统计学应用现状的四点看法 [J]. 中国卫生统计，2010（2）：114-115；陆守曾. 统计资料的综合分析 [J]. 中国卫生统计，1984（2）：14-16；陆守曾. 怎样正确应用假设检验 [J]. 中国卫生统计，1986（1）：9-10.

② 金丕焕. 上海市日晖新村工人住宅区居民健康状况调查报告 [J]. 上医学报，1958（4）：272.

③④ 沃红梅，陈峰. 中国医学统计学发展简史（1949—2012）[D]. 南京：南京医科大学，2013.

⑤ 武汉医学院卫生统计学教研室. 泊松分布在肿瘤流行病学研究中的应用 [J]. 肿瘤防治研究，1978（4）：1-6；余松林，戴旭东. Logistic回归模型及其在病例－对照研究中的应用 [J]. 中华预防医学杂志，1984（4）：217-222；余松林，戴旭东. 条件Logistic回归模型在配对的病例－对照研究中的应用 [J]. 中华预防医学杂志，1985（5）：292-295；余松林，宇传华. 健康工人效应及其控制方法 [J]. 湖北预防医学杂志，1992（2）：41-45；宇传华，余松林. 微机软件处理日期型数据的技巧 [J]. 中国卫生统计，1993（2）：44-46.

陈启光主要研究多元统计分析、慢性流行病学研究中的现代统计方法等。2009 年陈启光参与"中国临床试验生物统计学组（CCTS）"的临床试验中生物统计学家的专家共识工作，指导中国临床试验生物统计学的理论研究。[①]

方积乾的研究领域包含慢性病流行病学统计方法，适用于生物医学的统计学理论、方法与技术，医疗保险精算，管理学定量研究等。他曾先后主持国家自然科学基金课题"生命现象的随机模型""细胞膜离子通道的动力学研究与神经生长因子等药物影响""复杂性状基因定位数据连锁分析方法的研究"等，博士点基金课题"多状态生存分析的 Bootstrap 研究"和"生存质量资料的统计分析方法及其应用"、国家"七五"攻关课题"适用于肿瘤预防研究的生物统计学理论与技术"（卫生部科技进步奖）、广东省自然科学基金课题"细胞膜单离子通道的门控动力系统研究"和"空气污染对健康损害的研究"以及与世界卫生组织合作课题"生存质量的测定与应用"（国家统计局科研成果二等奖）等[②]。

孙振球的主要研究方向为综合评价方法及其医学应用、生物统计方法及其医学应用。他负责主持并参加了多项省部级科研课题：国家"十五"科技攻关项目"老年疾病医疗后果评价系统的研究"、CMB 国际交流项目"高级卫生管理人员在职培训模式研究"、卫生部项目"突发公共卫生事件应急反应机制的理论与实践研究"、教育部项目"中国青少年体格与体能发育纵向研究"、湖南人口计生委"人口素质评价指标体系研究"、湖南省科委"湖南省城市居民健康及生命质量现状与未来保障对策研究"、国家自然科学基金"城市社区老年保险最小数据集研究"和"中国青少年健康状况及预警指标体系研究"。[③]其主持的"医用综合评价方法及其医学应用研究"曾获中华医学科技奖三等奖、湖南科技进步二等奖、湖南医学科技奖一等奖等。

三、学科应用与展望

随着计算机技术的飞速发展，生物医学卫生统计学的发展如虎添翼。目前，生物医学卫生统计的原理和方法已应用于疾病预警、基因测序、生物个体差异及相互作用研究、传染病传播控制等方面。生物医学卫生数据主要来源于：医院门诊、住院信息，常规体检，药品销售和监测数据库，社区居民健康，疾病监测，医疗保险数据等；各类基础医学研究、流行病学现场研究、临床试验数据；空气、水、土壤、食品等环境监测数据；饮食起居、穿戴设备监测等健康相关信

---

①②③　沃红梅，陈峰. 中国医学统计学发展简史（1949—2012）[D]. 南京：南京医科大学，2013.

息。生物医学卫生统计学的核心内容是要把这些信息整合在一起，挖掘出其中有用的信息，用以说明遗传、环境等对健康的影响，建立疾病风险评估和预测模型，制定精准医疗方案，为卫生决策提供科学依据。与社会经济和管理等领域不同的是，生物医学卫生领域面对海量数据，对数据质量的甄辨、把控要求更高，不仅需要探索相关关系，更重要的是以此相关关系为线索，深入探求因果联系，揭示生老病死的奥秘。

（一）生物医学卫生统计的应用

运用动力学模型进行疾病的预警预测是疾病预防控制领域的研究分支之一，包括微观动力学模型（例如病毒在体内的动力学）和宏观动力学模型（例如传染病在人群间的传播动力学），主要分析工具是微分方程。而疾病的发生发展以及传播与很多未知因素有关，充满了随机性，从纯粹的动力学模型入手，难以描述疾病在发生发展和传播过程中的变异性。因此，随机微分方程是研究疾病动力学的一个新的发展方向。基因测序数据的一个特点是样本量小而变量多，一个测序数据库样本量通常为数百上千，多则上万，而变量数多达数百万个，表现为典型的超高维稀疏数据；基因测序数据的另一个特点是准确性高。因此，处理测序数据最重要的问题是，在医学理论的指导下，寻找快速、高效的降维或投影策略和方法。[1]

系统生物学是在细胞、组织、器官和生物个体整体水平上研究结构和功能各异的各种分子及其相互作用，并通过计算生物学来定量描述和预测生物功能、表型和行为。系统生物学将在基因组序列的基础上完成由生命密码到生命过程的研究，这是一个逐步整合的过程，由生物体内各种分子的鉴别及其相互作用的研究到途径、网络、模块，最终完成整个生命活动的路线图。系统生物学是一门在系统论、信息论和控制论基础上发展起来的生命科学研究领域的科学，随着组学、计算和转基因系统生物技术等的成熟而迅速发展。系统生物学一方面要了解生物系统的结构组成，另一方面要揭示系统的行为方式。相比之下，后一项任务更为重要。也就是说，系统生物学研究的并非一种静态的结构，而是在人为控制（干预）的状态下，揭示出特定的生命系统在不同的条件下和不同的时间里具有什么样的动力学特征。因此，在系统生物学研究中，统计学的作用是整合不同层面的信息，利用统计学、数学、计算科学等分析策略、方法和手段，在生物学理论指导下，获得尽可能接近真正生物系统的理论模型，建模过程贯穿在系统生物学研究的每一个阶段。

---

[1] 李晓松，陈峰，郝元涛，等. 卫生统计学 [M]. 8 版. 北京：人民卫生出版社，2017.

（二）生物医学卫生统计的发展

大数据使传统统计学作为研究具体问题的方法学发生了改变。首先，大数据既拓展了统计学研究的对象，也从根本上改变了传统的以调查为主的数据获取、存储、管理的方式方法；其次，大数据改变了小样本数据分析的思路和方法，把统计学研究带入了更深更广的应用领域。大数据时代给统计学带来的不仅是变革，更多的是学科发展壮大的机遇。统计学一方面要继续根植于应用领域的沃土，另一方面更需主动与计算科学、信息科学、管理科学等紧密合作，互取所长，才可能碰撞出火花，在大数据时代获得新的突破。因此，对统计学而言，大数据带来的是挑战和机遇，同时也将使统计学的生命力更加蓬勃旺盛。

1. 云计算与生物医学卫生统计相结合

云计算（cloud computing）是一种新兴的共享基础架构的方法。云计算的基本原理是：通过使计算分布在大量的分布式计算机上，而非本地计算机或远程服务器中，数据中心的运行将与互联网更相似，使得中心能够将资源切换到需要的应用上，根据需求访问计算机和存储系统。更进一步的理解是，云计算是分布式计算技术的一种，其最基本的概念是：通过网络将庞大的计算处理程序自动分拆成无数个较小的子程序，再交由多部服务器所组成的庞大系统经搜寻、计算分析之后将处理结果回传给用户。通过这项技术，网络服务提供者可以在数秒之内，达成处理数以千万计甚至亿计的信息，达到和"超级计算机"同样强大效能的网络服务。[①]

现阶段，随着统计信息的不断发展，数据也变得越来越庞大，海量数据的传输与存储将非常昂贵。云计算时代，这些庞大的数据只需保存在本地，通过云计算的分布式联合运算特性来解决这个问题。

云计算时代，统计数据的报送工作，更多是实现与各云平台进行数据交换，通过构建信息交换标准，实现各云平台与统计信息系统的数据交换。数据交换并不以明细数据交换为主，充分发挥云计算平台优势，统计信息平台只用接收其他云平台的数据计算结果即可。例如，某医院诊疗人次，并不是将本医院所有的诊疗个案交换给统计信息系统，而只需其所属云平台将该医院的诊疗人次计算汇总后，将结果交换给统计信息系统即可。

2. 统计理论与信息技术相结合

统计理论是数据挖掘的基础，信息技术是实现工具。随着统计理论方法及信息技术的发展，使用各类统计方法（如异常值检测、聚类分析、决策树、神经网

---

① 孟津鑫，郑建中. 信息技术在卫生统计中的应用现状及展望 [J]. 中国卫生标准管理，2016，7（23）：4-6.

络、时间序列分析等）来分析采集的卫生统计数据变得不再那么困难。数据挖掘是对已有统计数据的深加工和精加工，是实现统计优质服务的基础。

虽然统计数据的利用相比以前有了较大改善，但仍有较大发展空间，如数据的图表结合展示，数据分析报告与 Word、Excel 的交互，指标界面的建设，统计数据与地理地图的融合，数据的层层钻取等。先进的信息技术总是能极大地促进统计工作的开展。我国突发重大传染病疫情数据互联网统计体系如图 33-6 所示，整个体系分为三部分：数据源专业统计、疫情数据开放统计及市场应用统计[①]。

四、学科教育与人才培养

（一）生物医学卫生统计教育发展史

随着大数据时代的到来，选择合理有效的研究方法变得尤为重要，作为一门应用方法学，生物医学卫生统计学的重要性日益显著。作为医学院和公共卫生学院的基础课程，生物医学卫生统计学主要以概率论和数理统计的原理和方法为基础，指导学生进行研究设计、数据收集、数据分析和得出结论。生物医学卫生统计学具有概念抽象、逻辑性强、公式烦琐、应用范围广等特点，很多学校学生普遍反映该课程较难理解和掌握，导致在实践中遇到的统计学问题无法快速有效地解决。

在教学发展的历史进程中，我国生物医学卫生统计学紧跟时代背景和现实需要，先后将统计软件、以学生为中心的教育理念、网络资源、慕课（MOOC）和课程思政引入教学，不断推陈出新。与历史背景相呼应，我国生物医学卫生统计学教学方法的改革发展共经历了 5 次转变。[②] 第一次是我国出现统计分析软件，催生了计算机辅助教学（computer aided instruction，CAI）。20 世纪 80 年代中期，随着国内首批运行于微机环境下的统计分析软件的出现和国外统计分析软件的引进，我国最早于 1986 年对 CAI 应用于医学统计学教学展开研究，CAI 被广泛用于统计计算和基于统计分析软件的电脑实验。第二次是以学生为中心的教学理念推动项目式教学（project-based learning，PBL）和案例教学（case-based learning，CBL）的应用。PBL 是 1969 年由美国神经病学教授巴罗斯（Barrows）在加拿大

① 张卫辉，赵彦云. 突发重大传染病疫情数据互联网统计体系研究：以政府数据开放平台新冠肺炎疫情数据开放为例 [J]. 统计研究，2022（5）：49-62.

② 李芳，陈佳，宋秋月，等. 医学统计学教学方法改革与发展的文献评价 [J]. 中国卫生统计，2022（4）：621-624.

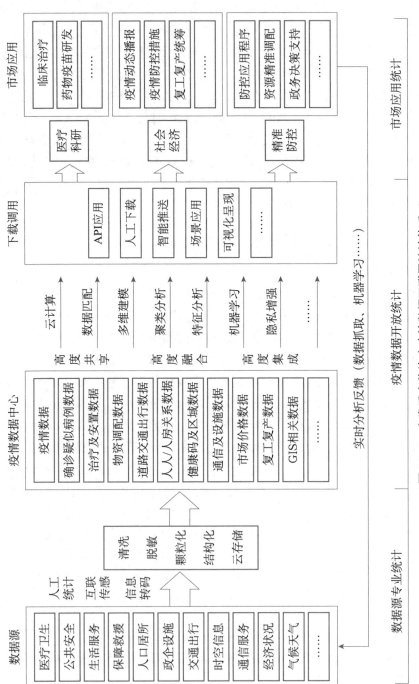

图33-6 突发重大传染病疫情数据互联网统计体系

麦克马斯特大学（McMaster University）创立的，并在 2003 年首次应用于我国医学统计学教学。CBL 由 PBL 发展而来，二者强调以学生为中心，打破了传统灌输式教学方式。第三次是伴随互联网资源发展的网络教学。随着信息技术的飞速发展和计算机网络的普及，2006 年我国医学统计学基于互联网平台，尝试开展网络教学，作为理论教学的补充手段。之后，得益于移动设备和智能平台，网络教学以其数字化、多媒体、信息量大、交互性强、覆盖面广等特点，成为一种全新的教学方式。第四次是 MOOC 和后 MOOC 时代探索的 MOOC、小规模限制性在线课程（SPOC）、混合式教学等，以及丰富的信息化资源促进翻转课堂普及。2012 年被称为"MOOC 元年"，MOOC 以其大规模、在线和开放的特点，成为一种新型教育模式。第五次是课程思政背景下的融入思政教学法研究，将思想政治教育融入医学统计学课程。[①]

（二）生物医学卫生统计人才培养

1. 课程设置

新中国成立初期的一段时间，我国高等医学院校中没有单独开设卫生统计、医学统计课程。当时仿照苏联模式，高等医药院校卫生系中成立了保健组织学教研组，开设保健组织学课程，在此课程中只有少量的统计学内容，包括均数、标准差、相对数、生命统计指标及均数和率的差异的统计检验等。[②]

1964 年起，根据卫生部的要求高等医药院校停讲保健组织学，此后卫生统计学作为一门独立的课程纳入教学计划。当时的教学内容主要侧重于居民健康统计，包括生产实习等内容。"文化大革命"中因受错误思想的影响，医学统计、卫生统计教学内容在高等医药学校被大量删减，当时编写的教材是一本只有 32 开的很薄的小册子，回归相关的内容仅作为附录。据复旦大学金丕焕教授回忆，他因为"文化大革命"前夕给学生做过一次方差分析的讲座，为此在"文化大革命"期间学校里贴满了批判他的大字报，说他"有数理统计倾向"。

1977 年恢复高考制度后，各高等医药院校卫生统计、医学统计教学工作逐渐恢复，教研组也纷纷重建。在 1980 年 7 月 21—25 日于哈尔滨市召开的中华医学会第一届全国卫生统计学学术会议上，代表们对卫生统计学的研究对象与内容开展了广泛讨论，多数代表认为卫生统计学的研究对象包括三方面内容，即医学

① 李芳，陈佳，宋秋月，等. 医学统计学教学方法改革与发展的文献评价 [J]. 中国卫生统计，2022（4）：621-624.

② 赵瑞勤. 关于苏联社会医学与保健组织学教学中的几个问题 [J]. 国外医学（社会医学分册），1992（1）：44.

统计方法、居民健康统计和卫生事业统计。[①] 这三方面内容是当时教学的主要内容，要求学生必须基本掌握。

当前，全国几乎所有医学院校都开设了卫生统计、医学统计及相关课程，近千名卫生统计学教师从事卫生统计学的教学和科学研究工作。到 2002 年，复旦大学、北京大学和山东大学的流行病与卫生统计学学科陆续成为国家重点学科。此前复旦大学的流行病与卫生统计学学科已在 1998 年国家教委组织的国家重点学科评估中被评为国家重点学科。此外，华中科技大学、南京医科大学、山西医科大学、福建医科大学、郑州大学、哈尔滨医科大学、重庆医科大学、吉林大学、中山大学、天津医科大学、安徽医科大学、广西医科大学、首都医科大学、华北煤炭医学院（现华北理工大学）、宁波大学等近 20 所院校的流行病与卫生统计学陆续被评为省级重点学科。课程建设方面，中南大学、中山大学、第二军医大学的医学统计学先后被评为国家级精品课程；首都医科大学、南京医科大学、宁夏医科大学、山西医科大学、泰山医学院（现山东第一医科大学）、重庆医科大学、广西医科大学、宁波大学、齐齐哈尔医学院等院校的卫生统计学（医学统计学）先后被评为省级精品课程。这些成就的取得，体现了医学统计学这门学科建设的大跨步式发展和进步。

在本科专业建设方面，一些高等医学院校做了许多尝试。第四军医大学在我国高等医药院校中第一个开设了卫生统计学专业，2000 年招收了第一届本科生。1991 年和 1992 年，同济医科大学（现华中科技大学）曾经招收过两届预防医学专业（卫生统计学方向）本科生。南京医科大学为探索生物统计学人才培养模式，自 2003 年起招收预防医学专业（生物统计方向）本科班，学制五年。2006 年南方医科大学设立了统计学（生物统计学方向）四年制本科专业，当年开始招生，每年招生规模在 40 人左右，其毕业生产生了一定的社会影响力。2006 年，滨州医学院开始招收统计学（卫生统计学方向）本科生。南京医科大学在 2003 年专业探索的基础上，于 2012 年开始招收应用统计学（生物统计学方向）本科生，学制四年。2022 年，南方医科大学、南京医科大学、广东医科大学、中国药科大学、海南医学院获批开设生物统计学本科专业，自 2023 年起招生。这些努力和尝试是顺应时代潮流和现代统计学发展趋势而进行的，高等医药院校统计教育事业的蓬勃发展，为我国医药卫生事业培养了一批专门的统计应用人才，也充实壮大了医学统计科研队伍。

---

① 高秋萍. 中华医学会第一届全国卫生统计学学术会议 [J]. 医学研究通讯, 1980（10）: 21, 12.

2. 教材建设

新中国成立之前生物医学统计专著有：1934 年由商务印书馆出版、罗志如所著的《生命表编制法》；1936 年商务印书馆于上海出版的辉伯尔（G.Chandler Whipple）所著的《生命统计学概论》（*Vital Statistics: An Introduction to the Science of Demography*，张世文译）；1937 年王绶所著、商务印书馆出版的《实用生物统计法》；1943 年张世文所著的《生命统计方法》；1948 年赵仁镕与余松烈编写出版的《生物统计之理论与实际》。

新中国成立之初，高等医学院校中医学统计学方面的教材很少，基本沿用新中国成立前的教材，其中有重要影响的当数郭祖超于 1948 年主编出版的《医学与生物统计方法》。在此书中他系统地应用统计学基本理论分析了我国医学资料。此书一经出版即产生很大影响，被当时的教育部门确定为大学用书，对培养我国早期的卫生统计、医学统计人才发挥了重要作用。此书 1963 年经修订改名为《医用数理统计方法》，由人民卫生出版社出版。1965 年经修订后出版第二版，1988 年经大幅增订后出版第三版。郭祖超的这四本著作对推动我国医学统计学的发展起到了重要作用，也一直被业界奉为经典之作。[①]

郭祖超主编的《医学与生物统计方法》和《医用数理统计方法》

1952 年，中央人民政府大规模调整了全国高等学校的院系设置。为落实"预防为主"的卫生工作方针，教育部门开始在六所高等医药院校重点建设卫生系，即当时的北京医学院、四川医学院、上海第一医学院、山西医学院、武汉医学院、哈尔滨医科大学。当时在卫生系设保健组织学教研组，开展保健组织学课程的教学工作，讲授内容包括保健史、保健原则、居民卫生状况等。[②] 教材是根

---

① 沃红梅，陈峰. 中国医学统计学发展简史（1949—2012）[D]. 南京：南京医科大学，2013.

② 施忠道. 苏联社会卫生与保健组织学概况 [J]. 国外医学（社会医学分册），1983（1）：15-20.

据苏联保健组织教材编写的保健组织学讲义，当中包含医学统计学的相关知识，内容比较少。这种状况持续到 1964 年，卫生部发出通知，要求高等医药院校停讲保健组织学。其中的卫生统计学开始作为一门独立的课程讲授，但当时没有统一的教材，基本都是各院校自编讲义。"文化大革命"期间，在当时编写"少而精"教材指导思想下，四川医学院牵头组织上述国内六所设有卫生系的院校及湖南医学院编写了卫生统计学教材，内容非常少，无论是教师讲授还是学生学习，都有一定的困难。[1]

1977 年恢复高考，在"文化大革命"期间几乎停止工作的高等医药院校卫生统计教研室纷纷重建。卫生部于 1978 年 1 月颁发高等医药院校医学、中医、儿科、口腔、卫生、药学、中药等七个专业教学计划试行方案，其中明确卫生统计学是卫生系本科生的必修课；医用统计方法（作为卫生学的一个组成部分）是医学、儿科、口腔等专业本科生的必修课。[2]1978 年由四川医学院牵头七家单位联合编写了全国高等医药院校试用教材《卫生统计学》，由人民卫生出版社出版，迄今卫生部统编教材《卫生统计学》已出版到第八版，走过了 40 多年的光辉历程，见证了几代医学统计人奋斗的历史。人民卫生出版社出版的统编教材《卫生统计学》各版基本情况介绍如表 33-1 所示。

表 33-1　卫生部统编教材《卫生统计学》各版基本情况

版次	主编	副主编	出版时间
第一版	四川医学院	—	1978 年
第二版	杨树勤	—	1986 年
第三版	杨树勤	—	1993 年
第四版	倪宗瓒	—	2000 年
第五版	方积乾	孙振球	2003 年
第六版	方积乾	孙振球	2008 年
第七版	方积乾	徐勇勇　陈峰	2012 年
第八版	李晓松	陈锋　郝元涛　刘美娜	2017 年

[1] 沃红梅，陈峰. 中国医学统计学发展简史（1949—2012）[D]. 南京：南京医科大学，2013.
[2] 李天霖，陈育德. 对"卫生统计学"与"医用统计方法"课程的一些看法 [J]. 医学教育，1981（2）：17-19.

　　近年来，随着教学和科研工作的深入，卫生统计、医学统计教材建设也取得了长足发展，许多中青年医学统计学家编写了适合不同专业学生使用的教材，在实际教学使用中收到了良好的效果。此外，介绍医学统计学软件的书籍不断出现，丰富了教材体系的建设。

卫生部统编的各版本《卫生统计学》教材

　　3. 师资队伍建设

　　学科建设过程中，师资队伍建设一直是关键的环节。[①] 新中国成立后，老一辈医学统计学家许世瑾、薛仲三、李光荫、郭祖超等在各自工作领域努力探索、不断积累经验，开拓了医学统计学学科。迄今，医学统计学的发展经过近四代人的努力，逐渐成为高等医药院校学科群中的重要一部分。

　　新中国成立初期老一辈医学统计学家主要通过传、帮、带的方式培养当时的青年教师，第二代人在第一代人的言传身教中逐渐成长起来，在各自的工作岗位上发挥了重要作用。第二代人的分布主要以高等医药院校为主，此外还有当时的卫生防疫部门等。随着研究生教育的开展，第二代人普遍通过研究生培养工作带

---

① 费文晓. 高校学科（专业）建设与高校教师发展 [J]. 内江师范学院学报，2010（9）：83-86.

出了第三代人，第三代人也是目前学科发展的中坚力量。第四代人则是当前年轻的教师和研究生，他们是学科发展的后备军。

师资队伍建设是学科持续发展的关键因素，早在新中国成立初期讲授保健组织学课程的时候，卫生部就组织了全国保健组织学师资讲习班，以加强保健组织师资建设。[①] 许多著名的学者，例如杨树勤、顾杏元、周有尚等都曾参加过这种类型讲习班的学习。针对新中国成立初期我国卫生统计专门人才极度缺乏的状况，许世瑾、薛仲三、李光荫、郭祖超等第一代医学统计学家通过举办医学统计方法、生命统计、卫生统计等各种类型的培训班、师资班、讲习班等，为国家培养了大批卫生统计、医学统计方面的人才，特别是高等医药院校里的教师，为医学统计教学的开展奠定了基础。

当前，全国高等医药院校几乎都开设了卫生统计、医学统计及相关课程。随着我国高等医药教育事业的发展，高校招生规模不断扩大，在这一背景之下，高等医药院校的在校学生数也在不断增加。而卫生统计、医学统计是医药院校学生的必修课程，所以高校中卫生统计、医学统计师资的培养就显得非常迫切。总体来说，在当前卫生统计、医学统计学界中青年学者的带领下，高校卫生统计、医学统计师资队伍不断壮大，年龄结构、职称结构、学历结构日趋合理，初步形成了规模适当、整体实力不断增强的人才队伍。全国范围来看，卫生统计、医学统计师资队伍表现出一些特征，如师资队伍总量增加，呈年轻化趋势；高学历人才比重进一步加大；高职称人数比例增加；等等。师资队伍的建设有力地保证了教学工作的开展，为人才培养工作奠定了基础。[②]

4. 研究生培养

新中国成立初期至"文化大革命"前，我国的研究生培养工作规模较小，当时还没有建立学位制度。1951 年 10 月 1 日中央人民政府颁布了《关于改革学制的决定》，规定："大学及专门学院得设研究部，修业年限为二年以上，招收大学及专门学院毕业生或具有同等学力者，与中国科学院及其他研究机构配合，培养高等学校的师资和科学研究人才。"《关于改革学制的决定》还对研究生教育的培养目标、管理机构、招生条件和修业年限做了说明。[③]

1961 年，中共中央批准试行《教育部直属高等学校暂行工作条例（草案）》。该条例专门对研究生的招生对象、培养目标、录取方式、学习年限、培养方式进行了原则规定：招收应届毕业生和高校青年教师及其他单位选送的优秀青年，培

① 陈海峰. 论中国社会医学学科的发展战略 [J]. 医学与社会, 1998（1）: 1-5.

② 沃红梅, 陈峰. 中国医学统计学发展简史（1949—2012）[D]. 南京: 南京医科大学, 2013.

③ 中央人民政府政务院关于改革学制的决定 [J]. 人民教育, 1951（1）: 53-54.

养科学专门人才和高校师资。采取选拔或者选送、审查与入学考试相结合的方式，宁缺毋滥。研究生学习年限一般为 3 年，在职研究生学习年限一般为 5 年，实行导师制培养方式。1963 年教育部试行《高等学校培养研究生工作暂行条例（草案）》，进一步明确了培养研究生的目标：为国家培养攀登科学高峰的优秀后备军。教育部还在高等学校研究生工作会议上提出，要坚持又红又专，并对招生、培养、分配、学术标准等工作进一步明确了具体的规定和要求。

我国医学统计学、卫生统计学方面的研究生培养工作大概始于 20 世纪 60 年代初期。上海第一医学院许世瑾教授的第一位卫生统计学研究生于 1966 年毕业。第四军医大学郭祖超教授于 1964 年招收了医用数理统计方法专业第一位研究生苏炳华，研究方向是变异数分析与实验设计。卫生统计方面的研究生教育初步开展起来。但在随后而来的"文化大革命"中，研究生招生工作停止，使这一培养工作中断。

1977 年国家恢复高考制度，同年 10 月 12 日国务院批准了《关于 1977 年高等学校招生工作的意见》及其附件《关于高等学校招收研究生的意见》，表明我国的研究生教育开始恢复。

1981 年全国首个卫生统计学博士学位授予点在第四军医大学获批建立。我国自行培养的第一位卫生统计学博士研究生于 1987 年 11 月毕业。目前全国已有几十所院校设立了卫生统计学博士学位授予点，每年有大量卫生统计学专业的硕士和博士毕业生走向工作岗位。

大批高级卫生统计学专门人才充实了卫生统计专业队伍，促进了国际交流与合作，进一步提高了专业水平，缩短了本学科与发达国家的差距，对推动我国卫生统计、医学统计事业的发展做出了重要贡献。[①]

（三）生物医学卫生统计人才教育改革

随着大数据、人工智能等技术的兴起，传统的人才教育模式已难以满足新时期对高素质统计人才的需求。因此，我国的生物医学卫生统计学教育正在进行一系列的改革，以提升人才培养质量，特别是在教学模式创新、课程内容优化、教学方法变革、评估体系重构以及跨学科融合等方面，全面推进生物医学卫生统计学的教学改革，以培养更具创新能力、实践能力和跨学科素养的统计学人才。

1. 教学模式改革：实现差异化与个性化培养

传统的大班授课模式虽然能够覆盖广泛的学生群体，但在个性化教学和差异

---

① 沃红梅，陈峰. 中国医学统计学发展简史（1949—2012）[D]. 南京：南京医科大学，2013.

化培养方面存在一定的局限性。尤其是在研究生教育中，学生的基础差异较大，如何在保证教学质量的同时，实现因材施教，成为改革的重点。

例如，某医科大学在其研究生医学统计学课程中，采用了混合式教学模式，结合线上自学与线下面对面辅导，让学生在自主学习和实践操作之间取得平衡。学生通过在线讲座掌握基础统计学知识，而在课堂上则进行高级统计分析的实践，使用 SPSS、R 等统计软件进行数据处理和分析。该模式使得学生能够根据自己的学习进度进行学习，并在课堂上得到个性化的指导与反馈。调查显示，78.94% 的学生对这种教学方式表示满意，认为其有效提高了学习效率和解决实际问题的能力。[①] 此外，未来的教学改革可能会引入前期评估，通过对学生基础水平的评估，实施更具针对性的教学设计，推动差异化教学的全面实施。这种方式能够更加精准地满足学生的学习需求，有效提升教学效果。[②]

2. 课程内容改革：实践优化与跨学科融合

生物医学卫生统计学是一门应用性极强的学科，传统的课程内容往往偏重于理论教学，忽视了应用能力的培养。因此，近年来许多高校在课程内容的设计上进行了一系列优化和创新，着重于跨学科融合和实践能力的培养。

例如，吉林农业大学在其生物统计学课程改革中，注重跨学科课程设计，增加了流行病学统计学、临床研究方法、公共卫生数据分析等课程模块，使学生能够在学习统计学基础知识的同时，深入了解统计学方法在医学、公共卫生等领域的应用。这种跨学科的融合不仅提高了学生的统计学理论水平，也增强了他们解决实际问题的能力。[③]

此外，课程中还加强了案例分析与实际数据的引入，特别是通过使用真实医学数据集，例如临床试验数据、公共卫生调查数据等，帮助学生在实践中提升数据处理和分析的能力。通过这种方式，学生不仅能够理解统计学理论，而且能在实际研究中灵活应用这些方法，为未来从事医学、公共卫生及其他相关领域的工作奠定坚实的基础。[④]

3. 教学方法改革：信息技术应用与互动式学习

随着信息技术的迅猛发展，现代教学方法的创新已经成为提升生物医学卫生统计学教育质量的重要手段。信息技术的应用不仅为学生提供了更为丰富的学习资源，还增强了学生的自主学习和实践能力。

翻转课堂和雨课堂等新型教学模式与手段的应用，推动了传统课堂教学的转

①②　张峥，安胜利. 某医科大学研究生医学统计学课程改革实践初探 [J]. 中国卫生统计，2022，39（5）：798-800.

③④　陈秀莉. 生物统计学教学改革实践与体会 [J]. 阴山学刊（自然科学版），2014，28（3）：90-92.

型。在翻转课堂模式下，学生通过在线平台预先学习理论知识，课堂时间则用于讨论和解决实际问题。例如，教师利用雨课堂平台来进行互动式教学，学生在课堂外通过平台完成自学和在线练习，课堂上则通过案例分析和小组讨论等形式加强对知识的理解和运用。这种模式不仅提高了学生的主动性，还加强了课堂的互动性，提升了教学效果。[①]

随着大数据技术的发展，生物医学卫生统计学的课程设计也逐渐融入了大数据分析和人工智能等新兴技术，帮助学生掌握如何在大规模数据集的背景下进行统计分析。这些技术的融入提升了学生在大数据时代的分析能力，尤其是在处理复杂数据集、挖掘潜在规律等方面，帮助学生打造解决现实问题的能力。

4. 评估体系改革：注重实践能力与综合素质的考核

传统的评估方式主要集中于理论考试，但这种单一的评估方式未能充分体现学生的综合能力，尤其是在数据分析能力和创新思维的考核上存在不足。为了应对这一挑战，近年来，我国的生物医学卫生统计学教育改革加强了多元化评估体系的建设，强调对学生的实践能力、创新能力和综合素质的全面考核。

以吉林农业大学为例，在其生物统计学课程中，提出并实施了形成性评估（占比 50%）和项目评估相结合的评估体系。通过这种方式，学生在学习过程中不仅要完成理论考试，还需要通过小组项目、课外实践等形式展示自己的统计分析能力和解决实际问题的能力。这种多维度的评估方式更加全面地反映了学生的实际能力，并鼓励学生在实践中不断探索和创新。[②]

评估体系的改革也促进了学生批判性思维和问题解决能力的培养，尤其是在如何通过统计分析解决公共卫生问题、医学研究问题等方面，学生的能力得到了全面提升。

5. 人才培养改革：从理论到实践的转变

生物医学卫生统计学是一门应用性很强的学科，如何培养具备实际操作能力和创新思维的应用型人才，已成为当前生物统计学教育改革的核心问题。应用型人才的培养不仅仅依赖于课堂理论的学习，更需要在实践中锻炼，通过参与实际项目、处理真实数据等，提升学生的实战能力和创新能力。

近年来，越来越多的高校开始注重培养具备实际数据分析能力的应用型人才。例如，应用型课程设置、校企合作和项目驱动教学成为人才培养的重要手段。在课程内容上，许多高校增加了实践课程和实验设计模块，并通过与医疗机

---

① 唐映红，李辉，刘良国，等. 现代信息技术与生物统计学课程深度融合的研究与实践 [J]. 安徽农学通报，2023，29（18）：162-166.

② 赵静，单雪松，刘红羽. 生物统计学课程考核改革实践与思考：以吉林农业大学动物医学专业为例 [J]. 黑龙江畜牧兽医，2021（1）：149-152.

构、制药公司等合作，提供真实的医学数据和科研项目，让学生在真实情境中应用所学知识。通过这种方式，学生能够更好地理解统计学工具的实际应用，并为未来的职业生涯做好准备。[①]

生物统计学教育还越来越强调跨学科的合作。在一些高校，学生不仅与统计学专业的学生合作，还与医学、流行病学等领域的学生进行跨学科合作，模拟实际科研项目中的数据分析过程。这种合作不仅提高了学生的团队合作能力，还加强了他们对多学科知识的整合和运用能力。

6. 思政教育融合

随着课程思政的逐步推行，生物医学卫生统计学教育也开始注重思想政治教育的融合。这一改革旨在培养学生的社会责任感、职业道德和科学精神，使学生不仅在专业知识上有所成就，还能在职业生涯中遵循伦理规范，推动社会的进步。

例如，中国农业大学烟台研究院在其生物统计学课程中，通过将思政教育融入课程教学，帮助学生树立正确的职业价值观。在进行数据分析时，教师强调数据伦理，如如何保证数据的真实与保密，如何避免数据偏倚等。这种理念的融入，不仅提高了学生的学术能力，还培养了他们的职业道德，使他们在未来的工作中能够做出更加负责任的决策。[②]

随着医学统计学应用领域的不断扩展，课程内容和教学方法的不断创新，生物医学卫生统计学教育的未来发展方向将越来越注重跨学科融合和应用能力的培养。根据近年来的知识图谱分析，我国医学统计学课程的研究热点集中在大数据分析、机器学习应用、统计软件使用等方面，预示着统计学教育将进入更加综合化、智能化的新时期。[③]

---

① 王继莲，卡迪尔·阿不都热西提，李明源，等. 应用型人才培养视角下的生物统计学教学改革探索与实践 [J]. 生命的化学，2020，40（6）：969-972.

② 杨丽，孙少宁. 浅析"课程思政"理念下"生物统计学"教学改革 [J]. 热带农业工程，2022，46（3）：118-119.

③ 李静，朱继民，武松. 我国医学统计学课程研究热点及趋势的知识图谱分析 [J]. 中国卫生统计，2020，37（2）：284-286.

第三十四章
精算学科的形成和发展

一、概述

> 历史不是简单的重复，但它总会押韵。

——马克·吐温

连续和断裂，进步和科学革命，这是研究学科史的常用概念，甚至是叙事框架的主要成分，但这个观点并不适用于精算学科的历史。精算学的独特之处在于，它像生物演化中的活化石，在一个相对封闭的小生态中，能够保持两个多世纪而基本上没有发生变化。由于这个特点，英国精算史的演变历程就具有相当重要的参考价值，可以成为理解全球精算史的框架。考虑到我国在改革开放之后经历过压缩现代性（compressed modernity）的加速过程，将我国的精算学科发展史理解为全球精算史的一个快放也是大致合理的。

（一）一条明线和一条暗线

精算学（actuarial science）是个舶来品，按字母排序在统计应用领域中高居榜首，但这个排名第一并非单纯的文字游戏。从历史渊源来看，精算模型是第一个整合生命表和概率建模的成功商业应用。其他领域的概率建模和统计分析很难追溯到 18 世纪后期，这种历史上的先发优势一直延续到 20 世纪中叶，为保险业完成精算工作（在欧洲大陆国家是保险数学工作）仍然是数学学霸们依靠数学技能获取金融业高薪职位的唯一机会。欧洲的这一历史也部分地反映在我国自 20 世纪 90 年代以来对精算师的金领幻想上 [1]。一些著名统计学家都涉足过精算，其

---

① 统计学专业的学生们后来有个笑话：统计学是帮助数学系解决就业问题的，而精算学是帮助统计系解决就业问题的。

中最有名的当属瑞典的克拉美，他担任过瑞典精算师协会会长，而他在 1946 年出版的数理统计学教材更是成为沿用至今的教材模板。我国在恢复保险业务运营之后引进（或者说重建）精算学科的时候，往往依托概率统计系或者数学系，其历史渊源即在于此。展开论述之前，我们先回答两个貌似简单的历史问题。

第一，"精算"这个汉译词从何而来？最初的翻译者已不可考，但改革开放之后在我国推广精算这个术语的是段开龄。根据谢志刚的考证，中文的"精算"一词最早出现在 1932 年，但是这个译法在 20 世纪 50 年代之后似乎难以追踪。1958—1985 年之间我国都是用"保险数学"来指代精算学。据段开龄的回忆，"精算"的流传历程是 1963 年左右出现在台湾，1970 年左右传入香港，1979 年由他本人引进中国大陆，但是罕为人知，直到 1987 年启动南开大学精算项目之后才逐渐扩散开来。

1987 年 11 月 18 日签署南开大学精算项目（右 1 为段开龄）

资料来源：谢志刚提供。

第二，民国时期有少量精算相关教材发行，那么新中国的第一本精算教材是什么呢？此前有各种说法，现在能够确认的是李志贤在 1958 年 3 月由财政出版社出版的《保险数学》一书，此书后来在 1985 年由中国财政经济出版社重新出版。在 20 世纪 80 年代还有几本以"保险数学"或"寿险数理"为名的教材，书名的选择印证了 1987 年之前"精算"一词在中国大陆罕为人知的事实。

将上述两个问题的答案放在一起，能够带领我们思考一个更为深刻的问题——统计学科各个领域的引进模式问题。这里做个简单说明。由段开龄推动的南开大学精算项目开辟了一种新的引进模式：利用专业协会和行业资助在大学建立培养项目，然后逐渐扩展开来，而培养项目的教材基本上依据精算师资格考试的大纲。这个模式不同于 20 世纪 50 年代的苏联援建模式，也不同于 20 世纪 80

壽險精算委員會舉行第一次會議

地點：華安合群保壽公司
時期：民國廿五年六月十九日下午三時
出席：委員
中國公司　陶聲漢
華安合群翁　陳思度
太平公司
寶綿壽翁　李守坤
泰山公司
天一公司　楊吉珍
先施公壽翁　霍永樞

上海保险同业公会寿险精算委员会主任委员第一次会议记录（根据现有档案，这是首次使用"寿险精算"一词的专业会议，时间是 1936 年 6 月 19 日）

资料来源：谢志刚提供。

年代的政府部门（国家统计局）主导引进消化。而李志贤的《保险数学》教材是 20 世纪 50 年代苏联援建模式的自然成果，它取材于 1953 年翻译出版的康辛著《苏联国家保险》中的数学部分（当时称为保险运算），添加了一些必要的数学知识准备，以降低读者的学习难度。内容不仅覆盖寿险精算的基本要点，也涉及部分财险业务的统计分析。唯一的遗憾是，这本教材的出版年份是 1958 年，正是在这一年国内保险业务全面停办。也就是说，第一本名为《保险数学》的教材出版之后就归于沉寂了，只是所谓历史的记忆，说明精算学在我国亦有过来自苏联援建模式的前期工作，由于历史的巧合，这些工作基本上被人遗忘了。

综上所述，精算学科在我国的发展基本上就是从改革开放之后开始的，在实务和学术方面都是如此。

（二）精算学科的内容和职业系统

从学科的内容和功能来看，精算学是面向各种保险业务和更一般的风险管理活动的应用型交叉学科，在研究和实务中需要整合来自概率论、统计学、人口学、金融学和会计学的模型与方法。精算实务是精算学科的立足之本，所以精算学科的形成和发展都被锚定在精算专业（actuarial profession）的形成和发展上，阿伯特[1]（Andrew Abbott）的"职业系统"框架为梳理精算学科的发展提供了基本框架。在《过程社会学》一书中，阿伯特提出了包括三个组成部分的生态概念[2]：行动者（actors）、位置（locations）以及将两者关联起来的关系（relation）。在职业（profession）生态中，三个组成部分具体化为：同行（professions）、一组受控任务、职业和任务之间的联系（links）。必须强调的是，一般是按照功能主义的逻辑来理解三个部分的次序，最先出现的是任务，然后是同行，最后是

[1]　阿伯特是研究专业化和职业的主要学者之一，而且阿伯特在研究学科发展模式的时候，先后将统计学和精算学作为分析案例，其观点很有启发意义。

[2]　Abbott A. Processual sociology[M]. Chicago: The University of Chicago Press, 2016: 39.

联系。

沿着阿伯特建议的分析次序，了解精算学科史的切入点自然就是精算师的实务工作。国际精算师协会目前认为精算活动有六个子领域^①：

（1）AFIR-ERM（金融风险和企业风险管理，Financial Risks and ERM）；

（2）ASTIN（非寿险，Non-life Insurance）；

（3）IAAHS（健康险，Health Insurance）；

（4）IAALS（寿险，Life Insurance）；

（5）IACA（精算咨询，Actuarial Consulting）；

（6）PBSS（养老金、员工福利和社会保障，Pensions, Benefits and Social Security）。

除了第一个子领域涉及更广泛的风险管理之外，第二、三、四个子领域是按照商业保险业务类型来分类，第五个是精算咨询，第六个涉及企业的员工福利和社会保障。即使我们将考察的历史时段放宽到从 18 世纪到 21 世纪的将近三个世纪，也必须承认商业保险和社会保险的业务逻辑和运作模式并没有发生多大变化。这就塑造了精算学科一种强烈的"静态"感，这种状态到了 20 世纪最后 20 年引发了很多反思和讨论。^②

从学科史的角度来看，精算学的诞生得益于人口学和概率建模的早期发展，是一个活化石般的存在，可以用来研究以数学建模为基础的一大批现代学科的发展模式。之所以这么说，是因为精算学兼具下面几个特点：第一，学科起源可以追溯到 18 世纪，具有交叉学科的特点，在发展过程中融合了人口学、统计学和金融学；第二，精算学的学术研究和业界实务之间存在巨大张力，甚至某种背离；第三，学科的应用领域是一个受到高度监管的行业；第四，精算专业的建模框架并没有发生本质变化；第五，学科规模始终很小。由于上述特点，因此"学界—业界—政府"的三重螺旋知识生产模式仍然适用于精算学，而且有可能在业界居于主导地位。

由此看来，对精算学科的全球史做一个简略回顾有助于理解我国精算学科的发展背景和参考框架，由于资料可得性和时间方面的限制，主要部分是对英国精算历史的简单回顾。按照常识或压缩现代性的说法，两个半世纪的英国精算史在我国被压缩成三四十年，也许从比较抽象的意义上说有很多相似之处，但不可能是简单的重复。

---

① Section［EB/OL］.［2023-04-26］. https://www.actuaries.org/iaa/IAA/Sections/ IAA/ Sections/00Landing.aspx?hkey=59646e6c-7786-4894-8791-281160c4d8cc.

② Bühlmann B. The actuary: the role and limitations of the profession since the mid-19th century[J]. ASTIN Bulletin, 1997, 27（2）：165-171.

（三）改革开放以来精算学科在我国的发展时间线

虽然此前有少量教材和精算实务，但改革开放之后精算学科在我国的重建实质上就是白手起家的引进和吸收。所以我们把这段历史的起点确定为 1987 年。

比较重要的事件包括：

1995 年，《中华人民共和国保险法》要求经营人身保险的公司聘用经监管机构认可的精算师。

1999 年，举办第一次中国精算师资格考试，并认可了第一批中国精算师。

2000 年，中国精算师资格考试体系开始运行。

2007 年，中国精算师协会成立。

2010 年，部分高校的精算专业在中国人民大学发起"中国风险管理与精算论坛"并形成年会。

2016 年，教育部正式将"精算学"列入本科专业目录。

2021 年，中国现场统计研究会风险管理与精算分会成立大会暨学术研讨会在中国人民大学举行。

2008 年第一届中国精算师协会教育考试委员会合影
［友邦保险公司的总精算师李达安（右 4）担任主任委员］
资料来源：谢志刚提供。

上述事件都是有利于精算学科发展的外部条件。参与精算学科建设的高校院系则基本上遵循一般的专业建设与学科发展流程，并无太多特殊之处，简单罗列如下：

（1）面向业界的精算人才培养。精算学科的发展起点是大学的有关院系参

段开龄向中国精算师协会赠送的对联

（2008 年 5 月 9 日，段开龄专程参加中国精算师协会成立大会，并向协会赠送一副对联：上联"读书好精算好算好便好"；下联"创业难守成难知难不难"；横批"长乐未央"）

资料来源：谢志刚提供。

与精算人才培养，而参与建设的院系背景并不相同，最终建成稳定的精算专业的其实并不多。从原有专业背景来看，参与精算学科建设的专业主要是两类：一类是概率统计专业，另一类是传统的保险专业。在课程建设和资格考试方面，在 1999 年之前，合作方主要是北美精算师协会和英国精算师协会。两者在课程构成和精算师资格考试方面都存在一定差异。在 1999 年之后，中国精算师资格考试又吸引了更多高校加入，同时参加考试的学生来源也更加多样化。这个方向的阶段性成就是，教育部在 2016 年将"精算学"列入批准设立的新专业目录，随后有至少 15 所大学备案"精算学"本科专业。

（2）风险管理和精算方向的研究生培养。具有概率统计背景和保险背景的大学教师都可以从事精算以及广义的风险管理研究，从而在培养精算学生的同时确保自己的教职。由于硕士和博士项目的培养方向比较自由，因此 20 世纪 90 年代初就出现了风险管理和精算方向的硕士毕业生，与精算研究有关的博士毕业生也很快出现。这些项目的毕业生有很多进入业界，还有一部分成为各高校的精算师资。

（3）精算学界的学术研究与专业杂志。明确与精算专业相关的学术杂志在学术评价体系中地位不高，相关英文杂志很少，中文杂志基本上只有原发刊《保险研究》和转载形式的中国人民大学书报资料中心的《统计与精算》，另外有内部交流刊物《精算通讯》。当然，大学精算教师能够结合具体研究向其他杂志投稿。

学界和业界的隔离状态是非常明显的，这一点与精算学科在欧美诸国的处境大致相同。不过我国的学术评价机制在"学界—业界—政府"的三重螺旋中有其独特之处，尤其是国家级和省部级的纵向课题都有助于巩固学术地位。比如，中央财经大学的中国精算研究院成为教育部人文社会科学重点研究基地，高校精算教师主持国家社科基金重大项目，都有力地巩固了精算专业的学术地位。（不过相比之下，风险管理领域的重大项目立项数远远超过精算和保险。）

《精算通讯》创刊号（1997 年 6 月）

资料来源：谢志刚提供（这份杂志始终是内部交流，不过记录了中国精算界的很多活动与历史）。

（4）相关专业组织和会议。精算师协会和高校的精算项目之间有一定联系，不过，保险公司对整个精算专业（含业界和学界）都不够重视。[①] 有关高校在 2010 年联合发起"中国风险管理与精算论坛"，并于当年在中国人民大学组织了

---

① 参见中国银保监会的赵宇龙在 2018 年北美精算师协会（SOA）第三届中国年会上发表的题为《精算师在中国——精算技术是保险专业化发展的重要基石》的演讲。

首届论坛。该论坛采用各高校轮流组织方式，至今每年举办一次，有力促进了国内精算学界的交流。

上述格局和演变历程大致重演了欧美国家在精算方面的演变历程，同时也反映了我国保险业的外部形塑作用。如马克思在《路易·波拿巴的雾月十八日》中指出的那样："人们自己创造自己的历史，但是他们并不是随心所欲地创造，并不是在他们自己选定的条件下创造，而是在直接碰到的、既定的、从过去承继下来的条件下创造。"另一个历史巧合是，精算学科在 20 世纪下半叶没有摆脱广受诟病的静态特征，而我国引进和消化精算学科的时期恰好和国际精算界寻求转型的探索期重合，这种时间上的重合客观上限制了我们实现后发优势的现实可能性。在回顾 2000 年前后 20 年的精算学科演变过程的时候，也许能深刻感受到马克思的名言："一切已死的先辈们的传统，像梦魇一样纠缠着活人的头脑。"

二、精算学科的不完整全球史

现代统计学、精算学和注册会计师制度都起源于英国，按照三重螺旋模型，精算师必须在"学界—业界—政府（监管）"交织而成的环境中完成自己的专业工作，其专业职能可以抽象为能够熟练使用概率统计建模工具的会计师。这表明，业界的精算师不仅是技术专家，还肩负着重大的公共责任。由此精算师被赋予对保险公司执行内部监管的预期，这样就造成了两个对精算学科能产生重大影响的后果：第一，精算师和精算研究都可能与保险公司发生利益冲突，如果保险公司过分重视扩大保费规模，这种冲突就会更加明显；第二，精算的学术研究很难接触到内部资料，这样就会与很多精算师的工作范围脱节，从而形成业界和学界的貌合神离。

（一）公平人寿的兴衰：一部浓缩的精算史

在英国，精算学科史的起点可以延伸到格朗特（Graunt）在 1662 年编制的第一份生命表，但更具相关性的工作则与 1760 年左右的公平人寿相互保险公司有关。2017 年有两本研究英国精算史的专著出版[1]，这两本书为我们理解当代的中国精算学科史提供了很好的历史参照。贝尔豪斯（Bellhouse）在书中第 207 页有一段很有意思的评论，值得我们深思，因为它基本预言了精算专业的一个普遍发展模式：

---

[1] Bellhouse D R. Leases for lives: life contingent contracts and the emergence of actuarial science in eighteenth-century England[M] . Cambridge: Cambridge University Press，2017；Turnbull C. A history of British actuarial thought[M] . Cham，Switzerland: Palgrave Macmillan，2017.

詹姆斯·多德森（James Dodson）在 1756 年的思想，即组建将保费基于数理基础的产品的保险公司，既是也不是人寿保险业历史上的转折点。说它是，是因为公平人寿是第一家以这种方式运作的保险公司。说它不是，是因为这家公司遭遇了阻挠其开业的老牌公司的强烈反对。此外，至少在后来的三十年中，没有其他公司跟随由多德森开辟的道路。

我们知道，支持发展精算专业的人都一直在宣传精算对于保险公司顺利运营的好处，但是从保险公司的角度来看，是否一定需要非常强大的精算队伍呢？至少在引进精算专业人员之后，仍然需要一个很长的时期才能让保险公司逐步接受精算专业的工作，并且真正地将精算工作融入组织结构和营业过程中。

历史的吊诡总是出人意料的。作为寿险精算的先行者，公平人寿却在 2000 年底停止销售新保单。这个事件引发了强烈关注，由彭罗斯勋爵（Lord Penrose）领导的小组花了大概 3 年时间完成了一份多达 836 页的调查报告（*Report of the Equitable Life Inquiry*），其中最重要的教训大概是在这份报告第 741 页的一句话："不能损害委任精算师（appointed actuary）的吹哨人的职能。"这又回到了在 19 世纪就强调过的基本理念，精算师不仅是保险公司的雇员，还负有内部监管责任。显然，公司雇员不可能有效执行监管责任，除非雇员接受监管机构的直接领导。英国的委任精算师制度就是用来解决这个组织难题的。

从事后来看，问题不在于复杂的数学模型，而在于贯彻审慎管理，因为不需要复杂的计算就可以做一个定性评估：有些产品存在巨大的风险。从管理层的角度来看，风险管理的重点不是复杂精确的计算，而是相对简单的压力测试，稍微复杂一点的就是用蒙特卡罗方法生成中长期的经济场景，通过现金流测试也就能看出产品设计是否有缺陷。

导致公平人寿陷入困境的保单是在 1957—1988 年销售的，其中包含保证年金转换条款。这些保单的典型特征是，在退休时的 100 英镑现金可以转换为每年 10 英镑的年金，这个比率与转换时刻的外部金融环境无关。在高利率时代，这个条款似乎不会造成什么灾难。但是随着金融市场主导利率的持续下行，到 20 世纪 90 年代后期，公平人寿就遭遇了无法补救的利差损问题。

就在公平人寿危机爆发前夕的 1997 年，同样是市场主导利率持续下行的中国大陆地区，寿险公司的利差损问题引发了监管机构的强烈关注和监管干预。显然，高利率保单主要出现在几年之前，那时刚刚进入寿险公司的精算人员不可能发挥多大影响力。实际上，在 1997 年中国人民银行大幅降息的消息还被很多人保寿险公司的"一把手"解读为拉升销量的好机会。[①]

---

① 陈恳. 迷失的盛宴：中国保险产业 1919—2009[M] . 杭州：浙江大学出版社，2009：70-72.

（二）精算学术研究的简史和难点

柯尔莫哥洛夫曾在日记中写下过这样的思考："在任意给定时刻，'不值一解'与不可解之间相隔只有薄薄一层。数学发现正是在一薄层中作出的。因此，在大多数情况下，一个要求求解的应用问题不是不值得一解，就是不可能求解……但如果应用问题经过选择（或调整）后，恰与某个数学家感兴趣的一种新的数学工具相关，那就是另一回事了。"①

柯尔莫哥洛夫谈论的是一般的数学建模工作，但结合卡尔·博尔奇（Karl Borch）的系列研究，却发现这段话的确适用于描述精算学术研究选题的困难和本来有可能取得的重大理论突破。作为一个学科，精算学的学术研究也必须形成足够学术化，也就是高度数学化的论文。现在比较学术化的精算论文包括两类：一类是概率论、数理统计或者机器学习的应用和改进，另一类是基于随机微分方程和最优控制的理论文章。这两类研究除了研究对象是保险业务或者风险管理以外，就方法而言实在没有多少专属于"精算"的独特之处。

但是从博尔奇在《保险经济学》中的论述来看，精算学在发展过程中至少有三次表现出很强的学术创新能力。第一次是公平人寿开业之前的 17 世纪，将概率论、人口学和利息计算结合起来的模型。这个模型现在已经得到广泛应用，但即使在 20 世纪中叶，也只有很少专家使用。第二次是在 1900 年前后，以伦德伯格（Lundberg）为代表的保险数学领域的学者，曾经开启了随机过程的萌芽，甚至出现了部分和随机微分方程有关的早期探索。遗憾的是，这些工作基本上被人遗忘了。很多精算学者对于精算学科失去的这个发现机会耿耿于怀，因为现代学者会把随机微分方程和金融工程的萌芽归功于与伦德伯格同时代的巴舍利耶（Bachelier）。第三次是在 20 世纪 60 年代，主要推动者是博尔奇本人，目标是使用当时刚刚建立的随机控制理论。

博尔奇是一位具有国际影响力的挪威经济学家，但他的研究兴趣集中在保险经济学上，尤其是精算工作。博尔奇在《保险经济学》一书中系统回顾了精算研究的历史，还集中展示了如何将 1962 年建立的最优控制理论应用于经济学问题和保险公司建模。②博尔奇给出了保险公司问题的抽象结构，即"信息系统＋决策函数"，其中的决策函数部分定义为将观察值转换成行动的规则，对应于三位

---

① 格雷格. 信息简史 [M]. 北京：人民邮电出版社，2013：331.
② 博尔奇是最早一批用最优控制理论来处理经济学问题的学者。在保险领域的应用参考：Borch K. Control of portfolio of insurance contracts[J]. ASTIN Bulletin, 1966, 4（1）：59-71; Borch K. Dynamics decision problems in an insurance company[J]. ASTIN Bulletin, 1968, 5（1）：118-131。

一体结构中的模型系统和一部分行动系统。抽象的结构为更抽象的数学模型提供了更有价值的建模对象，所以博尔奇指出："对精算问题的一般性系统概括直接产生了最佳控制过程或适应性控制的理论。"这是很有预见性的。对于精算学科史来说，博尔奇的这段话是极有启发意义的[①]：

> 控制随机过程的理论似乎是为精算师们"定做"的问题，他们为系统概括这些问题已奋斗了一个多世纪。我们稍微思考一下这个可能有意思也很有用的问题：如果精算师和工程师们在50年前（意指20世纪初）就认识到他们在研究同一个问题，并联合攻关，该理论会如何发展？这面小镜子也使我们认识到，对于某些"很专"的问题，当用适当的数学式系统地表达出来时，很可能就与许多似乎不相关的问题成了相同的问题。

应该说，从对研究对象的抽象表示到数学工具的选择，博尔奇都做出了正确选择，但是他对随机控制理论在精算和保险公司管理中的应用前景过于乐观了。这就是柯尔莫哥洛夫指出的研究困境：在大多数情况下，一个要求求解的应用问题不是不值得一解，就是不可能求解。

博尔奇的研究纲领为发表学术论文打开了新局面，但这些模型的使用价值却很难落实，因为不同于工程应用，比较接近现实的模型会变成"不可能求解"的类型。所以即使在计算机的算力和算法已经相当发达的21世纪，保险业真正关心的大问题，比如寿险会计准则和偿付能力监管，其数学模型也都停留在比较初级的阶段，也就是数学家认为"不值得一解"的状态。从随机控制模型的视角反观18世纪60年代的资产份额计算表，就可以发现它就是寿险公司的简化版随机控制模型。资产份额计算表综合了数理模型和会计师视角，在业务逻辑上比较接近实际，而且模型扩展性不错，能够不断添加变量和随机模拟成分。贝尔豪斯指出："他（多德森）以18世纪的方式引入了准备金和资产份额的现代精算概念。"[②]

实际上，在2000年左右，国内外仍有很多寿险公司大量使用电子表格形式的资产份额计算表。这也是精算学科内部的一块仍然具有活力的"活化石"。有趣的是，博尔奇在《保险经济学》中并没有讨论资产份额法的现代化问题，也就是用随机控制模型包装资产份额法。大学里的精算教师们更没有努力用初等数学

---

① 卡尔·H.博尔奇. 保险经济学 [M]. 北京：商务印书馆，1999：182.

② Bellhouse D R. Leases for lives: life contingent contracts and the emergence of actuarial science in eighteenth-century England[M] . Cambridge: Cambridge University Press, 2017: 117-118. 资产份额的现代版本参考：Huffman P J. Asset share mathematics[J]. Transactions of society of actuaries, 1978, 30: 277-322。这份材料在20世纪90年代仍然是北美精算师资格考试的参考教材。

模型和电子表格来普及随机控制的思想，精算模型尤其是寿险精算模型仍然显得比较费解。这种做法有利有弊。我们现在仅仅讨论它背后的建模思想。

博尔奇在建模的时候，对预测能力和实质理性的重视程度远远超过了适应能力和组织设计。与博尔奇同时代的赫伯特·西蒙（Herbert Simon）指出了这两种建模理念的差别。西蒙指出[1]：

> 当行为在给定条件和约束所施加的限制内适于达成给定目标时，行为是实质上理性的。注意，根据这一定义，行为的理性只在一方面取决于行为者，或者说他的目标。给定这些目标，理性行为就完全由行为发生时所处的环境的特征决定。

实质理性是经济学研究的主流范式，在大学工作的精算教师们要发表论文，就必须遵循实质理性模型的套路，这应该是导致精算学科的学术研究与精算实务脱节的根本原因。

问题在于，这种实质理性范式很难用来给真实的决策过程建模。西蒙指出[2]：

> 决策过程和经济制度的所有其他方面一样，存在于人类头脑中。它们随着人类的认知一起变化，也随着他们的计算手段一起变化。由于这一理由，通过从少量不可动摇前提的演绎推理来预测和规定人类经济行为的尝试必然会失败，而且事实证明已经失败。

在管理复杂过程的时候，依赖预测能力是非常危险的，不如采用更强调适应能力的动态管理策略。适应能力体现在保险公司的组织结构、产品设计和审慎原则之上。

这是现代精算学者对两个世纪前的会计师提供的计算表格的遥远回应，也可以将它视为对整个精算学科两个多世纪的发展历程的抽象描述，与相对沉默和迟缓的学科发展形成鲜明对照。这是由内外两部分要素的长期互动形成的，也与精算专业在领地争夺方面基本处于守势有关。这种建模理念上的差异，部分地造成了精算学界和保险业界之间的隔阂。保险公司必须在风云变幻的市场中生存，它们的生存智慧就是，放弃学术圈里的实质理性，不过度依赖预测，而转向适应能

---

① 赫伯特·西蒙. 西蒙选集 [M]. 黄涛，译. 北京：首都经济贸易大学出版社，2002：247.

② 同① 267.

力。西蒙在 1973 年已经明确了这一点，也就是经济系和商学院的两种风格之别，精算学作为一个领地很小的学科，仍然要处理这种张力引发的撕裂。

进入 21 世纪后，情况并没有发生多少变化。当然，高校中的精算教师可以通过一些应用型研究提升专业形象和个人学术地位，这取决于所在国家的学术评价机制，而从我国的情形看，我国对应用型研究还是比较友好的。

（三）数据科学时代的精算师转型倡议

2023 年，人工智能系统似乎取得了零的突破，在这个背景下，陆奇[①]的一次演讲引发了诸多评论，值得注意的是他使用了一般复杂体系的"三位一体"概念结构[②]：

（1）"信息"系统（subsystem of information），从环境当中获得信息；

（2）"模型"系统（subsystem of model），对信息做一种表达，进行推理和规划；

（3）"行动"系统（subsystem of action），我们最终和环境做交互，达到人类想达到的目的。

然后陆奇强调说："一定要记住，我们所做的一切，一切的一切，包括在座的大部分企业都在搬运信息。"这个三位一体模型表明，博尔奇的随机控制模型抽象结构具有很强的普适性。不过，目前更值得探讨的大问题是：在当前大语言模型（LLM）的时代，精算师的绝大部分工作也是在"搬运信息"，那么传统的精算技能中会有多少被替代或者贬值呢？这个问题已经超出本书范围，也许还要从历史考察中寻找灵感。

进入 21 世纪之后，精算界似乎一直在探讨该培养什么样的精算师这个大问题。在抽象的意义上，博尔奇已经给出了理论答案，而在建模实务方面，则可以描述为用随机控制模型扩展 18 世纪 60 年代的资产份额计算表。目前得到很多关注的是所谓第五类精算师[③]（actuary of the fifth kind）。这个说法最早来自瑞士精算师协会的一份数据科学战略报告，在思考 21 世纪的应对策略时，这份报告按照

---

① 陆奇是中国互联网企业中影响力最大的高管之一，曾在 2017 年 1 月出任百度集团总裁兼首席运营官（COO），积极推进了百度的"All in AI"战略。

② 张小珺. 陆奇最新演讲实录：我的大模型世界观［EB/OL］. 腾讯科技公众号，2023-04-23.

③ Learn how to be an actuary "of the fifth kind"［EB/OL］.（2020-04-29）［2023-04-26］. https://www.theactuary.com/news/2018/06/2018/06/06/learn-how-be-actuary-fifth-kind. 网页内容的最近更新时间为 2020 年 4 月 29 日，2023 年 4 月 26 日登录访问。该网站是英国精算师协会发行的 *The Actuary* 杂志的官网。

时间顺序，认为曾经出现了五种类型的精算师[1]：

（1）第一类精算师：17世纪以来的寿险精算师，使用确定性方法。

（2）第二类精算师：20世纪的非寿险精算师，使用概率统计方法。

（3）第三类精算师（1989年）：将建模范围扩展到资产负债表的两侧及其相互作用，也就是资产负债管理，使用的工具是随机过程。

（4）第四类精算师（2005年）：继续扩展建模范围，理想目标是企业风险管理（enterprise risk management, ERM），以及推动更全面的偿付能力管理。

（5）第五类精算师（2012年）：为了适应新的数据环境，要利用更广泛的数据科学算法和计算机科学来解决非寿险、寿险、健康险及再保险中的精算问题。选择2012年作为时间点是因为深度学习在这一年取得了一次突破，也就是所谓的"能够认识猫"了。

从精算师的知识技能组合的历史演变来看，这个分类有一定意义。但前四类精算师的分类将重点放在所使用的数学工具上，从而忽略了资产份额法的贡献。18世纪60年代的资产份额法是一个会计师的模型，它已经实现了资产负债管理的思想，基本建模理念是"先描述，后评估"。也就是建模时不考虑数学求解的要求，而是给出尽量贴近现实的数学描述，然后再对这个模型进行有目的的评估。这个模型遭遇的困难来自历史上的算力不足。精算师为了完成计算发明了一些特殊方法和符号，以至于忽略了建模过程在整体上的概念合理性。这方面的典型代表是精算中的特殊符号和换算函数。

在数据科学时代，我们对数学建模的认识已经有了很大变化。第一个要点是将建模活动放置在"数据、算法、算力和知识"的四元结构中来理解和实施。在考虑算力约束的条件下，就可以看到前面所描述的前四类精算师应当是一个类型，归结于资产负债管理和偿付能力计算。第二个要点涉及建模技巧，建模的基础是陈述性表示（declarative representation），陈述性表示的关键是"知识和推理的分离"。这种表示有清晰的语义，并与利用此表示的算法分离。[2] 这里的要点是对业务的数学描述模型和算法分离，而不是像换算函数那样，为了节省计算量将现金流描述和折现算法绑定为一个"精算折现率"。从这个角度来看，精算界对数据科学时代的一些讨论并没有实现对建模理念的反思。

---

[1] Data Science working group of the Swiss Association of Actuaries（SAA）. Data Science Strategy[K]. Zurich, 2018. 这份报告的封面就是按照时间顺序排列的五种类型的精算师。

[2] 科勒，弗里德曼. 概率图模型：原理与技术 [M]. 北京：清华大学出版社，2015：1.

三、改革开放后我国精算学科的发展历程

用不太严格的比喻说法，精算学科在我国改革开放之后的历程大约是欧美诸国演变历程的快放，当然也有一些差异。产生差异的最重要源头可能还是在"学界—业界—政府"的三重螺旋中，政府部门（包括金融监管和教育主管部门）的干预能力更强。至于学界和业界的关系应该没有多大差别，而作为精算方面的后发国家，自然也会关心是否能够实现后发优势。我们的基本判断是没有实现后发优势。

（一）学界、业界和政府部门互动的几个例证

总体来说，高校的精算教师群体所组成的精算学界和从事精算实务的精算师之间的沟通是不充分的，而和保险业界之间则基本处于隔离状态。这种隔离状态是一种双向的主动疏离。然而，在保险公司中也有积极推动国内精算学科建设的，其中最为积极的是友邦保险公司①。此外，部分外资保险公司为了开拓中国市场，在早期也资助了一些国内高校的精算项目。在 20 世纪 90 年代，国内的精算专业学生和教师只能参加英美两国的精算师资格考试，教材费用和考试费用在当时是相当高昂的，友邦保险因其美国背景，所以选择资助多所高校的精算专业学生参加北美精算协会的资格考试。在 2000 年左右，友邦保险还资助多位高校精算专业教师赴香港友邦精算部实习。

不过，从总体上看，国内保险业界对精算界，尤其是精算学界，是相当疏离的。

国内论述保险史的专著不多，从这些著作中不难窥见保险业界对精算的态度。在由原中国保监会委托中国保险学会编写出版的《保险史话》中，2015 年版和 2017 年的修订版都没有提到"精算"一词。由刘亦明和董竞编写、中央广播电视大学出版社出版的《中国保险史》中仍然没有提到"精算"一词，不过这本教材在附录五中讲述了友邦保险在中国的前世今生，很具可读性。许闲在所著的《闲话保险：十年变迁（2007—2016）》中，收录了 2007—2016 年的一系列文章，而在"保险会计"部分的几篇文章中，仅出现了一次精算，完全没有强调精算和寿险会计的密切关系。而在许闲、侯旭华于 2008 年 5 月发表的题为《保险

---

① 有种说法是，友邦保险是内地精算界的黄埔军校，意指从友邦保险跳槽出来的精算师非常之多。实际上，香港的精算师们也经常在各个保险公司之间跳槽。

人才培养：高校保险院系的定位与定轨》中，精算一词出现一次（第 28 页），指出保险学的核心理论中包含"精算"，在第 29 页的表中列举的培养方向和培养目标中，没有出现"精算"一词。

对比《中华人民共和国保险法》的几个版本也能看出这一点。1995 年的《中华人民共和国保险法》第一百一十九条规定："经营人身保险业务的保险公司，必须聘用经金融监督管理部门认可的精算专业人员，建立精算报告制度。"到 2002 年相关条款修订为第一百二十一条规定："保险公司必须聘用经保险监督管理机构认可的精算专业人员，建立精算报告制度。"也就是进一步要求财险公司聘用精算专业人员。但是在 2015 年的修订版中，出现在第八十五条的相关规定为："保险公司应当聘用专业人员，建立精算报告制度和合规报告制度。"这里的重点是精算报告制度，至于完成报告的专业人员的身份就说得相当模糊，因为从语法上看，这些专业人员可以同时完成精算报告和合规报告。对精算专业来说，受重视程度明显下降。在 20 世纪 90 年代，将对精算专业人员的认可写入保险法，有效地提升了精算专业的热度。[①] 不过在研究职业系统的阿伯特看来，精算专业这种需要监管认可准入的特点并不一定有助于这个专业的发展。

我们没有找到与 2015 年修订论证过程有关的材料，但结合这次对《中华人民共和国保险法》的修订就很容易理解在 2014 年 10 月取消"保险公司精算专业人员资格认可"的规定了[②]。实际上，精算专业人员资格认可名列第一批被取消的职业资格许可目录。到 2016 年，人力资源和社会保障部职业资格目录进一步删除了精算师资格，由中国精算师协会举办的中国精算师资格考试也就随后停办了。经过多年努力，到 2023 年国家终于又决定恢复精算师职业资格考试。2023 年 4 月 13 日，中国银保监会与人力资源和社会保障部共同研究起草并发布了《精算师职业资格规定（征求意见稿）》《精算师职业资格考试实施办法（征求意见稿）》[③]。

回顾英国的历史，贝尔豪斯也强调过在 1760 年之后的 30 年内，大多数保险公司没有跟随公平人寿，而精算先驱的光环最终也没能挽救公平人寿。精算师在保险公司内部的职责是造成这种状况的根本原因，保险业务是销售驱动的，而精

---

① 　段开龄在精算会议中曾表示，将精算相关条款写入保险法是一项非常重要的突破。

② 　国务院关于取消和调整一批行政审批项目等事项的决定［EB/OL］.（2014-11-24）［2024-12-04］. http://www.gov.cn/zhengce/content/2014/11/24/content_9238.htm.

③ 　中国银保监会办公厅 人力资源社会保障部办公厅关于《精算师职业资格规定（征求意见稿）》《精算师职业资格考试实施办法（征求意见稿）》公开征求意见的公告［EB/OL］.（2023-04-13）［2024-12-04］. http://www.mohrss.gov.cn/xxgk2020/fdzdgknr/ jcgk/zqyj/202304/t20230413_498457.html.

算师的作用是踩刹车而不是鼓励销售，英国的委任精算师的角色就是吹哨人。

（二）高校精算项目的组织形式

改革开放之后，重建精算学科的工作相当于从零开始，由于精算专业的小众特点，形成了如下模式：在精算师协会（早期主要是北美精算师协会和英国精算师协会）和业界的资助下，在少数几所大学中组织本科教学项目。这个模式的起点是南开大学精算项目。段开龄通过直接努力，促成南开大学与北美精算师协会于 1987 年 11 月 18 日启动了本科生的精算教育项目。该项目依托的是数学系。

实际上，在 1990 年前后几年积极参与精算教育项目的都是来自国内知名高校的教师，除来自南开大学的教师外，还有来自复旦大学、中国人民大学、北京大学、清华大学、中山大学、中央财经大学、上海财经大学等高校的教师。[①] 大部分教师的专业背景是数学和概率统计，后来有更多的保险专业教师加入进来。这种状况可能要归因于高估了精算数学的数学难度，也低估了中国学生的平均数学水平。总之，在精算师协会和部分保险公司（主要是友邦保险公司）的支持下，精算教育项目发展起来了，同时相关高校也结合自己的专业背景，启动了硕士和博士项目。下面举两个例子说明组织形式。

中国人民大学首先参与精算项目的是当时的统计学系，该系在 1992 年即成立了风险管理与精算教研室，到 2003 年，获得教育部批准的风险管理与保险精算硕士和博士学位授予资格；在 1996 年设立 "风险管理与精算研究中心" 和 "北美精算师考试中心"，早期的资助方是瑞士再保险，后来是友邦保险公司。目前使用的名称是 "风险管理与精算系"，这个名称始终保持着对更广泛的风险管理的兴趣，实际上这符合该项目的统计学专业基因。该项目在我国社保精算和财险精算方面的贡献可能也要部分地归功于统计背景。后来中国人民大学保险系也引入了从事精算教学和研究的专职教师。

北京大学在 20 世纪 90 年代初参与精算项目的是概率统计系的教师，2002年设立了友邦 – 北大精算中心（该中心实际上服务于多所高校的精算学生），后来（2012 年）又组建了由经济学院教师形成的精算研究团队。不过，北京大学的早期精算项目后来并入了金融数学系。

在 20 世纪 90 年代初，获取精算课程资料和建设精算师资格考试中心都是非常困难的事情，其他高校仍然只能通过寻求与美国或英国精算师协会的合作来完成发展。以中国人民大学的精算项目为例（该项目一直沿用 "风险管理与精算"

---

① 在 20 世纪 90 年代初，一位来访的欧洲保险数学教授曾经对众多中国名校参与精算项目表示惊诧，给笔者留下了深刻印象。

的名称），也是通过和美国的精算师协会以及大学中的相关专业合作来展开建设工作的。段开龄在这个项目的建设过程中发挥了重要作用。[1]

1994 年夏北美精算师协会会长 R. 斯蒂芬·拉德克利夫夫妇、段开龄访问
中国人民大学（前排右 2 是段开龄）

到 2016 年，教育部批准将"精算学"作为新的本科专业。[2]2016 年以来至少已有 18 所高校被教育部批准开设精算学专业，包括对外经济贸易大学、山东财经大学、西南财经大学、南开大学、中央财经大学、江西财经大学、湖南大学、广东金融学院、上海立信会计金融学院、西交利物浦大学、云南财经大学、河北金融学院、五邑大学、河北外国语学院、北京工商大学、上海外国语大学、中南财经政法大学、昌吉学院等。

在大众媒体中，精算师经常被宣传为金融界的"金领"，不过到了 2010 年之后，大众对精算师的认知更加理性了，同时繁重的精算师资格考试也劝退了不少人。因此，高校中的精算专业恢复了小众专业的本色，并没有出现大量报考精算学本科专业的非理性浪潮。从这个角度来看，我国的精算学科建设基本上进入了平稳发展时期，在精算师的国际舞台上也有了更多来自中国的专业人员。但是随着大型语言模型的冲击和数据驱动范式的普及，小众的精算学科的未来发展恐怕又将经历一番曲折。

---

① 段开龄曾表示，在引进精算项目的时候，他最初选择的是中国人民大学，但无法说服校领导，然后才转向南开大学。

② 教育部关于公布 2015 年度普通高等学校本科专业备案和审批结果的通知［EB/OL］.（2016-02-19）［2024-12-04］. http://www.moe.gov.cn/srcsite/A08/moe_1034/s4930/201603/t20160304_231794.html.

南非第 29 届国际精算师代表大会（ICA 2010），中国多数与会代表的合影
资料来源：谢志刚提供。

（三）后发优势还是后发劣势

我国精算学科的研究活动在论文和应用研究方面都能达到国际水准。我国的精算师资格考试由于基本上采用跟随策略，因此也能跟上精算教育的发展潮流。但是在教材和科普方面，我国精算界的工作存在明显的短板。造成这种现象的可能原因有两个：第一，精算是小众专业，资源不足，尤其是专业人员太少；第二，教材和科普的主力是大学的精算教师，但是这些工作在大学教师的评价体系中基本上忽略不计，因此他们也缺乏不断改进教材和开展科普的动力。这里仅以精算和保险教材中对换算函数、电子表格和资产份额表的处理为例，说明学科建设中的后发劣势。

在 1985 年再版的李志贤的《保险数学》中，人寿保险的保险费及准备金都是用换算符号完成计算的，显然这是前计算机时代的历史遗产。到 1996 年，我国的精算教师们翻译出版了北美精算师协会在 1986 年出版的《精算数学》（第一版）。这本书实际上采用了过度的数学化，没有使用电子表格来说明换算函数的历史意义。同期，欧洲作者的《保险数学》已经开始采用电子表格做算例。在 2010 年北美精算师协会出版的书中，以《寿险精算》为例，没有用电子表格作为演示和学习工具，而是用几页篇幅介绍了换算函数，但是没有指出这是算力不足的历史遗产，也没有充分结合会计的基本理念和精算工作。而所有这些在 19 世纪的英国寿险精算中已经发展完善。实际上，在英国和澳大利亚的精算教育中，会结合会计进行精算建模，但是北美的精算教材对会计和资产负债管理的概

念重视不够。

精算教育在进入我国 30 年之后，对保险教材造成了多大影响呢？对照五类精算师的工作特点，以魏华林和林宝清主编的《保险学》（第四版）为例，在 2019 年的这一版本中，保险精算部分仍然在使用换算函数（也就是第一类精算师的数学工具），也没有用资产份额的计算表格来演示寿险产品的精算过程。而在美国的保险学教材中，在 20 世纪 90 年代后期，就已经采用封闭型保单组的资产份额计算表来演示精算和保险会计，甚至配有专用的电子表格。两相比较，就可以看到我国精算界在教材和科普方面已经呈现明显的后发劣势。某个专业的科普不足，表面上能够强化该专业的专业形象，但长期来看，会加深这个专业和外界的隔阂，其中得失值得权衡。

四、本章小结

到 2025 年，精算学科在中国的发展已经进入稳定期，在组织结构、人才培养和学术研究方面都已经取得相当的进展，至于精算师资格考试也已恢复。不过，更大的外部冲击正在酝酿，这就是概率建模能力的普及和大型语言模型的技术突破。也许，回到博尔奇的建模概念框架上，守住已经取得的专业领地，才是精算学科的真问题。至于能否在广义的风险管理领域扩大影响力，还需要更多努力。

第三十五章
统计学学术组织及学术刊物

改革开放后，统计学界迎来了思想解放和学术繁荣发展的春天。统计学术组织如同埋在冬季冻土层中的种子，有了合适的温度和雨露，开始了新的生命。

一、中国统计学会 [①]

中国统计学会（National Statistical Society of China）是由从事统计工作和开展统计科学研究的相关单位和个人自愿结成的全国性、学术性、非营利性社会组织。

中国统计学会 1979 年 11 月 10 日成立于杭州，至今已换届 10 次，产生了 11 届理事会。历任会长为薛暮桥、李成瑞、岳巍、张塞、刘洪、朱之鑫、李德水、马建堂、宁吉喆，现任会长为康义。中国统计学会理事会每届任期 4 年，设常务理事会、会长办公会。日常办事机构是中国统计学会秘书处，设在国家统计局统计科学研究所，业务主管单位为国家统计局。

中国统计学会的宗旨是：以马克思列宁主义、毛泽东思想、邓小平理论、"三个代表"重要思想、科学发展观、习近平新时代中国特色社会主义思想为指导，贯彻百花齐放、百家争鸣的方针，研究统计科学理论和实践问题，提高我国统计科学水平，促进统计事业的发展，为建设有中国特色的社会主义现代化事业服务。

中国统计学会坚持中国共产党的全面领导，根据《中国共产党章程》的规定，设立中国共产党的组织，开展党的活动，为党组织的活动提供必要条件；遵守宪法、法律、法规和国家政策，践行社会主义核心价值观，弘扬爱国主义精

---

① 中国统计学会的介绍由间海琪供稿。

神，遵守社会道德风尚，自觉加强诚信自律建设。

中国统计学会的主要活动有：组织、指导、推动会员积极参加统计学术活动；总结、交流和推广统计科学研究成果和统计工作经验；举办统计学术报告会和统计科学研讨会，组织编写、翻译、出版、销售统计书刊；组织全国统计专业技术资格考试，开展统计专业技术资格评审；普及和推广统计科学知识，组织统计培训；调查研究统计工作中的问题，提出改进的建议，开展统计咨询活动；开展统计学术国际交流活动，研究、介绍国外统计科学的最新研究成果和统计工作的发展情况等。

从 1979 年开始，中国统计学会持续举办了 20 余次全国统计科学讨论会；自 1987 年至 2024 年，持续举办了 20 次全国中青年统计科学研讨会；从 1996 年开始，与中国现场统计研究会等共同组织开展海峡两岸统计与概率研讨会，至 2024 年已历 11 次。相关重要学术活动对于提高我国统计科学水平和统计工作水平发挥了积极作用。《统计研究》和《调研世界》是中国统计学会主办的学术期刊，分别创刊于 1984 年和 1988 年。从 2021 年开始，中国统计学会设立统计科学技术进步奖，旨在奖励在相关统计科学技术进步活动中做出突出贡献的个人和组织，助力统计现代化改革。[1]

《统计研究》（月刊）是我国统计领域权威的学术性期刊。自 1984 年创刊以来，始终坚持高品位、高格调、创新性、研究性的办刊方针，以交流学术成果、繁荣学术研究、创新理论知识、推动实际工作为办刊宗旨，始终处于统计科学的前沿，并对我国统计领域的改革、创新、发展起到重要的前瞻和导向作用。[2]

据 1984 年《统计研究》杂志复刊时担任主编的莫曰达同志回忆：

1979 年统计学会的成立为《统计研究》的创刊提供了重要契机。1979 年 11 月 10 日，中国统计学会成立暨第一次全国统计科学讨论会以后，统计科研方面的稿子较多，缺乏发表传播的平台，所以 1980—1983 年间，不定期地出版过《统计研究》专辑。第一辑和第二辑是由中国财政经济出版社出版的，从第三辑起，由中国统计出版社出版。当时的专辑主要是为统计科研工作的开展服务，没有专门的编辑人员，一直到 1984 年以后，编辑人员从一两个到多个，队伍逐渐壮大，同时稿子越来越多，于是组建编辑部，开始出版季刊。《统计研究》创刊以来，刊期三次变化，1984—1985 年为季刊，1986—1998 年改为双月刊，1999 年改为月刊，一直延续至今。

---

① 　根据中国统计学会官网整理。中国统计学会主页：http://www.nssc.stats.gov.cn/。

② 　根据《统计研究》杂志官网整理。《统计研究》主页：https://tjyj. cbpt. cnki. net/portal。

实际上，1958 年中国统计出版社曾出版过《统计研究》月刊，出版 9 辑后因为稿源问题而停刊。当时的时代背景使得中国的统计也需要向苏联学习，来稿均为苏联模式的社会经济统计方面的文章，千篇一律，这使得统计学界研究积极性不高，渐渐稿源匮乏，以致停刊。[①]

左图为 1958 年创刊号，中图为 1984 年复刊第一期，右图为现刊

20 世纪 80 年代，中国统计学会省区市和专业分会纷纷成立，一批分会刊物先后出版，如《山西统计》（1981 年创刊）、《浙江统计》、《黑龙江统计》、《陕西经济统计》、《统计与预测》（广东）、《统计与决策》（湖北）、《统计信息》（四川）等，有的后来停刊，有的内部发行，只有部分刊物如《统计与预测》《统计与决策》《统计科学与实践》《统计与咨询》等还在公开发行。

二、中国现场统计研究会 [②]

中国现场统计研究会（Chinese Association for Applied Statistics）是由我国热心于应用统计、管理科学及相关学科的专业科技工作者和单位自愿结成的学术性的、全国性的、非营利性社会组织，接受登记管理机关民政部和业务主管单位中国科学技术协会（简称中国科协）的业务指导和监督管理。

1975—1978 年，原中国科学院生物物理研究所的孙长鸣协助张里千从事农业正交试验设计工作。他们在北京郊区、河南、黑龙江等地做了大量工作，取得显著成绩。在工业方面，正交设计的成果更加显著和广泛。

---

① 抓住中心目标，促进刊物发展：莫曰达访谈实录. 统计研究，创刊 30 周年特辑，2010（12）：3-4.

② 中国现场统计研究会的介绍由程维虎、张建方供稿。

1978 年 7 月，由孙长鸣提议并起草，孙长鸣、张里千、刘婉如、汪仁官和杜林芳联合署名给邓小平同志写信，反映推广正交法对国民经济的重大意义。信件很快得到邓小平同志批示。8 月，国家科学技术委员会（简称国家科委）常务副主任蒋南翔和中国科协常务副主席裴丽生分别接见并听取了他们的汇报。刘婉如通过实例生动地讲解了正交法的基本原理和重要作用，得到了两位领导的肯定和重视。商议的结果是，建议拍一部电视教学片和成立一个研究会以便更好地推广、应用、研究正交法。9 月 5 日，国家科委向方毅同志和邓小平副主席请示报告，由国家科委、中国科协协商有关部门拍摄电视教学片和成立一个研究会，推广、应用、研究正交法。报告很快得到同意的批复。9 月 23 日，蒋南翔同志在请示报告副本上批示："请党组传阅，一局负责落实，提出具体计划。"这为中国现场统计研究会很快成立创造了有利条件。

1978 年 10 月的一天，张里千在杨纪珂（不久后担任安徽省副省长）家向魏宗舒和林少宫介绍有关情况，共同协商成立研究会的事宜。不久，张里千、魏宗舒、林少宫、杨纪珂、孙长鸣、刘婉如、汪仁官等正式倡议成立一个学术团体，以便团结国内同行，更好地开展数理统计的应用工作。

关于研究会的名称，原定为"中国统计与管理研究会"，且在 1978 年 12 月获得中国科协常委会的批准。但后来因该名称与其他学会在名称上有冲突，中国科协学会部负责人建议更换名称。为强调以统计为工具，面向应用和实际，大家反复讨论、协商、仔细斟酌后定名为"中国现场统计研究会"。后来，研究会的英文名称定为 Chinese Association for Applied Statistics（陈希孺译），简写为 CAAS，会刊定名为《数理统计与管理》（*Journal of Applied Statistics and Management*）。

1979 年 8 月 22 日，在北京科学会堂召开中国现场统计研究会成立大会，有50 多人参加，魏宗舒主持大会。首先由孙长鸣介绍了筹备经过。魏宗舒、林少宫、刘源张和张里千先后发言。冯士雍向代表们介绍了数理统计在国际上的发展历史。艾提向代表们宣读研究会章程（草案），魏宗舒介绍干事会人选情况，并由大会表决通过。国家经委副主任岳志坚和中国科协学会部部长邓伯木到会祝贺并做了重要讲话。来宾还有中国科学院应用数学推广办公室副主任秦元勋研究员和北京大学数学系江泽培教授等。成立大会后，在同一地方召开了第一次干事会，25 名干事参加会议。会议选举魏宗舒为干事长，林少宫、刘源张、艾提、杨纪珂、张里千为副干事长，孙长鸣为秘书长，章渭基、葛广平、韩以俊为副秘书长。另外，会议还选举了常务干事 10 名、干事 17 名。1981 年 7 月，中国现场统计研究会在广东新会举行第一届代表大会暨第一届学术年会，92 人参会。大会修改了会章，将干事会更名为理事会。截至 2024 年理事会已换届 10 次，历

届理事长为魏宗舒、张里千（连任两届）、陈希孺（连任两届）、杨振海（连任两届）、耿直（连任两届）、房祥忠，现任理事长为郭建华。中国现场研究会理事会每届任期4年，常设办事机构是研究会秘书处，挂靠北京工业大学。

中国现场统计研究会的宗旨是：坚持以马克思列宁主义、毛泽东思想、邓小平理论、"三个代表"重要思想、科学发展观、习近平新时代中国特色社会主义思想为指导。致力于团结和组织应用统计、管理科学及相关学科的科技工作者创新争先，促进这些学科的繁荣和发展，促进应用统计的普及和推广，促进应用统计人才的成长和提高，促进应用统计在工农业、社会科学、医药卫生、经济、管理等领域中的应用，为科技工作者服务、为创新驱动发展服务、为提高全民科学素质服务、为党和政府科学决策服务，推动开放型、枢纽型、平台型科协组织建设，成为党领导下团结联系广大科技工作者的社会团体，为实现中华民族伟大复兴的中国梦而努力奋斗。坚持党的领导，加强党的建设，充分发挥党组织的政治核心和思想引领作用，确保正确政治方向；贯彻国家科学技术工作自主创新、重点跨越、支撑发展、引领未来的指导方针，弘扬尊重劳动、尊重知识、尊重人才、尊重创造的风尚，倡导创新、求实、协作、奉献的精神，坚持独立自主、民主办会的原则和"百花齐放，百家争鸣"的方针。遵守宪法、法律、法规和国家政策，践行社会主义核心价值观，弘扬爱国主义精神，遵守社会道德风尚，自觉加强诚信自律建设。

40多年来，中国现场统计研究会对中国数理统计与管理方法在国内的推广应用及其研究都发挥了重要作用。研究会为中国培养了数以万计的数理统计与管理方面的优秀人才，他们的研究成果及应用成果在中国遍地开花并结果；培养的大批拔尖人才，已在各地璀璨争辉，成为撑起各自领域的栋梁。研究会会刊《数理统计与管理》对中国数理统计与管理等方法在国内的推广应用及其研究发挥了重要的作用，代表了中国统计应用的最高水平，已成为中国中文核心期刊。

中国现场统计研究会目前下设：试验设计分会，质量分会，医药与生物统计分会，气象、水文、地质分会，统计调查分会，生存分析分会，工程概率统计分会，可靠性工程分会，教育统计与管理专业委员会，医药食品优化专业委员会，多元分析应用专业委员会，资源与环境统计分会，统计综合评价研究分会，高维数据统计分会，空间统计学分会，计算统计分会，经济与金融统计分会，大数据统计分会，数据科学与人工智能分会，旅游大数据分会，风险管理与精算分会，统计交叉科学研究分会，机器学习分会，因果推断分会，随机矩阵分会，统计学历史与文化研究分会，智能运维分会，数字孪生与不确定性量化分会，贝叶斯统计分会等共计29个分会或专业委员会。对推动中国统计科学研究、技术开发和利用，国民经济建设健康、稳步发展，统计学科建设及人才培养都做出了巨大

贡献。①

《数理统计与管理》(*Journal of Applied Statistics and Management*)是中国现场统计研究会会刊（双月刊）。期刊于 1982 年正式出版发行，至 2024 年已出满 43 卷。期刊既是"中国科学技术论文统计"、"中国科学引文数据库"（CSCD）、"中国学术期刊综合评价数据库"（CAJCED）、"中文社会科学引文索引"（CSSCI）等的来源期刊，也是"中国学术期刊（光盘版）"的第一批成员和"中国学术期刊文摘（中、英文）"的首批收录期刊，更是深受国内统计、管理及工程技术等学科领域科技工作者喜爱的高水平"中国中文核心期刊"和"中国人文社会科学核心期刊"。②

《数理统计与管理》

（上左图为 1979 年内部发行第一期，上中图为 1982 年试刊第一期，上右图为 1983 年正式刊物第一期，下图为现刊）

---

① 中国现场统计研究会主页：http://www.caas-net.org.cn/。

② 根据中文核心网关于《数理统计与管理》杂志的介绍整理。该网的《数理统计与管理》主页：http://tongji.llyj.net/。

三、中国概率统计学会

中国概率统计学会（Chinese Society of Probability and Statistics）是中国数学会概率统计分会的简称。它是中国概率论和统计学工作者的群众性学术团体，也是中国数学会的一个组成部分。

中国概率统计学会创办于 1980 年 11 月。创会以来各届理事长为江泽培（1980—1984 年）、陈希孺（1984—1986 年）、严士健（1986—1990 年）、成平（1990—1994 年）、严加安（1994—1998 年）、陈家鼎（1998—2002 年）、陈木法（2002—2006 年）、耿直（2006—2010 年）、马志明（2010—2014 年）、何书元（2014—2018 年）、李增沪（2018—2022 年）、陈松蹊（2022—2026 年）。学会理事会每届任期 4 年，常设办事机构是中国概率统计学会秘书处，业务主管学会为中国数学会。

学会的宗旨是：团结全国的概率论数理统计学工作者，进行本学科方面的国内和国际学术交流，促进本学科在国民经济、科学技术和国防建设中的应用，提高本学科的研究和教学工作的水平，发现和扶持本学科方面的新生力量。

学会的主要任务是：（1）组织、协助和支持本学科及有关学科的各种形式的学术会议，交流本学科方面的实际应用成果、理论研究成果及教学经验，开展本学科方面的普及推广活动，举办本学科方面的各种专题讨论会、报告会、讲习班和进修班。（2）组织、协助和支持会员参加本学科方面的国际学术活动。（3）协助和支持各级各类学校开展有关本学科方面的教学活动。（4）组织、协助和支持会员撰写本学科方面的著作，协助和支持出版部门做好本学科著作的出版工作。（5）在国民经济、科学技术和国防建设中与本学科有关的问题上发挥咨询作用。[①]

中国概率统计学会的学术刊物是《应用概率统计》（*Chinese Journal of Applied Probability and Statistics*）。

《应用概率统计》创刊于 1985 年，是由国家科委批准，并在上海市出版局登记，由中国数学会概率统计分会主办，华东师范大学出版社出版的主要刊登概率论与数理统计的理论和应用两方面有创造性最新科研成果的全国性数学期刊。其宗旨是反映我国概率统计基础理论和应用研究的学术水平，大力促进我国概率

[①] 整理自中国概率统计学会官网。中国概率统计学会主页：http://math0.bnu.edu.cn/statprob/index.html。

统计的应用研究，发展概率统计的新方法，推广概率统计方法的应用成果，为经济建设服务。刊物文章同时被国内外许多著名文摘期刊和数据库摘引。从 2008 年开始改为双月刊，每年 6 期，中英文混合编辑出版，主要有综合报告、学术论文、应用研究、应用简报、教学研究、学术活动报道、书评、新书介绍等栏目。[①]

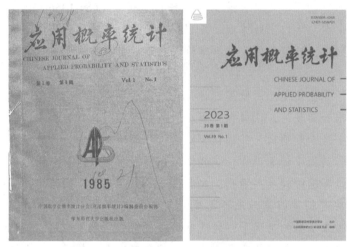

《应用概率统计》封面
（左图为 1985 年创刊号，右图为现刊）

关于《应用概率统计》期刊的创办和经营管理，茆诗松有专门的回忆：

　　"四人帮"打倒后，思想得到解放，与西方交流日益增多，发现我们与西方的差距很大，特别在统计学研究方面，国外仅统计学方面就有数十本专业刊物，每年发表大量研究论文，新思想与新方法不断涌现。为了推动概率论与数理统计在我国的发展，同行们都认为在我国需要有一本概率与统计方面的学术刊物，作为一个学术交流园地，发表我们自己的研究成果。为此在中国概率统计学会的历届年会上都要讨论，特别是老一辈概率统计学者很关心这件事，想用他们的影响做成此事。我系魏宗舒教授也特别卖力，经常与我们商讨此事。做成此事的关键在两点：一是申请刊号，另一是筹办经费。在 1982 年的学会年会上讨论终于有了共识。北京的同行负责申请刊号，他们想通过中国数学会与中国科协向国家出版局申请刊号，这是一条最快也是最容易实现的路径。另外，由华东师大筹办编辑部，并请魏

宗舒教授出任主编。回校后，我们向袁校长[1]作了汇报，袁校长很支持，这对发展我校数理统计专业十分有利，经过讨论，袁校长答应了几点：校部给编辑部一个专职编制；编辑部设在我校数理统计系内，其开办经费由师大支付；杂志发行后的亏损经费师大支付一半，另一半请学会设法解决。学会对师大的支持表示十分感谢。这样一来，万事俱备只等刊号批文早日下达，就可以开始行动了。不久，北京来电告知，刊号（CN-1256）已经批下，为季刊，要求在一年内出版首期，否则刊号无效，请速办理出版事宜。我们得知后也很兴奋，这可以使我校概率论与数理统计在全国形成这方面的研究中心之一。

为了尽快使《应用概率统计》在上海能如期出版，我们加速工作。一面向上海出版局登记，获得在上海出版的认可；一面筹办编辑部，在当年毕业生中留一名专职编辑，并请何声武教授任编辑部主任，筹办征稿、印刷、邮局发行、封面设计等工作，该刊由华东师大出版社印刷与出版。不幸的是魏宗舒教授突然被涉及一案子，当时尚未了结（后因事实不清，证据不足，上海法院决定销案归档，永不再提，学校也恢复其名誉），袁校长告诉我们，在案子尚未了结的情况下，让魏宗舒教授担任主编不合适，请转告学会另请主编，但师大已答应的事项不变。后学会尊重师大的意见，改请北大江泽培教授出任主编。以后形成默认，主编由学会指定，师大出一个副主编主持日常工作，编辑部全由师大统计系负责。

1985年8月，经过大家的努力，尤其是何声武教授的努力，《应用概率统计》杂志创刊号终于出版了，得到国内外的好评，发行量逐年增加后趋于稳定。困扰我们的最大问题是每年亏损二万元如何补足。我校科研处拨款一万元，另一半的学会来源得不到按时汇达，因此我们在上海也到处寻找资助，其间上海翻译出版公司资助四年，上海质量协会资助三年，上海的一个公司也资助了二万元，以后又收取版面费，就这样杂志渡过了难关，此时华东师大出版社也发展壮大了，以后的亏损全由出版社资助。亏损问题终于有了归宿后，才考虑增加稿费，改善印刷纸张等问题。该杂志至今（2014年）已出到第30卷，每卷四期，受到国内广大读者的欢迎。经过大家的努力，该杂志已成为国内核心刊物之一。华东师大统计系也更为丰满。[2]

---

[1] 即袁运开，时任华东师范大学副校长。

[2] 茆诗松. 统计学专业的建立与发展 [A]// 文脉：华东师范大学学科建设回眸. 上海：华东师范大学出版社，2017：617-626.

四、全国工业统计学教学研究会 [①]

全国工业统计学教学研究会（Chinese Association for Industrial Statistics Teaching）是由全国教育单位、政府统计单位、企事业单位中从事工业统计的教学、科研和实际工作人员组成的群众性、学术性、全国性、非营利性社会组织，进行全国工业统计教学研究与实践活动。

学会由中国人民大学王文声、厦门大学张兴国、北京经济学院（现首都经济贸易大学）王持位、天津财经学院（现天津财经大学）陈志成、东北财经学院（现东北财经大学）王继唐、上海财经学院（现上海财经大学）田竞和、湖北财经学院（现中南财经政法大学）汪行远、江西财经学院（现江西财经大学）程懋辉、暨南大学谭达才、山东经济学院（现山东财经大学）陈东等统计学家共同倡导和发起，于 1984 年 8 月在北京成立。学会的主要任务是：组织工业统计教育基础理论研究和学术研究，开展竞赛、培训、出版等学术活动；开展统计知识的普及和宣传工作；加强会员单位之间及会员单位与其他统计教育工作单位和部门的联系与合作，推动统计教学的信息交流；开展统计师资培训，组织编写、翻译专业教材；推动工业统计教学手段的现代化；开展社会调查研究和统计信息咨询服务活动，开展国际统计教学学术交流。

研究会成立以来各届会长为：中国人民大学王文声、北京经济学院王持位、中国人民大学赵彦云、中国科学院陈敏。常设办事机构为学会秘书处。学会登记审批机关是民政部，管理机构是国家统计局，后转为教育部，挂靠在首都经济贸易大学。

学会设有五个二级学会、两个专业委员会。五个二级学会是：企业经济统计学会、青年统计学家协会、数字经济与区块链技术学会、统计学与数据科学民族促进会、金融科技与复杂数据学会。两个专业委员会是：国际学术交流委员会、统计教材评奖委员会。

全国工业统计学教学研究会的主要活动有：参与制定工业普查方案，参与制定规模以下工业企业抽样调查制度，编写工业统计学、工业案例分析规划教材，开展全国工业普查员培训，开展中日经济统计学术交流，组织开展全国统计研究生案例大赛，组织全国各类科学活动，举办全国统计科学学术研讨会和高端论坛，积极组织参与国家社会经济发展中的重大项目，推动工业统计学为国家重大

① 　全国工业统计学教学研究会的介绍由易丹辉、纪宏供稿。

《统计与管理》创刊号（1991）

战略需求服务。

20世纪80年代末，学会准备创办学术刊物，定名为《统计与管理》，在得到国家新闻出版署批准后，想找一位书法家题写刊名。几位创办人一致提议请北京师范大学的启功先生题写杂志刊名。当时北京经济学院开了一个证明，请认识启功先生的朱开云老师和陈东老师一起找到了启功先生，启功先生当即展纸研墨，写下"统计与管理"几个大字。朱开云当时是北京经济学院研究生处处长。

遗憾的是，这本刊物只办了8期就停刊了，易丹辉和张小斐对笔者回顾了《统计与管理》办刊经历：

> 《统计与管理》（季刊，每年2、5、8、11月发行），1991年第一期（创刊号）、第二期、第三期、第四期，1992年第一期（总第五期）、第二期（总第六期）、第三期（总第七期）、第四期（总第八期）。目前考虑可能停办的原因：（1）经费问题：杂志没有固定经费来源，是靠办刊院校自筹经费；（2）稿源问题：没有新鲜血液加入研究会，提供稿件，基本还是原有教师撰写已有研究成果；（3）组织问题：研究会没有人专门投入精力到杂志运作。当时的大经济背景下，经济统计特别是工业统计如何转型更好地为国家的经济建设服务，没有蹚出一条新路。[①]

五、中国卫生信息与健康医疗大数据学会与中华预防医学会生物统计分会及国际生物统计学会中国分会等卫生统计学术组织 [②]

中国卫生信息与健康医疗大数据学会（Chinese Medical Information and Big

---

① "当时的大经济背景下，经济统计特别是工业统计如何转型更好地为国家的经济建设服务，没有蹚出一条新路"，与前文提到的1992年邓小平南方谈话，以及1992年国家统计系统从物质产品核算体系（MPS）转向国民经济核算体系（SNA）后，财经类院校经济统计学科面临的问题相似。

② 郝元涛提供了帮助。

Data Association）是国家卫生健康委员会主管的国家一级学会，前身是 1984 年 9 月在广西南宁市成立的中国卫生统计学会，2004 年 6 月更名为中国卫生信息学会，2017 年 7 月更名为中国卫生信息与健康医疗大数据学会。

1984 年 9 月，中国卫生统计学会在广西南宁正式宣布成立。中国卫生统计学会是在原卫生部主管部门的领导和大力支持下，为了团结卫生统计两支队伍（卫生统计教学、科研队伍与广大卫生统计工作者），建立起的一个统一的学术群众团体，是国家一级学会。学会的第一届会长是原卫生部计划财务司的何鸿明司长，田凤调研究员是副会长兼秘书长，秘书处设在当时的中国预防医学科学院。学会在很长一段时间里挂靠在中国预防医学科学院。

中国卫生统计学会的成立，极大地推动了各省份地方卫生统计学会的建立与发展。1985—1997 年，先后有浙江、江苏、安徽、福建、山西、吉林、广东、广西等 20 多个省份的地方卫生统计学会（或学组、专业委员会）成立，参加的会员达到数千人。学会通过举办专题讨论、教育培训、邀请国外专家来华讲学、举办学术会议等形式逐步健全与完善国内学术交流平台，加强了我国卫生统计学术交流，促进了卫生统计信息与相关卫生研究领域的密切结合。同时，在学会秘书长田凤调研究员的主持下，为适应广大卫生统计工作者的实际需要，学会组织有关同志编写了《实用卫生统计学》，在 1994 年由人民卫生出版社出版。学会还编写了一批适应当时教学实践需要的卫生统计丛书，均由人民卫生出版社出版。

为适应我国卫生信息化发展需要，将卫生信息化的队伍纳入学会，在原卫生部业务主管部门的倡导下，中国卫生统计学会于 2004 年 6 月正式更名为中国卫生信息学会，并于 2004 年 11 月在广州召开中国卫生信息学会成立大会。中国卫生信息学会的成立标志着中国卫生统计学学科发展进入了一个新的阶段。2017 年 7 月中国卫生统计学会再次更名为中国卫生信息与健康医疗大数据学会。

从中国卫生统计学会到中国卫生信息学会再到中国卫生信息与健康医疗大数据学会，学会理事会的成员由第一届的 55 人增加到第八届的 400 多人。专业委员会（学术组）从第一届只有学术组发展到第八届包括统计理论与方法专业委员会、健康统计专业委员会、医院统计专业委员会、卫生统计学教育专业委员会、卫生管理统计专业委员会等 30 多个专业委员会。组织机构更加健全，有力地保障了学会工作的顺利开展，极大地促进了卫生统计专业的发展。

除了中国卫生信息与健康医疗大数据学会，全国同行还有一个专业学会，即中华预防医学会卫生统计学专业委员会（现中华预防医学会生物统计分会）。中华预防医学会卫生统计专业委员会于 1989 年成立，是中华预防医学会理事会领导下、由全国卫生统计专业以及医学相关领域专家组成的二级学术团体。由李天霖等教学科研单位的专家发起，经中华预防医学会批准，于 1989 年 5 月下旬在

北京医科大学召开代表大会，选举产生了第一届专业委员会，由李天霖任第一任
主任委员。在第四届换届时，该委员会更名为生物统计分会。中华预防医学会生物
统计分会历届主任委员为李天霖、詹绍康、颜虹、陈平雁，现任主任委员是郝元涛。

国际生物统计学会中国分会是国际生物统计学会在中国的分支机构。2013
年 8 月 20 日，国际生物统计学会（International Biometric Society，IBS）中国
分会（IBS-China）在山东济南举行成立大会，国际生物统计学会执行主席沃克
（Dee Ann Walker）教授任命当时华盛顿大学的周晓华教授为 IBS-China 理事长。
IBS-China 设立的目的是推广国际生物统计学会在中国的影响，推广生物统计科
学在中国的进步，并促进统计和数学方法在生物医学研究及应用领域的发展。

1. 卫生统计学相关学术会议

学术会议是开展学术交流的平台，是联系各地区卫生统计学者的纽带。自
1984 年中国卫生统计学会成立大会上开展的第一次全国性学术交流会议后，学
会每 5 年举办一次全国性学术研讨会。第一届于 1984 年 9 月 6—10 日在广西南
宁举办，参加会议的正式代表有 122 人，共收到 149 篇会议论文。2004 年中国
卫生统计学会正式更名为中国卫生信息学会，并于此后几乎每年举办一次全国性
卫生信息技术交流大会。2017 年，学会更名为现在的中国卫生信息与健康医疗大
数据学会。学会一贯坚持举办高水平、交流面广泛的全国性学术会议。在此期间
举行的学术会议具有召开次数频繁、参与人数众多、交流信息广泛等特点，各专
业委员会在专业范围内也积极开展学术交流活动，对提高卫生统计研究水平、推
广卫生统计方法、促进卫生统计信息与相关卫生研究领域的结合发挥了重大作用。

中国卫生信息与健康医疗大数据学会统计理论与方法专业委员会、卫生统计
学教育专业委员会等与中华预防医学会生物统计分会等合作，秉承严谨与优良的
传统，坚持每年举办学术会议（见表 35-1）。众多卫生统计、医学统计学者正是
通过参加学术会议的形式探讨学术问题、交流学术观点、加强联系，促进学术交
流，推动中国卫生统计学科的发展。

表 35-1　中国卫生信息与健康医疗大数据学会独自及与中华预防医学会生物统计分会等
合作举办的部分学术会议

会议名称	举办时间	地点	参加人数（人）
1999 年学术年会	1999 年 11 月 19—22 日	北京	60
医学统计学教学研讨会	2000 年 4 月 17—19 日	长沙	40
2001 年卫生统计学学术研讨会	2001 年 8 月 5—8 日	太原	60
新药临床试验设计与生物统计规范与统计分析方法研讨会	2002 年 8 月 15—18 日	大同	48

续表

会议名称	举办时间	地点	参加人数（人）
2003 年卫生统计学术年会	2004 年 1 月	海口	100 左右
2004 年全国卫生统计学术研讨会	2004 年 8 月 17—20 日	成都	102
2005 年卫生统计学术交流大会	2005 年 8 月 22—23 日	天津	206
2006 年卫生统计学术交流大会	2006 年 8 月	武汉	150
首届全国青年医学统计学者论坛	2007 年 4 月 30 日	南通	60 余
2007 年全国卫生统计学术大会	2007 年 8 月 1—3 日	西安	120 余
2009 年中国卫生统计学术年会	2009 年 11 月 28—29 日	南京	140 余
2010 年卫生统计学术年会	2010 年 8 月 10—12 日	无锡	150 余
2011 年卫生统计学术年会	2011 年 7 月 26—28 日	西安	238
2012 年卫生统计学术年会	2012 年 7 月 22—25 日	长沙	250
2013 年中国卫生统计学术年会	2013 年 8 月 19—20 日	济南	近 400
2014 年卫生统计（生物统计）学术年会暨导师论坛	2014 年 7 月 20—26 日	广州	452
2015 年卫生统计学术研讨会	2015 年 7 月 29—31 日	太原	493
2016 年中国生物统计学术年会	2016 年 7 月 26—29 日	天津	538
2017 年中国卫生统计学术年会	2017 年 8 月 22—25 日	武汉	近 700
2018 年中国卫生统计学术年会	2018 年 8 月 22—25 日	桂林	530
2019 年中国生物统计学术年会	2019 年 7 月 27—30 日	广州	536
2022 年中国生物统计学术年会	2022 年 8 月 27—28 日	线上	—
2023 年中国生物统计学术年会	2023 年 7 月 26—28 日	太原	近 800
2024 年中国生物统计学术会议	2024 年 7 月 19—21 日	广州	1 000 余

2. 卫生统计学学术期刊的发展

（1）《中国卫生统计》杂志。

1984 年 9 月，随着中国卫生统计学会的成立，在中国医科大学丁道芳教授的推动下，作为会刊的《中国卫生统计》杂志创刊。现在，该刊是由国家卫生健康委员会主管，中国卫生信息与健康医疗大数据学会和中国医科大学主办的全国性卫生统计专业学术性双月刊，是国内卫生统计专业的唯一学术性期刊、中国医学类中文核心期刊、科技部中国科技论文统计源核心期刊、中国科学引文数据库核心期刊，所发表的文献代表着国内卫生统计学的成就和水平。杂志在开展学术讨论、交流工作经验、介绍卫生统计理论与方法、提高卫生统计科教水平、服务

社会等方面发挥了重要作用，取得了显著的成绩。创刊以来，《中国卫生统计》杂志不定期开展了一系列统计学讲座和专题讨论，在普及卫生统计知识、提高卫生统计人员理论水平、推动卫生统计学科发展等方面都发挥了重要作用。特别是杂志创办的早期，集中组织了多项专题讨论，介绍了各种统计理论与方法，并且结合实际问题开展了讨论，在普及卫生统计知识的同时也活跃了学术气氛。《中国卫生统计》杂志历任主编为丁道芳、陈育德，现任主编为孟群。

《中国卫生统计》创刊号（左图）与现刊封面（右图）

（2）《中国医院统计》杂志。

《中国医院统计》杂志是由国家卫生健康委员会主管，国家卫生健康委员会卫生统计信息中心、滨州医学院主办的国家级科技期刊。杂志于 1994 年 3 月经国家科委、国家新闻出版署批准创刊，国内外公开发行。杂志创刊时为季刊，主编由原卫生部统计信息中心主任陈育德担任，2004 年主编由原卫生部统计信息中心主任饶克勤担任。2012 年杂志由季刊改为双月刊，主编由原卫生部统计信息中心主任孟群担任。现任主编（编委会主任委员）是国家卫生健康委员会统计信息中心主任吴士勇。

六、中国商业统计学会 [①]

中国商业统计学会（Commerce Statistical Society of China, CSSC）是中国统计调查、数据科学、经济管理教育者和工作者的学术性社会组织。

---

① 　中国商业统计学会的介绍由江懿、金勇进供稿。

中国商业统计学会成立于 1987 年，由原商业部、国家粮食局及中华全国供销总社、国家烟草专卖局、中国石化销售总公司、中国医药商业协会、中国中药协会、中国渔业协会、全国新华书店等九大行业部门和单位共同发起。学会理事会历经 8 届，理事会会长依次由宋克仁、张世尧（连任两届）、马成珩（连任两届）、翟志宏、金勇进（连任两届）担任，每届任期 5 年，常设办事机构为秘书处。学会现主管单位为国务院国有资产监督管理委员会，业务指导单位为国家统计局及商务部。[①]

学会现下设 6 个分会，分别是市场调查与教学研究分会、数据科学与商业智能分会、大数据营销分会、职业教育与大数据分会、中医药健康分会和人工智能分会。

学会自成立以来，一直致力于推动应用统计、数据科学、经济管理等相关学科融合发展，协同政府、高校、企业共同培养创新型复合人才，推广先进技术和应用经验，为经济社会发展服务。学会的主要业务包括学术交流、师资培训、科研管理、标准制定以及学科竞赛等。

其中，学会自 2010 年起，已连续 14 年成功举办全国大学生市场调查与分析大赛，该赛事已成为具有广泛影响力的品牌活动，六度入选《〈全国普通高校大学生竞赛分析报告〉竞赛目录》，并位居前列。参赛群体覆盖全国 34 个省级行政区，汇聚了千余所高校、百余万大学生及万余名教师参与，此外，还有来自六大洲近 70 个国家的千余名在华留学生精英积极参赛，更有 200 多家海内外企业与赛事携手共进。

全国大学生市场调查与分析大赛旨在激发大学生创新实践，提高大学生在组织、策划、调查实施及数据处理与分析等方面的专业实战能力，培养他们的社会责任感、服务意识、市场敏锐度和团队协作精神。大赛作为全国一流的公益性专业品牌赛事，是学界引领、政府支持、企业认可、海峡两岸及港澳高度联动的多方协同育人平台，已经成为推动教育教学改革、培养高素质调查研究人才的重要阵地。

七、中国统计教育学会[②]

中国统计教育学会（Statistical Education Society of China）是由全国从事统计教育工作的各级各类设有统计专业或开设统计课程的院校（院校的系、教研

---

① 根据中国商业统计学会官网整理。中国商业统计学会网址：http://www.china-cssc.org。

② 中国统计教育学会的介绍由余芳东提供。

室）、统计教育机构等相关单位和个人自愿结成的全国性、学术性、非营利性社会组织。

中国统计教育学会于 1990 年 7 月成立。学会成立时的名称是全国统计职业技术教育学会，是中国职业技术教育学会的一个行业分会，不具有法人资格。学会于 1992 年 11 月经民政部批准注册登记，取得独立的法人资格。1993 年 11 月，民政部批准学会更名为中国统计教育学会。学会是教育部指导下的进行全国统计教育研究的学术性社会团体。至 2023 年学会已换届 7 次，产生了 8 届理事会。历任会长为陈继信、黄树民、王吉利、贺铿、王吉利、章国荣（第六届会长空缺），现任会长为毛有丰（2019 年至今）。中国统计教育学会理事会每届任期 4 年，设常务理事会、会长办公会。日常办事机构是中国统计教育学会秘书处，设在国家统计局统计教育培训中心，业务主管单位为国家统计局。

学会现设有 8 个分会：高等教育分会、职业教育分会、继续教育分会、基础教育分会、社会经济统计分会、生物医学统计分会、特殊教育统计分会、青年经济统计学者分会。各分会根据学会章程和理事会的决定，在理事会的指导下，独立开展学术交流、理论研究、业务培训、国际合作、咨询服务等各种学术活动。

学会自成立以来，在国家统计局和教育部的指导下，开展的主要活动有：组织开展统计基础理论研究和学术研究、探讨教育教学改革问题等学术活动；在各个教育阶段开展对统计知识的普及和宣传工作；总结推广统计教育改革与发展的经验，加强各会员单位之间及会员单位与其他统计教育工作单位和部门之间的联系与合作，推动统计教育的信息交流；开展统计师资培训，依照有关规定组织编写、翻译、录制具有各层次统计教育特点的统计专业教材及音像资料，出版学术性统计教育刊物，促进统计教育工作者业务素质和学校教学水平的提高；开展社会调查研究和统计信息咨询服务活动，为统计教学改革和统计教育部门的工作和决策提供建议；开展国际统计教育学术交流，借鉴国外先进经验等。学会通过这些活动，有力地配合了统计教育主管部门的工作，促进了各院校统计教学改革的开展和我国统计教育事业的发展。

《统计教育》是中国统计教育学会的会刊，由国家统计局干部培训中心（后改为教育培训中心）管理。《统计教育》于 1993 年第四季度创刊（第一期），一直到 2010 年 12 月底停刊，共发行 135 期。刊物从 1993 年第四季度创刊到 1996 年以季刊形式发行，1997—2004 年改为双月刊，2005 年开始增加发行频度到月刊。在刊物发行的 18 年时间，《统计教育》见证了统计学科特别是我国统计教育的改革、发展、壮大。1998 年教育部普通高等学校本科专业目录颁布以后，本科教育的框架确定，深入研讨本科教育教学的问题开始提上日程，遗憾的是 21 世纪以来刊物的栏目逐渐转向区域经济、企业管理、财会研究、资本运营、产业

观察、技术经济、建筑经济、理论探讨等，与最初聚焦于统计教育的改革和发展主题的办刊方向严重偏移，刊物原有特色已经失去。

《统计教育》早期封面（左图）、目录（中图）及停刊时封面（右图）

八、中国国民经济核算研究会 [①]

中国国民经济核算研究会（National Accounting Society of China）是从事国民经济核算体系的科学研究，进行有关学术交流、业务培训和技术咨询的全国性学术团体（一级学会）。该研究会于 1995 年 12 月 28 日在北京成立。截至 2024 年已历 5 届，历任理事长为龙华、李强（连任两届）、刘富江、金红，现任理事长为柳楠。中国国民经济核算研究会理事会每届任期 5 年，常设办事机构是研究会秘书处（设在中国人民大学），业务主管单位为国家统计局。

研究会的宗旨是：贯彻理论联系实际和百家争鸣的方针，弘扬"尊重知识、尊重人才"，广泛团结有志于国民经济核算研究的人士，在政府有关核算部门及教学、科研单位之间发挥桥梁作用，为不断完善我国国民经济核算体系，提高国民经济核算水平，促进国民经济管理科学化服务。

中国国民经济核算研究会的主要活动有：组织国民经济核算理论和实践问题的科学研究，开展国内外学术交流，介绍国际核算标准和国内外先进的核算经验，编印国民经济核算有关论著和资料。通过举办系列讲座和青年沙龙等活动，向社会普及国民经济核算基本知识，推动国民经济核算体系在宏观经济管理中的应用。

---

① 中国国民经济核算研究会的介绍由高敏雪供稿。

第三十六章

香港、澳门、台湾的统计学科

一、香港

（一）香港高等院校

香港有 8 所高等院校的办学经费主要来自政府拨款，但高等教育拨款不是政府直接下达到学校，而是通过"大学教育资助委员会"（University Grants Committee，UGC，简称教资会），因而教资会实际上是香港特区政府与大学之间的中介机构，委员由香港特区行政长官任命。这 8 所大学构成了香港高等教育统计学科的办学主体（见表 36-1）。

表 36-1　香港 8 所大学统计学科简况

高校	成立时间	统计学科归属学院	统计学所在科系	学科创建时间
香港大学	1911 年	理学院	统计学与精算科学系	1967 年
香港理工大学	1937 年	理学院	应用数学系（统计组）	1972 年
香港浸会大学	1956 年	理学院	数学系（统计研究与咨询中心）	1992 年
香港中文大学	1963 年	理学院	统计学系	1982 年
岭南大学	1967 年	数据科学学院	人工智能学部与工业数据科学学部	2024 年
香港城市大学	1984 年	商学院 / 计算学院	管理科学系 / 数据科学系	1990 年 / 2024 年
香港科技大学	1991 年	理学院	数学系	1991 年
香港教育大学	1994 年	博文与社会科学学院	数学与资讯科技学系	1994 年

1. 香港大学统计学与精算科学系

香港大学的办学历史悠久，统计学科的整体实力强，特别是兼顾统计学与精算科学，为香港、内地以及全球培养了一大批统计与精算人才。

1967年，香港大学社会科学学院成立。统计学科脱离数学系，成为新学院的一个独立单位，最初是为新学院的其他几个系提供定量研究方法。社会科学学院初期每年招收120名学生，统计课程成为所有学生的必修课程。

统计学系在20世纪70年代以前已开设风险管理专业；80年代学生在风险管理主修专业基础上可以副修精算学专业，吸引了大量理科尖子学生进入社会科学学院，风险管理与精算学科的考分最高，统计学专业次之。这时每年香港的风险管理或精算专业毕业生大概只有30人左右，供不应求。

2004年统计学系转入理学院，精算学专业招生人数增加至80人左右，成为整个香港地区大学入学分数最高的学科。由于精算学科的人才需求较大，其他大学也纷纷开办风险管理与精算专业。

2. 香港中文大学统计学系

香港中文大学的统计学系创建于1982年，汤家豪任首任系主任。其现在设有统计学、风险管理学、数理金融与风险管理学、计算数据科学4个本科专业，统计学、风险管理学、风险管理学与数据分析、数据科学与商业分析4个硕士学位方向，以及统计学1个博士学位方向。

3. 香港浸会大学统计研究与咨询中心

香港浸会大学统计研究与咨询中心创建于1992年，设在数学系中。该中心由方开泰任首任主任，组织了一系列学术活动，促进了香港浸会大学以及香港统计学界与内地的统计交流。2006年初方开泰从浸会大学退休，朱力行接任中心主任。方开泰与王元因对"均匀设计"的贡献获得国家自然科学奖二等奖，朱力行2013年获国家自然科学奖二等奖。

（二）香港统计学会

1977年，作为香港大学统计学系的讲座教授，魏哲逊（John Aitchison）推动创建了香港统计学会，并担任首届会长。香港统计学会由香港统计学术界、政府统计部门和公司、企业的数据科学、数据分析从业人员组成，目的是：通过培训和职业认证促进职业发展；组织学术讲座和学术交流，促进统计理论、方法和应用发展；普及统计知识，促进和增强全社会的统计意识和数据分析能力。

我们看到，香港统计学会成立至今已近50年，香港大学和香港特区政府统计处成为学会的中坚力量，共同推动香港统计的科学研究、学术交流和知识普及。

（三）香港统计学术交流

香港统计学界利用香港是国际金融中心、亚洲交通枢纽和进入中国门户的优势，半个世纪以来积极推动香港与国际统计学界的交流，特别是 2013 年 8 月 25—30 日在香港会展中心成功举办了国际统计学会第 59 届世界统计大会（the 59th world statistics congress）。

会议组织了 104 个主题的邀请报告会，90 个特别主题报告会，48 个自由选题报告会，以及以海报形式的论文交流，约 2 500 位统计学者和相关代表出席会议。

（左起）香港财经事务及库务局副秘书长张国财、政府统计处副处长邓伟江、旅游发展局总干事刘镇汉、财经事务及库务局常任秘书长区璟智、财经事务及库务局局长陈家强、国家统计局局长马建堂、政府统计处处长欧阳方丽丽、国际统计学会主席李载昌夫妇、国际统计学会候任主席维贾伊·奈尔（Vijay Nair）夫妇在开幕式上的合影

香港统计学界组织的另一项重要统计学术活动是 2013 年 12 月的第九届泛华统计会议（the Ninth ICSA International Conference: Challenges of Statistical Methods for Interdisciplinary Research and Big Data）。

在这次会议上，颁发了首届许宝騄奖，普林斯顿大学的范剑青、哈佛大学的孟晓犁和加利福尼亚大学伯克利分校的郁彬三人获得了首届许宝騄奖。

范剑青、孟晓犁、郁彬获奖合影

二、澳门

澳门邻近香港，背靠内地，在 20 世纪 80 年代之前，澳门的中学生上大学，多是到香港、内地或者海外。

1981 年 3 月，澳门私立东亚大学成立，标志着澳门现代高等教育的启航。

1988 年澳门政府通过澳门基金会收购东亚大学并重组，相继组建文学院、工商管理学院、科技学院、教育学院、社会科学学院和法学院，1991 年东亚大学更名为澳门大学。

1999 年澳门回归祖国后，澳门大学的教育和科研快速发展。2009 年，全国人民代表大会常务委员会批准澳门大学在广东省横琴岛建立新校区。2013 年新校区启用。

2019 年，澳门特别行政区政府与教育部签订《内地与澳门特别行政区关于相互承认高等教育学历及学位的备忘录》，打通了澳门大学与香港和内地大学关于学生升学就读合作的通道。

澳门的 3 所公立大学——澳门大学、澳门理工大学、澳门旅游学院和私立澳门科技大学通过联考，为考生提供方便。

由于澳门人口不到 70 万人，几所大学主要培养澳门本地需要的工商管理、科技和法律等人才，加之珠三角地区和香港高等教育力量雄厚，澳门几所大学都没有独立的统计学系或统计学科，经济统计、工商管理统计和社会统计等课程由少数教师承担。

三、台湾

台湾地区的统计学科一方面延续了原国民政府在大陆办学的特点，即强化统计在工商管理中的应用，统计学系成为商学院（或管理学院）中重要的系所之一；另一方面受欧美数理统计方法发展的影响，除了在台湾大学、台湾"清华大学"、高雄大学等综合性大学理学院加强概率与数理统计的教学与研究外，还在台湾"中央研究院"单独成立了"统计学研究所"（后改名为"统计科学研究所"），加强现代统计方法与应用的研究和人才培养。

（一）台湾的统计科研院所

1. 台湾"中央研究院"统计科学研究所

1980 年 7 月，在台湾"中央研究院"第 14 次院士会议上，周元燊、刁锦寰、李景均等 21 位院士联名建议单独设立"统计学研究所"。1981 年 2 月，建议获批。周元燊等 13 人组成设所咨询委员会，周元燊任主任委员，并于 1982 年成立筹备处，聘请美国加利福尼亚大学伯克利分校统计学博士、美国贝尔实验室赵民德为筹备处主任。至 1987 年 8 月，筹备处已具规模，正式成立研究所，并改名"统计科学研究所"，赵民德任创所所长，并创办了知名的统计杂志 *Statistica Sinica*（中文版即《中华统计学志》）。

台湾"中央研究院"统计科学研究所强调统计基础研究与应用研究并重，一方面尊重个人的独立研究，另一方面积极加强研究所内外合作研究群的建立，推动跨领域、跨院所的合作研究。截至 2024 年，统计科学研究所有 32 位专职研究人员、21 位博士后研究人员以及 48 位研究助理，行政及信息服务团队约 21 人，主要研究领域包括：概率论及其应用，数理统计与推论，生物医学统计，生物信息，系统生物学与统计遗传学，功能性脑影像的统计分析，教育与行为统计，财务数学，时间序列分析，空间及环境统计，实验设计，统计机器学习，统计与信息可视化，社会网络，等等。

2. 台湾"清华大学"统计与数据科学研究所

1988 年，台湾"清华大学"在其应用数学研究所统计组的基础上成立统计所，并于 2024 年更名为统计与数据科学研究所，目的是培养具有统计理论与应用双重能力的尖端人才。该研究所到 2024 年有教授 6 人、副教授 2 人、合聘教授 3 人、兼任教授 1 人，博士生 19 人及硕士生 53 人。

研究所的教师队伍都有海外名校的博士学位，其中两位为国际统计学会推选会员（Elected Member），一位为美国数理统计学会（IMS）会士（Fellow），一位为美国统计学会（ASA）会士。

研究所设有 3 个研究生培养方向，分别是工业统计、生物统计和数据科学，为高科技产业、生物医学与数据科学等新兴产业和领域培养跨学科的杰出分析人才。

（二）台湾统计高等教育

台湾地区到 2022 年共 32 所大学设有统计学科，招收统计学本科学生和研究生，分别授予学士、硕士和博士学位。其中 32 所大学授予统计学学士学位，28 所大学授予统计学硕士学位，16 所大学授予统计学博士学位。各校招生院系及授予学位情况如表 36-2 所示。

表 36-2　台湾高校统计学专业招生及学位授予情况

学校	学院	系所	系所网址	学制
政治大学	理学院	应用数学系	https://math.nccu.edu.tw/	学士班、硕士班、博士班
政治大学	商学院	统计学系	https://stat.nccu.edu.tw/	学士班、硕士班、博士班
台湾"清华大学"	理学院	数学系	http://www.math.nthu.edu.tw/	学士班、硕士班、博士班
台湾"清华大学"	理学院	计算与建模科学研究所	http://icms.site.nthu.edu.tw/	硕士班
台湾"清华大学"	理学院	统计与数据科学研究所	http://stat.site.nthu.edu.tw/	硕士班、博士班
台湾大学	理学院	数学系	http://www.math.ntu.edu.tw/	学士班、硕士班、博士班
台湾大学	理学院	应用数学科学研究所	http://www.math.ntu.edu.tw/~iams/	硕士班
台湾大学	共同教育中心	统计硕士学位学程	http://www.stat.ntu.edu.tw/chinese/index.asp	硕士班
台湾师范大学	理学院	数学系	https://math.ncku.edu.tw/	学士班、硕士班、博士班
成功大学	管理学院	统计学系	http://www.stat.ncku.edu.tw/	学士班、硕士班、博士班
成功大学	管理学院	数据科学研究所	http://ds.ncku.edu.tw/index.php	硕士班
成功大学	理学院	数学系	http://www.math.ncku.edu.tw	学士班、硕士班、博士班
中兴大学	理学院	应用数学系	http://www.amath.nchu.edu.tw/	学士班、硕士班、硕士在职专班、博士班
中兴大学	理学院	统计学研究所	http://www.stat.nchu.edu.tw/	硕士班、硕士在职专班、博士班
中兴大学	理学院	大数据产学研发博士学位学程	http://phddsia.nchu.edu.tw/	博士班
阳明交通大学	理学院	应用数学系	https://www.math.nycu.edu.tw/	学士班、硕士班、博士班
阳明交通大学	理学院	统计学研究所	https://stat.nycu.edu.tw/	硕士班、博士班
台湾"中央大学"	理学院	数学系	http://wz.math.ncu.edu.tw/	学士班、硕士班、博士班

续表

学校	学院	系所	系所网址	学制
台湾"中央大学"	理学院	统计研究所	http://www.stat.ncu.edu.tw/	硕士班、博士班
台湾"中山大学"	理学院	应用数学系	https://math.nsysu.edu.tw/	学士班、硕士班、博士班
中正大学	理学院	数学系	https://math.ccu.edu.tw/	学士班、硕士班、博士班
高雄师范大学	理学院	数学系	https://gauss.nknu.edu.tw/	学士班、硕士班
彰化师范大学	理学院	数学系	http://math.ncue.edu.tw/	学士班、硕士班、博士班
彰化师范大学	理学院	统计资讯研究所	http://isis.ncue.edu.tw/	硕士班
台北大学	商学院	统计学系	http://www.stat.ntpu.edu.tw/	学士班、硕士班、硕士在职专班
嘉义大学	理工学院	应用数学系	http://website.ncyu.edu.tw/math/	学士班、硕士班
高雄大学	理学院	应用数学系	https://math.nuk.edu.tw/	学士班、硕士班、博士班
高雄大学	理学院	统计学研究所	http://stat.nuk.edu.tw/	硕士班
东华大学	理工学院	应用数学系	https://am.ndhu.edu.tw/	学士班、硕士班、博士班
台东大学	理工学院	应用数学系	https://math.nttu.edu.tw/	学士班
台南大学	理工学院	数学教材研发产业硕士专班	https://math.nutn.edu.tw/	硕士在职专班
台南大学	理工学院	应用数学系	https://math.nutn.edu.tw/	学士班、硕士班、硕士在职专班
屏东大学	理学院	应用数学系	https://math.nptu.edu.tw/index.php	学士班、硕士班
台北市立大学	理学院	数学系	http://math.utaipei.edu.tw	学士班、硕士班、硕士在职专班
台中科技大学	商学院	应用统计系	http://stat.nutc.edu.tw/	四技（日间）（学士班）
东海大学	管理学院	统计学系	http://stat.thu.edu.tw/	学士班、硕士班、博士班

续表

学校	学院	系所	系所网址	学制
东海大学	理学院	应用数学系	http://www.math.thu.edu.tw/	学士班、硕士班
辅仁大学	管理学院	统计资讯学系	http://www.stat.fju.edu.tw	学士班、硕士班、硕士在职专班
辅仁大学	理工学院	数学系	http://www.math.fju.edu.tw	学士班、硕士班
东吴大学	理学院	数学系	http://www.math.scu.edu.tw/	学士班、硕士班
中原大学	理学院	应用数学系	https://mathwww.cycu.edu.tw/	学士班、硕士班、硕士在职专班、博士班
淡江大学	商管学院	统计学系	http://www.stat.tku.edu.tw	学士班、硕士班
淡江大学	理学院	应用数学与数据科学系	http://www.math.tku.edu.tw/zh/	学士班、硕士班、博士班
"中国文化大学"	理工学院	应用数学系	https://crssam.pccu.edu.tw/	学士班
逢甲大学	商学院	统计学系	http://stat.fcu.edu.tw	学士班、硕士班
逢甲大学	工程与科学学院	应用数学系	http://apmath.fcu.edu.tw	学士班
逢甲大学	工程与科学学院	数据科学硕士学位学程	http://ds.fcu.edu.tw	硕士班
静宜大学	理学院	财务工程学系	https://fe.pu.edu.tw/	学士班、硕士班
静宜大学	理学院	资料科学暨大数据分析与应用学系	https://ds.pu.edu.tw/	学士班
义守大学	智慧科技学院	资料科学与大数据分析学系	http://www.fcm.isu.edu.tw/	学士班
铭传大学	金融科技学院	应用统计与资料科学系	http://asis.mcu.edu.tw/	学士班、硕士班
真理大学	管理与资讯学院	统计资讯与精算学系	http://sia.au.edu.tw/app/home.php	学士班、硕士班

资料来源：本表由台湾辅仁大学谢邦昌教授提供。

从表 36-2 中可以看出，台湾的一些名校，如台湾大学、台湾"清华大学"、中兴大学、成功大学、政治大学、台湾"中央大学"、高雄大学、辅仁大学等，分别在数学系、应用数学系和统计研究所等招生，分别培养数理统计理论、方法和应用型人才。

（三）台湾统计学术团体

原中国统计学社成立于 1930 年，1931 年举行第一届年会，截至 1948 年共举办了 14 届年会。1949 年后，"中国统计学社"的活动一度中断。1961 年，政界统计官员与学界酝酿恢复"中国统计学社"。1962 年 4 月 1 日，在台北市烟酒公卖局礼堂召开"复社"大会暨第一届年会，到会社员 346 人，委托出席社员 172 人。这次会议通过了学社章程，制定了统计奖学金办法、学报编辑出版办法等，为后续的学社活动打下基础。

原中国统计学社从 1930 年建立开始，就带有很强的官方主导的特点，社长（理事长）多由时任主计处或统计部门领导担任。1962 年在台湾"复社"后，"中国统计学社"也保持了这一传统，常务理事中，既有官方负责人，也有知名学者。

台湾"中国统计学报"作为台湾"中国统计学社"的刊物，"复社"后于 1963 年发行，开始每年 4 期（季刊），中间曾改为月刊和半年刊，自 1994 年起恢复为季刊。主要刊登统计学理论、方法与应用的学术文章，被 CIS（Current Index to Statistics）、JEL（Journal of Economic Literature）及 EconLit 收录，其中 CIS 是美国统计学会及美国数理统计学会的联合目录索引，JEL 和 EconLit 是美国经济学会的文献目录索引。

（四）海峡两岸的统计学术交流

1995 年 8 月国际统计学会第 50 届大会在北京召开前夕，泛华统计协会在北京香山饭店召开第 3 届会议，海峡两岸与国际华人统计学者济济一堂，共商华人统计的未来。为促进海峡两岸的统计学术交流，经讨论，决定次年（1996 年）在台湾举办一次海峡两岸概率与统计研讨会，由此开启了两岸统计的学术交流。

大陆方面，由中国统计学会、中国现场统计研究会、中国数学会概率统计分会、中国统计教育学会联合组织，台湾方面，由台湾"中华机率统计学会"组织，从 1996 年开始，已经成功举办了 11 届，分别是：

第 1 届，1996 年 7 月 15—16 日，台湾"中山大学"；

第 2 届，1999 年 7 月 24—25 日，苏州大学；

第 3 届，2001 年 4 月 14—15 日，台湾"中央研究院"；

第 4 届，2004 年 8 月 16—18 日，兰州大学；

第 5 届，2006 年 7 月 29—30 日，台湾卫生研究院；

第 6 届，2009 年 1 月 10—12 日，南京大学；

第 7 届，2010 年 7 月 6—7 日，台湾成功大学；

第 8 届，2012 年 8 月 15—18 日，黑龙江大学；

第 9 届，2014 年 5 月 16—18 日，台湾逢甲大学与中兴大学；

第 10 届，2016 年 8 月 11—13 日，电子科技大学；

第 11 届，2018 年 5 月 31 日—6 月 2 日，台湾台北大学。

1996—2018 年，22 年时间共举行了 11 次两岸统计学论坛，平均两年一次，在海峡两岸轮流举办。首届研讨会于 1996 年 7 月 15—16 日在台湾高雄西子湾畔"中山大学"举行。在会议前一晚的欢迎宴会上，两岸的出席者，均有如多年不见的老友重相逢，于水乳交融的气氛中，有叙不完的旧、唱不完的歌，都差点忘记隔日一早有开幕典礼。研讨会当天，人们一抵会场，便看到一副高挂的对联：

海宽何妨，客来万里犹携卷；

峡深不碍，文章百炼见真功。

与会人员均感兴奋，那是赵民德教授特地为此会所写的。[1]前 11 届研讨会虽有小的变故，但总体上十分成功，使两岸统计学界亲如一家，比如共同编制发布了"两岸四地消费者信心指数"[2]，两岸统计专业学生的交流不断深入。然而，2020 年初暴发的新冠疫情，使得原定 2020 年 8 月在山西财经大学举行的第 12 届海峡两岸概率与统计研讨会未能如期举办，期待海峡两岸统计学术交流在未来有效地发展。

---

[1]　参见黄文璋 2018 年 5 月的《海峡两岸机率与统计十一届》一文，发表于高雄大学统计学研究所网站。

[2]　2009 年海峡两岸暨香港、澳门开始共同发布消费者信心指数，该指数开始由中国人民大学中国调查与数据中心、首都经济贸易大学统计学院、中央财经大学统计学院、香港城市大学管理科学系统计咨询中心、澳门科技大学可持续发展研究所、台湾辅仁大学统计资讯学系联合编制，至今一直编制发布。

第三十七章
改革开放后的出国留学与对外
学术交流

一、20世纪80年代的公派出国留学

改革开放以后，我国出国留学的人数不断增加。20世纪80年代初开始，我国高校陆续派出年轻骨干，赴欧美名校学习进修，攻读统计学博士学位，并在获得学位后回国服务，推动国内统计教育和研究的发展，促进统计国际学术交流。这里简要介绍几位20世纪80年代出国攻读博士学位的统计学者。

郑祖康

（一）郑祖康

郑祖康（1947—2011），1980—1984年在美国哥伦比亚大学学习，1984年获哥伦比亚大学统计学博士学位后回到复旦大学。

很少有人知道，郑祖康，这位将生存分析研究带回中国的优秀海归学者，带出许多硕士、博士的教授，没念过本科，连硕士也没读完，却从美国的大学拿到了博士学位。20世纪60年代，"文化大革命"粉碎了郑祖康的"大学梦"，他只能在长江一条大型驳船上当水手，往返于上海与九江之间，不久又到崇明县长征农场务农。在难得农闲的日子里，他穿梭在市区街头巷尾的旧书店，悉心寻觅一角钱一本的《高等数学》《数学分析》《概率论》，以及一些理论物理书籍。在中学时，他就开始学习高等数学，对数学有着浓厚的兴趣。农场劳动之余，当别人热衷于谈天说笑、打扑克时，郑祖康却一头扎在数学、物理书中，遨游于科学的

天空。"文化大革命"结束后不久，这位自学成才的年轻人就在《应用数学学报》上发表了一篇数学论文。1977 年，当复旦大学苏步青教授首次在国内恢复招考研究生时，郑祖康毫不犹豫地报考，并以优异的成绩被录取，攻读概率统计学，成为该校数学研究所的 14 名研究生之一。1980 年，谷超豪教授慧眼识才，推荐这位既无大学文凭，攻读硕士又未毕业的学生去美国哥伦比亚大学攻读博士学位。在异国他乡，郑祖康选择了国际统计学界研究的热点——生存分析作为自己的主攻方向，最终以高质量的博士学位论文《截尾数据的回归分析》（Regression Analysis with Censored Data）通过答辩，获得博士学位，当即准备回国。当时，他的导师、美国著名统计学家黎子良（Tze Leung Lai，1945—2023）曾尽力挽留，他在海外做实业的姑父也热情相邀，但郑祖康都婉言谢绝了。后来与学生谈起这段往事，他悠悠地说："我的用武之地在我的祖国。"[1]

郑祖康回国后先后担任复旦大学统计运筹系副主任、主任，管理学院副院长、常务副院长兼统计学系主任，2000 年 12 月任复旦大学管理学院院长，2001年 7 月起任复旦大学副校长兼管理学院院长。2011 年 11 月 8 日，郑祖康因病医治无效，于复旦大学附属中山医院逝世，终年 64 岁。

（二）方积乾

方积乾，1939 年 7 月出生于上海，1961 年复旦大学数学系本科毕业，分配到北京医学院数学教研室担任助教、讲师，1982—1985 年在加利福尼亚大学伯克利分校，师从蒋庆琅（Chin Long Chiang，1914—2014）教授，研究生命现象的随机过程模型，以论文《具有时依变量和删失的多状态生存分析》（Multistate Survival Analysis with Time-Dependent Covariates and Censoring）获得生物统计学博士学位。

蒋庆琅 1936 年考入清华大学物理系，后转入昆明西南联合大学经济系，上过戴世光的统计学课程，并对统计学产生兴趣。蒋先生在访谈中回忆：

> 1946 年秋，我进入加利福尼亚大学时，还是在经济系注册，但在第二个星期，就转到数学系去学统计了。当时加利福尼亚大学没有统计系，但在数学系里有一个统计教研室，室主任是耶日·内曼（Jerzy Neyman）教授。他是现代统计学创始人之一。从此，他就是我的导师，我在这研究室当了几年研究助理。

---

[1] 彭德倩. 我的用武之地在我的祖国：追记复旦大学教授郑祖康. 解放日报，2011-11-09（6）.

　　我是在 1951 年开始在生物统计领域工作的。在内曼教授推荐下，我到加利福尼亚大学的公共卫生学院当助教。但我也教授课程，其中一门课程是"寿命表"，这是我第一次听到"寿命表"这个名词。由于我缺少这方面知识，教授"寿命表"这门课就很吃力，我得强记许多公式，那些公式对我来讲毫无意义。因为我是学数学的，所以我就从数学的角度来重新研究寿命表，这就导致了寿命表分析法的出台。我在 1960—1961 年发表了三篇论文，它们被收集于我在 1968 年由 John Wiley 出版社出版的《生物统计随机过程》一书中。

　　蒋庆琅先生改革开放后多次访问中国，1982 年回国讲学时首次将生命表及其编制介绍到国内。

1982 年蒋庆琅（前排右 4）参加卫生部及世界卫生组织举办的
"卫生统计师资讲习班"

　　方积乾 1985 年回到北京医学院，由讲师直接晋升为教授，任生物数学教研室主任；1991 年，调到中山医科大学（现为中山大学）任公共卫生学院教授、系主任；1992 年起享受国务院政府特殊津贴，2009 年获评全国高等学校教学名师；主编卫生部统编教材《卫生统计学》第五版（2003）、第六版（2008）、第七版（2012）。

（三）方兆本

　　方兆本，1945 年出生于浙江金华，1961 年 9 月进入中国科学技术大学数学系数学专业学习，1966 年 9 月本科毕业；1968 年 9 月到成都 7854 部队农场锻炼；1970 年 5 月到四川万县沙河门市部工作；1975 年 5 月起任四川万县商业

局物价员、统计员；1978 年 4 月起历任中国科学技术大学数学系助教、讲师；1984 年 4 月—1986 年 7 月，攻读美国匹兹堡大学统计学专业博士学位，导师是亨利·布洛克（Henry Block）教授，博士学位论文为 Dependence Classes and Independence；1986 年获匹兹堡大学统计学博士学位后继续在匹兹堡大学任统计学客座副研究员；1987 年 6 月回到中国科学技术大学，任数学系副主任、副教授；1993 年 9 月起，任中国科学技术大学数学系主任，10 月起被评为教授、博士生导师；1995 年 3 月任中国科学技术大学商学院常务副院长；此后历任安徽省民建省委主委、政协副主席以及全国政协常委等职务。

1988 年方兆本与导师亨利·布洛克（中）、A. R. Sampson（右，博士论文答辩委员）
在北京北海公园

对于美国这段留学经历，方兆本回忆：

早期的进修以公派为主，（20 世纪）80 年代中后期才有了大量的自费留学，（通过）考 TOEFL、考 GRE 等待幸运的录取。据殷涌泉先生介绍，他去匹兹堡是古华民介绍的。广东的古教授从华南师大数学系去匹兹堡（1980—1982）做系统工程，后来在全国侨联工作。他引见殷先生去多元分析中心，与 C. R. Rao 和老 K（P. R. Krishnaiah）共事。殷先生又力荐白志东给（老）K，我也劝赵林城一定要来美国拓展研究领域。就这样，（19）84 年、（19）85 年他们先后来访，我成了向导，他们的住宿、生活、采买、手续办理一应事宜我都帮助。后来缪柏其、陈希孺也先后来访。一时间国内系里有人讲科大（中国科学技术大学）统计教研室搬到美国去了。但恰恰是这

一段，Rao 的多元分析中心与中国学者的合作硕果累累。有关模型选择、M 估计和随机矩阵的重要工作都在那时完成，团队的思维激荡刺激（了）创新。当时访问学者的待遇不高，开始时不超过 1 000 美元，所以老 K 是个精明的组织家。当时也有年轻的邓敏和吴月华投入 Rao 门下，一位做微分几何在多元统计的应用，一位做极限理论大样本估计。Rao 的代数好，讨论班上对矩阵问题洞见敏捷。当时梁文骐先生作为殷先生的好友也在匹兹堡访问，和我一起听过 Satish Iyengar 的课。

（四）吴喜之

吴喜之，1944 年出生，1963 年考入北京大学数学力学系；1970 年分配到四川甘孜藏族自治州得荣县；1976 年调入南开大学数学系任教；1982 年得到教育部批准，使用世界银行贷款赴美国北卡罗来纳大学教堂山分校（University of North Carolina at Chapel Hill，简称 UNC）统计系攻读博士学位。

吴喜之对准备出国和美国留学的回忆读来很有启发：

> 恢复高考之后一直到出国，我一直辅导周概容主讲的为化学系开设的"高等数学"和为数学系开设的"概率论与数理统计"。周概容是留苏本科生，俄语非常好，翻译了很多苏联教材。我在去美国之前，对于什么是统计基本上不清楚。
>
> 给（19）77、（19）78 级化学系同学辅导，我很是受益。他们很成熟又非常好学，如饥似渴，每次课后我在晚饭后去他们宿舍辅导。他们年龄较大，和我差不了几岁，我们就像朋友一样。我记得有一个学生数学很好，一心想求薛定谔方程式的解。他们很多人去美国留学。1984 年我去美国佛罗里达州的迪士尼世界，竟然在门口遇到两批从不同地方来的我辅导过的 1977 级化学系同学，有一个我辅导过的数学系学生还在 UNC 统计系当了我的（晚两年）同学。
>
> 在这段时间我除了完成教学任务之外，参加了一些英语培训班。由于我的英语是自学的，这些培训班对我很有帮助。在通过了国家英语考试之后，我们才得到了出国资格，又到上海考了 TOEFL，当时北京没有考场，是乘火车去上海外国语学院报名 TOEFL，又再次去上海笔试。国内当时没有 GRE 考试。
>
> 去美国学什么？这是我考虑得很模糊的一件事，由于没有学过统计，国内也没有统计专业，南开也没有学统计的。一次陈省身先生对我说"你去学统计"，我说我在自学概率，但他强调"统计"二字，我才意识到统计和概率不是一回事。

在申请学校时，一切都通过邮件。最后，加利福尼亚大学伯克利分校和哥伦比亚大学的统计系接收了我作为博士生，但先前来过南开访问的塞缪尔·科茨（Samuel Kotz）教授说 UNC 统计系更好，这使得我去了 UNC。

UNC 的统计系是由哈罗德·霍特林（Harold Hotelling）在 1946 年创立的，有很多著名统计学家，如威廉·G. 马多（William G. Madow）、爱德华·保尔森（Edward Paulson）、赫伯特·罗宾斯（Herbert Robbins）和许宝騄（1948 年离开）等都是在他当系主任时（1946—1952 年）进入统计系的。

我去 UNC 时，全校只有 7 个中国大陆学生加上一些访问学者。统计系的随机中心（Center for Stochastic Processes）有一个访问的北大老师程士宏（现已去世多年）。大陆和台湾共有一个中国同学会（后来分开了）。当时是中美"蜜月"期，环境非常友好。

我有幸成为 UNC 统计系的第一个中国大陆学生，也是第一个自己用计算机"敲"博士学位论文的学生（原先都是雇人用多字头机械打字机生成论文），还是最后一个考第二外语的学生（统计系在我之后就取消了获得博士学位必须通过英语之外的俄法德语之一的规定，改用某指定课学分代替）。

教过我的统计系老师有：沃尔特·L. 史密斯（Walter L. Smith）、因德拉·M. 查克拉瓦蒂（Indra M. Chakravarti）、M. 罗斯·利德贝特（M. Ross Leadbetter）、戈登·西蒙斯（Gordon Simons）、雷蒙德·J. 卡罗尔（Raymond J. Carroll）、大卫·鲁珀特（David Ruppert）、戈皮纳特·卡利安布尔（Gopinath Kallianpur）。卡罗尔后来去了得克萨斯农工大学（Texas A&M），还访问过中国人民大学。鲁珀特去了康奈尔大学，我的导师西蒙斯早已退休。……

我入学那一届一共有 12 个博士候选学生，只有 3 个美国人（1 个华裔及 2 个非华裔美国女学生），其余来自英国、丹麦、希腊、阿尔及利亚、中国、意大利等国家，最终有 6 个人拿到博士学位。前后几届同学中，有一些很出色，比如邢泰伦（Tailen Hsing，中国台湾）曾经当过密歇根大学统计系主任，道格拉斯·辛普森（Douglas Simpson）当过伊利诺伊大学厄巴纳-香槟分校（UIUC）系主任，玛丽·达维迪安（Marie Davidian）是北卡罗来纳州立大学（NCSU）的著名教授，苏珊·墨菲（Susan Murphy）是哈佛大学的著名教授。

我的导师西蒙斯非常聪明，从来都是对什么感兴趣就做什么，无论是纯粹数学、统计还是随机过程。《统计年刊》（*Annals of Statistics*）杂志有一期同时刊登了他的 4 篇文章，这可能是创纪录的。西蒙斯的口碑异常地好。前几年卡罗尔访问中国人民大学时告诉我一件真事：当卡罗尔作为年轻人刚进入 UNC 工作的第一次学术报告中讲了自己的一些工作，讲演中，一贯挑战

演讲人的西蒙斯不发一言，直到讲演结束。私下里，西蒙斯告诉卡罗尔，如果你做如此修改可以发一篇论文，再做另外的修改又可以发一篇论文……按照西蒙斯的建议，卡罗尔发表了好几篇高质量论文。卡罗尔说，如果换成某些人，可能就自己去发论文了。性情高傲的卡罗尔一般很难佩服某个人，但他对西蒙斯人品的尊敬是非常真诚的。

由于西蒙斯的指导，我的博士学位论文 Bayes Sequential Testing: A Direct and Analytic Approach 是关于贝叶斯统计、随机过程、序贯分析的最优停时、差分方程、偏微分方程的自由边界问题的混合物。我一直也不知道该论文应该属于哪个具体领域，但应该是纯数学的，除了制作一个动画用了编程，之外根本没有任何数值计算。由于我对卡罗尔的某些课感兴趣，又因为在南开搞过"数据处理"，我一直有通过计算机搞数据分析的欲望。但在 UNC，除了一些统计课程作业要求用一些傻瓜软件之外（使用 Main Frame 大计算机，后来才出现第一批没有硬盘的 IBM PC），没有编程序分析数据的机会。这个机会直到我毕业后到加利福尼亚大学戴维斯分校（UC-Davis）才实现。

我实际上是在 1982 年底到教堂山（Chapel Hill），在 1983 年春季入学的（加入 1982 级），到 1985 年就基本完成了论文，还到别的学校做讲座。我比较麻木，一直在考虑如何改进论文，没有想以后怎么办。直到 1987 年，西蒙斯说：你可以毕业了，我才去申请博士后岗位并做了论文答辩，算是 1987 年夏天毕业的那一拨。后来我被加利福尼亚大学戴维斯分校邀请去那里做博士后。[①]

2012 年吴喜之与 20 世纪 80 年代留学北卡罗来纳大学时的老师雷蒙德·J. 卡罗尔在北京

① 摘录自吴喜之 2023 年 4 月 4 日应笔者邀请完成的《1976 年到 1989 年的回忆》，未发表。

　　吴喜之 1989 年回到南开大学。1990 年，国家教委将原高等学校理科教材编审委员会改建为高等学校理科学科教学指导委员会，吴喜之任数学与力学教学指导委员会委员、概率论与数理统计组成员。

　　近年来，吴喜之一直致力于统计方法的 R、Python 实现以及数据科学思想与方法的普及，他出版的新教材达 13 部。

（五）史宁中

　　史宁中，1950 年出生于江苏南京，1975 年毕业于吉林师范大学（现东北师范大学）数学系。1982—1989 年赴日本九州大学理学部学习，先后获得硕士、博士学位，是中国改革开放后首批公费留学的博士生。对于这段留学经历，史宁中写道：

　　　　1981 年有一个机会去日本留学，只要通过考试和培训就可以获得日本文部省奖学金。我那个时候是东北师范大学的一名助教，已经通过了学校的考试准备去美国留学。因为我曾经在设立在东北师范大学的中国赴日本国留学生预备学校工作过，是中方的数学教员，会一些日语。于是学校就指派我参加了 1981 年春在大连举行的日语考试，没想到居然通过了，可能是因为我曾经与日方教师进行了近一年的交流，日语的听力比较好。

　　　　1981 年暑期后在大连外国语学院经历了 3 个月的日语强化训练，年底在日本大使馆参加考试。我记得当时培训班一共有 16 名同学，除 1 名生病外，其余 15 名同学都通过了日本文部省的考试，于 1982 年春赴日本留学，攻读博士学位。后来才知道，我们是中国派遣的第一批攻读博士学位的留学生。

　　　　我的专业是数理统计，留学的学校是日本九州大学。这是一所日本老牌帝国大学，其数理统计专业是日本信息科学奠基人北川敏男教授创立的、九州大学的优势学科之一。我的导师是工藤昭夫教授（1929—2003），他是数理统计学约束条件下统计推断方向的国际权威。与导师的研究方向有关，我的博士学位论文题目是 Contributions to Testing Problems in Order Restricted Inferences。

　　　　我于 1989 年 3 月获得理学博士学位，4 月回国，任教于东北师范大学。

　　1997 年，史宁中当选国务院学位委员会学科评议组成员，第二届高等学校理科数学与力学教学指导委员会概率论与数理统计教学指导组召集人；1998—2012 年任东北师范大学校长；2003 年被评为全国留学回国人员先进个人；2009 年荣获第五届高等学校教学名师称号。

1984 年参加首届中日统计学研讨会时史宁中陪同工藤昭夫夫妇游览长城

（六）柯惠新

柯惠新，1945 年出生于广东兴宁。1962 年，她以广东高考第二名的成绩进入北京大学数学力学系，6 年后被分配到吉林解放军农场劳动锻炼一年，于 1969 年到鞍山二十四中学任教，由此开启了近半个世纪的从教生涯。1980 年她来到北京广播学院（中国传媒大学前身）工程技术基础部任教。1986—1989 年作为国家公派访问学者，她来到日本九州大学研究生院，师从浅野长一郎教授（1927—2022）进修计算机统计。对于这段留学经历，柯惠新有详细的回忆：

> 1981 年我就开始申请自费公派的留学，很快就得到了美国哥伦比亚大学、纽约大学等学校的接收。可是我没想到，办手续的时候才知道，学校有个规定，35 岁以上的讲师就不能够自费公派出国。
>
> ⋯⋯⋯⋯⋯
>
> 当时学校每年都有教育部公派的出国进修名额，但是这种名额只给专业的系，不给我所在的工程技术基础部。我一直等到大概是 1984 年，教育部不再直接分配名额，而是根据全国英语资格考试的成绩，再给名额。⋯⋯我就报名参加了当时的英语考试，没想到结果成绩是最好的，可以直接出国。但教育部分配我去日本，那就只好去大连外国语学院进修日语 10 个月。直到 1986 年，我才到了日本九州大学，作为教育部公派访问学者进修 2 年。
>
> 教育部虽然分配了到日本大学访问的名额，但需要自己去找合适的大学。北京大学的胡德焜老师告诉我，要到日本九州大学，找浅野长一郎教授。日本九州大学是帝国大学，比较有名，浅野长一郎先生很有名，是计算

统计方面的专家，而且他对中国很友好，北京大学、复旦大学的不少老师都到九州大学去访问过。……

我就给浅野先生发了邮件，写了我的一些想法和希望。没想到浅野老师非常热情，马上就给我回复，同意我去进修。

....

参加了一段时间的讨论班，浅野先生对我说："你要拿个博士学位才行，否则太可惜了！"我说："我只有两年的时间，怎么能够拿到博士学位呢？"因为我知道日本的博士学位是特别难的，一般没有 5 年以上，根本就拿不到。浅野先生说："没关系啊，两年以后教育部不给钱了，我会给你提供继续生活的费用。"我说："那我得问一下学校，是否可以延期晚一点再回去。"浅野先生说："好，那你就找机会问吧！"

....

1987 年，我陪同浅野先生和几位日本教授访问了北京大学、复旦大学、云南大学等。在北京期间，我回到学校，向当时我们工程技术基础部的主任李鉴增教授，说我想攻读博士学位再回到学校来教书，要延迟一段时间回国。李老师特别信任我，他说："如果你能拿个博士学位回来，那就太好了，没问题，我支持你，也相信你一定会回来的。"

....

从那以后我就全力以赴，每天将全部精力和时间都用来准备博士论文。我还跟浅野先生说："能不能尽早一些让我参加论文答辩，争取能够早些回国？"浅野老师说："这是不可能的，一般都要四五年才可以申请答辩！"

但我的机会来了——浅野先生受到邀请要到欧洲去几个月，这几个月我就可以把全部时间都投入到博士学位论文的准备中。在这期间我每天都是熬夜，一天当两天用的！功夫不负有心人，当浅野先生回到日本时，我就将完成的博士学位论文初稿递交给先生，他仔细看完之后很满意，但对论文的摘要部分提出了修改意见。

....

我以 "Studies on the Linear Latent Structural Simul-taneous Equation Model" 为题的博士学位论文于 1988 年 12 月通过答辩。终于在 1989 年的 1 月 30 日，日本九州大学研究生院颁布了授予我理学博士（统计学）学位的正式公告！

浅野先生很想把我留在九州大学当老师，因为当时九州大学的农学院缺统计学的老师。可是我告诉浅野先生，我已经答应学校要回去的。浅野先生感到很遗憾，但也是能够理解的。

因为我已经答应过学校，拿到博士学位之后会尽快回国，而且我觉得 3

月份就是新学期，我要尽快回去上课。所以，我就赶紧整理行装，没有参加当年 3 月的学位授予仪式就提前回国了。[①]

柯惠新回国后在教学和多领域（抽样调查、市场研究、广播电视节目评价体系、舆情监测研究等）都取得了学界和业界高度认可的成就。她曾任教育部高校数学与统计学教学指导委员会统计学专业教学指导分委员会委员，第 8、9、10 届北京市政协委员，第 11 届全国政协委员，1996 年获伊丽莎白·H. 纳尔逊奖，还曾获评全国优秀教师、全国先进工作者等。

2007 年浅野长一郎和中国学生、学者合影
（前排左起：胡德焜、浅野长一郎、柯惠新；后排左起张欲民、耿直）

（七）耿直

耿直，1957 年出生，1982 年本科毕业于上海交通大学计算机科学系后，考入中国人民大学，师从中国数据库研究鼻祖萨师煊教授读研究生。耿直回忆：

当时，都是教育部公派出国留学，1983 年初分配我去日本。经过大连外国语学院的日语培训，当年 10 月我乘国家专机与赴日留学的 100 多名研究生一起到东京的中国领事馆报到。接着分派我到日本九州大学，指定的导师是浅野长一郎教授。这样，我原来的专业是计算机与数据库，由于跟着浅野先生学习，也就从此改变了学科方向，改学统计学了。

浅野教授是日本医学统计、计算统计方面的元老和领军人物，曾任国际统计学会日本分会会长、日本运筹学会理事及评议员等职务。1986 年他创立日本计算机统计学会，当选首任会长。 1983 年，为促进中日在统计研

---

① 摘自何惠新 2023 年 4 月 9 日应笔者邀请撰写的《我的读博过程》，未发表。

究方面的交流，浅野教授向中国概率统计学会理事长、北京大学教授江泽培先生等提出了开展中日统计学学术交流的倡议。1984年11月，浅野教授率日方代表团40多人参加了在北京大学举办的首届"中日统计学讨论会"；1986年11月，浅野先生在九州大学举办第二届"中日统计学讨论会"，中国概率统计学会理事长江泽培先生率中国代表团50多人参加，在当时学术界，这么多人出国参加会议，此前是没有的。浅野先生为中国学者签证的事专程到东京向日本外务省说明中日交流的重要性。

第二届会议后，浅野先生安排几乎所有中国专家2~3人一组，分别到日本各地的多所大学进行访问交流，说服日本各所大学邀请并接待中国学者。这在当时中国学者很少有机会到国外交流的背景下是非常难得的。这两次中日学术交流会开启了长达近40年的中日统计学学术交流。

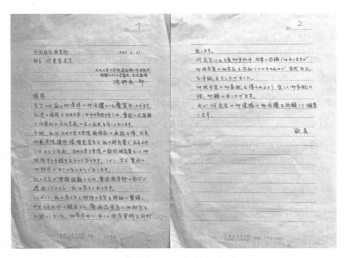

1982年浅野长一郎给何东昌信

耿直于1989年3月底获得理学博士学位，回国任教于北京大学；1995—1999年任北京大学数学科学学院概率统计系主任，1998年获国家杰出青年基金项目；曾任中国概率统计学会理事长、中国现场统计研究会理事长。

20世纪80年代初期和中期，统计学科公派出国攻读学位的上述7位研究生在获得博士学位后全部回国，都为中国统计学科的发展做出了重要的贡献。

在改革开放初期，统计学界有许多学者出国短期进修，如冯士雍（1977—1978年，英国伦敦大学帝国理工学院）、郑忠国（1979—1981年，美国加利福尼亚大学伯克利分校）、孙尚拱（1979—1981年，美国斯坦福大学）、方开泰（1980—1982年，美国耶鲁大学、斯坦福大学）、李国英和陈忠琏（1980—1982年，美国哈佛大学）、张永光（1980—1982年，美国哥伦比亚大学）、张尧庭

（1983 年，芝加哥大学）、茆诗松（1984—1986 年，美国马里兰大学、威斯康星大学）、倪加勋（1985—1986 年，富布莱特学者、美国威斯康星大学）、陈希孺（1986—1988 年，美国匹兹堡大学）、张润楚（1989—1991 年，加拿大滑铁卢大学、美国加利福尼亚大学伯克利分校）等都在国外访问进修，与国外统计学界建立了学术合作联系。

二、我国留学生在北美高校统计学科任教情况[①]

从 20 世纪 80 年代中后期开始，越来越多的青年学子自费出国就读统计学专业或从事统计学术研究，取得了辉煌的业绩。我们从《美国新闻与世界报道》（*U.S. News & World Report*）2021 年对美国高校的统计学项目（Statistics Program）的排名中，选取排名前 100 的统计项目，包括统计学（Statistics）和生物统计学（Biostatistics）两类统计项目。这 100 个统计项目来自 77 所不同的美国院校。经过统计，这 77 所高校统计项目的正式教师（Faculty）共 2 579 人，其中毕业于中国高校（含香港、澳门和台湾高校）的教师有 566 人，华人教师约占 22.0%。

如表 37-1 所示，在排名前 100 的统计项目中，排名前 10 的统计项目共有 277 名教师，其中华人教师 44 人，占 15.9%；排名 11～20 名的统计项目华人教师占 21.5%；排名 21～30 的，华人教师占 26.5%；排名 31～40 的，华人教师占 24.0%；排名 41～50 的，华人教师占 20.0%；排名 51～60 的，华人教师占 34.7%；排名 61～70 的，华人教师占 20.6%；排名 71～80 的，华人教师占 18.8%；排名 81～90 的，华人教师占 18.5%；排名 91～100 的，华人教师占 32.6%。

表 37-1 2021 年美国排名前 100 的统计项目中华人教师占比情况

排名	[1, 10]	[11, 20]	[21, 30]	[31, 40]	[41, 50]	[51, 60]	[61, 70]	[71, 80]	[81, 90]	[91, 100]	[1, 100]
华人教师数	44	85	81	81	74	35	65	41	32	28	566
教师总数	277	395	306	337	370	101	315	218	173	86	2 578
占比	15.9%	21.5%	26.5%	24.0%	20.0%	34.7%	20.6%	18.8%	18.5%	32.6%	22.0%

在排名前 100 的统计项目中，有 19 所学校的统计学系（或生物统计系）华人教师占比超过 30%，其中，以下 5 所学校的统计学系（或生物统计系）华人教

---

① 这部分内容由何辰轩（博士研究生）、王菲菲（统计学副教授）、朱利平、袁卫完成。

师占本学科教师总数的 50% 以上：北卡罗来纳大学夏洛特分校（the University of North Carolina at Charlotte）；得克萨斯大学 MD 安德森癌症中心（the University of Texas MD Anderson Cancer Center）；加利福尼亚大学河滨分校（University of California，Riverside）；辛辛那提大学（University of Cincinnati）；得克萨斯大学休斯敦健康科学中心（University of Texas Health Science Center at Houston）。

在排名前 10 的统计项目中，哈佛大学（Harvard University）的统计学系华人教师占比是最高的，达到了 25.0%，其中有 4 位考普斯奖获得者；在排名前 20 名的项目中，密歇根大学安娜堡分校（University of Michigan—Ann Arbor）的生物统计系华人教师占比是最高的，达到了 35.9%；在排名前 30 名的项目中，得克萨斯大学 MD 安德森癌症中心的生物统计系华人教师占比是最高的，达到了 57.0%。

如果进一步看这 566 位华人教师的学历，其中 444 人可以从个人简历中查到本科毕业的学校及毕业时间，按照毕业时间段分布的来自中国大陆和港澳台的华人教师人数变化如表 37-2 所示。从表中可见，我国改革开放后北美高校的华人教师数量增加很快，而且绝大多数来自中国大陆地区。

表 37-2　2021 年美国排名前 100 的统计项目中华人统计教师本科毕业时间及人数分布

完成本科学业的年份	1966—1979	1980—1989	1990—1999	2000—2009	2010—2015
总人数（来自港澳台地区人数）	10（9）	68（5）	132（7）	145（4）	89（6）

接下来我们看其中 522 位华人教师取得博士学位的时间段，其中 140 人在 2016 年以后获得博士学位；2010—2019 年获得博士学位的有 207 人；2000—2009 年获得博士学位的有 198 人。总的趋势是，21 世纪以后获得博士学位并在美国前 100 名的统计项目中任教的人数在增加，但 2010—2019 年相比 2000—2009 年，增加的趋势有所放缓（见表 37-3）。

表 37-3　2021 年美国排名前 100 的统计项目中华人统计教师博士毕业时间及人数分布

取得博士学位的年份	1969—1979	1980—1989	1990—1999	2000—2009	2010—2019	2020 后
总人数（来自港澳台地区人数）	4（4）	24（9）	74（2）	198（8）	207（9）	15（0）

进一步看这 566 位华人教师的本科学校，其中 481 人可以从个人简历中查到本科毕业的学校，表 37-4 给出了本科毕业人数最多的前 15 所中国高校（包括香港、澳门和台湾的高校）。

表 37-4　华人教师本科毕业院校（前 15 所）

学校	人数	学校	人数	学校	人数
北京大学	101	浙江大学	22	南京大学	9
中国科学技术大学	69	北京师范大学	14	上海交通大学	8
清华大学	40	台湾大学	12	华中科技大学	7
复旦大学	34	武汉大学	11	山东大学	7
南开大学	26	华东师范大学	10	中国人民大学	5

　　从表 37-4 可看到，本科毕业于北京大学的有 101 人，占了所有 481 人的 20% 以上，而且这 101 人绝大多数毕业于北京大学数学科学学院（或原数学系、数学力学系、概率统计系）。中国科学技术大学 69 人排在第二位，两校加起来约占 35%。接下来清华大学、复旦大学、南开大学和浙江大学 4 校人数都在 20 人以上；北京师范大学、台湾大学、武汉大学和华东师范大学的人数都在 10 人以上。所有这些教师的本科毕业专业约有一半是数学。

　　图 37-1 列出了海外华人统计学者就读的国内本科院校与在美国攻读博士学位的院校关系。例如北京大学的曲线流向美国统计名校的对应关系，显然北京大学毕业生去美国密歇根大学安娜堡分校的人数最多，其次是去斯坦福大学，等等。

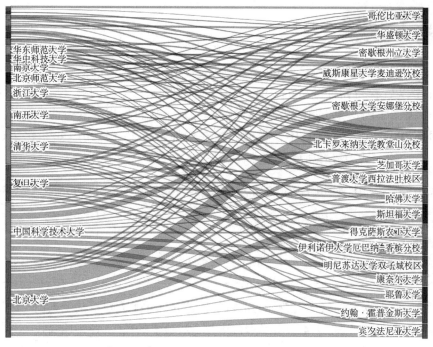

图 37-1　海外华人统计学者本科就读大学与博士毕业大学的对应关系

三、改革开放后统计学科的对外学术交流

（一）参与国际统计学会学术活动

中国统计学会成立于 1979 年 11 月。同年 12 月经国务院批准，李成瑞副会长率团代表中国统计学界参加在菲律宾首都马尼拉召开的国际统计学会第 42 届会议。中国统计学会被接纳为该会官方统计分会的团体会员。

1995 年 8 月 21—29 日，国际统计学会第 50 届会议在北京召开，这是我国首次举办大型全球性统计学术交流活动。参加这次会议的达 1 600 余人，包括来自境外 85 个国家、地区及国际机构的 950 名代表，360 多名中国统计学者和政府统计工作者，80 多位外国驻华使馆官员及 200 多位列席会议的国内企业家。会议收到提交论文 735 篇，特邀论文 93 篇。

国际统计学会第 50 届会议开幕式

时任国务院总理李鹏任大会组委会名誉主席，并会见部分会议代表，时任国务院副总理邹家华、北京市市长李其炎和组委会主席、国家统计局局长张塞分别代表中国政府、北京市政府和大会组委会在开幕式上致辞。

时任国务院总理李鹏在钓鱼台国宾馆会见国际统计学会和部分统计机构负责人

（二）中日统计学术交流

中日两国是一衣带水的近邻，我国的统计学又是 20 世纪初先从日本引进的，因而两国统计学界在 20 世纪 80 年代初就开始了统计学术交流。1983 年，日本九州大学浅野长一郎为促进中日在统计研究方面的交流，通过 1981 年他带的第一位中国访问学者、当时的北京大学副教授胡德焜，向时任中国概率统计学会理事长的北京大学江泽培等提出了开展中日统计学术交流的倡议。倡议很快得到中国统计学界的响应，双方于 1984 年 11 月成功举办了首次中日统计讨论会。

首次中日统计讨论会在北京举行

中日统计讨论会(China-Japan Symposium on Statistics)于一九八四年十一月七日至十二日在北京大学举行。这是在中国举行的第一次大型国际数理统计学术会议，是由中国概率统计学会、日本统计学会及北京大学共同组织的。中国方面参加的有江泽培（中方组织委员会主席）、王寿仁、梁之舜、严士健、林少宫、张里千、陈希孺、张尧庭教授等 110 人，日本方面参加的有浅野长一郎（日方组织委员会主席）、田口玄一、丘本正、河野知正教授等 33 人。

在开幕式上讲话的有北京大学校长丁石孙教授及江泽培教授、浅野长一郎教授。

会议期间，我国教育部张文松副部长接见了全体日本学者，热烈欢迎日本专家来华参加数理统计学术会议。

整个讨论会按学科分支分组进行，共宣读了论文 107 篇，其中中方 77 篇、日方 30 篇，是按下列九个方面举行分组会议的：①试验设计和质量管理(8 篇)，②多元分析(15 篇)，③时间序列分析(8 篇)，④估计和假设检验(31 篇)，⑤抽样检查、抽样调查和可靠性(12 篇)，⑥计算统计(6 篇)，⑦数据分析(11 篇)，⑧生物统计和社会统计(6 篇)，⑨各种应用(10 篇)。

讨论会上每篇论文都安排 30 分钟，其中 20 分钟用于作者宣讲，10 分钟用于讨论。出版了论文的详细摘要汇编（由北京大学出版社出版），会前即发给每位出席者。

在会议期间，浅野长一郎、丘本正、河野知正及田口玄一四位教授应邀给中国学者介绍了日本统计学与统计教育的发展史与现状，阐述了他们对统计学与数学相互关系的看法，引起了到会人员的极大兴趣和重视。

此外，中日双方的年轻统计工作者（主要是研究生）还自动组织了座谈和联欢。

《应用概率统计》1985 年第 1 期关于首次中日统计讨论会的报道

中日双方统计学界对于中日统计学术交流十分重视，都派出了最强的学术阵容。中方组织委员会有王寿仁、江泽培、梁之舜、陈家鼎、陈希孺、成平、林少宫、茆诗松、王学仁、王梓坤、严士健、张里千、张尧庭等；日方组织委员会有浅野长一郎、赤池弘次、林知己夫、竹内启、田口玄一、丘本正、河野知正等。

首次中日统计讨论会中方委员会合影

注：摄于 1984 年。前排左起：章渭基、刘璋温、江泽培、梁之舜、王寿仁、李国英、张尧庭；后排左起：方开泰、茆诗松、陈家鼎、郑忠国、陈希孺、成平。

双方深入交流了统计学术研究的新进展，约定以后每隔 3 年（后期间隔时间有变化）两国轮流举办。以下是截至 2010 年举办的 10 次会议的时间和地点：

1984 年第一次，北京大学；

1986 年第二次，日本九州大学；

1989 年第三次，日本创价大学；

1991 年第四次，云南大学；

1994 年第五次，日本冈山理工大学；

1997 年第六次，西安统计学院（现西安财经大学）；

2000 年第七次，日本东京大学；

2004 年第八次，广西师范大学；

2007 年第九次，日本北海道大学；

2010 年第十次，西南财经大学。

中日统计讨论会（后也叫研讨会）由中国统计学会、中国统计教育学会、中国概率统计学会和中国现场统计研究会以及日本统计学会、日本计算机统计学会主办，自 1984 年在北京大学召开第一次会议后，每隔 2 年或 3 年轮流在中国和日本召开一次，平均每届参会人员近 200 人，成为中国统计学者与日本统计学者

的一个主要学术交流平台。2010 年在西南财经大学举行第十次中日统计研讨会后，由于两国关系降温，加之 IMS-China 和泛华统计协会等活动增加，中日统计研讨会就中断了。

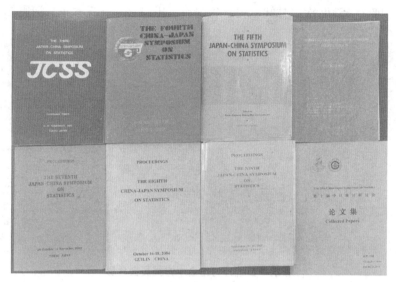

中日统计会议论文集

（三）中美统计学术交流

1. 1981 年中美统计学会互访

1981 年 5 月 7—22 日，美国统计学会会长、佛罗里达州立大学统计系教授布拉德利（R.A.Bradley）、执行主任莱昂（F.C.Leone）等六人组成的美国统计学会代表团，应中国统计学会邀请前来我国访问，这是中美统计学界首次官方交流。代表团访问了北京、西安、上海、杭州、广州，与中国科学院应用数学研究所、系统科学研究所，北京大学，复旦大学和浙江省农业科学研究所的教师和研究人员进行了友好的交流。

国务院副总理方毅在人民大会堂接见了代表团，中国统计学会副会长李成瑞、王一夫、戴世光，理事王寿仁等参加会见和交流活动。

作为回访，由中国统计学会副会长王一夫、中国科学院应用数学研究所副所长王寿仁、广东省统计学会名誉会长陈应中、复旦大学教授桂世祚、国家统计局研究所副所长吴辉 5 人组成的中国统计学组团，于当年 7 月 28 日至 8 月 20 日访问了美国华盛顿联邦政府统计机构、纽约联合国统计司、哈佛大学、密歇根大学等。代表团参加了 8 月 11—12 日在底特律举行的美国统计学会年会，会议为促进中美两国统计学界的交流，专门设立了"中国的统计"（Statistics in China）分会场。

时任国务院副总理方毅在人民大会堂接见美国统计代表团

前排左起：J. Press、戴世光、布拉德利夫人、李成瑞、布拉德利、方毅、F. C. Leone、M. E. Muller、王一夫、V. Tsou、王寿仁

在这个专题会上，美国统计学会会长布拉德利报告了不久前对中国的访问[①]，并热情地向现场人员介绍说："我和王寿仁先生都是许宝騄先生的学生，他是许先生 40 年代初在北京大学教过的学生，我是许先生在北卡罗来纳大学[②]教过的学生。"这一番话一下子就活跃了会场的气氛，拉近了双方的距离。王一夫代表中国统计学会介绍了中国统计学会和中国统计的现状。王寿仁介绍了新中国成立后概率统计人才的培养情况，他说："在 1964 年以前，中国大学的概率统计设在数学系中，还没有独立的数理统计系，有近 10 所大学设立了概率统计方向，本科学制 5 年，每年有五六百名学生毕业。"

1981 年 9 月，布拉德利会长完成了题为《统计学在中国高校》（Statistics at the Chinese Universities）的访问报告。在结论中，他赞扬中国的统计学者克服了种种困难，为现代统计学的发展做出了艰苦的努力，他相信中国的统计学将取得很大的进展。

2. 1987 年中美统计会议

1987 年 8 月 31 日至 9 月 4 日，中国统计学会与美国统计学会联合在北京召开中美统计会议。会议围绕数理统计和社会经济统计两个方面的问题展开了研讨，共有 200 余位中美代表参加会议，会议收到论文 200 余篇。

据方开泰回忆：

---

① Bradley R A. Statistics at the Chinese Universities[R]. FSU Statistics Report No. M596.

② 时间为 1947 年。

1986 年，美国芝加哥大学刁锦寰教授访问北京，我和他探讨召开"中美统计会议"的可能性。刁教授的态度十分积极。后来由中国科学院应用数学所和系统科学研究所共同代表中方，由王寿仁教授任会议主席。国家统计局资助五万元人民币，李成瑞局长（此时已离休，方开泰在文中以其原任职务进行表述——笔者注）参加"中美统计会议"的中方筹备会并作大会发言。由于可能出现一些政治敏感的问题，李成瑞局长并不对外。在刁锦寰教授推动下美国也组织了几十人的代表团。最后决定"中美统计会议"于1987 年在北京举行。在会议分工上，应用数学所负责对外，系统科学研究所负责国内代表。会议非常成功。我为组织中美双边统计会付出了大量的心血，从筹办经费、联系中外专家到组织论文交流和具体会务，等等，使这个有60 位美国专家、170 多位中国专家参加的大型国际学术会议开得圆满成功。[①]

关于这次中美统计会议，在 2023 年出版的《生逢其时——刁锦寰院士回忆录》[②]中，刁锦寰轻描淡写地回忆道，1987 年"'美国统计学会'和'中国统计学会'在北京第一次合办'中美学术研讨会'。这场国际统计学术会议，由美国华裔统计学家吴建福负责筹划，参加人数大约上百人，结果非常成功"。他丝毫没谈及自己的贡献。

中美统计会议开幕式（摄于 1987 年）

① 方开泰. 漫漫修远攻算路：方开泰自述 [M]. 长沙：湖南教育出版社，2016：253.
② 台湾金融研训院编辑委员会. 生逢其时：刁锦寰院士回忆录 [M]. 台北：台湾金融研训院，2023：229.

中美统计会议中方委员会于扬州师范学院合影（摄于 1987 年）

（前排左起：茆诗松，铁大章，梁之舜，魏宗舒，李成瑞，王寿仁，江泽培，严士健，成平，方开泰，吴辉；后排左二起：吴传义，杨维权，冯士雍，陈兆国，陈桂景，王松桂，张永光）

（四）泛华统计会议

关于泛华统计协会（International Chinese Statistical Association，ICSA）的创建，刁锦寰的回忆录写得十分清楚[①]：

> 说来有趣，"泛华统计协会"的成立，以及《中华统计学志》（*Statistica Sinica*）的创办，等于是从我家的感恩节聚餐开始萌芽。
>
> 1967 年，我和 Barbara（刁锦寰夫人朱宝兴——笔者注）在麦迪逊买了房子，正好有间地下室。每年感恩节晚餐，我们会邀请威斯康星大学统计系的所有华裔留学生，不分台湾、大陆和香港，连同家眷、朋友，一起到我们家地下室聚餐。
>
> …………
>
> 到了 1969 年，我觉得中国大陆赴美攻读统计学的学生越来越多，但彼此之间一点都没有联系。于是，为联系彼此的感情，我们成立了"留美中国统计联谊会"，并出版了一份通讯录。
>
> 1986 年，我返回台湾，参加"中研院"院士会议。我们几个人聊天时，赵民德说，"中研院"统计所已经上轨道了，而且有一笔预算可以创办杂志。

---

① 台湾金融研训院编辑委员会. 生逢其时：刁锦寰院士回忆录. 台北：台湾金融研训院，2023：170-174.

当时，大家觉得台湾固然已有不少杰出的统计学者，但这些专家大多留在海外，所以一定要想办法串联国内外优秀的人才，共同合作。

回到美国后，刚好那年 ASA 年会在芝加哥举行。我们这群华裔统计学家再次相聚、座谈。来自台湾的统计学博士蔡嘉永提议："我们聚餐活动，已经办了这么多年，是时候成立属于我们自己的组织了。"

我觉得这个意见很好，所有与会同仁也都有共识，认为有必要成立正式组织。于是，就由蓝国光、罗昭容加上蔡嘉永等三人，参照 ASA 章程，草拟一份会章。

1987 年 8 月，ASA 在旧金山举行年会时，正式宣布泛华统计协会成立，由我担任首任会长，也是创会会长，协助建立所有组织章程、制度和人事。因泛华统计协会会长任期一年，第二年由傅权担任会长，所以由傅权于第二年开始筹办《中华统计学志》相关事宜。

事实上，泛华统计协会的成立与《中华统计学志》的创办息息相关。由于"中研院"统计所所长赵民德说，"中研院"不能跟一个非正式的单位签合约，这句话促成了泛华统计协会于 1987 年 8 月成立。

方开泰回忆道：

在"中美统计会议"期间，我们利用一个晚上，请有关会议组织的核心人物开了一个会，讨论是否开第二次中美统计研讨会的问题，在会上刁锦寰教授介绍了最近成立泛华统计协会（ICSA）的消息。刁教授讲，在北美的一些华人统计学家酝酿成立了一个世界性的华人统计学会，将华人统计学家的力量汇集在一起，只讨论学术，不谈政治。内地统计界同仁是否认可并加入这个协会事关重要，所以将这个重要议题搬到这个会上来讨论。大家觉得这个思路很好，李成瑞局长也表示他不反对此事，但由于职务关系，中国国家统计局系统暂时不便加入。由于时间的关系，在这个会上细节未能详谈。

1988 年春我应邀去北卡罗来纳大学讲课一学期，其间刁锦寰教授请我去芝加哥大学访问，并与我商量如何促进中国内地学者加入 ICSA 的问题，我自告奋勇作为内地的联系人，并建议刁教授给部分内地统计学家写信，邀请他们入会。1988 年夏，刁教授派加利福尼亚大学洛杉矶分校（即 UCLA）生物统计系张建天教授作为他的特使来到北京，张教授将刁教授的邀请信一一送给或寄给国内的同行。刁教授的信很有效，很快就吸收了相当一批会员，每人交纳 20 元人民币作当年的会费。

在芝加哥，刁教授和我还讨论了召开第一届泛华统计协会学术研讨会的想法，我建议在香港召开，这样海峡两岸暨香港、澳门的统计学者都能接受，一个是政治层面的接受，另一个是经费的考虑。那时，中科院及各大学经费均十分有限。刁教授接受了我的建议，但由香港哪一所大学来负责香港会议的安排呢？说来真巧，当年 6 月，在 UCLA 遇到香港中文大学的李锡钦教授，我们两人都是 UCLA 心理系主任（P. Bentler）的客人。李教授很豪爽，一口答应了会务的安排。我向刁教授报告了这一喜讯，于是第一届泛华统计协会的学术研讨会就定在香港召开。

一个有水平的学会，应当主办至少一份学术刊物。加拿大 Monitoba（曼尼托巴）大学的傅权教授曾与中国大陆几所大学接触，探讨刊物编辑部设在中国大陆的可能性，但由于大陆诸大学财力不足等原因，未能达成协议。这时，台湾的经济发展正是高峰，台湾"中研院"统计研究所赵民德所长十分积极，愿意承担刊物的编辑、排版及发行等所需的一切费用。于是协会将这份刊物命名为 *Statistica Sinica*（SS），由刁锦寰教授任第一任主编，用英文出版。由于海峡两岸的政治形势，编委中当时没有一个大陆的统计学家，大陆的同行也理解难处，就暂时接受，并相信不远的将来，会成为一个真正的华人统计学家为主的国际刊物。

经协商，第一届学术研讨会于 1990 年 12 月在香港召开，会议的学术安排由 ICSA 的理事会制定，会务由香港中文大学李锡钦教授负责，而中国内地的组团由中国概率统计学会负责，我做各单位联络员。当时内地的中国人出境参加会议很不容易，去香港更不容易，一年前要申报，各单位作计划，如获批准才能成行。当时大部分中国内地学者从未去过香港，会议十分热门。按政策，官方严格限制出境的人数，如不争取，可能批准不足 10 人。鉴于以上国情，必须尽早通知、尽早计划、尽早组团。于是，作为联络人，我向内地同行提早发了通知，告之会议的可能性，请大家投稿同时在本单位申报去香港的计划，并声明一切以 ICSA 的通知为准。为了筹办"亚洲数学家大会"的事宜，1989 年我与北京大学李忠教授一起去香港。我们专程去新华社香港分社汇报"亚洲数学家大会"和"泛华统计协会第一届学术研讨会"（英文名为 The First Conference on Recent Developments in Statistical Research）。起初，新华社香港分社只允许 10～15 人参加，经过我们极力争取才同意不超过 30 人。由于想去香港的人很多，必须有一个委员会来筛选，投稿日期比通常国际会议要大大提前。这些困难情形是在北美洲的 ICSA 领导人不了解的。没想到，在北美洲的 ICSA 领导们大为不快，以为内地的会员轻视领导，反对预先筛选稿件。为此，我写了许多长信，告之内地的情

况，如不早通知，可能代表们来不及办出境手续；如不筛选稿件，新华社香港分社难以处理签证申请。后来，刁教授请傅权教授专程来北京沟通。通过这个过程，我深深体会到，虽然都是华人，但由于在不同制度、不同环境下生活，不可避免地有很大差异，稍不小心，会产生许多误解。[①]

泛华统计协会历次国际学术会议的情况见表37-5。

表37-5 泛华统计协会历次国际学术会议

	举办时间	举办单位
第一次	1990 年 12 月 15—17 日	香港中文大学
第二次	1993 年 12 月 17—19 日	台湾"中央研究院"
第三次	1995 年 8 月 18—20 日	北京香山饭店
第四次	1998 年 8 月 19—21 日	云南大学
第五次	2001 年 8 月 17—19 日	香港大学
第六次	2004 年 7 月 21—23 日	新加坡国立大学
第七次	2007 年 6 月 25—28 日	台湾"中央研究院"
第八次	2010 年 12 月 19—22 日	广州大学
第九次	2013 年 12 月 20—23 日	香港浸会大学
第十次	2016 年 12 月 19—22 日	上海交通大学
第十一次	2019 年 12 月 20—22 日	浙江大学
第十二次	2023 年 7 月 7—9 日	香港中文大学

（五）重要的统计学术交流与国际论坛

1. 吴建福 1985 年首次访华

1985 年 4 月 25 日至 5 月 21 日，吴建福（C. F. Jeff Wu）首次到中国访问。这次访问是由中国科学院系统科学研究所出面邀请的。他于 4 月 25 日从上海入境，访问上海、合肥；4 月 30 日到北京，在北京待了两周；后去桂林、杭州；5 月 21 日从上海离境回美国。

在北京期间，他在中国科学院系统科学研究所与应用数学研究所举行了多场学术活动，包括系列讲座、学术报告及座谈，并于 5 月 10 日上午会见了中国科学院院长卢嘉锡。在北京期间，他还与国家统计局、中国科学技术大学、北京大学、北京工业大学、南开大学相关人员进行了学术交流。

---

① 方开泰. 漫漫修远攻算路：方开泰自述. 长沙：湖南教育出版社，2016：255-257.

在中国科学院系统科学研究所，吴建福做了《从历史发展看中国统计发展方向》的学术讲座。报告中，吴建福首次正式建议在中国将"统计学"改为"数据科学"，将"统计学家"改称为"数据科学家"。[①]他说：

> 我有一个想法：中国是否可以不用"统计学"这个名词。在汉语中"统计"一词从字面上讲是"笼统地计算"的意思。但是，这并不是各位心目中的统计学。我们是否可称之为数据科学（Data Science）。这个名词比较真实地反映我们的工作。而现在人们认为统计就是统计局所做的那些工作。他们的工作主要是收集数据，并加以初步整理。这些倒是符合"统计"一词的，但这只是统计学的一部分内容。大陆要想很快地赶上、超越别人，有一个捷径，就是先在名词方面创新（笑声）。这样，我们向别人自我介绍时，也不自称为统计学家（statistician），而称为数据科学家（Data scientist）。台湾其实也有类似的问题，一提起统计学家总使人想起会计（笑声）。听说中国教育部已批准在一些院校成立统计系，也有的叫数理统计系，不如丢掉"统计"二字而称之为数据科学系。中国科学院若有机会成立一个所，不妨也起一个类似的名字。名称响亮了经费肯定增加（笑声）。

1985 年 5 月 1 日吴建福与中国科学院同事在圆明园

注：前排左起王松桂（中科大 1965 届毕业生）、杨振海（中科大 1964 届毕业生，当时在北工大）、成平、吴建福、冯士雍、项可风；后排左起杨青、陶波、顾冲、吴启光、陈友义、李国英、蔡宁、张平、陈家骅。其中杨青、顾冲、陈友义、蔡宁、张平、陈家骅是系统科学研究所研究生。以上照片由冯士雍提供。

针对这张有纪念意义的照片，冯士雍补充说："吴建福这次访问安排的活动相当多，他是 4 月 30 日晚上的航班到北京的，第二天是五一假日，我们一起在圆明园野餐。"

---

① 吴建福. 从历史看中国统计发展方向 [J]. 数理统计与管理，1986（1）：1-7.

现在，国际上一般将 1997 年作为"数据科学"一词首次出现的时间。源头是吴建福 1997 年在密歇根大学的 H. C. Carver 讲座上首先讲了《统计学 = 数据科学》（Statistics=Data Science）的题目 ①。吴建福在访谈中也提到，至少在 1997 年前的五六年时间里，他已经发现统计学这个词不能代表统计学的内容了。实际上，早在 1985 年在北京，吴建福已经很清楚地提出用"数据科学"代替"统计学"，并阐述了理由。

2. 中国人民大学统计国际论坛（2010 年）

中国人民大学统计国际论坛始于 2004 年（第一届），每两年举办一次。这个论坛的目的是在中国搭建一个国际上统计学术交流的平台，每届都邀请国际著名的统计专家、学者做学术报告，使广大中国统计学生、学者能够与国际著名学者接触、请教、讨论和交流。其中 2010 年的第四届统计国际论坛在统计学术界留下了尤其深刻的印象（此次论坛盛况空前，论坛集体合影见本书所附彩色插页）。

第四届中国人民大学统计国际论坛暨第五届统计科学前沿国际研讨会于 2010 年 7 月 10—12 日在中国人民大学隆重举行。全国人大常委会副委员长陈昌智、教育部副部长郝平、国家统计局局长马建堂、中国人民大学党委书记程天权教授和论坛组委会外方主席、普林斯顿大学范剑青教授出席了本届论坛开幕式并致辞。

美国国家科学院院士、美国加利福尼亚大学伯克利分校彼得·比克尔（Peter Bickel），美国国家科学院院士、美国南加利福尼亚大学迈克尔·沃特曼（Michael S. Waterman），美国国家科学院院士、美国斯坦福大学戴维·西格蒙德（David Siegmund），美国国家科学院院士、美国斯坦福大学王永雄（Wing Hung Wong），美国国家科学院院士、美国卡内基·梅隆大学斯蒂芬·芬伯格（Stephen Fienberg），美国国家科学院院士、美国宾夕法尼亚大学劳伦斯·布朗（Lawrence Brown），美国国家科学院院士、美国宾夕法尼亚大学劳伦斯·谢普（Lawrence Shepp），美国国家科学院院士、澳大利亚墨尔本大学彼得·霍尔（Peter Hall），中国科学院院士马志明，美国加利福尼亚大学伯克利分校统计系主任郁彬，考普斯奖获得者、美国普林斯顿大学范剑青，考普斯奖获得者、美国哈佛大学刘军，考普斯奖获得者、美国哈佛大学林希虹，考普斯奖获得者、宾夕法尼亚大学蔡天文，美国伊利诺伊大学厄巴纳－香槟分校何旭铭等做特邀报告。此次论坛共有 9 名来自美国和中国的科学院院士，多名考普斯奖获得者，以及斯坦福大学、哈佛大学、加利福尼亚大学伯克利分校、耶鲁大学、宾夕法尼亚大学、中国人民

① Chipman H A, Joseph V R. A Conversation with Jeff Wu.Statistical Science，2016，31（4）：624-636.

大学、北京大学、中国科学院等院校和科研机构的统计学者共计 350 多人参加会议，在主会场和 10 个平行会场交流分享了 200 余篇统计学的前沿研究成果。会后，包括 9 名中外科学院院士在内的国内外 30 余名知名统计学者联合签署的《在全科学领域和经济建设中更大地发挥统计科学作用的倡议书》，推动了统计学一级学科的建设和发展。这届论坛规模和水平空前，受到了国家领导人和相关部门领导的高度重视，得到了国内众多高校和研究机构的支持。

第四届中国人民大学统计国际论坛暨第五届统计科学前沿国际研讨会掠影

美国科学院院士、1981年美国Copss奖获得者，加州伯克利大学Peter Bickel教授

美国科学院院士、宾夕法尼亚大学Lawrence D. Brown教授

美国科学院院士、1982年美国Copss奖获得者、卡内基梅隆大学Stephen E. Fienberg教授

2010年7月10日，中国人民大学统计学院等单位联合举办了第四届统计国际论坛暨第五届中国科学院统计科学前沿国际论坛。美国科学院院士、1981年美国Copss奖获得者、美国加利福尼亚大学伯克利分校Peter Bickel教授等在内的200余名国内外具有统计学背景的科学院院士、Copss奖获得者、专家与会发表主题演讲。来自中国、美国、澳大利亚等国家的350多名专家学者在三天时间里交流分享200余篇统计学研究成果。这些成果，充分展示了统计学理论研究的前沿及其应用研究的广度和深度，凸显出统计学在社会经济、金融保险和生物医学等领域的广泛应用前景。

为推动和加强统计学科的国际交流，增进世界各国特别是中美统计学者之间的学术合作研究，搭建与国际接轨的学术交流平台，自2004年起，中国人民大学每两年举办一期国际统计论坛，目前已连续举办了四届。

统计国际论坛开幕式

美国科学院院士、1989年美国Copss奖获得者，澳大利亚墨尔本大学Peter G. Hall教授

中国科学院院士Zhi-Ming Ma教授

美国科学院院士、宾夕法尼亚大学Lawrence Shepp教授

美国科学院院士、斯坦福大学David O. Siegmund教授

美国科学院院士、南加州大学Michael S. Waterman教授

美国科学院院士、1993年美国Copss奖获得者，斯坦福大学Wing-Hung Wong教授

2000年美国Copss奖获得者、普林斯顿大学Jianqing Fan教授

2002年美国Copss奖获得者、哈佛大学Jun Liu教授

美国加州伯克利大学Bin Yu教授

2006年美国Copss奖获得者、哈佛大学Xihong Lin教授

2008年美国Copss奖获得者、宾夕法尼亚大学Tony Cai教授

论坛相关报道

在全科学领域和经济建设中更大地发挥统计科学作用的倡议书

A PROPOSAL TO SIGNIFICANTLY ADVANCE THE ROLE PLAYED BY STATISTICS IN SCIENCE AND ECONOMIC DEVELOPMENT

当今世界发展已经显示出由统计科学的门类大应用价值。它的洞察力做数据分析和随。现在人类重要范畴加以认知作为科学和人文社会科学的基础和共同语言，越显出重要作用和社会地位。随着科技和社会经济的发展，统计在生物医学、社会学、偏医学等、生命科学、信息工程、经济学、金融学、风险管理、心理学等领域之外，计算机互联网时代海量数据的利用、又推动在这些领域的应用。

中国可以从世界统计发展经验与引进发达国家统计科学发展现在，结合全以更好地推动发展经济建设和科学技术方面发展。为此我们提出以下几点建议：

1. 借鉴众立国家成功经验，建议在目前 2010 年全国可列出生统学科专业目录调整中，设置统计学为一级学科。

2. 设立统计科学与统计教育重大计划，纳入国家科技教育中以期次现规划。

3. 成立国家统计科学研究中心，全面推进统计科学及其应用研究。

4. 向社会和产业实现大应用，推动企业和产业实际大应用，以及几种科学研究应用之重大作用而促进数据分析中心。

国际统计论坛（北京，2010）
2010 年 7 月 9 日

Bin Yu 余淑
美国加州大学伯克利分校 (UC Berkeley) 教授

David J. Scott
美国斯坦福大学 (Stanford) 教授

Hui Zou
美国明尼苏达大学 (Minnesota) 教授

Lawrence D. Brown
美国宾夕法尼亚大学 (UPenn) 教授

Laurent Hsopp
美国普林斯顿大学 (Princeton) 教授

Linda Zhao
美国宾夕法尼亚大学 (UPenn) 教授

Michael S. Waterman
美国南加州大学教授

Peter Bickel
美国加州大学伯克利分校教授

Peter Hall
美国加州大学戴维斯分校教授

Stephen E. Fienberg
美国卡内基梅隆大学教授

Tony Cai
美国宾夕法尼亚大学教授

Wing Hung Wong
美国斯坦福大学教授

Xihong Lin
美国哈佛大学教授

论坛倡议书

Current social, scientific, and technological advances have already shown the great value of Statistical Science. The application of Statistics is having an unprecedented effect on the validity of scientific data analysis and on the profundity of research in natural sciences, humanities, and social sciences—all to the great benefit of society. Statistics is playing an increasingly crucial role in the analysis of data in medicine, biological sciences, aerospace, machine learning, information science, economics, finance, risk management, psychology, sociology, the Internet, and more.

China can learn from the developed countries about the recent advances in statistical science and its applications, in order to broaden the vision and deepen the scientific understanding of all scientific fields and scientific decision making. Based on these considerations, we recommend the following specific measures to the appropriate Departments of the Central Government.

Firstly, in recognition of the successful experience of the developed countries, Statistics should be promoted to a first level subject in the 2010 revision of the National Graduate Specialty Catalogue. (Ministry of Education in China implement the strict specially contagious management on the graduate subjects, which has a great influence on the enrollment and governmental fiscal subsidies. Therefore, promoting statistics to be a first level subject plays a crucial role in encouraging the whole society to recognize the importance of statistics as science.)

Secondly, establish a Statistical Science and Statistics Education Major Project, and incorporate it into either the National Science and Technology Medium and Long Term Development Plan, or into the Education Medium and Long Term Development plan, or both. (Since the role of the Chinese government fiscal is very important, either the National Science and Technology Medium and Long Term Development Plan, or the Education Medium and Long Term Development plan, or both, as well are their major projects are of the great significance in the construction and development of statistics discipline.)

Thirdly, create a National Statistical Science Research Institute to promote all aspects of statistical science and its application.

Fourthly, establish a National Data Analysis Center, based on the Survey and Data Center at the Renmin University of China, in collaboration with Peking University, Tsinghua University, the Chinese Academy of Sciences, and some other research institutions. The Center will serve the national economic and social development, and will promote far-reaching applications in business and industry, and will play a significant role in scientific research.

International Statistics Conference (Beijing, 2010)
Jun 9th, 2010

四、华人统计学者所获荣誉

从 20 世纪 80 年代开始，海外华人统计学者越来越多地获得国际统计学术界的肯定和奖励，成为国际统计学术界的重要力量，为国际统计学术繁荣和发展做出了越来越多的贡献。下面简要介绍部分所获荣誉。

（一）美国国家科学院、艺术与科学院、国家工程院院士

作为华人统计学者中的杰出者，吴建福当选为美国国家工程院院士，王永雄、郁彬、林希虹、刘军当选为美国国家科学院院士，何旭铭当选为国际统计学会（ISI）会长。

吴建福，1971 年毕业于台湾大学数学系，2004 年当选为美国国家工程院院士，曾任美国佐治亚理工学院工业及系统工程系教授、可口可乐工程统计学讲座教授，现为香港中文大学（深圳）数据科学学院校长学勤讲座教授，学术专长为应用数据科学（统计）、工程科学（质量工程及工业工程）。

王永雄，1978 年毕业于美国加利福尼亚大学伯克利分校数学系与统计系，2009 年当选为美国国家科学院院士，现为美国斯坦福大学统计系教授、生物医药数据科学系教授及史蒂芬·皮尔斯讲座教授，主要从事理论统计学、蒙特卡罗方法和计算生物学等领域研究。

郁彬（女），1984 年毕业于北京大学数学系，2013 年当选为美国艺术与科学院院士，2014 年当选为美国国家科学院院士，2023 年获考普斯杰出成就奖（COPSS Distinguished Achievement Award and Lectureship），现为美国加利福尼亚大学伯克利分校统计系、电子工程与计算机科学系校长特聘教授，致力于利用新的计算技术来解决重要的科学问题等。

林希虹（女），1989 年毕业于清华大学应用数学系，2018 年 10 月当选为美国国家医学院院士，2023 年当选为美国国家科学院院士，现为哈佛大学生物统计系教授，从事高维数据分析、基因流行病学、基因和环境、人类遗传和蛋白质学的研究。

刘军，1985 年毕业于北京大学数学系，2025 年当选为美国国家科学院院士，现为哈佛大学统计学系教授，从事贝叶斯统计理论、蒙特卡罗方法、统计机器学习等方向的研究。

何旭铭，1984 年毕业于复旦大学数学系，当选为国际统计学会会长（2023—2025 年），现为美国圣路易斯华盛顿大学统计与数据科学系主任，科兹

贝-贝克曼杰出教授。他的研究兴趣包括稳健统计、半参数模型、分位数回归、贝叶斯推理等。

（二）考普斯奖

目前，在国际统计学领域有三个非常重要的奖项，分别是考普斯奖（COPSS Award，其中 COPSS 指 Committee of Presidents of Statistical Societies）、国际统计学奖（International Prize in Statistics）和卢梭统计学奖（The Rousseeuw Prize for Statistics）。

考普斯奖是由美国统计学会（ASA）、加拿大统计学会（SSC）、国际数理统计学会（IMS）、国际生物统计学会北美东部地区（ENAR）和国际生物统计学会北美西部地区（WNAR）5 个统计学会联合发起，在北美统计联合会议（JSM）期间颁发。考普斯奖包括六大奖项，分别是考普斯杰出成就奖和讲座［COPSS Distinguished Achievement Award and Lectureship，2020 年改为现名，2019 年及之前为 R. A. 费希尔讲座（R. A. Fisher Lectureship）］、会长奖（Presidents' Award）、乔治·斯内德克奖（George W. Snedecor Award）、伊丽莎白·斯科特奖和讲座（Elizabeth L. Scott Award and Lectureship）、F. N. 戴维奖和讲座（F. N. David Award and Lectureship）以及考普斯新兴领袖奖（COPSS Emerging Leader Award）。其中，R. A. 费舍尔讲座设立于 1963 年。该奖项旨在表彰在统计科学中被高度认可的杰出成就或在科学探索中发挥重大影响的统计方法，被认为是统计学领域的终身成就奖。考普斯会长奖设立于 1976 年，1979 年首次颁奖。该奖项旨在表彰在 41 岁以下或 46 岁以下且最终取得统计学相关学位 12 年以内，在统计学领域做出杰出贡献的中青年统计学家。这些遴选条件存在一定灵活性。这个奖项类似于数学领域的菲尔兹奖（Fields Medal）或者经济学领域的约翰·贝茨·克拉克奖（John Bates Clark Medal），在国际统计学领域享有很高声誉。乔治·斯内德克奖设立于 1976 年。该奖项旨在表彰在生物计量领域做出杰出贡献的统计学家。伊丽莎白·斯科特奖和 F. N. 戴维奖分别设立于 1992 年和 2001 年。这两个奖项分别用于对促进女性在统计学领域角色提升的努力和对在统计学领域做出杰出贡献的女性科学家进行表彰。这三个奖项都是每两年颁发一次。考普斯新兴领袖奖设立于 2020 年，表彰在统计学领域展现领导潜力、做出独特贡献的青年统计学者。

在以上六大奖项中，会长奖是对 41 岁以下中青年学者的奖励，在从 1979 年开始授予的获奖者当中，华人学者有 9 位（见表 37-6），其中 2000 年以后的 25 位获奖者中有 6 位是来自中国大陆的留学生。

表 37-6 获统计学考普斯会长奖的华人学者名单

姓名	获奖年份	本科毕业院校	获奖时工作单位
黎子良	1983	香港大学	斯坦福大学
吴建福	1987	台湾大学	香港中文大学
王永雄	1993	加利福尼亚大学伯克利分校	斯坦福大学
范剑青	2000	复旦大学	普林斯顿大学
孟晓犁	2001	复旦大学	哈佛大学
刘军	2002	北京大学	哈佛大学
林希虹	2006	清华大学	哈佛大学
蔡天文	2008	杭州大学（现浙江大学）	宾夕法尼亚大学
寇星昌	2012	北京大学	哈佛大学

五、全国统计与数据科学联合会议

早在 1995 年 3 月，中国统计学会、中国概率统计学会和中国现场统计研究会就筹备过成立中国统计科学联合会，三个学会于 1996 年 10 月在桂林召开了中国统计学联合年会，但这个联合会议只举办了一次，没有持续下来。统计学界近年来在尝试新的联合会议机制。

全国统计与数据科学联合会议（以下简称"联合会议"）成立于 2022 年 8 月，是由中国现场统计研究会、中国概率统计学会、全国工业统计学教学研究会、中国商业统计学会和国际数理统计学会中国分会（IMS-China）联合组织的学术活动，联合会议得到国际数理统计学会和伯努利数理统计与概率学会（Bernoulli Society for Mathematical Statistics and Probability）的协助。

联合会议旨在促进统计与数据科学领域国内外学术交流，引领创新的学术文化，推动"政用产学研"结合，以国家战略需求为导向，为建设世界科技强国提供有力的统计学与数据科学支撑。联合会议每年 7 月中旬举行，会期 2～3 天。

首届全国统计与数据科学联合会议于 2023 年 7 月 11—13 日在北京会议中心举行。来自国内外高校、科研机构和企业的近 1 600 名代表出席了本次会议。

北京大学副校长张锦院士、中国科学院数学与系统科学研究院研究员马志明院士、国务院参事鲜祖德、中国人民大学原常务副校长袁卫、美国普林斯顿大学范剑青以及北京大学讲席教授陈松蹊院士出席开幕式并致辞。开幕式由北京大学统计科学中心主任姚方主持。

首届全国统计与数据科学联合会议开幕式（2023 年北京）

中国科学院徐宗本院士、国际数理统计学会会长彼得·布尔曼（Peter Bühlmann）教授、美国宾夕法尼亚大学蔡天文教授、北京大学丁剑教授做大会报告。

会议期间，组织学术报告近 100 场次、总计 396 个，报告涵盖了统计与数据科学领域的最新研究成果、技术应用和发展趋势。会议议程包括大会报告、邀请报告、贡献报告、圆桌论坛、难题研讨、海报展示、企业展台及人才招聘等活动。其中，大会报告由国内外知名统计学家主讲，邀请报告和贡献报告由各领域的杰出专家、青年学者进行深入探讨和分享。

2024 年 7 月 12—14 日，由中国现场统计研究会、中国概率统计学会、全国工业统计学教学研究会、中国商业统计学会、国际数理统计学会中国分会主办，云南大学数学与统计学院、云南省统计建模与数据分析重点实验室、云南省应用统计学会承办的第二届全国统计与数据科学联合会议在昆明举行。

云南大学常务副校长马文会，中国科学院院士、国家自然科学基金委员会副主任江松，云南省统计局局长、云南省统计学会会长李启荣，会议程序委员会主席、国际数理统计学会会长、美国宾夕法尼亚大学教授蔡天文，中国科学院院士、会议指导委员会轮值主席、清华大学教授陈松蹊在开幕式现场致辞。云南大学副校长唐年胜主持开幕式。

美国普林斯顿大学讲座教授范剑青，美国国家科学院院士、卡内基·梅隆大学教授凯瑟琳·罗德（Kathryn Roeder），上海数学中心首席科学家、复旦大学教

授冯建峰，美国艾奥瓦州立大学教授艾丽西亚·L. 卡里尼（Alicia L. Carriquiry），西南财经大学教授林华珍，美国哈佛大学教授林希虹做大会报告。

本次会议包括大会报告、邀请报告、贡献报告、学术海报展示、企业展台及人才招聘等活动，共有 2 200 多位代表与会。

第二届全国统计与数据科学联合会议会场（2024 年昆明）

第三届全国统计与数据科学联合会议将于 2025 年 7 月在杭州举行。

第三十八章
结　语

　　我国第一本概率论译著是 1897 年出版的《决疑数学》，最早翻译出版的统计学教材是 1903 年日本横山雅男的《统计学》以及 1908 年横山雅男的《统计通论》，第一本欧美统计教材是 1913 年尤尔的《统计学之理论》。这几本书的翻译出版开启了我国的统计学科。

　　虽然民国政府无能，但民国时期的统计学人却奋发努力。卡尔·皮尔逊 1911 年在伦敦大学学院（UCL）创办了第一个大学中的统计学系，1912 年北洋政府交通部曾鲲化就开办了我国首个统计学专业"统计学堂"，聘请名师开设"数学""统计学""统计术""经济统计""社会统计""交通统计"等课程，全国有 1 000 多人报考，录取 80 人，两年后 78 人毕业。

　　在 20 世纪二三十年代，仅在欧美名校获得理论和应用统计博士学位的就有 30 多人。当时，世界的统计学术中心在 UCL 的统计学系和优生学实验室，卡尔·皮尔逊、费希尔、J. 奈曼、爱根·皮尔逊等都聚集在这里。1926—1939 年，吴定良、艾伟、唐培经、许宝騄、徐钟济等在这里留学，1948 年中央研究院首批 81 位院士中就有两位统计理论与方法的院士和两位应用统计的院士。

　　同一时期，另一处统计留学圣地是巴黎大学统计研究所，是由法国数学家埃米尔·博雷尔（Émile Borel）于 1922 年创办的。在 1928—1941 年 13 年间，李蕃、褚一飞、邹依仁、赵希献、刘叔鹤等在这里学习，攻读统计师文凭和统计学博士学位，他们回国后为统计教育、统计事业做出了贡献。

　　西南联合大学在 1938—1946 年 8 年的办学过程中，许宝騄、王竹溪、黄子卿、戴世光、杨西孟、胡毅等开出了"数理统计""统计力学""初级统计""高级统计""经济统计""人口统计""教育统计"等具有国际前沿水平的课程，培养出了王寿仁、钟开莱、蒋庆琅、周华章、萧嘉魁、查瑞传等国内外统计名家。杨振宁就是学习了王竹溪的"统计力学"后，选择了统计物理进行研究，与李政

道一起做出了有重要影响的科研成果，首次作为华人获得了诺贝尔物理学奖。

总体而言，民国时期的统计学科，在经济、社会、生物、农业、教育、心理等领域都有广泛的应用；在统计理论方法上，也出现了许宝騄、吴定良为代表的世界一流学者。

新中国成立后，由于受苏联极左思想的影响，统计理论、方法与应用被割裂开来。社会经济统计被贴上了有阶级性的政治标签，学科的发展遭遇障碍；数理统计方法被批判为资产阶级数学形式主义。许宝騄、徐钟济、魏宗舒等人才一度被埋没。

"文化大革命"结束后，正如胡福明等 1978 年 5 月在《光明日报》发表《实践是检验真理的唯一标准》，在中国理论界炸响一声"春雷"，戴世光 1978 年 10 月在《经济学动态》发表了《积极发展科学的统计学，为我国早日实现四个现代化服务》，统计学科开始了思想解放和拨乱反正的新阶段。对于新中国成立后苏联极左思想影响给我国统计学科造成的创伤，我们用了差不多 30 年来恢复。

20 世纪 80 年代，统计学界主要围绕统计学的定义、性质和研究对象，以及统计学是一门还是两门统计展开讨论；进入 20 世纪 90 年代，我们用"大统计"的思想统一认识，其间尝试组建中国统计科学联合会，并于 1996 年 10 月在桂林组织了由中国统计学会、中国概率统计学会和中国现场统计研究会三家学会的联合年会。会议的成果之一是给教育部打了一个报告，建议在研究生专业目录调整中提升统计学科的地位。但由于一些原因，中国统计科学联合会的活动没有坚持下来。

我国高校理学门类从 1984 年开办"数理统计"本科专业，到 1993 年将"数理统计"更名为"统计与概率"，再到 1998 年上升为"统计学类"（可授理学与经济学学位），最终在 2012 年与 2011 年版研究生专业目录实现同步，"统计学类"只授理学学位，分为"统计学"和"应用统计学"两个专业。在 2011 年版研究生专业目录中，"统计学"上升为一级学科，可以说，从 1978 年到 2011 年，本科和研究生的专业目录经过多次修订调整，最终在 2011 年完成了"一级学科"的规范设置，我国统计学科从 2011 年开始进入了快速发展的新时期。

我们说进入新时期，一是我国统计学科体系已经基本理顺，师资队伍不断增强，进入学科发展的快车道。其标志性的成果之一是在 21 世纪我国编纂出版的《中国大百科全书》（第三版）中首次将统计学独立成卷，并首次以完整的学科体系展现出来。统计学科的发展必将成为推动人工智能新发展的强大动力。二是外部世界进入了大数据、人工智能的新时期，即"理论""实验""计算"之后的第四科学范式——"数据"驱动的范式。我们从世界统计学科的发展史中，不难看出，2000 多年来，统计方法总是伴随着数据由简单到复杂的形态变化而变

化、发展，数据永远是统计科学的源泉和动力。数字时代的到来，对统计学科首先是新的机遇，比如，教育部 2022 年在本科统计学类中新增了"数据科学"这一新专业。当然，数据形态的变化、数字时代的到来也必然带来新的挑战，希望统计学界的年轻人，珍惜统计学科的大好时光，向我们的统计先贤学习，不忘初心、努力奋进，为我们国家的建设和发展做出新的贡献，续写统计学科新的辉煌。

附　录

统计学大事年表

时间	外国	中国
约公元前 2700 年	古埃及为建造金字塔，调查全国人口和财产	
约公元前 2500 年	古巴比伦国王敕令统一测地工具及单位长度	
约公元前 2100 年		夏禹将九州人口和土地数字铸于九鼎
公元前 1317—前 1251 年	古埃及拉美西斯二世（Ramses II）令全国举行人口和土地调查	
公元前 594 年	古希腊梭伦任雅典执政官，提出以财产数量多少决定公民的地位和义务	
公元前 543 年		子产在郑国实行"庐井有伍"（每五家农户编为一"伍"）政策，按土地数量和等级征税
约公元前 500 年	古希腊毕达哥拉斯（Pythagoras）提出"万物皆数"思想	
约公元前 480 年	波斯薛西斯一世（Xerxes I）使用"圈围法"估算士兵人数	
约公元前 450 年	希比亚（Hippias）运用城邦各国国王统治时期长短的均值推断出首届奥运会的举办时间为公元前 776 年，这是最早对均值的使用	
约公元前 431 年	古希腊伯罗奔尼撒战争中雅典人让士兵数城墙砖的层数，取士兵数据的众数乘以每块砖的厚度推算城墙的高度，用以计算云梯所需长度，这是最早对众数的使用	

续表

时间	外国	中国
约公元前 400 年	印度史诗《摩诃婆罗多》提出利用两个大树枝上的果实和叶子数量乘上树枝的数量估算整棵树果实和叶子的数量，这是已知最早的抽样推断	
约公元前 400 年	印度建立人口登记制度	
公元前 375 年		战国时期秦国建立"户籍相伍"制度，即通过户籍将百姓按五户为一个行政单位加以管理
公元前 350—前 320 年	古希腊亚里士多德（Aristotle）提出描述国情的"城邦理论"	
公元前 221 年		秦代行郡县制，统一全国财政。设置"治粟内史"，掌管租税收入和财政开支；废除地方货币，规定以黄金为上币，原来的圆形方孔半两圜钱为下币，首次实现了中国货币的统一
约公元前 170 年		在计量单位中系统运用十进位制
约公元前 100 年		《周髀算经》成书，记述了勾股定理
		古代最重要的数学著作《九章算术》经历代增补修订基本定形
约公元前 50 年	古希腊数学家海伦（Heron）著《量度论》，给出用三角形三边长表示面积的公式（海伦公式）	
2 年		史籍上第一次出现关于全国郡国、县邑、疆域、垦田、户口和货币数量的人口普查，据《汉书·地理志》，结果是全国户数 1 223.3 万余户，人口为 5 959.4 万余人
701 年	日本文武天皇制定《大宝律令》，规定每六年进行一次人口调查	
807 年		唐代李吉甫编制《元和国计簿》，统计分析国家财政经济
840 年	伊斯兰数学家金迪（Al-Kindi）利用频率分析（编码信息中最常用符号和字符）来破解密码，还将阿拉伯数字介绍到欧洲	

续表

时间	外国	中国
1072—1084 年		北宋王安石提出方田均税法，为中国以后进行土地清丈开创了先例
1086 年	英王威廉一世（征服者）对当地地产归属情况，每个庄园的面积、工具和牲畜数量，各类农民人数，以及草地、牧场、森林、鱼塘的面积，该地产的价值等进行调查，并编制成《末日审判书》，这是英国官方统计最早的记录	
1150 年	英国皇家制币厂开始通过随机样本进行硬币纯度和质量的等比例抽样检验，这一做法持续至今	
1250—1300 年	意大利米兰、威尼斯等城市开始编制统计报告	
1261 年		首现于南宋杨辉著作中引自贾宪的三角（后称杨辉三角）给出二项分布系数 6 次幂，奠定了概率论的数学基础，而帕斯卡三角形是在此之后近 400 年才出现的
1346 年	意大利 G. 维拉尼（G. Villani）著《新编年史》，其中记录了关于佛罗伦萨人口和贸易的统计信息	
1387 年		明代全国各州县丈量土地，编制"鱼鳞图册"（为征派赋役而编制的土地登记簿册）
约 1564 年	意大利文艺复兴科学家吉罗拉莫·卡尔达诺（Girolamo Cardano）计算出掷骰子的各种概率	
1563 年	罗马教皇通令各国主教全面实施出生和婚姻登记	
约 1568 年	法国博丹（Jean Bodin）提出货币数量论思想	
1570 年	丹麦第谷（Tycho）在估计行星的位置和运行时使用算术平均数来减少误差	
1603 年	英国詹姆斯一世即位后，开始每周公布记录一周内出生及死亡情况的表格	

续表

时间	外国	中国
1644 年	荷兰兰伦（M. van Langren）绘制了从西班牙托莱多到意大利罗马的经度误差图，被认为是第一幅统计误差图，用不同方法估计从西班牙托莱多到意大利罗马的距离	
1654 年	法国帕斯卡（B. Pascal）和费马（P. de Fermat）通过对赌博中如何下注等问题进行通信研究，共同创立了概率的数学理论	
1657 年	荷兰惠更斯（Huygens）著《论赌博中的推理》，这是第一部出版的概率论著作	
1660 年	德国康令（H. Conring）演讲《欧洲最近国势学》，奠定了国势学的基础	
1662 年	英国格朗特（J. Graunt）著《关于死亡表的自然的和政治的考察》，这是人口统计学最早的著作	
1675 年	英国伏亨（R. Voughan）编制反映金属货币交换价值变化的物价指数	
1690 年	英国配第（W. Petty）的著作《政治算术》出版，这是社会经济统计的早期著作	
1693 年	英国哈雷（E. Halley）绘制世界上第一张完整的生命表，为现代人寿保险奠定了基础	
1713 年	瑞士伯努利（J. Bernoulli）著《推测术》，从数学上论述了大数定律	
1718 年	英籍法裔数学家棣莫弗（A. de Moivre）著《机遇论》，第一次定义独立事件的乘法定理	
1741 年	丹麦安彻森（J. P. Anchersen）编制欧洲各国比较统计表	
1749 年	德国阿亨瓦尔（G. Achenwall）创造德文词汇"Statistik"，即"statistics"，将"统计"定义为治理国家所需要的信息	

续表

时间	外国	中国
1763 年	英国贝叶斯（T. Bayes）著《论有关机遇问题的求解》，提出贝叶斯公式，奠定了条件概率的基础，进而对信念和假设进行检验	
1777 年	法国布丰（G-L. L. de Buffon）著《或然性算术实验》，提出用投针实验的方法求圆周率 π，被认为是蒙特卡罗方法的起源	
1786 年	英国普莱费尔（W. Playfair）绘制表达苏格兰进出口数额的时间序列折线图，首次用图表反映经济数据变化	
1789 年	英国怀特（G. White）和其他牧师、博物学家记录的温度变化、首次降雪时间以及变化情况等数据被用来研究气候变化	
1790 年	美国在托马斯·杰斐逊（T. Jefferson）指导下进行了现代意义上的人口普查，统计人口为 393 万人	
1791 年	英国辛克莱（J. Sinclair）在他的《苏格兰统计账户》中首次使用英文"统计"（statistics）	
1805 年	法国勒让德（A. M. Legendre）提出最小二乘法，利用数据去拟合曲线	
1809 年	德国高斯（C. F. Gauss）正式提出正态分布概念，奠定了误差研究的基础	
1812 年	法国拉普拉斯（P. S. de Laplace）著《概率的分析理论》，提出概率的古典定义，建立了观测误差理论，并把概率论应用于人口统计	
1834 年	伦敦统计学会成立，1887 年更名为英国皇家统计学会	
1835 年	比利时凯特勒（L. A. J. Quetelet）在《论人类及其能力之发展》中将统计方法用于社会科学，并提出"平均人"的概念，讨论人的身高、体重和收入等	
1837 年	法国泊松（S. D. Poisson）提出描述随机现象的泊松分布	
1838 年	英国伦敦统计学会创办《伦敦统计学会会刊》，1887 年更名为《皇家统计学会会刊》	

续表

时间	外国	中国
1839 年	美国统计学会（American Statistical Association, ASA）成立	
1840 年	英国法尔（W. Farr）建立英格兰和威尔士记录死亡原因的官方数据系统，追踪研究流行病，并对疾病进行比较研究，开创了医疗卫生统计	
1843 年	英国洛桑试验站（Rothamsted Experimental Station）创办，费希尔（R. A. Fisher）等统计学家在这里通过实践提出很多新方法，被誉为统计学的圣地	
1849 年	英国巴比奇（C. Babbage）设计成功差分机 2 号，体现了分析数据和现代计算机的雏形，洛夫莱斯（A. Lovelace）为其编写了最早的计算机程序	
1850 年	美国进行第一次工业总产值统计	
1854 年	英国斯诺（J. Snow）利用"霍乱地图"确认伦敦宽街（Broad Street）的供水系统是疾病暴发的源头，成为现代流行病学研究的源头	
约 1856 年	英国南丁格尔（F. Nightingale）使用克里米亚战争英军逐月伤亡统计数据做成最早的饼图，被认为是数据可视化的先驱。她是英国皇家统计学会第一位女会员，也是现代护理事业的开创者	
1857 年	德国恩格尔（E. Engel）提出关于家庭食品开支与收入比例关系的观点，该观点后来被进一步发展并命名为恩格尔定律	
1859 年		清代设海关总税务司署，开始编制海关统计，印行《海关贸易统计报告册》
1866 年	奥地利孟德尔（G. J. Mendel）发表《植物杂交试验》，采用数理统计方法对试验结果进行统计分析，并用概率论加以说明	
1866 年	俄国切比雪夫（P. L. Chebyshev）利用切比雪夫不等式建立关于独立随机变量序列的大数定律，成为概率论研究的中心课题	

续表

时间	外国	中国
1867 年	德国维特斯坦（T. Wittstein）首次提出"数理统计学"一词	
1869 年	英国米纳德（Minard）绘制了拿破仑东征莫斯科战争图，展现了战争中的重要战役、军队减员数据以及从莫斯科撤退过程中的气温变化，生动地描绘了整场战争	
1873 年		中国海关总税务司署设立造册处，这是近代中国第一个专门统计机构，负责印刷各口岸贸易统计季报和年报，编写了 1863—1872 年的十年贸易资料
1879—1888 年	美国霍尔瑞斯（H. Hollerith）为处理美国人口普查数据，发明统计资料的穿孔制表机，使用打孔机（punched card）分析数据，极大地提高了工作效率，是早期计算机的先驱	
1880 年	德国马克思设计出社会学史上的第一份调查问卷——工人调查表，以了解法国的工人阶级状况	华蘅芳与英国傅兰雅（J. Fryer）开始合作翻译第一部中文概率统计著作——《决疑数学》，1897 年出版
1885 年	国际统计学会（International Statistical Institute, ISI）在英国伦敦成立	
1886 年	英国高尔顿（F. Galton）提出"向均值回归"概念	
	英国 C. 布思（C. Booth）在伦敦进行贫困人口调查，并绘制"贫困地图"	
1888 年	英国高尔顿（F. Galton）提出"相关"概念	
	美国统计学会《美国统计学会会刊》（*Journal of the American Statistical Association*, JASA）创刊，曾用名《美国统计学会出版物》，于 1922 年更为现名	
1894 年	英国 K. 皮尔逊（K. Pearson）首次使用"标准差"术语	

续表

时间	外国	中国
1895 年	英国国家殖民委员会根据海关报告开始编制中国批发物价指数	
1898 年	德国鲍特凯维兹（L. Bortkiewicz）用泊松分布预测普鲁士士兵被战马踢死的概率	
1899 年		河南安阳殷墟发掘出反映中国古代计数活动的最早文物
1900 年	法国巴舍利耶（L. Bachelier）提出关于股票价格的布朗运动模型，开创了金融数学	
	英国 K. 皮尔逊提出卡方检验，推动了统计学假设检验的发展	
1901 年	统计学学术期刊《生物计量学》（*Biometrika*）在伦敦大学学院创刊，K. 皮尔逊任主编	
	英国鲍莱（A. L. Bowley）出版《统计学原理》（*Elements of Statistics*）	
	俄国李亚普诺夫（A. M. Lyapunov）通过引入特征函数，创建了公认的中心极限定理形式	
1902 年		清政府颁布《钦定京师大学堂章程》，规定仕学馆设 11 个科目，其中理财学科目讲授银行、保险和统计三部分内容，统计方法首次进入中国大学课堂
1903 年	第九届国际统计学会建议各国统计调查方法以抽样调查为主体	林卓南翻译、钮永建校、日本横山雅男所著《统计学》（原书名为《统计学讲义》）一书由上海时中学社出版，为现知第一本社会经济统计译著
1904 年	美国巴布森（R. Babson）设立巴布森统计组织，统计分析股票和商业报告	
1905 年		从 1905 年起，各省相继建立法政学堂，统计学为独立必修课
1906 年	英国鲍莱提出简单随机抽样法	

续表

时间	外国	中国
1907 年		彭祖植出版《统计学》，这是根据日本统计教材编写的第一本统计图书
		清政府设立宪政编查馆，下设统计局，负责全国的综合统计。这是中国近代第一次成立的全国最高的独立统计机构
1908 年	英国戈塞特（W. S. Gosset）提出小样本 t 检验	孟森翻译出版日本横山雅男的《统计通论》（商务印书馆），该书到 1931 年印刷了十次，是 20 世纪前二三十年在我国发行量和影响最大的统计图书
1909 年		清政府启动近代第一次人口普查工作
1911 年	英国伦敦大学学院（UCL）成立应用统计学系，是世界大学中第一个统计学系，K. 皮尔逊任系主任	
1912 年		北洋政府交通部曾鲲化创办"交通统计学堂"，开办了中国最早的统计学专业——交通统计
1913 年		中国学者翻译的英国攸尔（G. U. Yule）的《统计学之理论》出版
1914—1915 年		美国人步济时（J. S. Burgess）进行中国北平"洋车夫生活状况调查"，是中国最早记载的社会调查
1916 年	第一次世界大战期间，英国的汽车设计师兰彻斯特（F. W. Lanchester）用统计方法成功预测了空战结果	
1922 年	美国 I. 费希尔（I. Fisher）著《指数编制》（*The Making of Index Numbers*），提出利用时间逆转测验法和因子逆转测验法编制物价指数	
	英国 R. A. 费希尔（R. A. Fisher）发表论文《理论统计学的数学基础》（*On the Mathematical Foundations of Theoretical Statistics*），讨论了统计推断的一些基本概念，如效率、一致性、无偏性，引入了似然函数，并介绍了最大似然估计方法，稍后提出方差分析	

续表

时间	外国	中国
1924 年	美国贝尔电话实验室休哈特（W. A. Shewhart）提出世界上第一张控制图，以后逐渐形成休哈特控制图体系，称为休哈特控制图	
	国际统计学会成立"抽样方法应用研究委员会"	
1925 年	英国 R. A. 费希尔出版著作《研究人员的统计方法》（*Statistical Methods for Research Workers*），教导研究人员如何利用统计检验理论分析实际数据获得结论	
1926 年	挪威弗里希（R. Frich）按照生物计量学（biometrics）一词的结构，提出计量经济学（econometrics）一词	
	英国 R. A. 费希尔发表论文《田野实验的安排》，为科学实验设计提供重要理论基础	
1927 年		王仲武著《统计学原理及应用》，梁启超、马寅初、郭秉文、杨杏佛等作序，成为 20 世纪二三十年代主要的统计著作与教材
		南京国民政府中央政治学校建校，1930 年在社会经济学系下设统计组，学制 4 年
		广州私立统计学校成立，设学制 1 年的乙级专科，1928 年增设学制 3 年的甲级专科
		南开大学商科设立"商业统计系"，是中国大学中第一个统计学系
1928 年	英国蒂皮特（L. H. C. Tippett）编制了世界上第一张随机数表	南开大学经济研究所开始发布"南开指数"，其中包括"华北批发物价指数""天津工人生活费指数"等
	国际联盟（联合国的前身）召开国际经济统计会议，制定国际贸易统计的标准	
1930 年	美国统计学会《数理统计年刊》（*The Annals of Mathematical Statistics*）创刊，1973 年拆分为《统计年刊》（*Annals of Statistics*）和《概率年刊》（*Annals of Probability*）	中国统计学社成立，刘大钧任首任社长

续表

时间	外国	中国
1931 年	印度统计学院成立	国民政府设立主计处统计局，至此，中国近代真正建立起一套从中央到地方完整的统计机构体系
		吴定良经英国统计学家攸尔等 5 名会员推荐，在荷兰由全体会员大会投票通过，被选为国际统计学会历史上第一位中国会员
1933 年	《国际统计学会杂志》创刊，1972 年更名为《国际统计评论》	
	苏联柯尔莫哥洛夫提出概率论的公理体系	
	波兰奈曼和英国爱根·皮尔逊提出奈曼－皮尔逊引理	
1934 年		金国宝著《统计学大纲》，该书成为民国时期各高校普遍使用的统计学教材
1935 年	英国 R. A. 费希尔著《试验设计》（*The Design of Experiments*）出版	
	美国数理统计研究所（Institute of Mathematical Statistics, IMS）成立	
1936 年	美国里昂惕夫（W. Leontief）提出投入产出模型	
	美国霍特林（H. Hotelling）提出一种多元统计方法——典型相关分析	
	英国耶茨（F. Yates）提出平衡不完全区组设计	
	印度马哈拉诺比斯提出马氏距离度量指标，表示样本的协方差距离	
1937 年	英国奈曼在统计检验中给出了置信区间	
	美国库兹涅茨（S. S. Kuznets）著《国民收入和资本构成》，概括地说明了国民收入和国民生产总值的定义和估算方法	
1939 年		西南联大—清华大学国情普查研究所在云南呈贡县举行人口普查试点，是中国近代第一次具有现代意义的人口普查

续表

时间	外国	中国
19 世纪 40 年代	美国乌拉姆（S. M. Ulam）和冯·诺伊曼（J. von Neumann）提出蒙特卡罗方法（计算机模拟方法）	
1940—1945 年	英国数学家图灵（A. M. Turing）在布莱奇利园使用贝叶斯统计和巨型计算机（第一台编程电子计算机）破解德军密码	
1940 年		西南联大—清华大学国情普查研究所在云南呈贡县举行农业普查
1945 年	美国瓦尔德（A. Wald）提出序贯检验方法	
1945—1946 年	瑞典克拉美和印度拉奥（C. R. Rao）提出克拉美－拉奥不等式	
1946 年	联合国统计委员会成立，后续联合国统计司（1947 年）、联合国各区域统计委员会、各专门机构的统计部门等陆续成立	
	美国考克斯（G. M. Cox）利用简单逻辑假设推出概率论公理	
	瑞典克拉美著《统计学数学方法》（*Mathematical Methods of Statistical*）出版，把统计数学建立在现代测度论的基础上，标志着数理统计学最终形成独立学科体系	
1946—1948 年	美国香农（C. E. Shannon）提出了信息论	
1947 年	美国统计学会创办《美国统计学家》（*The American Statistician*）	
	美国图基（J. W. Tukey）在贝尔实验室发明了比特（bit）一词	
1948 年	美国霍夫丁（W. Hoeffding）提出一种非参数统计量——U 统计量	统计学家许宝騄，生物统计学家吴定良、袁贻瑾，社会统计学家陈达当选为中央研究院首批院士
1949 年		中华人民共和国中央人民政府政务院财政经济委员会在中央财经计划局内设立了统计处，后称统计总处

续表

时间	外国	中国
1950 年	美国克莱茵（L. R. Klein）创建宏观经济计量模型	中国人民大学设立统计学专业，学习苏联办学经验
	美国瓦尔德著《统计决策函数》出版	
1950—1951 年	英国德宾（J. Durbin）和澳大利亚沃森（G. S. Watson）提出德宾－沃森检验	
20 世纪 50 年代	日本田口玄一运用统计方法对汽车和电子产品质量进行改善，使其产品质量大幅提高	
1951 年	美国罗宾斯（H. Robbins）和门罗（S. Monro）提出罗宾斯－门罗算法，用逐步逼近的方式估计参数	7 月全国财经统计会议上，李富春说："我们要实行国家的管理与监督，是不能依靠资产阶级统计学的。所以人民的国家要建立统计工作，只能向苏联学习社会主义的、为马列主义所武装的统计学。"
	英国博克斯（G. E. P. Box）和威尔逊（K. B. Wilson）讨论了试验设计和优化问题，提出响应面法	
1952 年		成立国家统计局，开始建立全国集中统一的统计管理体制
		中国人民大学设立统计系，这是新中国经济学科中最早设立的统计学系之一
1952—1953 年		全国高校院系调整，华北地区的统计教师大部分集中到中国人民大学，华东地区的统计教师大部分集中到上海财经学院
1953 年	联合国统计委员会公布"国民经济核算体系及其辅助表"（俗称"旧 SNA"），标志着国民账户体系正式诞生	新中国完成第一次全国人口普查
1954 年	苏联科学院、中央统计局和高等教育部联合召开统计科学会议，确认"统计学"是一门社会科学	受苏联统计科学会议决议影响，中国将统计学分为社会经济统计和数理统计两门性质不同的学科
1955 年	美国罗宾斯提出经验贝叶斯方法	
1956 年		周恩来等访问印度统计学院，促进中印统计交流
		北京大学设立全国第一个概率统计教研室

续表

时间	外国	中国
1957 年		5 月时任国家统计局局长薛暮桥邀请京津部分经济学、统计学教授座谈，征求对统计工作的意见
1958 年	美国卡普兰（E. L. Kaplan）和迈耶（P. Meier）提出卡普兰 - 迈耶估计方法，使得医生可以用简单的统计方法判断治疗方案的有效性	
1959 年	美国基弗（J. Kiefer）提出最优试验设计方法	中国科学技术大学数学系设立概率统计专业方向，1964 年有 17 人毕业
1960 年		1960 年后北京大学、中国科学技术大学等校的进修教师与研究生在北京大学重新组织了非参数统计讨论班，并于此后以"班成"名义发表多篇数理统计方法应用于试验设计和质量管理的文章
1962 年	美国图基发表《数据分析的未来》	
1963 年	美国萨维奇（L. J. Savage）、爱德华兹（W. Edwards）和林德曼（H. Lindeman）提出在心理学研究中应用贝叶斯统计推断	
1964 年	英国博克斯（G. E. P. Box）和 D. R. 考克斯提出博克斯 - 考克斯变换（Box-Cox transformation）方法	
1966 年		全国有 18 所设立统计学专业的财经院校，"文化大革命"中撤销、停办了 16 所，到 1977 年，仅存一所半
1968 年	联合国统计司正式规定投入产出作为国民经济核算的组成部分	
1972 年	英国 D. R. 考克斯提出比例风险模型	
1973 年	日本赤池弘次（Hirotugu Akaike）提出 AIC 信息准则	
1977 年	美国图基出版《探索性数据分析》（*Exploratory Data Analysis*），提出用箱线图、茎叶图直观表示数据特征，该书被认为是数据科学的奠基著作之一	厦门大学、天津财经学院、山西财经学院、辽宁财经学院等校恢复招收统计学本科生

续表

时间	外国	中国
1978 年	施瓦兹（G. E. Schwarz）提出 BIC 准则	国家统计局恢复
		戴世光发表论文《积极发展科学的统计学，为我国早日实现四个现代化服务》，开始对苏联极左的统计理论拨乱反正
		国家统计局在四川召开全国统计教学、科研规划座谈会（又称"峨眉会议"），推进了统计教学与科研的改革
		北京大学、中国人民大学、中国科学技术大学、复旦大学、华东师范大学、中国科学院等开始招收统计学硕士研究生
1979 年	美国埃弗龙（B. Efron）提出自助法，可以估计任意样本的数据抽样分布	中国现场统计研究会成立
		中国统计学会成立大会暨第一次全国科学讨论会在杭州召开，并首次派团参加国际统计学会（ISI）会议
1980 年		中国数学会成立概率统计分会
1981 年		美国统计学会会长布拉德利（R. A. Bradley）率团访华，开启中美统计学术交流
		《统计》（双月刊）公开出版
		国务院学位委员会通过学位条例，批准首批统计学博士生导师陈希孺、殷涌泉、戴世光、江泽培、王寿仁、郭祖超
1983 年	美国塔夫特（E. R. Tufte）出版《定量信息的视觉展示》，建立了数据图形可视化新标准	白志东、赵林城、苏淳成为中国首批数理统计博士
1983—1984 年		教育部批准南开大学、华东师范大学、复旦大学、北京大学在数学类中设立数理统计专业

续表

时间	外国	中国
1984 年		全国工业统计学教学研究会成立
		中国卫生统计学会（后更名为"中国卫生信息与健康医疗大数据学会"）成立
1985 年		美籍华人吴建福在北京建议将"统计学"更名为"数据科学"
1987 年	刁锦寰等在美国创办泛华统计协会（ICSA）	中国统计学会与美国统计学会在北京举办中美统计会议
		中国商业统计学会成立
1988 年	澳大利亚霍尔（P. G. Hall）发表《Bootstrap 置信区间的理论比较》	袁卫、任若恩、蔡志洲成为我国首批经济统计学博士，徐勇勇成为首位卫生统计学博士
1990 年		中国统计教育学会成立
1992 年		国家技术监督局发布《学科分类与代码表》，统计学在人文社科大类中从经济学中独立出来，上升为一级学科
		国务院颁布《关于实施新国民经济核算体系方案的通知》，国民经济平衡表体系（MPS）开始向国民账户体系（SNA）过渡
1993 年	统计 R 语言发布使用	
1994 年	美国多诺霍（D. L. Donoho）和约翰斯通（I. M. Johnstone）发表《通过小波收缩实现理想的空间适应性》，将小波引入统计估计	中国人民大学召开首次全国大统计学科建设研究会，开始大统计和一级学科建设进程
1995 年		国际统计学会（ISI）第 50 届大会在北京召开
		中国国民经济核算研究会成立
1996 年	日本神户召开数据科学、分类及相关方法学术会议（Data Science, Classification and Related Methods），首次提出数据科学	全国统计科学讨论会在桂林召开，这是中国统计学会、中国现场统计研究会和中国概率统计学会联合召开的首次学术会议

续表

时间	外国	中国
1997 年	美国国家航空航天局的两位研究员 M.考克斯（M. Cox）和埃尔斯沃思（D. Ellsworth）在他们合著的论文中首次使用"大数据"概念，并对其内涵进行明确定义	中国科学技术大学的陈希孺当选为中国科学院院士
	"大数据"（big data）一词首次见诸报端	
	美籍华人吴建福发表演讲《统计学等于数据科学》，首次在英语世界阐述统计学与数据科学之间的紧密联系	
1998 年		教育部颁布本科专业目录，"统计学"成为与数学、物理学、经济学等并列的学科类
2001 年	美国布赖曼（L. Breiman）发表《统计建模：两种文化》，比较数据模型和算法模型，呼吁重视算法建模和解决实际问题	
	美国克利夫兰（W. S. Cleveland）发表《数据科学：拓展统计学技术领域的行动计划》	
2002 年	以数字形式存储的信息首次超过以非数字形式存储的信息	教育部开始组织学科评估，至 2023 年共进行了 5 轮评估
	美国德波德斯塔（Paul De Podesta）应用统计方法"棒球数据分析"改变了奥克兰运动队的命运，统计方法被广泛应用于体育比赛中	
2004 年	*Significance* 创刊	
2010 年		第四届"中国人民大学国际统计论坛"与第五届"统计科学前沿国际研讨会"联合举办，10 余位院士及 COPSS 奖获得者，以及 350 余名统计学者与会
		"应用统计硕士"（MAS）专业学位设立
2011 年		国务院学位委员会和教育部颁布新的研究生专业目录（《学位授予和人才培养学科目录（2011 年）》），统计学成为"理学"门类下的一级学科

续表

时间	外国	中国
2012 年	欧洲大型电子对撞机确认希格斯玻色子粒子的存在，置信区间超出 5 个标准差，即不存在的概率只有 350 万分之一甚至更小	
2015 年	多诺霍在图基百年纪念大会上做题为"数据科学 50 年"的演讲报告	
2017 年		教育部、财政部、国家发展改革委公布世界一流大学和一流学科建设高校及建设学科名单
2021		北京大学陈松蹊当选为中国科学院院士
2022 年		教育部在"统计学类"中增设"数据科学"和"生物统计学"两个本科专业
2023		首届"全国统计与数据科学联合会议"在北京举行
2024		《中国大百科全书（第三版）》"统计学卷"出版

参考文献

［1］陈善林, 张浙. 统计发展史 [M]. 上海：立信会计图书用品社，1987.

［2］陈希孺. 数理统计学简史 [M]. 长沙：湖南教育出版社，2002.

［3］American Statistical Association (ASA), Royal Statistical Society(RSS).Timeline of Statistics[EB/OL].(2014-12-01)[2025-01-21].https://rss.onlinelibrary.wiley.com/doi/pdf/10.1111/j.1740-9713.2013.00707.x.

附录 2
统计学概观[*]

统计学是研究在不确定的环境下，通过收集和分析数据，进而提炼可靠信息，为各学科、领域和社会提供知识，帮助决策的科学。统计学是研究数据的科学，它既根植于各个领域的实践，又致力于为各个领域提供科学服务。

"统计学"（statistics）一词来源于 1749 年德国 G. 阿亨瓦尔创造的德文词 Statistik（原意为治理国家所需要的信息）。1791 年，英国 J. 辛克莱在他的《苏格兰统计账户》中首次使用英文词 statistics。

研究对象

数据的英文名称是"data"，指人类在世界中，通过逻辑单元与自然和社会相互作用和共享信息的原初方式。今天的数据指数字化的记录，其形式包括数字、文字、语音、图形、图像、视频、动画等，具有时间和空间属性。随着文明的发展，数据的范畴不断变化和扩展。数据可以产生知识，知识反映规律；人们通过实体数据进行信息交流和交换。同时，数据也是智慧的源泉。

自文明之初，人类文明的发展就伴随着对数据的使用。天文学很早就通过观察获取数据、分析数据、建立模型和预测未知来了解宇宙，理解生存机遇以应对自然和社会所带来的各种挑战。然而，数据在刻画世界与形成认知的作用方面有两个基本限制：①感兴趣的问题常常难以获得完整的测量。②易于测量的数据会因人而异，随记录测量的时间、地点、位置的不同而不同，其中有各种复杂的随机变动性，如信号与噪声同在、稳健特征与异质结构并存、必然性与偶然性共生

---

* 附录 2 是袁卫、王星为《中国大百科全书》（第三版）"统计学卷"撰写的总条目，此处略有改动。参见：中国大百科全书总编辑委员会《统计学》编辑委员会. 中国大百科全书：统计学卷. 3 版. 北京：中国大百科全书出版社，2024：1-12.

等。正因为如此，科学问题的解决离不开统计学，统计学也一直在坚持科学探索和认识世界方面发挥着桥梁作用。

统计学的重要性不仅仅体现在科学研究领域，更渗透到社会生活、生产活动、政府决策及商务管理的方方面面：大到在广袤海量天文学数据中探索星辰大海的结构和模式，小到在统计力学和量子力学中揭示原子和基本粒子的相互作用，在实验室中和流水线上用试验设计和统计质量控制体系提升生产能力，在大众媒体上用数据和图表描绘百姓日常生活和国民经济体系，为政府管理社会进行决策提供可靠的依据。现在，一些统计学的基础知识已经进入小学课本。

发展简史

统计的起源　世界是由不确定性推动的。2014 年，美国统计学会与英国皇家统计学会联合发布的统计科学史大事记记载：统计活动最早可追溯至公元前450 年，希腊伯罗奔尼撒西北部埃利斯的数学史家希比亚运用城邦国王执政时间长短的均值推算出首届奥运会的举办时间是公元前 776 年，首届奥运会举办时间距离推算时间 326 年之久。

在语言学领域，840 年，伊斯兰数学家金迪利用最常用符号和字符破解伊斯兰密码，并将阿拉伯数字介绍到欧洲，诞生了密码学。1346 年，意大利的历史学家 G. 维拉尼在其著作《新编年史》中记录了人口和贸易统计信息。

统计学的起源　2009 年，英国统计学家 D. 汉德代表英国皇家统计学会总结出统计学起始于 17 世纪的几个不同源头：①古典概率论。其奠基人主要有法国数学家 B. 帕斯卡和 P. de 费马。帕斯卡和费马于 1654 年通过书信讨论了有关赌博中赌注分配概率问题，开创了概率论。至 20 世纪 30 年代，苏联数学家柯尔莫哥洛夫在《概率论基础》一书中，以勒贝格测度为理论基础，给出概率严密的逻辑定义。②在政府行政和经济管理中广泛实施的调查经验。有影响力的实践有英国经济学家 W. 配第于 1672 年出版的《政治算术》。书中列举大量数字对英国、法国、荷兰三国的经济实力进行分析和比较。③人口研究。英国统计学家 J. 格朗特于 1662 年出版了《关于死亡表的自然的和政治的考察》。格朗特根据伦敦教区的洗礼、弥撒等观察数据，研究了伦敦的人口与社会现象的数量规律，首次给出新生儿男女性别比例为 14∶13。④其他源头。英国天文学家 E. 哈雷于 1693 年编制了世界上第一张分性别和年龄的死亡率表，开启了人寿保险与精算。

此后不同领域对数据分析的需求不断激励统计方法的创新。天文学曾是一个被测量误差困扰的学科，从古代至 18 世纪天文学都是应用数学进行研究颇多的领域之一。18—19 世纪，欧洲各国先后完成了工业革命，科学技术开始进入

全面繁荣时期。天文、气象、社会、人口等领域的数据资料积累到一定规模，对统计的需求已从国家层面扩展至社会科学的各个领域，如何处理数据中的观测误差成为一个棘手的问题。1805 年，法国数学家 A. M. 勒让德发展了最小二乘法；1809 年，德国数学家 C. F. 高斯从天文和机械中对测量误差处理的需要出发，提出了误差分布曲线，奠定了现代统计方法早期的理论基础。比利时的 L. A. J. 凯特勒于 1835—1846 年将概率论中的中心极限定理与正态分布理论引入社会经济研究；英国学者 F. 高尔顿从生物学里的遗传学问题出发，在 1874—1890 年创建了回归与相关的概念。误差测定、正态分布曲线、最小二乘法、大数定律等统计概念的提出及理论方法的大量运用，使统计学逐渐成为揭示事物内在规律、可用于许多其他学科的一般性研究方法。这些早期的工作为统计学建立了一个基于数据或然性特征的研究框架，并在这一时期形成了统计学的雏形。

　　现代统计学的形成　20 世纪初以来，科学技术迅猛发展，社会经济发生巨大变化。虽然此前统计学在其他领域已经产生大量研究成果，但随着其他领域的不断壮大，仅凭借将一个领域的经验移植到另一个领域的做法来发展统计学是不现实的。此时作为抽象方法的数学工具已经成熟，现实中的应用经验也需要通过数学抽象成科学的内在逻辑，从而为统计学科走向成熟提供数理基础。而这一重大历史使命通过英国伦敦大学学院（UCL）的几位统计学家的开创性工作得以完成。例如，卡尔·皮尔逊于 1900 年发表关于拟合优度检验的论文，刻画了观察现象与科学假说之间的距离；卡尔·皮尔逊提出的标准差为量化评估数据和持续优化过程提供了通用的测量工具；1908 年，W. S. 戈塞特提出 t 分布概念及小样本理论，标志着参数估计理论基础框架建成；R. A. 费希尔于 1922 年和 1925 年发表论文《理论统计学的数学基础》《点估计理论》。在《理论统计学的数学基础》一文中，费希尔提出了相合性、有效性、似然、最优、规范和充分性等 15 个统计推断基本概念，奠定了统计推断和试验设计的现代统计学基础。在方法层面，费希尔于 1935 年出版的专著《试验设计》是试验设计的开山之作，其经验数据来自田间试验，由此形成的随机化、分区组局部控制与重复性原则和统计分析方法得到广泛应用，成为试验设计、质量控制、临床试验和抽样调查等领域的基本工具。1934—1938 年，统计学家 J. 奈曼对统计学科的发展至少做出了四项奠基性贡献：在统计检验基础上引进了"归纳行为"的概念，提出了置信区间理论；1937 年与英国统计学家爱根·皮尔逊发展了奈曼-皮尔逊引理，奠定了假设检验的基础；提出了总体分层抽样理论，并将其用于盖勒普民意测验；提出了多种在农学、生物学、医学和物理学中有广泛应用的随机试验模型。1938 年，奈曼从英国离职到美国加利福尼亚大学伯克利分校担任统计实验室主任，宣告国际统计学的中心从英国移向美国。

　　由费希尔主导的 20 世纪初主流的分析方法称为频率统计，与之不同的另一类推断思想称为贝叶斯统计。贝叶斯统计的理论基础来源于 1763 年英国统计学家 T. 贝叶斯的论文《论有关机遇问题的求解》。论文发表后，贝叶斯概率思想并未马上得到足够的重视，而是在法国数学家 P. S. 拉普拉斯借用贝叶斯方法导出"相继率"后才逐渐引起人们的重视。贝叶斯统计的基本思想是对概率的主观解释和对分布参数本身作为随机变量的解释。在费希尔之后，统计学家 A. 瓦尔德致力于将频率的成果扩大到贝叶斯推断。他于 1950 年出版的专著《统计决策函数》从一般的建模立场出发，将数理统计的常见问题抽象为人与大自然之间的博弈问题，通过引入损失函数和风险函数，表明假设检验和估计问题都是统计决策理论的特例。这个抽象框架的意义还在于给予贝叶斯统计和频率统计方法以平等的地位。瓦尔德的另一项重要贡献是推动了序贯分析方法的进展。卡尔·皮尔逊、戈塞特、费希尔、奈曼、爱根·皮尔逊、H. 霍特林和瓦尔德等统计学家共同奠定了现代统计学的基础。20 世纪早期的研究确立了基于严格数学逻辑构建统计学理论体系的发展方向，开启了统计发展史上快速崛起的黄金时代。英国地球物理学家 H. 杰弗里斯提出的贝叶斯主义在 1950—1990 年声名远扬，马尔可夫链蒙特卡罗算法（MCMC）就是基于杰弗里斯的高维贝叶斯后验计算算法的代表。至此，围绕着以数据为核心探索数据规律特征、关系和变化及实际应用为目标的现代统计学方法论科学体系逐渐形成。

　　统计学作为一门独立的学科大约成形于 20 世纪 30 年代。这个时期，统计学的基础理论、知识形态和组织形态初步形成。1930 年前后，一批统计学专业期刊纷纷创刊，其中 1922 年《美国统计学会出版物》更名为《美国统计学会会刊》，1930 年《数理统计年刊》在密歇根大学创刊，1938 年英国《皇家统计学会会刊·B 系列》创刊。从 1911 年卡尔·皮尔逊在英国伦敦大学学院创立了第一个"应用统计学系"，到 1933 年爱荷华州立大学成立美国第一个统计学实验室，以及美国加利福尼亚大学伯克利分校后来建立统计实验室，再到 1946 年哥伦比亚大学成立独立的统计系，标志着统计学科进入一个新的发展阶段。

　　20 世纪初到第二次世界大战后的很长一段时间，现代统计学犹如双螺旋曲线一样在理论和应用两个领域交替上升，快速发展。一方面，数理统计沿着数学理论的方向不断展开；另一方面，应用与理论结合的实践获得巨大成功。该时期形成了统计学独特的研究方法，贡献了大量统计模型和算法，包括抽样理论、试验设计、参数估计、假设检验、非参数方法、方差分析、相关分析、回归分析、多元统计分析、潜变量模型、结构方程模型、面板数据分析、生存分析、质量统计控制与可靠性等。这些方法的原型大多来自具体的应用，经统计学家 G. E. P. 博克斯、D. R. 考克斯和 C. R. 拉奥等整合、抽象与推广，逐渐发展成为具有严

谨形式的通用方法。值得一提的是，日本田口玄一在第二次世界大战后根据试验设计方法在产品质量控制的应用方面取得突破，正面反馈给学术界诸多的应用经验，如正交表、赤池弘次关于模型选择的 AIC 准则等。田口玄一的实践延续了费希尔的实业奇迹。

1962 年，正当一些主流理论学家沉浸在概括和总结统计学所取得的辉煌成就之际，美国统计学家 J. W. 图基呼吁统计学术界需要一场变革。他在《数据分析的未来》一文中，有预见性地指出数据分析的本质是从数据中学习，这是一门"尚未取得广泛认知的新兴学科"。图基批判了当时部分理论统计学派将统计学作为数学的一个分支的做法，反对以不切实际的理论作为优先评价统计科学成果的二元价值取向。他主张应通过数据分析来回答实际的科学问题，并倡导建立一个融合智能内容、采用易于理解的组织形式，并依托实证检验作为衡量方法有效性原则的三位一体的体系。因为如果过于强调数学推导，就需要人人完全遵守，首先要求承认理论先于数据存在，这一定位在统计学界引发很大争议。

20 世纪八九十年代以来，计算机技术的进步对统计学的发展产生了巨大影响。一方面，在现代社会经济生活和科学研究中，数据或信息正以前所未有的规模和速度汹涌而至，形成了一股势不可当的数据洪流，这股洪流催生了数据驱动思想的迅速蔓延，数据科学一词应运而生。数据科学一词最早出现在 1974 年，计算机科学家 P. 诺尔首次在《计算机方法简评》一书中建议将计算机科学更名为数据科学或数据学，从而凸显技术实现与数据处理能力在数据科学建设中的核心定位。而另一方面，一些统计学家也注意到数据技术处理层面的局限性，指出对现实问题复杂性深刻理解的必要性。正是在此背景下，1985 年，美籍华人吴建福在北京中国科学院做报告时建议中国学者应将"统计学"这一学科名称更名为"数据科学"。到了 1997 年，吴建福在密歇根大学被授予 H. C. 卡弗名誉教授的就职典礼上发表了以"统计学等于数据科学"为题的演讲，深刻阐述了统计学与数据科学的紧密联系。2001 年，W. S. 克利夫兰主张将数据科学设立为新学科，提出数据科学的知识体系。同年，L. 布赖曼对传统统计模型提出尖锐批评，呼吁统计学应着力培育预测文化。这些数据科学先驱者一致认为，数据科学在推动技术进步的征途上，必须在数据分析方法论与技术创新之间取得均衡发展，以此作为数据科学领域持续进步与实现深度创新的坚实基石。

2015 年，斯坦福大学 D. L. 多诺霍在美国新泽西州普林斯顿大学举办的图基百年纪念大会上，进行了题为"数据科学 50 年"的演讲。在演讲中，他深刻阐述了数据科学中数据分析的核心作用，强调从数据中学习对于提升科学对人类社会影响方式的重要性，提倡营造跨部门、跨领域、跨业务的数据共享、探索发现和协同研究的氛围，呼吁统计学家要更加注重历史特征和未来预测之间的内在联

系，以积极姿态回应现实问题对于数据分析和预测的整体需求。美国国家科学院院士郁彬于 2016 年强调了数据科学对技术治理的重要性，提出了可预测性、稳健性和可计算性数据科学三原则，她呼吁更多地关注涉及算法稳定性、稳健性、复现性、公平性和计算可行性等的系统建模问题。同时郁彬指出，未来从实证研究中获取经验证据将成为增强算法可预测性的一项重要趋势，应加强计算机技术与统计学在建模空间中相互依存关系的必要性。2019 年，计算机科学家 M. 乔丹强调人机交互对于智能增强（IA）学习的重要性。大模型被用于新的搜索引擎和更有效的图像处理，以增强人类的感知、认知和决策能力。网络设备需要与多个人类决策者一起做出大量近乎同步的决策，这些更深层的需求正期待着统计学和人类的共同协作。英国皇家统计学会原主席 D. 斯皮格霍特在其 2019 年的著作《统计学的艺术：从数据中学习》中指出统计学面临两项实质性的挑战：第一项挑战是如何完善学习与决策理论。数据科学时代，数据管理平台发生巨大变化，涵盖数据管理、编程、算法进展以及领域的科学问题，这种变化还只是工业和科学领域大尺度数据分析发展趋势中的一部分，亟须推进统计学家与计算机科学家、其他定量科学家和领域科学家的合作。第二项挑战是如何提高科学研究成果的有效性和透明度。以统计学方法为工具的科学研究成果数量巨大而且增幅飞快，特别是在生物医学和社会科学领域，科学文献中误用统计模型的问题越来越突出，结论的时效性和可靠性受到质疑。保护有效科学研究成果，促进复杂科学研究中的领域合作，进行学习与决策有效性评估以避免标准统计方法被滥用，成为统计学家的科学责任。在众多统计学家的大力倡导之下，统计学自然成为数据科学里不可或缺的成员之一，数据分析也因此成为科学研究的基础、政府制定政策的依据和企业管理决策的工具。

中国统计学的发展　中国有关统计的实践活动历史悠久，在《史记》和其他典籍中，有许多关于钱粮户口、水灾地震等史料的记载，其中有文字记载的可以追溯到公元前 2000 年甚至更早。而作为研究方法的统计学是清朝末年从海外传入中国的，已有 100 多年的历史，大致可分为四个阶段。

①统计学科建立与发展阶段（1897—1949 年）。这一阶段是统计学科清末从国外传入，在中国逐渐落地生根，进入了人才培养、科学研究及社会服务全面发展的阶段。第一本概率统计的译著是 1897 年由华蘅芳和英国傅兰雅翻译出版的《决疑数学》，第一本社会经济统计的译著是 1903 年林卓南翻译、钮永建校对的日本横山雅男的《统计学》以及稍后由孟森翻译的横山雅男的《统计通论》。横山雅男的《统计通论》这本统计学教材主要受 19 世纪后期欧洲大陆德国、法国、比利时等"国势统计"思想的影响，以官方统计指标为主要内容，刚好满足了清末新政时期经济与政治体制改革的需要，印刷达 10 版之多，成为清末与中华民

国初年统计的主要出版物与读物，在统计学的传入初期产生了较大的影响。

1902 年《钦定京师大学堂章程》规定：仕学馆 11 个科目，在商科大学正式讲授统计学课程，课程由日本和中国教师共同承担，教材使用的是由日文翻译的讲义。1912 年北洋政府交通部统计科长曾鲲化开办了中国首个统计学专业"交通统计学堂"。

从 1909 年开始，庚子赔款留学生前往海外留学。据不完全统计，中华民国时期在海外拿到数理统计博士或经济、教育、社会、心理等应用统计博士学位的有 30 余人，其中吴定良、唐培经、许宝騄、徐钟济都在英国伦敦大学学院应用统计学系求学，在卡尔·皮尔逊、费希尔、爱根·皮尔逊、奈曼等指导下完成论文。吴定良 1931 年由国际统计学会全体会员选为首位中国会员，直至 1948 年吴定良都是国际统计学会中国唯一的会员代表。1938 年许宝騄在奈曼和爱根·皮尔逊的指导下完成博士学位论文，在概率论和数理统计领域崭露头角。其后许宝騄更是在大数定律、中心极限定理、统计推断、方差分析等多领域取得富有建树的突破性成果。当时的统计学留学生更多地是将统计作为方法工具，在博士学位论文中研究解决中国社会、经济、教育等领域的实际问题。

1912 年中华民国成立后，随着统计学留学生归国和英美统计学出版物的引进，中国统计学家开始大量翻译、出版相关著作来介绍世界最新的统计方法和应用。例如，1913 年就有学者顾氏翻译了英国学者 G. U. 攸尔于 1911 年出版的《统计学之理论》。该书是继 1897 年《决疑数学》之后中国引进的又一部系统反映英美数理统计学派学说的统计学著作，较为系统地介绍了统计方法及其应用。1923 年赵文锐译埃尔德顿兄妹的《统计学原理》。原书得到过卡尔·皮尔逊的指导和帮助，且 F. 高尔顿为其做序。

在翻译介绍国外统计专著的同时，中国统计学家结合中国数据特点和人才培养的需求，编写出版了一批统计著作和教材，其中影响比较大的有陈其鹿《统计学》(1925)、金国宝《统计新论》(1925) 及《统计学大纲》(1934)、朱君毅《教育统计学》(1926)、王仲武《统计学原理及应用》(1927)、陈炳权《统计学概要》(1927)、艾伟《高级统计学》(1933) 等。这些教材在高等学校广泛使用。

为促进统计学家的学术交流，1930 年在南京成立中国统计学社，从 1931—1948 年举办了 14 届年会，普及了统计知识，推动了统计事业发展。

1927 年，南开大学商科设立商业统计系。1938—1946 年，国立西南联合大学理学院、法商学院和师范学院的许宝騄、王竹溪、黄子卿、戴世光、杨西孟、胡毅等先后开设数理统计、统计力学、初级统计、高级统计、经济统计、人口统计、教育统计、心理统计等 12 门课程，内容涉及统计理论、统计方法和统计应用，培养了钟开莱、蒋庆琅等一批统计学人才，统计教育达到很高水平。1948

年中央研究院首次在全国选出 81 位院士，统计理论与方法学者许宝騄和吴定良、统计应用学者梅贻瑾和陈达当选为院士，大致反映出当时统计学在整个中国学术界的影响力。

②统计学科经历曲折与坚守的阶段（1950—1976 年）。这一阶段是中国统计学科深受苏联影响，分为两门统计学的特殊时期。中华人民共和国成立后，在统计科学领域，统计学一分为二，认为概率论与数理统计方法属于数学，社会经济统计则是有阶级性的社会科学。1951 年 7 月，全国财经统计会议召开，提出"要实行国家的管理与监督，是不能依靠资产阶级统计学的。所以人民的国家要建立统计工作，只能向苏联学习社会主义的、为马列主义所武装的统计学""我们的统计建设工作，首先应该从思想上肯定；学习苏联的马列主义的统计学，批判英美资产阶级统计学"。在这一背景下，中国统计学界开始学习苏联的马克思主义统计学，批判资产阶级统计学。1951—1952 年在全国范围内对英美统计理论进行批判，主要的批判对象是勾适生编著的《统计学原理》。批判的结果是，统计学的方法部分成为应用数学，称为"概率论与数理统计"，是没有阶级性的纯自然科学；而统计学的应用部分，特别是在社会与经济管理中的应用，成为马列主义的武器，称为"统计学"，是有阶级性和党性的社会科学。"两门统计"由此诞生，在相当长的时间里互相之间很少往来。数理统计越来越理论化，即使应用，也不太涉及社会经济现象；社会经济统计则越来越概念化、指标化、简单化，甚少使用数理统计方法，统计理论与应用被人为地割裂开来。

1954 年 8 月—1955 年 7 月，中国出版了由苏联中央统计局组织 27 位统计专家集体编写的《统计理论》一书。该书无论是在苏联还是在中国，都是排斥数理统计学的。苏联统计学会议的召开和该书的引进，在中国统计学界产生了深远的影响，使中国的统计教材很长一段时间内只注重革命性，忽视科学性，影响了中国的统计理论和统计工作的发展。

1956 年，中国制定了第一个全国科学规划，概率统计被列为数学学科的重点方向之一。根据高等教育部的安排，北京大学、南开大学、中山大学等高校派遣了 50 余名进修教师与研究生集中到北京大学，在许宝騄的主持下，从事概率统计的学习和研究。同时，在北京大学数学力学系成立了中国第一个概率统计教研室。1959 年，中国科学技术大学设立"概率统计"专门化，进行本科生培养。在"文化大革命"期间，多数高校社会经济统计专业停办，许多统计学的教师转而研究经济学、人口学等，一些统计学者在工业实践中大力推广正交设计方法，同时他们也在思考统计学和统计教育的未来。

③统计学科经历拨乱反正，逐渐成为一级学科的反思与调整阶段（1977—2011 年）。这一阶段是中国统计学从拨乱反正到"大统计"，再到统计一级学科

的建设时期。

粉碎"四人帮"后，中国高校恢复高考和招生，统计学专业和统计教育也得以恢复。1977 级首批招收统计学专业本科生的有厦门大学、天津财经学院（今天津财经大学）、辽宁财经学院（今东北财经大学）等。1978 年中国人民大学、上海财经学院（今上海财经大学）等也恢复招生。1978 年 12 月，国家统计局在四川峨眉召开了全国统计教学、科研规划座谈会。会议中心思想是打破统计学排斥数理统计学的禁区，打破一概否认西方统计学的禁区，打破不能把社会经济统计学作为方法论的禁区。针对当时统计教材奇缺的情况，会议确定了"全面规划，统一领导，分工协作，三年完成"的原则，拟定了《统计教材编写和科研工作规划》，并据此制定了 13 种统计教材的编写方案。在这些新编教材中，与"文化大革命"前教材的显著变化是工业、农业、商业等部门统计减少了指标的解释，增加了方法的内容。

1979 年中国现场统计研究会、中国统计学会成立，1980 年中国数学会概率统计分会成立，《数理统计与管理》《统计研究》《应用概率统计》等专业期刊相继创办。一批年轻骨干出国攻读博士学位或进修，将国外现代的统计知识带回国内，推动统计学科与国际接轨。

1978—1980 年，戴世光先后发表《积极发展科学的统计学，为我国早日实现四个现代化服务》和《实践是检验统计科学的唯一标准》两篇学术论文。这两篇论文的核心是两门统计学的问题，由此开启"是一门还是两门统计学科"的大讨论。在全国统计学科规划与建设上有五件大事是这一历史进程的重要标志：一是 1983 年 5 月，华东师范大学向教育部送交《关于我校数学系增设"数理统计"专业的请示报告》。1983 年 7 月，教育部批准复旦大学、南开大学、华东师范大学 3 所学校在数学类中设立数理统计专业。为加快数理统计专业发展，同年 9 月教育部高教一司在杭州召开数理统计教学讨论会，首批数理统计专业试点学校的代表以及国家统计局、中国科学院的代表共 26 人参加，会议就数理统计专业建设、队伍建设、经费支持等问题提出建议与意见。1984 年 3 月，教育部邀请武汉大学张尧庭、中国科学技术大学陈希孺、北京大学陈家鼎、华东师范大学茆诗松、中国科学院系统科学研究所成半座谈。他们一致同意在中国设立"概率论与数理统计"专业，并加快数理统计专业布局和人才培养。二是在 1992 年国家技术监督局公布的科技和科研成果统计的学科分类目录中，首次将统计学在社会科学的经济学中独立出来，统计学在全国社会科学基金项目的申请、经费的获得、科研成果转化和科研评奖等方面都有了较大的改观。三是中国"大统计"学科的建设及中国统计科学联合会的成立。由于历史的原因，中国的统计学科分成了两门，中国的统计学会也有多个，学会之间是独立的，较少往来。1994

年 8 月，在中国人民大学召开了首次"大统计"学科建设研讨会后，社会经济统计、数理统计和生物卫生统计界的学者渐渐形成一门"大统计"的基本共识，即以数理统计方法作为基础，统计学是广泛应用到社会、经济、管理、教育、自然科学、工程和医疗卫生等各个领域的基础和交叉性学科。1994 年，中国统计学会、中国概率统计学会和中国现场统计研究会共商成立中国统计科学联合会，并共同组织 1995 年 8 月在北京召开的国际统计学会第 50 届会议、1996 年 10 月在广西桂林召开的三个学会的共同年会等。四是在 1998 年教育部颁布的本科专业目录中，经济类的"统计学"专业与数学类的"统计与概率"（部分）合并成"统计学类"归入理学门类，上升为与数学、物理学、化学、生物学、经济学等并列的学科类。五是 2011 年国务院学位委员会办公室、教育部学位管理与研究生教育司颁布了改革开放后自 1983 年、1990 年、1997 年后的第四次研究生专业目录调整结果，经过院校建议、学科工作小组、专家小组、学科评议组投票和国务院学位委员会最终审议通过，原经济学门类"应用经济学"一级学科下的"统计学"二级学科与原理学门类"数学"一级学科下的"概率论与数理统计"二级学科合并成为"统计学"一级学科，设在理学门类下，既可以授予理学学位，也可以授予经济学学位。这五件大事是中国统计教育、科研和学科不断发展壮大、追赶国际先进水平的里程碑。统计学学科不仅在本科生层次上上升为一级学科，而且在研究生层次上也成为了一级学科；不仅在中国科技统计专业目录上成为了一级学科，而且在中国教育专业目录上也成为了一级学科，从而在形式上与国际统计学已经接轨，极大地促进了国际学术交流和学生国际交流。

④进入大数据时代，统计学科面临机遇与挑战并存的阶段（2012 年以后）。中国的高等统计教育学科体系已形成以数理统计为基础，社会经济统计、生物卫生统计、金融统计、教育心理统计、风险管理与精算等多学科共同发展的良好氛围。通过学科点的多次调整，截至 2023 年全国共有 474 所普通高等院校开设"统计学"、"经济统计学"、"应用统计学"、"数据科学"和"生物统计学"本科专业，截至 2024 年 8 月共有 65 所统计学博士学位培养单位（不含医学门类的"流行病与卫生统计"授权点），144 所可授予学术型硕士学位的培养单位以及 242 所可授予应用统计专业硕士学位的培养单位。2017 年和 2022 年，教育部、财政部、国家发展和改革委员会分两轮公布了世界一流大学和一流统计学科建设名单。

实践证明，与国际接轨的一门理论、方法与各领域应用密切结合的统计学既有利于统计学科的发展，也有利于人才的培养，使得统计专业毕业生有着扎实的数量分析基础、熟练的计算机操作能力和广阔的就业领域；特别是在大数据、人

工智能和数字时代，统计学科更成为支撑数据分析和人工智能的基础和核心，是各领域科学研究的基本方法和经济社会发展的推动力。

现代统计学的分支与应用

现代统计学已经渗透到自然、工程、技术、社会和经济的各个领域，决定了其与各领域的发展实践紧密结合的特点。现代社会运行发展中所面临的能源、资源、环境、健康等公共安全方面问题对科学提出了重大挑战，迫切需要统计学在底层与各个领域深入融合，加强其与应用联系的紧密性。这些应用包括来自自然科学、社会科学、医学、农学、工程，以及金融、工业、社会治理、体育和艺术的各种数据问题。应用统计学基础知识包括数理统计、社会经济统计、生物卫生统计、金融统计、风险管理与精算，强调统计学理论、方法与相应对象学科领域的结合。在数据科学时代，新兴应用非常丰富，统计学形成的分支主要有：

①描述统计。描述统计通过图表或数学方法，对数据资料进行整理、分析，并对数据的分布状态、数字特征和随机变量之间的关系进行描述和估计。内容包括数据整理、比较、分析和解释等。

②数理统计。数理统计为统计学科提供基础理论，包括统计分布、参数估计、假设检验、线性模型、统计决策、贝叶斯统计、多元统计分析、非参数统计、时间序列分析、试验设计和抽样调查等。新兴的方向包括高维变量、稀疏数据建模、探索性数据分析、计算机试验设计、自助抽样法、稳健推理、巨量参数模型和正则、经验贝叶斯与多层次模型、通用统计计算方法、自适应决策分析。

③社会统计。社会统计是统计学与社会学的交叉分支，是研究如何描述和分析社会生活和社会发展状况数量方面的方法论科学。

④经济统计。经济统计是统计学与经济学的交叉分支，内容包括宏观经济统计、统计调查、计量经济学和综合评价、金融统计、金融风险测量与管理、精算学等。

⑤生物卫生统计。生物卫生统计可用于解决包括生物学、生态学、流行病学、基础医学、法医学、临床医学、药学、群体遗传学、基因组学等领域的问题。内容包括因果推断、流行病学方法、临床试验设计、生物信息学、统计遗传学、全基因组数据分析等。

⑥统计质量控制。统计质量控制是以提高产品质量为目标，应用统计学方法设计、控制或检验产品质量的方法体系。

⑦数据科学。涉及数据处理、分析和应用的概念、方法和技术，包括从数据收集、清理、建模到预测的全过程以及进行数据驱动决策和提出解决问题的方

法。主要内容包括数据预处理，数据压缩，统计学习、深度学习、联邦学习等机器学习，以及人工智能和隐私保护等。

发展趋势

21世纪之后，人类已经进入一个万物皆数的人工智能时代，统计学与计算机科学领域发生了众多交叉融合的现象。这两个学科在统计推断和机器学习理论基础下交汇，在大数据技术的推动下不断发展壮大。由于计算机科学和统计学均在以数据作为不确定性的推理和决策的基础这一根本且重大的理论问题上有共同目标，所以这就将统计学研究推向了一个全新的发展阶段，并对很多统计学理论产生了深远影响。以高维大数据、稀疏建模、神经网络和提升机制、网络推断、深度学习等为代表的机器学习与统计推断的融合，为统计学研究带来了新的研究方法。这些创新使得统计学研究发生了巨大变化，也为统计学科发展注入新动力。

在图基和布赖曼提出数据分析发展方向之后，统计学将机器学习应用于数据分析实践，并取得了突破性进展。随着图灵奖得主J.格雷所提出的数据驱动的科学第四范式的兴起，统计学将进一步发挥数据分析的作用，为推进数据密集型科学发现和面向不确定性问题研究做出更大贡献。为此，统计学将重点关注以下四个领域的发展：

①在交叉学科中发展公平且可解释的学习与决策理论，促进安全的预测研究。随着人工智能的发展，数据驱动的自动决策系统已取得巨大进步，各行各业对嵌入式机器学习算法和大数据决策已产生路径依赖。但随之而来的数据孤岛、信息泄露、歧视性决策等数据伦理问题层出不穷，由此导致大量隐性偏差和解释性问题的出现。统计学家需要依托交叉学科研究平台，在推进数据质量、公平和解释性的学习与决策方面做出贡献。

②加强统计方法在科学可复现性与可重复性的系统性研究。长期以来，统计方法作为科学研究成果可信性的评估工具贯穿于各种科学证明形式，在科学推理中发挥着重要作用。人工智能时代，数据不再出自理想环境，现实问题复杂多变，整个科学研究都面临着弱可信环境下的"复现性危机"。这就需要发挥数据可复现性和可重复性这个研究视角优势，在统计学方法指导下，推进科研全系列、全流程数据规范体系的建设。

③揭示高维多源量化预测中的异质结构和动态特征，深入理解数据结构、模型和预测背后的理论关系。随着个性化预测需求的增加，模型在应用中正面临着数据稀疏和计算效率不足的问题。异质结构和动态特征的发现是实现个性化预测

的基本途径。应加强统计学理论研究与人工智能技术的有机融合，在数据分析方法论与技术构建之间取得均衡发展，以推动持续进步和深度创新。可深入开展的研究领域包括：基于云计算、可弹性扩展的分布式统计推断；完善选择后统计推断理论；加强隐私数据保护的统计分析；兼顾统计效率与计算效率的统计研究；强化大数据因果推断的统计研究等。

④加速统计学教育的改革步伐，课程内容与教学手段亟须与时俱进，以契合数据驱动技术创新的当代世界需求，致力于提升公众的统计学素养，优化高等院校统计学教学方法。

统计学产生于各领域，通过量化地测量、观察和试验来更好地理解科学现象。早期统计学受到来自人口学、天文学和精算学的启蒙，而心理学、医学、遗传学和农业方面的实际需求推动了现代统计学理论和方法的发展。统计学是一门应用的学科，不是一门单一的学科，需要跨学科合作。现今，几乎每个领域都需要收集和分析数据，一个以数据为中心的世界已经形成，在数据科学的基础领域许多新的跨学科需求被不断提出，统计学也因此成为数据世界的焦点。人工智能时代的到来，统计学的服务内容已发生翻天覆地的变化，统计学的角色也由传统的以收集数据为主转变为从规划到分析所有研究阶段与各领域科学家深度合作的新定位。

面对人类的生存发展挑战，大数据和大模型的出现既带来风险也带来发展机遇。中国统计学将以国家发展需求为导向，进一步加强基础研究，在若干主攻方向上与国际统计学术组织密切合作，共同解决全球发展中遇到的重大统计学问题。统计学无法独立于数据科学而存在，同样没有统计学的数据科学也是不完整的。统计学科有责任与各领域密切合作，以巩固科学认知、完善科研行为和服务决策支持，通过数据分析和人工智能构建共生共荣的统计社区生态。在充满不确定性和不断变化的环境下，统计学的实践、计算和理论将通过对各领域的深度参与，提升人类对未来科学发展的预见力和对社会变迁的理解洞察力，进而孕育出一个充满活力的学科发展新生态。

致谢审稿人（拼音顺序）：冯士雍、耿直、何旭铭、黄向阳、纪宏、柯惠新、孙六全、Terry Speed、杨瑛、郁彬、朱利平

第二篇附录

附录 3
中国统计学社历届社务会 / 理事会职员

社务会	所在年	主席	副主席	委员	
第一届	1931	刘大钧		金国宝	
				朱祖晦	
				陈炳权	
				王仲武	
				陈钟声	
				朱彬元	
第二届	1932	刘大钧		盛俊	
				王仲武	
				张心一	
				孙拯	
				林暐	
				陈炳权	
第三届	1933	刘大钧	盛俊	林暐	
				孙拯	
				蔡正雅	
				朱祖晦	
				金国宝	
第四届	1934	王仲武	吴大钧	朱君毅	
				孙拯	
				林暐	
				张心一	
				盛俊	

续表

理事会	所在年	社长	副社长	委员		
第五届	1935	刘大钧	王仲武	朱君毅		
				蔡正雅		
				张心一		
				金国宝		
第六届	1936	吴大钧	朱君毅	刘大钧		
				曾昭承		
				王仲武		
				金国宝		
				陈华寅		
第七届	1937	刘大钧（常务理事）		金国宝		
				陈华寅		
				芮宝公		
				曾昭承		
				谢应宽		
				任叔丹		
第八届	1938	吴大钧	朱君毅	刘大钧		
				芮宝公		
				金国宝		
				陈华寅		
				王仲武		
				曾昭承		
				褚一飞		
第九届	1939	吴大钧	朱君毅	刘大钧		
				芮宝公		
				金国宝		
				陈华寅		
				王仲武		
				曾昭承		
				褚一飞		

续表

理事会	所在年	社长	副社长	委员		
第十届	1940	吴大钧	朱君毅	王仲武		
				刘大钧		
				金国宝		
				褚一飞		
				芮宝公		
				陈长蘅		
				赵章黼		
第十一届	1941	芮宝公	褚一飞	刘大钧		
				金国宝		
				汪龙		
				王仲武		
				陈长蘅		
				李成谟		
				何廉		
第十二届	1942	吴大钧	褚一飞	王仲武		
				朱君毅		
				李成谟		
				何廉		
				汪龙		
				金国宝		
				芮宝公		
				唐启贤		
				陈长蘅		
				赵章黼		
				刘大钧		
				郑尧烨		
				卫挺生		
				杨蔚		

续表

理事会	所在年	理事长	常务理事	理事	常务监事	监事
第十三届	1944	吴大钧	吴大钧	赵章麟	郑彦棻	张心一
			朱君毅	陈长蘅		杨蔚
			郑尧桦	何廉		陈达
				汪龙		谷春帆
				卫挺生		
				艾伟		
				唐启贤		
				言心哲		
				陶孟和		
				乔启明		
				寿勉成		
				吴半农		
第十四届	1946	吴大钧（朱君毅代理）	朱君毅	赵章麟	郑彦棻	田克明
			褚一飞	郑尧桦		陈达
				王仲武		王万钟
				汪龙		谷春帆
				刘大钧		
				金国宝		
				徐钟济		
				陈长蘅		
				卫挺生		
				寿勉成		
				芮宝公		
				艾伟		

附录4

中国统计学社委员会

届数	第一届	第二届	第三届	第四届	第五届	第六届	第七届	第八届	第九届	第十届	第十一届	第十二届	第十三届	第十四届
研究委员会	√	√												
编辑委员会	√	√	√	√	√	√	√	√	√	√	√	√	√	√
筹募基金委员会		√							√				√	√
论文委员会			√	√	√	√	√	√						√
年会筹备委员会						√	√	√	√	√	√	√	√	√
户口普查研究委员会					√									
人口调查研究委员会						√								
全国户口农业普查方法研究委员会						√								
社所筹备委员会						√								
社员职业介绍委员会						√			√					
实地考察筹备委员会						√								
著作审查奖励委员会						√								
统计名词讨论委员会	√													
统计名词审查委员会				√										
统计译名委员会					√									√
统计名词编译委员会						√				√	√	√	√	√
司选委员会								√		√	√	√		√
经济指数编制研究委员会							√							

续表

届数	第一届	第二届	第三届	第四届	第五届	第六届	第七届	第八届	第九届	第十届	第十一届	第十二届	第十三届	第十四届
战时统计工作策划委员会								√						
战时应用统计资料委员会									√					
战时经济统计委员会									√	√				
统计补习学校校务委员会										√	√	√	√	
统计事业推进委员会											√			
统计符号审查委员会											√	√		
统计工作咨询委员会											√			
宣传委员会												√		
统计专科学校筹备委员会														√
统计问题研究委员会														√

√表示这一届设置了该委员会。

附录5

中国统计学社第十四届委员会委员

理事会各委员会		第十四届							
筹募基金委员会	主任委员	郑彦棻							
	副主任委员	寿勉成	金国宝						
	委员	沈伯陶	朱通九	陆荣光	褚一飞	张宗孟	王仲武	朱君毅	
编辑委员会	主任委员	王仲武							
	副主任委员	徐钟济							
	委员	何廉	方显廷	吴定良	褚一飞	田克明	吴宗汾	朱君毅	
统计专科学校筹备委员会	主任委员	赵章黼							
	副主任委员	王万钟							
	委员	徐钟济	褚一飞	吴宗汾	陈天泰	倪亮	周一夔	唐培经	

续表

理事会各委员会		第十四届														
年会筹备委员会	主任委员	汪龙														
	副主任委员	李庆泉														
	委员	叶定安	张熹	俞寿荣	任叔丹	阚家骆	潘学本	陈光照	谢应宽							
论文委员会	主任委员	褚一飞														
	副主任委员	吴宗汾														
	委员	刘大钧	杨西孟	陶孟和	戴世光	陈达	李黄孝贞	李蕃	汪沉	邹依仁	徐钟济	芮宝公	金国宝	唐培经	吴定良	郑尧桦	赵人儁
统计译名委员会	主任委员	朱君毅														
	副主任委员	田克明														
	委员	王仲武	金国宝	吴定良	褚一飞	许宝騄	唐培经	芮宝公	徐钟济							
统计问题研究委员会	主任委员	郑尧桦														
	副主任委员	刘坤阆														
	委员	徐钟济	言心哲	田克明	唐培经	褚一飞	吴宗汾	邹依仁	王仲武	汪龙	李庆泉					
司选委员会	主任委员	王万钟														
	副主任委员	何超														
	委员	唐培经	吴宗汾	杨寿标	田克明	倪亮										

附录6
中国统计学社 / 分社社章制定及修改

社章名称	社章制定 / 修改时间	修改内容
中国统计学社社章	1930 年	
南京分社简章	1934 年	
上海分社简章	1936 年	
广州分社简章	1936 年	
湖北分社简章	1936 年	
南京分社简章修正	1937 年	
上海分社简章修正	1937 年	
广州分社简章修正	1937 年	
湖北分社简章修正	1937 年	
中国统计学社社章第一次修改	1936 年	将社务委员会改为理事会，内设常务理事 1 人。
中国统计学社社章第二次修改	1937 年	将常务理事改设正副社长，并将理事人数由 7 人增至 9 人。
中国统计学社社章第三次修改	1942 年	将原任理事 9 人增设为 15 人。
中国统计学社社章第四次修改	1943 年	修改社章第七、第十二、第十三、第十四各条，将社长改为理事长，由理事互推 3 人为常务理事，组织常务理事会，并互推理事长 1 人，主持会务；增设监事 1 人，组织监事会，互推常务监事 1 人；社员常年社费，由 5 元改为 20 元，永久社费为 200 元，预备社员社费由 3 元改为 10 元。
中国统计学社社章第五次修改	1948 年	社员缴纳社费标准自 1948 年 9 月 1 日起一律改收金圆券，并修正下列数目：（1）常年社费 2 元；（2）入社费 2 元；（3）预备社员入社费 1 元，常年社费 1 元；（4）永久社费 20 元，并拟提请第十四届年会追认。

附录 7
中国统计学社分社汇总

分社名称	成立年	成立月	常务理事姓名
南京分社	1934		
上海分社	1935		
广州分社	1935		
湖北分社	1936	10	
武汉分社	1936		
重庆分社	1938	4	吴大钧
陕西分社	1946	7	范实信
四川分社	1946	12	李景清
贵州分社	1946	12	张云亭
湖南分社	1947	6	邹序魁
绥远分社	1947	6	贾英毅
辽宁分社	1947	8	方庆瑛
广东分社	1947	10	陈鸿藻
广西分社	1937	10	白日新
江苏分社	1947	11	邹依仁
云南分社	1947	12	戴自培
台湾分社	1948	4	李植泉
上海分社	1948	7	张宗孟
甘肃分社	1948	9	王全章

附录8
中国统计学社年会汇总

届数	时间（年）	地点	主席	社员人数	讨论主题
第一届	1931	南京	刘大钧		
第二届	1932	上海	刘大钧	30余	
第三届	1933	南京	刘大钧	152	
第四届	1934	上海	王仲武	178	
第五届	1935	南京	刘大钧	231	研究户口与农业普查之方法
第六届	1936	南京	吴大钧	297	收集统计资料
第七届	1937	南京	刘大钧	390	户籍及人事登记
第八届	1938	重庆	吴大钧	458	战时调查户口及举办户籍问题，编制战时农业、工业、矿业、交通、物价等统计问题
第九届	1939	重庆	吴大钧	485	统计与国防、政治、经济、社会、文化等建设问题
第十届	1941	重庆	吴大钧	470	统计与物价统制、统计与粮食管理等问题
第十一届	1942	重庆	芮宝公		战时经济统计问题
第十二届	1943	重庆	吴大钧	829	统计与行政
第十三届	1946	南京	吴大钧	845	
第十四届	1948	重庆	吴大钧	1 314	行宪时期统计行政

附录 9
中国统计学社出版著作 / 发行刊物

出版著作 / 刊物名称	出版 / 刊行时间（年）
中国统计学社第一年	1931
中国统计学社第三届年会会刊	1933
中国统计学社一览	1934
统计论丛	1934
中国统计学社通讯	1936
中国统计学社学报	1937
统计与行政	1942
中国统计学社概况	1943
统计名词译名	1946

附录 10
中国统计学社大事年表

1930 年　3 月 9 日，在南京中央大学，中国统计学社成立，制定社章。

1931 年　在南京开第一届年会；刊行《中国统计学社第一年》。

1932 年　在上海开第二届年会。

1933 年　在南京开第三届年会；发行《中国统计学社第三届年会会刊》。

1934 年　在上海开第四届年会；成立南京分社（后因战事关系停顿）；制定分社社章；刊行《中国统计学社一览》及《统计论丛》。

1935 年　在南京开第五届年会；成立上海分社和广州分社（后因战事关系停顿）。

1936 年　在南京开第六届年会；是年春始，按月编辑《中国统计学社通讯》；成立武汉分社；与中央统计联合会成立联合讨论会，以研究统计专门问题；修改社章，将社务委员会改为理事会，内设常务理事 1 人。

1937 年　在南京开第七届年会；6 月编印《中国统计学社学报》，后因经费不足而告中止；修改社章，将常务理事改设正副社长，并将理事人数由 7 人增至 9 人。

1938 年　在重庆开第八届年会；组织战时统计工作策划委员会。

1939 年　在重庆开第九届年会；筹设统计补习学校，以训练初级统计干部人才，应计政之所需。

1941 年　4 月召开第十届理事会，奉教育部渝字第 1572 号训令，厘定商学院统计学系必修统计学程教才之内容；在重庆开第十届年会；举办统计补习学校初级班两期，每期授课 3 个月。

1942 年　在重庆开第十一届年会；修改社章，将原任理事 9 人增设为 15 人；刊行《统计与行政》。

1943 年　2 月，第十二届理事会第二次会议决议并商同中华职业教育社同意，合办中华函授学校统计专修班一班，并函请主计处统计局分别函令中央及地方统计处室，保送该处室未受统计训练的工作人员受训；在重庆开第十二届年会；修改社章，将社长改为理事长，由理事互推 3 人为常务理事，组织常务理事会，并互推理事长一人，主持会务，增设监事 5 人，组织监事会，互推常务监事一人，又社员常年社费，由 5 元改为 20 元，永久社费为 200 元，预备社员社费由 3 元改为 10 元；刊行《中国统计学社概况》一书。

1946 年　在南京开第十三届年会（第十三届年会原拟在重庆举行，旋以抗战胜利，复缘事繁，各负责人无法分身，从而延期）；募集基金，筹办统计专科学校；修改社章，社员社费为 5 000 元，永久社费为 5 万元，预备社员为 3 000 元；成立贵州分社、陕西分社、四川分社；刊行统计名词译名 900 余种，经国立编译馆交由正中书局出版，至本社立案手续，亦经办妥，并奉到社会部颁发社字一三二号证书。

1948 年　在重庆开第十四届年会。筹备统计专科学校。修改社章，社员缴纳社费标准自 1948 年 9 月 1 日起一律改收金圆券，并修正下列数目：（1）常年社费 2 元；（2）入社费 2 元；（3）预备社员入社费 1 元，常年社费 1 元；（4）永久社费 20 元，并拟提请第十四届年会追认。

附录 11
中国统计学社社章
（1946年12月22日第十三届年会修正通过）

第一章　总则

第一条　本社定名为中国统计学社

第二条　本社以研究统计学理与方法及促进统计事业之发展为宗旨

第三条　本社总社设于国民政府所在地

第二章　社员及预备社员

第四条　凡在国内外专科以上学校毕业具有下列资格之一而无文化团体组织大纲第五条各款情事者经社员五人介绍理事会通过得为本社社员

一、有统计专门著作者

二、办理重要统计工作三年以上著有成绩者

第五条　凡志愿研究统计学术之学生或统计工作人员而无文化团体组织大纲第五条各款情事者经社员二人介绍理事会通过得为本社预备社员

第六条　本社员及预备社员有遵守本社社章及履行本社议决案之义务

第七条　社员每年缴纳社费五千元其一次缴足十年社费者为永久社员以后不再缴纳预备社员每年缴纳社费三千元

第八条　社员有选举权被选举权动议权决议权及其他一切应享权利

第九条　预备社员得列席本社社员大会及参加各种学术讲演或讨论会并得享受本社出版品

第三章　入社及退社

第十条　社员或预备社员入社时须填具入社志愿书

第十一条　社员或预备社员有下列情事之一者由理事会决议令其退社

一、发现有文化团体组织大纲第五条各款情事者

二、破坏本社信誉确有证据者

三、连续不缴社费达两届以上屡催不应者

社员或预备社员自动请求退社者应备函声叙其理由送本社理事会办理

第四章　组织

第十二条　本社以社员大会为最高权力机关社员大会闭会期间由理事会代行其职权

第十三条　本社设理事会监事会由全体社员互选理事十五人监事五人分别组织之理事会得互选常务理事三人组织常务理事会监事会得互选常务监事一人

理事之任期为一年连选得连任理事之选举得于会前一个月以记名投票法行之于年会时开票宣布其结果

第十四条　本社设理事长一人由常务理事互选之主持会务

第十五条　本社设文书会计各一人分别办理国内外通讯及财务等事宜由理事会聘请社员充任之

第十六条　理事会因事实上之需要得设置各种委员会各设主任委员一人由理事会推选之委员若干人由主任委员提请理事会聘定之各委员会主任委员及委员之任期除编辑委员会为三年外余均为一年

第十七条　理事会于必要时得酌用有俸给之干事及书记若干人助理文书会计及编辑事务

第五章　社员大会

第十八条　本社社员大会分年会及临时大会两种

一、年会每年举行一次其地址日期由理事会决定之

二、临时大会由理事会于必要时召集之

第十九条　社员对大会如有提案除另有规定外须经五人以上之连署并应于会期一周前提交理事会以便列入议事日程

第二十条　大会开会期间遇有重大事项理事会得用通讯方法征求全体社员意见

第六章　分社

第二十一条　凡在同一地方有社员十人以上者经理事会之决议得设立分社其简章通则另订之

第七章　附则

第二十二条　本章程如有未尽事宜得由理事会或社员十人以上之提议经
社员大会出席社员四分之三之决议修改之

第二十三条　本章程经社员大会通过呈经社会部核准备案后施行修正时
亦同

附录 12
中国统计学社分社简章通则

第一条　本通则根据中国统计学社社章第二十条制定之

第二条　分社名称应冠以所在地地名称中国统计学社某地分社

第三条　凡本社社员或预备社员志愿加入所在地分社者均得为该地分社社员或预备社员

第四条　分社社费不得超过本社社费二分之一

第五条　分社社员及预备社员之义务权利准用本社社章之规定

第六条　分社设理事会于分社社务会议时用记名投票法当场选举五人组织之理事会设常务理事一人由得票最多之理事任之上项理事之任期为一年连选得连任之

第七条　分社设文书会计各一人分掌通讯财务等事宜由理事兼任之

第八条　分社因事实上之需要得组织各种学术讨论或研究委员会

第九条　分社出版之刊物须先送经本社审核后方得付印

第十条　分社社务应每半年报告本社一次

第十一条　分社社务会议每年举行一次于必要时得召集临时会议讨论会每月或每两月举行一次

第十二条　分社简章未明白规定事项准用本社社章各条之规定

第十三条　分社简章经分社社务会议通过送由本社核定后呈请所在地党部政府备案施行修正时亦同

附录 13
中国经济学社年会及理事会成员

年会	时间	地点	讨论议题	理事会成员
第一届	1924 年 5 月 1 日	北京中央饭店		刘大钧（社长）、戴乐仁（副社长），林襟宇、卫挺生、陈长蘅、陈达、胡立猷为理事
第二届	1925 年 5 月 1 日	北京中国政治学会		刘大钧（社长）、马寅初（副社长），吴泽湘、杨培昌、赵文锐、金问泗、卫挺生、陈长蘅、程万里为理事
第三届	1926 年 5 月 1 日	北京欧美同学会		刘大钧（社长）、马寅初（副社长），吴泽湘、杨培昌、赵文锐、金问泗、周诒春、盛俊、程万里为理事
第四届	1927 年 11 月 18—20 日	上海总商会		马寅初（社长）、刘大钧（副社长），盛俊、杨端六、潘序伦、金国宝、周诒春、刘秉麟、李权时为理事
第五届	1928 年 9 月 28 日—10 月 3 日	杭州平海路旧省教育会		马寅初（社长）、刘大钧（副社长），盛俊、李权时、刘秉麟、戴克谐、寿景伟、卫挺生、徐寄顾为理事
第六届	1929 年 10 月 9—13 日	南京金陵大学	训政时期经济政策	马寅初（社长）、刘大钧（副社长），戴克谐、卫挺生、盛俊、钱永铭、潘序伦、陈长蘅、金国宝为理事
第七届	1930 年 9 月 20—23 日	无锡县商会	中国商业票据市场	马寅初、刘大钧、朱彬元、李权时、卫挺生、潘序伦、金国宝、徐寄顾、刘秉麟为理事
第八届	1931 年 9 月 1—4 日	宁波县总商会	救济水灾，推动工业调查	马寅初、刘大钧、邵元冲、陈其采、陈长蘅、卫挺生、朱彬元、李权时、杨荫溥为理事

续表

年会	时间	地点	讨论议题	理事会成员
第九届	1932 年 9 月 16—23 日	杭州浙江省党部	国难期间之经济问题	马寅初、刘大钧、张公权、贾士毅、吴鼎昌、何德奎、李权时、戴克谐、黎照寰为理事
第十届	1933 年 8 月 24—31 日	青岛山东大学	中国经济之改造	马寅初、刘大钧、黎照寰、王云五、金国宝、何德奎、李权时、吴鼎昌、寿景伟为理事
第十一届	1934 年 8 月 26 日—9 月 1 日	长沙湖南大学	统制经济政策之商榷	刘大钧、黎照寰、王云五、金国宝、何德奎、李权时、潘序伦、王志莘、周作民为理事
第十二届	1935 年 12 月 26—30 日	广州市宾馆	国民经济建设	马寅初（社长）、黎照寰、王云五、金国宝、潘序伦、王志莘、周作民、杨荫溥、卫挺生为理事
第十三届	1936 年 9 月 27 日—10 月 1 日	上海八仙桥青年会	非常时期之经济与财政问题	马寅初（社长）、何廉、刘大钧、李权时、潘序伦、王志莘、周作民、杨荫溥、卫挺生为理事
第十四届	1938 年 12 月 4 日	重庆银行公会	战时经济问题（内分财政、金融、贸易、农业与经济建设五大类）	马寅初（社长）、周作民、卫挺生、王志莘、潘序伦、穆湘玥、李权时、刘大钧、何廉为理事
第十五届	1940 年 4 月 28 日	重庆大学	战时与战后之经济问题	马寅初（社长）、周作民、卫挺生、王志莘、潘序伦、穆湘玥、李权时、刘大钧、何廉为理事
第十六届	1943 年 4 月 24—25 日	重庆北碚	战后经济问题	代社长陈其采（其他理事不详）

附录 14
中央统计联合会机关代表

机关名称	代表姓名
行政院	李大年
立法院	刘大钧
司法院	何超
考试院	高槐川
监察院	童公震
内政部	彭昭贤
外交部	徐同熙
军政部	杨伟
财政部	邓贤
教育部	李逸群
交通部	王仲武
铁道部	莫介福
工商部	陈炳权
农矿部	陈郁
卫生部	金诵盘
铨叙部	雷震
审计院	方文冕
建设委员会	张范村
蒙藏委员会	陈栋槺
禁烟委员会	孙宪祖
账务委员会	周一夔

中央统计联合会 1930 年会议信息

会议名称	会议时间	会议地点	会议主席
筹备大会	1930 年 4 月 24 日	立法院	刘大钧
成立大会	1930 年 5 月 10 日	立法院	陈郁
第一次常务委员会	1930 年 6 月 4 日	立法院	陈郁
第一次委员大会	1930 年 6 月 19 日	立法院	陈郁
第二次常务委员会	1930 年 6 月 28 日	立法院	陈郁
第二次委员大会	1930 年 7 月 22 日	立法院	雷震
第三次常务委员会	1930 年 8 月 15 日	立法院	陈郁
第三次委员大会 *	1930 年 8 月 28 日	立法院	王仲武
第四次委员大会 *	1930 年 9 月 18 日	立法院	陈郁
第四次常务委员会	1930 年 10 月 16 日	立法院	陈郁
第五次委员大会 *	1930 年 10 月 30 日	立法院	刘大钧
第五次常务委员会	1930 年 11 月 11 日	立法院	刘大钧
第六次委员大会 *	1930 年 11 月 20 日	立法院	雷震
第七次委员大会 *	1930 年 12 月 25 日	立法院	王仲武

* 原文为"会员大会",但根据上下文意思,应为"委员大会"。

附录16

武汉大学法科研究所汉口市工商业总调查表

國立武漢大學法科研究所

工商業市況總調查

縣或市名＿＿＿＿＿＿＿　街名＿＿＿＿＿＿＿　門牌號數＿＿＿＿＿＿＿

I．事業名稱（牌號及營業種類）

II．事業之組織（請畫去不用之字樣）

　　獨資　　　　合夥　　　　公司

III．事業之種類（請畫去不用字樣）

　　製造　　　　貿易：—販賣；介紹；運輸；金融；服務，模擬

IV．事業之性質（請畫去不用之字樣）

　　獨立機關　　　　分設機關　　　　代理機關　　　　販賣所

V．本事業現已開設＿＿＿＿＿年（自＿＿＿＿＿年起始）

VI．如係製造事業請填明下列各項

　　(1) 動力（請畫去不用之字樣）

　　　　電力：—自給；租來　　汽力　　水力　　人力

　　(2) 機械（及工具）之價值（請畫去不用之字樣）

　　　　　　　　M$　500以下

　　　　　　　　$001——　1,000

　　　　　　　　1,001——　3,000

　　　　　　　　3,001——　5,000

　　　　　　　　5,001——　10,000

　　　　　　　　10,001——　50,000

　　　　　　　　50,001——100,000

　　　　　　　100,001以上

　　(3) 房屋之租金估計

　　(4) 工人

名稱	現在人數			普通工資			有無其他報酬			紅獎辦法
	男	女	童	每件(元)	可日每成件數	每月(元)	膳	宿	津貼	
工頭										
工人										
學徒										
雜役										

(5) 職員

名　稱	人　數		普通薪金（元）		有無其他報酬			紅獎辦法
	男	女	每月	每年	膳	宿	津貼	
經　理								
職　員								
技　師								

(6) 原料

種　　類	每月銷費數量
....	....
....	....
....	....
....	....

(7) 出產品

種　　類	每月出產之數量
....	....
....	....
....	....
....	....

Ⅶ. 如係貿易事業請填明下列各項

(1) 房屋之租金佔計

計 .... 元

(2) 職員

名　稱	人　數		普通月薪		有無其他報酬			紅獎辦法
	男	女	薪額（元）	准銷長支月數	膳	宿	津貼	
經　理								
職　員								
學　徒								
雜　役								

(3) 每年營業旺月在於何季

春季　　　　夏季　　　　秋季　　　　冬季

第三篇附录

附录 17
1950—1976 年统计出版物

序号	书名	责任者*	出版时间	出版机构
1	统计学教程	〔苏〕叶若夫等著，徐坚译	1950 年	人民出版社
2	统计学原理	勾适生	1950 年	生活·读书·新知三联书店
3	新统计论丛	中华全国总工会统计处	1950 年	工人出版社
4	应用统计概要	萧晁狮	1950 年	大学图书供应社
5	生命统计纲要	许世瑾	1950 年	中央人民政府卫生部
6	统计学原理（第一分册）	〔苏〕H. 廖佐夫著，中国人民大学研究部编译室译	1950 年	中国人民大学
7	工业统计学教程提纲	〔苏〕H. 廖佐夫	1950 年	中国人民大学
8	为马列主义的统计理论而斗争	东北计划委员会统计局译	1950 年	东北计划委员会统计局出版部
9	统计工作（第一选辑）	东北计划委员会统计局	1950 年	东北计划委员会统计局出版部
10	统计学	王思立	1950 年	立信会计图书用品社
11	铁路统计学	许靖	1950 年	商务印书馆
12	统计会计计算应用表	褚凤仪	1950 年	商务印书馆

---

* 本栏出版物责任者仅对中译本区分作者和译者并注明责任方式，未注译者的为出版物译者缺失，对非中译本不再注明责任方式。

续表

序号	书名	责任者	出版时间	出版机构
13	普通统计学	薛仲三	1950 年	商务印书馆
14	列宁与统计	［苏］皮撒列夫著，陈东旭、戴有振译	1950 年	新华书店中南总分店
15	统计学参考资料（一、二、三、四、五、六、七）	中国人民大学统计教研室编译	1950—1953 年	中国人民大学
16	新统计论丛	中华全国总工会统计处	1950 年	工人出版社
17	怎样做调查研究和统计	于光远	1951 年	人民出版社
18	经济计划·统计	东北计划委员会统计局译	1951 年	生活·读书·新知三联书店
19	工会统计工作讲话	［苏］辛洛	1951 年	工人出版社
20	新统计学概论（上、下）第二版	［苏］奥斯特鲁莫夫著，东北计划委员会统计局译	1951 年	上册：东北计划委员会统计局出版部／下册：东北财经出版社
21	社会经济统计辞典	［苏］皮撒列夫著，王宗麟、铁大章、赵克成等译	1951 年	东北财经出版社
22	工业统计学教程（三分册）	［苏］沙文斯基	1951 年	东北统计局出版部
23	商业统计学教程（上、下）	［苏］H. 廖佐夫、H. 齐列利包木著，东北统计局出版部译	1951 年	东北统计局出版部
24	论人口调查（统计工作丛书 3）	［苏］萨乌琴著，刘曙光、戴有振译	1951 年	东北财经出版社
25	统计学通论（增订本）	王思立	1951 年	立信会计图书用品社
26	工业统计（第一分册）	邹依仁	1951 年	立信会计图书用品社
27	高级统计学	金国宝	1951 年	立信会计图书用品社
28	高级统计学	邹依仁	1951 年	立信会计图书用品社
29	论先进平均数	徐钟济、华伯泉	1951 年	立信会计图书用品社
30	实践统计学	秦庆钧	1951 年	共和书局

续表

序号	书名	责任者	出版时间	出版机构
31	1951 年世界经济统计资料汇编	世界经济统计编辑委员会	1951 年	新华书店
32	统计图绘制法	杨克勤	1952 年	上海万叶书店
33	实用统计	方乃和	1952 年	五一出版社
34	统计学原理讲授提纲（一般理论）	中国人民大学统计教研室编译	1952 年	中国人民大学
35	统计学原理	［苏］H. 廖佐夫著，中国人民大学统计教研室译	1952 年	中国人民大学
36	贸易统计学参考资料（一、二、三）	中国人民大学统计教研室编译	1952 年	中国人民大学
37	生产企业统计	余捷琼	1952 年	中国工业月刊社
38	资产阶级统计学是为帝国主义服务的	［苏］H. 札斯拉文等著，陈东旭、铁大章、赵克成译	1952 年	东北财经出版社
39	统计学教程	朱祖晦	1952 年	立信会计图书用品社
40	贸易统计学	陈善林	1952 年	立信会计图书用品社
41	实用统计学	李祥煜	1952 年	立信会计图书用品社
42	森林统计分析	谭启栋	1952 年	立信会计图书用品社
43	统计列表与制图	陈善林	1952 年	商务印书馆
44	统计理论中的几个问题	中国人民大学统计教研室编译	1952 年	新建设杂志社
45	农业统计学参考资料（一、二）	中国人民大学统计教研室编译	1952 年	中国人民大学
46	基本建设计算（上、下）	［苏］加奇阔夫、基帕利索夫著，陈东旭、刘曙光译	1953 年	东北财经出版社
47	统计图表制作法	陶荫培	1953 年	上海春明出版社
48	统计应用图表学习	何志翔	1953 年	上海通力出版社
49	实用统计制图法	方乃和	1953 年	五一出版社
50	文化统计	［苏］波格达诺夫著，中国人民大学统计学原理教研室译	1953 年	中国人民大学

续表

序号	书名	责任者	出版时间	出版机构
51	中国人民大学函授专修班《统计学原理》课程学习方法指导	中国人民大学统计学教研室编译	1953 年	中国人民大学
52	农业统计学（上、下）	［苏］斯·维·邵里茨	1953 年	中国人民大学
53	统计学原理讲义（第二版）	中国人民大学统计学原理教研室	1953 年	中国人民大学
54	经济统计应用数学讲义	中国人民大学数学教研室	1953 年	中国人民大学
55	纺织应用统计大纲	胡允祥	1953 年	中国纺织图书杂志社
56	统计工作（第五选辑）	东北统计局	1953 年	东北财经出版社
57	计划与国民经济平衡	［苏］A.库尔斯基等著，赵克成等译	1953 年	东北财经出版社
58	基本建设统计讲义	东北统计局基本建设统计科	1953 年	东北财经出版社
59	苏联共产党第十九次代表大会与统计的任务	［苏］B.斯达洛夫斯基等著，赵克成等译	1953 年	东北财经出版社
60	马克思列宁与统计（增订本）	东北统计局编译	1953 年	东北财经出版社
61	统计学是认识社会的有力武器	［苏］卡兹洛夫等著，梁天、赵克成等译	1953 年	东北财经出版社
62	经济统计问题论文集	［苏］B.C.诺维科夫主编，钟兆修等译	1953 年	东北财经出版社
63	贸易统计学讲义	东北统计局贸易统计处	1953 年	东北财经出版社
64	工业统计学原理	金国宝	1953 年	立信会计图书用品社
65	初级统计学	陈其鹿	1953 年	立信会计图书用品社
66	新统计学名词公式表格汇编	邹依仁	1953 年	立信会计图书用品社
67	大众统计学	张知几	1953 年	立信会计图书用品社
68	农业统计学	张志鸿	1953 年	立信会计图书用品社
69	百分比简易计算手册	涂志伸	1953 年	立信会计图书用品社

续表

序号	书名	责任者	出版时间	出版机构
70	经济统计学教程（第一分册）	［苏］阿·依·彼得洛夫主编，上海财政经济学院译	1953 年	立信会计图书用品社
71	统计制图	陈永秉	1953 年	立信会计图书用品社
72	统计会计应用数学	谭启栋	1953 年	立信会计图书用品社
73	论人口调查登记及统计	［苏］阿·耶·波亚尔斯基著，毕伯宏译	1953 年	立信会计图书用品社
74	怎样画统计图	蔡正雅、蔡君时	1953 年	立信会计图书用品社
75	统计学原理	［苏］H.廖佐夫，中国人民大学统计教研室编译	1953 年	时代出版社
76	基本建设统计学	［苏］M.贾契科夫著，重工业部基本建设司译	1953 年	重工业出版社
77	统计图讲话	少白、凤仪	1953 年	教育书店
78	经济统计学教程	［苏］阿·依·彼得洛夫上海财政经济学院译	1953—1954 年	立信会计图书用品社
79	邮电统计学（上、下）	［苏］布赫曼等著，东北邮电管理局译	1954 年	人民邮电出版社
80	经济统计学教程（一至四分册）	［苏］A. И.彼得洛夫主编，中国人民大学贸易统计教研室等译	1954 年	中国人民大学
81	国内贸易统计学（上、下）	中国人民大学贸易学统计教研室	1954 年	中国人民大学
82	国内贸易统计学提纲	中国人民大学贸易统计学教研室编译	1954 年	中国人民大学
83	怎样整顿原始记录	东北行政委员会统计局	1954 年	东北财经出版社
84	国民收入的计划与统计	东北行政委员会统计局编译	1954 年	东北财经出版社
85	农业调查统计经验介绍	东北行政委员会统计局	1954 年	东北财经出版社
86	苏联国民经济统计资料——联共（布）党史参考资料	［苏］高尔布尼奇著，彼得洛夫校，张云译	1954 年	东北财经出版社
87	怎样进行贸易经济活动的分析	东北行政委员会统计局编译	1954 年	东北财经出版社

续表

序号	书名	责任者	出版时间	出版机构
88	怎样进行工业经济活动的分析	东北行政委员会统计局编译	1954 年	东北财经出版社
89	工业统计学	［苏］巴克拉诺夫著，赵克成等译	1954 年	东北财经出版社
90	合作社贸易统计学	葛译之	1954 年	立信会计图书用品社
91	统计图示法	丁陇	1954 年	立信会计图书用品社
92	统计分组法	［苏］Н. Г. 戈拉切夫著，毕伯宏译	1954 年	立信会计图书用品社
93	工业产品质量的统计检查方法	［苏］纳维科夫著，陶钧译	1954 年	立信会计图书用品社
94	统计调查与整理的实务	许须实	1954 年	立信会计图书用品社
95	统计原理与实习教材	陈其鹿	1954 年	立信会计图书用品社
96	有计划按比例的发展国民经济	吴景超	1954 年	中国青年出版社
97	工业技术数理统计学	［苏］德麟著，丁寿田译	1954 年	机械工业出版社
98	统计检查	［苏］法恩、别烈谦著，李宗宁、张征成译	1954 年	纺织工业出版社
99	从统计数字看 1921 年至 1937 年的苏联国民经济	经济译丛编辑部译	1954 年	学习杂志社
100	实用统计数学（上、下）	骆风和	1954 年	商务印书馆
101	统计译丛（一至六）	经济资料编辑委员会编译	1954—1956 年	财政经济出版社
102	卫生统计学	［苏］巴特斯基著，王广仪、李时明译	1955 年	人民卫生出版社
103	调查研究与工作总结	洪彦林	1955 年	人民出版社
104	河运统计学	［苏］И. В. 希波夫斯卡娅著，胡允廉等译	1955 年	人民交通出版社
105	铁路统计学	［苏］柯切托夫著，刘永禄等译	1955 年	人民铁道出版社
106	工会统计工作讲话	中华全国总工会政策研究室	1955 年	工人出版社

续表

序号	书名	责任者	出版时间	出版机构
107	工业统计学讲义（上、下）	中国人民大学工业统计学教研室	1955年	中国人民大学出版社
108	统计学原理讲义（修订本）	中国人民大学统计理论教研室	1955年	中国人民大学
109	林业统计学	［苏］М. Г. 兹道力克著，符伍儒译	1955年	中国林业出版社
110	木材生产的统计问题	［苏］Д. Н. 沙比罗著，张博清译	1955年	中国林业出版社
111	怎样读统计数字	［苏］Т. В. 列布式金著，铁大章译	1955年	计划统计杂志社
112	统计学原理参考资料（一）	东北财经学院统计学原理教研组	1955年	东北财经学院
113	计划、统计与核算的图示法	［苏］Л. А. 贝佐夫著，章雷、陈其鹿译	1955年	立信会计图书用品社
114	统计平均数	邹依仁	1955年	立信会计图书用品社
115	机器制造工厂统计计算方法	第一机械工业部计划司	1955年	机械工业出版社
116	基本建设投资完成额计算方法	国家统计局	1955年	财政经济出版社
117	统计与政治	［苏］沃林著，岳渔译	1955年	财政经济出版社
118	资产阶级统计如何掩盖真相	［苏］崔尔林、彼得洛夫等著，蒋光远、陆冲林、戴健群等译	1955年	财政经济出版社
119	资产阶级统计的虚伪性	经济资料编辑委员会编译	1955年	财政经济出版社
120	大力缩减、简化核算与报表	经济资料编辑委员会编译	1955年	财政经济出版社
121	物资技术供应统计学	［苏］艾捷里曼著，中央财政干部学校翻译室译	1955年	财政经济出版社
122	统计理论（第一至五分册）	别库诺娃等著，集体翻译	1955年	财政经济出版社
123	劳动统计参考资料	经济资料编辑委员会编译	1955年	财政经济出版社
124	苏联保健、教育和文化统计组织	沙洛保夫编著，顾玮琳译	1955年	财政经济出版社

续表

序号	书名	责任者	出版时间	出版机构
125	中国近代经济史统计资料选辑	严中平等	1955 年	科学出版社
126	学校教育统计学	［苏］И. М. 巴格达诺夫著，赵克成译	1955 年	统计出版社
127	什么是统计	［苏］C. M. 古列维奇著，铁大章、高拱宸、甘雨农译	1955 年	统计出版社
128	社会主义社会中国民经济计算的组织	［苏］C. K. 塔图尔著，铁大章译	1955 年	统计出版社
129	统计和计划	［苏］Б. 斯米霍夫著，娱天译	1955 年	统计出版社
130	统计工作重要文件汇编（第一、二、三辑）	国家统计局	1955 年	统计出版社
131	统计理论	［苏］H. K. 德鲁日宁著，甘雨农，何云章译	1955 年	计划统计杂志社
132	苏联农业统计学教程讲义（第一至五分册）	［苏］德·谢·扎卡留金著，中国人民大学农业统计学教研室译	1955—1956 年	中国人民大学
133	供销合作社统计讲话	朱启修	1956 年	山东人民出版社
134	苏联社会主义农业统计资料	苏联国家计划委员会国民经济统计中央管理局编，徐若曾译	1956 年	中国人民大学出版社
135	统计学原理讲义（上、下）	中国人民大学统计理论教研室	1956 年	中国人民大学出版社
136	概率论及数理统计学要义	［苏］龙西斯基著，袁作新、廖松译	1956 年	电力工业出版社
137	机器制造厂统计检查的应用	［苏］阿历斯托夫、考利德而捷夫著，纺织工业部专家工作室译	1956 年	机械工业出版社
138	农业生产合作社统计工作讲话	江西省统计局	1956 年	江西人民出版社
139	农业社统计教材	江苏省农业厅计划财务处	1956 年	江苏人民出版社
140	怎样做工业统计分析工作	国家统计局工业统计司	1956 年	统计出版社
141	工业统计学（增订第二版）	［苏］叶若夫著，高拱宸等译	1956 年	统计出版社

续表

序号	书名	责任者	出版时间	出版机构
142	基本建设统计学参考资料	国家统计局基本建设统计司	1956 年	统计出版社
143	工业统计	［苏］Л.М.沃洛达尔斯基著，刘有锦、吴辉、张仁宝译	1956 年	统计出版社
144	抽样法	［苏］维·纳·斯塔罗夫斯基著，高拱宸译	1956 年	统计出版社
145	保健统计	［苏］Г.А.巴特吉斯、А.И.阿里陶夫斯基、Л.Б.申费里德著，中国人民大学统计理论教研室译	1956 年	统计出版社
146	工业统计习题汇编	［苏］西德里克著，南阜熏译	1956 年	统计出版社
147	运输统计学	［苏］Е.Л.列别捷夫著，高拱宸、刘有锦译	1956 年	统计出版社
148	财政统计	［苏］Ф.Д.利夫西茨著，萧笙译	1956 年	统计出版社
149	统计理论一般问题讲话	徐前、江昭、林富德、郑尧、刘新、周复恭	1956 年	统计出版社
150	统计指数法	［苏］С.Б.奥谢洛娃著，董鸿文译	1956 年	统计出版社
151	农业统计工作手册	统计工作手册编辑委员会	1956 年	统计出版社
152	物资技术供应统计工作手册	统计工作手册编辑委员会	1956 年	统计出版社
153	国民收入论文集	统计出版社	1956 年	统计出版社
154	工业企业统计问题	［苏］Г.И.巴克拉诺夫著，西北大学经济系统计教研组译	1956 年	统计出版社
155	工业统计习题汇编	［苏］巴巴克著，上海财经学院统计系译	1956 年	统计出版社
156	苏联国民收入统计问题	［苏］Л.М.莫斯克文著，桑炳彦等译	1956 年	统计出版社
157	统计理论基本问题	杨坚白	1956 年	统计出版社
158	工业统计学讲义	国家统计局工业统计司	1956 年	统计出版社

续表

序号	书名	责任者	出版时间	出版机构
159	基本建设统计学讲义	国家统计局基本建设统计司	1956 年	统计出版社
160	苏维埃商业统计	［苏］Н. П. 吉捷利保穆著，张奔流等译	1956 年	统计出版社
161	工业统计工作手册	统计工作手册编辑委员会	1956 年	统计出版社
162	人口统计学	［苏］А. Я. 波雅尔斯基、П. П. 舒舍林著，毕士林、严健羽译	1956 年	统计出版社
163	运输邮电统计工作手册	统计工作手册编辑委员会	1956 年	统计出版社
164	中国 1953 年全国人口调查	［苏］谢·康·克拉戴维奇著，国家统计局专家工作室译	1956 年	统计出版社
165	基层农业统计工作经验汇编	国家统计局农业统计司	1956 年	统计出版社
166	统计物理学导论	王竹溪	1956 年	高等教育出版社
167	统计学原理教学大纲（初稿）	中国人民大学	1956 年	高等教育出版社
168	大众统计	张知几	1956 年	新知识出版社
169	怎样画好统计图	许须实	1956 年	新知识出版社
170	矿业统计学的基本问题	［苏］赫·斯·卡巴强斯基著，张文富等译	1956 年	煤炭工业出版社
171	苏联的统计组织 / 统计资料分析的科学原理	［苏］И. И. 舒里金、Т. И. 卡兹洛夫著，陆冲林、查瑞传译	1956 年	中国人民大学出版社
172	中国国内商业统计学讲义	中国人民大学农业贸易统计教研室	1956 年	中国人民大学出版社
173	统计译文专辑（一至十二）	统计出版社编辑部	1956—1957 年	统计出版社
174	数学统计法推测洪水的原理	万良逸	1957 年	人民铁道出版社
175	工厂常用卫生统计知识	许世瑾	1957 年	上海卫生出版社
176	为什么要调查研究怎样进行调查研究	一文	1957 年	山东人民出版社
177	工业统计学讲义	中国人民大学统计系	1957 年	中国人民大学出版社

续表

序号	书名	责任者	出版时间	出版机构
178	机器制造业中的统计法的应用	〔苏〕季秀金等著，陶家澂译	1957 年	机械工业出版社
179	产品质量预防性统计检查在电气工业中的应用	〔苏〕诺维科夫著，秦明、刘玉璧译	1957 年	机械工业出版社
180	贸易统计实用制图	顾启民	1957 年	江苏人民出版社
181	纺织工程数理统计	严灏景	1957 年	纺织工业出版社
182	苏维埃司法统计学	〔苏〕奥斯特罗乌莫夫著，钱克新译	1957 年	法律出版社
183	信息论的数学理论	王寿仁	1957 年	科学出版社
184	经济统计学教程（第二版）	〔苏〕А.И.彼得罗夫主编，铁大章、曾定之等译	1957 年	统计出版社
185	抽样观察	〔苏〕В.Л.格兰科夫著，张文华译	1957 年	统计出版社
186	商业统计工作手册	统计工作手册编辑委员会	1957 年	统计出版社
187	商业统计学	商业部教育局教材编辑委员会	1957 年	统计出版社
188	一时丧失劳动能力发病率统计的方法	〔苏〕Л.К.霍查诺夫、А.И.阿姆莫里叶斯卡娅著，顾玮琳译	1957 年	统计出版社
189	工会统计工作讲义	中华全国总工会统计处	1957 年	统计出版社
190	经济统计学讲话	徐前、戴世光、于涛等	1957 年	统计出版社
191	统计理论（增订第二版）	〔苏〕沃斯特里科娃主编，国家统计局编译处译	1957 年	统计出版社
192	商业统计习题汇编	商业部教育局教材编辑委员会	1957 年	统计出版社
193	统计平均数	〔苏〕Т.В.里亚布什金著，钟兆修、刘有锦译	1957 年	统计出版社
194	农业统计习题汇编	〔苏〕Ю.Э.嘉贝著，曾定之、黄孟藩、尹德光译	1957 年	统计出版社
195	农业统计中的分组法	施家珍	1957 年	统计出版社
196	劳动统计工作手册	统计工作手册编辑委员会	1957 年	统计出版社
197	关于结构变动影响指数和固定组成指数的讨论	统计出版社编辑部	1957 年	统计出版社

续表

序号	书名	责任者	出版时间	出版机构
198	统计学原理	商业部教育局教材编辑委员会	1957 年	统计出版社
199	劳动生产率统计方法	国际劳工局编，魏玉孙等译	1957 年	统计出版社
200	谈谈统计干部的自学	国家统计局教育处	1957 年	统计出版社
201	经济指数的同度量因素问题	统计出版社编辑部	1957 年	统计出版社
202	统计制图法	翁礼馨	1957 年	统计出版社
203	统计学（上、下）	［苏］斯特鲁米林主编，曾定之、陈东旭等译	1957 年	统计出版社
204	生产潜力的计量方法	唐启贤	1957 年	统计出版社
205	统计力学	［美］J. 梅逸、M. G. 梅逸著，陈成琳、陈继述译	1957 年	高等教育出版社
206	统计抽样法	邹依仁	1957 年	新知识出版社
207	统计指数	张知几、欧阳昌尧	1957 年	新知识出版社
208	统计学名词公式汇编（增订本）	邹依仁	1957 年	新知识出版社
209	苏联统计专家谈话记录选编	国家统计局	1957 年	统计出版社
210	卫生统计学	［苏］П. М. 卡兹洛夫著，沈安等译	1958 年	人民卫生出版社
211	铁路运输业劳动统计学	［苏］В. Н. 什维佐夫著，王吉恩译	1958 年	人民铁道出版社
212	资产阶级统计理论批判	邹依仁	1958 年	上海人民出版社
213	肃清资产阶级统计学术思想的流毒	（中国科学院河北省分院经济研究所、南开大学经济系）资产阶级统计学批判小组	1958 年	上海人民出版社
214	商业统计学	上海财政经济学院贸易统计教研组	1958 年	上海财政经济出版社
215	统计学原理	上海财政经济学院统计学原理教研组	1958 年	上海财政经济出版社
216	统计分组法	［苏］С. М. 古列维奇著，张知几等译	1958 年	上海财政经济出版社

续表

序号	书名	责任者	出版时间	出版机构
217	统计图示法	陈其鹿、周永瑞	1958 年	上海财政经济出版社
218	统计理论几个基本问题的研究	中国人民大学统计系	1958 年	中国人民大学出版社
219	保险数学	李志贤	1958 年	财政出版社
220	实用水文统计法	金光炎	1958 年	水利电力出版社
221	机器制造业中的统计检查法	第一机械工业部工具研究院互换性处	1958 年	机械工业出版社
222	农业统计资料手册	农业部计划局	1958 年	农业出版社
223	对外贸易统计学	陈及时、刘伯午	1958 年	财政经济出版社
224	统计工作跃进经验	河北人民出版社	1958 年	河北人民出版社
225	统计工作跃进画册	河北省统计局	1958 年	河北人民出版社
226	我国过渡时期私营工业调查统计	国家统计局工业统计司	1958 年	统计出版社
227	统计平均数在经济分析中的应用问题	统计出版社	1958 年	统计出版社
228	国民经济总产量指标的作用及计算方法	唐启贤	1958 年	统计出版社
229	统计译文专辑（第 14 辑）：全苏统计工作者会议专刊	国家统计局专家工作科、国家统计局编译处译	1958 年	统计出版社
230	苏联国民财富统计概论	［苏］E. H. 弗列依孟特著，甘雨农译	1958 年	统计出版社
231	农业统计学	［苏］C. B. 邵里茨著，曾定之等译	1958 年	统计出版社
232	工业产品质量统计检查法	邹依仁	1958 年	统计出版社
233	统计图的绘制与应用	张振欧	1958 年	统计出版社
234	印度马哈拉诺比斯教授访华统计报告集	统计出版社	1958 年	统计出版社
235	铁路劳动工资统计工作经验	铁道部计划统计局	1959 年	人民铁道出版社
236	铁路统计常识	石炳坤	1959 年	人民铁道出版社

续表

序号	书名	责任者	出版时间	出版机构
237	统计学原理	上海社会科学院统计系	1959 年	上海财政经济出版社
238	统计学讲义（初稿6分册）	中国人民大学统计系	1959 年	中国人民大学
239	农村统计工作必须为政治为生产服务	北京市统计局	1959 年	北京出版社
240	机率论与数理统计学初步	褚一飞	1959 年	机械工业出版社
241	量子统计学	［苏］H. H. 波戈留波夫著，杨榮译	1959 年	科学出版社
242	工业试验统计	［英］K. A. 勃郎里著，陈荫枋译	1959 年	科学出版社
243	农村统计工作基本知识	袁渤、莫日达、刘蒂	1959 年	统计出版社
244	怎样运用统计方法分析现象之间的依存关系	［苏］乌尔兰尼斯著，国家统计局综合司编译处译	1959 年	统计出版社
245	统计学一般理论教程	［苏］T. И. 卡兹洛夫等著，周逸江等译	1959 年	统计出版社
246	统计物理引论	陈仁烈	1959 年	高等教育出版社
247	自然地理统计资料	李汝燊	1959 年	商务印书馆
248	怎样开展统计调查研究工作	福建省计划委员会	1959 年	福建人民出版社
249	统计理论一般问题	厦门大学经济系计划统计教研组	1959 年	福建人民出版社
250	概率论与数理统计	北京师范大学数学系普通教育改革小组	1960 年	人民教育出版社
251	工业技术应用数理统计学（上、下）	周华章	1960 年	人民教育出版社
252	统计决策函数	［美］A. 瓦尔特著，王福保译	1960 年	上海科学技术出版社
253	统计数学（试用本）	复旦大学数学系	1960 年	上海科学技术出版社
254	农业机械站的统计工作	吉林省农业机械管理局机械管理处	1960 年	吉林人民出版社
255	苏联农业经济统计资料	苏联中央统计局编，中国农业科学院农业经济研究所译	1960 年	农业出版社

续表

序号	书名	责任者	出版时间	出版机构
256	土地统计学	［苏］波契科夫主编，张平译	1960 年	农业出版社
257	纺织工程数理统计学	上海国棉十七厂、上海师范学院数学教研组	1960 年	纺织工业出版社
258	概率和数理统计	中国数学会数学通报编委会	1960 年	科学技术出版社
259	制图作业数理统计法	［苏］M. K. 保查罗夫、C. A. 尼古拉耶夫著，中国人民解放军总参谋部测绘局译	1960 年	测绘出版社
260	农村人民公社统计经验汇编	国家统计局农业统计司	1960 年	统计出版社
261	商业计划统计工作经验汇编	商业部经济计划局	1960 年	统计出版社
262	农作物产量调查经验汇编	国家统计局农业统计司	1960 年	统计出版社
263	统计学数学方法（第一分册）	［瑞典］哈雷德·克拉美著，郑朴、吴锦译	1960 年	高等教育出版社
264	工业统计学	湖北大学计划统计系	1960 年	湖北人民出版社
265	人民公社统计	厦门大学经济系计划统计教研组	1960 年	福建人民出版社
266	概率论与数理统计（第二版）	复旦大学数学系	1961 年	上海科学技术出版社
267	统计分析	［日］森口繁一著，刘璋温译	1961 年	上海科学技术出版社
268	统计学原理	高等商业学校经营管理类教材选编组	1961 年	中国财政经济出版社
269	世界经济统计资料简编1960	中国科学院经济研究所世界经济研究室	1961 年	世界知识出版社
270	国外农业统计资料	农业部办公厅计划处	1961 年	农业出版社
271	数理统计学	北京林学院数学教研组	1961 年	农业出版社
272	统计学原理	江苏省农业会计学校	1961 年	农业出版社
273	平稳时间序列的统计分析	［美］U. 格列南特、M. 罗孙勃勒特著，郑绍濂等译	1962 年	上海科学技术出版社

续表

序号	书名	责任者	出版时间	出版机构
274	概率论及数理统计	［波兰］M. 费史著，王福保译	1962 年	上海科学技术出版社
275	社会主义的经济核算	李成瑞、左春台	1962 年	中国青年出版社
276	统计学讲义（初稿·一卷本）	中国人民大学统计系	1962 年	中国人民大学
277	商业统计基础知识	国家统计局财贸统计司、商业部计划局、全国供销合作总社计划局	1962 年	中国财政经济出版社
278	结晶统计与代数	［日］伏见康治、庄司一郎著	1962 年	上海科学技术出版社
279	医用数理统计方法	郭祖超	1963 年	人民卫生出版社
280	试验设计法（设计的理论）	［日］增山元三郎著，刘璋温译	1963 年	上海科学技术出版社
281	统计工作试行条例		1963 年	中国财政经济出版社
282	气候统计	么枕生	1963 年	科学出版社
283	统计学原理	厦门大学经济系统计教研室	1963 年	福建人民出版社
284	基础概率与数理统计	林少宫	1963 年	人民教育出版社
285	商业统计	浙江省杭州商业学校	1963 年	山东人民出版社
286	应用于农学和生物学实验的数理统计方法	［美］G. W. 斯奈迪格著，杨纪珂、汪安琦译	1963 年	科学出版社
287	统计物理学	［苏］Л. Л. 朗道、E. M. 栗弗席兹著，杨训恺等译	1964 年	人民教育出版社
288	数理统计方法在医学科学中的应用	杨纪珂	1964 年	上海科学技术出版社
289	医学试验设计原理	金正均	1964 年	上海科学技术出版社
290	统计试验法（蒙特卡罗法）及其在电子数字计算机上的实现	［苏］H. П. 布斯连科、IO. A. 施廖盖尔著，王毓云、杜淑敏译	1964 年	上海科学技术出版社
291	农业统计学	中国人民大学工业农业贸易统计教研室农业统计组	1964 年	中国人民大学出版社

续表

序号	书名	责任者	出版时间	出版机构
292	商业统计学	中国人民大学工业农业贸易统计教研室贸易统计组	1964 年	中国人民大学出版社
293	数理统计学及线性规划在黑色冶金中的应用	［苏］O. A. 米哈依洛夫著，徐在庸译	1964 年	中国工业出版社
294	统计工作文件选编	国防工业出版社	1964 年	国防工业出版社
295	统计热力学	［奥地利］E. 薛定谔著，徐锡申译	1964 年	科学出版社
296	误差理论与实验数据处理	冯师颜	1964 年	科学出版社
297	大田作物田间试验统计方法	赵仁镕	1964 年	辽宁人民出版社
298	统计方法在畜牧上的应用	［日］山田淳三著，刘瑞三译	1965 年	上海科学技术出版社
299	信号检测的统计理论	［英］C. W. 赫尔斯屈朗著，陈宗骘等译	1965 年	上海科学技术出版社
300	半导体统计学	［美］J. S. 勃莱克莫尔著，黄启圣、陈仲甘译	1965 年	上海科学技术出版社
301	多变量控制系统	［苏］M. D. 米沙诺维奇，涂序彦译	1965 年	上海科学技术出版社
302	机械工业企业物资供应统计工作	张承绪	1965 年	机械工业出版社
303	腐蚀试验的统计分析方法	曹楚南	1965 年	机械工业出版社
304	1917—1957 四十年来的苏联数学：概率论·数理统计	［苏］A. H. 柯尔莫格洛夫、И. И. 基赫曼、B. B. 哥涅坚科著，陈翰馥译	1965 年	科学出版社
305	强度统计理论	［苏］C. Д. 沃尔科夫著，吴学蔺译	1965 年	科学出版社
306	科学实验设计一百例评注	杨纪珂	1965 年	科学普及出版社
307	统计学数学方法	［瑞典］H. 克拉美著，魏宗舒、郑朴、吴锦译	1966 年	上海科学技术出版社
308	质量评估方法平话	杨纪珂	1966 年	中国工业出版社
309	生物统计学	范福仁	1966 年	江苏人民出版社

续表

序号	书名	责任者	出版时间	出版机构
310	医学统计基本知识:《新医学》特刊	中山医学院《新医学》编辑组	1973 年	中山医学院《新医学》编辑出版组
311	工业企业统计	天津市财经学校工业统计教研组	1973 年	天津人民出版社
312	常用数理统计方法	中国科学院数学研究所统计组	1973 年	科学出版社
313	世界经济统计简编	王怀宁、史道源等	1974 年	生活·读书·新知三联书店
314	工业企业统计	《工业企业统计》编写组	1974 年	上海人民出版社
315	常用数理统计表	中国科学院数学研究所概率统计室	1974 年	科学出版社
316	数值预报和数理统计预报会议论文集	中央气象局气象科学研究所	1974 年	科学出版社
317	煤炭工业企业统计（试用教材）	燃料化学工业部统计学习班教材编写小组	1974 年	燃料化学工业出版社
318	石油工业企业统计（试用教材）	燃料化学工业部统计学习班教材编写小组	1974 年	燃料化学工业出版社
319	化学工业企业统计（试用教材）	燃料化学工业部统计学习班教材编写小组	1974 年	燃料化学工业出版社
320	回归分析方法	中国科学院数学研究所数理统计组	1974 年	科学出版社
321	正交试验法	中国科学院数学研究所数理统计组	1975 年	人民教育出版社
322	正交试验设计法（多因素的试验方法）	上海市科学技术交流站	1975 年	上海人民出版社
323	六国经济统计（1950—1973 年）	（中国银行总管理处、北京经济学院）《六国经济统计》编写小组	1975 年	中国财政经济出版社
324	单站统计天气预报方法的研究	中国科学院大气物理研究所	1975 年	科学出版社
325	计划生育统计	江苏省革命委员会计划生育领导小组办公室	1976 年	人民卫生出版社
326	正交设计——一种安排多因素试验的数学方法	北京大学数学力学系数学专业概率统计组	1976 年	人民教育出版社

续表

序号	书名	责任者	出版时间	出版机构
327	商业企业统计	《商业企业统计》编写组	1976 年	上海人民出版社
328	日本经济统计简编	中国银行总管理处	1976 年	中国财政经济出版社
329	商业统计基础知识	商业部计划局、供销合作总社计划局	1976 年	中国财政经济出版社
330	多因素试验正交选优法	俭济斌	1976 年	科学出版社
331	世界人口统计简编——1974 年世界人口基本情况，二十年来世界人口和经济发展	北京经济学院经济研究所人口研究室统计组	1976 年	商务印书馆

第四篇附录

附录18
统计学一级学科简介（2013年）*

0714　统计学

一、学科概况

统计活动历史悠久，统计学的英文词 statistics 最早源于现代拉丁文 statisticum collegium（原意为国会）、意大利文 statista（原意为国民或政治家）以及德文词 Statistik（原意为政府统计），表示研究国家的科学。统计学的产生与发展是和生产力的发展、社会的进步紧密相连的。17世纪，以威廉·配第1676年提出的"政治算术"的经济测度和约翰·格朗特于1662年提出的人口变动测度方法为标志诞生了统计学。19世纪末，欧洲各大学开设的"国情纪要"或"政治算术"等课程名称逐渐消失，取而代之的是"统计分析科学"课程，它的出现是现代统计发展阶段的开端。

18世纪末至19世纪末是统计学基础的形成时期，形成了以数理统计为基础的统计学基本框架。拉普拉斯于1802年在欧洲各国统计机构广泛开展的经济社会调查活动中提出了抽样调查概念，并发展了相关技术。1805年勒让德发展了最小二乘法。1809年高斯等数学家逐渐建立了误差正态分布理论，奠定了现代统计方法早期的理论基础。比利时的凯特勒于1835—1846年间将概率论中的中

* 摘自：国务院学位委员会第六届学科评议组. 学位授予和人才培养一级学科简介. 北京：高等教育出版社，2013：113-116.

心极限定理与正态分布理论引入社会经济研究。1874—1890 年，高尔登提出回归与相关概念，标志着统计推断时代的到来。这些早期的工作为统计学建立了一个基于数据或然性特征的研究框架，并在这一时期形成了数理统计学和社会经济统计学。

20 世纪初以来，科学技术迅猛发展，社会经济发生巨大变化，统计学进入理论体系化发展与成熟时期。卡尔·皮尔逊于 1900 年提出拟合优度检验，刻画观察现象与科学假说之间的距离，从此，人们能够根据观测评价假说的合理性。1908 年哥色特[①]提出的 t 分布概念及小样本理论标志着参数估计理论基础框架的完成。费歇尔[②]于 1922—1935 年间提出了显著性检验，并发展了方差分析理论和试验设计理论。20 世纪 30 年代，奈曼和爱根·皮尔逊提出了最优检验理论。20 世纪早期的研究确立了基于严格数学逻辑构建统计学理论体系的发展方向，推动了统计学的蓬勃发展并取得了辉煌的成就。至此，围绕着以数据为核心探索数据规律特征、关系和变化及实际应用为目标的现代统计学方法论科学体系逐渐形成。

计算机技术的进步对统计学的发展产生了巨大影响。一方面，在现代社会经济生活和科学研究中，数据或信息正以前所未有的规模和速度大量产生，数据分析已成为科学研究的基础、政府制定政策的依据和企业管理决策的工具。另一方面，科学技术与社会经济等研究领域中的问题更加复杂，与之相关的数据规模不断增大，数据形式更加多样化，人们认识到各种现象和科学规律都蕴藏在观察和试验数据中，对数据的研究不能仅限于数据本身，复杂问题的数据获取，大规模数据的组织和处理都影响到统计推断的有效性。统计学面临着许多新挑战和新机遇。

改革开放以来，我国的统计学科和统计学教育以及人才培养得到了快速发展，我国统计学迈入新的发展轨道。

二、学科内涵

1. 研究对象

统计学是关于收集、整理、分析以及解释数据的科学，其目的是通过分析数据，达到对客观事物内在规律的科学认识。这里的"数据"通常指信息的载体，"由数据探索事物内在规律"是统计学的核心思想，贯穿于统计学的始终。大量

---

① 本书所用译名为"戈塞特"。
② 本书所用译名为"费希尔"。

数据从科学研究和社会生活中产生，因此，统计学在自然科学、人文与社会科学、工程技术、生物医药和管理等许多领域都有着广泛的应用，并且推动着这些领域中科学研究的发展。统计学的内涵体现在三方面：（1）统计学研究从客观世界不同事物获取分析数据的方法，特别是重大现实问题及其复杂体系的测度方法。（2）基于经验数据的归纳推理得到研究对象的"统计数量规律"，是深入认识现象本质规律的重要依据。（3）统计学为其他学科提供数据分析方法与范式，例如建立基于研究目的的分类标准，通过数据简约提取有价值信息的方法。

2. 理论

数理统计方法是统计学科的基础部分，包括：观察和试验数据的收集，以及数据分析的理论；统计推断和统计决策的相关思想、理论模型及样本结构等；以统计推断、统计建模、数据分析方法、统计计算等为核心的理论和方法研究。统计方法为不同领域服务，各领域的相应理论也是统计应用的基础。

3. 知识基础

数理统计学为统计学科提供基础理论，包括概率论，统计分布与数字特征，建立在归纳思想上的估计和置信区间理论方法，以及基于小概率事件在一次试验中不太可能发生基础上的统计假设检验理论方法等。

社会经济统计是与经济学、社会学相互交叉提出的统计理论与方法，包括国民经济统计、统计调查、经济计量、综合评价等方法。

金融统计、风险管理与精算是与金融学和管理学相互交叉提出的统计理论与方法，包括金融风险测度与管理、精算学、统计建模和分析、数据挖掘和机器学习方法等。

生物与卫生统计学是应用统计方法解决包括生物学、生态学、流行病学、基础医学、法医学、临床医学、药学、群体遗传学、基因组学、公共卫生等领域中的问题，包括统计推断、回归分析、属性数据分析、纵向数据分析、生存分析、试验设计、流行病学、统计遗传学等。

应用统计学是数理统计学在除以上各研究方向以外的自然科学和人文社会科学领域广泛应用的统计学分支，包括国民经济建设、工农业、教育学、心理学、计算机网络、工程技术和产品质量等领域的实际应用。应用统计学知识基础包括数理统计学、社会经济统计学、生物与卫生统计学、金融统计、风险管理与精算，强调统计学理论方法与相应对象学科领域的结合。

4. 研究方法

统计学科的研究方法包括背景问题的认知与表述，基于观察和实验的数据收集，模型的构成与检验，证实与证伪相结合的研究方法等。

三、学科范围

本学科的主要学科方向包括：数理统计学，社会经济统计学，生物与卫生统计学，金融统计、风险管理与精算学，应用统计学。它们的共同点是研究获取数据和分析数据的方法。各方向的主要研究内容如下：

1. 数理统计学（授予理学学位）

以应用为背景的数据分析基础理论和方法，主要研究包括观察和实验数据的收集、分析中有关的理论和方法、统计推断、统计决策的原理和方法，以及特定的统计推断形式、特定的统计观点和特定的理论模型或样本结构等。

2. 社会经济统计学（授予经济学学位）

以社会经济现象数据测度与分析为研究对象，典型的研究方向有：构建社会与经济现象测度指标及其体系；获取并处理相关系统数据的理论方法；基于测度数据分析复杂社会经济现象数量规律性的方法等。通过国民经济核算、综合评价、经济计量、统计调查、统计建模和分析、数据挖掘和机器学习等方法开展的数据研究，为社会经济的理论研究及其政府、企业管理决策研究提供依据。

3. 生物与卫生统计学（授予理学学位）

用数理统计方法处理生物现象，探讨生物学、医学、药学和流行病医学等生命科学的实验性研究和观察性研究的设计、取样、分析、资料整理与统计推断等的科学，探索生物和医学中的科学规律，分析评价生物和医学中环境、干预和暴露等因素对生物、环境和健康的影响等。

4. 金融统计、风险管理与精算学（授予经济学学位或理学学位）

以金融数据和信息为主要研究对象、以风险分析与管理为研究内容的一门交叉学科。研究金融中的风险不确定性和这种不确定性对当前及未来的财务影响，以及各种类型金融风险模型。

5. 应用统计学（授予理学或经济学学位）

具有清晰应用背景的统计学理论和方法的总称，是应用十分广泛的统计学分支。它以数理统计基本理论为基础，突出统计学的实际应用，是人文与社会科学和自然科学的交叉，研究如何应用统计学理论与方法解决其他科学领域的实际问题，从而丰富统计理论与方法，推动交叉学科的发展。

四、培养目标

1. 硕士学位

培养目标是为企业、政府或学术领域培养统计专业人才。具体包括：（1）掌握一定的交叉学科知识，能开展跨学科特别是新兴交叉学科的研究。（2）授予学位的学生应有很好的数理统计和数据分析基础；能熟练地运用统计方法和统计软件分析数据，具备学术研究的基本能力；授予理学学位的学生应具有很好的数学和概率论基础；授予经济学学位的学生应该具有很好的经济学基础。（3）恪守学术规范和道德，在某个统计专业方向上做出有理论和实际应用的成果，较为熟练地掌握一门外国语，能阅读本专业的外文资料。（4）具有发现问题、提出问题和解决问题的基本能力。毕业后能在政府、企业、事业单位，在科学研究、经济、管理等部门，在自然科学、人文社会科学、工程技术等领域从事统计应用研究和数据分析工作。

2. 博士学位

培养目标是为学术领域、企业和政府部门培养研究和教学的高层次人才，包括交叉学科的跨学科研究人才。具体包括：（1）系统掌握学科核心理论与方法，做到知识坚实宽广、专业系统深入。（2）具有独立的科研能力，熟悉并掌握所研究领域的现状、发展趋势和前沿动态，在统计方法和统计应用方面有原创性研究工作，这些工作应体现在博士论文中。掌握一定的交叉学科知识，开展跨学科特别是新兴交叉学科的研究。（3）具有良好的外语水平和进行国际学术交流的能力。（4）授予理学学位的学生应具有坚实的数理统计和概率论基础；授予经济学学位的学生应该具有坚实的经济学基础。（5）忠诚学术，淡泊名利，严谨治学，努力进取，回报社会。毕业后可从事统计学理论、方法和应用研究的科研和教学工作等。

五、相关学科

数学、经济学、社会学、计算机科学与技术、管理学、生物学等。

六、编写成员

袁卫、肖红叶、郭建华、耿直、崔恒建、王兆军、王星。

附录 19

统计学一级学科博士、硕士学位
基本要求（2014 年）*

第一部分　学科概况和发展趋势

统计学是关于收集、整理、分析及解释数据的科学，其目的是通过分析数据，达到对客观事物内在规律的科学认识。由数据探索事物内在规律是统计学的核心思想，贯穿于统计学的始终。大量数据从科学研究和社会生活中产生，因此，统计学在自然科学、人文与社会科学、工程技术、生物医药和管理等许多领域都有着广泛的应用，并推动着这些领域中科学研究的发展。

统计学的主要研究方向包括：数理统计学，社会经济统计学，生物与卫生统计学，金融统计、风险管理与精算学，应用统计学等与其他学科交叉的研究方向。这些研究方向的共同点是利用统计模型研究获取数据和分析数据的方法。各方向的主要研究内容为：

（1）数理统计学：是以应用为背景的数据分析的基础理论和方法，为统计学科提供基础理论。主要研究包括观察和实验数据的收集、分析中的理论和方法、统计推断、统计决策方法，以及特定的统计推断形式、特定的统计观点和特定的理论模型或样本结构等。

（2）社会经济统计学：是以社会经济现象数据测度与分析为研究对象，典型的研究方向有：构建社会与经济现象测度指标及其体系；获取并处理相关系统数据的理论方法；基于测度数据分析复杂社会经济现象数量规律性的方法等。通过国民经济核算、综合评价、经济计量、统计调查、统计建模和分析、数据挖掘和

---

* 摘自：国务院学位委员会第六届学科评议组. 一级学科博士、硕士学位基本要求：上册. 北京：高等教育出版社，2014：259-265.

机器学习等方法开展的数据研究，为社会经济的理论研究及其政府、企业管理决策研究提供依据。

（3）金融统计、风险管理与精算学：是以金融数据和信息为主要研究对象，它是一门以风险分析与管理为研究内容的交叉学科，研究金融风险的不确定性和这种不确定性对当前以及未来的财务影响以及各种类型金融风险模型。

（4）生物与卫生统计学：是用数理统计方法处理生物现象，探讨生物学、医学、药学和流行病医学等生命科学的实验性研究和观察性研究的设计、取样、分析、资料整理与统计推断等的科学，探索生物和医学中的科学规律，分析评价生物和医学中环境、干预和暴露等因素对生物、环境和健康的影响等。

（5）应用统计学：是具有清晰应用背景的统计学理论和方法的总称，是应用十分广泛的统计学分支。它以数理统计基本理论为基础，突出统计学的实际应用，是人文与社会科学和自然科学的交叉，研究如何应用统计学理论与方法解决各学科领域的实际问题，丰富统计理论与方法，推动交叉学科的发展。

计算机技术的进步对统计学的发展产生巨大影响。一方面，现代社会经济生活和科学研究中，数据或信息正以前所未有的规模和速度大量产生，数据分析已成为科学研究的基础、政府制定政策的依据、企业管理决策工具。另一方面，科学技术与社会经济等研究领域中的问题更加复杂，与之相关的数据规模不断增大，数据形式更加多样化，人们认识到各种现象和科学规律都蕴藏在观察和试验数据中，对数据的研究不能仅限于数据本身，复杂问题的数据获取，大规模数据的组织和处理都影响到统计推断的有效性。统计学面临着许多新挑战和新机遇。

第二部分　博士学位的基本要求

一、获本学科博士学位应掌握的基本知识及结构

统计学博士生不仅应具备扎实的统计学理论，而且应掌握坚实宽厚的统计学应用技能，了解统计学前沿动态。

1. 获理学博士学位应掌握的基本知识及结构

（1）统计学基本理论。

统计学理论是研究根据观察得到的样本数据对总体性质进行推断的统计方法。要求统计学博士生具有扎实的数学、概率论基础理论；掌握数理统计学的专业基础知识。

（2）统计学应用方法。

统计学应用方法是统计方法与其他领域问题的结合。针对相关学科领域中一

般性的统计问题，能够提出新的统计方法。针对其他学科和国民经济建设等提出的应用问题，能够创造性地应用统计方法帮助解决实际问题。

2. 获经济学博士学位应掌握的基本知识及结构

（1）经济学基本理论。

主要包含高级宏观经济学、高级微观经济学理论以及经济史与经济思想史知识。

（2）统计学理论与方法知识。

主要包括经济统计学、高级经济计量学、数理统计学三个方面。

统计学博士生还应具备了解统计学前沿动态的能力。具体而言，要求博士生掌握统计学发展的国际前沿动态、具备必要的计算机编程能力和进行国际学术交流的外语能力；理论统计方向的博士生应掌握国际热点研究方向的理论和方法；应用统计方向的博士生应掌握相关交叉学科的专业基本知识。

二、获本学科博士学位应具备的基本素质

1. 学术素质

本学科博士生应具有较高的统计学素养，熟悉统计学在自然科学、人文社会科学、金融经济、工农商等各行业中所发挥的工具性作用；对统计学及所研究方向涉及的相关学科学术背景应有全面而深入的了解；具备较好的理论研究与技能拓展的功底；在多个理论与应用领域能基于统计学及相关领域的知识独立地解决理论和应用问题，并发展统计学的理论与方法。

本学科博士生应热爱祖国、遵纪守法、学风严谨、品行端正，且具有较强的事业心、献身科学和求真务实的精神，积极为社会各项建设事业服务。

本学科博士生应具备良好的团队精神，尊重他人的学术思想和研究方法与成果。

2. 学术道德

本学科博士生应严格遵守国际和国家专利、著作、合同等有关法律规定以及共同的学术道德规范；学术成果和统计数据必须实事求是、真实可靠；在论文或报告中应引用规范得当，不得侵犯他人的知识产权。

三、获本学科博士学位应具备的基本学术能力

1. 知识获取的能力

本学科博士生是统计学方面的高级研究人才，应具有坚实而广博的统计学

基础，掌握所研究领域的专业知识，熟悉所研究领域的现状、发展趋势和前沿动态。能够借助计算机网络和各种信息检索工具，跟踪所研究的统计问题的进展，避免盲目地研究他人已经完成的科学问题。

了解和学习其他学科领域中新生的统计问题和方法，特别是统计应用方向的博士生，应该不断地学习相关应用领域的先进知识。对问题产生领域所处的研究方向有全面深入的了解，掌握背景学科的基础理论、知识体系、发展现状以及学科发展的前沿问题，通晓该学科的历史发展过程，了解其在统计学学科中所处的地位以及与相关学科的关系。

2. 学术鉴别能力

本学科博士生应能把握统计前沿研究的趋势，区别相关理论和方法的特点。在统计方法应用中清楚地掌握该方法的前提条件，并能正确判断各种方法的可应用性，对已有方法在应用中的局限性能够提出解决方案。还应具备对统计学的科研文献进行评价和鉴别其理论意义和应用价值的能力。在对他人成果进行评价时，应在充分掌握国内外相关数据和材料、理论和应用结果的基础上，维护学术评价的客观公正性，力求能做出全面和准确的评价。

3. 科学研究能力

统计学博士生应该有全面的统计科学研究能力，要有提出问题、解决问题和表达问题的能力。

提出问题的能力建立在对研究现状的掌握程度、直观能力和洞察力等基础上，能够独立地提出有理论意义和应用价值的统计问题。这是从学生向研究者转变的关键能力。

解决问题的能力表现在创新性、逻辑推理和理论基础等方面。需要清楚地描述定义并提出假设，通过正确清晰的推理提出具有理论意义和应用价值的创新理论和方法。在应用方面，能够解决实际问题。

表达问题的能力表现在书面和口头上能准确明了地表达自己的研究成果，突出研究成果的创新性。

本学科博士生应具有良好的科学素质、严谨的治学态度、执着的开拓精神，善于接受新知识，并具有很强的适应性和良好的团队合作精神及独立从事科学研究的能力。在所研究领域的一些较重要的课题中取得系统的、有创新性的研究成果，或与有关专业人员合作解决某些重要的实际问题。可从事相关专业的高层次研究和教学工作，或在其他实际部门解决工作中的统计问题。

4. 学术交流能力

本学科博士生还需要有交流与合作的能力，应具备与其他学科领域的学者进行交流的能力，能够用通俗的语言和文字使得非统计专业的人员能够理解和正确

使用统计方法解决实际问题。

本学科博士生应至少掌握一门外语，能熟练阅读本专业的外文资料并能独立撰写外文学术论文；具备熟练进行国际国内学术交流的能力，准确表达学术思想和展示学术成果的专业能力；熟练运用计算机及相关软件从事科研、教学、统计应用以及其他学科领域中与统计相关的研究开发工作。

四、学位论文基本要求

1. 选题、综述与创新要求

博士生应在导师指导下进行科研全过程的完整训练。学位论文的选题应具有重要的理论意义或实际应用价值，内蕴丰富，且掌握该选题所采用的基本理论与方法，对该选题相关的主要文献应有系统深入的梳理解读。博士学位论文应具有系统性与完整性，特别是应包含选题背景、综述与创新部分，各部分具体要求如下：

（1）选题应在推动学科主要研究方向和发展方面，具有重要的理论学术价值或实践指导意义。

（2）综述是论文的重要组成部分。任何理论与应用创新都是在前人相关学术研究成果的基础上发展起来的，通过对相关历史文献的梳理，可以进一步明确与本选题研究相关的理论与方法，并确定本选题研究的创新起点。另外，通过与已有文献的区分，可以界定本选题研究工作的创新范围。

（3）主体部分应是其创新性的研究成果。创新结果应论证充分、特色鲜明并具有一定的深度。其单独成文后，应达到国内外本学科专业核心期刊论文的学术水平。

2. 规范性要求

本学科博士学位论文必须是一篇（或由一组论文组成的一篇）系统的、完整的学术论文。要求论文主题明确，结构完整，学术观点鲜明，分析逻辑严谨，理论方法应用合理，文字流畅。博士学位论文一般包括：封面、论文中英文摘要、论文目录、正文、参考文献、发表文章目录、致谢等。博士学位论文应是博士生在导师的指导下独立完成的研究成果，不得抄袭和剽窃他人成果。

3. 成果创新性要求

本学科博士学位论文的理论成果必须是针对国际上尚未解决的问题所提出的系统的正确的理论或应用方法；应用成果必须是针对相关领域的科学研究或对我国经济建设及社会发展有重要意义的课题所进行的研究，研究成果对实际问题具有重要的应用参考价值。论文必须突出成果在理论、方法和应用上的创新性和先

进性，并能表明作者掌握了坚实宽广的本学科理论基础和系统深入的专业知识，具有独立从事科学研究工作的能力。

第三部分　硕士学位的基本要求

一、获本学科硕士学位应掌握的基本知识

掌握统计学科的基础理论，能够正确应用先进的统计方法解决有关科学技术研究中的问题；掌握统计学科有关的专业知识和一般学术动态，在统计应用方面或理论方面能做出具有创新性的成果，掌握一定的交叉学科知识，鼓励开展跨学科和新兴交叉学科的研究；具有独立从事统计应用或理论研究的能力。

要求硕士生能熟练应用统计软件包对数据进行统计分析，并具备解决相应实际问题的能力；要求硕士生具有进行学术交流所需要的外语水平。

硕士生应掌握的核心理论主要有：概率论、数理统计、回归分析、抽样调查、统计软件与计算等。

授予理学学位的硕士生应掌握的专业知识主要有：非参数统计、多元统计分析、时间序列分析、试验设计、数据挖掘、机器学习、应用随机过程、保险精算、统计计算、不完全数据分析、生存分析与可靠性、纵向数据分析、金融学、管理学、质量控制等。硕士生可根据所研究的方向有重点地选修相应的课程。

授予经济学学位的硕士生应掌握的专业知识主要有：统计学原理、试验设计、非参数统计、多元统计分析、时间序列分析、数据挖掘、机器学习、保险精算、微观经济学、宏观经济学、计量经济学、金融学、管理学、质量控制、风险理论、国民经济统计学、社会统计学、金融统计分析、市场调查与分析等。硕士生可根据所研究的方向有重点地选修相应的课程。

二、获本学科硕士学位应具备的基本素质

本学科硕士生应崇尚科学精神，具有良好的统计学素养，确保所使用的数据和研究成果真实可靠，熟悉统计学在自然科学、人文社会科学、金融经济、工农商等各行业中所发挥的工具性作用；掌握统计学思想、理论和方法，有较强的专业技能拓展能力，具备较好的理论研究潜力；在多个理论与应用领域，能够利用统计学及相关领域的知识独立地解决理论和应用问题，并发展统计学的理论与方法。

培养热爱祖国、遵纪守法、学风严谨、品行端正的统计学专业人才，有较强

的事业心和献身科学的精神，积极为社会各项建设事业服务。严格遵守国际的和国家的专利、著作、合同等有关法律规定，不得侵犯他人的知识产权。在实际工作中，对统计学及相关学科学术史和学术背景应有较全面的了解。

三、获本学科硕士学位应具备的基本学术能力

本学科硕士生应是统计学方面的高级应用研究人才，具有较坚实的统计学基础，掌握相关学科方向的专门知识，熟悉所研究领域的现状、发展趋势和学术研究动态，具有较强的从事理论研究或应用研究的能力，在科学或专门技术上做出有价值的成果，在有关研究方向的一些较重要的课题中做出系统的、有经济效益的成果，或与有关专业人员合作解决某些重要实际问题。

本学科硕士生获得的统计学学科知识必须达到专业化水平，具备较好的理解本学科领域科研文献的能力，具有与有关专业人员合作进行科学研究或解决实际应用问题的能力。

本学科硕士生应具有良好的科学素质、严谨的治学态度、较强的开拓精神，善于接受新知识，提出新思路，探索新课题，并具有较强的适应性和良好的团队合作精神。

至少掌握一门外语，能够熟练阅读本专业的外文资料。能在政府、企业、事业单位，在科学研究、经济、管理等部门，在自然科学、人文社会科学、工程技术等领域从事统计应用研究和数据分析工作。

四、学位论文基本要求

1. 选题与综述的要求

硕士生在导师指导下应通过科研全过程训练，学位论文选题应有意义且内涵较丰富，较好地掌握该选题研究的基本理论与方法，对该选题的主要文献与最新进展应有较好的了解。硕士学位论文应系统完整，其中必须包含综述部分和创新部分，新结果的论证应有一定难度。

2. 规范性要求

硕士学位论文必须是一篇（或由一组论文组成的一篇）系统完整的学术论文。硕士学位论文应是硕士生在导师的指导下独立完成的研究成果，不得抄袭和剽窃他人成果。硕士学位论文的学术观点必须明确、逻辑严谨、文字通畅。论文中能够规范地引用他人的数据和成果。

3. 成果创新性要求

硕士学位论文应属于国内学科前沿课题，或者对其他学科领域的实际问题、国家经济建设或社会发展有意义的课题，表明作者掌握了统计学科的基础理论和专业知识，体现作者从事应用研究或理论研究工作的能力。

第四部分　编写成员名单

袁卫、肖红叶、郭建华、耿直、崔恒建、王兆军、王星。

附录20
统计学一级学科研究生核心课程指南（2020年）*

01 高等统计学

一、课程概述

高等统计学主要培养学生如何将社会各行各业中出现的数据系统化成统计学处理的对象，利用统计模型及相应的统计方法和理论分析数据的能力，为将来进行统计研究或实际工作打下一个坚实的基础。课程系统地讲述统计学中的基本概念和理论，着重介绍经典数理统计学中的主要内容，包括统计模型及相应统计量的性质、参数和非参数估计方法、统计假设检验、贝叶斯分析方法及相关的统计决策模型，并辅以介绍大样本方法。

二、先修课程

概率论、数理统计。

三、课程目标

通过本课程的学习，牢固掌握现代数理统计的基础理论与方法，深刻理解

---

* 摘自：国务院学位委员会第七届学科评议组. 学术学位研究生核心课程指南（一）（试行）.
北京：高等教育出版社，2020：626-644.

各种参数或非参数统计推断原理并能熟练运用常用方法。重点培养学生的统计思维，能够针对数据问题提炼统计模型，选择适当的统计方法解决问题的能力，并能够根据具体需要发展统计理论，以及利用统计软件进行统计数据分析的初步能力。

四、适用对象

博士生和学术型硕士生。

五、授课方式

课堂授课为主，配合习题课以及上机实习。

六、课程内容

1. 统计学基础

包括样本空间、抽样分布、统计量、指数分布族和位置尺度分布族的基本概念，充分统计量的定义及验证方法和其含义，以及大样本理论及 Delta 方法概述等。此部分的重点是掌握统计学基本概念以及大样本理论基础，难点是充分统计量及大样本理论。

2. 估计

包括点估计、区间估计的基本概念，如何求取一致最小方差无偏估计以及 Cramer-Rao 下界，极大似然估计的求取及优良性质，如何利用枢轴量方法求取单参数的置信区间等。此部分的重点是掌握参数估计方法与准则，难点是一致最小方差无偏估计的求取以及极大似然估计的大样本性质。

3. 假设检验

包括基本概念，如两类错误概率、检验函数、拒绝域、p- 值等，一致最优势检验，一致最大势无偏检验，似然比检验，Wald 检验，Score 检验等。此部分的重点是理解并掌握假设检验思想、概念及常用的检验方法，难点是一致最优势检验相关结论的证明，以及某些检验的极限理论。

4. 非参数统计推断

包括核密度估计，非参数回归（局部多项式、样条等），非参数假设检验及拟合优度检验。此部分的重点是非参数的几种光滑方法，难点是这些非参数方法的大样本性质。

5. 重抽样方法

包括 Bootstrap 方法初步（方差估计、置信区间构造）等。此部分的重点是要求学生会利用 Bootstrap 方法，难点是如何构造减少方差的相关方法。

6. 贝叶斯推断

包括贝叶斯方法的基本思想，贝叶斯估计方法，贝叶斯检验等。此部分的重点是掌握贝叶斯方法的基本思想与贝叶斯估计方法，难点是先验如何选取及计算。

7. 模型选择

包括 AIC 准则，BIC 准则及其推广，交叉验证等。此部分的重点在于要求学生掌握变量选择的基本思想与准则。

8. 课程拓展内容

本部分为前述基本内容的拓展，包括统计决策理论，替代原理（矩估计、广义矩估计），M- 估计、估计方程和广义估计方程，置换检验，经验似然方法，Jackknife 基本原理，复杂模型中的 Bootstrap 方法（回归模型、时间序列、非参数推断等），贝叶斯计算。

七、考核要求

采用笔试和作业相结合的考核方式。考核标准是既要考核学生是否从理论上理解了统计推断方法，更要从实践层面上考核学生是否真正具备了利用统计思想提炼数据模型和运用统计方法分析数据的能力。作业除一些基本的推导证明题目之外，还需要求学生独立完成一项分析给定数据并撰写报告的工作（包括模型选择及估计、检验构造及结论分析等）。

八、编写成员名单

王兆军（南开大学）、邹长亮（南开大学）、周永道（南开大学）。

02　高等概率论

一、课程概述

高等概率论是从测度论角度严格介绍现代概率理论与方法的一门课程。本课程以夯实学生的概率基础为目标，为学生将来进行严格的理论与方法研究打下一个坚实的基础。本课程首先以适合现代概率论需要的形式，系统地介绍测度论的基础知识，在此基础上阐述现代概率理论中包括概率、随机事件、随机变量、独立性、数学期望、条件概率、条件数学期望、特征函数、各类收敛性等概念以及包括大数定律和中心极限定理在内的各种现代概率极限理论。课程内容包括三个方面：测度论知识初步、概率极限理论与随机过程简介。

二、先修课程

概率论。

三、课程目标

本课程意在搭建从初等概率到现代概率研究的桥梁，为后续的学习与研究打下坚实基础。通过本课程的学习，深入理解并牢固掌握现代概率的各种概念、理论与框架，熟练掌握各种概率分析方法。重点培养学生的概率思维，强化学生的分析技能，同时通过对具体概率模型的演算和掌握，培养学生对概率的直观理解，提高使用概率模型解决具体问题的能力，使其初步具备能够根据具体需要发展概率理论与方法的能力。

四、适用对象

博士生和学术型硕士生。

五、授课方式

课堂授课为主，配合一定量的习题课。

六、课程内容

1. 测度空间与概率空间

包括代数与 σ - 代数、可测空间、测度与概率等基本概念，集合形式的单调类定理和测度扩张定理等基本理论。学习的重点是掌握 σ - 代数与可测空间的定义，掌握测度的性质，测度与概率的联系与区别，难点是单调类定理和扩张定理的运用。

2. 可测映射与随机变量

包括可测函数、随机变量、随机变量的分布、几乎处处收敛、依测度收敛、随机变量独立等基本概念与性质，函数型单调类定理等基本理论。学习的重点是可测函数的构造性质，难点是两类收敛的关系与性质。

3. Lebesgue 积分与期望

包括 Lebesgue 积分的定义与性质；Riemann 积分与 Lebesgue 积分的比较；期望的性质及其 Lebesgue 积分表示；积分收敛定理；一致可积性；不定积分与符号测度；Radon-Nikodym 导数以及 L^p 空间等。本部分的重点是理解并掌握 Lebesgue 积分的基本思想以及各种积分收敛定理，难点是符号测度与 Lebesgue 分解。

4. 乘积空间与 Fubini 定理

包括乘积空间、乘积测度与 Fubini 定理、无穷乘积空间上的概率测度、Kolmogorov 相容性定理以及 Tulcea 定理。本部分的难点是理解无穷乘积可测空间以及乘积测度的构造与表示。

5. 条件期望与条件概率

包括条件期望的定义与性质、条件期望的计算、Bayes 法则、条件概率、条件独立性以及正则条件概率。本部分的重点是理解并掌握条件数学期望的实质与内涵，难点是正则条件概率的存在性证明。

6. 特征函数与极限理论

包括随机的特征函数定义与性质、逆转公式、连续性定理与 Bochner-Khinchin 定理，Kolmogorov 0-1 律、弱大数定律、强大数定律，测度的弱收敛与

随机变量的依分布收敛，中心极限定理。本部分的重点是掌握特征函数以及各极限定理的内涵，难点是各极限定理的证明。

7. 离散鞅论

包括鞅与停时的基本概念以及鞅不等式、鞅的 L^p- 收敛定理与 Doob 停时理论等基本内容。本部分内容的重点是掌握鞅与停时的性质与理论，难点是掌握构造与使用鞅及停时的技巧与方法。

8. 课程拓展内容

本部分为前述基本内容的拓展，包括随机级数的收敛与重对数律，稳定分布与无穷可分分布及弱收敛定理，以及随机游动、马氏链、布朗运动等随机过程的初步内容。

七、考核要求

采用笔试和作业相结合的考核方法，考核标准是既要考核学生是否从理论上理解了现代概率的基本概念与思想，更要从应用层面考核学生是否真正掌握了现代概率的方法及其背后的概率直观。作业除一些基本的推理证明外，还包括一些体现现代概率理论与方法的应用问题。

八、编写成员名单

汪荣明（华东师范大学）。

03　高级计量经济学

一、课程概述

高级计量经济学被公认为现代经济学、金融学和管理学等学科研究的方法论，与高级宏观经济学和高级微观经济学一起构成了中国高校经济管理类研究生必修的三门经济学核心理论课程。高级计量经济学的主要任务在于以经济、金融、管理等数据为基础，基于经济理论对数据进行定量分析和计量经济建模，定量研究经济变量间的相关或因果关系，并通过数据和模型探索和揭示经济规律。本课程为高校经济管理类研究生进行相关领域的研究提供方法论指导，培养学生将经济、金融领域出现的研究问题和数据转化为计量经济学处理的对象，并利用计量经济学相关理论和方法进行分析的能力，也为学生将来进行理论和应用计量经济学研究打下坚实基础。本课程系统讲述高级计量经济学中的基本概念和理论，着重介绍高级计量经济学的经典模型。

二、先修课程

高等代数、微积分、概率论和数理统计、初级计量经济学、中级计量经济学。

三、课程目标

本课程旨在搭建从中级计量经济学到现代计量经济学理论和应用的桥梁，为后续的学习和研究奠定基础。

本课程希望能让学生对高级计量经济学模型的发展有深刻的认知，激发学生对理论和应用计量模型的兴趣，对主要高级计量经济学模型有较为准确的理解，还使学生能够熟练应用部分计量经济学模型。

四、适用对象

博士研究生和硕士研究生。

五、授课方式

以课堂讲授形式为主，定期安排上机实验，并辅以课程论文。

六、课程内容

课程主要内容包括七个章节，为高级计量经济学的核心内容，不仅要求学生深刻理解和熟练掌握，还要求学生能灵活运用所学知识解决实际经济、金融问题，为进一步学习和科研打下坚实基础。同时本课程还设定了选讲内容，并根据内容难度设定要求博士生掌握的知识点（具体见目录）。

本课程基本内容如下：

1. 高级计量经济学基础

对计量经济学的诞生和发展、建模思路、模型与数据适用性、局限性等进行介绍。为学生初步搭建了一个计量经济学知识图谱。

2. 单方程计量经济学模型

包括线性回归模型及估计方法、普通最小二乘估计的统计推断性质、极大似然估计方法及其性质、GMM 估计以及模型偏误与解决方法。重点在于让学生掌握单方程计量经济学模型及其估计方法和性质。

3. 时间序列分析

包括平稳性概念和检验、自回归模型、长记忆模型、协整模型、向量自回归模型和条件异方差自回归模型等，着重介绍模型形式、模型性质和估计方法。重点在于掌握时间序列分析的相关模型并能够实际应用，难点在于模型性质和估计方法。

4. 定性和受限变量模型

包括线性概率模型、Probit 和 Logit 模型、Tobit 模型等。

5. 面板数据模型

包括固定效应模型、随机效应模型、条件分位数面板模型、动态面板模型及估计方法。重点在于面板数据模型的构建与应用。

6. 非参数与半参数计量经济学模型

包括主要模型类型、估计方法和应用。重点在于了解相关的模型种类和类型，并能够使用实际数据进行应用。

7. 自然实验与准实验（选讲）

包括方法介绍、合成控制法介绍、倾向得分匹配法介绍等。重点在于掌握相关方法的原理和应用。

本课程讲学目录如下（＊表示仅针对博士研究生）：

第一章　引言

1. 计量经济学的诞生和发展

2. 计量经济学的建模思路

3. 计量经济学模型与数据的适用性

4. 计量经济学模型的局限性

第二章　单方程计量经济学模型及估计方法

1. 线性回归模型及估计方法

2. 普通最小二乘估计的有效样本性质和大样本性质

3. 单方程计量经济学模型的极大似然估计及性质

4. 单方程计量经济学模型的 GMM 估计

5. 模型偏误与解决方法

6. 分位数回归＊

第三章　时间序列分析

1. 时间序列的平稳性

2. 自回归模型

3. 长记忆模型＊

4. 协整模型

5. 向量自回归模型

6. 条件异方差自回归模型

第四章　定性与受限变量模型

1. 线性概率模型

2. Probit 和 Logit 模型

3. Tobit 模型

第五章　面板数据模型

1. 固定效应与随机效应模型

2. 条件分位数面板模型

3. 动态面板模型及估计方法＊

第六章　非参数与半参数计量经济学模型

1. 非参数与半参数计量经济学模型的主要类型

2. 非参数与半参数计量经济学模型的估计方法＊

3. 非参数与半参数计量经济学模型的应用

第七章　自然实验与准实验（选讲）

1. 自然实验与准实验的方法类型

2. 合成控制法介绍 *

3. 倾向得分匹配法介绍 *

课程拓展内容如下：

本部分为前述基本内容的拓展，包括计量经济学前沿、计量经济学的贝叶斯估计、计量经济学与机器学习的结合研究、大数据与计量经济学等内容。

七、考核要求

采用笔试和作业相结合的考核形式。笔试既要考核学生是否从理论上理解了主要计量经济学模型，也要考虑学生对高级计量经济学模型的应用。作业主要为学生基于给定的数据，应用高级计量经济学模型，借助相关计量和统计软件，对数据进行建模和估计，还要求学生独立进行作业论文的撰写。

八、编写成员名单

刘扬（中央财经大学）、苏治（中央财经大学）。

04 国民核算与宏观经济统计分析

一、课程概述

国民核算与宏观经济统计分析立足于宏观经济运行过程，借助国民经济核算这一工具，把握宏观算大账的方法，培养运用以国民经济核算数据为核心的宏观经济统计数据分析能力和宏观经济问题研究能力，以适应未来在经济、金融等领域从事实际工作和研究工作的需求。

本课程基于经济学原理，特别是宏观经济学原理，介绍宏观经济统计和国民经济核算的对象、内容和方法；通过对宏观经济统计数据的分析，展示宏观经济统计和国民经济核算在宏观经济管理和分析中的作用。

本课程是本科阶段国民经济核算课程的延续，研究生阶段更强调对国民经济核算整体框架的把握，对基本核算原理的归纳，强调运用数据分析宏观经济问题的能力，以及对规范研究和写作的训练。

二、先修课程

宏观经济学、微观经济学、国民经济核算、会计学、统计学、计量经济学。

三、课程目标

通过本课程的学习，牢固掌握现代宏观经济分析与研究的基础理论和统计框架，能够熟练运用常用分析方法对经济、金融问题展开深入研究。重点培养学生的统计思维与经济思维的结合，特别强调在经济思维下运用统计分析方法，以解决问题为统计应用的核心。本课程强调国民经济核算的深入理解，强调宏观经济统计的基础框架，在此基础上，强调培养研究生理解国民经济核算前沿问题，理解宏观经济实践和解决具体问题的能力。

四、适用对象

博士研究生和学术型硕士研究生。

五、授课方式

课堂授课和前沿问题讨论相结合。

六、课程内容

第一章　总论

1. 研究对象与目标
2. 宏观经济理论基础
3. 国民经济核算框架
4. 宏观经济统计分析框架
5. 统计分析基本方法

本章为基础内容，主要回顾本科阶段国民经济核算和宏观经济统计分析的知识体系和理论框架。要求学生能够回忆和搭建宏观经济统计分析的框架体系，随后章节予以充实。

第二章　国内生产总值核算与投入产出表

1. 经济生产、经济投入与产出、经济增长
2. 国内生产总值核算方法
3. 投入产出表
4. GDP 的国际比较（汇率与购买力平价角度）

本章的基础内容讲授国民经济生产、经济产出、经济投入、增加值的概念、分类和核算关系，理解不同核算方法及其平衡关系。重点掌握不同核算方法和投入产出分析的内涵和平衡关系。

扩展内容深入讨论世界银行主导的国际比较项目（ICP）和购买力平价（PPP）相关问题。

第三章　经济增长测算与供求因素分析

1. 经济增长率的测算（国内生产总值角度）
2. 经济增长的需求侧观察与分析（"三驾马车"、投入产出角度）
3. 经济增长的供给侧观察与分析（产业结构、生产率、生产函数角度）

本章的基础内容讲授经济增长及其构成因素和主要测算指标。重点在于从供给和需求两个角度理解经济增长的支持因素。

扩展内容讲解潜在增长率的测算以及全要素生产率的测算。

第四章　收入分配宏观核算与分析

1. 收入分配宏观核算的基础框架（资金流量表角度）

2. 收入分配与使用核算，国民可支配收入核算

3. 国民收入分配格局的统计分析

4. 国民收入分配的重点领域和影响因素分析

本章的基础内容讲授可支配收入的形成过程，收入与消费的对应关系，资金流量表的构造和分析。重点掌握分配过程及其流量，消费的形成。

扩展内容可包括收入分配的公平问题与收入分配改革，财政支出结构及相关问题，共享发展的理解和测度等问题。

第五章　非金融投资与金融交易核算

1. 非金融投资与金融投资的宏观核算框架：固定资产投资统计、货币金融统计、资金流量表

2. 非金融投资宏观核算

3. 金融交易宏观核算

本章的基础内容讲授经济资产及其变化，包括非金融投资、金融交易以及其他物量变化，资金流量表的构建。重点在于理解非金融投资与金融投资的关系。

扩展内容可讨论详细资金流量表的编制与应用。

第六章　投资、金融交易与资产负债存量分析

1. 资产负债表的编制

2. 非金融投资及其存量的规模、结构、效益分析

3. 金融发展的测度与分析

本章的基础内容讲授资产负债的定义及其存量核算方法。重点在于理解流量与存量之间的关系。

扩展内容可讨论国家资产负债表的编制问题，资本产出比的测量及其变动分析，金融风险的测度及其专题研究。

第七章　对外经济统计与分析

1. 对外经济关系的不同层次及其统计框架

2. 国际收支平衡表和国际投资头寸核算与分析

3. 增加值贸易统计

4. 汇率比较与汇率变动统计分析

本章的基础内容讲授对外经济关系与核算、国际收支平衡表的结构和分析框架。重点在于理解不同国际收支项目之间的关联。

本章的扩展内容深入探讨增加值贸易、均衡汇率等专题。

第八章　宏观经济价格指数的编制与应用

1. 宏观视角下的价格指数体系

2. 价格指数的编制方法

3. 价格指数与通货膨胀测度

4. 通货膨胀与经济增长

本章的基础内容讲授价格指数的编制方法、可比价 GDP 的核算。

扩展内容深入讨论通货膨胀与经济增长的关系。

第九章　基于卫星账户的重要专题核算与分析

1. 作为灵活核算工具的卫星账户

2. 旅游卫星账户的编辑与应用

3. 资源环境卫星账户的编制和应用

4. 新经济卫星账户的编制与应用

本章为扩展内容，讲授卫星账户的作用，介绍旅游、资源环境、新经济等卫星账户的基本思路。要求学生能够理解新经济发展趋势和卫星账户的必要性，以及其与国民经济核算中心框架的关系。

第十章　经济周期与经济景气

1. 经济周期理论与统计基准

2. 经济周期机制分析

3. 景气分析理论与方法

4. 景气循环与经济统计分析

本章为扩展内容，讲授经济周期及其测度问题。要求学生能够从时间序列角度理解周期的形成、量化和分析思路。

七、考核要求

采用笔试和课程论文相结合的考核方式，突出课程论文对检验分析能力的重要作用。考核标准是既要考核学生是否从理论上理解了国民经济核算体系的基本原理与重要概念，更要从实践层面上考核学生是否真正掌握了利用统计思维研究数据和运用统计方法分析宏观经济数据的能力。课程论文强调学生能够独立选题，完成对宏观经济问题的分析，并能够搭建学术论文和研究报告的写作框架。

八、编写成员名单

李静萍（中国人民大学）、甄峰（中国人民大学）、高敏雪（中国人民大学）。

05 数据挖掘与机器学习

一、课程概述

数据挖掘与机器学习主要培养学生如何在大数据时代形成数据思维习惯，利用数据挖掘模型与机器学习算法深入探究数据价值，并呈现完整数据分析报告的能力，为学生未来进行统计研究或实际工作打下坚实的基础。本课程系统讲述数据挖掘和机器学习中的分析方法和各类模型的概念及理论，着重介绍回归模型、分类模型、树模型、Bayes 网、支持向量机、聚类分析、降维分析、关联分析方法等，并辅以对应的案例应用训练。

二、先修课程

高等代数、概率论、数理统计、R（或 Python）语言基础。

三、课程目标

通过本课程的学习，重点培养学生对数据价值的感知能力和数据挖掘分析的思维养成；学生应熟练掌握数据挖掘中的几类核心模型和机器学习算法及其原理，并选择和应用这些模型和方法去解决实际数据分析问题；学会利用 R 或其他统计计算语言对本课程介绍的典型数据挖掘模型和算法进行编程实践，并对模型结果进行合理的解释，能撰写完整的数据分析报告。

四、适用对象

博士研究生和硕士研究生。

五、授课方式

采取课堂讲授、PPT+ 板书为主与学生讨论并利用实际数据进行数据挖掘实践相结合的方式进行。要求学生应用与本课程有关的模型与分析方法撰写数据报告，并对成果进行汇报。

六、课程内容

1. 数据科学基础

包括批判性数据思维、数据价值描述、数据挖掘、数据预处理、结构化与非结构化数据、描述分析及统计图形。

2. 监督学习算法

主要包括线性回归（含模型基本形式、估计方法、模型解读、模型诊断、预测及评估、变量选择及应用），逻辑回归（含模型基本形式、估计方法、模型解读、交叉验证与模型评估、其他推广），简单分类模型（含判别分析、朴素贝叶斯分类法、K 近邻法），树模型与 Bayes 网（含决策树与回归树、Bagging 与随机森林、Boosting 算法、Bayes 网简介），支持向量机（SVM）（含线性可分支持向量机、间隔最大化、学习的对偶算法、核方法）等。

3. 非监督学习算法

主要包括聚类分析（含距离与相似度度量、K-means 聚类、层次聚类、谱聚类法、案例应用），降维分析（含主成分分析、探索性因子分析、多维标度分析），关联分析（含关联规则基本概念、Apriori 算法）等。

拓展内容如下：

本部分为前述基本内容的扩展，包括图模型、网络数据分析、文本数据处理等。

■ 重点：形成数据思维习惯，掌握数据描述分析、线性回归模型、逻辑回归模型、简单分类模型、树模型、Bayes 网、支持向量机（SVM）、聚类分析、降维分析、关联分析和探索性数据分析方法。

■ 难点：探索数据价值；掌握核心数据挖掘模型及机器学习算法——分类模型、树模型、Bayes 网、支持向量机（SVM）等；掌握聚类分析、降维分析、关联分析等非监督机器学习算法；进行数据挖掘与建模的案例制作。

七、考核要求

采用撰写数据分析报告、课堂汇报和笔试相结合的考核方式。考核标准既要考核学生是否从原理上理解并掌握了多种数据挖掘模型及机器学习算法，还要考查学生在实际应用案例中是否具备使用讲授的模型和算法撰写数据分析报告、汇报展示成果的能力。除了分析报告和汇报考核外，学生应利用本课程所授知识独立制作完整的数据分析案例。

八、编写成员名单

郭建华（东北师范大学）、朱雪宁（复旦大学）。

06　多元统计分析

一、课程概述

多元统计分析是研究多个随机变量之间统计规律性的一门课程，通过对相关多元数据的分析与处理，探索变量之间的关系和问题的客观规律，培养学生利用多元统计分析方法和理论对在实际中收集到的多维数据进行统计分析的能力，为学生将来从事统计研究或数据分析工作打下坚实的基础。本课程着重介绍多元统计分析的原理与方法，内容包括高维均值与协方差阵及其统计推断、判别分析、聚类分析、主成分分析、因子分析、典型相关分析等，是统计、数据科学与大数据技术等专业学生应当掌握的重要科学分析工具。本课程是处理和分析多元相关数据、探索多元变量之间的关系和问题的必备课程，属于本学科研究生课程体系中的重要基础课程。

二、先修课程

高等代数、数理统计。

三、课程目标

通过本课程的学习，重点培养学生对多元变量及其关系的统计思维，熟练掌握多元统计分析中的几类典型方法及其原理，并选择和应用这些方法去解决实际数据分析问题；学会利用 R 或其他统计计算语言对本课程介绍的典型多元统计方法进行编程计算，并对计算结果进行合理的解释。

四、适用对象

本学科专业博士研究生或硕士研究生。

五、授课方式

以课堂讲授、PPT+ 板书为主，学生讨论并利用实际数据编程计算为辅的方式进行。鼓励学生学会用本课程的方法进行案例分析。

六、课程内容

1. 多元正态分布及其统计推断
（1）多元正态分布
（2）高维分布、均值及协方差阵
（3）参数估计与假设检验
2. 判别分析
（1）距离判别
（2）极大似然判别
（3）Bayes 判别
（4）Fisher 判别
3. 聚类分析
（1）系统聚类法
（2）动态聚类法
（3）谱聚类法
4. 主成分分析
（1）数据降维与特征提取
（2）主成分分析
（3）稳健主成分分析
5. 因子分析
（1）潜变量分析与因子模型
（2）因子分析基本方法
（3）参数估计
6. 典型相关分析
（1）典型相关模型
（2）典型相关分析方法
（3）典型相关系数的估计与检验

7. 多元回归分析

（1）多元线性回归模型

（2）变量选择与偏最小二乘

（3）Logistic 回归分析

（4）方差分析

■ 重点：多元统计分析的原理与方法，包括多元正态分布及其性质、高维均值与协方差阵的统计推断理论、常用统计判别分析、系统和动态聚类分析、主成分分析、因子分析、典型相关分析以及多元回归分析等的原理与方法。

■ 难点：从一元正态分布向多元正态分布的引入、抽样分布、高维均值与协方差阵的统计推断；判别分析的基本方法、Bayes 判别、Fisher 判别；距离与相似系数的引入，系统与动态聚类的思想方法；主成分分析降维思想与主成分分析统计模型；基于因子的降维方法、因子分析中参数估计方法以及因子旋转与因子得分；典型相关分析原理；多元回归分析中的统计推断及方差分析方法等。

七、考核要求

可采用笔试和作业或实验报告（案例分析）相结合的考核方式。考核标准既要考核学生是否从原理上理解了多元统计中的几类典型方法，还要考核学生是否真正具备了运用多元统计方法分析实际数据的能力。平时作业除了进行一些基本理论方法的推导证明外，学生应独立完成一项利用多元统计方法分析给定实际数据的案例报告。

八、编写成员名单

耿直（北京大学）、崔恒建（首都师范大学）。

07　时间序列分析

一、课程概述

时间序列分析是一门主要培养学生如何分析时间序列数据，建立统计模型并进行统计推断，以及应用到实践领域中去解释相关领域的现象，并做出预测的核心课程。时间序列数据是指在一定时间内按时间顺序测量的某些变量取值的序列，数据观察过程有时间先后顺序，且数据之间存在相关性，这与独立数据有本质的区别。时间序列分析就是利用按时间先后顺序的数据序列，应用数理统计方法加以处理、分析及统计，推断以及预测未来事物的发展。时间序列应用范围广泛，特别是在经济和金融数据分析中具有广泛应用。

本课程重点放在时间序列数据概念的理解、数据分析方法及建模技术上。本课程能使学生在时间序列的建模、统计推断方法的应用方面得到系统的训练，为后续课程的学习打下基础，同时为相关工作者应用时间序列到实际中去提供系统的理论与方法。

本课程内容包括时间序列的基本概念，平稳时间序列模型，非平稳时间序列模型，模型的识别，模型的估计，模型的诊断，预测，趋势，季节模型，干扰模型，异方差时间序列模型及多元时间序列模型等。

二、先修课程

概率论、数理统计、线性模型或回归分析及相关数学类课程。

三、课程目标

通过本课程的学习，掌握时间序列的数据分析基础理论与方法，通过时间序列的理论学习和数据分析培养学生时间序列的模型识别、估计与预测能力。深刻理解各种时间序列的统计分析方法并能熟练运用常用方法。重点培养学生的统计思维，能够针对相关的时间序列数据问题提炼统计模型，选择适当的统计模型解决问题的能力，以及培养学生能够根据具体需要发展时间序列统计理论，并利用统计软件进行统计数据分析的初步能力。

四、适用对象

统计学科的应用统计学、统计学、数据科学及相关专业硕士研究生。

五、授课方式

课堂授课为主，配合案例分析以及上机实习。

六、课程内容

第一章 绪论

了解时间序列的基本概念、含义和主要分类，了解时间序列的主要方法及应用领域，着重区分时间序列分析与数理统计学的主要区别。了解时间序列数据采集，数据的特征及与简单样本的区别，给出一些常见且有启发性的时间序列分析例子，简单描述可能使用的模型及模型特征，介绍时间序列的基本思想及方法。

■ 重点：时间序列的基本意义，时间序列数据特征。

第二章 平稳过程

了解时间序列构成因素及确定性趋势常用模型，掌握移动平均法、指数平均法、时间序列回归法及预测法；了解随机过程，平稳随机过程，自相关和动态性的概念和基本性质。理解线性过程概念，掌握线性过程的基本性质，了解差分方程的含义，样本均值和自协方差的概念，以及预报的基本要素。

■ 重点：平稳时间序列的建模和步骤。

■ 难点：时间序列随机过程特性，线性过程性质。

第三章 ARMA 模型

熟悉掌握 AR、MA 模型，ARMA 模型的基本概论、模型结构、特征方程及滞后算子概念，自相关系数和偏相关系数的定义。掌握模型的参数估计方法，模型定阶方法，以及 AIC 和 BIC 准则。并且基于本章的模型进行预报，以及掌握预报评估方法等。

■ 重点：AR、MA 和 ARMA 等时间序列模型建模、定阶和应用。

■ 难点：模型定阶及参数估计方法。

第四章 谱分析

了解有限离散的傅里叶变换，掌握周期图和频谱的概念。掌握平稳过程谱密

度及自相关函数的关系。熟练掌握 ARMA 模型的谱密度及时间不变线性滤波。

■ 重点：周期图及谱密度，谱密度及自相关函数的关系。

■ 难点：谱密度意义，周期图计算。

第五章　预报

熟悉平稳时间序列预测方法，包括正交投影预测、差分方程预测、滑动平均预测。掌握用模型进行预测。了解 ARMA（p, q）模型预测一般结果及预测的稳定性。

■ 重点：预报方法，以及预报效果的评估。

■ 难点：预报效果的评估标准。

第六章　非平稳和季节模型

掌握非平稳时间序列概念，非平稳时间序列的检验方法，包括 Dickey-Fuller（DF）、ADF 检验、单位根检验等，以及检验水平及功效（势）。掌握 ARIMA 模型。了解季节性模型的一般形式、季节模型结构、季节 ARIMA 模型。

■ 重点：单位根检验、非平稳检验、检验水平及功效，季节模型。

■ 难点：非平稳检验方法的理论。

第七章　协整理论与方法

掌握单整和协整的概念，熟练掌握协整检验方法和步骤，掌握误差修正模型及多个单位根检验方法，趋势性分析等。理解季节单整和协整的概念。

■ 重点：单整和协整检验方法和步骤，误差修正模型。

■ 难点：检验方法理论，误差修正模型的构建和性质推导。

第八章　ARCH 模型和 GARCH 模型

掌握条件异方差模型中异方差的概念，ARCH、GARCH 模型的基本结构及模型推断方法，长短记忆的 ARCH 模型及它们的应用。ARCH 和 GARCH 模型的扩展模型，包括 ARCH-M、EGARCH 模型等。

■ 重点：ARCH、GARCH 和 EGARCH 模型。

■ 难点：这些模型的统计推断方法。

第九章　多元时间序列

理解多元时间序列模型、基本结构。掌握多元时间序列二阶矩性质，均值和协方差阵估计。多元 ARMA 模型，因果 ARMA 模型的协方差阵函数，随机向量最佳线性预报，多元 AR 过程模型与预报。

■ 重点：多元 ARMA 模型，均值和协方差阵估计。

■ 难点：模型理论性质。

第十章　状态空间模型

理解状态空间模型的概念和结构，掌握 ARIMA 模型的状态空间表示，

Kalman 递归，状态空间模型的估计，EM 算法。了解一般状态空间模型及其参数和数据推动的状态空间模型。

- 重点：ARIMA 模型的状态空间表示。
- 难点：模型的估计方法。

本课程讲学目录如下（＊表示可选讲）：

第一章　绪论

1. 时间序列介绍

2. 时间序列数据特征

3. 代表性的时间序列例子

4. 时间序列基本思想

5. 本课程内容介绍

第二章　平稳过程

1. 确定性趋势的时间序列模型

2. 线性过程

3. 滑动平均

4. 样本均值和自协方差函数

5. 平稳过程预报

第三章　ARMA 模型

1. AR 模型

2. MA 模型

3. ARMA (p, q) 模型

4. 自相关系数和偏相关系数

5. ARMA 预报

第四章　谱分析

1. 谱密度

2. 周期图

3. 时间不变线性滤波

4. ARMA 谱密度

第五章　预报

1. 预报及相关评判

2. 模型诊断

第六章　非平稳和季节模型

1. ARIMA 模型

2. 识别性

3. 时间单位根检验

4. ARIMA 模型预报

5. 季节 ARIMA 模型

6. 带有 ARMA 误差的回归

第七章　协整理论与方法

1. 协整与误差校正模型

2. 单一方程协整 *

3. 系统方程协整 *

4. 季节序列单整

5. 季节单整和协整

第八章　ARCH 模型和 GARCH 模型

1. ARCH 模型

2. 拟似然估计方法

3. 长、短记忆 ARCH 模型

4. ARCH-M 模型

5. GARCH 模型

6. EGARCH 模型

第九章　多元时间序列

1. 多元时间序列二阶性质

2. 多元序列均值及协方差

3. 多元 ARMA 模型

4. 多元时间模型预报

5. 多元时间序列协整

6. 多元 ARCH 模型和 GARCH 模型 *

第十章　状态空间模型 *

1. 状态空间表示

2. 基础状态结构模型

3. ARIMA 模型状态空间表示

4. Kalman 滤波

5. 状态空间估计

6. EM 算法

7. 一般状态空间模型

七、考核要求

采用笔试和作业相结合的考核方式。考核标准既要考核学生是否从理论上理解了时间序列分析方法，更要从实践层面上考核学生是否真正具备了利用时间序列思想提炼数据模型和运用时间序列方法分析数据的能力，同时强调上机考核时间序列应用分析能力和具备时间序列统计软件的能力。作业除一些基本的推导证明题目之外，还需要求学生独立完成一项分析时间序列数据并撰写报告的工作，在报告中能清晰描述所用时间序列基本知识，包括模型选择及估计、检验构造，最后需要一个完整的分析报告并给出结论或可行的建议等。

八、编写成员名单

周勇（华东师范大学）、刘旭（上海财经大学）。

附录21
应用统计硕士专业学位研究生核心课程指南（2020 年）

01 统计学基础

一、课程概述

本课程是统计类课程体系中最重要的专业基础课之一。课程内容主要包括三大部分——概率论基础、探索性数据分析、数理统计基础。概率论基础为数理统计以及后续统计课程学习提供必要的理论基础，内容涉及事件与概率运算、Bayes 公式、随机变量及其概率分布、数字特征、随机向量及其联合分布与边缘分布、独立性、条件分布与条件期望、大数定律、中心极限定理、随机过程初步等。探索性数据分析技术已被用于数据挖掘，也用于大型数据分析，是统计思维的启蒙课程和数据处理的基础课程，内容包括数据预处理、描述统计量、数据可视化等。数理统计部分为统计方法应用与后续统计课程学习提供基础，内容涉及总体与样本、参数估计、假设检验、方差分析与回归分析等。

二、先修课程

数学分析（或高等数学）、线性代数。

摘自：全国专业学位研究生教育指导委员会. 专业学位研究生核心课程指南（一）（试行）.
北京：高等教育出版社，2020：21-38.

三、课程目标

通过本课程的学习，学生不仅能理解和掌握概率论与统计学的基本概念、理论与方法，为后续各门课程的学习打下必要的理论基础，而且能至少使用一种软件（R、Python 等），准确地进行数据预处理、描述分布特征和绘制可视化图形，为后续数据分析工作提供"干净"、简洁和符合模型要求的数据，并为数据分析结果的展示提供优质的可视化素材。

四、适用对象

本课程适用于应用统计硕士专业学位研究生。

五、授课方式

（1）课堂讲授。以课堂讲授为主，并结合计算机和多媒体等教学手段。课堂讲授注重概念、方法、理论和实际应用相结合。

（2）计算机实验。根据教学内容，进行计算机模拟实验和实际数据分析。

（3）案例讨论及学生汇报展示。运用实际数据进行完整的探索性数据分析等。

六、课程内容

统计学基础的内容主要包括事件与概率、随机变量及其概率分布、随机变量数字特征、随机向量、大数定律和中心极限定理、随机过程初步、探索性数据分析、总体与样本、参数估计、假设检验、方差分析与回归分析等。

内容模块	知识点	重点与难点
1.概率论基础	1.1　事件与概率：样本空间、事件域、概率、加法公式、乘法公式、全概率公式、Bayes 公式	概率空间的基本思想、事件与概率的运算公式、全概率与 Bayes 公式
	1.2　随机变量：离散型随机变量（两点分布、二项分布、泊松分布、几何分布），连续型随机变量（均匀分布、指数分布、正态分布），指数分布族，随机变量函数的分布函数，随机变量的期望和方差	随机变量的概念与定义、随机变量的类型、指数分布族的概念、随机变量函数分布的计算

续表

内容模块	知识点	重点与难点
1. 概率论基础	1.3　随机向量：离散型随机向量，连续型随机向量（多元正态分布），条件分布、条件密度与条件期望，次序统计量，协方差和相关系数	多元正态分布及其相关性质、条件分布、条件密度与条件期望的概念与计算
	1.4　极限定理：大数定律，中心极限定理	极限定理的理解与证明
	1.5　随机过程初步：泊松过程，马尔可夫链和平稳序列，Monte Carlo 模拟方法简介	随机过程的概念与定义、Monte Carlo 模拟方法的实践
2. 探索性数据分析	2.1　数据预处理：数据清洗、数据集成、数据变换、数据规约	特征工程（变量构建、变量筛选等）、缺失数据处理、数据变换、离群值识别与处理
	2.2　描述统计：单变量特征描述、变量相关性描述	描述性和相关性统计量的计算、适用范围及其结果解读
	2.3　数据可视化：数据图表显示、可视化组件与技巧等	各种图形的制作及适用范围，提升图表可读性和美观性的技巧
3. 数理统计基础	3.1　统计学基本概念：总体与样本，统计量及抽样分布，三大抽样分布（卡方分布、t 分布、F 分布），统计量的充分性和完备性（选讲）	总体与样本的概念、抽样、三大抽样分布的定义与相关计算
	3.2　参数估计：点估计与区间估计的概念，矩估计与极大似然估计，点估计的评价准则，各类置信区间的构造	点估计方法、置信区间的构造方法
	3.3　假设检验：假设检验的基本思想与概念，正态总体参数的假设检验，非正态总体参数的假设检验，卡方拟合优度检验，正态性检验	假设检验的基本思想与基本步骤、各类检验的构造方法

七、考核要求

本课程进行平时考核和期末考试。考试方法包括笔试和计算机实验。

八、编写成员名单

郑明（复旦大学）、林路（山东大学）、杨瑛（清华大学）、汪荣明（上海对外经贸大学）、王立洪（南京大学）。

02　统计调查与数据采集

一、课程概述

本课程主要培养学生针对特定问题制定统计调查、数据采集方案和科学收集数据的能力，包括统计调查方法、抽样技术、试验设计方法以及网络数据与大数据采集技术。本课程属于应用统计硕士专业学位研究生核心课程，为培养学生的专业素养奠定基础。

二、先修课程

统计学基础（概率论基础、探索性数据分析、数理统计基础等）。

三、课程目标

通过本课程的学习，使学生们掌握统计调查的方法和技术，理解抽样理论并掌握常用抽样技术，掌握试验设计中常用的设计方法与建模技术，了解网络数据和大数据的获取方式。使学生能够针对实际问题，设计抽样或试验方案，能够根据具体需求和成本，选择合适的数据采集方法，培养学生灵活运用所学统计知识的能力和应变能力。

四、适用对象

本课程适用于应用统计硕士专业学位研究生。

五、授课方式

课堂讲授与案例教学相结合，配合上机实习，使用计算机完成抽样、试验方案构造、数据收集、数据分析等。

六、课程内容

本课程每一部分的重点在于让学生掌握在何种情况下使用以及如何使用每一种方法，难点在于提供机会让学生去实践使用每一种方法。

（标"*"为根据学生情况选讲部分。）

内容模块	知识点	重点与难点
1. 统计调查	1.1.1　数据类型	统计调查、数据采集与分析中的数据类型，问卷调查的一般程序、各调查法的特点和适用场合
	1.1.2　问卷调查设计：问卷调查法的类型、适用范围；问卷的设计与实施	
	1.1.3　几种常用方法：访谈法、小组座谈会、深访法；各自的特点、适用范围以及每一种方法的实施过程与技巧；访谈纲要	
	*1.1.4　其他方法：观察法和实验法；适用范围，实施过程与技巧	有限总体概率抽样的概念和实施，估计量及其评价
	1.2.1　抽样调查基本概念、一般程序，包括总体和总体单位，样本、抽样单位与抽样框，抽样调查的工作程序，概率抽样和非概率抽样的概念	
	1.2.2　基于调查的估计：简单估计、部分估计、比率估计、回归估计，了解估计方法的特点和适用范围，估计量的分布和特征数，估计量的偏差和精度、准确度以及区间估计的构造	
	1.2.3　样本量的确定：估计总体均值时样本量的确定、估计总体比例时样本量的确定	
	1.3.1　简单随机抽样：定义和实施步骤；总体均值、总体比率估计量及性质、子总体的估计量	各种抽样技术的应用场合与实施过程，估计量的计算及其性质，子总体的估计，样本量的确定
	1.3.2　分层抽样：定义和分层原则；总体均值、总体比率估计及性质、子总体的估计；各层样本量的分配、总样本量的确定	
	1.3.3　等距抽样：定义；总体均值的估计量及性质；与简单随机样本的关系	
	1.3.4　单级整群抽样：定义及优点；群大小相等的单级整群抽样的总体估计及设计效果、群大小不相等的单级整群抽样总体估计及设计效果	

续表

内容模块	知识点	重点与难点
1. 统计调查	1.3.5 两级抽样：定义及优点；群大小相等的两级抽样的总体估计、群大小不相等的两级抽样的总体估计及设计效果	
	*1.3.6 非概率抽样常用方法：系统抽样的定义和实施方法、其他抽样方法的定义和实施方法	
2. 试验设计	2.1.1 试验设计的概念与意义：试验设计方法的目的、内容、发展概况及应用；试验设计的基本原则与拟定	试验设计的研究内容、基本原则
	2.1.2 试验设计的常用术语及统计模型：试验考察指标、试验因素、试验水平、交互作用、准确性和精确性；抽样分布、假设检验与参数估计、简单回归分析	准确性和精确性、假设检验与参数估计
	2.1.3 试验设计的一些典型应用：食品安全、生物、医学、质量等领域的应用	试验设计的应用
	2.1.4 试验数据的误差分析：误差的基本概念、来源及分类、误差的估计与检验	误差的基本概念、随机误差的估计、系统误差和过失误差的检验
	2.1.5 试验数据的方差分析：单因素、双因素试验的方差分析的基本步骤和计算	单因素、双因素试验的方差分析的基本步骤和计算
	2.2.1 正交试验设计：基本原理及构造；多指标、混合水平、有交互作用的正交试验设计；正交试验设计的方差分析	正交设计的原理、正交表的构造、正交试验设计的方差分析
	2.2.2 区组设计：基本原理、应用及优缺点；随机化完全区组设计、拉丁方设计、不完全区组设计	区组设计的原理及应用、随机化完全区组设计、拉丁方设计
	2.2.3 因子试验设计：基本原理及应用、2k 因子设计、3k 因子设计	因子试验设计的基本原理、2k 因子设计的构造及应用
	2.2.4 均匀设计：基本原理及应用场景、等水平均匀设计表和混合水平均匀设计表	均匀设计的基本原理及应用、等水平均匀设计表和混合水平设计表
	*2.2.5 响应曲面分析方法：基本原理、二阶响应曲面设计及分析、拟合响应曲面的设计及分析、应用场景	响应曲面分析方法的基本原理及应用

续表

内容模块	知识点	重点与难点
3. 网络数据收集	3.1　网络调查：网络调查的特点及适用范围；网络调查与传统调查的区别；Web 问卷的逻辑设置	掌握网络调查的特点
	3.2　文本和数据库搜索：了解各种开放数据库；使用 SQL 检索数据库；多种格式文本数据整合、转换	SQL 数据库检索、多种文本数据的整合与转换
	3.3　文档和文件抽取文本和元数据：掌握从文档和文件中批量抽取文本和元数据；从 PDF 文件中抽取可编辑文本；编辑文件及删除元数据	各类文档和文件中批量抽取文本数据
	3.4　图片、声音中的文本识别：OCR 库概述；了解光学识别软件 Tesseract；从音频数据中识别、抽取文本	了解 OCR 库、如何从音频数据中抽取文本
	3.5　网络信息采集 / 网络爬虫：建立网络爬虫、利用 Python 或 R 实现网络 API 数据收集	网络爬虫建立、API 数据收集
	3.6　R 或 Python 语言实现：网络数据的抓取、数据清洗、数据整合、数据的可视化	数据的收集、预处理和简单的数据可视化
	*3.7　数据采集、存储平台概况：主要数据采集、存储平台的架构、特点及使用；调查平台和网络抓取平台的差别	熟悉采集、存储平台的使用

七、考核要求

采用笔试和实践作业相结合的考核方式。考核标准既要考核学生是否从理论上掌握了统计调查和数据采集的方法，更要从实践层面上考核学生是否真正掌握了数据采集的技术。实践作业要求学生独立完成一项统计调查或网络数据获取并撰写报告（包括题目确定、方案设计、数据收集过程描述、数据整理、数据分析及报告撰写）。

八、编写成员名单

邹长亮（南开大学）、董麓（天津财经大学）、陈华峰（北京益派市场咨询有限公司）。

03 统计计算

一、课程概述

本课程以概率论为基础，通过样本推断总体的统计特性，内容极其丰富，并且随着计算机的普及与发展，从事统计工作和实际工作的人都很关心如何利用计算机来更好地完成统计数据的分析工作，从而出现了"统计计算"这个研究方向。统计计算是当今统计学的一个重要分支，是数据驱动与计算机相结合的产物，是数理统计、计算数学和计算机科学的交叉学科。本门课程主要由统计软件、统计模拟、云计算与并行计算三部分组成，既注重统计计算算法的讲解，又兼顾统计软件、并行计算等现代计算技术的介绍。本门课程是将统计理论、方法与实际数据分析相结合的一门专业课程。

二、先修课程

数理统计、多元统计分析、贝叶斯统计等。

三、课程目标

通过本课程的学习使学生熟练掌握统计软件的使用，理解和掌握统计计算算法的基本原理与基本理论，掌握大数据背景下并行算法、云计算的计算技能，能用所学的基本理论进行实际数据分析，提高学生解决实际问题的能力。

四、适用对象

本课程适用于应用统计硕土专业学位研究生。

五、授课方式

课堂讲授与案例教学相结合，配合上机实习，使用计算机完成抽样、试验方案构造、数据收集、数据分析等。

六、课程内容

本课程主要讲授统计计算相关算法的基本原理和基本理论及算法实现、统计软件 R 的基本操作、最优化理论的基本思想与算法、大数据背景下的并行计算、云计算的计算技能等。

内容模块	知识点	重点与难点
1. 统计计算	1.1　统计计算简史、课程框架	
	1.2　统计计算算法简介	
	1.3　云计算、并行计算的优良性	
2. 统计软件 R 基本操作及生成随机数	2.1　R 基本操作 　2.1.1　R 软件及相关软件包的安装 　2.1.2　R 基本命令操作 　2.1.3　R 变量类型的定义、操作 　2.1.4　R 数据的导入和存储 　2.1.5　R 软件的画图操作 　2.1.6　R 子函数的编写	1. 熟练掌握统计软件 R 的基本操作 2. 掌握生成随机数的机理并能够进行算法实现
	2.2　随机数的生成 　2.2.1　均匀分布随机数的生成 　2.2.2　非均匀分布随机数的生成 　2.2.3　生成随机数的 R 实现	
3. 蒙特卡罗方法	3.1　积分的模拟近似	1. 熟练掌握定积分的蒙特卡罗近似方法与 Bootstrap 方法，理解并运用重要性抽样原理 2. 利用 MCMC 方法生成复杂分布（比如后验分布）随机数
	3.2　重要性抽样	
	3.3　分层抽样	
	3.4　EM 算法、数据扩充算法 　3.4.1　EM 算法的收敛性 　3.4.2　EM 算法的应用 　3.4.3　EM 算法的改进变种	
	3.5　Bootstrap 方法 　3.5.1　Bootstrap 的基本原则 　3.5.2　非参数 Bootstrap 　3.5.3　参数 Bootstrap 　3.5.4　基于 Bootstrap 的回归分析 　3.5.5　基于 Bootstrap 的纠偏分析 　3.5.6　基于 Bootstrap 的统计推断	

续表

内容模块	知识点	重点与难点
3. 蒙特卡罗方法	3.6　Metropolis-Hasting 抽样	
	3.7　逆跳 MCMC	
	3.8　Gibbs 抽样	
4. 优化方法	4.1　最速下降法	掌握最优化理论的基本思想与算法并会软件实现
	4.2　梯度下降法	
	4.3　Newton 法、拟牛顿法	
	4.4　ADMM 算法	
	4.5　内点法	
5. 云计算、并行计算	5.1　云计算的实施机制 　5.1.1　基本概念 　5.1.2　特殊云机制 　5.1.3　云管理机制 　5.1.4　云安全机制	掌握大数据背景下云计算、并行计算的计算技能
	5.2　分布式计算和云计算 　5.2.1　分布式计算 　5.2.2　云计算 　5.2.3　二者区别与联系	
	5.3　集群技术	
	5.4　MPI、多线程	
	5.5　MapReduce 原理 　5.5.1　MapReduce 简介 　5.5.2　MapReduce 程序执行流程 　5.5.3　MapReduce 工作原理	

七、考核要求

开卷考试、完成作业或论文。考核学生能否应用所学的统计计算方法解决实际相关的问题。

八、编写成员名单

张宝学（首都经济贸易大学）、刘扬（中央财经大学）、房祥忠（北京大学）、林明（厦门大学）。

04　统计数据分析方法

一、课程概述

本课程是指用适当的统计分析方法对搜集的大量数据进行分析，提取有用信息并形成结论，从而对数据加以详细研究和概括总结的过程。统计数据分析方法是统计类课程体系中最重要的专业基础课之一，主要包括五大部分——回归分析、时间序列分析、非参数统计、多元统计分析和纵向数据分析。

二、先修课程

概率论、数理统计、随机过程。

三、课程目标

通过本课程的学习，使学生能够对统计数据分析的方法和思想有更进一步的理解，让学生能够熟练应用诸多统计方法进行数据分析和建模，通过和应用领域的结合，对考虑的问题能够给出较为合理的解答。引导学生既重视理论又重视实际应用，将学生培养成复合型应用人才。

四、适用对象

本课程适用于应用统计硕士专业学位研究生。

五、授课方式

课堂讲授方法为主，案例教学和实验教学为辅，多种教学方式相结合。使学生掌握本课程的基本概念、基本理论和基本方法，提高学生分析问题和解决问题的能力。

六、课程内容

内容模块	知识点	重点与难点
1. 回归分析	1.1 回归分析的研究内容及建模过程；回归分析的应用及发展历史	建模过程
	1.2 简单线性回归模型：一元线性回归模型的建模；最小二乘估计方法及其估计量的性质；回归方程的有关检验、预测和控制的理论与应用	估计量的性质
	1.3 多元线性回归模型及其基本假设；回归模型未知数的估计及其性质；回归方程及回归系数的显著性检验	估计的性质和显著性检验
	1.4 回归模型选择的评价标准：模型比较的标准，模型选择的交叉验证，变量选择方法	变量选择
	1.5 残差分析可以获取的信息，残差图，学生残差，异常值的检测	残差分析
	1.6 违背基本假设的情况：异方差、序列相关和多重共线性产生的原因，对最小二乘估计的性质和相关检验的影响，如何检验问题的存在和处理方法	异方差的处理方法
2. 时间序列分析	2.1 时间序列分析的基本内容，回顾时间序列的定义以及均值、方差和协方差求解，并举例说明	平稳性的定义及判断和纯随机性的检验
	2.2 一般线性过程、自回归过程、滑动平均过程和自回归滑动平均混合模型的基本性质以及适用场景	格林函数、逆函数、自相关和偏自相关函数
	2.3 平稳化的各种方法以及 ARIMA 模型的基本性质，并结合具体案例分析	平稳化的方法
	2.4 样本自相关函数和偏自相关函数的性质，非平稳性时间序列模型的处理方法，以及真实时间序列分析的举例	偏自相关函数的性质及非平稳性的识别
	2.5 矩估计、最小二乘估计和极大似然估计的性质，自助法的应用，以及残差分析及过度拟合的处理方法	估计的性质及自助法和残差分析
	2.6 最小均方误差、ARIMA 预测及预测极限和更新	条件期望，预测的极限和更新
	2.7 金融时间序列的特点、ARCH 模型、GARCH 模型的极大似然估计和模型诊断，以及 GARCH 模型的扩张	参数估计和模型诊断

续表

内容模块	知识点	重点与难点
2. 时间序列分析	2.8　门限模型：非线性检验方法、一阶门限自回归模型、门限模型门限和非线性的检验门限模型的估计和模型诊断	门限模型的估计和模型诊断
3. 非参数统计	3.1　适应任意分布的统计量、计数统计量和秩统计量、符号秩统计量，以及条件的适应任意分布的检验	秩统计量及相关理论
	3.2　一样本 U 统计量，一样本 U 统计量的渐近分布和二样本 U 统计量的渐近分布	U 统计量的渐近分布
	3.3　线性秩统计量的定义、线性秩统计量分布的一些性质以及线性符号秩统计量	线性秩统计量的渐近性质
	3.4　次序统计量的分布、分位数的估计、分布函数的置信区间以及随机变量的容忍区间	分布函数的置信区间
	3.5　Spearman 秩相关系数、Kendall-tau 相关系数和 Kendall 协和系数	秩相关系数的检验和异常值的检测
4. 多元统计分析	4.1　多元统计分析的基本内容及应用领域，补充相关的矩阵代数的基本知识，如行列式、逆矩阵、矩阵的迹、二次型、正定阵以及矩阵微商等概念	正定矩阵和二次型
	4.2　统计距离，多元正态分布基本概念和定义及其有关的性质，多元正态随机变量的基本性质，均值向量和协方差阵的估计，Wishart 分布的定义和基本性质，Hotelling T2 和 Wilks 分布的定义及其基本性质	多元正态及其各种分布的性质
	4.3　多元正态分布均值向量和协方差阵的假设检验，含多个正态总体均值和协方差阵的假设检验、计算程序中有关假设检验的算法基础	总体均值和协方差阵的检验
	4.4　聚类分析的目的和意义、聚类分析中所使用的几种尺度的定义、8 种系统聚类方法的定义及其基本性质、模糊聚类方法及其基本性质，K- 均值聚类和有序样品的聚类，有关聚类分析的算法基础	聚类的方法
	4.5　判别分析的目的和意义、判别分析中所使用的几种判别尺度的定义和基本性质	判别方法的算法基础
	4.6　主成分分析的目的和意义、主成分分析的数学模型及几何解释，主成分的推导及基本性质、计算程序中有关主成分分析的算法基础	主成分的算法
	4.7　因子分析的目的和基本思想、因子分析的数学模型，因子载荷阵的估计方法，因子旋转，因子得分、计算程序中有关因子分析的算法基础	因子旋转方法

续表

内容模块	知识点	重点与难点
4. 多元统计分析	4.8 对应分析的目的和基本思想、对应分析方法的基本原理；简单介绍相关的计算程序	对应分析的基本原理
	4.9 典型相关分析的目的和基本思想、典型相关分析的数学模型、总体和样本的典型相关系数以及典型变量，典型相关系数的假设检验	典型相关系数的假设检验
	4.10 对数线性模型基本理论和方法，logistic 回归的基本理论和方法	logistic 回归的基本理论和方法
5. 纵向数据分析	5.1 纵向数据背景：通过搜集到的一些具体纵向数据实例，介绍什么是纵向数据，对于这一特殊结构的数据，给出通常采用什么样的统计模型	纵向数据的理解
	5.2 纵向数据下线性模型：介绍普通线性模型如何应用在纵向数据这一特殊的数据形式下，介绍模型的意义、参数估计方法，随机效应模型提出的背景，参数估计方法以及经验似然方法	纵向数据线性模型统计推断
	5.3 广义线性模型对线性模型的推广，指数族分布、广义线性模型参数估计方法和推断方法，拟似然方法	广义线性模型统计推断
	5.4 纵向数据边际模型：包括均值参数估计，相关系数估计的矩估计方法，广义矩方法，拟加权最小二乘法，方差的参数估计方法	边际模型估计
	5.5 纵向数据下模型选择：纵向数据下变量选择方法，相关变量选择准则有 QIC、推广的 QIC 相关信息准则、经验似然准则、伪高斯似然准则等	变量选择方法和准则
	5.6 拓展：相关前沿介绍	

七、考核要求

采用闭卷考试和课程项目相结合，对学生知识的掌握及应用所学知识解决实际问题能力进行考核。

八、编写成员名单

张虎（中南财经政法大学）、刘禄勤（武汉大学）、史代敏（西南财经大学）、杨仲山（东北财经大学）。

05　机器学习与数据挖掘

一、课程概述

本课程是面向应用统计及相关专业硕士研究生开设的专业基础课，其教学目的是使学生掌握常用机器学习与数据挖掘方法，理解其基本思想和算法步骤；通过计算机实验和在经济学、金融学、生物信息学、计算机科学等学科领域中的应用实例，熟悉机器学习与数据挖掘的科学方法和具体运用，增强学生对机器学习与数据挖掘的学习兴趣。

二、先修课程

要求学生事先受过基本编程训练（熟悉 Matlab/R/Python 软件），并具有线性代数、微积分和概率统计方面的基础知识。

三、课程目标

通过本课程的学习，使学生掌握常用机器学习与数据挖掘方法的基本思想、算法及其具体应用，在通过计算机分析和解决实际问题的能力方面得到进一步的培养和训练；同时使学生了解该领域的研究趋势，具备初步的科研创新能力。

四、适用对象

本课程适用于应用统计硕士专业学位研究生。

五、授课方式

教学方式主要是由教师运用多媒体讲授方法的基本思想和算法步骤，并进行实例分析与学生上机实验运用方法解决实际问题构成，适合双语教学。

六、课程内容

（标"*"号的节为可选教学内容或者教学程度可根据专业教学实施情况灵活把握。）

内容模块	知识点	重点与难点
1. 概论	1.1 机器学习与数据挖掘的基本概念和功能	1. 机器学习与数据挖掘的基本概念和功能
	1.2 机器学习与数据挖掘的基本应用概述	
	1.3 学习问题类型基本划分	
	1.4 模型评价	2. 模型评价的重要概念：训练误差与测试误差、过拟合与欠拟合、偏差方差平衡、模型可解释性和预测准确性的平衡
	实验要求：掌握 Matlab/R/Python 软件的基本操作和命令（包括矩阵计算、绘图等相关命令）	
2. 线性回归、模型选择与正则化	*2.1 简单线性回归模型、多重线性回归模型：参数估计、模型评价	* 简单线性回归模型、多重线性回归模型的基本思想，参数估计及其准确性评价、模型准确性评价，分析应用多重线性回归的四个基本问题：因变量和自变量之间是否存在关系、重要变量选择、模型的拟合优度、模型的预测准确性
	*2.2 线性回归的运用，包括定性自变量的处理、线性模型假定条件不成立时各种情形的判定和处理	* 掌握定性自变量的处理方法、线性模型假定条件不成立时的各种情形的判定与处理，包括可加性假定、因变量与自变量之间的非线性、模型残差相关性、非常数模型残差、异常值、高杠杆点、多重共线性等
	2.3 变量选择方法：最佳子集选择	最佳子集选择的基本思想和运用
	2.4 收缩方法：岭回归、Lasso 及调节参数选取	收缩方法的基本思想，岭回归和 Lasso 在理论和应用方面的区别和联系
	2.5 线性回归和 K 最近邻回归（非线性回归）的区别和联系	理解线性回归和 K 最近邻回归（非线性回归）的区别和联系
	实验要求：灵活运用软件进行线性回归分析、最佳子集选择、岭回归、Lasso	

续表

内容模块	知识点	重点与难点
3. 分类	3.1 分类问题与方法概述	1. 理解线性回归不能用于解决分类问题的原因（两类问题例外） 2. 简单 logistic 回归模型和多重 logistic 回归模型的基本思想、参数估计及其准确性评价、模型准确性评价 3. 线性判别分析、二次判别分析的基本思想、原理和运用 4. 理解 logistic 回归、判别分析、K 最近邻分类等分类方法的联系与区别
	3.2 logistic 回归模型、多重 logistic 回归模型：参数估计、模型评价	
	3.3 线性判别分析、二次判别分析	
	3.4 K 最近邻分类	
	3.5 logistic 回归、判别分析、K 最近邻分类等分类方法的联系与区别	
	实验要求：灵活运用软件使用 logistic 回归、线性判别分析、二次判别分析、K 最近邻分类解决分类问题	
4. 重复抽样方法	4.1 交叉验证方法，包括验证集方法、留一法、K- 折交叉验证	1. 交叉验证法的基本思想和运用 2. K- 折交叉验证的偏差方差平衡，交叉验证方法在回归问题和分类问题中的使用 3. 自助法的基本思想和运用
	4.2 自助法（Bootstrap）	
	实验要求：灵活运用软件，使用交叉验证方法选取最优学习方法解决回归或分类问题	
5. 非监督学习	5.1 非监督学习概述	1.* 主成分分析的基本思想和运用，高维情形下主成分分析的计算 2.*K- 均值聚类：基本思想、算法和运用 3.* 分层聚类：基本思想、算法和运用、树状图的解释 4. 高斯混合模型：基本思想、EM 算法和模型运用
	*5.2 维数约简方法：主成分分析	
	5.3 聚类分析：*K- 均值聚类、高斯混合模型；* 分层聚类（距离度量包括最小距离、最大距离、平均距离、重心距离、离差平方和等）	
	实验要求：运用软件进行主成分分析、K- 均值聚类、分层聚类、高斯混合模型聚类	
6. 基于树的方法	6.1 决策树：回归树、分类树；树与线性回归的联系和区别	1. 决策树的基本思想和运用 2. 树与线性回归的联系和区别、优劣势比较 3. 集成学习 Bagging、Random Forests、Boosting 的基本思想和运用
	6.2 集成学习：Bagging、Random Forests、Boosting	
	实验要求：灵活运用软件进行决策树分类；Bagging、Random Forests、Boosting 分类	

续表

内容模块	知识点	重点与难点
7. 支持向量机	7.1　最大间隔分类器	1. 最大间隔分类器 2. 支持向量分类器 3. 核函数与支持向量机 SVM 4. 多类问题 SVM 5. SVM 与 logistic 回归的联系与区别
	7.2　支持向量分类器	
	7.3　核函数与支持向量机 SVM	
	7.4　多类问题 SVM	
	7.5　SVM 与 logistic 回归的联系与区别	
	实验要求：灵活使用 SVM 进行分类	
8. 神经网络	8.1　神经元模型	1. 神经元模型的基本思想和激活函数的概念 2. 感知机的基本思想、多层前馈神经网络结构 3. 误差逆传播算法的基本思想 4. 训练神经网络时的常见问题 5.* 了解深度学习的发展历程，掌握其基本思想，了解常用的几种深度学习方法（CNN、RNN、LSTM、GAN 等）
	8.2　感知机与多层网络	
	8.3　误差逆传播算法	
	8.4　训练神经网络时的常见问题：初值问题、过拟合问题、数据的标准化、隐含层数与神经元数的确定、局部极小问题	
	*8.5　深度学习简介	
	实验要求：灵活使用神经网络分析数据	

七、考核要求

考核方式主要包括考勤、平时作业、期末考试三个部分。平时作业包括概念、推理等练习题以及上机作业；期末考试建议采用上机编程的方式进行考核，以学生掌握和应用机器学习与数据挖掘方法的情况为考核标准，建议采用能将文字和代码融为一体的数据分析报告生成利器 R Markdown 或 Matlab Publish 来完成，利于教师阅卷以及培养学生撰写数据分析报告的能力。

八、编写成员名单

石磊（云南财经大学）、周勇（华东师范大学）、徐寅峰（西安交通大学）、赵彦云（中国人民大学）。

附录 22
2024 年统计学本科院校名单

学校代码	学校名称	专业	省份
10357	安徽大学	经济统计学　统计学　应用统计学	安徽
10358	中国科学技术大学	统计学	安徽
10359	合肥工业大学	统计学	安徽
10360	安徽工业大学	经济统计学	安徽
10361	安徽理工大学	应用统计学	安徽
10363	安徽工程大学	统计学	安徽
10364	安徽农业大学	应用统计学	安徽
10367	蚌埠医学院	应用统计学	安徽
10370	安徽师范大学	统计学	安徽
10371	阜阳师范大学	经济统计学　统计学　应用统计学	安徽
10372	安庆师范大学	应用统计学	安徽
10373	淮北师范大学	统计学	安徽
10375	黄山学院	经济统计学　应用统计学	安徽
10376	皖西学院	经济统计学	安徽
10377	滁州学院	经济统计学	安徽
10378	安徽财经大学	经济统计学　统计学　应用统计学	安徽
10379	宿州学院	经济统计学　应用统计学	安徽
10380	巢湖学院	应用统计学	安徽
10383	铜陵学院	经济统计学　应用统计学	安徽
10878	安徽建筑大学	统计学	安徽
11059	合肥学院	应用统计学	安徽

续表

学校代码	学校名称	专业	省份
11306	池州学院	经济统计学　统计学	安徽
12926	亳州学院	应用统计学	安徽
13065	安徽外国语学院	应用统计学	安徽
13611	蚌埠工商学院	经济统计学	安徽
14098	合肥师范学院	经济统计学　应用统计学	安徽
10368	皖南医学院	生物统计学	安徽
13612	合肥理工学院	应用统计学	安徽
13616	合肥经济学院	经济统计学	安徽
10001	北京大学	统计学　应用统计学　生物统计学	北京
10002	中国人民大学	经济统计学　统计学　应用统计学 数据科学	北京
10004	北京交通大学	统计学　数据科学	北京
10005	北京工业大学	经济统计学　统计学	北京
10006	北京航空航天大学	经济统计学　统计学	北京
10007	北京理工大学	统计学	北京
10008	北京科技大学	统计学	北京
10009	北方工业大学	统计学	北京
10011	北京工商大学	经济统计学　应用统计学	北京
10022	北京林业大学	统计学	北京
10027	北京师范大学	统计学　生物统计学	北京
10028	首都师范大学	统计学	北京
10033	中国传媒大学	应用统计学	北京
10034	中央财经大学	经济统计学　统计学　应用统计学	北京
10036	对外经济贸易大学	经济统计学　统计学　数据科学	北京
10037	北京物资学院	应用统计学　数据科学	北京
10038	首都经济贸易大学	经济统计学　统计学	北京
10052	中央民族大学	统计学　应用统计学	北京
11232	北京信息科技大学	应用统计学	北京
11414	中国石油大学（北京）	统计学	北京
10384	厦门大学	经济统计学　统计学	福建

续表

学校代码	学校名称	专业	省份
10385	华侨大学	统计学	福建
10386	福州大学	经济统计学	福建
10389	福建农林大学	统计学	福建
10394	福建师范大学	统计学　数据科学	福建
10395	闽江学院	应用统计学	福建
10402	闽南师范大学	经济统计学　统计学　应用统计学	福建
11062	厦门理工学院	应用统计学	福建
11313	福建商学院	经济统计学	福建
12993	福州工商学院	经济统计学	福建
13762	福州外语外贸学院	经济统计学	福建
13763	福建江夏学院	经济统计学	福建
13115	厦门工学院	应用统计学	福建
13773	福州理工学院	统计学	福建
10732	兰州交通大学	统计学	甘肃
10733	甘肃农业大学	应用统计学	甘肃
10736	西北师范大学	经济统计学　统计学	甘肃
10738	陇东学院	统计学	甘肃
10739	天水师范学院	统计学	甘肃
10741	兰州财经大学	经济统计学　统计学　应用统计学	甘肃
13511	兰州工商学院	经济统计学	甘肃
13515	兰州信息科技学院	经济统计学	甘肃
10558	中山大学	统计学	广东
10559	暨南大学	经济统计学	广东
10560	汕头大学	统计学	广东
10564	华南农业大学	统计学	广东
10571	广东医科大学	统计学　生物统计学	广东
10574	华南师范大学	应用统计学	广东
10576	韶关学院	统计学　应用统计学	广东
10577	惠州学院	应用统计学	广东

续表

学校代码	学校名称	专业	省份
10578	韩山师范学院	统计学	广东
10579	岭南师范学院	统计学	广东
10580	肇庆学院	统计学　应用统计学	广东
10582	嘉应学院	应用统计学	广东
10588	广东技术师范大学	应用统计学	广东
10590	深圳大学	统计学	广东
10592	广东财经大学	经济统计学　统计学　应用统计学	广东
10822	广东白云学院	经济统计学	广东
11078	广州大学	统计学	广东
11347	仲恺农业工程学院	统计学	广东
11540	广东金融学院	经济统计学　应用统计学	广东
11845	广东工业大学	应用统计学	广东
11846	广东外语外贸大学	经济统计学	广东
12059	广东培正学院	经济统计学　应用统计学	广东
12121	南方医科大学	应用统计学　生物统计学	广东
12617	广州城市理工学院	经济统计学	广东
12620	广东外语外贸大学南国商学院	经济统计学	广东
12621	广州华商学院	经济统计学	广东
13177	北京师范大学珠海分校	应用统计学	广东
13675	北京理工大学珠海学院	应用统计学	广东
13684	珠海科技学院	应用统计学	广东
13902	广州新华学院	经济统计学	广东
14278	广东第二师范学院	统计学	广东
14325	南方科技大学	统计学	广东
16407	香港中文大学（深圳）	统计学	广东
10594	广西科技大学	应用统计学	广西
10595	桂林电子科技大学	统计学　应用统计学	广西
10596	桂林理工大学	应用统计学	广西
10602	广西师范大学	统计学	广西

续表

学校代码	学校名称	专业	省份
10603	南宁师范大学	应用统计学	广西
10605	河池学院	经济统计学　应用统计学	广西
10606	玉林师范学院	应用统计学	广西
10609	百色学院	应用统计学	广西
11548	广西财经学院	经济统计学　统计学　应用统计学　数据科学	广西
10657	贵州大学	统计学	贵州
10663	贵州师范大学	应用统计学	贵州
10664	遵义师范学院	统计学	贵州
10665	铜仁学院	统计学	贵州
10666	兴义民族师范学院	统计学	贵州
10667	安顺学院	经济统计学	贵州
10670	黔南民族师范学院	应用统计学	贵州
10671	贵州财经大学	经济统计学　统计学　数据科学	贵州
10672	贵州民族大学	统计学　应用统计学	贵州
10977	六盘水师范学院	经济统计学	贵州
13648	贵州黔南经济学院	经济统计学	贵州
14223	贵州师范学院	统计学	贵州
14440	贵州理工学院	应用统计学	贵州
11731	贵州商学院	经济统计学	贵州
10589	海南大学	经济统计学	海南
11658	海南师范大学	统计学	海南
11810	海南医学院	应用统计学　生物统计学	海南
10075	河北大学	经济统计学	河北
10076	河北工程大学	应用统计学	河北
10077	河北地质大学	经济统计学　应用统计学	河北
10080	河北工业大学	应用统计学	河北
10081	华北理工大学	经济统计学　应用统计学	河北
10084	河北建筑工程学院	应用统计学	河北
10086	河北农业大学	经济统计学	河北

续表

学校代码	学校名称	专业	省份
10092	河北北方学院	统计学	河北
10094	河北师范大学	应用统计学	河北
10098	河北民族师范学院	应用统计学	河北
10099	唐山师范学院	统计学	河北
10101	衡水学院	应用统计学	河北
10103	邯郸学院	经济统计学　统计学	河北
10104	邢台学院	应用统计学	河北
10105	沧州师范学院	统计学	河北
10216	燕山大学	统计学	河北
10798	河北科技师范学院	应用统计学	河北
11104	华北科技学院	应用统计学	河北
11420	河北金融学院	经济统计学　应用统计学	河北
11629	北华航天工业学院	应用统计学	河北
11832	河北经贸大学	统计学　应用统计学	河北
13402	河北外国语学院	应用统计学	河北
13404	河北大学工商学院	经济统计学	河北
13414	河北经贸大学经济管理学院	统计学	河北
13595	河北农业大学现代科技学院	经济统计学	河北
10078	华北水利水电大学	统计学　应用统计学	河南
10459	郑州大学	经济统计学　统计学	河南
10462	郑州轻工业大学	数据科学	河南
10463	河南工业大学	应用统计学	河南
10464	河南科技大学	统计学	河南
10467	河南科技学院	应用统计学	河南
10469	河南牧业经济学院	统计学	河南
10475	河南大学	经济统计学　统计学	河南
10476	河南师范大学	应用统计学	河南
10477	信阳师范大学	统计学　应用统计学	河南
10478	周口师范学院	应用统计学	河南

续表

学校代码	学校名称	专业	省份
10479	安阳师范学院	统计学 应用统计学	河南
10480	许昌学院	统计学	河南
10481	南阳师范学院	统计学	河南
10482	洛阳师范学院	应用统计学	河南
10483	商丘师范学院	统计学	河南
10484	河南财经政法大学	经济统计学 统计学 应用统计学	河南
10485	郑州航空工业管理学院	经济统计学	河南
10918	黄淮学院	统计学 数据科学	河南
10919	平顶山学院	应用统计学	河南
11068	郑州工程技术学院	数据科学	河南
11071	新乡学院	应用统计学	河南
11653	南阳理工学院	应用统计学	河南
12949	郑州师范学院	统计学 数据科学	河南
13497	郑州财经学院	经济统计学	河南
13500	商丘工学院	经济统计学	河南
13501	河南开封科技传媒学院	经济统计学 统计学	河南
13504	安阳学院	统计学	河南
13508	郑州经贸学院	经济统计学	河南
14654	郑州西亚斯学院	经济统计学	河南
10212	黑龙江大学	统计学	黑龙江
10213	哈尔滨工业大学	统计学	黑龙江
10214	哈尔滨理工大学	应用统计学	黑龙江
10219	黑龙江科技大学	应用统计学	黑龙江
10220	东北石油大学	应用统计学	黑龙江
10222	佳木斯大学	应用统计学	黑龙江
10224	东北农业大学	统计学	黑龙江
10225	东北林业大学	经济统计学	黑龙江
10231	哈尔滨师范大学	经济统计学 应用统计学 数据科学	黑龙江
10240	哈尔滨商业大学	经济统计学 统计学	黑龙江

续表

学校代码	学校名称	专业	省份
13744	黑河学院	统计学	黑龙江
10486	武汉大学	统计学	湖北
10487	华中科技大学	经济统计学 统计学	湖北
10488	武汉科技大学	统计学	湖北
10491	中国地质大学（武汉）	统计学	湖北
10497	武汉理工大学	统计学	湖北
10500	湖北工业大学	应用统计学	湖北
10504	华中农业大学	经济统计学	湖北
10511	华中师范大学	统计学	湖北
10512	湖北大学	应用统计学	湖北
10513	湖北师范大学	统计学 应用统计学	湖北
10517	湖北民族大学	统计学	湖北
10518	汉江师范学院	统计学	湖北
10520	中南财经政法大学	经济统计学 统计学 应用统计学	湖北
10524	中南民族大学	经济统计学 应用统计学 数据科学	湖北
10528	湖北工程学院	经济统计学 应用统计学	湖北
10927	湖北科技学院	经济统计学 统计学 应用统计学	湖北
11075	三峡大学	统计学	湖北
11600	湖北经济学院	经济统计学 统计学 应用统计学	湖北
11654	武汉商学院	经济统计学	湖北
12362	武汉生物工程学院	经济统计学	湖北
13247	湖北商贸学院	经济统计学	湖北
14099	湖北第二师范学院	应用统计学	湖北
10530	湘潭大学	统计学	湖南
10531	吉首大学	统计学	湖南
10532	湖南大学	经济统计学 统计学	湖南
10533	中南大学	统计学	湖南
10534	湖南科技大学	应用统计学	湖南
10536	长沙理工大学	应用统计学	湖南

续表

学校代码	学校名称	专业	省份
10537	湖南农业大学	统计学	湖南
10542	湖南师范大学	统计学	湖南
10545	湘南学院	经济统计学	湖南
10546	衡阳师范学院	统计学	湖南
10549	湖南文理学院	应用统计学	湖南
10551	湖南科技学院	统计学	湖南
10554	湖南工商大学	经济统计学	湖南
11342	湖南工程学院	统计学	湖南
11527	湖南城市学院	经济统计学	湖南
11528	湖南工学院	应用统计学	湖南
11532	湖南财政经济学院	经济统计学	湖南
12034	湖南第一师范学院	数据科学	湖南
12651	湘潭理工学院	经济统计学	湖南
12656	中南林业科技大学涉外学院	数据科学	湖南
10183	吉林大学	统计学	吉林
10184	延边大学	统计学	吉林
10186	长春理工大学	应用统计学	吉林
10188	东北电力大学	统计学	吉林
10190	长春工业大学	统计学	吉林
10191	吉林建筑大学	经济统计学 应用统计学	吉林
10200	东北师范大学	统计学	吉林
10201	北华大学	经济统计学 统计学 应用统计学	吉林
10202	通化师范学院	统计学	吉林
10203	吉林师范大学	统计学	吉林
10206	白城师范学院	统计学	吉林
10207	吉林财经大学	经济统计学 统计学 应用统计学 数据科学	吉林
11261	吉林工商学院	应用统计学	吉林
11439	吉林农业科技学院	统计学	吉林
11726	长春大学	应用统计学	吉林

续表

学校代码	学校名称	专业	省份
13603	长春财经学院	经济统计学	吉林
10284	南京大学	统计学	江苏
10285	苏州大学	统计学	江苏
10286	东南大学	统计学	江苏
10287	南京航空航天大学	应用统计学	江苏
10288	南京理工大学	应用统计学	江苏
10289	江苏科技大学	应用统计学	江苏
10290	中国矿业大学	统计学	江苏
10293	南京邮电大学	经济统计学　应用统计学	江苏
10299	江苏大学	统计学	江苏
10300	南京信息工程大学	经济统计学　统计学　应用统计学	江苏
10304	南通大学	应用统计学	江苏
10305	盐城工学院	应用统计学	江苏
10307	南京农业大学	统计学	江苏
10312	南京医科大学	应用统计学　生物统计学	江苏
10316	中国药科大学	应用统计学　生物统计学	江苏
10319	南京师范大学	统计学	江苏
10320	江苏师范大学	统计学　应用统计学	江苏
10323	淮阴师范学院	统计学	江苏
10324	盐城师范学院	经济统计学　统计学　应用统计学	江苏
10327	南京财经大学	经济统计学	江苏
10332	苏州科技大学	统计学	江苏
10333	常熟理工学院	经济统计学	江苏
11055	常州工学院	应用统计学	江苏
11117	扬州大学	统计学	江苏
11287	南京审计大学	经济统计学　统计学　数据科学	江苏
11463	江苏理工学院	经济统计学　统计学	江苏
11641	江苏海洋大学	统计学	江苏
11998	徐州工程学院	应用统计学	江苏

续表

学校代码	学校名称	专业	省份
12917	泰州学院	应用统计学	江苏
13986	江苏大学京江学院	统计学	江苏
13987	扬州大学广陵学院	统计学	江苏
13988	江苏师范大学科文学院	经济统计学	江苏
13993	南通大学杏林学院	经济统计学　应用统计学	江苏
14436	江苏第二师范学院	应用统计学	江苏
16403	西交利物浦大学	应用统计学	江苏
13982	无锡学院	应用统计学	江苏
10403	南昌大学	经济统计学	江西
10404	华东交通大学	经济统计学	江西
10405	东华理工大学	统计学	江西
10408	景德镇陶瓷大学	应用统计学	江西
10414	江西师范大学	经济统计学　统计学	江西
10416	上饶师范学院	经济统计学	江西
10418	赣南师范大学	应用统计学	江西
10419	井冈山大学	经济统计学　统计学　应用统计学	江西
10421	江西财经大学	经济统计学　应用统计学　数据科学	江西
10894	景德镇学院	应用统计学	江西
11319	南昌工程学院	应用统计学	江西
11508	新余学院	经济统计学	江西
13440	南昌应用技术师范学院	统计学	江西
13441	江西财经大学现代经济管理学院	数据科学	江西
13438	江西师范大学科学技术学院	经济统计学	江西
14437	南昌师范学院	统计学	江西
10140	辽宁大学	经济统计学	辽宁
10144	沈阳理工大学	应用统计学	辽宁
10145	东北大学	应用统计学	辽宁

续表

学校代码	学校名称	专业	省份
10151	大连海事大学	统计学	辽宁
10154	辽宁工业大学	经济统计学	辽宁
10166	沈阳师范大学	应用统计学	辽宁
10169	鞍山师范学院	统计学　应用统计学	辽宁
10173	东北财经大学	经济统计学　统计学　应用统计学	辽宁
11035	沈阳大学	经济统计学	辽宁
11779	辽东学院	经济统计学	辽宁
12026	大连民族大学	统计学	辽宁
13218	大连财经学院	经济统计学	辽宁
10126	内蒙古大学	统计学	内蒙古
10129	内蒙古农业大学	应用统计学	内蒙古
10135	内蒙古师范大学	统计学	内蒙古
10138	赤峰学院	应用统计学	内蒙古
10139	内蒙古财经大学	经济统计学　统计学　应用统计学	内蒙古
10819	呼伦贝尔学院	应用统计学	内蒙古
10127	内蒙古科技大学	应用统计学	内蒙古
10749	宁夏大学	应用统计学	宁夏
10753	宁夏师范学院	统计学	宁夏
11407	北方民族大学	统计学　应用统计学	宁夏
13820	银川能源学院	经济统计学	宁夏
12544	宁夏理工学院	应用统计学	宁夏
10746	青海师范大学	统计学	青海
10748	青海民族大学	统计学	青海
10422	山东大学	统计学	山东
10424	山东科技大学	统计学	山东
10426	青岛科技大学	应用统计学	山东
10429	青岛理工大学	统计学	山东
10430	山东建筑大学	应用统计学	山东
10431	齐鲁工业大学	应用统计学	山东
10433	山东理工大学	统计学	山东

续表

学校代码	学校名称	专业	省份
10440	滨州医学院	统计学	山东
10445	山东师范大学	统计学	山东
10446	曲阜师范大学	经济统计学　统计学　应用统计学　数据科学	山东
10448	德州学院	应用统计学	山东
10449	滨州学院	经济统计学	山东
10451	鲁东大学	经济统计学　统计学　应用统计学	山东
10452	临沂大学	统计学	山东
10453	泰山学院	应用统计学	山东
10454	济宁学院	应用统计学	山东
10455	菏泽学院	统计学	山东
10456	山东财经大学	经济统计学　统计学	山东
10868	青岛滨海学院	经济统计学	山东
10904	枣庄学院	经济统计学　统计学　应用统计学	山东
11065	青岛大学	经济统计学　应用统计学	山东
11066	烟台大学	统计学	山东
11067	潍坊学院	应用统计学	山东
11688	山东工商学院	经济统计学　统计学　应用统计学	山东
13320	青岛黄海学院	经济统计学	山东
13386	山东石油化工学院	应用统计学	山东
13999	山东财经大学东方学院	经济统计学　统计学	山东
10438	山东第二医科大学	统计学　生物统计学	山东
14002	烟台科技学院	应用统计学	山东
14276	齐鲁师范学院	数据科学	山东
10108	山西大学	经济统计学　统计学　数据科学	山西
10109	太原科技大学	应用统计学	山西
10110	中北大学	经济统计学　统计学　应用统计学	山西
10112	太原理工大学	统计学	山西
10119	太原师范学院	统计学	山西
10120	山西大同大学	经济统计学　统计学	山西

续表

学校代码	学校名称	专业	省份
10122	长治学院	应用统计学	山西
10123	运城学院	应用统计学	山西
10124	忻州师范学院	统计学	山西
10125	山西财经大学	经济统计学　统计学　应用统计学　数据科学	山西
10697	西北大学	经济统计学　应用统计学	陕西
10698	西安交通大学	经济统计学　统计学	陕西
10699	西北工业大学	统计学	陕西
10700	西安理工大学	应用统计学	陕西
10701	西安电子科技大学	统计学	陕西
10709	西安工程大学	统计学	陕西
10710	长安大学	经济统计学	陕西
10718	陕西师范大学	统计学	陕西
10720	陕西理工大学	应用统计学	陕西
10721	宝鸡文理学院	统计学	陕西
10722	咸阳师范学院	统计学　数据科学	陕西
10723	渭南师范学院	经济统计学　统计学	陕西
11395	榆林学院	统计学　应用统计学	陕西
11396	商洛学院	应用统计学	陕西
11397	安康学院	统计学	陕西
11560	西安财经大学	经济统计学　统计学　应用统计学　数据科学	陕西
12712	西安欧亚学院	经济统计学	陕西
12715	西京学院	应用统计学	陕西
13677	西安交通大学城市学院	经济统计学	陕西
13680	西安财经大学行知学院	经济统计学　统计学	陕西
14390	陕西学前师范学院	应用统计学	陕西
10246	复旦大学	统计学	上海
10247	同济大学	统计学	上海
10248	上海交通大学	统计学	上海
10255	东华大学	统计学	上海

续表

学校代码	学校名称	专业	省份
10269	华东师范大学	经济统计学　统计学　数据科学	上海
10270	上海师范大学	统计学	上海
10272	上海财经大学	经济统计学　统计学　应用统计学　数据科学	上海
10273	上海对外经贸大学	经济统计学　应用统计学	上海
10274	上海海关学院	经济统计学	上海
11047	上海立信会计金融学院	经济统计学　应用统计学	上海
11458	上海电机学院	经济统计学	上海
12044	上海第二工业大学	经济统计学　应用统计学	上海
12050	上海商学院	经济统计学	上海
13636	上海外国语大学贤达经济人文学院	数据科学	上海
10610	四川大学	统计学	四川
10613	西南交通大学	统计学	四川
10616	成都理工大学	应用统计学	四川
10621	成都信息工程大学	经济统计学　统计学	四川
10622	四川轻化工大学	应用统计学	四川
10636	四川师范大学	统计学	四川
10638	西华师范大学	统计学	四川
10644	四川文理学院	应用统计学	四川
10649	乐山师范学院	应用统计学	四川
10651	西南财经大学	经济统计学　统计学　数据科学	四川
11116	成都工业学院	应用统计学	四川
11552	四川旅游学院	应用统计学	四川
13665	电子科技大学成都学院	应用统计学	四川
13671	成都文理学院	应用统计学	四川
13903	成都锦城学院	经济统计学	四川
10055	南开大学	统计学　数据科学	天津
10058	天津工业大学	应用统计学	天津
10059	中国民航大学	统计学	天津
10069	天津商业大学	统计学　应用统计学	天津

续表

学校代码	学校名称	专业	省份
10070	天津财经大学	经济统计学　应用统计学	天津
14087	天津财经大学珠江学院	经济统计学	天津
10695	西藏民族大学	经济统计学　统计学	西藏
10755	新疆大学	统计学	新疆
10757	塔里木大学	应用统计学	新疆
10759	石河子大学	经济统计学	新疆
10762	新疆师范大学	应用统计学	新疆
10763	喀什大学	经济统计学　统计学　应用统计学	新疆
10764	伊犁师范大学	统计学　应用统计学	新疆
10766	新疆财经大学	经济统计学　统计学	新疆
10997	昌吉学院	应用统计学	新疆
13628	新疆政法学院	经济统计学	新疆
10673	云南大学	统计学	云南
10677	西南林业大学	应用统计学	云南
10679	大理大学	统计学	云南
10681	云南师范大学	统计学	云南
10683	昭通学院	应用统计学	云南
10684	曲靖师范学院	经济统计学	云南
10685	普洱学院	应用统计学	云南
10686	保山学院	应用统计学	云南
10687	红河学院	经济统计学　统计学　应用统计学	云南
10689	云南财经大学	经济统计学　统计学　应用统计学	云南
10691	云南民族大学	经济统计学　统计学　应用统计学	云南
11390	玉溪师范学院	应用统计学	云南
11391	楚雄师范学院	统计学　应用统计学	云南
11393	昆明学院	应用统计学	云南
13328	丽江文化旅游学院	应用统计学	云南
13331	昆明文理学院	经济统计学　应用统计学	云南
10335	浙江大学	统计学	浙江
10336	杭州电子科技大学	经济统计学　统计学	浙江

续表

学校代码	学校名称	专业	省份
10338	浙江理工大学	经济统计学	浙江
10341	浙江农林大学	应用统计学	浙江
10346	杭州师范大学	统计学　应用统计学	浙江
10349	绍兴文理学院	应用统计学	浙江
10351	温州大学	应用统计学	浙江
10353	浙江工商大学	经济统计学　应用统计学	浙江
10354	嘉兴学院	应用统计学	浙江
10876	浙江万里学院	统计学	浙江
11058	宁波工程学院	应用统计学	浙江
11482	浙江财经大学	经济统计学　应用统计学	浙江
12792	浙江越秀外国语学院	经济统计学	浙江
13021	浙大城市学院	统计学　应用统计学	浙江
13289	温州理工学院	应用统计学	浙江
13290	浙江工商大学杭州商学院	经济统计学　应用统计学	浙江
13294	浙江财经大学东方学院	应用统计学	浙江
14207	上海财经大学浙江学院	经济统计学　统计学　应用统计学	浙江
16301	宁波诺丁汉大学	统计学	浙江
10611	重庆大学	统计学	重庆
10618	重庆交通大学	应用统计学	重庆
10631	重庆医科大学	应用统计学	重庆
10635	西南大学	统计学	重庆
10637	重庆师范大学	统计学	重庆
10643	重庆三峡学院	经济统计学　统计学	重庆
10647	长江师范学院	经济统计学　应用统计学	重庆
10652	西南政法大学	经济统计学	重庆
11551	重庆科技大学	应用统计学	重庆
11660	重庆理工大学	应用统计学	重庆
11799	重庆工商大学	经济统计学　统计学　应用统计学	重庆
13589	重庆对外经贸学院	应用统计学	重庆
13590	重庆财经学院	经济统计学	重庆

附录 23

统计学一级学科博士点、硕士点名单（截至 2024 年 8 月，65 所博士点，144 所硕士点）

学校代码	学校名称	学科名称	授权级别
10001	北京大学	统计学	博士
10002	中国人民大学	统计学	博士
10003	清华大学	统计学	博士
10004	北京交通大学	统计学	博士
10005	北京工业大学	统计学	博士
10006	北京航空航天大学	统计学	博士
10007	北京理工大学	统计学	博士
10011	北京工商大学	统计学	博士
10027	北京师范大学	统计学	博士
10028	首都师范大学	统计学	博士
10034	中央财经大学	统计学	博士
10036	对外经济贸易大学	统计学	博士
10038	首都经济贸易大学	统计学	博士
10055	南开大学	统计学	博士
10125	山西财经大学	统计学	博士
10140	辽宁大学	统计学	博士
10173	东北财经大学	统计学	博士

续表

学校代码	学校名称	学科名称	授权级别
10183	吉林大学	统计学	博士
10190	长春工业大学	统计学	博士
10200	东北师范大学	统计学	博士
10207	吉林财经大学	统计学	博士
10213	哈尔滨工业大学	统计学	博士
10246	复旦大学	统计学	博士
10248	上海交通大学	统计学	博士
10269	华东师范大学	统计学	博士
10272	上海财经大学	统计学	博士
10273	上海对外经贸大学	统计学	博士
10285	苏州大学	统计学	博士
10319	南京师范大学	统计学	博士
10353	浙江工商大学	统计学	博士
10357	安徽大学	统计学	博士
10358	中国科学技术大学	统计学	博士
10384	厦门大学	统计学	博士
10394	福建师范大学	统计学	博士
10403	南昌大学	统计学	博士
10421	江西财经大学	统计学	博士
10422	山东大学	统计学	博士
10446	曲阜师范大学	统计学	博士
10456	山东财经大学	统计学	博士
10475	河南大学	统计学	博士
10476	河南师范大学	统计学	博士
10486	武汉大学	统计学	博士
10487	华中科技大学	统计学	博士
10511	华中师范大学	统计学	博士
10520	中南财经政法大学	统计学	博士
10530	湘潭大学	统计学	博士

续表

学校代码	学校名称	学科名称	授权级别
10532	湖南大学	统计学	博士
10533	中南大学	统计学	博士
10542	湖南师范大学	统计学	博士
10558	中山大学	统计学	博士
10559	暨南大学	统计学	博士
10610	四川大学	统计学	博士
10611	重庆大学	统计学	博士
10635	西南大学	统计学	博士
10651	西南财经大学	统计学	博士
10673	云南大学	统计学	博士
10689	云南财经大学	统计学	博士
10697	西北大学	统计学	博士
10698	西安交通大学	统计学	博士
10741	兰州财经大学	统计学	博士
11078	广州大学	统计学	博士
11287	南京审计大学	统计学	博士
11482	浙江财经大学	统计学	博士
11799	重庆工商大学	统计学	博士
14430	中国科学院大学	统计学	博士
10008	北京科技大学	统计学	硕士
10009	北方工业大学	统计学	硕士
10022	北京林业大学	统计学	硕士
10052	中央民族大学	统计学	硕士
10058	天津工业大学	统计学	硕士
10065	天津师范大学	统计学	硕士
10066	天津职业技术师范大学	统计学	硕士
10069	天津商业大学	统计学	硕士
10075	河北大学	统计学	硕士
10080	河北工业大学	统计学	硕士

续表

学校代码	学校名称	学科名称	授权级别
10108	山西大学	统计学	硕士
10112	太原理工大学	统计学	硕士
10128	内蒙古工业大学	统计学	硕士
10139	内蒙古财经大学	统计学	硕士
10165	辽宁师范大学	统计学	硕士
10166	沈阳师范大学	统计学	硕士
10212	黑龙江大学	统计学	硕士
10216	燕山大学	统计学	硕士
10225	东北林业大学	统计学	硕士
10231	哈尔滨师范大学	统计学	硕士
10280	上海大学	统计学	硕士
10286	东南大学	统计学	硕士
10288	南京理工大学	统计学	硕士
10290	中国矿业大学	统计学	硕士
10294	河海大学	统计学	硕士
10299	江苏大学	统计学	硕士
10320	江苏师范大学	统计学	硕士
10327	南京财经大学	统计学	硕士
10336	杭州电子科技大学	统计学	硕士
10338	浙江理工大学	统计学	硕士
10345	浙江师范大学	统计学	硕士
10370	安徽师范大学	统计学	硕士
10372	安庆师范大学	统计学	硕士
10378	安徽财经大学	统计学	硕士
10385	华侨大学	统计学	硕士
10386	福州大学	统计学	硕士
10389	福建农林大学	统计学	硕士
10404	华东交通大学	统计学	硕士
10408	景德镇陶瓷大学	统计学	硕士

续表

学校代码	学校名称	学科名称	授权级别
10414	江西师范大学	统计学	硕士
10423	中国海洋大学	统计学	硕士
10424	山东科技大学	统计学	硕士
10426	青岛科技大学	统计学	硕士
10433	山东理工大学	统计学	硕士
10445	山东师范大学	统计学	硕士
10459	郑州大学	统计学	硕士
10464	河南科技大学	统计学	硕士
10488	武汉科技大学	统计学	硕士
10497	武汉理工大学	统计学	硕士
10531	吉首大学	统计学	硕士
10536	长沙理工大学	统计学	硕士
10574	华南师范大学	统计学	硕士
10590	深圳大学	统计学	硕士
10592	广东财经大学	统计学	硕士
10596	桂林理工大学	统计学	硕士
10602	广西师范大学	统计学	硕士
10613	西南交通大学	统计学	硕士
10614	电子科技大学	统计学	硕士
10621	成都信息工程大学	统计学	硕士
10671	贵州财经大学	统计学	硕士
10672	贵州民族大学	统计学	硕士
10681	云南师范大学	统计学	硕士
10701	西安电子科技大学	统计学	硕士
10710	长安大学	统计学	硕士
10718	陕西师范大学	统计学	硕士
10736	西北师范大学	统计学	硕士
10746	青海师范大学	统计学	硕士
10755	新疆大学	统计学	硕士

续表

学校代码	学校名称	学科名称	授权级别
10766	新疆财经大学	统计学	硕士
11117	扬州大学	统计学	硕士
11414	中国石油大学（北京）	统计学	硕士
11560	西安财经大学	统计学	硕士
11660	重庆理工大学	统计学	硕士
11832	河北经贸大学	统计学	硕士
11846	广东外语外贸大学	统计学	硕士
14596	中国社会科学院大学	统计学	硕士
87903	上海社会科学院	统计学	硕士
91037	信息工程大学	统计学	硕士
91039	武警工程大学	统计学	硕士

附录 24
应用统计硕士授权点清单
（截至 2024 年 8 月，242 所）

序号	单位名称	所在省份	主管部门	获批时间
1	安徽大学	安徽省	安徽省	2010 年
2	中国科学技术大学	安徽省	中国科学院	2010 年
3	安徽师范大学	安徽省	安徽省	2010 年
4	安徽财经大学	安徽省	安徽省	2010 年
5	北京大学	北京市	教育部	2010 年
6	中国人民大学	北京市	教育部	2010 年
7	清华大学	北京市	教育部	2010 年
8	北京交通大学	北京市	教育部	2010 年
9	北京工业大学	北京市	北京市	2010 年
10	北京理工大学	北京市	工业和信息化部	2010 年
11	北京工商大学	北京市	北京市	2010 年
12	北京林业大学	北京市	教育部	2010 年
13	北京师范大学	北京市	教育部	2010 年
14	首都师范大学	北京市	北京市	2010 年
15	中央财经大学	北京市	教育部	2010 年
16	首都经济贸易大学	北京市	北京市	2010 年
17	中国科学院大学	北京市	中国科学院	2010 年
18	厦门大学	福建省	教育部	2010 年
19	福州大学	福建省	福建省	2010 年

续表

序号	单位名称	所在省份	主管部门	获批时间
20	福建师范大学	福建省	福建省	2010 年
21	兰州大学	甘肃省	教育部	2010 年
22	兰州财经大学	甘肃省	甘肃省	2010 年
23	中山大学	广东省	教育部	2010 年
24	暨南大学	广东省	中央统战部	2010 年
25	广西师范大学	广西壮族自治区	广西壮族自治区	2010 年
26	河北大学	河北省	河北省	2010 年
27	燕山大学	河北省	河北省	2010 年
28	河北经贸大学	河北省	河北省	2010 年
29	河南财经政法大学	河南省	河南省	2010 年
30	武汉大学	湖北省	教育部	2010 年
31	华中科技大学	湖北省	教育部	2010 年
32	华中师范大学	湖北省	教育部	2010 年
33	湖北大学	湖北省	湖北省	2010 年
34	中南财经政法大学	湖北省	教育部	2010 年
35	湖南大学	湖南省	教育部	2010 年
36	中南大学	湖南省	教育部	2010 年
37	长沙理工大学	湖南省	湖南省	2010 年
38	湖南师范大学	湖南省	湖南省	2010 年
39	吉林大学	吉林省	教育部	2010 年
40	东北师范大学	吉林省	教育部	2010 年
41	吉林财经大学	吉林省	吉林省	2010 年
42	南京大学	江苏省	教育部	2010 年
43	苏州大学	江苏省	江苏省	2010 年
44	东南大学	江苏省	教育部	2010 年
45	南京财经大学	江苏省	江苏省	2010 年
46	华东交通大学	江西省	江西省	2010 年
47	江西财经大学	江西省	江西省	2010 年
48	辽宁大学	辽宁省	辽宁省	2010 年

续表

序号	单位名称	所在省份	主管部门	获批时间
49	大连理工大学	辽宁省	教育部	2010 年
50	东北大学	辽宁省	教育部	2010 年
51	东北财经大学	辽宁省	辽宁省	2010 年
52	山东大学	山东省	教育部	2010 年
53	曲阜师范大学	山东省	山东省	2010 年
54	山东财经大学	山东省	山东省	2010 年
55	山西大学	山西省	山西省	2010 年
56	山西财经大学	山西省	山西省	2010 年
57	西安交通大学	陕西省	教育部	2010 年
58	上海交通大学	上海市	教育部	2010 年
59	华东师范大学	上海市	教育部	2010 年
60	上海师范大学	上海市	上海市	2010 年
61	上海财经大学	上海市	教育部	2010 年
62	四川大学	四川省	教育部	2010 年
63	西南财经大学	四川省	教育部	2010 年
64	南开大学	天津市	教育部	2010 年
65	天津财经大学	天津市	天津市	2010 年
66	新疆财经大学	新疆维吾尔自治区	新疆维吾尔自治区	2010 年
67	云南大学	云南省	云南省	2010 年
68	云南财经大学	云南省	云南省	2010 年
69	浙江工商大学	浙江省	浙江省	2010 年
70	重庆大学	重庆市	教育部	2010 年
71	西南大学	重庆市	教育部	2010 年
72	天津商业大学	天津市	天津市	2014 年
73	河北工程大学	河北省	河北省	2014 年
74	长春理工大学	吉林省	吉林省	2014 年
75	黑龙江大学	黑龙江省	黑龙江省	2014 年
76	上海海事大学	上海市	上海市	2014 年
77	南京邮电大学	江苏省	江苏省	2014 年

续表

序号	单位名称	所在省份	主管部门	获批时间
78	南京师范大学	江苏省	江苏省	2014 年
79	杭州电子科技大学	浙江省	浙江省	2014 年
80	山东师范大学	山东省	山东省	2014 年
81	湘潭大学	湖南省	湖南省	2014 年
82	广西科技大学	广西壮族自治区	广西壮族自治区	2014 年
83	成都理工大学	四川省	四川省	2014 年
84	重庆医科大学	重庆市	重庆市	2014 年
85	青岛大学	山东省	山东省	2014 年
86	西安财经大学	陕西省	陕西省	2014 年
87	对外经济贸易大学	北京市	教育部	2014 年
88	华北电力大学	北京市	教育部	2014 年
89	哈尔滨工业大学	黑龙江省	工业和信息化部	2014 年
90	复旦大学	上海市	教育部	2014 年
91	河海大学	江苏省	教育部	2014 年
92	中国药科大学	江苏省	教育部	2014 年
93	中国海洋大学	山东省	教育部	2014 年
94	武汉理工大学	湖北省	教育部	2014 年
95	华中农业大学	湖北省	教育部	2014 年
96	西安电子科技大学	陕西省	教育部	2014 年
97	国防科技大学	湖南省	中央军委	2014 年
98	湖北工业大学	湖北省	湖北省	2016 年
99	中央民族大学	北京市	国家民族事务委员会	2018 年
100	中国石油大学（北京）	北京市	教育部	2018 年
101	中国石油大学（华东）	山东省	教育部	2018 年
102	河北地质大学	河北省	河北省	2018 年
103	内蒙古财经大学	内蒙古自治区	内蒙古自治区	2018 年
104	延边大学	吉林省	吉林省	2018 年
105	长春工业大学	吉林省	吉林省	2018 年
106	长春大学	吉林省	吉林省	2018 年

续表

序号	单位名称	所在省份	主管部门	获批时间
107	齐齐哈尔大学	黑龙江省	黑龙江省	2018 年
108	哈尔滨商业大学	黑龙江省	黑龙江省	2018 年
109	东华大学	上海市	教育部	2018 年
110	上海对外经贸大学	上海市	上海市	2018 年
111	南京工业大学	江苏省	江苏省	2018 年
112	南京信息工程大学	江苏省	江苏省	2018 年
113	江苏师范大学	江苏省	江苏省	2018 年
114	南京审计大学	江苏省	江苏省	2018 年
115	温州大学	浙江省	浙江省	2018 年
116	浙江科技大学	浙江省	浙江省	2018 年
117	浙江财经大学	浙江省	浙江省	2018 年
118	安徽工业大学	安徽省	安徽省	2018 年
119	安徽建筑大学	安徽省	安徽省	2018 年
120	鲁东大学	山东省	山东省	2018 年
121	山东工商学院	山东省	山东省	2018 年
122	郑州大学	河南省	河南省	2018 年
123	河南大学	河南省	河南省	2018 年
124	中国地质大学（北京）	北京市	教育部	2018 年
125	中国地质大学（武汉）	湖北省	教育部	2018 年
126	湖南工商大学	湖南省	湖南省	2018 年
127	南华大学	湖南省	湖南省	2018 年
128	深圳大学	广东省	广东省	2018 年
129	南方医科大学	广东省	广东省	2018 年
130	桂林电子科技大学	广西壮族自治区	广西壮族自治区	2018 年
131	桂林理工大学	广西壮族自治区	广西壮族自治区	2018 年
132	海南师范大学	海南省	海南省	2018 年
133	重庆理工大学	重庆市	重庆市	2018 年
134	重庆工商大学	重庆市	重庆市	2018 年
135	西南石油大学	四川省	四川省	2018 年

续表

序号	单位名称	所在省份	主管部门	获批时间
136	成都信息工程大学	四川省	四川省	2018 年
137	贵州大学	贵州省	贵州省	2018 年
138	西安科技大学	陕西省	陕西省	2018 年
139	甘肃农业大学	甘肃省	甘肃省	2018 年
140	北方民族大学	宁夏回族自治区	国家民族事务委员会	2018 年
141	新疆大学	新疆维吾尔自治区	新疆维吾尔自治区	2018 年
142	喀什大学	新疆维吾尔自治区	新疆维吾尔自治区	2018 年
143	北京建筑大学	北京市	北京市	2019 年
144	西北大学	陕西省	陕西省	2019 年
145	兰州交通大学	甘肃省	甘肃省	2019 年
146	河北工业大学	河北省	河北省	2020 年
147	内蒙古大学	内蒙古自治区	内蒙古自治区	2020 年
148	内蒙古工业大学	内蒙古自治区	内蒙古自治区	2020 年
149	哈尔滨师范大学	黑龙江省	黑龙江省	2020 年
150	南京林业大学	江苏省	江苏省	2020 年
151	闽南师范大学	福建省	福建省	2020 年
152	西北师范大学	甘肃省	甘肃省	2020 年
153	同济大学	上海市	教育部	2020 年
154	华南师范大学	广东省	广东省	2021 年
155	陕西师范大学	陕西省	教育部	2021 年
156	北京物资学院	北京市	北京市	2021 年
157	华北水利水电大学	河南省	河南省	2021 年
158	山西大同大学	山西省	山西省	2021 年
159	江苏科技大学	江苏省	江苏省	2021 年
160	合肥工业大学	安徽省	教育部	2021 年
161	安徽理工大学	安徽省	安徽省	2021 年
162	东华理工大学	江西省	江西省	2021 年
163	青岛理工大学	山东省	山东省	2021 年
164	山东理工大学	山东省	山东省	2021 年

续表

序号	单位名称	所在省份	主管部门	获批时间
165	临沂大学	山东省	山东省	2021 年
166	河南理工大学	河南省	河南省	2021 年
167	河南科技大学	河南省	河南省	2021 年
168	中原工学院	河南省	河南省	2021 年
169	信阳师范大学	河南省	河南省	2021 年
170	郑州航空工业管理学院	河南省	河南省	2021 年
171	武汉科技大学	湖北省	湖北省	2021 年
172	湖北民族大学	湖北省	湖北省	2021 年
173	中南民族大学	湖北省	国家民族事务委员会	2021 年
174	广东财经大学	广东省	广东省	2021 年
175	陕西科技大学	陕西省	陕西省	2021 年
176	西安工程大学	陕西省	陕西省	2021 年
177	青海民族大学	青海省	青海省	2021 年
178	石河子大学	新疆维吾尔自治区	新疆生产建设兵团	2021 年
179	烟台大学	山东省	山东省	2021 年
180	广州大学	广东省	广东省	2021 年
181	南昌工程学院	江西省	江西省	2021 年
182	广东外语外贸大学	广东省	广东省	2021 年
183	西北工业大学	陕西省	工业和信息化部	2021 年
184	太原理工大学	山西省	山西省	2021 年
185	上海大学	上海市	上海市	2021 年
186	华侨大学	福建省	中央统战部	2021 年
187	南昌大学	江西省	江西省	2021 年
188	山东建筑大学	山东省	山东省	2021 年
189	东北林业大学	黑龙江省	教育部	2022 年
190	南京农业大学	江苏省	教育部	2022 年
191	天津工业大学	天津市	天津市	2024 年
192	河北师范大学	河北省	河北省	2024 年
193	河北金融学院	河北省	河北省	2024 年

续表

序号	单位名称	所在省份	主管部门	获批时间
194	大连民族大学	辽宁省	国家民族事务委员会	2024 年
195	吉林农业大学	吉林省	吉林省	2024 年
196	北华大学	吉林省	吉林省	2024 年
197	东北农业大学	吉林省	黑龙江省	2024 年
198	华东理工大学	上海市	教育部	2024 年
199	上海工程技术大学	上海市	上海市	2024 年
200	上海立信会计金融学院	上海市	上海市	2024 年
201	南京航空航天大学	江苏省	工业和信息化部	2024 年
202	南京理工大学	江苏省	工业和信息化部	2024 年
203	常州大学	江苏省	江苏省	2024 年
204	南通大学	江苏省	江苏省	2024 年
205	淮阴师范学院	江苏省	江苏省	2024 年
206	苏州科技大学	江苏省	江苏省	2024 年
207	江苏理工学院	江苏省	江苏省	2024 年
208	浙江农林大学	浙江省	浙江省	2024 年
209	湖州师范学院	浙江省	浙江省	2024 年
210	嘉兴大学	浙江省	浙江省	2024 年
211	宁波工程学院	浙江省	浙江省	2024 年
212	浙大城市学院	浙江省	浙江省	2024 年
213	安徽农业大学	安徽省	安徽省	2024 年
214	淮北师范大学	安徽省	安徽省	2024 年
215	福建农林大学	福建省	福建省	2024 年
216	河南工业大学	河南省	河南省	2024 年
217	河南科技大学	河南省	河南省	2024 年
218	安阳师范学院	河南省	河南省	2024 年
219	南阳师范学院	河南省	河南省	2024 年
220	武汉纺织大学	湖北省	湖北省	2024 年
221	湖北经济学院	湖北省	湖北省	2024 年
222	湖南农业大学	湖南省	湖南省	2024 年

续表

序号	单位名称	所在省份	主管部门	获批时间
223	肇庆学院	广东省	广东省	2024 年
224	广东金融学院	广东省	广东省	2024 年
225	广西民族大学	广西壮族自治区	广西壮族自治区	2024 年
226	广西财经学院	广西壮族自治区	广西壮族自治区	2024 年
227	重庆邮电大学	重庆市	重庆市	2024 年
228	重庆师范大学	重庆市	重庆市	2024 年
229	重庆科技大学	重庆市	重庆市	2024 年
230	西南交通大学	四川省	教育部	2024 年
231	四川轻化工大学	四川省	四川省	2024 年
232	中国民用航空飞行学院	四川省	交通运输部（中国民航局）	2024 年
233	四川师范大学	四川省	四川省	2024 年
234	西南民族大学	四川省	国家民族事务委员会	2024 年
235	贵州财经大学	贵州省	贵州省	2024 年
236	昆明理工大学	云南省	云南省	2024 年
237	云南师范大学	云南省	云南省	2024 年
238	云南民族大学	云南省	云南省	2024 年
239	陕西理工大学	陕西省	陕西省	2024 年
240	天水师范学院	甘肃省	甘肃省	2024 年
241	宁夏大学	宁夏回族自治区	宁夏回族自治区	2024 年
242	塔里木大学	新疆维吾尔自治区	新疆生产建设兵团	2024 年

附录 25
国家一流本科专业*

　　2019 年，全国共有 28 所高校的统计学类本科专业入选首批国家一流本科专业建设点，其中包括中央赛道 8 所，地方赛道 20 所（见附表 25-1）。

附表 25-1　首批国家一流本科专业建设点（统计学类本科专业）

序号	赛道	高校名称	专业名称
1	中央赛道	北京大学	统计学
2	中央赛道	中国人民大学	统计学
3	中央赛道	中央财经大学	统计学
4	中央赛道	南开大学	统计学
5	中央赛道	东北师范大学	统计学
6	中央赛道	华东师范大学	统计学
7	中央赛道	中国科学技术大学	统计学
8	中央赛道	厦门大学	统计学
9	地方赛道	云南大学（部省合建）	统计学
10	地方赛道	首都经济贸易大学	统计学
11	地方赛道	山西财经大学	统计学
12	地方赛道	内蒙古财经大学	应用统计学

---

* 此处所引数据源自国务院学位委员会统计学科评议组成员、南开大学统计与数据科学学院执行院长王兆军教授编著的《什么是统计学？》一书，该书在区分中央与地方赛道高校时，将部省合建的云南大学列入中央赛道，将同为部省合建的河北大学列入地方赛道，似有所疏忽。本书根据教育部公布的 2024 年全国普通高等学校名单的主管部门来区分中央与地方赛道，特此说明。

续表

序号	赛道	高校名称	专业名称
13	地方赛道	上海对外经贸大学	应用统计学
14	地方赛道	浙江工商大学	应用统计学
15	地方赛道	安徽财经大学	统计学
16	地方赛道	江西财经大学	应用统计学
17	地方赛道	曲阜师范大学	统计学
18	地方赛道	贵州财经大学	统计学
19	地方赛道	兰州财经大学	统计学
20	地方赛道	东北财经大学	经济统计
21	地方赛道	天津财经大学	经济统计
22	地方赛道	河北金融学院	经济统计
23	地方赛道	河北大学（部省合建）	经济统计
24	地方赛道	浙江财经大学	经济统计
25	地方赛道	江西财经大学	经济统计
26	地方赛道	中南财经大学	经济统计
27	地方赛道	贵州财经大学	经济统计
28	地方赛道	南京财经大学	经济统计

资料来源：王兆军. 什么是统计学?. 大连：大连理工大学出版社，2024：170.

2020年相继又有33所高校统计学类专业通过中央赛道或地方赛道入选（见附表25-2）。

附表25-2　2020年新增国家一流本科专业建设点（统计学类本科专业）

序号	赛道	高校名称	专业名称
1	中央赛道	中国人民大学	应用统计学
2	中央赛道	北京交通大学	统计学
3	中央赛道	北京师范大学	统计学
4	中央赛道	复旦大学	统计学
5	中央赛道	上海财经大学	统计学
6	中央赛道	山东大学	统计学
7	中央赛道	华中师范大学	统计学
8	中央赛道	中南财经政法大学	统计学

续表

序号	赛道	高校名称	专业名称
9	中央赛道	中山大学	统计学
10	中央赛道	西南财经大学	统计学
11	中央赛道	西安交通大学	统计学
12	中央赛道	北京理工大学	统计学
13	地方赛道	新疆大学（部省合建）	统计学
14	地方赛道	首都师范大学	统计学
15	地方赛道	天津商业大学	应用统计学
16	地方赛道	东北财经大学	应用统计学
17	地方赛道	长春工业大学	统计学
18	地方赛道	吉林财经大学	统计学
19	地方赛道	上海立信会计金融学院	应用统计学
20	地方赛道	南京信息工程大学	应用统计学
21	地方赛道	南京医科大学	应用统计学
22	地方赛道	南京师范大学	统计学
23	地方赛道	江苏师范大学	统计学
24	地方赛道	徐州工程学院	应用统计学
25	地方赛道	安徽大学	统计学
26	地方赛道	安徽师范大学	统计学
27	地方赛道	山东科技大学	统计学
28	地方赛道	山东师范大学	统计学
29	地方赛道	山东财经大学	统计学
30	地方赛道	河南大学	统计学
31	地方赛道	湖南师范大学	统计学
32	地方赛道	广州大学	统计学
33	地方赛道	云南财经大学	应用统计学

资料来源：王兆军. 什么是统计学?. 大连：大连理工大学出版社，2024：171-172.

附录26
统计学本科专业历届教学指导委员会名单

2001—2005 年教育部高等学校统计学专业教学指导分委员会

主任委员

郑祖康　　　复旦大学

副主任委员

何书元　　　北京大学　　　　　史宁中　　　东北师范大学

委　员

吴喜之　　　中国人民大学　　　李勇　　　　北京师范大学

柯惠新（女）北京广播学院　　　张润楚　　　南开大学

张新生　　　华东师范大学　　　王金德　　　南京大学

曾五一　　　厦门大学　　　　　陈增敬　　　山东大学

刘禄勤　　　武汉大学　　　　　王振龙　　　西安统计学院

秘　书

郑　明　　　复旦大学

联络员

李艳馥（女）高等教育出版社

2006—2010 年教育部高等学校统计学专业教学指导分委员会

主任委员

何书元　　　北京大学

副主任委员

史宁中　　　东北师范大学　　　金勇进　　　中国人民大学

曾五一　　　厦门大学

秘书长

房祥忠　　　　北京大学

委　员

马江洪	长安大学	杨　虎	重庆大学
王振龙	西安财经学院	汪荣明	华东师范大学
史代敏	西南财经大学	陈相成	河南财经大学
田志运	青岛大学	易　东	第三军医大学
任佳刚	中山大学	郑　明	复旦大学
刘禄勤	武汉大学	赵长城	河北经贸大学
孙文生	河北农业大学	赵选民	西北工业大学
余华银	安徽财经大学	凌迎兵	南京财经大学
张忠占	北京工业大学	唐年胜	云南大学
张润楚	南开大学	高　岚	北京林业大学
李　勇	北京师范大学	傅德印	兰州商学院

2013—2017 年教育部高等学校统计学类专业教学指导委员会

主任委员

曾五一　　　　厦门大学

副主任委员

房祥忠	北京大学	金勇进	中国人民大学
何书元	首都师范大学	施建军	对外经济贸易大学
徐国祥	上海财经大学	陈增敬	山东大学
史代敏	西南财经大学		

秘书长

朱建平　　　　厦门大学

委　员

张忠占	北京工业大学	李　勇	北京师范大学
刘民千	南开大学	刘德智	石家庄经济学院
杨仲山	东北财经大学	王德辉	吉林大学
郑　明	复旦大学	林金官	东南大学
胡荣华	南京财经大学	苏为华	浙江财经学院
吴耀华	中国科学技术大学	王艳明	山东工商学院
覃　红	华中师范大学	王学钦	中山大学
杨　虎	重庆大学	唐年胜	云南大学

石　磊	云南财经大学	徐　伟	西北工业大学
马江洪	长安大学	傅德印	兰州商学院
易　东	中国人民解放军第三军医大学		
易东云	国防科学技术大学		

2018—2022 年教育部高等学校统计学类专业教学指导委员会

主任委员

房祥忠	北京大学

副主任委员

汪荣明	华东师范大学	徐国祥	上海财经大学
朱建平	厦门大学	陈增敬	山东大学
史代敏	西南财经大学		

秘书长

邓明华	北京大学

委　员

孟生旺	中国人民大学	宋旭光	北京师范大学
胡永宏	中央财经大学	刘立新	对外经济贸易大学
刘民千	南开大学	安建业	天津商业大学
米子川	山西财经大学	杜金柱	内蒙古财经大学
杨仲山	东北财经大学	王德辉	吉林大学
郭建华	东北师范大学	马秀颖	吉林财经大学
郑　明	复旦大学	刘永辉	上海对外经贸大学
田立新	南京师范大学	林金官	南京审计大学
苏为华	浙江工商大学	宋马林	安徽财经大学
王艳明	山东工商学院	覃　红	华中师范大学
王学钦	中山大学	李　勇	重庆工商大学
葛建军	贵州财经大学	唐年胜	云南大学
石　磊	云南财经大学	张讲社	西安交通大学
马江洪	长安大学	傅德印	兰州财经大学
易　东	陆军军医大学	易东云	国防科学技术大学
朱力行	香港浸会大学		

附录27

国务院学位委员会统计学评议组名单

一、第六届学科评议组成员名单 [①]（2009—2014）

袁　卫（召集人）	中国人民大学
邱　东	中央财经大学
肖红叶	天津财经大学
郭建华	东北师范大学
耿　直	北京大学
崔恒建	北京师范大学

二、第七届学科评议组成员名单（2015—2020）

袁　卫（召集人）	中国人民大学
郭建华（召集人）	东北师范大学
邱　东（召集人）	北京师范大学
王兆军	南开大学
刘　扬	中央财经大学
杨　灿	厦门大学
汪荣明	华东师范大学

[①]　国务院学位委员会第六届学科评议组组成于2009年，2011年国务院学位委员会和教育部修订的新的研究生专业目录将统计学上升为一级学科，2011年国务院学位办组建"统计学一级学科临时评议组"，应用经济学评议组成员袁卫（召集人）、邱东和肖红叶3人，数学评议组耿直、郭建华2人兼任统计学科临时评议组成员，聘任崔恒建为统计学科临时评议组成员，袁卫为召集人。临时评议组工作自2011年始，至2014年第七届统计学科评议组正式成立结束。

周 勇	上海财经大学
耿 直	北京大学
蒋 萍	东北财经大学

三、第八届学科评议组成员名单（2020—2025）

郭建华（召集人）	东北师范大学
王晓军（召集人）	中国人民大学
陈大岳（秘书长）	北京大学
王兆军	南开大学
王维国	东北财经大学
方 颖	厦门大学
冯兴东	上海财经大学
汪荣明	华东师范大学
宋旭光	北京师范大学

附录 28
全国应用统计专业学位研究生教育
指导委员会名单

一、第一届委员会成员（2011—2016）

主任委员

马建堂	国家统计局

副主任委员

袁 卫	中国人民大学
刘彦武	国家统计局
阮健弘	中国人民银行

委 员（按姓氏笔画排列）

王小群	清华大学
王立洪	南京大学
王兆军	南开大学
史代敏	西南财经大学
刘 扬	中央财经大学
刘 洪	中南财经政法大学
刘禄勤	武汉大学
朱建平	厦门大学
纪 宏	首都经济贸易大学
汪荣明	华东师范大学
周 勇	上海财经大学

林 路	山东大学
郑 明	复旦大学
赵彦云	中国人民大学
夏荣坡	国家统计局
徐寅峰	西安交通大学
耿 直	北京大学
董 麓	天津财经大学
蒋 萍	东北财经大学

秘书长

赵彦云（兼）

二、第二届委员会成员（2017—2021）

主任委员

宁吉喆	国家统计局

副主任委员

袁 卫	中国人民大学
毛有丰	国家统计局人事司

委 员（按姓氏笔画排列）

王立洪	南京大学
史代敏	西南财经大学
石 磊	云南财经大学
刘 扬	中央财经大学
刘禄勤	武汉大学
张宝学	首都经济贸易大学
张 虎	中南财经政法大学
杨仲山	东北财经大学
杨 波	江西省学位办
杨 瑛	清华大学
汪荣明	华东师范大学
邹长亮	南开大学

陈华峰	北京益派市场咨询有限公司
周　勇	上海财经大学
房祥忠	北京大学
林　明	厦门大学
林　路	山东大学
郑　明	复旦大学
赵彦云	中国人民大学
夏荣坡	国家统计局统计教育培训中心
徐寅峰	西安交通大学
董　麓	天津财经大学

秘书长

赵彦云（兼）

三、第三届委员会成员（2021—2025）

主任委员

毛有丰	国家统计局

副主任委员

赵彦云	中国人民大学
王跃新	国家统计局
史代敏	西南财经大学

委　员（按姓氏笔画排列）

王　伟	南京大学
艾明要	北京大学
石　磊	云南财经大学
冯兴东	上海财经大学
刘妍岩	武汉大学
严明义	西安交通大学
杨仲山	东北财经大学
杨贵军	天津财经大学
杨　瑛	清华大学

邹长亮	南开大学
张　虎	中南财经政法大学
张宝学	首都经济贸易大学
陈增敬	山东大学
林　明	厦门大学
罗良清	江西财经大学
金　红	国家统计局国民经济核算司
贾尚晖	中央财经大学
夏雨春	国家统计局数据管理中心
高卫国	复旦大学

秘书长

王晓军	中国人民大学

各统计学会历任会长（理事长）、副会长（副理事长）、秘书长名单

一、中国统计学会

第一届（1979 年 11 月—1983 年 11 月）

会长：薛暮桥（国家统计局）

副会长：李成瑞（国家统计局）、王一夫（国家统计局）、陈应中（广东省统计局）、张维华（黑龙江省统计局）、戴世光（中国人民大学）、刘叔鹤（女，湖北财经学院）、钱伯海（厦门大学）

秘书长：黄海（国家统计局）

第二届（1983 年 11 月—1988 年 6 月）

会长：李成瑞

副会长：王一夫、王寿仁（中国科学院）、刘叔鹤（女）、陈明（陕西省）、张维华、杨纪珂（安徽省）、岳巍（国家统计局）、钱伯海

秘书长：黄海

第三届（1988 年 6 月—1993 年 10 月）

会长：岳巍

副会长：王一夫、王寿仁、邵宗明（国家统计局）、杨纪珂、钱伯海、龚鉴尧（广东省统计局）、韩嘉骏（中国人民大学）、熊玉柏（辽宁省统计局）

秘书长：马安（国家统计局科研所）

第四届（1993 年 10 月—1997 年 10 月）

会长：张塞（国家统计局）

副会长：郑家亨（国家统计局）、翟立功（国家统计局）、范国柱（北京市统计局）、梁兆新（天津市统计局）、孙祖尧（上海市统计局）、张本勃（辽宁省统计局）、贺铿（西安统计学院）、袁卫（中国人民大学）

秘书长：张泽厚（国家统计局科研所）

第五届（1997 年 10 月—2001 年 5 月）

会长：刘洪（国家统计局）

副会长：王光鹏（河南省统计局）、王寿安（中南财经大学）、张义国（山东省统计局）、李仲为（陕西省统计局）、陆铁栋（天津市统计局）、邱东（东北财经大学）、陈大信（浙江省统计局）、陈希孺（中国科学技术大学）、邵宗明（国家统计局）、贺铿（国家统计局）、贺全宾（黑龙江省统计局）、施建军（南京大学）、袁卫、夏代川（四川省统计局）、薛军（山西省）

秘书长：张泽厚

第六届（2001 年 5 月—2005 年 11 月）

会长：李德水（国家统计局）

副会长：邱晓华（国家统计局）、徐一帆（国家统计局）、邵宗明、贺铿、张义国、贺全宾、陆铁栋、夏代川、薛军、陈希孺、施建军、袁卫、邱东、潘建新（上海市统计局）、薛政（青海省统计局）、郭书政（河北省统计局）、卜新民（广东省统计局）、陈家鼎（北京大学）、曾五一（厦门大学）

秘书长：文兼武（国家统计局科研所）

第七届（2005 年 11 月—2010 年 1 月）

会长：李德水

副会长：徐一帆、章国荣（国家统计局）、李强（国家统计局）、邵宗明、贺铿、崔述强（北京市统计局）、薛军、姜国钧（吉林省统计局）、潘建新、杜昌祚（山东省统计局）、卜新民、胡安荣（四川省统计局）、薛政、袁卫、邱东（中央财经大学）、施建军、曾五一、蒋萍（东北财经大学）、肖红叶（天津财经大学）、耿直（北京大学）、杨振海（北京工业大学）、张丽川（海关总署）

秘书长：李纲（国家统计局科研所）

第八届（2010 年 1 月—2014 年 1 月）

会长：马建堂（国家统计局）

副会长：徐一帆、李强、鲜祖德（国家统计局）、章国荣、姚景源（国家统计局）、潘璠（国家统计局科研所）、李纲（国家统计局科研所）、张晶（女，辽宁省统计局）、金汝斌（浙江省统计局）、刘永奇（河南省统计局）、邹伟忠（国家统计局广西调查总队）、樊怀玉（甘肃省统计局）、张涛（中国人民银行）、马志明（中国科学院）、耿直、蒋萍、肖红叶、赵彦云（中国人民大学）、朱建平（厦门大学）、史代敏（西南财经大学）

秘书长：潘璠

第九届（2014 年 1 月—2018 年 1 月）

会长：宁吉喆（国家统计局）

副会长：徐一帆（常务）、李强、鲜祖德、姚景源、夏荣坡（国家统计局教育中心）、万东华（国家统计局科研所）、李纲、张晶（女）、李学忠（浙江省统计局）、张世平（湖南省统计局）、邹伟忠、樊怀玉、盛松成（中国人民银行）、马志明、耿直、丁立宏（首都经济贸易大学）、李金昌（浙江财经大学）、赵彦云、朱建平、史代敏

秘书长：万东华

第十届（2018 年 1 月—2023 年 1 月）

会长：宁吉喆

副会长：曾玉平（常务，国家统计局）、许宪春（国家统计局）、闾海琪（国家统计局科研所）、娄洪（财政部）、朱晓明（江苏省统计局）、杨景祥（河北省统计局）、魏红江（辽宁省统计局）、王杰（浙江省统计局）、杨新洪（广东省统计局）、刘顺国（国家统计局湖北调查总队）、张小军（国家统计局四川调查总队）、刘维奇（山西财经大学）、杜金柱（内蒙古财经大学）、凌迎兵（南京特殊教育师范学院）、李金昌、傅德印（兰州财经大学）、丁立宏、苏为华（浙江工商大学）、葛建军（贵州财经大学）、刘延平（中国传媒大学）、房祥忠（北京大学）、李平（中国社会科学院数量经济与技术经济研究所）、孟生旺（中国人民大学）、宋旭光（北京师范大学）、杨灿（厦门大学）

秘书长：闾海琪

第十一届（2023 年 1 月至今）

会长：康义（国家统计局）

副会长：蔺涛（常务，国家统计局）、曾玉平、李晓超（国家统计局）、间海琪、薛焜乾（财政部）、许伟（国务院发展研究中心）、杨新洪、徐秀梅（女，宁夏回族自治区统计局）、张洋（国家统计局吉林调查总队）、张斌（国家统计局浙江调查总队）、姚方（北京大学）、孟生旺、宋旭光、傅德印（中国劳动关系学院）、米子川（山西财经大学）、杜金柱、凌迎兵、苏为华、杨灿、葛建军、陈松蹊（北京大学）、李雪松（中国社会科学院数量经济与技术经济研究所）、郭建华（东北师范大学）、沈建光（京东集团）

秘书长：间海琪

二、中国现场统计研究会

1979 年 8 月 22 日，中国现场统计研究会在北京科学会堂召开成立大会，成立干事会。

干事长：魏宗舒（华东师范大学）

副干事长：林少宫（华中工学院）、刘源张（中国科学院系统科学研究所）、艾提（中国科学技术大学研究生院）、杨纪珂（中国科学技术大学）、张里千（中国科学院系统科学研究所）

秘书长：孙长鸣（中国科学院生物物理研究所）

第一届理事会（1981 年 3 月—1984 年 12 月）

理事长：魏宗舒

副理事长：林少宫、艾提、杨纪珂、刘源张、张里千、成平（中国科学院系统科学研究所）

秘书长：苏玉田（中国科学院系统科学研究所）

第二届理事会（1984 年 12 月—1989 年 4 月）

理事长：张里千

副理事长：林少宫、敖硕昌、艾提、杨纪珂、成平、陆首群（北京市政府电子工业办公室）

秘书长：严擎宇（中国科学院系统科学研究所）

第三届理事会（1989 年 4 月—1993 年 8 月）

理事长：张里千

副理事长：林少宫、陈希孺（常务副理事长，中国科学技术大学研究生院）、

陆首群、何国伟（航天部第一研究院）、潘承泮（南京大学）、成平、葛广平（河北师范大学）

秘书长：杨振海（北京工业大学）

第四届理事会（1993 年 8 月—1997 年 8 月）

理事长：陈希孺

副理事长：林少宫、陆首群、何国伟、潘承泮、成平、葛广平、颜基义（中国科学技术大学研究生院）、杨振海、朱伟勇（东北大学）

秘书长：杨振海

第五届理事会（1997 年 8 月—2001 年 10 月）

理事长：陈希孺

副理事长：杨振海（常务副理事长）、葛广平、颜基义、朱伟勇、张永光（中国科学院系统科学研究所）、王吉利（国家统计局统计教育中心）、杨虎（重庆大学）

秘书长：杨振海

第六届理事会（2001 年 10 月—2005 年 7 月）

理事长：杨振海

副理事长：张永光、王柱（中国新星石油公司北京计算中心）、刘小明（北京工业大学）、王吉利、耿直（北京大学）、方兆本（中国科学技术大学）、杨虎、季昆森（安徽省人大常委会）

秘书长：张永光

第七届理事会（2005 年 7 月—2009 年 7 月）

理事长：杨振海

副理事长：张永光（常务副理事长）、王柱、卢振洋（北京工业大学）、韩以俊（北京市质量协会）、何书元（北京大学）、郑卫华（中国标准化研究院）、岳荣先（上海师范大学）、季昆森、文兼武（国家统计局统计科学研究所）

秘书长：于丹（中国科学院数学与系统科学研究院）

第八届理事会（2009 年 7 月—2013 年 7 月）

理事长：耿直

副理事长：于丹（常务副理事长）、黄权（北京新世纪检测认证技术有限公

司）、李纲（国家统计局统计科学研究所）、缪柏其（中国科学技术大学）、濮晓龙（华东师范大学）、任露泉（吉林大学）、杨虎、张忠占（北京工业大学）、郑卫华

秘书长：程维虎（北京工业大学）

第九届理事会（2013 年 7 月—2017 年 11 月）

理事长：耿直

副理事长：郭建华（东北师范大学）、黄权、何书元、潘璠（国家统计局统计科学研究所）、濮晓龙、吴耀华（中国科学技术大学）、王兆军（南开大学）、于丹、杨虎、张建方（中国科学院大学）、张忠占

秘书长：程维虎

第十届理事会（2017 年 11 月—2021 年 11 月）

理事长：房祥忠

副理事长：崔恒建（首都师范大学）、郭建华、石坚（中国科学院数学与系统科学研究院）、孙六全（中国科学院数学与系统科学研究院）、唐年胜（云南大学）、万东华（国家统计局统计科学研究所）、王兆军、汪荣明（华东师范大学）、吴耀华、张宝学（首都经济贸易大学）

秘书长：程维虎

第十一届理事会（2021 年 11 月至今）

理事长：郭建华

副理事长：艾明要（北京大学）、崔恒建、林华珍（西南财经大学）、石坚、孙六全、唐年胜、汪荣明、王学钦（中国科学技术大学）、张宝学、张忠占、邹长亮（南开大学）

秘书长：张忠占

三、中国数学会概率统计分会

第一届理事会（1980 年 11 月—1982 年）

理事长：江泽培（北京大学）

副理事长：魏宗舒（华东师范大学）、梁之舜（中山大学）

第二届理事会（1982 年—1986 年 10 月）

理事长：江泽培

副理事长：魏宗舒、梁之舜

秘书长：成平（中国科学院系统科学研究所）

第三届理事会（1986 年 10 月—1990 年 10 月）

理事长：严士健（北京师范大学）

副理事长：茆诗松（华东师范大学）、梁之舜、陶宗英（复旦大学）

秘书长：项可风（中国科学院系统科学研究所）

第四届理事会（1990 年 10 月—1994 年 10 月）

理事长：成平（中国科学院系统科学研究所）

副理事长：汪嘉冈（复旦大学）、安鸿志（中国科学院应用数学研究所）

秘书长：程士宏（北京大学）

第五届理事会（1994 年 10 月—1998 年 10 月）

理事长：严加安（中国科学院应用数学研究所）

副理事长：陈家鼎（北京大学）、陆传荣（浙江大学）、史宁中（东北师范大学）

秘书长：冯士雍（中国科学院系统科学研究所）

第六届理事会（1998 年 10 月—2002 年 10 月）

理事长：陈家鼎

副理事长：吴荣（南开大学）、彭实戈（山东大学）、茆诗松

秘书长：李国英（中国科学院数学与系统科学研究院）

第七届理事会（2002 年 10 月—2006 年 10 月）

理事长：陈木法（北京师范大学）

副理事长：郑祖康（复旦大学）、李国英、林正炎（浙江大学）

秘书长：耿直（北京大学）

第八届理事会（2006 年 10 月—2010 年 10 月）

理事长：耿直

副理事长：彭实戈、李增沪（北京师范大学）、朱仲义（复旦大学）

秘书长：陈金文（清华大学）

第九届理事会（2010 年 10 月—2014 年 10 月）
理事长：马志明（中国科学院数学与系统科学研究院）

副理事长：何书元（北京大学）、李增沪、彭实戈、朱仲义

秘书长：房祥忠（北京大学）

第十届理事会（2014 年 10 月—2018 年 10 月）
理事长：何书元

副理事长：陈大岳（北京大学）、郭建华（东北师范大学）、郭军义（南开大学）、孙六全（中国科学院数学与系统科学研究院）

秘书长：骆顺龙（中国科学院数学与系统科学研究院）

第十一届理事会（2018 年 10 月—2022 年 12 月）
理事长：李增沪

副理事长：陈大岳、郭建华、郭先平（中山大学）、杨瑛（清华大学）

秘书长：艾明要（北京大学）

第十二届理事会（2022 年 12 月至今）
理事长：陈松蹊（北京大学）

副理事长：郭先平、王兆军（南开大学）、杨瑛、张希承（北京理工大学）

秘书长：朱湘禅（中国科学院数学与系统科学研究院）

四、全国工业统计教学研究会

第一届（1984 年 1 月—1991 年 1 月）
会长：王文声（1984 年 1 月—1987 年 1 月，中国人民大学）；王持位（1987 年 1 月—1991 年 1 月，北京经济学院）

副会长：王持位、陈志成（天津财经学院）、程懋辉（江西财经学院）、陈东（山东经济学院）

秘书长：陈东

第二届（1991 年 1 月—1995 年 1 月）
会长：王持位

副会长：陈志成、程懋辉、陈东

秘书长：陈东

第三届（1995 年 1 月—1999 年 1 月）

会长：王持位（首都经济贸易大学）

副会长：陈志成、程懋辉、陈东、王继唐（东北财经大学）

秘书长：陈东

第四届（1999 年 1 月—2003 年 1 月）

会长：王持位

副会长：程懋辉、姜树荃（天津财经学院）、孙学范（中国人民大学）、张兴国（厦门大学）

秘书长：纪宏（首都经济贸易大学）

第五届（2003 年 1 月—2007 年 1 月）

会长：王持位

副会长：赵彦云（中国人民大学）、姜树荃（天津财经大学）、张兴国、顾六宝（河北大学）、周光大（西南财经大学）

秘书长：纪宏

第六届（2007 年 1 月—2011 年 1 月）

会长：赵彦云

副会长：张兴国、顾六宝、周光大、曹景林（天津财经大学）、刘洪（中南财经政法大学）、罗良清（江西财经大学）

秘书长：纪宏

第七届（2011 年 1 月—2015 年 1 月）

会长：赵彦云

副会长：曹景林、程维虎（北京工业大学）、崔恒建（首都师范大学）、房祥忠（北京大学）、李元（广州大学）、刘洪、刘扬（中央财经大学）、罗良清、吴耀华（中国科学技术大学）、杨瑛（清华大学）、于丹（中国科学院数学与系统科学研究院）、周光大、周勇（上海财经大学）、朱建平（厦门大学）

秘书长：纪宏

第八届（2015 年 1 月—2018 年 12 月）

会长：赵彦云

副会长：曹景林、程维虎、崔恒建、房祥忠、纪宏、李元、刘洪、刘扬、鲁万波（西南财经大学）、罗良清、陶剑（东北师范大学）、吴耀华、杨瑛、于丹、周勇、朱建平

秘书长：张宝学（首都经济贸易大学）

第九届（2018 年 12 月—2022 年 12 月）

会长：陈敏（中国科学院数学与系统科学研究院）

副会长：曹景林、程维虎、崔恒建、房祥忠、李静萍（中国人民大学）、李元、林华珍（西南财经大学）、林金官（南京审计大学）、刘扬、罗良清、王德辉（吉林大学）、王兆军（南开大学）、吴耀华、杨瑛、尤进红（上海财经大学）、于丹、张宝学、张虎（中南财经政法大学）、周勇、朱建平

秘书长：张宝学

第十届（2022 年 12 月—2026 年 12 月）

会长：陈敏

副会长：方匡南（厦门大学）、冯兴东（上海财经大学）、胡涛（首都师范大学）、李静萍、林华珍、林金官、刘玉坤（华东师范大学）、平卫英（江西财经大学）、孙六全（中国科学院数学与系统科学研究院）、唐年胜（云南大学）、童行伟（北京师范大学）、姚方（北京大学）、王德辉（辽宁大学）、王健（天津财经大学）、王兆军、许勇（西北工业大学）、张宝学、张虎、张伟平（中国科学技术大学）、张忠占（北京工业大学）、张忠元（中央财经大学）、朱文圣（东北师范大学）

秘书长：纪宏

五、中国卫生信息与健康医疗大数据学会

学会前身是中国卫生统计学会，其历任会长、副会长、秘书长名单如下：

第一届（1984 年 9 月，南宁）

会长：何鸿明（国家卫生部）

副会长：司更生（国家卫生部）、田凤调（中国预防医学中心）、赵应斌、郭祖超（第四军医大学）、顾杏元（上海第一医学院）

秘书长：田凤调（中国预防医学中心）

第二届（1988 年 12 月，无锡）

会长：何鸿明（国家卫生部）

副会长：陈育德（国家卫生部）、曹荣桂（国家卫生部）、田凤调（中国预防医学科学院）、刘洪祺（江苏省卫生厅）、宋连仲、司更生（国家卫生部）、杨树勤（华西医科大学）、殷大奎（四川省卫生厅）

秘书长：田凤调（中国预防医学科学院）

第三届（1992 年 11 月，重庆）

会长：曹荣桂（国家卫生部）

副会长：陈育德（国家卫生部）等（余众不详）

秘书长：田凤调（中国预防医学科学院）

第四届（1998 年 3 月，上海）

会长：朱庆生（国家卫生部）

副会长：刘新明（国家卫生部）、宋文义（国家卫生部）、宋兆琴、饶克勤（国家卫生部）、方积乾（中山医科大学）、陈育德（国家卫生部）、袁永林（解放军总后勤部卫生部）、张寿生（广东省卫生厅）、金水高（中国预防医学科学院）

秘书长：饶克勤（国家卫生部）

第五届（2002 年 10 月，北京）

会长：王陇德（国家卫生部）

副会长：饶克勤（国家卫生部）、傅征（解放军总后勤部卫生部）、金水高（中国疾病预防控制中心）、马斌荣（首都医科大学）、陈育德（北京大学）、方积乾（中山医学院）

秘书长：饶克勤（国家卫生部）

2004 年，中国卫生统计学会更名为中国卫生信息学会（会长等名单延续前身）。

第六届（2007 年 12 月，北京）

会长：王陇德（国家卫生部）

副会长：李建华（解放军总后勤部卫生部）、刘新明（国家卫生部）、姜潮（辽宁省卫生厅）、马斌荣（首都医科大学）、李包罗（北京协和医院）、李兰娟（浙江省卫生厅）、饶克勤（国家卫生部）、方积乾（中山医学院）、金水高（中国疾病预防控制中心）

秘书长：饶克勤（国家卫生部）

第七届（2012，北京）
会长：王陇德（国家卫生部）
副会长：孟群（国家卫生部）等
秘书长：孟群（国家卫生部）

2017年7月，更名为中国卫生信息与健康医疗大数据学会。
第八届（2017）
会长：金小桃（2017年至今）
常务副会长兼秘书长：吴士勇
常务副会长、党支部书记：刘萍
副会长：胡建平、杜元太

六、中国商业统计学会

第一届（1987年5月—1991年11月）
会长：宋克仁（商业部）
常务副会长：张世尧（商业部）
副会长：许宗仁（商业部）、张庶平（商业部）、钱尚玮（杭州商学院）、林葆立（中国石化销售公司）、关政林（国家烟草专卖局）、齐守珍（商业部）
秘书长：齐守珍（兼）

第二届（1991年11月—1996年12月）
会长：张世尧
副会长：张庶平、许宗仁、钱尚玮、张辉（国家烟草专卖局）、邸建凯（商业部）、林葆立、齐守珍、闫明（商业部）
秘书长：齐守珍（兼）

第三届（1996年12月—2000年10月）
会长：张世尧
常务副会长：马成珩（国内贸易部）
副会长：许宗仁、韩庆志（中国石化销售公司）、张辉、张庶平、刘环祥（中华全国供销合作总社）、栗明（国家粮食储备局）、焦长根（中华全国供销合

作总社）

　　秘书长：马成珩（兼）

第四届（2000 年 10 月—2004 年 11 月）

　　会长：马成珩

　　副会长：翟志宏（国家统计局）、高锦（国家烟草专卖局）、蔡希有（中国石化销售公司）、王耀（中华全国商业信息中心）、谢启南（暨南大学）、陈家积（国家粮食局）、傅秀泉（中华全国供销合作总社）

　　秘书长：秦仲云（中华全国商业信息中心）

第五届（2004 年 11 月—2009 年 12 月）

　　会长：马成珩

　　副会长：翟志宏、陈彤（国家烟草专卖局）、刘雄华（中国石化销售公司）、王耀、陈家积、邹天敬（中华全国供销合作总社）、王锦霞（中国医药公司）、张洪魁（中国中药协会）、金勇进（中国人民大学）

　　秘书长：秦仲云

第六届（2009 年 12 月—2015 年 7 月）

　　会长：翟志宏

　　常务副会长：秦仲云

　　副会长：王克臣（国家统计局）、陈树钟（中华全国供销合作总社）、金勇进、曹立生（中华全国商业信息中心）、王锦霞、刘明（中注联（北京）管理顾问中心）

　　法人兼秘书长：秦仲云

第七届（2015 年 7 月—2020 年 10 月）

　　会长：金勇进

　　副会长：刘建平（暨南大学）、马继红（中华全国供销合作总社）、郝玲（中国医药商业协会）、曹立生

　　法人兼秘书长：江懿（中华全国商业信息中心）

第八届（2020 年 10 月至今）

　　会长：金勇进

　　副会长：戴庆华（江苏经贸职业技术学院）、苏为华（浙江工商大学）、张焕

明（安徽财经大学）、朱建平（厦门大学）、邓明华（北京大学）、马秀颖（吉林财经大学）、杨仲山（东北财经大学）、米子川（山西财经大学）、李扬（中国人民大学）、罗良清（江西财经大学）、袁岳（零点有数集团）、李勇（重庆工商大学）、叶剑（正大集团）

法人兼秘书长：江懿

七、中国统计教育学会

第一届（1990 年 12 月—1994 年 4 月）

会长：陈继信（国家统计局，1990 年 12 月—1993 年 2 月）

副会长：张济民（国家统计局）、廖启发（国家统计局）、李宗尧（天津职业大学）、刘忠诚（辽宁供销职工大学）、周鼎权（四川统计学校）、黄通璋（上海统计职业技术学校）、李家国（河南计划统计学校）

秘书长：钮军军（国家统计局）

第二届（1994 年 7 月—1998 年 6 月）

会长：黄树民（国家统计局）（1994 年 4 月—1995 年 8 月）

　　　王吉利（国家统计局）（1995 年 8 月—1998 年 6 月）

副会长：张济民（国家统计局）、郝国印（国家统计局）、袁卫（中国人民大学）、周鼎权（成都信息工程学院）、张长谦（北京现代职业学校）

秘书长：钮军军（1994 年 7 月—1996 年 12 月）

　　　丘京南（1996 年 12 月—1998 年 6 月）

第三届（1998 年 6 月—2004 年 5 月）

会 长：贺铿（国家统计局）

常务副会长：王吉利（国家统计局）

副会长：张济民、郝国印、袁卫、刘延年（西安统计学院）、邱东（东北财经大学）、周鼎权（成都信息工程学院）、邢宝树、朱慕菊（教育部）

秘书长：钮军军

第四届（2004 年 5 月—2009 年 8 月）

会长：王吉利

副会长：王志电（河南计划统计学校）、毛有丰（国家统计局）、文兼武（国家统计局）、石占前（国家统计局）、田鲁生（国家统计局）、冯乃林（国家统计

局）、刘延年（西安财经学院）、刘军谊（教育部考试中心）、刘彦武（国家统计局）、许宪春（国家统计局）、严冰（中央广播电视大学）、肖红叶（天津财经大学）、邱东、庞皓（西南财经大学）、郑祖康（复旦大学）、施建军（南京大学）、袁卫、凌迎兵（南京财经大学）、曾五一（厦门大学）、谢清泉（国家统计局）、谭平祥（成都信息工程学院）

　　秘书长：丘京南

第五届（2009 年 8 月—2014 年 8 月）

　　会长：章国荣（国家统计局）

　　副会长：王志电、王国梁（西安财经学院）、石占前、田鲁生、刘军谊、刘彦武、杜卫群（国家统计局）、李纲（国家统计局）、李勇（北京师范大学）、李林曙（中央广播电视大学）、李金昌（浙江工商大学）、肖红叶、邱东（北京师范大学）、张仲梁（国家统计局）、周定文（成都信息工程学院）、袁卫、夏荣坡（国家统计局）、曾五一、潘璠（国家统计局）

　　秘书长：王立元（国家统计局）、夏荣坡

第六届（2014 年 8 月—2019 年 7 月）

　　会长：（空缺）

　　常务副会长：夏荣坡

　　副会长：王志电（河南信息统计职业学院）、石占前、向武（阿坝师范学院）、刘洪（中南财经大学）、纪宏（首都经济贸易大学）、严建辉（中国经济景气监测中心）、李金昌（浙江财经大学）、宋旭光（北京师范大学）、张军（国家统计局）、陈敏（中国科学院）、陈建宝（福建师范大学）、周勇（上海财经大学）、赵彦云（中国人民大学）、耿直（北京大学）、凌迎兵（南京特殊教育师范学院）、董麓（天津财经大学）、蒋萍（东北财经大学）、薛小荣（西安财经大学）

　　秘书长：孙慧

第七届（2019 年 7 月—2023 年 11 月）

　　会长：毛有丰（国家统计局）

　　常务副会长：余芳东（国家统计局）

　　副会长：平卫英（江西财经大学）、史代敏（西南财经大学）、朱建平（厦门大学）、李勇、李萍（西安财经大学）、李金昌、杨仲山（东北财经大学）、余敏明（成都信息工程大学）、易东（陆军军医大学）、罗良清（江西财经大学）、赵彦云、徐天和（滨州医学院）、凌迎兵、常宁（上海财经大学）、梁景予（河南信

息统计职业学院）

  秘书长：杨青（2019 年 7 月—2022 年 7 月）

     邱伟（2022 年 8 月—2023 年 11 月）

第八届（2023 年 11 月至今）

  会长：毛有丰

  常务副会长兼秘书长：齐占林（国家统计局）

  副会长：王晓军（中国人民大学）、史代敏、房祥忠（北京大学）、王兆军（南开大学）、朱建平、周勇、朱文圣（东北师范大学）、阮敬（首都经济贸易大学）、罗良清、李萍、舒红平（成都信息工程大学）、杨仲山、洪兴建（浙江财经大学）、梁景予、张淑梅（北京师范大学）、陈克军（南京特殊教育师范学院）、易东、徐天和、平卫英、金红（国家统计局）

八、中国国民经济核算研究会

第一届理事会（1995 年 12 月—2001 年 2 月）

  会长：龙华（国家统计局）

  常务副会长：林贤郁（国家统计局）

  副会长：钱伯海（厦门大学）、白和金（国家计委）、方晓林（辽宁省统计局）、冯淑萍（财政部）、王小奕（中国人民银行）、赵彦云（中国人民大学）、许宪春（国家统计局）

  秘书长：魏贵祥（国家统计局）

第二届理事会（2001 年 2 月—2009 年 7 月）

  理事长：李强（国家统计局）

  副理事长：马学平（中国保监会）、方晓林、许宪春、邱东（东北财经大学）、庞皓（西南财经大学）、赵彦云、唐思宁（国家外汇管理局）、曾五一（厦门大学）、韩文秀（国家计委）、韩启祥（天津市统计局）、魏贵祥

  秘书长：许宪春

第三届理事会（2009 年 7 月—2012 年 8 月）

  理事长：李强

  副理事长：方晓林、许宪春、李宝卿（山西省发展改革委）、邱东（北京师范大学）、庞皓、赵彦云、唐思宁（中国人民银行）、曾五一、韩永文（国家发展

改革委）、韩启祥、魏贵祥

　　秘书长：许宪春

第四届理事会（2012 年 8 月—2020 年 6 月）

　　理事长：刘富江（国家统计局）

　　副理事长：高敏雪（中国人民大学）、黄颂平（海关总署）、汲凤翔（国家统计局）、蒋萍（东北财经大学）、彭志龙（国家统计局）、邱东（北京师范大学）、向书坚（中南财经政法大学）、幸晓维（广东省统计局）、徐荣华（国家统计局）、张福坤（国家统计局福建调查总队）、张晶（辽宁省统计局）

　　秘书长：徐荣华

第五届理事会（2020 年 6 月至今）

　　理事长：金红（国家统计局，2020—2022 年）

　　　　　　柳楠（国家统计局，2023 年至今）

　　常务副理事长：高敏雪

　　副理事长：李锁强（国家统计局）、刘光华（甘肃省统计局，2020 年底止）、刘文华（国家统计局）、马丹（西南财经大学）、宋旭光（北京师范大学）、索朗扎西（西藏自治区统计局，2020 年底止）、王文波（国家统计局）、向书坚（浙江工商大学）、徐强（陕西省统计局）、徐映梅（中南财经政法大学）、杨灿（厦门大学）、杨仲山（东北财经大学）、张冬佑（国家统计局）、张吉良（河北省统计局，2020 年底止）

　　秘书长：李静萍（中国人民大学）

后 记

十年编史的历史

从 2013 年我承担教育部人文社科重点研究基地重大项目"中国统计学科史研究"（13JJD910001）开始，到 2023 年 9 月将书稿交给中国人民大学出版社，正好是 10 年时间。在这 10 年时间里，许许多多新老朋友伸出了援手，给予我很多鼓励、支持和帮助。正是有了他们，才能有这本书。回顾 10 年的编写历程，有太多感慨、感动和感谢。下面我仅仅摘取部分瞬间，留下一些记忆。

台湾统计学者赵民德和谢邦昌是我们大陆学者的老朋友，从 20 世纪 90 年代开始，他们便奔走于海峡两岸，参与并组织了不少促进两岸统计交流的活动。2013 年 3 月，赵民德来中国人民大学参加统计会议时，用他住宿的艾丽华酒店的信笺写了一首诗送我。诗文如下：

> 男儿何必耍吴钩，胸中自有百尺楼。
> 文章得传便是史，夫子从未有封侯。
> （用李鸿章"入都"①原韵）二〇一三年三月二十八日赠袁卫，有感于伊对统计学术的贡献。
>
> 民德

当时，赵民德先生还不知道我准备编写"中国统计学史"。他的"文章得传便是史，夫子从未有封侯"是对我为统计学一级学科所做努力的褒奖，实不敢当。但要使统计学科的初心和使命得到传承，编写一部学科史则是我的"百尺楼"。

---

① 李鸿章"入都"之一："丈夫只手把吴钩，意气高于百尺楼。一万年来谁著史，三千里外欲封侯。"

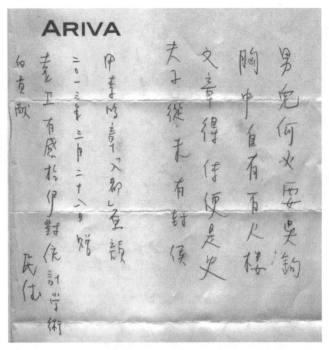

赵民德 2013 年 3 月 28 日赠诗

2013 年 7 月，我利用在上海财经大学开会的机会，正式开始统计学史人物访谈。12 日，我和关晓斌在会议中间抽空对郑菊生老师（1928—2020）进行了专访，他回忆了 20 世纪 50 年代在中国人民大学读统计学研究生的经历，以及毕业后先去国家统计局工作，后又回到上海财经学院的过程。13 日下午，我们专程到瑞金南路王建民（1930—2019）、吴宣陶（1933—）夫妇家中拜访了二位。吴宣陶是中国人民大学 1956 年统计学专业毕业的研究生，先后在上海财经学院、上海社会科学院和复旦大学任教，曾任上海市统计学会副会长。王建民、吴宣陶二位重点回忆了上海统计学科的发展历史和过程。

2014 年春我去台湾访问，谢邦昌得知此事，一边帮我联系台湾政治大学统计学系老主任童开甲先生等，一边帮我找到一套"'中华民国'主计史"（上、中、下三册），资料十分宝贵。

2015 年 5 月 19 日，我和关晓斌拜访了莫曰达（1926—2020）先生。莫曰达1948 年毕业于暨南大学，1954 年进入国家统计局，曾任中国统计出版社副总编辑、国家统计局统计科学研究所副所长兼《统计研究》首任主编，著有《中国古代统计思想史》《中国近代统计史》《中国统计史》等。莫曰达先生回顾了 1978年的"峨眉会议"以及改革开放初期统计教材编写等历史。访谈结束时，莫曰达又将他新出版的《新中国统计工作历史流变（1949—1999）》（中国统计出版社，

2014 年 2 月 27 日晚在台北 101 顶楼合影（左起：袁卫、赵民德夫人、谢邦昌、郑宇庭夫人、谢邦昌夫人、宋健、赵民德、郑宇庭）

2014 年 2 月 28 日在台北星巴克咖啡店拜访童开甲教授，童教授热情回忆了台湾高校中的统计教育与教学

2015）送我，这本新书的主题虽然是新中国政府统计工作的历史回顾，但也简要地描述了新中国成立后我国社会经济统计学领域的大事。

孔夫子旧书网是我做统计学史研究的重要工具。我从这个网站上买了大量老书、老照片、老信札等，到 2024 年底，已经买了 600 多本图书和信札等。我最早在孔夫子旧书网买书是 2011 年，那时清末至民国时期的统计教材还比较多，价格也很便宜。比如 1897 年我国第一本概率统计出版物，英国加洛韦（Galloway）著、傅兰雅（Fryer）口译、华蘅芳笔述的《决疑数学》（*Probability*）；日本横山雅男的《统计通论》（孟森译，1908 年版）；民国学者所译《（高等数学）四原原理》（*Elements of Quaternions*，1909 年版）；1910 年"清宣统二年学

莫曰达 2015 年 5 月 19 日签名送给笔者的新著

部为各学堂填报教育统计表式的咨文";金国宝 1925 年的《统计新论》;王仲武 1927 年的《统计学原理及应用》等。回过头来看,十几年时间,民国时期和新中国成立初期的主要统计出版物,被我从孔夫子旧书网收到大部分。网上不仅有统计出版物,还能找到统计名人的信札、手稿等。我陆续收有朱君毅、王仲武、金国宝、唐启贤、朱祖晦、吴景超、许宝騄、徐钟济、戴世光、邹依仁、陈善林、薛仲三、魏宗舒、王寿仁、周元燊、杨坚白、周华章、张尧庭、陈希孺、成平等统计先贤的手稿和信札,为统计学史的研究积累了宝贵的资料,也为日后筹建"统计学史博物馆"准备了展品。

孔夫子旧书网不仅是购买老书和统计文物的好地方,而且是我经常使用的学科史查阅工具。在该网通过书名或者作者名查阅往往比百度、维基百科都更准确。使用中,我们了解到孔夫子旧书网不仅在线上提供服务,其总部还有藏书库可供读者参观查阅。2019 年暑假,中国人民大学中国调查与数据中心的几位同事一起前去孔夫子旧书网公司所在地北京市朝阳区崔各庄。我们先在一楼翻阅一些古旧书籍,然后来到二楼书库,这是孔夫子旧书网自 2002 年开办以来自己购买收藏的一些古旧学术图书。在数学与统计的书架上,我们看到好几本统计学的图书,既没有出版时间,也没有作者等信息,一时引起我们的兴趣。我咨询陪同我们参观的接待负责人,能否用手机拍照,以便回去查阅相关资料来确定书籍的作者和出版时间。她问了我的姓名后,说她要向公司老板请示一下。几分钟后,这位接待人员带来了她们的老板,孔夫子旧书网的创办者——和宏明。他笑着走

过来说:"袁校长过来了!"我心中一惊:他怎么知道我?原来,和宏明是中国人民大学财政金融学院的教授,是 20 世纪 90 年代我校投资经济系主任郎荣燊教授的研究生。原来我们是校友,我还曾经和郎老师做过几年的邻居。与和宏明老师越聊越近,从此我们成了朋友。

2019 年 7 月在孔夫子旧书网公司与创办人和宏明教授合影

　　教育部人文社科重点研究基地的统计学科史研究项目历时 5 年,到 2018 年结束。由于这项研究的工作量巨大,统计历史文献丢失、损失严重,名人的档案资料又不对外开放,要还原历史原貌十分困难。2013—2018 年的这 5 年,统计出版物的数据库已经具备雏形,主要统计人物的名单也不断清晰,课题进入深入调查研究的攻关阶段。刚好在这时,我得知学校有一个"重大攻关项目",专门支持基础性研究,特别是不容易获得国家基金支持的课题,这个统计学科史的项目刚好属于这类研究。经过申报、评审等环节,这一项目于 2018 年底获批为中国人民大学的"中国统计学史"(项目编号 19XNLG01)项目。学校的支持使得我们有经费继续深入访谈,继续购买文献资料,将研究推向深入。

　　2019 年 1 月 8 日,这项研究的第二个阶段开始了。

　　上海是民国时期和新中国成立初期统计学者聚集的重镇,1952—1953 年的全国高等学校院系调整,华东地区的复旦大学、之江大学、暨南大学、浙江大学等校的统计学教师都调整到上海财经学院,在 1953 年的上海财经学院教师名单上,有朱君毅、金国宝、邹依仁、薛仲三、朱祖晦、陈善林、厉德寅、王思立、勾适生、柴作楫、桂世祚、许炳汉、郑德如、杨遵庆、马富泉、马家善等一批统计学者。为抢救早期统计学家的历史和记忆,2019 年 6 月和 8 月我和研究团队两次来到上海,先后拜访了金国宝的女儿金行素、金国宝的侄子金本中、邹依仁

2019 年 1 月中国人民大学重大项目"中国统计学史"启动会合影（项目组成员左起：朱利平、黄向阳、关权、袁卫、黄兴涛、高敏雪、张云、唐丽娜、关晓斌）

的夫人吴立亚和小女儿邹似平、厉德寅的长子厉无咎、吴定良的女儿吴小庄以及华东师范大学的茆诗松等。金国宝的外孙董维正还向我们展示其精心保存的蔡元培、吴稚晖、孟森、胡元倓等给金国宝的信函原件，这些文献对我们研究金国宝以及撰写统计名人生平介绍极为珍贵。

2023 年夏，邹依仁女儿邹似平在整理父亲遗物时发现两本清华大学国情普查研究所的早期著作，一本是 1940 年油印版《云南呈贡县人口普查初步报告》，一本是 1944 年《云南省户籍示范工作报告》，两本著作保存完好。《云南呈贡县人口普查初步报告》的封面上不仅有国情普查研究所的公章，还用毛笔书写有"邹依仁先生存"。笔者初步判断，这些字是戴世光书写，一是字体与戴世光的字体相似，二是该报告（连同 1941 年的"农业普查"）主要是戴世光完成的。"文化大革命"中戴世光的所有文稿几乎都遗失了，他只谨慎地保留了 1940 年的"呈贡人口普查"和 1941 年的"呈贡农业普查"两本油印资料，可见这是戴世光的挚爱之物。邹依仁是戴世光在美国密歇根大学留学时的同学和好友，当戴世光 1940 年完成回国后的首个调查后将相关报告送给好友邹依仁是很自然的事情。《云南省户籍示范工作报告》封面上留有朱君毅的签名和印章，时间是 1952 年 2 月。这本报告于 1944 年正式出版，朱君毅的藏书怎么转到邹依仁手中，仍然是个谜。[①]

---

① 1952 年华东地区高等学校院系调整，邹依仁和朱君毅等同时转到上海财经学院统计学系，两人 20 世纪 50 年代一直是同事。

2019 年 6 月 17 日笔者（右二）拜访 95 岁高龄的金国宝女儿金行素（1924—2023，右一）、金行素儿子董维正（左站立者）、朱利平（中站立者）、胡宋萍（背对者，上海财经大学）

2019 年 6 月 17 日拜访邹依仁夫人吴立亚（1922—2021）、邹依仁小女儿邹似平（右二）时合影（左一朱利平、右一胡宋萍）

邹依仁藏书 1940 年油印版《云南呈贡县人口普查初步报告》（左）和 1944 年《云南省户籍示范工作报告》（右）

2019 年 6 月 19 日笔者（右一）拜访茆诗松（1936—2023，左一）、严惠萍（茆诗松夫人，居中者）

2019 年 8 月 29 日厉无咎（厉德寅长子）家（左起胡宋萍、厉无咎夫人、厉无咎、
袁卫、唐丽娜）

2019 年 8 月 29 日吴定良女儿吴小庄家［左起唐丽娜、吴小庄、
袁卫、朱仲义（复旦大学）］

　　中国人民大学统计学院的刘新教授是 1950 年中国人民大学统计教研室筹建
后的第一批老师之一。2019 年 8 月 19 日，我与中国人民大学统计学院的孟生旺、
徐建萍一起去拜访了他。当时刘新老师已 95 岁高龄，虽然有些耳背，但头脑非
常清楚。他给我们讲述了中国人民大学统计学科 1950 年的创立过程，包括怎么
准备第一堂课、苏联专家廖佐夫怎么给予指导，特别是向我们介绍了他自制的照
片集，里面珍藏着 20 世纪 50 年代建系初期教师的几次珍贵合影的照片。当我向

他询问 1951 年他和铁华为什么开始写批判勾适生的文章时，刘老师给我们展示了他与《新建设》杂志的往来通信，让我们搞清楚了他和铁华那篇文章的来龙去脉。在今天看来，20 世纪 50 年代初，我国大规模批判资产阶级统计学开始时这篇具有里程碑性质的文章，既有必然性，也存在偶然性，即批判资产阶级统计是必然的，但从批判勾适生的《统计学原理》开始则是偶然的。

近年来，我又因核实中国人民大学统计学系早期的人和事几次请教刘新老师，老先生总是十分认真地亲自回复，不仅帮助我还原了许多历史真貌，而且给我们的研究留下了宝贵的文字和档案。2024 年 3 月，刘老师的女儿刘萍给我发来一份刘新和刘佩珂 1951 年 3 月婚礼的签到名单，中国人民大学统计学科最早的一批教师几乎都参加了，在红缎子上认认真真地留下了毛笔名字。

2024 年 4 月 12 日与百岁寿辰的刘新老师合影
（后排左起徐建萍、陈虹、袁卫、孟生旺、刘萍）

邬沧萍教授在新中国成立初期回国，是 1953 年因全国高校院系调整来到中国人民大学统计学系的老教师，改革开放后转到人口学系，成为我国人口学科特别是老年学科的开拓者和奠基人。我们在 2019 年秋和 2020 年初两次拜访了邬老师，他给我们讲了很多统计学系早期的历史和故事。

我们统计学院的倪加勋教授 2024 年已经 92 岁高龄，1956 年以调干生的身份来到统计学系学习，1960 年毕业留校任教。他住在校园内，每天早晨都在校园和操场散步，精神矍铄，经常从校园里捡回一些不起眼的石头，这些石头经过倪老师的摆弄，就成为一幅幅动人的图画。我们碰到 20 世纪五六十年代系里不清楚的事情，包括老照片中人物的辨认等，都首先向倪老师请教。

2019 年 9 月 16 日笔者（右一）在邬沧萍（1922—2023，左一）家

2019 年 8 月 10 日笔者（右一）在办公室和倪加勋老师（左一）聊天

　　2019 年夏，时任法国南巴黎大学历史学教授的白安雅（Andrea Bréard）在中国人民大学暑期学校开设"概率论与统计学的发展历史与现状——中外比较研究"一课。9 月，哈佛大学的郭旭光（Arunabh Ghosh）也来中国人民大学访问。两人在中国人民大学相会，我也因此与两位研究中国统计学史的外国学者有机会在中国人民大学一同交流研究进展和心得体会。

2019 年 9 月 21 日笔者（右）在办公室与白安雅（左）、郭旭光（中）合影

　　2021 年 7 月 1 日是党的 100 岁生日，作为向党的生日献礼的一个项目，《中国大百科全书》第三版网络版要赶在 7 月上线。第一批上线的统计人物，除了国际上的统计名家外，中国统计学者也应有所体现。说起许宝騄，统计学界都是耳熟能详的。但我们了解到 1926—1939 年，在伦敦大学学院（University College London，UCL）统计学系卡尔·皮尔逊、J. 奈曼、爱根·皮尔逊门下攻读学位的竟有 7 人之多。最早是吴定良，师从卡尔·皮尔逊，1928 年获得博士学位，1948 年与许宝騄一起成为中央研究院首批院士。20 世纪 30 年代中后期在那里获得学位的唐培经和徐钟济也为我国的统计和计算机事业做出过开拓性贡献。这些统计学者都是《中国大百科全书·统计学卷》第三版网络版首批上线的人物。但徐钟济在 20 世纪 50 年代转行到了计算机领域，我为找到他一张清晰的照片颇费脑筋。一次和儿子袁丁聊天中我说起这个问题，希望他从外网搜搜，看看有没有徐钟济在英国和美国留学时的照片。儿子说他认识中国科学院计算技术研究所副所长包云岗，看看计算技术研究所有没有徐钟济的资料和照片。还是搞计算机的厉害，包云岗立即在计算机领域的微信朋友圈里发了寻找徐钟济后人的信息，并很快通过《溯源中国计算机》一书的作者徐祖哲找到了徐钟济的幼子徐恒。我遂邀请他们到我办公室一叙。

2021 年 2 月 24 日（左起）包云岗、徐恒、徐祖哲、袁卫在办公室合影

更惊喜的事情还在后边。2021 年 3 月，徐恒发微信消息说："我侄子保存了我父亲的一包材料，已交给我。主要是计算技术研究所退还的"文化大革命"检讨材料。其中有一半，是交代历史问题，可以供参考。"这第一批材料共 263 页，主要是 1968 年下半年到 1969 年初徐钟济在中国科学院计算技术研究所的交代材料和部分证明材料的草稿。徐钟济先生做事十分细致，所有外调证明材料都要先打个草稿（包括上海魏宗舒专案组要他写的证明材料、许宝𦥯的证明材料等），这些草稿与正式上交的材料重复，就保留了下来。这 200 多页的材料内容十分丰富，涉及 200 多位统计和相关领域的知名人物。徐先生记忆力惊人，几十年前的事情，发生的时间、地点、人物和过程都记录得清清楚楚，很多我都是第一次听说。

在收到徐钟济珍贵手稿后不久，徐恒告诉我他又找到一份徐钟济先生 1980 年为纪念许宝𦥯逝世 10 周年所写的油印文稿。改革开放后的 1980 年，为纪念许宝𦥯逝世 10 周年，北京大学江泽培和华东师范大学魏宗舒希望徐钟济能写写同窗挚友，同时介绍他们在伦敦大学学院刻苦攻读的经历，为后辈统计学人树立榜样、留下精神财富。徐钟济为此写了《纪念许宝𦥯教授——许宝𦥯在英国》的纪念文章，并亲自刻写蜡版，油印成文，但不知何故，所有纪念许宝𦥯的文集中都没有收录这篇文章。今天重读此文，既钦佩许宝𦥯的天才和对统计学的贡献，也感谢徐钟济为我们留下了珍贵的学术资料。

在资料文献查询中，2021 年唐丽娜查到一本民国初年留日学人、时任北洋政府交通部司员曾鲲化的《统计学教科书》（1913 年版），这本书和曾鲲化的名

字在所有的统计学史文献中都没有出现过。我从北京交通大学学人典库（未公开发行）中，由佘江东编写的《曾鲲化》传记中，得知曾鲲化在1912—1914年曾经创办"交通统计学堂"，学制2年，开课16门。曾鲲化亲自编写并讲授"统计学""经济统计""交通统计"等课程，这是我国历史上第一个统计学专业，比原来所知道的1927年南开大学商科创办的中国第一个"商业统计系"早了近20年，也仅仅比英国卡尔·皮尔逊1911年在伦敦大学学院创办的世界第一个"应用统计系"晚了一年。

2021年9月13日，我去国家统计局拜访了国家统计局原局长张塞（1931—）。他深情地回忆了1948年参加革命工作，1952年到上海财经学院短期进修，后任华东军政委员会财政部科员，1954年进入中国人民大学经济系学习，1958年毕业后历任山西省计委科长、副处长、办公室主任，山西省统计局副局长，山西省计委主任，中共山西省委常委，1984—1997年任国家统计局局长的经历，以及我国政府统计改革、投入产出国际交流的经验与体会。

2021年9月笔者（左）在国家统计局拜访张塞同志（右）

2022年秋，中国人民大学出版社编辑王伟娟告诉我，人大社正在组织申报2023年国家出版基金项目。国家出版基金与国家自然科学基金、国家社会科学基金属于国家三大基金。2007年国家出版基金经国务院批准正式设立，主要资助优秀公益性出版物，包括图书、音像制品和电子出版物等。王伟娟认为我们这本《中国统计学史》符合申报要求，如果得到资助，不仅能够有较为充足的经费出版发行，保证印刷质量，而且冠以国家出版基金资助的名义，也有利于扩大图书的影响。

我以前申请并获得过国家自然科学基金和国家社会科学基金的资助，但从未

申请过国家出版基金。这项基金由出版社出面申请，所以先要通过人大社内部的评审。除了我们自己要有 60% 以上的初稿外，还要有两位推荐人。北京大学的陈松蹊院士和时任东北师范大学副校长的郭建华教授（现任北京工商大学校长）很快发来推荐信。经过国家出版基金评审专家初审、复审和终审，这本书终于在 2023 年 5 月获得批准。感谢陈松蹊院士、郭建华校长，感谢中国人民大学出版社李永强董事长和王伟娟编辑等。

2023 年的夏日格外炎热，先是在 6 月 22 日，代表"北京温度"的北京南郊观象台最高气温达 41.1℃，打破了观象台 6 月的历史最热纪录，接下来的两天最高气温都超过了 40℃。7 月 29 日到 8 月 1 日，北京又迎来了百余年来最大的降雨，受热带风暴"杜苏芮"残余环流北上影响，京津冀出现暴雨到大暴雨、部分地区特大暴雨，全市平均降雨量达 331 毫米。北京西南部局地超过 600 毫米，北京昌平王家园水库更是达到 744.8 毫米。在北京这个极端天气频频出现的暑期，正是这本书的收尾阶段，我躲在家里，补充文献，修订文稿。

在修改文稿期间，笔者与中国科学院冯士雍先生多次联系，他详细介绍了"文化大革命"期间和改革开放后数理统计学界的几次重要会议，如 1975 年苏州会议、1984 年中日统计学研讨会、1985 年吴建福教授访华、1987 年中美统计会议等。在中国现场统计研究会会刊《数理统计与管理》从试刊到正式创刊的过程中，冯士雍以"士雍"笔名撰写了多篇稿件。特别是 1985 年 4 月底，冯士雍参与了接待吴建福访问中国科学院的工作，他专门找出了当年五一劳动节中国科学院系统科学研究所同事与吴建福在圆明园聚会的合影。在这次访问中，吴建福在报告中首次提出将"统计学"改为"数据科学"，将"统计学家"改称为"数据科学家"。事后，冯士雍和程翰生根据吴建福的报告录音整理成《从历史看中国统计发展方向》的文章，刊于《数理统计与管理》1986 年第 1 期。

改革开放之初的 20 世纪 80 年代，共有 7 位统计学者，郑祖康、方积乾、方兆本、吴喜之、柯惠新、史宁中、耿直赴美国和日本攻读博士学位，并回国任教，为我国的统计学科的发展做出了贡献。当 2023 年初我分别和以上学者联系时，除了郑祖康 2011 年早逝，几位学者都给予极大的支持和帮助，很快就完成了各自的回忆。

行文至此，我不由地想起了故去不久的茆诗松先生。2023 年初，传来了茆诗松先生去世的消息。虽然我知道茆老师身体不大好，但茆老师突然不在了，还是让我不愿相信。20 世纪 90 年代初起与茆老师一次次接触的情景在我脑海中不断浮现。我用一句话概括心目中的茆诗松教授："他是为中国数理统计学科而生的。"他生前对这部学科史寄予厚望。我们不能辜负茆老师等老一辈统计学者的期待。

冯士雍畅谈统计学史（2023 年 7 月 17 日）

统计学界的老先生和茆老师一样，十分关注统计学史的研究。云南大学老校长王学仁先生回忆了 1958 年他参加 8—9 月的"北京大学数理统计暑期讲习班"和 10 月的"数理统计教师进修班"的过程，使我们能够感受到许宝騄、周华章等统计前辈为恢复数理统计付出的艰辛。

2024 年 1 月与王学仁教授（右）合影

方开泰先生的自述《漫漫修远攻算路》为我们提供了 20 世纪后半叶中国数理统计的宝贵资料，有些细节我不明白时，每次请教方老师，他总是有求必应，使我深受启发。王静龙、韦博成、周纪芗等老师也经常发给我参考资料。

由于历史的原因，中国的生物医学卫生统计学界与数理统计和社会经济统计学界交往较少，中山大学方积乾教授，原第四军医大学、现任教于西北大学医学院的徐勇勇和北京大学郝元涛提供了许多卫生统计的信息。

在这本书的写作过程中，多次碰到没有标点符号的古文，如曾鲲化 1912 年的《上交通部创办统计学堂呈词》，钮永建为林卓南 1903 年翻译日本横山雅男《统计学讲义》所写的"序言"，以及 1910 年学部教育统计表式咨文等，我都会请年轻的清史学者张一驰帮忙。他不仅很快帮我加注标点，而且给我解释文字的背景和相关历史。

涉及国家统计局及相关历史的问题，我多次请教国家统计局原局长张塞、副局长毛有丰，原总统计师曾玉平，统计科学研究所所长闫海琪和首席研究员许亦频，得到了他们的大力支持和帮助。

2024 年 8 月 17 日，远在美国 SAS 公司的曹健给我发来《首届西统研究生班举行入学四十周年纪念活动》的文章与活动照片。这让我意识到 20 世纪 80 年代国家统计局委托上海财经学院和中国科学院应用数学研究所各办了一个"应用统计"硕士班，这些毕业生进入国家统计局后成为各领域的骨干，仅上海财经学院班就出了 4 位副局长。上海财经学院班的许宪春和中国科学院应用数学所班的李学增提供了不少文献，补充了这一段历史。

2024 年 8 月 29 日许宪春（右）来办公室聊历史

2019 年调研时，我曾去北京大学、清华大学、上海财经大学、北京交通大学等校档案馆查阅资料，这几所学校档案馆都给予热情接待，并提供尽可能的协助。特别是清华大学档案馆完整地保存了 20 世纪三四十年代的校史资料，戴世光出国留学期间与学校和校长梅贻琦的每一封通信等都得以保存。

这本《中国统计学史》是我们统计学科共同的历史。编写工作涉及各个相关学校和单位时，统计学界的同仁都马上组织力量，搜集整理相关资料。没有大家的支持和帮助，这本学科史很难完成。我要感谢北京大学耿直、房祥忠、陈大

2019 年 6 月在北京大学档案馆查询资料（右为北京大学档案馆副馆长刘晋伟）

岳，中国科学技术大学吴耀华、缪柏其、王学钦，南开大学王兆军，清华大学杨瑛，复旦大学朱仲义，云南大学唐年胜，东北财经大学王维国、杨仲山，上海财经大学冯兴东、胡宋萍、陈玉琴，上海对外经贸大学汪荣明、张日权，上海海事大学李序颖，北京工业大学张忠占、程维虎，中国劳动关系学院傅德印，天津财经大学杨贵军、于忠义，中南财经大学张虎、梁娜，厦门大学杨灿，西南财经大学史代敏，山西财经大学李宝瑜，对外经济贸易大学刘立新，河北大学顾六宝，北京工商大学李朝鲜，首都经济贸易大学纪宏，中央财经大学刘扬，江西财经大学罗良清，安徽财经大学夏万军，内蒙古财经大学杜金柱，吉林财经大学李国荣，新疆财经大学宋香荣、陈小昆，立信会计出版社孙勇等。

北京师范大学宋旭光知道我在编写中国统计学史，热情地为我提供京师大学堂1903年派出范熙壬①赴日本学习统计学的相关资料。中南财经政法大学杨兰给

---

① 范熙壬（1878—1938），字任卿，号耘勤。湖北黄陂（今武汉市黄陂区）天河人，范轼子，张之洞的得意门生。曾参加震惊中外的"公车上书"，失败后留日，与同盟会会员黄兴、宋教仁过从甚密，追随孙中山，是李大钊的老师和朋友。1906年在日创办《新译界》，探求立法救国，还翻译了《资本论》部分章节，是中国清末民初司法体系的理论构建者与实践者，民初国会众议院议员。范熙壬1902年考入京师大学堂仕学馆，入学后得到管学大臣张百熙赏识，因张之洞举荐，与张耀曾等31人一起赴日留学，他留学选择的专业是统计学。1903年12月抵达日本后，他们先入东京第一高等学校（东京大学等校的预备学校）补习英语、日语、数学等基础课程，1905年9月从该校毕业。除5人进入京都大学，其余学生都进入东京大学继续学习。日本大学当时分科为：文科、法科、理科、工科、医科、农科。统计学没有单设专业，范熙壬转读法律。

参考文献：萨日娜. 旧制第一高等学校に学んだ初期京师大学堂派遣の清国留学生について"[J].科学史研究，2010，49（2）：216-226.

我寄来她母亲刘叔鹤的笔记本和早期照片。

最重要的是，在中国人民大学，我们有一个团结肯干的团队。团队成员黄兴涛、关权、高敏雪、朱利平、黄向阳、唐丽娜、关晓斌、张云都意识到学科史研究的意义，对需要花费巨大时间和精力的工作充满激情。黄兴涛从治史的专业角度为本书提供了很多建议，还特别要求他的学生李章鹏给予我们帮助。关权为了核对日本统计学史一个时间、一位人物、一本著作，查阅大量日文文献，和日本的师兄师弟切磋交流。高敏雪老师说："多数论文过两年就没人看了，但学科史会长久地留下来。"朱利平不仅自己参与撰写，而且组织统计与大数据研究院的年轻教师一起参加，以搞清楚改革开放后出国留学、任教以及在欧美四大统计学术刊物发文的华人学者状况。黄向阳思路开放，知识面广，所撰精算学科的历史深入浅出，别具特色。关晓斌不仅参与本书清末和民国部分的研究工作，还积极协调图书的编辑和出版工作。张云则帮助我们寻找文献，核实史料。唐丽娜主动承担了民国时期统计学史的主要任务，将统计学史和社会调查史作为自己未来的研究计划。几年时间，她已经成为民国统计学史资料研究的行家里手。正是抱着对学科的深厚感情，团队中一旦有谁发现新的资料和线索，我们都会互相分享兴奋与喜悦。

在团队以外，我还邀请我校统计学院金勇进、许王莉，社会学院李丁，以及北京师范大学刘红云对改革开放后统计相关学科和领域进行综述，通过他们的文章，我们能够看到统计学科整体的发展和面貌。

从校内统计学院、统计与大数据研究院、科研处、图书馆到档案馆，我们得到全方位的支持。陈虹帮我整理、核对统计学本科和研究生培养院校的名单和资料。我们中国调查与数据中心的盖琴宝帮我解决了 Excel 表数据处理的不少问题。学校档案馆李惠、蒋利华两位前任馆长和现任李家福馆长在资料查询和细节订正上，总是有求必应，使得沉睡的档案发挥了学科建设的功能。

我们公开发表的统计学史相关论文有：

1. 袁卫，《我国统计教材建设的历史回顾与现实思考》，《统计研究》2004 年第 6 期，《统计与精算》2004 年第 4 期转载；

2. 袁卫，《机遇与挑战——写在统计学成为一级学科之际》，《统计研究》2011 年第 11 期；

3. 袁卫、关晓斌，《集体合作的结晶——记〈社会经济统计学原理教科书〉的编写》，《统计研究》，2015 年第 10 期；

4. 袁卫，《西南联大时期的许宝騄与戴世光》，《统计研究》2019 年第 5 期；

5. 袁卫、李扬，《我国首位有重大国际影响的统计学家：吴定良》，《兰州财经大学学报》2019 年第 5 期；

6. 李惠、袁卫,《海外留学时期的戴世光》,《统计研究》2020 年第 9 期;

7. 唐丽娜、杨镓萁,《清末民国时期统计学的传入与发展——基于对同时期 204 本统计学术图书的研究》,《统计研究》2021 年第 3 期;

8. 袁卫、李惠,《治学报国——民国时期的统计留学生》,《统计研究》2021 年第 7 期;

9. 袁卫,《戴世光先生在西南联大》,政协昆明呈贡区委员会编《西南联大　呈贡记忆》(呈贡文史资料第二十二辑),2021 年;

10. 袁卫、唐丽娜,《我国统计学专业教育溯源——曾鲲化与交通统计学堂(1912—1914)》,《统计研究》2022 年第 2 期;

11. 关权、袁卫,《清末における統計学の導入》,《経済志林》(日本法政大学经济学部学会出版),2022 年第 4 期;

12. 袁卫、唐丽娜、潘月,《在伦敦大学学院统计学系的中国留学生(1926—1939)》,《数理统计与管理》2022 年第 6 期;

13. 唐丽娜、潘月、申艳芳,《我国现代人口普查的先驱与雏形——戴世光与呈贡人口普查试验》,《社会学评论》2023 年第 2 期;

14. 唐丽娜、袁卫,《中国共产党开办的高等统计教育初探——以一本解放区出版的统计教材为例》,《统计研究》2023 年第 6 期;

15. 袁卫,《同心报国:亦师亦友的许宝騄与徐钟济》,《应用概率统计》2023 年第 6 期;

16. 朱利平、郭菁、袁卫,《诗韵流芳松韵长存——记华东师范大学茆诗松先生》,《应用概率统计》2024 年第 2 期;

17. 何旭铭、袁卫,《大数据统计应用的国际经验与前沿问题研究》,《统计研究》2024 年第 9 期;

18. 何辰轩、王菲菲、朱利平、袁卫,《中国统计学者在国际统计学领域的学术论文发表情况分析》,《统计研究》2024 年第 4 期。

另有袁卫、唐丽娜的《西南联大的统计教学》一文投稿《统计研究》,近期刊发。

2018 年,时任学校档案馆馆长李惠告诉我,戴世光的人事档案中有几份他自撰的"自传",还有他在西南联大任教时的聘书。她还和清华大学档案馆联系。2019 年 11 月我们专门去那里查阅并得到了戴世光在清华大学学习、考取留美研究生、1938 年回国在西南联大—清华大学国情普查研究所协助陈达开展呈贡人口普查、农业普查,以及在西南联大和清华大学任教等详细资料,使得我们能够完成《戴世光学术年谱》,此书由于戴世光学术研究与教学经历跨越民国、新中国建设初期以及改革开放后近 70 年的不同阶段,堪称半部中国统计学史。

2019 年 11 月在清华大学档案馆查询文献（左为清华大学档案馆副馆长朱俊鹏）

　　在书稿的编辑修改过程中，我再次重温了 2001 年 4 月 5 日在中国人民大学召开的"'清史'编纂座谈会"上季羡林（1911—2009）和任继愈（1916—2009）两位先生的讲话。季羡林先生说："中国历史有两个特点，一个是我们全，世界任何国家都没有中国历史这么全。另外第二点，中国历史不是为历史而历史，而有褒有贬。这是中国历史一个很突出的特点。这个评价怎么表现出来？根据我自己过去对历史的理解，我们编这个不管叫什么名字，褒贬先不要太突出。……我们第一步的任务是实事求是地把历史资料整理出来，写的时候，特别是列传，例如曾国藩列传必须有的，不要骂曾国藩什么汉奸、刽子手，那一套我想现在不会有的。做了什么事情，就写什么事情，一字不贬。至于褒贬怎么做？等我们的书编成了以后，学者自己写文章，每个人的看法不一定一致。……我想，我们客观地、实事求是地写，历史人物做了什么事情，就讲什么事情。"任继愈先生在会上强调："我们不仅要搜集中国史料，也要搜集外国史料。这是有别于过去二十四史的。要达到世界水平不是关起门来写自己。"[①]两位先生对"清史"编纂中"实事求是、客观编写"的要求也是这部中国统计学史编写的灵魂。

　　我要感谢中国人民大学出版社李永强董事长、谢富胜总编辑、于波副总编辑从始至终关心支持这本书的编辑出版，李文重、王伟娟、王前、赵军宝、霍殿林、陈慧庚、陆彩丽等几位编辑在一年半时间的编辑过程中，对书中的每一位人物、每一个事件、每一本出版物、每一篇文章、每一个时间点都认真核对，细之

---

① 季羡林，任继愈，等. 在《清史》编纂座谈会上的讲话（2001 年 4 月 5 日，中国人民大学逸夫会议中心）[J]. 清史研究，2001（3）：4-8.

2001 年 4 月 5 日 "清史" 编纂座谈会（左二白发者起：戴逸、程天权、王忍之、纪宝成、李文海、袁卫、王晓秋、马大正、朱诚如、龚书铎、蔡美彪、季羡林、任继愈、朱家溍、王钟翰、邹爱莲等）

又细，精益求精。他们还利用多年的编辑经验，主动提出修改建议。

最后我要感谢我的家人。老伴宋健数十年如一日，理解并支持我全身心地投入到学校工作和学术研究中去。儿子袁丁从多伦多大学图书馆借出 20 余本早期统计学译著和教材的原版图书，供我对比研究。2022 年我在多伦多探亲时，儿媳许光霁和儿子知道我在写书，很少让我们帮忙做家务。三个孙女活泼可爱，给我们晚年带来满满的天伦之乐。

如果说有什么不足和遗憾，就是受时间较为久远和档案封闭的限制，不少人物了解不够，一些事情还没有弄清楚。比如，民国时期重要的统计学者朱君毅、王仲武、厉德寅等，人事档案查无踪迹。有些已故学者的单位，即使我们联系好学者的子孙，一起去查阅，仍以保密为由加以拒绝。收集到的一些珍贵资料，由于某些原因，未能和读者见面。这些不足和遗憾，希望有一天能够得到解决和弥补。

袁 卫

2023 年 8 月初稿

2025 年 4 月修订

人名索引 *

国内部分

A

艾国正　91, 545

艾明要　1475, 1482, 1484

艾提　1239, 1480

艾伟　58, 64, 72, 76, 79, 80, 90, 91, 97, 115,
143, 184, 207, 228, 232, 311, 324, 422,
424, 435～437, 441, 442, 522, 544, 545,
1298, 1327, 1337

艾伟强　220

艾小青　1136, 1142, 1144, 1161

安柏庆　1001

安鸿志　580, 881, 958, 959, 993, 1002, 1003,
1013, 1483

安建业　1470

安胜利　1213

安万福　959

敖硕昌　1480

B

巴金　424, 818

白和金　1492

白红光　1095

白康　956, 958, 959

白露竹　532

白鹏　1003

白萍　1115

白日新　1343

白午华　119, 125, 263

白新文　1168

白志东　928, 929, 981, 1008, 1267, 1317

柏杨　979

包敦朴　380

鲍静安　534

鲍觉民　138, 139

鲍履平　379

鲍曼　305

W

国外部分

A

A. M. 勒让德（A. M. Legendre） 1307, 1323, 1377

A. R. Sampson 1267

А. И. 阿里陶夫斯基 1366

А. И. 阿姆莫里叶斯卡娅 1368

А. И. 彼得罗夫（阿·依·彼得洛夫） 717, 1362, 1368

А. Я. 波雅尔斯基 1367

A. 爱因斯坦（A. Einstein） 872, 874

A. 库尔斯基 1361, 1367

Albert Margolis 954

Arthur Aron 1184

阿·耶·波亚尔斯基 1362

阿伯特（Andrew Abbott） 1218, 1219, 1231

阿达马（J. S. Hadamard） 94, 95

阿道夫·凯特勒（L. A. J. Quetelet） 149, 177, 344, 374, 479, 528, 1307, 1323, 1378

阿尔伯特·德芒戎（Albert Demangeon） 121

阿尔弗雷德·巴里奥尔（Alfred Barriol） 118

阿夫塔里昂（Aftalion） 119

阿亨瓦尔（握天华，阿成华尔，G. Achen-wall） 140, 141, 154, 177, 709, 1306, 1321

阿历斯托夫 1365

阿琳·芬克 1162

阿瑞阿格（Eduardo E. Arriaga） 1092

阿瑟·L. 鲍莱（Arthur L. Bowley） 57, 67, 161, 167, 169, 182, 242, 243, 460, 512, 521, 523, 701, 702, 785, 1310

阿瑟·辛顿·欧提斯（奥蒂斯，Arthur Sinton Otis） 54, 64, 422, 423, 522, 523

埃尔斯沃思（D. Ellsworth） 1319

埃弗龙（B. Efron） 874, 1317

埃利奥特·库珀斯 1185

埃米尔·博雷尔（Émile Borel） 116~118, 126, 1298

埃文斯（G. C. Evans） 114

艾克（G. Ichok） 119

艾丽西亚·L. 卡里尼（Alicia L. Carriquiry） 1297

爱德华·L. 桑代克（Edward L. Thorndike） 55, 76, 423

爱德华·S. 诺库格 1185

爱德华·保尔森（Edward Paulson） 1269

爱尔窦登兄妹（埃尔德顿，W. P. Elderton，E. M. Elderton） 51, 62, 160, 509, 511, 512, 521, 522, 1327

安川 157

安彻森（J. P. Anchersen） 1306

安德森（Anderson） 684, 846

安斯雷·寇尔（Ansley Coale） 1092

奥黛丽·哈伯 1184

奥斯特鲁莫夫 1359

奥斯特洛乌莫夫（奥斯特罗乌莫夫） 691, 1368

B

B. B. 哥涅坚科 1374

图书在版编目（CIP）数据

中国统计学史. 下卷 / 袁卫等编著. -- 北京：中国人民大学出版社，2025.7. -- ISBN 978-7-300-33704-3

Ⅰ. C8-092

中国国家版本馆CIP数据核字第2025ML0287号

国家出版基金项目

中国统计学史（下卷）

袁　卫　等　编著

Zhongguo Tongjixueshi（Xiajuan）

出版发行	中国人民大学出版社			
社　　址	北京中关村大街31号		**邮政编码**	100080
电　　话	010-62511242（总编室）		010-62511770（质管部）	
	010-82501766（邮购部）		010-62514148（门市部）	
	010-62511173（发行公司）		010-62515275（盗版举报）	
网　　址	http://www.crup.com.cn			
经　　销	新华书店			
印　　刷	涿州市星河印刷有限公司			
开　　本	720mm×1000mm　1/16		**版　　次**	2025年7月第1版
印　　张	46.5 插页4		**印　　次**	2025年7月第1次印刷
字　　数	882 000		**定　　价**	498.00元（上下卷）

第四届中国人民大学统计国际论坛

al Forum on Statistics,Renmin University of China 5th International Sympo

统 计 国 际
International Forum on

4th Internatio

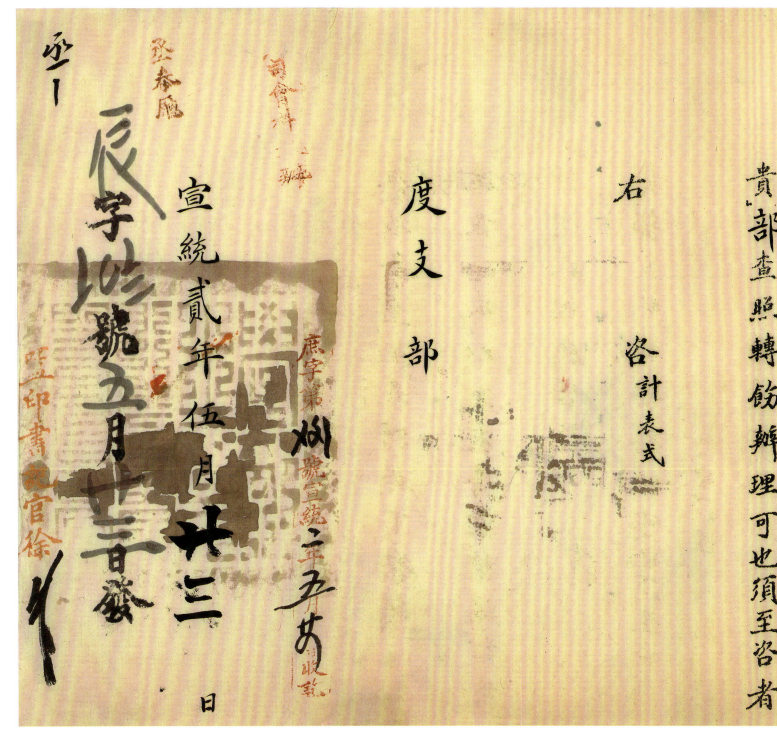

後按年查照表例於下學期之末

造報一次以便匯齊彙核編訂統

計圖表相應咨行

貴部查照轉飭辦理可也須至咨者

右

度支部

咨
計表式

宣統貳年伍月　廿三　日

辰字□號五月十三發

御覽名在案兹屬續辦第二次教育統

圖表恭繕黃冊進呈

填繳並於本年三月將辦成統計

暨京師督學局轉飭各學堂照式

式詳加釐訂先後通行各省學司

年酌定表式又於宣統元年將表

計京外官公私立各學堂自應仍

照前案辦理所有京師各部館所

設之財政學堂法律學堂實業學

堂藝徒學堂道邊學堂等亟應檢

齊表式咨行度支部農工商部理

藩部法律館轉飭各該學堂按照

本部一覽表式先將光緒三十四

《清宣统二年（1910年）学部为各学堂填报教育统计表式的咨文》（见正文394页）

咨

學部為咨行事總務司案呈本部